刑事法律适用与案例指导丛书

总主编 胡云腾

刑事诉讼
法律适用与案例指导

本册 主 编 肖江峰
　　　副主编 魏　炜

人民法院出版社

图书在版编目（CIP）数据

刑事诉讼法律适用与案例指导 / 肖江峰主编；魏炜副主编. -- 北京：人民法院出版社，2023.12
（刑事法律适用与案例指导丛书 / 胡云腾总主编）
ISBN 978-7-5109-3960-0

Ⅰ. ①刑… Ⅱ. ①肖… ②魏… Ⅲ. ①刑事诉讼法—审判—案例—中国 Ⅳ. ①D925.218.5

中国国家版本馆CIP数据核字(2023)第216366号

刑事诉讼法律适用与案例指导

肖江峰　主编　　魏　炜　副主编

策划编辑	韦钦平　郭继良
责任编辑	田　夏
封面设计	尹苗苗
出版发行	人民法院出版社
地　　址	北京市东城区东交民巷27号（100745）
电　　话	（010）67550607（责任编辑）　67550558（发行部查询）
	65223677（读者服务部）
客　服QQ	2092078039
网　　址	http://www.courtbook.com.cn
E - mail	courtpress@sohu.com
印　　刷	三河市国英印务有限公司
经　　销	新华书店
开　　本	787毫米×1092毫米　1/16
字　　数	986千字
印　　张	40.25
版　　次	2023年12月第1版　2023年12月第1次印刷
书　　号	ISBN 978-7-5109-3960-0
定　　价	138.00元

版权所有　　侵权必究

刑事法律适用与案例指导丛书
编辑委员会

总主编：胡云腾

成　员（按姓氏笔画）：

丁学君　王晓东　卢祖新　毕晓红　吕　俊
陈学勇　欧阳南平　胡红军　段　凰　袁登明
徐建新　黄祥青　梁　健　董国权　程庆颐
靳　岩

编辑部

主　任：韦钦平　郭继良

副主任：姜　峤　李安尼

成　员（按姓氏笔画）：

马梅元　王雅琦　王　婷　尹立霞　田　夏　冯喜恒
巩　雪　刘晓宁　刘琳妍　许　浩　杜东安　李长坤
李　瑞　吴伦基　沈洁雯　张　艺　张文波　张亚男
张　伟　张　怡　张树民　陈　思　罗羽净　周利航
周岸峚　赵芳慧　赵　爽　赵雪莹　祝柏多　高荣超
高　晖

刑事诉讼法律适用与案例指导
编辑委员会

主　编：肖江峰
副主编：魏　炜

出版说明

　　人民法院的刑事审判工作是党领导人民规制犯罪和治理社会的重要渠道和有效手段，发挥着保障人权，惩罚犯罪，维护社会公平正义，保障社会安定团结的重要职能。在全面建设社会主义现代化国家的新征程上，刑事审判要深入贯彻落实习近平法治思想，全面贯彻党的二十大精神，落实总体国家安全观，紧紧围绕"公正与效率"主题着力提升刑事案件审判水平，充分发挥审判职能作用，更好服务推进中国式现代化，助推以新安全格局保障新发展格局。

　　司法实践的复杂性与不断发展变化性导致实务中出现的大量问题总是超越立法时的设计。面对层出不穷的各类实务问题，唯有不断加强法律适用研究才能妥当处置。而法律适用研究不单单是法教义学的使命和主题，通过刑事政策的居高引领，强调政治效果、法律效果和社会效果的高度统一也是应有之义。因此，本丛书的出发点和目的地就是试图从妥当处置实务问题的角度出发，通过法律适用问题的研究，回应法律实务之需，为法律实务工作者提供必备的工具助手和法律智囊。

　　本套丛书以习近平法治思想为指导，其内容涵盖刑法总则，危害公共安全，破坏社会主义市场经济秩序，金融犯罪，侵犯公民人身权利、民主权利，侵犯财产，妨害社会管理秩序，毒品犯罪，贪污贿赂、渎职，刑事诉讼十个专题。在最高人民法院有关领导和专家的指导帮助下，丛书编写汇聚了北京市高级人民法院、黑龙江省高级人民法院、上海市高级人民法院、江苏省高级人民法院、浙江省高级人民法院、山东省高级人民法院、云南省高级人民法院、天津市第一中级人民法院、上海市第一中级人民法院、重庆市第五中级人民法院刑事审判庭的集体智慧。丛书立足刑事审判业务前沿，从司法实务中具体的疑难问题出发，结合刑事法理论认真进行法律适用研究，提炼问题、分析问题并最终解决问题，以期在刑事案件的侦查、公诉、辩护和审判中对读者能有所裨益。质言之，丛书具有如下三大特点：

（一）全面性、系统性

　　本套丛书定位为全面系统梳理整个刑事法律实务内容的大型实务工具书，其全面性系统性表现在：一是从各类犯罪构成要件、审判态势、审判原则、审判理念到审判所涉及的法律法规、司法解释、刑事审判政策等审判依据的全面系统梳理阐述；二是从最高人民法院、最高人民检察院指导性案例、公报案例，到近10年来刑事审判参考案例、最高人民法院公布的典型案例、人民法院案例选案例、地方法院新型疑难典型案例的全面归纳整理；三是对审判实践中的重点、疑难新型问题全面系统梳理提炼。以上三点亦是本丛书中各类犯罪各章、节的组成部分，内容由总到分，由点及面，层层递进，步步深入，观照每一节内容的系统性和完整性，从而保障了丛书的全面性系统性。

（二）针对性、实用性

本套丛书着眼于刑事审判实践中的重点、疑难新型问题，具有极强的针对性。实务中问题的筛选范围时间跨度长达10年，不仅收录了审判实践前沿问题，亦收录了司法解释明确，但实践中存在理解不一致、不准确的问题，采用一问一案或多案解读的模式，详细阐明事理法理情理，鲜活生动，深入透彻。同时，对于类案审判实务中较难把握的审判价值取向、刑事政策等类案裁判规则集中进行了阐释分析。丛书收录近2000个问题，多达1800余个案例，涉及约300个罪名，力求在目录和案例标题中呈现每一个细致的问题，以便检索，增强实用性和便捷性。

（三）权威性、准确性

本套丛书以最高人民法院司法裁判资源为基础，精选案例、提炼观点，由审判实践一线的专家型、学者型法官及审判业务骨干参与编写，并由最高人民法院专家型法官把关，观点来源权威。选取地方法院案例时要求在裁判观点上与最高人民法院的案例观点保持一致，而且各观点之间要在法律适用上保持统一性，避免前后矛盾、裁判依据不统一等问题。准确性主要体现在两方面：一是法律法规、司法解释等审判依据的有效性、规范性，确保适用的是最新的立法和司法解释；二是案例和问题提炼精准。

需要说明的是各类案例在内容编写时，考虑篇幅的问题，对部分内容进行了适当删减和修改。

囿于编写者和编辑水平能力有限，丛书在内容上难免挂一漏万，不当与错误之处，敬请读者批评指正。

编者

2023年10月

前　言

1979年我国《刑事诉讼法》制定出台后，于1996年、2012年和2018年进行过三次修正，尤其经过2018年第三次修正后，现行的《刑事诉讼法》保障了我国监察体制和刑事诉讼制度的衔接，加强了境外追逃工作的力度，增设了认罪认罚从宽制度和速裁程序，使中国特色刑事诉讼制度得到了进一步完善。与此同时，包括司法解释在内的有关刑事诉讼制度的大量规范政策文件也先后出台，最高人民法院 最高人民检察院（以下简称"两高"）指导性案例、公报案例等各类权威案例陆续发布，为刑事案件办理提供了更具针对性的业务指导。可以说，我国当前的刑事诉讼法律规范体系已逐步走上了"以例辅律，律例并行"的道路，一个体系完备、内容丰富、检索便捷的刑事诉讼"律例库"亟待建立。而相比于围绕刑事实体法编纂的众多法规案例集成，目前有关刑事诉讼领域的律例汇编则显得相对匮乏。

为适应我国刑事诉讼领域的新形势、新要求，满足广大一线办案人员实际需要，我们组织了一批兼具审判实务经验和法学理论功底的"专家型"法官，聚焦刑事诉讼领域重点规范文件与实务疑难问题，编纂了《刑事诉讼法律适用与案例指导》一书。总的来说，本书在体例、结构、内容方面具有以下特征：

一、体系清晰，检索便利

基于刑事诉讼程序规范性法律文件数量庞大、来源众多的特点，本书遵循《刑事诉讼法》条文顺序分章，每章内部设置"审判依据"和"审判实践中的疑难新型问题"两大板块，便于读者快速浏览、集中阅读、高效检索。值得说明的是，在《刑事诉讼法》施行过程中，推进以审判为中心的刑事诉讼制度改革的经验和成果无疑对刑事诉讼程序产生了重大影响。因此，编写组将与"以审判为中心的刑事诉讼制度改革"相关法规政策文件与疑难、新型问题解析放在本书开端位置，凸显庭审实质化、证据裁判、疑罪从无等原则对实现司法公正的重要作用，促使一线办案人员准确把握改革方向，严格落实改革要求，以法庭审判的程序公正实现案件裁判的实体公正。

二、内容丰富，资料详实

《刑事诉讼法》颁布以来，相关法律、法规、司法文件的载体形式多样，效力等级各异。为帮助一线办案人员全面、深刻把握刑事诉讼相关法律政策精神，在办案中做到依法准确适用，本书根据法律规范的效力层级和内在关联，在每章"审判依据"部分，依次整理了《刑事诉讼法》、司法解释、司法政策、答复（含最高人民法院各刑事审判庭就下级法院对法律适用问题或具体案件的处理问题的请示、函等作出的答复），尽可能全面详尽地呈现我国刑事诉讼领域规范政策面貌。

三、问题导向，紧贴实务

本书意在为构建我国刑事诉讼领域"律例库"添砖加瓦，从而帮助一线办案人员在法律规范及政策精神基础上解决实际问题，因此，本书编写组始终坚持问题导向、实务导向。通过广泛调研，编写组直面《刑事诉讼法》施行以来刑事审判过程中的突出问题，积极予以回应和解决。基于此，本书在每章中采取"一问一答"形式，对司法实务中关注度较高的疑难、新型问题进行甄选和探讨，相关解析思路，一是来自于发布案例，包括"两高"指导性案例、最高人民法院发布的权威案例、《刑事审判参考》刊载案例等；二是来自于最高人民法院院庭长著述，如从最高人民法院有关领导在会议讲话、培训授课和撰写的文章中摘选出的涉及刑事诉讼法律适用问题的阐述；三是来自于地方法院公开发表的优秀调研报告，试为困扰刑事司法的疑难、新型问题提供具有理论性、权威性、可行性的解决思路。

在本书编纂过程中，时任北京市大兴区人民法院刑事审判庭副庭长黄淘涛对本书体例设计、素材选取、内容撰写给予了极大帮助，在此表示诚挚感谢。因本书涉及的规范多、内容广，编写中不免有疏漏和不妥之处，敬请读者批评指正。

本书编写组
2023 年 11 月

目录

第一章 综 合

第一节 审判依据 / 001
　一、法律 / 001
　二、刑事政策文件 / 002
第二节 审判实践中的疑难新型问题 / 024
　问题1. 坚持疑罪从无原则，如何把握"疑罪"的认定标准？/ 024
　问题2. 如何正确把握"早认罪优于晚认罪"的刑罚评价精神 / 028
　问题3. 对于涉及因素复杂、社会影响大的案件，如何把握认罪认罚从宽制度的适用？/ 030
　问题4. 民间矛盾引发的案件如何适用认罪认罚从宽制度？/ 032
　问题5. 轻罪案件如何适用认罪认罚从宽制度？/ 034
　问题6. 如何审查认罪认罚案件量刑建议以及二审法院如何处理检察机关因一审法院未建议调整量刑建议而提出的抗诉？/ 036
　问题7. 如何把握认罪认罚从宽制度的适用条件？/ 038
　问题8. 认罪认罚案件被告人以量刑过重为由提起上诉是否影响对原认罪认罚情节的认定？/ 040
　问题9. 如何把握认罪认罚从宽制度中的"认罚"情节 / 042
　问题10. 被害方没有提出民事赔偿，能否参与刑事诉讼？/ 043

第二章 管辖、回避

第一节 审判依据 / 046
　一、法律 / 046
　二、司法解释 / 047
　三、刑事政策文件 / 052
第二节 审判实践中的疑难新型问题 / 058
　问题1. 检察机关发现公安机关对拒不执行判决、裁定的行为应当立案侦查而不立案侦查的如何处理？/ 058

问题2. 被告人以翻译人员参加过侦查、审查起诉或一审程序为由，申请翻译人员回避的，如何处理？/ 060

第三章 辩护与代理

第一节 审判依据 / 061
　一、法律 / 061
　二、司法解释 / 065
　三、刑事政策文件 / 068
第二节 审判实践中的疑难新型问题 / 081
　问题1. 律师在侦查阶段先后接受有利害关系的两名同案犯委托，在审判阶段又为其中一人辩护的，如何处理？/ 081
　问题2. 一审庭审结束后、审结前，被告人才委托辩护人参与诉讼的，如何处理？/ 085

第四章 证　据

第一节 审判依据 / 089
　一、法律 / 089
　二、司法解释 / 091
　三、刑事政策文件 / 102
第二节 审判实践中的疑难新型问题 / 128
　一、证明标准 / 128
　　问题1. 对案件事实结论应坚持"唯一性"证明标准 / 128
　　问题2. 如何把握"事实清楚，证据确实、充分"这一法定证明标准的主客观相统一性？/ 131
　　问题3. 根据被告人的供述、指认提取到了隐蔽性很强的物证，且与其他证明犯罪事实发生的证据互相印证，并排除串供、逼供、诱供等可能的，能否认定有罪？/ 136
　　问题4. 如何运用间接证据认定交通肇事者将被害人带离事故现场后遗弃并致使被害人因无法得到救助而死亡的事实？/ 140
　　问题5. 如何运用间接证据认定"零口供"走私毒品案 / 144
　二、非法证据排除 / 149
　　问题1. 侦查机关通过疲劳审讯获得的被告人供述是否属于非法证据？/ 149
　　问题2. 被告方提供的相关线索或材料达到何种标准，法院才能启动证据收集合法性的调查程序？/ 152
　　问题3. 非法限制被告人人身自由期间取得的供述能否作为诉讼证据使用 / 155
　　问题4. 二审法院经审查认为原判据以定案的证据系非法证据，依法排除有关证据后

应当如何处理 / 158
　　问题 5. 被告方申请排除非法证据的情形，如何把握证据收集合法性的证明责任，以及二审法院如何贯彻疑罪从无原则 / 162
　　问题 6. "自首认罪"案件如何理解和把握"证据确实、充分"的证明标准 / 165
　　问题 7. 如何运用证据认定熟人之间强奸罪与非罪的界限 / 171
　　问题 8. 死刑案件被告人翻供且缺乏客观证据时，如何审查判断？/ 174
　　问题 9. 对有证据指向是预谋杀人但被告人否认的，如何审查判断证据？/ 179
　　问题 10. 无直接证据的"零口供"案件审查要点和证据运用 / 184
　　问题 11. 案件的证明标准是否因被告人认罪认罚而降低？/ 188
　　问题 12. 被告人在一审庭审认罪，并对公诉机关出示的其庭前有罪供述不持异议，二审时提出其在侦查阶段遭受了刑讯逼供，对此法庭如何审查与处理？/ 190
　　问题 13. 被害人陈述的被盗财物和被告人供述不一致的，如何认定？/ 194
三、庭审程序 / 197
　　问题 1. 已经原审庭审质证，但在重审阶段未重新举证、质证的证据，能否作为定案证据 / 197
　　问题 2. 在刑事二审程序中如何审查和认定证据 / 200
四、鉴定意见审查与判断 / 206
　　问题 1. 对于来源不明的"物证"以及对该"物证"所作的鉴定意见能否作为定案证据？/ 206
　　问题 2. 如何审查判断涉案野生动物制品的鉴定意见？/ 209
　　问题 3. 如何审查盗窃案件中被窃书法作品的价格鉴定意见？/ 214
　　问题 4. 医疗过错鉴定意见在刑事诉讼中的运用 / 219
五、其他 / 222
　　问题 1. 公诉审查、庭前会议、一审、二审、复核审和审判监督等诉讼阶段和程序中各类新证据的处理 / 222
　　问题 2. 刑事案件中各类事实证据疑问的处理方法 / 227
　　问题 3. DNA 证据的基本原理、独特证明功能及风险 / 231
　　问题 4. 如何审查判断 DNA 鉴定意见的关联性及被告人的翻供 / 235
　　问题 5. 如何审查判断同案被告人供述的证明力 / 239
　　问题 6. 被告人指证的其他作案人经查不实，又随意指证他人作案的情形，是否需要继续查证 / 240
　　问题 7. 在没有有效制度保证口供自愿性的情况下，如何通过分析供证关系来判断口供的真实性或者客观性 / 241
　　问题 8. 处理供证关系时，辩证看待先供后证的价值 / 245

第五章　强制措施

第一节　审判依据 / 247
一、法律 / 247

二、司法解释 / 258

三、刑事政策文件 / 261

第二节　审判实践中的疑难新型问题 / 272

问题1. 违法刑事拘留赔偿中特殊情形的司法审查 / 272

问题2. 保证金形式取保候审的决定机关和执行机关 / 276

第六章　附带民事诉讼

第一节　审判依据 / 277

一、法律 / 277

二、司法解释 / 278

第二节　审判实践中的疑难新型问题 / 281

问题1. 一审判处被告人死缓的刑事附带民事诉讼案件，仅有附带民事诉讼原告人提出上诉的情形对刑事部分应当适用何种程序审理 / 281

问题2. 取得被害人承诺的犯罪行为，被害人能否在刑事诉讼中提起附带民事诉讼？ / 285

问题3. 在共同犯罪案件的附带民事诉讼审理中，部分被告人赔偿并与附带民事诉讼原告人达成调解协议，当该部分被告人赔偿数额与其应承担份额不符时，该如何认定其他被告人应承担的具体赔偿数额？ / 289

问题4. 法官如何正确行使调解权利和运用调解手段促成被告人与被害人之间自愿达成调解协议 / 294

第七章　审判组织

第一节　审判依据 / 298

一、法律 / 298

二、司法解释 / 299

第二节　审判实践中的疑难新型问题 / 301

问题1. 庭前会议的具体规程和注意事项 / 301

问题2. 庭前会议与庭审的关系 / 304

第八章　第一审程序

第一节　审判依据 / 306

一、法律 / 306

二、司法解释 / 311

三、刑事政策文件 / 330

第二节　审判实践中的疑难新型问题 / 340

问题1. 检察院认为同级人民法院第一审判决重罪轻判，适用刑罚明显不当的，应当提出抗诉 / 340

问题2. 判决宣告前犯有同种数罪但被分案起诉，后罪判决时能否与前罪并罚 / 343

问题3. 人民法院认定事实与公诉机关指控事实一致的，能否改变罪名？/ 346

问题4. 共同犯罪人先后归案后被分案起诉，法院能否并案审理 / 352

问题5. 关于简易程序，修改刑事诉讼法决定主要作了七个方面的修改 / 355

问题6. 办理醉驾案件如何依法用足用好速裁程序？/ 359

第九章　第二审程序

第一节　审判依据 / 361

一、法律 / 361

二、司法解释 / 364

第二节　审判实践中的疑难新型问题 / 370

问题1. 抗诉期限届满后，上一级人民检察院在支持抗诉时增加抗诉对象的，如何处理 / 370

问题2. 在上诉案件中，对于公诉机关指控但一审没有认定的犯罪事实，二审能否审理并予以认定 / 373

问题3. 上诉人在二审期间脱逃，仅有原审被告人在案的，应当如何处理 / 377

问题4. 二审法院对被告人的整体犯罪事实都按照挪用公款罪处罚是否违背刑事诉讼法的上诉不加刑原则？/ 380

问题5. 二审将原判数罪改为一罪并加重该罪的量刑，但未改变原判数罪决定执行的刑罚，是否违背上诉不加刑原则 / 384

第十章　死刑复核程序

第一节　审判依据 / 388

一、法律 / 388

二、司法解释 / 389

三、刑事政策文件 / 391

第二节　审判实践中的疑难新型问题 / 398

问题1. 一审判处死刑的被告人在上诉期满后又提出撤回上诉的，高级人民法院如何处理？/ 398

问题2. 对无法排除其他人作案可能的案件能否核准死刑 / 402

问题3. 对于报送核准死刑的黑社会性质组织犯罪案件，经复核认为涉黑罪名不成立的，应如何依法处理？/ 405

问题4. 审判死刑案件是否均应当经过审判委员会讨论决定？/ 411

问题 5. 对严重危害社会治安和人民群众安全感的故意杀人案件，被告人亲属积极代为赔偿，被害人亲属表示接受，予以谅解的，如何准确把握死刑政策？／416

问题 6. 对因民间矛盾激化引发，被害方在案件前因上负有一定责任，但被害方要求判处死刑的情绪特别激烈的案件，如何准确贯彻我国的死刑政策？／419

问题 7. 民间矛盾引发的死刑案件中，如何做好民事调解工作化解矛盾／421

问题 8. 被告人始终供述伙同他人作案，且在案证据不排除他人参与共同犯罪的，能否对其适用死刑／425

问题 9. 故意杀人犯罪事实清楚，但不能排除其行为具有防卫性质的，能否适用死刑／429

问题 10. 死刑复核程序中发现二审法院剥夺被告人上诉权的，如何处理？／433

问题 11. 关于二审程序，2012 年《刑事诉讼法》主要有哪些修改／436

问题 12. 高级人民法院复核死缓案件的裁判方式／439

问题 13. 高级人民法院对死刑案件的复核与二审程序问题／441

问题 14. 黑社会性质组织犯罪涉案财物处置的基本思路／446

问题 15. 死刑复核程序中发现一审、二审对被告人身份、是否构成累犯等事实认定错误的，应如何处理／449

第十一章　审判监督程序

第一节　审判依据／454

一、法律／454

二、司法解释／455

三、刑事司法政策／463

第二节　审判实践中的疑难新型问题／472

问题 1. 对修改刑事诉讼法决定中再审案件适用范围和指令再审规定的理解／472

问题 2. 历史形成的涉产权刑事案件的再审原则／474

问题 3. 涉产权刑事案件再审的重点／475

第十二章　涉外刑事案件程序

第一节　审判依据／476

一、司法解释／476

二、刑事政策文件／480

第二节　审判实践中的疑难新型问题／481

问题 1. 被告人入境时使用的证件于案发后被确认无效，而被告人又主张自己是证件签署国公民的，如何确定国籍？／481

问题 2. 被告人否定自己为证件签署国公民，主张为第三国公民的，如何确定国籍？／481

问题3. 被告人无法提供任何能够证明其国籍的有效证件，但又主张自己是某国公民的，如何确定国籍？/ 482

问题4. 被告人持《中华人民共和国旅行证》以我国台湾地区居民的身份入境，同时又持有其他国家护照的，如何确定国籍？/ 482

问题5. 翻译人员的费用如何承担？/ 482

问题6. 涉外刑事案件被告人身份的认定 / 483

问题7. 在对外国籍被告人裁量刑罚时，是否可以考虑被告人所属国的有关刑法规定？/ 483

问题8. 对外国籍被告人能否适用管制或者缓刑？/ 484

问题9. 对外国籍被告人如何适用驱逐出境？/ 484

问题10. 被判处无期徒刑或者死缓的外国籍被告人能否同时附加适用驱逐出境？/ 485

问题11. 被判处无期徒刑或者死缓的外国籍被告人能否在减刑或者假释裁定中决定驱逐出境？/ 485

问题12. 如果被告人犯数罪，如何适用驱逐出境？/ 485

问题13. 关于涉外刑事案件的管辖权问题 / 486

问题14. 涉外刑事案件的证据问题 / 486

问题15. 人民法院对涉外刑事案件的被告人及其他相关犯罪嫌疑人可以决定限制出境；对开庭审理时必须到庭的证人、鉴定人，可以要求暂缓出境 / 487

问题16. 外国籍当事人委托律师辩护、代理诉讼或者外国籍当事人国籍国驻华使领馆代其聘请律师，应当委托或者聘请具有中华人民共和国律师资格并依法取得执业证书的律师 / 487

问题17. 人民法院审理涉外刑事案件，使用中华人民共和国通用的语言、文字，在诉讼期间，应当为外国籍当事人提供翻译 / 488

问题18. 人民法院审理涉外刑事案件，应当及时通报当地人民政府外事部门及其上一级外事部门 / 488

问题19. 人民法院审理外国籍被告人犯罪的第一审案件，在立案审查过程中应审查的事项 / 489

问题20. 人民法院审理涉外刑事案件，应当公开进行；但是涉及国家秘密、个人隐私、被告人系未成年人和当事人提出申请的确属涉及商业秘密的案件，不公开审理 / 489

问题21. 人民法院向在中华人民共和国领域外的案件当事人送达刑事诉讼文书 / 490

第十三章　执行程序

第一节　审判依据 / 491

一、法律 / 491

二、司法解释 / 500

三、刑事政策文件 / 514

第二节　审判实践中的疑难新型问题 / 534

问题 1. 对身患重病但不符合暂予监外执行的罪犯，看守所或者监狱拒绝收监的，法院如何处理？/ 534

问题 2. 被暂予监外执行的罪犯在监外执行期间犯新罪并被抓获，社区矫正机关未及时出具收监建议书，而后出具社区矫正期满的证明书，被告人的前罪是否还有剩余刑期？/ 538

问题 3. 保外就医期限届满后未归监又重新犯罪的应如何计算余刑 / 541

问题 4. 被告人先后因两起犯罪被采取刑事羁押措施，但先前被羁押行为与最终定罪行为并非同一行为时，羁押日期可否折抵刑期？/ 545

问题 5. 对违法暂予监外执行进行法律监督时需注意的要点 / 549

第十四章　特别程序

第一节　审判依据 / 552
一、法律 / 552
二、司法解释 / 556
三、刑事政策文件 / 572

第二节　审判实践中的疑难新型问题 / 577

问题 1. 轻微家庭暴力犯罪案件中未成年被害人的法定代理人的程序选择权如何适用 / 577

问题 2. 办理附条件不起诉案件，如何进行社会调查？/ 581

问题 3. 如何把握附条件不起诉中的"违反考察机关监督管理规定"？/ 583

问题 4. 如何把握刑事和解制度的适用？/ 585

问题 5. 如何科学确定"继续追缴"涉案财物执行主体和执行程序？/ 589

问题 6. 如何理解与适用没收违法所得案件审判程序？/ 595

问题 7. 违法所得没收程序具体操作规范和裁判要点 / 597

问题 8. 刑事没收财物相当性原则如何综合考量？/ 606

问题 9. 如何理解和适用强制医疗的条件？/ 609

问题 10. 如何认定被申请人具有"继续危害社会的可能"以及如何处理被申请人亲属提出的自行治疗、看管的申请 / 612

问题 11. 如何理解和把握强制医疗的实质性条件？/ 615

问题 12. 如何改进、完善强制医疗决定程序、机制？/ 619

问题 13. 如何把握精神病人强制医疗的具体条件？/ 621

编后记 / 627

第一章 综合

第一节 审判依据

一、法律

中华人民共和国刑事诉讼法（2018年10月26日修正）（节选）

第一编 总则

第一章 任务和基本原则

第一条 为了保证刑法的正确实施，惩罚犯罪，保护人民，保障国家安全和社会公共安全，维护社会主义社会秩序，根据宪法，制定本法。

第二条 中华人民共和国刑事诉讼法的任务，是保证准确、及时地查明犯罪事实，正确应用法律，惩罚犯罪分子，保障无罪的人不受刑事追究，教育公民自觉遵守法律，积极同犯罪行为作斗争，维护社会主义法制，尊重和保障人权，保护公民的人身权利、财产权利、民主权利和其他权利，保障社会主义建设事业的顺利进行。

第三条 对刑事案件的侦查、拘留、执行逮捕、预审，由公安机关负责。检察、批准逮捕、检察机关直接受理的案件的侦查、提起公诉，由人民检察院负责。审判由人民法院负责。除法律特别规定的以外，其他任何机关、团体和个人都无权行使这些权力。

人民法院、人民检察院和公安机关进行刑事诉讼，必须严格遵守本法和其他法律的有关规定。

第四条 国家安全机关依照法律规定，办理危害国家安全的刑事案件，行使与公安机关相同的职权。

第五条 人民法院依照法律规定独立行使审判权，人民检察院依照法律规定独立行使检察权，不受行政机关、社会团体和个人的干涉。

第六条 人民法院、人民检察院和公安机关进行刑事诉讼，必须依靠群众，必须以事实为根据,以法律为准绳。对于一切公民,在适用法律上一律平等,在法律面前,不允许有任何特权。

第七条 人民法院、人民检察院和公安机关进行刑事诉讼,应当分工负责,互相配合,互相制约,以保证准确有效地执行法律。

第八条 人民检察院依法对刑事诉讼实行法律监督。

第九条 各民族公民都有用本民族语言文字进行诉讼的权利。人民法院、人民检察院和公安机关对于不通晓当地通用的语言文字的诉讼参与人,应当为他们翻译。

在少数民族聚居或者多民族杂居的地区,应当用当地通用的语言进行审讯,用当地通用的文字发布判决书、布告和其他文件。

第十条 人民法院审判案件,实行两审终审制。

第十一条 人民法院审判案件,除本法另有规定的以外,一律公开进行。被告人有权获得辩护,人民法院有义务保证被告人获得辩护。

第十二条 未经人民法院依法判决,对任何人都不得确定有罪。

第十三条 人民法院审判案件,依照本法实行人民陪审员陪审的制度。

第十四条 人民法院、人民检察院和公安机关应当保障犯罪嫌疑人、被告人和其他诉讼参与人依法享有的辩护权和其他诉讼权利。

诉讼参与人对于审判人员、检察人员和侦查人员侵犯公民诉讼权利和人身侮辱的行为,有权提出控告。

第十五条 犯罪嫌疑人、被告人自愿如实供述自己的罪行,承认指控的犯罪事实,愿意接受处罚的,可以依法从宽处理。

第十六条 有下列情形之一的,不追究刑事责任,已经追究的,应当撤销案件,或者不起诉,或者终止审理,或者宣告无罪:

(一)情节显著轻微、危害不大,不认为是犯罪的;
(二)犯罪已过追诉时效期限的;
(三)经特赦令免除刑罚的;
(四)依照刑法告诉才处理的犯罪,没有告诉或者撤回告诉的;
(五)犯罪嫌疑人、被告人死亡的;
(六)其他法律规定免予追究刑事责任的。

第十七条 对于外国人犯罪应当追究刑事责任的,适用本法的规定。

对于享有外交特权和豁免权的外国人犯罪应当追究刑事责任的,通过外交途径解决。

第十八条 根据中华人民共和国缔结或者参加的国际条约,或者按照互惠原则,我国司法机关和外国司法机关可以相互请求刑事司法协助。

二、刑事政策文件

1. 最高人民法院印发《关于建立健全防范刑事冤假错案工作机制的意见》的通知
(2013年10月9日 法发〔2013〕11号)(节选)

一、坚持刑事诉讼基本原则,树立科学司法理念

1. 坚持尊重和保障人权原则。尊重被告人的诉讼主体地位,维护被告人的辩护权等诉讼权利,保障无罪的人不受刑事追究。

2. 坚持依法独立行使审判权原则。必须以事实为根据，以法律为准绳。不能因为舆论炒作、当事方上访闹访和地方"维稳"等压力，作出违反法律的裁判。

3. 坚持程序公正原则。自觉遵守刑事诉讼法有关规定，严格按照法定程序审判案件，保证准确有效地执行法律。

4. 坚持审判公开原则。依法保障当事人的诉讼权利和社会公众的知情权，审判过程、裁判文书依法公开。

5. 坚持证据裁判原则。认定案件事实，必须以证据为根据。应当依照法定程序审查、认定证据。认定被告人有罪，应当适用证据确实、充分的证明标准。

二、严格执行法定证明标准，强化证据审查机制

6. 定罪证据不足的案件，应当坚持疑罪从无原则，依法宣告被告人无罪，不得降格作出"留有余地"的判决。

定罪证据确实、充分，但影响量刑的证据存疑的，应当在量刑时作出有利于被告人的处理。

死刑案件，认定对被告人适用死刑的事实证据不足的，不得判处死刑。

7. 重证据，重调查研究，切实改变"口供至上"的观念和做法，注重实物证据的审查和运用。只有被告人供述，没有其他证据的，不能认定被告人有罪。

8. 采用刑讯逼供或者冻、饿、晒、烤、疲劳审讯等非法方法收集的被告人供述，应当排除。

除情况紧急必须现场讯问以外，在规定的办案场所外讯问取得的供述，未依法对讯问进行全程录音录像取得的供述，以及不能排除以非法方法取得的供述，应当排除。

9. 现场遗留的可能与犯罪有关的指纹、血迹、精斑、毛发等证据，未通过指纹鉴定、DNA 鉴定等方式与被告人、被害人的相应样本作同一认定的，不得作为定案的根据。涉案物品、作案工具等未通过辨认、鉴定等方式确定来源的，不得作为定案的根据。

对于命案，应当审查是否通过被害人近亲属辨认、指纹鉴定、DNA 鉴定等方式确定被害人身份。

三、切实遵守法定诉讼程序，强化案件审理机制

10. 庭前会议应当归纳事实、证据争点。控辩双方有异议的证据，庭审时重点调查；没有异议的，庭审时举证、质证适当简化。

11. 审判案件应当以庭审为中心。事实证据调查在法庭，定罪量刑辩论在法庭，裁判结果形成于法庭。

12. 证据未经当庭出示、辨认、质证等法庭调查程序查证属实，不得作为定案的根据。

采取技术侦查措施收集的证据，除可能危及有关人员的人身安全，或者可能产生其他严重后果，由人民法院依职权庭外调查核实的外，未经法庭调查程序查证属实，不得作为定案的根据。

13. 依法应当出庭作证的证人没有正当理由拒绝出庭或者出庭后拒绝作证，其庭前证言真实性无法确认的，不得作为定案的根据。

14. 保障被告人及其辩护人在庭审中的发问、质证、辩论等诉讼权利。对于被告人及其辩护人提出的辩解理由、辩护意见和提交的证据材料，应当当庭或者在裁判文书中说明采纳与否及理由。

15. 定罪证据存疑的，应当书面建议人民检察院补充调查。人民检察院在二个月内未提交书面材料的，应当根据在案证据依法作出裁判。

四、认真履行案件把关职责，完善审核监督机制

16. 合议庭成员共同对案件事实负责。承办法官为案件质量第一责任人。

合议庭成员通过庭审或者阅卷等方式审查事实和证据，独立发表评议意见并说明理由。

死刑案件，由经验丰富的法官承办。

17. 审判委员会讨论案件，委员依次独立发表意见并说明理由，主持人最后发表意见。

18. 原判事实不清、证据不足，第二审人民法院查清事实的，不得发回重新审判。以事实不清、证据不足为由发回重新审判的案件，上诉、抗诉后，不得再次发回重新审判。

19. 不得通过降低案件管辖级别规避上级人民法院的监督。不得就事实和证据问题请示上级人民法院。

20. 复核死刑案件，应当讯问被告人。辩护律师提出要求的，应当听取意见。证据存疑的，应当调查核实，必要时到案发地调查。

21. 重大、疑难、复杂案件，不能在法定期限内审结的，应当依法报请延长审理期限。

22. 建立科学的办案绩效考核指标体系，不得以上诉率、改判率、发回重审率等单项考核指标评价办案质量和效果。

五、充分发挥各方职能作用，建立健全制约机制

23. 严格依照法定程序和职责审判案件，不得参与公安机关、人民检察院联合办案。

24. 切实保障辩护人会见、阅卷、调查取证等辩护权利。辩护人申请调取可能证明被告人无罪、罪轻的证据，应当准许。

25. 重大、疑难、复杂案件，可以邀请人大代表、政协委员、基层群众代表等旁听观审。

26. 对确有冤错可能的控告和申诉，应当依法复查。原判决、裁定确有错误的，依法及时纠正。

27. 建立健全审判人员权责一致的办案责任制。审判人员依法履行职责，不受追究。审判人员办理案件违反审判工作纪律或者徇私枉法的，依照有关审判工作纪律和法律的规定追究责任。

2. 最高人民法院、公安部关于刑事被告人或上诉人出庭受审时着装问题的通知

（2015年2月10日　法〔2015〕45号）

各省、自治区、直辖市高级人民法院、公安厅（局），解放军军事法院，新疆维吾尔自治区高级人民法院生产建设兵团分院、公安局：

为进一步加强刑事被告人人权保障，彰显现代司法文明，人民法院开庭时，刑事被告人或上诉人不再穿着看守所的识别服出庭受审。人民法院到看守所提解在押刑事被告人或上诉人的，看守所应当将穿着正装或便装的在押刑事被告人或上诉人移交人民法院。

特此通知，请遵照执行。

3. 最高人民法院、最高人民检察院、公安部、国家安全部、司法部关于推进以审判为中心的刑事诉讼制度改革的意见（2016年7月20日　法发〔2016〕18号）

为贯彻落实《中共中央关于全面推进依法治国若干重大问题的决定》的有关要求，推进以审判为中心的刑事诉讼制度改革，依据宪法法律规定，结合司法工作实际，制定本意见。

一、未经人民法院依法判决，对任何人都不得确定有罪。人民法院、人民检察院和公安机关办理刑事案件，应当分工负责，互相配合，互相制约，保证准确、及时地查明犯罪事实，正确应用法律，惩罚犯罪分子，保障无罪的人不受刑事追究。

二、严格按照法律规定的证据裁判要求，没有证据不得认定犯罪事实。侦查机关侦查终结，人民检察院提起公诉，人民法院作出有罪判决，都应当做到犯罪事实清楚，证据确实、充分。

侦查机关、人民检察院应当按照裁判的要求和标准收集、固定、审查、运用证据，人民法院应当按照法定程序认定证据，依法作出裁判。

人民法院作出有罪判决，对于证明犯罪构成要件的事实，应当综合全案证据排除合理怀疑，对于量刑证据存疑的，应当作出有利于被告人的认定。

三、建立健全符合裁判要求、适应各类案件特点的证据收集指引。探索建立命案等重大案件检查、搜查、辨认、指认等过程录音录像制度。完善技术侦查证据的移送、审查、法庭调查和使用规则以及庭外核实程序。统一司法鉴定标准和程序。完善见证人制度。

四、侦查机关应当全面、客观、及时收集与案件有关的证据。

侦查机关应当依法收集证据。对采取刑讯逼供、暴力、威胁等非法方法收集的言词证据，应当依法予以排除。侦查机关收集物证、书证不符合法定程序，可能严重影响司法公正，不能补正或者作出合理解释的，应当依法予以排除。

对物证、书证等实物证据，一般应当提取原物、原件，确保证据的真实性。需要鉴定的，应当及时送检。证据之间有矛盾的，应当及时查证。所有证据应当妥善保管，随案移送。

五、完善讯问制度，防止刑讯逼供，不得强迫任何人证实自己有罪。严格按照有关规定要求，在规范的讯问场所讯问犯罪嫌疑人。严格依照法律规定对讯问过程全程同步录音录像，逐步实行对所有案件的讯问过程全程同步录音录像。

探索建立重大案件侦查终结前对讯问合法性进行核查制度。对公安机关、国家安全机关和人民检察院侦查的重大案件，由人民检察院驻看守所检察人员询问犯罪嫌疑人，核查是否存在刑讯逼供、非法取证情形，并同步录音录像。经核查，确有刑讯逼供、非法取证情形的，侦查机关应当及时排除非法证据，不得作为提请批准逮捕、移送审查起诉的根据。

六、在案件侦查终结前，犯罪嫌疑人提出无罪或者罪轻的辩解，辩护律师提出犯罪嫌疑人无罪或者依法不应追究刑事责任的意见，侦查机关应当依法予以核实。

七、完善补充侦查制度。进一步明确退回补充侦查的条件，建立人民检察院退回补充侦查引导和说理机制，明确补充侦查方向、标准和要求。规范补充侦查行为，对于确实无法查明的事项，公安机关、国家安全机关应当书面向人民检察院说明理由。对于二次退回补充侦查后，仍然证据不足、不符合起诉条件的，依法作出不起诉决定。

八、进一步完善公诉机制，被告人有罪的举证责任，由人民检察院承担。对被告人不认罪的，人民检察院应当强化庭前准备和当庭讯问、举证、质证。

九、完善不起诉制度，对未达到法定证明标准的案件，人民检察院应当依法作出不起诉决定，防止事实不清、证据不足的案件进入审判程序。完善撤回起诉制度，规范撤回起诉的条件和程序。

十、完善庭前会议程序，对适用普通程序审理的案件，健全庭前证据展示制度，听取出庭证人名单、非法证据排除等方面的意见。

十一、规范法庭调查程序，确保诉讼证据出示在法庭、案件事实查明在法庭。证明被告人有罪或者无罪、罪轻或者罪重的证据，都应当在法庭上出示，依法保障控辩双方的质证权利。对定罪量刑的证据，控辩双方存在争议的，应当单独质证；对庭前会议中控辩双方没有异议的证据，可以简化举证、质证。

十二、完善对证人、鉴定人的法庭质证规则。落实证人、鉴定人、侦查人员出庭作证制度，提高出庭作证率。公诉人、当事人或者辩护人、诉讼代理人对证人证言有异议，人民法院认为该证人证言对案件定罪量刑有重大影响的，证人应当出庭作证。

健全证人保护工作机制，对因作证面临人身安全等危险的人员依法采取保护措施。建立证人、鉴定人等作证补助专项经费划拨机制。完善强制证人到庭制度。

十三、完善法庭辩论规则，确保控辩意见发表在法庭。法庭辩论应当围绕定罪、量刑分别进行，对被告人认罪的案件，主要围绕量刑进行。法庭应当充分听取控辩双方意见，依法保障被告人及其辩护人的辩论辩护权。

十四、完善当庭宣判制度，确保裁判结果形成在法庭。适用速裁程序审理的案件，除附带民事诉讼的案件以外，一律当庭宣判；适用简易程序审理的案件一般应当当庭宣判；适用普通程序审理的案件逐步提高当庭宣判率。规范定期宣判制度。

十五、严格依法裁判。人民法院经审理，对案件事实清楚，证据确实、充分，依据法律认定被告人有罪的，应当作出有罪判决。依据法律规定认定被告人无罪的，应当作出无罪判决。证据不足，不能认定被告人有罪的，应当按照疑罪从无原则，依法作出无罪判决。

十六、完善人民检察院对侦查活动和刑事审判活动的监督机制。建立健全对强制措施的监督机制。加强人民检察院对逮捕后羁押必要性的审查，规范非羁押性强制措施的适用。进一步规范和加强人民检察院对人民法院确有错误的刑事判决和裁定的抗诉工作，保证刑事抗诉的及时性、准确性和全面性。

十七、健全当事人、辩护人和其他诉讼参与人的权利保障制度。

依法保障当事人和其他诉讼参与人的知情权、陈述权、辩论辩护权、申请权、申诉权。犯罪嫌疑人、被告人有权获得辩护，人民法院、人民检察院、公安机关、国家安全机关有义务保证犯罪嫌疑人、被告人获得辩护。

依法保障辩护人会见、阅卷、收集证据和发问、质证、辩论辩护等权利，完善便利辩护人参与诉讼的工作机制。

十八、辩护人或者其他任何人，不得帮助犯罪嫌疑人、被告人隐匿、毁灭、伪造证据或者串供，不得威胁、引诱证人作伪证以及进行其他干扰司法机关诉讼活动的行为。对于实施上述行为的，应当依法追究法律责任。

十九、当事人、诉讼参与人和旁听人员在庭审活动中应当服从审判长或独任审判员的指挥，遵守法庭纪律。对扰乱法庭秩序、危及法庭安全等违法行为，应当依法处理；构成犯罪的，依法追究刑事责任。

二十、建立法律援助值班律师制度，法律援助机构在看守所、人民法院派驻值班律师，为犯罪嫌疑人、被告人提供法律帮助。

完善法律援助制度，健全依申请法律援助工作机制和办案机关通知辩护工作机制。对未履行通知或者指派辩护职责的办案人员，严格实行责任追究。

二十一、推进案件繁简分流，优化司法资源配置。完善刑事案件速裁程序和认罪认罚从宽制度，对案件事实清楚、证据充分的轻微刑事案件，或者犯罪嫌疑人、被告人自愿认罪认罚的，可以适用速裁程序、简易程序或者普通程序简化审理。

4. 最高人民法院印发《关于全面推进以审判为中心的刑事诉讼制度改革的实施意见》的通知（2017年2月17日　法发〔2017〕5号）（节选）

一、坚持严格司法原则，树立依法裁判理念

1. 坚持证据裁判原则，认定案件事实，必须以证据为根据。重证据，重调查研究，不轻信口供，没有证据不得认定案件事实。

2. 坚持非法证据排除原则，不得强迫任何人证实自己有罪。经审查认定的非法证据，应当依法予以排除，不得作为定案的根据。

3. 坚持疑罪从无原则，认定被告人有罪，必须达到犯罪事实清楚，证据确实、充分的证明标准。不得因舆论炒作、上访闹访等压力作出违反法律的裁判。

4. 坚持程序公正原则，通过法庭审判的程序公正实现案件裁判的实体公正。发挥庭审在查明事实、认定证据、保护诉权、公正裁判中的决定性作用，确保诉讼证据出示在法庭、案件事实查明在法庭、诉辩意见发表在法庭、裁判结果形成在法庭。

二、规范庭前准备程序，确保法庭集中审理

5. 对被告人及其辩护人申请排除非法证据，证据材料较多、案情重大复杂，或者社会影响重大等案件，人民法院可以召开庭前会议。

庭前会议在法庭或者其他办案场所进行，由审判人员主持，控辩双方参加，必要时可以通知被告人到场。

6. 人民法院可以在庭前会议中组织控辩双方展示证据，听取控辩双方对在案证据的意见，并梳理存在争议的证据。对控辩双方在庭前会议中没有争议的证据，可以在庭审中简化举证、质证。

人民法院可以在庭前会议中听取控辩双方对与审判相关问题的意见，询问控辩双方是否提出申请或者异议，并归纳控辩双方的争议焦点。对控辩双方没有争议或者达成一致意见的事项，可以在庭审中简化审理。

被害方提起附带民事诉讼的，可以在庭前会议中进行调解。

7. 控辩双方对管辖、回避、出庭证人名单等事项提出申请或者异议，可能导致庭审中断的，人民法院可以在庭前会议中对有关事项依法作出处理，确保法庭集中、持续审理。

对案件中被告人及其辩护人申请排除非法证据的情形，人民法院可以在庭前会议中核实情况、听取意见。人民检察院可以决定撤回有关证据；撤回的证据，没有新的理由，不得在庭审中出示。被告人及其辩护人可以撤回排除非法证据的申请；撤回申请后，没有新的线索或者材料，不得再次对有关证据提出排除申请。

8. 人民法院在庭前会议中听取控辩双方对案件事实证据的意见后，对明显事实不清、证据不足的案件，可以建议人民检察院补充侦查或者撤回起诉。

对人民法院在庭前会议中建议撤回起诉的案件，人民检察院不同意的，人民法院开庭审理后，没有新的事实和理由，一般不准许撤回起诉。

9. 控辩双方在庭前会议中就相关事项达成一致意见，又在庭审中提出异议的，应当说明理由。

召开庭前会议应当制作笔录，由参加人员核对后签名。

审判人员应当制作庭前会议报告，说明庭前会议的基本情况、程序性事项的处理结果、控辩双方的争议焦点以及就相关事项达成的一致意见。

10. 对召开庭前会议的案件，在法庭调查开始前，法庭应当宣布庭前会议报告的主要内容，实现庭前会议与庭审的衔接。

三、规范普通审理程序，确保依法公正审判

11. 证明被告人有罪或者无罪、罪轻或者罪重的证据，都应当在法庭上出示，依法保障控辩双方的质证权。

对影响定罪量刑的关键证据和控辩双方存在争议的证据，一般应当单独质证。

12. 法庭应当依照法定程序审查、核实、认定证据。证据未经当庭出示、辨认、质证等法庭调查程序查证属实，不得作为定案的根据。

13. 采取技术侦查措施收集的证据，当庭质证可能危及有关人员的人身安全，或者可能产生其他严重后果的，应当采取不暴露有关人员身份、不公开技术侦查措施和方法等保护措施。

法庭决定在庭外对技术侦查证据进行核实的，可以召集公诉人、侦查人员和辩护律师到场。在场人员应当履行保密义务。

14. 控辩双方对证人证言有异议，人民法院认为证人证言对案件定罪量刑有重大影响的，应当通知证人出庭作证。控辩双方申请证人出庭的，人民法院通知证人出庭后，申请方应当负责协助相关证人到庭。

证人没有正当理由不出庭作证的，人民法院在必要时可以强制证人到庭。

根据案件情况，可以实行远程视频作证。

15. 控辩双方对鉴定意见有异议，人民法院认为鉴定人有必要出庭的，应当通知鉴定人出庭作证。

16. 证人、鉴定人、被害人因出庭作证，本人或者其近亲属的人身安全面临危险的，人民法院应当采取不公开其真实姓名、住址、工作单位和联系方式等个人信息，或者不暴露其外貌、真实声音等保护措施。必要时，可以建议有关机关采取专门性保护措施。

人民法院应当建立证人出庭作证补助专项经费机制，对证人出庭作证所支出的交通、住宿、就餐等合理费用给予补助。

17. 人民法院应当依法履行指定辩护和通知辩护职责，确保被告人依法获得法律援助。

配合有关部门逐步扩大法律援助范围，健全法律援助值班律师制度，为派驻人民法院的值班律师提供办公场所及必要的工作条件。

18. 法庭应当依法保障控辩双方在庭审中的发问、质证、辩论等诉讼权利。对控辩双方当庭提出的申请或者异议，法庭应当作出处理。

法庭可以在审理过程中归纳控辩双方的争议焦点，引导控辩双方针对影响定罪量刑的实质性问题进行辩论。对控辩双方的发言与案件无关、重复或者扰乱法庭秩序等情形，法庭应当予以提醒、制止。

19. 法庭应当充分听取控辩双方的量刑建议和意见，根据查明的事实、情节，参照量刑指导意见规范量刑，保证量刑公正。

20. 法庭应当加强裁判说理，通过裁判文书展现法庭审理过程。对控辩双方的意见和争议，应当说明采纳与否的理由。对证据采信、事实认定、定罪量刑等实质性问题，应当阐释裁判的理由和依据。

四、完善证据认定规则，切实防范冤假错案

21. 采取刑讯逼供、暴力、威胁等非法方法收集的言词证据，应当予以排除。

收集物证、书证不符合法定程序，可能严重影响司法公正，不能补正或者作出合理解释的，对有关证据应当予以排除。

22. 被告人在侦查终结前接受检察人员对讯问合法性的核查询问时，明确表示侦查阶段不存在刑讯逼供、非法取证情形，在审判阶段又提出排除非法证据申请，法庭经审查对证据收集的合法性没有疑问的，可以驳回申请。

检察人员在侦查终结前未对讯问合法性进行核查，或者未对核查过程全程同步录音录像，被告人在审判阶段提出排除非法证据申请，人民法院经审查对证据收集的合法性存在疑问的，应当依法进行调查。

23. 法庭决定对证据收集的合法性进行调查的，应当先行当庭调查。但为防止庭审过分迟延，也可以在法庭调查结束前进行调查。

24. 法庭对证据收集的合法性进行调查的，应当重视对讯问过程录音录像的审查。讯问笔录记载的内容与讯问录音录像存在实质性差异的，以讯问录音录像为准。

对于法律规定应当对讯问过程录音录像的案件，公诉人没有提供讯问录音录像，或者讯问录音录像存在选择性录制、剪接、删改等情形，现有证据不能排除以非法方法收集证据情形的，对有关供述应当予以排除。

25. 现有证据材料不能证明证据收集合法性的，人民法院可以通知有关侦查人员出庭说明情况。不得以侦查人员签名并加盖公章的说明材料替代侦查人员出庭。

经人民法院通知，侦查人员不出庭说明情况，不能排除以非法方法收集证据情形的，对有关证据应当予以排除。

26. 法庭对证据收集的合法性进行调查后，应当当庭作出是否排除有关证据的决定。必要时，可以宣布休庭，由合议庭评议或者提交审判委员会讨论，再次开庭时宣布决定。

在法庭作出是否排除有关证据的决定前，不得对有关证据宣读、质证。

27. 通过勘验、检查、搜查等方式收集的物证、书证等证据，未通过辨认、鉴定等方式确定其与案件事实的关联的，不得作为定案的根据。

28. 收集证据的程序、方式存在瑕疵，严重影响证据真实性，不能补正或者作出合理解释的，有关证据不得作为定案的根据。

29. 证人没有出庭作证，其庭前证言真实性无法确认的，不得作为定案的根据。证人当庭作出的证言与其庭前证言矛盾，证人能够作出合理解释，并与相关证据印证的，可以采信其庭审证言;不能作出合理解释,而其庭前证言与相关证据印证的,可以采信其庭前证言。

经人民法院通知,鉴定人拒不出庭作证的,鉴定意见不得作为定案的根据。

30. 人民法院作出有罪判决,对于定罪事实应当综合全案证据排除合理怀疑。

定罪证据不足的案件,不能认定被告人有罪,应当作出证据不足、指控的犯罪不能成立的无罪判决。定罪证据确实、充分,量刑证据存疑的,应当作出有利于被告人的认定。

五、完善繁简分流机制,优化司法资源配置

31. 推进速裁程序改革,逐步扩大速裁程序适用范围,完善速裁程序运行机制。

对被告人认罪的轻微案件,探索实行快速审理和简便裁判机制。

32. 推进认罪认罚从宽制度改革,对适用速裁程序、简易程序或者普通程序简化审理的被告人认罪案件,法庭应当告知被告人享有的诉讼权利,依法审查被告人认罪认罚的自愿性和真实性,确认被告人了解认罪认罚的性质和法律后果。

法庭确认被告人自愿认罪认罚,同意适用简化审理程序的,应当落实从宽处罚的法律制度。被告人当庭不认罪或者不同意适用简化审理程序的,应当适用普通程序审理。

33. 适用速裁程序审理的案件,应当当庭宣判。适用简易程序审理的案件,一般应当当庭宣判。适用普通程序审理的案件,逐步提高当庭宣判率。

5. 最高人民法院关于全面深入推进刑事案件认罪认罚从宽制度试点工作的通知

(2018年5月2日　法〔2018〕114号)

北京、天津、辽宁、上海、江苏、浙江、福建、山东、河南、湖北、湖南、广东、重庆、陕西省(市)高级人民法院:

刑事案件认罪认罚从宽制度试点工作,是落实党中央有关改革部署的重大举措。2016年11月试点启动以来,各试点地区人民法院认真贯彻落实,组织领导有力,部署落实到位,积极探索创新,推动试点平稳有序、顺利开展。北京、浙江、福建、山东、广东、重庆、陕西等地法院试点案件数量多、比例高,示范带动作用发挥较好。各试点法院在实体处理、程序适用、配套保障等方面形成了许多成功做法和经验。2017年12月,十二届全国人大常委会第三十一次会议审议了最高人民法院、最高人民检察院试点中期报告,对改革试点成效给予充分肯定,对相关工作推进提出监督指导意见。最高人民法院党组高度重视,周强院长批示要求认真研究落实。试点还有半年多时间,为确保圆满完成改革任务,根据全国人大常委会委员们的审议意见,结合近期试点工作进展和调研督查情况,现就全面深入推进试点工作通知如下:

一、遵循改革原则,确保试点正确实施。要牢牢把握改革方向和基本原则,确保办案法律效果和社会效果。坚持宽严相济,量刑时要充分考虑犯罪的社会危害性和被告人的人身危险性,区分案件性质和罪行轻重,确保罪责刑相适应,避免片面从严、一味从宽两种错误倾向。贯彻证据裁判要求,确保定案事实清楚、证据确实、充分,严防被迫认罪、替人顶罪等冤假错案发生。切实维护当事人权益,既要保障被告人的诉讼权利,也要依法听取被害人意见,正确处理赔偿和解与从宽处罚的关系,确保司法公正。

二、加强监督指导,确保试点规范有序。有关高、中级人民法院要加强业务指导,监督试点工作规范有序开展。严格把握适用条件,对犯罪性质恶劣、犯罪手段残忍、社会危害严重、群众反映强烈的案件，适用认罪认罚从宽制度应当特别慎重。严格规范诉讼程序，针对认罪认罚案件特点，探索完善繁简分流的多层次审判程序机制，在确保案件质量的前提下提升审判效率，避免片面从简、一味求快。规范案件审判管理，健全监督制约机制，确保依法公正行使审判权。

三、强化组织协调，着力破解试点工作难题。此次改革试点时间紧、任务重，随着改革逐步深入，深层次问题不断显现。各地要增强改革试点的责任感、使命感和紧迫感，紧紧依靠党委政法委的领导，积极主动协调有关部门，凝聚共识，合力破解改革难题，推动试点深入开展。加强与检察机关的沟通协调，正确处理检察机关量刑建议与人民法院刑罚裁量的关系，探索完善认罪认罚案件的量刑标准。协调保障值班律师依法履职，为律师阅卷提供便利，确保被告人获得有效法律帮助，有条件的地方，可以探索值班律师转任辩护人机制。

四、及时研究总结，推动相关立法修改完善。做好试点工作的数据分析和经验梳理，对进一步完善刑事法律制度进行研究论证。要把制度创新作为核心任务，从制度层面考虑问题、研究问题，为试点全面推开积累经验、做好准备。积极配合立法机关开展调研，及时总结试点经验做法，将改革中行之有效的做法转化为制度机制，促进改革成果制度化、法治化。

相关贯彻落实情况请及时报告最高人民法院刑事审判第一庭。

6. 最高人民法院、最高人民检察院、公安部、国家安全部、司法部印发《关于适用认罪认罚从宽制度的指导意见》的通知（2019年10月11日　高检发〔2019〕13号）（节选）

一、基本原则

1. 贯彻宽严相济刑事政策。落实认罪认罚从宽制度，应当根据犯罪的具体情况，区分案件性质、情节和对社会的危害程度，实行区别对待，做到该宽则宽，当严则严，宽严相济，罚当其罪。对可能判处三年有期徒刑以下刑罚的认罪认罚案件，要尽量依法从简从快从宽办理，探索相适应的处理原则和办案方式；对因民间矛盾引发的犯罪，犯罪嫌疑人、被告人自愿认罪、真诚悔罪并取得谅解、达成和解、尚未严重影响人民群众安全感的，要积极适用认罪认罚从宽制度，特别是对其中社会危害不大的初犯、偶犯、过失犯、未成年犯，一般应当体现从宽；对严重危害国家安全、公共安全犯罪，严重暴力犯罪，以及社会普遍关注的重大敏感案件，应当慎重把握从宽，避免案件处理明显违背人民群众的公平正义观念。

2. 坚持罪责刑相适应原则。办理认罪认罚案件，既要考虑体现认罪认罚从宽，又要考虑其所犯罪行的轻重、应负刑事责任和人身危险性的大小，依照法律规定提出量刑建议，准确裁量刑罚，确保罚当其罪，避免罪刑失衡。特别是对于共同犯罪案件，主犯认罪认罚，从犯不认罪认罚的，人民法院、人民检察院应当注意两者之间的量刑平衡，防止因量刑失当严重偏离一般的司法认知。

3. 坚持证据裁判原则。办理认罪认罚案件，应当以事实为根据，以法律为准绳，严格按照证据裁判要求，全面收集、固定、审查和认定证据。坚持法定证明标准，侦查终结、提起公诉、作出有罪裁判应当做到犯罪事实清楚，证据确实、充分，防止因犯罪嫌疑人、被告人认罪而降低证据要求和证明标准。对犯罪嫌疑人、被告人认罪认罚，但证据不足，不能认定其有罪的，依法作出撤销案件、不起诉决定或者宣告无罪。

4. 坚持公检法三机关配合制约原则。办理认罪认罚案件，公、检、法三机关应当分工负责、互相配合、互相制约，保证犯罪嫌疑人、被告人自愿认罪认罚，依法推进从宽落实。要严格执法、公正司法，强化对自身执法司法办案活动的监督，防止产生"权权交易""权钱交易"等司法腐败问题。

二、适用范围和适用条件

5. 适用阶段和适用案件范围。认罪认罚从宽制度贯穿刑事诉讼全过程，适用于侦查、起诉、审判各个阶段。

认罪认罚从宽制度没有适用罪名和可能判处刑罚的限定，所有刑事案件都可以适用，不能因罪轻、罪重或者罪名特殊等原因而剥夺犯罪嫌疑人、被告人自愿认罪认罚获得从宽处理的机会。但"可以"适用不是一律适用，犯罪嫌疑人、被告人认罪认罚后是否从宽，由司法机关根据案件具体情况决定。

6. "认罪"的把握。认罪认罚从宽制度中的"认罪"，是指犯罪嫌疑人、被告人自愿如实供述自己的罪行，对指控的犯罪事实没有异议。承认指控的主要犯罪事实，仅对个别事实情节提出异议，或者虽然对行为性质提出辩解但表示接受司法机关认定意见的，不影响"认罪"的认定。犯罪嫌疑人、被告人犯数罪，仅如实供述其中一罪或部分罪名事实的，全案不作"认罪"的认定，不适用认罪认罚从宽制度，但对如实供述的部分，人民检察院可以提出从宽处罚的建议，人民法院可以从宽处罚。

7. "认罚"的把握。认罪认罚从宽制度中的"认罚"，是指犯罪嫌疑人、被告人真诚悔罪，愿意接受处罚。"认罚"，在侦查阶段表现为表示愿意接受处罚；在审查起诉阶段表现为接受人民检察院拟作出的起诉或不起诉决定，认可人民检察院的量刑建议，签署认罪认罚具结书；在审判阶段表现为当庭确认自愿签署具结书，愿意接受刑罚处罚。

"认罚"考察的重点是犯罪嫌疑人、被告人的悔罪态度和悔罪表现，应当结合退赃退赔、赔偿损失、赔礼道歉等因素来考量。犯罪嫌疑人、被告人虽然表示"认罚"，却暗中串供、干扰证人作证、毁灭、伪造证据或者隐匿、转移财产，有赔偿能力而不赔偿损失，则不能适用认罪认罚从宽制度。犯罪嫌疑人、被告人享有程序选择权，不同意适用速裁程序、简易程序的，不影响"认罚"的认定。

三、认罪认罚后"从宽"的把握

8. "从宽"的理解。从宽处理既包括实体上从宽处罚，也包括程序上从简处理。"可以从宽"，是指一般应当体现法律规定和政策精神，予以从宽处理。但可以从宽不是一律从宽，对犯罪性质和危害后果特别严重、犯罪手段特别残忍、社会影响特别恶劣的犯罪嫌疑人、被告人，认罪认罚不足以从轻处罚的，依法不予从宽处罚。

办理认罪认罚案件，应当依照刑法、刑事诉讼法的基本原则，根据犯罪的事实、性质、情节和对社会的危害程度，结合法定、酌定的量刑情节，综合考虑认罪认罚的具体情况，依法决定是否从宽、如何从宽。对于减轻、免除处罚，应当于法有据；不具备减轻处罚情节的，应当在法定幅度以内提出从轻处罚的量刑建议和量刑；对其中犯罪情节轻微不需要判处刑罚的，可以依法作出不起诉决定或者判决免予刑事处罚。

9. 从宽幅度的把握。办理认罪认罚案件，应当区别认罪认罚的不同诉讼阶段、对查明案件事实的价值和意义、是否确有悔罪表现，以及罪行严重程度等，综合考量确定从宽的限度和幅度。在刑罚评价上，主动认罪优于被动认罪，早认罪优于晚认罪，彻底认罪优于不彻底认罪，稳定认罪优于不稳定认罪。

认罪认罚的从宽幅度一般应当大于仅有坦白，或者虽认罪但不认罚的从宽幅度。对犯罪嫌疑人、被告人具有自首、坦白情节，同时认罪认罚的，应当在法定刑幅度内给予相对更大的从宽幅度。认罪认罚与自首、坦白不作重复评价。

对罪行较轻、人身危险性较小的，特别是初犯、偶犯，从宽幅度可以大一些；罪行较重、人身危险性较大的，以及累犯、再犯，从宽幅度应当从严把握。

四、犯罪嫌疑人、被告人辩护权保障

10. 获得法律帮助权。人民法院、人民检察院、公安机关办理认罪认罚案件，应当保障犯罪嫌疑人、被告人获得有效法律帮助，确保其了解认罪认罚的性质和法律后果，自愿认罪认罚。

犯罪嫌疑人、被告人自愿认罪认罚，没有辩护人的，人民法院、人民检察院、公安机关（看守所）应当通知值班律师为其提供法律咨询、程序选择建议、申请变更强制措施等法律帮助。符合通知辩护条件的，应当依法通知法律援助机构指派律师为其提供辩护。

人民法院、人民检察院、公安机关（看守所）应当告知犯罪嫌疑人、被告人有权约见值班律师，获得法律帮助，并为其约见值班律师提供便利。犯罪嫌疑人、被告人及其近亲属提出法律帮助请求的，人民法院、人民检察院、公安机关（看守所）应当通知值班律师为其提供法律帮助。

11. 派驻值班律师。法律援助机构可以在人民法院、人民检察院、看守所派驻值班律师。人民法院、人民检察院、看守所应当为派驻值班律师提供必要办公场所和设施。

法律援助机构应当根据人民法院、人民检察院、看守所的法律帮助需求和当地法律服务资源，合理安排值班律师。值班律师可以定期值班或轮流值班，律师资源短缺的地区可以通过探索现场值班和电话、网络值班相结合，在人民法院、人民检察院毗邻设置联合工作站，省内和市内统筹调配律师资源，以及建立政府购买值班律师服务机制等方式，保障法律援助值班律师工作有序开展。

12. 值班律师的职责。值班律师应当维护犯罪嫌疑人、被告人的合法权益，确保犯罪嫌疑人、被告人在充分了解认罪认罚性质和法律后果的情况下，自愿认罪认罚。值班律师应当为认罪认罚的犯罪嫌疑人、被告人提供下列法律帮助：

（一）提供法律咨询，包括告知涉嫌或指控的罪名、相关法律规定，认罪认罚的性质和法律后果等；

（二）提出程序适用的建议；

（三）帮助申请变更强制措施；

（四）对人民检察院认定罪名、量刑建议提出意见；

（五）就案件处理，向人民法院、人民检察院、公安机关提出意见；

（六）引导、帮助犯罪嫌疑人、被告人及其近亲属申请法律援助；

（七）法律法规规定的其他事项。

值班律师可以会见犯罪嫌疑人、被告人，看守所应当为值班律师会见提供便利。危害国家安全犯罪、恐怖活动犯罪案件，侦查期间值班律师会见在押犯罪嫌疑人的，应当经侦查机关许可。自人民检察院对案件审查起诉之日起，值班律师可以查阅案卷材料、了解案情。人民法院、人民检察院应当为值班律师查阅案卷材料提供便利。

值班律师提供法律咨询、查阅案卷材料、会见犯罪嫌疑人或者被告人、提出书面意见等法律帮助活动的相关情况应当记录在案，并随案移送。

13. 法律帮助的衔接。对于被羁押的犯罪嫌疑人、被告人，在不同诉讼阶段，可以由派驻看守所的同一值班律师提供法律帮助。对于未被羁押的犯罪嫌疑人、被告人，前一诉讼阶段的值班律师可以在后续诉讼阶段继续为犯罪嫌疑人、被告人提供法律帮助。

14. 拒绝法律帮助的处理。犯罪嫌疑人、被告人自愿认罪认罚，没有委托辩护人，拒绝值班律师帮助的，人民法院、人民检察院、公安机关应当允许，记录在案并随案移送。但是审查起诉阶段签署认罪认罚具结书时，人民检察院应当通知值班律师到场。

15. 辩护人职责。认罪认罚案件犯罪嫌疑人、被告人委托辩护人或者法律援助机构指派律师为其辩护的，辩护律师在侦查、审查起诉和审判阶段，应当与犯罪嫌疑人、被告人就是否认罪认罚进行沟通，提供法律咨询和帮助，并就定罪量刑、诉讼程序适用等向办案机关提出意见。

五、被害方权益保障

16. 听取意见。办理认罪认罚案件，应当听取被害人及其诉讼代理人的意见，并将犯罪嫌疑人、被告人是否与被害方达成和解协议、调解协议或者赔偿被害方损失，取得被害方谅解，作为从宽处罚的重要考虑因素。人民检察院、公安机关听取意见情况应当记录在案并随案移送。

17. 促进和解谅解。对符合当事人和解程序适用条件的公诉案件，犯罪嫌疑人、被告人认罪认罚的，人民法院、人民检察院、公安机关应当积极促进当事人自愿达成和解。对其他认罪认罚案件，人民法院、人民检察院、公安机关可以促进犯罪嫌疑人、被告人通过向被害方赔偿损失、赔礼道歉等方式获得谅解，被害方出具的谅解意见应当随案移送。

人民法院、人民检察院、公安机关在促进当事人和解谅解过程中，应当向被害方释明认罪认罚从宽、公诉案件当事人和解适用程序等具体法律规定，充分听取被害方意见，符合司法救助条件的，应当积极协调办理。

18. 被害方异议的处理。被害人及其诉讼代理人不同意对认罪认罚的犯罪嫌疑人、被告人从宽处理的，不影响认罪认罚从宽制度的适用。犯罪嫌疑人、被告人认罪认罚，但没有退赃退赔、赔偿损失，未能与被害方达成调解或者和解协议的，从宽时应当予以酌减。犯罪嫌疑人、被告人自愿认罪并且愿意积极赔偿损失，但由于被害方赔偿请求明显不合理，未能达成调解或者和解协议的，一般不影响对犯罪嫌疑人、被告人从宽处理。

六、强制措施的适用

19. 社会危险性评估。人民法院、人民检察院、公安机关应当将犯罪嫌疑人、被告人认罪认罚作为其是否具有社会危险性的重要考虑因素。对于罪行较轻、采用非羁押性强制措施足以防止发生刑事诉讼法第八十一条第一款规定的社会危险性的犯罪嫌疑人、被告人，根据犯罪性质及可能判处的刑罚，依法可不适用羁押性强制措施。

20. 逮捕的适用。犯罪嫌疑人认罪认罚，公安机关认为罪行较轻、没有社会危险性的，应当不再提请人民检察院审查逮捕。对提请逮捕的，人民检察院认为没有社会危险性不需要逮捕的，应当作出不批准逮捕的决定。

21. 逮捕的变更。已经逮捕的犯罪嫌疑人、被告人认罪认罚的，人民法院、人民检察院应当及时审查羁押的必要性，经审查认为没有继续羁押必要的，应当变更为取保候审或者监视居住。

七、侦查机关的职责

22．权利告知和听取意见。公安机关在侦查过程中，应当告知犯罪嫌疑人享有的诉讼权利、如实供述罪行可以从宽处理和认罪认罚的法律规定，听取犯罪嫌疑人及其辩护人或者值班律师的意见，记录在案并随案移送。

对在非讯问时间、办案人员不在场情况下，犯罪嫌疑人向看守所工作人员或者辩护人、值班律师表示愿意认罪认罚的，有关人员应当及时告知办案单位。

23．认罪教育。公安机关在侦查阶段应当同步开展认罪教育工作，但不得强迫犯罪嫌疑人认罪，不得作出具体的从宽承诺。犯罪嫌疑人自愿认罪，愿意接受司法机关处罚的，应当记录在案并附卷。

24．起诉意见。对移送审查起诉的案件，公安机关应当在起诉意见书中写明犯罪嫌疑人自愿认罪认罚情况。认为案件符合速裁程序适用条件的，可以在起诉意见书中建议人民检察院适用速裁程序办理，并简要说明理由。

对可能适用速裁程序的案件，公安机关应当快速办理，对犯罪嫌疑人未被羁押的，可以集中移送审查起诉，但不得为集中移送拖延案件办理。

对人民检察院在审查逮捕期间或者重大案件听取意见中提出的开展认罪认罚工作的意见或建议，公安机关应当认真听取，积极开展相关工作。

25．执法办案管理中心建设。加快推进公安机关执法办案管理中心建设，探索在执法办案管理中心设置速裁法庭，对适用速裁程序的案件进行快速办理。

八、审查起诉阶段人民检察院的职责

26．权利告知。案件移送审查起诉后，人民检察院应当告知犯罪嫌疑人享有的诉讼权利和认罪认罚的法律规定，保障犯罪嫌疑人的程序选择权。告知应当采取书面形式，必要时应当充分释明。

27．听取意见。犯罪嫌疑人认罪认罚的，人民检察院应当就下列事项听取犯罪嫌疑人、辩护人或者值班律师的意见，记录在案并附卷：

（一）涉嫌的犯罪事实、罪名及适用的法律规定；

（二）从轻、减轻或者免除处罚等从宽处罚的建议；

（三）认罪认罚后案件审理适用的程序；

（四）其他需要听取意见的情形。

人民检察院未采纳辩护人、值班律师意见的，应当说明理由。

28．自愿性、合法性审查。对侦查阶段认罪认罚的案件，人民检察院应当重点审查以下内容：

（一）犯罪嫌疑人是否自愿认罪认罚，有无因受到暴力、威胁、引诱而违背意愿认罪认罚；

（二）犯罪嫌疑人认罪认罚时的认知能力和精神状态是否正常；

（三）犯罪嫌疑人是否理解认罪认罚的性质和可能导致的法律后果；

（四）侦查机关是否告知犯罪嫌疑人享有的诉讼权利，如实供述自己罪行可以从宽处理和认罪认罚的法律规定，并听取意见；

（五）起诉意见书中是否写明犯罪嫌疑人认罪认罚情况；

（六）犯罪嫌疑人是否真诚悔罪，是否向被害人赔礼道歉。

经审查，犯罪嫌疑人违背意愿认罪认罚的，人民检察院可以重新开展认罪认罚工作。存在刑讯逼供等非法取证行为的，依照法律规定处理。

29. 证据开示。人民检察院可以针对案件具体情况，探索证据开示制度，保障犯罪嫌疑人的知情权和认罪认罚的真实性及自愿性。

30. 不起诉的适用。完善起诉裁量权，充分发挥不起诉的审前分流和过滤作用，逐步扩大相对不起诉在认罪认罚案件中的适用。对认罪认罚后没有争议，不需要判处刑罚的轻微刑事案件，人民检察院可以依法作出不起诉决定。人民检察院应当加强对案件量刑的预判，对其中可能判处免刑的轻微刑事案件，可以依法作出不起诉决定。

对认罪认罚后案件事实不清、证据不足的案件，应当依法作出不起诉决定。

31. 签署具结书。犯罪嫌疑人自愿认罪，同意量刑建议和程序适用的，应当在辩护人或者值班律师在场的情况下签署认罪认罚具结书。犯罪嫌疑人被羁押的，看守所应当为签署具结书提供场所。具结书应当包括犯罪嫌疑人如实供述罪行、同意量刑建议、程序适用等内容，由犯罪嫌疑人、辩护人或者值班律师签名。

犯罪嫌疑人认罪认罚，有下列情形之一的，不需要签署认罪认罚具结书：

（一）犯罪嫌疑人是盲、聋、哑人，或者是尚未完全丧失辨认或者控制自己行为能力的精神病人的；

（二）未成年犯罪嫌疑人的法定代理人、辩护人对未成年人认罪认罚有异议的；

（三）其他不需要签署认罪认罚具结书的情形。

上述情形犯罪嫌疑人未签署认罪认罚具结书的，不影响认罪认罚从宽制度的适用。

32. 提起公诉。人民检察院向人民法院提起公诉的，应当在起诉书中写明被告人认罪认罚情况，提出量刑建议，并移送认罪认罚具结书等材料。量刑建议书可以另行制作，也可以在起诉书中写明。

33. 量刑建议的提出。犯罪嫌疑人认罪认罚的，人民检察院应当就主刑、附加刑、是否适用缓刑等提出量刑建议。人民检察院提出量刑建议前，应当充分听取犯罪嫌疑人、辩护人或者值班律师的意见，尽量协商一致。

办理认罪认罚案件，人民检察院一般应当提出确定刑量刑建议。对新类型、不常见犯罪案件，量刑情节复杂的重罪案件等，也可以提出幅度刑量刑建议。提出量刑建议，应当说明理由和依据。

犯罪嫌疑人认罪认罚没有其他法定量刑情节的，人民检察院可以根据犯罪的事实、性质等，在基准刑基础上适当减让提出确定刑量刑建议。有其他法定量刑情节的，人民检察院应当综合认罪认罚和其他法定量刑情节，参照相关量刑规范提出确定刑量刑建议。

犯罪嫌疑人在侦查阶段认罪认罚的，主刑从宽的幅度可以在前款基础上适当放宽；被告人在审判阶段认罪认罚的，在前款基础上可以适当缩减。建议判处罚金刑的，参照主刑的从宽幅度提出确定的数额。

34. 速裁程序的办案期限。犯罪嫌疑人认罪认罚，人民检察院经审查，认为符合速裁程序适用条件的，应当在十日以内作出是否提起公诉的决定；对可能判处的有期徒刑超过一年的，可以在十五日以内作出是否提起公诉的决定。

九、社会调查评估

35. 侦查阶段的社会调查。犯罪嫌疑人认罪认罚，可能判处管制、宣告缓刑的，公安机关可以委托犯罪嫌疑人居住地的社区矫正机构进行调查评估。

公安机关在侦查阶段委托社区矫正机构进行调查评估，社区矫正机构在公安机关移送审查起诉后完成调查评估的，应当及时将评估意见提交受理案件的人民检察院或者人民法院，并抄送公安机关。

36. 审查起诉阶段的社会调查。犯罪嫌疑人认罪认罚，人民检察院拟提出缓刑或者管制量刑建议的，可以及时委托犯罪嫌疑人居住地的社区矫正机构进行调查评估，也可以自行调查评估。人民检察院提起公诉时，已收到调查材料的，应当将材料一并移送，未收到调查材料的，应当将委托文书随案移送；在提起公诉后收到调查材料的，应当及时移送人民法院。

37. 审判阶段的社会调查。被告人认罪认罚，人民法院拟判处管制或者宣告缓刑的，可以及时委托被告人居住地的社区矫正机构进行调查评估，也可以自行调查评估。

社区矫正机构出具的调查评估意见，是人民法院判处管制、宣告缓刑的重要参考。对没有委托社区矫正机构进行调查评估或者判决前未收到社区矫正机构调查评估报告的认罪认罚案件，人民法院经审理认为被告人符合管制、缓刑适用条件的，可以判处管制、宣告缓刑。

38. 司法行政机关的职责。受委托的社区矫正机构应当根据委托机关的要求，对犯罪嫌疑人、被告人的居所情况、家庭和社会关系、一贯表现、犯罪行为的后果和影响、居住地村（居）民委员会和被害人意见、拟禁止的事项等进行调查了解，形成评估意见，及时提交委托机关。

十、审判程序和人民法院的职责

39. 审判阶段认罪认罚自愿性、合法性审查。办理认罪认罚案件，人民法院应当告知被告人享有的诉讼权利和认罪认罚的法律规定，听取被告人及其辩护人或者值班律师的意见。庭审中应当对认罪认罚的自愿性、具结书内容的真实性和合法性进行审查核实，重点核实以下内容：

（一）被告人是否自愿认罪认罚，有无因受到暴力、威胁、引诱而违背意愿认罪认罚；

（二）被告人认罪认罚时的认知能力和精神状态是否正常；

（三）被告人是否理解认罪认罚的性质和可能导致的法律后果；

（四）人民检察院、公安机关是否履行告知义务并听取意见；

（五）值班律师或者辩护人是否与人民检察院进行沟通，提供了有效法律帮助或者辩护，并在场见证认罪认罚具结书的签署。

庭审中审判人员可以根据具体案情，围绕定罪量刑的关键事实，对被告人认罪认罚的自愿性、真实性等进行发问，确认被告人是否实施犯罪，是否真诚悔罪。

被告人违背意愿认罪认罚，或者认罪认罚后又反悔，依法需要转换程序的，应当按照普通程序对案件重新审理。发现存在刑讯逼供等非法取证行为的，依照法律规定处理。

40. 量刑建议的采纳。对于人民检察院提出的量刑建议，人民法院应当依法进行审查。对于事实清楚，证据确实、充分，指控的罪名准确，量刑建议适当的，人民法院应当采纳。具有下列情形之一的，不予采纳：

（一）被告人的行为不构成犯罪或者不应当追究刑事责任的；

（二）被告人违背意愿认罪认罚的；

（三）被告人否认指控的犯罪事实的；

（四）起诉指控的罪名与审理认定的罪名不一致的；

（五）其他可能影响公正审判的情形。

对于人民检察院起诉指控的事实清楚，量刑建议适当，但指控的罪名与审理认定的罪名不一致的，人民法院可以听取人民检察院、被告人及其辩护人对审理认定罪名的意见，依法作出裁判。

人民法院不采纳人民检察院量刑建议的，应当说明理由和依据。

41. 量刑建议的调整。人民法院经审理，认为量刑建议明显不当，或者被告人、辩护人对量刑建议有异议且有理有据的，人民法院应当告知人民检察院，人民检察院可以调整量刑建议。人民法院认为调整后的量刑建议适当的，应当予以采纳；人民检察院不调整量刑建议或者调整后仍然明显不当的，人民法院应当依法作出判决。

适用速裁程序审理的，人民检察院调整量刑建议应当在庭前或者当庭提出。调整量刑建议后，被告人同意继续适用速裁程序的，不需要转换程序处理。

42. 速裁程序的适用条件。基层人民法院管辖的可能判处三年有期徒刑以下刑罚的案件，案件事实清楚，证据确实、充分，被告人认罪认罚并同意适用速裁程序的，可以适用速裁程序，由审判员一人独任审判。人民检察院提起公诉时，可以建议人民法院适用速裁程序。

有下列情形之一的，不适用速裁程序办理：

（一）被告人是盲、聋、哑人，或者是尚未完全丧失辨认或者控制自己行为能力的精神病人的；

（二）被告人是未成年人的；

（三）案件有重大社会影响的；

（四）共同犯罪案件中部分被告人对指控的犯罪事实、罪名、量刑建议或者适用速裁程序有异议的；

（五）被告人与被害人或者其法定代理人没有就附带民事诉讼赔偿等事项达成调解或者和解协议的；

（六）其他不宜适用速裁程序办理的案件。

43. 速裁程序的审理期限。适用速裁程序审理案件，人民法院应当在受理后十日以内审结；对可能判处的有期徒刑超过一年的，应当在十五日以内审结。

44. 速裁案件的审理程序。适用速裁程序审理案件，不受刑事诉讼法规定的送达期限的限制，一般不进行法庭调查、法庭辩论，但在判决宣告前应当听取辩护人的意见和被告人的最后陈述意见。

人民法院适用速裁程序审理案件，可以在向被告人送达起诉书时一并送达权利义务告知书、开庭传票，并核实被告人自然信息等情况。根据需要，可以集中送达。

人民法院适用速裁程序审理案件，可以集中开庭，逐案审理。人民检察院可以指派公诉人集中出庭支持公诉。公诉人简要宣读起诉书后，审判人员应当当庭询问被告人对指控事实、证据、量刑建议以及适用速裁程序的意见，核实具结书签署的自愿性、真实性、合法性，并核实附带民事诉讼赔偿等情况。

适用速裁程序审理案件，应当当庭宣判。集中审理的，可以集中当庭宣判。宣判时，根据案件需要，可以由审判员进行法庭教育。裁判文书可以简化。

45. 速裁案件的二审程序。被告人不服适用速裁程序作出的第一审判决提出上诉的案件，可以不开庭审理。第二审人民法院审查后，按照下列情形分别处理：

（一）发现被告人以事实不清、证据不足为由提出上诉的，应当裁定撤销原判，发回原审人民法院适用普通程序重新审理，不再按认罪认罚案件从宽处罚；

（二）发现被告人以量刑不当为由提出上诉的，原判量刑适当的，应当裁定驳回上诉，维持原判；原判量刑不当的，经审理后依法改判。

46. 简易程序的适用。基层人民法院管辖的被告人认罪认罚案件，事实清楚、证据充分，被告人对适用简易程序没有异议的，可以适用简易程序审判。

适用简易程序审理认罪认罚案件，公诉人可以简要宣读起诉书，审判人员当庭询问被告人对指控的犯罪事实、证据、量刑建议及适用简易程序的意见，核实具结书签署的自愿性、真实性、合法性。法庭调查可以简化，但对有争议的事实和证据应当进行调查、质证，法庭辩论可以仅围绕有争议的问题进行。裁判文书可以简化。

47. 普通程序的适用。适用普通程序办理认罪认罚案件，可以适当简化法庭调查、辩论程序。公诉人宣读起诉书后，合议庭当庭询问被告人对指控的犯罪事实、证据及量刑建议的意见，核实具结书签署的自愿性、真实性、合法性。公诉人、辩护人、审判人员对被告人的讯问、发问可以简化。对控辩双方无异议的证据，可以仅就证据名称及证明内容进行说明；对控辩双方有异议，或者法庭认为有必要调查核实的证据，应当出示并进行质证。法庭辩论主要围绕有争议的问题进行，裁判文书可以适当简化。

48. 程序转换。人民法院在适用速裁程序审理过程中，发现有被告人的行为不构成犯罪或者不应当追究刑事责任、被告人违背意愿认罪认罚、被告人否认指控的犯罪事实情形的，应当转为普通程序审理。发现其他不宜适用速裁程序但符合简易程序适用条件的，应当转为简易程序重新审理。

发现有不宜适用简易程序审理情形的，应当转为普通程序审理。

人民检察院在人民法院适用速裁程序审理案件过程中，发现有不宜适用速裁程序审理情形的，应当建议人民法院转为普通程序或者简易程序重新审理；发现有不宜适用简易程序审理情形的，应当建议人民法院转为普通程序重新审理。

49. 被告人当庭认罪认罚案件的处理。被告人在侦查、审查起诉阶段没有认罪认罚，但当庭认罪，愿意接受处罚的，人民法院应当根据审理查明的事实，就定罪和量刑听取控辩双方意见，依法作出裁判。

50. 第二审程序中被告人认罪认罚案件的处理。被告人在第一审程序中未认罪认罚，在第二审程序中认罪认罚的，审理程序依照刑事诉讼法规定的第二审程序进行。第二审人民法院应当根据其认罪认罚的价值、作用决定是否从宽，并依法作出裁判。确定从宽幅度时应当与第一审程序认罪认罚有所区别。

十一、认罪认罚的反悔和撤回

51. 不起诉后反悔的处理。因犯罪嫌疑人认罪认罚，人民检察院依照刑事诉讼法第一百七十七条第二款作出不起诉决定后，犯罪嫌疑人否认指控的犯罪事实或者不积极履行赔礼道歉、退赃退赔、赔偿损失等义务的，人民检察院应当进行审查，区分下列情形依法作出处理：

（一）发现犯罪嫌疑人没有犯罪事实，或者符合刑事诉讼法第十六条规定的情形之一的，应当撤销原不起诉决定，依法重新作出不起诉决定；

（二）认为犯罪嫌疑人仍属于犯罪情节轻微，依照刑法规定不需要判处刑罚或者免除刑罚的，可以维持原不起诉决定；

（三）排除认罪认罚因素后，符合起诉条件的，应当根据案件具体情况撤销原不起诉决定，依法提起公诉。

52. 起诉前反悔的处理。犯罪嫌疑人认罪认罚，签署认罪认罚具结书，在人民检察院提起公诉前反悔的，具结书失效，人民检察院应当在全面审查事实证据的基础上，依法提起公诉。

53. 审判阶段反悔的处理。案件审理过程中，被告人反悔不再认罪认罚的，人民法院应当根据审理查明的事实，依法作出裁判。需要转换程序的，依照本意见的相关规定处理。

54. 人民检察院的法律监督。完善人民检察院对侦查活动和刑事审判活动的监督机制，加强对认罪认罚案件办理全过程的监督，规范认罪认罚案件的抗诉工作，确保无罪的人不受刑事追究、有罪的人受到公正处罚。

十二、未成年人认罪认罚案件的办理

55. 听取意见。人民法院、人民检察院办理未成年人认罪认罚案件，应当听取未成年犯罪嫌疑人、被告人的法定代理人的意见，法定代理人无法到场的，应当听取合适成年人的意见，但受案时犯罪嫌疑人已经成年的除外。

56. 具结书签署。未成年犯罪嫌疑人签署认罪认罚具结书时，其法定代理人应当到场并签字确认。法定代理人无法到场的，合适成年人应当到场签字确认。法定代理人、辩护人对未成年人认罪认罚有异议的，不需要签署认罪认罚具结书。

57. 程序适用。未成年人认罪认罚案件，不适用速裁程序，但应当贯彻教育、感化、挽救的方针，坚持从快从宽原则，确保案件及时办理，最大限度保护未成年人合法权益。

58. 法治教育。办理未成年人认罪认罚案件，应当做好未成年犯罪嫌疑人、被告人的认罪服法、悔过教育工作，实现惩教结合目的。

十三、附则

59. 国家安全机关、军队保卫部门、中国海警局、监狱办理刑事案件，适用本意见的有关规定。

60. 本指导意见由会签单位协商解释，自发布之日起施行。

7. 最高人民法院、最高人民检察院、公安部关于办理信息网络犯罪案件适用刑事诉讼程序若干问题的意见（2022年8月26日　法发〔2022〕23号）

为依法惩治信息网络犯罪活动，根据《中华人民共和国刑法》《中华人民共和国刑事诉讼法》以及有关法律、司法解释的规定，结合侦查、起诉、审判实践，现就办理此类案件适用刑事诉讼程序问题提出以下意见。

一、关于信息网络犯罪案件的范围

1. 本意见所称信息网络犯罪案件包括：

（1）危害计算机信息系统安全犯罪案件；

（2）拒不履行信息网络安全管理义务、非法利用信息网络、帮助信息网络犯罪活动的犯罪案件；

（3）主要行为通过信息网络实施的诈骗、赌博、侵犯公民个人信息等其他犯罪案件。

二、关于信息网络犯罪案件的管辖

2. 信息网络犯罪案件由犯罪地公安机关立案侦查。必要时，可以由犯罪嫌疑人居住地公安机关立案侦查。

信息网络犯罪案件的犯罪地包括用于实施犯罪行为的网络服务使用的服务器所在地，网络服务提供者所在地，被侵害的信息网络系统及其管理者所在地，犯罪过程中犯罪嫌疑人、被害人或者其他涉案人员使用的信息网络系统所在地，被害人被侵害时所在地以及被害人财产遭受损失地等。

涉及多个环节的信息网络犯罪案件，犯罪嫌疑人为信息网络犯罪提供帮助的，其犯罪地、居住地或者被帮助对象的犯罪地公安机关可以立案侦查。

3. 有多个犯罪地的信息网络犯罪案件，由最初受理的公安机关或者主要犯罪地公安机关立案侦查。有争议的，按照有利于查清犯罪事实、有利于诉讼的原则，协商解决；经协商无法达成一致的，由共同上级公安机关指定有关公安机关立案侦查。需要提请批准逮捕、移送审查起诉、提起公诉的，由立案侦查的公安机关所在地的人民检察院、人民法院受理。

4. 具有下列情形之一的，公安机关、人民检察院、人民法院可以在其职责范围内并案处理：

（1）一人犯数罪的；

（2）共同犯罪的；

（3）共同犯罪的犯罪嫌疑人、被告人还实施其他犯罪的；

（4）多个犯罪嫌疑人、被告人实施的犯罪行为存在关联，并案处理有利于查明全部案件事实的。

对为信息网络犯罪提供程序开发、互联网接入、服务器托管、网络存储、通讯传输等技术支持，或者广告推广、支付结算等帮助，涉嫌犯罪的，可以依照第一款的规定并案侦查。

有关公安机关依照前两款规定并案侦查的案件，需要提请批准逮捕、移送审查起诉、提起公诉的，由该公安机关所在地的人民检察院、人民法院受理。

5. 并案侦查的共同犯罪或者关联犯罪案件，犯罪嫌疑人人数众多、案情复杂的，公安机关可以分案移送审查起诉。分案移送审查起诉的，应当对并案侦查的依据、分案移送审查起诉的理由作出说明。

对于前款规定的案件，人民检察院可以分案提起公诉，人民法院可以分案审理。

分案处理应当以有利于保障诉讼质量和效率为前提，并不得影响当事人质证权等诉讼权利的行使。

6. 依照前条规定分案处理，公安机关、人民检察院、人民法院在分案前有管辖权的，分案后对相关案件的管辖权不受影响。根据具体情况，分案处理的相关案件可以由不同审级的人民法院分别审理。

7. 对于共同犯罪或者已并案侦查的关联犯罪案件，部分犯罪嫌疑人未到案，但不影响对已到案共同犯罪或者关联犯罪的犯罪嫌疑人、被告人的犯罪事实认定的，可以先行追究已到案犯罪嫌疑人、被告人的刑事责任。之前未到案的犯罪嫌疑人、被告人归案后，可以由原办案机关所在地公安机关、人民检察院、人民法院管辖其所涉及的案件。

8. 对于具有特殊情况，跨省（自治区、直辖市）指定异地公安机关侦查更有利于查清犯罪事实、保证案件公正处理的重大信息网络犯罪案件，以及在境外实施的信息网络犯罪案件，公安部可以商最高人民检察院和最高人民法院指定侦查管辖。

9. 人民检察院对于审查起诉的案件，按照刑事诉讼法的管辖规定，认为应当由上级人民检察院或者同级其他人民检察院起诉的，应当将案件移送有管辖权的人民检察院，并通知移送起诉的公安机关。人民检察院认为需要依照刑事诉讼法的规定指定审判管辖的，应当协商同级人民法院办理指定管辖有关事宜。

10. 犯罪嫌疑人被多个公安机关立案侦查的，有关公安机关一般应当协商并案处理，并依法移送案件。协商不成的，可以报请共同上级公安机关指定管辖。

人民检察院对于审查起诉的案件，发现犯罪嫌疑人还有犯罪被异地公安机关立案侦查的，应当通知移送审查起诉的公安机关。

人民法院对于提起公诉的案件，发现被告人还有其他犯罪被审查起诉、立案侦查的，可以协商人民检察院、公安机关并案处理，但可能造成审判过分迟延的除外。决定对有关犯罪并案处理，符合《中华人民共和国刑事诉讼法》第二百零四条规定的，人民检察院可以建议人民法院延期审理。

三、关于信息网络犯罪案件的调查核实

11. 公安机关对接受的案件或者发现的犯罪线索，在审查中发现案件事实或者线索不明，需要经过调查才能够确认是否达到刑事立案标准的，经公安机关办案部门负责人批准，可以进行调查核实；经过调查核实达到刑事立案标准的，应当及时立案。

12. 调查核实过程中，可以采取询问、查询、勘验、检查、鉴定、调取证据材料等不限制被调查对象人身、财产权利的措施，不得对被调查对象采取强制措施，不得查封、扣押、冻结被调查对象的财产，不得采取技术侦查措施。

13. 公安机关在调查核实过程中依法收集的电子数据等材料，可以根据有关规定作为证据使用。

调查核实过程中收集的材料作为证据使用的，应当随案移送，并附批准调查核实的相关材料。

调查核实过程中收集的证据材料经查证属实，且收集程序符合有关要求的，可以作为定案依据。

四、关于信息网络犯罪案件的取证

14. 公安机关向网络服务提供者调取电子数据的，应当制作调取证据通知书，注明需要调取的电子数据的相关信息。调取证据通知书及相关法律文书可以采用数据电文形式。跨地域调取电子数据的，可以通过公安机关信息化系统传输相关数据电文。

网络服务提供者向公安机关提供电子数据的，可以采用数据电文形式。采用数据电文形式提供电子数据的，应当保证电子数据的完整性，并制作电子证明文件，载明调证法律文书编号、单位电子公章、完整性校验值等保护电子数据完整性方法的说明等信息。

数据电文形式的法律文书和电子证明文件，应当使用电子签名、数字水印等方式保证完整性。

15. 询（讯）问异地证人、被害人以及与案件有关联的犯罪嫌疑人的，可以由办案地公安机关通过远程网络视频等方式进行并制作笔录。

远程询（讯）问的，应当由协作地公安机关事先核实被询（讯）问人的身份。办案地公安机关应当将询（讯）问笔录传输至协作地公安机关。询（讯）问笔录经被询

（讯）问人确认并逐页签名、捺指印后，由协作地公安机关协作人员签名或者盖章，并将原件提供给办案地公安机关。询（讯）问人员收到笔录后，应当在首页右上方写明"于某年某月某日收到"，并签名或者盖章。

远程询（讯）问的，应当对询（讯）问过程同步录音录像，并随案移送。

异地证人、被害人以及与案件有关联的犯罪嫌疑人亲笔书写证词、供词的，参照执行本条第二款规定。

16. 人民检察院依法自行侦查、补充侦查，或者人民法院调查核实相关证据的，适用本意见第 14 条、第 15 条的有关规定。

17. 对于依照本意见第 14 条的规定调取的电子数据，人民检察院、人民法院可以通过核验电子签名、数字水印、电子数据完整性校验值及调证法律文书编号是否与证明文件相一致等方式，对电子数据进行审查判断。

对调取的电子数据有疑问的，由公安机关、提供电子数据的网络服务提供者作出说明，或者由原调取机关补充收集相关证据。

五、关于信息网络犯罪案件的其他问题

18. 采取技术侦查措施收集的材料作为证据使用的，应当随案移送，并附采取技术侦查措施的法律文书、证据材料清单和有关说明材料。

移送采取技术侦查措施收集的视听资料、电子数据的，应当由两名以上侦查人员制作复制件，并附制作说明，写明原始证据材料、原始存储介质的存放地点等信息，由制作人签名，并加盖单位印章。

19. 采取技术侦查措施收集的证据材料，应当经过当庭出示、辨认、质证等法庭调查程序查证。

当庭调查技术侦查证据材料可能危及有关人员的人身安全，或者可能产生其他严重后果的，法庭应当采取不暴露有关人员身份和技术侦查措施使用的技术设备、技术方法等保护措施。必要时，审判人员可以在庭外对证据进行核实。

20. 办理信息网络犯罪案件，对于数量特别众多且具有同类性质、特征或者功能的物证、书证、证人证言、被害人陈述、视听资料、电子数据等证据材料，确因客观条件限制无法逐一收集的，应当按照一定比例或者数量选取证据，并对选取情况作出说明和论证。

人民检察院、人民法院应当重点审查取证方法、过程是否科学。经审查认为取证不科学的，应当由原取证机关作出补充说明或者重新取证。

人民检察院、人民法院应当结合其他证据材料，以及犯罪嫌疑人、被告人及其辩护人所提辩解、辩护意见，审查认定取得的证据。经审查，对相关事实不能排除合理怀疑的，应当作出有利于犯罪嫌疑人、被告人的认定。

21. 对于涉案人数特别众多的信息网络犯罪案件，确因客观条件限制无法收集证据逐一证明、逐人核实涉案账户的资金来源，但根据银行账户、非银行支付账户等交易记录和其他证据材料，足以认定有关账户主要用于接收、流转涉案资金的，可以按照该账户接收的资金数额认定犯罪数额，但犯罪嫌疑人、被告人能够作出合理说明的除外。案外人提出异议的，应当依法审查。

22. 办理信息网络犯罪案件，应当依法及时查封、扣押、冻结涉案财物，督促涉案人员退赃退赔，及时追赃挽损。

公安机关应当全面收集证明涉案财物性质、权属情况、依法应予追缴、没收或者责令退赔的证据材料,在移送审查起诉时随案移送并作出说明。其中,涉案财物需要返还被害人的,应当尽可能查明被害人损失情况。人民检察院应当对涉案财物的证据材料进行审查,在提起公诉时提出处理意见。人民法院应当依法作出判决,对涉案财物作出处理。

对应当返还被害人的合法财产,权属明确的,应当依法及时返还;权属不明的,应当在人民法院判决、裁定生效后,按比例返还被害人,但已获退赔的部分应予扣除。

23. 本意见自 2022 年 9 月 1 日起施行。《最高人民法院、最高人民检察院、公安部关于办理网络犯罪案件适用刑事诉讼程序若干问题的意见》(公通字〔2014〕10 号)同时废止。

第二节 审判实践中的疑难新型问题

问题1. 坚持疑罪从无原则,如何把握"疑罪"的认定标准?

【刑事审判参考案例】任某玲故意杀人案[①]

一、基本案情

西安市中级人民法院经审理认为,公诉机关指控被告人任某玲因感情纠葛而报复杀害计某某的事实不清,证据之间存在的疑点和矛盾无法排除,现有证据不能证明起诉书指控的犯罪事实,也不能完全排除他人作案的可能。被告人任某玲的辩护人所提本案证据不足、公诉机关指控不能成立的辩护意见,予以采纳。具体如下:第一,公诉机关当庭出示的被害人弥某某陈述、证人华某某、计某宏、王某民等的证言、手机通话记录等证据,仅能证明任某玲与华某某、弥某某三人存在感情纠葛,任某玲得知华某某因弥某某要与其分手而产生怨恨心理,具有作案动机;任某玲与弥某某在案发当日多次电话联系,并去过作案现场,具有作案时间。第二,被害人弥某某的睡衣及床单上的血迹中检出地西泮及阿普唑仑成分,但含有地西泮及阿普唑仑成分的镇静药物来源及残留物去向,缺乏相应的证据证实。任某玲归案后虽作过有罪供述,但从侦查到审判阶段从未供述过使用镇静药物的情况。第三,任某玲供述中提到的咖啡奶茶杯、烟头、手机、钥匙、血衣等物证,均未提取到案,无法印证其供述的真实性。第四,现场提取的刀具未作指纹鉴定,且刀具上未检出死者计某某的血迹,不能确定该刀具是作案工具,也不能确定任某玲曾持有该刀具。第五,侦查机关对现场周围住户没有系统排查,不能确定被害人弥某某所住院子的大门在案发当晚是否关闭、是否反锁,无法排除案发当晚有其他人进入案发现场。第六,在案证据之间还存在以下矛盾:(1)证人文某贤证实,其进入现场后,看见弥某某房中茶几上放着一把水果刀,其把水果刀拨到地上,但现场勘查笔录显示,

---

[①] 尤青、主勇撰稿,罗国良审编:《任某玲故意杀人案——如何把握"疑罪"的认定标准(第1058号)》,载中华人民共和国最高人民法院刑事审判第一、二、三、四、五庭主办:《刑事审判参考》2015年第1集(总第102集),法律出版社2016年版,第21~31页。

在进房门左侧白色木柜上放着一把水果刀,刀上有血迹。(2)被害人弥某某称计某某睡前穿白色 T 恤、裤头,但现场勘查笔录和照片显示,计某某穿的是长裤。(3)任某玲归案后的多次供述存在矛盾。据此,依照《中华人民共和国刑事诉讼法》(以下简称《刑事诉讼法》)第一百九十五条①第三项和《最高人民法院关于适用〈中华人民共和国刑事诉讼法〉的解释》第二百四十一条②第一款第四项之规定,西安市中级人民法院判决宣告被告人任某玲无罪。

一审宣判后,西安市人民检察院提出抗诉。理由如下:第一,本案有被害人弥某某陈述,证人华某某、王某民等的证言证实被告人任某玲有作案动机和作案时间。第二,弥某某称饮用任某玲带来的饮料后昏睡,对自己手腕被割以及儿子计某某被杀等一概不知,与鉴定意见证实的从床单上弥某某的血迹中检出地西泮及阿普唑仑成分相印证,足以认定任某玲在其带到现场的饮料中投放有镇静类药物。第三,任某玲供称用手卡住计某某的脖子,用刀在计某某颈部连续捅刺两下,与鉴定意见证实的计某某系在被他人扼压颈部致机械性窒息的状态下又被刺伤颈部致椎动脉破裂大量失血,以及计某某颈部创口皮瓣可由现场提取的水果刀两次抽动形成等情况相印证。第四,本案案发时现场只有任某玲及弥某某、计某某三人,不存在他人作案的可能。综上,应认定任某玲的行为构成故意杀人罪。

陕西省人民检察院认为,西安市人民检察院的抗诉理由成立,被告人任某玲持刀杀害计某某的基本事实清楚,基本证据确实,原审判决错误。

陕西省高级人民法院经审理认为,公诉机关提供的证据能够证实被害人计某某遇害,被告人任某玲有作案动机,去过犯罪现场,具有作案时间。但公诉机关证明任某玲杀害计某某的证据不充分,主要依据的是任某玲的供述,而任某玲的供述前后不一,诸多内容不合情理,且未得到其他证据印证。由于案件证据之间存在的矛盾无法排除,依据现有证据不能得出任某玲杀害计某某的唯一结论。据此,陕西省高级人民法院依法裁定驳回抗诉,维持原判。

二、主要问题

坚持疑罪从无原则,如何把握"疑罪"的认定标准?

三、裁判理由

疑罪从无,是司法机关认定刑事案件待证事实应当遵循的重要证据法则。坚持疑罪从无原则,要准确把握疑罪的认定标准。特别是当公诉机关对案件是否属于疑罪存在分歧意见时,法院要结合证明责任和证明标准充分说明认定疑罪的理由。

(一)对疑罪的认定应当紧扣法律规定的证明责任和证明标准,有针对性地说明理由

一般认为,"疑罪"是指定罪的事实不清、证据不足;案件中一般的细枝末节问题和不影响定罪事实的疑点,不可轻率适用疑罪从无原则。这是认定疑罪的基本原则。具体到个案,对疑罪的认定,要注意结合证明责任和证明标准充分说明理由。

1. 疑罪是公诉机关未能实现法定证明责任的结果

根据刑事诉讼法的规定,公诉案件中被告人有罪的举证责任由人民检察院承担。据此,人民检察院应当提供确实、充分的证据证明被告人有罪,否则,一旦因举证不力而

---

① 现为《中华人民共和国刑事诉讼法》(2018年修正)第二百条。
② 现为《最高人民法院关于适用〈中华人民共和国刑事诉讼法〉的解释》(2021年)第二百九十五条。

导致疑罪，就应当承担败诉的后果。此外，疑罪的产生还有另外一个重要原因，即被告人针对指控提出合理的辩解。一旦被告人提出的辩解理由形成对犯罪事实的合理怀疑，也将导致疑罪。这种疑罪在本质上仍然是公诉机关未能实现法定证明责任所致。

从证明责任的角度，对疑罪的认定应当注意以下问题：第一，疑罪不同于有证据证明无罪的案件，如有证据证明被告人是无辜者，就该被告人而言，案件显然不是疑罪，应当宣告被告人无罪。这种无罪宣告不是基于疑罪从无原则所宣告的无罪，而是事实上的无罪。第二，疑罪不以被告人翻供或者提出辩解为前提，即使被告人笼统认罪，如其认罪供述的真实性缺乏保障，在案证据不能达到法定证明标准，也不能认定被告人有罪。因此，疑罪是公诉机关未能履行证明责任的结果，法院对疑罪的认定，应当结合公诉机关的证明责任说明理由。

2. 疑罪是指定罪事实未能达到法定证明标准

疑罪是指定罪的事实不清、证据不足，不能将疑罪等同于事实证据有瑕疵的案件。根据"两高三部"发布的《关于办理死刑案件审查判断证据若干问题的规定》对"证据确实、充分"证明标准的界定，所谓定罪的事实不清、证据不足，从诉讼证明的角度主要是指证据与证据之间、证据与案件事实之间存在矛盾，根据证据认定案件事实的过程不符合逻辑和经验规则，由证据得出的结论不是唯一结论。

实践中，疑罪有不同的表现形式，比较常见的就是以非法收集或者真实性缺乏保障的被告人口供作为定案根据的疑罪案件。有的案件，人民检察院提供的证据材料很多，但这些证据材料大多仅能证明犯罪事实存在，不能证明被告人与犯罪事实之间的关联，实际上主要是以被告人口供作为指控犯罪的根据。由于一旦被告人口供属于非法证据，依法应当予以排除，或者被告人口供缺乏其他证据的有效印证，真实性缺乏保障，则不能作为定案的根据，并最终会导致证据不足，不能认定被告人有罪。法院对疑罪的认定，应当立足个案特点，结合法定证明标准说明理由。

（二）对疑罪的认定应当注重审查证据，特别是被告人口供的真实性，以及现有证据能否证明被告人与犯罪事实之间的关联性

本案中，公诉机关对指控的犯罪事实提供了大量证据，但除被告人任某玲曾作出的认罪供述外，其他证据只能证明犯罪事实发生，任某玲有犯罪嫌疑，不能证明犯罪行为系任某玲所为。本案的关键定罪证据就是任某玲的认罪供述，但因侦查取证不够全面、细致，导致任某玲的认罪供述缺乏其他证据的有效印证，真实性缺乏保障，不能作为定案的根据。此外，在案证据之间存在一些重要的矛盾和疑点，无法作出合理解释。除去任某玲的认罪供述，公诉机关指控的犯罪事实显然达不到证据确实、充分的证明标准，对此类疑罪案件，依法不能认定任某玲有罪。具体分析如下：

第一，弥某某的陈述、证人华某某、王某民等的证言和手机通话清单等证据，能够证明被告人任某玲有作案动机和作案时空条件，但这些证据只能表明任某玲有犯罪嫌疑甚至重大犯罪嫌疑，不能直接建立任某玲与犯罪行为之间的关联。

第二，现场提取的血迹、刀具等证据，未检出被告人任某玲的指纹、DNA，不能建立任某玲与犯罪行为之间的关联。换言之，现场证据只能证明犯罪事实发生，无法证明犯罪行为系任某玲所为，实际上也无法证明任某玲在案发时身处犯罪现场。

第三，除被告人任某玲在侦查阶段的认罪供述外，只有弥某某陈述反映，任某玲案发前曾出现在犯罪现场。弥某某证实，2008年5月14日22时许，任某玲来到其住处，

提了一个白色的塑料袋，里面装着豆腐干、火腿肠、两杯咖啡奶茶饮品等食品；其向任某玲谈起她和华某某之间的感情，还把华某某以前送给她的一把水果刀拿出来让任某玲看；其喝了任某玲带来的咖啡奶茶后觉得头晕，就躺下睡了；5月15日上午，不知道几点醒来后，其发现左胳膊在流血，身边的孩子头上有血，鼻子往外冒血泡样的东西。弥某某的陈述表明，其并未目睹犯罪过程，尽管其陈述反映任某玲有重大作案嫌疑，即任某玲具有作案时空条件，但该陈述只能证明案发前任某玲曾在犯罪现场停留，不能证明任某玲就是作案人。

需要指出的是，公诉机关指控的事实中提到，被告人任某玲将事先准备的添加了镇静药物的咖啡奶茶让弥某某喝下，导致弥某某昏睡。相关鉴定意见显示，弥某某睡衣及现场床单上的血迹中检出地西泮及阿普唑仑成分，似乎印证了弥某某所称其饮用任某玲带来的饮料后昏睡的说法和公诉机关指控的上述事实。但任某玲从未供述其向饮料中投放安眠镇定类药物并给弥某某服用的细节。更重要的是，案发次日，侦查机关将弥某某静脉血以及尿液送检，鉴定意见显示，上述检材中均未检出安眠镇定类药物。该证据与公诉机关指控的上述事实存在直接矛盾，如果弥某某案发前饮用添加安眠镇定类药物的饮料，案发次日在其静脉血和尿液中应当能够检出该类药物的成分。在弥某某静脉血和尿液中未检出安眠镇定类药物的鉴定意见，直接否定了公诉机关指控的上述事实，并且反映出弥某某所称其饮用任某玲带来的饮料后昏睡的说法存在重大疑点。同时，现场床单上有多处血迹，侦查机关只提取一处血迹送检，无法确定其他血迹是否含有安眠镇定类药物。此外，现场勘查笔录没有提到现场有咖啡奶茶饮料瓶，相关证据也未提取在案，无法确定现场是否有弥某某所称的饮料瓶，也无法进一步确定饮料瓶中是否有安眠镇定类药物。最后，任某玲曾供称其是在一家超市买的小零食，并带领公安人员指认了超市，但侦查人员未让超市工作人员辨认任某玲，未调取超市的销售记录、小票等证据，故现有证据无法确定任某玲购买饮料并向饮料中投放安眠镇定类药物。根据在案证据，关于弥某某所称其饮用任某玲带来的饮料后昏睡的说法，并未得到确证，进一步讲，弥某某为何对犯罪行为毫无知觉，缺乏合理解释。

第四，本案的关键证据是被告人任某玲曾在侦查阶段作出的认罪供述。但任某玲供述的关键细节均未得到其他证据印证，真实性无法确认，不能仅凭该供述认定任某玲有罪。关于任某玲供述与其他证据的关系及供述的证明价值，具体分析如下：

一是被告人任某玲供述的诸多细节均未得到相关物证的佐证。任某玲曾供称，作案后拿走被害人的手机以及沾血的睡衣，将睡衣扔到垃圾堆，将手机扔到村内的一个公共厕所内，并指认了抛弃上述物品的地点，但侦查人员没有提取到沾血的睡衣，也没有找到被抛弃的手机，仅在任某玲指认抛弃手机的地点进行拍照记录。任某玲还曾供称（弥某某也曾陈述），弥某某在家中吃了任某玲买的小食品，喝了任某玲买的饮料，包装袋扔在门外的垃圾堆，饮料杯放在桌子上，二人抽了很多香烟，但现场勘查笔录没有记载上述物证，现已丧失补查条件。

二是被告人任某玲曾供述，其到弥某某家时就准备报复杀人，但却未携带任何作案工具，不符合常理。

三是被告人任某玲供述的作案手段不具有特殊性，且属先证后供，可信度不高。任某玲曾供称，用手卡住计某某的脖子，用刀在计某某的颈部连续捅了两下，该供述得到尸检报告的印证，但该作案方式比较常见，不具有特殊性，且侦查人员在讯问任某玲之前，已对尸体进行检验，了解被害人的身体损伤及死因。

四是被告人任某玲翻供，辩称其和弥某某发生争执后，弥某某用刀捅她，她抱起计某某抵挡，弥某某用刀刺中计某某，尽管这一辩解比较牵强，但不能仅凭此证明或反推其具有杀人的犯罪事实。

第五，本案证据之间的重要矛盾和疑点缺乏合理解释。具体分析如下：

一是弥某某曾陈述，计某某睡前穿黑色印花图案的白色无袖衫、下身穿和上衣一套的短裤，但现场勘查笔录和照片均显示，计某某穿的是咖啡色中长裤。弥某某称案发后其没有给计某某换裤子，任某玲从未供述其杀死计某某后又给计换上长裤。计某某的衣服为何有变化，现有证据无法作出合理解释。

二是弥某某手部的刀伤究竟如何形成，现有证据并不能确定。弥某某在一审庭审中另陈述，自己苏醒过来时，发现刀子在自己手中，该情况无法作出合理解释。

三是关于作案工具水果刀在现场所处位置的证据之间存在矛盾。被告人任某玲曾供称作案后将刀子放在桌子上。弥某某则称其醒来后发现刀子在自己手中。证人文某贤证明，她进入现场后，见弥某某房中的茶几上放着一把水果刀，她把水果刀拨到地上。但现场勘查笔录显示，在进房门的左侧白色木柜上放着一把水果刀，刀上有血迹。上述四份证据证明的作案工具放置位置均不相同，无法作出合理解释。

四是弥某某丈夫计某宏称其家院子的大门钥匙和家里的钥匙不见了，侦查人员并未就此情况向弥某某、计某宏、房东等相关人员进行核实，无法确定是否有其他人持有弥某某家的钥匙。本案案发于2008年5月15日，正是汶川地震后第三天，西安震感明显，各个院落住户为躲震便利，不关闭大门。当时案发现场铁炉庙二村××号住有十余租住户，案发后侦查人员没有对住户进行调查，无法排除他人作案或进入现场的可能性。

综上，本案虽有一些证据表明被告人任某玲有作案动机和作案嫌疑，但因侦查取证较为粗疏，未能收集固定相关物证等客观证据。尽管公诉机关当庭出示大量证据，但除任某玲曾作出的有罪供述外，其他证据只能证明犯罪事实发生，不能建立任某玲与杀人行为之间的关联。同时，任某玲供述的细节缺乏其他证据印证，真实性缺乏保障，任某玲翻供的理由虽显牵强，但不能反推其翻供具有真实性，任某玲的供述不能作为定案的根据。最后，在案证据之间存在的重要矛盾和疑点缺乏合理解释，上述问题最终导致指控任某玲实施杀人行为的犯罪事实未能达到证据确实、充分的证明标准，一、二审法院坚持证据裁判和疑罪从无原则，作出证据不足、指控的犯罪不能成立的无罪判决是依法有据的。

问题2. 如何正确把握"早认罪优于晚认罪"的刑罚评价精神

【刑事审判参考案例】 吴某兰、鲁某学容留卖淫案[①]

一、基本案情

厦门市集美区人民法院经审理查明：2015年4月以来，被告人吴某兰、鲁某学伙同

[①] 王绮撰稿、杨立新审编：《吴某兰、鲁某学容留卖淫案——如何正确把握"早认罪优于晚认罪"的刑罚评价精神（第1413号）》，载中华人民共和国最高人民法院刑事审判第一、二、三、四、五庭主办：《刑事审判参考》2021年第3集（总第127集），人民法院出版社2021年版。

曾某海、刘某（另案处理，已判刑）共同出资经营位于厦门市集美区杏林街道董任路××号附近的"迎宾来"茶馆，密谋在该茶馆内提供房间给卖淫女卖淫。后吴某兰、鲁某学等人容留刘某、张某在该茶馆内卖淫，并从中抽成牟利。2015年5月20日零时许，公安机关对上述地点进行突击检查时，当场抓获了正在该茶馆内卖淫的二卖淫女，并缴获了手机、记录本、笔记本等物品。

厦门市集美区人民法院认为，被告人吴某兰、鲁某学为他人卖淫提供场所，其行为均已构成容留卖淫罪。公诉机关指控的罪名成立。本案系共同犯罪，二被告人地位作用相当，均系主犯。鲁某学归案后在侦查阶段即能如实供述自己罪行，构成坦白，依法可从轻处罚。吴某兰在法院审理阶段当庭自愿认罪，可酌情从轻处罚。公诉机关的量刑建议适当，予以采纳。吴某兰辩护人的辩护意见理由充分，予以采纳。据此，依照《刑法》第三百五十九条第一款、第二十五条第一款、第六十七条第三款之规定，判决如下：

一、被告人吴某兰犯容留卖淫罪，判处有期徒刑一年一个月，并处罚金人民币五千元。

二、被告人鲁某学犯容留卖淫罪，判处有期徒刑十一个月，并处罚金人民币五千元。

一审宣判后，被告人吴某兰不服，以自己不是股东、具有自首情节、一审量刑过重为由，提出上诉。

厦门市中级人民法院经审理认为，上诉人吴某兰、原审被告人鲁某学为他人卖淫提供场所，其行为均已构成容留卖淫罪。关于吴某兰上诉提出其并非股东、具有自首情节的上诉意见，经查，本案其他三同案犯均供称与吴某兰共同出资经营涉案茶馆，且有查获在案的合作经营协议印证，故吴某兰的辩解与查明的事实不符。其虽自动投案但归案后未能如实供述主要犯罪事实，不构成自首，故该上诉理由不能成立，不予采纳。原判认定事实清楚、证据确实充分、定罪准确、量刑适当、审判程序合法。据此裁定驳回上诉，维持原判。

二、主要问题

适用认罪认罚从宽制度，如何准确把握"认罪越早、从宽越多"的刑罚评价取向？

三、裁判理由

（一）"认罪越早、从宽越多"的刑罚评价取向有利于增强犯罪嫌疑人、被告人对认罪后果的可预测性

犯罪嫌疑人、被告人自愿认罪最直接的内心动因，就是希望能以自己的认罪换取量刑上的从宽，如果从宽预期不明确，其难以判断早、晚认罪的区别，认罪的动力必然大大减弱。认罪认罚从宽制度试点期间，厦门集美、山东青岛等地探索"认罪越早、从宽越多"理念，配套以"3-2-1"阶梯式从宽量刑机制，即针对在侦查、起诉、审理不同阶段认罪，分别给予最高30%、20%、10%的量刑减让，形成一套可视化的从宽量刑标准，实现了从宽有据，从宽有别，由此增强了犯罪嫌疑人、被告人对认罪结果的可预测性，充分发挥了认罪认罚从宽制度的指引功能。

（二）"认罪越早、从宽越多"必须结合认罪价值以及案件性质、情节后果等因素综合考量

"认罪越早、从宽越多"的刑罚评价取向，符合宽严相济刑事政策区别对待的要求，在我国刑法总则以及量刑规范化指导意见中均有体现。2019年出台的《最高人民法院、最高人民检察院、公安部、国家安全部、司法部关于适用认罪认罚从宽制度的指导意见》（以下简称《指导意见》）明确规定："办理认罪认罚案件，应当区别认罪认罚的不同诉讼阶段、对查明案件事实的价值和意义，是否确有悔罪表现，以及罪行严重程度等，综

合考量确定从宽的限度和幅度。在刑罚评价上，主动认罪优于被动认罪，早认罪优于晚认罪，彻底认罪优于不彻底认罪，稳定认罪优于不稳定认罪。"该规定所确立的"认罪越早、从宽越多"的刑罚评价取向，对于鼓励真正的犯罪嫌疑人尽早认罪，与国家和被害人和解，减少控辩对抗，缩短诉讼周期，节约国家追诉犯罪成本和实现被追诉人自我救赎均具有重要意义。从厦门集美地区看，认罪认罚从宽制度实施后，侦查机关引入"认罪越早、从宽越多"理念对犯罪嫌疑人开展认罪教育，第一次讯问认罪率达到54.9%，远远高于认罪认罚从宽制度实施前的认罪率，且犯罪嫌疑人供述稳定，这一方面有利于案件事实的及时查明，另一方面也给犯罪嫌疑人提供了通过选择尽早认罪从而获得更多从宽处罚的机会，充分发挥了认罪认罚从宽制度在及时惩罚犯罪和全面落实宽严相济刑事政策中的作用。需要注意的是，"认罪越早，从宽越多"是一个原则，具体是否从宽以及从宽幅度仍要根据案件性质、情节后果等因素，结合认罪的价值和意义综合考量，确保罪责刑相适应。

本案中，被告人吴某兰、鲁某学在共同犯罪中的地位、作用相当。吴某兰虽系自动投案，但到案后未如实供述自己的罪行，故依法不能认定为自首。被告人鲁某学归案后即如实供述自己的罪行，属侦查阶段的坦白，对案件事实的及时准确查明具有重要意义。一审合议庭评议时，综合考量二被告人认罪阶段和作用的不同，在量刑规范化框架内作出不同的刑罚评价：二被告人的地位、作用相当，其基准刑均确定为十五个月。吴某兰当庭认罪，有自动投案情节，减让基准刑的10%，宣告刑为十三个月；鲁某学在侦查阶段认罪，减让基准刑的25%，宣告刑为十一个月。一审法院综合考虑二被告人认罪时间早晚以及认罪作用大小等因素，确定不同的从宽幅度，体现了区别对待的刑事政策，有利于发挥制度的指引功能。

问题3. 对于涉及因素复杂、社会影响大的案件，如何把握认罪认罚从宽制度的适用？

【刑事审判参考案例】黄某珠交通肇事案[①]

一、基本案情

厦门市集美区人民法院依法组成合议庭，适用普通程序公开开庭审理了本案。被告人庭审对指控事实无异议，自愿认罪认罚。经审理查明，2017年4月8日10时许，被告人黄某珠驾驶"闽DL65××"号小型汽车（附载杨某鸣）从厦门市杏林大桥杏林东路出口下桥驶入集美区杏滨路，在西侧慢速车道内行驶至杏滨路与杏林东路交叉路口时，因误踩油门致车辆加速失控先冲上交叉路口西北角的安全岛，与在人行横道上横过杏林东路的行人傅某妹、廖某华、廖某悴发生碰撞，后冲到杏林东路的南侧机动车道内，与该车道内的由北往南停车等候信号灯放行的由魏某义驾驶的"闽DEP5××"号两轮摩托车、彭某坤驾驶的"闽D9S3××"号小型汽车和徐某兵驾驶的"闽DTE1××"号出租车（附载高某）连续发生碰撞，造成四车车损及被害人傅某妹、廖某华当场死亡，被害人廖某悴受伤经送医院抢救无效死亡，被告人黄某珠及被害人魏某义、彭某坤、徐某兵、

[①] 宋一心撰稿、杨立新审编：《黄某珠交通肇事案——对于涉及因素复杂、社会影响大的案件，如何把握认罪认罚从宽制度的适用（第1403号）》，载中华人民共和国最高人民法院刑事审判第一、二、三、四、五庭主办：《刑事审判参考》2021年第3集（总第127集），人民法院出版社2021年版。

高某、杨某鸣受伤的重大交通事故。经鉴定，被害人廖某悴系头部受交通事故钝性外力作用致重型颅脑损伤而死亡；被害人傅某妹系头部受交通事故钝性外力作用致重型颅脑损伤合并创伤性失血性休克而死亡；被害人廖某华系头部、胸部受交通事故钝性外力作用致重型颅脑损伤合并胸腹脏器损伤而死亡；被害人魏某义因交通事故致左尺骨粉碎性骨折等，经手术治疗，目前左腕关节活动功能部分丧失，左腕关节功能丧失超过25%但未达50%，所受损伤系轻伤一级；被害人杨某鸣因交通事故致头部外伤，两根肋骨骨折等，所受损伤系轻伤二级；被害人徐某兵因交通事故致多根肋骨骨折，所受损伤系轻伤二级。交警部门经对事故现场勘查、调查取证及技术鉴定后认定，黄某珠驾车行驶时，因操作失误，误踩油门致车辆加速，在转弯时失控，造成车辆发生连续碰撞，负事故全部责任。

事故发生之后，被告人黄某珠明知他人报警但因受伤被120救护车送往医院治疗，并在医院治疗期间接受公安机关调查。归案后，黄某珠如实供述了上列犯罪事实，愿意接受处罚。黄某珠家属已代为赔偿被害人杨某鸣、魏某义、彭某坤、徐某兵、高某的所有经济损失，取得被害人杨某鸣、魏某义、彭某坤、徐某兵、高某的谅解，并赔偿死者家属丘某英部分经济损失人民币55万元（50万元赔偿款、5万元慰问金）。另查明，本案在审理期间，黄某珠的家属就本案的民事赔偿问题与死者家属达成赔偿协议，共赔偿死者家属合计人民币450万元（含之前支付的50万元赔偿款、2017年10月18日支付的339万元赔偿款及精神抚慰金、保险公司应当支付的商业险和交强险61万元）。死者家属对黄某珠表示谅解。

厦门市集美区人民法院认为，被告人黄某珠违反交通运输管理法规致发生交通事故，造成三人死亡、三人轻伤，其应负事故的全部责任，情节特别恶劣，其行为已构成交通肇事罪。公诉机关指控的罪名成立。黄某珠犯罪后自动投案，如实供述自己的罪行，系自首，依法可以从轻处罚。其家属能积极赔偿各被害人及被害人家属的经济损失并取得谅解，对黄某珠可酌情从轻处罚，对其适用缓刑不致再危害社会，可适用缓刑，辩护人提出的相关辩护意见理由充分，可以采纳。据此，依照《刑法》第一百三十三条、第六十七条第一款、第七十二条第一款，《最高人民法院关于审理交通肇事刑事案件具体应用法律若干问题的解释》第四条之规定，判决如下：

被告人黄某珠犯交通肇事罪，判处有期徒刑三年，缓刑四年。一审宣判后，被告人黄某珠未上诉，检察机关未抗诉。判决已发生法律效力。

二、主要问题

对于涉及因素复杂，社会影响大的案件，如何把握认罪认罚从宽制度的适用，避免复杂案件简单化处理？

三、裁判理由

（一）切忌通过认罪认罚从宽简单处理重大、复杂案件

认罪认罚从宽制度集程序与实体于一身，它赋予认罪认罚的犯罪嫌疑人、被告人以程序选择权，同时实体上给予从宽处理，以此鼓励犯罪嫌疑人、被告人自愿选择认罪认罚；它通过附带民事诉讼赔偿和刑事责任一体化解决促进被告人和被害人权益保障实现平衡。认罪认罚从宽制度不仅着眼于案件繁简分流，而且注重矛盾化解，实现恢复性司法。认罪认罚从宽制度虽没有适用罪名和可能判处刑罚的限制，但是认罪认罚从宽制度的适用应当坚持宽严相济刑事政策，对于民间矛盾引发的案件特别是过失犯罪，要找好宽严相济的平衡点，着力做好矛盾化解工作，实现社会和谐。对于涉及社会敏感因素、

复杂背景、隐藏着风险的案件,即便是被告人认罪认罚,切忌一味图快,简单化处理。

(二)被告人确有认罪认罚表现,程序上未按认罪认罚模式从简处理的,不影响实体从宽处罚

根据《刑事诉讼法》第十五条的规定,犯罪嫌疑人、被告人认罪认罚的,可以依法从宽处理。这里的"从宽处理"包括实体从宽与程序从简两个方面,二者之间是相互独立的关系。基于案件本身情况,例如案件涉及复杂因素,社会影响大,部分被告人不认罪认罚等,犯罪嫌疑人、被告人虽有认罪认罚表现,但程序上未按认罪认罚模式从简处理的,并不影响实体上对被告人从宽处罚。《刑事诉讼法》第十五条的规定是在程序法层面对宽严相济刑事政策的制度化和深化发展,是公安司法机关对认罪认罚犯罪嫌疑人、被告人可以"实体从宽、程序从简"的原则性依据,目的是鼓励真正的犯罪嫌疑人、被告人尽早向司法机关坦白罪行,获得从宽处理,多层次实现认罪认罚从宽制度的应有功能。

本案系交通肇事案,被告人开车时因一时紧张误把油门当成刹车踩而造成三人死亡、三人轻伤和多辆车辆受损的严重后果。其中死亡的三被害人系一家三口,祖孙三代,可想而知被害人家庭遭受打击之重。虽被告人具有自首情节,愿意接受处罚,并自审查起诉阶段起积极赔偿被害人损失,检察机关也提出自首减轻、赔偿酌情从轻处罚的意见,并建议在三至四年间判处刑罚,但是一审法院作为认罪认罚从宽制度试点法院,考虑到该案后果严重,在当地影响较大,并未适用认罪认罚从宽制度简单处理,而是依法组成合议庭,适用普通程序公开审理此案,并把附带民事赔偿与刑事责任一体化解决,把妥善处理善后工作作为本案的重点。本案死亡被害人提出500余万元的巨额赔偿请求,被告人及其亲属无能力全额赔偿或者代赔,为避免附带民事判决无法执行,给被害人家属造成二次伤害,也为避免矛盾的扩大化,一审法院对附带民事诉讼没有简单下判,合议庭成员努力做被告人家属工作,动员被告人家属向家族筹款。经过多方努力,附带民事诉讼双方当事人在人民法院主持下达成调解协议:被告人共赔偿死者家属合计人民币450万元(黄某珠家属支付389万元、保险公司商业险和交强险61万元),该赔偿款以现金的方式打入附带民事诉讼各原告指定的银行账户,各原告对被告人表示谅解,同意对被告人予以从轻处罚并适用缓刑。一审法院综合本案性质、情节、后果等因素,结合被告人具有自首、积极赔偿并获得谅解等法定从宽处罚情节,采纳辩护人提出的判处被告人缓刑的意见,判处被告人有期徒刑三年,缓刑四年。一审宣判后,被告人不上诉,检察机关不抗诉,被告人受到惩罚和教育,被害人身心得到慰藉,因犯罪破坏的社会秩序及时得到恢复,案件办理取得了好的法律效果和社会效果。

问题4. 民间矛盾引发的案件如何适用认罪认罚从宽制度?

【刑事审判参考案例】雒某池、雒某高等故意伤害案[①]

一、基本案情

青岛市即墨区人民法院适用普通程序审理本案。经审理查明:2017年4月17日下午

[①] 王浩撰稿、杨立新审编:《雒某池、雒某高等故意伤害案——民间矛盾引发的案件如何适用认罪认罚从宽制度(第1405号)》,载中华人民共和国最高人民法院刑事审判第一、二、三、四、五庭主办:《刑事审判参考》2021年第3集(总第127集),人民法院出版社2021年版。

4时许,被告人雒某兵及其父雒某康在青岛市即墨区××镇××村,因邻居被告人雒某天修缮房屋而与雒某天及其父被告人雒某池发生争执、厮打,雒某康之弟被告人雒某高闻讯后赶来参与厮打。其间,雒某池用拳头击打雒某康头部及面部,致雒某康头部硬膜下血肿;雒某天用拳头将雒某兵打致肋骨骨折;雒某高用锄头击打雒某池头部,致雒某池左额叶脑挫裂伤,左侧额骨骨折;雒某兵用木棍击打雒某天头部,致其左侧硬膜外血肿,左侧额骨多发骨折。经法医鉴定,雒某康身体损伤构成轻伤一级,雒某兵身体损伤构成轻伤二级,雒某池身体损伤分别构成轻伤一级、轻伤二级,雒某天身体损伤分别构成轻伤一级、轻伤二级。

青岛市即墨区法院审理认为,被告人雒某池、雒某天,被告人雒某高、雒某兵因民间纠纷处理不当,继而引发厮打,故意伤害他人身体,分别致对方二人轻伤,其行为均构成故意伤害罪,应予惩处。公诉机关指控的罪名成立,量刑建议适当,予以采纳。鉴于本案系因民间纠纷引发,且被告人均当庭自愿认罪认罚,并已取得被害人谅解,确有悔罪表现,没有再犯罪的危险,宣告缓刑对所居住社区没有重大不良影响,依法对四被告人予以从轻处罚并宣告缓刑。公诉机关提出的量刑建议符合法律规定,本院予以采纳。依照《刑法》第二百三十四条第一款、第六十七条第三款、第七十二条第一款、第七十三条第二款和第三款、第七十五条、第七十六条之规定,判决如下:

被告人雒某池、雒某天,雒某高、雒某兵,犯故意伤害罪,分别判处有期徒刑一年,缓刑一年。

一审宣判后,四被告人均服判不上诉,检察院未提出抗诉,判决已发生法律效力。

二、主要问题

对于民间矛盾引发的刑事案件,如何用好认罪认罚从宽制度及时化解社会矛盾,促进社会和谐?

三、裁判理由

(一)对民间矛盾引发的刑事案件要适用认罪认罚从宽制度,做好矛盾化解工作

认罪认罚从宽制度,不仅着眼于案件繁简分流,优化司法资源配置,同时着眼于矛盾化解和社会关系的恢复。对于因民间矛盾引发尚未严重影响人民群众安全感的刑事案件,犯罪嫌疑人、被告人自愿认罪、真诚悔罪的,办案机关要用足用好认罪认罚从宽制度,及时化解社会矛盾,促进社会和谐;要依法维护被害人合法权益,注重听取被害人意见,积极促进当事双方就民事赔偿达成和解或者调解协议;被告人通过赔礼道歉、积极赔偿与被害方达成和解、调解协议获得被害方谅解的,程序可以从简实体一般应当从宽,全面落实宽严相济刑事政策。

(二)正确适用认罪认罚从宽制度,有力推动治理能力现代化

认罪认罚从宽制度的建立,大背景是我国经济社会发展、刑事犯罪结构发生了重大变化,新时代人民群众在民主、法治、公平、正义、安全等方面有更高标准的要求。认罪认罚从宽制度,通过程序从简和实体从宽处理,有利于促进犯罪嫌疑人、被告人真诚悔罪,减少与国家和被害人的对抗,降低国家追诉犯罪和改造罪犯的成本。认罪认罚从宽制度,通过附民事赔偿责任和刑事责任一体化解决,有利于被害人所受损失及时得到赔偿,受伤害的感情及时得到慰藉。认罪认罚从宽制度的全面落实,给犯罪嫌疑人、被告人提供了获得被害人谅解的机会,有利于矛盾的化解和社会秩序的恢复。认罪认罚从宽制度是推进国家治理能力现代化的重要举措,因此,要充分认识认罪认罚从宽制度的

多元价值,发挥好其应有功能。

本案中,被告人双方因相邻权纠纷引发互殴,参与互殴的四人均受轻伤,两家四人均被提起公诉。因为刑案的发生,两家矛盾一度不可调和甚至扬言要鱼死网破,成为影响村居和谐的"定时炸弹"。青岛市即墨区人民法院受理案件后,没有简单下判,而是把化解双方矛盾作为办案的重点。办案法官经过阅卷明确案件矛盾的症结和根源,即十厘米房基的权属问题,先后三次到案发现场进行实地勘查,通过走访了解当地乡规民约,并到村委、土地所、经管中心调阅了地籍等原始档案,找到村干部、双方长辈等关系人反复做工作,最终分清了权属。后在人民法院主持下,本案民事赔偿部分当事双方达成和解,相互谅解,并请求法院不再追究对方的刑事责任。鉴于双方矛盾在庭前及时化解,人民法院主动启动认罪认罚从宽程序,组织控辩双方庭前协商后被告人签字具结,对案件适用普通程序审理,采纳公诉机关的缓刑量刑建议,依法作出判决。一审宣判后,四被告人均不上诉,检察机关亦不抗诉,案件取得了法律效果和社会效果的统一,充分发挥了认罪认罚从宽制度化解社会矛盾,修复社会关系,实现恢复性司法,促进社会和谐的价值和功能。

问题 5. 轻罪案件如何适用认罪认罚从宽制度?

【刑事审判参考案例】 马某飞盗窃案[①]

一、基本案情

上海市金山区人民法院经审理查明:2020 年 5 月中下旬期间,被告人马某飞先后 4 次在夜间驾驶电动自行车至本区朱泾镇城中路××弄 109 号和 114 号、文商路××号、新安街××号将他人放置在商铺门外的 6 盆花卉盆栽盗走。经上海市金山区价格认证中心鉴定,上述花卉盆栽市场零售价共计人民币 195 元。

2020 年 6 月 3 日,被告人马某飞被公安机关传唤到案,其到案后如实供述了上述事实。

上海市金山区人民法院认为:公诉机关指控被告人马某飞犯盗窃罪的事实清楚,证据确实、充分,指控的罪名成立。马某飞具有坦白情节、认罪认罚,对其依法可以从轻处罚。公诉机关的量刑建议适当,依法应予采纳。依照《刑法》第二百六十四条、第六十七条第三款、第六十四条的规定,判决如下:

被告人马某飞犯盗窃罪,判处罚金人民币一千元。

一审宣判后,被告人马某飞未上诉,检察机关未抗诉,判决已发生法律效力。

二、主要问题

对于轻罪案件,如何适用认罪认罚从宽制度?

三、裁判理由

(一)轻罪案件应作为认罪认罚从宽制度适用的重点

随着全面依法治国深入推进,社会治理现代化不断创新,刑事立法越来越注重参与

[①] 朱纪红、亓淑云撰稿,杨立新审编:《马某飞盗窃案——轻罪案件如何适用认罪认罚从宽制度(第1406号)》,载中华人民共和国最高人民法院刑事审判第一、二、三、四、五庭主办:《刑事审判参考》2021 年第 3 集(总第 127 集),人民法院出版社 2021 年版。

社会治理，自2011年《刑法修正案（八）》施行以来，一些群众反映强烈的违法行为、重大危险行为被纳入刑事处罚范畴，特别是扒窃、危险驾驶等多发违法行为犯罪化以后，轻罪案件大幅增加，所占比例越来越高。全国法院判处三年有期徒刑以下刑罚的案件比例，近几年都在80%以上。与此同时，重罪案件、严重暴力犯罪案件大幅下降，我国的犯罪结构发生了重大变化，人民群众获得实实在在的安全感，对公平正义提出更高和更加多元化的要求和期待。在这一历史背景下，党中央部署进行认罪认罚从宽制度完善和相关试点工作，探索构建与案件难易、刑罚轻重相适应，符合我国司法实践需要和人民群众多元化需求的刑事诉讼制度体系。2018年修改后的《刑事诉讼法》将认罪认罚从宽制度规定为基本原则，在适用范围上没有罪名和可判处刑罚的限制，确保认罪认罚的犯罪嫌疑人、被告人平等获得从宽处理的权利；同时，通过增设速裁程序，形成由速裁、简易、普通程序构成的有序衔接的刑事诉讼体系，构建了认罪认罚案件的处理模式，以从程序和实体两个方面全面贯彻落实宽严相济刑事政策，从而在更高层次上实现公正与效率的统一。实践中，要把轻罪案件作为适用认罪认罚从宽制度的重点，既有利于及时惩治犯罪，又有利于发挥刑罚的教育矫治功能，有利于罪犯顺利回归社会。

（二）轻罪案件应用好用足认罪认罚从宽制度，充分发挥刑罚的教育矫治功能

认罪认罚从宽制度的完善，其中一个很重要的任务是把宽严相济刑事政策在程序法上进一步制度化、规范化、程序化，让这一政策在程序上有保障，更好地得到落实。实践中，要把占全部刑事案件80%以上的三年有期徒刑以下的轻刑案件，作为适用认罪认罚从宽制度的重点，用足用好认罪认罚从宽制度。程序上，要根据案件性质、刑罚轻重、案件难易以及被告人的选择，采取与之相适应的诉讼程序，符合速裁程序和简易程序适用条件的，依法适用速裁和简易程序，充分发挥速裁、简易程序的分流功能，避免程序空转，在更高层次上实现公正与效率的统一。强制措施的适用上，要把犯罪嫌疑人、被告人认罪认罚作为其是否具有社会危险性的重要考虑因素；符合缓刑适用条件的，依法判处缓刑，扩大非监禁刑的适用。既要通过及时惩治犯罪发挥刑罚的惩罚功能，又要通过给出路发挥刑罚的教育矫治功能，减少社会对立面，促进社会长治久安。

本案中，被告人犯罪情节轻微，涉案金额不大，被抓获后即承认盗窃事实，具有坦白情节，节约了侦查机关取证的成本；同时，公安机关在被告人住所查获了上述被盗物品，并及时归还相关被害人。侦查阶段，公安机关根据案件情节及被告人认罪认罚情况，对被告人采取取保候审。审查起诉阶段，被告人认罪认罚，签署具结书，同意量刑建议和简易程序的适用。公诉机关根据案件情节以及被告人认罪认罚的作用、意义，综合考量单处附加刑从轻处理，建议适用单处罚金和简易程序。

审判阶段，人民法院经审查依法决定适用简易程序，公开开庭审查了被告人认罪认罚的自愿性以及签署具结书的合法性和事实基础，根据庭审查明的事实，依法采纳公诉机关的量刑建议，对被告人判处罚金人民币一千元。宣判后，被告人不上诉、检察机关不抗诉，案件取得了好的法律效果和社会效果。

问题6. 如何审查认罪认罚案件量刑建议以及二审法院如何处理检察机关因一审法院未建议调整量刑建议而提出的抗诉？

【刑事审判参考案例】苏某花开设赌场案[①]

一、基本案情

湖南省浏阳市人民法院适用简易程序审理本案，经审理查明：2017年上半年至2019年4月，被告人苏某花在湖南省浏阳市洞阳镇洞阳社区以"地下六合彩"的形式开设赌场，收受赌徒投注后按照一定比例抽头渔利再报给上线，共计收受彭某、邵某、周某、张某、孙某、苏某、柳某等人投注人民币5.8万余元。

湖南省浏阳市人民法院认为，被告人苏某花以营利为目的，利用"地下六合彩"收受他人码单数额达人民币5.8万余元，其行为已构成开设赌场罪，公诉机关指控的罪名成立。苏某花归案后如实供述其罪行，系坦白，且自愿认罪认罚，依法可以从轻处罚。据此，依照《刑法》第三百零三条第二款、第六十七条第三款之规定，判决如下：

被告人苏某花犯开设赌场罪，判处拘役五个月，并处罚金人民币三千元。

一审宣判后，被告人苏某花未上诉，检察机关提起抗诉。

湖南省浏阳市人民检察院抗诉称：本案系认罪认罚案件，检察院提出的量刑建议为有期徒刑八个月以上十个月以下，法院在事先并未书面或口头征求检察院是否调整量刑建议的情况下径行在量刑建议幅度以下作出判决，违反《刑事诉讼法》第二百零一条之规定，量刑畸轻。长沙市人民检察院支持浏阳市人民检察院的上述抗诉意见。

长沙市中级人民法院二审审理后认为：原审被告人苏某花以营利为目的，利用"地下六合彩"开奖信息、输赢规则等接受他人投注并从中抽头渔利，其行为构成开设赌场罪。苏某花归案后如实供述了罪行，并且自愿认罪认罚，依法可以从轻处罚。针对抗诉机关及长沙市人民检察院的意见，审查认为：（1）依据《最高人民检察院、公安部关于公安机关管辖的刑事案件立案追诉标准的规定（一）》第四十三条第一款第二项的规定，组织三人以上赌博，赌资数额累计五万元以上的应予立案追诉，本案苏某花收受他人码单数额5.8万余元，刚刚达到入罪门槛，且其具有坦白情节、认罪认罚、悔罪态度好，浏阳市人民检察院提出的八个月以上十个月以下有期徒刑的量刑建议明显不当。原审法院综合考虑苏某花的犯罪事实、性质、情节、对社会的危害程度及同类案件的量刑平衡，对其判处拘役五个月，并处罚金人民币三千元并无不当。

（2）浏阳市人民法院依法径行作出判决，但量刑并无不当，对当事人诉讼权利没有实质影响，保证了公正审判。原审判决认定事实清楚，证据确实、充分，定罪准确，量刑适当，审判程序合法，裁定驳回抗诉，维持原判。

二、主要问题

（一）如何审查认罪认罚案件量刑建议，确保人民法院裁量刑罚的准确与公正？

（二）人民法院庭审听取控辩双方意见后径行依法作出判决，检察机关以违反法定程序为由提出抗诉的，应否支持？

[①] 张新文撰稿、杨立新审编：《苏某花开设赌场案——如何审查认罪认罚案件量刑建议以及二审法院如何处理检察机关因一审法院未建议调整量刑建议而提出的抗诉（第1409号）》，载中华人民共和国最高人民法院刑事审判第一、二、三、四、五庭主办：《刑事审判参考》2021年第3集（总第127集），人民法院出版社2021年版。

三、裁判理由

（一）认罪认罚案件人民法院依法应当进行全面实质审查

人民法院对认罪认罚案件进行全面实质审查，确保审判的公正性，是人民法院的法定职责。这是由我国刑事诉讼的特点以及司法职权配置所决定的。我国的认罪认罚从宽制度与美国的辩诉交易制度有本质的区别，也不是辩诉交易制度的翻版。对于检察机关按认罪认罚案件提起公诉的，人民法院应当依法审查是否符合认罪认罚从宽制度的适用条件，被告人是否真正具有认罪认罚情节。符合认罪认罚从宽制度适用条件的，庭审中要重点审查认罪认罚的自愿性，审查起诉阶段签署具结书的合法性以及有无事实基础，并根据庭审查明的事实，对起诉的罪名是否准确以及量刑建议是否适当等内容进行全面审查。总之，要充分发挥庭审功能，确保认罪认罚案件质量。

（二）人民法院应对量刑建议进行全面审查

根据《刑事诉讼法》第二百零一条第一款的规定，量刑建议的采纳是附条件的，因此，人民法院在查清事实，正确适用法律的基础上，应对量刑建议进行实质审查，具体包括以下几个方面：一要审查量刑建议适用的刑种是否适当。刑期相同，但刑种适用不当的，属于量刑建议明显不当。二要对拟宣告刑与量刑建议的刑期进行比较。既要考虑二者相差的绝对值，又要考虑差值所占的比例。对于较长的刑期来说，虽然所占比例不高但差值绝对值较大的，属于明显不当。反过来，对刑期较短的案件来说，虽然差值的绝对值不大但所占比例较高的，仍然属于量刑建议明显不当。三要注重类案检索，确保类案量刑平衡和法律适用的统一。类案检索后发现量刑建议与类案量刑明显不平衡的，量刑建议亦属明显不当。四要对认罪认罚案件与一般案件的量刑进行比较。认罪认罚案件量刑重于一般案件影响司法公正的，量刑建议亦属明显不当。

（三）检察机关因一审法院未建议调整量刑建议而抗诉的，二审法院不应以程序违法发回重审

刑事诉讼法规定量刑建议调整的目的，本质在于缓和检察机关量刑建议准确性欠缺和司法裁判量刑公平性要求之间的差距。因此，刑事诉讼法明确规定，人民法院认为量刑建议明显不当的，人民检察院可以调整量刑建议；人民检察院不调整量刑建议的，人民法院应当依法作出判决。实践中，人民法院在庭审中已就量刑充分听取控辩双方意见，并在此基础上依法径行作出判决的，不属于程序违法，符合确保裁判形成在法庭的庭审实质化要求，同时还避免了因量刑建议调整造成审判周期的延长和司法资源的浪费。检察机关以此提起抗诉的，二审法院应全面审查，审理后认为一审判决事实认定、定罪量刑没有错误的，不应以程序违法为由发回重审。

本案中，被告人苏某花刚刚达到入罪门槛，且具有坦白、主动缴纳罚金等从轻情节，无论是从罪责刑相适应原则分析，还是从量刑规范化要求以及类案检索情况看，判处被告人拘役五个月适当，公诉机关建议判处有期徒刑八个月至十个月，属明显不当。一审庭审在听取控辩双方意见的基础上，综合考虑苏某花的犯罪事实、性质、情节、对社会的危害程度、同类案件的量刑平衡以及非认罪认罚案件的量刑等因素[①]，对其判处拘役五个月，量刑适当。一审法院立足审判职能，通过庭审听取意见环节，确保了控辩双方发

---

① 臧德胜：《论认罪认罚案件中量刑建议的效力及在司法裁判中的运用——从两起认罪认罚抗诉案件的二审裁判展开》，载《中国法律评论》2020年第2期。

表意见的权利,确保了裁量刑罚的准确与公正,对当事人的诉讼权利没有实质影响,依法维护了当事人的合法权益,因此,一审未告知调整量刑建议不属于程序违法,据此提出抗诉不符合法律规定。二审法院依法作出裁定驳回抗诉,维持原判适当。

问题 7. 如何把握认罪认罚从宽制度的适用条件?

【刑事审判参考案例】于某民拒不执行判决案①

一、基本案情

因案情复杂,北京市顺义区人民法院依法转为普通程序公开审理本案。经审理查明:2018 年 6 月 8 日,北京市顺义区人民法院作出(2017)京 0113 民初 11306 号民事判决书,判令被告人于某民向天正阳公司返还天正阳公司营业执照正副本、税务登记证正副本、组织机构代码证正副本、公章、财务章、法定代表人人名章、合同专用章、企业会计账簿。宣判后,于某民不服判决,提起上诉。同年,10 月 30 日,北京市第三中级人民法院作出(2018)京 03 民终 10695 号民事判决书,判决驳回上诉,维持原判。11 月 7 日,北京市顺义区人民法院对天正阳公司依据(2017)京 0113 民初 11306 号生效判决申请对于某民强制执行的案件立案。11 月 13 日,北京市顺义区人民法院出具(2018)京 0113 执 7688 号执行通知书及报告财产令。于某民在有执行能力的情况下拒不执行判决。2019 年 2 月 18 日,北京市顺义区人民法院出具(2018)京 0113 执 7688 号限制消费令及失信决定书,2 月 28 日,北京市顺义区人民法院决定对于某民拘留 15 日。拘留期限届满后,于某民在有执行能力的情况下仍拒不执行判决,致使法院的判决无法执行。3 月 14 日,于某民被公安机关抓获。于某民到案后委托他人返还涉案天正阳公司公章 1 枚、法定代表人人名章 1 枚、税务登记证副本 1 个、营业执照副本 1 个。截至本案一审辩论结束,于某民尚未返还天正阳公司营业执照正本、税务登记证正本、组织机构代码证正副本、财务章、合同专用章、企业会计账簿。

被告人于某民辩解称自己已经将部分执行标的交给公安机关,剩余的待执行标的自己找不着了。其辩护人提出,于某民具有认罪认罚情节,剩余的待执行标的是于某民忘记放在何处,而不是故意不交。

北京市顺义区人民法院认为,被告人于某民对人民法院生效的判决有能力执行而拒不执行,情节严重,其行为已经构成了拒不执行判决罪,依法应予惩处。于某民虽然表示认罪,但仅返还小部分执行标的,在一审法庭辩论结束时,仍拒不返还大部分执行标的,其没有真诚悔过,无法认定其具有"认罪认罚"的从宽情节。据此,依照《刑法》第三百一十三条第一款、第六十一条及《最高人民法院关于审理拒不执行判决、裁定刑事案件适用法律若干问题的解释》第二条第三项的规定,判决如下:

被告人于某民犯拒不执行判决罪,判处有期徒刑一年四个月。

一审宣判后,被告人于某民提出上诉,理由是剩余待执行标的自己忘记存放地点,并非拒不执行;自己有认罪认罚情节,社会危害性小,请求二审法院减轻处罚或者适用

---

① 赵仁洋、李贞撰稿,杨立新审编:《于某民拒不执行判决案——如何把握认罪认罚从宽制度的适用条件(第 1410 号)》,载中华人民共和国最高人民法院刑事审判第一、二、三、四、五庭主办:《刑事审判参考》2021 年第 3 集(总第 127 集),人民法院出版社 2021 年版。

缓刑。

北京市第三中级人民法院经审理认为，自相关判决生效至于某民被抓获，历时数月，于某民在明知负有判决确定的交付义务，亦有履行判决的时间和条件情况下，却予推脱，致使生效判决无法执行，其行为符合本罪情节严重的认定标准，上诉人的上诉理由及辩护意见缺乏事实及法律依据，本院不予采纳。关于上诉人于某民及其辩护人针对量刑所提相关上诉理由及辩护意见，经查，原审法院根据于某民返还执行标的等情况综合其悔过态度不予认定认罪认罚从宽情节，并根据案件具体情节，在法定幅度判处刑罚，并无不当，该上诉理由及相关辩护意见本院不予采纳。综上，原审法院根据上诉人于某民犯罪的事实、性质、情节和对于社会的危害程度所作出的判决，定罪及适用法律正确，量刑适当，应予维持。据此，依法作出驳回上诉、维持原判的终审裁定。

二、主要问题

对于被告人表面认罪认罚、检察机关按认罪认罚提起公诉的案件，人民法院如何对认罪认罚情节进行实质审查？

三、裁判理由

（一）人民法院要对认罪认罚的真实性进行实质审查

认罪认罚是对行为人从宽处罚的逻辑起点，人民法院对于检察机关提起公诉的认罪认罚案件，要着重对"认罪"和"认罚"两个方面进行审查，不能使认罪认罚从宽制度成为犯罪嫌疑人、被告人逃避处罚、减轻处罚的"挡箭牌""避风港"。认罪认罚从宽制度中的"认罪"，是指犯罪嫌疑人、被告人自愿如实供述自己的罪行，对指控的犯罪事实没有异议。根据《最高人民法院、最高人民检察院、公安部、国家安全部、司法部关于适用认罪认罚从宽制度的指导意见》（以下简称《指导意见》）的规定，犯罪嫌疑人、被告人承认指控的主要犯罪事实，仅对个别事实情节提出异议，或者虽然对行为性质提出辩解但表示接受司法机关认定意见的，不影响"认罪"的认定。"认罚"是指犯罪嫌疑人、被告人真诚悔罪，愿意接受处罚。实践中，要对认罪认罚的真实性进行实质审查，避免一味追求诉讼效率，错误适用认罪认罚从宽制度，从而影响案件的公正处理。

本案中，在认罪方面，被告人于某民一方面表示对指控事实和罪名均无异议，另一方面又对指控事实有过多次辩解与否定，在庭前供述中对于涉案待执行标的处理及存放位置语焉不详，供述极不稳定（曾辩称自己并未拿走过部分待执行标的物；待执行标的物在自己搬家时遗落，已经不知所踪；等等）。综合考虑于某民的供述和辩解内容可以发现，其不单单是对个别事实情节提出异议，在某种程度上是对指控主要事实的否认。在认罚方面，从于某民被指控的罪名来看，其负有履行法院生效判决的义务，在其有能力履行的情况下，其仍不将待执行标的交还给被害公司，致使被害公司经营活动仍无法正常运转，其犯罪行为所造成的不法状态一直存在，被破坏的社会关系一直未得到恢复，故难以认定于某民具有真诚悔罪和愿意接受处罚的表现。于某民虽在审查起诉阶段签署了认罪认罚具结书，公诉机关按认罪认罚案件提起公诉，但经人民法院审查，被告人于某民实质上并不符合认罪认罚的条件，因此，本案不应适用认罪认罚从宽制度对被告人从宽处罚。

（二）认罪认罚从宽制度的适用应当注重保障被害方合法权益

从《刑事诉讼法》以及相关指导意见的规定看，认罪认罚从宽制度的适用，不仅着眼于构建科学、合理的诉讼体系，通过案件繁简分流，实现司法资源的合理配置，而且着眼于通过化解社会矛盾，及时恢复被破坏的社会秩序和教育改造罪犯。检察机关审查起诉阶段应当听取被害人及其诉讼代理人意见，速裁程序将民事赔偿责任与刑事责任捆绑式解决，《指导意见》明确将犯罪嫌疑人、被告人是否与被害方达成和解协议、调解协议或者赔偿被害方损失，取得被害方谅解，作为从宽处罚的重要考虑因素，均体现了认罪认罚从宽制度对被害人合法权益的维护。实践中，适用认罪认罚从宽制度，要注重听取被害人意见，注重对被害人合法权益的保护。

本案中，被害公司诉讼代表人苏某，对于案件情况十分了解，人民法院在开庭前就公诉机关建议适用认罪认罚从宽制度听取了苏某的意见。苏某表示，被告人于某民在民事判决生效后至因本案被抓获，历时数月，其在有能力和条件履行的情况下，仍不履行交还义务，其表面认罪认罚只是为了减轻自己的刑事责任，并不是真诚地认罪悔罪，对其不应适用认罪认罚从宽制度。人民法院经审查，于某民在被抓获到案后，委托朋友仅将小部分"无足轻重"的待执行标的交给公安机关，对大部分重要的待执行标的仍拒不交出的行为，反映出其"认罪认罚"的非真实性，被害公司诉讼代表人所陈述的意见具有合理性、正当性，应当听取，对于某民不宜适用认罪认罚从宽制度，故一审法院依法转为普通程序审理此案。

问题8. 认罪认罚案件被告人以量刑过重为由提起上诉是否影响对原认罪认罚情节的认定？

【刑事审判参考案例】杨某然贩卖毒品案[①]

一、基本案情

北京市朝阳区人民法院依法适用速裁程序，公开开庭审理了本案。经审理查明：被告人杨某然于2019年5月14日23时许，在北京市朝阳区建国门外××小区北侧停车场，以人民币5400元的价格向董某峰（男，25岁，吉林省人）出售白色晶体5包（约重3.09克），经鉴定均检出甲基苯丙胺，已收缴。被告人杨某然后被民警抓获归案。

审判人员告知被告人杨某然认罪认罚的法律规定，释明认罪认罚的性质及后果，对杨某然认罪认罚的情况进行了审查，确认其签署认罪认罚具结书的自愿性及真实性。被告人杨某然及其辩护人在开庭审理过程中对公诉机关指控事实、罪名、量刑建议均无异议。

北京市朝阳区人民法院经审理认为，公诉机关指控的罪名成立且量刑建议适当，依照《刑法》第三百四十七条第一款和第四款、第六十一条、第六十七条第三款、第四十五条、第四十七条、第五十二条、第五十三条、第六十四条及《刑事诉讼法》第十五条的规定，判决如下：

被告人杨某然犯贩卖毒品罪，判处有期徒刑十个月，并处罚金人民币一万元。

宣判后，被告人杨某然不服，向北京市第三中级人民法院提起上诉。其上诉理由主要是：一审判决量刑过重。

北京市朝阳区人民检察院提出抗诉。抗诉机关的抗诉理由主要是：杨某然上诉表明

[①] 魏彤撰稿、杨立新审编：《杨某然贩卖毒品案——认罪认罚案件被告人以量刑过重为由提起上诉是否影响对原认罪认罚情节的认定（第1412号）》，载中华人民共和国最高人民法院刑事审判第一、二、三、四、五庭主办：《刑事审判参考》2021年第3集（总第127集），人民法院出版社2021年版。

其认罪动机不纯，一审认罪认罚从宽处理不应再适用，应对杨某然处以更重的刑罚。

二审审理过程中，上诉人杨某然申请撤回上诉，出庭履行职务的北京市人民检察院第三分院申请撤回抗诉。

北京市第三中级人民法院审理认为，原判认定事实和适用法律正确，量刑适当，上诉人杨某然撤回上诉的申请以及检察机关撤回抗诉的申请，符合法律规定，应予准许。据此，依照《最高人民法院关于适用〈中华人民共和国刑事诉讼法〉的解释》第三百零五条第一款、第三百零七条、第三百零八条之规定，裁定：准许上诉人杨某然撤回上诉；准许北京市人民检察院第三分院撤回抗诉。

二、主要问题

认罪认罚案件被告人以量刑过重为由上诉的，二审法院应如何处理？

三、裁判理由

（一）要正确对待认罪认罚案件被告人的上诉权

认罪认罚案件被告人的上诉权要不要限制的问题，2014年速裁程序试点时，曾有过讨论。当时的速裁程序适用于可能判处一年以下刑罚的案件，且仅限于危险驾驶、交通肇事、盗窃、诈骗、抢夺、伤害、寻衅滋事、非法拘禁、毒品犯罪、行贿犯罪等11个罪名，适用速裁程序的主要目的在于分流提速，因此，当时对是否限制被告人上诉权的讨论有其必要性。但在2016年认罪认罚从宽制度试点时，速裁程序的适用范围已扩大到三年有期徒刑以下刑罚的案件，近几年该部分案件占到全部刑事案件的80%，且认罪认罚从宽制度的适用并没有罪名和可能判处刑罚的限制，因此，不论是《中央全面深化改革领导小组关于认罪认罚从宽制度改革试点方案》还是《最高人民法院、最高人民检察院、公安部、国家安全部、司法部关于在部分地区开展刑事案件认罪认罚从宽制度试点工作的办法》，均未对被告人的上诉权作出限制。2018年修改《刑事诉讼法》增加规定认罪认罚从宽制度和速裁程序，并未对认罪认罚案件中被告人的上诉权进行限制，因此，被告人的上诉权应当受到尊重和保障，二审终审制仍然是我国刑事诉讼法的基本制度。

（二）被告人以量刑过重为由上诉的，二审法院应坚持全面审查和依法裁判原则

实践中，被告人以量刑过重为由上诉的，不能因此否定一审对认罪认罚情节的认定。要注意到审查起诉阶段控辩协商不充分、有效法律帮助难以保障甚至一审法院对自愿性及量刑建议审查不严的现象不同程度地存在。因此，被告人仅以量刑过重为由提出上诉的，二审法院应当坚持全面审查原则，案件可以不开庭审理。发现原判量刑过重的，应当依法改判。原判量刑适当的，应当依法驳回上诉，维持原判，切实发挥二审的救济和纠错功能，依法保障被告人的合法权益。

（三）检察机关因被告人上诉而提起抗诉的，二审法院要坚持全面审查和依法裁判原则

实践中，被告人认罪认罚，人民法院依法采纳检察机关量刑建议，被告人以量刑过重为由上诉，检察机关因被告人上诉而抗诉的，二审法院应坚持全面审查和依法裁判原则。审理后发现一审裁判认定事实、证据采信、适用法律和量刑均无错误的情况下，应当依法驳回上诉、抗诉，维持原判。不能仅因被告人就量刑提出上诉就简单否定认罪认罚情节，也不能仅因检察机关抗诉就一律加重被告人刑罚。二审法院应注重发挥纠错功能，确保认罪认罚案件的公正处理和法律的统一适用。

本案中，被告人杨某然在审查起诉阶段自愿签署认罪认罚具结书，同意检察机关的量刑和程序适用建议。一审法院经审查决定适用速裁程序，公开开庭审理中，告知被告

人认罪认罚的法律规定，释明认罪认罚的性质和后果，重点审查了被告人认罪认罚的自愿性，确认被告人签署具结书系自愿、合法，且具有事实基础。公诉机关指控的事实清楚，证据确实、充分，指控罪名准确，量刑建议适当，一审法院依法予以采纳。二审审理认为，一审法院作出的裁判在事实认定、证据采纳、定罪量刑以及程序适用上没有错误，故依法作出裁定准许被告人撤回上诉，检察机关撤回抗诉。

问题9. 如何把握认罪认罚从宽制度中的"认罚"情节

【刑事审判参考案例】 王某受贿案[①]

一、基本案情

泰州市姜堰区人民法院适用简易程序公开审理本案。经审理查明：被告人王某于2006年春节前至2019年春节后，利用担任泰州市姜堰区教育局职社科科长的职务便利，在统筹协调管理职业教育工作、成人教育工作、社会力量办学许可、年检、评估、考核、监督管理等方面为他人谋取利益，索取或者非法收受他人财物，价值计人民币448000元（具体事实略）。

泰州市姜堰区人民法院认为：辩护人提出"被告人认罪认罚"的辩护意见，经查，被告人王某在审查起诉阶段签署了认罪认罚具结书，提起公诉时，量刑建议书中认定其具有认罪认罚情节，但在审理过程中查明，王某职务犯罪既遂，在案发前对外享有债权，归案后其银行卡账户余额30余万元也未用于退赃、缴纳财产刑，直至一审宣判前其未有退赃表现，其亲属亦未能代其积极退赃，故不宜认定其具有认罚情节，对被告人具有认罚情节的辩护意见不予采纳。辩护人提出"被告人王某归案后如实供述犯罪事实，自愿认罪，建议法庭从轻处罚"的辩护意见，予以采纳。依照《刑法》第三百八十五条第一款、第三百八十八条、第三百八十六条、第三百八十三条第一款第二项和第二款、第九十三条第一款、第六十七条第三款、第六十四条及《最高人民法院、最高人民检察院关于办理贪污贿赂刑事案件适用法律若干问题的解释》第二条第一款之规定，判决如下：

被告人王某犯受贿罪，判处有期徒刑四年，并处罚金人民币三十八万元。

一审宣判后，被告人王某未提出上诉，公诉机关也未提出抗诉。判决已发生法律效力。

二、主要问题

认罪认罚从宽制度适用中，如何把握"认罚"情节？

三、裁判理由

（一）认罪认罚从宽制度中对"认罚"的把握

根据《刑事诉讼法》第十五条的规定，"认罪"是指犯罪嫌疑人、被告人自愿如实供述自己的罪行，承认指控的犯罪事实；"认罚"是指愿意接受处罚。愿意接受处罚是犯罪嫌疑人、被告人悔罪的表现，"认罚"的核心在于犯罪嫌疑人、被告人真诚悔罪。"认罚"在不同的诉讼阶段有不同的表现形式：在侦查阶段表现为犯罪嫌疑人真诚悔罪愿意接受处罚；在审查起诉阶段表现为犯罪嫌疑人自愿签署认罪认罚具结书，认可检察机关的量

[①] 周庆典撰稿、杨立新审编：《王某受贿案——如何把握认罪认罚从宽制度中的"认罚"情节（第1414号）》，载中华人民共和国最高人民法院刑事审判第一、二、三、四、五庭主办：《刑事审判参考》2021年第3集（总第127集），人民法院出版社2021年版。

刑建议；在审判阶段表现为被告人当庭确认签署具结书系出于自愿，或者当庭表示认罪，愿意接受处罚。实践中，"认罚"考察的重点，是犯罪嫌疑人、被告人的悔罪态度和悔罪表现。犯罪嫌疑人、被告人主动退赃退赔、积极赔偿损失、取得谅解，等等，也是悔罪认罚的表现。需要注意的是，犯罪嫌疑人、被告人认罪认罚，但确无能力退赃退赔、赔偿损失的，不能以此否定"认罚"情节的认定。当然，对于犯罪嫌疑人、被告人表面上接受量刑建议，背后隐匿、转移财产，拒不退赃退赔、赔偿损失、履行财产刑，明显无真诚悔罪表现的，不应当认定为"认罚"。

(二) 确无能力退赃退赔的认定及对适用认罪认罚从宽制度的影响

在犯罪嫌疑人、被告人自愿认罪认罚的情况下，办案机关应当告知犯罪嫌疑人、被告人"退赃退赔、赔偿损失、履行财产刑"是考察"认罚"情节的重要因素。在监察机关调查、公安机关侦查期间，应当对被调查人、犯罪嫌疑人的经济情况进行调查，及时收集固定相关证据；人民检察院应当对"被告人是否有能力退赃退赔、赔偿损失等"承担举证责任；被告人辩解自己"确无能力退赃退赔"的，可以举证证明；人民法院应当根据相关证据审查判断。在被告人未退赃退赔、赔偿损失、履行财产刑的情况下，人民检察院认定被告人有"认罚"情节但未提交被告人是否"确无能力退赃退赔"相关证据的，人民法院根据案件情况也可以认定被告人具有"认罚"情节，可以依法适用认罪认罚案件的审理程序。但在实体从宽上应当考虑未退赃退赔、未赔偿损失、未履行财产刑的情节，严格把握从宽幅度。但是，人民法院审理发现被告人有能力退赃退赔、赔偿损失而不退赃退赔、赔偿损失的，甚至有隐匿转移财产行为的，不应认定具有"认罚"情节，因此，不按认罪认罚案件处理。人民法院对于"认罚"情节的否定，应当进行必要的法庭调查、法庭辩论，充分听取控辩双方的意见，并向被告人释明相应的法律后果。

本案中，被告人系国家工作人员，被指控犯有受贿罪，对外享有债权，却拒不退赃，且有证据表明其亲属在案发后隐匿、转移财产。因此，虽然被告人在审查起诉阶段签署具结书同意量刑建议，检察机关按认罪认罚案件提起公诉，但至一审宣判前被告人仍不退出受贿赃款，且经庭审查明被告人家属有隐匿转移财产行为，故姜堰区人民法院依法不认定被告人有"认罚"情节，案件不能适用认罪认罚从宽制度处理。

问题10. 被害方没有提出民事赔偿，能否参与刑事诉讼？

【实务专论】[①]

一、据以探讨的案例

朱某在某市某公园承包经营露天舞厅，被害人陈某因经常到该舞厅跳舞而与朱某相识。在交往过程中，陈某曾借钱给朱某，后陈某多次向朱某追讨不成，双方因此发生纠纷。2007年5月18日8时许，陈某到朱某经营的露天舞厅跳舞，二人因琐事发生争吵，朱某从舞厅内一张桌子抽屉里拿出一把单刃尖刀，朝陈某胸腹部连捅两刀，致其右髂总动脉破裂大失血死亡。

在一、二审期间，被害人陈某的家属不接受民事调解，不谅解被告人，强烈要求判

[①] 《被害方没有提出民事赔偿，能否参与刑事诉讼》，载中华人民共和国最高人民法院刑事审判第一、二、三、四、五庭主办：《刑事审判参考》2010年第2集（总第73集），法律出版社2010年版，第207~210页。

处朱某死刑立即执行。被害人家属虽没有提起民事赔偿,但委托律师参加一、二审庭审,强烈要求法院判处朱某死刑立即执行。

二、分歧意见

这个问题非常具有代表性,类似本案被害人家属不提起民事赔偿,但要求参与庭审并对庭审结果发表意见的现象,在司法实践中经常可见。对没有提出民事赔偿的被害方,能否允许其参与庭审并发表意见,司法实践中处理方式不尽相同。对于本案应如何处理,主要存在以下两种不同意见:

第一种意见认为,被害人陈某的家属不能参与庭审并对案件审理发表意见。理由是:故意伤害致人死亡是公诉案件,由检察机关代表国家向人民法院提起公诉。被害人家属既然没有提出民事赔偿,就是放弃提出附带民事诉讼的权利,这就意味着放弃自己参与刑事诉讼的权利。根据刑事诉讼法的相关规定,刑事被害人及其代理人只有提起刑事附带民事诉讼才能参加刑事诉讼,被害方没有提起民事赔偿,即表明没有提起刑事附带民事诉讼,由此便不能参加刑事诉讼。另外,本案不属于自诉案件。对犯罪的指控,应以国家指控为主,因为犯罪行为本质上是对国家的危害,而不仅仅是私人间的纷争。因此,鉴于本案属于公诉案件,陈某的家属不能参与庭审,更不能对案件审理发表意见。

第二种意见认为,虽然被害人的家属没有提出民事赔偿,但可以参加刑事诉讼活动,并可以发表意见,只是在裁判文书中不写明其参加刑事诉讼。理由是:首先,在司法实践中,虽然刑事被害人及其家属没有提起刑事附带民事诉讼,但是为了保护被害人及其家属的合法权益,一般都让其参加庭审,并发表意见,只是在裁判文书中不写明其参加刑事诉讼。这种做法虽然在刑事诉讼法中找不到确切依据,但也没有违反刑事诉讼法等相关法律的禁止性规定,因此一般是许可的。被害人家属虽然没有提起刑事附带民事诉讼,但是审判长有权允许被害人家属参与旁听刑事诉讼,也可在庭审中听取其就刑事部分所发表的意见,只是不在判决书中将其列为诉讼参与人。虽然刑事诉讼法没有明确规定被害人或其亲属在不提起附带民事诉讼的情况下可以参与刑事诉讼,但也没有禁止规定被害人或其亲属可以在庭审时对案件发表意见。因此,这种做法并不违背相关法律。

其次,被害人及其家属享有求刑权。被害人及其家属作为刑事诉讼中的当事人,有权对侵犯其或其家属合法权利的犯罪行为应否判处刑罚及如何处刑提出意见。《刑事诉讼法》第一百八十二条①规定,被害人及其法定代理人不服地方各级人民法院第一审判决的,自收到判决书后五日以内,有权请求人民检察院提出抗诉。人民检察院自收到被害人及其法定代理人的请求后五日以内,应当作出是否抗诉的决定并且答复请求人。这是刑事诉讼法对被害人及其家属求刑权的规定之一。因此,被害人及其家属没有提出民事赔偿,他们只是放弃了部分民事权利,并没有放弃刑事权利,也没有放弃求刑权。因此,应当允许他们参与庭审并对案件审理发表意见。如果不允许其参加庭审,就可能会引发抗诉程序,与其这样,不如让其参加庭审,以免增加诉累。

最后,被害人及其家属是刑事诉讼中的"诉讼当事人",是在刑事诉讼中执行控诉或辩护(辩护方)职能,享有重要的诉讼权利并与案件处理结果有直接利害关系的诉讼参与人,有参与诉讼的权利。1996年修正后的《刑事诉讼法》第八十二条②第二项规定:

---

① 现为《中华人民共和国刑事诉讼法》(2018年修正)第二百二十九条。
② 现为《中华人民共和国刑事诉讼法》(2018年修正)第一百零八条。

"'当事人'是指被害人、自诉人、犯罪嫌疑人、被告人、附带民事诉讼的原告人和被告人。"由此表明刑事诉讼法明文规定了被害人在公诉案件中处于诉讼当事人地位。之所以立法赋予被害人具备诉讼当事人地位：一是因为，被害人及其家属在刑事公诉中执行一定的控诉职能。被害人及其家属向有关机关进行控告、检举，出庭指证犯罪行为，请求法院依法惩处犯罪，这些活动明显是在行使控诉职能。二是因为，被害人及其家属享有广泛而重要的诉讼权利。如报案、控告及对不立案的监督权；对人民检察院的不起诉决定有权进行申诉或起诉；对公安机关或人民检察院不追诉的案件有权提出起诉；等等。三是因为，被害人及其家属与公诉案件的处理结果当然具有直接的利害关系。裁判的结果往往直接关系到被害人及其家属复仇信念的满足、精神上的安慰以及物质利益的弥补等。因此，即使被害人及其家属没有提出民事赔偿，也可以参与刑事诉讼，并就案件的审理发表意见，这也符合诉讼公开、诉讼透明的原则。

第二章

管辖、回避

第一节 审判依据

一、法律

中华人民共和国刑事诉讼法（2018年10月26日修正）（节选）

第二章 管 辖

第十九条 刑事案件的侦查由公安机关进行，法律另有规定的除外。

人民检察院在对诉讼活动实行法律监督中发现的司法工作人员利用职权实施的非法拘禁、刑讯逼供、非法搜查等侵犯公民权利、损害司法公正的犯罪，可以由人民检察院立案侦查。对于公安机关管辖的国家机关工作人员利用职权实施的重大犯罪案件，需要由人民检察院直接受理的时候，经省级以上人民检察院决定，可以由人民检察院立案侦查。

自诉案件，由人民法院直接受理。

第二十条 基层人民法院管辖第一审普通刑事案件，但是依照本法由上级人民法院管辖的除外。

第二十一条 中级人民法院管辖下列第一审刑事案件：

（一）危害国家安全、恐怖活动案件；

（二）可能判处无期徒刑、死刑的案件。

第二十二条 高级人民法院管辖的第一审刑事案件，是全省（自治区、直辖市）性的重大刑事案件。

第二十三条 最高人民法院管辖的第一审刑事案件，是全国性的重大刑事案件。

第二十四条 上级人民法院在必要的时候，可以审判下级人民法院管辖的第一审刑事案件；下级人民法院认为案情重大、复杂需要由上级人民法院审判的第一审刑事案件，可以请求移送上一级人民法院审判。

第二十五条　刑事案件由犯罪地的人民法院管辖。如果由被告人居住地的人民法院审判更为适宜的，可以由被告人居住地的人民法院管辖。

第二十六条　几个同级人民法院都有权管辖的案件，由最初受理的人民法院审判。在必要的时候，可以移送主要犯罪地的人民法院审判。

第二十七条　上级人民法院可以指定下级人民法院审判管辖不明的案件，也可以指定下级人民法院将案件移送其他人民法院审判。

第二十八条　专门人民法院案件的管辖另行规定。

第三章　回　避

第二十九条　审判人员、检察人员、侦查人员有下列情形之一的，应当自行回避，当事人及其法定代理人也有权要求他们回避：

（一）是本案的当事人或者是当事人的近亲属的；

（二）本人或者他的近亲属和本案有利害关系的；

（三）担任过本案的证人、鉴定人、辩护人、诉讼代理人的；

（四）与本案当事人有其他关系，可能影响公正处理案件的。

第三十条　审判人员、检察人员、侦查人员不得接受当事人及其委托的人的请客送礼，不得违反规定会见当事人及其委托的人。

审判人员、检察人员、侦查人员违反前款规定的，应当依法追究法律责任。当事人及其法定代理人有权要求他们回避。

第三十一条　审判人员、检察人员、侦查人员的回避，应当分别由院长、检察长、公安机关负责人决定；院长的回避，由本院审判委员会决定；检察长和公安机关负责人的回避，由同级人民检察院检察委员会决定。

对侦查人员的回避作出决定前，侦查人员不能停止对案件的侦查。

对驳回申请回避的决定，当事人及其法定代理人可以申请复议一次。

第三十二条　本章关于回避的规定适用于书记员、翻译人员和鉴定人。

辩护人、诉讼代理人可以依照本章的规定要求回避、申请复议。

二、司法解释

最高人民法院关于适用《中华人民共和国刑事诉讼法》的解释（2021年1月26日）（节选）

第一章　管　辖

第一条　人民法院直接受理的自诉案件包括：

（一）告诉才处理的案件：

1. 侮辱、诽谤案（刑法第二百四十六条规定的，但严重危害社会秩序和国家利益的除外）；

2. 暴力干涉婚姻自由案（刑法第二百五十七条第一款规定的）；

3. 虐待案（刑法第二百六十条第一款规定的，但被害人没有能力告诉或者因受到强制、威吓无法告诉的除外）；

4. 侵占案（刑法第二百七十条规定的）。

（二）人民检察院没有提起公诉，被害人有证据证明的轻微刑事案件：

1. 故意伤害案（刑法第二百三十四条第一款规定的）；
2. 非法侵入住宅案（刑法第二百四十五条规定的）；
3. 侵犯通信自由案（刑法第二百五十二条规定的）；
4. 重婚案（刑法第二百五十八条规定的）；
5. 遗弃案（刑法第二百六十一条规定的）；
6. 生产、销售伪劣商品案（刑法分则第三章第一节规定的，但严重危害社会秩序和国家利益的除外）；
7. 侵犯知识产权案（刑法分则第三章第七节规定的，但严重危害社会秩序和国家利益的除外）；
8. 刑法分则第四章、第五章规定的，可能判处三年有期徒刑以下刑罚的案件。

本项规定的案件，被害人直接向人民法院起诉的，人民法院应当依法受理。对其中证据不足，可以由公安机关受理的，或者认为对被告人可能判处三年有期徒刑以上刑罚的，应当告知被害人向公安机关报案，或者移送公安机关立案侦查。

（三）被害人有证据证明对被告人侵犯自己人身、财产权利的行为应当依法追究刑事责任，且有证据证明曾经提出控告，而公安机关或者人民检察院不予追究被告人刑事责任的案件。

第二条 犯罪地包括犯罪行为地和犯罪结果地。

针对或者主要利用计算机网络实施的犯罪，犯罪地包括用于实施犯罪行为的网络服务使用的服务器所在地，网络服务提供者所在地，被侵害的信息网络系统及其管理者所在地，犯罪过程中被告人、被害人使用的信息网络系统所在地，以及被害人被侵害时所在地和被害人财产遭受损失地等。

第三条 被告人的户籍地为其居住地。经常居住地与户籍地不一致的，经常居住地为其居住地。经常居住地为被告人被追诉前已连续居住一年以上的地方，但住院就医的除外。

被告单位登记的住所地为其居住地。主要营业地或者主要办事机构所在地与登记的住所地不一致的，主要营业地或者主要办事机构所在地为其居住地。

第四条 在中华人民共和国内水、领海发生的刑事案件，由犯罪地或者被告人登陆地的人民法院管辖。由被告人居住地的人民法院审判更为适宜的，可以由被告人居住地的人民法院管辖。

第五条 在列车上的犯罪，被告人在列车运行途中被抓获的，由前方停靠站所在地负责审判铁路运输刑事案件的人民法院管辖。必要时，也可以由始发站或者终点站所在地负责审判铁路运输刑事案件的人民法院管辖。

被告人不是在列车运行途中被抓获的，由负责该列车乘务的铁路公安机关对应的审判铁路运输刑事案件的人民法院管辖；被告人在列车运行途经车站被抓获的，也可以由该车站所在地负责审判铁路运输刑事案件的人民法院管辖。

第六条 在国际列车上的犯罪，根据我国与相关国家签订的协定确定管辖；没有协定的，由该列车始发或者前方停靠的中国车站所在地负责审判铁路运输刑事案件的人民法院管辖。

第七条 在中华人民共和国领域外的中国船舶内的犯罪,由该船舶最初停泊的中国口岸所在地或者被告人登陆地、入境地的人民法院管辖。

第八条 在中华人民共和国领域外的中国航空器内的犯罪,由该航空器在中国最初降落地的人民法院管辖。

第九条 中国公民在中国驻外使领馆内的犯罪,由其主管单位所在地或者原户籍地的人民法院管辖。

第十条 中国公民在中华人民共和国领域外的犯罪,由其登陆地、入境地、离境前居住地或者现居住地的人民法院管辖;被害人是中国公民的,也可以由被害人离境前居住地或者现居住地的人民法院管辖。

第十一条 外国人在中华人民共和国领域外对中华人民共和国国家或者公民犯罪,根据《中华人民共和国刑法》应当受处罚的,由该外国人登陆地、入境地或者入境后居住地的人民法院管辖,也可以由被害人离境前居住地或者现居住地的人民法院管辖。

第十二条 对中华人民共和国缔结或者参加的国际条约所规定的罪行,中华人民共和国在所承担条约义务的范围内行使刑事管辖权的,由被告人被抓获地、登陆地或者入境地的人民法院管辖。

第十三条 正在服刑的罪犯在判决宣告前还有其他罪没有判决的,由原审地人民法院管辖;由罪犯服刑地或者犯罪地的人民法院审判更为适宜的,可以由罪犯服刑地或者犯罪地的人民法院管辖。

罪犯在服刑期间又犯罪的,由服刑地的人民法院管辖。

罪犯在脱逃期间又犯罪的,由服刑地的人民法院管辖。但是,在犯罪地抓获罪犯并发现其在脱逃期间犯罪的,由犯罪地的人民法院管辖。

第十四条 人民检察院认为可能判处无期徒刑、死刑,向中级人民法院提起公诉的案件,中级人民法院受理后,认为不需要判处无期徒刑、死刑的,应当依法审判,不再交基层人民法院审判。

第十五条 一人犯数罪、共同犯罪或者其他需要并案审理的案件,其中一人或者一罪属于上级人民法院管辖的,全案由上级人民法院管辖。

第十六条 上级人民法院决定审判下级人民法院管辖的第一审刑事案件的,应当向下级人民法院下达改变管辖决定书,并书面通知同级人民检察院。

第十七条 基层人民法院对可能判处无期徒刑、死刑的第一审刑事案件,应当移送中级人民法院审判。

基层人民法院对下列第一审刑事案件,可以请求移送中级人民法院审判:

(一)重大、复杂案件;
(二)新类型的疑难案件;
(三)在法律适用上具有普遍指导意义的案件。

需要将案件移送中级人民法院审判的,应当在报请院长决定后,至迟于案件审理期限届满十五日以前书面请求移送。中级人民法院应当在接到申请后十日以内作出决定。不同意移送的,应当下达不同意移送决定书,由请求移送的人民法院依法审判;同意移送的,应当下达同意移送决定书,并书面通知同级人民检察院。

第十八条 有管辖权的人民法院因案件涉及本院院长需要回避或者其他原因,不宜行使管辖权的,可以请求移送上一级人民法院管辖。上一级人民法院可以管辖,也可以指定与提出请求的人民法院同级的其他人民法院管辖。

第十九条 两个以上同级人民法院都有管辖权的案件，由最初受理的人民法院审判。必要时，可以移送主要犯罪地的人民法院审判。

管辖权发生争议的，应当在审理期限内协商解决；协商不成的，由争议的人民法院分别层报共同的上级人民法院指定管辖。

第二十条 管辖不明的案件，上级人民法院可以指定下级人民法院审判。

有关案件，由犯罪地、被告人居住地以外的人民法院审判更为适宜的，上级人民法院可以指定下级人民法院管辖。

第二十一条 上级人民法院指定管辖，应当将指定管辖决定书送达被指定管辖的人民法院和其他有关的人民法院。

第二十二条 原受理案件的人民法院在收到上级人民法院改变管辖决定书、同意移送决定书或者指定其他人民法院管辖的决定书后，对公诉案件，应当书面通知同级人民检察院，并将案卷材料退回，同时书面通知当事人；对自诉案件，应当将案卷材料移送被指定管辖的人民法院，并书面通知当事人。

第二十三条 第二审人民法院发回重新审判的案件，人民检察院撤回起诉后，又向原第一审人民法院的下级人民法院重新提起公诉的，下级人民法院应当将有关情况层报原第二审人民法院。原第二审人民法院根据具体情况，可以决定将案件移送原第一审人民法院或者其他人民法院审判。

第二十四条 人民法院发现被告人还有其他犯罪被起诉的，可以并案审理；涉及同种犯罪的，一般应当并案审理。

人民法院发现被告人还有其他犯罪被审查起诉、立案侦查、立案调查的，可以参照前款规定协商人民检察院、公安机关、监察机关并案处理，但可能造成审判过分迟延的除外。

根据前两款规定并案处理的案件，由最初受理地的人民法院审判。必要时，可以由主要犯罪地的人民法院审判。

第二十五条 第二审人民法院在审理过程中，发现被告人还有其他犯罪没有判决的，参照前条规定处理。第二审人民法院决定并案审理的，应当发回第一审人民法院，由第一审人民法院作出处理。

第二十六条 军队和地方互涉刑事案件，按照有关规定确定管辖。

第二章 回 避

第二十七条 审判人员具有下列情形之一的，应当自行回避，当事人及其法定代理人有权申请其回避：

（一）是本案的当事人或者是当事人的近亲属的；
（二）本人或者其近亲属与本案有利害关系的；
（三）担任过本案的证人、鉴定人、辩护人、诉讼代理人、翻译人员的；
（四）与本案的辩护人、诉讼代理人有近亲属关系的；
（五）与本案当事人有其他利害关系，可能影响公正审判的。

第二十八条 审判人员具有下列情形之一的，当事人及其法定代理人有权申请其回避：

（一）违反规定会见本案当事人、辩护人、诉讼代理人的；

（二）为本案当事人推荐、介绍辩护人、诉讼代理人，或者为律师、其他人员介绍办理本案的；

（三）索取、接受本案当事人及其委托的人的财物或者其他利益的；

（四）接受本案当事人及其委托的人的宴请，或者参加由其支付费用的活动的；

（五）向本案当事人及其委托的人借用款物的；

（六）有其他不正当行为，可能影响公正审判的。

第二十九条 参与过本案调查、侦查、审查起诉工作的监察、侦查、检察人员，调至人民法院工作的，不得担任本案的审判人员。

在一个审判程序中参与过本案审判工作的合议庭组成人员或者独任审判员，不得再参与本案其他程序的审判。但是，发回重新审判的案件，在第一审人民法院作出裁判后又进入第二审程序、在法定刑以下判处刑罚的复核程序或者死刑复核程序的，原第二审程序、在法定刑以下判处刑罚的复核程序或者死刑复核程序中的合议庭组成人员不受本款规定的限制。

第三十条 依照法律和有关规定应当实行任职回避的，不得担任案件的审判人员。

第三十一条 人民法院应当依法告知当事人及其法定代理人有权申请回避，并告知其合议庭组成人员、独任审判员、法官助理、书记员等人员的名单。

第三十二条 审判人员自行申请回避，或者当事人及其法定代理人申请审判人员回避的，可以口头或者书面提出，并说明理由，由院长决定。

院长自行申请回避，或者当事人及其法定代理人申请院长回避的，由审判委员会讨论决定。审判委员会讨论时，由副院长主持，院长不得参加。

第三十三条 当事人及其法定代理人依照刑事诉讼法第三十条和本解释第二十八条的规定申请回避的，应当提供证明材料。

第三十四条 应当回避的审判人员没有自行回避，当事人及其法定代理人也没有申请其回避的，院长或者审判委员会应当决定其回避。

第三十五条 对当事人及其法定代理人提出的回避申请，人民法院可以口头或者书面作出决定，并将决定告知申请人。

当事人及其法定代理人申请回避被驳回的，可以在接到决定时申请复议一次。不属于刑事诉讼法第二十九条、第三十条规定情形的回避申请，由法庭当庭驳回，并不得申请复议。

第三十六条 当事人及其法定代理人申请出庭的检察人员回避的，人民法院应当区分情况作出处理：

（一）属于刑事诉讼法第二十九条、第三十条规定情形的回避申请，应当决定休庭，并通知人民检察院尽快作出决定；

（二）不属于刑事诉讼法第二十九条、第三十条规定情形的回避申请，应当当庭驳回，并不得申请复议。

第三十七条 本章所称的审判人员，包括人民法院院长、副院长、审判委员会委员、庭长、副庭长、审判员和人民陪审员。

第三十八条 法官助理、书记员、翻译人员和鉴定人适用审判人员回避的有关规定，其回避问题由院长决定。

第三十九条 辩护人、诉讼代理人可以依照本章的有关规定要求回避、申请复议。

三、刑事政策文件

1. 最高人民法院、最高人民检察院、公安部关于旅客列车上发生的刑事案件管辖问题的通知（2001年8月23日　公通字〔2001〕70号）

各省、自治区、直辖市高级人民法院，人民检察院，公安厅，局，新疆维吾尔自治区高级人民法院生产建设兵团分院、新疆生产建设兵团人民检察院、公安局：

为维护旅客列车的治安秩序，及时、有效地处理发生在旅客列车上的刑事案件，现对旅客列车上发生的刑事案件的管辖问题规定如下：

一、列车上发生的刑事案件，由负责该车乘务的乘警队所属的铁路公安机关立案，列车乘警应及时收集案件证据，填写有关法律文书。对于已经查获犯罪嫌疑人的，列车乘警应对犯罪嫌疑人认真盘查，制作盘查笔录。对被害人、证人要进行询问，制作询问笔录，或者由被害人、证人书写被害经过、证言。取证结束后，列车乘警应当将犯罪嫌疑人及盘查笔录、被害人、证人的证明材料以及其他与案件有关证据一并移交前方停车站铁路公安机关。对于未查获犯罪嫌疑人的案件，列车乘警应当及时收集案件线索及证据，并由负责该车乘务的乘警队所属的铁路公安机关继续侦查。

二、车站铁路公安机关对于法律手续齐全并附有相关证据材料的交站处理案件应当受理。经审查和进一步侦查，认为需要逮捕犯罪嫌疑人或者移送审查起诉的，应当依法向同级铁路运输检察院提请批准逮捕或者移送审查起诉。

三、铁路运输检察院对同级公安机关提请批准逮捕或者移送审查起诉的交站处理案件应当受理。经审查符合逮捕条件的，应当依法批准逮捕；符合起诉条件的，应当依法提起公诉或者将案件移送有管辖权的铁路运输检察院审查起诉。

四、铁路运输法院对铁路运输检察院提起公诉的交站处理案件，经审查认为符合受理条件的，应当受理并依法审判。

各地接本通知后，请认真贯彻执行。执行中遇到的问题，请及时分别报告最高人民法院、最高人民检察院、公安部。

2. 最高人民法院、最高人民检察院、公安部关于办理海上发生的违法犯罪案件有关问题的通知（2007年9月17日　公通字〔2007〕60号）

各省、自治区、直辖市高级人民法院、人民检察院、公安厅（局），解放军军事法院、军事检察院，新疆维吾尔自治区高级人民法院生产建设兵团分院、新疆生产建设兵团人民检察院、公安局：

为维护我国国家安全和海域治安秩序，保护公共财产和公民人身财产安全，及时、有效地办理发生在海上的违法犯罪案件，现就有关问题通知如下：

一、公安机关海上执法任务由沿海省、自治区、直辖市公安边防总队及其所属的海警支队、海警大队承担。在办理海上治安行政案件和刑事案件时，公安边防总队行使地（市）级人民政府公安机关的职权，海警支队行使县级人民政府公安机关的职权，海警大队行使公安派出所的职权，分别以自己名义作出决定和制作法律文书。

二、对省、自治区、直辖市公安边防总队及其下设的海警支队管辖海域的划分，应当充分考虑执法办案工作的需要，可以不受行政区划海域划分的限制。

海警支队的管辖海域由其隶属的省、自治区、直辖市公安边防总队划定，报公安部边防管理局和所在省、自治区、直辖市公安厅、局备案，并抄送所在地省、自治区、直辖市高级人民法院、人民检察院。

沿海省、自治区、直辖市公安边防总队的管辖海域由公安部边防管理局划定，并抄送最高人民法院、最高人民检察院。

三、海上发生的一般治安行政案件，由违法行为发生海域海警大队管辖；重大、复杂、涉外的治安行政案件，由违法行为发生海域海警支队管辖；如果由违法嫌疑人居住地公安机关管辖更为适宜的，可以由违法嫌疑人居住地的公安机关管辖。

海上发生的刑事案件，由犯罪行为发生海域海警支队管辖；如果由犯罪嫌疑人居住地或者主要犯罪行为发生地公安机关管辖更为适宜的，可以由犯罪嫌疑人居住地或者主要犯罪行为发生地的公安机关管辖；对管辖有争议或者情况特殊的刑事案件，可报请上级公安机关指定管辖。

同一省、自治区、直辖市内跨海警支队管辖海域的行政案件和刑事案件，由违法犯罪行为发生海域海警支队协商确定管辖；协商不成的，由省、自治区、直辖市公安边防总队指定管辖。

跨省、自治区、直辖市管辖海域的行政案件和刑事案件，由违法犯罪行为发生海域省、自治区、直辖市公安边防总队协商确定管辖；协商不成的，由公安部边防管理局指定管辖。

四、海警支队办理刑事案件，需要提请批准逮捕或者移送审查起诉的，依法向所在地人民检察院提请或者移送，人民检察院应当依法进行审查并作出决定。

人民检察院提起公诉的海上犯罪案件，同级人民法院依法审判。人民法院判处管制、剥夺政治权利以及决定暂予监外执行、缓刑、假释的，由罪犯居住地公安机关执行。

五、公民、法人或者其他组织对海警大队作出的具体行政行为不服而依法申请行政复议的，由该海警大队隶属的海警支队依法办理。

公民、法人或者其他组织对海警支队作出的具体行政行为不服而依法申请行政复议的，由该海警支队隶属的省、自治区、直辖市公安边防总队依法办理。

六、公民、法人或者其他组织认为公安边防海警作出的具体行政行为侵犯其合法权益的，可以依法提起行政诉讼。作出决定的公安边防海警应当依法出庭应诉。

七、公民、法人或者其他组织认为公安边防海警违法行使职权侵犯其合法权益造成损害而向公安机关申请国家赔偿的，由作出决定的公安边防海警依法办理。

对公安边防海警作出的有关刑事赔偿决定不服的，可以向其上一级机关申请复议。对复议决定不服的，可以向人民法院赔偿委员会提出赔偿申请。

对公安边防海警作出的有关行政赔偿决定不服的，可以向人民法院提起行政赔偿诉讼。对具体的行政行为不服的，可以在申请行政复议和提起行政诉讼时，一并提出行政赔偿请求。

八、对海上违法犯罪案件的调查处理、侦查、提起公诉和审判，分别依照《刑事诉讼法》[①]《治安管理处罚法》[②] 等相关法律、法规、规章和司法解释的规定办理。

[①] 本通知引用的《中华人民共和国刑事诉讼法》已于2018年10月26日修正。
[②] 本通知引用的《中华人民共和国治安管理处罚法》已于2012年10月26日修正。

公安边防海警办理行政复议、参与行政诉讼、进行国家赔偿等，分别依照《行政诉讼法》①《行政复议法》②《国家赔偿法》③等相关法律、法规、规章和司法解释的规定办理。

各地接本通知后，请认真贯彻执行。执行中遇到的问题，请及时分别报告最高人民法院、最高人民检察院、公安部。

3. 最高人民法院、最高人民检察院、公安部、国家安全部、司法部、解放军总政治部关于印发《办理军队和地方互涉刑事案件规定》的通知（2009年5月1日　政保〔2009〕11号）（节选）

第一条　为了规范办理军队和地方互涉刑事案件（以下简称军地互涉案件）工作，依法及时有效打击犯罪，保护国家军事利益，维护军队和社会稳定，根据刑法、刑事诉讼法和其他有关规定，制定本规定。

第二条　本规定适用于下列案件：

（一）军人与地方人员共同犯罪的；

（二）军人在营区外犯罪的；

（三）军人在营区侵害非军事利益犯罪的；

（四）地方人员在营区犯罪的；

（五）地方人员在营区外侵害军事利益犯罪的；

（六）其他需要军队和地方协作办理的案件。

第三条　办理军地互涉案件，应当坚持分工负责、相互配合、及时规范、依法处理的原则。

第四条　对军人的侦查、起诉、审判，由军队保卫部门、军事检察院、军事法院管辖。军队文职人员、非现役公勤人员、在编职工、由军队管理的离退休人员，以及执行军事任务的预备役人员和其他人员，按照军人确定管辖。

对地方人员的侦查、起诉、审判，由地方公安机关、国家安全机关、人民检察院、人民法院管辖。列入中国人民武装警察部队序列的公安边防、消防、警卫部队人员，按照地方人员确定管辖。

第五条　发生在营区的案件，由军队保卫部门或者军事检察院立案侦查；其中犯罪嫌疑人不明确且侵害非军事利益的，由军队保卫部门或者军事检察院与地方公安机关或者国家安全机关、人民检察院，按照管辖分工共同组织侦查，查明犯罪嫌疑人属于本规定第四条第二款规定管辖的，移交地方公安机关或者国家安全机关、人民检察院处理。

发生在营区外的案件，由地方公安机关或者国家安全机关、人民检察院立案侦查；查明犯罪嫌疑人属于本规定第四条第一款规定管辖的，移交军队保卫部门或者军事检察院处理。

第六条　军队和地方共同使用的营房、营院、机场、码头等区域发生的案件，发生在军队管理区域的，按照本规定第五条第一款的规定办理；发生在地方管理区域的，按照本规定第五条第二款的规定办理。管理区域划分不明确的，由军队和地方主管机关协

---

① 本通知引用的《中华人民共和国行政诉讼法》已于2017年6月27日修正。

② 本通知引用的《中华人民共和国行政复议法》已于2023年9月1日修订。

③ 本通知引用的《中华人民共和国国家赔偿法》已于2012年10月26日修正。

商办理。

军队在地方国家机关和单位设立的办公场所、对外提供服务的场所、实行物业化管理的住宅小区，以及在地方执行警戒勤务任务的部位、住处发生的案件，按照本规定第五条第二款的规定办理。

第七条 军人入伍前涉嫌犯罪需要依法追究刑事责任的，由地方公安机关、国家安全机关、人民检察院提供证据材料，送交军队军级以上单位保卫部门、军事检察院审查后，移交地方公安机关、国家安全机关、人民检察院处理。

军人退出现役后，发现其在服役期内涉嫌犯罪的，由地方公安机关、国家安全机关、人民检察院处理；但涉嫌军人违反职责罪的，由军队保卫部门、军事检察院处理。

第八条 军地互涉案件管辖不明确的，由军队军区级以上单位保卫部门、军事检察院、军事法院与地方省级公安机关、国家安全机关、人民检察院、人民法院协商确定管辖；管辖有争议或者情况特殊的案件，由总政治部保卫部与公安部、国家安全部协商确定，或者由解放军军事检察院、解放军军事法院报请最高人民检察院、最高人民法院指定管辖。

第九条 军队保卫部门、军事检察院、军事法院和地方公安机关、国家安全机关、人民检察院、人民法院对于军地互涉案件的报案、控告、举报或者犯罪嫌疑人自首的，都应当接受。对于不属于自己管辖的，应当移送主管机关处理，并通知报案人、控告人、举报人；对于不属于自己管辖而又必须采取紧急措施的，应当先采取紧急措施，然后移送主管机关处理。

第十条 军人在营区外作案被当场抓获或者有重大犯罪嫌疑的，地方公安机关、国家安全机关、人民检察院可以对其采取紧急措施，二十四小时内通知军队有关部门，及时移交军队保卫部门、军事检察院处理；地方人员在营区作案被当场抓获或者有重大犯罪嫌疑的，军队保卫部门、军事检察院可以对其采取紧急措施，二十四小时内移交地方公安机关、国家安全机关、人民检察院处理。

第十一条 地方人员涉嫌非法生产、买卖军队制式服装，伪造、盗窃、买卖或者非法提供、使用军队车辆号牌等专用标志，伪造、变造、买卖或者盗窃、抢夺军队公文、证件、印章，非法持有属于军队绝密、机密的文件、资料或者其他物品，冒充军队单位和人员犯罪等被军队当场查获的，军队保卫部门可以对其采取紧急措施，核实身份后二十四小时内移交地方公安机关处理。

第十二条 军队保卫部门、军事检察院办理案件，需要在营区外采取侦查措施的，应当通报地方公安机关、国家安全机关、人民检察院，地方公安机关、国家安全机关、人民检察院应当协助实施。

地方公安机关、国家安全机关、人民检察院办理案件，需要在营区采取侦查措施的，应当通报军队保卫部门、军事检察院，军队保卫部门、军事检察院应当协助实施。

第十三条 军队保卫部门、军事检察院、军事法院和地方公安机关、国家安全机关、人民检察院、人民法院相互移交案件时，应当将有关证据材料和赃款赃物等随案移交。

军队保卫部门、军事检察院、军事法院和地方公安机关、国家安全机关、人民检察院、人民法院依法获取的证据材料、制作的法律文书等，具有同等法律效力。

第十四条 军队保卫部门、军事检察院、军事法院和地方公安机关、国家安全机关、人民检察院、人民法院办理案件，经军队军区级以上单位保卫部门、军事检察院、军事法院与地方省级以上公安机关、国家安全机关、人民检察院、人民法院协商同意后，可以凭相关法律手续相互代为羁押犯罪嫌疑人、被告人。

第十五条 军队保卫部门、军事检察院、军事法院和地方公安机关、国家安全机关、人民检察院、人民法院对共同犯罪的军人和地方人员分别侦查、起诉、审判的，应当及时协调，依法处理。

第十六条 军人因犯罪被判处刑罚并开除军籍的，除按照有关规定在军队执行刑罚的以外，移送地方执行刑罚。

地方人员被军事法院判处刑罚的，除掌握重要军事秘密的以外，移送地方执行刑罚。

军队和地方需要相互代为对罪犯执行刑罚、调整罪犯关押场所的，由总政治部保卫部与司法部监狱管理部门或者公安部、国家安全部监所管理部门协商同意后，凭相关法律手续办理。

第十七条 战时发生的侵害军事利益或者危害军事行动安全的军地互涉案件，军队保卫部门、军事检察院可先行对涉嫌犯罪的地方人员进行必要的调查和采取相应的强制措施。查清主要犯罪事实后，移交地方公安机关、国家安全机关、人民检察院处理。

第十八条 军队保卫部门、军事检察院、军事法院和地方公安机关、国家安全机关、人民检察院、人民法院应当建立健全办案协作机制，加强信息通报、技术支持和协作配合。

第十九条 本规定所称军人，是指中国人民解放军的现役军官、文职干部、士兵及具有军籍的学员和中国人民武装警察部队的现役警官、文职干部、士兵及具有军籍的学员；军人身份自批准入伍之日获取，批准退出现役之日终止。

第二十条 本规定所称营区，是指由军队管理使用的区域，包括军事禁区、军事管理区，以及军队设立的临时驻地等。

第二十一条 中国人民武装警察部队（除公安边防、消防、警卫部队外）保卫部门、军事检察院、军事法院办理武警部队与地方互涉刑事案件，适用本规定。

第二十二条 本规定自 2009 年 8 月 1 日起施行。1982 年 11 月 25 日最高人民法院、最高人民检察院、公安部、总政治部《关于军队和地方互涉案件几个问题的规定》和 1987 年 12 月 21 日最高人民检察院、公安部、总政治部《关于军队和地方互涉案件侦查工作的补充规定》同时废止。

4. 最高人民法院、最高人民检察院、中国海警局关于海上刑事案件管辖等有关问题的通知（2020 年 2 月 20 日　海警〔2020〕1 号）

各省、自治区、直辖市高级人民法院、人民检察院，解放军军事法院、军事检察院，新疆维吾尔自治区高级人民法院生产建设兵团分院、新疆生产建设兵团人民检察院，中国海警局各分局、直属局，沿海省、自治区、直辖市海警局：

为依法惩治海上犯罪，维护国家主权、安全、海洋权益和海上秩序，根据《中华人民共和国刑事诉讼法》《全国人民代表大会常务委员会关于中国海警局行使海上维权执法职权的决定》以及其他相关法律，现就海上刑事案件管辖等有关问题通知如下：

一、对海上发生的刑事案件，按照下列原则确定管辖：

（一）在中华人民共和国内水、领海发生的犯罪，由犯罪地或者被告人登陆地的人民法院管辖，如果由被告人居住地的人民法院审判更为适宜的，可以由被告人居住地的人民法院管辖；

（二）在中华人民共和国领域外的中国船舶内的犯罪，由该船舶最初停泊的中国口岸所在地或者被告人登陆地、入境地的人民法院管辖；

（三）中国公民在中华人民共和国领海以外的海域犯罪，由其登陆地、入境地、离境前居住地或者现居住地的人民法院管辖；被害人是中国公民的，也可以由被害人离境前居住地或者现居住地的人民法院管辖；

（四）外国人在中华人民共和国领海以外的海域对中华人民共和国国家或者公民犯罪，根据《中华人民共和国刑法》应当受到处罚的，由该外国人登陆地、入境地、入境后居住地的人民法院管辖，也可以由被害人离境前居住地或者现居住地的人民法院管辖；

（五）对中华人民共和国缔结或者参加的国际条约所规定的罪行，中华人民共和国在所承担的条约义务的范围内行使刑事管辖权的，由被告人被抓获地、登陆地或者入境地的人民法院管辖。

前款第一项规定的犯罪地包括犯罪行为发生地和犯罪结果发生地。前款第二项至第五项规定的入境地，包括进入我国陆地边境、领海以及航空器降落在我国境内的地点。

二、海上发生的刑事案件的立案侦查，由海警机构根据本通知第一条规定的管辖原则进行。

依据第一条规定确定的管辖地未设置海警机构的，由有关海警局商同级人民检察院、人民法院指定管辖。

三、沿海省、自治区、直辖市海警局办理刑事案件，需要提请批准逮捕或者移送起诉的，依法向所在地省级人民检察院提请或者移送。

沿海省、自治区、直辖市海警局下属海警局，中国海警局各分局、直属局办理刑事案件，需要提请批准逮捕或者移送起诉的，依法向所在地设区的市级人民检察院提请或者移送。

海警工作站办理刑事案件，需要提请批准逮捕或者移送起诉的，依法向所在地基层人民检察院提请或者移送。

四、人民检察院对于海警机构移送起诉的海上刑事案件，按照刑事诉讼法、司法解释以及本通知的有关规定进行审查后，认为应当由其他人民检察院起诉的，应当将案件移送有管辖权的人民检察院。

需要按照刑事诉讼法、司法解释以及本通知的有关规定指定审判管辖的，海警机构应当在移送起诉前向人民检察院通报，由人民检察院协商同级人民法院办理指定管辖有关事宜。

五、对人民检察院提起公诉的海上刑事案件，人民法院经审查认为符合刑事诉讼法、司法解释以及本通知有关规定的，应当依法受理。

六、海警机构办理刑事案件应当主动接受检察机关监督，与检察机关建立信息共享平台，定期向检察机关通报行政执法与刑事司法衔接，刑事立案、破案，采取强制措施等情况。

海警机构所在地的人民检察院依法对海警机构的刑事立案、侦查活动实行监督。

海警机构办理重大、疑难、复杂的刑事案件，可以商请人民检察院介入侦查活动，并听取人民检察院的意见和建议。人民检察院认为确有必要时，可以派员介入海警机构的侦查活动，对收集证据、适用法律提出意见，监督侦查活动是否合法，海警机构应当予以配合。

本通知自印发之日起施行。各地接本通知后，请认真贯彻执行。执行中遇到的问题，请及时分别报告最高人民法院、最高人民检察院、中国海警局。

第二节 审判实践中的疑难新型问题

问题 1. 检察机关发现公安机关对拒不执行判决、裁定的行为应当立案侦查而不立案侦查的如何处理？

【最高人民检察院指导性案件】上海甲建筑装饰有限公司、吕某拒不执行判决立案监督案（检例第 92 号）

【要旨】

负有执行义务的单位和个人以更换企业名称、隐瞒到期收入等方式妨害执行，致使已经发生法律效力的判决、裁定无法执行，情节严重的，应当以拒不执行判决、裁定罪予以追诉。申请执行人认为公安机关对拒不执行判决、裁定的行为应当立案侦查而不立案侦查，向检察机关提出监督申请的，检察机关应当要求公安机关说明不立案的理由。经调查核实，认为公安机关不立案理由不能成立的，应当通知公安机关立案。对于通知立案的涉企业犯罪案件，应当依法适用认罪认罚从宽制度。

【基本案情】

被告单位上海甲建筑装饰有限公司（以下简称甲公司）。

被告人吕某，男，1964 年 8 月出生，甲公司实际经营人。

2017 年 5 月 17 日，上海乙实业有限公司（以下简称乙公司）因与甲公司合同履行纠纷诉至上海市青浦区人民法院。同年 8 月 16 日，青浦区人民法院判决甲公司支付乙公司人民币 3250995.5 元及相关利息。甲公司提出上诉，上海市第二中级人民法院判决驳回上诉，维持原判。2017 年 11 月 7 日，乙公司向青浦区人民法院申请执行。青浦区人民法院调查发现，被执行人甲公司经营地不明，无可供执行的财产，经乙公司确认并同意后，于 2018 年 2 月 27 日裁定终结本次执行程序。2018 年 5 月 9 日，青浦区人民法院恢复执行程序，组织乙公司、甲公司达成执行和解协议，但甲公司经多次催讨仍拒绝履行协议。2019 年 5 月 6 日，乙公司以甲公司拒不执行判决为由，向上海市公安局青浦分局（以下简称青浦公安分局）报案，青浦公安分局决定不予立案。

【检察机关履职过程】

线索发现。2019 年 6 月 3 日，乙公司向上海市青浦区人民检察院提出监督申请，认为甲公司拒不执行法院生效判决，已构成犯罪，但公安机关不予立案，请求检察机关监督立案。青浦区人民检察院经审查，决定予以受理。

调查核实。针对乙公司提出的监督申请，青浦区人民检察院调阅青浦公安分局相关材料和青浦区人民法院执行卷宗，调取甲公司银行流水，听取乙公司法定代表人金某意见，并查询国家企业信用信息公示系统。查明甲公司实际经营人吕某在同乙公司诉讼过程中，将甲公司更名并变更法定代表人为马某某，以致法院判决甲公司败诉后，在执行阶段无法找到甲公司资产。为调查核实甲公司资产情况，青浦区人民检察院又调取甲公司与丙控股集团江西南昌房地产事业部（以下简称丙集团）业务往来账目以及银行流水、银行票据等证据，进一步查明：2018年5月至2019年1月期间，在甲公司银行账户被法院冻结的情况下，吕某要求丙集团将甲公司应收工程款人民币2506.99万元以银行汇票形式支付，其后吕某将该银行汇票背书转让给由其实际经营的上海丁装饰工程有限公司，该笔资金用于甲公司日常经营活动。

监督意见。2019年7月9日，青浦区人民检察院向青浦公安分局发出《要求说明不立案理由通知书》。青浦公安分局回复认为，本案尚在执行期间，甲公司未逃避执行判决，没有犯罪事实，不符合立案条件。青浦区人民检察院认为，甲公司在诉讼期间更名并变更法定代表人，导致法院在执行阶段无法查找到甲公司资产，并裁定终结本次执行程序。并且在执行同期，甲公司舍弃电子支付、银行转账等便捷方式，要求丙集团以银行汇票形式向其结算并支付大量款项，该款未进入甲公司账户，但实际用于甲公司日常经营活动，其目的就是利用汇票背书形式规避法院的执行。因此，甲公司存在隐藏、转移财产，致使法院生效判决无法执行的行为，已符合《刑法》第三百一十三条规定的"有能力执行而拒不执行，情节严重"的情形，公安机关的不立案理由不能成立。2019年8月6日，青浦区人民检察院向青浦公安分局发出《通知立案书》，并将调查获取的证据一并移送公安机关。

监督结果。2019年8月11日，青浦公安分局决定对甲公司以涉嫌拒不执行判决罪立案侦查，同年9月4日将甲公司实际经营人吕某传唤到案并刑事拘留。2019年9月6日，甲公司向乙公司支付了全部执行款项人民币371万元，次日，公安机关对吕某变更强制措施为取保候审。案件移送起诉后，经依法告知诉讼权利和认罪认罚的法律规定，甲公司和吕某自愿认罪认罚。2019年11月28日，青浦区人民检察院以甲公司、吕某犯拒不执行判决罪向青浦区人民法院提起公诉，并提出对甲公司判处罚金人民币15万元，对吕某判处有期徒刑十个月、缓刑一年的量刑建议。2019年12月10日，青浦区人民法院判决甲公司、吕某犯拒不执行判决罪，并全部采纳了检察机关的量刑建议。一审宣判后，被告单位和被告人均未提出上诉，判决已生效。

【指导意义】

（一）检察机关发现公安机关对拒不执行判决、裁定的行为应当立案侦查而不立案侦查的，应当依法监督公安机关立案。执行人民法院依法作出并已发生法律效力的判决、裁定，是被执行人的法定义务。负有执行义务的单位和个人有能力执行而故意以更改企业名称、隐瞒到期收入等方式，隐藏、转移财产，致使判决、裁定无法执行的，应当认定为《刑法》第三百一十三条规定的"有能力执行而拒不执行，情节严重"的情形，以拒不执行判决、裁定罪予以追诉。申请执行人认为公安机关对拒不执行判决、裁定的行为应当立案侦查而不立案侦查，向检察机关提出监督申请的，检察机关应当要求公安机关说明不立案的理由，认为公安机关不立案理由不能成立的，应当制作《通知立案书》，通知公安机关立案。

（二）检察机关进行立案监督，应当开展调查核实。检察机关受理立案监督申请后，应当根据事实、法律进行审查，并依法开展调查核实。对于拒不执行判决、裁定案件，检察机关可以调阅公安机关相关材料、人民法院执行卷宗和相关法律文书，询问公安机关办案人员、法院执行人员和有关当事人，并可以调取涉案企业、人员往来账目、合同、银行票据等书证,综合研判是否属于"有能力执行而拒不执行,情节严重"的情形。决定监督立案的,应当同时将调查收集的证据材料送达公安机关。

(三)办理涉企业犯罪案件,应当依法适用认罪认罚从宽制度。检察机关应当坚持惩治犯罪与保护市场主体合法权益、引导企业守法经营并重。对于拒不执行判决、裁定案件,应当积极促使涉案企业执行判决、裁定,向被害方履行赔偿义务、赔礼道歉。涉案企业及其直接负责的主管人员和其他直接责任人员自愿如实供述自己的罪行,承认指控的犯罪事实,愿意接受处罚的,对涉案企业和个人可以提出依法从宽处理的确定刑量刑建议。

问题2. 被告人以翻译人员参加过侦查、审查起诉或一审程序为由,申请翻译人员回避的,如何处理?

【实务专论】[①]

我国《刑事诉讼法》和《最高人民法院关于执行〈中华人民共和国刑事诉讼法〉若干问题的解释》(以下简称《刑事诉讼法解释》)及其他司法解释均没有规定翻译人员参加过侦查、审查起诉或一审程序的,应当在其他诉讼阶段回避。根据《刑事诉讼法解释》第三十一条[②]规定,参加过本案侦查、起诉的侦查人员、检察人员,或者在一个审判程序中参与过本案审判工作的合议庭组成人员,不得参与本案的其他阶段或者程序的工作。翻译人员系以其专业知识参与到诉讼中从事技术性工作的人员,其虽系诉讼参与人,但不属于侦查人员、检察人员和合议庭组成人员,因此,被告人以翻译人员参加过侦查、审查起诉或一审程序为由,申请翻译人员回避的,应当驳回申请,不予准许。

[①] 上海市高级人民法院刑二庭调研报告:《涉外刑事案件法律适用问题解答》,载中华人民共和国最高人民法院刑事审判第一、二、三、四、五庭主办:《刑事审判参考》2010年第4集(总第75集),法律出版社2011年版,第162~167页。

[②] 现为《最高人民法院关于适用〈中华人民共和国刑事诉讼法〉的解释》(2021年)第二十五条。

第三章
辩护与代理

第一节 审判依据

一、法律

1. 中华人民共和国刑事诉讼法（2018年10月26日修正）（节选）

第四章 辩护与代理

第三十三条 犯罪嫌疑人、被告人除自己行使辩护权以外，还可以委托一至二人作为辩护人。下列的人可以被委托为辩护人：

（一）律师；

（二）人民团体或者犯罪嫌疑人、被告人所在单位推荐的人；

（三）犯罪嫌疑人、被告人的监护人、亲友。

正在被执行刑罚或者依法被剥夺、限制人身自由的人，不得担任辩护人。

被开除公职和被吊销律师、公证员执业证书的人，不得担任辩护人，但系犯罪嫌疑人、被告人的监护人、近亲属的除外。

第三十四条 犯罪嫌疑人自被侦查机关第一次讯问或者采取强制措施之日起，有权委托辩护人；在侦查期间，只能委托律师作为辩护人。被告人有权随时委托辩护人。

侦查机关在第一次讯问犯罪嫌疑人或者对犯罪嫌疑人采取强制措施的时候，应当告知犯罪嫌疑人有权委托辩护人。人民检察院自收到移送审查起诉的案件材料之日起三日以内，应当告知犯罪嫌疑人有权委托辩护人。人民法院自受理案件之日起三日以内，应当告知被告人有权委托辩护人。犯罪嫌疑人、被告人在押期间要求委托辩护人的，人民法院、人民检察院和公安机关应当及时转达其要求。

犯罪嫌疑人、被告人在押的，也可以由其监护人、近亲属代为委托辩护人。

辩护人接受犯罪嫌疑人、被告人委托后，应当及时告知办理案件的机关。

第三十五条 犯罪嫌疑人、被告人因经济困难或者其他原因没有委托辩护人的，本人及其近亲属可以向法律援助机构提出申请。对符合法律援助条件的，法律援助机构应当指派律师为其提供辩护。

犯罪嫌疑人、被告人是盲、聋、哑人，或者是尚未完全丧失辨认或者控制自己行为能力的精神病人，没有委托辩护人的，人民法院、人民检察院和公安机关应当通知法律援助机构指派律师为其提供辩护。

犯罪嫌疑人、被告人可能被判处无期徒刑、死刑，没有委托辩护人的，人民法院、人民检察院和公安机关应当通知法律援助机构指派律师为其提供辩护。

第三十六条　法律援助机构可以在人民法院、看守所等场所派驻值班律师。犯罪嫌疑人、被告人没有委托辩护人，法律援助机构没有指派律师为其提供辩护的，由值班律师为犯罪嫌疑人、被告人提供法律咨询、程序选择建议、申请变更强制措施、对案件处理提出意见等法律帮助。

人民法院、人民检察院、看守所应当告知犯罪嫌疑人、被告人有权约见值班律师，并为犯罪嫌疑人、被告人约见值班律师提供便利。

第三十七条　辩护人的责任是根据事实和法律，提出犯罪嫌疑人、被告人无罪、罪轻或者减轻、免除其刑事责任的材料和意见，维护犯罪嫌疑人、被告人的诉讼权利和其他合法权益。

第三十八条　辩护律师在侦查期间可以为犯罪嫌疑人提供法律帮助；代理申诉、控告；申请变更强制措施；向侦查机关了解犯罪嫌疑人涉嫌的罪名和案件有关情况，提出意见。

第三十九条　辩护律师可以同在押的犯罪嫌疑人、被告人会见和通信。其他辩护人经人民法院、人民检察院许可，也可以同在押的犯罪嫌疑人、被告人会见和通信。

辩护律师持律师执业证书、律师事务所证明和委托书或者法律援助公函要求会见在押的犯罪嫌疑人、被告人的，看守所应当及时安排会见，至迟不得超过四十八小时。

危害国家安全犯罪、恐怖活动犯罪案件，在侦查期间辩护律师会见在押的犯罪嫌疑人，应当经侦查机关许可。上述案件，侦查机关应当事先通知看守所。

辩护律师会见在押的犯罪嫌疑人、被告人，可以了解案件有关情况，提供法律咨询等；自案件移送审查起诉之日起，可以向犯罪嫌疑人、被告人核实有关证据。辩护律师会见犯罪嫌疑人、被告人时不被监听。

辩护律师同被监视居住的犯罪嫌疑人、被告人会见、通信，适用第一款、第三款、第四款的规定。

第四十条　辩护律师自人民检察院对案件审查起诉之日起，可以查阅、摘抄、复制本案的案卷材料。其他辩护人经人民法院、人民检察院许可，也可以查阅、摘抄、复制上述材料。

第四十一条　辩护人认为在侦查、审查起诉期间公安机关、人民检察院收集的证明犯罪嫌疑人、被告人无罪或者罪轻的证据材料未提交的，有权申请人民检察院、人民法院调取。

第四十二条　辩护人收集的有关犯罪嫌疑人不在犯罪现场、未达到刑事责任年龄、属于依法不负刑事责任的精神病人的证据，应当及时告知公安机关、人民检察院。

第四十三条　辩护律师经证人或者其他有关单位和个人同意，可以向他们收集与本案有关的材料，也可以申请人民检察院、人民法院收集、调取证据，或者申请人民法院通知证人出庭作证。

辩护律师经人民检察院或者人民法院许可，并且经被害人或者其近亲属、被害人提供的证人同意，可以向他们收集与本案有关的材料。

第四十四条 辩护人或者其他任何人，不得帮助犯罪嫌疑人、被告人隐匿、毁灭、伪造证据或者串供，不得威胁、引诱证人作伪证以及进行其他干扰司法机关诉讼活动的行为。

违反前款规定的，应当依法追究法律责任，辩护人涉嫌犯罪的，应当由办理辩护人所承办案件的侦查机关以外的侦查机关办理。辩护人是律师的，应当及时通知其所在的律师事务所或者所属的律师协会。

第四十五条 在审判过程中，被告人可以拒绝辩护人继续为他辩护，也可以另行委托辩护人辩护。

第四十六条 公诉案件的被害人及其法定代理人或者近亲属，附带民事诉讼的当事人及其法定代理人，自案件移送审查起诉之日起，有权委托诉讼代理人。自诉案件的自诉人及其法定代理人，附带民事诉讼的当事人及其法定代理人，有权随时委托诉讼代理人。

人民检察院自收到移送审查起诉的案件材料之日起三日以内，应当告知被害人及其法定代理人或者其近亲属、附带民事诉讼的当事人及其法定代理人有权委托诉讼代理人。人民法院自受理自诉案件之日起三日以内，应当告知自诉人及其法定代理人、附带民事诉讼的当事人及其法定代理人有权委托诉讼代理人。

第四十七条 委托诉讼代理人，参照本法第三十三条的规定执行。

第四十八条 辩护律师对在执业活动中知悉的委托人的有关情况和信息，有权予以保密。但是，辩护律师在执业活动中知悉委托人或者其他人，准备或者正在实施危害国家安全、公共安全以及严重危害他人人身安全的犯罪的，应当及时告知司法机关。

第四十九条 辩护人、诉讼代理人认为公安机关、人民检察院、人民法院及其工作人员阻碍其依法行使诉讼权利的，有权向同级或者上一级人民检察院申诉或者控告。人民检察院对申诉或者控告应当及时进行审查，情况属实的，通知有关机关予以纠正。

2. 中华人民共和国法律援助法（2021年8月20日）（节选）

第三十五条 人民法院、人民检察院、公安机关和有关部门在办理案件或者相关事务中，应当及时告知有关当事人有权依法申请法律援助。

第三十六条 人民法院、人民检察院、公安机关办理刑事案件，发现有本法第二十五条第一款、第二十八条规定情形的，应当在三日内通知法律援助机构指派律师。法律援助机构收到通知后，应当在三日内指派律师并通知人民法院、人民检察院、公安机关。

第三十七条 人民法院、人民检察院、公安机关应当保障值班律师依法提供法律帮助，告知没有辩护人的犯罪嫌疑人、被告人有权约见值班律师，并依法为值班律师了解案件有关情况、阅卷、会见等提供便利。

第三十八条 对诉讼事项的法律援助，由申请人向办案机关所在地的法律援助机构提出申请；对非诉讼事项的法律援助，由申请人向争议处理机关所在地或者事由发生地的法律援助机构提出申请。

第三十九条 被羁押的犯罪嫌疑人、被告人、服刑人员，以及强制隔离戒毒人员等提出法律援助申请的，办案机关、监管场所应当在二十四小时内将申请转交法律援助机构。

犯罪嫌疑人、被告人通过值班律师提出代理、刑事辩护等法律援助申请的，值班律师应当在二十四小时内将申请转交法律援助机构。

第四十条 无民事行为能力人或者限制民事行为能力人需要法律援助的，可以由其法定代理人代为提出申请。法定代理人侵犯无民事行为能力人、限制民事行为能力人合法权益的，其他法定代理人或者近亲属可以代为提出法律援助申请。

被羁押的犯罪嫌疑人、被告人、服刑人员，以及强制隔离戒毒人员，可以由其法定代理人或者近亲属代为提出法律援助申请。

第四十一条 因经济困难申请法律援助的，申请人应当如实说明经济困难状况。

法律援助机构核查申请人的经济困难状况，可以通过信息共享查询，或者由申请人进行个人诚信承诺。

法律援助机构开展核查工作，有关部门、单位、村民委员会、居民委员会和个人应当予以配合。

第四十二条 法律援助申请人有材料证明属于下列人员之一的，免予核查经济困难状况：

（一）无固定生活来源的未成年人、老年人、残疾人等特定群体；
（二）社会救助、司法救助或者优抚对象；
（三）申请支付劳动报酬或者请求工伤事故人身损害赔偿的进城务工人员；
（四）法律、法规、规章规定的其他人员。

第四十三条 法律援助机构应当自收到法律援助申请之日起七日内进行审查，作出是否给予法律援助的决定。决定给予法律援助的，应当自作出决定之日起三日内指派法律援助人员为受援人提供法律援助；决定不给予法律援助的，应当书面告知申请人，并说明理由。

申请人提交的申请材料不齐全的，法律援助机构应当一次性告知申请人需要补充的材料或者要求申请人作出说明。申请人未按要求补充材料或者作出说明的，视为撤回申请。

第四十四条 法律援助机构收到法律援助申请后，发现有下列情形之一的，可以决定先行提供法律援助：

（一）距法定时效或者期限届满不足七日，需要及时提起诉讼或者申请仲裁、行政复议；
（二）需要立即申请财产保全、证据保全或者先予执行；
（三）法律、法规、规章规定的其他情形。

法律援助机构先行提供法律援助的，受援人应当及时补办有关手续，补充有关材料。

第四十五条 法律援助机构为老年人、残疾人提供法律援助服务的，应当根据实际情况提供无障碍设施设备和服务。

法律法规对向特定群体提供法律援助有其他特别规定的，依照其规定。

第四十六条 法律援助人员接受指派后，无正当理由不得拒绝、拖延或者终止提供法律援助服务。

法律援助人员应当按照规定向受援人通报法律援助事项办理情况，不得损害受援人合法权益。

第四十七条 受援人应当向法律援助人员如实陈述与法律援助事项有关的情况，及时提供证据材料，协助、配合办理法律援助事项。

第四十八条 有下列情形之一的，法律援助机构应当作出终止法律援助的决定：

（一）受援人以欺骗或者其他不正当手段获得法律援助；

（二）受援人故意隐瞒与案件有关的重要事实或者提供虚假证据；

（三）受援人利用法律援助从事违法活动；

（四）受援人的经济状况发生变化，不再符合法律援助条件；

（五）案件终止审理或者已经被撤销；

（六）受援人自行委托律师或者其他代理人；

（七）受援人有正当理由要求终止法律援助；

（八）法律法规规定的其他情形。

法律援助人员发现有前款规定情形的，应当及时向法律援助机构报告。

第四十九条 申请人、受援人对法律援助机构不予法律援助、终止法律援助的决定有异议的，可以向设立该法律援助机构的司法行政部门提出。

司法行政部门应当自收到异议之日起五日内进行审查，作出维持法律援助机构决定或者责令法律援助机构改正的决定。

申请人、受援人对司法行政部门维持法律援助机构决定不服的，可以依法申请行政复议或者提起行政诉讼。

第五十条 法律援助事项办理结束后，法律援助人员应当及时向法律援助机构报告，提交有关法律文书的副本或者复印件、办理情况报告等材料。

二、司法解释

最高人民法院关于适用《中华人民共和国刑事诉讼法》的解释（2021年1月26日）（节选）

第三章 辩护与代理

第四十条 人民法院审判案件，应当充分保障被告人依法享有的辩护权利。

被告人除自己行使辩护权以外，还可以委托辩护人辩护。下列人员不得担任辩护人：

（一）正在被执行刑罚或者处于缓刑、假释考验期间的人；

（二）依法被剥夺、限制人身自由的人；

（三）被开除公职或者被吊销律师、公证员执业证书的人；

（四）人民法院、人民检察院、监察机关、公安机关、国家安全机关、监狱的现职人员；

（五）人民陪审员；

（六）与本案审理结果有利害关系的人；

（七）外国人或者无国籍人；

（八）无行为能力或者限制行为能力的人。

前款第三项至第七项规定的人员，如果是被告人的监护人、近亲属，由被告人委托担任辩护人的，可以准许。

第四十一条　审判人员和人民法院其他工作人员从人民法院离任后二年内，不得以律师身份担任辩护人。

审判人员和人民法院其他工作人员从人民法院离任后，不得担任原任职法院所审理案件的辩护人，但系被告人的监护人、近亲属的除外。

审判人员和人民法院其他工作人员的配偶、子女或者父母不得担任其任职法院所审理案件的辩护人，但系被告人的监护人、近亲属的除外。

第四十二条　对接受委托担任辩护人的，人民法院应当核实其身份证明和授权委托书。

第四十三条　一名被告人可以委托一至二人作为辩护人。

一名辩护人不得为两名以上的同案被告人，或者未同案处理但犯罪事实存在关联的被告人辩护。

第四十四条　被告人没有委托辩护人的，人民法院自受理案件之日起三日以内，应当告知其有权委托辩护人；被告人因经济困难或者其他原因没有委托辩护人的，应当告知其可以申请法律援助；被告人属于应当提供法律援助情形的，应当告知其将依法通知法律援助机构指派律师为其提供辩护。

被告人没有委托辩护人，法律援助机构也没有指派律师为其提供辩护的，人民法院应当告知被告人有权约见值班律师，并为被告人约见值班律师提供便利。

告知可以采取口头或者书面方式。

第四十五条　审判期间，在押的被告人要求委托辩护人的，人民法院应当在三日以内向其监护人、近亲属或者其指定的人员转达要求。被告人应当提供有关人员的联系方式。有关人员无法通知的，应当告知被告人。

第四十六条　人民法院收到在押被告人提出的法律援助或者法律帮助申请，应当依照有关规定及时转交法律援助机构或者通知值班律师。

第四十七条　对下列没有委托辩护人的被告人，人民法院应当通知法律援助机构指派律师为其提供辩护：

（一）盲、聋、哑人；

（二）尚未完全丧失辨认或者控制自己行为能力的精神病人；

（三）可能被判处无期徒刑、死刑的人。

高级人民法院复核死刑案件，被告人没有委托辩护人的，应当通知法律援助机构指派律师为其提供辩护。

死刑缓期执行期间故意犯罪的案件，适用前两款规定。

第四十八条　具有下列情形之一，被告人没有委托辩护人的，人民法院可以通知法律援助机构指派律师为其提供辩护：

（一）共同犯罪案件中，其他被告人已经委托辩护人的；

（二）案件有重大社会影响的；

（三）人民检察院抗诉的；

（四）被告人的行为可能不构成犯罪的；

（五）有必要指派律师提供辩护的其他情形。

第四十九条　人民法院通知法律援助机构指派律师提供辩护的，应当将法律援助通知书、起诉书副本或者判决书送达法律援助机构；决定开庭审理的，除适用简易程序或者速裁程序审理的以外，应当在开庭十五日以前将上述材料送达法律援助机构。

法律援助通知书应当写明案由、被告人姓名、提供法律援助的理由、审判人员的姓名和联系方式；已确定开庭审理的，应当写明开庭的时间、地点。

第五十条 被告人拒绝法律援助机构指派的律师为其辩护，坚持自己行使辩护权的，人民法院应当准许。

属于应当提供法律援助的情形，被告人拒绝指派的律师为其辩护的，人民法院应当查明原因。理由正当的，应当准许，但被告人应当在五日以内另行委托辩护人；被告人未另行委托辩护人的，人民法院应当在三日以内通知法律援助机构另行指派律师为其提供辩护。

第五十一条 对法律援助机构指派律师为被告人提供辩护，被告人的监护人、近亲属又代为委托辩护人的，应当听取被告人的意见，由其确定辩护人人选。

第五十二条 审判期间，辩护人接受被告人委托的，应当在接受委托之日起三日以内，将委托手续提交人民法院。

接受法律援助机构指派为被告人提供辩护的，适用前款规定。

第五十三条 辩护律师可以查阅、摘抄、复制案卷材料。其他辩护人经人民法院许可，也可以查阅、摘抄、复制案卷材料。合议庭、审判委员会的讨论记录以及其他依法不公开的材料不得查阅、摘抄、复制。

辩护人查阅、摘抄、复制案卷材料的，人民法院应当提供便利，并保证必要的时间。

值班律师查阅案卷材料的，适用前两款规定。

复制案卷材料可以采用复印、拍照、扫描、电子数据拷贝等方式。

第五十四条 对作为证据材料向人民法院移送的讯问录音录像，辩护律师申请查阅的，人民法院应当准许。

第五十五条 查阅、摘抄、复制案卷材料，涉及国家秘密、商业秘密、个人隐私的，应当保密；对不公开审理案件的信息、材料，或者在办案过程中获悉的案件重要信息、证据材料，不得违反规定泄露、披露，不得用于办案以外的用途。人民法院可以要求相关人员出具承诺书。

违反前款规定的，人民法院可以通报司法行政机关或者有关部门，建议给予相应处罚；构成犯罪的，依法追究刑事责任。

第五十六条 辩护律师可以同在押的或者被监视居住的被告人会见和通信。其他辩护人经人民法院许可，也可以同在押的或者被监视居住的被告人会见和通信。

第五十七条 辩护人认为在调查、侦查、审查起诉期间监察机关、公安机关、人民检察院收集的证明被告人无罪或者罪轻的证据材料未随案移送，申请人民法院调取的，应当以书面形式提出，并提供相关线索或者材料。人民法院接受申请后，应当向人民检察院调取。人民检察院移送相关证据材料后，人民法院应当及时通知辩护人。

第五十八条 辩护律师申请向被害人及其近亲属、被害人提供的证人收集与本案有关的材料，人民法院认为确有必要的，应当签发准许调查书。

第五十九条 辩护律师向证人或者有关单位、个人收集、调取与本案有关的证据材料，因证人或者有关单位、个人不同意，申请人民法院收集、调取，或者申请通知证人出庭作证，人民法院认为确有必要的，应当同意。

第六十条　辩护律师直接申请人民法院向证人或者有关单位、个人收集、调取证据材料，人民法院认为确有必要，且不宜或者不能由辩护律师收集、调取的，应当同意。

人民法院向有关单位收集、调取的书面证据材料，必须由提供人签名，并加盖单位印章；向个人收集、调取的书面证据材料，必须由提供人签名。

人民法院对有关单位、个人提供的证据材料，应当出具收据，写明证据材料的名称、收到的时间、件数、页数以及是否为原件等，由书记员、法官助理或者审判人员签名。

收集、调取证据材料后，应当及时通知辩护律师查阅、摘抄、复制，并告知人民检察院。

第六十一条　本解释第五十八条至第六十条规定的申请，应当以书面形式提出，并说明理由，写明需要收集、调取证据材料的内容或者需要调查问题的提纲。

对辩护律师的申请，人民法院应当在五日以内作出是否准许、同意的决定，并通知申请人；决定不准许、不同意的，应当说明理由。

第六十二条　人民法院自受理自诉案件之日起三日以内，应当告知自诉人及其法定代理人、附带民事诉讼当事人及其法定代理人，有权委托诉讼代理人，并告知其如果经济困难，可以申请法律援助。

第六十三条　当事人委托诉讼代理人的，参照适用刑事诉讼法第三十三条和本解释的有关规定。

第六十四条　诉讼代理人有权根据事实和法律，维护被害人、自诉人或者附带民事诉讼当事人的诉讼权利和其他合法权益。

第六十五条　律师担任诉讼代理人的，可以查阅、摘抄、复制案卷材料。其他诉讼代理人经人民法院许可，也可以查阅、摘抄、复制案卷材料。

律师担任诉讼代理人，需要收集、调取与本案有关的证据材料的，参照适用本解释第五十九条至第六十一条的规定。

第六十六条　诉讼代理人接受当事人委托或者法律援助机构指派后，应当在三日以内将委托手续或者法律援助手续提交人民法院。

第六十七条　辩护律师向人民法院告知其委托人或者其他人准备实施、正在实施危害国家安全、公共安全以及严重危害他人人身安全犯罪的，人民法院应当记录在案，立即转告主管机关依法处理，并为反映有关情况的辩护律师保密。

第六十八条　律师担任辩护人、诉讼代理人，经人民法院准许，可以带一名助理参加庭审。律师助理参加庭审的，可以从事辅助工作，但不得发表辩护、代理意见。

三、刑事政策文件

1. **最高人民法院、司法部印发《关于充分保障律师依法履行辩护职责确保死刑案件办理质量的若干规定》**的通知（2008年5月21日　法发〔2008〕14号）（节选）

一、人民法院对可能被判处死刑的被告人，应当根据刑事诉讼法的规定，充分保障其辩护权及其他合法权益，并充分保障辩护律师依法履行辩护职责。司法行政机关、律师协会应当加强对死刑案件辩护工作的指导，积极争取政府财政部门落实并逐步提高法律援助工作经费。律师办理死刑案件应当恪尽职守，切实维护被告人的合法权益。

二、被告人可能被判处死刑而没有委托辩护人的，人民法院应当通过法律援助机构指定律师为其提供辩护。被告人拒绝指定的律师为其辩护，有正当理由的，人民法院应当准许，被告人可以另行委托辩护人；被告人没有委托辩护人的，人民法院应当通知法律援助机构为其另行指定辩护人；被告人无正当理由再次拒绝指定的律师为其辩护的，人民法院应当不予准许并记录在案。

三、法律援助机构在收到指定辩护通知书三日以内，指派具有刑事案件出庭辩护经验的律师担任死刑案件的辩护人。

四、被指定担任死刑案件辩护人的律师，不得将案件转由律师助理办理；有正当理由不能接受指派的，经法律援助机构同意，由法律援助机构另行指派其他律师办理。

五、人民法院受理死刑案件后，应当及时通知辩护律师查阅案卷，并积极创造条件，为律师查阅、复制指控犯罪事实的材料提供方便。

人民法院对承办法律援助案件的律师复制涉及被告人主要犯罪事实并直接影响定罪量刑的证据材料的复制费用，应当免收或者按照复制材料所必需的工本费减收。

律师接受委托或者被指定担任死刑案件的辩护人后，应当及时到人民法院阅卷；对于查阅的材料中涉及国家秘密、商业秘密、个人隐私、证人身份等情况的，应当保守秘密。

六、律师应当在开庭前会见在押的被告人，征询是否同意为其辩护，并听取被告人的陈述和意见。

七、律师书面申请人民法院收集、调取证据，申请通知证人出庭作证，申请鉴定或者补充鉴定、重新鉴定的，人民法院应当及时予以书面答复并附卷。

八、第二审开庭前，人民检察院提交新证据、进行重新鉴定或者补充鉴定的，人民法院应当至迟在开庭三日以前通知律师查阅。

九、律师出庭辩护应当认真做好准备工作，围绕案件事实、证据、适用法律、量刑、诉讼程序等，从被告人无罪、罪轻或者减轻、免除其刑事责任等方面提出辩护意见，切实保证辩护质量，维护被告人的合法权益。

十、律师接到人民法院开庭通知后，应当保证准时出庭。人民法院应当按时开庭。法庭因故不能按期开庭，或者律师确有正当理由不能按期出庭的，人民法院应当在不影响案件审理期限的情况下，另行安排开庭时间，并于开庭三日前通知当事人、律师和人民检察院。

十一、人民法院应当加强审判场所的安全保卫，保障律师及其他诉讼参与人的人身安全，确保审判活动的顺利进行。

十二、法官应当严格按照法定诉讼程序进行审判活动，尊重律师的诉讼权利，认真听取控辩双方的意见，保障律师发言的完整性。对于律师发言过于冗长、明显重复或者与案件无关，或者在公开开庭审理中发言涉及国家秘密、个人隐私，或者进行人身攻击的，法官应当提醒或者制止。

十三、法庭审理中，人民法院应当如实、详细地记录律师意见。法庭审理结束后，律师应当在闭庭三日以内向人民法院提交书面辩护意见。

十四、人民法院审理被告人可能被判处死刑的刑事附带民事诉讼案件，在对赔偿事项进行调解时，律师应当在其职责权限范围内，根据案件和当事人的具体情况，依法提出有利于案件处理、切实维护当事人合法权益的意见，促进附带民事诉讼案件调解解决。

十五、人民法院在裁判文书中应当写明指派律师担任辩护人的法律援助机构、律师姓名及其所在的执业机构。对于律师的辩护意见，合议庭、审判委员会在讨论案件时应当认真进行研究，并在裁判文书中写明采纳与否的理由。

人民法院应当按照有关规定将裁判文书送达律师。

十六、人民法院审理案件过程中，律师提出会见法官请求的，合议庭根据案件具体情况，可以在工作时间和办公场所安排会见、听取意见。会见活动，由书记员制作笔录，律师签名后附卷。

十七、死刑案件复核期间，被告人的律师提出当面反映意见要求或者提交证据材料的，人民法院有关合议庭应当在工作时间和办公场所接待，并制作笔录附卷。律师提出的书面意见，应当附卷。

十八、司法行政机关和律师协会应当加强对律师的业务指导和培训，以及职业道德和执业纪律教育，不断提高律师办理死刑案件的质量，并建立对律师从事法律援助工作的考核机制。

2. 最高人民法院刑事审判第二庭关于辩护律师能否复制侦查机关讯问录像问题的批复（2013 年 9 月 22 日　〔2013〕刑他字第 239 号）

广东省高级人民法院：

你院〔2013〕粤高法刑二终字第 12 号《关于辩护律师请求复制侦查机关讯问录像法律适用问题的请示》收悉。经研究，答复如下：

根据《中华人民共和国刑事诉讼法》第三十八条[①]和最高人民法院《关于适用〈中华人民共和国刑事诉讼法〉的解释》第四十七条[②]的规定，自人民检察院对案件审查起诉之日起，辩护律师可以查阅、摘抄、复制案卷材料，但其中涉及国家秘密、个人隐私的，应严格履行保密义务。你院请示的案件，侦查机关对被告人的讯问录音录像已经作为证据材料向人民法院移送并已在庭审中播放，不属于依法不能公开的材料，在辩护律师提出要求复制有关录音录像的情况下，应当准许。

此复

3. 最高人民法院、最高人民检察院、公安部、国家安全部、司法部印发《关于依法保障律师执业权利的规定》的通知（2015 年 9 月 16 日　司发〔2015〕14 号）（节选）

第一条　为切实保障律师执业权利，充分发挥律师维护当事人合法权益、维护法律正确实施、维护社会公平和正义的作用，促进司法公正，根据有关法律法规，制定本规定。

第二条　人民法院、人民检察院、公安机关、国家安全机关、司法行政机关应当尊重律师，健全律师执业权利保障制度，依照刑事诉讼法、民事诉讼法、行政诉讼法及律师法的规定，在各自职责范围内依法保障律师知情权、申请权、申诉权，以及会见、阅卷、收集证据和发问、质证、辩论等方面的执业权利，不得阻碍律师依法履行辩护、代理职责，不得侵害律师合法权利。

第三条　人民法院、人民检察院、公安机关、国家安全机关、司法行政机关和律师协会应当建立健全律师执业权利救济机制。

[①]　现为《中华人民共和国刑事诉讼法》（2018 年修正）第四十条。
[②]　现为《最高人民法院关于适用〈中华人民共和国刑事诉讼法〉的解释》（2021 年）第五十三条。

律师因依法执业受到侮辱、诽谤、威胁、报复、人身伤害的，有关机关应当及时制止并依法处理，必要时对律师采取保护措施。

第四条 人民法院、人民检察院、公安机关、国家安全机关、司法行政机关应当建立和完善诉讼服务中心、立案或受案场所、律师会见室、阅卷室，规范工作流程，方便律师办理立案、会见、阅卷、参与庭审、申请执行等事务。探索建立网络信息系统和律师服务平台，提高案件办理效率。

第五条 办案机关在办理案件中应当依法告知当事人有权委托辩护人、诉讼代理人。对于符合法律援助条件而没有委托辩护人或者诉讼代理人的，办案机关应当及时告知当事人有权申请法律援助，并按照相关规定向法律援助机构转交申请材料。办案机关发现犯罪嫌疑人、被告人属于依法应当提供法律援助的情形的，应当及时通知法律援助机构指派律师为其提供辩护。

第六条 辩护律师接受犯罪嫌疑人、被告人委托或者法律援助机构的指派后，应当告知办案机关，并可以依法向办案机关了解犯罪嫌疑人、被告人涉嫌或者被指控的罪名及当时已查明的该罪的主要事实，犯罪嫌疑人、被告人被采取、变更、解除强制措施的情况，侦查机关延长侦查羁押期限等情况，办案机关应当依法及时告知辩护律师。

办案机关作出移送审查起诉、退回补充侦查、提起公诉、延期审理、二审不开庭审理、宣告判决等重大程序性决定的，以及人民检察院将直接受理立案侦查案件报请上一级人民检察院审查决定逮捕的，应当依法及时告知辩护律师。

第七条 辩护律师到看守所会见在押的犯罪嫌疑人、被告人，看守所在查验律师执业证书、律师事务所证明和委托书或者法律援助公函后，应当及时安排会见。能当时安排的，应当当时安排；不能当时安排的，看守所应当向辩护律师说明情况，并保证辩护律师在四十八小时以内会见到在押的犯罪嫌疑人、被告人。

看守所安排会见不得附加其他条件或者变相要求辩护律师提交法律规定以外的其他文件、材料，不得以未收到办案机关通知为由拒绝安排辩护律师会见。

看守所应当设立会见预约平台，采取网上预约、电话预约等方式为辩护律师会见提供便利，但不得以未预约会见为由拒绝安排辩护律师会见。

辩护律师会见在押的犯罪嫌疑人、被告人时，看守所应当采取必要措施，保障会见顺利和安全进行。律师会见在押的犯罪嫌疑人、被告人的，看守所应当保障律师履行辩护职责需要的时间和次数，并与看守所工作安排和办案机关侦查工作相协调。辩护律师会见犯罪嫌疑人、被告人时不被监听，办案机关不得派员在场。在律师会见室不足的情况下，看守所经辩护律师书面同意，可以安排在讯问室会见，但应当关闭录音、监听设备。犯罪嫌疑人、被告人委托两名律师担任辩护人的，两名辩护律师可以共同会见，也可以单独会见。辩护律师可以带一名律师助理协助会见。助理人员随同辩护律师参加会见的，应当出示律师事务所证明和律师执业证书或申请律师执业人员实习证。办案机关应当核实律师助理的身份。

第八条 在押的犯罪嫌疑人、被告人提出解除委托关系的，办案机关应当要求其出具或签署书面文件，并在三日以内转交受委托的律师或者律师事务所。辩护律师可以要求会见在押的犯罪嫌疑人、被告人，当面向其确认解除委托关系，看守所应当安排会见；但犯罪嫌疑人、被告人书面拒绝会见的，看守所应当将有关书面材料转交辩护律师，不予安排会见。

在押的犯罪嫌疑人、被告人的监护人、近亲属解除代为委托辩护律师关系的，经犯罪嫌疑人、被告人同意的，看守所应当允许新代为委托的辩护律师会见，由犯罪嫌疑人、被告人确认新的委托关系；犯罪嫌疑人、被告人不同意解除原辩护律师的委托关系的，看守所应当终止新代为委托的辩护律师会见。

第九条 辩护律师在侦查期间要求会见危害国家安全犯罪、恐怖活动犯罪、特别重大贿赂犯罪案件在押的犯罪嫌疑人的，应当向侦查机关提出申请。侦查机关应当依法及时审查辩护律师提出的会见申请，在三日以内将是否许可的决定书面答复辩护律师，并明确告知负责与辩护律师联系的部门及工作人员的联系方式。对许可会见的，应当向辩护律师出具许可决定文书；因有碍侦查或者可能泄露国家秘密而不许可会见的，应当向辩护律师说明理由。有碍侦查或者可能泄露国家秘密的情形消失后，应当许可会见，并及时通知看守所和辩护律师。对特别重大贿赂案件在侦查终结前，侦查机关应当许可辩护律师至少会见一次犯罪嫌疑人。

侦查机关不得随意解释和扩大前款所述三类案件的范围，限制律师会见。

第十条 自案件移送审查起诉之日起，辩护律师会见犯罪嫌疑人、被告人，可以向其核实有关证据。

第十一条 辩护律师会见在押的犯罪嫌疑人、被告人，可以根据需要制作会见笔录，并要求犯罪嫌疑人、被告人确认无误后在笔录上签名。

第十二条 辩护律师会见在押的犯罪嫌疑人、被告人需要翻译人员随同参加的，应当提前向办案机关提出申请，并提交翻译人员身份证明及其所在单位出具的证明。办案机关应当及时审查并在三日以内作出是否许可的决定。许可翻译人员参加会见的，应当向辩护律师出具许可决定文书，并通知看守所。不许可的，应当向辩护律师书面说明理由，并通知其更换。

翻译人员应当持办案机关许可决定文书和本人身份证明，随同辩护律师参加会见。

第十三条 看守所应当及时传递辩护律师同犯罪嫌疑人、被告人的往来信件。看守所可以对信件进行必要的检查，但不得截留、复制、删改信件，不得向办案机关提供信件内容，但信件内容涉及危害国家安全、公共安全、严重危害他人人身安全以及涉嫌串供、毁灭证据等情形的除外。

第十四条 辩护律师自人民检察院对案件审查起诉之日起，可以查阅、摘抄、复制本案的案卷材料，人民检察院检察委员会的讨论记录、人民法院合议庭、审判委员会的讨论记录以及其他依法不能公开的材料除外。人民检察院、人民法院应当为辩护律师查阅、摘抄、复制案卷材料提供便利，有条件的地方可以推行电子化阅卷，允许刻录、下载材料。侦查机关应当在案件移送审查起诉后三日以内，人民检察院应当在提起公诉后三日以内，将案件移送情况告知辩护律师。案件提起公诉后，人民检察院对案卷所附证据材料有调整或者补充的，应当及时告知辩护律师。辩护律师对调整或者补充的证据材料，有权查阅、摘抄、复制。辩护律师办理申诉、抗诉案件，在人民检察院、人民法院经审查决定立案后，可以持律师执业证书、律师事务所证明和委托书或者法律援助公函到案卷档案管理部门、持有案卷档案的办案部门查阅、摘抄、复制已经审理终结案件的案卷材料。

辩护律师提出阅卷要求的，人民检察院、人民法院应当当时安排辩护律师阅卷，无法当时安排的，应当向辩护律师说明并安排其在三个工作日以内阅卷，不得限制辩护律师阅卷的次数和时间。有条件的地方可以设立阅卷预约平台。

人民检察院、人民法院应当为辩护律师阅卷提供场所和便利，配备必要的设备。因复制材料发生费用的，只收取工本费用。律师办理法律援助案件复制材料发生的费用，应当予以免收或者减收。辩护律师可以采用复印、拍照、扫描、电子数据拷贝等方式复制案卷材料，可以根据需要带律师助理协助阅卷。办案机关应当核实律师助理的身份。

辩护律师查阅、摘抄、复制的案卷材料属于国家秘密的，应当经过人民检察院、人民法院同意并遵守国家保密规定。律师不得违反规定，披露、散布案件重要信息和案卷材料，或者将其用于本案辩护、代理以外的其他用途。

第十五条 辩护律师提交与案件有关材料的，办案机关应当在工作时间和办公场所予以接待，当面了解辩护律师提交材料的目的、材料的来源和主要内容等有关情况并记录在案，与相关材料一并附卷，并出具回执。辩护律师应当提交原件，提交原件确有困难的，经办案机关准许，也可以提交复印件，经与原件核对无误后由辩护律师签名确认。辩护律师通过服务平台网上提交相关材料的，办案机关应当在网上出具回执。辩护律师应当及时向办案机关提供原件核对，并签名确认。

第十六条 在刑事诉讼审查起诉、审理期间，辩护律师书面申请调取公安机关、人民检察院在侦查、审查起诉期间收集但未提交的证明犯罪嫌疑人、被告人无罪或者罪轻的证据材料的，人民检察院、人民法院应当依法及时审查。经审查，认为辩护律师申请调取的证据材料已收集并且与案件事实有联系的，应当及时调取。相关证据材料提交后，人民检察院、人民法院应当及时通知辩护律师查阅、摘抄、复制。经审查决定不予调取的，应当书面说明理由。

第十七条 辩护律师申请向被害人或者其近亲属、被害人提供的证人收集与本案有关的材料的，人民检察院、人民法院应当在七日以内作出是否许可的决定，并通知辩护律师。辩护律师书面提出有关申请时，办案机关不许可的，应当书面说明理由；辩护律师口头提出申请的，办案机关可以口头答复。

第十八条 辩护律师申请人民检察院、人民法院收集、调取证据的，人民检察院、人民法院应当在三日以内作出是否同意的决定，并通知辩护律师。辩护律师书面提出有关申请时，办案机关不同意的，应当书面说明理由；辩护律师口头提出申请的，办案机关可以口头答复。

第十九条 辩护律师申请向正在服刑的罪犯收集与案件有关的材料的，监狱和其他监管机关在查验律师执业证书、律师事务所证明和犯罪嫌疑人、被告人委托书或法律援助公函后，应当及时安排并提供合适的场所和便利。

正在服刑的罪犯属于辩护律师所承办案件的被害人或者其近亲属、被害人提供的证人的，应当经人民检察院或者人民法院许可。

第二十条 在民事诉讼、行政诉讼过程中，律师因客观原因无法自行收集证据的，可以依法向人民法院申请调取。经审查符合规定的，人民法院应当予以调取。

第二十一条 侦查机关在案件侦查终结前，人民检察院、人民法院在审查批准、决定逮捕期间，最高人民法院在复核死刑案件期间，辩护律师提出要求的，办案机关应当听取辩护律师的意见。人民检察院审查起诉、第二审人民法院决定不开庭审理的，应当充分听取辩护律师的意见。

辩护律师要求当面反映意见或者提交证据材料的，办案机关应当依法办理，并制作笔录附卷。辩护律师提出的书面意见和证据材料，应当附卷。

第二十二条 辩护律师书面申请变更或者解除强制措施的，办案机关应当在三日以内作出处理决定。辩护律师的申请符合法律规定的，办案机关应当及时变更或者解除强制措施；经审查认为不应当变更或者解除强制措施的，应当告知辩护律师，并书面说明理由。

第二十三条 辩护律师在侦查、审查起诉、审判期间发现案件有关证据存在刑事诉讼法第五十四条规定的情形的，可以向办案机关申请排除非法证据。

辩护律师在开庭以前申请排除非法证据，人民法院对证据收集合法性有疑问的，应当依照刑事诉讼法第一百八十二条第二款①的规定召开庭前会议，就非法证据排除问题了解情况，听取意见。

辩护律师申请排除非法证据的，办案机关应当听取辩护律师的意见，按照法定程序审查核实相关证据，并依法决定是否予以排除。

第二十四条 辩护律师在开庭以前提出召开庭前会议、回避、补充鉴定或者重新鉴定以及证人、鉴定人出庭等申请的，人民法院应当及时审查作出处理决定，并告知辩护律师。

第二十五条 人民法院确定案件开庭日期时，应当为律师出庭预留必要的准备时间并书面通知律师。律师因开庭日期冲突等正当理由申请变更开庭日期的，人民法院应当在不影响案件审理期限的情况下，予以考虑并调整日期，决定调整日期的，应当及时通知律师。

律师可以根据需要，向人民法院申请带律师助理参加庭审。律师助理参加庭审仅能从事相关辅助工作，不得发表辩护、代理意见。

第二十六条 有条件的人民法院应当建立律师参与诉讼专门通道，律师进入人民法院参与诉讼确需安全检查的，应当与出庭履行职务的检察人员同等对待。有条件的人民法院应当设置专门的律师更衣室、休息室或者休息区域，并配备必要的桌椅、饮水及上网设施等，为律师参与诉讼提供便利。

第二十七条 法庭审理过程中，律师对审判人员、检察人员提出回避申请的，人民法院、人民检察院应当依法作出处理。

第二十八条 法庭审理过程中，经审判长准许，律师可以向当事人、证人、鉴定人和有专门知识的人发问。

第二十九条 法庭审理过程中，律师可以就证据的真实性、合法性、关联性，从证明目的、证明效果、证明标准、证明过程等方面，进行法庭质证和相关辩论。

第三十条 法庭审理过程中，律师可以就案件事实、证据和适用法律等问题，进行法庭辩论。

第三十一条 法庭审理过程中，法官应当注重诉讼权利平等和控辩平衡。对于律师发问、质证、辩论的内容、方式、时间等，法庭应当依法公正保障，以便律师充分发表意见，查清案件事实。

法庭审理过程中，法官可以对律师的发问、辩论进行引导，除发言过于重复、相关问题已在庭前会议达成一致、与案件无关或者侮辱、诽谤、威胁他人，故意扰乱法庭秩

---

① 现为《中华人民共和国刑事诉讼法》（2018年修正）第一百八十七条。

序的情况外，法官不得随意打断或者制止律师按程序进行的发言。

第三十二条　法庭审理过程中，律师可以提出证据材料，申请通知新的证人、有专门知识的人出庭，申请调取新的证据，申请重新鉴定或者勘验、检查。在民事诉讼中，申请有专门知识的人出庭，应当在举证期限届满前向人民法院申请，经法庭许可后才可以出庭。

第三十三条　法庭审理过程中，遇有被告人供述发生重大变化、拒绝辩护等重大情形，经审判长许可，辩护律师可以与被告人进行交流。

第三十四条　法庭审理过程中，有下列情形之一的，律师可以向法庭申请休庭：

（一）辩护律师因法定情形拒绝为被告人辩护的；

（二）被告人拒绝辩护律师为其辩护的；

（三）需要对新的证据作辩护准备的；

（四）其他严重影响庭审正常进行的情形。

第三十五条　辩护律师作无罪辩护的，可以当庭就量刑问题发表辩护意见，也可以庭后提交量刑辩护意见。

第三十六条　人民法院适用普通程序审理案件，应当在裁判文书中写明律师依法提出的辩护、代理意见，以及是否采纳的情况，并说明理由。

第三十七条　对于诉讼中的重大程序信息和送达当事人的诉讼文书，办案机关应当通知辩护、代理律师。

第三十八条　法庭审理过程中，律师就回避，案件管辖，非法证据排除，申请通知证人、鉴定人、有专门知识的人出庭，申请通知新的证人到庭，调取新的证据，申请重新鉴定、勘验等问题当庭提出申请，或者对法庭审理程序提出异议的，法庭原则上应当休庭进行审查，依照法定程序作出决定。其他律师有相同异议的，应一并提出，法庭一并休庭审查。法庭决定驳回申请或者异议的，律师可当庭提出复议。经复议后，律师应当尊重法庭的决定，服从法庭的安排。

律师不服法庭决定保留意见的内容应当详细记入法庭笔录，可以作为上诉理由，或者向同级或者上一级人民检察院申诉、控告。

第三十九条　律师申请查阅人民法院录制的庭审过程的录音、录像的，人民法院应当准许。

第四十条　侦查机关依法对在诉讼活动中涉嫌犯罪的律师采取强制措施后，应当在四十八小时以内通知其所在的律师事务所或者所属的律师协会。

第四十一条　律师认为办案机关及其工作人员明显违反法律规定，阻碍律师依法履行辩护、代理职责，侵犯律师执业权利的，可以向该办案机关或者其上一级机关投诉。

办案机关应当畅通律师反映问题和投诉的渠道，明确专门部门负责处理律师投诉，并公开联系方式。

办案机关应当对律师的投诉及时调查，律师要求当面反映情况的，应当当面听取律师的意见。经调查情况属实的，应当依法立即纠正，及时答复律师，做好说明解释工作，并将处理情况通报其所在地司法行政机关或者所属的律师协会。

第四十二条　在刑事诉讼中，律师认为办案机关及其工作人员的下列行为阻碍律师依法行使诉讼权利的，可以向同级或者上一级人民检察院申诉、控告：

（一）未依法向律师履行告知、转达、通知和送达义务的；

（二）办案机关认定律师不得担任辩护人、代理人的情形有误的；

（三）对律师依法提出的申请，不接收、不答复的；

（四）依法应当许可律师提出的申请未许可的；

（五）依法应当听取律师的意见未听取的；

（六）其他阻碍律师依法行使诉讼权利的行为。

律师依照前款规定提出申诉、控告的，人民检察院应当在受理后十日以内进行审查，并将处理情况书面答复律师。情况属实的，通知有关机关予以纠正。情况不属实的，做好说明解释工作。

人民检察院应当依法严格履行保障律师依法执业的法律监督职责，处理律师申诉控告。在办案过程中发现有阻碍律师依法行使诉讼权利行为的，应当依法、及时提出纠正意见。

第四十三条　办案机关或者其上一级机关、人民检察院对律师提出的投诉、申诉、控告，经调查核实后要求有关机关予以纠正，有关机关拒不纠正或者累纠累犯的，应当由相关机关的纪检监察部门依照有关规定调查处理，相关责任人构成违纪的，给予纪律处分。

第四十四条　律师认为办案机关及其工作人员阻碍其依法行使执业权利的，可以向其所执业律师事务所所在地的市级司法行政机关、所属的律师协会申请维护执业权利。情况紧急的，可以向事发地的司法行政机关、律师协会申请维护执业权利。事发地的司法行政机关、律师协会应当给予协助。

司法行政机关、律师协会应当建立维护律师执业权利快速处置机制和联动机制，及时安排专人负责协调处理。律师的维权申请合法有据的，司法行政机关、律师协会应当建议有关办案机关依法处理，有关办案机关应当将处理情况及时反馈司法行政机关、律师协会。

司法行政机关、律师协会持有关证明调查核实律师权益保障或者违纪有关情况的，办案机关应当予以配合、协助，提供相关材料。

第四十五条　人民法院、人民检察院、公安机关、国家安全机关、司法行政机关和律师协会应当建立联席会议制度，定期沟通保障律师执业权利工作情况，及时调查处理侵犯律师执业权利的突发事件。

第四十六条　依法规范法律服务秩序，严肃查处假冒律师执业和非法从事法律服务的行为。对未取得律师执业证书或者已经被注销、吊销执业证书的人员以律师名义提供法律服务或者从事相关活动的，或者利用相关法律关于公民代理的规定从事诉讼代理或者辩护业务非法牟利的，依法追究责任，造成严重后果的，依法追究刑事责任。

第四十七条　本规定所称"办案机关"，是指负责侦查、审查逮捕、审查起诉和审判工作的公安机关、国家安全机关、人民检察院和人民法院。

第四十八条　本规定所称"律师助理"，是指辩护、代理律师所在律师事务所的其他律师和申请律师执业实习人员。

第四十九条　本规定自发布之日起施行。

4. 最高人民法院印发《关于依法切实保障律师诉讼权利的规定》的通知（2015年12月29日 法发〔2015〕16号）（节选）

一、依法保障律师知情权。人民法院要不断完善审判流程公开、裁判文书公开、执行信息公开"三大平台"建设，方便律师及时获取诉讼信息。对诉讼程序、诉权保障、调解和解、裁判文书等重要事项及相关进展情况，应当依法及时告知律师。

二、依法保障律师阅卷权。对律师申请阅卷的，应当在合理时间内安排。案卷材料被其他诉讼主体查阅的，应当协调安排各方阅卷时间。律师依法查阅、摘抄、复制有关卷宗材料或者查看庭审录音录像的，应当提供场所和设施。有条件的法院，可提供网上卷宗查阅服务。

三、依法保障律师出庭权。确定开庭日期时，应当为律师预留必要的出庭准备时间。因特殊情况更改开庭日期的，应当提前三日告知律师。律师因正当理由请求变更开庭日期的，法官可在征询其他当事人意见后准许。律师带助理出庭的，应当准许。

四、依法保障律师辩论、辩护权。法官在庭审过程中应合理分配诉讼各方发问、质证、陈述和辩论、辩护的时间，充分听取律师意见。除律师发言过于重复、与案件无关或者相关问题已在庭前达成一致等情况外，不应打断律师发言。

五、依法保障律师申请排除非法证据的权利。律师申请排除非法证据并提供相关线索或者材料，法官经审查对证据收集合法性有疑问的，应当召开庭前会议或者进行法庭调查。经审查确认存在法律规定的以非法方法收集证据情形的，对有关证据应当予以排除。

六、依法保障律师申请调取证据的权利。律师因客观原因无法自行收集证据的，可以依法向人民法院书面申请调取证据。律师申请调取证据符合法定条件的，法官应当准许。

七、依法保障律师的人身安全。案件审理过程中出现当事人矛盾激化，可能危及律师人身安全情形的，应当及时采取必要措施。对在法庭上发生的殴打、威胁、侮辱、诽谤律师等行为，法官应当及时制止，依法处置。

八、依法保障律师代理申诉的权利。对律师代理当事人对案件提出申诉的，要依照法律规定的程序认真处理。认为原案件处理正确的，要支持律师向申诉人做好释法析理、息诉息访工作。

九、为律师依法履职提供便利。要进一步完善网上立案、缴费、查询、阅卷、申请保全、提交代理词、开庭排期、文书送达等功能。有条件的法院要为参加庭审的律师提供休息场所，配备桌椅、饮水及其他必要设施。

十、完善保障律师诉讼权利的救济机制。要指定专门机构负责处理律师投诉，公开联系方式，畅通投诉渠道。对投诉要及时调查，依法处理，并将结果及时告知律师。对司法行政机关、律师协会就维护律师执业权利提出的建议，要及时予以答复。

5. 最高人民法院、最高人民检察院、公安部、司法部、关于进一步深化刑事案件律师辩护全覆盖试点工作的意见（2022年10月12日 司发通〔2022〕49号）（节选）

一、充分认识深化刑事案件律师辩护全覆盖试点工作的重大意义

1. 深化刑事案件律师辩护全覆盖试点工作，是全面贯彻习近平法治思想，落实以人民为中心的发展思想的必然要求。以人民为中心是习近平法治思想的根本立场。推进全

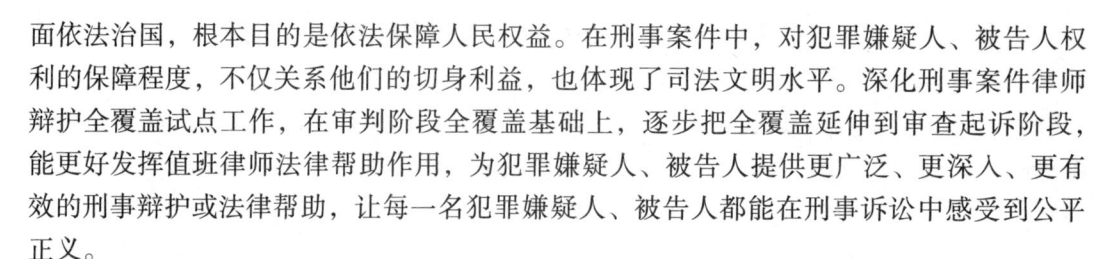

面依法治国，根本目的是依法保障人民权益。在刑事案件中，对犯罪嫌疑人、被告人权利的保障程度，不仅关系他们的切身利益，也体现了司法文明水平。深化刑事案件律师辩护全覆盖试点工作，在审判阶段全覆盖基础上，逐步把全覆盖延伸到审查起诉阶段，能更好发挥值班律师法律帮助作用，为犯罪嫌疑人、被告人提供更广泛、更深入、更有效的刑事辩护或法律帮助，让每一名犯罪嫌疑人、被告人都能在刑事诉讼中感受到公平正义。

2. 深化刑事案件律师辩护全覆盖试点工作，是贯彻落实法律援助法，不断健全完善法律援助制度的内在要求。2021年8月，全国人大常委会审议通过法律援助法，这是我国法律援助事业法治化制度化发展的里程碑。法律援助法提出了新时代法律援助工作的指导思想和基本原则，扩大了法律援助范围，明确了提高法律援助质量、加强法律援助保障的具体举措，对新时代法律援助工作提出了新的更高要求。深化刑事案件律师辩护全覆盖试点工作，不仅是落实法律援助法有关规定的具体举措，也是进一步扩大刑事法律援助覆盖范围、不断健全完善法律援助制度的现实需要。

3. 深化刑事案件律师辩护全覆盖试点工作，是全面贯彻宽严相济刑事政策，精准适用认罪认罚从宽制度的重要举措。推行认罪认罚从宽制度是司法领域推动国家治理体系和治理能力现代化的重要举措，在及时有效惩治犯罪、加强人权司法保障、优化司法资源配置、提高刑事诉讼效率等方面意义重大。深化刑事案件律师辩护全覆盖试点工作，在办理认罪认罚案件中，提高辩护律师参与率，能充分发挥辩护律师、值班律师在引导犯罪嫌疑人、被告人理解认罪认罚法律后果，就罪名认定、量刑建议、案件处理提出法律意见等方面的作用，为准确适用认罪认罚从宽制度创造积极条件。

二、巩固审判阶段刑事案件律师辩护全覆盖试点工作成效

4. 抓紧实现县域工作全覆盖。尚未实现审判阶段律师辩护全覆盖的省（自治区）司法厅要切实克服律师资源、经费保障等方面的困难，加快工作进度，尽快实现县级行政区域试点工作全覆盖，年底前基本实现审判阶段律师辩护全覆盖。

5. 从有形覆盖转向有效覆盖。各地要对照法律援助法和最高人民法院、司法部《关于扩大刑事案件律师辩护全覆盖试点范围的通知》等文件要求，及时总结审判阶段律师辩护全覆盖试点工作，找准工作中的薄弱环节，加强重要业务数据统计分析，提炼好经验好做法，充分发挥辩护律师、值班律师在审判阶段的职能作用，不断提高审判阶段律师辩护全覆盖试点工作质效。

三、开展审查起诉阶段律师辩护全覆盖试点工作

6. 确定试点区域。各司法厅（局）根据本地工作实际，商检察机关于今年11月底前确定2至3个地市（直辖市的区县）开展审查起诉阶段律师辩护全覆盖试点。已先行开展此项工作的地区，可以根据原工作方案进行。

7. 确定通知辩护范围。犯罪嫌疑人没有委托辩护人，且具有可能判处三年以上有期徒刑、本人或其共同犯罪嫌疑人拒不认罪、案情重大复杂、可能造成重大社会影响情形之一的，人民检察院应当通知法律援助机构指派律师为其提供辩护。已先行开展试点的地区，可以结合本地实际扩大通知辩护案件范围。

8. 确定工作程序。人民检察院自收到移送审查起诉的案件材料之日起三日内，应当告知犯罪嫌疑人有权委托辩护人。犯罪嫌疑人具有本意见第七条规定情形的，人民检察院应当告知其如果不委托辩护人，将通知法律援助机构指派律师为其提供辩护。犯罪嫌疑人决定不自行委托辩护人的，人民检察院应当记录在案并将通知辩护公函送交法律援助机构。通知辩护公函应当载明犯罪嫌疑人的姓名、涉嫌的罪名、羁押场所或者住所、通知辩护的理由、检察人员姓名和联系方式等。法律援助机构应当自收到通知辩护公函之日起三日内，确定承办律师并将辩护律师姓名、所属单位及联系方式函告人民检察院。

9. 辩护律师职责。辩护律师依照刑事诉讼法、律师法等规定，依法履行辩护职责。在审查起诉阶段，辩护律师应当向犯罪嫌疑人释明认罪认罚从宽的法律规定和法律后果，依法向犯罪嫌疑人提供法律咨询、程序选择建议、申请变更强制措施、提出羁押必要性审查申请等法律帮助。犯罪嫌疑人自愿认罪认罚的，辩护律师应当对刑事诉讼法第一百七十三条第二款规定的事项提出意见。法律援助机构指派的辩护律师应当自接到指派通知之日起及时阅卷、会见犯罪嫌疑人。对人民检察院拟建议适用速裁程序办理的犯罪嫌疑人认罪认罚案件，辩护律师应当在人民检察院办案期限内完成阅卷、会见。

10. 切实保障律师辩护权。人民检察院应当依法保障辩护律师会见、阅卷等诉讼权利，为辩护律师履行职责提供便利。人民检察院作出退回补充侦查、延长审查起诉期限、提起公诉、不起诉等重大程序性决定的，应当依法及时告知辩护律师，及时向辩护律师公开案件的流程信息。

11. 及时安排阅卷。辩护律师提出阅卷要求的，人民检察院应当及时安排阅卷，因工作等原因无法及时安排的，应当向辩护律师说明，并自即日起三个工作日内安排阅卷，不得限制辩护律师合理的阅卷次数和时间。有条件的地方可以设立阅卷预约平台，推行电子化阅卷，允许下载、刻录案卷材料。

12. 做好法律帮助衔接。犯罪嫌疑人没有委托辩护人的，也不属于本意见第七条规定由法律援助机构指派律师提供辩护情形的，人民检察院应当及时通知法律援助机构安排值班律师提供法律帮助。

13. 拒绝辩护处理。属于法律援助法第二十五条第一款、本意见第七条规定的应当通知辩护情形，犯罪嫌疑人拒绝法律援助机构指派的律师为其辩护的，人民检察院应当查明原因。理由正当的，应当准许，但犯罪嫌疑人必须另行委托辩护人；犯罪嫌疑人未另行委托辩护人的，应当书面通知法律援助机构另行指派律师为其提供辩护。犯罪嫌疑人拒绝法律援助机构指派的律师为其辩护，坚持自己行使辩护权，人民检察院准许的，法律援助机构应当作出终止法律援助的决定；对于有正当理由要求更换律师的，法律援助机构应当另行指派律师为其提供辩护。

四、实质发挥值班律师法律帮助作用

14. 完善值班律师派驻。人民法院、人民检察院、公安机关应当为法律援助工作站提供必要办公场所和设施，加快推进法律援助工作站建设。司法行政机关和法律援助机构应当根据当地律师资源状况、法律帮助需求灵活采用现场值班、电话值班、网络值班等多种形式，确保值班律师法律帮助全覆盖。

15. 落实权利告知。人民法院、人民检察院、公安机关应当在侦查、审查起诉、审判各阶段分别告知没有辩护人的犯罪嫌疑人、被告人有权约见值班律师获得法律帮助，并为犯罪嫌疑人、被告人约见值班律师提供便利。前一诉讼程序犯罪嫌疑人、被告人拒绝值班律师法律帮助的，后一诉讼程序的办案机关仍需告知其有权获得值班律师法律帮助，有关情况应当记录在案。

16. 及时通知值班律师。犯罪嫌疑人、被告人没有委托辩护人，法律援助机构也没有指派律师提供辩护的,犯罪嫌疑人、被告人申请约见值班律师的,人民法院、人民检察院、公安机关可以直接送达现场派驻的值班律师或即时通知电话、网络值班律师。不能直接安排或即时通知的,应当在二十四小时内将法律帮助通知书送达法律援助机构。法律援助机构应当在收到法律帮助通知书之日起两个工作日内确定值班律师,并将值班律师姓名、单位、联系方式告知办案机关。除通知值班律师到羁押场所提供法律帮助的情形外,人民检察院、人民法院可以商法律援助机构简化通知方式和通知手续。办案机关应当为值班律师与犯罪嫌疑人、被告人会见提供便利。

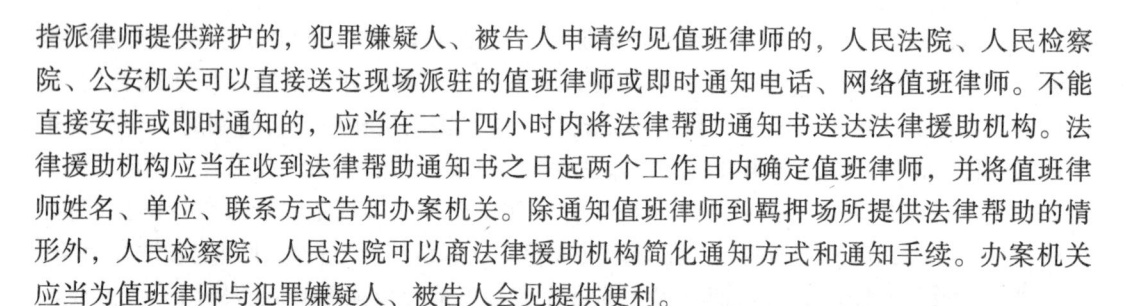

17. 切实保障值班律师权利。犯罪嫌疑人、被告人没有辩护人的,人民法院、人民检察院、公安机关应当在侦查、审查逮捕、审查起诉和审判阶段分别听取值班律师意见,充分发挥值班律师在各个诉讼阶段的法律帮助作用。人民法院、人民检察院、公安机关应当依法保障值班律师会见等诉讼权利。涉嫌危害国家安全犯罪、恐怖活动犯罪案件,在侦查期间,犯罪嫌疑人会见值班律师的,应当经侦查机关许可;侦查机关同意值班律师会见的,应当及时通知值班律师。值班律师会见犯罪嫌疑人、被告人时不被监听。案件移送审查起诉后,值班律师可以查阅案卷材料,了解案情,人民检察院、人民法院应当及时安排,并提供便利。已经实现卷宗电子化的地方,人民检察院、人民法院可以安排在线阅卷。对于值班律师数量有限、案件量较大的地区,值班律师可采取集中查阅案卷方式。

18. 值班律师依法履行职责。值班律师提供法律帮助应当充分了解案情,对于案情较为复杂的案件,应当在查阅案卷材料并向犯罪嫌疑人、被告人充分释明相关诉讼权利和程序规定后对案件处理提出意见。犯罪嫌疑人、被告人自愿认罪认罚的,值班律师应当结合案情向犯罪嫌疑人、被告人释明认罪认罚的性质和法律规定,对人民检察院指控的罪名、量刑建议、诉讼程序适用等提出意见,在犯罪嫌疑人签署具结书时在场。

19. 值班律师的控告申诉。值班律师在提供法律帮助过程中,认为人民法院、人民检察院、公安机关及其工作人员明显违反法律规定,阻碍其依法提供法律帮助,侵犯律师执业权利的,有权向同级或者上一级人民检察院申诉或者控告。人民检察院对申诉或者控告应当及时审查,情况属实的,通知有关机关予以纠正。

五、健全完善衔接配合机制

20. 健全协调会商机制。人民法院、人民检察院、公安机关、司法行政机关要加强协同配合,建立健全联席会议、定期会商通报等协调机制,明确刑事案件律师辩护全覆盖试点工作联络员,及时沟通工作进展情况,协调解决工作中的困难问题。

21. 建立信息共享机制。人民法院、人民检察院、公安机关、司法行政机关要及时共享重要业务数据,建立工作台账,统一统计口径,做好统计分析,加强业务指导。

22. 提高衔接效率。加强信息化建设,推动实现律师辩护全覆盖试点工作通知、指派等各项流程电子化,进一步提高工作效率,给律师开展工作留出必要充足时间,为辩护律师、值班律师履职创造积极条件。

23. 强化律师权利保障。人民法院、人民检察院、公安机关、司法行政机关要切实保障辩护律师、值班律师各项权利,不得阻碍或变相阻碍辩护律师、值班律师依法行使诉讼权利。

六、加强组织领导

24. 争取党委政府支持。各地要积极争取各级党委、政府的重视支持,主动向党委、政府汇报工作，切实落实党委、政府保障职责。

25. 解决律师资源不足问题。建立健全法律服务资源依法跨区域流动机制，鼓励和支持律师事务所、律师等到律师资源严重不足的地区服务。建立完善律师资源动态调配机制，律师资源不平衡问题突出的地方以省级司法行政机关为主统筹调配，其他地方原则上以地市司法行政机关为主统筹调配，采取对口支援等方式提高法律援助服务能力。引导和规范法律援助机构具有律师资格或者法律职业资格的工作人员、具有律师执业证书的法律援助志愿者参与刑事法律援助工作，深入挖掘刑事法律援助人员潜力，进一步充实队伍力量。加强法律援助志愿服务工作，深入开展"1+1"中国法律援助志愿者行动、"援藏律师服务团"等法律援助项目，选派法律援助志愿律师到没有律师和律师资源严重不足的地区服务。

26. 解决经费保障不足问题。人民法院、人民检察院、公安机关应当配合司法行政机关加强与财政部门沟通协调，共同推动落实法律援助法有关法律援助业务经费保障相关规定，增加法律援助办案经费，动态调整法律援助补贴标准，切实保障办案工作需要。加大中央补助地方法律援助办案专款总量，发挥好中央补助专款的示范导向作用。司法行政机关应当根据案件难易和参与案件程度，合理确定法律援助补贴标准，推行办案补贴与服务质量挂钩的差别补贴机制，提高法律援助经费使用效率。

27. 强化指导监督。各级司法行政机关律师工作部门牵头做好试点工作，统筹调配律师资源，组织引导律师积极履行法律援助义务，加强律师权利保障和执业监管。法律援助管理部门要做好相关保障工作，协调有关部门落实试点工作经费，建立完善法律援助工作异地协作机制，加强对法律援助质量的指导监督。律师协会要发挥行业协会自身优势，配合法律援助管理部门做好律师参与法律援助工作培训等工作。法律援助机构要严格依法做好受理、审查、指派律师等工作，综合运用案卷检查、征询司法机关意见等措施，督促法律援助人员提升服务质量。

第二节　审判实践中的疑难新型问题

问题1. 律师在侦查阶段先后接受有利害关系的两名同案犯委托，在审判阶段又为其中一人辩护的，如何处理？

【刑事审判参考案例】陈某贩卖、运输毒品案[①]

一、基本案情

某市中级人民法院经公开审理查明：2008年12月，被告人陈某指使被告人史某（女）、郑某将其购买的毒品从某县运输至某市交由被告人史某（男）保管。12月27日，陈某指使史某（男）将300克毒品交给自己，与被告人杨某在该市一酒店内进行毒品交

[①] 李希、李莹莹撰稿、陆建红审编：《陈某贩卖、运输毒品案——律师在侦查阶段先后接受有利害关系的两名同案犯委托，在审判阶段又为其中一人辩护的，如何处理（第733号）》，载中华人民共和国最高人民法院刑事审判第一、二、三、四、五庭主办：《刑事审判参考》2011年第5集（总第82集），法律出版社2012年版，第69~76页。

易时被抓获,当场查获陈某随身携带海洛因净重300克和电子秤一台。随后公安人员在该市抓获史某(男),并在其住处床下查获陈某交给其保管的海洛因净重2029克。同时,公安人员分别抓获郑某、史某(女)。全案共计缴获毒资人民币(以下币种均为人民币)62960元。

某市中级人民法院认为,被告人陈某、史某(女)、郑某违反国家毒品管制法律、法规,贩卖、运输海洛因,其行为构成贩卖、运输毒品罪;被告人史某(男)、杨某非法贩卖海洛因,其行为构成贩卖毒品罪。陈某指使史某(女)、郑某从某县购买毒品并运输至某市交给史某(男)保管,由史某(男)按其授意将毒品交其贩卖,陈某、史某(女)、郑某、史某(男)构成共同犯罪。陈某系主犯,史某(女)、史某(男)、郑某系从犯。杨某曾因破坏公用电信设施罪被判处有期徒刑五年,刑罚执行完毕后五年内又犯罪,系累犯。依照《刑法》第三百四十七条第二款第一项、第二十五条、第二十六条、第二十七条、第六十五条、第四十七条、第四十八条、第五十七条第一款、第六十四条之规定,判决如下:

被告人陈某犯贩卖、运输毒品罪,判处死刑,剥夺政治权利终身,并处没收个人全部财产;被告人史某(女)犯贩卖、运输毒品罪,判处无期徒刑,剥夺政治权利终身,并处没收个人财产人民币五万元;被告人史某(男)犯贩卖毒品罪,判处无期徒刑,剥夺政治权利终身,并处没收个人财产人民币五万元;被告人杨某犯贩卖毒品罪,判处无期徒刑,剥夺政治权利终身,并处没收个人财产人民币五万元;郑某犯贩卖、运输毒品罪,判处有期徒刑十五年,剥夺政治权利终身,并处没收个人财产人民币二万元。

一审宣判后,陈某以其受王某指使贩卖、运输毒品为由提出上诉。陈某的委托辩护人祁某律师提出,陈某受王某安排贩卖毒品,王某在本案中的作用大于陈某。陈某的指定辩护人王某律师提出,陈某是否受涉案人员王某指使的事实不清。

某省高级人民法院经审理认为,一审判决认定的事实清楚,证据确实、充分,定罪准确,量刑适当,审判程序合法,依法裁定驳回上诉,维持原判,并对被告人陈某的死刑判决依法报请最高人民法院核准。

最高人民法院经复核查明:2008年12月27日,被告人陈某等人被抓获的同时,犯罪嫌疑人王某因本案也被抓获。2009年1月14日和15日,某律师事务所律师祁某先后接受犯罪嫌疑人王某、陈某的委托,会见二人,为二人提供包括申请取保候审等在内的法律帮助。陈某等人被批准逮捕时,王某因涉嫌贩卖毒品的证据不足未被批准逮捕于2009年2月4日取保候审释放。一、二审阶段,陈某辩称在侦查阶段供述的指使自己贩毒的"周公"即是被取保候审的同案犯罪嫌疑人王某;祁某律师继续担任陈某的一、二审辩护人,并提出陈某受王某指使贩毒、王某在本案中的地位和作用大于陈某等辩护意见。

最高人民法院经复核认为,祁某律师在本案侦查阶段先后接受同案两名犯罪嫌疑人王某、陈某的委托,提供法律帮助,并在一、二审阶段继续担任被告人陈某的辩护人,违反了法律规定的诉讼程序,可能影响公正审判。依照《刑事诉讼法》第一百九十九条①和《最高人民法院关于复核死刑案件若干问题的规定》第五条之规定,裁定如下:

不核准某省高级人民法院维持第一审对被告人陈某以贩卖、运输毒品罪判处死刑,剥夺政治权利终身,并处没收个人全部财产的刑事裁定;撤销某省高级人民法院刑事裁

---

① 现为《中华人民共和国刑事诉讼法》(2018年修正)第二百四十六条。

定和某市中级人民法院刑事判决中对被告人陈某以贩卖、运输毒品罪判处死刑，剥夺政治权利终身，并处没收个人全部财产的部分；发回某市中级人民法院重新审判。

二、主要问题

本案审理中，对律师祁某在侦查阶段先后接受有利害关系的同案犯罪嫌疑人王某、陈某的委托，为二人提供包括取保候审等在内的法律帮助，又在一、二审阶段继续担任陈某辩护人的行为，属程序违法没有异议。但该程序违法，是否影响案件的公正审判有两种不同意见。

第一种意见认为，尽管本案存在同一律师在侦查阶段先后为同案两名犯罪嫌疑人提供法律帮助的情况，属程序违法，但尚不足以影响公正审判，应以贩卖、运输毒品罪核准被告人陈某死刑。理由是：（1）律师在侦查阶段的作用是有限的。根据《刑事诉讼法》第九十六条的规定，律师受犯罪嫌疑人委托后，仅有为犯罪嫌疑人提供法律咨询、代理控告、申诉、申请取保候审等程序性的诉讼权利，且会见犯罪嫌疑人时侦查机关还可以派员在场。律师祁某会见王某时各犯罪嫌疑人的供述均已基本完成，会见陈某时各犯罪嫌疑人的供述已完成。没有证据证实律师的介入导致串供。（2）一、二审阶段，祁律师继续担任陈某的委托辩护人，两审法院又为陈某指定了辩护人，两位辩护律师在为陈某辩护时均较尽责，陈某的辩护权得到充分行使，没有损害陈某的合法权益。即使将案件发回一审法院重审，侦查阶段的程序违法问题亦无法得到补救，反而增加司法成本。此外，将本案发还重审，若改判陈某死缓，可能无形中会导致对违反程序的辩护行为的鼓励。（3）陈某指使他人购买、运输、保管毒品数量较大，自己又亲自贩卖，其地位和作用在共同犯罪中最为突出，系本案主犯，社会危害大，且无充分证据证实陈某受王某指使犯罪，应依法核准其死刑。

第二种意见认为，律师祁某在侦查阶段先后为有利害关系的两名同案犯罪嫌疑人提供法律服务，又在一、二审阶段继续为有利益冲突的另一被告人提供辩护，在事实上干扰了侦查、审判活动。这种做法甚至比没有辩护人辩护产生的危害还要大，陈某的辩护权没有得到充分行使。一、二审法院未能发现并予以纠正，使本案程序违法由侦查阶段延续到审判阶段。一、二审法院在失去程序公正保障的情况下对实体作出裁判，可能影响案件的公正审判。应当以程序违法为由，撤销一、二审裁判，发回一审法院重新审判。

三、裁判理由

我们赞同后一种观点，主要理由如下：

（一）同一律师为同案的有利害关系的两名以上的犯罪嫌疑人辩护，不仅为世界大多数国家的法律所禁止，也为我国法律所禁止

律师担任同案两名被告人的辩护人或者同时担任两个有利益关系案件的被告人的辩护人，这种情形在英、美等国家被视为律师担任辩护人存在"利益冲突"，被定罪的被告人可以以无效辩护为由提出上诉，上诉法院认为无效辩护申请成立的，原来的有罪判决将被撤销，案件将重新审判或者将被告人无罪释放。[①] 在我国，虽然刑事诉讼法对辩护人存在利益冲突的情况如何处理没有明确规定，但相关法律、法规和司法解释均作了明确的禁止性规定。如《律师法》第三十九条、《律师办理刑事案件规范》第七条和《律师和律师事务所违法行为处罚办法》第七条均规定律师不得在同一刑事案件中同时

---

① 参见林劲松：《对抗制国家的无效辩护制度》，载《外国法译评》2006年第4期。

为二名以上的犯罪嫌疑人、被告人担任辩护人。《公安机关办理刑事案件程序规定》第四十条也规定："同案的犯罪嫌疑人不得聘请同一名律师。"《人民检察院刑事诉讼规则》第三百一十七条、《最高人民法院关于执行〈中华人民共和国刑事诉讼法〉若干问题的解释》第三十五条①亦有相关规定。从以上规定可知，我国法律、法规和司法解释对律师为同案犯罪嫌疑人辩护进行了严格的限制，不仅有利害关系的同案犯不允许聘请同一律师，即使无利害关系的同案犯罪嫌疑人或被告人也不允许聘请同一律师，而且这种禁止性规定贯穿于侦查、起诉和审判的整个刑事诉讼过程。本案律师祁某的行为显然违反了上述规定。

（二）同一律师在侦查和审判阶段先后接受同一案件中有利害关系的两名犯罪嫌疑人、被告人的委托，参与刑事诉讼活动，对公正审判的影响非常明显

1. 侵犯犯罪嫌疑人、被告人的合法权益。侦查阶段，律师为犯罪嫌疑人提供法律帮助时，往往从会见犯罪嫌疑人等活动中了解到与侦查活动有关的秘密，而律师绝对不得泄露、传播或公开任何涉及侦查秘密的事项。对刑事诉讼中的被追诉者来说，其认可律师的法律帮助，并在寻求律师帮助期间一般会告知律师相关案情，包括不利于自己的犯罪事实和其他信息；而一旦律师在执业过程中不当利用或泄露上述信息，对被追诉者会产生十分不利的法律后果。如果律师接受两名以上犯罪嫌疑人的委托提供法律帮助，律师利用或泄露侦查秘密（尤其是对犯罪嫌疑人不利的事项）的空间进一步加大，该犯罪嫌疑人的供述就很难避免串通的嫌疑，甚至可能在委托的犯罪嫌疑人之间产生利益输送，从而不正当地侵犯其中一名犯罪嫌疑人的合法权益。即使律师严格保守了执业过程中获取的秘密，也有违反律师对当事人的忠诚义务之嫌。本案中，律师祁某在侦查阶段先后接受有利害关系的同案嫌疑人王某、陈某的委托后，王某被取保候审并释放；一、二审阶段，律师祁某又继续担任陈某的辩护人，并对王某和陈某的行为提出了相互冲突的辩护意见。该律师先后两次提供的法律服务都是站在另一位犯罪嫌疑人对立的角度，甚至站在追诉者的角度，大大降低了辩护的分量和力度，不仅不能尽到律师应尽的辩护责任，反而因为律师的介入使犯罪嫌疑人陷入更加不利的境地。因此，祁某的这种行为违背了设置律师辩护制度的初始目的，犯罪嫌疑人所得到的仅仅是一种名义上的帮助，实际上其利益不仅得不到维护，还可能因此承担不利的后果，本质上是合法权益受到侵犯。

2. 可能干扰司法机关查明事实真相的正常活动。律师参与刑事诉讼活动，一方面，承担着维护犯罪嫌疑人、被告人合法的诉讼权利和实体权益的责任；另一方面，作为法律和正义的维护者，还承担着通过参与诉讼活动查明事实真相的责任。刑事诉讼中，侦查阶段是基础，审判阶段质证的证据大多形成于这一阶段。本案侦查阶段，犯罪嫌疑人王某否认自己参与犯罪，陈某本人及其他同案被告人除供述王某参与了陈某贩卖 3000 克甲基苯丙胺的事实（该事实检察机关未起诉）外，均没供述王某参与本案起诉的事实。在侦查阶段，陈某只是提到其贩毒是受"周公"指使，而到了一、二审及死刑复核阶段，陈某供称"周公"即是王某，在案的其他被告人在死刑复核阶段也指向王某系幕后指挥者。可见，祁某在侦查阶段同时为同案犯罪嫌疑人王某和陈某提供法律帮助，后又在一、二审阶段为陈某提出受王某指使犯罪的辩护意见，容易使人产生共犯串供的质疑，进而

---

① 现为《最高人民法院关于适用〈中华人民共和国刑事诉讼法〉的解释》（2021 年）第四十三条。

使法官对各被告人供述的真实性产生质疑,影响了法官对案件事实的准确判断。一、二审法院在失去程序公正保障的情况下,对案件事实以及各被告人在共同犯罪中地位、作用作出的裁判结果存在不公正的可能,进而可能影响对实体的公正审判。

3. 影响司法的公信力。司法公信力赖以产生的基础是司法过程中实现了程序公正和实体公正。刑事诉讼中,只有被追诉者的主张和异议得到充分表达,相互冲突的各种层次的利益得到综合考虑,才可能尽量缩小对诉讼结果的事后怀疑,使得各方充分信任程序的公正性和诉讼结果的公正性。同一律师在侦查和审判阶段先后接受两名以上有利害关系的同案犯罪嫌疑人的委托,参与刑事诉讼活动,社会公众就会对该诉讼过程形成负面评价,并合理质疑程序违法下形成的裁判,甚至与司法腐败、司法不公联系起来,影响司法公信力。本案中,从陈某的犯罪情节、后果和对社会的危害性看,确实应对其依法惩处。但如果简单地为了实现实体公正而牺牲程序公正,在程序违法未纠正的情况下,核准陈某死刑,就会使得社会公众对司法的公正性产生质疑,从而影响司法公信力和司法权威。

综上,最高人民法院作出不予核准、发回重审的裁定是正确的。

问题2. 一审庭审结束后、审结前,被告人才委托辩护人参与诉讼的,如何处理?

【刑事审判参考案例】 谢某抢劫案[①]

一、基本案情

H区人民法院经审理查明:被告人谢某伙同多名同案人(均另案处理)于2005年4月26日21时许,在行驶至G市新港某村站的N路公交车上,以扼颈、殴打的方法抢走被害人于某价值人民币(以下币种同)108元的钱包一个,内有现金1700元。

H区人民法院认为,被告人谢某以非法占有为目的,结伙在公共交通工具上以暴力方法劫取他人财物,其行为构成抢劫罪。依照《刑法》第二百六十三条第二项、第五十六条第一款之规定,H区人民法院以被告人谢某犯抢劫罪,判处有期徒刑十年六个月,剥夺政治权利三年,并处罚金两千元。

一审宣判后,被告人谢某不服,提出上诉。谢某辩称其未参与抢劫。谢某的辩护人提出:原判认定谢某抢劫的事实不清、证据不足;原审法院违反法定程序,剥夺了谢某获得辩护的权利。

G市中级人民法院经审理认为,一审法院拒绝辩护人为被告人提供辩护的做法不当,限制了被告人的诉讼权利,可能影响公正审判,应予纠正。上诉人与其辩护人提出的原审法院限制上诉人获得辩护权利的意见,予以采纳。据此,G市中级人民法院依照《刑事诉讼法》(1996年)第一百九十一条[②]第三项之规定,裁定撤销原判,发回H区人民法院重审。

---

① 冉蓉撰稿、管应时审编:《谢某抢劫案——一审庭审结束后、审结前才委托辩护人参与一审诉讼的,人民法院是否准许以及如何确定程序问题案件发回重审的标准(第845号)》,载中华人民共和国最高人民法院刑事审判第一、二、三、四、五庭主办:《刑事审判参考》2013年第2集(总第91集),法律出版社2014年版,第30~37页。

② 现为《中华人民共和国刑事诉讼法》(2018年修正)第二百三十八条。

H 区人民法院另行组成了合议庭，重新开庭审理了本案。被告人谢某的辩护人到庭参加了诉讼。H 区人民法院重新审理后认定的事实与原审认定的一致，对谢某的定罪与量刑与原审相同。

宣判后，被告人谢某提出上诉。

G 市中级人民法院经审理认为，原审认定谢某在公交车上以暴力劫取他人财物的事实清楚，证据确实、充分。依照《刑事诉讼法》第一百八十九条①第一项之规定，裁定驳回上诉，维持原判。

二、主要问题

1. 一审庭审结束后、审结前，被告人才委托辩护人参与诉讼的，如何处理？
2. 如何确定和把握程序问题案件发回重审的标准？

三、裁判理由

一审庭审结束后、审结前才委托辩护人参与一审诉讼的，人民法院依法应当准许。

本案结案时间在 2013 年 1 月 1 日以前，故本案在程序上应当适用 1996 年《刑事诉讼法》。在本案审理过程中，对是否准许被告人谢某在一审开庭审理后、审结前委托辩护人参加诉讼，存在两种意见：第一种意见认为，人民法院向谢某送达起诉书副本时已经告知其可以委托辩护人，但其直至开庭审理结束都没有委托，应当视为其已放弃委托辩护权。因此，对其亲属在开庭审理后、审结前委托辩护人参与一审辩护的，不应准许。第二种意见认为，获得辩护权是被告人享有的基本人权，应当予以充分尊重和保护。1996 年《刑事诉讼法》第十一条及 2012 年修正后的《刑事诉讼法》第十一条、第十四条②确立了被告人有权获得辩护、人民法院有义务保证被告人获得辩护的原则。该原则作为刑事诉讼的一项基本原则，符合《联合国人权公约》第十四条关于犯罪嫌疑人、被告人有权获得辩护的规定的精神，应当贯穿于各个诉讼阶段以及每个诉讼阶段的全过程。因此，被告人在一审开庭审理后、审结前才委托辩护人的，人民法院应当准许。

我们同意第二种意见，理由如下：

1. 除特别规定外，被告人有权在一审的任何诉讼阶段委托辩护人

1996 年《刑事诉讼法》第十一条以及 2012 年《刑事诉讼法》第十一条、第十四条都规定了被告人有权获得辩护的原则。该原则包含两层含义：一是被告人有权为自己辩护；二是被告人有权委托律师或者其他公民为自己辩护。实践中，司法机关贯彻保障被告人有权获得辩护原则，最重要的就是不得随意剥夺和限制被告人委托辩护人的权利。1996 年《刑事诉讼法》对于一审案件中，被告人委托辩护人参与诉讼的时间没有限制性规定。最高人民法院 1998 年发布的《关于执行〈中华人民共和国刑事诉讼法〉若干问题的解释》（以下简称 1998 年《刑事诉讼法解释》）对不予准许情况作了比较详细的规定。1998 年《刑事诉讼法解释》第一百六十五条③规定："被告人当庭拒绝辩护人为其辩护，要求另行委托辩护人的，应当同意，并宣布延期审理。被告人要求人民法院另行指定辩护律师，合议庭同意的，应当宣布延期审理。重新开庭后，被告人再次当庭拒绝重新委托的辩护人或者人民法院指定的辩护律师为其辩护的，合议庭应当分别情形作出处理：

---

① 现为《中华人民共和国刑事诉讼法》（2018 年修正）第二百三十六条。
② 现为《中华人民共和国刑事诉讼法》（2018 年修正）第十一、十四条。
③ 现为《最高人民法院关于适用〈中华人民共和国刑事诉讼法〉的解释》（2021 年）第三百一十一条。

(一）被告人是成年人的，可以准许。但被告人不得再另行委托辩护人，人民法院也不再另行指定辩护律师，被告人可以自行辩护；（二）被告人具有本解释第三十六条规定情形之一的，不予准许。"根据该规定可以看出，只有出现以下情形的辩护人，在参与一审诉讼的时间上才受到限制：被告人当庭拒绝辩护人为其辩护后，其另行委托的辩护人或者法院另行指定的辩护律师（以下简称新辩护人），在出庭辩护时，又遭被告人当庭拒绝为其辩护的，如果该被告人是成年人且不属于1998年《刑事诉讼法解释》第三十六条①规定情形的（被告人系盲、聋、哑或者限制行为能力人，开庭时不满十八周岁的未成年人，可能被判处死刑的人），法庭可以准许其拒绝辩护，但不准许其再更换辩护人。简言之，通常情况下，被告人只享受一次更换辩护人的权利，其如果第二次更换辩护人的，法庭将不准许重新更换的辩护人参与诉讼。除此之外，法律、法规、司法解释对辩护人何时参加一审诉讼，再无限制性规定。

2012年修正的《刑事诉讼法》对此未作修改。最高人民法院2012年发布的《关于适用〈中华人民共和国刑事诉讼法〉的解释》（以下简称2012年《刑事诉讼法解释》）第二百五十四条②的规定也保留了1998年《刑事诉讼法解释》的规定，只是在第四十二条③将应当提供法律援助的适用对象中增加了可能被判处无期徒刑的被告人。因此，2013年1月1日后审理的案件，如果被告人不属于盲、聋、哑、限制行为能力人，不属于开庭时不满十八周岁的未成年人，也不属于可能被判处无期徒刑或者死刑的，其在更换辩护人后，又再次更换辩护人的，法庭将不允许再次更换的辩护人参与诉讼。

本案中，谢某在一审开庭审理前没有委托过辩护人，一审法院也没有为其指定过辩护律师，不存在前述限制性规定的情形，故其在一审任何阶段都可以委托辩护人。

2. 被告人在一审庭审结束后委托的辩护人，必须在一审审结前参与一审诉讼

虽然在一审庭审结束后委托的辩护人享有参与一审诉讼的权利，但考虑到案件审理期限的规定、诉讼资源的节约、被告人辩护权的充分行使、被告人经济利益不受损害、辩护人的辩护质量和效果得到保障等因素，有必要对被告人在庭审结束后委托辩护人的时间规定一个截止性的期限。我们认为，这个时间临界点应当以案件审结时间为标准，否则案件已经审结，辩护人才参与诉讼就失去其应有之义，不仅会损害司法权威，而且会造成司法资源的严重浪费。因此，应当结合案件的具体情况，确定不同的审结时间临界点：

（1）当庭宣判的案件，以宣判时间为临界点。

（2）开庭后定期宣判的案件，不需要审判委员会讨论的，以法律文书签发的时间为临界点。

（3）开庭后定期宣判的案件，需要经审判委员会讨论的，以审判委员会研究作出决定的时间为临界点。

被告人在庭审结束后才提出委托辩护人的，人民法院可以区分不同情形确定案件审结时间，以决定是否同意被告人委托的辩护人参与诉讼。

3. 对辩护人在一审庭审结束后、审结前的辩护权行使及辩护意见的具体处理

审判实践中，辩护人一般都是在开庭之前就参与了诉讼，具有充分的条件开展辩护。

---

① 现为《最高人民法院关于适用〈中华人民共和国刑事诉讼法〉的解释》（2021年）第四十七条。
② 现为《最高人民法院关于适用〈中华人民共和国刑事诉讼法〉的解释》（2021年）第三百一十一条。
③ 现为《最高人民法院关于适用〈中华人民共和国刑事诉讼法〉的解释》（2021年）第四十七条。

在庭审后接受委托参加诉讼的辩护人,虽然在结案前仍依法享有阅卷、调查取证、会见及与被告人通信,提交辩护意见,申请延期审理,提出被告人无罪、罪轻的辩护意见等权利(前述权利有的只有辩护律师才享有),但如果其没有提交新的能够证明被告人无罪或者罪轻证据的,法院考虑到审理期限、诉讼效益、案件实际等具体因素,一般不会再重新开庭审理。因此,辩护人在开庭后才开展的辩护活动必然会受到一定程度的限制,辩护质量也会难免有所降低。因此,为了更好地保障被告人辩护权的行使,我们认为,一审法院可以采取以下方式处理:

(1) 对于没有委托辩护人的被告人,一审开庭审理时可以再次提醒,询问其是否委托辩护人。如果其当庭表示需要委托辩护人的,法庭应当宣布休庭,延期审理。待其委托辩护人参与诉讼后,再决定重新开庭日期。

(2) 如果被告人在一审开庭审理结束后、审结前才委托辩护人的,法庭可以根据开庭审理的具体情况,分以下几种情况处理:

一是如果经合议庭评议认为,公诉机关指控的事实可能不构成犯罪或者指控事实不清、证据不足的,应当准许被告人委托的辩护人在此阶段参与诉讼。如果被告人没有委托辩护人的,人民法院还应当依照2012年《刑事诉讼法解释》第四十三条①第四项的规定可以通知法律援助机构为其指派辩护律师。该项规定:"具有下列情形之一,被告人没有委托辩护人的,人民法院可以通知法律援助机构指派律师为其提供辩护:……(四)被告人的行为可能不构成犯罪……"如果只是提出无罪或者罪轻辩护意见,没有提交新证据的,可以将辩护意见写入裁判文书,不必重新开庭;如果提交了证明被告人无罪或者罪轻的新证据,合议庭认为这些证据无独立证明能力或者证明力不大,且不影响到认定被告人无罪的,可以征求公诉机关的意见,记录在案,不必重新开庭质证。如果提交的证据可能推翻公诉机关的指控,或者可能证明被告人无罪或者罪轻的,应当重新开庭质证、认证。

二是如果经合议庭评议认为,指控证据中存在疑点,可能影响到指控犯罪事实是否成立的,应当准许被告人委托辩护人并要求辩护人尽快参与一审诉讼,给辩护人一定的调查、收集证据的时间。如果辩护人在法庭指定时间内提交了可能影响被告人定罪量刑的新证据,或者辩护人提出申请人民法院调取的证据,足以影响定罪量刑的,法庭应当重新开庭对新证据进行质证。如果没有新证据,则无须重新开庭审理,但应当将辩护人的辩护意见写入裁判文书。

三是如果经合议庭评议认为,指控证据确实、充分,指控事实成立,辩护人在庭审结束后才参与诉讼对案件实体认定的意义不大,法庭可告知被告人最好到二审程序再委托辩护人,以保护其辩护权不受损害。但如果其仍坚持要委托辩护人的,应当准许。辩护人的辩护意见写入裁判文书,其提交的证据如果不影响被告人的定罪量刑的,无须重新开庭审理。

本案被告人谢某的亲属在一审庭审结束后才委托辩护律师,从卷内材料来看,辩护律师到H区法院递交委托函时,该案的法律文书并未签发。因此,一审法院不准许谢某委托的律师参与一审诉讼的决定,在一定程度上限制了被告人的辩护权,违反了相关程序,应予纠正。

---

① 现为《最高人民法院关于适用〈中华人民共和国刑事诉讼法〉的解释》(2021年)第四十八条。

第四章

证 据

第一节　审判依据

一、法律

中华人民共和国刑事诉讼法（2018年10月26日修正）（节选）

第五章　证　据

第五十条　可以用于证明案件事实的材料，都是证据。
证据包括：
（一）物证；
（二）书证；
（三）证人证言；
（四）被害人陈述；
（五）犯罪嫌疑人、被告人供述和辩解；
（六）鉴定意见；
（七）勘验、检查、辨认、侦查实验等笔录；
（八）视听资料、电子数据。
证据必须经过查证属实，才能作为定案的根据。

第五十一条　公诉案件中被告人有罪的举证责任由人民检察院承担，自诉案件中被告人有罪的举证责任由自诉人承担。

第五十二条　审判人员、检察人员、侦查人员必须依照法定程序，收集能够证实犯罪嫌疑人、被告人有罪或者无罪、犯罪情节轻重的各种证据。严禁刑讯逼供和以威胁、引诱、欺骗以及其他非法方法收集证据，不得强迫任何人证实自己有罪。必须保证一切与案件有关或者了解案情的公民，有客观地充分地提供证据的条件，除特殊情况外，可以吸收他们协助调查。

第五十三条 公安机关提请批准逮捕书、人民检察院起诉书、人民法院判决书，必须忠实于事实真象。故意隐瞒事实真象的，应当追究责任。

第五十四条 人民法院、人民检察院和公安机关有权向有关单位和个人收集、调取证据。有关单位和个人应当如实提供证据。

行政机关在行政执法和查办案件过程中收集的物证、书证、视听资料、电子数据等证据材料，在刑事诉讼中可以作为证据使用。

对涉及国家秘密、商业秘密、个人隐私的证据，应当保密。

凡是伪造证据、隐匿证据或者毁灭证据的，无论属于何方，必须受法律追究。

第五十五条 对一切案件的判处都要重证据，重调查研究，不轻信口供。只有被告人供述，没有其他证据的，不能认定被告人有罪和处以刑罚；没有被告人供述，证据确实、充分的，可以认定被告人有罪和处以刑罚。

证据确实、充分，应当符合以下条件：

（一）定罪量刑的事实都有证据证明；

（二）据以定案的证据均经法定程序查证属实；

（三）综合全案证据，对所认定事实已排除合理怀疑。

第五十六条 采用刑讯逼供等非法方法收集的犯罪嫌疑人、被告人供述和采用暴力、威胁等非法方法收集的证人证言、被害人陈述，应当予以排除。收集物证、书证不符合法定程序，可能严重影响司法公正的，应当予以补正或者作出合理解释；不能补正或者作出合理解释的，对该证据应当予以排除。

在侦查、审查起诉、审判时发现有应当排除的证据的，应当依法予以排除，不得作为起诉意见、起诉决定和判决的依据。

第五十七条 人民检察院接到报案、控告、举报或者发现侦查人员以非法方法收集证据的，应当进行调查核实。对于确有以非法方法收集证据情形的，应当提出纠正意见；构成犯罪的，依法追究刑事责任。

第五十八条 法庭审理过程中，审判人员认为可能存在本法第五十六条规定的以非法方法收集证据情形的，应当对证据收集的合法性进行法庭调查。

当事人及其辩护人、诉讼代理人有权申请人民法院对以非法方法收集的证据依法予以排除。申请排除以非法方法收集的证据的，应当提供相关线索或者材料。

第五十九条 在对证据收集的合法性进行法庭调查的过程中，人民检察院应当对证据收集的合法性加以证明。

现有证据材料不能证明证据收集的合法性的，人民检察院可以提请人民法院通知有关侦查人员或者其他人员出庭说明情况；人民法院可以通知有关侦查人员或者其他人员出庭说明情况。有关侦查人员或者其他人员也可以要求出庭说明情况。经人民法院通知，有关人员应当出庭。

第六十条 对于经过法庭审理，确认或者不能排除存在本法第五十六条规定的以非法方法收集证据情形的，对有关证据应当予以排除。

第六十一条 证人证言必须在法庭上经过公诉人、被害人和被告人、辩护人双方质证并且查实以后，才能作为定案的根据。法庭查明证人有意作伪证或者隐匿罪证的时候，应当依法处理。

第六十二条 凡是知道案件情况的人，都有作证的义务。

生理上、精神上有缺陷或者年幼，不能辨别是非、不能正确表达的人，不能作证人。

第六十三条 人民法院、人民检察院和公安机关应当保障证人及其近亲属的安全。

对证人及其近亲属进行威胁、侮辱、殴打或者打击报复，构成犯罪的，依法追究刑事责任；尚不够刑事处罚的，依法给予治安管理处罚。

第六十四条 对于危害国家安全犯罪、恐怖活动犯罪、黑社会性质的组织犯罪、毒品犯罪等案件，证人、鉴定人、被害人因在诉讼中作证，本人或者其近亲属的人身安全面临危险的，人民法院、人民检察院和公安机关应当采取以下一项或者多项保护措施：

（一）不公开真实姓名、住址和工作单位等个人信息；

（二）采取不暴露外貌、真实声音等出庭作证措施；

（三）禁止特定的人员接触证人、鉴定人、被害人及其近亲属；

（四）对人身和住宅采取专门性保护措施；

（五）其他必要的保护措施。

证人、鉴定人、被害人认为因在诉讼中作证，本人或者其近亲属的人身安全面临危险的，可以向人民法院、人民检察院、公安机关请求予以保护。

人民法院、人民检察院、公安机关依法采取保护措施，有关单位和个人应当配合。

第六十五条 证人因履行作证义务而支出的交通、住宿、就餐等费用，应当给予补助。证人作证的补助列入司法机关业务经费，由同级政府财政予以保障。

有工作单位的证人作证，所在单位不得克扣或者变相克扣其工资、奖金及其他福利待遇。

二、司法解释

最高人民法院关于适用《中华人民共和国刑事诉讼法》的解释（2021 年 1 月 26 日）（节选）

第四章 证 据

第一节 一般规定

第六十九条 认定案件事实，必须以证据为根据。

第七十条 审判人员应当依照法定程序收集、审查、核实、认定证据。

第七十一条 证据未经当庭出示、辨认、质证等法庭调查程序查证属实，不得作为定案的根据。

第七十二条 应当运用证据证明的案件事实包括：

（一）被告人、被害人的身份；

（二）被指控的犯罪是否存在；

（三）被指控的犯罪是否为被告人所实施；

（四）被告人有无刑事责任能力，有无罪过，实施犯罪的动机、目的；

（五）实施犯罪的时间、地点、手段、后果以及案件起因等；

（六）是否系共同犯罪或者犯罪事实存在关联，以及被告人在犯罪中的地位、作用；

（七）被告人有无从重、从轻、减轻、免除处罚情节；

（八）有关涉案财物处理的事实；

（九）有关附带民事诉讼的事实；

（十）有关管辖、回避、延期审理等的程序事实；

（十一）与定罪量刑有关的其他事实。

认定被告人有罪和对被告人从重处罚，适用证据确实、充分的证明标准。

第七十三条 对提起公诉的案件，人民法院应当审查证明被告人有罪、无罪、罪重、罪轻的证据材料是否全部随案移送；未随案移送的，应当通知人民检察院在指定时间内移送。人民检察院未移送的，人民法院应当根据在案证据对案件事实作出认定。

第七十四条 依法应当对讯问过程录音录像的案件，相关录音录像未随案移送的，必要时，人民法院可以通知人民检察院在指定时间内移送。人民检察院未移送，导致不能排除属于刑事诉讼法第五十六条规定的以非法方法收集证据情形的，对有关证据应当依法排除；导致有关证据的真实性无法确认的，不得作为定案的根据。

第七十五条 行政机关在行政执法和查办案件过程中收集的物证、书证、视听资料、电子数据等证据材料，经法庭查证属实，且收集程序符合有关法律、行政法规规定的，可以作为定案的根据。

根据法律、行政法规规定行使国家行政管理职权的组织，在行政执法和查办案件过程中收集的证据材料，视为行政机关收集的证据材料。

第七十六条 监察机关依法收集的证据材料，在刑事诉讼中可以作为证据使用。

对前款规定证据的审查判断，适用刑事审判关于证据的要求和标准。

第七十七条 对来自境外的证据材料，人民检察院应当随案移送有关材料来源、提供人、提取人、提取时间等情况的说明。经人民法院审查，相关证据材料能够证明案件事实且符合刑事诉讼法规定的，可以作为证据使用，但提供人或者我国与有关国家签订的双边条约对材料的使用范围有明确限制的除外；材料来源不明或者真实性无法确认的，不得作为定案的根据。

当事人及其辩护人、诉讼代理人提供来自境外的证据材料的，该证据材料应当经所在国公证机关证明，所在国中央外交主管机关或者其授权机关认证，并经中华人民共和国驻该国使领馆认证，或者履行中华人民共和国与该所在国订立的有关条约中规定的证明手续，但我国与该国之间有互免认证协定的除外。

第七十八条 控辩双方提供的证据材料涉及外国语言、文字的，应当附中文译本。

第七十九条 人民法院依照刑事诉讼法第一百九十六条的规定调查核实证据，必要时，可以通知检察人员、辩护人、自诉人及其法定代理人到场。上述人员未到场的，应当记录在案。

人民法院调查核实证据时，发现对定罪量刑有重大影响的新的证据材料的，应当告知检察人员、辩护人、自诉人及其法定代理人。必要时，也可以直接提取，并及时通知检察人员、辩护人、自诉人及其法定代理人查阅、摘抄、复制。

第八十条 下列人员不得担任见证人：

（一）生理上、精神上有缺陷或者年幼，不具有相应辨别能力或者不能正确表达的人；

（二）与案件有利害关系，可能影响案件公正处理的人；

（三）行使勘验、检查、搜查、扣押、组织辨认等监察调查、刑事诉讼职权的监察、公安、司法机关的工作人员或者其聘用的人员。

对见证人是否属于前款规定的人员，人民法院可以通过相关笔录载明的见证人的姓名、身份证件种类及号码、联系方式以及常住人口信息登记表等材料进行审查。

由于客观原因无法由符合条件的人员担任见证人的，应当在笔录材料中注明情况，并对相关活动进行全程录音录像。

第八十一条 公开审理案件时，公诉人、诉讼参与人提出涉及国家秘密、商业秘密或者个人隐私的证据的，法庭应当制止；确与本案有关的，可以根据具体情况，决定将案件转为不公开审理，或者对相关证据的法庭调查不公开进行。

第二节 物证、书证的审查与认定

第八十二条 对物证、书证应当着重审查以下内容：

（一）物证、书证是否为原物、原件，是否经过辨认、鉴定；物证的照片、录像、复制品或者书证的副本、复制件是否与原物、原件相符，是否由二人以上制作，有无制作人关于制作过程以及原物、原件存放于何处的文字说明和签名；

（二）物证、书证的收集程序、方式是否符合法律、有关规定；经勘验、检查、搜查提取、扣押的物证、书证，是否附有相关笔录、清单，笔录、清单是否经调查人员或者侦查人员、物品持有人、见证人签名，没有签名的，是否注明原因；物品的名称、特征、数量、质量等是否注明清楚；

（三）物证、书证在收集、保管、鉴定过程中是否受损或者改变；

（四）物证、书证与案件事实有无关联；对现场遗留与犯罪有关的具备鉴定条件的血迹、体液、毛发、指纹等生物样本、痕迹、物品，是否已作DNA鉴定、指纹鉴定等，并与被告人或者被害人的相应生物特征、物品等比对；

（五）与案件事实有关联的物证、书证是否全面收集。

第八十三条 据以定案的物证应当是原物。原物不便搬运、不易保存、依法应当返还或者依法应当由有关部门保管、处理的，可以拍摄、制作足以反映原物外形和特征的照片、录像、复制品。必要时，审判人员可以前往保管场所查看原物。

物证的照片、录像、复制品，不能反映原物的外形和特征的，不得作为定案的根据。

物证的照片、录像、复制品，经与原物核对无误、经鉴定或者以其他方式确认真实的，可以作为定案的根据。

第八十四条 据以定案的书证应当是原件。取得原件确有困难的，可以使用副本、复制件。

对书证的更改或者更改迹象不能作出合理解释，或者书证的副本、复制件不能反映原件及其内容的，不得作为定案的根据。

书证的副本、复制件，经与原件核对无误、经鉴定或者以其他方式确认真实的，可以作为定案的根据。

第八十五条 对与案件事实可能有关联的血迹、体液、毛发、人体组织、指纹、足迹、字迹等生物样本、痕迹和物品，应当提取而没有提取，应当鉴定而没有鉴定，应当移送鉴定意见而没有移送，导致案件事实存疑的，人民法院应当通知人民检察院依法补充收集、调取、移送证据。

第八十六条 在勘验、检查、搜查过程中提取、扣押的物证、书证，未附笔录或者清单，不能证明物证、书证来源的，不得作为定案的根据。

物证、书证的收集程序、方式有下列瑕疵，经补正或者作出合理解释的，可以采用：

（一）勘验、检查、搜查、提取笔录或者扣押清单上没有调查人员或者侦查人员、物品持有人、见证人签名，或者对物品的名称、特征、数量、质量等注明不详的；

（二）物证的照片、录像、复制品，书证的副本、复制件未注明与原件核对无异，无复制时间，或者无被收集、调取人签名的；

（三）物证的照片、录像、复制品，书证的副本、复制件没有制作人关于制作过程和原物、原件存放地点的说明，或者说明中无签名的；

（四）有其他瑕疵的。

物证、书证的来源、收集程序有疑问，不能作出合理解释的，不得作为定案的根据。

第三节　证人证言、被害人陈述的审查与认定

第八十七条　对证人证言应当着重审查以下内容：

（一）证言的内容是否为证人直接感知；

（二）证人作证时的年龄，认知、记忆和表达能力，生理和精神状态是否影响作证；

（三）证人与案件当事人、案件处理结果有无利害关系；

（四）询问证人是否个别进行；

（五）询问笔录的制作、修改是否符合法律、有关规定，是否注明询问的起止时间和地点，首次询问时是否告知证人有关权利义务和法律责任，证人对询问笔录是否核对确认；

（六）询问未成年证人时，是否通知其法定代理人或者刑事诉讼法第二百八十一条第一款规定的合适成年人到场，有关人员是否到场；

（七）有无以暴力、威胁等非法方法收集证人证言的情形；

（八）证言之间以及与其他证据之间能否相互印证，有无矛盾；存在矛盾的，能否得到合理解释。

第八十八条　处于明显醉酒、中毒或者麻醉等状态，不能正常感知或者正确表达的证人所提供的证言，不得作为证据使用。

证人的猜测性、评论性、推断性的证言，不得作为证据使用，但根据一般生活经验判断符合事实的除外。

第八十九条　证人证言具有下列情形之一的，不得作为定案的根据：

（一）询问证人没有个别进行的；

（二）书面证言没有经证人核对确认的；

（三）询问聋、哑人，应当提供通晓聋、哑手势的人员而未提供的；

（四）询问不通晓当地通用语言、文字的证人，应当提供翻译人员而未提供的。

第九十条　证人证言的收集程序、方式有下列瑕疵，经补正或者作出合理解释的，可以采用；不能补正或者作出合理解释的，不得作为定案的根据：

（一）询问笔录没有填写询问人、记录人、法定代理人姓名以及询问的起止时间、地点的；

（二）询问地点不符合规定的；

（三）询问笔录没有记录告知证人有关权利义务和法律责任的；

（四）询问笔录反映出在同一时段，同一询问人员询问不同证人的；

（五）询问未成年人，其法定代理人或者合适成年人不在场的。

第九十一条　证人当庭作出的证言，经控辩双方质证、法庭查证属实的，应当作为

定案的根据。

证人当庭作出的证言与其庭前证言矛盾，证人能够作出合理解释，并有其他证据印证的，应当采信其庭审证言；不能作出合理解释，而其庭前证言有其他证据印证的，可以采信其庭前证言。

经人民法院通知，证人没有正当理由拒绝出庭或者出庭后拒绝作证，法庭对其证言的真实性无法确认的，该证人证言不得作为定案的根据。

第九十二条 对被害人陈述的审查与认定，参照适用本节的有关规定。

第四节 被告人供述和辩解的审查与认定

第九十三条 对被告人供述和辩解应当着重审查以下内容：

（一）讯问的时间、地点，讯问人的身份、人数以及讯问方式等是否符合法律、有关规定；

（二）讯问笔录的制作、修改是否符合法律、有关规定，是否注明讯问的具体起止时间和地点，首次讯问时是否告知被告人有关权利和法律规定，被告人是否核对确认；

（三）讯问未成年被告人时，是否通知其法定代理人或者合适成年人到场，有关人员是否到场；

（四）讯问女性未成年被告人时，是否有女性工作人员在场；

（五）有无以刑讯逼供等非法方法收集被告人供述的情形；

（六）被告人的供述是否前后一致，有无反复以及出现反复的原因；

（七）被告人的供述和辩解是否全部随案移送；

（八）被告人的辩解内容是否符合案情和常理，有无矛盾；

（九）被告人的供述和辩解与同案被告人的供述和辩解以及其他证据能否相互印证，有无矛盾；存在矛盾的，能否得到合理解释。

必要时，可以结合现场执法音视频记录、讯问录音录像、被告人进出看守所的健康检查记录、笔录等，对被告人的供述和辩解进行审查。

第九十四条 被告人供述具有下列情形之一的，不得作为定案的根据：

（一）讯问笔录没有经被告人核对确认的；

（二）讯问聋、哑人，应当提供通晓聋、哑手势的人员而未提供的；

（三）讯问不通晓当地通用语言、文字的被告人，应当提供翻译人员而未提供的；

（四）讯问未成年人，其法定代理人或者合适成年人不在场的。

第九十五条 讯问笔录有下列瑕疵，经补正或者作出合理解释的，可以采用；不能补正或者作出合理解释的，不得作为定案的根据：

（一）讯问笔录填写的讯问时间、讯问地点、讯问人、记录人、法定代理人等有误或者存在矛盾的；

（二）讯问人没有签名的；

（三）首次讯问笔录没有记录告知被讯问人有关权利和法律规定的。

第九十六条 审查被告人供述和辩解，应当结合控辩双方提供的所有证据以及被告人的全部供述和辩解进行。

被告人庭审中翻供，但不能合理说明翻供原因或者其辩解与全案证据矛盾，而其庭前供述与其他证据相互印证的，可以采信其庭前供述。

被告人庭前供述和辩解存在反复，但庭审中供认，且与其他证据相互印证的，可以采信其庭审供述；被告人庭前供述和辩解存在反复，庭审中不供认，且无其他证据与庭前供述印证的，不得采信其庭前供述。

第五节 鉴定意见的审查与认定

第九十七条 对鉴定意见应当着重审查以下内容：

（一）鉴定机构和鉴定人是否具有法定资质；

（二）鉴定人是否存在应当回避的情形；

（三）检材的来源、取得、保管、送检是否符合法律、有关规定，与相关提取笔录、扣押清单等记载的内容是否相符，检材是否可靠；

（四）鉴定意见的形式要件是否完备，是否注明提起鉴定的事由、鉴定委托人、鉴定机构、鉴定要求、鉴定过程、鉴定方法、鉴定日期等相关内容，是否由鉴定机构盖章并由鉴定人签名；

（五）鉴定程序是否符合法律、有关规定；

（六）鉴定的过程和方法是否符合相关专业的规范要求；

（七）鉴定意见是否明确；

（八）鉴定意见与案件事实有无关联；

（九）鉴定意见与勘验、检查笔录及相关照片等其他证据是否矛盾；存在矛盾的，能否得到合理解释；

（十）鉴定意见是否依法及时告知相关人员，当事人对鉴定意见有无异议。

第九十八条 鉴定意见具有下列情形之一的，不得作为定案的根据：

（一）鉴定机构不具备法定资质，或者鉴定事项超出该鉴定机构业务范围、技术条件的；

（二）鉴定人不具备法定资质，不具有相关专业技术或者职称，或者违反回避规定的；

（三）送检材料、样本来源不明，或者因污染不具备鉴定条件的；

（四）鉴定对象与送检材料、样本不一致的；

（五）鉴定程序违反规定的；

（六）鉴定过程和方法不符合相关专业的规范要求的；

（七）鉴定文书缺少签名、盖章的；

（八）鉴定意见与案件事实没有关联的；

（九）违反有关规定的其他情形。

第九十九条 经人民法院通知，鉴定人拒不出庭作证的，鉴定意见不得作为定案的根据。

鉴定人由于不能抗拒的原因或者有其他正当理由无法出庭的，人民法院可以根据情况决定延期审理或者重新鉴定。

鉴定人无正当理由拒不出庭作证的，人民法院应当通报司法行政机关或者有关部门。

第一百条 因无鉴定机构，或者根据法律、司法解释的规定，指派、聘请有专门知识的人就案件的专门性问题出具的报告，可以作为证据使用。

对前款规定的报告的审查与认定，参照适用本节的有关规定。

经人民法院通知，出具报告的人拒不出庭作证的，有关报告不得作为定案的根据。

第一百零一条 有关部门对事故进行调查形成的报告，在刑事诉讼中可以作为证据使用；报告中涉及专门性问题的意见，经法庭查证属实，且调查程序符合法律、有关规定的，可以作为定案的根据。

第六节　勘验、检查、辨认、侦查实验等笔录的审查与认定

第一百零二条　对勘验、检查笔录应当着重审查以下内容：

（一）勘验、检查是否依法进行，笔录制作是否符合法律、有关规定，勘验、检查人员和见证人是否签名或者盖章；

（二）勘验、检查笔录是否记录了提起勘验、检查的事由，勘验、检查的时间、地点，在场人员、现场方位、周围环境等，现场的物品、人身、尸体等的位置、特征等情况，以及勘验、检查的过程；文字记录与实物或者绘图、照片、录像是否相符；现场、物品、痕迹等是否伪造、有无破坏；人身特征、伤害情况、生理状态有无伪装或者变化等；

（三）补充进行勘验、检查的，是否说明了再次勘验、检查的原由，前后勘验、检查的情况是否矛盾。

第一百零三条　勘验、检查笔录存在明显不符合法律、有关规定的情形，不能作出合理解释的，不得作为定案的根据。

第一百零四条　对辨认笔录应当着重审查辨认的过程、方法，以及辨认笔录的制作是否符合有关规定。

第一百零五条　辨认笔录具有下列情形之一的，不得作为定案的根据：

（一）辨认不是在调查人员、侦查人员主持下进行的；

（二）辨认前使辨认人见到辨认对象的；

（三）辨认活动没有个别进行的；

（四）辨认对象没有混杂在具有类似特征的其他对象中，或者供辨认的对象数量不符合规定的；

（五）辨认中给辨认人明显暗示或者明显有指认嫌疑的；

（六）违反有关规定，不能确定辨认笔录真实性的其他情形。

第一百零六条　对侦查实验笔录应当着重审查实验的过程、方法，以及笔录的制作是否符合有关规定。

第一百零七条　侦查实验的条件与事件发生时的条件有明显差异，或者存在影响实验结论科学性的其他情形的，侦查实验笔录不得作为定案的根据。

第七节　视听资料、电子数据的审查与认定

第一百零八条　对视听资料应当着重审查以下内容：

（一）是否附有提取过程的说明，来源是否合法；

（二）是否为原件，有无复制及复制份数；是复制件的，是否附有无法调取原件的原因、复制件制作过程和原件存放地点的说明，制作人、原视听资料持有人是否签名；

（三）制作过程中是否存在威胁、引诱当事人等违反法律、有关规定的情形；

（四）是否写明制作人、持有人的身份，制作的时间、地点、条件和方法；

（五）内容和制作过程是否真实，有无剪辑、增加、删改等情形；

（六）内容与案件事实有无关联。

对视听资料有疑问的，应当进行鉴定。

第一百零九条　视听资料具有下列情形之一的，不得作为定案的根据：

（一）系篡改、伪造或者无法确定真伪的；
（二）制作、取得的时间、地点、方式等有疑问，不能作出合理解释的。

第一百一十条 对电子数据是否真实，应当着重审查以下内容：
（一）是否移送原始存储介质；在原始存储介质无法封存、不便移动时，有无说明原因，并注明收集、提取过程及原始存储介质的存放地点或者电子数据的来源等情况；
（二）是否具有数字签名、数字证书等特殊标识；
（三）收集、提取的过程是否可以重现；
（四）如有增加、删除、修改等情形的，是否附有说明；
（五）完整性是否可以保证。

第一百一十一条 对电子数据是否完整，应当根据保护电子数据完整性的相应方法进行审查、验证：
（一）审查原始存储介质的扣押、封存状态；
（二）审查电子数据的收集、提取过程，查看录像；
（三）比对电子数据完整性校验值；
（四）与备份的电子数据进行比较；
（五）审查冻结后的访问操作日志；
（六）其他方法。

第一百一十二条 对收集、提取电子数据是否合法，应当着重审查以下内容：
（一）收集、提取电子数据是否由二名以上调查人员、侦查人员进行，取证方法是否符合相关技术标准；
（二）收集、提取电子数据，是否附有笔录、清单，并经调查人员、侦查人员、电子数据持有人、提供人、见证人签名或者盖章；没有签名或者盖章的，是否注明原因；对电子数据的类别、文件格式等是否注明清楚；
（三）是否依照有关规定由符合条件的人员担任见证人，是否对相关活动进行录像；
（四）采用技术调查、侦查措施收集、提取电子数据的，是否依法经过严格的批准手续；
（五）进行电子数据检查的，检查程序是否符合有关规定。

第一百一十三条 电子数据的收集、提取程序有下列瑕疵，经补正或者作出合理解释的，可以采用；不能补正或者作出合理解释的，不得作为定案的根据：
（一）未以封存状态移送的；
（二）笔录或者清单上没有调查人员或者侦查人员、电子数据持有人、提供人、见证人签名或者盖章的；
（三）对电子数据的名称、类别、格式等注明不清的；
（四）有其他瑕疵的。

第一百一十四条 电子数据具有下列情形之一的，不得作为定案的根据：
（一）系篡改、伪造或者无法确定真伪的；
（二）有增加、删除、修改等情形，影响电子数据真实性的；
（三）其他无法保证电子数据真实性的情形。

第一百一十五条 对视听资料、电子数据，还应当审查是否移送文字抄清材料以及对绰号、暗语、俗语、方言等不易理解内容的说明。未移送的，必要时，可以要求人民检察院移送。

第八节　技术调查、侦查证据的审查与认定

第一百一十六条　依法采取技术调查、侦查措施收集的材料在刑事诉讼中可以作为证据使用。

采取技术调查、侦查措施收集的材料，作为证据使用的，应当随案移送。

第一百一十七条　使用采取技术调查、侦查措施收集的证据材料可能危及有关人员的人身安全，或者可能产生其他严重后果的，可以采取下列保护措施：

（一）使用化名等代替调查、侦查人员及有关人员的个人信息；

（二）不具体写明技术调查、侦查措施使用的技术设备和技术方法；

（三）其他必要的保护措施。

第一百一十八条　移送技术调查、侦查证据材料的，应当附采取技术调查、侦查措施的法律文书、技术调查、侦查证据材料清单和有关说明材料。

移送采用技术调查、侦查措施收集的视听资料、电子数据的，应当制作新的存储介质，并附制作说明，写明原始证据材料、原始存储介质的存放地点等信息，由制作人签名，并加盖单位印章。

第一百一十九条　对采取技术调查、侦查措施收集的证据材料，除根据相关证据材料所属的证据种类，依照本章第二节至第七节的相应规定进行审查外，还应当着重审查以下内容：

（一）技术调查、侦查措施所针对的案件是否符合法律规定；

（二）技术调查措施是否经过严格的批准手续，按照规定交有关机关执行；技术侦查措施是否在刑事立案后，经过严格的批准手续；

（三）采取技术调查、侦查措施的种类、适用对象和期限是否按照批准决定载明的内容执行；

（四）采取技术调查、侦查措施收集的证据材料与其他证据是否矛盾；存在矛盾的，能否得到合理解释。

第一百二十条　采取技术调查、侦查措施收集的证据材料，应当经过当庭出示、辨认、质证等法庭调查程序查证。

当庭调查技术调查、侦查证据材料可能危及有关人员的人身安全，或者可能产生其他严重后果的，法庭应当采取不暴露有关人员身份和技术调查、侦查措施使用的技术设备、技术方法等保护措施。必要时，审判人员可以在庭外对证据进行核实。

第一百二十一条　采用技术调查、侦查证据作为定案根据的，人民法院在裁判文书中可以表述相关证据的名称、证据种类和证明对象，但不得表述有关人员身份和技术调查、侦查措施使用的技术设备、技术方法等。

第一百二十二条　人民法院认为应当移送的技术调查、侦查证据材料未随案移送的，应当通知人民检察院在指定时间内移送。人民检察院未移送的，人民法院应当根据在案证据对案件事实作出认定。

第九节　非法证据排除

第一百二十三条　采用下列非法方法收集的被告人供述，应当予以排除：

（一）采用殴打、违法使用戒具等暴力方法或者变相肉刑的恶劣手段，使被告人遭受难以忍受的痛苦而违背意愿作出的供述；

（二）采用以暴力或者严重损害本人及其近亲属合法权益等相威胁的方法，使被告人遭受难以忍受的痛苦而违背意愿作出的供述；

（三）采用非法拘禁等非法限制人身自由的方法收集的被告人供述。

第一百二十四条 采用刑讯逼供方法使被告人作出供述，之后被告人受该刑讯逼供行为影响而作出的与该供述相同的重复性供述，应当一并排除，但下列情形除外：

（一）调查、侦查期间，监察机关、侦查机关根据控告、举报或者自己发现等，确认或者不能排除以非法方法收集证据而更换调查、侦查人员，其他调查、侦查人员再次讯问时告知有关权利和认罪的法律后果，被告人自愿供述的；

（二）审查逮捕、审查起诉和审判期间，检察人员、审判人员讯问时告知诉讼权利和认罪的法律后果，被告人自愿供述的。

第一百二十五条 采用暴力、威胁以及非法限制人身自由等非法方法收集的证人证言、被害人陈述，应当予以排除。

第一百二十六条 收集物证、书证不符合法定程序，可能严重影响司法公正的，应当予以补正或者作出合理解释；不能补正或者作出合理解释的，对该证据应当予以排除。

认定"可能严重影响司法公正"，应当综合考虑收集证据违反法定程序以及所造成后果的严重程度等情况。

第一百二十七条 当事人及其辩护人、诉讼代理人申请人民法院排除以非法方法收集的证据的，应当提供涉嫌非法取证的人员、时间、地点、方式、内容等相关线索或者材料。

第一百二十八条 人民法院向被告人及其辩护人送达起诉书副本时，应当告知其申请排除非法证据的，应当在开庭审理前提出，但庭审期间才发现相关线索或者材料的除外。

第一百二十九条 开庭审理前，当事人及其辩护人、诉讼代理人申请人民法院排除非法证据的，人民法院应当在开庭前及时将申请书或者申请笔录及相关线索、材料的复制件送交人民检察院。

第一百三十条 开庭审理前，人民法院可以召开庭前会议，就非法证据排除等问题了解情况，听取意见。

在庭前会议中，人民检察院可以通过出示有关证据材料等方式，对证据收集的合法性加以说明。必要时，可以通知调查人员、侦查人员或者其他人员参加庭前会议，说明情况。

第一百三十一条 在庭前会议中，人民检察院可以撤回有关证据。撤回的证据，没有新的理由，不得在庭审中出示。

当事人及其辩护人、诉讼代理人可以撤回排除非法证据的申请。撤回申请后，没有新的线索或者材料，不得再次对有关证据提出排除申请。

第一百三十二条 当事人及其辩护人、诉讼代理人在开庭审理前未申请排除非法证据，在庭审过程中提出申请的，应当说明理由。人民法院经审查，对证据收集的合法性有疑问的，应当进行调查；没有疑问的，驳回申请。

驳回排除非法证据的申请后，当事人及其辩护人、诉讼代理人没有新的线索或者材料，以相同理由再次提出申请的，人民法院不再审查。

第一百三十三条 控辩双方在庭前会议中对证据收集是否合法未达成一致意见，人民法院对证据收集的合法性有疑问的，应当在庭审中进行调查；对证据收集的合法性没有疑问，且无新的线索或者材料表明可能存在非法取证的，可以决定不再进行调查并说明理由。

第一百三十四条 庭审期间，法庭决定对证据收集的合法性进行调查的，应当先行当庭调查。但为防止庭审过分迟延，也可以在法庭调查结束前调查。

第一百三十五条 法庭决定对证据收集的合法性进行调查的，由公诉人通过宣读调查、侦查讯问笔录、出示提讯登记、体检记录、对讯问合法性的核查材料等证据材料，有针对性地播放讯问录音录像，提请法庭通知有关调查人员、侦查人员或者其他人员出庭说明情况等方式，证明证据收集的合法性。

讯问录音录像涉及国家秘密、商业秘密、个人隐私或者其他不宜公开内容的，法庭可以决定对讯问录音录像不公开播放、质证。

公诉人提交的取证过程合法的说明材料，应当经有关调查人员、侦查人员签名，并加盖单位印章。未经签名或者盖章的，不得作为证据使用。上述说明材料不能单独作为证明取证过程合法的根据。

第一百三十六条 控辩双方申请法庭通知调查人员、侦查人员或者其他人员出庭说明情况，法庭认为有必要的，应当通知有关人员出庭。

根据案件情况，法庭可以依职权通知调查人员、侦查人员或者其他人员出庭说明情况。

调查人员、侦查人员或者其他人员出庭的，应当向法庭说明证据收集过程，并就相关情况接受控辩双方和法庭的询问。

第一百三十七条 法庭对证据收集的合法性进行调查后，确认或者不能排除存在刑事诉讼法第五十六条规定的以非法方法收集证据情形的，对有关证据应当排除。

第一百三十八条 具有下列情形之一的，第二审人民法院应当对证据收集的合法性进行审查，并根据刑事诉讼法和本解释的有关规定作出处理：

（一）第一审人民法院对当事人及其辩护人、诉讼代理人排除非法证据的申请没有审查，且以该证据作为定案根据的；

（二）人民检察院或者被告人、自诉人及其法定代理人不服第一审人民法院作出的有关证据收集合法性的调查结论，提出抗诉、上诉的；

（三）当事人及其辩护人、诉讼代理人在第一审结束后才发现相关线索或者材料，申请人民法院排除非法证据的。

第十节 证据的综合审查与运用

第一百三十九条 对证据的真实性，应当综合全案证据进行审查。

对证据的证明力，应当根据具体情况，从证据与案件事实的关联程度、证据之间的联系等方面进行审查判断。

第一百四十条 没有直接证据，但间接证据同时符合下列条件的，可以认定被告人有罪：

（一）证据已经查证属实；

（二）证据之间相互印证，不存在无法排除的矛盾和无法解释的疑问；

（三）全案证据形成完整的证据链；

（四）根据证据认定案件事实足以排除合理怀疑，结论具有唯一性；

（五）运用证据进行的推理符合逻辑和经验。

第一百四十一条 根据被告人的供述、指认提取到了隐蔽性很强的物证、书证，且被告人的供述与其他证明犯罪事实发生的证据相互印证，并排除串供、逼供、诱供等可能性的，可以认定被告人有罪。

第一百四十二条 对监察机关、侦查机关出具的被告人到案经过、抓获经过等材料，应当审查是否有出具该说明材料的办案人员、办案机关的签名、盖章。

对到案经过、抓获经过或者确定被告人有重大嫌疑的根据有疑问的，应当通知人民检察院补充说明。

第一百四十三条 下列证据应当慎重使用，有其他证据印证的，可以采信：

（一）生理上、精神上有缺陷，对案件事实的认知和表达存在一定困难，但尚未丧失正确认知、表达能力的被害人、证人和被告人所作的陈述、证言和供述；

（二）与被告人有亲属关系或者其他密切关系的证人所作的有利于被告人的证言，或者与被告人有利害冲突的证人所作的不利于被告人的证言。

第一百四十四条 证明被告人自首、坦白、立功的证据材料，没有加盖接受被告人投案、坦白、检举揭发等的单位的印章，或者接受人员没有签名的，不得作为定案的根据。

对被告人及其辩护人提出有自首、坦白、立功的事实和理由，有关机关未予认定，或者有关机关提出被告人有自首、坦白、立功表现，但证据材料不全的，人民法院应当要求有关机关提供证明材料，或者要求有关人员作证，并结合其他证据作出认定。

第一百四十五条 证明被告人具有累犯、毒品再犯情节等的证据材料，应当包括前罪的裁判文书、释放证明等材料；材料不全的，应当通知人民检察院提供。

第一百四十六条 审查被告人实施被指控的犯罪时或者审判时是否达到相应法定责任年龄，应当根据户籍证明、出生证明文件、学籍卡、人口普查登记、无利害关系人的证言等证据综合判断。

证明被告人已满十二周岁、十四周岁、十六周岁、十八周岁或者不满七十五周岁的证据不足的，应当作出有利于被告人的认定。

三、刑事政策文件

1. 最高人民法院、最高人民检察院、公安部、国家安全部、司法部关于办理死刑案件审查判断证据若干问题的规定（2010年6月13日　法发〔2010〕20号）

一、一般规定

第一条 办理死刑案件，必须严格执行刑法和刑事诉讼法，切实做到事实清楚，证据确实、充分，程序合法，适用法律正确，确保案件质量。

第二条 认定案件事实，必须以证据为根据。

第三条 侦查人员、检察人员、审判人员应当严格遵守法定程序，全面、客观地收集、审查、核实和认定证据。

第四条 经过当庭出示、辨认、质证等法庭调查程序查证属实的证据，才能作为定罪量刑的根据。

第五条 办理死刑案件，对被告人犯罪事实的认定，必须达到证据确实、充分。

证据确实、充分是指：

（一）定罪量刑的事实都有证据证明；

（二）每一个定案的证据均已经法定程序查证属实；

（三）证据与证据之间、证据与案件事实之间不存在矛盾或者矛盾得以合理排除；

（四）共同犯罪案件中，被告人的地位、作用均已查清；

（五）根据证据认定案件事实的过程符合逻辑和经验规则，由证据得出的结论为唯一结论。

办理死刑案件，对于以下事实的证明必须达到证据确实、充分：

（一）被指控的犯罪事实的发生；

（二）被告人实施了犯罪行为与被告人实施犯罪行为的时间、地点、手段、后果以及其他情节；

（三）影响被告人定罪的身份情况；

（四）被告人有刑事责任能力；

（五）被告人的罪过；

（六）是否共同犯罪及被告人在共同犯罪中的地位、作用；

（七）对被告人从重处罚的事实。

二、证据的分类审查与认定

1. 物证、书证

第六条 对物证、书证应当着重审查以下内容：

（一）物证、书证是否为原物、原件，物证的照片、录像或者复制品及书证的副本、复制件与原物、原件是否相符；物证、书证是否经过辨认、鉴定；物证的照片、录像或者复制品和书证的副本、复制件是否由二人以上制作，有无制作人关于制作过程及原件、原物存放于何处的文字说明及签名。

（二）物证、书证的收集程序、方式是否符合法律及有关规定；经勘验、检查、搜查提取、扣押的物证、书证，是否附有相关笔录或者清单；笔录或者清单是否有侦查人员、物品持有人、见证人签名，没有物品持有人签名的，是否注明原因；对物品的特征、数量、质量、名称等注明是否清楚。

（三）物证、书证在收集、保管及鉴定过程中是否受到破坏或者改变。

（四）物证、书证与案件事实有无关联。对现场遗留与犯罪有关的具备检验鉴定条件的血迹、指纹、毛发、体液等生物物证、痕迹、物品，是否通过 DNA 鉴定、指纹鉴定等鉴定方式与被告人或者被害人的相应生物检材、生物特征、物品等作同一认定。

（五）与案件事实有关联的物证、书证是否全面收集。

第七条 对在勘验、检查、搜查中发现与案件事实可能有关联的血迹、指纹、足迹、字迹、毛发、体液、人体组织等痕迹和物品应当提取而没有提取，应当检验而没有检验，导致案件事实存疑的，人民法院应当向人民检察院说明情况，人民检察院依法可以补充收集、调取证据，作出合理的说明或者退回侦查机关补充侦查，调取有关证据。

第八条 据以定案的物证应当是原物。只有在原物不便搬运、不易保存或者依法应当由有关部门保管、处理或者依法应当返还时，才可以拍摄或者制作足以反映原物外形或者内容的照片、录像或者复制品。物证的照片、录像或者复制品，经与原物核实无误或者经鉴定证明为真实的，或者以其他方式确能证明其真实的，可以作为定案的根据。

原物的照片、录像或者复制品，不能反映原物的外形和特征的，不能作为定案的根据。

据以定案的书证应当是原件。只有在取得原件确有困难时，才可以使用副本或者复制件。书证的副本、复制件，经与原件核实无误或者经鉴定证明为真实的，或者以其他方式确能证明其真实的，可以作为定案的根据。书证有更改或者更改迹象不能作出合理解释的，书证的副本、复制件不能反映书证原件及其内容的，不能作为定案的根据。

第九条 经勘验、检查、搜查提取、扣押的物证、书证，未附有勘验、检查笔录，搜查笔录，提取笔录，扣押清单，不能证明物证、书证来源的，不能作为定案的根据。

物证、书证的收集程序、方式存在下列瑕疵，通过有关办案人员的补正或者作出合理解释的，可以采用：

（一）收集调取的物证、书证，在勘验、检查笔录，搜查笔录，提取笔录，扣押清单上没有侦查人员、物品持有人、见证人签名或者物品特征、数量、质量、名称等注明不详的；

（二）收集调取物证照片、录像或者复制品，书证的副本、复制件未注明与原件核对无异，无复制时间、无被收集、调取人（单位）签名（盖章）的；

（三）物证照片、录像或者复制品，书证的副本、复制件没有制作人关于制作过程及原物、原件存放于何处的说明或者说明中无签名的；

（四）物证、书证的收集程序、方式存在其他瑕疵的。

对物证、书证的来源及收集过程有疑问，不能作出合理解释的，该物证、书证不能作为定案的根据。

第十条 具备辨认条件的物证、书证应当交由当事人或者证人进行辨认，必要时应当进行鉴定。

2. 证人证言

第十一条 对证人证言应当着重审查以下内容：

（一）证言的内容是否为证人直接感知。

（二）证人作证时的年龄、认知水平、记忆能力和表达能力，生理上和精神上的状态是否影响作证。

（三）证人与案件当事人、案件处理结果有无利害关系。

（四）证言的取得程序、方式是否符合法律及有关规定：有无使用暴力、威胁、引诱、欺骗以及其他非法手段取证的情形；有无违反询问证人应当个别进行的规定；笔录是否经证人核对确认并签名（盖章）、捺指印；询问未成年证人，是否通知了其法定代理人到场，其法定代理人是否在场等。

（五）证人证言之间以及与其他证据之间能否相互印证，有无矛盾。

第十二条 以暴力、威胁等非法手段取得的证人证言，不能作为定案的根据。

处于明显醉酒、麻醉品中毒或者精神药物麻醉状态，以致不能正确表达的证人所提供的证言，不能作为定案的根据。

证人的猜测性、评论性、推断性的证言，不能作为证据使用，但根据一般生活经验判断符合事实的除外。

第十三条 具有下列情形之一的证人证言，不能作为定案的根据：

（一）询问证人没有个别进行而取得的证言；

（二）没有经证人核对确认并签名（盖章）、捺指印的书面证言；

（三）询问聋哑人或者不通晓当地通用语言、文字的少数民族人员、外国人，应当提供翻译而未提供的。

第十四条 证人证言的收集程序和方式有下列瑕疵，通过有关办案人员的补正或者作出合理解释的，可以采用：

（一）没有填写询问人、记录人、法定代理人姓名或者询问的起止时间、地点的；

（二）询问证人的地点不符合规定的；

（三）询问笔录没有记录告知证人应当如实提供证言和有意作伪证或者隐匿罪证要负法律责任内容的；

（四）询问笔录反映出在同一时间段内，同一询问人员询问不同证人的。

第十五条 具有下列情形的证人，人民法院应当通知出庭作证；经依法通知不出庭作证证人的书面证言经质证无法确认的，不能作为定案的根据：

（一）人民检察院、被告人及其辩护人对证人证言有异议，该证人证言对定罪量刑有重大影响的；

（二）人民法院认为其他应当出庭作证的。

证人在法庭上的证言与其庭前证言相互矛盾，如果证人当庭能够对其翻证作出合理解释，并有相关证据印证的，应当采信庭审证言。

对未出庭作证证人的书面证言，应当听取出庭检察人员、被告人及其辩护人的意见，并结合其他证据综合判断。未出庭作证证人的书面证言出现矛盾，不能排除矛盾且无证据印证的，不能作为定案的根据。

第十六条 证人作证，涉及国家秘密或者个人隐私的，应当保守秘密。

证人出庭作证，必要时，人民法院可以采取限制公开证人信息、限制询问、遮蔽容貌、改变声音等保护性措施。

3. 被害人陈述

第十七条 对被害人陈述的审查与认定适用前述关于证人证言的有关规定。

4. 被告人供述和辩解

第十八条 对被告人供述和辩解应当着重审查以下内容：

（一）讯问的时间、地点、讯问人的身份等是否符合法律及有关规定，讯问被告人的侦查人员是否不少于二人，讯问被告人是否个别进行等。

（二）讯问笔录的制作、修改是否符合法律及有关规定，讯问笔录是否注明讯问的起止时间和讯问地点，首次讯问时是否告知被告人申请回避、聘请律师等诉讼权利，被告人是否核对确认并签名（盖章）、捺指印，是否有不少于二人的讯问人签名等。

（三）讯问聋哑人、少数民族人员、外国人时是否提供了通晓聋、哑手势的人员或者翻译人员，讯问未成年同案犯时，是否通知了其法定代理人到场，其法定代理人是否在场。

（四）被告人的供述有无以刑讯逼供等非法手段获取的情形，必要时可以调取被告人进出看守所的健康检查记录、笔录。

（五）被告人的供述是否前后一致，有无反复以及出现反复的原因；被告人的所有供述和辩解是否均已收集入卷；应当入卷的供述和辩解没有入卷的，是否出具了相关说明。

（六）被告人的辩解内容是否符合案情和常理，有无矛盾。

（七）被告人的供述和辩解与同案犯的供述和辩解以及其他证据能否相互印证，有无矛盾。

对于上述内容，侦查机关随案移送有录音录像资料的，应当结合相关录音录像资料进行审查。

第十九条 采用刑讯逼供等非法手段取得的被告人供述，不能作为定案的根据。

第二十条 具有下列情形之一的被告人供述，不能作为定案的根据：

（一）讯问笔录没有经被告人核对确认并签名（盖章）、捺指印的；

（二）讯问聋哑人、不通晓当地通用语言、文字的人员时，应当提供通晓聋、哑手势的人员或者翻译人员而未提供的。

第二十一条 讯问笔录有下列瑕疵，通过有关办案人员的补正或者作出合理解释的，可以采用：

（一）笔录填写的讯问时间、讯问人、记录人、法定代理人等有误或者存在矛盾的；

（二）讯问人没有签名的；

（三）首次讯问笔录没有记录告知被讯问人诉讼权利内容的。

第二十二条 对被告人供述和辩解的审查，应当结合控辩双方提供的所有证据以及被告人本人的全部供述和辩解进行。

被告人庭前供述一致，庭审中翻供，但被告人不能合理说明翻供理由或者其辩解与全案证据相矛盾，而庭前供述与其他证据能够相互印证的，可以采信被告人庭前供述。

被告人庭前供述和辩解出现反复，但庭审中供认的，且庭审中的供述与其他证据能够印证的，可以采信庭审中的供述；被告人庭前供述和辩解出现反复，庭审中不供认的，且无其他证据与庭前供述印证的，不能采信庭前供述。

5. 鉴定意见

第二十三条 对鉴定意见应当着重审查以下内容：

（一）鉴定人是否存在应当回避而未回避的情形。

（二）鉴定机构和鉴定人是否具有合法的资质。

（三）鉴定程序是否符合法律及有关规定。

（四）检材的来源、取得、保管、送检是否符合法律及有关规定，与相关提取笔录、扣押物品清单等记载的内容是否相符，检材是否充足、可靠。

（五）鉴定的程序、方法、分析过程是否符合本专业的检验鉴定规程和技术方法要求。

（六）鉴定意见的形式要件是否完备，是否注明提起鉴定的事由、鉴定委托人、鉴定机构、鉴定要求、鉴定过程、检验方法、鉴定文书的日期等相关内容，是否由鉴定机构加盖鉴定专用章并由鉴定人签名盖章。

（七）鉴定意见是否明确。

（八）鉴定意见与案件待证事实有无关联。

（九）鉴定意见与其他证据之间是否有矛盾，鉴定意见与检验笔录及相关照片是否有矛盾。

（十）鉴定意见是否依法及时告知相关人员，当事人对鉴定意见是否有异议。

第二十四条 鉴定意见具有下列情形之一的，不能作为定案的根据：

（一）鉴定机构不具备法定的资格和条件，或者鉴定事项超出本鉴定机构项目范围或者鉴定能力的；

（二）鉴定人不具备法定的资格和条件、鉴定人不具有相关专业技术或者职称、鉴定人违反回避规定的；

（三）鉴定程序、方法有错误的；

（四）鉴定意见与证明对象没有关联的；

（五）鉴定对象与送检材料、样本不一致的；

（六）送检材料、样本来源不明或者确实被污染且不具备鉴定条件的；

（七）违反有关鉴定特定标准的；

（八）鉴定文书缺少签名、盖章的；

（九）其他违反有关规定的情形。

对鉴定意见有疑问的，人民法院应当依法通知鉴定人出庭作证或者由其出具相关说明，也可以依法补充鉴定或者重新鉴定。

6. 勘验、检查笔录

第二十五条 对勘验、检查笔录应当着重审查以下内容：

（一）勘验、检查是否依法进行，笔录的制作是否符合法律及有关规定的要求，勘验、检查人员和见证人是否签名或者盖章等。

（二）勘验、检查笔录的内容是否全面、详细、准确、规范：是否准确记录了提起勘验、检查的事由，勘验、检查的时间、地点，在场人员、现场方位、周围环境等情况；是否准确记载了现场、物品、人身、尸体等的位置、特征等详细情况以及勘验、检查、搜查的过程；文字记载与实物或者绘图、录像、照片是否相符；固定证据的形式、方法是否科学、规范；现场、物品、痕迹等是否被破坏或者伪造，是否是原始现场；人身特征、伤害情况、生理状况有无伪装或者变化等。

（三）补充进行勘验、检查的，前后勘验、检查的情况是否有矛盾，是否说明了再次勘验、检查的原由。

（四）勘验、检查笔录中记载的情况与被告人供述、被害人陈述、鉴定意见等其他证据能否印证，有无矛盾。

第二十六条 勘验、检查笔录存在明显不符合法律及有关规定的情形，并且不能作出合理解释或者说明的，不能作为证据使用。

勘验、检查笔录存在勘验、检查没有见证人的，勘验、检查人员和见证人没有签名、盖章的，勘验、检查人员违反回避规定的等情形，应当结合案件其他证据，审查其真实性和关联性。

7. 视听资料

第二十七条 对视听资料应当着重审查以下内容：

（一）视听资料的来源是否合法，制作过程中当事人有无受到威胁、引诱等违反法律及有关规定的情形；

（二）是否载明制作人或者持有人的身份，制作的时间、地点和条件以及制作方法；

（三）是否为原件，有无复制及复制份数；调取的视听资料是复制件的，是否附有无法调取原件的原因、制作过程和原件存放地点的说明，是否有制作人和原视听资料持有人签名或者盖章；

（四）内容和制作过程是否真实，有无经过剪辑、增加、删改、编辑等伪造、变造情形；

（五）内容与案件事实有无关联性。

对视听资料有疑问的，应当进行鉴定。

对视听资料，应当结合案件其他证据，审查其真实性和关联性。

第二十八条 具有下列情形之一的视听资料，不能作为定案的根据：

（一）视听资料经审查或者鉴定无法确定真伪的；

（二）对视听资料的制作和取得的时间、地点、方式等有异议，不能作出合理解释或者提供必要证明的。

8. 其他规定

第二十九条 对于电子邮件、电子数据交换、网上聊天记录、网络博客、手机短信、电子签名、域名等电子证据，应当主要审查以下内容：

（一）该电子证据存储磁盘、存储光盘等可移动存储介质是否与打印件一并提交；

（二）是否载明该电子证据形成的时间、地点、对象、制作人、制作过程及设备情况等；

（三）制作、储存、传递、获得、收集、出示等程序和环节是否合法，取证人、制作人、持有人、见证人等是否签名或者盖章；

（四）内容是否真实，有无剪裁、拼凑、篡改、添加等伪造、变造情形；

（五）该电子证据与案件事实有无关联性。对电子证据有疑问的，应当进行鉴定。

对电子证据，应当结合案件其他证据，审查其真实性和关联性。

第三十条 侦查机关组织的辨认，存在下列情形之一的，应当严格审查，不能确定其真实性的，辨认结果不能作为定案的根据：

（一）辨认不是在侦查人员主持下进行的；

（二）辨认前使辨认人见到辨认对象的；

（三）辨认人的辨认活动没有个别进行的；

（四）辨认对象没有混杂在具有类似特征的其他对象中，或者供辨认的对象数量不符合规定的；尸体、场所等特定辨认对象除外。

（五）辨认中给辨认人明显暗示或者明显有指认嫌疑的。

有下列情形之一的，通过有关办案人员的补正或者作出合理解释的，辨认结果可以作为证据使用：

（一）主持辨认的侦查人员少于二人的；

（二）没有向辨认人详细询问辨认对象的具体特征的；

（三）对辨认经过和结果没有制作专门的规范的辨认笔录，或者辨认笔录没有侦查人员、辨认人、见证人的签名或者盖章的；

（四）辨认记录过于简单，只有结果没有过程的；

（五）案卷中只有辨认笔录，没有被辨认对象的照片、录像等资料，无法获悉辨认的真实情况的。

第三十一条 对侦查机关出具的破案经过等材料，应当审查是否有出具该说明材料的办案人、办案机关的签字或者盖章。

对破案经过有疑问，或者对确定被告人有重大嫌疑的根据有疑问的，应当要求侦查机关补充说明。

三、证据的综合审查和运用

第三十二条 对证据的证明力，应当结合案件的具体情况，从各证据与待证事实的关联程度、各证据之间的联系等方面进行审查判断。

证据之间具有内在的联系，共同指向同一待证事实，且能合理排除矛盾的，才能作为定案的根据。

第三十三条 没有直接证据证明犯罪行为系被告人实施，但同时符合下列条件的可以认定被告人有罪：

（一）据以定案的间接证据已经查证属实；

（二）据以定案的间接证据之间相互印证，不存在无法排除的矛盾和无法解释的疑问；

（三）据以定案的间接证据已经形成完整的证明体系；

（四）依据间接证据认定的案件事实，结论是唯一的，足以排除一切合理怀疑；

（五）运用间接证据进行的推理符合逻辑和经验判断。

根据间接证据定案的，判处死刑应当特别慎重。

第三十四条 根据被告人的供述、指认提取到了隐蔽性很强的物证、书证，且与其他证明犯罪事实发生的证据互相印证，并排除串供、逼供、诱供等可能性的，可以认定有罪。

第三十五条 侦查机关依照有关规定采用特殊侦查措施所收集的物证、书证及其他证据材料，经法庭查证属实，可以作为定案的根据。

法庭依法不公开特殊侦查措施的过程及方法。

第三十六条 在对被告人作出有罪认定后，人民法院认定被告人的量刑事实，除审查法定情节外，还应审查以下影响量刑的情节：

（一）案件起因；

（二）被害人有无过错及过错程度，是否对矛盾激化负有责任及责任大小；

（三）被告人的近亲属是否协助抓获被告人；

（四）被告人平时表现及有无悔罪态度；

（五）被害人附带民事诉讼赔偿情况，被告人是否取得被害人或者被害人近亲属谅解；

（六）其他影响量刑的情节。

既有从轻、减轻处罚等情节，又有从重处罚等情节的，应当依法综合相关情节予以考虑。

不能排除被告人具有从轻、减轻处罚等量刑情节的，判处死刑应当特别慎重。

第三十七条 对于有下列情形的证据应当慎重使用，有其他证据印证的，可以采信：

（一）生理上、精神上有缺陷的被害人、证人和被告人，在对案件事实的认知和表达上存在一定困难，但尚未丧失正确认知、正确表达能力而作的陈述、证言和供述；

（二）与被告人有亲属关系或者其他密切关系的证人所作的对该被告人有利的证言，或者与被告人有利害冲突的证人所作的对该被告人不利的证言。

第三十八条 法庭对证据有疑问的，可以告知出庭检察人员、被告人及其辩护人补充证据或者作出说明；确有核实必要的，可以宣布休庭，对证据进行调查核实。法庭进行庭外调查时，必要时，可以通知出庭检察人员、辩护人到场。出庭检察人员、辩护人一方或者双方不到场的，法庭记录在案。

人民检察院、辩护人补充的和法庭庭外调查核实取得的证据，法庭可以庭外征求出庭检察人员、辩护人的意见。双方意见不一致，有一方要求人民法院开庭进行调查的，人民法院应当开庭。

第三十九条 被告人及其辩护人提出有自首的事实及理由，有关机关未予认定的，应当要求有关机关提供证明材料或者要求相关人员作证，并结合其他证据判断自首是否成立。

被告人是否协助或者如何协助抓获同案犯的证明材料不全，导致无法认定被告人构成立功的，应当要求有关机关提供证明材料或者要求相关人员作证，并结合其他证据判断立功是否成立。

被告人有检举揭发他人犯罪情形的，应当审查是否已经查证属实；尚未查证的，应当及时查证。

被告人累犯的证明材料不全，应当要求有关机关提供证明材料。

第四十条 审查被告人实施犯罪时是否已满十八周岁，一般应当以户籍证明为依据；对户籍证明有异议，并有经查证属实的出生证明文件、无利害关系人的证言等证据证明被告人不满十八周岁的，应认定被告人不满十八周岁；没有户籍证明以及出生证明文件的，应当根据人口普查登记、无利害关系人的证言等证据综合进行判断，必要时，可以进行骨龄鉴定，并将结果作为判断被告人年龄的参考。

未排除证据之间的矛盾，无充分证据证明被告人实施被指控的犯罪时已满十八周岁且确实无法查明的，不能认定其已满十八周岁。

第四十一条 本规定自二〇一〇年七月一日起施行。

2. 最高人民检察院关于适用《关于办理死刑案件审查判断证据若干问题的规定》和《关于办理刑事案件排除非法证据若干问题的规定》的指导意见（2010年12月30日 高检发研字〔2010〕13号）

为了正确适用最高人民法院、最高人民检察院、公安部、国家安全部、司法部《关于办理死刑案件审查判断证据若干问题的规定》《关于办理刑事案件排除非法证据若干问题的规定》（以下简称两个《规定》），结合检察机关办案实际，提出如下指导意见。

一、认真贯彻执行两个《规定》，提高执法办案水平

1. 两个《规定》对于进一步完善我国刑事诉讼制度，规范执法办案行为，提高执法办案水平，依法保障人权，推进社会主义法治建设，具有十分重要的意义。各级检察机关要深入学习、准确理解和把握两个《规定》，统一思想，提高认识，坚持讲事实、讲证据、讲法律、讲责任，牢固树立打击犯罪与保障人权并重、实体公正与程序公正并重的观念，以贯彻两个《规定》为契机，全面提高执法办案水平。

2. 着力强化证据意识，严格依照两个《规定》收集、固定、审查、判断和运用证据。注重证据的综合审查和运用，既要认真审查证据的客观性、关联性，也要认真审查证据的合法性。要严把事实关、证据关、程序关和法律关，确保证据与证据之间、证据与案件事实之间不存在矛盾或者矛盾得以合理排除，做到事实不清的不定案，证据不足的不起诉，切实防止冤错案件。

3. 两个《规定》对办理死刑案件提出了更高的标准和更严格的要求，各级检察机关要全面加强死刑案件的办理和监督工作，认真履行法律赋予的职责，对证据进行更加严格的审查，坚持更加严格的证明标准，确保死刑案件的办案质量。

4. 各级检察机关应当认真履行监督职能，加强对证据收集与固定的监督，加强对证据采信与排除的监督。要坚持把监督纠正个案与纠正普遍性问题、经常性监督与专项监督、强化监督与协调配合有机结合起来，加强法律监督与加强自我监督并重，做到敢于监督、善于监督、依法监督、规范监督，保障刑事诉讼活动严格依法进行。

二、进一步规范职务犯罪案件办案程序，依法客观收集证据

5. 人民检察院办理职务犯罪案件，应当严格依法收集和固定证据，既要收集证明案件事实的各种证据，又要及时固定证明取证行为合法性的证据，确保案件事实清楚，证据确实、充分，取证程序合法。

6. 人民检察院办理职务犯罪案件，应当全面、客观地收集和固定证据。既要收集证明犯罪嫌疑人有罪、罪重的各种证据，又要收集证明犯罪嫌疑人无罪、罪轻的各种证据。

7. 严格执行讯问职务犯罪嫌疑人全程同步录音录像制度。因未严格执行相关规定，或者在执行中弄虚作假造成不良后果的，依照有关规定追究主要责任人员的责任。

8. 侦查监督、公诉、控告申诉等部门应当依照两个《规定》的要求，加强对检察机关侦查部门收集、固定证据活动的审查与监督，发现违反有关规定的，及时提出纠正意见。

三、严格审查、判断证据，确保办案质量

9. 严格遵守两个《规定》确立的规则，认真审查、鉴别、分析证据，正确认定案件事实。既要审查证据的内容是否真实客观、形式是否合法完备，也要审查证据收集过程是否合法；既要依法排除非法证据，也要做好瑕疵证据的审查补正和完善工作。

10. 对犯罪嫌疑人供述和证人证言、被害人陈述，要结合全案的其他证据，综合审查其内容的客观真实性，同时审查侦查机关（部门）是否将每一次讯问、询问笔录全部移送。对以刑讯逼供等非法手段取得的犯罪嫌疑人供述和采用暴力、威胁等非法手段取得的证人证言、被害人陈述，应当依法排除；对于使用其他非法手段获取的犯罪嫌疑人供述、证人证言、被害人陈述，根据其违法危害程度与刑讯逼供和暴力、威胁手段是否相当，决定是否依法排除。

11. 审查逮捕、审查起诉过程中第一次讯问犯罪嫌疑人，应当讯问其供述是否真实，并记入笔录。对被羁押的犯罪嫌疑人要结合提讯凭证的记载，核查提讯时间、讯问人与讯问笔录的对应关系；对提押至看守所以外的场所讯问的，应当要求侦查机关（部门）提供必要性的说明，审查其理由是否成立。要审查犯罪嫌疑人是否通晓当地通用语言。

12. 对犯罪嫌疑人的供述和辩解，应当结合其全部供述和辩解及其他证据进行审查；犯罪嫌疑人的有罪供述，无其他证据相互印证，不能作为批准或者决定逮捕、提起公诉的根据；有其他证据相互印证，无罪辩解理由不能成立的，该供述可以作为批准或者决定逮捕、提起公诉的根据。

13. 犯罪嫌疑人或者其聘请的律师提出受到刑讯逼供的，应当告知其如实提供相关的证据或者线索，并认真予以核查。认为有刑讯逼供嫌疑的，应当要求侦查机关（部门）提供全部讯问笔录、原始的讯问过程录音录像、出入看守所的健康检查情况、看守管教人员的谈话记录以及讯问过程合法性的说明；必要时，可以询问讯问人员、其他在场人员、看守管教人员或者证人，调取驻所检察室的相关材料。发现犯罪嫌疑人有伤情的，

应当及时对伤势的成因和程度进行必要的调查和鉴定。对同步录音录像有疑问的，可以要求侦查机关（部门）对不连贯部分的原因予以说明，必要时可以协同检察技术部门进行审查。

14. 加强对侦查活动中讯问犯罪嫌疑人的监督。犯罪嫌疑人没有在决定羁押的当日被送入看守所的，应当查明所外看押地点及提讯情况；要监督看守所如实、详细、准确地填写犯罪嫌疑人入所体检记录，必要时建议采用录像或者拍照的方式记录犯罪嫌疑人身体状况；发现侦查机关（部门）所外提讯的，应当及时了解所外提讯的时间、地点、理由、审批手续和犯罪嫌疑人所外接受讯问的情况，做好提押、还押时的体检情况记录的检察监督。发现违反有关监管规定的，及时依照有关法律、规定提出纠正意见或者检察建议，并记录在案。

15. 审查证人证言、被害人陈述，应当注意对询问程序、方式、内容以及询问笔录形式的审查，发现不符合规定的，应当要求侦查机关（部门）补正或者说明。注意审查证人、被害人能否辨别是非、正确表达，必要时进行询问、了解，同时审查证人、被害人作证是否个别进行；对证人、被害人在法律规定以外的地点接受询问的，应当审查其原因，必要时对该证言或者陈述进行复核。对证人证言、被害人陈述的内容是否真实，应当结合其他证据综合判断。对于犯罪嫌疑人及其辩护人或者证人、被害人提出侦查机关（部门）采用暴力、威胁等非法手段取证的，应当告知其要如实提供相关证据或者线索，并认真核查。

16. 对物证、书证以及勘验、检查笔录、搜查笔录、视听资料、电子证据等，既要审查其是否客观、真实反映案件事实，也要加强对证据的收集、制作程序和证据形式的审查。发现物证、书证和视听资料、电子证据等来源及收集、制作过程不明，或者勘验、检查笔录、搜查笔录的形式不符合规定或者记载内容有矛盾的，应当要求侦查机关（部门）补正，无法补正的应当作出说明或者合理解释，无法作出合理说明或者解释的，不能作为证据使用；发现侦查机关（部门）在勘验、检查、搜查过程中对与案件事实可能有关联的相关痕迹、物品应当提取而没有提取的，应当要求侦查机关（部门）补充收集、调取；对物证的照片、录像或者复制品不能反映原物的外形和特征，或者书证的副本、复制件不能反映原件特征及其内容的，应当要求侦查机关（部门）重新制作；发现在案的物证、书证以及视听资料、电子证据等应当鉴定而没有鉴定的，应当要求侦查机关（部门）鉴定，必要时自行委托鉴定。

17. 对侦查机关（部门）的补正、说明，以及重新收集、制作的情况，应当认真审查，必要时可以进行复核。对于经侦查机关（部门）依法重新收集、及时补正或者能够作出合理解释，不影响物证、书证真实性的，可以作为批准或者决定逮捕、提起公诉的根据。侦查机关（部门）没有依法重新收集、补正，或者无法补正、重新制作且没有作出合理的解释或者说明，无法认定证据真实性的，该证据不能作为批准或者决定逮捕、提起公诉的根据。

18. 对于根据犯罪嫌疑人的供述、指认，提取到隐蔽性很强的物证、书证的，既要审查与其他证明犯罪事实发生的证据是否相互印证，也要审查侦查机关（部门）在犯罪嫌疑人供述、指认之前是否掌握该证据的情况，综合全案证据，判断是否作为批准或者决定逮捕、提起公诉的根据。

19. 审查鉴定意见，要着重审查检材的来源、提取、保管、送检是否符合法律及有关规定，鉴定机构或者鉴定人员是否具备法定资格和鉴定条件，鉴定意见的形式要件是否完备，鉴定程序是否合法，鉴定结论是否科学合理。检材来源不明或者可能被污染导致鉴定意见存疑的，应当要求侦查机关（部门）进行重新鉴定或者补充鉴定，必要时检察机关可以另行委托进行重新鉴定或者补充鉴定；鉴定机构或者鉴定人员不具备法定资格和鉴定条件，或者鉴定事项超出其鉴定范围以及违反回避规定的，应当要求侦查机关（部门）另行委托重新鉴定，必要时检察机关可以另行委托进行重新鉴定；鉴定意见形式要件不完备的，应当通过侦查机关（部门）要求鉴定机构补正；对鉴定程序、方法、结论等涉及专门技术问题的，必要时听取检察技术部门或者其他具有专门知识的人员的意见。

20. 发现侦查人员以刑讯逼供或者暴力、威胁等非法手段收集犯罪嫌疑人供述、被害人陈述、证人证言的，应当提出纠正意见，同时应当要求侦查机关（部门）另行指派侦查人员重新调查取证，必要时也可以自行调查取证。侦查机关（部门）未另行指派侦查人员重新调查取证的，可以依法退回补充侦查。经审查发现存在刑讯逼供、暴力取证等非法取证行为，该非法言词证据被排除后，其他证据不能证明犯罪嫌疑人实施犯罪行为的，应当不批准或者决定逮捕，已经移送审查起诉的，可以将案件退回侦查机关（部门）或者不起诉。办案人员排除非法证据的，应当在审查报告中说明。

四、做好证据合法性证明工作，提高依法指控犯罪的能力

21. 对证据的合法性进行证明，是检察机关依法指控犯罪、强化诉讼监督、保证办案质量的一项重要工作。要坚持对证据的合法性进行严格审查，依法排除非法证据，进一步提高出庭公诉水平，做好证据合法性证明工作。

22. 收到人民法院送交的反映被告人庭前供述是非法取得的书面意见或者告诉笔录复印件等有关材料后，应当及时根据提供的相关证据或者线索进行审查。审查逮捕、审查起诉期间已经提出并经查证不存在非法取证行为的，按照查证的情况做好庭审应对准备。提起公诉后提出新的证据或者线索的，应当要求侦查机关（部门）提供相关证明，必要时可以自行调查核实。

23. 庭审中，被告人及其辩护人提出被告人庭前供述是非法取得，没有提供相关证据或者线索的，公诉人应当根据全案证据情况综合说明该证据的合法性。被告人及其辩护人提供了相关证据或者线索，法庭经审查对被告人审判前供述取得的合法性有疑问的，公诉人应当向法庭提供讯问笔录、出入看守所的健康检查记录、看守管教人员的谈话记录以及侦查机关（部门）对讯问过程合法性的说明，讯问过程有录音录像的，应当提供。必要时提请法庭通知讯问时其他在场人员或者其他证人出庭作证，仍不能证明的，提请法庭通知讯问人员出庭作证。对被告人及其辩护人庭审中提出的新证据或者线索，当庭不能举证证明的，应当依法建议法庭延期审理，要求侦查机关（部门）提供相关证明，必要时可以自行调查核实。

24. 对于庭审中经综合举证、质证后认为被告人庭前供述取得的合法性已经能够证实，但法庭仍有疑问的，可以建议法庭休庭对相关证据进行：调查核实。法庭进行庭外调查通知检察人员到场的，必要时检察人员应当到场。对法庭调查核实后的证据持有异议的，应当建议法庭重新开庭进行调查。

25. 对于庭审中被告人及其辩护人提出未到庭证人的书面证言、未到庭被害人的书面陈述是非法取得的，可以从证人或者被害人的作证资格、询问人员、询问程序和方式以及询问笔录的法定形式等方面对合法性作出说明；有原始询问过程录音录像或者其他证据能证明合法性的，可以在法庭上宣读或者出示。被告人及其辩护人提出明确的新证据或者线索，需要进一步调查核实的，应当依法建议法庭延期审理，要求侦查机关（部门）提供相关证明，必要时可以自行调查核实、对被告人及其辩护人所提供的证人证言、被害人陈述等证据取得的合法性有疑问的，应当建议法庭要求其提供证明。

26. 被告人及其辩护人在提起公诉后提出证据不合法的新证据或者线索，侦查机关（部门）对证据的合法性不能提供证据予以证明，或者提供的证据不够确实、充分，且其他证据不能充分证明被告人有罪的，可以撤回起诉，将案件退回侦查机关（部门）或者不起诉。

五、进一步健全工作机制，形成监督合力

27. 加大对刑讯逼供、暴力取证等违法犯罪行为的查办力度。侦查监督、公诉、渎职侵权检察、监所检察等各职能部门应当通力合作，完善情况通报、案件线索发现、证据移送、案件查办等各环节相互协调的工作机制。进一步提高对刑讯逼供、暴力取证等违法犯罪的发现能力和查办水平，通过对违法犯罪的及时有效追究，切实遏制非法取证等违法行为。

28. 完善审查逮捕、审查起诉对侦查活动监督的衔接机制和信息资源共享机制。对于批准或者决定逮捕但需要继续收集、补充、完善、固定证据的案件，以及不批准逮捕需要补充侦查的案件，侦查监督部门应当提出补充证据材料的意见，在送交侦查机关（部门）的同时，将副本送交公诉部门。侦查监督和公诉部门应当密切配合，跟踪监督，督促侦查机关（部门）补充完善证据。受理审查起诉的案件，应当审查侦查机关（部门）是否按照补充侦查意见补充相关证据材料。

29. 进一步健全和完善介入侦查。引导取证工作机制。侦查监督、公诉部门要加强与侦查机关（部门）的配合与制约。对于需要介入侦查以及侦查机关（部门）要求介入侦查的案件，应当及时介入，参与勘验、检查、复验、复查，参与对重大案件的讨论，对证据的收集、固定和补充、完善提出建议。发现侦查活动有违法情形的，应当及时依法提出纠正意见。

30. 充分发挥刑事科学技术在办案中的重要作用。职务犯罪侦查、侦查监督、公诉、监所检察、检察技术部门要密切合作，运用技术手段提高发现、收集、固定证据的能力，提高涉及专门技术问题证据材料的审查、判断、运用的能力和水平。

31. 加强与侦查机关、审判机关的沟通与协调。通过联席会议、案件质量评析通报等形式，研究分析证据的收集、审查、判断、运用中发现的问题，与侦查机关、审判机关共同研究解决办法，并且结合当地实际健全完善贯彻落实两个《规定》的相关机制和措施。

32. 上级人民检察院应当不断总结实践中的经验和问题，强化管理、检查和监督，加强对下级人民检察院的业务指导。对于重大犯罪案件、在全国或者当地有重大影响的案件、上级人民检察院督办的案件以及经有关部门协调、协调意见与检察机关不一致的案件，下级人民检察院应当及时向上级人民检察院报告。

3. 最高人民法院、最高人民检察院、公安部印发《关于办理刑事案件收集提取和审查判断电子数据若干问题的规定》的通知（2016年9月9日　法发〔2016〕22号）（节选）

一、一般规定

第一条　电子数据是案件发生过程中形成的，以数字化形式存储、处理、传输的，能够证明案件事实的数据。

电子数据包括但不限于下列信息、电子文件：

（一）网页、博客、微博客、朋友圈、贴吧、网盘等网络平台发布的信息；

（二）手机短信、电子邮件、即时通信、通讯群组等网络应用服务的通信信息；

（三）用户注册信息、身份认证信息、电子交易记录、通信记录、登录日志等信息；

（四）文档、图片、音视频、数字证书、计算机程序等电子文件。

以数字化形式记载的证人证言、被害人陈述以及犯罪嫌疑人、被告人供述和辩解等证据，不属于电子数据。确有必要的，对相关证据的收集、提取、移送、审查，可以参照适用本规定。

第二条　侦查机关应当遵守法定程序，遵循有关技术标准，全面、客观、及时地收集、提取电子数据；人民检察院、人民法院应当围绕真实性、合法性、关联性审查判断电子数据。

第三条　人民法院、人民检察院和公安机关有权依法向有关单位和个人收集、调取电子数据。有关单位和个人应当如实提供。

第四条　电子数据涉及国家秘密、商业秘密、个人隐私的，应当保密。

第五条　对作为证据使用的电子数据，应当采取以下一种或者几种方法保护电子数据的完整性：

（一）扣押、封存电子数据原始存储介质；

（二）计算电子数据完整性校验值；

（三）制作、封存电子数据备份；

（四）冻结电子数据；

（五）对收集、提取电子数据的相关活动进行录像；

（六）其他保护电子数据完整性的方法。

第六条　初查过程中收集、提取的电子数据，以及通过网络在线提取的电子数据，可以作为证据使用。

二、电子数据的收集与提取

第七条　收集、提取电子数据，应当由二名以上侦查人员进行。取证方法应当符合相关技术标准。

第八条　收集、提取电子数据，能够扣押电子数据原始存储介质的，应当扣押、封存原始存储介质，并制作笔录，记录原始存储介质的封存状态。

封存电子数据原始存储介质，应当保证在不解除封存状态的情况下，无法增加、删除、修改电子数据。封存前后应当拍摄被封存原始存储介质的照片，清晰反映封口或者张贴封条处的状况。

封存手机等具有无线通信功能的存储介质，应当采取信号屏蔽、信号阻断或者切断电源等措施。

第九条 具有下列情形之一，无法扣押原始存储介质的，可以提取电子数据，但应当在笔录中注明不能扣押原始存储介质的原因、原始存储介质的存放地点或者电子数据的来源等情况，并计算电子数据的完整性校验值：

（一）原始存储介质不便封存的；

（二）提取计算机内存数据、网络传输数据等不是存储在存储介质上的电子数据的；

（三）原始存储介质位于境外的；

（四）其他无法扣押原始存储介质的情形。

对于原始存储介质位于境外或者远程计算机信息系统上的电子数据，可以通过网络在线提取。

为进一步查明有关情况，必要时，可以对远程计算机信息系统进行网络远程勘验。进行网络远程勘验，需要采取技术侦查措施的，应当依法经过严格的批准手续。

第十条 由于客观原因无法或者不宜依据第八条、第九条的规定收集、提取电子数据的，可以采取打印、拍照或者录像等方式固定相关证据，并在笔录中说明原因。

第十一条 具有下列情形之一的，经县级以上公安机关负责人或者检察长批准，可以对电子数据进行冻结：

（一）数据量大，无法或者不便提取的；

（二）提取时间长，可能造成电子数据被篡改或者灭失的；

（三）通过网络应用可以更为直观地展示电子数据的；

（四）其他需要冻结的情形。

第十二条 冻结电子数据，应当制作协助冻结通知书，注明冻结电子数据的网络应用账号等信息，送交电子数据持有人、网络服务提供者或者有关部门协助办理。解除冻结的，应当在三日内制作协助解除冻结通知书，送交电子数据持有人、网络服务提供者或者有关部门协助办理。

冻结电子数据，应当采取以下一种或者几种方法：

（一）计算电子数据的完整性校验值；

（二）锁定网络应用账号；

（三）其他防止增加、删除、修改电子数据的措施。

第十三条 调取电子数据，应当制作调取证据通知书，注明需要调取电子数据的相关信息，通知电子数据持有人、网络服务提供者或者有关部门执行。

第十四条 收集、提取电子数据，应当制作笔录，记录案由、对象、内容、收集、提取电子数据的时间、地点、方法、过程，并附电子数据清单，注明类别、文件格式、完整性校验值等，由侦查人员、电子数据持有人（提供人）签名或者盖章；电子数据持有人（提供人）无法签名或者拒绝签名的，应当在笔录中注明，由见证人签名或者盖章。有条件的，应当对相关活动进行录像。

第十五条 收集、提取电子数据，应当根据刑事诉讼法的规定，由符合条件的人员担任见证人。由于客观原因无法由符合条件的人员担任见证人的，应当在笔录中注明情况，并对相关活动进行录像。

针对同一现场多个计算机信息系统收集、提取电子数据的，可以由一名见证人见证。

第十六条 对扣押的原始存储介质或者提取的电子数据，可以通过恢复、破解、统计、关联、比对等方式进行检查。必要时，可以进行侦查实验。

电子数据检查，应当对电子数据存储介质拆封过程进行录像，并将电子数据存储介质通过写保护设备接入到检查设备进行检查；有条件的，应当制作电子数据备份，对备份进行检查；无法使用写保护设备且无法制作备份的，应当注明原因，并对相关活动进行录像。

电子数据检查应当制作笔录，注明检查方法、过程和结果，由有关人员签名或者盖章。进行侦查实验的，应当制作侦查实验笔录，注明侦查实验的条件、经过和结果，由参加实验的人员签名或者盖章。

第十七条 对电子数据涉及的专门性问题难以确定的，由司法鉴定机构出具鉴定意见，或者由公安部指定的机构出具报告。对于人民检察院直接受理的案件，也可以由最高人民检察院指定的机构出具报告。

具体办法由公安部、最高人民检察院分别制定。

三、电子数据的移送与展示

第十八条 收集、提取的原始存储介质或者电子数据，应当以封存状态随案移送，并制作电子数据的备份一并移送。

对网页、文档、图片等可以直接展示的电子数据，可以不随案移送打印件；人民法院、人民检察院因设备等条件限制无法直接展示电子数据的，侦查机关应当随案移送打印件，或者附展示工具和展示方法说明。

对冻结的电子数据，应当移送被冻结电子数据的清单，注明类别、文件格式、冻结主体、证据要点、相关网络应用账号，并附查看工具和方法的说明。

第十九条 对侵入、非法控制计算机信息系统的程序、工具以及计算机病毒等无法直接展示的电子数据，应当附电子数据属性、功能等情况的说明。

对数据统计量、数据同一性等问题，侦查机关应当出具说明。

第二十条 公安机关报请人民检察院审查批准逮捕犯罪嫌疑人，或者对侦查终结的案件移送人民检察院审查起诉的，应当将电子数据等证据一并移送人民检察院。人民检察院在审查批准逮捕和审查起诉过程中发现应当移送的电子数据没有移送或者移送的电子数据不符合相关要求的，应当通知公安机关补充移送或者进行补正。

对于提起公诉的案件，人民法院发现应当移送的电子数据没有移送或者移送的电子数据不符合相关要求的，应当通知人民检察院。

公安机关、人民检察院应当自收到通知后三日内移送电子数据或者补充有关材料。

第二十一条 控辩双方向法庭提交的电子数据需要展示的，可以根据电子数据的具体类型，借助多媒体设备出示、播放或者演示。必要时，可以聘请具有专门知识的人进行操作，并就相关技术问题作出说明。

四、电子数据的审查与判断

第二十二条 对电子数据是否真实，应当着重审查以下内容：

（一）是否移送原始存储介质；在原始存储介质无法封存、不便移动时，有无说明原因，并注明收集、提取过程及原始存储介质的存放地点或者电子数据的来源等情况；

（二）电子数据是否具有数字签名、数字证书等特殊标识；

（三）电子数据的收集、提取过程是否可以重现；

（四）电子数据如有增加、删除、修改等情形的，是否附有说明；

（五）电子数据的完整性是否可以保证。

第二十三条 对电子数据是否完整,应当根据保护电子数据完整性的相应方法进行验证:
(一)审查原始存储介质的扣押、封存状态;
(二)审查电子数据的收集、提取过程,查看录像;
(三)比对电子数据完整性校验值;
(四)与备份的电子数据进行比较;
(五)审查冻结后的访问操作日志;
(六)其他方法。

第二十四条 对收集、提取电子数据是否合法,应当着重审查以下内容:
(一)收集、提取电子数据是否由二名以上侦查人员进行,取证方法是否符合相关技术标准;
(二)收集、提取电子数据,是否附有笔录、清单,并经侦查人员、电子数据持有人(提供人)、见证人签名或者盖章;没有持有人(提供人)签名或者盖章的,是否注明原因;对电子数据的类别、文件格式等是否注明清楚;
(三)是否依照有关规定由符合条件的人员担任见证人,是否对相关活动进行录像;
(四)电子数据检查是否将电子数据存储介质通过写保护设备接入到检查设备;有条件的,是否制作电子数据备份,并对备份进行检查;无法制作备份且无法使用写保护设备的,是否附有录像。

第二十五条 认定犯罪嫌疑人、被告人的网络身份与现实身份的同一性,可以通过核查相关 IP 地址、网络活动记录、上网终端归属、相关证人证言以及犯罪嫌疑人、被告人供述和辩解等进行综合判断。

认定犯罪嫌疑人、被告人与存储介质的关联性,可以通过核查相关证人证言以及犯罪嫌疑人、被告人供述和辩解等进行综合判断。

第二十六条 公诉人、当事人或者辩护人、诉讼代理人对电子数据鉴定意见有异议,可以申请人民法院通知鉴定人出庭作证。人民法院认为鉴定人有必要出庭的,鉴定人应当出庭作证。

经人民法院通知,鉴定人拒不出庭作证的,鉴定意见不得作为定案的根据。对没有正当理由拒不出庭作证的鉴定人,人民法院应当通报司法行政机关或者有关部门。

公诉人、当事人或者辩护人、诉讼代理人可以申请法庭通知有专门知识的人出庭,就鉴定意见提出意见。

对电子数据涉及的专门性问题的报告,参照适用前三款规定。

第二十七条 电子数据的收集、提取程序有下列瑕疵,经补正或者作出合理解释的,可以采用;不能补正或者作出合理解释的,不得作为定案的根据:
(一)未以封存状态移送的;
(二)笔录或者清单上没有侦查人员、电子数据持有人(提供人)、见证人签名或者盖章的;
(三)对电子数据的名称、类别、格式等注明不清的;
(四)有其他瑕疵的。

第二十八条 电子数据具有下列情形之一的,不得作为定案的根据:
(一)电子数据系篡改、伪造或者无法确定真伪的;

（二）电子数据有增加、删除、修改等情形，影响电子数据真实性的；

（三）其他无法保证电子数据真实性的情形。

五、附则

第二十九条 本规定中下列用语的含义：

（一）存储介质，是指具备数据信息存储功能的电子设备、硬盘、光盘、优盘、记忆棒、存储卡、存储芯片等载体。

（二）完整性校验值，是指为防止电子数据被篡改或者破坏，使用散列算法等特定算法对电子数据进行计算，得出的用于校验数据完整性的数据值。

（三）网络远程勘验，是指通过网络对远程计算机信息系统实施勘验，发现、提取与犯罪有关的电子数据，记录计算机信息系统状态，判断案件性质，分析犯罪过程，确定侦查方向和范围，为侦查破案、刑事诉讼提供线索和证据的侦查活动。

（四）数字签名，是指利用特定算法对电子数据进行计算，得出的用于验证电子数据来源和完整性的数据值。

（五）数字证书，是指包含数字签名并对电子数据来源、完整性进行认证的电子文件。

（六）访问操作日志，是指为审查电子数据是否被增加、删除或者修改，由计算机信息系统自动生成的对电子数据访问、操作情况的详细记录。

第三十条 本规定自 2016 年 10 月 1 日起施行。之前发布的规范性文件与本规定不一致的，以本规定为准。

4. 最高人民法院、最高人民检察院、公安部、国家安全部、司法部印发《关于办理刑事案件严格排除非法证据若干问题的规定》的通知（2017 年 6 月 20 日　法发〔2017〕15 号）（节选）

一、一般规定

第一条 严禁刑讯逼供和以威胁、引诱、欺骗以及其他非法方法收集证据，不得强迫任何人证实自己有罪。对一切案件的判处都要重证据，重调查研究，不轻信口供。

第二条 采取殴打、违法使用戒具等暴力方法或者变相肉刑的恶劣手段，使犯罪嫌疑人、被告人遭受难以忍受的痛苦而违背意愿作出的供述，应当予以排除。

第三条 采用以暴力或者严重损害本人及其近亲属合法权益等进行威胁的方法，使犯罪嫌疑人、被告人遭受难以忍受的痛苦而违背意愿作出的供述，应当予以排除。

第四条 采用非法拘禁等非法限制人身自由的方法收集的犯罪嫌疑人、被告人供述，应当予以排除。

第五条 采用刑讯逼供方法使犯罪嫌疑人、被告人作出供述，之后犯罪嫌疑人、被告人受该刑讯逼供行为影响而作出的与该供述相同的重复性供述，应当一并排除，但下列情形除外：

（一）侦查期间，根据控告、举报或者自己发现等，侦查机关确认或者不能排除以非法方法收集证据而更换侦查人员，其他侦查人员再次讯问时告知诉讼权利和认罪的法律后果，犯罪嫌疑人自愿供述的；

（二）审查逮捕、审查起诉和审判期间，检察人员、审判人员讯问时告知诉讼权利和认罪的法律后果，犯罪嫌疑人、被告人自愿供述的。

第六条 采用暴力、威胁以及非法限制人身自由等非法方法收集的证人证言、被害人陈述，应当予以排除。

第七条 收集物证、书证不符合法定程序，可能严重影响司法公正的，应当予以补正或者作出合理解释；不能补正或者作出合理解释的，对有关证据应当予以排除。

二、侦查

第八条 侦查机关应当依照法定程序开展侦查，收集、调取能够证实犯罪嫌疑人有罪或者无罪、罪轻或者罪重的证据材料。

第九条 拘留、逮捕犯罪嫌疑人后，应当按照法律规定送看守所羁押。犯罪嫌疑人被送交看守所羁押后，讯问应当在看守所讯问室进行。因客观原因侦查机关在看守所讯问室以外的场所进行讯问的，应当作出合理解释。

第十条 侦查人员在讯问犯罪嫌疑人的时候，可以对讯问过程进行录音录像；对于可能判处无期徒刑、死刑的案件或者其他重大犯罪案件，应当对讯问过程进行录音录像。

侦查人员应当告知犯罪嫌疑人对讯问过程录音录像，并在讯问笔录中写明。

第十一条 对讯问过程录音录像，应当不间断进行，保持完整性，不得选择性地录制，不得剪接、删改。

第十二条 侦查人员讯问犯罪嫌疑人，应当依法制作讯问笔录。讯问笔录应当交犯罪嫌疑人核对，对于没有阅读能力的，应当向他宣读。对讯问笔录中有遗漏或者差错等情形，犯罪嫌疑人可以提出补充或者改正。

第十三条 看守所应当对提讯进行登记，写明提讯单位、人员、事由、起止时间以及犯罪嫌疑人姓名等情况。

看守所收押犯罪嫌疑人，应当进行身体检查。检查时，人民检察院驻看守所检察人员可以在场。检查发现犯罪嫌疑人有伤或者身体异常的，看守所应当拍照或者录像，分别由送押人员、犯罪嫌疑人说明原因，并在体检记录中写明，由送押人员、收押人员和犯罪嫌疑人签字确认。

第十四条 犯罪嫌疑人及其辩护人在侦查期间可以向人民检察院申请排除非法证据。对犯罪嫌疑人及其辩护人提供相关线索或者材料的，人民检察院应当调查核实。调查结论应当书面告知犯罪嫌疑人及其辩护人。对确有以非法方法收集证据情形的，人民检察院应当向侦查机关提出纠正意见。

侦查机关对审查认定的非法证据，应当予以排除，不得作为提请批准逮捕、移送审查起诉的根据。

对重大案件，人民检察院驻看守所检察人员应当在侦查终结前询问犯罪嫌疑人，核查是否存在刑讯逼供、非法取证情形，并同步录音录像。经核查，确有刑讯逼供、非法取证情形的，侦查机关应当及时排除非法证据，不得作为提请批准逮捕、移送审查起诉的根据。

第十五条 对侦查终结的案件，侦查机关应当全面审查证明证据收集合法性的证据材料，依法排除非法证据。排除非法证据后，证据不足的，不得移送审查起诉。

侦查机关发现办案人员非法取证的，应当依法作出处理，并可另行指派侦查人员重新调查取证。

三、审查逮捕、审查起诉

第十六条 审查逮捕、审查起诉期间讯问犯罪嫌疑人，应当告知其有权申请排除非法证据，并告知诉讼权利和认罪的法律后果。

第十七条 审查逮捕、审查起诉期间，犯罪嫌疑人及其辩护人申请排除非法证据，并提供相关线索或者材料的，人民检察院应当调查核实。调查结论应当书面告知犯罪嫌疑人及其辩护人。

人民检察院在审查起诉期间发现侦查人员以刑讯逼供等非法方法收集证据的，应当依法排除相关证据并提出纠正意见，必要时人民检察院可以自行调查取证。

人民检察院对审查认定的非法证据，应当予以排除，不得作为批准或者决定逮捕、提起公诉的根据。被排除的非法证据应当随案移送，并写明为依法排除的非法证据。

第十八条 人民检察院依法排除非法证据后，证据不足，不符合逮捕、起诉条件的，不得批准或者决定逮捕、提起公诉。

对于人民检察院排除有关证据导致对涉嫌的重要犯罪事实未予认定，从而作出不批准逮捕、不起诉决定，或者对涉嫌的部分重要犯罪事实决定不起诉的，公安机关、国家安全机关可要求复议、提请复核。

四、辩护

第十九条 犯罪嫌疑人、被告人申请提供法律援助的，应当按照有关规定指派法律援助律师。

法律援助值班律师可以为犯罪嫌疑人、被告人提供法律帮助，对刑讯逼供、非法取证情形代理申诉、控告。

第二十条 犯罪嫌疑人、被告人及其辩护人申请排除非法证据，应当提供涉嫌非法取证的人员、时间、地点、方式、内容等相关线索或者材料。

第二十一条 辩护律师自人民检察院对案件审查起诉之日起，可以查阅、摘抄、复制讯问笔录、提讯登记、采取强制措施或者侦查措施的法律文书等证据材料。其他辩护人经人民法院、人民检察院许可，也可以查阅、摘抄、复制上述证据材料。

第二十二条 犯罪嫌疑人、被告人及其辩护人向人民法院、人民检察院申请调取公安机关、国家安全机关、人民检察院收集但未提交的讯问录音录像、体检记录等证据材料，人民法院、人民检察院经审查认为犯罪嫌疑人、被告人及其辩护人申请调取的证据材料与证明证据收集的合法性有联系的，应当予以调取；认为与证明证据收集的合法性没有联系的，应当决定不予调取并向犯罪嫌疑人、被告人及其辩护人说明理由。

五、审判

第二十三条 人民法院向被告人及其辩护人送达起诉书副本时，应当告知其有权申请排除非法证据。

被告人及其辩护人申请排除非法证据，应当在开庭审理前提出，但在庭审期间发现相关线索或者材料等情形除外。人民法院应当在开庭审理前将申请书和相关线索或者材料的复制件送交人民检察院。

第二十四条 被告人及其辩护人在开庭审理前申请排除非法证据，未提供相关线索或者材料，不符合法律规定的申请条件的，人民法院对申请不予受理。

第二十五条 被告人及其辩护人在开庭审理前申请排除非法证据，按照法律规定提供相关线索或者材料的，人民法院应当召开庭前会议。人民检察院应当通过出示有关证据材料等方式，有针对性地对证据收集的合法性作出说明。人民法院可以核实情况，听取意见。

人民检察院可以决定撤回有关证据，撤回的证据，没有新的理由，不得在庭审中出示。

被告人及其辩护人可以撤回排除非法证据的申请。撤回申请后，没有新的线索或者材料，不得再次对有关证据提出排除申请。

第二十六条 公诉人、被告人及其辩护人在庭前会议中对证据收集是否合法未达成一致意见，人民法院对证据收集的合法性有疑问的，应当在庭审中进行调查；人民法院对证据收集的合法性没有疑问，且没有新的线索或者材料表明可能存在非法取证的，可以决定不再进行调查。

第二十七条 被告人及其辩护人申请人民法院通知侦查人员或者其他人员出庭，人民法院认为现有证据材料不能证明证据收集的合法性，确有必要通知上述人员出庭作证或者说明情况的，可以通知上述人员出庭。

第二十八条 公诉人宣读起诉书后，法庭应当宣布开庭审理前对证据收集合法性的审查及处理情况。

第二十九条 被告人及其辩护人在开庭审理前未申请排除非法证据，在法庭审理过程中提出申请的，应当说明理由。

对前述情形，法庭经审查，对证据收集的合法性有疑问的，应当进行调查；没有疑问的，应当驳回申请。

法庭驳回排除非法证据申请后，被告人及其辩护人没有新的线索或者材料，以相同理由再次提出申请的，法庭不再审查。

第三十条 庭审期间，法庭决定对证据收集的合法性进行调查的，应当先行当庭调查。但为防止庭审过分迟延，也可以在法庭调查结束前进行调查。

第三十一条 公诉人对证据收集的合法性加以证明，可以出示讯问笔录、提讯登记、体检记录、采取强制措施或者侦查措施的法律文书、侦查终结前对讯问合法性的核查材料等证据材料，有针对性地播放讯问录音录像，提请法庭通知侦查人员或者其他人员出庭说明情况。

被告人及其辩护人可以出示相关线索或者材料，并申请法庭播放特定时段的讯问录音录像。

侦查人员或者其他人员出庭，应当向法庭说明证据收集过程，并就相关情况接受发问。对发问方式不当或者内容与证据收集的合法性无关的，法庭应当制止。

公诉人、被告人及其辩护人可以对证据收集的合法性进行质证、辩论。

第三十二条 法庭对控辩双方提供的证据有疑问的，可以宣布休庭，对证据进行调查核实。必要时，可以通知公诉人、辩护人到场。

第三十三条 法庭对证据收集的合法性进行调查后，应当当庭作出是否排除有关证据的决定。必要时，可以宣布休庭，由合议庭评议或者提交审判委员会讨论，再次开庭时宣布决定。

在法庭作出是否排除有关证据的决定前，不得对有关证据宣读、质证。

第三十四条 经法庭审理，确认存在本规定所规定的以非法方法收集证据情形的，对有关证据应当予以排除。法庭根据相关线索或者材料对证据收集的合法性有疑问，而人民检察院未提供证据或者提供的证据不能证明证据收集的合法性，不能排除存在本规定所规定的以非法方法收集证据情形的，对有关证据应当予以排除。

对依法予以排除的证据,不得宣读、质证,不得作为判决的根据。

第三十五条 人民法院排除非法证据后,案件事实清楚,证据确实、充分,依据法律认定被告人有罪的,应当作出有罪判决;证据不足,不能认定被告人有罪的,应当作出证据不足、指控的犯罪不能成立的无罪判决;案件部分事实清楚,证据确实、充分的,依法认定该部分事实。

第三十六条 人民法院对证据收集合法性的审查、调查结论,应当在裁判文书中写明,并说明理由。

第三十七条 人民法院对证人证言、被害人陈述等证据收集合法性的审查、调查,参照上述规定。

第三十八条 人民检察院、被告人及其法定代理人提出抗诉、上诉,对第一审人民法院有关证据收集合法性的审查、调查结论提出异议的,第二审人民法院应当审查。

被告人及其辩护人在第一审程序中未申请排除非法证据,在第二审程序中提出申请的,应当说明理由。第二审人民法院应当审查。

人民检察院在第一审程序中未出示证据证明证据收集的合法性,第一审人民法院依法排除有关证据的,人民检察院在第二审程序中不得出示之前未出示的证据,但在第一审程序后发现的除外。

第三十九条 第二审人民法院对证据收集合法性的调查,参照上述第一审程序的规定。

第四十条 第一审人民法院对被告人及其辩护人排除非法证据的申请未予审查,并以有关证据作为定案根据,可能影响公正审判的,第二审人民法院可以裁定撤销原判,发回原审人民法院重新审判。

第一审人民法院对依法应当排除的非法证据未予排除的,第二审人民法院可以依法排除非法证据。排除非法证据后,原判决认定事实和适用法律正确、量刑适当的,应当裁定驳回上诉或者抗诉,维持原判;原判决认定事实没有错误,但适用法律有错误,或者量刑不当的,应当改判;原判决事实不清楚或者证据不足的,可以裁定撤销原判,发回原审人民法院重新审判。

第四十一条 审判监督程序、死刑复核程序中对证据收集合法性的审查、调查,参照上述规定。

第四十二条 本规定自 2017 年 6 月 27 日起施行。

5. 人民法院办理刑事案件排除非法证据规程(试行)(2017 年 11 月 27 日 法发〔2017〕31 号)

为贯彻落实《最高人民法院、最高人民检察院、公安部、国家安全部、司法部关于推进以审判为中心的刑事诉讼制度改革的意见》和《关于办理刑事案件严格排除非法证据若干问题的规定》,规范非法证据排除程序,准确惩罚犯罪,切实保障人权,有效防范冤错案件,根据法律规定,结合司法实际,制定本规程。

第一条 采用下列非法方法收集的被告人供述,应当予以排除:

(一)采用殴打、违法使用戒具等暴力方法或者变相肉刑的恶劣手段,使被告人遭受难以忍受的痛苦而违背意愿作出的供述;

(二)采用以暴力或者严重损害本人及其近亲属合法权益等进行威胁的方法,使被告人遭受难以忍受的痛苦而违背意愿作出的供述；

（三）采用非法拘禁等非法限制人身自由的方法收集的供述。

第二条 采用暴力、威胁以及非法限制人身自由等非法方法收集的证人证言、被害人陈述，应当予以排除。

第三条 收集物证、书证不符合法定程序，可能严重影响司法公正的，应当予以补正或者作出合理解释；不能补正或者作出合理解释的，对有关证据应当予以排除。

第四条 经依法予以排除的证据，不得出示、宣读，不得作为判决的依据。

第五条 被告人及其辩护人申请排除非法证据，应当提供相关线索或者材料，但不承担刑讯逼供等非法取证的举证责任。相关"线索"是指涉嫌非法取证的人员、时间、地点、方式等线索。相关"材料"是指能够反映非法取证的伤情照片、体检记录、医院病历、讯问笔录、讯问录音录像或者同监室人员的证言等材料。

被告人及其辩护人申请排除非法证据，应当向人民法院提交书面申请书。被告人没有辩护人且书写确有困难的，可以口头提出申请，上述情况应当记录在案，并由被告人签名或者捺印。

第六条 证据收集合法性的举证责任由人民检察院承担。

人民法院对证据收集的合法性进行调查，人民检察院未提供证据证明证据收集的合法性，或者提供的证据不能证明证据收集的合法性，经法庭审理，确认或者不能排除以非法方法收集证据情形的，对有关证据应当予以排除。

第七条 开庭审理前，承办法官应当阅卷，并对证据收集的合法性进行审查：

（一）被告人在侦查、审查起诉阶段是否提出排除非法证据申请；提出申请的，是否提供相关线索或者材料。

（二）侦查机关、人民检察院是否对证据收集的合法性进行调查核实；调查核实的，是否作出调查结论。

（三）对于重大案件，人民检察院驻看守所检察人员在侦查终结前是否核查讯问的合法性，是否对核查过程同步录音录像；进行核查的，是否作出核查结论。

（四）人民检察院在审查逮捕、审查起诉阶段排除的非法证据是否随案移送并写明为依法排除的非法证据。

（五）被告人提出排除非法证据申请，并提供相关线索或者材料的，是否已经委托辩护人或者申请法律援助。

人民法院对证据收集的合法性进行审查后，认为需要补充证据材料的，应当通知人民检察院在三日内补送。

第八条 人民法院向被告人及其辩护人送达起诉书副本时，应当告知其有权在开庭审理前申请排除非法证据，对提出申请的，应当告知其提供相关线索或者材料。上述情况应当记录在案。

被告人申请排除非法证据，但没有辩护人的，人民法院可以通知法律援助机构指派律师为其提供辩护。

第九条 被告人及其辩护人申请排除非法证据，应当在开庭审理前提出，但在庭审期间发现相关线索或者材料等情形除外。

第十条 被告人及其辩护人申请排除非法证据，未提供相关线索或者材料，或者提供的线索或者材料不符合要求的，人民法院应当告知其补充提交。被告人及其辩护人未能补充或者补充后仍然不符合要求的，人民法院对申请不予受理，并在开庭审理前告知被告人及其辩护人。上述情况应当记录在案。

被告人及其辩护人申请排除非法证据，并提供相关线索或者材料的，人民法院应当召开庭前会议，并在召开庭前会议三日前将申请书和相关线索或者材料的复制件送交人民检察院。

第十一条　对于可能判处无期徒刑、死刑或者黑社会性质组织犯罪、严重毒品犯罪等重大案件，被告人在驻看守所检察人员对讯问的合法性进行核查询问时，明确表示侦查阶段不存在刑讯逼供等非法取证情形，在审判阶段又提出排除非法证据申请的，应当说明理由。人民法院经审查对证据收集的合法性没有疑问的，可以驳回申请。

驻看守所检察人员在重大案件侦查终结前未对讯问的合法性进行核查询问，或者未对核查询问过程同步录音录像，被告人及其辩护人在审判阶段提出排除非法证据申请，提供相关线索或者材料，人民法院对证据收集的合法性有疑问的，应当依法进行调查。

第十二条　在庭前会议中，人民法院对证据收集的合法性进行审查的，一般按照以下步骤进行：

（一）被告人及其辩护人说明排除非法证据的申请及相关线索或者材料；

（二）公诉人提供证明证据收集合法性的证据材料；

（三）控辩双方对证据收集的合法性发表意见；

（四）控辩双方对证据收集的合法性未达成一致意见的，审判人员归纳争议焦点。

第十三条　在庭前会议中，人民检察院应当通过出示有关证据材料等方式，有针对性地对证据收集的合法性作出说明。人民法院可以听取意见、核实情况，经控辩双方申请，可以有针对性地播放讯问录音录像。

人民检察院可以决定撤回有关证据。撤回的证据，应当随案移送并写明为撤回的证据，没有新的理由，不得在庭审中出示。

被告人及其辩护人可以撤回排除非法证据的申请。撤回申请后，没有新的线索或者材料，不得再次对有关证据提出排除申请。

第十四条　审判人员应当在庭前会议报告中说明证据收集合法性的审查情况，主要包括控辩双方的争议焦点以及就相关事项达成的一致意见等内容。

第十五条　法庭在庭前会议中对证据收集合法性进行审查的，应当在法庭调查开始前宣布审查情况。对于庭前会议中对证据收集合法性达成一致意见的，法庭向控辩双方核实后当庭予以确认；对于未达成一致意见的，法庭可以归纳争议焦点，听取控辩双方意见，并依法作出处理。

控辩双方在庭前会议中对证据收集是否合法达成一致意见后，又在庭审中提出异议的，除有正当理由外，法庭一般不再进行审查。

第十六条　控辩双方在庭前会议中对证据收集是否合法未达成一致意见，公诉人提供的相关证据材料不能明确排除非法取证情形，人民法院对证据收集的合法性有疑问的，应当在庭审中进行调查；公诉人提供的相关证据材料能够明确排除非法取证情形，人民法院对证据收集的合法性没有疑问，且没有新的线索或材料表明可能存在非法取证的，可以不再进行调查。

第十七条　被告人及其辩护人在开庭审理前未申请排除非法证据，在庭审过程中又提出申请的，应当说明理由。人民法院经审查，对证据收集的合法性有疑问的，应当进行调查;没有疑问的,应当驳回申请。

人民法院驳回排除非法证据的申请后,被告人及其辩护人没有新的线索或者材料,以相同理由再次提出申请的,人民法院不再审查。

第十八条 人民法院决定对证据收集的合法性进行法庭调查的,应当先行当庭调查。

为防止庭审过分迟延,有下列情形之一的,可以在法庭调查结束前进行调查:

(一)多名被告人及其辩护人申请排除非法证据的;

(二)其他犯罪事实与被申请排除的证据没有关联的。

在对证据收集合法性的法庭调查程序结束前,不得对有关证据出示、宣读。

第十九条 法庭决定对证据收集的合法性进行调查的,一般按照以下步骤进行:

(一)召开庭前会议的案件,法庭宣布庭前会议中对证据收集合法性的审查情况,以及控辩双方的争议焦点;

(二)被告人及其辩护人在庭审中提出排除非法证据申请的,法庭应当说明启动调查程序的理由,并确定调查重点;

(三)公诉人出示证明证据收集合法性的证据材料,被告人及其辩护人可以对相关证据进行质证,经审判长准许,可以向出庭的侦查人员或者其他人员发问;

(四)控辩双方对证据收集的合法性进行质证、辩论。

第二十条 公诉人可以出示讯问笔录、提讯登记、体检记录、采取强制措施或者侦查措施的法律文书、侦查终结前对讯问合法性的核查材料等证据材料,也可以针对被告人及其辩护人提出异议的讯问时段播放讯问录音录像,提请法庭通知侦查人员或者其他人员出庭说明情况。不得以侦查人员签名并加盖公章的说明材料替代侦查人员出庭。

庭审中,公诉人当庭不能举证或者为提供新的证据需要补充侦查,建议延期审理的,法庭可以同意。

第二十一条 被告人及其辩护人可以出示相关线索或者材料,并申请法庭播放特定讯问时段的讯问录音录像。

被告人及其辩护人向人民法院申请调取侦查机关、人民检察院收集但未提交的讯问录音录像、体检记录等证据材料,人民法院经审查认为该证据材料与证据收集的合法性有关的,应当予以调取;认为与证据收集的合法性无关的,应当决定不予调取,并向被告人及其辩护人说明理由。

被告人及其辩护人申请人民法院通知侦查人员或者其他人员出庭说明情况,人民法院认为确有必要的,可以通知上述人员出庭。

第二十二条 法庭对证据收集的合法性进行调查的,应当重视对讯问录音录像的审查,重点审查以下内容:

(一)讯问录音录像是否依法制作:对于可能判处无期徒刑、死刑的案件或者其他重大犯罪案件,是否对讯问过程进行录音录像并全部随案移送。

(二)讯问录音录像是否完整:是否对每一次讯问过程录音录像,录音录像是否全程不间断进行,是否有选择性录制、剪接、删改等情形。

(三)讯问录音录像是否同步制作:录音录像是否自讯问开始时制作,至犯罪嫌疑人核对讯问笔录、签字确认后结束;讯问笔录记载的起止时间是否与讯问录音录像反映的起止时间一致。

(四)讯问录音录像与讯问笔录的内容是否存在差异:对与定罪量刑有关的内容,讯问笔录记载的内容与讯问录音录像是否存在差异；存在实质性差异的，以讯问录音录像为准。

第二十三条　侦查人员或者其他人员出庭的，应当向法庭说明证据收集过程，并就相关情况接受发问。对发问方式不当或者内容与证据收集的合法性无关的，法庭应当制止。

经人民法院通知，侦查人员不出庭说明情况，不能排除以非法方法收集证据情形的，对有关证据应当予以排除。

第二十四条　人民法院对控辩双方提供的证据来源、内容等有疑问的，可以告知控辩双方补充证据或者作出说明；确有核实必要的，可以宣布休庭，对证据进行调查核实。庭外调查、核实情况，必要时可以通知公诉人、辩护人到场，公诉人或者辩护人不到场的，应当记录在案。

控辩双方补充和庭外调查核实取得的证据，未经当庭出示、质证等法庭调查程序查证属实，不得作为证明证据收集合法性的根据。

第二十五条　人民法院对证据收集的合法性进行调查后，应当当庭作出是否排除有关证据的决定。必要时可以宣布休庭，由合议庭评议或者提交审判委员会讨论，再次开庭时宣布决定。

第二十六条　经法庭审理，具有下列情形之一的，对有关证据应当予以排除：

（一）确认属于以非法方法收集证据情形的；

（二）对于应当对讯问过程录音录像的案件没有提供讯问录音录像，或者讯问录音录像存在选择性录制、剪接、删改等情形，现有证据不能排除以非法方法收集证据情形的；

（三）对于侦查机关没有在规定的办案场所讯问，现有证据不能排除以非法方法收集证据情形的；

（四）对于检察人员在重大案件侦查终结前未对讯问合法性进行核查，或者未对核查过程同步录音录像，或者录音录像存在选择性录制、剪接、删改等情形，现有证据不能排除以非法方法收集证据情形的；

（五）其他不能排除存在以非法方法收集证据情形的。

第二十七条　人民法院对证人证言、被害人陈述、物证、书证等证据收集合法性的审查、调查，参照上述规定。

第二十八条　人民检察院、被告人及其法定代理人提出抗诉、上诉，对第一审人民法院有关证据收集合法性的审查、调查结论提出异议的，第二审人民法院应当审查。

第二十九条　被告人及其辩护人在第一审程序中未提出排除非法证据的申请，在第二审程序中提出申请，有下列情形之一的，第二审人民法院应当审查：

（一）第一审人民法院没有依法告知被告人申请排除非法证据的权利的；

（二）被告人及其辩护人在第一审庭审后发现涉嫌非法取证的相关线索或者材料的。

第三十条　人民检察院应当在第一审程序中全面出示证明证据收集合法性的证据材料。

人民检察院在第一审程序中未出示证明证据收集合法性的证据，第一审人民法院依法排除有关证据的，人民检察院在第二审程序中不得出示之前未出示的证据，但在第一审程序后发现的除外。

第三十一条　第二审人民法院对证据收集合法性的调查，参照上述第一审程序的规定。

第三十二条 第一审人民法院对被告人及其辩护人排除非法证据的申请未予审查，并以有关证据作为定案的根据，可能影响公正审判的，第二审人民法院可以裁定撤销原判，发回原审人民法院重新审判。

第三十三条 第一审人民法院对依法应当排除的非法证据未予排除的，第二审人民法院可以依法排除相关证据。排除非法证据后，应当按照下列情形分别作出处理：

（一）原判决认定事实和适用法律正确、量刑适当的，应当裁定驳回上诉或者抗诉，维持原判；

（二）原判决认定事实没有错误，但适用法律有错误，或者量刑不当的，应当改判；

（三）原判决事实不清或者证据不足的，可以在查清事实后改判；也可以裁定撤销原判，发回原审人民法院重新审判。

第三十四条 审判监督程序、死刑复核程序中对证据收集合法性的审查、调查，参照上述规定。

第三十五条 本规程自发布之日起试行。

第二节 审判实践中的疑难新型问题

一、证明标准

问题1. 对案件事实结论应坚持"唯一性"证明标准

【最高人民检察院指导案例】于某生申诉案（检例第25号）

【基本案情】

于某生，男，1962年3月生。

1996年12月2日，于某生的妻子韩某在家中被人杀害。安徽省蚌埠市中区公安分局侦查认为于某生有重大犯罪嫌疑，于1996年12月12日将其刑事拘留。1996年12月21日，蚌埠市中市区人民检察院以于某生涉嫌故意杀人罪，将其批准逮捕。在侦查阶段的审讯中，于某生供认了杀害妻子的主要犯罪事实。蚌埠市中区公安分局侦查终结后，移送蚌埠市中市区人民检察院审查起诉。蚌埠市中市区人民检察院审查后，依法移送蚌埠市人民检察院审查起诉。1997年12月24日，蚌埠市人民检察院以涉嫌故意杀人罪对于某生提起公诉。蚌埠市中级人民法院一审判决认定以下事实：1996年12月1日，于某生一家三口在逛商场时，韩某将2800元现金交给于某生让其存入银行，但却不愿告诉这笔钱的来源，引起于某生的不满。12月2日7时20分，于某生送其子去上学，回家后再次追问韩某2800元现金是哪来的。因韩某坚持不愿说明来源，二人发生争吵厮打。厮打过程中，于某生见韩某声音越来越大，即恼羞成怒将其推倒在床上，然后从厨房拿了一根塑料绳，将韩某的双手拧到背后捆上。接着又用棉被盖住韩某头面部并隔着棉被用双手紧捂其口鼻，将其捂昏迷后匆忙离开现场到单位上班。约9时50分，于某生从单位返回家中，发现韩某已经死亡，便先解开捆绑韩某的塑料绳，用菜刀对韩某的颈部割了数刀，然后将其内衣向上推至胸部、将其外面穿的毛线衣拉平,并将尸体翻成俯卧状。接着又将屋内家具的柜门、抽屉拉开,将物品翻乱,造成家中被抢劫、韩某被奸杀的假象。临走时,于某生又将液化气打开并点燃一根蜡烛放在床头柜上的烟灰缸里,企图使液化气排放到一定程度,烛火引燃液化气,达到烧毁现场的目的。后因被及时发现而未引燃。经法医鉴定:死者韩某口、鼻腔受暴力作用,致机械性窒息死亡。

【诉讼过程】

1998年4月7日,蚌埠市中级人民法院以故意杀人罪判处于某生死刑,缓期二年执行。于某生不服,向安徽省高级人民法院提出上诉。

1998年9月14日,安徽省高级人民法院以原审判决认定于某生故意杀人的部分事实不清,证据不足为由,裁定撤销原判,发回重审。被害人韩某的父母提起附带民事诉讼。

1999年9月16日,蚌埠市中级人民法院以故意杀人罪判处于某生死刑,缓期二年执行。于某生不服,再次向安徽省高级人民法院提出上诉。

2000年5月15日,安徽省高级人民法院以原审判决事实不清,证据不足为由,裁定撤销原判,发回重审。

2000年10月25日,蚌埠市中级人民法院以故意杀人罪判处于某生无期徒刑。于某生不服,向安徽省高级人民法院提出上诉。2002年7月1日,安徽省高级人民法院裁定驳回上诉,维持原判。

2002年12月8日,于某生向安徽省高级人民法院提出申诉。2004年8月9日,安徽省高级人民法院驳回于某生的申诉。后于某生向安徽省人民检察院提出申诉。

安徽省人民检察院经复查,提请最高人民检察院按照审判监督程序提出抗诉。最高人民检察院经审查,于2013年5月24日向最高人民法院提出再审检察建议。

【建议再审理由】

最高人民检察院审查认为,原审判决、裁定认定于某生故意杀人的事实不清,证据不足,案件存在的矛盾和疑点无法得到合理排除,案件事实结论不具有唯一性。

一、原审判决认定事实的证据不确实、不充分。一是根据安徽省人民检察院复查调取的公安机关侦查内卷中的手写"现场手印检验报告"及其他相关证据,能够证实现场存在的2枚指纹不是于某生及其家人所留,但侦查机关并未将该情况写入检验报告。原审判决依据该"现场手印检验报告"得出"没有发现外人进入现场的痕迹"的结论与客观事实不符。二是关于于某生送孩子上学以及到单位上班的时间,缺少明确证据支持,且证人证言之间存在矛盾。原审判决认定于某生9时50分回家伪造现场,10时20分回到单位,而于某生辩解其在10时左右回到单位,后接到传呼并用办公室电话回此传呼,并在侦查阶段将传呼机提交侦查机关。安徽省人民检察院复查及最高人民检察院审查时,相关人员证实侦查机关曾对有关人员及传呼机信息问题进行了调查,并调取了通话记录,但案卷中并没有相关调查材料及通话记录,于某生关于在10时左右回到单位的辩解不能合理排除。因此依据现有证据,原审判决认定于某生具有20分钟作案时间和30分钟伪造现场时间的证据不足。

二、原审判决定罪的主要证据之间存在矛盾。原审判决认定于某生有罪的证据主要是现场勘查笔录、尸检报告以及于某生曾作过的有罪供述。而于某生在侦查阶段虽曾作过有罪供述,但其有罪供述不稳定,时供时翻,供述前后矛盾。且其有罪供述与现场勘查笔录、尸检报告等证据亦存在诸多不一致的地方,如于某生曾作有罪供述中有关菜刀放置的位置、拽断电话线、用于点燃蜡烛的火柴梗丢弃在现场以及与被害人发生性行为等情节与现场勘查笔录、尸检报告等证据均存在矛盾。

三、原审判决认定于某生故意杀人的结论不具有唯一性。根据从公安机关侦查内卷中调取的手写"手印检验报告"以及DNA鉴定意见，现场提取到外来指纹，被害人阴道提取的精子也不是于某生的精子，因此存在其他人作案的可能。同时，根据侦查机关蜡烛燃烧试验反映的情况，该案存在杀害被害人并伪造现场均在8时之前完成的可能。原审判决认定于某生故意杀害韩某的证据未形成完整的证据链，认定的事实不能排除合理怀疑。

【案件结果】

2013年6月6日，最高人民法院将最高人民检察院再审检察建议转安徽省高级人民法院。2013年6月27日，安徽省高级人民法院对该案决定再审。2013年8月5日，安徽省高级人民法院不公开开庭审理了该案。安徽省高级人民法院审理认为，原判决、裁定根据于某生的有罪供述、现场勘查笔录、尸体检验报告、刑事科学技术鉴定、证人证言等证据，认定原审被告人于某生杀害了韩某。但于某生供述中部分情节与现场勘查笔录、尸体检验报告、刑事科学技术鉴定等证据存在矛盾，且韩某阴道擦拭纱布及三角内裤上的精子经DNA鉴定不是于某生的，安徽省人民检察院提供的侦查人员从现场提取的没有比对结果的他人指纹等证据没有得到合理排除，因此原审判决、裁定认定于某生犯故意杀人罪的事实不清、证据不足，指控的犯罪不能成立。2013年8月8日，安徽省高级人民法院作出再审判决：撤销原审判决裁定，原审被告人于某生无罪。

【要旨】

坚守防止冤假错案底线，是保障社会公平正义的重要方面。检察机关既要依法监督纠正确有错误的生效刑事裁判，又要注意在审查逮捕、审查起诉等环节有效发挥监督制约作用，努力从源头上防止冤假错案发生。在监督纠正冤错案件方面，要严格把握纠错标准，对于被告人供述反复，有罪供述前后矛盾，且有罪供述的关键情节与其他在案证据存在无法排除的重大矛盾，不能排除有其他人作案可能的，应当依法进行监督。

【指导意义】

1. 对案件事实结论应当坚持"唯一性"证明标准。《刑事诉讼法》第一百九十五条①第一项规定："案件事实清楚，证据确实、充分，依法律认定被告人有罪的，应当作出有罪判决。"《刑事诉讼法》第五十三条②第二款对于认定"证据确实、充分"的条件进行了规定："（一）定罪量刑的事实都有证据证明；（二）据以定案的证据均经法定程序查证属实；（三）综合全案证据，对所认定的案件事实已排除合理怀疑。"排除合理怀疑，要求对于认定的案件事实，从证据角度已经没有符合常理的、有根据的怀疑，特别在是否存在犯罪事实和被告人是否实施了犯罪等关键问题上，确信证据指向的案件结论具有唯一性。只有坚持对案件事实结论的唯一性标准，才能够保证裁判认定的案件事实与客观事实相符，最大限度避免冤假错案的发生。

2. 坚持全面收集证据，严格把握纠错标准。在复查刑事申诉案件过程中，除全面审查原有证据外，还应当注意补充收集、调取能够证实被告人有罪或者无罪、犯罪情节轻

---

① 现为《中华人民共和国刑事诉讼法》（2018年修正）第二百条。
② 现为《中华人民共和国刑事诉讼法》（2018年修正）第五十五条。

重的新证据,通过正向肯定与反向否定,检验原审裁判是否做到案件事实清楚,证据确实、充分。要坚持疑罪从无原则,严格把握纠错标准,对于被告人有罪供述出现反复且前后矛盾,关键情节与其他在案证据存在无法排除的重大矛盾,不能排除有其他人作案可能的,应当认为认定主要案件事实的结论不具有唯一性。人民法院据此判决被告人有罪的,人民检察院应当按照审判监督程序向人民法院提出抗诉,或者向同级人民法院提出再审检察建议。

问题2. 如何把握"事实清楚,证据确实、充分"这一法定证明标准的主客观相统一性?

【刑事审判参考案例】袁某抢劫、破坏电力设备案[①]

一、基本案情

某市中级人民法院经公开审理查明:

1. 2006年6月29日20时许,被告人袁某伙同被告人刘某(被判处无期徒刑)、另一同案犯(另案处理),在广东省某市一路口持刀对摩托车司机被害人黄某某实施抢劫。袁某、刘某各持水果刀朝黄某某的胸部、背部等处乱刺,致黄某某死亡。袁某从黄某某身上劫得现金人民币(以下币种同)70余元,刘某欲抢走黄某某价值1450元的摩托车,但未能启动。

2. 2006年9月20日晨,袁某见其房东被害人陈某某身上有钱,遂生盗窃之念。当日23时许,袁某用小刀撬开广东省某县某村陈某某住处的房门,进屋翻找财物。陈某某被吵醒,袁某遂持房内的砖头砸陈某某头部,又用床上的枕头捂压陈的口鼻,用身体压住陈的胸部,致陈死亡。其间,陈某某反抗,用手抓伤袁某的颈部。袁某将陈某某的尸体搬到屋内的水缸中藏匿,搜走陈的800余元现金后逃离现场。

3. 2007年5月,袁某伙同马某、蔡某某(均另案处理)先后3次盗剪广东省某电力公司正常供电的电线共计470米,造成部分工业用户和住宅用户停电。

某市中级人民法院认为,被告人袁某伙同他人采用暴力手段劫取财物,致1人死亡;又在入户盗窃被发现时当场使用暴力劫取财物,致1人死亡;还伙同他人破坏电力设备,危害公共安全,其行为分别构成抢劫罪、破坏电力设备罪,依法应当数罪并罚。袁某曾因故意犯罪被判处有期徒刑以上刑罚,在刑罚执行完毕后五年内又犯应当判处有期徒刑以上刑罚之罪,系累犯,依法应当从重处罚。关于袁某及其辩护人所提袁某具有自首情节和立功表现的辩解和辩护意见,经查不实,均不予采纳。据此,依照《刑法》第二百六十三条第一项、第五项,第一百一十八条,第二十五条第一款,第六十五条第一款,第五十七条第一款,第五十九条,第六十九条之规定,某市中级人民法院判决如下:

被告人袁某犯抢劫罪,判处死刑,剥夺政治权利终身,并处没收个人全部财产;犯破坏电力设备罪,判处有期徒刑三年;决定执行死刑,剥夺政治权利终身,并处没收个人全部财产。

[①] 胡晓明、李静然撰稿,马岩审编:《袁某抢劫、破坏电力设备案——如何把握刑事诉讼证明标准的主客观相统一性(第1010号)》,载中华人民共和国最高人民法院刑事审判第一、二、三、四、五庭主办:《刑事审判参考》2014年第4集(总第99集),法律出版社2015年版,第59~67页。

一审宣判后,被告人袁某未提起上诉。某市中级人民法院将判处袁某死刑的判决报送广东省高级人民法院复核。

广东省高级人民法院经复核认为,原判认定被告人袁某抢劫致死黄某某事实中的关键证据刀具上的血迹DNA鉴定结论,以及袁某抢劫致死陈某某事实中相关的DNA鉴定结论均未列为证据使用,可能影响事实认定和案件的公正审判,遂裁定撤销原判,发回重新审判。

某市中级人民法院另行组成合议庭,经重新公开审理后作出相同判决。

宣判后,被告人袁某向广东省高级人民法院提起上诉。袁某上诉提出:其因破坏电力设备被逮捕,归案后主动交代了公安机关尚未掌握的抢劫黄某某和陈某某的罪行,应当认定具有自首情节;其主动提供了同案人刘某和"陈某"的工作单位、住址、日常活动范围等情况,对公安机关抓获刘某起到了非常重要的作用,应当认定具有重大立功表现;所有的证人证言都与案件没有直接关系,其不是被举报的,而是主动供述犯罪事实,认罪态度好。其辩护人提出,本案认定袁某抢劫陈某某的犯罪事实不清、证据不足,建议二审法院酌情判决。

广东省高级人民法院经公开审理认为,被告人袁某伙同他人采用暴力手段劫取财物,致1人死亡,其行为构成抢劫罪;伙同他人破坏电力设备,危害公共安全,其行为又构成破坏电力设备罪,依法应当数罪并罚。袁某在抢劫致死黄某某一案中,犯罪手段残忍,危害后果严重,起主要作用,系主犯,罪行极其严重。袁某有犯罪前科,但袁某犯该罪时不满十八周岁,依法不应认定为累犯。原审判决认定袁某抢劫杀害黄某某的犯罪事实,以及袁某破坏电力设备的犯罪事实清楚,证据确实、充分,定罪准确,量刑适当,审判程序合法。但原审判决认定袁某抢劫致死陈某某的事实不清,证据不足,不予认定。对袁某及其辩护人提出袁某抢劫陈某某事实不清的意见,予以采纳,其他意见经查不能成立,不予采纳。据此,依照《刑法》第二百六十三条第五项,第一百一十八条,第二十五条第一款,第二十六条第一款、第四款,第六十五条第一款,第四十八条,第五十七条第一款,第五十九条,第六十九条,第十二条和《刑事诉讼法》(1996年)第一百八十九条第一项、第一百九十九条以及《最高人民法院关于〈中华人民共和国刑法修正案(八)〉时间效力问题的解释》第三条之规定,广东省高级人民法院裁定驳回上诉,维持原判,并依法报请最高人民法院核准。

最高人民法院经复核认为,被告人袁某的行为分别构成抢劫罪、破坏电力设备罪。袁某伙同他人持刀抢劫,致1人死亡,犯罪情节恶劣,手段残忍,社会危害大,罪行极其严重,依法应当惩处。在共同犯罪中,袁某提起犯意,持刀捅刺被害人要害部位多刀,起主要作用,系主犯,应当按照其所参与的全部犯罪处罚。袁某曾因犯罪被判刑,在刑罚执行完毕后五年内又犯罪,虽因犯前罪时不满十八周岁,不构成累犯,但仍体现出其主观恶性深,人身危险性大。对袁某所犯数罪,依法应当并罚。第二审裁定认定的事实清楚,证据确实、充分,定罪准确,量刑适当,审判程序合法。据此,依照《刑事诉讼法》第二百三十五条①、第二百三十九条②和《最高人民法院关于适用〈中华人民共和国

---

① 现为《中华人民共和国刑事诉讼法》(2018年修正)第二百四十六条。
② 现为《中华人民共和国刑事诉讼法》(2018年修正)第二百五十条。

刑事诉讼法〉的解释》第三百五十条①第一项之规定，裁定核准广东省高级人民法院维持第一审对被告人袁某以抢劫罪判处死刑，剥夺政治权利终身，并处没收个人全部财产；以破坏电力设备罪判处有期徒刑三年；决定执行死刑，剥夺政治权利终身，并处没收个人全部财产的刑事裁定。

二、主要问题

如何把握"事实清楚，证据确实、充分"这一法定证明标准的主客观相统一性？

三、裁判理由

本案中，公诉机关指控和一审法院认定被告人袁某有 2 起抢劫致人死亡的犯罪事实：第一起是 2006 年 6 月袁某伙同刘某等人抢劫致死被害人黄某某的事实；第二起是 2006 年 9 月袁某抢劫致死被害人陈某某的事实。广东省高级人民法院经审理查明了第一起抢劫事实，以事实不清、证据不足为由未认定第二起抢劫事实。最高人民法院经复核，确认了第一起抢劫事实，并据此对袁某核准死刑。袁某抢劫致死陈某某的事实证据认定，涉及对刑事诉讼法规定的证明标准的认识和把握问题。

证明标准是指法律规定的运用证据证明待证事实所要达到的程度和要求。刑事诉讼证明标准的核心是运用证据证明案件事实需要达到何种程度才可以确认犯罪并据以定罪量刑。在我国刑事诉讼中，认定被告人有罪的证明标准是"事实清楚，证据确实、充分"。2012 年修正后的《刑事诉讼法》第五十三条②在规定"证据确实、充分"条件的同时，借鉴了英美证据体系中"排除合理怀疑"的表述。这一规定是对我国刑事诉讼证明标准的科学完善，旨在进一步确立主客观相统一的证明标准。"事实清楚，证据确实、充分"的标准主要体现了刑事诉讼证明标准的客观性，侧重于对证据本身质和量的要求。但是，对于诉讼证明是否达到这一客观标准，需要由法官根据控方的举证活动，结合自身的专业知识和经验、常识，形成主观认知和内心确信。法官需要以"事实清楚，证据确实、充分"为客观标准，通过主观上达到"排除合理怀疑"的内心确信程度，从而作出有罪裁判。因此，刑事诉讼证明标准实际上包含着主客观这两个相辅相成、不可分割的方面。在两者的关系上，客观标准是衡量主观标准的依据，并对主观标准起着根本性制约作用，有利于避免主观标准的不确定性；主观标准是客观标准实现的途径，有利于防止客观标准的机械性。审判工作中，应当坚持主客观相统一的原则，既不能机械地执行客观标准，也不能过分强调主观标准，尤其在当前配套制度尚不完备的情况下，为防范冤假错案的发生，主观标准更应受到客观标准的制约。本案对袁某抢劫致死陈某某犯罪事实的认定，就体现了主客观相统一的刑事诉讼证明标准的运用，特别是如何看待内心确信问题。

关于被告人袁某抢劫致死被害人陈某某的事实，主要有以下证据证实：（1）侦破经过自然。2006 年 9 月 20 日晚，陈某某失踪后，公安人员对周围租户进行走访，当时即对袁某进行初步调查并采集了袁某颈部有伤痕的照片。但因未发现陈某某的尸体，故未进一步开展工作。2007 年 9 月 1 日，陈某某尸体在其屋内水缸中被发现后，公安人员经深入调查，发现案发时袁某及其女友曾在陈某某出租屋租住，没有固定职业和经济来源，案发前陈某某向袁某及其女友展示随身财物，案发后袁某脖子上有伤痕，遂认定袁某有

---

① 现为《最高人民法院关于适用〈中华人民共和国刑事诉讼法〉的解释》（2021 年）第四百二十九条。
② 现为《中华人民共和国刑事诉讼法》（2018 年修正）第五十五条。

重大作案嫌疑。经查，化名"袁强"的袁某已因破坏电力设备被逮捕。通过对伙同袁某破坏电力设备的蔡某某及同监人员张某某、曹某进行调查，掌握了袁某抢劫杀害陈某某的重要证据。经审讯，袁某亦供认了其抢劫杀害陈某某并藏尸于屋内水缸中的犯罪事实。(2) 相关人员证实袁某涉案。袁某破坏电力设备犯罪的同案人蔡某某证实，袁某曾向其透露自己在某村抢劫杀害房东并藏尸水缸。同监人员张某某、曹某证实，袁某自称在某村入室盗窃时在水缸中发现房东尸体。上述证言均直接来源于袁某，且取证时间在袁某供述之前，是证实袁某涉案的直接言词证据。(3) 袁某有作案动机和条件。在陈某某失踪时袁某租住在陈某某房间旁的出租屋内，有作案条件。袁某无固定工作和经济来源。附近租户甘某某证实，案发前看到陈某某向袁某及其女友展示身上的现金。陈某某的胞弟也证实，陈某某随身携带现金，且喜爱向他人炫耀，印证了袁某供称看到陈某某身上带有大量现金，遂起意盗抢的作案动机。(4) 袁某案发后形迹异常。证人王某某、吴某某证实，在陈某某失踪后看到袁某颈部有抓痕。案发一年后袁某归案，法医亦检出其脖颈处有伤痕。二审期间经补查，调取了2006年9月24日晚公安人员走访陈某某失踪案时给袁某拍摄的照片，显示袁某右颈部有一条明显血痕。印证了袁某供述的陈某某反抗时将其抓伤的情节。(5) 袁某不仅在侦查阶段多次供认犯罪，且在中级法院两次一审、高级法院复核审、二审庭审期间均供认不讳，直至二审庭审后才翻供称未抢劫杀害陈某某，但在最高人民法院复核提讯时又作有罪供述。且其有罪供述较为详细、具体，其中一些作案细节与其他证据吻合，如袁某所供其用砖头砸陈某某头部，床铺草席及床板上留有血迹的情节，与发现尸体前第一次勘查现场的情况一致；袁某所供其用枕头捂压陈某某口鼻、用身体压陈胸口的作案手段，与尸体鉴定意见证实死者有窒息征象、肋骨骨折的情况吻合；袁某所供藏尸地点、尸体形态及尸体覆盖物等情况，与现场勘验、检查笔录一致。而且，个别证据的提取具有先供后证的特点，如袁某供述其将装书的竹筐扔到阁楼上，公安机关虽在第一次勘查现场时已发现阁楼上的竹筐，但根据袁某的供述再次勘查时，才发现了竹筐上遗留的书纸残片；袁某供述其用小刀拨开门闩进入现场，搬家时将小刀遗留在出租屋中，公安机关根据袁某的供述再次勘查，发现门闩上有撬痕，并从出租屋租户叶某某处提取了袁某遗留在房内的小刀，后袁某辨认确认该刀就是其用来拨开门闩的小刀。(6) 死者系陈某某的可能性很大。陈某某系独居老人，失踪前并未离开居住地，发现尸体现场系陈某某的住处，尸体头发灰白、大部分脱落，陈某某亲属辨认确认尸体上的衣物就是陈某某平时所穿的衣物，结合陈某某的失踪时间、死者死因及损伤情况与袁某所供作案时间、手段吻合等情节，死者系陈某某的可能性很大。

上述证据表明，被告人袁某在被害人陈某某失踪时租住在现场旁，有便利的作案条件；无经济来源且目睹被害人炫耀财物，有抢劫作案动机；脖颈处有抓伤，有作案嫌疑；且到案后较为稳定地供认犯罪，其有罪供述在一些细节上与在案的其他证据吻合，个别证据具有先供后证的特点。因此，根据经验法则，并结合一定的逻辑分析，从内心确信的角度看，本起犯罪系袁某所为的可能性很大。但是，从"事实清楚，证据确实、充分"这一法定证明标准的客观性看，证实该起犯罪系袁某所为的证据存在较为明显的缺陷，尚不能达到法定的证明标准。具体分析如下：

第一，现有证据不能有力证明案件主要事实。(1) 公安机关勘查发现的现场门闩上的痕迹、阁楼竹筐上的书籍残片及提取的小刀等，虽系先供后证，但与犯罪事实的关联性不强，均不能直接证实本案系被告人袁某所为。(2) 尸体并非根据袁某的供述发现，尸检在袁某供述前进行,尸体藏匿地点、藏匿方式、现场血迹、屋内物品及陈某某向袁某展示财物等情节,有的在第一、二次勘查现场时已记录在卷,有的在调查走访时已经掌握,时间均在袁某供认犯罪之前,属于先证后供,证明力不强。(3)袁某破坏电力设备的同案人蔡某某、同监人员张某某、曹某均系在押人员,其证言证明力受到一定影响,并在后期遭到袁某的否认。从已经暴露的一些冤错案件的情况看,对于"狱侦耳目"的证言应当慎重使用。且张某某、曹某证实,袁某在房东房内盗窃时发现水缸内有死人,此内容反而能够印证袁某否认犯罪后的辩解。(4)袁某颈部的伤痕,也不能排除其他原因造成的可能性,不足以证明袁某实施了抢劫犯罪。

第二,未能提取到部分重要物证和证人证言。(1)由于第一次勘查现场不细致,袁某归案后因时隔太久丧失取证条件,袁某供述的用于砸房东头部的砖块、用于擦拭血迹的旧衣服等,均未能提取。(2)袁某供述,作案时被借住其出租屋的朋友"邹某"看见,作案后曾告诉其女友"陈某"。但"邹某""陈某"的身份情况不明,公安机关未能找到二人,无法进一步印证袁某的供述。

第三,作案手段、死因无法得出确切结论。(1)关于致死被害人的手段,袁某在侦查阶段供述用枕头捂压陈某某的口鼻,并用身体压住陈的胸口,但在审查起诉及庭审阶段又否认使用过枕头,称用手掐扼陈某某颈部致其死亡,由此被害人肋骨骨折的情况得不到合理解释。(2)关于被害人的死因,由于尸体部分白骨化,尸检只能给出"符合窒息死亡特征"的鉴定意见,但死者系何种原因导致的窒息死亡,尸检报告无法给出确切意见。(3)关于被害人是否及如何受伤流血的问题,尸检鉴定根据"现场木板床南侧端的木板上及草席上有血迹"的情况,给出"不能排除其头面部白骨化部分及口、鼻腔损伤致流血的可能"的意见,无法得出被害人究竟是什么部位流血、因何流血的确切结论。因此,受尸体部分白骨化、鉴定条件不充分的客观条件制约,尸检鉴定意见不具有唯一性、排他性。

第四,无法准确认定被害人尸骨何时被藏于水缸之内。公安人员在 2006 年 9 月 25 日首次勘查现场时没有发现被害人尸体,在 2007 年 9 月 1 日接陈某某的胞弟称在陈某某房内水缸中发现尸骨的报案后,再次勘查现场才发现尸体。陈某某的胞弟证实,在公安机关首次勘查现场约半个月后,其将现场的门锁打掉,此后现场没有再锁门。因此,从案发半个多月后至发现尸骨的近一年的时间里,现场处于可以随意出入的状态,无法准确认定被害人的尸骨究竟何时被藏于水缸之内。

第五,死者身份无法得到准确确认。被害人尸体被发现时已高度腐败,需要进行 DNA 检验鉴定才能准确认定尸体身份。然而,经两次 DNA 鉴定,尸体肋软骨未见有效基因分型。现场床铺草席上的血迹虽在第一次鉴定时检出基因分型,但无法认定是陈某某的血,再次检验时,草席上的血迹甚至没有再检出基因分型。经咨询法医,尸体肋软骨已经腐败,无法再进行检验;草席上的血迹没有保留,且原鉴定意见中草席上血迹的基因分型不能在重新鉴定时直接使用;如要重新鉴定,需提取到被害人的牙齿或长骨,但因陈某某没有父母、子女,缺乏直接的亲缘关系认定对象,根据目前的鉴定技术,鉴定后仍不能确认死者为陈某某。

由上述分析可见,对于抢劫致死被害人陈某某的事实,虽然根据现有证据,结合办案经验和逻辑分析,系被告人袁某所为的可能性很大,但本案现场没有提取到证实袁某作案的有力客观证据,根据袁某供述提取到的个别证据价值不大,部分影响定罪量刑的关键事实缺乏确凿证据证明，证实被害人的死因、身份、死亡时间的证据尚不能排除合理怀疑，对于袁某抢劫致死陈某某的事实无法得出确定、唯一的结论。需要说明的是，与其他被告人拒不供认犯罪事实或者翻供导致事实认定困难的案件不同，袁某对于本起事实的供述较为稳定且有罪供述的细节化特征较为明显，认定本起事实的证据缺陷是除口供外其他证据的缺失和不足。二审法院和最高人民法院在本起事实的证据审查认定上，"重证据、不轻信口供"，坚持疑罪从无原则，对于虽有被告人供述，但在案证据达不到"事实清楚，证据确实、充分"这一法定证明标准的事实，不予认定。

问题 3. 根据被告人的供述、指认提取到了隐蔽性很强的物证，且与其他证明犯罪事实发生的证据互相印证，并排除串供、逼供、诱供等可能的，能否认定有罪？

【刑事审判参考案例】高某铭抢劫案[①]

一、基本案情

长春市中级人民法院经公开审理查明：2014 年 11 月 24 日晚，被告人高某铭与被害人李某珍（女，殁年 68 岁）等人在长春汽车经济技术开发区 51 街区 9 栋麻将馆打麻将，其间，高某铭起意抢劫李某珍。当日 23 时许打麻将结束后，高某铭提出送李某珍回家，李某珍同意。二人行至附近的 50 街区×栋×单元李某珍家单元门前时，高某铭用铺路方砖击打李某珍头部，将李打倒在地，致李某珍颅脑损伤死亡。高某铭抢走李某珍随身携带的现金 200 元及金项链一条（价值 2574 元）。次日，高某铭将金项链出卖，获款 2093 元。同月 28 日，公安人员将高某铭抓获。

长春市中级人民法院认为，被告人高某铭以非法占有为目的，采用暴力手段劫取他人财物，其行为已构成抢劫罪。高某铭在抢劫过程中致李某珍死亡，后果严重，应依法惩处。关于辩护人提出的高某铭没有前科劣迹、如实供述罪行、认罪态度较好、建议对其从轻处罚的辩护意见，经查，高某铭虽无前科劣迹，且能够如实供述犯罪事实，但鉴于其抢劫被害人财物并致被害人死亡，犯罪后果严重，性质恶劣，不足以从轻处罚。故对上述辩护意见不予采纳。依照《刑法》第二百六十三条第五项、第五十七条第一款、第五十九条之规定，以抢劫罪判处被告人高某铭死刑，剥夺政治权利终身，并处没收个人全部财产。

一审宣判后，被告人高某铭以其没有杀害被害人的故意，是在抢劫过程中失手致人死亡、没有前科劣迹、认罪态度好、一审量刑重为由向吉林省高级人民法院提出上诉。其辩护人提出，高某铭系初犯、偶犯，认罪态度好，愿意赔偿被害人家属经济损失，有悔罪表现，请求对其从轻处罚。

吉林省高级人民法院经公开审理认为，原审判决认定被告人高某铭抢劫的事实清楚，证据确实、充分，定罪准确，量刑适当，审判程序合法。经查，高某铭多次供述其将被

[①] 王锋永、王婷婷撰稿，周川审编：《高某铭抢劫案——根据被告人的供述、指认提取到了隐蔽性很强的物证，且与其他证据相互印证并排除串供、逼供、诱供等可能性的，可以认定有罪（第 1261 号）》，载中华人民共和国最高人民法院刑事审判第一、二、三、四、五庭主办：《刑事审判参考》总第 114 集，法律出版社 2019 年版，第 71~77 页。

害人打趴在地上后，怕被害人举报是其抢劫，所以用方砖砸被害人后脑，就是想让被害人死。故高某铭所提"我没有杀害被害人的故意，是在抢劫过程中失手致人死亡"的上诉理由不能成立；虽然高某铭系初犯，认罪态度较好，并表示愿意赔偿被害人家属的经济损失，但其犯罪情节特别恶劣，后果极其严重，其又没有赔偿能力，故对其不足以从轻处罚。依照《刑事诉讼法》第二百二十五条①第一款第一项和《刑法》第二百六十三条第五项、第五十七条第一款、第五十九条之规定，裁定驳回上诉，维持原判，并依法报请最高人民法院核准。

最高人民法院经复核认为，被告人高某铭以非法占有为目的，采用暴力手段劫取他人财物，其行为已构成抢劫罪。高某铭抢劫年近七旬老人的财物，并在抢劫过程中持砖头打击被害人头部致其死亡，其犯罪情节特别恶劣，手段残忍，所犯罪行极其严重，应依法惩处。第一审判决、第二审裁定认定的事实清楚，证据确实、充分，定罪准确，量刑适当，审判程序合法。依照《刑事诉讼法》第二百三十五条②、第二百三十九条③和《最高人民法院关于适用〈中华人民共和国刑事诉讼法〉的解释》第三百五十条④第（一）项的规定，裁定核准吉林省高级人民法院（2015）吉刑一终字第88号维持第一审以抢劫罪判处被告人高某铭死刑，剥夺政治权利终身，并处没收个人全部财产的刑事裁定。

二、主要问题

根据被告人的供述、指认提取到了隐蔽性很强的物证，且与其他证明犯罪事实发生的证据互相印证，并排除串供、逼供、诱供等可能的，能否认定有罪？在此情况下能否对被告人适用死刑？

三、裁判理由

本案中，被告人高某铭始终供认抢劫致人死亡的犯罪事实，此外再无直接证据证明犯罪行为系被告人实施；根据被告人指认提取的部分物证可以将被告人与被害人相关联，但据此认定系被告人作案，则还需要排除其他合理怀疑。因此，如何综合审查判断在案间接证据，从而认定被告人供述的真实可靠性，进而确认犯罪事实，在此情况下能否对被告人适用死刑，系本案以及类似案件的难点。

《最高人民法院、最高人民检察院、公安部、国家安全部、司法部关于办理死刑案件审查判断证据若干问题的规定》第三十四条规定："根据被告人的供述、指认提取到了隐蔽性很强的物证、书证，且与其他证明犯罪事实发生的证据互相印证，并排除串供、逼供、诱供等可能性的，可以认定有罪。"对前述问题，虽然司法解释文件作出了规定，但在具体适用环节仍需要综合、审慎判断，特别是要注意做好口供的补强工作。本案提供了主要通过审查被告人供述定罪的认定方法，诠释了关于口供补强规则。

（一）根据被告人的供述、指认提取到了隐蔽性很强的物证

1. 根据被告人高某铭指认找到其出售被害人李某珍项链的首饰加工店，赃物去向清楚。(1) 高某铭于2014年11月28日23时55分被抓获归案，到案后即供认，同月24日

---

① 现为《中华人民共和国刑事诉讼法》（2018年修正）第二百三十六条。
② 现为《中华人民共和国刑事诉讼法》（2018年修正）第二百四十六条。
③ 现为《中华人民共和国刑事诉讼法》（2018年修正）第二百五十条。
④ 现为《最高人民法院关于适用〈中华人民共和国刑事诉讼法〉的解释》（2021年）第四百二十九条。

晚其抢劫被害人一条金项链，次日将项链卖给一首饰加工店的事实。高某铭供述，抢劫的金项链是扁的、一环套一环的样式，项链上本来有一个金坠，但抢劫时把项链的挂钩拽直了，项链当时就断开了，抢劫后发现金坠没有了，出售项链时称重为9.9克，卖了2093元，收购项链的人登记了其名字和身份证号码。（2）指认笔录证明，2014年11月29日，高某铭带领公安人员指认，位于长春市黄河路与亚泰大街路口的一首饰加工店为其销赃地点。店主朱某爱证明，2014年11月25日，其以每克235元的价格收购了一男子的金项链，重9.9克，付给该男子2093元，收购的项链系黄金的水波纹项链，项链挂钩缺一半，当时登记了该男子的身份信息。公安机关后从朱某爱处调取了《金银饰品加工改制登记簿》，证明2014年11月25日，朱美爱以2093元的价格收购高某铭9.9克足金项链，所登记的出售人信息与高某铭身份信息一致。

由于高某铭归案后带领公安人员指认了其销赃的地点，店主朱某爱所证明的收购项链的时间、项链的特征、重量、收购价格等均与高某铭供述一致，且登记簿上登记的出售人身份信息与高某铭吻合，因此能够认定高某铭2014年11月25日在该首饰加工店出售一条金项链的事实。

2. 根据在案证据，亦能够认定被告人高某铭出售的金项链即为被害人李某珍生前随身所佩戴的项链。高某铭始终供述抢劫金项链的犯罪事实，且供述项链本来有个吊坠，抢劫后发现吊坠没有了，与现场血泊中提取一黄金吊坠的情况印证；被害人丈夫的证言及公安机关协查通报证明，被害人的项链为扁平的一环套一环的样式，重约10克，与高某铭证明抢劫的金项链为扁的、一环套一环的样式，以及店主证明收购的金项链为黄金水波纹项链、重9.9克的情况印证；高某铭供述，其抢劫项链时，连接吊坠的挂钩被拽断，朱某爱亦证明收购的项链挂钩缺一半，与现场勘验、检查笔录记载的提取的吊坠断裂的情况印证；高某铭出售项链的时间系李某珍被害的次日。结合上述细节特征，能够证明高某铭出售的项链系被害人李某珍的项链。

（二）在案其他证据能够证明犯罪事实的发生，且能与被告人供述及前述提取的物证相互印证

1. 证人证言、从现场提取的烟蒂证明，当晚被告人高某铭与被害人李某珍同在麻将馆打麻将，二人于当日23时许一起离开，一同走向案发现场的方向，而李某珍在当日23时30分左右即被发现遇害，时间紧凑、空间相连，可以证明高某铭有作案的时空条件，这也是确定高某铭具有作案嫌疑、并据此破案的重要线索。（1）麻将馆老板李某，当晚参与打麻将人员计某、孙某英以及孙某英丈夫高某发均证明，当晚李某珍、高某铭、计某、孙某英在麻将馆打麻将，当晚只有这一桌人玩麻将，且是最后一桌，23时许结束，散场时除上述打麻将的四人外，麻将馆内只有老板李某和孙某英丈夫高某发。高某发还证明，散场后，李某珍和高某铭一起往安庆路方向即李某珍家方向走了。高某发、李某、计某经混杂辨认，均确认高某铭就是当晚与被害人共同在麻将馆打麻将的姓高的男子。（2）公安机关从当晚李某珍使用的麻将桌下方地面提取长白山烟蒂一枚。经DNA鉴定，该烟蒂系高某铭所留。印证高某铭当晚在麻将馆打麻将的情况。（3）证人索某深证明，2014年11月24日23时30分许，其发现妻子李某珍在住所附近的×街区×栋×单元门前，被人用砖头击打头部后死亡，李某珍所戴的金项链和身上现金被抢走。

2. 现场勘验、检查笔录记载，被害人李某珍在其家单元门前被害，挎包拉链呈开启状，现场血泊中有一黄金吊坠，血泊西侧地面有一带血方砖。经DNA鉴定，从方砖上检

出李某珍血迹,证明该方砖系作案工具。与被告人高某铭供述的持方砖在被害人家单元门前打击被害人头部后抢走被害人挎包内现金及所戴金项链,后发现吊坠不见的情况印证。

3. 尸体鉴定意见证明,李某珍系钝器打击头部致颅脑损伤死亡,系他杀。所证明的被害人的死因和伤情、致伤工具分析,与被告人高某铭供述的持砖头打击被害人头部的情况印证。

(三)被告人高某铭始终稳定供述抢劫致被害人死亡的犯罪事实,所供能够与在案证据相印证,并且能够排除串供、逼供、诱供等可能

被告人高某铭自归案后第一次讯问到第一、二审庭审直至死刑复核提讯中,始终稳定供认抢劫的犯罪事实,侦查期间供述均有同步录音录像印证讯问程序的合法性。高某铭被抓获后即供认"我用砖头打了老太太后脑两下,先把项链拽走了,然后翻包,拿走200多元钱",供述非常及时,且是在很自然的状态下交代,并在现场方位图上指认当晚与被害人的行进路线、捡方砖地点、打击被害人地点等,能够排除刑讯逼供的可能,且高某铭供述稳定,至复核提讯仍供认犯罪。高某铭归案后即带领公安人员指认其捡方砖地点和作案地点,在其指认的×街区×栋北侧路口捡方砖地点可见有多块方砖;其指认的抢劫地点与李某珍被害地点一致。指认过程有全程录音录像。

(四)虽然被害人李某珍是在其家楼下被害,系开放性场所,但根据在案证据,可以确认系高某铭作案,并能排除其他合理怀疑

1. 从被害人李某珍离开麻将馆到被害,最多只有30分钟的时间,时间十分紧凑,而高某铭系当晚麻将散场后与李某珍共同离开麻将馆,并一同走向现场方向的人。

2. 被告人高某铭供述,其作案前实际上住在德惠路的旅馆,其为了预谋作案,和麻将馆的人说自己住在宽平大桥。证人高某发证明,当晚高某铭和李某珍共同往安庆路方向走了。而安庆路方向系李某珍家方向,与德惠路、宽平大桥均为相反方向。如果高某铭非作案人,则不能解释其当晚为何走相反方向,以及为何出现在被害人所在的×街区×栋。

3. 根据在案证据,能够认定高某铭在作案后次日出售了李某珍的项链。如果考虑到最极端的情况,本案是否存在高某铭不是作案人,其当晚仅是看见李某珍被害后拿走李某珍的项链的情况?按照常理,如果是看见陌生人被害倒是存在趁火打劫的可能性,而发现熟人被害却盗取财物,此种可能性极小,且明显不合常理。

4. 被告人高某铭作案后有诸多反常表现。例如:房屋租赁合同证明,高某铭在2014年11月25日更换住处,租住长春市朝阳区西安胡同15号××栋××室内的一单间,该租房时间恰为李某珍被害次日;高某铭供述,其以前使用的手机号是138440456××,该号码11月24日后就不用了,并把手机卡扔掉了,其被抓获时使用的手机号是155436682××,是作案后又购买的新手机卡;高某铭作案后将其作案当天所穿的外衣和鞋子均扔掉;等等。

综上,在本案中,确定被告人作案嫌疑的依据确实、充分;根据被告人的供述、指认提取到了被其出售的被害人李某珍遇害时佩戴的项链等隐蔽性很强的物证;被告人供述取证程序合法,所供内容尤其是细节得到在案间接证据的印证,足以作为定案的根据;全案证据能够形成完整的证据链条,证明方向一致并能排除其他合理怀疑,足以认定被告人高某铭抢劫致被害人死亡的犯罪事实。最高人民法院根据被告人高某铭抢劫致人死

亡的犯罪事实、性质、情节和对于社会的危害程度,依法核准高某铭死刑是正确的。

问题4. 如何运用间接证据认定交通肇事者将被害人带离事故现场后遗弃并致使被害人因无法得到救助而死亡的事实?

【刑事审判参考案例】张某明故意杀人案[①]

一、基本案情

北京市房山区人民法院经公开审理查明:2009年5月29日11时40分许,被告人张某明驾驶车牌号为京GM23××的松花江牌小型客车在北京市房山区周张路娄子水村西公路路段行驶,当其欲从右侧超越被害人黄某月驾驶的电动三轮车时,撞到该三轮车后部,致黄某月摔伤。后张某明将黄某月驾驶的三轮车推至距事故现场东60米的一废品收购站内,同路人一起将受伤后不能讲话和行走的黄某月抬到其驾驶的小型客车上。因该车无法启动,张某明遂将黄某月从车内搬至路边。当日13时许,张某明将黄某月带离事故现场并遗弃,后雇车将肇事客车牵引至一修理站进行维修。次日10时许,黄某月的尸体在事故现场路边以东2米、以南22.1米的墙根下被发现。经鉴定,黄某月系被钝性物体(如机动车)作用致创伤失血性休克死亡。经交管部门认定,张某明负事故全部责任。同年6月4日,张某明向公安机关投案。

北京市房山区人民法院认为,被告人张某明驾驶未按规定定期检验的机动车,从右侧超车发生交通事故致被害人黄某月受伤后,将被害人遗弃,致使被害人未得到及时救助而死亡,其行为构成故意杀人罪,依法应当惩处。公诉机关指控被告人张某明犯罪的事实清楚,证据确实、充分,但罪名有误,予以更正。张某明在前罪主刑执行完毕以后,罚金刑执行完毕以前又犯新罪,依照《刑法》第七十一条的规定,应当将前罪没有执行的罚金刑与后罪所判处的刑罚并罚。依照《刑法》第二百三十二条、第五十五条第一款、第五十六条第一款、第七十一条、第三十六条第一款以及《最高人民法院关于审理交通肇事刑事案件具体应用法律若干问题的解释》第六条之规定,北京市房山区人民法院判决如下:

被告人张某明犯故意杀人罪,判处有期徒刑十四年,剥夺政治权利三年;与前罪所判处的罚金人民币二千元并罚,决定执行有期徒刑十四年,剥夺政治权利三年,并处罚金人民币二千元。

一审宣判后,被告人张某明向北京市第一中级人民法院提出上诉,理由是:一审认定事实有误,发生交通事故后被害人能够讲话,二人进行了协商,其给被害人留下联系方式后去修车,其没有杀人的故意和行为,原判量刑过重。其辩护人提出,张某明的行为构成交通肇事罪,原判认定其犯故意杀人罪的事实不清,证据不足,且张某明有自首情节,可以从轻处罚。

北京市第一中级人民法院经审理认为,被告人张某明驾驶未按规定定期检验的机动

[①] 刘静坤、王宏昭撰稿,罗国良审编:《张某明故意杀人案——如何运用间接证据认定交通肇事者将被害人带离事故现场后遗弃并致使被害人死亡的事实以及如何结合在案证据审查被告人提出的新辩解是否成立(第914号)》,载中华人民共和国最高人民法院刑事审判第一、二、三、四、五庭主办:《刑事审判参考》2013年第5集(总第94集),法律出版社2014年版,第109~116页。

车,从右侧超车发生交通事故致被害人黄某月受伤,后张某明将被害人遗弃,致使被害人因未得到及时救助而死亡,其行为构成故意杀人罪,依法应当惩处。张某明所提"一审认定事实有误"的上诉理由缺乏证据支持,且与在案证据存在矛盾。张某明将身受重伤的被害人遗弃,导致被害人因无法得到及时救助而死亡,主观上对其造成的危害结果持放任态度,其行为符合故意杀人罪的构成特征。张某明虽然在案发后能主动到公安机关投案,但其不如实供述犯罪事实,不能认定为自首。相关上诉理由和辩护意见均不能成立,不予采纳。原判认定事实清楚,定罪准确,量刑适当,审判程序合法。据此,依照《刑事诉讼法》(1996年)第一百八十九条①第一项之规定,北京市第一中级人民法院裁定驳回上诉,维持原判。

二、主要问题

1. 如何运用间接证据认定交通肇事者将被害人带离事故现场后遗弃并致使被害人因无法得到救助而死亡的事实?

2. 如何结合在案证据审查被告人提出的新辩解是否成立?

三、裁判理由

本案争议的焦点在于,现有证据能否证实被告人张某明在交通肇事后为逃避法律追究实施了将被害人带离事故现场后遗弃,致使被害人因无法得到救助而死亡的行为。对此,案件审理中存在以下两种意见:一种意见认为,由于交通事故发生地没有监控录像,也没有目击证人证言等直接证据能够证明张某明在交通事故发生后有移动、遗弃被害人的行为,且张某明辩称其与被害人达成口头的赔偿协议,并当场支付赔偿金后离开现场,故应当以交通肇事罪定罪处罚。另一种意见认为,尽管本案没有相应的直接证据,但基于在案的间接证据,能够证明张某明在交通肇事后确有移动、遗弃被害人的行为。在这种情况下,不应完全依照被告人的辩解进行定罪量刑,应当以故意杀人罪定罪处罚。

我们赞同后一种意见。对于被告人始终拒不认罪且无其他直接证据的案件,应当重视利用间接证据认定案件事实,同时要认真审查被告人提出的辩解,结合在案证据判断其辩解是否成立。

(一)运用间接证据证明案件事实应当重视证据分析和推理

2010年,最高人民法院会同最高人民检察院、公安部、国家安全部、司法部制定的《关于办理死刑案件审查判断证据若干问题的规定》(以下简称《证据规定》)第三十三条确立了间接证据定案的规则。2012年,最高人民法院出台的《关于适用〈中华人民共和国刑事诉讼法〉的解释》(以下简称2012年《刑事诉讼法解释》)第一百零五条②吸收了这一规定。因此,司法实践中,对于没有直接证据证明犯罪行为系被告人实施的案件,应当适用《刑事诉讼法解释》第一百零五条确立的定案规则。具体而言,对于没有直接证据证明犯罪行为系被告人实施,但间接证据同时符合下列条件的,可以认定被告人有罪:(1)间接证据已经查证属实;(2)间接证据之间相互印证,不存在无法排除的矛盾和无法解释的疑问;(3)全案证据已经形成完整的证明体系;(4)根据证据认定的案件事实足以排除合理怀疑,结论具有唯一性;(5)运用间接证据进行的推理符合逻辑和经验判断。基于上述规定,运用间接证据证明案件事实,应当重视证据分析和推理;在证

---

① 现为《中华人民共和国刑事诉讼法》(2018年修正)第二百三十六条。
② 现为《最高人民法院关于适用〈中华人民共和国刑事诉讼法〉的解释》(2021年)第一百四十条。

据分析和推理过程中,需要遵循逻辑规律和经验法则的要求。

本案中,被告人张某明对其交通肇事后为逃避法律追究而将被害人带离事故现场后遗弃,致被害人因无法得到救助而死亡的犯罪事实始终拒不供认,但在案的间接证据足以认定上述事实。具体分析如下:

第一,本案侦破经过自然、顺利,结合相关证人证言和交通事故认定结论,可以证实张某明实施了交通肇事犯罪行为。(1) 被害人亲属黄某证实,被害人于2009年5月29日去房山区周张路黄山店附近卖小鸡一直未归,其家人驾车沿途寻找,后在路边一墙根下发现已死亡的被害人。(2) 公安人员于5月30日接到报案后赶到现场,经勘查,案发现场有刹车印和碎玻璃片,结合被害人在现场附近已经死亡的情况以及被害人的身体损伤,可以认定本案系一起交通肇事刑事案件。(3) 公安人员沿途调查走访,一汽车修理店老板向警方提供了涉案车辆的车型和车号。经电话询问该车车主张某,张某称张某明于5月29日驾驶该车发生交通事故,该车已经修好。公安人员通知张某明将肇事车辆开到交通队进行勘验,张某明的妻子于6月1日将该车开到交通队。6月4日,张某明迫于压力来到交通队投案。(4) 证人张某(房山交通支队民警)证实,张某明带来的车前保险杠能够形成被害人三轮车上的撞击痕迹,张某明驾驶的车辆是肇事车辆。(5) 交通事故认定书证实,张某明驾驶未按规定定期检验的机动车从电动三轮车右侧超车发生交通事故后逃逸,负事故全部责任。上述证据证实,公安人员根据线索锁定张某明,基于痕迹比对结论认定张某明所驾驶的车辆系肇事车辆,并基于现场勘查情况认定张某明对事故负全部责任,进而证实张某明实施了交通肇事犯罪行为,张某明对交通肇事行为本身亦供认不讳。

第二,诸多证人证言证实,张某明案发当日驾车撞倒被害人后,肇事车辆发生故障无法启动,张某明未送被害人去医院救治,而是离开现场去修理肇事车辆。(1) 目击证人石某证实,案发当日11时许,张某明驾驶面包车将骑电动三轮车的被害人撞倒在地,时隔一个半小时之后,张某明的车辆还打不着火,张某明不听劝告拒绝送被害人去医院。石某在案发后能够分别辨认出被告人和被害人。证人白某的证言与证人石某的证言相印证。(2) 证人刘某证实,案发当日13时许,刘某应张某明的请求将肇事车辆拖到周口店一汽车修理部。刘某在帮助张某明将肇事车辆拖到修理部时仅看见张某明及肇事车辆,并未看见其他人和车辆。刘某辨认出了张某明及拖车地点。(3) 证人张某证实,案发当日13时许,张某明将肇事车辆送到张某经营的汽车修理部,该车保险杠、雾灯、电脑盘等被撞坏,打不着火,张某无法修理。张某明随后电话联系一名叫"霞子"的女子驾驶夏利车将肇事的面包车拖向周口店方向。证人田某的证言与张某的证言相印证。(4) 证人郭某证实,案发当日14时30分许,一女子驾驶夏利车拉着张某明的肇事面包车到郭某的汽车修理部修车,该车于当日十五六时开走。郭某辨认出了张某明。上述证人证言能够证实张某明在交通肇事后,置被害人的安危于不顾,径自离开现场修理肇事车辆,且上述证言所证实的时间链条亦能相互吻合。

第三,现场勘查情况、尸体检验结论及法医意见和证人证言证实,被害人被撞倒后伤情严重不能行动、言语,结合案件具体情况,可以认定张某明在交通肇事后将被害人带离事故现场后遗弃,致使被害人因未能得到及时救治而死亡。(1) 目击证人石某证实,当时被害人脸部受伤流血,闭着眼一句话都没有讲,只是疼得哼哼。(2) 证人白某(房山交通支队民警)证实,现场勘查过程中发现被害人脸朝里躺在一个墙根底下,头枕着一块砖头。被害人被发现的地方距离交通事故中心现场的斜线距离大概有十几米。在中心现场和被害人被发现的地方之间是一块绿地，种了很多灌木，中间有种树时垒起的土埂，还有一段破损的墙基，墙基有十公分高。(3) 尸体检验意见证实，被害人黄某月系被钝性物体（如机动车）作用于胸、腹部及左下肢致左侧肋骨多发骨折，胸骨柄骨折，胸、腹腔积血，腹膜后血肿，左侧股骨骨折致创伤失血性休克死亡。(4) 证人王某方（北京市公安局法医鉴定中心法医师）证实，被害人符合创伤失血性休克死亡，当时不会立刻死亡。尸检时未发现被害人患有疾病。(5) 证人张某旸（北京市公安局法医鉴定中心主任法医师）证实，被害人腹膜后血肿属于渐进性出血，出血量会增大，但出血速度变慢；被害人腹腔积血500毫升，腹腔血肿体积为20cm×10cm×30cm，并非急性大出血，及时送医有极大的救治可能性。被害人不会立刻死亡，存活时间应当不少于2个小时。被害人左侧股骨骨折，应当很疼，没有走动的可能，不能站立。上述证据证实，被害人遭遇车祸后严重受伤但并未立即死亡，因疼痛而不住呻吟，丧失了行动、语言能力。

对于被告人张某明是否在交通肇事后将被害人拖至尸体所处的地点，即移动、遗弃被害人这一关键环节，尽管没有目击证人，且张某明亦始终否认其实施了该行为，但结合上述证据证实被害人当时重伤不能站立和移动的身体情况，事故现场与发现被害人尸体现场之间距离较远和地面不平坦的情况，能够排除被害人自己行走至尸体所处地点的可能性，进而可以认定是其他人将被害人移至尸体所处地点。同时，前述证人刘某证实，其帮助张某明拖走肇事车辆时，并未看见其他车和人，当时正值中午13时，在张某明及肇事车辆一直停留在交通事故现场的情况下，可以排除其他人移动被害人的可能性。因此，现有证据足以认定张某明在交通肇事后将受伤的被害人带离事故现场，转移至尸体所处地点。

综上，虽然张某明对本案关键事实始终拒不供认，但经查证属实的上述间接证据能够相互印证，不存在无法排除的矛盾和无法解释的疑问，能够形成完整的证明体系，得出唯一的结论，即张某明驾车撞倒被害人后，为逃避法律追究将被害人带离事故现场遗弃，致被害人因未能得到及时救治而死亡。

(二) 对于被告人提出的新辩解应当结合在案证据审查是否成立

被告人在诉讼过程中提出新的辩解是司法实践中非常普遍的一种现象。为了避免简单地肯定或者否定被告人提出的新辩解，《证据规定》第二十二条确立了对被告人新辩解的审查判断和采信规则。2012年《刑事诉讼法解释》第八十三条[①]延续了这一规定。具体而言，对被告人供述和辩解的审查，应当结合控辩双方提供的所有证据以及被告人本人的全部供述和辩解进行。被告人庭前供述一致，庭审中翻供，但不能合理说明翻供理由或者其辩解与全案证据相矛盾，而其庭前供述与其他证据能够相互印证的，可以采信被告人的庭前供述。本案中，被告人张某明在归案后曾对自己驾车撞倒被害人，之后离开犯罪现场修理肇事车辆的犯罪事实作出供述，但其随后提出新辩解称，自己在出事后曾与被害人协商，赔偿被害人人民币600元，并在取得被害人同意后把自己的联系方式写在一张纸上交给被害人，被害人同意让其先修车，等修好车再来接被害人，其夜里回来时发现被害人已经不见了。结合在案证据，可以认定张某明的辩解不成立。具体分析如下：

---

① 现为《最高人民法院关于适用〈中华人民共和国刑事诉讼法〉的解释》（2021年）第九十六条。

第一，证人石某、白某的证言，尸体检验意见及法医证言证实，被害人被撞倒后伤势严重，不能行动、言语。被害人当时随身携带手机，其家属证实曾多次拨打该手机，手机可以打通但始终处于无人接听状态。因此，上述证据证实被害人被撞后根本没有行为能力与张某明协商赔偿事宜。同时，张某明对是否与被害人协商赔偿事宜以及具体的赔偿金额等情节的辩解前后不一。因此，张某明所称其与被害人协商赔偿的辩解不能成立。

第二，公安人员在现场勘查过程中对被害人尸体所穿衣服进行了查找，并未发现张某明所称其交给被害人的带有其电话号码的纸条。因此，张某明所称其将自己的联系方式写在纸上交给被害人的辩解无证据印证。

第三，证人郭某证实，张某明的肇事车辆在案发当日下午三四时就已修好，但此时张某明并未返回现场救治被害人，否则不会未能发现被害人。同时，被害人被撞倒后伤势严重，张某明如欲救治被害人，理应先行拦车将被害人送往医院救治，而不是送修肇事车辆。该情节反映张某明在案发后并无救治被害人的意图。

综上，尽管被告人张某明归案后拒不供认其在交通肇事后将被害人带离事故现场遗弃的关键事实，但第一、二审法院根据在案的间接证据可以认定该犯罪事实，并且能够基于在案证据否定张某明提出的新辩解，进而认定张某明犯故意杀人罪，并结合案件具体情况进行相应的定罪处罚。

问题5. 如何运用间接证据认定"零口供"走私毒品案

【刑事审判参考案例】 圣某走私毒品案①

一、基本案情

苏州市中级人民法院经公开审理查明：被告人圣某（尼日利亚籍）与他人合谋，由他人以联系业务为名与江苏省张家港友诚科技机电有限公司（以下简称友诚科技公司）员工张某取得联系，并以邮寄样品为名，将毒品藏在其中走私入境。2013年1月16日，藏有可卡因的样品包裹（邮单号CP298700481××，可卡因藏在包裹内的菜谱中）从巴西联邦共和国被邮寄给张某。同年2月7日，该包裹被苏州海关驻邮局办事处查获，从菜谱中查获可卡因318克。后圣某与张某联系，让张某将该菜谱寄往广东省广州市越秀区麓景西路××号。张某根据民警的指示将毒品替代物邮寄至上述地址。2月22日，圣某在该地签收邮件后，被民警当场抓获。

苏州市中级人民法院认为，根据《刑法》第六条第一款之规定，凡在中华人民共和国领域内犯罪的，除法律有特别规定的以外，都适用该法。被告人圣某在中华人民共和国领域内伙同他人违反毒品管制法规，将可卡因318克以邮件方式走私入境，其行为已构成走私毒品罪，应依照《刑法》追究其刑事责任。圣某伙同他人走私毒品，在共同犯罪中起主要作用，系主犯。据此，依照《刑法》第三百四十七条第一款、第二款第一项，第二十五条第一款，第二十六条第一款、第四款之规定，判决：被告人圣某犯走私毒品

---

① 蔡绍刚、郇习顶撰稿，马岩审编：《圣某走私毒品案——如何运用间接证据认定"零口供"走私毒品案（第1193号）》，载中华人民共和国最高人民法院刑事审判第一、二、三、四、五庭主办：《刑事审判参考》总第110集，法律出版社2018年版，第1～9页。

罪，判处无期徒刑，并处没收个人全部财产；随案扣押的手机等物品予以没收，上缴国库。

一审宣判后，圣某不服，向江苏省高级人民法院提出上诉。其上诉理由主要是：其没有参与走私毒品犯罪；是其朋友 AKIM 让其代收包裹，且只有这一次；是其朋友 AKIM、SUNDAY 让其汇款 200 元；其对笔记本电脑内查询快递的记录不知情；号码为 15817072××的手机系案发前一天晚上 AKIM 给其的，此前没有使用过，请求改判无罪。其辩护人提出，圣某主观上不明知包裹内藏有毒品；现有证据不能证明圣某就是包裹的所有人或接收人；原审判决事实不清，证据不足，量刑过重，建议将本案发回重审。

江苏省高级人民法院二审经公开审理查明的事实、证据与一审相同。另查明：2013 年 1 月 6 日至 2 月 22 日，上诉人圣某收取"收件地址广东省广州市越秀区麓景西路××号、收件人 Micheal，联系电话 158170724××"的快件共计 7 次。

江苏省高级人民法院认为，上诉人圣某在中华人民共和国领域内伙同他人采用隐匿手段从境外邮寄毒品可卡因 318 克入境，其行为已构成走私毒品罪。上诉人及其辩护人所提相关辩解和辩护意见不能成立，不予采信。原审判决认定事实清楚，证据确实、充分，定性准确，审判程序合法。依照《刑事诉讼法》第二百二十五条[①]第一款第一项之规定，裁定驳回上诉，维持原判。

二、主要问题

如何运用间接证据认定"零口供"的走私毒品案件？

三、裁判理由

毒品犯罪案件中被告人到案后常提出自己对毒品不知情、被他人蒙骗的辩解，司法人员在无法利用被告人的有罪供述、相关证人证言等直接证据的情况下，如何利用被告人实施的客观行为推定其主观故意，准确认定其主观明知，就十分重要。本案是一起被告人以定制电子产品为名，利用制造商转寄毒品方式走私毒品的案件。被告人归案后"零口供"，始终作无罪辩解，其辩护人亦提出无罪辩护意见。法院依据查证属实的间接证据，最终认定了被告人主观上明知是毒品而伙同他人将毒品走私进入我国境内的事实。现具体分析如下。

（一）本案证据体系的特点

第一，缺少能够直接认定被告人圣某伙同 James 走私毒品的直接证据。本案中，从巴西联邦共和国（以下简称巴西）发货的上家包括 James 在内均未归案，圣某归案后始终辩解系受朋友 AKIM 之托代为收取包裹，主观上不知道是毒品，更没有参与走私毒品。证人张某在案发之前对 James 以邮寄样品为名走私毒品的事实也不知情。两名证人即快递员证实圣某以本案的同一收件地址、收件人、联系电话收取了若干个包裹，但两名证人对包裹的内容不知情。因此，能够直接证明圣某伙同 James 走私毒品的直接证据既无圣某的有罪供述，又无知悉走私毒品经过的证人证言及上下家的证言等直接证据。

第二，间接证据较多。包括：（1）证实被告人圣某与证人张某电话联系转寄特定包裹以及包裹中像书一样的物品的证据。有手机通话记录、手机短信、顺丰快递邮寄单、汇款凭证等证据。（2）圣某在收取包裹后被抓获，并当场查获了特定包裹。（3）在圣某住处搜查到的笔记本电脑内查获查询本案快递单号的上网记录，查询单号为 2040192152

---

① 现为《中华人民共和国刑事诉讼法》（2018 年修正）第二百三十六条。

××邮件的记录在 2013 年 2 月 21 日有 10 次，22 日有 3 次。查询过单号为 CP298700481××邮件的记录有 2013 年 2 月 17 日 21 时 01 分 1 次、18 日 10 时 25 分 1 次。在圣某住处搜查到的硬面笔记本内有圣某自己书写的友诚科技公司的名称、张某联系地址和电话。（4）圣某的号码为 158170307××的手机内留存有 2013 年 1 月 2 日向 vitorg gvolvo（136600261××）发送的内容为友诚科技公司的地址、电话、联系人张某的短信；2013 年 1 月 17 日向 Sunday 95 two（137252894××）发送的内容为"cp 298700481 br ems"的短信。以上这些证据均为间接证据，不能仅凭单个间接证据直接认定圣某伙同上家 James 分工配合实施了走私毒品进境的犯罪事实。

第三，被告人圣某始终"零口供"，辩称其朋友 AKIM 让其代收包裹，且只有这一次；AKIM 让其汇款 200 元；其对笔记本电脑内查询快递的记录不知情；其号码为 158170724××的手机系案发前一天晚上 AKIM 给其的，在此之前没有使用过。其辩护人提出圣某主观上不明知包裹内藏有毒品；现有证据不能证明圣某就是包裹的所有人或接收人。概言之，圣某及其辩护人均主张圣某无罪。

出于对本案证据体系的不同认识，本案在处理过程中也出现了分歧意见：一种意见认为，现有证据无法证明被告人圣某主观上明知在涉案包裹内藏有毒品，认定圣某具有犯罪故意的证据不足。另一种意见则认为，尽管缺少直接证据，但根据圣某已经实施的客观行为蕴含圣某的主观故意，可以认定圣某伙同他人以邮寄方式走私毒品进境。可见，本案是运用间接证据认定毒品犯罪案件中明知问题较为典型的案例，有必要对本案的司法证明过程及依据作深入分析。

（二）如何运用间接证据构建案件主要事实

直接证据能够直接证明案件的主要事实，即何人实施了何种犯罪行为。间接证据虽不能直接证明案件的主要事实，但能够直接证明案件主要事实的某些环节，裁判者借助逻辑推理，整合、构建出案件主要事实，达到证明案件主要事实成立的诉讼目的。相对于运用直接证据证明案件事实而言，依靠间接证据认定案件事实是一个缜密的推理过程。裁判者在对每一个间接证据查证属实、确认其真实性的基础上，挖掘、评判每一个间接证据与案件事实存在的关联性，是使间接证据具有证明力的关键。而对间接证据关联性的评判主要指间接证据所包含的事实信息与案件主要事实之间的关联性。

本案中，以案发时间为序，存在如下间接事实：（1）被告人圣某与证人张某联系邮寄特定的包裹、特定的物品。2013 年 2 月 17 日，James 通过网络告知张某，Micheal 会与张某联系，Micheal 的手机号码为 158170724××。30 分钟后，张某收到号码为 158170724××手机的来电，来电者自称 Micheal，并让张某尽快转寄 James 的包裹（包裹内的一本菜谱中藏有可卡因 318 克），在张某提出需要邮费 200 元后圣某立即汇款，并马上给张某发送了"收件地址广东省广州市越秀区麓景西路××号、收件人 Micheal，联系电话 158170724××"的短信。另一名证人即快递员郭某某证实其 2013 年 1 月 6 日至 2 月 22 日向 Micheal 即圣某派送邮件 7 次，每次都事先与号码为 158170724××的手机联系，都是圣某接电话并接收包裹。（2）2013 年 2 月 22 日，圣某收取特定的包裹，并被当场抓获。（3）圣某跟踪查询本案快递的流程信息，自己在笔记本上写了友诚科技公司和张某的联系地址及电话。2 月 21 日，查询单号为 2040192152××邮件的记录有 10 次，22 日有 3 次；2 月 17 日至 18 日，查询过单号为 CP298700481××邮件的记录各 1 次。（4）圣某在给张某汇出邮费 200 元后，马上将银行汇款凭证通过网络发给了 James，James 又通过网络转发给了张某。(5) 圣某在本案邮包从巴西寄出之前 (1 月 2 日,该邮包于 1 月 16 日在巴西交邮),已经掌握国内收件单位友诚科技公司的地址和联系人张某的电话;本案邮包从巴西寄出之次日 (1 月 17 日) 圣某即掌握了邮包的跟单号码 "CP 298700481 × ×"。

以上事实信息紧紧围绕从巴西邮寄的包裹中藏匿毒品的菜谱而展开,该菜谱因 James 欲邮寄产品样品而从巴西寄出,被告人圣某因 James 推介而与张某取得联系,为转寄菜谱而支付邮费,因收取包含菜谱在内的特定包裹而被抓获。事实信息之间的关联性显而易见,并已形成环环相扣的证据锁链。但是,从如何证明圣某与 James 合谋的方面来看,这一证据锁链可能无法作出令人信服的解释。但其一,上家 James 告知张某,Micheal 会与张某联系,而圣某很快就与张某进行电话联系。其二,圣某支付邮费后将汇款凭证发送给 James,James 又将汇款凭证发给了张某。从源头来看,张某只是把本公司的名称、联系地址以及个人联系电话告知 James,而圣某的手机在 2013 年 1 月 2 日就收到了该信息;在涉案包裹从巴西寄出的次日 (2013 年 1 月 17 日) 就收到了该包裹的跟单号码。因此,如果说仅仅依据前面的事实信息尚不能完全证实圣某与 James 合谋,但加上后两条事实信息,就可以把圣某与 James 共同犯罪的事实确定下来。

(三) 如何根据行为人的客观行为推定主观要素

毒品犯罪属于故意犯罪,行为人主观上应当明知是毒品,而行为人是否明知,属于其认识问题,最有效的证明方法是取得行为人的供述。但在行为人否认明知或者不予供认的情况下,很难通过其他证据直接证明。最高人民法院 2008 年印发的《全国部分法院审理毒品犯罪案件工作座谈会纪要》采用了推定的方法来代替直接证明。推定是在基础事实得到充分证明的基础上,根据经验和逻辑直接认定推定事实的成立;在证明客观行为的基础上,根据行为人的某些客观行为直接认定行为人的主观心态。推定是证据裁判原则的一个特例。因本案被告人圣某始终"零口供",无法依据其供述认定其主观明知,只有从其已经实施的客观行为中推定其主观上明知是毒品。

被告人圣某在本案藏匿毒品的邮包尚未从巴西邮寄之前即已掌握国内收件人张某的相关信息,在该包裹从巴西邮寄后的第二天即掌握邮单号码,在该邮包进入我国后的第一时间即与张某联系,并要求张某尽快转寄像书一样的物品菜谱(其中藏有可卡因 318 克),多次催促张某将邮包中像书一样的物品转寄到广州市其提供的地址,在张某提出要求其支付远高出正常邮费的汇款要求后当即应允,圣某在转寄后第二天即进行多次跟踪查询。根据这些基础事实,圣某要求张某转寄从巴西邮寄来的一本普通菜谱,该菜谱既非急需用品,又非值得支付高额邮费通过他人费时周折转寄的贵重物品,更非有纪念价值的特定物品(圣某始终没有作此供述),而圣某在获悉张某将邮包寄出后非常关注该邮包进程,并急于收取该邮包,在案发后却极力开脱与该邮包的关系。从圣某实施的以上行为来看,依据经验法则和逻辑法则,圣某主观上对单号为 CP298700481 × × 的邮件中藏匿毒品系明知,具有走私毒品的犯罪故意。这是本案以客观行为推定行为人主观故意的过程。

(四) 完善间接证据体系——行为人无辜的排除

运用间接证据认定毒品案件事实,在证明犯罪客观要素和主观要素之外,对行为人的辩解须给予足够重视,即还应当能够排除行为人的无辜辩解。在司法实践中,行为人的辩解主要集中于其客观行为之上,因此对行为人辩解的认定至关重要。运用推定方法认定行为人主观故意需要严格遵守无罪推定原则。行为人犯罪时的主观心态隐藏于行为人之内心，通过客观行为推定行为人的主观心态时必然受到司法人员的认识能力、经验、社会阅历等条件的限制，如果结论不是唯一的，就要依照疑罪从无和有利于被告的原则作出认定。并且，行为人"不能作出合理解释，不能举出反证"在证明力上仅仅起到增强审判者内心确信、排除行为人遭受蒙骗被他人利用实施毒品犯罪这一合理怀疑的作用。真正能够证明行为人实施毒品犯罪的证据在于行为人自己实施的一系列客观行为，真正推定行为人主观故意的基础事实是行为人实施的客观行为，而非不合理的解释或者没有举出反证。司法工作中对这一点应当予以高度重视。

本案中，被告人圣某提出系其朋友 AKIM 让其收取包裹且只有一次，是 AKIM 等人让其汇款 200 元。经审理查明，2013 年 2 月 20 日，证人张某系应 Micheal 的要求从张家港市寄出邮包，不是应 AKIM 的要求，邮包载明的收件人 Micheal 即为圣某；圣某在邮包寄出后即通过网络查询邮件进程 10 余次，首次查询时间为 2 月 21 日 5 时 59 分，早于其供述的 AKIM 于 2 月 21 日晚上要其代收该邮包的时间。依据其辩解，AKIM 于 2 月 21 日晚上才要其代收邮包，故圣某在此日之前无法了解邮包的存在以及邮包的邮单号，更无法查询该邮件的进程。2013 年 2 月 18 日 12 时 25 分，圣某向张某账户存款 200 元，该 200 元在张某提出要求后即汇出，而依据圣某在侦查阶段的稳定供述，AKIM 等人当日均不在广州市，也没有证据证明在圣某答应汇款要求后，圣某与 AKIM 联系协商汇款事宜。况且，侦查机关根据圣某提供的线索也没有查找到 AKIM 等相关人员。故行为人圣某提出系 AKIM 让其代收包裹、AKIM 等人让其汇款 200 元的辩解无证据支持。

被告人圣某还提出其对笔记本电脑中查询快递信息的事情不知情，系其朋友或邻居查询的；号码为 158170724×× 的手机系 AKIM 于 2013 年 2 月 21 日晚上所给，其此前没有使用过该手机。经审理查明，圣某使用的笔记本电脑内关于快递单号 2040192152×× 的查询记录在 2013 年 2 月 21 日有 10 次，首次查寻时间为 5 时 59 分，22 日有 3 次，其中一次为 0 时 31 分。根据生活常识，通过网络查询快递流程需依据快递单号才能进行，而本案无证据证明圣某的朋友或邻居知悉该快递单号，且其朋友或邻居在凌晨到其住处查询快递跟单信息有违常理。快递员郭某某的证言证明，郭某某每次向 Micheal 即圣某派送邮件时都事先与号码为 158170724×× 的手机联系。郭某某的手机号码与号码为 158170724×× 手机的通话记录显示，2013 年 1 月 6 日至 2 月 22 日，两部手机通话 14 次。证人张某的证言、短信记录、通话记录等证据证明，2013 年 2 月 18 日至 20 日，Micheal 一直使用号码为 158170724×× 的手机与张某进行联系。故圣某即为收件人 Micheal。圣某提出的号码为 158170724×× 的手机系 AKIM 于 2013 年 2 月 21 日晚上给其，在此之前没有使用该手机的辩解与事实不符，不能成立。

根据以上分析，被告人圣某的辩解不足采信。之所以在间接证据体系中还应当存在能够排除行为人无辜辩解的证据，主要目的在于排除行为人没有实施犯罪事实的可能性，验证各项间接证据之间、间接证据与案件事实之间是否存在矛盾，以及矛盾是否得到了合理排除，最终认定全案证据指向同一案件事实，在本案中即为得出圣某伙同他人实施了走私毒品犯罪行为的唯一结论。

二、非法证据排除

问题1. 侦查机关通过疲劳审讯获得的被告人供述是否属于非法证据？

【刑事审判参考案例】吴某、朱某娅贪污案①

一、基本案情

扬州市江都区人民法院经公开审理查明：

（一）吴某、朱某娅共同贪污部分

按照相关规定，外省在扬州务工人员在返乡时可以一次性提取的养老保险金，称为"退保金"。办理退保金的正常流程是：由申请人向扬州市人力资源和社会保障局开发区办事处（以下简称开发区办事处）提供身份证、户口本、回乡务工证明、社会保险手册以及个人申请等资料，通过经办人员初步审核后计算退保金额，填写《江苏省职工养老社会保险金结算（支付）凭证》（以下简称结算凭证），将结算凭证以及所附上述材料交给分管领导签字审核，再加盖社会保险专用章，申请人即可到扬州市社保中心领取退保金。

2009年1月至11月，退保金申请材料审查报送经办人朱某娅利用其在开发区办事处经办退保金的职务便利，伙同分管退保金申请材料审核的开发区办事处副主任吴某，多次采取虚构事实、冒用退保人员名义等方式作案15次，共骗取退保资金39笔，共计人民币（以下币种同）228718.2元。具体作案手法是：朱某娅制作虚假的结算凭证，交给吴某签字，而后盖章。朱某娅再将签字、盖章后的结算凭证交由其亲戚、朋友冒充退保人员到扬州市社保中心领取退保金，朱某娅取得退保金后再和吴某进行分赃。2009年年底，开发区办事处退保金遭骗取事件暴露，朱某娅交代了自己贪污的事实，其父母代为退出全部赃款。嗣后，朱某娅被开发区办事处解聘。

（二）吴某单独贪污部分

2011年12月至2012年12月，吴某在担任扬州市人力资源和社会保障局新城西区办事处（含筹备小组）负责人期间，利用直接管理后勤工作的职务便利，在单位公务招待过程中，私下要求扬州天地酒业有限公司、扬州风正经贸有限公司多次开具消费发票，侵吞公款合计11000元。

庭审中，朱某娅对公诉机关指控其与吴某共同贪污的主要犯罪事实不持异议，但辩解骗保行为系受吴某指使所为；吴某在到案初期的1份询问笔录、3份讯问笔录以及悔过书中承认知道朱某娅骗取退保金，自己从中分得4.8万元的事实。2013年1月7日，吴某在接受江苏省人民检察院审查批捕人员讯问时，承认朱某娅在2009年期间给过其4.8万元，给钱是因为其袒护朱某娅，对她拿来的空白凭证没有审核就签字。此后包括在庭审中，吴某翻供，否认其参与朱某娅骗取退保金并分赃的事实，认为自己仅仅是工作上失职、没有尽到审查义务，提出其有罪供述是其在受到疲劳审讯、精神恍惚时做出的，属于非法证据应予排除。

---

① 周庆琳、汤咏梅撰稿，刘晓虎审编：《吴某、朱某娅贪污案——侦查机关通过疲劳审讯获得的被告人供述是否属于非法证据以及非法证据排除后是否对量刑事实形成影响（第1141号）》，载中华人民共和国最高人民法院刑事审判第一、二、三、四、五庭主办：《刑事审判参考》总第106集，法律出版社2017年版，第33~39页。

扬州市江都区人民法院认为，被告人吴某在到案初期的四份有罪供述，因侦查机关在取证时违反相关规定，因而不具有证明效力。但是，吴某在江苏省人民检察院逮捕前提审所作的有罪供述，并未违反相关规定，具有证明效力。被告人吴某、朱某娅身为国家事业单位中从事公务的人员，利用职务上的便利，冒充退保人员，虚构结算凭证，侵吞国家社保资金22万余元，其行为均构成贪污罪，且系共同犯罪。朱某娅在案发后如实供述犯罪事实，系坦白认罪，且在案发后退出全部赃款，故依法可以从轻处罚。吴某当庭拒不认罪，故对这一情节在量刑时予以考虑。据此，扬州市江都区人民法院依照《刑法》第三百八十二条第一款、第三百八十三条第一款第一项、第二十五条第一款、第六十七条第三款、第五十五条第一款、第五十六条第一款之规定，判决如下：

1. 被告人吴某犯贪污罪，判处有期徒刑十二年，剥夺政治权利二年，没收财产人民币五万元；

2. 被告人朱某娅犯贪污罪，判处有期徒刑十年，剥夺政治权利二年。

一审宣判后，被告人吴某、朱某娅不服，均向扬州市中级人民法院提起上诉。吴某的上诉理由是：2013年1月7日江苏省人民检察院的提审笔录也属于非法证据应当予以排除；即使不排除江苏省人民检察院的提审笔录，一审判决认定吴某伙同朱某娅共同贪污事实不清、证据不足，不能排除朱某娅单独作案或者与吴某以外的他人共同作案的合理怀疑。朱某娅的上诉理由是：其在共同犯罪中系从犯。

扬州市中级人民法院认为，上诉人吴某、朱某娅身为国家事业单位中从事公务的人员，利用职务上的便利，冒充退保人员，虚构结算凭证，侵吞国家社保资金22万余元，其行为均构成贪污罪，且系共同犯罪。朱某娅实施了填写虚假结算凭证、指使他人冒领赃款、分配赃款等共同贪污中的大部分行为，在共同犯罪中起主要作用，系主犯；吴某在共同犯罪中的作用小于朱某娅，系从犯，依法应当减轻处罚。朱某娅案发前已向本单位如实交代了自己的主要犯罪事实，案发后也如实供述犯罪事实，系自首，依法可以减轻处罚，且其已退出全部赃款，可以从轻处罚。吴某拒不认罪，对这一情节在量刑时予以考虑。原判决认定事实清楚，证据充分，但量刑不当，应予纠正。据此，改判：

1. 上诉人吴某犯贪污罪，判处有期徒刑五年六个月，并处没收财产人民币三万元；

2. 上诉人朱某娅犯贪污罪，判处有期徒刑五年，并处没收财产人民币二万元。

二、主要问题

1. 侦查机关通过疲劳审讯获得的被告人供述是否属于非法证据？

2. 非法证据排除后是否对量刑事实形成影响？

三、裁判理由

本案系共同犯罪，被告人朱某娅对自己伙同被告人吴某共同贪污的基本事实一直供述稳定，吴某到案初期也如实交代其伙同朱某娅共同贪污的基本事实，但其后翻供。对吴某到案初期的有罪供述，法院经审查后认为属于非法言词证据，应予排除，没有作为最终定案依据使用。主要理由如下：

（一）通过疲劳审讯获得的有罪供述属于非法证据，应当予以排除

吴某在一审开庭时当庭提出，其到案初期所作的4次有罪供述系受到侦查机关疲劳审讯、精神恍惚情况下作出的，属于非法证据；其后，江苏省人民检察院审查批捕人员提审时，由于前期侦查人员在场，其心理上受到干扰，所作的重复有罪供述仍然属于非法证据，也应当予以排除。吴某及其辩护人提供了其到案时间、到案初期数次讯问的时间，

以证明侦查机关对其实施了长时间的疲劳审讯。

一审法院经过初步审查后认为有必要启动证据合法性调查程序，法院决定中止法庭调查，启动非法证据排除调查程序，对侦查人员的取证行为是否合法进行调查。为此，法院当庭播放了讯问过程的同步录音录像，通知侦查人员出庭作证，对取证过程进行说明。讯问笔录和同步录音录像反映，侦查机关采用上下级机关"倒手""轮流审讯"的方式连续讯问吴某长达 30 多小时，而且其间没有给予吴某必要休息，属于疲劳审讯。

对于使用刑讯逼供、暴力、威胁等方法非法收集的言词证据，世界各国通常都是规定绝对排除。我国《刑事诉讼法》也坚持了这一原则，对非法言词证据绝对予以排除。2012 年修改后的《刑事诉讼法》第五十四条①明确规定，采用刑讯逼供等非法方法收集的犯罪嫌疑人、被告人供述和采用暴力、威胁等非法方法收集的证人证言、被害人陈述，属于非法言词证据，均应予以排除。但对于疲劳审讯是否属于"刑讯逼供等方法"，由此获得的犯罪嫌疑人、被告人供述是否属于非法言词证据，是否应当绝对排除，尚未有相关规范性文件作出明确规定。我们认为，除了传统的吊打、捆绑等暴力手段以外，其他一系列变相的逼供措施，如足以形成肉体或精神强烈痛苦的罚站、罚跪、冻饿、日晒、雨淋、火烤、强光、噪声、"车轮战"、不准睡眠等非暴力方法也应属于刑讯逼供方法，而且这些变相逼供手段已成为非法取证的主要手段。为此，2012 年《最高人民法院关于适用〈中华人民共和国刑事诉讼法〉的解释》第九十五条②第一款进一步明确了非法言词证据的范围："使用肉刑或者变相肉刑，或者采用其他使被告人在肉体上或者精神上遭受剧烈疼痛或者痛苦的方法，迫使被告人违背意愿供述的，应当认定为刑事诉讼法第五十四条规定的'刑讯逼供等非法方法'。"

根据该规定，我们认为，疲劳审讯应当属于非法取证的范围。本案中，被告人吴某在长达 30 多小时的连续讯问过程中没有得到必要休息，这种疲劳审讯属于一种变相肉刑，它对公民基本权利的侵犯程度与刑讯逼供基本相当。吴某在这种情况下所作有罪供述不能排除是在精神和肉体遭受痛苦的情况下，违背自己意愿作出的。这种供述不可靠，属于使用非法方法取得的证据，应当予以排除，不得作为定案依据使用。据此，一审法院对吴某到案初期的 4 份有罪供述认定为非法证据，予以排除，没有作为定案依据使用。需要指出的是，其后吴某在江苏省人民检察院审查批捕人员提审时所作的认罪供述，因为讯问主体不同，最初的侦查人员并不在场，整个提审活动没有诱供逼供、疲劳审讯等情形，最初影响其自愿供述的因素已经不复存在，故该份证据具有可采性。

（二）非法证据排除后对案件量刑事实可能会造成影响

根据法律规定，非法证据排除原则解决的是证据的法庭准入资格问题，也就是说，只有合法取得的证据才能具有证据资格，作为证据提交法庭，法庭进而对其进行证明力大小强弱的审查。一旦法院作出排除非法证据的决定，被排除的非法证据就不能作为定案的根据。但非法证据排除后是否对案件量刑事实造成影响，一、二审法院对此存在不同的看法。

一审法院认为，被告人吴某到案初期的 4 份有罪供述不仅包括其伙同朱某娅共同贪污的事实，而且包括犯意的提起、二人在共同犯罪的分工、赃款的分配等方面的事实。结

---

① 现为《中华人民共和国刑事诉讼法》（2018 年修正）第五十六条。
② 现为《最高人民法院关于适用〈中华人民共和国刑事诉讼法〉的解释》（2021 年）第一百二十三条。

合朱某娅的供述,可以认定吴某和朱某娅在共同犯罪中的地位作用相当,不分主次。其后吴某在审查批捕阶段仅承认自己明知朱某娅实施贪污,自己分得部分赃款,但对涉及共同犯罪中二人如何分工合作、赃款如何分配等方面并无具体交代。一审法院虽然在形式上排除了吴某到案初期的4份有罪供述,但内心确信吴某之前的有罪供述是真实的,加上吴某另有单独贪污事实,又拒不认罪,因此认定二被告人均系主犯,对二被告人均判处十年以上有期徒刑。二审法院经审理后认为,已经排除的非法证据既然不得作为证据使用,当然也不应当对定罪量刑产生影响,否则非法证据排除就形同虚设,没有实际意义。在吴某被认定具有证据资格的供述中,关于本案犯意的提起、二被告人在共同犯罪中如何分工、赃款如何分配等事实均没有具体供述。而朱某娅关于受吴某指使实施犯罪的供述因其与吴某有利害关系不能完全采信,因而根据现有证据无法认定二被告人在共同犯罪中的地位和作用相当。相反,大量书证和证人证言均证实,朱某娅实施了填写虚假结算凭证、指使他人冒领赃款、控制和分配赃款等共同贪污犯罪中的大部分行为,而吴某仅实施了在虚假结算凭证上签字的行为。因此,二审法院认定吴某在共同犯罪中的作用小于朱某娅,所起作用是次要的,认定其为从犯。因朱某娅在事发后已经向所在单位承认了自己贪污事实,退出了全部赃款,二审法院认为可以认定其为自首。据此,二审法院对两人均减轻处罚,改判吴某有期徒刑五年六个月,朱某娅有期徒刑五年。判决书送达后,二人均服判息诉。

我们认为,侦查机关通过疲劳审讯取得的供述属于非法证据,应当予以排除。非法证据的排除,不仅会对定罪事实造成影响,而且也会对量刑事实造成影响。具体到本案,如果被排除的被告人吴某的有罪供述既包含定罪事实又包含量刑事实,而具有证据资格的有罪供述仅包含定罪事实而缺乏量刑事实,那么在没有相关证据补证量刑事实的情况下,仅能依据供述认定吴某的定罪事实。二审法院综合其他证据,认定被告人朱某娅、吴某在共同犯罪中的作用和地位是正确的。

问题2. 被告方提供的相关线索或材料达到何种标准,法院才能启动证据收集合法性的调查程序?

【刑事审判参考案例】郑某昌故意杀人案①

一、基本案情

福建省福州市中级人民法院经审理查明:被告人郑某昌与妻子严某娟感情不和,经常争吵。2013年5月23日7时许,郑某昌在福建省福州市晋安区福飞北路362号小康佳园×号楼×××室家中与严某娟争吵后,持铁锤猛砸严某娟头部,后用手猛掐严某娟颈部直至严某娟死亡。事后,郑某昌为掩盖罪行,肢解严某娟的尸体,用高压锅等容器烹煮尸块,驾车将尸块、作案工具等丢弃于鼓岭一带的山路和闽江内。

福建省福州市中级人民法院认为,被告人郑某昌故意非法剥夺他人生命,致一人死亡,其行为已构成故意杀人罪。据此,依照《刑法》第二百三十二条、第五十七条第一

---

① 温小洁撰稿、罗国良审编:《郑某昌故意杀人案——对于被告方提出的排除非法证据申请,法庭应当如何审查并依法作出处理(第1164号)》,载中华人民共和国最高人民法院刑事审判第一、二、三、四、五庭主办:《刑事审判参考》总第108集,法律出版社2017年版,第1~6页。

款之规定，以故意杀人罪判处被告人郑某昌死刑，剥夺政治权利终身。

一审宣判后，被告人郑某昌不服，提出上诉。

被告人郑某昌的上诉理由是：其与被害人严某娟感情好，没有杀人动机；有罪供述系刑讯逼供所得，在案证据不足以证实其杀害严某娟；即便认定构成犯罪，因本案是临时起意，又是家庭矛盾引发，请求予以改判。其辩护人提出，原判认定郑某昌杀妻的证据不足，请求改判，宣告郑某昌无罪。

福建省高级人民法院经审理认为，原判认定上诉人郑某昌故意杀人的事实清楚，证据确实、充分，定罪准确，量刑适当，审判程序合法。据此，依照《刑法》第二百三十二条、第五十七条第一款、《刑事诉讼法》第二百二十五条①第一款第一项之规定，驳回上诉人郑某昌对刑事部分的上诉，维持原判对上诉人郑某昌的刑事判决。

最高人民法院复核认为，被告人郑某昌因家庭纠纷而采取锤击头部等方式将妻子杀害，其行为已构成故意杀人罪，犯罪手段残忍，情节恶劣，后果特别严重，应依法惩处。第一审判决、第二审判决认定的事实清楚，证据确实、充分，定罪准确，量刑适当，审判程序合法。依照《刑事诉讼法》第二百三十五条②、第二百三十九条③和《最高人民法院关于适用〈中华人民共和国刑事诉讼法〉的解释》第三百五十条④第一项的规定，裁定核准被告人郑某昌死刑，剥夺政治权利终身的刑事判决。

二、主要问题

1. 被告方提供的相关线索或材料达到何种标准，法院才能启动证据收集合法性的调查程序？

2. 被告方申请排除非法证据，应当提供相关线索或材料，如何理解被告方的提供证据责任？

三、裁判理由

（一）对于被告方提出非法证据排除申请的情形，法院并非一律启动证据收集合法性调查程序

在司法实践中，一些案件的被告方基于诉讼策略等方面的考虑，经常会以有罪供述系刑讯逼供所得为由，向法庭提出排除非法证据申请。对此，法院应当进行审查，只有经审查后对证据收集的合法性存在疑问，才有必要启动专门调查程序。根据2012年刑事诉讼法及相关司法解释的规定，被告方申请排除非法证据，应当提供涉嫌非法取证的人员、时间、地点、方式、内容等材料或者线索。之所以规定被告方承担提供材料或线索的责任，主要是基于以下考虑：

首先，基于司法成本考虑。控诉方的证据体系涉及诸多证据，并非每个案件都会发生非法取证问题。考虑到控诉方在审查起诉时已经对证据收集的合法性进行了审查，如果要求控诉方逐一证明每个证据的合法性，既浪费诉讼资源，也没有现实必要。这既是检察机关客观公正义务的要求，也是提高诉讼效率的内在要求。相比之下，从提供有关非法取证的证据的便利程度看，被告人亲历取证过程，如侦查人员确有违法取证行为，

---

① 现为《中华人民共和国刑事诉讼法》（2018年修正）第二百三十六条。
② 现为《中华人民共和国刑事诉讼法》（2018年修正）第二百四十六条。
③ 现为《中华人民共和国刑事诉讼法》（2018年修正）第二百五十条。
④ 现为《最高人民法院关于适用〈中华人民共和国刑事诉讼法〉的解释》（2021年）第四百二十九条。

被告人可以有针对性地提供相关的线索或者材料；同时，基于辩护的考虑，被告人及其辩护人会注意收集关于非法取证的线索或者材料，因此，要求被告方提供相关线索或者材料较为便利。

其次，基于平衡控辩双方诉讼权利考虑。司法实践中，被告方有时基于辩护策略的需要，可能会随意提出排除非法证据申请。如果被告方动辄以侦查人员采用刑讯逼供等非法方法取得供述为由申请排除有关证据，而不承担任何提供线索或材料的责任，将导致控诉方疲于应付，增加不必要的诉讼证明成本，同时也将导致法庭的精力主要用于证据收集合法性的审查，不利于集中审理定罪量刑等核心争议问题。有鉴于此，要求被告方在申请排除非法证据时承担初步的提供证据责任，有助于督促被告方依法行使诉讼权利，防止其随意提出申请，避免浪费司法资源，兼顾司法的公正和效率。

最后，基于明确争点、解决争议考虑。被告方申请排除非法证据时，要求其承担提供相关线索或者材料的责任，有助于确保检察机关的举证和法庭的审理更加具有针对性，提高诉讼效率。

综上，对于被告方提出的排除非法证据申请，法庭并非一律启动证据收集合法性调查程序，而是首先要对被告方的申请及其提供的相关线索或者材料进行审查，经审查认为，被告方提供的相关线索或者材料有据可查，召开庭前会议听取控辩双方意见后，对证据收集的合法性有疑问的，应当进行调查；对证据收集的合法性没有疑问，且没有新的线索或者材料表明可能存在非法取证的，可以决定不再进行调查。

在司法实践中，法庭对被告方提出的排除非法证据申请及其提供的相关线索或者材料，可从以下方面进行审查：一是看是否存在刑讯逼供等非法取证行为的可能性。例如，被告人是否杜撰非法取证人员姓名，是否虚构根本不可能发生刑讯逼供的时间、地点、方式和相关情节等。二是看被告人的申请理由和相关线索、材料是否有据可查。例如，被告人对非法取证行为的描述是否具体和详细，尤其是要注意被告人所描述的非法取证细节，并注意审查其所提供的线索或者材料是否能够得到其他证据的印证等。法庭经审查认为，被告方提出的非法取证情形或者提供的线索、材料明显不成立，就可以决定不再进行调查。

（二）被告方承担提供相关线索或者材料的责任，只需使法庭对证据收集合法性产生疑问即可，不同于检察机关承担取证合法性的举证责任

2012年《刑事诉讼法》规定，在对证据收集的合法性进行法庭调查的过程中，人民检察院应当对证据收集的合法性加以证明。在非法证据排除程序中，由检察机关承担取证合法性的举证责任，符合刑事诉讼领域证明责任分配的基本原理。

需要指出的是，根据法律要求，被告方提出排除非法证据申请时，需要承担提供相关线索或者材料的责任，该责任不同于检察机关证明被告人有罪的证明责任，而仅仅是争点形成责任，或者称为初步的提供证据责任。具体言之，证明责任是指检察机关提供相应的证据来证明被告人有罪的法定负担，一旦举证不能，或举证达不到法定的证明标准，则要承担指控的犯罪不能成立的法律后果。相比之下，争点形成责任或者初步提供证据责任，则是指被告方申请排除非法证据后，提供相关线索或者材料促使法庭对有关指控证据的合法性产生怀疑，进而使证据收集合法性争议成为诉讼的争点。进一步来讲，被告方不承担证明侦查人员刑讯逼供的证明责任，其所提交的线索或者材料只需要使法庭对有关证据的合法性产生怀疑即可，不要求达到"事实清楚，证据确实、充分"的证

明标准。

被告方申请排除非法证据,并提供相关线索或者材料,促使法庭对有关指控证据收集的合法性产生疑问,并依法启动专门调查程序的,检察机关需要承担证据收集合法性的证明责任。基于证据裁判原则的要求,指控的犯罪事实必须有证据证实,犯罪事实与指控犯罪的证据之间具有直接对应关系,而证明证据收集合法性的事实又与指控犯罪的证据直接相关,据此,证据收集合法性事实可以被视为指控的犯罪事实所附带的事实。鉴于法律要求对犯罪事实的证明需要达到"证据确实、充分"的证明标准,检察机关对证据收集合法性的证明也应当达到这一证明标准。有鉴于此,法庭启动证据收集合法性调查程序后,检察机关未能提供证据证明取证合法性,或者提供的证据未能达到法定证明标准,不能排除以非法方法收集证据情形的,对有关证据应当依法予以排除。

此外需要明确的是,被告方提出排除非法证据申请后,其所提供的线索或者材料应当有具体的指向性。所谓"相关线索",主要是指被告方提供的涉嫌刑讯逼供等非法取证情形的人员、时间、地点、方式等细节信息,例如,被告人明确提出讯问人员于特定时间在看守所以外的特定场所对其实施刑讯逼供,或者提供能够证明非法取证的在场人员、同监羁押人员信息等。所谓"相关材料",主要指被告方提供的反映被告人因刑讯逼供致伤的病历、看守所体检证明、被告人体表损伤及衣物损坏情况;反映被告人遭受刑讯逼供的看守所看管人员及被告人同监羁押人员的书面证言;反映讯问程序违反法律规定的讯问笔录和录音录像等。如果被告方仅是泛泛辩称自己受到刑讯逼供,而不能提供涉嫌对其刑讯逼供的人员、时间、地点、方式等线索或者材料,就意味着其未能履行争点形成责任或者初步提供证据责任,法庭应当依法驳回其申请。

本案中,被告人郑某昌辩称其有罪供述系刑讯逼供所得,但其对刑讯逼供的时间、地点、参与人员及刑讯逼供的方式、手段等相关问题无法作出清楚说明,不能提供相关的线索或者材料。同时,法庭经审查发现,被告人郑某昌到案后作出多次有罪供述,相关讯问笔录均经其本人签名确认,在案的审讯光盘亦证实讯问过程中没有发现诱供、逼供情形。综上,郑某昌提出的其有罪供述系刑讯逼供所得的辩解理由不能成立,法庭不予采纳,并结合在案证据依法作出判决。

问题 3. 非法限制被告人人身自由期间取得的供述能否作为诉讼证据使用

【刑事审判参考案例】 黄某东受贿、陈某军行贿案[①]

一、基本案情

银川市西夏区人民法院经公开审理查明:

(一)2002 年年底,宁夏跃进渠管理处将职工集资购买的卡特 320 型挖掘机对外拍卖,宁夏水利厅盐环定扬水管理处停薪留职职工被告人陈某军以其妻兄强某贤的名义购得该挖掘机,强某贤于 2002 年 11 月 29 日与跃进渠管理处签订了挖掘机转让协议,双方约定转让价格为 57 万元,首付款为 30 万元,剩余款项分四个月三次交清。强某贤根据协

[①] 刘静坤、王彪撰稿,罗国良审编:《黄某东受贿、陈某军行贿案——非法限制被告人人身自由期间取得的供述能否作为诉讼证据使用(第 1165 号)》,载中华人民共和国最高人民法院刑事审判第一、二、三、四、五庭主办:《刑事审判参考》总第 108 集,法律出版社 2017 年版,第 7~11 页。

议将购买挖掘机的首付款 30 万元交给跃进渠管理处财务人员，剩余款项 27 万元由陈某军分三次交给跃进渠管理处财务人员。后陈某军与时任宁夏跃进渠管理处副处长的被告人黄某东及魏某辉商议，由三人共同出资 57 万元购买该挖掘机，魏某辉支付陈某军购买挖掘机款 10 万元。2004 年至 2009 年，陈某军经营的该挖掘机在黄某东任职的宁夏跃进水利水电工程有限公司承揽了银新干沟开挖工程、景观水道三标工程、渠口太阳梁防洪工程、跃进渠清淤工程，获取利润 79230 元。黄某东在未支付购机款，也未参与经营的情况下，获取分红款 23769 元。2011 年 7 月，在宁夏水利厅纪委调查此事期间，黄某东找到陈某军和强某贤，让强某贤向宁夏水利厅纪委调查组作假证说黄某东在 2003 年 4 月给过强某贤 10 万元购机款，企图掩盖其未出资的事实。2011 年 9 月 7 日，黄某东将分红赃款上缴宁夏水利厅。

（二）被告人陈某军自 2003 年起在被告人黄某东任领导的宁夏跃进渠管理处及下属单位承包工程，2010 年 2 月，陈某军请黄某东帮忙承包工程及催要拖欠的工程款，并向黄某东表示如有事可找其帮忙，黄某东随即提出儿子买房缺 10 万元。陈某军于同年 3 月 13 日向黄某东的工商银行卡存入 10 万元。同年 3 月 14 日，黄某东让其朋友杨庆芳将此款转入杨庆芳个人账户，后用于个人购房。同年 3 月 21 日，陈某军与宁夏跃进水利水电工程有限公司签订中卫市兴仁综合供水工程施工合同，合同标的为 2598838 元。同年 4 月 6 日，宁夏跃进水利水电工程有限公司支付陈某军工程款 659103 元。

银川市西夏区人民法院认为，被告人黄某东在先后担任宁夏跃进渠管理处副处长、处长期间，对下属公司宁夏跃进水利水电工程有限公司具有主管职权，其明知被告人陈某军经营的挖掘机在本单位下属公司承揽工程，在既未出资，亦未参与经营的情况下，以与陈某军、魏某辉合伙经营挖掘机为名，承揽其职权范围内工程，收受陈某军给予的人民币 23769 元；黄某东明知陈某军有请托事项，向陈某军索要现金 10 万元，其行为已构成受贿罪。起诉书还指控，被告人陈某军经营的该挖掘机在内蒙古自治区、宁夏回族自治区石嘴山市、盐池县、青铜峡市、贺兰县等地承揽工程，黄某东参与分红 20 余万元，因公诉机关提供的证据不足以证实黄某东所分的上述利润系利用职务之便为陈某军谋取的利益所得，故对该部分受贿金额不予认定。陈某军在黄某东任职单位的下属公司承揽工程，其在明知黄某东既不出资，亦不参与经营的情况下，以利润分红的方式，送给黄某东钱款 23769 元，系为谋取不正当利益而给予国家工作人员财物，其行为已构成行贿罪。黄某东具有索贿情节，依法应从重处罚。黄某东将涉案赃款 80727 元上缴宁夏水利厅，应视为其具有退赃情节，可酌情从轻处罚。据此，依照《中华人民共和国刑法》第三百八十五条第一款，第三百八十六条，第三百八十三条第一款第一项、第二款，第三百八十九条第一款，第三百九十条第一款，第七十二条第一款，第七十三条第二款、第三款，第六十四条，以及《中华人民共和国刑事诉讼法》第五十四条①第一款之规定，以受贿罪判处黄某东有期徒刑十年；以行贿罪判处陈某军有期徒刑一年，缓刑二年。

宣判后，被告人黄某东、陈某军未提出上诉，检察机关亦未抗诉，该判决已发生法律效力。

二、主要问题

非法限制被告人人身自由期间取得的供述能否作为定案的根据？

---

① 现为《中华人民共和国刑事诉讼法》（2018 年修正）第五十六条。

三、裁判理由

本案审理过程中,关于被告人供述的合法性,主要存在以下两个具有关联性的问题:一是办案单位传唤被告人黄某东到案后持续羁押90小时的做法是否符合法律规定;二是非法限制被告人人身自由期间取得的供述能否作为诉讼证据使用。

(一)办案单位传唤被告人到案后持续羁押超过法定期限的行为不符合法律规定,属于非法限制人身自由

本案办理过程中,被告人黄某东于2012年1月9日被传唤至银川市人民检察院,因其未如实告知人大代表身份,2012年1月12日,银川市人民检察院才委托中宁县人民检察院按照规定向中宁县人民代表大会常务委员会报请许可刑事拘留、逮捕并获批准。尽管黄某东最初未如实告知人大代表身份,但这只是影响办案单位向人大常委会报告的问题,与传唤的法定期限无关。根据刑事诉讼法规定,传唤持续的时间不得超过12小时;案情特别重大、复杂,需要采取拘留、逮捕措施的,传唤持续的时间不得超过24小时。法律还要求不得以连续传唤的方式变相拘禁犯罪嫌疑人。在2013年1月13日银川市人民检察院对黄某东宣布刑事拘留前,已经将其传唤到案并限制人身自由达90小时,该做法明显违反法律对传唤期限的规定,超出法定传唤期间对黄某东的羁押属于非法限制人身自由。

(二)采用非法限制被告人人身自由的方法取得供述,属于《刑事诉讼法》第五十条①规定的"其他非法方法",由此取得的供述应当予以排除,不得作为诉讼证据使用

《刑事诉讼法》第五十条规定,严禁刑讯逼供和以威胁、引诱、欺骗以及其他非法方法收集证据,不得强迫任何人证实自己有罪。在司法实践中,有的办案单位未经依法批准就对犯罪嫌疑人、被告人采取强制措施,或者在采取强制措施超过法定期限后仍然非法羁押犯罪嫌疑人、被告人,通过非法限制人身自由的方法取得供述,明显违反法定程序,且严重侵犯犯罪嫌疑人、被告人的人权,应当被视为《刑事诉讼法》第五十条规定的与刑讯逼供和威胁、引诱、欺骗并列的"其他非法方法"。②

本案中,被告人黄某东及其辩护人提出,黄某东于2012年1月9日至13日被传唤至银川市人民检察院接受调查期间,采用变相体罚的方式逼取口供,黄某东患有高血压、心脏病,近90小时没有休息,办案人员在黄某东多次出现胸闷且不让其吃药的情形下,连续制作了7份讯问笔录,有关供述应当作为非法证据予以排除。从该辩解理由反映的情况来看,本案既存在超出法定传唤期限非法限制被告人人身自由的情形,也包括长时间疲劳讯问以及在被告人患病情况下不让其吃药等情形,其中,超出法定传唤期限非法限制被告人人身自由居于主导地位,是长时间疲劳讯问等情形的前提。针对被告人及其辩护人提出的排除非法证据申请,公诉机关虽然提交了讯问录音录像、体检记录、破案经过等证据证实没有对黄某东刑讯逼供,但由于办案单位传唤黄某东的时间违反了刑事诉讼法相关规定,存在非法限制被告人人身自由的情形,故有关供述应当予以排除,不得作为诉讼证据使用。

---

① 现为《中华人民共和国刑事诉讼法》(2018年修正)第五十二条。
② 对此,2017年最高人民法院、最高人民检察院、公安部、国家安全部、司法部联合出台的《关于办理刑事案件严格排除非法证据若干问题的规定》第四条明确规定:"采用非法拘禁等非法限制人身自由的方法收集的犯罪嫌疑人、被告人供述,应当予以排除。"

问题 4. 二审法院经审查认为原判据以定案的证据系非法证据，依法排除有关证据后应当如何处理

【刑事审判参考案例】黄某坚等贩卖、运输毒品案①

一、基本案情

江西省南昌市中级人民法院经审理查明：

2011 年五六月份，被告人黄某坚、卢某文开始合伙贩毒，同年 7 月中旬租用江西省南昌市上沙窝 97 号 1 栋×单元×××室储藏间作为贩毒窝点，后黄某坚指使被告人陈某到南昌市参与贩毒，多次从江西省抚州地区购买毒品运输至南昌市，由卢某文和陈某在南昌市贩卖，其中卢某文负责联系毒品买家，陈某负责送货。

2011 年 8 月 17 日左右，被告人卢某文、陈某在南昌市省委加油站附近以 29 元一粒的价格将 100 粒麻古卖给付某号（另案处理）。

2011 年 8 月 19 日上午，被告人黄某坚独自驾车至江西省新干县，从"新干人"（另案处理）处购买 42000 粒麻古，后驾车返回其在江西省崇仁县的住处。当日 13 时许，黄某坚携带上述毒品驾车前往南昌市。当日 15 时许，黄某坚在被告人陈某租住的南昌市海棠明月小区附近与陈某联系，指使陈某将上述毒品取走。陈某取走毒品后，前往南昌市上沙窝 97 号 1 栋×单元×××室储藏间存放毒品。同时，黄某坚驾车前往被告人卢某文租住的南昌市东湖区银色星座小区×栋×××房间和卢某文会面。随后，公安机关在南昌市上沙窝 97 号附近将已存放好毒品准备离开的陈某抓获，并从储藏间内查获大量可疑白色结晶状物以及大量可疑圆形片剂状物；在卢某文租住处将黄某坚和卢某文抓获，当场查获卢某文另行购买的可疑圆形片剂状物若干和少量可疑白色结晶状物。经鉴定，从上沙窝 97 号 1 栋×单元×××室储藏间内查获的可疑白色结晶状物总计 3029.5973 克，查获的可疑圆形片剂状物总计 6658.6127 克，均含甲基苯丙胺成分。从卢某文租住的南昌市东湖区银色星座小区×栋×××房间查获的可疑圆形片剂状物总计 103.3507 克，查获的可疑白色结晶状物总计 2.6044 克，均含甲基苯丙胺成分。

南昌市中级人民法院认为，被告人黄某坚单独或伙同他人贩卖、运输甲基苯丙胺类毒品 9688.2100 克、麻古 100 粒，其行为已构成贩卖、运输毒品罪。被告人卢某文伙同他人贩卖甲基苯丙胺类毒品 9794.1651 克、麻古 100 粒；被告人陈某伙同他人贩卖甲基苯丙胺类毒品 9688.2100 克、麻古 100 粒，其行为均已构成贩卖毒品罪。黄某坚、卢某文系累犯，且利用未成年人贩毒，应从重处罚。黄某坚、卢某文均系主犯。卢某文在共同犯罪中的作用与黄某坚相比略小，有部分坦白情节，对其判处死刑，可不立即执行。陈某系从犯，犯罪时未满十六周岁，应减轻处罚。依照《刑法》第三百四十七条第一款、第二款第一项、第六款、第七款、第十七条第二款、第三款、第二十五条第一款，第二十六条，第二十七条，第四十八条第一款、第五十七条第一款、第六十五条第一款、第六十七条第三款之规定，南昌市中级人民法院对被告人黄某坚以贩卖、运输毒品罪判处死刑，剥夺政治权利终身，并处没收个人全部财产；对被告人卢某文以贩卖毒品罪判处死刑，

---

① 刘静坤、温小洁撰稿，罗国良审编：《黄某坚等贩卖、运输毒品案——二审法院经审查认为原判据以定案的证据系非法证据，依法排除有关证据后应当如何处理（第 1167 号）》，载中华人民共和国最高人民法院刑事审判第一、二、三、四、五庭主办：《刑事审判参考》总第 108 集，法律出版社 2017 年版，第 18~25 页。

缓期二年执行，剥夺政治权利终身，并处没收个人全部财产；对被告人陈某以贩卖毒品罪判处有期徒刑十年，并处罚金人民币五万元。

一审宣判后，被告人黄某坚、卢某文、陈某均不服，提出上诉。

被告人黄某坚上诉提出：第一，原判认定其参与贩卖、运输毒品的事实不清，证据不足。第二，一审审判程序违法。一是其多次申请对其被刑讯逼供的事实进行调查，并排除其因刑讯逼供所作的有罪供述，但一审法院未依法启动证据收集合法性调查程序；二是其进入看守所时曾向体检医生刘某某反映其伤是刑讯逼供所致，但一审法院未依法通知刘某某出庭作证。综上，请求二审法院查明事实，撤销一审判决，改判其无罪。被告人黄某坚的辩护人提出：第一，黄某坚的有罪供述系侦查机关刑讯逼供所得，属非法证据，不得作为定案根据。第二，手机通话记录、手机短信、银行卡存取款记录与本案无关，不能据此认定黄某坚与卢某文、陈某共同贩卖毒品。第三，原判对证人张某某证明黄某坚有罪证言的认定违反法律规定。第四，储藏间查获的9000余克毒品与黄某坚无关。综上，请求二审法院改判上诉人黄某坚无罪。

被告人卢某文上诉提出：第一，原判认定其伙同他人贩卖麻古的证据不足。第二，原判认定在储藏间查获的冰毒及麻古系其伙同他人贩卖的证据不足。第三，在其住处查获的麻古应认定非法持有毒品，该毒品是其自购自吸，与被告人黄某坚、陈某无关。第四，陈某受黄某坚直接指使和安排，其主要是帮助黄某坚贩卖毒品，其和陈某同由黄某坚控制与指挥，不能认定其具有利用未成年人贩毒的情节。第五，其认罪供述系刑讯逼供所得，请求二审法院启动证据收集合法性调查程序。综上，请求撤销原判，以非法持有毒品罪对其定罪量刑。被告人卢某文的辩护人另提出：第一，没有证据证实卢某文与黄某坚共同贩卖毒品。第二，卢某文在一审庭审时反映其被侦查人员逼供，侦查人员取来黄某坚的材料，让卢某文照着黄某坚的材料供述。第三，办案机关违反法律规定，对卢某文羁押超过48小时。对侦查人员违反法定程序取得的供述，依法应予排除。第四，卢某文持有的毒品没有流入社会造成危害。综上，卢某文构成非法持有毒品罪，且应减轻处罚。

被告人陈某上诉提出：其在侦查机关所作的认罪供述是被逼作出的虚假供述。侦查人员对其讯问期间曾将其带到讯问被告人黄某坚的讯问室，黄某坚请求其指控给了黄某坚42000粒麻古。被告人陈某的辩护人提出：第一，陈某是受黄某坚指使藏匿毒品，其不参与分配贩毒所得，系从犯。第二，三名被告人是在藏匿毒品途中被抓获，贩卖毒品的行为尚未完成，系犯罪未遂。第三，陈某系未成年人，没有前科。综上，请求二审法院再予减轻处罚。

江西省高级人民法院经审理认为，原判认定事实的证据不足。依照《刑事诉讼法》第二百二十五条①第一款第三项之规定，裁定撤销原判，发回重审。

二、主要问题

二审法院经审查认为原判据以定案的证据系非法证据，依法排除有关证据后应当如何处理？

---

① 现为《中华人民共和国刑事诉讼法》（2018年修正）第二百三十六条。

三、裁判理由

（一）被告方不服原判对排除非法证据申请的处理结果，在上诉中再次申请排除非法证据的，二审法院应当对证据收集的合法性进行审查

根据 2012 年《刑事诉讼法》及相关司法解释的规定，对证据收集合法性的审查应当贯穿刑事诉讼的始终。控辩双方不服第一审人民法院作出的有关证据收集合法性的调查结论，提出抗诉、上诉的，第二审人民法院应当进行审查，并依法作出处理。①

本案中，三名被告人及其辩护人在一审程序中均提出认罪供述系刑讯逼供所得，申请排除非法证据，并提供了身体存在损伤、办案人员非法取证的相关线索。一审法院对证据收集的合法性进行了审查，公诉机关提交了讯问录音录像、入所健康检查登记表和办案机关情况说明等证据材料。一审法院认为，讯问录音录像并非讯问时制作，不能证明取证过程的合法性，但办案单位情况说明和入所健康检查登记表证明对被告人卢某文、陈某的讯问合法；被告人黄某坚入所时虽然身体有伤，但办案单位情况说明及刘某某的证言等证明对黄某坚的讯问合法，最终采信了三名被告人的有罪供述，进而结合其他证据认定三名被告人有罪。

三名被告人对一审判决不服，在上诉中再次提出排除非法证据申请，并提供了相关的线索。二审法院对证据收集的合法性进行了审查，发现取证程序存在以下问题：

一是关于讯问录音录像的制作问题。办案单位先后出具了多份说明材料，但办案单位有关讯问录音录像的制作说明与讯问笔录的记载内容以及光盘制作时间不一致，不具有真实可靠性。被告人黄某坚在二审庭审中辩称，讯问录音录像系作假，讯问过程没有同步录音录像。经查，黄某坚的讯问录音录像时长 10 分 43 秒，黄某坚的 12 次讯问笔录中只有第二次是认罪供述，但第二次讯问笔录记载的讯问时长为 1 小时 22 分，与讯问录音录像的时长不一致，且录音录像内容与第二次讯问笔录差异极大。被告人卢某文在二审庭审中辩称，办案单位对其讯问过程没有做过录像，录像是其被送交看守所收押前按侦查人员的要求做的，录像时没有做笔录。经查，卢某文的讯问录音录像时长为 21 分 8 秒，而其当日讯问笔录记载的讯问时长为 2 小时 4 分，与讯问录音录像的时长不一致，且该次讯问笔录记载的内容与讯问录音录像完全不符。被告人陈某在二审庭审中辩称，对其讯问过程的同步录音录像系作假，录像时侦查人员让其按照做好的笔录照着念。经查，陈某的讯问录音录像时长 21 分 43 秒，而讯问笔录记载的讯问时长 1 小时，与讯问录音录像的时长不一致，且讯问录音录像的内容与各次讯问笔录差异极大；讯问录音录像中可明显看到陈某手中持有一叠材料，回答问题非常书面化，陈述作案过程或内容较多时有低头动作，头部、眼睛反复从左至右来回移动，陈述完即抬头看着讯问人员，大段内容一气呵成，顺畅、完整，回答简单问题时始终抬头看着讯问人员，回答时常不顺畅、不连续。综上，办案单位提交的三名被告人讯问过程录音录像并不是对实际讯问过程的录音录像，不排除系事后补录，不能作为证明讯问程序合法的证据。

二是关于被告人黄某坚身体损伤的成因问题。在押人员入所健康检查登记表及伤情照片显示，黄某坚入所时头脸、手、脚有擦伤，左、右上臂外侧有多条长条形伤痕，头

---

① 对此，2017 年最高人民法院、最高人民检察院、公安部、国家安全部、司法部联合出台的《关于办理刑事案件严格排除非法证据若干问题的规定》第三十八条规定："人民检察院、被告人及其法定代理人提出抗诉、上诉，对第一审人民法院有关证据收集合法性的审查、调查结论提出异议的，第二审人民法院应当审查。"

额、下唇、右前肩胛区有多处伤痕。黄某坚入监时的亲笔字条写明："有些是打的，头部、手、脚，有些是摔的，左脚膝盖、右脚膝盖"，押送民警熊某、朱某某在该字条上签字并附警号。二审庭审中，黄某坚辩称损伤是在刑侦队审讯室讯问过程中被讯问人员殴打造成的，摔伤是其在被告人卢某文租住处被抓时摔倒造成的。对此，办案单位出具情况说明称黄某坚的身体损伤系其脱逃被抓捕时扭打造成的。经查，看守所医生刘某某的证言证明黄某坚的伤是擦伤，"是很轻微的体表伤"，但刘某某并未出庭作证；而黄某坚同监室的胡某、李某的证言则证明，"看到黄某坚手、脚都肿了"；看守所协防员汪某、李某的证言证明黄某坚在讯问中脱逃，在被抓捕过程中受伤，但办案单位并未提供该时段的监控录像，因此，证明黄某坚的身体损伤系脱逃被抓捕时扭打所形成的相关证据关联性、真实性均存疑。

综上，对于三名被告人提出的排除非法证据申请，检察机关并未提供有效的证据证明取证合法性，二审法院经审查认为，现有证据材料不能排除刑讯逼供的可能性。根据法律规定，对于不能排除采用刑讯逼供等非法方法收集情形的，有关证据应当依法予以排除。

此外，被告人陈某系未成年人，办案单位对其讯问时未通知法定代理人或其他成年亲属到场，讯问程序违反法律规定，尽管这并不属于法律规定的采用刑讯逼供等非法方法收集证据的情形，但上述违反法定程序取得的供述因客观真实性无法保障，亦不能作为定案的根据。

（二）二审法院经审查认为原判据以定案的证据系非法证据应当予以排除的，需要区分情形对案件作出处理

被告人在上诉中提出排除非法证据申请，二审法院经审查认为原判据以定案的证据系非法证据，依法应当予以排除的，应当区分情形对案件作出相应的处理：①

一种情形是被告方在一审程序中提出排除非法证据申请，但一审法院未予审查，径行驳回被告方的申请。如果被告方申请排除的证据系关键定案证据，而一审法院对该申请未予审查，并以有关证据作为定案根据，可能影响公正审判的，二审法院可以将其作为违反法律规定的诉讼程序的情形，裁定撤销原判，发回重审。

另一种情形是被告方在一审程序中提出排除非法证据申请，一审法院经过审查后对证据收集合法性进行调查，最终认定取证合法，进而驳回被告方的申请。如果二审法院经审查认为，一审法院有关证据收集合法性的处理结果并不准确，有关证据应当作为非法证据予以排除的，则需要进一步区分案件情况作出处理：排除有关证据后其他证据仍然能够证明被告人有罪，二审法院可以依法排除有关证据，并在认定被告人有罪的基础上维持原判；排除有关证据后，案件事实不清，证据不足的，二审法院可以裁定撤销原判，发回重审。

---

① 对此，2017年最高人民法院、最高人民检察院、公安部、国家安全部、司法部联合出台的《关于办理刑事案件严格排除非法证据若干问题的规定》第四十条规定："第一审人民法院对被告人及其辩护人排除非法证据的申请未予审查，并以有关证据作为定案根据，可能影响公正审判的，第二审人民法院可以裁定撤销原判，发回原审人民法院重新审判。第一审人民法院对依法应当排除的非法证据未予排除的，第二审人民法院可以依法排除非法证据。排除非法证据后，原判决认定事实和适用法律正确、量刑适当的，应当裁定驳回上诉或者抗诉，维持原判；原判决认定事实没有错误，但适用法律有错误，或者量刑不当的，应当改判；原判决事实不清楚或者证据不足的，可以裁定撤销原判，发回原审人民法院重新审判。"

本案中，被告方在一审期间申请排除非法证据，一审法院经过审查后对证据收集合法性进行调查，认定取证合法，驳回了被告方的申请。被告方在上诉中再次提出排除非法证据申请，二审法院经审查认为，对有关证据应当予以排除，而排除有关证据后，其他证据不足以认定案件事实，且办案单位获取本案线索、锁定三名被告人的证据材料以及办案场所的监控录像等关键证据有待进一步查证，故裁定撤销原判，发回重审。

需要指出的是，为了强化裁判说理，二审法院对于证据收集合法性的审查处理结果，以及案件的最终处理结果，都应当充分说明理由。

问题5. 被告方申请排除非法证据的情形，如何把握证据收集合法性的证明责任，以及二审法院如何贯彻疑罪从无原则

【刑事审判参考案例】杨某龙故意杀人案[①]

一、基本案情

保定市中级人民法院经审理认定的事实与前两次审理认定的事实基本相同，具体如下：被告人杨某龙与被害人郭某某有不正当男女关系。2009年1月13日19时许，杨某龙因欲与前妻复婚，约郭某某到河北省定州市韩家庄村西砖窑西侧谈分手之事，二人因此发生争执，杨某龙将郭某某打晕，后用刀将郭某某头颅割下，埋到附近小麦田里。

保定市中级人民法院认为，被告人杨某龙故意非法剥夺郭某某生命，其行为已构成故意杀人罪。关于杨某龙提出的有罪供述系侦查人员对其刑讯逼供所得的辩解理由，经查，杨某龙在侦查阶段所作的有罪供述和其主动向公安机关提交的悔过书相同；杨某龙当庭承认作出有罪供述时对其讯问的两名侦查人员郝某某、陆某未对其刑讯逼供，并有庭审录像为证；杨某龙所称刑讯逼供的侦查人员均出庭作证，并称没有对其实施刑讯逼供；看守所体检记录记载杨某龙入所时体表无外伤；除杨某龙供述外，无其他证据证实侦查人员对其有刑讯逼供行为；综上，对该辩解理由不予采纳。杨某龙故意杀害郭某某的事实，有其在侦查阶段的供述及尸检报告、现场勘查笔录、证人证言等证据证实，证据之间能相互印证，本案基本事实清楚，基本证据确实、充分。据此，依照《刑法》第二百三十二条、第五十七条第一款之规定，保定市中级人民法院以故意杀人罪判处被告人杨某龙无期徒刑，剥夺政治权利终身。

一审宣判后，被告人杨某龙不服，提出上诉。其上诉理由及其辩护人的辩护意见如下：原判认定事实不清，证据不足，现有证据不能形成完整证据链条；公安机关存在刑讯逼供，有罪供述不能作为定案的证据，应当宣告杨某龙无罪。

河北省人民检察院认为，上诉人杨某龙有作案动机；有罪供述部分细节与现场勘查笔录、尸检报告、手机通话记录及基站信息显示一致，无罪辩解与基站信息及手机通话记录不符。但讯问录像没有同步，指认现场过程不完整，没有提取到指向杨某龙实施犯罪的相关物证。综上，除供述以外的间接证据达不到法律规定的证据确实、充分的证明标准，建议二审法院依法判决。

[①] 刘静坤、温小洁撰稿，罗国良审编：《杨某龙故意杀人案——被告方申请排除非法证据的情形，如何把握证据收集合法性的证明责任，以及二审法院如何贯彻疑罪从无原则（第1168号）》，载中华人民共和国最高人民法院刑事审判第一、二、三、四、五庭主办：《刑事审判参考》总第108集，法律出版社2017年版，第26~31页。

河北省高级人民法院经审理认为，原判据以定案的证据主要是上诉人杨某龙的有罪供述，杨某龙写的悔过书虽明确承认实施了犯罪，但悔过书从证据分类来看也属于被告人供述的一种方式。杨某龙在侦查期间曾作过有罪供述，但对检察机关推翻有罪供述，称有罪供述系侦查人员刑讯逼供取得，现公安机关讯问录像和指认现场录像均存在瑕疵，讯问录像不是同步录制，指认现场录像中显示指认过程也不完整，未能体现杨某龙指示侦查人员寻找杀人现场和掩埋被害人头颅的地点，指认过程的客观性存疑。杨某龙的有罪供述没有其他客观物证印证，间接证据也未能形成完整的证明体系，二审期间检察机关亦没有补充证明杨某龙犯罪的新证据。原判认定杨某龙于2009年1月13日杀害被害人郭某某的事实不清，证据不足，不能认定杨某龙有罪。据此，依照《刑事诉讼法》第二百二十五条①第一款第三项、第二百三十三条之规定，河北省高级人民法院判决撤销原判，宣告上诉人杨某龙无罪。

二、主要问题

1. 被告方申请排除非法证据的情形，如何把握证据收集合法性的证明责任？
2. 二审法院如何贯彻疑罪从无原则？

三、裁判理由

（一）被告方申请排除非法证据的情形，应当由人民检察院承担证据收集合法性的证明责任，不能让被告人变相承担证明责任

本案一审期间，被告人杨某龙提出其有罪供述系侦查人员刑讯逼供所得，并提供了讯问人员的姓名、相关情况等线索。一审法院对证据收集的合法性启动了专门调查程序，但在某种程度上让被告方承担了证明侦查人员刑讯逼供的证明责任，这种做法并不符合法律规定由人民检察院证明取证合法性的要求，也不符合非法证据排除规则的基本原理。例如，首先，一审法院指出，杨某龙在侦查阶段所作的有罪供述和其主动向公安机关提交的悔过书相同；杨某龙当庭承认作出有罪供述时对其讯问的两名侦查人员郝某某、陆某未对其刑讯逼供，并有录像为证，这实际上是通过杨某龙的有罪供述本身来证明取证合法性，但这些有罪供述恰恰是杨某龙申请排除的证据，并不能作为证明取证合法性的根据。其次，一审法院指出，杨某龙所称对其刑讯逼供的侦查人员均出庭作证，并称没有对其实施刑讯逼供。实践中，侦查人员出庭鲜有承认非法取证的情形，但侦查人员出庭作证并不能仅是简单地否定没有刑讯逼供，而是应当阐述取证细节，并对被告人提供的线索或者材料作出合理的解释。如果被告人与侦查人员对取证合法性问题各执一词，在缺乏其他证据特别是讯问录音录像等客观证据佐证的情况下，简单地采信侦查人员的供述并不妥当。再次，一审法院指出，看守所体检记录记载杨某龙入所时体表无外伤，但实际上，2009年1月16日1时的讯问录像显示，杨某龙额头上有明显的伤痕，这与看守所体检记录记载的情况存在矛盾，对于该问题，应当由侦查人员作出合理的解释。最后，一审法院指出，除杨某龙供述外，无其他证据证实侦查人员对其有刑讯逼供行为，这明显是要求被告人承担侦查人员刑讯逼供的证明责任。

被告人杨某龙提出上诉后，再次提出有罪供述系侦查人员刑讯逼供取得，申请排除非法证据。二审法院经审查后，启动了证据收集合法性调查程序，要求检察机关提供证明取证合法性的证据材料。检察机关向法庭出示了讯问笔录、羁押记录、体检记录等材

---

① 现为《中华人民共和国刑事诉讼法》（2018年修正）第二百三十六条。

料，有针对性地播放了相关讯问过程的录音录像，提请法院通知侦查人员出庭说明证据收集的合法性。二审法院对证据收集的合法性进行调查过程中，上诉方和检察机关对供述取得的合法性问题进行了质证、辩论，经过法庭调查，发现取证工作存在以下问题：

一是有关被告人供述的录音录像不完整。从被告人杨某龙第一次供述的讯问笔录记载来看，讯问时间为2009年1月15日22时30分至2009年1月16日1时0分，而相关录像的讯问时长仅为47分18秒，录音录像不完整。

二是相关指认录像不完整。经审查，被告人杨某龙对现场的指认录像未能完整还原指认经过，特别是缺失了杨某龙对杀人现场和掩埋被害人头颅地点的指认细节，指认过程的客观性存疑，使得指认的证明价值大打折扣。

三是被告人杨某龙的健康检查笔录与相关讯问录像存在矛盾。据看守所健康检查笔录记载，2009年1月16日及同年1月20日对杨某龙健康检查，体表无外伤。而在2009年1月16日1时0分的讯问录像中，则显示杨某龙额头上有明显的伤痕，二者存在明显矛盾。

四是取证工作存在其他违反法定程序的行为。例如，在提讯证上没有写明提讯的时间、事由，侦查人员也未签字。

基于上述问题，检察机关对供述合法性的证明未能达到证据确实、充分的证明标准，不能排除存在以非法方法收集证据的情形，上诉人杨某龙的有罪供述应当予以排除，不得作为定案的根据。

需要指出的是，二审法院并未就证据收集合法性问题作出明确的结论，而是在裁判文书中指出，上诉人杨某龙在公安机关侦查期间曾作过有罪供述，但对检察机关推翻有罪供述，称有罪供述系侦查人员刑讯逼供取得，现讯问录像和指认现场录像均存在瑕疵，讯问录像不是同步录制，指认现场录像中显示指认过程也不完整，未能体现杨某龙指示侦查人员寻找杀人现场和掩埋被害人头颅的地点，指认过程的客观性存疑。同时，杨某龙的有罪供述没有得到客观物证印证，一是其供述作案用的凶器刀子和拿走被害人的手机没有提取在案；二是根据杨某龙供述提取的其作案时所穿衣服上没有检出血迹；三是上诉人杨某龙所作有罪供述中提到的砖坯和烟蒂，现场勘查中均没有提取在案；四是在现场没有提取到和杨某龙特征相吻合的足迹、指纹等痕迹物证。

二审法院的上述意见实际上表明取证的合法性存在疑问，但并没有明确写明排除非法证据，最终是从供述及指认过程客观性存疑的角度决定不将有关证据作为定案的根据。需要指出的是，此前法院基于各种考虑一般未对证据收集合法性问题作出明确的结论，而是将证据合法性与客观性捆绑到一起加以分析，进而通常以证据不具有客观性为由不将其作为定案的根据。在非法证据排除规则确立前，这种做法具有一定的合理性。对于2012年刑事诉讼法施行后的案件，如果有关证据被认定为非法证据，就应当予以排除，即使其可能是客观真实的，也不能作为定案的根据。换言之，法院认定有关证据属于应当排除的非法证据后，不应再继续讨论其客观真实性问题。

（二）二审法院依法排除非法证据后，其他证据达不到法定证明标准的，应当坚持疑罪从无原则，依法宣告上诉人无罪

为了避免二审法院反复发回重审导致案件久拖不决，造成超期羁押，2012年《刑事诉讼法》规定，二审法院以事实不清、证据不足为由发回重审的案件，原审法院作出判决后，被告人提出上诉或者人民检察院提出抗诉的，二审法院应当依法作出判决或者裁

定，不得再发回原审法院重新审判。根据该规定，二审法院对于事实不清、证据不足的案件，要严格贯彻疑罪从无原则，不得二次发回重审，对于曾发回重审的案件，二审法院依法排除非法证据后，其他证据不足以认定上诉人有罪的，或者是检察机关补充证据材料后仍不足以认定上诉人有罪的，应当依法宣告上诉人无罪。

需要强调的是，被告人供述通常是公诉机关指控和一审法院定案的关键证据，一旦二审法院将被告人供述认定为非法证据并依法排除，其他证据就达不到事实清楚，证据确实、充分的证明标准，针对此类案件，二审法院此前往往会选择将案件发回重审。为了依法保障当事人合法权益，避免超期羁押，对于二审法院经审查后认为事实不清、证据不足的案件，如果不具备补查补正条件，发回重审亦无助于查清案件事实的，就应当严格落实疑罪从无原则，依法宣告上诉人无罪。

本案中，原判据以定案的证据主要是被告人杨某龙的有罪供述，但该有罪供述不能排除非法取证的可能性，依法应当予以排除（二审法院表述为，被告人杨某龙的有罪供述没有其他客观证据加以印证），间接证据未能形成完整的证明体系，二审期间检察机关亦没有补充证明杨某龙犯罪的新证据，在案证据达不到法定的定罪标准。二审期间，检察机关也认为，讯问录像没有同步，指认现场过程不完整，没有提取到指向杨某龙的相关物证，除口供以外的以上间接证据达不到法律规定的证据确实、充分的证明标准，建议二审法院依法判决。

综上，二审法院依法排除上诉人杨某龙的有罪供述后，其他证据达不到法定的证明标准，不能认定杨某龙有罪。二审法院贯彻疑罪从无原则，依法宣告上诉人杨某龙无罪，是妥当的。

问题6. "自首认罪"案件如何理解和把握"证据确实、充分"的证明标准

【刑事审判参考案例】余某锋交通肇事案①

一、基本案情

高州市人民法院经审理查明：2014年8月17日零时，一辆车牌号为粤KEM6××的小轿车从广东省茂名市往高州市方向行驶，在途经高州市石仔岭大转盘路段时，与从石鼓往高州方向由被害人朱某飞驾驶的二轮摩托车发生碰撞，造成两车损坏、朱某飞当场死亡的重大交通事故。事故发生后，粤KEM6××小轿车司机弃车逃离现场。当天14时许，本案被告人余某锋到交警部门投案自首，主动认罪。余某锋供述称，2014年8月16日23时许，其到高州乐天大酒店一楼大厅找朋友余某桂玩，在一楼大厅喝咖啡时，余某桂刚好去卫生间，他从桌上拿走余某桂的车钥匙，到停车场开走余某桂的小车，开车返回乐天大酒店时，在石仔岭大转盘处撞上摩托车，他弃车逃离现场。当天上午，家人劝其自首，他在家人及朋友的陪同下到交警部门投案自首。交警部门认定，余某锋应负事故的全部责任。

粤KEM6××小轿车的所有人为茂名市车天下汽车租赁有限公司。2014年8月11日

---

① 王淼撰稿、陆建红审编：《余某锋交通肇事案——"自首认罪"案件如何理解和把握"证据确实、充分"的证明标准（第1334号）》，载中华人民共和国最高人民法院刑事审判第一、二、三、四、五庭主办：《刑事审判参考》总第122集，法律出版社2020年版。

21时，公司将该车租给客户陈某使用。

高州市人民法院认为，公诉机关指控被告人余某锋犯交通肇事罪的证据中，除余某锋的供述和指认笔录外，没有其他证据证实是余某锋驾驶肇事车辆发生交通事故，余某锋的供述与其他证据不能形成证据链和相互印证，本案证据证明的结论不具有唯一性，不能排除合理怀疑，公诉机关指控被告人余某锋犯交通肇事罪事实不清，证据不足，指控的犯罪不能成立。据此，判决如下：

被告人余某锋无罪。

宣判后，高州市人民检察院以原判认定余某锋无罪错误为由，向茂名市中级人民法院提出抗诉，茂名市人民检察院审查后支持抗诉。

高州市人民检察院抗诉提出：原判认定被告人余某锋无罪错误。主要理由是：被告人余某锋投案自首，到案后如实供述了自己的犯罪行为；余某锋对案发现场、作案车辆及车辆的内饰、碰撞部位等均作了准确指认，也从保管箱中准确找到肇事车辆的钥匙；交警部门的事故认定书认定余某锋应负事故的全部责任。

茂名市人民检察院检察员出庭意见：原判错误，应予纠正。主要理由是：本案证据已形成完整证据链条，足以证实被告人余某锋就是本案的肇事者。案发前，余某锋所述取车环节得到证人陈某与余某桂的证言印证；案发时，所述肇事环节与案发现场情况一致；案发后，所述回家商量投案自首环节得到其家人及邻居的证言印证。

被告人余某锋提出：对公诉机关的抗诉书没有异议，承认自己犯交通肇事罪。其指定辩护人提出：原公诉机关指控余某锋犯交通肇事罪的证据没有形成证据链，不能相互印证，本案证据证明的结论不具有唯一性，不能排除合理怀疑。主要理由是：首先，在咖啡厅取走车钥匙的事实只有余某锋的供述，并没有其他证据予以佐证。虽然余某锋始终承认是其在2014年8月17日零时无证驾驶粤KEM6××小轿车发生交通事故，致一人死亡，但其关于如何取车、在何处取车、因何缘故经过案发地点从而发生事故等情节的供述前后矛盾，疑点重重。一是余某锋关于如何拿走肇事车辆钥匙的情节供述存在前后三次不一致的情况；二是余某锋关于为何开走肇事车辆的动机供述存在前后矛盾的情况，其开走肇事车辆的动机仍不明确；三是证人余某桂、陈某的证词与余某锋的供述存在矛盾；四是余某锋亲友的询问笔录属于传来证据，不能证明本案的客观事实。其次，余某锋的指认笔录没见证人的签名，且卷宗中没有对此的解释或说明，因此该指认笔录不能作为定案的根据。

广东省茂名市中级人民法院经审理认为，本案证实所谓"犯罪各环节"的证据，要么存在矛盾，要么不足。抗诉机关和支持抗诉机关至二审终结前，没有提供充分并足以排除存在矛盾的证据证实被告人余某锋有犯罪行为。根据《刑事诉讼法》第五十三条[①]第一款"对一切案件的判处都要重证据，重调查研究，不轻信口供"的规定，虽然余某锋始终"认罪"，但本案没有任何能够将余某锋与肇事现场或肇事现场车辆联系起来的客观性证据，也没有提取到其作为亲历者所知晓的隐蔽性证据；特别是在如何取得肇事车辆这一重要环节上，余某锋的供述不但前后不一，亦与其他证人证言相互矛盾；而且，综观全案证据，余某锋的供述亦存在诸多无法解释的不合常理之处。因此，对原审被告人余某锋的有罪供述无法查证属实，其有罪供述的真实性存疑，全案证据尚未达到确实、

---

① 现为《中华人民共和国刑事诉讼法》（2018年修正）第五十五条。

充分的法定证明标准。据此，裁定如下：

驳回抗诉，维持原判。

二、主要问题

在"自首认罪"案件中，如何理解和把握"证据确实、充分"的证明标准？

三、裁判理由

（一）对被告人"自首认罪"案件依然应当坚持"事实清楚，证据确实、充分"的证明标准

在审判实务中，被告人"自首认罪"的案件，一般情况下，案件事实是清楚的，证据也是充分的。但是，审判实践表明，即使被告人"自首认罪"的案件，也存在出现冤假错案的风险。所以，在被告人"自首认罪"的案件中，如何坚持证据裁判原则，恪守法定证明标准，贯彻疑罪从无，无论在理论上还是在实践中都是一个值得研究的问题。

我们认为，被告人"自首认罪"，只是表明被告人对案件事实的主观态度，并不代表案件事实一定是清楚的，证据一定是充分的。对被告人"自首认罪"案件依然应当坚持"事实清楚，证据确实、充分"的证据裁判原则，其理由如下：

1. 重证据，不轻信口供是我国证据制度的重要特点

《刑事诉讼法》第五十三条第一款规定："对一切案件的判处都要重证据，重调查研究，不轻信口供。只有被告人供述，没有其他证据的，不能认定被告人有罪和处以刑罚；没有被告人供述，证据确实、充分的，可以认定被告人有罪和处以刑罚。"该条第二款规定："证据确实、充分，应当符合以下条件：（一）定罪量刑的事实都有证据证明；（二）据以定案的证据均经法定程序查证属实；（三）综合全案证据，对所认定事实已排除合理怀疑。上述法律规定，体现了我国证据制度不轻信口供的特点。

2. 对被告人认罪的案件，依然严格贯彻证据裁判原则

这可以从我国关于刑事案件速裁程序的有关规定上得到印证。刑事案件速裁制度的基本前提是被告人自愿认罪，包括被告人自首后认罪。对这类案件的证据标准，根据《全国人大常委会关于授权最高人民法院、最高人民检察院在部分地区开展刑事案件速裁程序试点工作的决定》（2014年6月27日）和《最高人民法院、最高人民检察院、公安部、司法部关于在部分地区开展刑事案件速裁程序试点工作的办法》（法〔2014〕220号，以下简称《试点办法》）的规定，适用刑事案件适用速裁程序，案件事实清楚、证据充分是必要条件，而不是只要被告人认罪就可适用刑事速裁程序。并且，《试点办法》第二条还特别规定，犯罪嫌疑人、被告人认罪但经审查认为可能不构成犯罪的，或者辩护人作无罪辩护的，不适用速裁程序。

3. 被告人认罪不代表案件事实清楚，证据充分

被告人与诉讼结果有切身的利害关系，基于各种目的，其口供可能反映案件的事实真相，也可能歪曲事实、制造假象。更为甚者，替人顶包或者屈打成招等情况下作出的认罪案件也偶有发现。实践证明，轻信、倚重被告人口供，是造成冤假错案的重要原因之一。因此，对于被告人的口供，决不能盲目地、轻易地认定；在运用被告人口供时，应当注重调查研究，将主要精力放在收集口供以外的其他证据上，用其他证据审查、核实被告人的口供。

（二）对被告人"自首认罪"案件的证据审查，依然应当恪守法定证明标准，对证据进行全局审查判断和综合运用

《刑事诉讼法》第五十三条第二款规定了"证据确实、充分"应当同时具备的三个条件。据此，证据在量上要求对定罪量刑的事实都有证据证明；在质上要求经过法定程序查证属实，据以定案的证据之间、证据与犯罪事实之间不存在矛盾或者矛盾得以合理排除，而根据证据认定犯罪事实的过程符合逻辑和经验法则，由证据得出的结论具有唯一性，才能达到确实、充分的证明标准。《刑事诉讼法》及相关司法解释对如何审查认定证据及如何对证据进行综合审查与运用作了详细规定。这些规定，既是对审查、运用证据的法定要求，也是审查、运用证据的基本方法。

本案中，虽然被告人"自首认罪"，也不能放松对证据的审查判断，而是要恪守法定证明标准，运用多种方法，对全案证据进行多层次、多角度、全方位的立体化审查判断，在审查判断的基础上进行综合分析，然后得出证据是否确实、充分的结论。

1. 在微观上，对单个证据的证据能力和证明力进行全面审查判断

对单个证据的审查判断是对全案证据审查判断的基础，是确保案件质量的首要环节。这个阶段主要是对单个证据的证据能力和证明力进行审查判断，通过审查将没有证据能力及证明力的证据予以排除。《最高人民法院关于适用〈中华人民共和国刑事诉讼法〉的解释》（以下简称《刑事诉讼法解释》）对如何审查各类证据作了非常详尽的规定。实务中应当遵循这些规定审查证据。

就本案而言，一审、二审法院通过阅卷分析、实地调查、庭审中对出庭民警办案过程的询问、征求办案机关的上级机关审查意见等方法，发现本案有两份关键证据，即指认笔录、道路交通事故认定书存在问题，因没有证据能力或缺乏证明力，而不能作为定案根据。

第一，关于指认笔录。从《刑事诉讼法》第四十八条①规定看，法定证据中并没有指认笔录这一证据分类。司法实践中的指认笔录，其实质属于辨认笔录。对于如何审查辨认笔录，《刑事诉讼法解释》第九十条②要求，对辨认笔录应当着重审查辨认的过程、方法，以及辨认笔录的制作是否符合有关规定，并列明了辨认笔录不得作为定案根据的六种情形：（1）辨认不是在侦查人员主持下进行的；（2）辨认前使辨认人见到辨认对象的；（3）辨认活动没有个别进行的；（4）辨认对象没有混杂在具有类似特征的其他对象中，或者供辨认的对象数量不符合规定的；（5）辨认中给辨认人明显暗示或者明显有指认嫌疑的；（6）违反有关规定，不能确认辨认笔录真实性的其他情形。就本案而言，除被告人供述外，指认笔录是本案能将余某锋与肇事现场、肇事现场车辆联系起来的唯一证据。然而，本案中公安、检察机关组织的指认却存在下列问题：（1）指认前指认人已经了解或见到指认对象。一是现场指认笔录。在侦查阶段，被告人并没有对现场进行辨认，而是在法院第一审的第一次开庭之后，侦查机关才作出指认现场笔录，也就是说，在本案中，一审开庭在前，现场指认在后。如此，在现场指认前，通过庭审举证、质证，被告人余某锋已经全面了解事故现场情况。二是车辆指认笔录。车辆指认笔录除了存在"开庭在前，指认在后"的问题外，还存在"见实物在前，讯问在后"的情况。一般情况下，

---

① 现为《中华人民共和国刑事诉讼法》（2018年修正）第五十条。
② 现为《最高人民法院关于适用〈中华人民共和国刑事诉讼法〉的解释》（2021年）第一百零四条。

指认笔录都是侦查机关先讯问被告人，让被告人叙述被指认对象的基本情况，然后进行指认。但本案中，侦查机关先组织被告人余某锋对肇事车辆进行指认，余某锋在指认车辆过程中，通过没有玻璃的前窗完全可能看清楚肇事车辆撞击部位以及车内饰品的情况。但侦查机关却在此之后才对余某锋进行有关肇事车内饰特征的讯问。因此，该讯问没有实质性的意义，对车辆内饰特征的指认笔录也没有实质性的意义。（2）对肇事车钥匙的指认存在瑕疵，车钥匙没有物证提取笔录，来源不清。（3）指认对象没有混杂在具有类似特征的其他对象中。在组织辨认时，侦查机关没有将指认对象肇事车钥匙混杂在具有类似特征的其他对象中。指认时，辨认对象中其他车钥匙都贴有一个明显的标签，唯独"肇事车钥匙"没有贴标签。（4）现场指认笔录所述部分内容不真实。现场指认笔录记载："经民警带被告人余某锋到案发地点进行指认，被告人余某锋能准确指认两车碰撞的原始地点，与民警制作的现场图吻合。"经查，民警制作的原始现场图中并无两车碰撞原始地点的记载。（5）花坛撞击点的指认结果与现场勘查照片明显不符，不具同一性。余某锋指认的花坛撞击点附近有一处排水口，而现场勘查照片中显示的花坛撞击点附近并没有排水口。经现场调查比对，两者距离达10多米远。（6）公安、检察机关组织的指认均无见证人。（7）检察机关组织的指认无指认笔录。由此，本案指认笔录存在的上述问题，违反了《刑事诉讼法解释》第九十条的有关规定，故不能作为定案根据。

第二，关于道路交通事故认定书。该认定书认定余某锋系肇事者，应负事故的全部责任。这是本案证明余某锋是交通肇事者的直接证据。但是，根据办案民警陈某兴、李某的出庭证言及茂名市公安局交通警察支队的复函，原审法院认为交警部门之所以认定余某锋为肇事者，并非依据客观性证据和技术性证据，而主要是依据余某锋的有罪供述及现场勘验笔录。本案仅仅根据余某锋的有罪供述及无法确定是否与其具有关联性的现场勘验笔录，就认定余某锋为交通肇事者，依据不充分。作出该认定书后，虽然公安、检察机关补查了大量证据，但补查后的证据却存在指认笔录制作不科学、不合法；余某锋的供述内容前后说法不一，又与余某桂、陈某的证言相互矛盾；现场指认的花坛撞击点与现场勘查照片无法吻合等诸多问题，而且这些证据矛盾亦无法得到排除或合理解释。因此，即使经补查，综合全案证据，道路交通事故认定书的认定依据依然没有得到补强，因而该认定书关于余某锋为肇事者的结论，依据不充分，不能作为定案根据。

2. 在案件事实层面，对被告人所述"各犯罪环节"的证据进行全面审查判断

根据被告人余某锋的供述，可以将整个案件的发展过程分为案发前"取车"环节、案发时"肇事"环节、案发后"自首"环节。为准确认定案件事实，法院采取纵横对比分析的方法，分别对每个环节的证据进行逐一审查判断。

第一，关于能否认定被告人余某锋所述"取车"一节。

关于被告人余某锋所述"取车"一节，在案证据不但相互矛盾，而且不合常理。余某锋关于去乐天大酒店的原由、当时几人在场、谁将车钥匙放在桌面、谁去了卫生间、开车的动机等细节供述前后矛盾，说法不一，且与余某桂的证言不能吻合。此外，由于陈某、余某桂与交通肇事的车辆存在关联，案发后两人又同时去向不明，直至二审阶段才现身，故陈某、余某桂证言的可信度较低。因此，现有证据不足以证明余某锋所述在乐天大酒店擅自开走他人车辆的事实。

第二，关于能否认定被告人余某锋所述"肇事"一节。

根据法医学尸体检验鉴定报告、现场勘查笔录和现场图、证人梁某有的证言等证据，

虽然可以证实发生重大交通事故的事实，但却无法建立上述证据与被告人余某锋之间的实质性联系，根据上述证据不能得出余某锋就是肇事者的结论。此外，现场目击证人梁某有证言与余某锋供述相互矛盾。梁某有证实，小车停下后从驾驶室冲下来一名男青年，片刻都没有停留，径直往乐天大酒店方向逃离事故现场，但余某锋却供称车停下来后，他还下车看了看车底有没有东西，然后往金山方向逃回家。另外，余某锋指认的花坛撞击点与现场勘查照片中显示的花坛撞击点亦明显不符，相互矛盾。因此，关于余某锋所述"肇事"一节，由于没有其他证据可以印证，在案证据又相互矛盾，也无法认定。

第三，关于能否认定被告人余某锋所述"自首"一节。

关于被告人余某锋所述"自首"环节，有证人杨某华、余某良、陈某云、余某杰、余某霞、李某、陈某兴等证言证明，与破案经过吻合，可以认定。但上述证据除能证明余某锋对上述证人讲过自己"开车肇事"的事实外，并不能够证明余某锋所讲的话就具有真实性，就是客观事实。

所谓千里之堤溃于蚁穴，定案的证据体系也是如此。虽然本案余某锋所述"各犯罪环节"在形式上都有证据证实，但在案证据有数量无质量，又相互矛盾，其所述"各犯罪环节"中每个环节的证据都不确凿、不充分、不牢靠，检察机关所构筑的指控犯罪证据体系根基脆弱，存在错案的重大隐患与风险。

3. 在宏观上，综合全案证据，从主客观两个方面、正反两个维度对整个指控证据体系进行全面审查判断

在宏观上对全案证据进行综合审查判断，是法院最终形成定案结论的关键环节。对全案证据进行综合审查判断，要从主、客观两个方面和正、反两个维度展开。在客观上，运用印证方法审查判断全案证据与待证事实的内在联系，看能否形成闭合的完整证据链条，从正面对案件证明体系进行积极构建；在主观上，运用排除合理怀疑方法审查判断在案证据的矛盾和疑点，看能否形成内心确信，从反面进行验证、证伪。

在客观上，本案证据存在先天缺陷、在案证据之间缺乏内在关联，无法形成有效印证。由于没有调取到案发当日乐天大酒店、被告人余某锋所述行车轨迹的监控视频；没有调取到余某锋、陈某、余某桂、余某良、杨某华等人的通话记录；没有提取肇事车辆上的有关物品、痕迹、生物检材等物证；没有根据余某锋的供述，提取到任何隐蔽性证据，致使本案缺乏将余某锋与肇事现场或肇事现场车辆联系起来的客观性证据。除余某锋的供述外，本案唯一能将余某锋与肇事现场、肇事车辆联系起来的证据就是指认笔录。由于该笔录不能作为定案根据，故本案没有能够将余某锋与肇事现场或肇事现场车辆联系起来的任何客观证据。

在主观上，本案不能排除合理怀疑，得出唯一结论，无法有效形成心证。本案证据之间，证据与案件事实之间存在众多矛盾，如在"取车"环节被告人余某锋的供述反复不定，自相矛盾，其供述与余某桂的证言也不能印证；在"肇事"环节余某锋的供述与现场目击证人的证言相互矛盾，其指认的花坛撞击点与现场勘查照片不符等。此外，本案还有诸多不合常理之处，如余某锋始终说不清开车的动机、汽车档位的功能、当晚一起喝咖啡的朋友"阿庆"的具体身份信息；案发后，余某锋半夜三更舍近求远地跑到别人家借手机，再回到自家打电话；案发后，本案肇事车辆关联人陈某、余某桂又同时失踪；余某锋始终否认案发后与当晚肇事车辆的实际控制人余某桂有过联系等。这些证据矛盾和疑点既无法排除，也不能作出合理解释。而证据矛盾和疑点正是审判实践中检验

所认定事实是否已排除合理怀疑的切入口。排除合理怀疑的过程，就是心证形成的过程。因此，综合全案证据，本案证据中矛盾、疑点与逻辑、经验法则相违背，不能排除合理怀疑，得出唯一的事实结论。

检察机关依法承担证明被告人有罪的举证责任，应当提供确凿、充分的证据来证明被告人有罪。本案中，对被告人余某锋是否犯罪既不能证实，也不能证伪，属于"定放两难"的"疑罪"案件。而"疑罪"的存在，意味着检察机关提供的证据不足以认定犯罪行为系被告人实施。"疑罪"是检察机关未能实现证明责任的结果，其本身并不以被告人是否"认罪"为前提。所以，即使被告人"认罪"，但如果其有罪供述的真实性缺乏保障，在案证据未能达到确实、充分标准，也不能认定被告人有罪。一审、二审法院依照证据规则依法判定余某锋无罪是正确的，充分贯彻了疑罪从无的审判原则。

问题7. 如何运用证据认定熟人之间强奸罪与非罪的界限

【刑事审判参考案例】被告人梁某强奸案[①]

一、基本案情

滁州市南谯区人民法院经审理查明：被告人梁某与被害人郭某某曾为恋人关系，2015年12月两人关系恶化，郭某某提出与梁某分手，梁某以散发郭某某不雅照片相威胁，并对郭某某进行殴打，逼迫郭某某顺从。至2016年2月，梁某采用上述手段强行与郭某某发生四次性关系。具体的事实如下：

1. 2015年12月中旬的一天，被告人梁某在江苏省南京市桥北锦江之星酒店，殴打郭某某，并强行与郭某某发生性关系。

2. 2015年12月的一天，被告人梁某在滁州市斯亚酒店，强行与郭某某发生性关系。

3. 2015年12月31日晚上，被告人梁某在江苏省南京市桥北锦江之星酒店，对郭某某胸部、手臂处进行撕咬，并强行与郭某某发生性关系。

4. 2016年2月的一天，被告人梁某在滁州市格林豪泰酒店，强行与郭某某发生性关系。

滁州市南谯区人民法院认为，被告人梁某违背妇女意志，强行与他人发生性关系，其行为已构成强奸罪。依照《刑法》第二百三十六条第一款之规定，判决如下：

被告人梁某犯强奸罪，判处有期徒刑三年。

一审宣判后，被告人梁某提出上诉，称其未强奸郭某某。

安徽省滁州市中级人民法院经审理认为，原判部分事实不清，证据不足，裁定撤销原判，发回重审。

南谯区人民法院重新审理过程中，南谯区人民检察院以证据不足为由，决定撤回对被告人梁某的起诉。

南谯区人民法院经审查，裁定准许公诉机关撤回对被告人梁某的起诉。

[①] 万杰、宋琚梅、许汪撰稿，韩维中审编：《被告人梁某强奸案——如何运用证据认定熟人之间强奸罪与非罪的界限（1339号）》，载中华人民共和国最高人民法院刑事审判第一、二、三、四、五庭主办：《刑事审判参考》总第122集，法律出版社2020年版。

二、主要问题

如何运用在案证据判断强奸案件中罪与非罪的界限？

三、裁判理由

本案在审理中，对于被告人是否构成强奸罪存在两种观点：

第一种观点认为，被告人梁某以散发郭某某不雅照片相威胁，对郭某某进行殴打，逼迫郭某某顺从。至2016年2月，被告人梁某多次采用上述手段强行与郭某某发生性关系，其行为已构成强奸罪。

第二种观点认为，本案中被告人确有暴力、胁迫的行为，但其暴力、胁迫行为的目的并非强奸被害人，其暴力、胁迫行为也并非其和被害人发生性关系的手段。本案不宜认定构成强奸罪。

我们同意第二种观点。具体理由如下：

（一）本案被告人的暴力、胁迫行为与被告人、被害人发生性行为之间的因果关系不能证实

刑事案件的办理必须坚持证据裁判原则。《刑事诉讼法》第五十五条明确规定，认定被告人有罪，应当达到证据确实、充分的证明标准。证据确实、充分应当符合以下条件：（1）定罪量刑的事实都有证据证明；（2）据以定案的证据均经法定程序查证属实；（3）综合全案证据，对所认定事实已排除合理怀疑。上述三者相互衔接，据此最终得出被告人有罪或无罪的结论。而证据证明的对象则是与追究犯罪嫌疑人、被告人刑事责任有关的一切需要证明的事实。这其中包括对因果关系的证明。

就本案而言，综合全案证据，能够证实：成年女性郭某某在某房产公司从事销售工作，工作中与被告人梁某相识，2014年12月二人发展为男女朋友关系，郭某某知道梁某正在与妻子离婚。2015年11月二人前往海南共同生活近一个月并拍摄婚纱照。后因琐事二人发生矛盾并互相提出分手，但未彻底分开。2015年12月开始，梁某多次对外散布郭某某的不雅照片，和郭某某发生争执，殴打郭某某，并和郭某某多次发生性关系。

也就是说，本案现有证据能够证明被告人实施了暴力、胁迫行为，也能够证明被告人和被害人之间发生了性行为。暴力、胁迫行为与二人性关系之间是否存在刑法意义上的因果关系，直接影响到认定被告人与被害人之间的性行为是否违背妇女意志，进而直接关系到被告人是否构成犯罪。

4. 本案存在暴力因素，但暴力因素与发生性行为之间的因果关系不明确

第一，被告人梁某和郭某某的分手并不彻底，二人在提出分手后仍然多次发生性关系。从指控的四次"强奸"行为中，其中两起梁某有殴打、撕咬行为。这两次暴力行为都是发生在宾馆客房，时间段都是深夜，但郭某某陈述其到宾馆就是为了和梁某发生性关系。故梁某没必要再使用暴力威胁。如对第一起事实，郭某某陈述称，南京桥北的那次是12月31日晚上，当时公司组织去南京跨年晚会，梁某将其接走直接去了桥北那个宾馆，到宾馆后说其化妆就是要勾搭男人，争吵时他就咬其下巴，其要走，他不让，然后他就去洗澡了。梁某洗澡后看了郭某某手机信息因吃醋打了郭某某并发生性关系。从被害人的陈述可以看出，郭某某对于和梁某发生性关系并不排斥（梁某洗澡时郭某某也没有离开），梁某实施暴力行为也并非为了和郭某某发生性关系。

第二，被告人梁某供述，其殴打郭某某是因为吵架吵不过郭某某，以及吃醋等因素。这一点从二人的正常交往可以得到佐证。梁某、郭某某在正常的男女交往中，梁某也曾

对郭某某实施暴力，但二人也曾多次发生正常的性行为。另外，从在案证据判断，梁某的暴力尚未达到严重的程度。

综合上述情况，本案暴力因素与二人性行为之间的因果关系不明确。

5. 被告人实施了散布不雅照片的行为，但该威胁因素与发生性行为之间的因果关系不能证实

第一，被告人梁某散发不雅照片是一个持续的行为。梁某在与郭某某发生矛盾时就已经多次发了郭某某的不雅照片，但这之后，二人仍多次发生正常的性行为。事实上，梁某第一次散发不雅照片后，郭某某就找了学法律的李某某问梁某的行为犯不犯法，还到派出所报过案，报案只是称梁某发不雅照片，而未提及梁某以散发不雅照片威胁其发生性行为。另外，案卷中微信聊天记录也显示，在梁某发不雅照片之后，郭某某还发了不少暧昧信息给梁某。

第二，如前所述，本案指控的"强奸"行为都是在宾馆，时间都是在深夜，郭某某作为一个成年女性，正如其陈述，其去宾馆就是知道会发生性关系，也并不排斥性关系的发生，很难认定其是被梁某散发不雅照片胁迫而被迫与梁某发生性行为。

第三，被告人梁某始终供述，其散发不雅照片威胁的目的，前期是不想和郭某某分手，分手后是为了泄愤，而并非借此和郭某某发生性关系。该供述也得到了二人微信聊天记录的印证。另外，郭某某也曾威胁梁某，说要把这些事告诉梁某的女儿，实际上二人均有威胁对方的意思表示。

综上，本案被告人梁某确实以散布不雅照片威胁郭某某，但该威胁因素与发生性行为之间的因果关系在证据上无法证实。

（二）结合案件具体情况，准确区分强奸的罪与非罪

刑事案件中的证据证明需要达到"排除合理怀疑"的程度，这是证据法中的一项重要准则，也是诉讼中判断控辩双方证明成效的标准。案件办理中，证据存在疑点属于正常，其中缺乏事实根据、不符合经验法则的疑问，不属于合理怀疑的范畴。而对于部分存在事实根据、符合社会常识常理的怀疑，则要进行细致审查、认真分析。如果确实存在无法排除的矛盾和无法解释的疑问，则应当根据"疑罪从无"原则作出被告人不构成犯罪的结论。

本案中，经过对在案证据全面客观的分析，我们认为，仍然存在以下问题，难以得到合理解释：

1. 从案发经过分析，不排除被害人出于顾虑才报案的可能性

强奸案件由于涉及隐私，很多时候是被害人因为顾虑不愿意报案，但实践中也存在女方在被亲友、家人发现后为顾及颜面、事后反悔以及第三者插足而告发男方强奸的情形，对此必须结合案件具体情况进行分析、判断。

第一，从报案时间来看，郭某某不是在指控的"强奸"行为发生后报案，而是在梁某已经回到黑龙江并将郭某某微信拉黑，不联系郭某某后，郭某某才报案称被梁某强奸。

第二，从报案内容上看，郭某某及其母亲之前多次到公安机关报案，称梁某发不雅照片、梁某找她要钱、梁某殴打她，直到最后报案内容才改称被梁某强奸。

第三，从案发经过看，郭某某称其是因为母亲发现了一件撕破的衣服，之后逼问并打了其，其才说了被强奸之事。

综合以上情节可以看出，本案案发不及时、不自然，不能排除郭某某出于顾虑或者

其他考虑才报案的可能性。

2. 应当结合双方感情进行全面分析，不能截取部分性行为认定强奸犯罪

对于男女双方先有性行为，女方决意中断后男方强行发生性行为的，实践中认定强奸罪没有争议。但是本案不属于上述情形。

郭某某在工作中与被告人梁某相识，2014年12月发展为男女朋友关系，一年后二人去海南度假近一个月，并拍摄了婚纱照。2015年11月底，二人开始吵架并提出分手，但并没有断绝男女关系。在指控的强奸行为发生的时间段内，二人的聊天记录上仍然有亲密的言语，并仍处于谈婚论嫁的时期，如2016年2月14日，郭某某发给梁某的微信是"结婚可以按你的计划来，但是必须还我一个完美的婚礼和家庭"。在此期间，二人仍有二十余次的开房记录。即使到了2016年2月15日郭某某被梁某殴打后，郭某某到派出所报警时仍称，她和梁某曾是男女朋友，因为感情不和闹过分手，后来又和好了。另外，分手也并不是郭某某单方面提出，从微信、短信内容可以看出，梁某也曾多次赶郭某某走，其拉黑郭某某时，反而是郭某某不同意；而且梁某4月被抓获归案，郭某某6月又写了谅解书。由上述事实可见，公诉机关指控的发生强奸行为的时间段内，男女双方并未彻底分手。事实上，双方处于一个时分时合的情形，同时双方在此期间都采取了一系列不理智的行为。男方在此期间的殴打、发不雅照片等行为当然是违背道德的甚至是违法的，但是直接根据被害人后期的陈述简单认定暴力、胁迫因素与发生性行为当然具有因果关系，进而认为被告人构成强奸罪则有失偏颇。

实践中，对于熟人之间发生的强奸行为，尤其是男女双方曾经是恋人关系、通奸关系的强奸行为，应当结合男女双方的感情历程进行全面分析。就本案而言，不宜将男女双方多次发生性行为中的四起事实拿出来单独认定强奸犯罪。

综上，本案一审法院裁定准许公诉机关以证据不足为由撤回起诉，是适当的。

问题8. 死刑案件被告人翻供且缺乏客观证据时，如何审查判断？

【刑事审判参考案例】李某胜故意杀人案[①]

一、基本案情

滁州市中级人民法院经公开审理查明：被告人李某胜和被害人龚某福均系安徽省定远县润鑫制衣有限公司（以下简称润鑫制衣公司）工人。2016年9月3日21时许，李某胜与龚某福酒后来到润鑫制衣公司四楼车间内休息。23时许，龚某福醉酒呕吐，后龚某福拿李某胜手机玩游戏，因游戏声音嘈杂引起李某胜的不满，双方发生口角。当龚某福走到车间四楼走廊窗户附近，双方又发生争执。李某胜趁龚某福不备，抱住龚某福左腿，将龚某福掀出窗外，致龚某福当场死亡。润鑫制衣公司院内一修理厂员工发现龚某福坠楼后报警。次日凌晨，警察在润鑫制衣公司四楼车间将正在睡觉的李某胜抓获。经定远县公安局司法鉴定中心鉴定，龚某福由于机械性暴力致颅脑损伤引起呼吸循环衰竭，合并腹腔脏器破裂致失血性休克死亡。

[①] 樊朝勇撰稿，王晓东审编：《李某胜故意杀人案——死刑案件被告人翻供且缺乏客观证据的审查判断（第1366号）》，载中华人民共和国最高人民法院刑事审判第一、二、三、四、五庭主办：《刑事审判参考》总第124集，法律出版社2020年版。

滁州市中级人民法院经审理认为，被告人李某胜的行为构成故意杀人罪，鉴于因偶发矛盾临时起意，对李某胜判处死刑，可不立即执行。依照《刑法》第二百三十二条、第四十八条第一款、第五十七条第一款之规定，认定被告人李某胜犯故意杀人罪，判处死刑，缓期二年执行，剥夺政治权利终身。

一审宣判后，李某胜提起上诉。上诉理由同前辩解。

安徽省高级人民法院经审理认为，上诉人李某胜因琐事与他人发生争执，即故意非法剥夺他人生命，致被害人死亡，其行为已构成故意杀人罪。原判根据李某胜犯罪的事实、犯罪的性质、情节和对社会的危害程度，考虑系因偶发矛盾临时起意，对其判处死刑，可不立即执行。原审判决认定事实清楚，证据确实、充分，定罪准确，量刑适当。审判程序合法。依照《刑事诉讼法》第二百二十五条第一款第一项①的规定，裁定驳回上诉，维持原判。根据《刑事诉讼法》第二百三十七条②的规定，同时核准李某胜的死缓刑事判决。

二、主要问题

对于被告人翻供且缺乏客观性证据的案件，应当如何审查证据？

三、裁判理由

本案是一个证据"先天不足"的典型。公安人员在案发现场未提取到任何直接证明被告人李某胜到过现场的痕迹、物证；作案过程无目击证人；本案也无作案工具；李某胜又先供后翻，在一审开庭时、二审时均称没有推龚某福，是一个难啃的"骨头案"。对此类案件的证据应如何审查分析？在何种程度上才能达到死刑案件证据确实、充分的证明标准？这些都成为本案审理的难点。对本案的证据审查，审理中形成以下两种意见：

第一种意见认为，被告人李某胜关于将龚某福从四楼推下的有罪供述，无其他证人证言、监控录像、现场勘验检查笔录等主、客观性证据相印证，不能排除龚某福酒后坠楼和他人作案的可能性，应贯彻落实证据裁判、疑罪从无等原则制度，宣告李某胜无罪。

第二种意见认为，通过审查在案间接证据，据以定案的间接证据已经形成完整的证明体系，且与被告人李某胜的有罪供述诸多细节能够相互印证，可排除一切合理怀疑，足以认定李某胜实施了故意杀害龚某福的行为。

我们同意第二种意见。理由如下：

本案的争议焦点是案件证据是否达到确实、充分的证明标准。证据是准确认定事实、正确适用法律、恰当裁量刑罚的基础，是保证案件质量的"生命线"。死刑案件人命关天，在证据问题上容不得丝毫疏漏，必须达到确实、充分的证明程度，在任何时候、任何情况下都不能打折扣。如果一个案件的侦破经过客观、自然，有目击证人、有直接证实被告人作案的客观性证据，被告人又始终供认不讳的，定案比较容易。但是，不是所有的案件都有那么多直接的客观性证据。对这种缺乏客观性证据的案件，审查、分析时不能简单地罗列证据，而是要抓住关键证据深入分析，抓住主要矛盾点，从整体上把握证据。就本案而言，主要应从以下两个方面着手审查证据：

（一）审查判断被告人的有罪供述是否真实、可信，翻供理由是否合理，是否适用非法证据排除

翻供是刑事审判过程中并不罕见的情形。犯罪嫌疑人、被告人翻供，既有据实翻供，

---

① 现为《中华人民共和国刑事诉讼法》（2018年修正）第二百三十六条第一款第（一）项。
② 现为《中华人民共和国刑事诉讼法》（2018年修正）第二百四十八条。

也有不实翻供，而且从司法实务的角度以及实践经验判断，不实翻供、真假混杂的翻供并不是少数。在司法实务中，经侦查审讯，犯罪嫌疑人、被告人往往在意志最薄弱的时刻心理防线被突破，从而全盘交代；而在后来的阶段，随着侦查审讯的压力逐渐减弱，犯罪嫌疑人、被告人趋利避害、最后一搏的心理逐渐加强，在此消彼长的过程中，往往容易出现全盘翻供或部分翻供。尤其在审判阶段，被告人的亲属、被害人或其亲属到庭，被告人当庭翻供的现象更为突出。因此，在司法实务中，如何有效地预防、应对、审查非真实的翻供，成为侦查、起诉、审判阶段不得不面对的重要课题。

在司法审判中，法官处于居中裁判的位置。在面对被告人翻供时，应当客观中立地进行倾听、审查。首先，应当对被告人翻供的言谈、举止、表情、心态、陈述的口气等进行观察，从直觉上对被告人翻供是否有理作出经验判断。其次，为了查清翻供理由是否成立，法官还应充分发挥法庭讯问、举证、质证功能，运用交叉询问规则来查明案件事实。正如美国著名证据法学家威格莫尔所说，"交叉询问无疑是人类迄今为止所发明的发现事实真相的最伟大的法律引擎"。因而，法官可以充分引导控辩双方就翻供是否有理进行举证、质证和辩论，认真听取控辩双方的不同意见，在争辩中发现被告人的前后供述的矛盾之处，并在全面掌握案件的基本事实上，对每一份供述进行认真的审查，最终找出最贴近事实真相的供述。在必要的情况下，法官还可以依职权对被告人就有关的问题进行发问，以此来打消心中的疑虑，增强内心确信。具体到本案：

1. 本案可以排除非法取供的情形

《刑事诉讼法》第五十五条、第五十六条及第五十八条规定，对一切案件的判处都要重证据，重调查研究，不轻信口供；采用刑讯逼供等非法方法收集的犯罪嫌疑人、被告人供述和采用暴力、威胁等非法方法收集的证人证言、被害人陈述，应当予以排除；当事人及其辩护人、诉讼代理人有权申请人民法院对以非法方法收集的证据依法予以排除。《最高人民法院关于适用〈中华人民共和国刑事诉讼法〉的解释》（以下简称《刑事诉讼法解释》）第八十条①第四项亦规定，对被告人供述和辩解应当着重审查被告人的供述有无以刑讯逼供等非法方法收集的情形。

本案审理期间，辩护人提交排除非法证据的申请及相关材料，认为公安机关在讯问被告人李某胜时程序违法且有逼供、诱供的情形，申请排除李某胜在公安机关的有罪供述、亲笔供词、辨认现场笔录等证据。开庭审理期间，李某胜提出其有罪供述是被警察逼供作出，申请排除其有罪供述。

据此，法庭依法启动非法证据排除程序。公诉人先后出示了被告人李某胜在派出所和看守所的两份有罪供述、李某胜自书的有罪供词、播放了公安机关讯问李某胜的同步录音录像、参与抓捕的警察朱某红和讯问的警察刘某出庭作证等证据，用以证明李某胜有罪供述来源的合法性。合议庭组织被告人及其辩护人对上述证据逐一进行了质证，并就相关问题讯问了被告人。经合议庭当庭评议认为，法庭当庭有针对性地播放了公安机关讯问李某胜的同步录音录像，录音录像证实公安机关依法对李某胜进行讯问，没有采用殴打、违法使用戒具、威胁等非法方法。在回答警察讯问时，李某胜神情自然，回答切题，在派出所和看守所内多次供述与龚某福发生争执后将龚推下楼的详细经过。且侦查人员出庭作证时，法庭讯问李某胜出庭侦查人员有无对其进行非法取证时，李某胜表

---

① 现为《最高人民法院关于适用〈中华人民共和国刑事诉讼法〉的解释》（2021年）第九十三条。

示没有非法取证情形。相关事实并有李某胜的自书供词和在讯问笔录上的签字、捺印等证据证实。

通过对被告人李某胜翻供的形式审查和实质审查，能够认定其翻供系逃避责任的虚假翻供，而非合理辩解性质的真实翻供。李某胜的有罪供述、亲笔供词、辨认现场笔录等证据来源清楚、收集程序合法，可以作为定案证据。李某胜及其辩护人提出有罪供述、亲笔供词、辨认笔录是在侦查人员逼供、诱供下作出的翻供理由和辩护意见与查明的事实不符，合议庭当庭决定对李某胜的有罪供述不予排除。

2. 被告人李某胜作过多次有罪供述，且翻供理由不充分

《刑事诉讼法解释》第八十条第（六）项规定，对被告人供述和辩解应当着重审查被告人的辩解内容是否符合案情和常理，有无矛盾。被告人李某胜被带至派出所后作了三份供述，第一份是无罪辩解，第二份、第三份是有罪供述，供述了因龚某福玩手机游戏产生噪声，双方产生口角，其将龚某福推下楼的整个过程。李某胜被羁押至定远县看守所的第四份是有罪供述，第五份未供述，第六份供述翻供原因，称是因为不知道自己要被判多少年，心里害怕，不想在看守所里面关着，希望能够少判几年。在第七份讯问中李某胜又供述了将龚某福推下楼的起因及过程。

（二）审查其他间接证据是否能与被告人的有罪供述相互印证，形成完整的证据锁链，并排除合理怀疑

1. 结合其他言词证据进行审查判断，主要是将被告人的供述与证人证言等言词证据进行对比、分析，查看是否存在矛盾以及对这些矛盾能否作出合理解释。本案的言词证据主要有李某胜亲属、制衣公司工友、商店经营者等的证言。在被告人李某胜的有罪供述和无罪辩解中，李某胜对其和龚某福二人当晚一起喝酒、一起到制衣公司四楼车间睡觉，遇到制衣公司女工、只有其和龚某福两人在制衣公司四楼车间等事实一直予以认可，而上述相关事实亦有商店经营者关于李某胜和龚某福在商店购买啤酒、零食的证言，有李某胜哥哥、嫂子关于李某胜和龚某福喝酒后一起到制衣公司睡觉的证言，有多名工友关于在制衣公司三楼看见李某胜和龚某福并证实二人喝酒的证言等印证。故李某胜关于作案前其和龚某福酒后到制衣公司睡觉的供述可以认定。

2. 将被告人的有罪供述与物证、书证等实物证据对比审查。《刑事诉讼法解释》第一百零六条[①]规定，根据被告人的供述、指认提取到了隐蔽性很强的物证、书证，且被告人的供述与其他证明犯罪事实发生的证据相互印证，并排除串供、逼供、诱供等可能性的，可以认定被告人有罪。因而，审查时要将被告人的多份供述与客观提取的物证、书证等实物证据进行比对，将被告人的每一份供述与现场勘查提取的物证、书证等证据按照时间顺序排列，详细辨明被告人供述与这些客观性证据的先后顺序，分析是"先供后证"还是"先证后供"，以及是否存在人为制造的"先供后证"等情况。一般而言，在排除非法取证的前提下，如果根据被告人的供述提取到隐蔽性很强的实物证据，则被告人的供述具有较强的可信性、真实性。

本案中的物证有被告人李某胜的手机，相关证据有手机检查笔录和照片、讯问李某胜的同步录音录像。李某胜有罪供述中提到其和龚某福发生争执的原因，是因为龚某福玩手机游戏声音太大把其吵醒，后双方发生口角。对李某胜供述发生争执的原因，讯问

---

① 现为《最高人民法院关于适用〈中华人民共和国刑事诉讼法〉的解释》（2021 年）第一百四十一条。

视频反映,在李某胜供述争执的具体原因后,侦查人员将李某胜手机上唯一的游戏打开,进入游戏界面后确实发现游戏音量较大。该过程还有手机检查笔录和照片加以证实。提取手机的过程客观、合法。该份证据属于"先供后证",具有一定隐蔽性的证据,具有不易被伪造、证明力强的特点。该组证据与李某胜有罪供述中关于双方引发争执的原因一节能够相互印证。

3. 将被告人的有罪供述同尸体检验意见、尸体照片等证据进行比对审查。被告人有罪供述中供认了采取何种方式杀害被害人,在审查证据时着重应对尸体照片、尸体检验意见中有关被害人伤情部位及形成原因等细节进行审查判断,看能否与被告人的有罪供述相互印证,特别是细节之处能否对应。

本案在审理过程中,为查明案件事实、调查核实证据,合议庭依职权通知安徽省公安厅物证鉴定管理处法医病理损伤检验科的秦某法医,作为有专门知识的专家辅助人出庭,就相关专业问题发表意见。秦某法医当庭陈述:该案经定远县公安局和滁州市公安局向省公安厅申请,对龚某福的尸体进行重新检验。结果和第一次检验结果一致。经检验,死者死亡原因符合颅脑损伤致死,附加性损伤第一处是左腿膝关节内侧数条浅表条索状划痕,清楚的有3条,较为浅淡的有2条,致伤工具是由末端较为尖锐的条索状钝性物体形成,常见的物体包括手指指甲;第二处是右侧肩前部片状方向性擦挫伤,肩关节受到自上而下的作用力,此处附加伤起始端整齐,有方向性并可以看出皮纹的断裂,致伤工具是由凸起的钝器轮边刮擦右肩部形成,经过对现场的勘察,窗台上窗轨或墙边可以形成此处创伤。相关伤情亦有尸体照片相印证。根据检验和勘察,死者损伤的形成与他人抱着死者左腿从窗户扔下坠落符合法医学解释。另对于物证检验中没有检验出李某胜手指、指甲有龚某福DNA的问题,秦某法医提出DNA检测是概率性事件,接触时间短或者洗手后可能检不出基因型。尸检结论、照片、专家证人的证言等证据证实龚某福左腿膝关节内侧有划痕、右侧肩前部有方向性擦挫伤,同李某胜有罪供述中关于抱着龚某福左腿将龚从窗台推下一节能够相互印证。

这里需要注意的是,被告人李某胜的此节供述是在2016年9月4日9时至13时,龚某福尸体解剖的时间是在9月6日,警察讯问李某胜作案手段时并不知道龚某福左腿处有伤。此节可以侧面印证李某胜供述取得的客观性、合法性。

4. 将被告人的有罪供述与现场勘验检查笔录等证据进行比对审查。现场勘验检查笔录及照片是能够客观反映案发现场的重要证据,将被告人的有罪供述中对案发现场,特别是细节之处的描述,与现场勘验检查笔录、照片中反映的情况进行细致比对,看二者能否对应。在办理刑事案件过程中,法官还应视案件情况到案发现场进行查看,身临其境往往能够看到卷宗内现场勘验检查笔录和照片所不能反映的情况。

具体到本案:(1)公安机关经现场勘验,发现过道往南的墙上有一扇四开玻璃推拉窗户,窗户外侧窗台上有呕吐物痕迹,进入室内,西墙上有两扇窗户,在靠南的窗户外侧窗台上有呕吐物。经对两处呕吐物进行检验、鉴定,证实是龚某福所留。上述证据与被告人李某胜关于龚某福在两处窗台上呕吐的有罪供述能够相互印证。(2)李某胜指认现场的笔录、照片、现场指认视频反映,李某胜对当天晚上二人睡觉的房间、龚某福呕吐的地点、与龚某福发生争执的地点及将龚某福推下四楼的窗户地点均予以指认、辨认,特别是辨认出四楼南面第二扇打开的窗户就是其将龚某福掀下楼的地点。(3)李某胜指认现场时,公安机关进行全程同步录音录像,录音录像显示,在四楼南面的窗前,侦查人员讯问李某胜是如何将龚某福掀下楼，要求李某胜现场模拟案发时情形，并让一名侦查员模拟龚某福站立的位置和姿势。李某胜现场进行了模拟，即龚某福背对着其站在第二扇打开的窗户前，李某胜上前抱住龚某福的左腿，用力向前向上推、掀龚某福，将龚某福掀到楼下。同时，现场同步录音录像也反映了全过程没有侦查人员诱供、指供、威胁等情形。（4）法官查看了案发现场，特别是龚某福坠楼的位置。在案现场勘验检查笔录、照片证实窗台距离地面94厘米，窗户内侧窗台宽9厘米，外侧窗台宽41厘米。经现场勘查，地面距离外侧窗台共144厘米，龚某福身高162厘米，且从其呕吐物遗留在窗台外侧的位置看，能够排除龚某福是在呕吐过程中不慎坠楼。

上述现场勘验笔录、照片以及被告人指认现场的笔录、同步录音录像等与被告人有罪供述中有关杀害龚某福的细节相互印证，对现场的查看进一步增强了法官的内心确信，反映了被告人翻供的不合理性。

5. 综合全案证据，依照法律程序，排除一切合理怀疑。《刑事诉讼法解释》第八十三条①第一款、第二款规定："审查被告人供述和辩解，应当结合控辩双方提供的所有证据以及被告人的全部供述和辩解进行。被告人庭审中翻供，但不能合理说明翻供原因或者其辩解与全案证据矛盾，而其庭前供述与其他证据相互印证的，可以采信其庭前供述。"虽然本案的证据"先天不足"，但是通过重点审查关键证据的客观性、关联性和合法性，可以充分认识并发挥现有证据的证明力；通过查看案发现场、同侦破该案的公安人员座谈、走访部分证人、请专家证人出庭作证等，可以加强对现有证据的内心确认，排除一切合理怀疑。同时，本案的审理切实贯彻最高人民法院"三项规程"的要求，案件审理过程中召开了庭前会议，庭审中启动非法证据排除、侦查人员出庭作证、专家辅助人出庭作证等程序，确保证据出示、查明在法庭、案件事实认定在法庭、诉辩意见发表在法庭，充分体现了庭审实质化的要求。

综上，法院将关键证据与其他相关证据串起来进行综合审查判断，认为被告人翻供内容不属实，其有罪供述真实、可信，且与其他证据相印证，能形成完整的证据锁链，从而得出本案事实清楚，证据确实、充分的结论，最终依法作出有罪判决。

问题9. 对有证据指向是预谋杀人但被告人否认的，如何审查判断证据？

【刑事审判参考案例】朱某东故意杀人案②

一、基本案情

上海市第二中级人民法院经审理查明：2015年12月31日，被告人朱某东与被害人杨某某登记结婚。2016年10月17日上午，朱某东在家中因故用手扼住杨某某的颈部致杨机械性窒息死亡。嗣后，朱某东将杨某某的尸体用被套包裹并藏于家中阳台的冰柜内。2017年2月1日，朱某东将其杀害杨某某一事告知父母，并在父母陪同下向公安机关投案，供述了杀害杨某某的犯罪事实。

---

① 现为《最高人民法院关于适用〈中华人民共和国刑事诉讼法〉的解释》（2021年）第九十六条。
② 方文军撰稿，马岩审编：《朱某东故意杀人案——对有证据指向是预谋杀人但被告人否认的，如何审查判断证据（第1367号）》，载中华人民共和国最高人民法院刑事审判第一、二、三、四、五庭主办：《刑事审判参考》总第124集，法律出版社2020年版。

上海市第二中级人民法院认为，本案虽因婚姻家庭矛盾引发，且被告人朱某东有自首情节，但朱某东故意杀人犯罪性质恶劣，作案后长时间藏匿被害人尸体，其间用被害人的钱款、身份证多处旅游，与异性开房约会等，肆意挥霍享乐，无悔罪表现，社会危害极大，罪行极其严重，故依法不予从轻处罚。对公诉机关所提不予从轻或减轻处罚的建议、诉讼代理人请求对朱某东严惩的意见，予以采纳。依照《刑法》第二百三十二条、第五十七条第一款之规定，判决如下：被告人朱某东犯故意杀人罪，判处死刑，剥夺政治权利终身。

一审宣判后，被告人朱某东以量刑过重为由提出上诉。其辩护人提出朱某东有以下可从轻处罚的法定、酌定量刑情节：（1）朱某东属激情杀人而非预谋杀人；（2）朱某东有自首情节；（3）朱某东认罪、悔罪，且系初犯、偶犯；（4）本案社会舆论偏向被害方，但社会影响大不等于社会危害大；（5）朱某东作案后行为属道德评价层面，不能成为不予从轻处罚的理由。

上海市高级人民法院经二审审理，所查明的事实、证据与一审相同，但在争议焦点评判和裁判理由部分增加认定被告人朱某东系预谋杀人，认为一审认定朱某东犯故意杀人罪的事实清楚，证据确实、充分，定性准确，量刑适当。审判程序合法。据此，依法裁定驳回上诉，维持原判，并依法报请最高人民法院核准。

最高人民法院经复核认定：2015年12月31日，被告人朱某东与杨某某（被害人，女，殁年28岁）登记结婚。案发前，二人因故产生矛盾。朱某东先后购买了《死亡解剖台》等书籍和冰柜，并从工作单位离职。其间，杨某某亦以陪同朱某东赴香港培训为由提出辞职，并于2016年10月14日正式离职。同月17日上午，朱某东在家与杨某某发生争执，用手扼掐杨某某的颈部，致杨某某机械性窒息死亡。后朱某东将杨某某的尸体用被套包裹，藏于家中阳台冰柜内。当日上午，朱某东将杨某某支付宝账户中的4.5万元转至自己账户，并在之后数月内大肆挥霍其与杨某某的钱财用于旅游、消费。2017年2月1日，朱某东将其杀害杨某某一事告知父母，并在父母陪同下投案。

最高人民法院认为，被告人朱某东故意非法剥夺他人生命，其行为已构成故意杀人罪。朱某东与妻子杨某某产生矛盾后，经预谋杀害杨某某，并藏尸冰柜三个多月，作案后大肆挥霍其与妻子的钱财，犯罪情节恶劣，罪行极其严重，应依法惩处。朱某东虽有自首情节，但综合其犯罪的事实、性质、具体情节和社会危害程度，不足以从轻处罚。第一审判决、第二审裁定认定朱某东故意杀人的事实清楚，证据确实、充分，定罪准确，量刑适当。审判程序合法。依照《刑事诉讼法》第二百四十六条、第二百五十条和《最高人民法院关于适用〈中华人民共和国刑事诉讼法〉的解释》第三百五十条[①]第（一）项的规定，裁定核准上海市高级人民法院维持第一审以故意杀人罪判处被告人朱某东死刑，剥夺政治权利终身的刑事裁定。

二、主要问题

（一）对有多项证据指向是预谋杀人的案件，被告人予以否认的，如何通过审查判断证据认定被告人是预谋杀人？

（二）对婚姻家庭矛盾引发，被告人兼具多个从宽、从严处罚情节的故意杀人案件，如何把握死刑适用标准？

---

① 现为《最高人民法院关于适用〈中华人民共和国刑事诉讼法〉的解释》（2021年）第四百二十九条。

三、裁判理由

本案即为近年来引发较高社会关注度的"上海杀妻冰柜藏尸案"。本案发生在夫妻之间，因夫妻矛盾引发，犯罪事实本身并不复杂，但因被告人朱某东杀妻后藏尸冰柜105天，且在该期间恣意玩乐，引起被害人亲属和社会公众的极大愤慨。本案在事实认定上最为突出的问题，就是在案有多项证据显示朱某东是预谋杀人，但朱某东始终予以否认，其辩护人也辩称是激情杀人。司法实践中，预谋杀人虽不是法定从重处罚情节，但因其直接体现被告人的主观恶性和人身危险性，故属于对适用死刑有较大影响的情节。预谋杀人所体现的主观恶性和人身危险性要明显大于临时起意杀人特别是激情杀人，对预谋杀人犯罪适用死刑的根据也更加充分。以下就如何认定朱某东系预谋杀人的证据问题以及对朱某东核准死刑的理由进行分析。

（一）通过综合审查案发前后被告人朱某东的一系列行为表现，可以认定其系预谋杀人

被告人朱某东是否属预谋杀人，是本案审理过程中被告方和被害方的争论焦点，相关司法人员之间也有一定意见分歧。朱某东及其辩护人始终坚称朱某东系激情作案，没有预谋；被害人亲属及诉讼代理人则坚称朱某东系预谋作案。公诉机关、一审法院认为不排除朱某东预谋杀人的可能，但认定其预谋的证据尚不充分，故未予认定；二审法院明确认定朱某东系预谋杀人，并在裁判文书中用相当篇幅阐述了朱某东系预谋杀人的理由。最高人民法院经复核审查，认为本案共有五个方面的证据指向朱某东系预谋杀人。具体分析如下：

1. 被告人朱某东具有预谋杀人的动机。朱某东数次婚内出轨被妻子杨某某发现进而导致二人发生矛盾，是本案最重要的案发起因。朱某东本人供称，其在与杨某某婚前恋爱期间曾与一公司女同事发生过性关系，婚后又与另一同事发生不正当两性关系，并向对方谎称自己已离婚。朱某东的朋友证实，朱某东曾在聚会场合将妻子送回家后带其他女性返回聚会现场，还曾在网上订票带其他女性去外地或看电影，并被其妻子发现。朱某东亲笔书写的保证书亦反映出朱某东曾向杨某某承诺不再与其他女人联系。可见，由于朱某东婚前婚后私生活混乱，其与杨某某婚后矛盾突出。而朱某东供称，其提出离婚时杨某某称如离婚就自杀，致二人离婚不成。据此分析，由于朱某东无法通过离婚来摆脱束缚，可能产生通过杀妻以求摆脱、回归自由放荡生活的作案动机。

被告人朱某东供述的案发起因和作案动机是，妻子杨某某因对案发前两天二人去杭州旅游期间预订酒店、车票等问题不满而多次抱怨并与其争吵，案发当日早晨杨再次为此事与其争吵，其为阻止杨某某继续说下去，用双手掐扼杨某某颈部致杨死亡。在案其他证据可证实朱某东夫妇案发前两天往返杭州，但无法证实二人是否发生争吵。朱某东的辩护人提出，因杨某某声称如离婚就自杀，朱某东反而没有杀人的必要，朱某东如果想让杨某某死亡，通过离婚即可达到目的，但这一逻辑难以成立。杨某某在发现朱某东婚内出轨后并未决定放弃婚姻，否则没必要要求朱某东写保证书等，更不会因即将陪朱某东赴我国香港特别行政区培训而愉快辞职。因此，杨某某声称的如离婚就自杀只是一种威胁性说辞，不能推断出朱某东可以顺利通过离婚的方式摆脱杨某某或让杨某某自杀身亡。

2. 案发前购书情节。被告人朱某东于2016年8月28日（案发前一个多月）凌晨2时许购买包括《死亡哲学》《死亡解剖台》在内的5本书籍，其中《死亡解剖台》的相关内容与朱某东的杀人手段，特别是藏尸方式（书中第一篇案例）高度相似。其购书行为有如下反常之处：第一，朱某东购书的时间是在其供称与杨某某离婚未果（因杨某

称如离婚就自杀）2天后的凌晨，使离婚未果与买书之间建立一定关联，且朱某东自称平时从不看书，其下单买书更显异常。朱某东辩称该批订单的书籍均系杨某某想买，让其帮忙下订单，但从杨某某卧室内其他书籍来看，反映不出杨某某爱看《死亡解剖台》这类书，杨某某的好友亦证实该书不属于杨某某爱看的类型。第二，朱某东下单时将收货人信息填写为其父姓名、电话、地址，让其父代为收货，此举也让人生疑，可能是不希望杨某某知道其购买该书。第三，朱某东上述订单中购买的书籍，唯有《死亡解剖台》一书去向不明，其他4本均在现场找到，朱某东无法解释该书去向。同时，与《死亡解剖台》有相通之处的《死亡哲学》一书未开封，并被放在家中相对隐蔽、一般不放书的厨房橱柜里，而其他书籍均放在卧室衣柜或杨某某一侧床头柜上，且已拆封，说明本次购书中有部分书籍系杨某某想买、想看，而朱某东可能刻意隐瞒了其一并购买《死亡解剖台》《死亡哲学》这两本书的事实。结合朱某东下单购书时间是凌晨2时许，杨某某可能根本不知道这两本书的存在。

3. 夫妻二人双双辞职情节。杨某某于案发前一个月以丈夫朱某东升职要去香港培训，其需陪同赴港为由向任职的学校提出辞职，朱某东陪同其去与校长谈辞职的事，后于被害前3天正式离职。但朱某东同事的证言及朱某东的供述证实，朱某东不但没有升职去香港培训，反而在妻子递交辞职信6天后亦从公司辞职，后一直处于待业状态。显然，系朱某东向杨某某虚构了其因升职要赴香港培训一事，而杨某某信以为真，并辞职准备陪同朱某东一起赴港。

对此，被告人朱某东辩称，杨某某因厌烦教师工作想辞职，其便与杨某某编造了其要赴港培训的辞职理由。该辩解与如下证据不符：一是杨某某的同事证实，杨某某平时工作勤恳，学生和家长对其反映都很好，未曾表现出朱某东所称杨某某觉得小孩很烦、不想工作的迹象。二是杨某某的辞职信情真意切，反映出对与丈夫共同赴港生活的期待和不舍两地分离的依恋，结合杨某某同学所证，杨某某是一个信仰爱情、比较单纯的女孩，看不出其为辞职而编造丈夫赴港谎言的迹象。三是杨某某的同事、同学证实，杨某某提出辞职很坚决，且提到辞职一事时很开心，并发微信朋友圈公布离职一事，这反映杨某某对自己要陪丈夫去香港心怀向往，笃信无疑，如仅是为辞职编造的理由，应该不会有如此坚定且开心的反映。四是杨某某的辞职信、同事证言证实，杨某某说出了准确的赴港日期，并在其同事提出要与其吃"散伙饭"时，其称因其办的是旅游签证，两周后肯定会回沪，届时再与同事聚会，如为编造理由，无须编造和计划得如此详细，也不会在同事临时提出吃"散伙饭"的建议时不假思索地说出上述理由。五是出入境管理局的记录证实，朱某东夫妇于案发前8天一起去申办了港澳通行证，案发次日朱某东将办好的证件取回，办证时间与杨某某所称与朱某东一起赴港的时间完全吻合。六是朱某东母亲证实，朱某东曾说要带杨某某去香港培训的时间亦与杨某某所称赴港时间吻合，且朱某东母亲知道朱某东夫妇为此申办港澳通行证一事。再反观朱某东的表现，其在妻子辞职一事中起主导作用，且在妻子提出辞职6天后亦向公司提出辞职，并对妻子隐瞒其辞职一事，这极为反常。不排除朱某东骗杨某某辞职共同赴港是让其淡出亲友视线，以致杨某某被害失联后无人关注。并且，朱某东夫妇经济条件一般，朱某东平日开销比较大，其在明知妻子提出辞职的情况下自己也提出辞职，完全不顾二人的经济来源，且在作案前带妻子去杭州旅游，不排除其已决意犯罪、不再顾虑日后的生活开支等问题。而杨某某在正式离职3天后即遇害，在时间上也高度巧合。

4. 案发前购买冰柜情节。被告人朱某东在案发前20多天（其辞职2天后）购买一台冰柜，即后来藏尸所用冰柜。朱某东对此辩称，其饲养冷血动物常需冷冻存放喂宠物的食物，家中原有冰箱用来放宠物的食物，购买冰柜用来存放其夫妇二人的食物。该情节有如下反常之处：第一，朱某东购买冰柜是在其购买《死亡解剖台》一书3周后、杨某某提出辞职8天后、其本人辞职2天后，时间的"巧合性"异常。第二，朱某东夫妇的住处为一居室（无厅），面积不大，且只有其二人居住生活，即便朱某东需为宠物冷冻部分食物，也没必要在已有冰箱的情况下购买同款冰柜中容积最大的。事实证明，购买该冰柜后并未储存过多食物。因此，从购买时间和实际需求来看，朱某东购买冰柜可能系作案后用于藏尸。

5. 被告人朱某东作案后的行为表现也不支持其系激情杀人。朱某东掐死妻子杨某某后，不是立即自行施救或拨打"120"或亲友电话求救，反而很快修改杨某某的支付宝账户密码将杨某某的4.5万元转至自己账户，随后预订韩国首尔的酒店和往返机票，并在下午联系朋友邀约当晚聚会，后清洗现场床单，出门扔弃床垫，当晚与朋友喝酒玩乐至次日凌晨。这一系列行为，与社会生活中冲动下失手杀人后的通常反应存在巨大差异，看不到朱某东的惊愕、恐慌，也看不到懊悔、愧疚和积极补救。

综上，案发前被告人朱某东先购买写有杀人手段、冰冻尸体内容的《死亡解剖台》一书，之后虚构其因升职将去香港培训的理由让被害人杨某某申请辞职，其本人亦离职并购买冰柜，夫妻二人一起申办港澳通行证，在杨某某正式离职（10月14日）3天后将杨杀死。这一系列行为看似"孤立""巧合"，但在时间轴上先后发生、紧密衔接，与外围证据也能印证，而朱某东对上述事件不能作出合理解释，故恰恰成为认定朱某东系预谋杀妻的证据链条和事实基础。本案一审判决未认定朱某东系预谋杀人，二审裁定用相当篇幅论证了朱某东系预谋杀人的理由，并在裁判理由部分明确表述朱某东属预谋作案，但未将预谋情节写入认定的事实，而是沿用了一审认定的事实。最高人民法院复核审查中，考虑预谋作案是本案事实认定方面的重要问题，故在裁定书中将朱某东案发前与妻子产生矛盾、购买《死亡解剖台》等书籍及冰柜、与被害人先后辞职、作案后挥霍钱财等证明其系预谋作案的情节，在事实部分予以明确表述，丰富了犯罪事实中具体情节的认定，正面回应了辩护意见和社会关切。

（二）根据被告人朱某东故意杀人的事实和相关情节，可以依法对其适用死刑

实践中，对于因婚姻家庭等民间矛盾激化引发的故意杀人案件，在适用死刑时十分慎重。最高人民法院2010年印发的《关于贯彻宽严相济刑事政策的若干意见》第二十二条规定，对于因恋爱、婚姻、家庭、邻里纠纷等民间矛盾激化引发的犯罪，应酌情从宽处罚。这是从犯罪性质角度所确立的一项基本的政策原则。其中，对被告人既有从宽处罚情节又有从严处罚情节的，要综合考虑各方面情节后最终决定是否适用死刑。

被告人朱某东有一些从宽处罚情节，例如，本案系婚姻家庭矛盾引发，朱某东自首且系父母"陪首"，被告方也有赔偿意愿。但是，综合考虑全案事实和从宽、从严情节，最高人民法院最终核准了朱某东死刑。主要理由如下：第一，从上文的分析可以看出，朱某东系精心预谋作案，并非冲动之下临时起意犯罪，体现了比激情犯罪更大的主观恶性。第二，从案发起因看，朱某东素行不良，对婚姻不忠诚是引发夫妻矛盾的直接原因，被害人杨某某对引发案件没有过错。第三，朱某东在杀妻后将尸体藏于冰柜三个多月，并在此期间实施了一系列恶劣行径。例如，使用妻子和自己的账户大肆消费、透支、借贷，到处旅游，同其他女性开房；多次使用被害人的微信制造被害人还存活的假象等。

这一系列行为反映出其毫无悔罪表现，给被害人亲属造成巨大伤害，也引起社会公众极大愤慨。第四，朱某东虽有自首情节，但其在作案三个多月后因负债累累、无法继续隐瞒真相的情况下，才在父母陪同下投案，且在投案前一天扔弃被害人的身份证、手机和本人手机以毁灭罪证。这种投案看似"自动"，其实是走投无路所致，与作案后因悔罪而立即主动投案的情形有区别，加之被害人尸体藏于家中冰柜内，一旦有人报案很容易锁定犯罪嫌疑人，故朱某东自首的价值不大。第五，被害方未提起附带民事诉讼，反应强烈，拒不谅解，坚决要求判处朱某东死刑。

值得一提的是，罪犯朱某东已于2020年6月4日被依法执行死刑。执行死刑当日，最高人民法院、《人民法院报》、中央政法委长安剑等多家微信公众号和网络媒体进行了报道，当晚该条新闻长时间在百度热搜榜中排行前十，公众舆论基本"一边倒"地对裁判结果表示支持、肯定。

问题10. 无直接证据的"零口供"案件审查要点和证据运用

【刑事审判参考案例】朱某国盗窃案[①]

一、基本案情

上海市金山区人民法院经公开审理查明：2019年3月24日凌晨4时许，被告人朱某国经过事先伪装（换衣服、戴假发套等）至上海市金山区朱泾镇金龙新街×××弄处，使用随身携带的开锁工具，打开被害人唐某某停放于此处的银灰色大众牌帕萨特轿车车门，窃得车内的现金人民币10000元（以下币种均为人民币）及玉溪牌香烟一条，后步行离开现场。同年4月3日，朱某国被公安机关抓获，到案后拒不供述相关事实。公安机关在其暂住地查扣了假发套、开锁工具、手套等物品。

上海市金山区人民法院认为，被告人朱某国以非法占有为目的，秘密窃取他人财物，数额较大，其行为已构成盗窃罪。朱某国曾因犯罪被判处有期徒刑，在刑罚执行完毕后五年内再犯应当判处有期徒刑以上刑罚之罪，系累犯，应当从重处罚。据此，依据《刑法》第二百六十四条、第六十五条第一款、第六十四条之规定，于2019年12月6日判决如下：

一、被告人朱某国犯盗窃罪，判处有期徒刑一年六个月，并处罚金人民币三千元；

二、扣押的作案工具予以没收；

三、责令被告人朱某国于判决生效之日起一个月内退赔被害人的经济损失。

一审宣判后，被告人朱某国提出上诉，辩称其确实到过案发现场附近，也换过衣服、戴过头套，但没有实施盗窃，案发现场的视频监控没有拍到盗窃的过程，被盗车辆内也没有提取到其指纹痕迹，没有直接证据证实其实施了盗窃行为。其辩护人提出，原判认定朱某国犯盗窃罪的事实不清、证据不足，建议二审法院发回重审或直接改判朱某国无罪。

上海市第一中级人民法院经审理后认为，在案所有间接证据均经查证属实，能够相

[①] 耶小骋、潘自强撰稿，牛克乾审编：《朱某国盗窃案——无直接证据的"零口供"案件审查要点和证据运用（第1392号）》，载中华人民共和国最高人民法院刑事审判第一、二、三、四、五庭主办：《刑事审判参考》2021年第1辑（总第125辑），人民法院出版社2020年版。

互衔接、相互印证，已形成完整的证明体系，足以认定被告人朱某国实施了盗窃行为。被告人的供述前后不一、自相矛盾，无法得到合理解释，不予采信。原判认定朱某国犯盗窃罪的事实清楚，证据确实、充分，定性准确，量刑适当。于2020年3月23日裁定驳回上诉，维持原判。

二、主要问题

（一）如何把握无直接证据的"零口供"案件的审查要点？

（二）如何运用间接证据构建完整的证明体系？

三、裁判理由

在盗窃、行贿、受贿等案件中，犯罪行为较为隐蔽、犯罪过程较为平和，通常缺乏相关录音录像、证人证言等直接证据，现场也不会留下暴力打斗、挣扎抗拒等痕迹，一旦犯罪嫌疑人拒不供述或作无罪辩解，案件很可能面临证据不足的窘境。如何把握好此类案件的审查要点、运用好间接证据定案，做到不枉不纵，是司法实践的难点。

对于被告人拒不供述且无其他直接证据的，只要间接证据符合《最高人民法院关于适用〈中华人民共和国刑事诉讼法〉的解释》第一百零五条之规定[①]，亦可认定被告人有罪。"零口供"下以间接证据定案，应严格坚持法定证明标准，遵循证据审查规则和疑罪从无原则。以单个证据品质为前提、以证据多（双）向印证为主导，合理运用推定认定案件事实。同时，应当确保间接证据之间的协调性、间接证据形成的证明体系的完整性、间接证据推理出的结论的唯一性。

本案中，被告人朱某国始终作无罪供述（或拒绝回答），且没有案发现场清晰的监控录像等直接证据，在案所有的有罪证据都是间接证据。但是，本案经查证属实的客观性证据均指向朱某国作案，间接证据能够相互印证且形成完整的证据体系，加之被告人的辩解前后矛盾、无法作出合理解释，且有多次相似作案手法的盗窃前科可供参酌，综合来看，可以认定朱某国实施了盗窃。具体分析如下：

（一）把握"零口供"案件的审查要点

在审查在案证据客观性、关联性、合法性的基础上，着重审查发（破）案经过是否客观、自然；客观性证据的指向是否明确、单一；被告人的供述或无罪辩解是否合理。

1. 审查发（破）案经过是否客观、自然

发（破）案经过是指刑事案件的案发以及侦查机关寻找、锁定并抓获犯罪嫌疑人的过程。侦查机关出具的发（破）案经过虽然不是证据本身，却是证据赖以"溯源"的根本，立足发（破）案经过构建证据体系，既能在主观层面反映侦查人员从立案到破案的思维演进过程（发现罪行、获取证据、锁定犯罪嫌疑人的思维判断过程），又能在客观层面表明证据体系的构建、完善过程和犯罪嫌疑人抓获经过等情况。

客观、翔实的发破案经过材料有助于全面掌握案件事实证据、合理构建证据体系，进而确定案件事实。对于"零口供"案件，认真审查发（破）案经过是否客观、自然，其意义尤为重要。

具体到本案，公安机关出具的破案经过表明，案发当日上午，公安机关接到被害人报案后立即展开视频侦查，通过被盗车辆周围的路面监控发现被告人朱某国有重大作案嫌疑。经过对朱某国活动轨迹的视频追踪，发现其于3月23日18时30分许乘公交车从

---

① 现为《最高人民法院关于适用〈中华人民共和国刑事诉讼法〉的解释》（2021年）第一百四十条。

上海市金山区枫泾镇来到朱泾镇，19时20分57秒拎着一黑色袋子消失在某点位的监控视频中。同日19时39分10秒一男子经过伪装后再次出现在该点位的监控视频中（侦查人员实地走访，此处有一荒废的工厂较为隐蔽，推断男子在此工厂换装）。随后该男子在朱泾镇徘徊10余小时，直至3月24日04时08分许出现在案发地附近，05时23分该男子沿亭枫公路由东往西行走，后消失在该点位的监控视频中。之后朱某国穿着原先衣物乘坐公交车回枫泾镇。侦查人员根据公安监控和人口系统比对，前往朱某国暂住地及其服装店，搜查到伪装的衣服、假发套和开锁工具，遂将朱某国传唤至派出所接受调查。

可见，本案被害人报案的过程和公安机关锁定被告人朱某国为犯罪嫌疑人的过程客观、自然。

2. 审查客观性证据指向是否明确、单一

物证、书证、视频监控等客观性证据，受主观因素影响较小，具有较为稳定的表现形式和判断标准。相比而言具有极强的证明力。对于"零口供"案件，证据审查的重点自然要从供转向物证、书证等客观性较强的证据。实践中，客观性证据的指向性越明确、单一，越有利于定案。

具体到本案，公安机关调取的视频资料、制作的行动路线轨迹图、从被告人处查扣到的衣服、假头套、开锁工具、香烟等，都是重要的客观性证据，且这些证据的提取、扣押、制作等均依法定程序进行，证据均查证属实，具备证明能力。根据监控视频，案发时间段前后只有一男子在案发现场附近出现过（案发现场为南北向道路，无其他出入口），经比对，视频中男子穿着的衣服、头戴的假发套均与被告人朱某国家中查扣到的衣服、假发套一致，庭审中朱某国亦承认其经过伪装在案发时间段出现在案发地点附近；失窃的一条香烟与被告人家中查扣到的一包香烟比对后，系同一品牌、同一型号。上述客观性证据收集合法、内容真实，且均指向朱某国作案。

3. 审查被告人供述或无罪辩解是否合理

对被告人供述和辩解的审查，是准确认定案件事实的重要方面，通常可以通过分析被告人辩解的内容是否合理、稳定，是否与在案其他间接证据相互印证来判断。被告人的供述和无罪辩解若有合理根据，能对现有证据提出反证，如有不在场或无作案时间的证据等，对于查明案件事实会有很大的作用。若被告人的无罪辩解不合常理、自相矛盾，或者与其他已查明的客观事实和证据相矛盾，反而可以增强法官认定其作案的内心确信，甚至反向印证案件的主要事实。

具体到本案，被告人朱某国到案后始终作无罪辩解，具体理由包括：（1）其前往朱泾镇系赴朋友的牌约，因朋友爽约独自徘徊小镇十余小时，期间换装系夜晚天气寒冷，没有实施盗窃；（2）案发次日在银行存的10000元系自己的合法收入；（3）案发现场未能提取到其指纹或DNA痕迹。经分析，朱某国的供述存在前后不一、自相矛盾，诸多地方均无法得到合理解释，其无罪辩解能够得到合理排除。

第一，对于没有实施盗窃的辩解。经查，被告人对伪装用的衣服、假发套、开锁工具来源供述不一，一说是马路上捡的；又说是他人（先是杨某后是曹某）给其保管的，但又无法提供给其的大概时间和他人的联系方式。案发当晚其称前往朱泾镇找朋友打牌，又不能提供出朋友的具体姓名和联系方式，对于和朋友打牌为什么要戴假发套、要换装也没有合理的解释，庭审中时而辩称饮料撒在衣服上所以换装，时而辩称晚上天气冷没有找到帽子所以戴假发套，当问及为什么凌晨把假发套和衣服换回来，其又辩称凌晨感觉不冷了。该辩解前后不一，无法作出合理解释。

第二，对于案发次日所存钱款系自己合法收入的辩解。经查，被告人供述自己的经济状况与查明的经营情况严重不符，如其供称"自己小孩由哥哥帮忙抚养，不固定每个月给 1000 元生活费，没钱的时候都不给生活费"与"自己做服装生意，有稳定的收入，每个月能结余 3000 到 4000 元"严重不符；其辩称案发后次日的 10000 元存款系做服装生意赚的，与服装店的经营情况、被告人的经济收入严重不符；对为什么要舍近求远跑到闵行区存款，其辩称到闵行找朋友玩，身上习惯带着大量现金，但又不能提供朋友的姓名和联系方式，被告人的辩解与查明的事实不符，且不能得到合理解释。

第三，对于案发现场没有提取到其指纹或 DNA 痕迹的辩解。从被告人精心伪装自己、半夜游荡街头等种种怪异行为、前科作案手法以及到案后拒不供述的情况，可以看出被告人具有较高的反侦查意识和躲避侦查的能力。被盗车辆内没有提取到其指纹和 DNA 痕迹，并不能排除被告人戴上手套作案的可能。而且，公安机关在其住处查获的头套、手套、开锁工具以及视频监控、侦查实验等在案证据均能相互印证，均指向被告人朱某国实施本次盗窃。

（二）审查运用间接证据构建证据体系

1. 审查间接证据能否相互印证，是否存在无法排除的矛盾或者疑问

根据证据与案件的主要事实是否有直接关系，可以将证据分为直接证据和间接证据。间接证据所包含的信息量并不如直接证据涵盖的内容丰富、充分，只能证明案件事实的某一环节或片段，具有零散性，因此，在间接证据的运用上应当遵循多（双）向印证规则，消除证据之间的矛盾，使证据相互印证进而形成一个完整的体系。多（双）向印证与单向印证的逻辑推演不同，单个间接证据自身的证明力只有在与其他证据的相互作用中，才有可能加以确定，即单个间接证据的证明力建立在对案件证据的整体判断之上，若不建立证据之间的联结点，不仅不能保障单个间接证据的真实性，更无法达到定罪的要求。

对于"零口供"案件，需要在审查单个间接证据具备证明能力的基础上，通过比对不同证据所含信息的内容同一或指向同一，将单一间接证据链接起来，形成相互支撑、协调一致的证明体系。如果间接证据之间不相符合，相互脱节，就应当通过进一步补充调查，查证清楚之后，才确定它们的证明力。只有对所有应予证明的案件事实和情节都有相应确实的间接证据予以证明，并且间接证据之间形成环环相扣的闭合证明锁链后才可以定案。

具体到本案，主要的间接证据共 8 组，且均查证属实。分别是：（1）被害人唐某某的陈述；（2）现场勘验笔录；（3）搜查笔录、扣押清单及照片；（4）视频资料（包括案发现场监控录像，因凌晨 4 时，无法清晰辨认）、视频监控截图、视听资料说明书及据此制作的行动路线轨迹图及标注；（5）中国银行股份有限公司上海市金山支行出具的客户信息资料、银行流水及视频资料；（6）公安机关组织进行的侦查实验及实验笔录；（7）公安机关出具的侦破经过；（8）被告人朱某国的供述。其中第（1）（2）（4）组证据能够相互印证、相互支撑，证明被害人车内财物被盗，此外，被害人陈述失窃现金的来源与其在银行取现的流水亦能相互印证，证明被害人在案发前确实通过支票取现，且与失窃金额能够对应；第（3）（4）（8）组证据能够相互印证，证据信息的内容同一、指向同一，共同证明朱某国在案发时间段前后的行动轨迹和换装过程；第（3）（6）组证据能够相互印证，证明从朱某国处查扣的开锁工具系专门开大众车锁的，且在 1 分钟之内

即能开锁,开锁时长与第(4)组案发现场的监控视频中被盗车辆附近手电灯光持续闪烁的时长大致相当;第(5)组银行流水和视频资料与第(1)组被害人的供述在存取款的金额上能够对应。

以上各组间接证据通过双向或多向的相互印证,环环相扣,形成了完整的证据链条,不存在无法排除的矛盾或疑问,足以得出被告人事前实地勘察寻找作案目标、躲避监控进行伪装、夜深人静开锁行窃、离开现场换回原装、乘车回家的事实。

2. 合理运用事实推定排除合理怀疑,得出唯一肯定结论

在相关间接证据查证属实、相互印证并形成完整证据链条之后,法官要以事实推定为媒介并运用逻辑推理和经验法则,将在案间接证据串联起来回溯再现案件事实,得出唯一肯定的结论。在"零口供"且无直接证据证明案件主要事实的情况下,必然要求以事实推定的方式认定案件事实,但是事实推定是建立在盖然性的基础上,因此,为确保推理的严密性和结论的准确性,推理的每一环节必须符合逻辑和经验法则。

具体到本案,首先,推定本案案发时间符合经验法则。经调阅案发地的监控视频录像,发现失窃车辆在24日凌晨04时01分至06分持续出现手电灯光闪烁,且上午07时左右被害人发现车辆被窃,根据经验法则,完全可以推定本案的案发时间就是24日凌晨04时01分至06分。其次,锁定犯罪嫌疑人作案符合逻辑。在确定案发时间后,调阅案发地和案发地附近的路面监控录像,案发时间段前后,案发地点附近没有任何其他人出入,仅有经过伪装的一名男子出现过,可以排除第三人作案的可能性。再次,抓获犯罪嫌疑人的过程客观自然。经调阅路面监控发现,经过伪装的男子离开现场,换回原来着装并乘公交车返回住处。随即,公安机关到其住处将其抓获,并在其住处查扣到伪装用的衣服、假头套、开锁工具,且本案被告人朱某国亦承认监控录像中的男子系其本人。因而,认定朱某国实施盗窃的推理过程严谨合理、环环相扣,得出的结论是唯一的、排他的、肯定的。

综上,被告人朱某国虽始终作无罪辩解,但认定朱某国作案的间接证据均已查证属实,且间接证据之间亦能相互印证,不存在无法排除的矛盾和无法解释的疑问,形成完整的证明体系。被告人的无罪辩解未形成合理怀疑,依据间接证据认定的事实具有唯一性,达到了刑事案件证据确实、充分的标准。故一、二审法院依法认定朱某国构成盗窃罪。

问题11. 案件的证明标准是否因被告人认罪认罚而降低?

【刑事审判参考案例】张某利出售出入境证件案[①]

一、基本案情

北京市朝阳区人民法院经审查认为,被告人张某利出售的是办理商务签证时所需的材料——商务邀请函,该文件不属于刑法规定的出入境证件,其行为可能不构成犯罪,遂决定适用普通程序审理本案。

经审理查明:2017年7月,被告人张某利以"黑龙江省利足对外贸易有限责任公司"

[①] 王杨撰稿、杨立新审编:《张某利出售出入境证件案——案件的证明标准不因被告人认罪认罚而降低(第1411号)》,载中华人民共和国最高人民法院刑事审判第一、二、三、四、五庭主办:《刑事审判参考》2021年第3辑(总第127辑),人民法院出版社。

的名义，以 1600 卢布向他人出售以商务洽谈为申请签证理由的邀请函。后他人持张某利出具的邀请函在我国驻俄罗斯联邦共和国哈巴罗夫斯克领馆为乌克兰籍人员安德鲁、亚娜（中文译名）申请了商务签证，安德鲁、亚娜持上述商务签证入境我国并在刘利娟等人的安排下，在北京市朝阳区朋恩幼儿园非法从事劳务工作。张某利后被抓获归案。

北京市朝阳区人民法院认为，本案证据仅能证明被告人张某利出售的是办理商务签证时所需的材料——商务邀请函，该文件本身不属于刑法规定的出入境证件，张某利的行为不构成出售出入境证件罪。北京市朝阳区人民检察院于 2019 年 1 月 2 日以证据不足为由向北京市朝阳区人民法院申请撤回起诉。

北京市朝阳区人民法院认为，北京市朝阳区人民检察院要求撤回起诉符合法律规定，应予准许。依照《最高人民法院关于适用〈中华人民共和国刑事诉讼法〉的解释》第二百四十二条的规定，裁定准许北京市朝阳区人民检察院撤回起诉。

被告人张某利未提出上诉。

二、主要问题

（一）能否降低认罪认罚案件的证明标准？

（二）被告人所出售的商务邀请函是否属于刑法规定的出入境证件？

三、裁判理由

（一）认定被告人有罪的证明标准不应因被告人认罪认罚而降低

北京市公安局等部门对市内幼儿园的各项工作进行集中清查，发现部分幼儿园从事教学工作的"外籍教师"入境手续存有问题。公安机关将涉案人员抓获。同时，在深挖外籍人员非法入境签证来源线索时，将出售商务邀请函的被告人张某利抓获。张某利在侦查及审查起诉阶段均能如实交代自己的行为，愿意接受处罚，并与检察机关就量刑建议达成一致意见，自愿签署认罪认罚具结书，也同意适用速裁程序。在法庭审理期间，辩方也坚持有罪辩护的思路，但张某利出售商务邀请函的行为是否构成犯罪，应当坚持证据裁判原则，坚持"事实清楚，证据确实、充分"的法定要求。虽然被告人认罪认罚降低了控方指控的难度，但没有理由也不应降低证明标准，这是我国认罪认罚从宽制度与辩诉交易的重要区别。认罪认罚从宽制度的最大风险是无辜的人因认罪认罚被错误定罪，因此，从试点到 2018 年修改《刑事诉讼法》，坚持从准入和准出两个环节严把证明标准关。2018 年修改后的《刑事诉讼法》第二百二十二条明确规定速裁程序的适用以案件事实清楚，证据确实、充分为前提；同时，第二百零一条第一款明确规定被告人的行为不构成犯罪或者不应当追究刑事责任的，人民法院不得采纳检察机关的量刑建议。审理发现认罪认罚案件需要转程序审理的，应当及时转程序审理。上述一系列程序设计，旨在最大限度降低制度风险，防止无辜的人被错误定罪。因此，人民法院对认罪认罚案件的审查，应从证据采信、事实认定、定罪量刑、程序操作等方面进行全面的、实质的审查；不仅要把好认罪认罚自愿性的审查关，而且要严格落实庭审实质化的要求；发现事实不清、证据不足依法应当转程序的要及时转程序重新审理；要严格证据审查，严把事实证据关，不因控辩协商一致就降低裁判标准，切实防范发生冤假错案。

（二）被告人出售的商务邀请函是否属于我国刑法规定的出入境证件

商务邀请函是否属于我国刑法规定的出入境证件，是本案的核心，关系到被告人出售商务邀请函的行为是否构成《刑法》第三百二十条规定的出售出入境证件罪。根据2012 年颁布的《最高人民法院、最高人民检察院关于办理妨害国（边）境管理刑事案件应用法律若干问题的解释》第二条规定,《刑法》第三百一十九条第一款规定的"出境证件",包括护照或者代替护照使用的国际旅行证件,中华人民共和国海员证,中华人民共和国出入境通行证,中华人民共和国旅行证,中国公民往来香港、澳门、台湾地区证件,边境地区出入境通行证,签证、签注,出国(境)证明、名单,以及其他出境时需要查验的资料。第三条规定,《刑法》第三百二十条规定的"出入境证件",包括本解释第二条第二款所列的证件以及其他入境时需要查验的资料。

护照或者代替护照使用的国际旅行证件,中华人民共和国海员证,中华人民共和国出入境通行证,中华人民共和国旅行证,中国公民往来香港、澳门、台湾地区证件,边境地区出入境通行证,这些证件不难理解,属于能够证明持有者身份或国籍的证明文件。签证是指一个国家的主权机关在本国或外国公民所持的护照或者其他旅行证件上的签注、盖印,以表示允许其出入本国国境或者经过国境的手续;签注是指在证件表册上批注意见或者有关事项。两者本质含义相同,是指一个国家批准的允许一个人出入境或过境的证明。

本案被告人张某利所出售的是商务邀请函,不属于出入境证件。首先,该商务邀请函是办理我国商务入境签证需要的文件之一,但不是唯一文件。张某利所出售的商务邀请函是外国人办理我国商务签证的必需文件,但不是仅有该文件就能获得商务签证,在案的安德鲁、亚娜的申请材料中还包括了其他一些必需的证明文件,商务邀请函不是成功办理商务签证的充分必要条件。其次,根据公安部2013年颁布的《关于出境入境人员和交通运输工具边防检查有关事项的通知》规定,外国人入境凭本人有效的护照或者其他国际旅行证件,以及中国签证或其他入境许可证明放行。由此可见,商务邀请函也不属于入境时海关必须查验的材料。因此,张某利所出售的商务邀请函不属于刑法范围内的出入境证件。故张某利仅出售商务邀请函的行为,在无法证明其有组织偷越国边境共同犯罪故意的情况下,不能认定为犯罪。

本案中,被告人张某利在审查起诉阶段认罪认罚,并明确知道认罪认罚的法律后果,其认罪认罚系出于自愿。但是人民法院庭前审查发现本案被告人的行为可能不构成犯罪,遂依法决定适用普通程序审理此案。审理过程中,面对可能涉及罪与非罪的这起认罪认罚案件,严格落实庭审实质化的要求,坚持证据裁判原则,严把证明标准关,依法作出准许检察机关撤诉的裁定,确保了认罪认罚案件的质量和司法公正,切实避免出现冤假错案。

问题12. 被告人在一审庭审认罪,并对公诉机关出示的其庭前有罪供述不持异议,二审时提出其在侦查阶段遭受了刑讯逼供,对此法庭如何审查与处理?

【刑事审判参考案例】李某轩等贩卖、运输毒品案[①]

一、基本案情

阜阳市中级人民法院经审理查明:被告人李某轩、彭某虎与吕某(另案处理)系狱友。2016年11月某日,吕某与李某轩电话约定由其向李某轩提供海洛因700克用于贩卖,每克价格330元。同年11月26日,吕某联系彭某虎,让其帮助运输毒品至安徽省临

[①] 陈吉双撰稿、韩维中审编:《李某轩等贩卖、运输毒品案——被告人在一审庭审中认罪并对其庭前有罪供述不持异议,二审期间提出受到非法取证的,如何审查与处理(第1249号)》,载中华人民共和国最高人民法院刑事审判第一、二、三、四、五庭主办:《刑事审判参考》总第113集,法律出版社2019年版,第89~95页。

泉县交给李某轩，彭某虎表示同意，吕某向彭某虎的银行卡转账 1000 元。次日，吕某购买了机票并安排被告人杨某忠乘坐飞机，将装有毒品的行李箱从昆明带到合肥新桥机场，交给彭某虎。当日 12 时许，彭某虎乘车将毒品送至临泉县城，与李某轩见面后，二人在前往李某轩家时，被民警当场抓获，民警从彭某虎携带的行李箱中查获海洛因 703.4 克。

阜阳市中级人民法院认为，被告人李某轩违反国家毒品管理规定，为贩卖而购买海洛因 703.4 克，构成贩卖毒品罪。被告人彭某虎、杨某忠违反国家毒品管理规定，运输海洛因 703.4 克，构成运输毒品罪。李某轩系累犯、毒品再犯；彭某虎系累犯；彭某虎、杨某忠属运输毒品罪的从犯；杨某忠有自首情节；李某轩、彭某虎有坦白情节。根据李某轩、彭某虎、杨某忠的犯罪事实、性质、情节和社会危害程度，依照《刑法》第三百四十七条第一款、第二款第一项，第二十五条第一款，第二十七条，第四十八条第一款，第五十七条第一款，第五十九条，第六十四条，第六十五条，第六十七条第一款、第三款，第三百五十六条的规定，以贩卖毒品罪判处被告人李某轩死刑，缓期二年执行，剥夺政治权利终身，并处没收个人全部财产。以运输毒品罪判处被告人彭某虎无期徒刑，剥夺政治权利终身，并处没收个人财产二十万元；判处被告人杨某忠有期徒刑十年，并处罚金十万元。扣押在案的毒品海洛因 703.4 克，作案工具蓝色手提箱 1 个，予以没收。

被告人李某轩不服一审判决，上诉提出被抓获后遭到侦查人员刑讯逼供，其为吕某代卖毒品，系共同犯罪中的从犯及原判量刑过重等理由，请求从轻改判。

安徽省高级人民法院二审审理查明的事实及采信的证据与一审相同。并查明：一审庭审过程中，审判人员明确告知了李某轩有申请排除非法证据的权利，李某轩及其辩护人没有申请排除非法证据；对公诉人一审当庭所举其侦查期间的五次供述，均确认没有客观性及合法性异议；二审期间虽然提出受到刑讯逼供，但对原判采信的其本人供述的真实性予以确认，也没有申请非法证据排除。

安徽省高级人民法院认为，根据 2012 年《刑事诉讼法》第五十六条①的规定，排除非法证据不仅是当事人的诉讼权利，也是司法机关依法必须履行的职责。虽然李某轩及其辩护人一、二审期间均没有申请排除非法证据，仍应当依职权审查原判所采信供述的合法性，这一职责的履行不以诉讼参与人申请为前提。二审期间，证据合法性审查的对象应当是原审作为定案根据的证据。原判采信的李某轩供述如系侦查期间获取，则应当对相关侦查取证行为进行合法性审查；否则其提出的侦查阶段受到刑讯逼供问题与原判采信证据的合法性无关，不属于本案二审证据审查的范围，不需要适用非法证据排除规则。本案中，无论李某轩侦查阶段是否受到刑讯逼供，但在一审庭审时其应当享有的诉讼权利被明确告知并得到充分保障，其本人对自己行为的法律后果也能够正确认识。相应地，其所作的供述已属于任意性供述，对侦查阶段供述真实性的确认亦属于自愿确认。由此所形成的有罪供述，虽然属于侦查阶段供述的重复性供述，但显然已不受先前获取有罪供述的侦查行为影响，不再是侦查阶段有罪供述，而是由其转化而来的独立的当庭有罪供述。因此，原判采信的被告人李某轩有罪供述不再是侦查阶段获取的供述，不需要适用非法证据排除规则。李某轩二审期间提出的受到侦查人员殴打逼供的情况与本案二审证据审查无关，应当视为对侦查人员违法行为的控告，由有管辖权的机关处理。李某轩无论是否为他人代卖毒品，但其准备加价出售从中牟利，已经属于独立的贩卖毒品

---

① 现为《中华人民共和国刑事诉讼法》（2018 年修正）第五十八条。

行为。李某轩所提其属从犯、社会危害性小等上诉理由不能成立。原判认定事实清楚，适用法律正确，审判程序合法。依照《刑事诉讼法》第二百二十五条①第一款第一项的规定，裁定驳回上诉，维持原判。

二、主要问题

被告人在一审庭审认罪，并对公诉机关出示的其庭前有罪供述不持异议，二审时提出其在侦查阶段遭受了刑讯逼供，对此法庭如何审查与处理？

三、裁判理由

本案中，被告人李某轩二审提出侦查人员刑讯逼供问题，涉及证据合法性审查范围、庭前有罪供述转化为当庭重复性供述的条件及其标准、刑讯逼供行为的审查与处理等。人民法院应当依法正确行使审判职权，在区分问题性质的基础上，作出正确处理。

（一）证据合法性审查的范围与方式

证据的合法性审查是人民法院审理案件采信证据从而查明事实的重要活动。对于经审查确认为非法证据的，应当依法予以排除，不得在法庭上宣读出示，作为定案的根据。本案中，被告人李某轩及其辩护人一、二审期间均没有申请排除非法证据，但在二审中明确提出被告人在侦查期间受到刑讯逼供，因此，是否需要对其相关供述进行合法性审查，适用非法证据排除程序，是首先需要解决的问题。对此，需要明确两个方面：一是证据合法性审查的范围，即必须是用于定案的证据才需要进行合法性审查。在一审中表现为控辩双方向法庭所举，用于证明案件事实的证据，不包括虽然作为侦查或者审查起诉活动依据，但未向法院移送、出示作为指控犯罪依据的相关证据。二审期间，证据合法性审查的对象应当是一审作为定案根据的证据和拟作为二审定案根据的证据。因此，与人民法院审判职权行使无关的证据，尽管可能发生在刑事诉讼过程中，并作为其他司法机关实施刑事诉讼活动的依据，但只要不用于案件审判，就不需要法院进行合法性审查。二是证据的合法性审查并非仅为依申请进行的司法行为，而是人民法院的职权或者职责行为，即无论被告人是否申请排除非法证据，人民法院均应依职权对证据的合法性进行审查，对判决采信证据的合法性承担责任。有观点认为，排除非法证据属于被告人、辩护人等诉讼参与人的诉讼权利，相关诉讼参与人没有申请，应视为对权利的放弃，人民法院因此不需要进行证据的合法性审查。我们不认同此观点。《刑事诉讼法》第五十六条②除了规定"当事人及其辩护人、诉讼代理人有权申请人民法院对以非法方法收集的证据依法予以排除"外，还规定了"法庭审理过程中，审判人员认为可能存在本法第五十四条规定的以非法方法收集证据情形的，应当对证据收集的合法性进行法庭调查"。根据此规定，排除非法证据不仅是当事人的诉讼权利，也是司法机关依法应当履行的职责，这一职责的履行没有一审、二审的区分，也不以诉讼参与人申请为必要前提。

《最高人民法院关于适用〈中华人民共和国刑事诉讼法〉的解释》第一百零三条③规定："具有下列情形之一的，第二审人民法院应当对证据收集的合法性进行审查，并根据刑事诉讼法和本解释的有关规定作出处理：（一）第一审人民法院对当事人及其辩护人、诉讼代理人排除非法证据的申请没有审查，且以该证据作为定案证据的；（二）人民检察

---

① 现为《中华人民共和国刑事诉讼法》（2018年修正）第二百三十六条。
② 现为《中华人民共和国刑事诉讼法》（2018年修正）第五十八条。
③ 现为《最高人民法院关于适用〈中华人民共和国刑事诉讼法〉的解释》（2021年）第一百三十八条。

院或者被告人、自诉人及其法定代理人不服第一审人民法院作出的有关证据收集合法性的调查结论,提出抗诉、上诉的;(三)当事人及其辩护人、诉讼代理人在第一审结束后才发现相关线索或者材料,申请人民法院排除非法证据的。"该规定对二审法院应当进行证据合法性审查的情况进行了列举,应当认为此项规定为提示性规定,而非限制性规定,即在符合所列条件的情况下,二审法院应当进行证据的合法性审查;对于不符合相关条件的,因证据合法性问题已在一审解决等,为诉讼效率考虑,一般情况下二审不需要主动审查,但并非二审不能或不应当再进行证据的合法性审查。前述观点把被告人及其辩护人申请作为法院进行证据合法性审查的必备条件,显然是不够全面和准确的。本案中,虽然李某轩及其辩护人在一、二审期间均没有申请排除非法证据,但其提出的刑讯逼供问题如与证据的合法性审查有关,即原判采信的李某轩供述如系侦查期间获取,则二审仍应当依职权对相关侦查取证行为进行合法性审查。

(二)被告人庭前供述转化为当庭供述的条件及合法性审查的标准

犯罪嫌疑人、被告人供述与辩解是我国刑事诉讼中法定的证据种类,根据所在阶段不同区分为庭前侦查、审查起诉阶段的犯罪嫌疑人供述与审判阶段的被告人供述。前两者为庭前供述,后者一般指被告人在法庭上所作的当庭供述。人民法院仅需就拟作为定案根据的供述的合法性即获取该供述的司法行为的合法性进行审查。对于庭前供述与当庭供述不一致的,法院采信何种供述往往会在裁判文书中明确表述。但对于两者一致的,采信的是庭前供述还是当庭供述,需要考察分析庭前供述是否转化为当庭供述。

被告人当庭供述包括两种情况:一是被告人当庭对案件事实进行完整供述,尽管供述的内容与庭前供述具有实质的一致性,但该供述的来源与庭前供述没有联系,属于独立完整的当庭供述;二是被告人当庭对庭前供述予以确认而转化成当庭供述,在实践中主要表现为公诉人宣读完起诉书后,被告人表示认罪,对起诉书指控的事实无异议,法庭为诉讼效率考虑,采用简易程序或者简化审判程序,在法庭陈述阶段不再对被告人详细讯问或者发问,在法庭质证阶段对其庭前供述的主要内容进行宣读,被告人对供述内容的真实性予以确认。此种情形下,被告人当庭不再就指控的犯罪事实进行详细供述,而以其在侦查阶段的供述内容代替。因此,被告人当庭供述的内容不完整,需要结合庭前供述笔录的内容才能形成完整的供述。与庭前供述相比,此种情形下转化的被告人当庭供述具有两方面的特点,即供述的独立性与内容的承继性。供述的独立性指供述来源于法庭审判行为而非庭前的侦查或者审查起诉行为,即供述由被告人接受法庭讯问发问而进行的法庭陈述及发表的质证意见形成。内容的承继性主要指当庭陈述的内容与庭前供述具有实质的一致性,属于庭前供述的重复性供述,但并非通过庭审对全部犯罪事实全面重复陈述,而是通过庭审中的承继性行为,即对庭前供述内容的真实性予以确认形成。因此,庭前供述转化为当庭供述需要具备两个方面条件,即当庭陈述行为与对庭前供述内容的确认。只要具备上述两个条件,庭前供述即可转化为当庭供述。无论控辩双方有无以庭前供述作为定案证据的意图,人民法院均应当根据直接言词原则,以当庭供述作为定案根据。本案中,被告人李某轩当庭认罪,对公诉人所举其侦查期间的五次供述,均没有提出客观性及合法性异议,确认了供述内容的真实性,则其庭前供述已经转化为当庭供述。尽管原审判决书中没有明确写明采信的李某轩的供述是当庭供述,但根据直接言词原则,应当认定采信了当庭供述。

对于庭前供述转化的当庭供述,因其供述内容具有承继性,因此其合法性审查标准应当是当庭供述的自愿性,重点考虑是否切断了庭前侦查行为的影响。根据"两高三部"2017年发布的《关于办理刑事案件严格排除非法证据若干问题的规定》第五条第二项的规定,审查逮捕、审查起诉和审判期间,检察人员、审判人员讯问时告知诉讼权利和认罪的法律后果,犯罪嫌疑人、被告人自愿供述的,不受之前刑讯逼供的影响。该条规定并非提出判断供述合法性的新标准,而是对于当庭供述的自愿性的判断进行提示,即庭前受到刑讯逼供,如果当庭告知诉讼权利及认罪的法律后果后,仍然作出重复性供述的,其当庭供述独立于庭前供述,属于自愿供述。在此种情况下,其当庭供述不受之前刑讯逼供的影响,两者之间的联系被阻断。因此,只要被告人自愿确认侦查期间的供述,即使属于庭前供述的重复性供述,所转化形成的当庭供述也不存在合法性问题。本案中,被告人李某轩在一审庭审过程中被告知了申请排除非法证据的权利和其他诉讼权利,也获得了律师帮助,其认罪及确认侦查阶段有罪供述真实性出于自愿,不受先前的侦查行为的影响,由此形成的当庭供述应具有合法性。

(三) 与证据合法性审查无关的刑讯逼供问题处理

证据合法性审查与刑讯逼供问题相关但并非同一。人民法院是国家的审判机关而非法律监督机关,在刑事诉讼中仅能对涉及证据合法性审查的刑讯逼供等非法取证行为进行调查、确认并对相关证据的效力予以否定。就本案而言,对被告人李某轩供述的合法性进行审查是人民法院行使审判职权的重要内容,由此不可避免地需要对获取其供述的司法行为的合法性进行评价。由于原判采信的是被告人李某轩侦查阶段供述转化形成的当庭供述,合法性审查的内容应当是当庭供述的合法性,而不是侦查阶段供述的合法性,即人民法院既无必要也无职权对侦查阶段获取供述的合法性进行独立审查。因此,李某轩上诉提出的侦查阶段受到刑讯逼供问题,独立于被告人供述的合法性审查,不属于人民法院二审证据合法性审查范围,与人民法院证据合法性审查无关。人民法院无权也不宜对侦查人员的刑讯逼供行为进行调查及评价。

《刑事诉讼法》第十四条[①]明确规定,诉讼参与人对于审判人员、检察人员和侦查人员侵犯公民诉讼权利和人身侮辱的行为,有权提出控告。李某轩二审提出的侦查人员对其刑讯逼供的问题应视为对相关侦查人员的控告。但国家工作人员违法犯罪行为的调查处理不属于人民法院的职权范围,对此类问题,应当由人民法院根据《刑事诉讼法》第一百一十条[②]的规定,移送主管机关处理,并且通知报案人、控告人、举报人。故二审法院将刑讯逼供问题线索依法移交给了相关机关处理。

问题13. 被害人陈述的被盗财物和被告人供述不一致的,如何认定?

【刑事审判参考案例】姜某松盗窃案[③]

一、基本案情

厦门市集美区人民法院经开庭审理后认为,被告人姜某松以非法占有为目的,窃取

[①] 现为《中华人民共和国刑事诉讼法》(2018年修正)第十四条。
[②] 现为《中华人民共和国刑事诉讼法》(2018年修正)第一百一十二条。
[③] 唐俊杰、张显春撰稿,颜茂昆审编:《姜某松盗窃案——被害人陈述的被盗财物与被告人供述不一致的,如何认定(第848号)》,载中华人民共和国最高人民法院刑事审判第一、二、三、四、五庭主办:《刑事审判参考》2013年第2集(总第91集),法律出版社2014年版,第48~54页。

他人财物价值共计31649元，其行为构成盗窃罪，盗窃数额巨大，且系累犯，依法应当从重处罚。关于姜某松提出第二起、第八起事实中其所盗财物少于被害人陈述的被盗财物的辩解，经查，这两起盗窃的被害人均系被盗当日即报警，各自陈述的被盗情况均有其他证据予以印证，真实可信；而姜某松在本案侦查和审查起诉阶段一直拒绝如实供述全部犯罪事实，其辩解明显有避重就轻之嫌，可信度较低。综上，对其辩解不予采信。鉴于姜某松对本案基本犯罪事实能如实供述，且具有认罪表现，可以酌情从轻处罚。依照《刑法》第二百六十四条、第六十四条、第六十五条第一款以及《最高人民法院、最高人民检察院、司法部关于适用普通程序审理"被告人认罪案件"的若干意见（试行）》第九条之规定，厦门市集美区人民法院以被告人姜某松犯盗窃罪，判处有期徒刑七年，并处罚金二万元。

宣判后，被告人姜某松以一审判决认定的第二起、第八起事实中其所盗财物少于被害人陈述的被盗财物为由，向厦门市中级人民法院提起上诉。

厦门市中级人民法院经依法审理，裁定驳回上诉，维持原判。

二、主要问题

被害人陈述的被盗财物和被告人供述不一致的，如何认定？

三、裁判理由

司法实践中，作案时间长、盗窃次数多的流窜盗窃案件比较常见。这类案件一般缺乏目击证人，涉案的赃款赃物大多已被挥霍、变卖，被告人关于作案经过的记忆已经模糊不清，给法院审查、判断证据和认定事实带来较大的难度。尤其是在认定盗窃财物的种类、数量、新旧程度时，往往缺乏赃款赃物等客观性证据，被害人陈述和被告人供述常常出现不一致的情况。然而，上述认定直接影响到对盗窃数额的认定，进而影响到对被告人罪与非罪、罪轻与罪重的评价。本案中，公诉机关根据被害人陈述和其他相关证据，指控被告人姜某松实施盗窃14起，盗窃他人财物价值共计31649元，属于盗窃数额巨大，且姜某松系累犯，应当在"三年以上十年以下有期徒刑，并处罚金"的法定刑幅度内从重处罚。而按照姜某松的辩解，其在第二起、第八起盗窃的现金共计只有3000元，而非指控的15000元，其14起盗窃的财物价值共计不足2万元，应当适用"三年以下有期徒刑、拘役或者管制，并处或者单处罚金"这一法定刑幅度。即使考虑到累犯情节，实际判处的最高刑也不会超过三年有期徒刑。可见，在盗窃案件中，被盗财物的数额认定对于定罪量刑具有极其重要的意义。

在盗窃案件中，与被盗财物事实相关的证据一般有：（1）依法提取的被盗财物；（2）被害人关于被盗财物的陈述；（3）被告人关于所盗财物的供述；（4）窝藏、转移、收购、销售赃物者的供述或者证言。其中，第一类证据具有很强的证明力，如果实际提取到了被盗财物，可以直接据以认定。第四类证据属于补强性证据，需要结合其他证据共同使用，在诉讼证明上只能起到辅助作用。在大部分盗窃案件中，被告人常常已经将赃款、赃物挥霍、变卖，根本没有或者很难找到销赃者，司法机关很难收集到第一类、第四类证据，因此，实践中较为常见的是，根据第二类、第三类证据认定被盗财物，即根据被害人陈述和被告人供述认定被盗财物。当二者一致时，证据之间相互印证，据此认定盗窃的财物种类、数量（数额）当无疑问。当二者不一致时，可能出现两种情形：一种情形是被害人陈述的被盗财物少于被告人供述的财物；另一种情形是被害人陈述的被盗财物多于被告人供述的财物。以下就这两种情形被盗财物的认定分而论之。

（一）被害人陈述的被盗财物少于被告人供述的财物情形下盗窃数额的认定

如果被害人陈述的被盗财物少于被告人供述的财物，一般应当根据被害人的陈述，从低认定盗窃数额。如被害人陈述被盗现金1万元，而被告人供述盗窃现金2万元，则宜认定盗窃的财物为1万元。理由在于：基于常理分析，被害人一般不会隐瞒、缩小自己所遭受的财产损失；基于刑法原理分析，盗窃罪侵犯的是他人对财物的占有。被害人基于真实、自愿的意思表示陈述被盗了哪些财物，即表明了其对于这些财物的权利主张。对于被害人没有提出权利主张的部分——即使被告人供述盗窃了这些财物，也因为缺乏被害人的权利主张，而使盗窃行为是否侵害了被害人对于财物占有的法益并不明确，因而无法认定。综上，如果被害人陈述的被盗财物少于被告人供述的财物，应当从低予以认定。

（二）被害人陈述的被盗财物多于被告人供述的财物情形下盗窃数额的认定

如果被害人陈述的被盗财物多于被告人的供述，司法实践中比较普遍的做法是，当本证、反证的证明力相当，被盗财物难以查清的，依照"有利于被告人"原则，从低认定盗窃数额。鉴于这种处理方式可能会放纵犯罪，因此有必要确立一种除外原则，即如果通过仔细审查被害人陈述和被告人供述，并综合全案相关证据进行分析，应当采信被害人陈述并排除被告人供述的，则应当依照被害人的陈述认定盗窃数额。具体审查、判断证据的方法，应当参照《最高人民法院、最高人民检察院、公安部、国家安全部、司法部关于办理死刑案件审查判断证据若干问题的规定》（以下简称《规定》）的相关规定进行。

《规定》第十七条要求，对被害人陈述的审查与认定适用《规定》关于证人证言的有关规定。《规定》第十一条至第二十二条，对审查、判断证人证言和被告人供述的内容和程序进行了明确而具体的规定。以下分两个层面进行论述：一是证据能力层面，主要是对被害人陈述、被告人供述的获取程序和手段的合法性以及证据内容、形式的合法性进行审查；二是证明力层面，主要是对被害人陈述、被告人供述能否证明待证事实、是否与其他证据及认定的事实相符、是否明显与事理有违进行判断。在顺序上，应当是审查证据能力在前，判断证明力在后。

具体到本案中，本案控辩双方存在争议的事实为第二起、第八起盗窃的财物。关于这一待证事实的主要证据，就是两起盗窃的被害人陈述和被告人姜某松的供述。

1. 经审查，相关证据均符合证据能力的规定，对此不再赘述。

2. 依照《规定》第十五条第三款的规定，对未出庭作证的被害人的书面陈述，应当听取出庭检察人员、被告人及其辩护人的意见，并结合其他证据进行综合判断。第二起盗窃的被害人陈某陈述，其做酒生意，被盗笔记本电脑1台和现金13000元，现金是放在包里被盗的。第八起盗窃的被害人之一肖某权陈述，其被盗组装电脑1台和现金2000元。公安机关在勘查陈某被盗一案的现场时，发现确有1个黑色的包已经被打开；肖某权在第二次陈述时，向公安机关补充提交了被盗组装电脑的配置清单。二被害人的陈述与本案其他证据之间，已有部分得到印证，从而增强了关于被害人陈述真实性的判断。而且，在陈述时间上，二被害人均系案发当日发现被盗后立即向公安机关报案并陈述被盗事实。在陈述内容上，陈某系酒类生意经营者，肖某权系财务公司工作人员，二被害人陈述的被盗财物符合各自的职业背景，没有超出一般人的经验和常识范围。在被害人品格上，二被害人无不良记录，与被告人姜某松素不相识，不存在诬告陷害的可能。综合判断，二被害人的陈述对于证明各自被盗的财物具有较强的证明作用,应当予以采信。

3. 依照《规定》第二十二条第一款、第三款的规定,对被告人供述和辩解的审查,应当结合控辩双方提供的所有证据以及被告人本人的全部供述和辩解进行。被告人庭前供述和辩解出现反复,但庭审中供认的,且庭审中的供述与其他证据能够印证的,可以采信庭审中的供述;被告人庭前供述和辩解出现反复,庭审中不供认,且无其他证据与庭前供述印证的,不能采信庭前供述。本案中,被告人姜某松在侦查和审查起诉阶段,一开始对全部盗窃事实均予以否认。当公安机关向姜某松说明在13起盗窃案的现场提取到的指纹与其指纹鉴定为同一的情况下,姜某松才对部分盗窃事实予以认罪,但仍拒不供认其中6起盗窃事实。一审期间,当法院向姜某松讲明适用普通程序审理"被告人认罪案件"可以酌情从轻处罚的法律后果后,姜某松才当庭供认实施了指控的14起盗窃,但又辩解第二起、第八起盗窃的财物少于被害人陈述的被盗财物。可见,姜某松的前后供述,呈现出从拒不认罪到部分认罪再到全部认罪但又提出罪轻辩解的变化过程。经进一步审查发现,姜某松是在公安机关从案发现场提取到其指纹这一确凿的客观性证据面前,才不得不部分认罪,而且是在得知全部认罪可以获得从轻处罚的法律后果的情形下,才当庭全部认罪的。故姜某松当庭作出的认罪供述和辩解,是其根据司法机关掌握的证据和刑事政策,反复进行权衡后作出的选择,对于司法机关已经掌握的事实予以如实供述,对于司法机关没有掌握的事实则试图隐瞒,或是狡辩抵赖,欲供又止,以最大可能地逃避罪责。显然,姜某松在这种情况下作出的认罪供述和辩解,其真实性与被告人从侦查一开始就作出的如实供述存在很大区别。本案因从盗窃现场提取到了姜某松的指纹,能够印证姜某松的认罪供述,表明其当庭作出的认罪供述是真实可信的,故予以采信。但姜某松同时提出的其所盗财物要少于被害人陈述的罪轻辩解,因无其他证据予以印证,且与被害人陈述存在较大矛盾,再加上姜某松的前后供述反复变化,综合判断,存在虚假的可能性,故不予采信。

综上,本案第一、二审在被害人陈述的被盗财物和被告人供述不一致时,通过仔细审查、判断,认定被告人供述存在明显虚假可能性而不予采信,并依据证明力较强的被害人陈述认定盗窃财物的做法是正确的。

三、庭审程序

问题1. 已经原审庭审质证,但在重审阶段未重新举证、质证的证据,能否作为定案证据

【刑事审判参考案例】何某平抢劫案[①]

一、基本案情

湘潭市中级人民法院经公开审理查明:2005年4月20日及2006年3月17日至同年6月19日,被告人何某平伙同王某星、唐某桃、马某、彭某、唐某等人在湖南省株洲市、湘潭市境内实施抢劫6次,抢得财物共计价值人民币(以下币种均为人民币)31969元。

[①] 管应时、曲晶晶撰稿,颜茂昆审编:《何某平抢劫案——已经原审庭审质证,但在重审阶段未重新举证、质证的证据,能否作为定案证据(第686号)》,载中华人民共和国最高人民法院刑事审判第一、二、三、四、五庭主办:《刑事审判参考》2011年第2集(总第79集),法律出版社2011年版,第49~54页。

其中，2006年4月29日凌晨2时许，何某平、王某星、唐某桃、彭某、唐某租车行至湘潭市岳塘区长潭高速公路连接线板塘乡西塘村时，见被害人周某良独自沿马路行走，何某平持随身携带的弹簧跳刀、王某星持鲨鱼刀下车拦住周某良，强行向其索要钱财，王某星持鲨鱼刀砍伤周某良的左臂和背部，何某平持弹簧跳刀捅刺周某良左右大腿各一刀，致周死亡。

湘潭市中级人民法院认为，被告人何某平采取暴力手段多次劫取他人财物，数额巨大，致一人死亡，其行为构成抢劫罪。在共同犯罪中，何某平系主犯。依照《刑法》第二百六十三条第一、四、五项，第二十五条第一款，第二十六条第一款，第四十八条，第五十七条第一款之规定，以抢劫罪判处被告人何某平死刑，剥夺政治权利终身，并处没收个人全部财产。（其他同案犯判处情况略）

宣判后，被告人何某平未上诉，同案被告人彭某向湖南省高级人民法院提出上诉。湖南省高级人民法院经审理认为，同案被告人王某星、唐某桃被举报有新的犯罪事实，需要进一步查实，依照《刑事诉讼法》第一百八十九条①第一款第三项之规定，裁定撤销原判，发回重审。

湘潭市中级人民法院重审开庭时，公诉机关补充起诉同案被告人王某星、唐某桃的一起抢劫事实，一审法院另行组成合议庭，并为何某平重新指定了辩护人。庭审时，公诉人宣读了起诉书，何某平对指控的事实没有异议。在举证、质证阶段，公诉人称，本案原指控事实的证据均已经过原审开庭质证，故仅就新补充的涉及两名同案被告人的一起抢劫事实举证。被告人、辩护人未提出异议，合议庭未及时指出问题。因此，何某平被指控犯有抢劫罪的所有证据在重审时都没有再进行举证、质证，被新组成的合议庭采纳为定案依据，并以抢劫罪判处何某平死刑，剥夺政治权利终身，并处没收个人全部财产。

宣判后，同案被告人彭某提出上诉。湖南省高级人民法院经审理认为，全案事实清楚，证据确实、充分，定罪准确，量刑适当，审判程序合法。依照《刑事诉讼法》第一百八十九条第一项，第一百九十九条②，第二百条③第二款及《刑法》第二百六十三条第一、四、五项，第二十六条第一款，第二十七条，第四十八条，第五十七条第一款之规定，裁定驳回上诉，维持原判，并就被告人何某平的死刑裁定依法报请最高人民法院核准。

最高人民法院经复核认为，湖南省湘潭市中级人民法院和湖南省高级人民法院认定被告人何某平犯罪事实的证据在重审时均未经庭审质证，违反法定诉讼程序，可能影响案件公正审判。依照《刑事诉讼法》第一百九十九条和《最高人民法院关于复核死刑案件若干问题的规定》第五条之规定作出裁定：不核准湖南省高级人民法院（2009）湘高法刑终字第404号维持第一审以抢劫罪判处被告人何某平死刑，剥夺政治权利终身，并处没收个人全部财产的刑事裁定；撤销湖南省高级人民法院（2009）湘高法刑终字第404号刑事裁定和湖南省湘潭市中级人民法院（2009）潭中刑初字第1号刑事附带民事判决中以抢劫罪判处被告人何某平死刑，剥夺政治权利终身，并处没收个人全部财产的部分；

---

① 现为《中华人民共和国刑事诉讼法》（2018年修正）第二百三十六条。
② 现为《中华人民共和国刑事诉讼法》（2018年修正）第二百四十六条。
③ 现为《中华人民共和国刑事诉讼法》（2018年修正）第二百四十七条。

发回湖南省湘潭市中级人民法院重新审判。

二、主要问题

已经原审庭审质证，但在重审阶段未重新举证、质证的证据，能否作为定案证据？

三、裁判理由

本案在审理过程中，存在两种意见：第一种意见认为，已经原审庭审质证的证据，在重审阶段不需要重新举证、质证，可直接作为定案依据；第二种意见认为，已经原审庭审质证，在重审阶段需要重新举证、质证，未经重新举证、质证的，不能作为定案依据。

我们同意上述第二种意见。理由如下：

（一）从发回重审的后果角度分析

发回重审，是指发回原审人民法院重新审判。案件发回，即产生三种后果。首先，意味着一审法院已作出的判决被撤销，未发生法律效力，不能作为执行的依据。其次，被告人所犯罪行没有得到法律评价，尚未受到法律追究，被告人未承担相应的法律责任，仍属于未决犯。最后，原审判决中认定的事实和证据均没有得到重审的确认，仍属公诉机关指控的事实和证据。换言之，案件回到尚未被法院审理的初始阶段。

既然案件回到尚未被法院审理的阶段，那么重审阶段就必须包括一审应有的所有环节，包括法庭举证、质证环节。重新审判的内容亦应包括公诉机关指控的所有事实和证据，不论该事实或证据是否曾经被举证、质证。本案因同案被告人存在漏罪，属于因原判事实不清或证据不足而发回重审的情况。在该情况下，法庭举证、质证环节就显得尤为重要。一审法院重审开庭时，仅就补充起诉的事实进行举证、质证，未就曾经原审认定的事实进行举证、质证，该做法不属于对全案重新审判，而是对补充起诉的一起事实进行"补充审理"，违背了重审制度设置的初衷。

（二）从另行组成合议庭的角度分析

庭审举证、质证，从客观结果上讲，有利于查明案件事实，使案件在实体上得到公正有效的处理。最高人民法院、最高人民检察院、公安部、国家安全部、司法部联合发布的《关于办理死刑案件审查判断证据若干问题的规定》和《关于办理刑事案件排除非法证据若干问题的规定》均强调，重视庭审中对证据的分类审查和认定，确保裁判认定的事实证据确实、充分，对存疑的证据不予采信，对非法取得的证据予以排除，不能作为定案的依据。该内容充分表明，庭审举证、质证，是审查判断证据、查明案件事实不可或缺的环节，也是通过程序公正保障实体公正的必然要求。

对于重新审判，法律之所以规定必须另行组成合议庭，是为了避免原合议庭对案件形成先入为主的意见，要求合议庭成员在公开审理的基础上就对全案作出独立的判断。对于新组成合议庭的成员而言，本案是全新的案件，其只有在庭审中全面了解案件的事实和证据，了解控辩双方及附带民事诉讼当事人的意见，才能作出正确的判断。本案重审合议庭成员在仅了解补充起诉的一起事实和证据的基础上就对全案作出判决，几乎是依赖于对卷宗材料的书面审查，而不是依赖于重审时的庭审信息，显然违背了立法原意。

（三）从保障被告人、辩护人诉讼权利的需要角度分析

法庭审理主要分为法庭调查和法庭辩论两个阶段，某种意义上说，法庭调查是法庭辩论的基础。举证、质证作为法庭调查的主要内容，其效果直接决定了法庭辩论的走向，也影响到合议庭对全案的审查判断。控辩双方在此环节中，通过出示与案件相关的证据

并对每一证据发表意见,来影响合议庭对证据的采信,从而影响法院对事实的认定和在此基础上形成的对案件的审理结果。被告人与案件事实有着实体上的利害关系,案件裁判结果的不同直接决定着被告人的自由、财产甚至生命等重要权利是否会被剥夺。因此,要保证案件审判程序的公正合理,就必须保障其在诉讼过程中有充分的参与机会,能够对案件裁判结果施加有效的影响。在刑事诉讼中,受诸种条件的限制,绝大多数的证据来自控方,辩方自己能够收集到的证据往往非常有限,辩方很大程度上依赖庭审举证和质证获取有利于己的信息,从而动摇控方的指控,反驳控方的意见,论证本方的主张,防止合议庭偏听偏信。因此,被告人及其辩护人参与质证,有利于保障辩方对审判过程的充分参与,维护审判程序的公正。

本案重审开庭时,指控被告人何某平犯罪的证据没有当庭出示,被告人及新的指定辩护人固然没有表示异议,但这种权利的放弃是建立在行使权利的机会被剥夺的基础上。在公诉机关提出不再重新举证、质证,合议庭成员直接予以认可的情况下,辩方如果此时提出需要重新举证,行使自己的质证权利,可能会引起法官的反感,带来于己不利的裁判结果。这样的法庭审理对辩方是不公正的。

基于上述理由,最高人民法院经复核认为,湘潭市中级人民法院和湖南省高级人民法院认定被告人何某平犯罪事实的证据虽然已经原审庭审质证,但在发回重审开庭中未经重新举证、质证,违反法定诉讼程序,可能影响案件公正审判,故依法发回湘潭市中级人民法院重新审判。

问题 2. 在刑事二审程序中如何审查和认定证据

【刑事审判参考案例】卢某新故意杀人、强奸案[①]

一、基本案情

西双版纳中院于 2014 年 6 月 9 日作出 (2013) 西刑初字第 213 号刑事附带民事判决,经重新审理查明:2012 年 9 月 10 日 18 时 30 分许,被告人卢某新在勐腊县瑶区乡沙仁村委会补角村看见被害人邓某某(女,殁年 28 岁)在田里劳作,遂通过小路来到李某生家稻田南侧等候邓某某,待邓某某准备回家时,卢某新尾随邓某某,并强行将邓某某拖至草丛中强奸。在邓某某反抗过程中,卢某新为掩盖罪行采取用手扼颈、捂口等暴力手段致邓某某死亡,并使用被害人劳作的锄头挖坑将尸体掩埋,后把锄头丢弃在附近小河中逃离现场。同月 19 日 18 时许,卢某新在家中被公安机关抓获。经鉴定,被害人邓某某系机械性窒息死亡。

西双版纳中院认为,被告人卢某新的供述能够和证人证言、现场勘查笔录、鉴定意见等证据相印证,足以认定其犯罪事实。卢某新违背妇女意志,采用暴力手段强奸妇女,并在被害人反抗过程中非法剥夺被害人生命,其行为构成故意杀人罪、强奸罪。公诉机关指控卢某新犯故意杀人罪、强奸罪的事实清楚,予以支持。卢某新在实施强奸过程中由于意志以外的因素未能得逞,系犯罪未遂。根据卢某新犯罪的事实、性质、情节和社

[①] 李红斌、汤宁撰稿,方文军审编:《卢某新故意杀人、强奸案——在刑事二审程序中如何审查和认定证据(第 1245 号)》,载中华人民共和国最高人民法院刑事审判第一、二、三、四、五庭主办:《刑事审判参考》总第 113 集,法律出版社 2019 年版,第 59~68 页。

会危害程度，依照《刑法》第二百三十二条、第二百三十六条、第二十三条、第六十九条、第四十八条第一款、第五十七条第一款的规定，判决如下：

被告人卢某新犯故意杀人罪，判处死刑，缓期二年执行，剥夺政治权利终身；犯强奸罪，判处有期徒刑三年；决定执行死刑，缓期二年执行，剥夺政治权利终身。

宣判后，被告人卢某新提出上诉，认为原判认定其犯故意杀人罪和强奸罪的事实不清、证据不足，并请求对非法证据予以排除，宣告其无罪。其辩护人提出相同辩护意见。

云南省高级人民法院在二审审理中发现，原判据以定案的主要证据的收集程序不符合法律规定，可能严重影响司法公正，遂依法向云南省人民检察院提出补正。检察机关、公安机关分别委托司法鉴定机构对相关检材重新进行了鉴定。云南省公安司法鉴定中心经鉴定，从被害人邓某某的阴道、外阴擦拭物上检出了邓某某及其丈夫和第三人的生物物质；公安部物证鉴定中心经鉴定，从邓某某阴道擦拭物上检出邓某某及其丈夫和第三人的生物物质，从邓某某内裤上检出其丈夫和第三人的生物物质，上述鉴定均未检出上诉人卢某新的生物物质。经上述鉴定机构对现场提取的锄头重新鉴定，均未检出阳性DNA扩增产物。

云南省人民检察院出庭检察员认为，上诉人卢某新没有作案时间，原审指控卢某新犯故意杀人罪、强奸罪的有罪供述、现场指认记录、从锄头柄上检测出卢某新DNA的鉴定意见三份证据应依法排除，当庭出示的新证据证实犯罪的是卢某新之外的其他人。建议二审法院依法撤销一审判决，对卢某新宣告无罪。

云南省高级人民法院经二审审理查明：2012年9月10日下午，云南省勐腊县瑶区乡沙仁村委会补角村村民邓某某（女，殁年28岁）在自家地里劳作至19时未归，亲属查找后在地里发现被掩埋的邓某某尸体。公安机关现场勘查时在附近小河中发现一把锄头。

云南省高级人民法院认为，原判据以定案的从锄头柄部检出上诉人卢某新DNA的鉴定意见、卢某新的有罪供述、现场指认录像、指认笔录均不能作为定案的根据；其他在案证据均不能证实卢某新与被害人邓某某被强奸、杀害的事实之间存在关联性；二审期间出现了新的证据，不能排除他人作案的可能。原审认定上诉人卢某新强奸、杀害被害人邓某某的事实不清、证据不足，不能认定卢某新有罪，应依法改判。依照《刑事诉讼法》第二百二十五条①第一款第三项之规定，判决如下：

1. 撤销西双版纳中院（2015）西刑初字第160号刑事附带民事判决；
2. 上诉人卢某新无罪。

二、主要问题

在刑事二审程序中如何审查和认定证据？

三、裁判理由

本案是近年来较为少见的二审法院经严格审查，依法排除原审部分定案证据，并通过补充核实证据发现"真凶"的案件，二审法院依法宣告被告人无罪，并使"真凶"受到法律惩处。案件的审判效果得到业界和社会的认可，被媒体评为"2017年度人民法院十大刑事案件"。本案在二审程序中要处理的主要问题是如何认定和排除不合法证据，对此作如下分析。

---

① 现为《中华人民共和国刑事诉讼法》（2018年修正）第二百三十六条。

（一）二审法院在依法排除不合法证据后认为本案达不到定案标准，依法改判被告人无罪

本案在二审改判前，经历两次一审、一次二审，相关证据已多次经庭审举证、质证，被告方也提出过非法证据排除的请求，但均未被采纳。云南省高级人民法院在第二次二审中经审查发现，原判依据的锄头柄上提取物的 DNA 鉴定意见、卢某新的有罪供述、现场指认资料、作案时间、卢某新身上伤痕等证据均存在重大问题，不足以证实卢某新实施了故意杀人、强奸行为。鉴于本案证据存在重大问题，特别是关键证据可能系非法证据，二审法院经初步研究，梳理出 25 项证据问题要求检察机关核查补正。检察机关、公安机关为补强证据，委托公安部、云南省公安厅司法鉴定机构对关键检材进行重新鉴定，结果证实不能排除系他人作案。如何有效审查和准确认定原审据以定案的证据，便成为二审法院面临的重大难题。

本案中，原判据以定案的关键证据有三项：锄头柄上提取物的 DNA 鉴定意见、有罪供述、现场指认录像和指认笔录。对这三项证据，被告人卢某新均不认可，称其未接触过锄头，不可能有其 DNA；有罪供述不是其所作，其只是签过字；现场指认系在诱导下进行。云南省高级人民法院在初查中也发现这三项证据存在重大问题，不能作为定案的根据。实践中，刑事案件排除不合法证据的路径主要有两条：一是以程序违法而予以排除，二是以证据实体（内容）矛盾而予以排除。就本案三项关键证据而言，对锄头柄上提取物的 DNA 鉴定意见证实发现卢某新的 DNA，从内容上无法认定该鉴定意见存在错误；有罪供述的笔录上有卢某新的签字，且与其他在案证据相印证，很难证实有罪供述不是卢某新所作；指认现场有录像、笔录等证据证实，指认的真实性也无法直接予以否定。因此，本案要排除不合法证据，只能从取证程序方面着手。但本案的特殊之处在于，案发时间为 2012 年 9 月，而修正后的刑事诉讼法及《公安机关办理刑事案件程序规定》均自 2013 年 1 月 1 日起施行，要从程序违法角度排除相关证据需要依据当时有效的法律和规范性文件进行。

1. 关于 DNA 鉴定意见

本案中，对定案起到重要作用的 DNA 鉴定意见主要有三项：一是被害人体内提取物，鉴定出被害人及其丈夫的 DNA；二是从埋藏尸体的泥土中提取到一根阴毛（无毛囊，不能作同一性认定），鉴定意见是该毛发不属于被害人也不属于卢某新；三是案发现场锄头柄上的提取物，鉴定出卢某新的 DNA。其中，锄头系侦查机关在案发现场附近的小河中提取，经鉴定，锄头可形成被害人头部的两处伤痕；该锄头宽度与埋尸现场挖土痕迹宽度一致；经被害人家属辨认，该锄头系被害人当天带上山劳动的工具。从这三个方面基本证实该锄头就是作案工具，在该锄头柄上检出卢某新的 DNA，也就直接证实卢某新是重大犯罪嫌疑人，这是本案的核心证据。

二审法院在审查时发现，上诉人卢某新否认接触过该锄头，从该锄头提取照片并结合案发时当地天气，可推断锄头在水中浸泡过最少十几个小时，能检出 DNA 物质的可能性很小。与此同时，卢某新供述曾对被害人实施了两次强奸，在被害人体内提取物能检出被害人丈夫 DNA 的情况下，却未检出卢某新的 DNA，显与常理不符。经公安部物证鉴定中心检测，埋尸泥土中提取的毛发不属于卢某新，但侦查机关出具说明称，清洗泥土是用河水，毛发可能是在河中洗澡的人留下，这一解释更显牵强。经向 DNA 鉴定专家咨询，答复称 DNA 鉴定具科学性和一定的偶然性，由于检材提取的位置等多方面因素的影

响,在被害人体内未检出卢某新的 DNA 是可能的;虽然锄头柄浸泡在水中再检出 DNA 物质的可能性很小,但只要检出 DNA,就可证实卢某新接触过锄头;线粒体 DNA 鉴定不能作同一性认定,但可从卢某新母系方面作出排除性结论。

尽管有相关专家的解释,但二审合议庭仍对原 DNA 鉴定意见存在疑问,遂对 DNA 鉴定的检材提取过程进行审查,发现锄头柄检材的提取存在重大问题。一是,其他 DNA 检材均系 2012 年 9 月 11 日送检,而锄头柄上的检材系 9 月 18 日送检,此前卢某新血样已送检;二是,鉴定委托书上显示 9 月 11 日对卢某新血样送检,但公安机关在 9 月 12 日上午才找到卢某新,公安机关出具情况说明称是记录错误;三是,在案材料中公安机关对锄头擦拭物的提取存在三种以上的不同说法;四是,公安机关对上述锄头柄物证提取的情况说明前后矛盾,且无经办人签字。

根据最高人民法院、最高人民检察院、公安部、国家安全部和司法部 2010 年制定的《关于办理死刑案件审查判断证据若干问题的规定》(以下简称《死刑案件证据规定》)和《关于办理刑事案件排除非法证据若干问题的规定》(以下简称《排除非法证据规定》),对鉴定意见应当着重审查检材的来源、取得、保管、送检是否符合法律及有关规定,与相关提取笔录、扣押物品清单等记载的内容是否相符,检材是否充足、可靠;鉴定意见具有送检材料、样本来源不明或者确实被污染且不具备鉴定条件情形的,不能作为定案的根据;公诉人提交加盖公章的说明材料,未经有关讯问人员签名或者盖章的,不能作为证明取证合法性的证据。根据上述规定,由于原审依据的 DNA 鉴定证据取证、送检情况不明且存在瑕疵,不能作为定案证据,故应将锄头柄上提取物的 DAN 鉴定意见予以排除。

二审法院以程序事项违法将 DNA 鉴定意见排除后,继续对原锄头柄上物质的 DNA 鉴定内容进行查证,向检察机关发函调取原锄头柄 DNA 鉴定图谱。因锄头系被害人使用的劳动工具,且长时间在水中浸泡,这种情况下图谱应是混合型 DNA 图谱或有污染的图谱。检察机关调取图谱后,DNA 鉴定专家发现锄头柄 DNA 图谱与卢某新血样图谱高度一致且十分清晰,认为不符合本案情况,鉴定可能出错,后对本案检材启动了重新鉴定程序。[①]公安部物证鉴定中心、云南省公安司法鉴定中心均未在锄头柄上检出卢某新的 DNA,却均在被害人体内检出另一人(非死者丈夫)的 DNA,从而也增强了审判人员排除非法证据的内心确信。

2. 关于有罪供述与指认录像、指认笔录

被告人卢某新在公安机关共有八次讯问笔录,只在第七次作了有罪供述,随后就翻供,称供述不是其所作。二审法院对其唯一一次有罪供述的内容进行审查时发现,本案证据体系均围绕卢某新的有罪供述展开,虽然存在较多不合常理的疑点,但卢某新的有罪供述内容与现场勘查情况、尸体检验报告高度一致,基本上能解答所有的主要疑问。例如,尸检报告指出被害人头顶、耳朵后各有一处伤口,卢某新则称其用锄头打了被害人头顶一下、耳朵附近一下;被害人的死因系被人扼颈、机械性窒息死亡,卢某新则供述其曾用手掐住被害人脖子把她掐晕;被害人阴道没有检出卢某新的 DNA,卢某新则供述其因害怕警察查出来,就射精在旁边的沙地上;埋尸现场被害人只有头部露在外面,卢某新则供述系因当时其很急,就没有把被害人的头埋起来。上述供述表面上与现场情

[①] 值得肯定的是,本案相关鉴定检材被侦查机关保留下来,为重新鉴定打下了良好基础。

况相符，但综合其他证据加以分析，其明显不合常理，体现在：一是，在锄头上没有检出被害人的 DNA，且从尸检照片来看，两处伤口呈"Y"形开放状，创口较浅且没有骨折，不应是现场发现的那把锄头所形成的，且卢某新在慌乱的情况下，是否能对打击位置记得那么清楚，不无疑问。二是，卢某新称其将被害人掐昏后进行了强奸，其间被害人醒过来大叫，其就用锄头打了被害人两下，把被害人打晕继续强奸后就用锄头把被害人埋了，没有再掐，但被害人死因是窒息，即在强奸前被害人就已死亡，被害人中途怎能醒来？三是，作为一个醉酒状态下的中年农民，是否有丰富的 DNA 知识和逃避打击的意识，从而采取体外射精？既然卢某新有很强的反侦查经验，为何其案发当天穿着有血迹的长袖 T 恤直到 9 月 12 日被公安机关传唤，都不更换或是丢弃？四是，从现场照片看，犯罪嫌疑人只要再挖几下就可把被害人全部埋起来，其供述的掩埋尸体情况不符合正常人的思维和做法。① 五是，卢某新供述在强奸过程中将被害人拖到另一个地方，但尸检报告却反映出被害人全身只有少量皮下出血。六是，现场指认录像、指认笔录作为有罪供述的辅助证据，与有罪供述中的作案细节有很大出入。在指认录像中可明显看出卢某新在整个指认过程中表情很茫然，指认也比较被动，数次出现指认不下去，经现场人员提醒才继续指认的情况，且指认录像与指认笔录也存在较大差异。

二审法院经审查发现，即使按照公诉机关出具的证据，被告人卢某新于 9 月 19 日 17 时被抓获，9 月 20 日送看守所（无具体时间）后，于 9 月 20 日 19 时 50 分、9 月 21 日 0 时 40 分、9 月 22 日 9 时 40 分三次被提出看守所，均无县级以上公安机关负责人审批；其作出有罪供述的时间（9 月 21 日 22 时 47 分至 22 日 1 时 08 分）、地点（看守所第二审讯室）与公安机关提供的讯问录像存在明显差距；公安机关提供的第七次供述录像没有声音，公安机关出具说明称是因拾音器损坏（第一次二审期间，公安机关出具情况说明称，因当时进行设备改造，没有及时安装录音设备），但合议庭发现该录像是用卢某新背后的监控摄像机拍摄的，正对卢某新的还有一部录像机，但公安机关没有提供该摄像机拍摄的资料；从讯问记录、出入所记录看，卢某新在作出有罪供述前，留在公安机关 50 多小时，也没有得到充分休息。

二审中，考虑到法庭无法根据在案证据证实有罪供述不是卢某新所作，只能从取得供述的程序违法上着手。因案发时间在新刑事诉讼法生效前，二审法院的主要依据，一是《中华人民共和国看守所条例实施办法（试行）》第二十三条的规定，即"提讯人犯，除人民法院开庭审理或者审判外，一般应当在看守所讯问室。提讯人员不得少于二人。因侦查工作需要，提人犯出所辨认罪犯、罪证或者起赃的，必须持有县级以上公安机关、国家安全机关或者人民检察院领导的批示，凭加盖看守所公章的《提讯证》或《提票》，由二名以上办案人员提解"。二是《排除非法证据规定》第七条第三款的规定，即"公诉人提交加盖公章的说明材料，未经有关讯问人员签名或者盖章的，不能作为证明取证合法性的证据"。三是《排除非法证据规定》第十二条的规定，即"对于被告人及其辩护人提出的被告人审判前供述是非法取得的意见，第一审人民法院没有审查，并以被告人审判前供述作为定案根据的，第二审人民法院应当对被告人审判前供述取得的合法性进行

---

① 抓获真凶洪某华后，据洪某华供述，其把死者掩埋后把锄头丢进河水里，在准备离开现场时想起其勒死者颈部的裤带还在她脖子上，就把她脖子上的土扒开，把裤带拉出来，把裤带也丢到河里面，后又折回死者身边，随手掐了一点龙爪菜盖在她头上。该供述的情况相对较为可信。

审查。检察人员不提供证据加以证明,或者已提供的证据不够确实、充分的,被告人该供述不能作为定案的根据"。根据上述规定,二审法院认定卢某新的有罪供述不能作为定案的依据。

3. 对作案时间和被告人身上伤痕的查证情况

原判据以定案的证据除上述三项关键证据外,还有两项重要依据:一是卢某新有作案时间,二是卢某新对其身上的28处伤痕不能作出合理解释。经审查发现,卢某新供述的当天活动时间、证人看见卢某新的时间,以及被害人在案发当天的活动时间、死亡时间都是估计所得。根据上述证据推断,卢某新在18时30分至19时,19时至19时30分都存在时间空档。二审合议庭认为卢某新在半小时内不可能完成整个作案过程。此外,经过审查,二审合议庭认为卢某新关于身上伤痕系醉酒后摔跤、碰柱子、摔下床等原因造成的解释具有合理性(被害人指甲内未检出卢某新的DNA)。不过,鉴于排除锄头柄上提取物的DNA鉴定意见、有罪供述和指认录像、指认笔录后,已切断了卢某新与被害人被强奸杀害之间的关联性,全案证据链条已经不完整,故关于卢某新是否有作案时间、身上伤痕究竟如何形成的问题已经不十分重要。

4. 排除非法证据程序启动问题

本案在2016年二审时,最高人民法院制定的"三项规程"尚未出台,关于如何在二审程序中启动排除非法证据程序没有明确的法律规定,合议庭对此进行了探索。一是,收到辩护人、检察机关的排非申请后,召开了庭前会议,听取双方的排非要求和争议重点,接收了双方在二审期间提交的新证据。二是,在二审庭审中审判长先介绍了庭前会议情况,启动了排非调查,在充分听取了检、辩双方的意见后,宣布休庭;随后合议庭对排非要求进行合议,决定将原锄头柄上提取物的DNA鉴定意见、被告人的有罪供述、指认录像及指认笔录予以排除。三是,继续开庭后审判长宣布排非决定,明确经排除的证据不再进入庭审后续环节;对检方提交的对锄头柄的新DNA鉴定意见、对被害人体内提取物的新DNA鉴定意见,辩护人提交的毛发DNA鉴定意见(未经前续审判程序举证、质证)作为新证据进行举证、质证;在检察人员和辩护方达成一致意见的基础上,简化了法庭辩论环节。四是,再次休庭后,合议庭进行合议,形成决议并报院审判委员会讨论通过,开庭后对本案进行公开当庭宣判,认定卢某新无罪、不承担民事赔偿责任并当庭释放。从后来最高人民法院发布的"三项规程"看,本案的排非程序完全符合"三项规程"的相关规定。

综上,本案在二审期间通过初审发现问题,在补查补正中查获"真凶",探索、实践了非法证据排除程序在二审程序中的适用,发挥了非法证据排除程序在防范冤假错案方面的重要作用,确保了审判程序公正和案件办理质量,取得了良好的法律效果和社会效果。

(二)关于"真凶"的判决情况

本案二审期间通过重做DNA鉴定,发现被害人体内有同村村民洪某华留下的物质,侦查机关于2016年8月3日晚将洪某华传唤到案,洪某华一开始供称与卢某新共同实施犯罪,但其所供内容与在案证据存在明显矛盾。洪某华在后续讯问中如实供述了其一个人作案的过程,还主动提出要与上诉人卢某新见面,向卢某新道歉。

经指定管辖,洪某华强奸杀人一案由云南省普洱市中级人民法院审理。该院经审理查明:2012年9月10日17时许,被告人洪某华在被害人邓某某(女,殁年28岁)家苞谷地西侧的草丛旁，遇到回家途中的被害人，洪某华即产生与被害人发生性关系的冲动，便上前抱住被害人，在遭到被害人反抗后，洪某华将被害人胁迫到一荒废的鱼塘内强行与被害人发生性关系。因害怕事情败露，洪某华先用石头击打被害人头部，接着用自己的裤带勒住被害人的颈部致其死亡，又用被害人的锄头将其尸体掩埋，并采摘旁边的蕨菜（又名龙爪菜）盖在被害人的头面部，随后将锄头丢弃在会都河中逃离现场。

普洱市中级人民法院认为，关于被告人洪某华所提被害人邓某某自愿与其发生性关系，公诉机关指控其犯强奸罪不能成立的辩解及其辩护人所提本案事实不清、证据不足的辩护意见，经审查，本案在邓某某体内、体表擦拭物上检出洪某华的生物物质，且邓某某所穿内裤上亦检出精斑反应，混合 STR 峰谱不排除包含洪某华的 DNA 分型，足以认定洪某华与邓某某在案发前有过性行为。据洪某华供述，其因冲动在田间草丛旁搂抱邓某某，后二人发生性行为，结合案发时间及案发地点，洪某华在偏僻地点的搂抱行为足以对邓某某造成胁迫。另据洪某华供述，其为防止邓某某报警而杀人并埋尸，洪某华的杀人灭口行为，足以证实其明知违背邓某某意愿而强行与邓某某发生性行为，应认定洪某华具有强奸故意。洪某华供认采取用石头击打、勒颈的方式杀害邓某某，其供述与尸体检验报告、现场勘验照片等证据相吻合，且洪某华亦辨认出邓某某随身携带的物品，足以证实洪某华实施的杀人行为。综上，洪某华的辩解及辩护人的辩护意见均不成立，不予采纳。被告人洪某华犯故意杀人罪、强奸罪的事实清楚，证据确实、充分，足以认定。

普洱市中级人民法院认为，被告人洪某华使用胁迫手段强行与被害人邓某某发生性关系，其行为构成强奸罪；其故意非法剥夺邓某某生命的行为还构成故意杀人罪。鉴于洪某华犯罪时未满十八周岁（1994 年 12 月 9 日出生），对洪某华应当从轻或减轻处罚。公诉机关指控洪某华犯强奸罪、故意杀人罪的事实清楚、证据确实、充分，罪名成立，予以支持。据此判决：被告人洪某华犯故意杀人罪，判处无期徒刑，剥夺政治权利终身；犯强奸罪判处有期徒刑七年；决定执行无期徒刑，剥夺政治权利终身。

四、鉴定意见审查与判断

问题 1. 对于来源不明的"物证"以及对该"物证"所作的鉴定意见能否作为定案证据？

【刑事审判参考案例】王某喜强奸案[①]

一、基本案情

宁波市中级人民法院经审理查明：2010 年 5 月 11 日晚 8 时许，被告人王某喜酒后回到其位于浙江省慈溪市长河镇宁丰村金小路的暂住房，邻家小女孩吴某到王某喜的暂住房内玩耍，王某喜用手掐住吴某颈部，将其按倒在床上，并脱下其裤子，强行与其发生性关系，并致其窒息死亡。之后，王某喜又拿来菜刀，朝吴某的尸体阴部砍了数刀，又用被单将吴某的尸体包裹起来，于当晚将尸体抛弃在附近一小河中。

[①] 聂昭伟撰稿、翟超审编：《王某喜强奸案——关于瑕疵证据的采信与排除（第 763 号）》，载中华人民共和国最高人民法院刑事审判第一、二、三、四、五庭主办：《刑事审判参考》2012 年第 2 集（总第 85 集），法律出版社 2012 年版，第 46~51 页。

关于公诉机关指控王某喜强奸被害人孙某的事实，经审理查明，孙某于2007年9月27日下午在安徽省怀远县城关镇兴昌小学的厕所内被一男子挟持到旁边的石榴林中的事实客观存在。由于孙某的陈述，证人冯某、杨某、孙某甲、周某的证言均未提及孙某遭到了强奸，而且孙某甲的证言直接否定孙某遭到强奸，故仅凭安徽省公安厅出具的生物物证检验报告反映的孙某内裤上有精斑这一客观情况不能推断出孙某遭到强奸的必然结论。虽然安徽省公安厅出具的生物物证检验报告和浙江省公安厅物证鉴定中心出具的DNA检验报告证实，案发当时被害人孙某所穿的内裤上检见的精斑为被告人王某喜所留，被害人孙某与证人冯某均提到案犯脸上长有黑痣的特征与王某喜两眉之间所长的黑痣相吻合，但除此之外，没有其他证据证明挟持孙某的男子是王某喜。本案孙某的内裤是生物物证检验报告和DNA检验报告的重要检材，但该关键物证既未严格按照物证收集程序收集，也未制作照片并妥善保存。

宁波市中级人民法院认为，被告人王某喜采用暴力手段强行与幼女发生性关系，并致人死亡，事后又侮辱被害人的尸体，其行为已分别构成强奸罪和侮辱尸体罪，依法应予并罚。公诉机关指控的罪名成立，但指控王某喜强奸孙某的事实不清，证据不足。王某喜曾因多次故意犯罪被判处有期徒刑，且在前次犯罪被判处的有期徒刑刑罚执行完毕后五年之内，又故意犯应当判处有期徒刑以上刑罚之罪，是累犯，依法应当从重处罚。依照《刑法》第二百三十六条、第三百零二条、第六十五条第一款、第五十七条第一款、第六十九条、第六十四条、第三十六条第一款之规定，宁波市中级人民法院以被告人王某喜犯强奸罪，判处死刑，剥夺政治权利终身；犯侮辱尸体罪，判处有期徒刑一年；决定执行死刑，剥夺政治权利终身。

一审宣判后，被告人王某喜提出上诉。

浙江省高级人民法院经二审后裁定驳回上诉，维持原判，并报请最高人民法院核准。

最高人民法院经复核核准了宁波市中级人民法院关于对被告人王某喜判处死刑的判决。

二、主要问题

对于来源不明的"物证"以及对该"物证"所作的鉴定意见能否作为定案证据？

三、裁判理由

司法实践中，侦查人员违反法定程序收集证据材料的现象并不少见。这类违反法定程序收集的证据，一般称为"瑕疵证据"。如本案中被害人孙某的内裤，因在提取时侦查人员未依法制作提取笔录或清单，属于典型的瑕疵证据。未依法定程序取得的瑕疵证据与利用非法手段取得的非法证据有本质的区别，最高人民法院、最高人民检察院、公安部、国家安全部、司法部联合印发的《关于办理死刑案件审查判断证据若干问题的规定》（以下简称《死刑证据规定》）对瑕疵证据的采信和排除作了明确规定，一、二审法院准确适用相关规定，对被告人王某喜第二起强奸事实未予认定是正确的。具体阐述如下：

（一）对被害人孙某内裤的收集、复制、保管工作均不符合相关法律规定，导致该内裤来源存疑，且有关办案人员无法补正或者作出合理解释，因此孙某的内裤不能作为定案证据

《死刑证据规定》第九条第三款规定："对物证、书证的来源及收集过程有疑问，不能作出合理解释的，该物证、书证不能作为定案的根据。"同时，根据《死刑证据规定》第九条第二款的规定，对于物证、书证的收集程序、方式存在该规定所列瑕疵，通过有

关办案人员的补正或者作出合理解释的,可以采用。可见,对瑕疵证据并非绝对排除,而是附条件地采信。如果所附条件不具备,则不应采信。

本案中,对被害人孙某内裤的收集、复制、保管工作存在多处违反法律规定的地方,具体体现在:一是侦查人员在提取内裤时没有制作提取笔录,或者通过扣押物品清单客观记录提取情况,导致有关内裤来源的证据不充分。二是根据《死刑证据规定》第八条的规定,"据以定案的物证应当是原物。只有在原物不便搬运、不易保存或者依法应当由有关部门保管、处理或者依法应当返还时,才可以拍摄或者制作足以反映原物外形或者内容的照片、录像或者复制品"。起诉书的证据目录虽然记载提取了被害人孙某的内裤,但未将该内裤随案移送。考虑到该物证的特殊性且所附生物检材易污染需要特殊条件保存,可采用照片形式对该内裤予以复制移送,但相关机关均未做此项工作。三是法律规定对证据的原物、原件要妥善保管,不得损毁、丢失或者擅自处理。由于该起犯罪久未侦破,其间办案人员更换,加之移交、登记、保管等环节存在疏漏,被害人孙某的内裤已遗失,导致出现疑问后相关复核工作无法进行。

一审期间,公安机关曾就被害人孙某内裤的收集、复制、保管工作出具了说明材料:"案发后,某县公安局将孙某的内裤进行了提取,后一直放在刑警支队保管。2008年5月30日,民警将孙某的内裤送到省公安厅刑警总队进行DNA鉴定。现此内裤已作技术处理。"该说明材料没有对未制作提取笔录或扣押物品清单、未拍摄照片复制以及为何将内裤处理等情况进行合理的解释。因此,除非通过重新开展相关工作进行补正,否则本案被害人孙某的内裤不能作为定案根据。然而,因孙某的内裤已遗失,即使通过询问被害人、被害人亲属,重现提取过程,也无法通过辨认、质证等方式确认被害人、被害人亲属所述的内裤与侦查机关曾经提取的内裤的关联关系,被害人孙某的内裤来源存疑问题无法解决,根据《死刑证据规定》第十四条第三款的规定,被害人孙某的内裤不能作为定案的根据。

(二)被害人孙某的内裤是生物物证鉴定意见和DNA鉴定意见能够作为证据的基础,被害人孙某的内裤不能作为定案的根据,上述鉴定意见也不能作为定案的根据

鉴定意见是由专业人员以其专业知识对既有证据的证明力进行的说明,其合法性和关联性首先要依附既有证据的合法性和关联性。从某种角度来讲,既有证据与对其进行的相关鉴定是一个整体,既有证据被排除了,相关鉴定意见也不能作为定案根据。这与西方学者针对非法证据所主张的"毒树之果"理论不同。在"毒树之果"理论中,"树"与"果"是两种不同的证据材料,各自相对独立,只不过"树"提供了发现"果"的线索。因此,对以非法方法收集的证据为线索,通过合法方法收集的证据,并不绝对排除。

根据《死刑证据规定》第二十三条第四项、第二十四条第六项的规定,对鉴定意见,应当审查检材的来源、取得、保管、送检是否符合法律及有关规定,与相关提取笔录、扣押物品清单等记载的内容是否相符,检材是否充足、可靠。送检材料、样本来源不明或者确实被污染且不具备鉴定条件的,鉴定意见不能作为定案的根据。联系本案,针对被害人孙某内裤的取证工作违反了相关法律规定,属于送检材料、样本来源不明情形。因此,对该内裤的生物物证鉴定意见、DNA鉴定意见不能作为定案的根据。

(三)本案的言词证据不能证实王某喜对孙某实施了强奸

本案的言词证据非但不能证实王某喜对孙某实施了强奸,反而否定王某喜对孙某实施了强奸行为。一是王某喜本人一直否认强奸过孙某,孙某的陈述以及相关证人的证言

均未提及孙某遭到了强奸;二是孙某的父亲还作证,其妻在案发后问过女儿阴部是否被侵犯,孙某讲当时内裤没被脱下来,后经查看,其妻没有发现女儿阴部有被侵犯的痕迹。

综上,一、二审法院认定公诉机关指控被告人王某喜强奸被害人孙某的事实不清,证据不足,不予认定该起犯罪事实是正确的。

问题 2. 如何审查判断涉案野生动物制品的鉴定意见?

【刑事审判参考案例】郑某非法运输、出售珍贵、濒危野生动物制品案①

一、基本案情

济南市槐荫区人民法院经公开审理查明:2013 年 6 月 22 日 12 时许,被告人郑某将金钱豹毛皮 1 张(价值 6 万元)、雪豹毛皮 1 张(价值 10 万元)、云豹毛皮 1 张(价值 3 万元)、赛加羚羊角 4 根(价值共计 12 万元)、象牙制品 4 个(非洲象或亚洲象,价值共计 8291 元)及其他动物制品装在两个旅行包中放在银灰色大众牌轿车(车牌号鲁 CK36××)的后备箱里,后驾驶该轿车携带上述物品从山东省淄博市沿 309 国道于当日 13 时 30 分许来到济南市历下区经十路。在与朋友苗某见面后,郑某以其驾驶的车辆手续不全、不能在济南市区行驶为由,将两个旅行包放在苗某驾驶的丰田牌轿车的后备箱里,但苗某不知旅行包内有何物。苗某载郑某及其朋友到一歌厅唱歌。其间,被告人逯某通过网络向郑某购买赛加羚羊角 2 根(价值 6 万元),二人通过网络讨价还价。后苗某应郑某的要求驾驶丰田牌轿车载郑某及其朋友到济南市槐荫区经六路绿地小区附近与逯某见面。19 时许,郑某与逯某正在讨价还价并查看郑某带来的羚羊角时,被公安人员抓获,当场查获金钱豹毛皮 1 张、雪豹毛皮 1 张、云豹毛皮 1 张、赛加羚羊角 4 根、象牙制品 4 个等物品。经鉴定,上述金钱豹、雪豹、云豹、赛加羚羊、非洲象或亚洲象均为国家一级重点保护动物,涉案物品价值共计 31.8291 万元。

济南市槐荫区人民法院认为,被告人郑某违反国家野生动物保护法规,运输珍贵、濒危野生动物制品,情节特别严重,并出售珍贵、濒危野生动物制品,其行为已构成非法运输、出售珍贵、濒危野生动物制品罪。对被告人郑某判处有期徒刑十年六个月,并处罚金人民币二万元。

宣判后,被告人郑某提出上诉。济南市中级人民法院经审理认为,本案应由济南市森林公安机关管辖,原公诉机关提交给原审法院的证据均系济南市公安局槐荫区分局提供,侦查主体违反了相关法律、法规关于案件管辖的规定,从而导致对本案事实的认定缺少合法证据予以支持,决定将案件发回济南市槐荫区人民法院重新审理。

济南市槐荫区人民法院重审后认为,济南市公安局槐荫区分局对本案具有管辖权。本罪属于行为犯,只要行为人实施了相关行为即构成犯罪既遂,不能因被告人郑某、逯某未完成出售和收购行为而认定为犯罪未遂。鉴于本案现有证据不能证实郑某对羚羊角之外的豹皮等非法运输的大部分珍贵、濒危野生动物制品有出售的意图,且在商谈价格的过程中即被抓获,未造成严重社会危害,其虽不具有法定减轻处罚情节,但根据案件

---

① 李晓光、邓克珠撰稿,马岩审编:《郑某非法运输、出售珍贵、濒危野生动物制品案——如何准确把握非法运输、出售珍贵、濒危野生动物制品罪的量刑标准(第 1178 号)》,载中华人民共和国最高人民法院刑事审判第一、二、三、四、五庭主办:《刑事审判参考》总第 108 集,法律出版社 2017 年版,第 90~99 页。

的特殊情况，对其处以十年以上有期徒刑的刑罚过重，为罪责刑相均衡，可在法定刑以下判处刑罚，并报请最高人民法院核准。依照《中华人民共和国刑法》第三百四十一条第一款、第六十三条第二款，《最高人民法院关于审理破坏野生动物资源刑事案件具体应用法律若干问题的解释》第五条第二款第一项之规定，判决如下：

被告人郑某犯非法运输、出售珍贵、濒危野生动物制品罪，判处有期徒刑五年，并处罚金人民币二万元。

宣判后，被告人郑某以一审认定的事实不清、证据不足、程序违法等理由提出上诉。其辩护人提出，郑某随身携带的豹皮和象牙小件并无出卖意图，不应认定为非法运输珍贵、濒危野生动物制品罪；本案鉴定主体不合法，且对涉案羚羊角的鉴定价值过高；量刑过重。

济南市中级人民法院经二审审理，于2015年9月17日作出二审裁定，驳回上诉人郑某的上诉，维持原判，并依法报请山东省高级人民法院复核。

山东省高级人民法院经复核认为，本案侦查管辖合法、理由充分，鉴定主体不违法，鉴定意见合法有效。被告人郑某的行为构成非法运输、出售珍贵、濒危野生动物制品罪。郑某对羚羊角之外的豹皮等非法运输的大部分珍贵、濒危野生动物制品予以出售的意图不明显，且在商谈羚羊角价格的过程中即被抓获，未造成严重社会危害，其虽不具有法定减轻处罚情节，但根据案件的特殊情况，为罪责刑相均衡，可在法定刑以下判处刑罚，并报请最高人民法院核准。一审判决、二审裁定认定事实清楚，证据确定、充分，定罪准确，量刑适当，诉讼程序合法。依照《刑法》第六十三条第二款和《最高人民法院关于适用〈中华人民共和国刑事诉讼法〉的解释》第三百三十六条[①]第二项之规定，裁定同意济南市中级人民法院维持济南市槐荫区人民法院对被告人郑某以非法运输、出售珍贵、濒危野生动物制品罪在法定刑以下判处有期徒刑五年，并处罚金人民币二万元的刑事裁定，报请最高人民法院核准。

最高人民法院经复核认为，被告人郑某违反国家野生动物保护法规，运输、出售国家重点保护的珍贵、濒危野生动物制品，其行为构成非法运输、出售珍贵、濒危野生动物制品罪。郑某非法运输、出售珍贵、濒危野生动物制品价值31万余元，情节特别严重，本应处十年以上有期徒刑，但考虑到涉案野生动物制品已全部被查获，郑某非法出售野生动物制品行为属未遂且欲售价格明显低于鉴定价值等特殊情况，为实现罪责刑相适应，可以对郑某在法定刑以下判处刑罚。第一审判决、第二审裁定认定的事实清楚，证据确实、充分，定罪准确，量刑适当，审判程序合法。依照《刑法》第六十三条第二款和《最高人民法院关于适用〈中华人民共和国刑事诉讼法〉的解释》第三百三十八条[②]的规定，裁定核准山东省济南市中级人民法院（2015）济刑一终字第57号维持第一审以非法运输、出售珍贵、濒危野生动物制品罪对被告人郑某在法定刑以下判处有期徒刑五年，并处罚金人民币二万元的刑事裁定。

二、主要问题

1. 本案的侦查管辖是否合法？
2. 如何审查判断涉案野生动物制品的鉴定意见？

---

① 现为《最高人民法院关于适用〈中华人民共和国刑事诉讼法〉的解释》（2021年）第四百一十四条。
② 现为《最高人民法院关于适用〈中华人民共和国刑事诉讼法〉的解释》（2021年）第四百一十七条。

3. 如何准确把握非法运输、出售珍贵、濒危野生动物制品罪的量刑标准？

三、裁判理由

（一）本案的侦查机关具有侦查管辖权

被告人郑某及其辩护人提出，本案不应由济南市公安局槐荫区分局营市街派出所侦查，应由济南市森林公安机关侦查，侦查程序违法，收集的证据不合法。经审查，国家林业局、公安部制定的《关于森林和陆生野生动物刑事案件管辖及立案标准》（以下简称《管辖及立案标准》）规定，对于未建立森林公安机关的地方，森林和陆生野生动物刑事案件由地方公安机关负责查处。槐荫区分局营市街派出所出具书面说明称，2013年6月22日案发时，该派出所即向山东省公安厅森林警察总队请示有关涉林案件管辖权问题。山东省公安厅森林警察总队答复：济南市槐荫区无森林警察机构，涉林案件一直由各区公安机关自行侦办。2014年9月18日，该派出所派员赴山东省公安厅森林警察总队请示有关涉林案件管辖权问题。山东省公安厅森林警察总队答复：涉林侦查管辖属于公安机关内部工作分工；在未设置森林公安机构的地区，由各分局自行侦办涉林案件。济南市森林公安局出具书面说明称，本案可由济南市公安局槐荫区分局管辖。可见，本案由济南市公安局槐荫区分局侦查有相关规范性文件作为依据，且槐荫区分局营市街派出所在案发时及侦办过程中两次请示上级森林公安机关以确定其是否有侦查权限，均得到肯定答复。故本案侦查管辖合法，槐荫区分局营市街派出所收集到的材料可作为证据使用。

另外，山东省高级人民法院、山东省人民检察院、山东省公安厅、山东省林业厅2013年11月1日印发的《关于森林公安机关办理森林和陆生野生动物刑事、治安和林业行政案件有关问题的通知》要求，自文件下发之日起，省、市、县（市、区）森林公安机关依照《管辖及立案标准》、《公安机关办理刑事案件程序规定》和本通知，公安机关各警种及其他部门在工作中发现属于森林公安机关管辖的案件或案件线索，应及时移送森林公安机关。虽然上述文件未规定对于未建立森林公安机关的地方发生的森林和陆生野生动物刑事案件由地方公安机关负责查处，但相对于《管辖及立案标准》，该文件属于下位规定，且该文件出台于本案已侦查完毕移送审查起诉之后，故不影响本案的侦查管辖。综上，一、二审法院认定济南市公安局槐荫区分局对本案具有侦查管辖权，其收集相关证据合法有效，是正确的。

（二）本案对野生动物制品的鉴定符合法律和有关规定

《最高人民法院关于适用〈中华人民共和国刑事诉讼法〉的解释》第八十四条规定，对鉴定意见应当着重审查以下内容：（一）鉴定机构和鉴定人是否具有法定资质；……（五）鉴定程序是否符合法律、有关规定；……（十）鉴定意见是否依法及时告知相关人员，当事人对鉴定意见有无异议。司法实践中，被告人及其辩护人经常对鉴定机构和鉴定人是否具有法定资质、鉴定程序是否合法以及鉴定的过程和方法是否符合相关专业的规范要求等提出质疑。本案中，被告人郑某及其辩护人提出，涉案野生动物制品价值鉴定的主体不合法，涉案赛加羚羊角的价值认定过高。下面分别进行分析：

1. 对涉案动物制品进行鉴定的机构无须在司法行政机关编制的鉴定机构名册内

《全国人民代表大会常务委员会关于司法鉴定管理问题的决定》（中华人民共和国主席令〔2015〕第25号）（以下简称《决定》）第二条规定："国家对从事下列司法鉴定业务的鉴定人和鉴定机构实行登记管理制度：（一）法医类鉴定；（二）物证类鉴定；（三）声像资料鉴定；（四）根据诉讼需要由国务院司法行政部门商最高人民法院、最高人民检察院确定的其他应当对鉴定人和鉴定机构实行登记管理的鉴定事项。法律对前款规定事项的鉴定人和鉴定机构的管理另有规定的，从其规定。"《决定》的释义指出，对于《决定》第二条规定以外的其他鉴定种类，不实行登记制度。之所以这样规定，主要是考虑到司法鉴定涉及的专门性问题十分广泛，将各行各业的技术部门全部纳入登记管理范围不现实也不可能。实践中如果有的案件涉及的专门性问题需要鉴定，而登记范围以内的鉴定人或鉴定机构不能进行鉴定的，可以要求登记范围以外的技术部门或人员进行鉴定，并不妨碍司法鉴定工作。此外，对于这类特殊性质鉴定，最高人民法院2011年对山东省高级人民法院关于司法鉴定的复函和2015年对黑龙江省司法鉴定管理意见的复函均表明，《决定》规定的三大类鉴定以外的特殊鉴定，目前不受司法行政登记管理的限制。

本案中，对扣押的疑似豹皮、羚羊角及象牙制品等动物制品种属、保护级别及价值认定不属于《决定》规定的需要实行登记制度的鉴定种类，故进行鉴定的机构并非必须在《决定》规定的范围内。本案涉案野生动物制品的鉴定机构和鉴定人——国家林业局森林公安司法鉴定中心的鉴定机构资格证书及两名鉴定人资格证书系公安部颁发，济南市价格认证中心的价格鉴证机构资质证和两名鉴定人资格证书均是国家发展和改革委员会颁发，均具有相应的鉴定资质。因此本案鉴定主体合法，辩护人在二审阶段提出的国家林业局森林公安司法鉴定中心系公安部批准，按照《决定》其不属于具有司法行政部门管理登记的鉴定资质，主体不合法，鉴定结论不应作定案根据的辩护意见不能成立。

2. 涉案野生动物制品价值鉴定的过程和方法符合相关规范要求

关于野生动物制品的价值认定依据，国家发展和改革委员会价格认证中心制定的《野生动物及其产品（制品）价格认定规则》第五条规定，野生动物产品（制品），依法获得出售、收购行政许可的，按野生动物产品（制品）许可交易市场的中等价格认定；未依法获得出售、收购行政许可的，按国家野生动物产品（制品）价值标准相关规定进行价格认定。国家林业局、卫生部、国家工商行政管理总局、国家食品药品监督管理局、国家中医药管理局于2007年11月12日下发的《关于加强赛加羚羊、穿山甲、稀有蛇类资源保护和规范其产品入药管理的通知》要求："为确保对资源消耗总量的宏观控制，今后所有赛加羚羊、穿山甲原材料仅限用于定点医院临床使用和中成药生产，并不得在定点医院外以零售方式公开出售……因中成药生产需要利用赛加羚羊角、穿山甲片和稀有蛇类原材料的，必须是已取得国家食品药品监督管理部门相应药品生产批准文号的企业。"

本案中，被告人郑某的辩护人提出，案发后郑某的父母在淄博药店以每根3000元左右的价格购买过2根赛加羚羊角，鉴定意见认定涉案的4根赛加羚羊角价值12万元偏高，明显不合理。关于郑某的父母案发后从淄博市淄博齐鲁医药商场连锁有限公司购买的2根赛加羚羊角一节，该公司工作人员解释，该羚羊角系该公司1997年开业时从药材展销会上买来作为展品的，属非卖品，当时购买者称家中有高烧病人，需要羚羊角治病，并称担心羚羊角粉不纯，强烈要求购买整根羚羊角，为了治病救人，药店根据羚羊角粉的价格进行折算，先后出售2根羚羊角。但是，赛加羚羊角除有药用价值外，还具有工艺、观赏性，以药用品或药粉折算其价值既不合理，也不科学。并且，根据上述规定，赛加羚羊角原材料仅限于定点医疗临床使用和中成药生产，在市场上是不允许销售的，故郑某父母通过非正常手段购买的羚羊角的价格不具有参考价值。因此，不能依据并非通过合法途径购买的赛加羚羊角的价格认定其价值，涉案赛加羚羊角的价值应当按照国家野生动物产品（制品）价值标准相关规定进行计算、认定。

关于涉案野生动物制品价值的计算方法，林业部发布的《关于在野生动物案件中如何确定国家重点保护野生动物及其产品价值标准的通知》规定，国家一级保护陆生野生动物的价值标准，按照该种动物资源保护管理费的 12.5 倍执行；国家重点保护陆生野生动物具有特殊利用价值或者导致野生动物死亡的主要部分，其价值标准按照该种动物价值标准的 80% 予以折算。林业部、财政部、国家物价局发布的《陆生野生动物资源保护管理费收费办法》附录 2 规定，高鼻羚羊（即赛加羚羊）保护管理费 6000 元/只。本案中，涉案赛加羚羊角属具有特殊利用价值部分，其价值为：4 根 × 6000 元 × 12.5 倍 × 0.8 ÷ 2 = 120000 元。此外，《最高人民法院关于审理破坏野生动物资源刑事案件具体应用法律若干问题的解释》第十一条规定，珍贵、濒危野生动物制品的价值，依照国家野生动物保护主管部门的规定核定；核定价值低于实际交易价格的，以实际交易价格认定。本案中，根据供证情况，郑某出售 2 根赛加羚羊角的价格为 3000 元左右，低于核定价值 6 万元，故应按核定价值认定。

综上，本案扣押的疑似豹皮、羚羊角及象牙制品等动物制品种属、价值及保护级别先经国家林业局森林公安司法鉴定中心进行鉴定，后二审法院为稳妥起见，又对其中价值认定存在争议的 4 根赛加羚羊角送济南市价格认证中心进行鉴定，所认定的价值与国家林业局森林公安司法鉴定中心的认定一致。因此，上述鉴定意见应当采信，被告人郑某及其辩护人提出的相关辩解和辩护意见均不能成立。

（三）对本案被告人郑某所犯非法运输、出售珍贵、濒危野生动物制品罪，可以在法定刑以下判处刑罚

关于非法运输、出售珍贵、濒危野生动物制品罪的具体量刑标准，目前仍在适用的《最高人民法院关于审理破坏野生动物资源刑事案件具体应用法律若干问题的解释》第五条的规定，即非法收购、运输、出售珍贵、濒危野生动物制品，价值在 10 万元以上的，属于犯罪情节严重，处五年以上十年以下有期徒刑，并处罚金；价值在 20 万元以上的，属于犯罪情节特别严重，处十年以上有期徒刑，并处罚金或者没收财产。而关于走私珍贵动物及其制品罪的量刑标准，近年来已经被大幅度提高。2000 年起施行的《最高人民法院关于审理走私刑事案件具体应用法律若干问题的解释》（现已失效）第四条规定，走私珍贵动物制品价值 10 万元以上不满 20 万元，处五年以上有期徒刑，并处罚金；走私珍贵动物制品价值 20 万元以上的，属于犯罪情节特别严重，处无期徒刑或者死刑，并处没收财产。但 2014 年起施行的《最高人民法院、最高人民检察院关于办理走私刑事案件适用法律若干问题的解释》第九条规定，走私珍贵动物制品数额不满 20 万元的，可以认定为犯罪情节较轻；走私珍贵动物制品数额在 20 万元以上不满 100 万元的，处五年以上十年以下有期徒刑，并处罚金；走私珍贵动物制品数额在 100 万元以上的，属于犯罪情节特别严重。

上述司法解释表明，为适应社会经济的发展变化，走私珍贵动物、珍贵动物制品罪的数额标准自 2014 年 9 月以来已经大幅度提高，而非法运输、出售珍贵、濒危野生动物制品罪的量刑标准却没有及时作出相应调整。由此，原则上非法运输、出售珍贵、濒危野生动物制品罪仍须依照原数额标准量刑。但是，在走私珍贵动物、珍贵动物制品罪的数额标准已大幅度提高的情况下，如果仍然按照原数额标准对非法运输、出售珍贵、濒危野生动物制品罪予以量刑，势必与走私珍贵动物、珍贵动物制品罪的量刑存在明显差

异,有违罪责刑相适应原则。因此,根据这一特殊情况,为实现罪责刑相均衡,对于此类案件,可以考虑在法定刑以下判处刑罚。本案即是实例。

本案被告人郑某所涉犯罪数额为31万余元,依照前述司法解释的规定,则应判处十年以上有期徒刑。但本案具有特殊性:一方面,本案具有需要体现从严的情节,包括郑某所犯非法运输珍贵、濒危野生动物制品罪系既遂,而非法出售的2根赛加羚羊角包含在运输的涉案物品之中,不能因非法出售珍贵、濒危野生动物制品罪系未遂而对郑某减轻处罚;郑某非法运输珍贵、濒危野生动物制品的种类较多,社会危害性相对较大;郑某在侦查后期开始部分翻供,认罪态度不好。另一方面,本案需要体现从宽处罚的情节更为突出:(1)涉案野生动物制品全部被查获。由于被人举报,郑某与逯某正在交易赛加羚羊角时即被公安人员抓获,郑某持有的豹类毛皮、羚羊角、象牙雕件等野生动物制品当场被查获,没有进一步流入社会,郑某的犯罪行为未造成严重危害。(2)郑某非法出售珍贵、濒危野生动物制品的行为属未遂。公诉机关认为郑某上述非法出售行为属于犯罪未遂,一、二审均认为系犯罪既遂。我们认为,根据在案证据,郑某与逯某仅开始看货检验,尚未确认质量、重量,更未谈妥价款即被抓获,即该二人已经着手犯罪,由于意志以外的原因而未得逞,应当认定为未遂。(3)郑某欲出售赛加羚羊角的价格明显低于鉴定价值。虽然郑某非法运输珍贵、濒危野生动物制品价值31万余元,非法出售珍贵、濒危野生动物制品(赛加羚羊角2根)价值6万元,但在案证据证实,对于准备非法出售的赛加羚羊角,郑某要价每克30元或20元,逯某还价每克17元,且根据郑某供述,每根羚羊角重五六十克(鉴定意见书表明未对羚羊角进行称重),按此计算,二人交易的赛加羚羊角的价格3000元左右。虽然鉴定意见认定的赛加羚羊角价值6万元于法有据,但实际交易价格较低在一定程度上反映郑某主观恶性相对较小。

根据本案的上述特殊情况,一、二审法院对被告人郑某在法定刑有期徒刑十年以下判处有期徒刑五年,基本上实现了罪责刑相适应,故最高人民法院依法裁定予以核准。

问题3. 如何审查盗窃案件中被窃书法作品的价格鉴定意见?

【刑事审判参考案例】 张某群等盗窃案[①]

一、基本案情

吴兴区人民法院经审理查明:

2015年8月至9月,被告人张某群、易某、乐某结伙丁某正(另案处理)预谋至湖州市某画廊盗窃字画。2015年10月9日22时,易某、乐某驾驶由张某群提供的车辆到达湖州市,10月10日2时许,易某、乐某至该画廊,并攀爬至画廊二楼平台,采用"窗口钓鱼"的手段,窃得被害人姚某某所有的书法作品3幅,经鉴定,所窃财物价值人民币223000元。作案后,3幅书法作品藏匿于张某群位于宁波市梅林大厦的公司内。案发后,被盗3幅书法作品全部由公安机关追缴并发还被害人。

吴兴区人民法院认为,被告人张某群、易某、乐某的行为已构成盗窃罪,其中被告

---

① 陈克娥、沈怡侃撰稿,陆建红审编:《张某群等盗窃案——盗窃案中书法作品价格鉴定意见的审查(第1215号)》,载中华人民共和国最高人民法院刑事审判第一、二、三、四、五庭主办:《刑事审判参考》总第111集,法律出版社2018年版,第77~84页。

人易某系累犯，依法应当从重处罚；被告人易某、乐某有坦白情节，依法可以从轻处罚；被告人张某群能当庭认罪，酌情从轻处罚。依照《刑法》第二百六十四条、第二十五条第一款、第六十七条第三款、第五十二条、第五十三条之规定，判决如下：

1. 被告人张某群犯盗窃罪，判处有期徒刑五年，并处罚金人民币七万元；
2. 被告人易某犯盗窃罪，判处有期徒刑五年二个月，并处罚金人民币七万元；
3. 被告人乐某犯盗窃罪，判处有期徒刑四年十个月，并处罚金人民币七万元。

一审宣判后，被告人张某群及其辩护人提出，公安机关在委托评估时对涉案书法作品的真假没有认定，博物馆专家不具备鉴定涉案书法作品真伪的资质，湖州市价格认证中心没有鉴定书法作品真假的能力和资质，其作出的价格鉴定意见不能作为定罪量刑的依据。在没有确定涉案书法作品真伪的情况下认定盗窃价值是错误的，请求重新鉴定真伪及价格。张某群有立功表现，系从犯，归案后如实交代，有坦白情节，且被窃物品均被追回，社会危害不大，请求从轻处罚。

湖州市人民检察院认为，本案事实清楚，证据确实、充分，一审定罪正确；上诉人张某群的行为不构成立功表现，但可以酌情从轻处罚；上诉人张某群不是从犯；本案被窃书法作品价值人民币12200元，属数额较大，一审判决量刑畸重，建议二审法院依法改判。

湖州市中级人民法院经审理查明上诉人张某群及原审被告人易某、乐某盗窃的事实与一审相同。另查明，上诉人及原审被告人盗窃的3幅书法作品，其中两幅经鉴定，价值人民币12200元。

湖州市中级人民法院认为，上诉人张某群及原审被告人易某、乐某以非法占有为目的，结伙秘密窃取他人财物，数额较大，其行为均已构成盗窃罪，原判定罪正确。二审期间，检察人员提交了被害人姚某某的陈述、证人沈某的证言，以及被害人从拍卖公司拍得本案被窃两幅书法作品的成交确认书、买受人结算清单等书证，并依法委托浙江省文物认定审核办公室、湖州市价格认证中心对本案被窃书法作品进行审核、鉴定，认定本案被窃杨继盛书法作品价值12000元、蔡元培书法作品价值人民币200元，上述被害人陈述、证人证言、书证与浙江省文物认定审核办公室涉案文物认定评估报告、湖州市价格认证中心价格认定结论书相互印证，足以认定。原判对本案被窃书法作品认定的价值不当，予以纠正。上诉人张某群并未协助司法机关抓捕其他犯罪嫌疑人，其行为依法不构成立功。上诉人张某群为盗窃而纠集人员，并事先预谋、实地踩点、提供作案工具等，依法构成盗窃罪，且在盗窃犯罪中地位、作用明显，不是从犯。原审被告人易某系累犯，依法应当从重处罚；原审被告人易某、乐某有坦白情节，并自愿认罪，依法可以从轻处罚；上诉人张某群能如实交代犯罪事实，可以酌情从轻处罚。根据上诉人、原审被告人犯罪的事实、犯罪的性质、情节和对于社会的危害程度，以及案发后的表现，依照《刑事诉讼法》第二百二十五条[①]第一款第三项，《刑法》第二百六十四条、第二十五条第一款、第六十五条第一款、第六十七条第三款、第五十二条、第五十三条之规定，判决如下：

1. 维持原判对上诉人张某群、原审被告人易某、乐某的定罪部分，撤销量刑部分。
2. 上诉人张某群犯盗窃罪，判处有期徒刑一年三个月，并处罚金人民币五千元。

[①] 现为《中华人民共和国刑事诉讼法》（2018年修正）第二百三十六条。

3. 原审被告人易某犯盗窃罪，判处有期徒刑一年四个月，并处罚金人民币五千元。

4. 原审被告人乐某犯盗窃罪，判处有期徒刑一年，并处罚金人民币五千元。

二、主要问题

如何审查盗窃案件中被窃书法作品的价格鉴定意见？

三、裁判理由

本案涉案的 3 幅书法作品经同一价格认证机构鉴定出两种不同的价格，且相差较大。一审期间公安机关将书法作品送交湖州市价格认证中心进行价格鉴定，湖州市价格认证中心另聘请湖州市博物馆两位资深馆员对 3 幅书法作品进行实物勘查，确定一幅为明代杨继盛草书立轴，价值 16.5 万元；一幅为近代民国蔡元培行书立轴，价值 5 万元；一幅为现代曾密行书，价值 0.8 万元，3 幅被盗书法作品共计价值 22.3 万元。二审期间，二审法院将被盗书法作品委托浙江省文物鉴定审核办公室检验，认定其中两幅为赝品，然后委托湖州市价格认证中心进行鉴定，最终确定杨继盛书法作品价值 12000 元、蔡元培书法作品价值 200 元，另有一幅曾密书法作品，因书法作品鉴定专家对真伪提出了不同的意见，故价格认证中心对该书法作品未提出具体的评估价格，被盗书法作品共计价值 1.22 万元。对于两份相差悬殊的价格鉴定意见，法院应如何审查和采信？

我们认为，二审法院在进一步查清案件事实的基础上采信第二份价格认定意见是妥当的。具体理由如下：

（一）第一份价格鉴定意见存在无法排除的合理怀疑

《最高人民法院关于适用〈中华人民共和国刑事诉讼法〉的解释》（以下简称《刑事诉讼法解释》）第八十七条①规定：对案件中的专门性问题需要鉴定，但没有法定司法鉴定机构，或者法律、司法解释规定可以进行检验的，可以指派、聘请有专门知识的人进行检验，检验报告可以作为定罪量刑的参考。对检验报告的审查和认定，参照适用鉴定意见的有关规定。

参照《刑事诉讼法解释》第八十四条②的规定，人民法院对价格鉴定意见需要着重审查以下内容：鉴定机构和鉴定人是否具有法定资质；鉴定人是否存在应当回避的情形；检材的来源、取得、保管、送检是否符合法律、有关规定，与相关提取笔录、扣押物品清单等记载的内容是否相符，检材是否充足、可靠；鉴定的过程和方法是否符合相关专业的规范要求；鉴定意见与勘验、检查笔录及相关照片等其他证据是否矛盾；等等。1997 年国家计划委员会、最高人民法院、最高人民检察院、公安部联合发布的《扣押、追缴、没收物品估价管理办法》（以下简称《估价管理办法》）第六条也规定："价格事务所出具的扣押、追缴、没收物品估价鉴定结论，经人民法院、人民检察院、公安机关确认，可以作为办理案件的依据。"据此，人民法院在审理案件期间应当对价格鉴定意见进行内容和形式的全面审查。

本案被害人姚某某在失窃后即向公安机关报案，称被窃 3 幅书法作品，其中一幅是蔡元培所作的书法作品，2013 年 6 月 17 日在北京都市联盟国际拍卖公司以 8 万元左右的价格购入；一幅是明代杨继盛所作的书法作品，2004 年在天津西洋美术馆以 16.5 万元的价格购入，报案时一并将这两幅书法作品的网上拍卖记录提供给公安机关；还有一幅是曾

---

① 现为《最高人民法院关于适用〈中华人民共和国刑事诉讼法〉的解释》（2021 年）第一百条。

② 现为《最高人民法院关于适用〈中华人民共和国刑事诉讼法〉的解释》（2021 年）第九十七条。

密所作的书法作品,是 2010 年曾密送给其的,其称现价值 1.5 万元。一审审理期间,由于被告人和辩护人均对价格鉴定意见提出异议,一审法院就被窃书法作品再次询问了被害人。被害人姚某某陈述:杨继盛的书法作品是其于 2013 年 1 月 20 日以 1.38 万元的价格从北京保利国际拍卖有限公司拍得;蔡元培的书法作品是其于 2010 年以 1.68 万元的价格从北京保利国际拍卖有限公司拍得。之前向公安机关报案所说的情况,是为了尽快破案,其从网上搜到相关拍卖记录后直接提供给公安机关,实际情况以后次所说为准。

一审法院最终仍采信价格认证中心出具的价格鉴定意见,认为被告人盗窃书法作品价值人民币 22.3 万元,并据此作出一审判决。但该价格鉴定意见有以下疑问:(1)失主陈述购买杨继盛书法作品价格为 16.5 万元,价格鉴定意见书也认定价值为 16.5 万元,而失主后又改口称购买价为 1.38 万元;失主陈述购买蔡元培书法作品价格为 8 万元,价格鉴定意见书认定价值为 5 万元,后失主又改口称购买价为 1.68 万元。失主到底以何种价格购得该书法作品不清。(2)失主陈述杨继盛、蔡元培书法作品为拍卖所得,但没有相应的书面证据予以印证;失主原陈述曾密书法作品系曾密所送,后又改口称是朋友赠送。该书法作品的来源不清。(3)被窃的 3 幅书法作品,均悬挂于画廊二楼窗边,一般来说,贵重书法作品悬挂于墙上不利于书法作品的保存,失主的保存方式不符合书法作品的身价。

(二)送交价格鉴定前应查清被窃物品的基本事实及确定真伪

根据《最高人民法院、最高人民检察院关于办理盗窃刑事案件适用法律若干问题的解释》第四条第一款的规定,被盗财物有有效价格证明的,根据有效价格证明认定;无有效价格证明,或者根据价格证明认定盗窃数额明显不合理的,应当按照有关规定委托估价机构估价。因此,书法作品的来源和购买价格直接关系到该作品的价值。

本案失主对书法作品的购买价格和来源的陈述前后矛盾,且没有相关书面材料证实买入价格,因此有必要对书法作品购买的价格和来源进行调查,从而为正确确定价值提供依据。在二审期间,公安机关对失主又进行了询问,并到北京的拍卖机构调取相应的拍卖凭证,通过一系列的调查和核实查明:杨继盛草书系失主儿子姚天某于 2014 年 11 月 8 日在北京印千山国际拍卖有限公司以总成交价 19040 元买受,2016 年 4 月 15 日,姚天某委托中国嘉德国际拍卖有限公司拍卖该作品,保留价为 3000 元,因无人举牌,遂以失主姚某某的另一个儿子沈某名义在拍卖会上以 3450 元的价格拍得;蔡元培行书五言联则是失主姚某某于 2010 年 3 月 24 日在北京保利国际拍卖有限公司以总成交价 16800 元买受。

从实践来看,一些案件中的涉案财物真伪显而易见,无须进行真伪、质量、技术检测,但金银珠宝、文物、书法作品、艺术品、奢侈品、钟表、香烟等物品则不同,存在赝品、假货可能性较大。因此,《估价管理办法》第二十条规定,价格事务所对委托估价的文物、邮票、字画、贵重金银、珠宝及其制品等特殊物品,应当送有关专业部门作出技术、质量鉴定后,根据其提供的有关依据,作出估价结论。国家发展和改革委员会价格认证中心印发的《被盗财物价格认定规则(试行)》第八条第三项亦规定,被盗财物为字画、珠宝玉石、文物等需要进行质量、真伪等检测的,应结合办案机关提供的检测报告或认定意见,对作者、创作年代、作品质量、历史价值、尺寸或重量、品相、材质、颜色、净度和配件等进行勘验。从以上规定可以看出,确定被窃书法作品的价值,应当先进行真伪、质量、技术检测,再由价格鉴定机关作出鉴定意见。

本案中，二审法院将被盗书法作品委托浙江省文物鉴定审核办公室鉴定，确认其中一幅为清仿明杨继盛草书七绝诗轴（一般文物），一幅为现代仿民国蔡元培行书节《峤雅》五律诗轴（非文物）。也就是说，被窃的3幅书法作品中，有两幅明确为赝品，另有一幅曾密书法作品，因侦查机关无法提供真假的相关赝明，而3名书法作品鉴定专家也对真伪提出了不同的意见，故无法认定真伪。

（三）不能简单以市场法对被窃书法作品进行估价

《被盗财物价格认定规则（试行）》第十一条规定，被盗财物价格认定常用方法有市场法、成本法、专家咨询法等。根据价格认定目的，被盗财物类别、状态、价格类型、可以采集的数据和信息资料情况、工作时限等因素，选择一种或几种价格认定方法。采用多种认定方法时，应综合考虑不同方法的测算思路和参数来源，分析每种方法对应结果的市场合理性，最终确定价格认定结论。该文件第十四条规定，被盗财物属性特殊、专业性强，难以采用市场法和成本法时，可采用专家咨询法。在运用市场法和成本法过程中咨询有关专家的，不属于专家咨询法。

本案第一次委托鉴定时，价格认证中心采用市场法，根据委托单位提供的有关资料，确定鉴定物品的品名、规格型号、数量。通过市场调查和咨询，结合鉴定基准日湖州地区市场价格水平，确定鉴定物品的价格。而在第二次委托认定时，因考虑到书法作品价值的特殊性，特别是在本案存在赝品的情况下，为准确确定价值，价格认证中心还委托3名书法作品鉴定专家分别验画，分别提出书法作品的价格，作为鉴定的参考，最终确定杨继盛书法作品价值12000元、蔡元培书法作品价值200元。另有一幅曾密书法作品，因无法辨别真伪，价格认证中心对该书法作品未提出具体的评估价格。在价格认证中心没有具体评估价格的情况下，本着有利于被告人的原则，该幅曾密书法作品未计入被告人的盗窃数额之内。

（四）再次委托湖州市价格认证中心进行鉴定符合相关规定

《估价管理办法》第五条规定，国务院及地方人民政府价格部门是扣押、追缴、没收物品估价工作的主管部门，其设立的价格事务所是各级人民法院、人民检察院、公安机关指定的扣押、追缴、没收物品估价机构，其他任何机构或者个人不得对扣押、追缴、没收物品估价。第十五条规定，委托机关对价格事务所出具的鉴定结论书有异议的，可以向原估价机构要求补充鉴定或者重新鉴定，也可以直接委托上级价格部门设立的价格事务所复核或者重新估价。

从上述规定来看，湖州市价格认证中心具有涉案物品价格鉴定资质，公安机关委托湖州市价格认证中心对涉案书法作品进行价格鉴定是没有问题的。二审期间辩方申请重新鉴定，二审法院根据本案的证据，在对原鉴定意见存疑的情况下，委托湖州市价格认证中心进行再次鉴定，也符合相关规定。

综上，在窃取书法作品的案件中，司法机关应当依法对价格鉴定意见进行审查，在查明书法作品来源、购买价格等基础事实的前提下，委托专业部门作出作品真伪的认定后，再由价格认证中心出具价格鉴定意见。本案中，二审法院采信第二份价格鉴定意见，并据此对各被告人分别改判有期徒刑一年至一年四个月是适当的。

问题4. 医疗过错鉴定意见在刑事诉讼中的运用

【刑事审判参考案例】 李某故意伤害案[①]

一、基本案情

大连市中级人民法院经审理查明：

2015年11月3日20时许，被告人李某驾驶轿车行使至大连市沙河口区南平街与南沙街交叉路口附近时，与准备过马路的被害人于某文因车辆行驶问题发生争执，随后李某下车与于某文发生厮打，在厮打中李某持木棍击打于某文头部并致其倒地。于某文于当日被送往医院，后于2015年11月7日经抢救无效身亡。经鉴定，于某文系因头部损伤造成重度颅脑损伤、脑疝死亡。另经北京明正司法鉴定中心鉴定：被害人送医院抢救后，虽然医方在诊疗过程中采取了一定的诊疗措施，但未尽到合理的注意义务，对于患者的病情重视不足，观察不够，未进行 Glasgow 昏迷评分，在患者病情进行性加重的情况下，医疗手术时机和方式有欠缺，故医院在对于某文的诊疗过程中存在一定过错（医方过错占40%~60%）。

李某犯罪后明知他人报警而在现场等待，到案后如实供述了自己的犯罪事实。

另查明，诉讼过程中，被告人亲属与被害人亲属达成和解，自愿赔偿被害人亲属人民币65万元（其中10万元已垫付被害人的医药费），被害人亲属对被告人李某表示谅解。

大连市中级人民法院认为，被告人李某因琐事持械故意伤害他人身体，致人死亡，其行为已构成故意伤害罪。本案发生后，被害人被送往医院治疗，治疗医院在诊疗过程中有一定的过错，且该过错与被害人的死亡具有一定的因果关系，对该情节在量刑时酌情予以考虑。李某作案后明知他人报警而在现场等待，到案后如实供述了自己的犯罪事实，具有自首情节，可依法从轻或减轻处罚；被告人作案后拨打"120"，对被害人积极施救，且通过赔偿取得了被害人亲属的谅解，认罪悔罪态度好，可酌情从轻处罚。综上，对李某依法减轻处罚。归案后，李某揭发他人的犯罪行为，经公安机关查证属实，构成立功，可从轻处罚。综上，依照《刑法》第二百三十四条、第六十七条第一款、第六十八条及《最高人民法院关于适用〈中华人民共和国刑事诉讼法〉的解释》第一百五十七条之规定，判决如下：

被告人李某犯故意伤害罪，判处有期徒刑六年。

宣判后，在法定期限内没有抗诉、上诉。判决已发生法律效力。

二、主要问题

侦查机关可否就刑事案件中被害人死亡问题上的医疗过错问题委托鉴定机构进行鉴定？该鉴定意见能否作为判断被告人刑事责任的依据之一？

三、裁判理由

本案审查起诉期间，被告人亲属提出大连市某医院对被害人于某文的救治行为可能存在医疗过错，因此书面申请对于某文的死因进行重新鉴定。公诉机关遂将本案退回公

[①] 杨鹏飞、林驰撰稿，陆建红审编：《李某故意伤害案——医疗过错鉴定意见在刑事诉讼中的运用（第1391号）》，载中华人民共和国最高人民法院刑事审判第一、二、三、四、五庭主办：《刑事审判参考》2021年第1辑（总第125辑），人民法院出版社。

安机关补充侦查，要求查清大连市某医院对于某文的救治行为是否存在过错，该过错与损害后果之间是否存在因果关系及责任程度。

后公安机关委托北京明正司法鉴定中心对上述问题进行鉴定。经鉴定，该鉴定中心作出京正〔2016〕临医鉴字第173号司法鉴定意见书，结论为：大连市某医院在对于某文的诊疗过程中存在一定过错；医方的过错与损害后果之间存在一定的因果关系，建议承担共同责任（医方过错占40%～60%的责任）。

大连市中级人民法院受理该案后，控辩双方及被害人亲属对上述鉴定意见的效力争议较大，被害人亲属认为被害方在鉴定过程中未接到通知，也未参加听证会，该鉴定程序违法（后被害人亲属当庭表示一方面双方已达成谅解协议；另一方面经过再次研究改变观点，认为上述鉴定意见合法有效，不再提出异议）。公诉人认为该鉴定意见中明确记载，鉴定系依据《北京司法鉴定业协会关于办理医疗过错司法鉴定案件的若干意见》（以下简称《鉴定若干意见》）作出，但根据该《鉴定若干意见》第一条"医疗过失司法鉴定案件特指人民法院委托鉴定的民事案件。侦查机关、当事人和律师事务所委托的案件，原则上不属于此类案件受理范围，但医患双方共同委托的除外"之规定，本案中的鉴定未经医患双方委托，不属于医疗过失鉴定的受理范围，且听证会没有患方参加，因此程序违法，不应采纳，建议法院对此重新鉴定。被告方则主张该鉴定程序合法，应予采纳。大连市中级人民法院经审查认为，对上述鉴定意见应当予以采信，但该鉴定意见仅是判断被告人刑事责任的酌定因素。

我们同意大连市中级人民法院的审查意见。具体分析如下：

（一）侦查机关可以依职权就医疗过错问题委托鉴定机构进行鉴定

首先，公安机关委托鉴定机构对医院的诊疗行为是否存在过错进行鉴定，具有法律依据，属于依法行使职权。依据《刑事诉讼法》的相关规定，公安机关负责刑事案件的侦查，收集能够证实犯罪嫌疑人、被告人有罪或者无罪、犯罪情节轻重的各种证据。本案中大连市某医院的诊疗行为是否有过错，其过错与损害后果之间是否具有因果关系及参与度，属于影响被告人定罪量刑的重要事实，公安机关有权就此调取相关证据。虽然目前关于刑事案件中医疗过错鉴定的程序并没有具体的规定，但《司法鉴定程序通则》第十一条规定："司法鉴定机构应当统一受理办案机关的司法鉴定委托。"尽管《鉴定若干意见》第一条规定："医疗过失司法鉴定案件特指人民法院委托鉴定的民事案件。侦查机关、当事人和律师事务所委托的案件，原则上不属于此类案件受理范围，但医患双方共同委托的除外"，但《鉴定若干意见》属于行业自律性规定，发布时明确表明系"建议参考执行"，且其颁布时间早于《司法鉴定程序通则》，因此，《鉴定若干意见》的效力低于《司法鉴定程序通则》。公安机关直接委托鉴定机构进行司法鉴定，符合《刑事诉讼法》《司法鉴定程序通则》的规定。

其次，公安机关委托鉴定符合办理本案的实际情况。实践中关于医疗过错鉴定一般出现在民事纠纷中，其程序一般要求医患双方共同委托鉴定，所以本案中被害方乃至公诉方会对公安机关直接委托鉴定产生异议。关于该问题，就我们了解的情况看，近年来的审判实践中，刑事案件中公诉机关或侦查机关一般不直接委托鉴定机构进行医疗过错鉴定，北京司法鉴定协会现在亦不鼓励北京的鉴定机构受理刑事案件中的医疗过失鉴定。这主要是因为刑事案件中的责任划分比较复杂，应当由法官结合案情进行判定，因此，鉴定机构一般只对民事案件的医疗过失进行鉴定。《鉴定若干意见》之所以规定"医疗过失司法鉴定案件特指人民法院委托鉴定的民事案件",原因就在于此。但这并不能否定刑事案件中公安机关委托鉴定机构对相关问题进行鉴定的职权。因为医疗过错介入因果关系的刑事案件,在审判实践中客观存在,且医疗过错与损害结果之间是否有因果关系及其参与度的大小,客观上影响到被告人的定罪量刑,而法官囿于自身的学识、业务能力,很难凭一己之力准确判定医学专业性问题,必须交给专业人员进行鉴定。这种鉴定属于涉及被告人定罪量刑的证据,由掌握案件侦查权的公安机关进行调取并无不妥。

(二)医疗过错鉴定意见可以作为判断被告人刑事责任的依据之一

首先,医疗过错是被害人死亡的后续介入因素。本案中,被告人李某的伤害行为与被害人于某文的死亡之间具有刑法上的因果关系,被告人应当对被害人死亡的后果承担刑事责任。这是确认本案刑事责任大小的前提。李某与于某文发生厮打并持械击打于某文,且致被害人倒地,其主观上应当认识到自己的行为可能会造成伤害被害人身体健康的后果,此时,被告人的伤害故意、伤害行为均已经成立。但刑法上的故意伤害罪是以被害人的身体实际受到伤害,造成轻伤、重伤甚至死亡的后果为构罪条件的。只有伤害的故意和行为,没有伤害的结果,在一般情况下,并不必然构成故意伤害罪。本案中出现了被害人死亡的后果,因而符合故意伤害致人死亡的构成要件。但是,根据本案实际情况,被害人送医院抢救后,如果医方能够正确、及时施救,被害人可能不至于死亡。也就是说,被告人的加害行为,在医院的抢救不当因素介入下,才导致被害人死亡结果的发生。被告人的殴打行为,其本质是一种故意伤害的行为,其必然后果是给被害人造成一定的伤害,至于是死亡、重伤还是轻伤,则是不确定的。换言之,如果被告人不对被害人进行击打,就不存在被害人死亡的可能性。但是,这种可能性发生后,如果医院治疗没有过错,被害人可能不会死亡。因而在量刑中必须考量医疗过错这一介入因素,而不能简单地将被害人死亡的后果全部归责于被告人一身,而医疗过错鉴定意见则是考量中的重要参考。

其次,关于医疗过错的鉴定意见只能作为判断被告人刑事责任大小的依据之一,而不能作为判断被告人有无刑事责任的依据。其一,在原因与结果的因果关系上,被告人的行为仍然是主因,抢救不当只是介入因素。如果被告人不对被害人进行击打,于文海就不可能发生头部损伤、脑疝,死亡的结果更不可能发生。其二,刑事案件中被告人刑事责任的大小,与民事案件中责任大小的划分有所不同。实践中,司法鉴定机构没有关于医疗过错对刑事责任影响的具体规定,事实上也不可能作出这样的规定。刑事案件被告人的责任大小,必须由法官依据案情进行综合判断。具体到本案,北京明正司法鉴定中心参考《鉴定若干意见》作出的鉴定意见,实际是一种民事赔偿责任的划分,不宜直接作为刑事责任划分的结论使用。也就是说,不能因为鉴定意见中认定医院医疗过错对被害人损害结果的参与度为40%~60%,就直接减轻被告人40%~60%的刑罚。本案中,被告人的伤害行为是造成损害后果的初始因素,应综合全案情况,对被告人责任进行判断,因此在量刑时,上述鉴定意见仅作为酌定情节予以考虑。

(三)审查鉴定意见既要注重实体审查,也要注重程序审查

于实体审查而言,主要是结合本案事实审查鉴定意见是否客观真实,判断医疗过错是否成为介入被害人死亡的因素。被告人伤害行为发生于2015年11月3日,事发后被害人即被送往医院抢救。被害人于4天后即11月7日死亡,其间有长达4天的治疗。根据案情,李某的凶器是木棍,属于钝器而非利器,如果抢救及时或者抢救方式得当,被害

人获救的可能性极大。而如果抢救方法不当,则可能导致被害人死亡。因此,医疗事故鉴定意见,与本案案情相符。

于程序审查而言,尽管鉴定过程中没有被害方的参与,但该问题并不属于《最高人民法院关于适用〈中华人民共和国刑事诉讼法〉的解释》第八十五条关于鉴定意见不得作为定案根据的九种情形。且被害方对医院的诊疗行为并没有提出实质意见,开庭审理中对鉴定意见也没有异议,而对医院诊疗行为是否有过错的争议双方(医院方和被告方)均已参加听证会,并发表过意见,因此,被害方没有参加听证并不影响鉴定机构的实体结论。公诉机关虽然对上述鉴定意见提出异议,但并未提出反证。也就是说,控辩各方及被害人亲属的程序性权利都得到了保障。

综上,本案中,医疗过错鉴定的委托程序合法,鉴定过程虽无被害方参与,但并不影响鉴定结论的客观公正,被害方当庭也无异议,所以,对鉴定意见可予采信。但被告人的伤害行为系被害人死亡的初始因素,对上述鉴定意见仅宜在量刑时酌情考虑。综合本案案情,及被告人自首、通过赔偿取得被害人亲属谅解等情节,法院对其判处有期徒刑六年是适当的。

五、其他

问题1. 公诉审查、庭前会议、一审、二审、复核审和审判监督等诉讼阶段和程序中各类新证据的处理

【实务专论】[①]

(一)公诉审查程序中对新证据的审查及处理

我国刑事诉讼法并未确立一事不再理原则,公诉机关撤回起诉后,或者人民法院依法作出证据不足的无罪判决后,公诉机关仍然可以重新起诉,但为了避免起诉权的滥用,在没有新的犯罪事实的情况下,公诉机关重新起诉需要符合特定的证据条件。根据《人民检察院刑事诉讼规则(试行)》(以下简称《诉讼规则》)第四百五十九条的规定,对于人民检察院撤回起诉的案件,如果撤回起诉后没有收集、调取足以证明原指控犯罪事实的证据,即没有新的证据,人民检察院不得再行起诉。

为了过滤不当公诉,确保审判公正,对于人民检察院撤回起诉后以有新证据为由再行起诉的案件,或者对于人民法院因证据不足、指控的犯罪不能成立而依法宣告被告人无罪,人民检察院以有新证据为由重新起诉的案件,人民法院应当对特定的证据是否属于新证据进行审查,并依法作出相应的处理。对于确有新证据的案件,应当依法受理;对于未提出新的证据或者提出的证据不属于《诉讼规则》所规定的新证据的案件,依照《最高人民法院关于适用〈中华人民共和国刑事诉讼法〉的解释》(以下简称《刑事诉讼法解释》)第一百八十一条[②]的规定,应当依法退回人民检察院。

(二)庭前会议程序中控辩双方提出新证据的处理

2012年修改的《刑事诉讼法》增设了庭前会议程序的规定。根据《刑事诉讼法解

[①] 刘静坤:《如何正确认识和把握刑事审判中的"新证据"》,载中华人民共和国最高人民法院刑事审判第一、二、三、四、五庭主办:《刑事审判参考》2013年第2集(总第91集),法律出版社2014年版,第281~291页。

[②] 现为《最高人民法院关于适用〈中华人民共和国刑事诉讼法〉的解释》(2021年)第二百一十九条。

释》第一百八十四条①的规定，在庭前会议中，审判人员可以向控辩双方了解是否提供新的证据。由于我国刑事诉讼法没有设立证据展示制度，故庭前会议程序在一定程度上可以发挥证据展示制度的功能。为了避免庭审中的证据突袭，如果控诉方在庭前会议中要求提供新证据，或者辩护方主张提供新证据，都有必要向对方展示相关证据，以便确保对方当事人做好诉讼准备工作。具体而言，控辩双方可以在庭前会议中直接展示拟在庭审中提供的新证据，也可以在庭前会议中提出该主张，随后向人民法院提交相关证据，由人民法院通知对方当事人查阅相关证据材料。

同时，为使无罪者尽早避免刑事追诉，节约司法资源，刑事诉讼法还增加了辩护人庭前告知的义务规定。《刑事诉讼法》第四十条②规定："辩护人收集的有关犯罪嫌疑人不在犯罪现场、未达到刑事责任年龄、属于依法不负刑事责任的精神病人的证据，应当及时告知公安机关、人民检察院。"实践中，如果辩护人在接到人民法院召开庭前会议的通知后才收集到上述无罪证据，由于此时案件已无召开庭前会议和进行后续庭审的必要，辩护人应当及时将相关证据告知人民检察院，同时及时告知人民法院相关情况。值得注意的是，基于人权保障和公正司法的考虑，上述无罪证据无论何时发现，都应当尽快向人民法院提出。人民法院在不同诉讼阶段和程序中发现无罪证据后，要依法及时对案件作出相应的处理，对于被羁押的被告人，要立即变更强制措施。

（三）一审庭审中控辩双方申请提出新证据或者人民法院依职权发现新证据的处理

根据《刑事诉讼法》第一百九十二条③的规定，法庭审理过程中，当事人和辩护人、诉讼代理人有权申请通知新的证人到庭，调取新的物证，申请重新鉴定或者勘验。在一审庭审中，一旦当事人提出此类申请，通常会导致案件延期审理，进而影响审判的顺利进行，因此，法庭需要对申请的明确性和必要性进行审查。

对此，《刑事诉讼法解释》第二百二十二条④规定："法庭审理过程中，当事人及其辩护人、诉讼代理人申请通知新的证人到庭，调取新的证据，申请重新鉴定或者勘验的，应当提供证人的姓名、证据的存放地点，说明拟证明的案件事实，要求重新鉴定或者勘验的理由。"实践中，如果人民法院经审查认为当事人及相关人员申请调取新证据的主张明确，有据可查，且确有调取新证据必要的，应当同意申请，并宣布案件延期审理；反之，如果当事人及相关人员申请调取新证据的主张不明确，无据可查，或者拟调取的证据对于定罪量刑没有实质影响的，应当驳回申请，并在说明理由后继续审理。值得强调的是，对控辩双方的上述申请进行审查，是人民法院主持庭审的职责要求，不过基于对被告人辩护权的法律保护，只要被告方提出的申请于法有据，人民法院就应当同意。

实践中，公诉机关可能在提起公诉前就已经收集了特定的证据，但并未在提起公诉时将相关证据移送给人民法院，而是在庭审中才申请出示此类开庭前未移送人民法院的证据。尽管我国刑事诉讼法并未设立证据展示制度，但为了避免庭审中的证据突袭，确保被告方的辩护权，原则上公诉机关应当依法在提起公诉时将全案证据材料移送给人民法院，确保辩护方通过阅卷等方式及时了解公诉机关的控诉证据，做好相关诉讼准备工

---

① 现为《最高人民法院关于适用〈中华人民共和国刑事诉讼法〉的解释》（2021年）第二百二十八条。
② 现为《中华人民共和国刑事诉讼法》（2018年修正）第四十二条。
③ 现为《中华人民共和国刑事诉讼法》（2018年修正）第一百九十七条。
④ 现为《最高人民法院关于适用〈中华人民共和国刑事诉讼法〉的解释》（2021年）第二百七十三条。

作。如果公诉人当庭申请出示开庭前未移送给人民法院的证据，辩护方提出异议的，根据《刑事诉讼法解释》第二百二十一条①的规定，审判长应当要求公诉人说明理由；理由成立并确有出示必要的，应当准许。如侦查机关依法通过技术侦查手段获取特定的证据材料后，公诉人基于保密的考虑原本未准备在庭审中使用该证据材料，但因其他证据当庭遭到辩护方的质疑导致证据体系受到削弱，不得已而当庭申请出示上述通过技术侦查手段获取的证据材料。对于此种申请，法庭应当准许。同时有必要强调的是，由于辩护方庭前并不知晓此类证据，故如果辩护方提出对公诉人当庭申请出示的此类证据（该类证据在案件提起公诉前就已经发现，因而并非本文所探讨的严格意义上的新证据）需要作辩护准备的，法庭可以宣布休庭，并确定合理的准备辩护的时间。依照《刑事诉讼法解释》第二百二十一条的规定，辩护方申请出示开庭前未提交的证据，参照上述做法处理。实践中，为了尽量减少上述情况发生，对于召开庭前会议的案件，人民法院应当督促控辩双方充分开展诉讼准备工作，避免因提出新证据而导致庭审中断。

此外，根据《刑事诉讼法》第一百九十一条②的规定，法庭审理过程中，合议庭对证据有疑问的，可以宣布休庭，对证据进行调查核实。人民法院依职权调查核实证据时，如果发现对定罪量刑有重大影响的新证据，根据《刑事诉讼法解释》第六十六条③的规定，应当告知检察人员、辩护人、自诉人及其法定代理人；必要时，可以直接提取，并及时通知检察人员、辩护人、自诉人及其法定代理人查阅、摘抄、复制。《刑事诉讼法解释》的上述规定有助于确保准确查明案件事实，但基于客观中立裁判的考虑，人民法院发现新证据后，应当尽量由控辩双方收集相关的证据，即使在有必要的情况下直接提取新证据，也应当将相关的证据告知控辩双方，如果案件需要补充开庭，则需要由控辩双方当庭出示相关的证据，并依法对相关的证据进行调查、质证，进而确保审判的公正性。

（四）开庭审理后判决前发现新证据的处理

《刑事诉讼法》第四十八条④第三款规定："证据必须经过查证属实，才能作为定案的根据。"该规定体现了未经质证不得认证的内在原则和要求。审判实践中，证据的质证通常是在庭审中进行的，不过对于部分案件，当事人可能在开庭审理后判决前发现了新证据，此种情况下应当如何处理，有待明确。

基于严格证明和自由证明的划分，对开庭审理后判决前发现的不同类型的新证据，具体的处理程序存在一定的差异。所谓严格证明，是指运用法定证据方法，经过法律规定的证据调查程序（常规的法庭调查和质证程序）进行的证明。所谓自由证明，是指运用除此以外的方法不受法律规定的约束而进行的证明（如以查阅卷宗或者电话询问的方式）。一般认为，对于犯罪构成事实和倾向于对被告人从重处罚的量刑事实（其中大部分与犯罪构成事实是重合的）应当适用严格证明，对于倾向于对被告人从宽处罚的量刑事实可以适用自由证明。

具体而言，对于开庭审理后判决前发现的影响定罪的新证据，控辩双方通常存在争议，因此应当适用严格证明，即通过补充开庭的方式对该证据进行调查、质证，进而决

---

① 现为《最高人民法院关于适用〈中华人民共和国刑事诉讼法〉的解释》（2021年）第二百七十二条。
② 现为《中华人民共和国刑事诉讼法》（2018年修正）第一百九十六条。
③ 现为《最高人民法院关于适用〈中华人民共和国刑事诉讼法〉的解释》（2021年）第七十九条。
④ 现为《中华人民共和国刑事诉讼法》（2018年修正）第五十条。

定是否采用。对于开庭审理后判决前发现的影响量刑的新证据，则需要进一步区分有利于被告人的新证据和不利于被告人的新证据。对于不利于被告人的量刑新证据，在控辩双方存在争议的情况下，应当适用严格证明；对于有利于被告人的量刑新证据，则可以适用自由证明，即庭外征求控辩双方意见即可。当然，如果控辩双方意见不一致的，也应当通过补充开庭的方式对该证据进行调查、质证。

（五）抗诉或者上诉程序中提出新证据的处理

一审判决后，人民检察院和被告人可能会发现新证据，① 进而基于法定的理由提出抗诉或者上诉。根据《刑事诉讼法解释》第三百一十五条②、第三百一十九条③的规定，对上诉、抗诉案件，人民法院应当着重审查上诉、抗诉是否提出了新证据。如果人民检察院或者被告人及其辩护人提交新证据的，人民法院应当及时通知对方查阅、摘抄或者复制。

就庭审方式而言，如果被告人在上诉时提出了新证据，因该证据可能影响定罪量刑，根据《刑事诉讼法解释》第三百一十七条④、第三百一十八条⑤的规定，第二审人民法院原则上对该类上诉案件应当开庭审理。如果第二审人民法院经审查，认为原判事实不清、证据不足，需要发回重新审判的，也可以不开庭审理。

同时，在第二审过程中，法庭调查应当重点围绕当事人提出的新证据进行。实践中，对于上诉或者抗诉程序中提出的新证据，人民法院需要审查该证据究竟是一审判决后新发现的证据，还是早已发现并收集在案但"备而不用"，因一审判决对己方不利而被动提出的"旧存证据"。实践中，被告方基于切身利益的考虑，很少会在第一审中保留对己方有利的证据，因此上述后一种情形主要是针对控诉方而言。《刑事诉讼法》虽然未禁止控诉方在第二审程序中提出"旧存证据"，但基于程序公正和司法严肃性的考虑，因第一审举证不力面临不利判决后果而在第二审中提出"旧存证据"的做法也违背了正当程序的精神，第二审人民法院不应予以支持。

对于第二审期间提出的新证据，如果第二审人民法院经审理认为，该新证据导致原审事实不清、证据不足，且无法查清事实的，可以裁定撤销原判，发回重审；如果案件已经因事实不清、证据不足发回重审一次的，第二审人民法院不能再次发回重审，而应当依法作出判决；如果第二审人民法院对新证据进行审查后，能够查清事实的，也可以结合案件具体情况依法维持原判或者在坚持上诉不加刑原则的前提下作出改判。

（六）复核审过程中发现新证据的处理

复核审不需要开庭审理。如果复核审过程中发现新证据，无法像第一、二审程序那样通过补充开庭的方式进行质证，实践中需要基于诉讼证明的基本原理对各类新证据作出相应的处理。鉴于《刑事诉讼法解释》对高级人民法院复核死缓案件与最高人民法院复核死刑案件过程中发现新证据的处理方式作出了不同的规定，下文分别加以分析。

---

① 需要指出的是，如果人民检察院和被告人在一审判决前已经发现相关的证据但基于客观理由未能收集在案，直至一审判决后在抗诉或者上诉期间才收集在案的，也应当视同一审判决后发现的新证据。《最高人民法院关于民事诉讼证据的若干规定》第四十三条第二款有类似的规定，当事人经人民法院准许延期举证，但因客观原因未能在准许的期限内提供，且不审理该证据可能导致裁判明显不公的，其提供的证据可视为新的证据。
② 现为《最高人民法院关于适用〈中华人民共和国刑事诉讼法〉的解释》（2021年）第三百九十一条。
③ 现为《最高人民法院关于适用〈中华人民共和国刑事诉讼法〉的解释》（2021年）第三百九十五条。
④ 现为《最高人民法院关于适用〈中华人民共和国刑事诉讼法〉的解释》（2021年）第三百九十三条。
⑤ 现为《最高人民法院关于适用〈中华人民共和国刑事诉讼法〉的解释》（2021年）第三百九十四条。

对于高级人民法院复核死刑缓期执行案件，根据《刑事诉讼法解释》第三百四十九条①的规定，复核期间出现新的影响定罪量刑的证据的，可以裁定不予核准，并撤销原判，发回重新审判，或者依照该《刑事诉讼法解释》第二百二十条②的规定审理后依法改判。基于严格证明和自由证明的区分，对于定罪事实和不利于被告人的量刑事实，需要通过庭审质证的方式来决定是否采用，因此，《刑事诉讼法解释》第三百四十九条规定所指的后一种处理方式，在实践中主要是指复核审期间出现新的有利于被告人的量刑证据。对于此种情形，高级人民法院在复核审过程中可以针对有利于被告人的量刑新证据征求原公诉机关、当事人及其法定代理人、辩护人、诉讼代理人的意见。各方均没有异议的，可以在审理后依法改判。

对于最高人民法院复核的死刑案件，《刑事诉讼法解释》第三百五十条③规定："复核期间出现新的影响定罪量刑的事实、证据的，应当裁定不予核准，并撤销原判，发回重新审判。"《刑事诉讼法解释》该条提到的新证据是指影响定罪量刑的新证据。如果在案证据足以认定案件事实，除非案件具备法定的事由，即使复核期间发现新的证据，也因该证据实际上属重复性证据，不影响案件的定罪量刑，也不能据此将案件发回重审。

值得注意的是，最高人民法院在复核审期间可能会发现定案的证据存在瑕疵，如关键物证的提取笔录对物证的数量、特征等情况存在记载错误，一方面此类证据存在严重瑕疵，另一方面此类证据直接影响到案件的定性，因此，不可一概作为非法证据予以排除，比较妥当的做法是先要求侦查机关、公诉机关补正证据或者对瑕疵原因以及证据的证明力作出合理解释。对定案证据的补正或者解释，实际上属于起辅助证明价值的新证据。考虑到复核审期间无法通过开庭方式对此类新证据进行质证，最高人民法院可以通过征求原公诉机关、当事人及其法定代理人、辩护人、诉讼代理人意见的方式予以处理。如果当事人、相关人员对定案证据的补正或者解释认可的，最高人民法院可以采信定案证据；如果当事人及相关人员对定案证据的补正或者解释提出有效的异议，即该定案证据实际上无法补正或者解释并不合理，最高人民法院经审查认为定案证据存在疑问，依法不能作为定案根据，进而导致案件事实不清、证据不足的，应当依法撤销原判，发回重新审判。

（七）判决生效后以有新证据为由申诉或者抗诉的审查及处理

一些案件的裁判生效后，当事人可能以有新证据为由提出申诉。根据《刑事诉讼法》第二百四十二条④的规定，对于当事人及其法定代理人、近亲属的申诉，有新的证据证明原判决、裁定认定的事实确有错误，可能影响定罪量刑的，人民法院应当重新审判。对于该条所规定的"新的证据"，《刑事诉讼法解释》第三百七十六条⑤作出了比较宽泛的解释，即包括原判决、裁定生效后新发现的证据；原判决、裁定生效前已经发现，但未予收集的证据；原判决、裁定生效前已经收集，但未经质证的证据；原判决、裁定所依据的鉴定意见，勘验、检查等笔录或者其他证据被改变或者否定的。

对于当事人及相关人员以有新证据为由提出的申诉，人民法院应当依法审查当事人

---

① 现为《最高人民法院关于适用〈中华人民共和国刑事诉讼法〉的解释》（2021年）第四百二十八条。
② 现为《最高人民法院关于适用〈中华人民共和国刑事诉讼法〉的解释》（2021年）第二百七十一条。
③ 现为《最高人民法院关于适用〈中华人民共和国刑事诉讼法〉的解释》（2021年）第四百二十九条。
④ 现为《中华人民共和国刑事诉讼法》（2018年修正）第二百五十三条。
⑤ 现为《最高人民法院关于适用〈中华人民共和国刑事诉讼法〉的解释》（2021年）第四百五十八条。

及相关人员提出的证据是否属于法律和司法解释所规定的"新的证据"。如果确有新证据证明原判决、裁定认定的事实确有错误，可能影响定罪量刑的，人民法院应当重新审判；如果不存在法律和司法解释所规定的新证据，则应当依法向当事人及相关人员作出说明，对相关申诉不予受理。

此外，对人民检察院以有新证据为由依照审判监督程序提出抗诉的案件，人民法院应当依法进行审查。如果人民检察院提出有新证据，但未附相关证据材料或者有关证据不是指向原起诉事实的，依照《刑事诉讼法解释》第三百八十条①的规定，应当通知人民检察院在三日内补送相关材料；逾期未补送的，将案件退回人民检察院。

问题2. 刑事案件中各类事实证据疑问的处理方法

【实务专论】②

实践中，案件可能存在多种事实证据疑问。具体到个案，有必要区分不同类型的事实证据疑问，对案件作出相应的处理。

（一）定罪事实存疑和量刑事实存疑的处理

案件事实可以分为定罪事实和量刑事实，前者决定能否认定被告人有罪，后者决定对被告人判处的刑罚。实践中存在定罪证据存疑和量刑证据存疑两种情形。我们所说的疑罪是指定罪事实存疑（或称定罪证据不足）的案件。

根据《最高人民法院关于建立健全防范刑事冤假错案工作机制的意见》（以下简称《防范冤假错案意见》）第六条的规定，对于定罪证据不足的案件，因未能达到认定被告人有罪的证明标准，应当坚持疑罪从无原则，依法宣告被告人无罪，不得降格作出"留有余地"的判决。而对于定罪证据确实、充分，但影响量刑的证据存疑的案件，在认定被告人有罪的前提下，应当在量刑时作出有利于被告人的处理。③从2007年《最高人民法院、最高人民检察院、公安部、司法部关于进一步严格依法办案确保办理死刑案件质量的意见》到《防范冤错案件意见》，应始终坚持这种处理方法。

（二）定罪证据存疑和定罪证据瑕疵的处理

一些疑罪的存在，是由于案件中的关键定罪证据因不具有证据能力或者证明力而不能作为定案的根据，进而导致案件的证据体系存在根本缺陷，无法达到证据确实、充分的证明标准。实践中要注意区分定罪证据存疑和定罪证据瑕疵两种情形。

所谓定罪证据存疑，是指定罪证据的真实性没有保障或者不能排除非法取证的可能性，依据法律和相关规定不得作为定案的根据。例如，鉴定意见表明，送检的现场血迹经DNA鉴定为被告人所留，该鉴定意见是关键的定罪证据，但由于现场勘查笔录没有记载该血迹的情况，也没有专门的提取笔录，导致该血迹的来源不明，依据相关规定，该鉴定意见不得作为定案的根据。又如，有的案件没有客观证据，主要凭借被告人供述定

---

① 现为《最高人民法院关于适用〈中华人民共和国刑事诉讼法〉的解释》（2021年）第四百六十二条。
② 刘静坤：《疑罪从无原则司法适用若干问题研究》，载中华人民共和国最高人民法院刑事审判第一、二、三、四、五庭主办：《刑事审判参考》总第103集，法律出版社2016年版，第249~258页。
③ 需要指出的是，这里主要指的是控诉方提出不利于被告人的量刑事实的情形。实践中，被告方提出有利于己方的量刑事实，也要提供相应的证据材料。一般认为，被告方对有利于己方的量刑事实的证明，可以适用优势证据标准，如果未能达到该标准，也不能认定相应的量刑事实。

案，但被告人辩称遭到刑讯逼供，现有证据不能排除非法取证的可能性，依据法律规定，该被告人供述不得作为定案的根据。上述情况下，如果排除相关的定罪证据后，其他证据不能达到确实、充分的证明标准，就属于疑罪，依法不能认定被告人有罪。

相比之下，如果定罪证据只是在收集程序、方式上存在瑕疵，并不必然予以排除。依据相关规定，对此类瑕疵证据可以进行补正或者作出合理的解释。存在瑕疵的定罪证据，经过补正或者作出合理解释后，可以采用，并不影响案件事实的认定。但如果定罪证据的瑕疵不能补正或者作出合理解释，依据相关规定，该证据不能作为定案根据的，如其他证据不能达到确实、充分的证明标准，也属于疑罪，依法不能认定被告人有罪。

（三）客观证据关联性存疑和客观证据缺失情形的处理

有观点认为，案件如果存在实物证据、科学证据，如血迹、指纹和相应的 DNA、指纹鉴定意见，就表明案件证据非常扎实，不会产生疑罪，更不会导致冤错案件。实际情况并非如此。我们强调切实改变"口供至上"的观念和做法，注重实物证据、科学证据的审查和运用，但同时也不能迷信实物证据和科学证据，同样要注意对实物证据和鉴定意见的审查判断。证据越是重要，审查判断越要严格。具体分析如下：

1. 客观证据关联性存疑情形的处理

实物证据和鉴定意见属于间接证据，需要结合案情和其他证据才能证明案件事实。案件中，如有实物证据和鉴定意见建立被告人与现场或者被害人的关联，就需要进一步审查这种关联是否与犯罪事实有关。如果客观证据与犯罪事实的关联性存疑，就需要结合案情和其他证据作出判断。

对于被告人与被害人系熟人或者存在特定联系的案件，虽然实物证据和鉴定意见能够证明被告人与被害人或者现场的关联，但这种关联可能与犯罪事实无关，仅凭此不能认定被告人有罪。例如，卖淫女在出租房内被抢劫杀害的案件，在卖淫女被害前，可能有多人出入该出租房，并且留下生物证据，这些生物证据有助于查找犯罪嫌疑人，但其中一些人可能仅仅是与被害人从事性交易，并非杀人凶手，只有结合其他定罪证据才能认定被告人与犯罪事实的关联，进而认定被告人有罪。

对于有实物证据和鉴定意见证明被告人与现场或者被害人之间关联的案件，被告人否认犯罪并提出辩解的，不能简单地否定被告人的辩解，要结合案情审查被告人的辩解是否成立。例如，一起险些酿成错案的案件，被告人某甲与其工友某乙同在一处打工，某乙抢劫杀人后，将抢得的被害人衣服（该衣服上残留着被害人的血迹）放在某甲所住工棚内，之后某乙潜逃外地，某甲对此毫不知情。因天气转凉，某甲不知工棚内被害人的衣物是从哪里来的，就随手穿上该件衣服。随后侦查机关在当地排查，发现某甲穿着被害人的衣服，并从该衣服上检出被害人血迹，随即认定某甲有重大作案嫌疑。某甲最初否认犯罪，并辩称其不知晓被害人衣服的来历，但办案人员认定其辩解系狡辩，该案可能存在刑讯逼供等非法取证情形，最终某甲作出认罪供述。案件到了审判阶段，碰巧某乙在潜逃过程中继续作案被警方抓获，某乙归案后主动交代前述案件实际上是其所为，侦查机关从某乙身上查获被害人的财物，某乙又供述作案后将被害人衣物放在某甲工棚内的情况，最终该案真相大白。

2. 客观证据缺失情形的处理

刑事诉讼法规定，侦查人员必须依照法定程序，收集能够证实犯罪嫌疑人、被告人有罪或者无罪、犯罪情节轻重的各种证据。有的案件，侦查机关因工作疏忽而遗漏了可能证明犯罪嫌疑人无罪的证据,或者虽然收集了可能证明犯罪嫌疑人无罪的证据,但基于有罪推定的观念,先入为主地自行排除了无罪证据,仅仅随案移送不利于被告人的证据,这些情况都可能导致冤错案件发生。如果案情表明现场极有可能存在某些实物证据,但案卷材料中却没有此类证据,则表明侦查机关可能现场勘查工作不细,遗漏关键证据,甚至可能故意隐匿有利于犯罪嫌疑人的证据。此类案件存在较大的错判风险。

关于侦查机关选择性移送有罪证据的情形,陈某阳案就是典型的例证。该案中,侦查机关在两辆被抢出租车上共提取到30余枚指纹和掌纹,且其中一枚系疑似血指纹,经比对无一系陈某阳等人所留,但现场勘查笔录却未记载提取到指纹和掌纹的情况,相关比对结果也未随卷移送。显然,如果此类实物证据和鉴定意见移送给法院,必将引起合理怀疑,错案也能得以避免。

为全面、准确查明事实,法官审查判断证据不能局限于卷宗材料中已有的证据,而是应当认真分析案情,判断现场是否可能存在相应的实物证据。例如,杀人案件现场一般应当存在血迹,强奸案件现场一般应当存在精斑等证据,如果案卷材料中没有此类证据,法官就应当提高警惕,建议检察机关补充侦查,对上述情形作出合理的解释。例如,被告人胡某故意杀人、强奸案,①公诉机关指控胡某强奸杀人,胡某曾作出认罪供述,但随后辩称其没有强奸杀害被害人,有罪供述是侦查人员不让其睡觉而被迫编造的。法院经审查认为,根据胡某作出的有罪供述,现场或者被害人体内应当留有胡某的精斑,胡某割被害人颈部所用的镰刀及其所穿衣服上可能有被害人的血迹,但案卷材料显示,从现场及被害人体内没有提取到胡某的精斑,也未从胡某的镰刀及其所穿衣服上检出被害人的血迹。有鉴于此,法院多次询问侦查机关是否提取精斑等痕迹物证,但侦查机关一直答复称,胡某强奸时系体外射精,因案发后下过雨,所以没有提取到相关痕迹物证。法院经审理认为,公诉机关指控胡某强奸杀人的事实不清、证据不足,建议公诉机关撤回起诉。该案撤回起诉后,法院获悉侦查机关在现场勘查时从被害人阴道内检出精斑,并已将该精斑和被害人、胡某的血样送交鉴定部门进行DNA鉴定,遂多次向侦查机关催要鉴定意见。后经鉴定,从被害人阴道内检出的精斑与曾因犯强奸罪被判刑的赵某某一致,经讯问,赵某某供认抢劫、强奸并杀害被害人的犯罪事实。该案中,法官认真分析案情,发现关键的客观证据缺失,而侦查机关没有提取相关血迹和精斑的说法存在重大疑点,据此坚持疑罪从无原则,避免了错案发生,并发现了真凶。

此外,要正确处理被告人供述和客观证据的关系,对于被告人供述与客观证据存在矛盾的,不能简单地以被告人供述否定客观证据。

(四)死刑案件相关事实证据疑问的处理

死刑案件人命关天,防范冤错案件的要求应当更加严格。尽管一般认为,从定罪的角度来看,死刑案件和普通刑事案件的证明标准是一致的,都要求证据确实、充分。但具体到实践中,死刑毕竟是剥夺生命的刑罚,这与剥夺自由的监禁刑有本质差异,因此在适用死刑时不得不更加慎重。死刑案件中的事实证据疑问,有的也涉及疑罪从无原则的适用问题,在此一并作一简述。

最高人民法院复核的死刑案件,有的以事实不清、证据不足为由发回高级人民法院重新审判。这些发回重审的案件究竟是应当宣告无罪还是在量刑上留有余地?对此要区

---

① 参见《胡某故意杀人、强奸案》,载《刑事审判参考》(总第95集),法律出版社2014年版,第68~69页。

分不同的情况处理。

第一,有的案件定罪事实确实、充分,但有利于被告人的量刑事实存疑,如该量刑事实影响到死刑的适用,在量刑时通常要考虑留有余地。《办理死刑案件证据规定》第三十六条规定,不能排除被告人具有从轻、减轻处罚等量刑情节的,判处死刑应当特别慎重。例如,被告人在死刑复核阶段辩称系自首,在被告人提供初步线索材料的情况下,不能排除被告人构成自首,此种情况下,如果自首情节将影响到死刑的适用,当该量刑事实存疑时,可以作出有利于被告人的处理。当然,对《办理死刑案件证据规定》第三十六条的规定也不能作僵化理解。如果被告人的犯罪手段特别残忍,犯罪后果特别严重,所犯罪行极其严重,如残忍杀害多名儿童,杀人后又分尸等,即使不能排除被告人具有从轻、减轻处罚等量刑情节的,仍然可对该被告人适用死刑。

第二,有的案件决定对被告人适用死刑的事实(如被告人犯罪的时候已满18周岁)存疑,此种情况下不能适用死刑。《办理死刑案件证据规定》第四十条规定,未排除证据之间的矛盾,无充分证据证明被告人实施被指控的犯罪时已满18周岁且确实无法查明的,不能认定其已满18周岁。例如,有的案件虽然户籍证明显示被告人已满18周岁,但被告人在死刑复核阶段提出其实际年龄不满18周岁,是为参军等目的而改大年龄,被告人出生地村民等也证明被告人不满18周岁,此种情况下,如果不能排除证据之间的矛盾,无法确认被告人已满18周岁,依法不得适用死刑。

对于上述两种情形,有的案件是以"部分事实不清"为由发回重审,这里之所以表述为"部分事实不清"而非"犯罪事实不清",就在于现有证据足以认定被告人有罪,即定罪事实没有疑问,但有利于被告人的量刑事实或者决定对被告人适用死刑的事实存疑,结合个案具体情况,在量刑时作出有利于被告人的处理。

第三,有的案件定罪事实存疑(或者说定罪证据不足),此类案件发回重审后,重审法院可以建议人民检察院补充完善证据或者撤回起诉。如果补充证据后,指控的犯罪事实达到证据确实、充分的证明标准,可以认定被告人有罪;如果未能补充完善证据,或者即使补充一定的证据,但定罪证据仍然不足的,就应当坚持疑罪从无原则,依法宣告被告人无罪,不得降格作出留有余地的判决,切实避免冤错案件发生。

第四,对于共同犯罪案件,要在依法查清各被告人的地位、作用基础上,决定能否对某个被告人适用死刑。《办理死刑案件证据规定》第五条在界定死刑案件的证明标准时明确要求,共同犯罪案件中,被告人的地位、作用均已查清。有的共同犯罪案件,现有证据足以认定各被告人有罪,但基于严格控制和慎重适用死刑的刑事政策,在无法查清被告人在共同犯罪中的地位、作用,不能确定谁是罪责最重的主犯的情况下,如果犯罪后果不是特别严重,就不能简单判处某个被告人死刑。不过,对于多名被告人共同致一名被害人死亡的情形,即使不能确定谁是直接致死被害人的凶手,但如能认定某个被告人是犯罪的组织者或者造意者,在共同犯罪中系罪责最重的主犯,结合案件情况,也可对该被告人适用死刑。

第五,有的案件现有证据可以认定被告人与犯罪事实之间的关联,被告人也供认参与犯罪,但辩称他人系罪责最重的主犯,自己的地位作用相对较小。如果现场和案情并未显示其他人涉案的迹象,被告人所称的主犯经查并无其人或者与案件事实并无关联,排除该人涉案的可能性,就可以基于在案证据对该被告人定罪处罚。不过,如果现场和案情显示系多人作案,被告人所称的主犯确有其人且犯罪嫌疑未能排除的情况下,如现有证据不能确认被告人系罪责最重的主犯。例如,在杀人案件中,现有证据不能证实被告人是直接致死被害人的凶手,就不能简单判处该被告人死刑。此种情况下,对于发回重审的案件,重审法院应当建议公诉机关及时补充调查。如果经补充调查,被告人所称的主犯确有其人,与案件存在关联,但因在逃而未能抓捕归案,对该被告人量刑时一般要留有余地。

问题3. DNA 证据的基本原理、独特证明功能及风险

【实务专论】[①]

作为法庭科学领域的"利器",DNA 证据不仅使一些被告人经常提出的"不在犯罪现场"的辩解大打折扣,而且凸显了生物物证的重要作用,切实有效地纠正了一批存在生物证据的错案。值得注意的是,由于 DNA 证据具有很强的技术性,给司法人员的审查判断带来了一定的挑战。唯有熟悉 DNA 证据的基本原理,才能对其独特的证明功能有深入了解,进而切实把握其存在的独特风险。

(一) DNA 证据的基本原理

DNA 证据是以遗传学规律为基础,采用科技手段对生物检材进行鉴定,进而达到个体识别目的的产物,其实现了法医物证鉴定意见由排除到肯定的质的飞跃。为了解 DNA 证据的产生原理,有必要了解基本的遗传规律和 DNA 鉴定的遗传学依据。

1. 遗传规律

对于遗传规律,遗传学上主要分为孟德尔定律和其他遗传规律。孟德尔定律包括分离律(law of segragation)和自由组合律(law of independent assortment)两个方面。

所谓分离律,涉及的是同一个基因座(locus)上的成对等位基因。体细胞核中的基因以成对形式出现并决定着遗传特性,在生殖细胞通过减数分裂形成配子时,成对的等位基因彼此分离,分别进入不同的配子。每个配子中就只含有亲代一对基因中的一个,进而完成不同遗传性状的独立传递。例如,父亲的精细胞等位基因是 MN,母亲的卵细胞等位基因是 AB,上述等位基因分离后进入不同的配子,就会形成子代的基因。

所谓自由组合律,涉及的是不同基因座上的非等位基因。基因传递时,不同基因座上的非等位基因在形成配子过程中自由组合、随机配对、机会均等,形成子代基因。例如,父亲精细胞的基因是 MN,母亲卵细胞的基因是 AB,上述非等位基因分离自由组合,就会形成子代的基因。

自由组合律是个体识别统计学中乘积定律(productrule)的计算基础。一般情况下,不在同一条染色体上的基因相互是独立的,位于同一染色体上物理距离大于 10Mb 以上的基因也相互独立,没有连锁关系。个体识别鉴定应当选择符合自由组合律的遗传基因,只有使用那些没有遗传连锁关系、可以独立遗传的基因,个体识别的乘积定律才有效。

需要指出的是,生物体内有一些基因不遵循孟德尔定律。与个体识别相关的其他遗传规律主要是母系遗传和父系遗传。

[①] 刘静坤:《DNA 证据的基本原理、独特证明功能以及审查判断 DNA 证据应当注意的问题》,载中华人民共和国最高人民法院刑事审判第一、二、三、四、五庭主办:《刑事审判参考》2013 年第 6 集(总第 95 集),法律出版社 2014 年版,第 189~203 页。

母系遗传的典型例子是线粒体 DNA（mtDNA），它是唯一的核外基因组 DNA，通过卵细胞将遗传信息传递给子代。实践中，线粒体 DNA 适合于解决毛干、指甲等无核生物组织和降解、微量检材的 DNA 分析，但因其鉴定技术要求较高，且呈母系遗传，故一般不作常规使用。线粒体 DNA 在缺乏父方的亲子鉴定、隔代祖母/孙或同母兄弟姐妹间的亲缘关系鉴定方面有特殊证明价值。

不同的实验室对线粒体 DNA 鉴定意见的表述存在差异，实践中需要准确理解，避免对原本科学的鉴定意见作出错误的解读。一般而言，如果两个样本的线粒体 DNA 序列不一致，一般可排除来源于同一个体或同一母系，但两个线粒体 DNA 单倍型之间仅有个别碱基不同时，要考虑线粒体 DNA 的突变率比核 DNA 高很多，同时还存在胞质异质性现象，故不能认定二者就是来源于不同个体或不同母系。当结果显示检材与样本的线粒体 DNA 序列一致或者表述为"不排除"时，也不能轻率地认定二者就是源自同一个体或相同母系。此时要考虑线粒体 DNA 单倍型在群体中的频率，因为不同的母系家族也可能拥有相同的单倍型。所以，"不排除"绝不等于"能够认定"。简言之，线粒体 DNA 序列一致并不代表已经作出同一认定，不能据此认定被告人与案件事实的关联，实践中曾出现过此类错误，应当引起高度重视。

相比之下，父系遗传的典型例子是 Y 染色体 DNA，因 Y 染色体大部分（除拟常染区外）不与 X 染色体重组，这些非重组部分的遗传基因直接由父亲遗传给儿子。Y 染色体 DNA 在性犯罪案件中的个体识别及亲子鉴定中有重要作用。Y 染色体 DNA 的鉴定，也达不到同一认定的水平，因此，对 Y 染色体 DNA 鉴定意见的审查与运用，应当遵循前述与线粒体 DNA 相似的规则。

2. DNA 鉴定的遗传学依据：DNA 的多态性

不同个体间的遗传差异表现为不同的等位基因组成。等位基因之间的差异可能是点突变引起的基因序列不同，也可能是碱基的插入或缺失引起的基因片段长度不同，这些都属于具有个体识别特征的 DNA 遗传标记，具有遵循孟德尔定律和终身不变等特征。这种由不同碱基结构的等位基因所形成的多态性被称为 DNA "多态性"（polymorphism）。

根据 DNA 遗传标记的结构特征，DNA 多态性可以分为"长度多态性"和"序列多态性"两类。司法实践中通常是基于长度多态性进行 DNA 鉴定。

DNA 长度多态性，是指同一基因座上各等位基因之间 DNA 片段长度的差异所构成的多态性。

在实验中，将基因组 DNA 用适当的方式打断，形成约 10kb 大小的片段，然后在特定的溶液中进行超速离心操作，形成密度梯度，就会在 DNA "主谱带"附近形成浮力密度不同的其他几条"辅谱带"，这些辅谱带被形象地称为"卫星带"。通过序列分析发现，这部分卫星带 DNA 呈串联重复形式，即以相对恒定的短序列为重复单位，首尾相连，串联连接形成。在人类基因组中，串联重复序列约占 10%。这些串联重复的 DNA 序列就被称为"卫星 DNA"。按照重复序列的长度和序列特征，可将卫星 DNA 进一步分为大卫星 DNA、小卫星 DNA 和微卫星 DNA。

在法医物证鉴定领域，DNA 长度多态性的分析主要涉及小卫星 DNA 中的"可变数目串联重复序列"（VNTR）以及微卫星 DNA 中的"短串联重复序列"（STR）。

对于小卫星 DNA 中的 VNTR 长度多态性特征，其重复长度单位为 9～24 个碱基对（bp），所有的重复单位都有一个共同的富含 GC 或者 AT 碱基的核心序列。以小卫星 DNA

的核心序列作为筛选条件（俗称探针），可以与多个 VNTR 序列进行匹配，进而检测到多个 VNTR 基因座的等位基因，这是利用多基因座 DNA 探针进行 RFLP（限制性片段长度多态性）分析的理论基础。

在目前已经发现的 VNTR 基因座中，等位基因频率多为 0.1%～10%，如果用一种探针作 RELP 分析，在某个体中检出一个等位基因，它的频率为 0.05，那么同时用 5 种探针检测出 5 个这样的等位基因，在人群中的概率就只有 $0.05^5 = 3.125 \times 10^{-7}$，即相当于在 300 万人中只有一个人同时有该 5 种基因。小卫星 VNTR 基因座的显著多态性是个体识别的重要依据。

关于微卫星 DNA 中的 STR 序列长度多态性特征，其重复单位为 2～6 个碱基对。STR 序列在人类基因组中占 5% 左右，估计有 20 万～50 万个，其中约一半具有遗传性。法医物证鉴定常用四核苷酸 STR 基因座，最常见的基因排序（作为重复单位的碱基组成形式）是和。

3. 检测 DNA 长度多态性的 PCR—STR 分型技术

早期，DNA 分析主要采用 PCR—RFLP 技术（限制性片段长度多态性）对人类基因组中的 VNTR（多次重复串联序列）基因座进行分型，从中筛选出小卫星序列，然后选择特异性不同的探针，在不同的匹配条件下检出相应的多个 VNTR 位点，进而达到个体识别的目的。

随着法医物证鉴定技术的发展，目前，由于常染色体 PCR—STR（短串联重复序列）分析技术已经非常成熟，具有快速、灵敏、自动化程度高、能复合扩增等优点，因此在实践中应用最为广泛。

STR 的核心序列（重复单位）短，多为 2～6 个 bp（碱基），长度多态性来源于核心序列重复次数的个体差异。STR 基因座在基因组中分布广泛，其等位基因片段长度多在 400bp 以下，扩增成功率高，阳性率和检测灵敏度大约比 VNTR 高出 10 倍，尤其适用于陈旧、降解和腐败的生物检材的分型鉴定。经过筛选的 STR 基因座，扩增条件基本相同，可以在同一个 PCR 体系中扩增多个基因座。目前的复合扩增体系已可同时扩增 9～16 个 STR 基因座，个体识别能力很强。

PCR—STR 分型技术原理主要分为以下几个步骤：第一，模板 DNA 提取。第二，PCR 扩增。第三，电泳分离，DNA 双链在电泳过程中呈单链状态，可以分辨 1 个 bp 的片段长度差异。STR 等位基因分型标准物（allelicladder）在电泳后形成彼此相差一个重复单位的等距离阶梯图谱。第四，显示基因图谱，参照等位基因分型标准物确定检材的基因型。

在 PCR—STR 基本分型技术的基础上，还可以进行多基因座复合扩增，即在一个 PCR 体系中同时扩增多个基因座，提高单次检测的信息量。实践中，复合 STR 分型技术具有高度的灵敏度和鉴别能力。复合扩增 10 余个 STR 基因座，累计匹配概率基本上可以达到同一认定的目的。目前，实践中大多数实验室是以 15 个或者 16 个 STR 基因座作为 DNA 鉴定的数量基准。

对于个体识别而言，法医统计学通常倾向于使用似然率（likelihoodrate, LR）来评估遗传分析提供的证据强度。例如，现场血迹的 DNA 与被告人的 DNA 分型均为 X，就需要考虑以下两种假设：假设 1 不利于被告人，即现场血迹是被告人所留；假设 2 有利于被告人，即现场血迹是与案件无关的随机个体所留。似然率是指"假设 1 条件下现场血迹与被告人的 DNA 分型都是 X"的概率与"假设 2 条件下现场血迹与被告人的 DNA 分型都是 X"的概率之比。似然率越大,支持假设 1 的证据强度越大。如果用频率来计算概率,以 P(X)代表 DNA 分型 X 在群体中的频率,则 LR = 1/P(X),因此,似然率通常视为群体中某种 DNA 分型频率的倒数。例如,现场血迹与被告人的 13 个 STR 分型都相同,则 LR = 1/P(X) = 1/0.000000000001 = 1000000000000。

实践中,如果似然率数值小于 1,则支持假设 2,即现场血迹是与案件无关的随机个体所留。如果似然率超过 1,我们就可以说证据支持假设 1,即现场血迹是被告人所留。就统计学上"支持"的程度而言,似然率数值大于 1000 的,属于"极强有力支持",当然,文字表达只是帮助理解似然率的辅助手段。

(二) DNA 证据的独特证明功能

与传统的指纹、足迹等鉴定证据相比,DNA 证据具有诸多优势,这也使其在诉讼领域发挥着独特的证明功能。

首先,传统的指纹、足迹等鉴定意见虽然在实践中得到了普遍的应用,但在理论基础方面尚有欠缺。而 DNA 证据表现为以数据为支撑的概率结果,具有统计学上的理论基础。这与传统的符合/不符合二分法形式的鉴定意见相比是一个明显的进步,同时也显示出 DNA 证据具有更强的科学性。

其次,对于指纹、足迹等痕迹,只有在检材细节特征明确的情况下才能得出符合性结论。而 DNA 证据对检材的要求并不十分严格。根据洛卡德物质转移原理,犯罪行为人通常会在犯罪过程中遗留血迹、毛发、体液、人体组织等多种类型的生物证据。只要从现场提取了行为人的生物检材,即使是微量检材或者陈旧、降解和腐败检材,一般也能够获得行为人的 DNA,进而通过数据库搜索查找被告人,或者与已知被告人的 DNA 进行比对。

再次,DNA 证据的应用更加系统化、规范化。从现场获取检材 DNA 后,被告人可能并未被抓捕在案,无法获得被告人的 DNA 样本进行比对,此种情况下,可以将检材 DNA 输入 DNA 数据库进行搜索比对,如果被告人此前因为违法犯罪被提取 DNA 输入数据库,就可以通过数据库搜索查找到被告人;即使 DNA 数据库并不包含该被告人的 DNA,也可以将检材 DNA 输入数据库备案,留待日后进行搜索或者比对。目前我国的 DNA 数据库建设日趋规范化,数据库内 DNA 数量庞大,总数已超过 2000 万人,位居世界第一,并且增速很大。相比之下,指纹、足迹的数据库建设并没有 DNA 数据库那么发达。

最后,在一些特殊类型的案件中,如杀人、强奸等案件,现场遗留的被告人血迹、精斑等证据,能够有力地建立被告人与被害人及犯罪事实之间的关联。对于指纹、足迹等证据,被告人则可能会提出自己只是偶然出现在现场、触摸特定物品等辩解,对于此类辩解,往往需要进一步提供证据予以反驳。

在审判阶段,由于被告人的身份已经确定,公诉机关提交的 DNA 证据能够证明现场检材与被告人的关联,该证据往往是定案的关键性证据。实践中,DNA 鉴定意见的证明力部分取决于专家对其意见的确信度,部分取决于该意见内在的统计基础。当然,专家一般不会声称某个 DNA 证据具有独特性,也不会说只有被告人才是现场 DNA 的唯一来源,进而绝对排除其他人。但是合格的专家基于充分的统计基础,可以指出,基于合理的科学确信度,被告人是现场 DNA 的来源。

(三) DNA 证据的特殊风险

在司法实践中,每种证据都有其内在的错误风险。证人可能作伪证,被害人可能说谎,与上述证据相比,DNA 证据的错误风险更加特殊。

一方面,尽管 DNA 证据比传统证据更加可靠,但仍然存在着错误率问题。随着 DNA 证据的应用越来越多,错误也可能随之增多。同时,DNA 证据涉及的数据库建设、检材收集、操作过程、数据录入等环节都可能出现错误,此类错误不仅可能导致个案出现偏差,而且可能影响诸多相互关联的案件。

另一方面,尽管 DNA 证据的错误率比传统证据低,但其证明力较强,往往更加容易被轻信;同时其技术性较强,普通人很难对其进行有效的审查判断,甚至可能对其作出错误的解读。因此,一旦 DNA 证据出错,就有可能直接导致错案。对于那些主要凭借 DNA 证据定案的案件,情况更是如此。

问题 4. 如何审查判断 DNA 鉴定意见的关联性及被告人的翻供

【刑事审判参考案例】康某良故意杀人案[①]

一、基本案情

亳州市中级人民法院经审理查明:2010 年 9 月 4 日凌晨,被告人康某良到本村村民徐某某(被害人,女,殁年 41 岁)家附近,发现徐某某家堂屋西间南侧窗户未关严,遂产生与徐某某发生性关系之念,便翻窗入室。徐某某被惊醒后从卧室出来,发现康某良后与之厮打,康某良用马扎(用绳子编制的木板凳)猛击徐某某头面部数下,又将徐某某推倒在地扼住颈部致徐死亡。经法医鉴定,徐某某系被他人用木质钝器打击头面部致重度颅脑损伤合并机械性窒息死亡。

亳州市中级人民法院认为,被告人康某良采用暴力手段剥夺徐某某的生命,其行为构成故意杀人罪。公诉机关指控罪名成立。对康某良提出其在侦查阶段的供述系刑讯逼供,徐某某不是其杀害的辩解及其辩护人的无罪辩护意见,经查,侦查机关同步录音录像及检察机关相关证明证实在侦查阶段公安机关未采取非法手段对康某良进行讯问,康某良的有罪供述与证人证言、马扎上检出康某良与徐某某混合 DNA 的鉴定意见、法医鉴定意见等证据相互印证,足以认定康某良故意杀害徐某某的犯罪事实,相关辩解及辩护意见与事实不符,不予采纳。据此,依照《刑法》第二百三十二条、第五十七条第一款之规定,以故意杀人罪判处康某良死刑,剥夺政治权利终身。

一审宣判后,被告人康某良以受到刑讯逼供才在侦查阶段作出有罪供述,认定其作案证据不足为由,向安徽省高级人民法院提出上诉,请求宣告其无罪。

安徽省人民检察院出庭检察员认为,本案有充分证据证明被害人徐某某系他杀,对物证马扎上的 DNA 的鉴定意见能够认定康某良接触过徐某某家的马扎,康某良在侦查机关和检察机关的有罪供述部分细节与在案证人证言印证,有一定证据证明康某良杀害徐某某的犯罪事实,但还有待进一步证明,建议二审法院在进一步查清事实的基础上依法

[①] 肖凤撰稿、管应时审编:《康某良故意杀人案——如何审查判断 DNA 鉴定意见的关联性及被告人的翻供(第 1272 号)》,载中华人民共和国最高人民法院刑事审判第一、二、三、四、五庭主办:《刑事审判参考》总第 115 集,法律出版社 2019 年版,第 37~43 页。

作出公正裁决。安徽省高级人民法院经审理认为，本案事实不清，证据不足，裁定撤销原判，发回亳州市中级人民法院重新审判。

亳州市中级人民法院经重新审理，再次以故意杀人罪判处被告人康某良死刑，剥夺政治权利终身。

被告人康某良以认定其作案证据不足为由，向安徽省高级人民法院提出上诉，请求宣告其无罪。

安徽省高级人民法院经审理认为，原判认定事实清楚，证据确实、充分，定性准确，量刑适当，审判程序合法。裁定驳回上诉，维持原判，并依法报请最高人民法院核准。

最高人民法院复核认为，第一审判决、第二审裁定认定被告人康某良犯故意杀人罪的事实不清，证据不足，裁定不核准康某良死刑，发回安徽省高级人民法院重新审判。

安徽省高级人民法院经审理，将本案发回亳州市中级人民法院重新审判。

亳州市中级人民法院经重新审理，第三次以故意杀人罪判处被告人康某良死刑，剥夺政治权利终身。

被告人康某良以认定其作案证据不足为由，向安徽省高级人民法院提出上诉，请求宣告其无罪。

安徽省高级人民法院经审理认为，认定被告人康某良犯故意杀人罪的事实不清，证据不足，裁定撤销原判，宣告康某良无罪。

二、主要问题

1. 如何审查判断 DNA 鉴定意见的关联性？
2. 如何审查判断被告人的有罪供述和翻供？

三、裁判理由

本案是最高人民法院收回死刑复核权后，以事实不清、证据不足为由不予核准、发回重审，下级法院经重审宣告无罪的案件。对本案及案件审理过程进行全面深入的剖析和总结，既有值得借鉴的经验，也有需要反思的教训，给人诸多启示。

（一）审查认证 DNA 鉴定意见，不仅要审查其客观性、合法性，更要审查其与案件事实的关联性以及关联程度

在颠覆"口供为王"的刑事司法理念变革中，对 DNA 鉴定意见、物证、书证等客观性特征更为突出的证据的证明作用的认识得到显著提升。在很多刑事审判人员看来，那是客观的"不变"证据，但没有认识到 DNA 鉴定意见相对于言词证据而言，虽客观性、合法性可以得到较高程度的保障，但关联性及关联程度需要审判人员认真深入地审查认证，尤其不能将 DNA 鉴定意见与案件事实存在的一般关联性当作排他性，从而作为定案的依据。

本案现场破坏严重，现场情况广为周围村民知晓。案发之初，徐某某的亲属以为徐是高血压病发作后摔倒死亡，故没有及时报警和保护现场，包括邻居康某良在内的众多村民进入现场或到场围观、议论，现场包括徐某某遇害位置、死亡时的身体状态、头面部流血、尸体旁边有损坏的马扎、马扎上沾有大量血迹、发现尸体的人是爬西窗进入徐家、徐家其他门窗被反锁等情况均为村民所知晓。村民从现场情况已经推断出徐某某是被现场的马扎击打头面部致死。在案发及侦查之初，没有发现指向康某良作案的证据，在现场马扎上检出康某良 DNA 的鉴定意见出来后，才锁定康某良为重要嫌疑人予以羁押。

本案除了康某良在侦查阶段的有罪供述外，认定其作案的证据主要是从现场的马扎

上检出了其和徐某某的混合 DNA。而且，公安机关在获悉该鉴定意见后，讯问康某良是否接触过徐家的马扎，康某良作出了否定回答，明确表示他不仅案发前后没有接触过徐家的马扎，而且根本没见过徐家的马扎。按照一般逻辑，上述证据可以推断出在凶器马扎上检出的康某良的 DNA 便是其作案时所遗留，可以作为定案的重要证据。

一审法院对该 DNA 鉴定意见高度重视，在第一次一审和第二次一审期间先后就康某良没有受伤流血，如何能检出其 DNA，以及马扎上的混合图谱中是否仅检出康某良和徐某某的基因分型，是否可以排除包含其他人的 DNA 的问题电话咨询了公安部物证鉴定中心的法医，得到的答复是：不是只有血迹才能检出 DNA，非血迹，如汗液、细胞等也能检出 DNA，专业上叫接触 DNA；从马扎上检出的混合图谱中能看出康某良和徐某某的基因分型，看不出其他人的 DNA 分型，但看不出不等于不包含，只是概率较低。一审法院根据鉴定和咨询意见以及康某良关于"不仅案发前后没有接触过徐家马扎，而且根本不知道徐家有马扎"等供述，认定在凶器马扎上检出的其 DNA 便是其作案时遗留，并以此作为关键的定案依据判处康某良死刑。

最高人民法院复核阶段对本案中的 DNA 鉴定意见，特别是其关联性进行了重点审查，并综合案件其他证据，认为不能依据该鉴定意见得出上述具有排他性的唯一结论，主要理由是：

1. 康某良家与徐某某家是对过邻居，徐家的马扎曾出借给其他邻居使用，马扎本身是能随意搬动之物，按照农村人经常搬动马扎或小凳随地而坐的生活习惯，难以全面彻底排除作为邻居的康某良接触徐家马扎的可能性。

2. 康某良在审判阶段辩解称，案发前一两个月，其路过徐某某家门口，徐要把借他家的铁锹还给他，叫他在门口坐一会儿，他不知道当时坐的是不是涉案马扎。现有证据无法排除康某良当时曾接触该马扎的可能性。

3. 康某良的上述辩解与其在侦查阶段关于不知道徐某某家有马扎，更没接触过徐家马扎的供述相矛盾，但不能据此就认定其没有见过、接触过徐家马扎：一是接触马扎是生活中的小事，未留下深刻记忆也属正常；二是徐某某被发现遇害时，康某良也到场围观，知道马扎是作案凶器，因此其在侦查阶段声称自己从未见过、接触过徐家马扎，不排除基于避祸心理，对马扎避而远之，以免引火烧身。

4. 一审法院的两次咨询未针对康某良"在案发前一两个月曾接触过马扎"的辩解进行。在复核阶段，承办法官就涉案混合 DNA 能否检出先后附着的时间，以及接触 DNA 能在物体表面保存多久的问题进一步咨询了公安部出具该鉴定意见的鉴定人员，得到的答复是：保存时间取决于保存条件等因素，有的汗斑、唾液可以保存几个月甚至几年，他们曾从一枚烟头上检出嫌疑人几年前留下的唾液；康某良和徐某某先后接触马扎，也可能从马扎上检出该两人的混合 DNA，且检验不出附着的先后顺序。因此，DNA 鉴定意见仅仅表明康某良曾经接触过马扎，而不能从科学层面否定康某良有关案发前一两个月曾接触过马扎的辩解。故该鉴定意见与案件事实的关联性很弱。

5. 证据材料显示，可以确定案发后至少有三人接触过涉案马扎，而 DNA 鉴定却未检出该三人的 DNA，说明在马扎上未检出 DNA 并不代表未接触马扎。也就是说，如果另有真凶，虽然使用了马扎作案，也可能检不出其 DNA，这从另一方面说明该 DNA 鉴定意见对证明案件事实不具有排他性。

综上，在马扎上检出康某良和徐某某的混合 DNA，只能表明康某良曾经接触过该马扎,不能得出康某良使用该马扎杀害徐某某的唯一结论。

(二)对于被告人曾做过有罪供述,后又翻供的,要高度重视审查翻供理由和有罪供述的证明力

在刑事司法实践中,有时仍然存在过于相信和重视公安机关、检察机关收集的有罪证据和提出的有罪指控,包括不尽规范的情况说明,而忽视被告方的辩解、辩护意见;在被告人作出有罪供述后,对其后来的翻供不加认真审查,简单地视为狡辩;只注重有罪供述与其他证据的印证情况,而忽视其中不能印证以及供述不自然、不合理的部分,为错误认定案件事实埋下隐患等问题。

本案中,被告人康某良在审判阶段开始翻供,否认作案,并对原先所作有罪供述进行解释,辩护人始终为其做无罪辩护。三次一审和第二次二审均认为康某良的翻供不成立,依据是公安机关出具了没有刑讯逼供的证明,讯问时制作了同步录音录像,入所身体检查记录显示康某良健健无损伤,在审查起诉阶段仍承认有罪等。

最高人民法院经审查发现,本案只有一次供述有同步录音录像;康某良供述其在作出有罪供述前已被羁押于刑事侦查部门多日,受到变相刑讯逼供,公安机关对此未予正面回应;康某良称其将公诉人当成侦查人员,所以在审查起诉阶段也不敢改变原有供述。而且,康某良的有罪供述不稳定,证明力不强,具体表现如下:

1. 供述不能得到其他证据印证或者前后供述不一致。例如,康某良供称喝酒后去徐家作案,但其儿子和妻姐均证明康某良自妻子卧病在床到病死期间(本案发生于该时间段内)没有喝过酒;康某良供称被徐某某发现后,被徐用马扎砸了后背,但经人身检查,康某良身体没有伤痕;康某良供称作案后手上沾血爬西窗逃离徐家,回家后关门再去洗手,而在徐家西窗上没有提取到康某良的指纹、血迹,在康家大门上也没有提取到血迹;康某良第一次供认时称潜入徐家是为了偷窃棉被,后供称是想与徐某某发生性关系;康某良起初供称用马扎砸了几下徐某某就倒地,而后则供称徐某某躲避被砸,他随后追打。

2. 供述逐步与在案证据相印证。康某良在接受三次询问和第一次讯问时未承认作案,其最初几次供称用马扎砸徐某某三下,后来才供称连续砸击,不知砸了多少下,与尸检鉴定意见显示徐某某尸体头面部有十六处创伤、全身共有数十处伤痕的情况基本印证;第一次供认时没有提到掐徐某某脖子,后来才做此供述,与尸检鉴定意见关于徐某某重度颅脑损伤合并扼颈窒息死亡的意见相印证;第一次供认时没有提到徐家有一闪一闪的亮光,第二次供认时提到徐家西窗没关严,窗户缝有闪烁的亮光,第三次供认时又提到徐家屋内有一闪一闪的灯光,不知从哪个地方发出的,这与证人康某亭、杨某真在康某良供述之前即证明案发后他们在徐家东屋拔下了徐某某正在充电的万能充电器存在印证之处。

3. 案件的部分重要情节得不到康某良供述或与康有关联的证据印证。从现场勘验和尸检情况来看,徐某某进行了较为激烈的搏斗,行为人身上应当沾染血迹,而在现场没有提取到康某良指纹、鞋印等关联性痕迹物证,在康某良的家中和衣服上没有提取到可疑血迹,案发当晚与康某良居住的儿子、妻姐均证明未听见康某良离家出去,也未看见康某良在次日洗过衣服等情况。

综上,康某良的供述与其他证据之间有相当一部分得不到印证,对关键性情节的供述呈现出与已在案证据逐渐印证的特点,有的供述不自然、不合理,自始就能得到印证的供述则是康某良到现场围观时就已经看见或者听到的内容,上述供证关系和供证的印

证情况严重影响了康某良有罪供述的证明力。

本案中，除关联性弱的 DNA 鉴定意见和证明力弱的有罪供述，没有其他证据证明康某良作案。最高人民法院经复核，以案件事实不清、证据不足为由，发回安徽省高级人民法院重新审判。安徽省高级人民法院经重新审判，最终宣告康某良无罪。

问题 5. 如何审查判断同案被告人供述的证明力

【实务专论】[①]

共同犯罪案件中，被告人可能不认罪，或者被告人与同案被告人的供述不吻合甚至存在矛盾。上述情况下，不能简单采信或者否定同案被告人的供述，要注意把握审查同案被告人供述的切入点，科学地认定此类证据的证明力。具体而言，对同案被告人供述证明力的审查，既要分析供述自身独立的真实性，又要分析供述与其他证据的印证关系，还要关注前后各次供述的变化情况。

（一）同案被告人供述内容自身独立的真实性

司法实践中，很少有人会随意指证他人参与犯罪，因为侦查机关一般都会严格追查核实相关情况。同案被告人指证被告人涉案，将被告人牵涉案件中来，通常会提出相应的理由或者依据。这些理由或者依据本身是否合乎逻辑和情理，在一定程度上反映出同案被告人供述内容自身的真实性程度。例如，运输毒品案件中，如果毒品运输者某甲辩称其受某乙雇用运输毒品，通常会就某乙的身份、联系方式、事先约定或者已经支付的运费等情况作出供述。如果该运输毒品者某甲系当地居民，生活收入较低，供述的情况符合常理，有据可查，则其供述自身的真实性程度较高。反之，如果该运输毒品者某甲系外地人员，有毒品犯罪前科，虽辩称受雇运输毒品，但供述情况无据可查，则其供述自身的真实性程度相对较低。

实践中，更为常见的情形是同案被告人指证被告人是共同犯罪中的主犯（或者罪责更为严重的主犯）。与前述情形相同，同案被告人一般也会就此提出相应的理由或者依据。对此，可以通过分析同案被告人与被告人平时的关系、犯罪预谋情况、犯罪分工和具体犯罪行为实施情况、犯罪后的表现等审查同案被告人供述内容自身的真实性程度。

（二）同案被告人供述与其他证据的印证关系

《最高人民法院关于适用〈中华人民共和国刑事诉讼法〉的解释》第一百零四条[②]第一款规定："对证据的真实性，应当综合全案证据进行审查。"对同案被告人供述真实性的审查判断也要遵循上述要求。如果同案被告人供述与其他证据尤其是实物证据相互印证，就表明该供述的真实性程度较高。如果同案被告人供述与其他证据尤其是实物证据存在矛盾，就表明该供述值得质疑，需要对证据间的矛盾作出合理的解释。

例如，雇凶杀人案件中，杀人凶手某甲归案后辩称其受某乙雇用作案，某甲随后供述其与某乙进行电话联络、从某乙处获取酬金等情况。如果这些供述内容能够得到手机

[①] 刘静坤：《如何审查判断和运用作为证据使用的同案被告人供述——以死刑案件办理为重点视角分析》，载中华人民共和国最高人民法院刑事审判第一、二、三、四、五庭主办：《刑事审判参考》2014 年第 4 集（总第 99 集），法律出版社 2015 年版，第 273~285 页。

[②] 现为《最高人民法院关于适用〈中华人民共和国刑事诉讼法〉的解释》（2021 年）第一百三十九条。

通话清单、提取的赃款或者银行账证记录以及证实某乙与被害人有矛盾的证人证言等证据的佐证，则表明某甲的供述真实性程度较高。反之，如果某甲辩解的情况得不到其他证据印证，或者与其他证据存在矛盾，则表明某甲的供述真实性程度相对较低。

（三）同案被告人前后多次供述的变化情况

一般情况下，如果同案被告人供述十分稳定，反映出的供述的真实性程度就较高。如果同案被告人供述不稳定，时供时翻，则反映出的供述的真实性程度就相对较低。此种情况下应当对其翻供给予足够的重视，注意审查其翻供的原因，分析翻供后的辩解是否合理。

共同犯罪案件中，同案被告人可能会基于恐惧、义气、串供等原因在归案后先是包揽罪行，随后因认识到自己可能面临十分不利的法律后果而翻供，进而作出相应的辩解，并指证被告人参与作案；也可能会基于推卸责任、陷害他人等考虑先指证被告人参与作案或者指证被告人罪责较重，随后因良心发现或者无法自圆其说，进而否认被告人参与作案或者称被告人罪责较轻。因此，不能简单采信同案被告人的供述，同时也不能简单将其辩解视为狡辩，要综合根据案情和其他证据认真审查同案被告人的指证或者辩解是否成立或者合理。

需要强调的是，虽然此处重点探讨对同案被告人供述证明力的审查判断，但对于同案被告人翻供的情形，要注意审查供述的合法性。如果同案被告人辩称其供述是刑讯逼供所得，经查该供述是非法证据，就应当依法排除，不能作为定案的根据，从而也就谈不上证明力的审查判断问题。

问题6. 被告人指证的其他作案人经查不实，又随意指证他人作案的情形，是否需要继续查证

【实务专论】①

有的案件，被告人归案后认罪，后辩称系替人顶罪。对于此类案件，首先要认真审查在案证据，判断能否认定先归案的被告人涉案，这是认定该被告人有罪的前提。同时，也要查证被告人所指证的其他作案人是否涉案。如果先归案的被告人所称的共同作案人经查并无该人，或者随后经调查表明该人与案件事实并无关联，被告人又随意指证他人作案的，应当让被告人作出合理的解释。如果从案情和被告人指证的情况看，被告人的指证系随意指证、反复变化，或者被指证的人无从查证的，不能简单地仅凭被告人随意指证就无限期地查证下去。如结合案件情况决定对被告人的随意指证不予查证后，要认真审查案件的事实证据，对于被告人认罪供述与在案证据尤其是客观性证据印证的，可以采信其认罪供述。在此基础上，如全案证据达到确实、充分的证明标准，可以认定被告人有罪。

例如，一起故意杀人案件，被告人某甲归案后认罪，现场提取的血迹和烟蒂上的生物证据经DNA鉴定系被告人某甲所留，但被告人某甲辩称其是替某乙顶罪，杀人行为系

---

① 刘静坤：《如何审查判断和运用作为证据使用的同案被告人供述——以死刑案件办理为重点视角分析》，载中华人民共和国最高人民法院刑事审判第一、二、三、四、五庭主办：《刑事审判参考》2014年第4集（总第99集），法律出版社2015年版，第273~285页。

某乙具体实施，某甲只是出现在现场，因某乙承诺给其巨额报酬而包揽罪责。该案现场被纵火后遭到一定程度的破坏，故没有提取到其他人的生物证据。此种情况下，鉴于某甲提出的上述辩解关系重大，侦查机关立即补充调查，最后找到某甲所指证的某乙，但某乙坚决否认参与犯罪，经查某乙亦没有作案时间，在案证据能够排除某乙涉案的可能性。随后提审某甲，某甲又辩称某丙是作案人，但对其之前的辩解不能作出合理解释，且其供述的某丙无从查证。立足该案情况，现有证据足以认定某甲与犯罪现场、被害人和犯罪事实之间的关联，某甲最初的认罪供述与在案证据互相印证，某甲提出的替某乙顶罪的辩解不能成立，最终依据查明的事实认定某甲有罪。

问题 7. 在没有有效制度保证口供自愿性的情况下，如何通过分析供证关系来判断口供的真实性或者客观性

【实务专论】[①]

当前，刑事诉讼是以侦查而非审判为中心展开的，庭审尚未完全落实直接、言词原则，刑事裁判的基础工作是阅读侦查案卷。在这种条件下，为确保案件质量，防止出现冤错案件，强调对供证关系的审查具有十分突出的现实意义。因为一旦可以确认根据被告人的供述查获了对定案有较大价值的物证、书证等证据，则口供的真实性或者客观性会显著上升。可以说，审查供证关系是在当前刑事诉讼模式下的一种不得已而又较为有效的审查判断证据的方法。在没有有效制度保证口供自愿性的情况下，通过分析供证关系来判断口供的真实性或者客观性，强化口供的证明力，可以较好协助解决定案问题。

二、供证关系的类型及其对事实认定的影响

按照取得口供与取得其他证据在时间或者逻辑顺序上的先后，供证关系可以分为先供后证和先证后供两种类型；按照口供与其他证据之间的契合程度，供证关系可以分为供证一致和供证矛盾两种类型。不同类型的供证关系对于事实认定的影响有很大区别。

（一）供证先后顺序与事实认定

1. 先供后证有利于事实认定

先供后证系侦查机关根据犯罪嫌疑人的口供取得物证、书证、证人证言等其他证据。广义上，可以把先供后证中的"证"理解为"印证"，故凡是在犯罪嫌疑人供述之后，根据该供述取得其他证据，包括物证、书证、证人证言甚至同案被告人的供述等，均属于先供后证。例如，犯罪嫌疑人到案后供述了侦查机关没有掌握的其他作案人员或者包庇者，后者到案后作了有罪供述，印证了前者的供述。这种情形也属于先供后证。狭义上，可以把先供后证中的"证"理解为"口供以外的其他证据"，故先供后证是指根据犯罪嫌疑人的供述取得物证、书证、证人证言等证据，不包括同案被告人的供述。实践中常见的先供后证是根据犯罪嫌疑人的供述取得物证、书证。

先供后证对于事实认定有两方面的价值。首先，可以增强司法人员对口供真实性的确信，对口供的证明力有补强的效果。因为根据生活常理和司法经验，如果非被告人本

---

① 方文军：《供证关系与事实认定探微》，载中华人民共和国最高人民法院刑事审判第一、二、三、四、五庭主办：《刑事审判参考》2010年第6集（总第77集），法律出版社2011年版，第162~175页。

人作案，则基本不可能带领侦查人员找到作案后抛弃的作案工具、赃物等证据（听作案者转述获得该信息属于极罕见的情形）。其次，根据犯罪嫌疑人供述取得的物证、书证等证据本身增加了案件的证据总量，完善了证据链。特别是物证、书证属于客观性证据，证明力很强，有利于案件事实认定。鉴于先供后证关系对事实认定具有这些积极价值，《办理死刑案件证据规定》第三十四条明确提出："根据被告人的供述、指认提取到了隐蔽性很强的物证、书证，且与其他证明犯罪事实发生的证据互相印证，并排除串供、逼供、诱供等可能性的，可以认定有罪。"

实践中，先供后证的表现形式多种多样。例如，犯罪嫌疑人到案后带领侦查人员找到了被掩埋在沟壑、山洞、废弃矿井中的被害人尸体，或者被肢解后抛弃于不同地点的被害人尸块；找到了被抛弃的作案用的斧子、尖刀、绳索、作案时所穿衣物、被害人的手机、银行卡、身份证等物证；找到了收购被害人首饰、手机、汽车等赃物的地点和人员；等等。有些案件中，犯罪嫌疑人因形迹可疑或者行为异常而到案，随即供认了所犯罪行，由于侦查机关当时尚未掌握有力证据，故先供后证的特征会表现得很典型。可以说，犯罪嫌疑人供述后带领侦查人员找到的证据越隐蔽、越重要，越能够起到增强口供真实性的效果，越有利于事实认定。在没有目击证人也缺乏指向性明确的客观性证据的案件中，先供后证对于事实认定的价值尤为突出。

例如，在一起故意杀人案中，被告人苟某因多次向与其有一定暧昧关系的被害人何某（女）提出性要求遭拒，且发现何还与其他男子关系密切，遂于2006年9月13日凌晨1时许进入何家，采用砖头和铁棒击打、用刀片切割颈部的方法，将何某及何的女儿杀死。当日下午，邻居发现何某遇害后报案。公安机关经调查，获悉苟某与何某平时关系暧昧，苟某曾警告何某不得再与其他男子交往，否则就把何杀了，且发现苟某有作案时间，案发后行为反常，遂于当日下午传讯苟某，同月15日予以拘留。次日，苟某供认了杀害何某母女的事实。本案没有目击证人，现场没有留下指向苟某作案的物证（如苟某的血迹、精液、指纹、足印等），抓获苟某时也没有从其身上或者住处查获指向其作案的物证、书证等证据（如沾有被害人血迹的衣服、被害人的个人物品），苟某到案初期否认作案，后作了数次有罪供述，但在侦查后期又翻供。这些特征都不利于定案。法院最终认定何某母女系苟某所杀，除苟某有罪供述的内容（如作案动机、时间、作案工具，手段、被害人死因、现场环境、作案后清理现场等情况）与其他证据相印证外，至关重要的一项理由就是，公安人员根据苟某的供述找到了被害人何某的手机和一个瓷盘。手机是公安人员根据苟某供述的地点，从一座大桥下的草丛中找到的，经串号比对以及何某的丈夫与儿子的混合辨认，确认系何某生前所用的手机。对于瓷盘，公安人员一开始并不知晓它的存在，直至苟某供称其因触摸过装梨的瓷盘，担心留下指纹，而将瓷盘从何某的租住房带出丢弃时，才知道有此瓷盘。后公安人员根据苟某供述的地点，在一个公路边找到摔碎了的瓷盘碎片，经被害人租住房的房东和被害人儿子混合辨认，确认系何某生前所用的瓷盘。对被害人手机和瓷盘的提取，属于先供后证，既增强了有罪供述的真实性，也使案件增加了客观性证据，完善了证据链。对于本案，最高人民法院复核后确认了一、二审法院认定的犯罪事实，并依法核准了被告人苟某死刑。可见，对于类似没有目击证人，并缺少指向性明确的客观性证据的案件，先供后证的取证特征会很有利于事实认定。

2. 先证后供对事实认定的影响

与先供后证的情形相反，先证后供系侦查机关取得物证、书证、证人证言等其他证据后才获得犯罪嫌疑人的口供。实践中常见的先证后供，是案发后抓获犯罪嫌疑人之前，侦查机关从犯罪现场提取了犯罪嫌疑人遗留的作案工具、作案时受伤滴落的血迹，留下的指纹、足迹、毛发、唾液、精液，获得了曾目击犯罪嫌疑人进入或者离开现场的证人证言等证据，犯罪嫌疑人到案后所作供述与这些证据相印证。有的案件中，犯罪嫌疑人到案后并没有完整供述作案过程，侦查机关通过侦查又获得了其他物证、书证、证人证言等证据，再就此讯问犯罪嫌疑人获得印证，这种情形也属于先证后供。

先证后供不能明显增强口供的真实性和客观性，相关供述内容的证明力较弱，对于认定案件事实的价值没有先供后证大。这是因为，在当前的工作机制下，虽然被告人的相关供述内容与已经查获的物证、书证、证人证言等证据内容相印证，但由于其他证据提取在先，侦查人员已经掌握相关证据情况，而犯罪嫌疑人供述在后，审判中单纯审查侦查案卷中的被告人供述，很难判断侦查阶段被告人所作的有罪供述是否出于自愿，从而也就难以确定供述的真实性。当然，这并不是说具有先证后供取证特征的案件不能认定案件事实，而是说与先供后证的取证特征相比，先供后证更有利于事实认定。对于先证后供的案件，只要证据确实、充分，形成完整证据链，就完全可以定案。特别是在有目击证人或者提取了指向性明确的客观性证据的案件中（如现场有被告人遗留的血迹、足迹、指纹、唾液、精液，抓获被告人时从其身上或者住处查获了被害人的手机、首饰、银行卡等物品），由于在案证据充足，即使是先证后供，也不影响定案。实践中，这类案件是大量存在的。但是，如果案件缺乏目击证人和指向性明确的客观性证据，则先证后供的取证特征就会不利于事实认定。对这种案件能否认定事实，主要看被告人供述是否稳定、翔实，细节是否突出，供述的内容与其他证据之间的契合程度。这一点下文将会进一步阐述。

（二）供证契合程度与事实认定

从供证契合程度看，供证关系可以分为供证一致和供证矛盾两种类型。供证一致，是指被告人的供述与其他证据证实的内容相符。除被告人不认罪的案件外，不论是先供后证还是先证后供的案件，供证一致均是认定案件事实的基本条件。即使是翻供的案件，作为定案的前提，也要确认翻供的理由不成立，仍采信以往有罪供述。对于先供后证的案件，由于系根据供述取得其他证据，供证一致的特征通常很明显（但也不排除有的案件中因破案距作案时间过长或者其他原因，所取得的证据与供述可能不完全一致）。而对于先证后供的案件，由于取得物证、书证等其他证据在先，侦查机关已经掌握相关证据的信息，供证一致的客观性和可信度相对较低。特别是先证后供的案件如果没有目击证人，也没有指向性明确的客观性证据，供证的一致性就成为定案方面十分重要的考量因素。这时，粗略的供证一致是不够的。要特别注重审查供述中的细节，细节越多、越自然、越有利于事实认定。如果供述中有的细节看似与案件没有必然联系，但这种细节的存在使被告人供述的作案过程变得十分自然，鉴于侦查机关事先不掌握这些细节，不可能诱供、逼供，故可大大增加供述的真实性和可信度，有利于事实认定。因为只有作案人本人才掌握作案过程中的具体细节，非作案人本人不可能供述出这些细节。例如，被害人遇抢劫被斧子砍死，查获被抢的汽车时从后备箱里发现了氯化钾注射液和未使用的注射器，被告人到案后供称是抢劫后给自己的狗看病时听说注射过量的氯化钾可致人死亡，因感觉用斧子砍人有些残忍，故从药店购买了氯化钾注射液，以便下次作案时使用。该情节虽与本案无直接关系，但十分自然，增加了供述的真实性。再如，被告人因涉嫌犯故意杀人罪到案，但主动供述了侦查机关尚没有掌握的杀人之前强奸被害人或者杀人之后奸尸的情节，即使未能提取到印证这些情节的其他证据（如精斑），只要相关供述自然，也有助于增强供述的真实性。

值得注意的是，供证一致只要求供述与其他证据总体一致，或者在主要内容上一致，不要求细枝末节上完全一致。特别是案发时间距离作案时间较长，一人多次作案或者多人共同作案的案件，被告人供述与其他证据不完全相符，实践中并不少见。例如，有的案件中，尸检鉴定证实被害人身上有十余处创口，但被告人称只捅刺了五六刀，在可以认定系被告人一人作案的情况下，捅刺刀数应以尸检鉴定为准；有的发生在南方的案件中，证人证实听到有东北口音的男子与被害人争吵，但被告人实际上系内蒙古或者河北人，这是正常的判断误差；有的案件中，被告人称把所抢手机或者作案用的匕首扔在了被害人家楼下的垃圾桶内，但实际找到的地点是旁边居民楼下的垃圾桶内，这也属于正常的记忆误差；有的案件中，被告人因作案次数多，很可能把部分作案时间顺序或者部分情节记混；等等。对于供证之间的差异，只要能够作出合理解释的，就不影响定案。如果侦查讯问笔录中对供述的记录较为粗略，细节不突出，或者被告人的供述始终不能披露细节，甚至所披露的细节与在案其他证据存在矛盾，则要慎重决定能否认定案件事实。

供证矛盾是指被告人供述与现场勘查笔录、尸检鉴定结论、DNA鉴定结论、证人证言、查获的赃物、作案工具等其他证据之间存在明显矛盾，以致不能准确确定系被告人作案，或者不能排除有共同作案人，或者在共同犯罪中不能确定致死被害人的直接责任者，或者有其他事实认定上的重大问题。供述与其他证据在细枝末节上的矛盾，能够得到合理解释的，不属于供证矛盾。供证矛盾应当是足以对定案或者案件处理引起合理怀疑的情形。不论是先供后证还是先证后供，供证矛盾如不能通过补充证据等途径加以解决，均会影响定案。此类案件实践中也不少见，举两例加以说明。在一起故意杀人案件中，被告人吴某某在侦查阶段供认系其作案，称其从外地打工回村后，直接翻墙进入本村邻居孙某某家，因琐事与孙发生争吵，遂殴打孙，并用手掐、捂，致孙某某窒息死亡。孙某某的儿子（2岁）醒来，吴某某又殴打并掐其脖子，致其窒息死亡。卷内的主要证据不多，除被告人供述外，还有证实从现场软床南端东床帮上发现带血掌纹、指纹的现场勘查笔录和证明二被害人系被扼掐颈部致机械性窒息死亡的尸检鉴定结论。但是，对于作为本案最重要客观性证据的血掌纹，不同鉴定部门作出的鉴定结论之间存在矛盾，记载该血掌纹的现场勘查笔录也无见证人签名，被告人辩称其不知为何会在作案现场发现自己的血掌印，从卷内材料亦看不出血掌纹所在床帮的来源。据此，现有证据不能形成完整证据链，不能完全排除其他人作案的可能性。在一起抢劫案件中，被告人何某等人先后7次抢劫"摩的"司机，抢劫中致被害人王某死亡。卷内的主要证据，除四被告人的供述外，还有被告人何某、韩某指认将被害人捆绑后抛弃的地点的笔录，证实死者全身无损伤、无骨折系窒息死亡的鉴定结论，证实死者系王某的DNA鉴定结论。但是，本案被告人供述与其他证据之间存在明显矛盾：（1）有三名被告人供称被告人韩某持刀捅刺了被害人腿部，而现场勘查笔录、尸检鉴定结论记载被害人尸体全身无损伤；（2）有三名被告人称被告人李某用一条毛巾堵住了被害人的嘴，但现场勘查笔录记载被害人口中无毛巾,现场也未发现毛巾;(3)负责骗租摩托车的被告人李某所描述的被害人的衣着也与死者王某的衣着不一致。由于本案有多名被告人,而被告人供述的重要作案情节与现场勘查笔录、尸检鉴定结论之间存在多处明显矛盾,故事实认定上存在张冠李戴的可能,尚须进一步调查核实相关证据。这两个案件都是较为典型的供证矛盾的案件,最高人民法院复核后均依法不核准死刑。

问题8. 处理供证关系时,辩证看待先供后证的价值

【实务专论】[①]

虽然先供后证比先证后供更有利于事实认定,实践中对此也形成了广泛共识。但对供证先后关系的分析,只是审查判断证据、认定事实的一个环节或者一项内容,而不是认定事实的必要条件,也不是充分条件。认定事实的证据标准,始终是证据确实、充分,形成完整的证据链,并排除合理怀疑。因此,《办理死刑案件证据规定》第三十四条强调,对于"根据被告人的供述、指认提取到了隐蔽性很强的物证、书证"的,还要求"与其他证明犯罪事实发生的证据互相印证,并排除串供、逼供、诱供等可能性",才"可以认定有罪"。后两个条件非常重要,办案过程中要十分重视。

首先,即使是具有先供后证特征的案件,如果根据被告人供述提取到的物证、书证等其他证据存在提取不规范、鉴定不规范等问题,也很可能影响定案。例如,对于根据被告人供述找到的作案工具、被害人或者被告人的衣物、被害人的财物没有制作提取笔录,有的虽制作了提取笔录,但缺少见证人等相关人员的签名,或者对证据的具体特征缺乏规范细致的描述,应当拍照而未拍照附卷;对于根据被告人供述提取的被害人的手机、首饰、手表、摩托车等物品没有依法组织辨认,或者虽作了辨认,但未按照要求作混合辨认,或者作了混合辨认,但没有制作辨认笔录,尤其是未对查获的手机进行串号比对,不能准确地认定该手机系被害人所有;对于根据被告人供述找到的被害人尸体(尸块)没有作辨认或者鉴定,以致不能准确确定死者身份;对于根据被告人供述提取的作案工具(如尖刀、枪支、绳子、胶带)、手印、足迹、衣物或赃物上的血迹等没有作鉴定,或者作了鉴定,但鉴定程序不规范;等等。这些证据问题均可能成为影响定案的重要问题,有的可能导致无法定案。故《办理死刑案件证据规定》对规范取证问题作了详细规定,办案中应当认真执行。

其次,即使案件具有先供后证的特征,如果不能排除刑讯逼供的,也很可能影响事实认定。例如,在一起绑架案中,被告人吕某供称,其为了偿还赌债而产生绑架儿童勒索财物之念,后到同村一姓袁的人家,将不满3岁的儿童袁某骗至村外田地里,因袁某啼哭,吕某恐事情败露,遂扼掐袁某颈部,致其死亡,并将尸体藏于一沟内玉米秸下。本案的主要证据有:被告人的供述,在被告人带领指认下找到的被害人尸体,证实被害人系机械性窒息死亡的尸检鉴定结论,证实被告人有作案动机的赌债欠条与相关证人证言,证实被害人紧随被告人出门并失踪的相关证人证言。其中,被告人带领找到被害人尸体,是典型的先供后证,有利于定案。但是,卷内材料显示,被告人到案后在前四次讯问中

[①] 方文军:《供证关系与事实认定探微》,载中华人民共和国最高人民法院刑事审判第一、二、三、四、五庭主办:《刑事审判参考》2010年第6集(总第77集),法律出版社2011年版,第162~175页。

仅承认为偿还赌债而将被害人偷走藏起来，从第五次讯问开始才承认绑架杀害了被害人，而该次讯问的地点是在刑侦大队（不在看守所），讯问时间长达 15 小时，且有罪供述中关于绑架动机等细节的供述不稳定。这说明被告人的有罪供述很可能系不自愿作出的，影响对其口供真实性的判定，加上本案的其他证据问题，最高人民法院复核后依法不核准死刑。

第五章

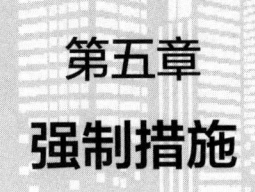

强制措施

第一节　审判依据

一、法律

1. 中华人民共和国刑事诉讼法（2018年10月26日修正）（节选）

第六章　强制措施

第六十六条　人民法院、人民检察院和公安机关根据案件情况，对犯罪嫌疑人、被告人可以拘传、取保候审或者监视居住。

第六十七条　人民法院、人民检察院和公安机关对有下列情形之一的犯罪嫌疑人、被告人，可以取保候审：

（一）可能判处管制、拘役或者独立适用附加刑的；

（二）可能判处有期徒刑以上刑罚，采取取保候审不致发生社会危险性的；

（三）患有严重疾病、生活不能自理，怀孕或者正在哺乳自己婴儿的妇女，采取取保候审不致发生社会危险性的；

（四）羁押期限届满，案件尚未办结，需要采取取保候审的。

取保候审由公安机关执行。

第六十八条　人民法院、人民检察院和公安机关决定对犯罪嫌疑人、被告人取保候审，应当责令犯罪嫌疑人、被告人提出保证人或者交纳保证金。

第六十九条　保证人必须符合下列条件：

（一）与本案无牵连；

（二）有能力履行保证义务；

（三）享有政治权利，人身自由未受到限制；

（四）有固定的住处和收入。

第七十条　保证人应当履行以下义务：

（一）监督被保证人遵守本法第七十一条的规定；

（二）发现被保证人可能发生或者已经发生违反本法第七十一条规定的行为的，应当及时向执行机关报告。

被保证人有违反本法第七十一条规定的行为，保证人未履行保证义务的，对保证人处以罚款，构成犯罪的，依法追究刑事责任。

第七十一条 被取保候审的犯罪嫌疑人、被告人应当遵守以下规定：

（一）未经执行机关批准不得离开所居住的市、县；

（二）住址、工作单位和联系方式发生变动的，在二十四小时以内向执行机关报告；

（三）在传讯的时候及时到案；

（四）不得以任何形式干扰证人作证；

（五）不得毁灭、伪造证据或者串供。

人民法院、人民检察院和公安机关可以根据案件情况，责令被取保候审的犯罪嫌疑人、被告人遵守以下一项或者多项规定：

（一）不得进入特定的场所；

（二）不得与特定的人员会见或者通信；

（三）不得从事特定的活动；

（四）将护照等出入境证件、驾驶证件交执行机关保存。

被取保候审的犯罪嫌疑人、被告人违反前两款规定，已交纳保证金的，没收部分或者全部保证金，并且区别情形，责令犯罪嫌疑人、被告人具结悔过，重新交纳保证金、提出保证人，或者监视居住、予以逮捕。

对违反取保候审规定，需要予以逮捕的，可以对犯罪嫌疑人、被告人先行拘留。

第七十二条 取保候审的决定机关应当综合考虑保证诉讼活动正常进行的需要，被取保候审人的社会危险性，案件的性质、情节，可能判处刑罚的轻重，被取保候审人的经济状况等情况，确定保证金的数额。

提供保证金的人应当将保证金存入执行机关指定银行的专门账户。

第七十三条 犯罪嫌疑人、被告人在取保候审期间未违反本法第七十一条规定的，取保候审结束的时候，凭解除取保候审的通知或者有关法律文书到银行领取退还的保证金。

第七十四条 人民法院、人民检察院和公安机关对符合逮捕条件，有下列情形之一的犯罪嫌疑人、被告人，可以监视居住：

（一）患有严重疾病、生活不能自理的；

（二）怀孕或者正在哺乳自己婴儿的妇女；

（三）系生活不能自理的人的唯一扶养人；

（四）因为案件的特殊情况或者办理案件的需要，采取监视居住措施更为适宜的；

（五）羁押期限届满，案件尚未办结，需要采取监视居住措施的。

对符合取保候审条件，但犯罪嫌疑人、被告人不能提出保证人，也不交纳保证金的，可以监视居住。

监视居住由公安机关执行。

第七十五条 监视居住应当在犯罪嫌疑人、被告人的住处执行；无固定住处的，可以在指定的居所执行。对于涉嫌危害国家安全犯罪、恐怖活动犯罪，在住处执行可能有碍侦查的，经上一级公安机关批准，也可以在指定的居所执行。但是，不得在羁押场所、专门的办案场所执行。

指定居所监视居住的，除无法通知的以外，应当在执行监视居住后二十四小时以内，通知被监视居住人的家属。

被监视居住的犯罪嫌疑人、被告人委托辩护人，适用本法第三十四条的规定。

人民检察院对指定居所监视居住的决定和执行是否合法实行监督。

第七十六条　指定居所监视居住的期限应当折抵刑期。被判处管制的，监视居住一日折抵刑期一日；被判处拘役、有期徒刑的，监视居住二日折抵刑期一日。

第七十七条　被监视居住的犯罪嫌疑人、被告人应当遵守以下规定：

（一）未经执行机关批准不得离开执行监视居住的处所；

（二）未经执行机关批准不得会见他人或者通信；

（三）在传讯的时候及时到案；

（四）不得以任何形式干扰证人作证；

（五）不得毁灭、伪造证据或者串供；

（六）将护照等出入境证件、身份证件、驾驶证件交执行机关保存。

被监视居住的犯罪嫌疑人、被告人违反前款规定，情节严重的，可以予以逮捕；需要予以逮捕的，可以对犯罪嫌疑人、被告人先行拘留。

第七十八条　执行机关对被监视居住的犯罪嫌疑人、被告人，可以采取电子监控、不定期检查等监视方法对其遵守监视居住规定的情况进行监督；在侦查期间，可以对被监视居住的犯罪嫌疑人的通信进行监控。

第七十九条　人民法院、人民检察院和公安机关对犯罪嫌疑人、被告人取保候审最长不得超过十二个月，监视居住最长不得超过六个月。

在取保候审、监视居住期间，不得中断对案件的侦查、起诉和审理。对于发现不应当追究刑事责任或者取保候审、监视居住期限届满的，应当及时解除取保候审、监视居住。解除取保候审、监视居住，应当及时通知被取保候审、监视居住人和有关单位。

第八十条　逮捕犯罪嫌疑人、被告人，必须经过人民检察院批准或者人民法院决定，由公安机关执行。

第八十一条　对有证据证明有犯罪事实，可能判处徒刑以上刑罚的犯罪嫌疑人、被告人，采取取保候审尚不足以防止发生下列社会危险性的，应当予以逮捕：

（一）可能实施新的犯罪的；

（二）有危害国家安全、公共安全或者社会秩序的现实危险的；

（三）可能毁灭、伪造证据，干扰证人作证或者串供的；

（四）可能对被害人、举报人、控告人实施打击报复的；

（五）企图自杀或者逃跑的。

批准或者决定逮捕，应当将犯罪嫌疑人、被告人涉嫌犯罪的性质、情节，认罪认罚等情况，作为是否可能发生社会危险性的考虑因素。

对有证据证明有犯罪事实，可能判处十年有期徒刑以上刑罚的，或者有证据证明有犯罪事实，可能判处徒刑以上刑罚，曾经故意犯罪或者身份不明的，应当予以逮捕。

被取保候审、监视居住的犯罪嫌疑人、被告人违反取保候审、监视居住规定，情节严重的，可以予以逮捕。

第八十二条 公安机关对于现行犯或者重大嫌疑分子，如果有下列情形之一的，可以先行拘留：

（一）正在预备犯罪、实行犯罪或者在犯罪后即时被发觉的；
（二）被害人或者在场亲眼看见的人指认他犯罪的；
（三）在身边或者住处发现有犯罪证据的；
（四）犯罪后企图自杀、逃跑或者在逃的；
（五）有毁灭、伪造证据或者串供可能的；
（六）不讲真实姓名、住址，身份不明的；
（七）有流窜作案、多次作案、结伙作案重大嫌疑的。

第八十三条 公安机关在异地执行拘留、逮捕的时候，应当通知被拘留、逮捕人所在地的公安机关，被拘留、逮捕人所在地的公安机关应当予以配合。

第八十四条 对于有下列情形的人，任何公民都可以立即扭送公安机关、人民检察院或者人民法院处理：

（一）正在实行犯罪或者在犯罪后即时被发觉的；
（二）通缉在案的；
（三）越狱逃跑的；
（四）正在被追捕的。

第八十五条 公安机关拘留人的时候，必须出示拘留证。

拘留后，应当立即将被拘留人送看守所羁押，至迟不得超过二十四小时。除无法通知或者涉嫌危害国家安全犯罪、恐怖活动犯罪通知可能有碍侦查的情形以外，应当在拘留后二十四小时以内，通知被拘留人的家属。有碍侦查的情形消失以后，应当立即通知被拘留人的家属。

第八十六条 公安机关对被拘留的人，应当在拘留后的二十四小时以内进行讯问。在发现不应当拘留的时候，必须立即释放，发给释放证明。

第八十七条 公安机关要求逮捕犯罪嫌疑人的时候，应当写出提请批准逮捕书，连同案卷材料、证据，一并移送同级人民检察院审查批准。必要的时候，人民检察院可以派人参加公安机关对于重大案件的讨论。

第八十八条 人民检察院审查批准逮捕，可以讯问犯罪嫌疑人；有下列情形之一的，应当讯问犯罪嫌疑人：

（一）对是否符合逮捕条件有疑问的；
（二）犯罪嫌疑人要求向检察人员当面陈述的；
（三）侦查活动可能有重大违法行为的。

人民检察院审查批准逮捕，可以询问证人等诉讼参与人，听取辩护律师的意见；辩护律师提出要求的，应当听取辩护律师的意见。

第八十九条 人民检察院审查批准逮捕犯罪嫌疑人由检察长决定。重大案件应当提交检察委员会讨论决定。

第九十条 人民检察院对于公安机关提请批准逮捕的案件进行审查后，应当根据情况分别作出批准逮捕或者不批准逮捕的决定。对于批准逮捕的决定，公安机关应当立即执行，并且将执行情况及时通知人民检察院。对于不批准逮捕的，人民检察院应当说明理由，需要补充侦查的，应当同时通知公安机关。

第九十一条　公安机关对被拘留的人，认为需要逮捕的，应当在拘留后的三日以内，提请人民检察院审查批准。在特殊情况下，提请审查批准的时间可以延长一日至四日。

对于流窜作案、多次作案、结伙作案的重大嫌疑分子，提请审查批准的时间可以延长至三十日。

人民检察院应当自接到公安机关提请批准逮捕书后的七日以内，作出批准逮捕或者不批准逮捕的决定。人民检察院不批准逮捕的，公安机关应当在接到通知后立即释放，并且将执行情况及时通知人民检察院。对于需要继续侦查，并且符合取保候审、监视居住条件的，依法取保候审或者监视居住。

第九十二条　公安机关对人民检察院不批准逮捕的决定，认为有错误的时候，可以要求复议，但是必须将被拘留的人立即释放。如果意见不被接受，可以向上一级人民检察院提请复核。上级人民检察院应当立即复核，作出是否变更的决定，通知下级人民检察院和公安机关执行。

第九十三条　公安机关逮捕人的时候，必须出示逮捕证。

逮捕后，应当立即将被逮捕人送看守所羁押。除无法通知的以外，应当在逮捕后二十四小时以内，通知被逮捕人的家属。

第九十四条　人民法院、人民检察院对于各自决定逮捕的人，公安机关对于经人民检察院批准逮捕的人，都必须在逮捕后的二十四小时以内进行讯问。在发现不应当逮捕的时候，必须立即释放，发给释放证明。

第九十五条　犯罪嫌疑人、被告人被逮捕后，人民检察院仍应当对羁押的必要性进行审查。对不需要继续羁押的，应当建议予以释放或者变更强制措施。有关机关应当在十日以内将处理情况通知人民检察院。

第九十六条　人民法院、人民检察院和公安机关如果发现对犯罪嫌疑人、被告人采取强制措施不当的，应当及时撤销或者变更。公安机关释放被逮捕的人或者变更逮捕措施的，应当通知原批准的人民检察院。

第九十七条　犯罪嫌疑人、被告人及其法定代理人、近亲属或者辩护人有权申请变更强制措施。人民法院、人民检察院和公安机关收到申请后，应当在三日以内作出决定；不同意变更强制措施的，应当告知申请人，并说明不同意的理由。

第九十八条　犯罪嫌疑人、被告人被羁押的案件，不能在本法规定的侦查羁押、审查起诉、一审、二审期限内办结的，对犯罪嫌疑人、被告人应当予以释放；需要继续查证、审理的，对犯罪嫌疑人、被告人可以取保候审或者监视居住。

第九十九条　人民法院、人民检察院或者公安机关对被采取强制措施法定期限届满的犯罪嫌疑人、被告人，应当予以释放、解除取保候审、监视居住或者依法变更强制措施。犯罪嫌疑人、被告人及其法定代理人、近亲属或者辩护人对于人民法院、人民检察院或者公安机关采取强制措施法定期限届满的，有权要求解除强制措施。

第一百条　人民检察院在审查批准逮捕工作中，如果发现公安机关的侦查活动有违法情况，应当通知公安机关予以纠正，公安机关应当将纠正情况通知人民检察院。

2. 中华人民共和国社区矫正法（2019年12月28日）

第一章　总　则

第一条　为了推进和规范社区矫正工作，保障刑事判决、刑事裁定和暂予监外执行决定的正确执行，提高教育矫正质量，促进社区矫正对象顺利融入社会，预防和减少犯罪，根据宪法，制定本法。

第二条 对被判处管制、宣告缓刑、假释和暂予监外执行的罪犯，依法实行社区矫正。对社区矫正对象的监督管理、教育帮扶等活动，适用本法。

第三条 社区矫正工作坚持监督管理与教育帮扶相结合，专门机关与社会力量相结合，采取分类管理、个别化矫正，有针对性地消除社区矫正对象可能重新犯罪的因素，帮助其成为守法公民。

第四条 社区矫正对象应当依法接受社区矫正，服从监督管理。

社区矫正工作应当依法进行，尊重和保障人权。社区矫正对象依法享有的人身权利、财产权利和其他权利不受侵犯，在就业、就学和享受社会保障等方面不受歧视。

第五条 国家支持社区矫正机构提高信息化水平，运用现代信息技术开展监督管理和教育帮扶。社区矫正工作相关部门之间依法进行信息共享。

第六条 各级人民政府应当将社区矫正经费列入本级政府预算。

居民委员会、村民委员会和其他社会组织依法协助社区矫正机构开展工作所需的经费应当按照规定列入社区矫正机构本级政府预算。

第七条 对在社区矫正工作中做出突出贡献的组织、个人，按照国家有关规定给予表彰、奖励。

第二章　机构、人员和职责

第八条 国务院司法行政部门主管全国的社区矫正工作。县级以上地方人民政府司法行政部门主管本行政区域内的社区矫正工作。

人民法院、人民检察院、公安机关和其他有关部门依照各自职责，依法做好社区矫正工作。人民检察院依法对社区矫正工作实行法律监督。

地方人民政府根据需要设立社区矫正委员会，负责统筹协调和指导本行政区域内的社区矫正工作。

第九条 县级以上地方人民政府根据需要设置社区矫正机构，负责社区矫正工作的具体实施。社区矫正机构的设置和撤销，由县级以上地方人民政府司法行政部门提出意见，按照规定的权限和程序审批。

司法所根据社区矫正机构的委托，承担社区矫正相关工作。

第十条 社区矫正机构应当配备具有法律等专业知识的专门国家工作人员（以下称社区矫正机构工作人员），履行监督管理、教育帮扶等执法职责。

第十一条 社区矫正机构根据需要，组织具有法律、教育、心理、社会工作等专业知识或者实践经验的社会工作者开展社区矫正相关工作。

第十二条 居民委员会、村民委员会依法协助社区矫正机构做好社区矫正工作。

社区矫正对象的监护人、家庭成员，所在单位或者就读学校应当协助社区矫正机构做好社区矫正工作。

第十三条 国家鼓励、支持企业事业单位、社会组织、志愿者等社会力量依法参与社区矫正工作。

第十四条 社区矫正机构工作人员应当严格遵守宪法和法律，忠于职守，严守纪律，清正廉洁。

第十五条 社区矫正机构工作人员和其他参与社区矫正工作的人员依法开展社区矫正工作，受法律保护。

第十六条 国家推进高素质的社区矫正工作队伍建设。社区矫正机构应当加强对社区矫正工作人员的管理、监督、培训和职业保障，不断提高社区矫正工作的规范化、专业化水平。

第三章　决定和接收

第十七条 社区矫正决定机关判处管制、宣告缓刑、裁定假释、决定或者批准暂予监外执行时应当确定社区矫正执行地。

社区矫正执行地为社区矫正对象的居住地。社区矫正对象在多个地方居住的，可以确定经常居住地为执行地。

社区矫正对象的居住地、经常居住地无法确定或者不适宜执行社区矫正的，社区矫正决定机关应当根据有利于社区矫正对象接受矫正、更好地融入社会的原则，确定执行地。

本法所称社区矫正决定机关，是指依法判处管制、宣告缓刑、裁定假释、决定暂予监外执行的人民法院和依法批准暂予监外执行的监狱管理机关、公安机关。

第十八条 社区矫正决定机关根据需要，可以委托社区矫正机构或者有关社会组织对被告人或者罪犯的社会危险性和对所居住社区的影响，进行调查评估，提出意见，供决定社区矫正时参考。居民委员会、村民委员会等组织应当提供必要的协助。

第十九条 社区矫正决定机关判处管制、宣告缓刑、裁定假释、决定或者批准暂予监外执行，应当按照刑法、刑事诉讼法等法律规定的条件和程序进行。

社区矫正决定机关应当对社区矫正对象进行教育，告知其在社区矫正期间应当遵守的规定以及违反规定的法律后果，责令其按时报到。

第二十条 社区矫正决定机关应当自判决、裁定或者决定生效之日起五日内通知执行地社区矫正机构，并在十日内送达有关法律文书，同时抄送人民检察院和执行地公安机关。社区矫正决定地与执行地不在同一地方的，由执行地社区矫正机构将法律文书转送所在地的人民检察院、公安机关。

第二十一条 人民法院判处管制、宣告缓刑、裁定假释的社区矫正对象，应当自判决、裁定生效之日起十日内到执行地社区矫正机构报到。

人民法院决定暂予监外执行的社区矫正对象，由看守所或者执行取保候审、监视居住的公安机关自收到决定之日起十日内将社区矫正对象移送社区矫正机构。

监狱管理机关、公安机关批准暂予监外执行的社区矫正对象，由监狱或者看守所自收到批准决定之日起十日内将社区矫正对象移送社区矫正机构。

第二十二条 社区矫正机构应当依法接收社区矫正对象，核对法律文书、核实身份、办理接收登记、建立档案，并宣告社区矫正对象的犯罪事实、执行社区矫正的期限以及应当遵守的规定。

第四章　监督管理

第二十三条 社区矫正对象在社区矫正期间应当遵守法律、行政法规，履行判决、裁定、暂予监外执行决定等法律文书确定的义务，遵守国务院司法行政部门关于报告、会客、外出、迁居、保外就医等监督管理规定，服从社区矫正机构的管理。

第二十四条 社区矫正机构应当根据裁判内容和社区矫正对象的性别、年龄、心理特点、健康状况、犯罪原因、犯罪类型、犯罪情节、悔罪表现等情况，制定有针对性的矫正方案，实现分类管理、个别化矫正。矫正方案应当根据社区矫正对象的表现等情况相应调整。

第二十五条 社区矫正机构应当根据社区矫正对象的情况，为其确定矫正小组，负责落实相应的矫正方案。

根据需要，矫正小组可以由司法所、居民委员会、村民委员会的人员，社区矫正对象的监护人、家庭成员，所在单位或者就读学校的人员以及社会工作者、志愿者等组成。社区矫正对象为女性的，矫正小组中应有女性成员。

第二十六条 社区矫正机构应当了解掌握社区矫正对象的活动情况和行为表现。社区矫正机构可以通过通信联络、信息化核查、实地查访等方式核实有关情况，有关单位和个人应当予以配合。

社区矫正机构开展实地查访等工作时，应当保护社区矫正对象的身份信息和个人隐私。

第二十七条 社区矫正对象离开所居住的市、县或者迁居，应当报经社区矫正机构批准。社区矫正机构对于有正当理由的，应当批准；对于因正常工作和生活需要经常性跨市、县活动的，可以根据情况，简化批准程序和方式。

因社区矫正对象迁居等原因需要变更执行地的，社区矫正机构应当按照有关规定作出变更决定。社区矫正机构作出变更决定后，应当通知社区矫正决定机关和变更后的社区矫正机构，并将有关法律文书抄送变更后的社区矫正机构。变更后的社区矫正机构应当将法律文书转送所在地的人民检察院、公安机关。

第二十八条 社区矫正机构根据社区矫正对象的表现，依照有关规定对其实施考核奖惩。社区矫正对象认罪悔罪、遵守法律法规、服从监督管理、接受教育表现突出的，应当给予表扬。社区矫正对象违反法律法规或者监督管理规定的，应当视情节依法给予训诫、警告、提请公安机关予以治安管理处罚，或者依法提请撤销缓刑、撤销假释、对暂予监外执行的收监执行。

对社区矫正对象的考核结果，可以作为认定其是否确有悔改表现或者是否严重违反监督管理规定的依据。

第二十九条 社区矫正对象有下列情形之一的，经县级司法行政部门负责人批准，可以使用电子定位装置，加强监督管理：

（一）违反人民法院禁止令的；

（二）无正当理由，未经批准离开所居住的市、县的；

（三）拒不按照规定报告自己的活动情况，被给予警告的；

（四）违反监督管理规定，被给予治安管理处罚的；

（五）拟提请撤销缓刑、假释或者暂予监外执行收监执行的。

前款规定的使用电子定位装置的期限不得超过三个月。对于不需要继续使用的，应当及时解除；对于期限届满后，经评估仍有必要继续使用的，经过批准，期限可以延长，每次不得超过三个月。

社区矫正机构对通过电子定位装置获得的信息应当严格保密，有关信息只能用于社区矫正工作，不得用于其他用途。

第三十条 社区矫正对象失去联系的，社区矫正机构应当立即组织查找，公安机关等有关单位和人员应当予以配合协助。查找到社区矫正对象后，应当区别情形依法作出处理。

第三十一条 社区矫正机构发现社区矫正对象正在实施违反监督管理规定的行为或者违反人民法院禁止令等违法行为的，应当立即制止；制止无效的，应当立即通知公安机关到场处置。

第三十二条 社区矫正对象有被依法决定拘留、强制隔离戒毒、采取刑事强制措施等限制人身自由情形的，有关机关应当及时通知社区矫正机构。

第三十三条 社区矫正对象符合刑法规定的减刑条件的，社区矫正机构应当向社区矫正执行地的中级以上人民法院提出减刑建议，并将减刑建议书抄送同级人民检察院。

人民法院应当在收到社区矫正机构的减刑建议书后三十日内作出裁定，并将裁定书送达社区矫正机构，同时抄送人民检察院、公安机关。

第三十四条 开展社区矫正工作，应当保障社区矫正对象的合法权益。社区矫正的措施和方法应当避免对社区矫正对象的正常工作和生活造成不必要的影响；非依法律规定，不得限制或者变相限制社区矫正对象的人身自由。

社区矫正对象认为其合法权益受到侵害的，有权向人民检察院或者有关机关申诉、控告和检举。受理机关应当及时办理，并将办理结果告知申诉人、控告人和检举人。

第五章　教育帮扶

第三十五条 县级以上地方人民政府及其有关部门应当通过多种形式为教育帮扶社区矫正对象提供必要的场所和条件，组织动员社会力量参与教育帮扶工作。

有关人民团体应当依法协助社区矫正机构做好教育帮扶工作。

第三十六条 社区矫正机构根据需要，对社区矫正对象进行法治、道德等教育，增强其法治观念，提高其道德素质和悔罪意识。

对社区矫正对象的教育应当根据其个体特征、日常表现等实际情况，充分考虑其工作和生活情况，因人施教。

第三十七条 社区矫正机构可以协调有关部门和单位，依法对就业困难的社区矫正对象开展职业技能培训、就业指导，帮助社区矫正对象中的在校学生完成学业。

第三十八条 居民委员会、村民委员会可以引导志愿者和社区群众，利用社区资源，采取多种形式，对有特殊困难的社区矫正对象进行必要的教育帮扶。

第三十九条 社区矫正对象的监护人、家庭成员，所在单位或者就读学校应当协助社区矫正机构做好对社区矫正对象的教育。

第四十条 社区矫正机构可以通过公开择优购买社区矫正社会工作服务或者其他社会服务，为社区矫正对象在教育、心理辅导、职业技能培训、社会关系改善等方面提供必要的帮扶。

社区矫正机构也可以通过项目委托社会组织等方式开展上述帮扶活动。国家鼓励有经验和资源的社会组织跨地区开展帮扶交流和示范活动。

第四十一条 国家鼓励企业事业单位、社会组织为社区矫正对象提供就业岗位和职业技能培训。招用符合条件的社区矫正对象的企业，按照规定享受国家优惠政策。

第四十二条 社区矫正机构可以根据社区矫正对象的个人特长，组织其参加公益活动，修复社会关系，培养社会责任感。

第四十三条 社区矫正对象可以按照国家有关规定申请社会救助、参加社会保险、获得法律援助，社区矫正机构应当给予必要的协助。

第六章 解除和终止

第四十四条 社区矫正对象矫正期满或者被赦免的，社区矫正机构应当向社区矫正对象发放解除社区矫正证明书，并通知社区矫正决定机关、所在地的人民检察院、公安机关。

第四十五条 社区矫正对象被裁定撤销缓刑、假释，被决定收监执行，或者社区矫正对象死亡的，社区矫正终止。

第四十六条 社区矫正对象具有刑法规定的撤销缓刑、假释情形的，应当由人民法院撤销缓刑、假释。

对于在考验期限内犯新罪或者发现判决宣告以前还有其他罪没有判决的，应当由审理该案件的人民法院撤销缓刑、假释，并书面通知原审人民法院和执行地社区矫正机构。

对于有第二款规定以外的其他需要撤销缓刑、假释情形的，社区矫正机构应当向原审人民法院或者执行地人民法院提出撤销缓刑、假释建议，并将建议书抄送人民检察院。社区矫正机构提出撤销缓刑、假释建议时，应当说明理由，并提供有关证据材料。

第四十七条 被提请撤销缓刑、假释的社区矫正对象可能逃跑或者可能发生社会危险的，社区矫正机构可以在提出撤销缓刑、假释建议的同时，提请人民法院决定对其予以逮捕。

人民法院应当在四十八小时内作出是否逮捕的决定。决定逮捕的，由公安机关执行。逮捕后的羁押期限不得超过三十日。

第四十八条 人民法院应当在收到社区矫正机构撤销缓刑、假释建议书后三十日内作出裁定，将裁定书送达社区矫正机构和公安机关，并抄送人民检察院。

人民法院拟撤销缓刑、假释的，应当听取社区矫正对象的申辩及其委托的律师的意见。

人民法院裁定撤销缓刑、假释的，公安机关应当及时将社区矫正对象送交监狱或者看守所执行。执行以前被逮捕的，羁押一日折抵刑期一日。

人民法院裁定不予撤销缓刑、假释的，对被逮捕的社区矫正对象，公安机关应当立即予以释放。

第四十九条 暂予监外执行的社区矫正对象具有刑事诉讼法规定的应当予以收监情形的，社区矫正机构应当向执行地或者原社区矫正决定机关提出收监执行建议，并将建议书抄送人民检察院。

社区矫正决定机关应当在收到建议书后三十日内作出决定，将决定书送达社区矫正机构和公安机关，并抄送人民检察院。

人民法院、公安机关对暂予监外执行的社区矫正对象决定收监执行的，由公安机关立即将社区矫正对象送交监狱或者看守所收监执行。

监狱管理机关对暂予监外执行的社区矫正对象决定收监执行的，监狱应当立即将社区矫正对象收监执行。

第五十条　被裁定撤销缓刑、假释和被决定收监执行的社区矫正对象逃跑的，由公安机关追捕，社区矫正机构、有关单位和个人予以协助。

第五十一条　社区矫正对象在社区矫正期间死亡的，其监护人、家庭成员应当及时向社区矫正机构报告。社区矫正机构应当及时通知社区矫正决定机关、所在地的人民检察院、公安机关。

第七章　未成年人社区矫正特别规定

第五十二条　社区矫正机构应当根据未成年社区矫正对象的年龄、心理特点、发育需要、成长经历、犯罪原因、家庭监护教育条件等情况，采取针对性的矫正措施。

社区矫正机构为未成年社区矫正对象确定矫正小组，应当吸收熟悉未成年人身心特点的人员参加。

对未成年人的社区矫正，应当与成年人分别进行。

第五十三条　未成年社区矫正对象的监护人应当履行监护责任，承担抚养、管教等义务。

监护人怠于履行监护职责的，社区矫正机构应当督促、教育其履行监护责任。监护人拒不履行监护职责的，通知有关部门依法作出处理。

第五十四条　社区矫正机构工作人员和其他依法参与社区矫正工作的人员对履行职责过程中获得的未成年人身份信息应当予以保密。

除司法机关办案需要或者有关单位根据国家规定查询外，未成年社区矫正对象的档案信息不得提供给任何单位或者个人。依法进行查询的单位，应当对获得的信息予以保密。

第五十五条　对未完成义务教育的未成年社区矫正对象，社区矫正机构应当通知并配合教育部门为其完成义务教育提供条件。未成年社区矫正对象的监护人应当依法保证其按时入学接受并完成义务教育。

年满十六周岁的社区矫正对象有就业意愿的，社区矫正机构可以协调有关部门和单位为其提供职业技能培训，给予就业指导和帮助。

第五十六条　共产主义青年团、妇女联合会、未成年人保护组织应当依法协助社区矫正机构做好未成年人社区矫正工作。

国家鼓励其他未成年人相关社会组织参与未成年人社区矫正工作，依法给予政策支持。

第五十七条　未成年社区矫正对象在复学、升学、就业等方面依法享有与其他未成年人同等的权利，任何单位和个人不得歧视。有歧视行为的，应当由教育、人力资源和社会保障等部门依法作出处理。

第五十八条　未成年社区矫正对象在社区矫正期间年满十八周岁的，继续按照未成年人社区矫正有关规定执行。

第八章　法律责任

第五十九条　社区矫正对象在社区矫正期间有违反监督管理规定行为的，由公安机关依照《中华人民共和国治安管理处罚法》的规定给予处罚；具有撤销缓刑、假释或者暂予监外执行收监情形的，应当依法作出处理。

第六十条 社区矫正对象殴打、威胁、侮辱、骚扰、报复社区矫正机构工作人员和其他依法参与社区矫正工作的人员及其近亲属，构成犯罪的，依法追究刑事责任；尚不构成犯罪的，由公安机关依法给予治安管理处罚。

第六十一条 社区矫正机构工作人员和其他国家工作人员有下列行为之一的，应当给予处分；构成犯罪的，依法追究刑事责任：

（一）利用职务或者工作便利索取、收受贿赂的；

（二）不履行法定职责的；

（三）体罚、虐待社区矫正对象，或者违反法律规定限制或者变相限制社区矫正对象的人身自由的；

（四）泄露社区矫正工作秘密或者其他依法应当保密的信息的；

（五）对依法申诉、控告或者检举的社区矫正对象进行打击报复的；

（六）有其他违纪违法行为的。

第六十二条 人民检察院发现社区矫正工作违反法律规定的，应当依法提出纠正意见、检察建议。有关单位应当将采纳纠正意见、检察建议的情况书面回复人民检察院，没有采纳的应当说明理由。

第九章 附 则

第六十三条 本法自 2020 年 7 月 1 日起施行。

二、司法解释

最高人民法院关于适用《中华人民共和国刑事诉讼法》的解释（2021 年 1 月 26 日）（节选）

第五章 强制措施

第一百四十七条 人民法院根据案件情况，可以决定对被告人拘传、取保候审、监视居住或者逮捕。

对被告人采取、撤销或者变更强制措施的，由院长决定；决定继续取保候审、监视居住的，可以由合议庭或者独任审判员决定。

第一百四十八条 对经依法传唤拒不到庭的被告人，或者根据案件情况有必要拘传的被告人，可以拘传。

拘传被告人，应当由院长签发拘传票，由司法警察执行，执行人员不得少于二人。

拘传被告人，应当出示拘传票。对抗拒拘传的被告人，可以使用戒具。

第一百四十九条 拘传被告人，持续的时间不得超过十二小时；案情特别重大、复杂，需要采取逮捕措施的，持续的时间不得超过二十四小时。不得以连续拘传的形式变相拘禁被告人。应当保证被拘传人的饮食和必要的休息时间。

第一百五十条 被告人具有刑事诉讼法第六十七条第一款规定情形之一的，人民法院可以决定取保候审。

对被告人决定取保候审的，应当责令其提出保证人或者交纳保证金，不得同时使用保证人保证与保证金保证。

第一百五十一条　对下列被告人决定取保候审的，可以责令其提出一至二名保证人：
（一）无力交纳保证金的；
（二）未成年或者已满七十五周岁的；
（三）不宜收取保证金的其他被告人。

第一百五十二条　人民法院应当审查保证人是否符合法定条件。符合条件的，应当告知其必须履行的保证义务，以及不履行义务的法律后果，并由其出具保证书。

第一百五十三条　对决定取保候审的被告人使用保证金保证的，应当依照刑事诉讼法第七十二条第一款的规定确定保证金的具体数额，并责令被告人或者为其提供保证金的单位、个人将保证金一次性存入公安机关指定银行的专门账户。

第一百五十四条　人民法院向被告人宣布取保候审决定后，应当将取保候审决定书等相关材料送交当地公安机关。

对被告人使用保证金保证的，应当在核实保证金已经存入公安机关指定银行的专门账户后，将银行出具的收款凭证一并送交公安机关。

第一百五十五条　被告人被取保候审期间，保证人不愿继续履行保证义务或者丧失履行保证义务能力的，人民法院应当在收到保证人的申请或者公安机关的书面通知后三日以内，责令被告人重新提出保证人或者交纳保证金，或者变更强制措施，并通知公安机关。

第一百五十六条　人民法院发现保证人未履行保证义务的，应当书面通知公安机关依法处理。

第一百五十七条　根据案件事实和法律规定，认为已经构成犯罪的被告人在取保候审期间逃匿的，如果系保证人协助被告人逃匿，或者保证人明知被告人藏匿地点但拒绝向司法机关提供，对保证人应当依法追究责任。

第一百五十八条　人民法院发现使用保证金保证的被取保候审人违反刑事诉讼法第七十一条第一款、第二款规定的，应当书面通知公安机关依法处理。

人民法院收到公安机关已经没收保证金的书面通知或者变更强制措施的建议后，应当区别情形，在五日以内责令被告人具结悔过，重新交纳保证金或者提出保证人，或者变更强制措施，并通知公安机关。

人民法院决定对被依法没收保证金的被告人继续取保候审的，取保候审的期限连续计算。

第一百五十九条　对被取保候审的被告人的判决、裁定生效后，如果保证金属于其个人财产，且需要用以退赔被害人、履行附带民事赔偿义务或者执行财产刑的，人民法院可以书面通知公安机关移交全部保证金，由人民法院作出处理，剩余部分退还被告人。

第一百六十条　对具有刑事诉讼法第七十四条第一款、第二款规定情形的被告人，人民法院可以决定监视居住。

人民法院决定对被告人监视居住的，应当核实其住处；没有固定住处的，应当为其指定居所。

第一百六十一条　人民法院向被告人宣布监视居住决定后，应当将监视居住决定书等相关材料送交被告人住处或者指定居所所在地的公安机关执行。

对被告人指定居所监视居住后，人民法院应当在二十四小时以内，将监视居住的原因和处所通知其家属；确实无法通知的，应当记录在案。

第一百六十二条　人民检察院、公安机关已经对犯罪嫌疑人取保候审、监视居住，案件起诉至人民法院后，需要继续取保候审、监视居住或者变更强制措施的，人民法院应当在七日以内作出决定，并通知人民检察院、公安机关。

决定继续取保候审、监视居住的，应当重新办理手续，期限重新计算；继续使用保证金保证的，不再收取保证金。

第一百六十三条 对具有刑事诉讼法第八十一条第一款、第三款规定情形的被告人，人民法院应当决定逮捕。

第一百六十四条 被取保候审的被告人具有下列情形之一的，人民法院应当决定逮捕：

（一）故意实施新的犯罪的；

（二）企图自杀或者逃跑的；

（三）毁灭、伪造证据，干扰证人作证或者串供的；

（四）打击报复、恐吓滋扰被害人、证人、鉴定人、举报人、控告人等的；

（五）经传唤，无正当理由不到案，影响审判活动正常进行的；

（六）擅自改变联系方式或者居住地，导致无法传唤，影响审判活动正常进行的；

（七）未经批准，擅自离开所居住的市、县，影响审判活动正常进行，或者两次未经批准，擅自离开所居住的市、县的；

（八）违反规定进入特定场所、与特定人员会见或者通信、从事特定活动，影响审判活动正常进行，或者两次违反有关规定的；

（九）依法应当决定逮捕的其他情形。

第一百六十五条 被监视居住的被告人具有下列情形之一的，人民法院应当决定逮捕：

（一）具有前条第一项至第五项规定情形之一的；

（二）未经批准，擅自离开执行监视居住的处所，影响审判活动正常进行，或者两次未经批准，擅自离开执行监视居住的处所的；

（三）未经批准，擅自会见他人或者通信，影响审判活动正常进行，或者两次未经批准，擅自会见他人或者通信的；

（四）对因患有严重疾病、生活不能自理，或者因怀孕、正在哺乳自己婴儿而未予逮捕的被告人，疾病痊愈或者哺乳期已满的；

（五）依法应当决定逮捕的其他情形。

第一百六十六条 对可能判处徒刑以下刑罚的被告人，违反取保候审、监视居住规定，严重影响诉讼活动正常进行的，可以决定逮捕。

第一百六十七条 人民法院作出逮捕决定后，应当将逮捕决定书等相关材料送交公安机关执行，并将逮捕决定书抄送人民检察院。逮捕被告人后，人民法院应当将逮捕的原因和羁押的处所，在二十四小时以内通知其家属；确实无法通知的，应当记录在案。

第一百六十八条 人民法院对决定逮捕的被告人，应当在逮捕后二十四小时以内讯问。发现不应当逮捕的，应当立即释放。必要时，可以依法变更强制措施。

第一百六十九条 被逮捕的被告人具有下列情形之一的，人民法院可以变更强制措施：

（一）患有严重疾病、生活不能自理的；

（二）怀孕或者正在哺乳自己婴儿的；

（三）系生活不能自理的人的唯一扶养人。

第一百七十条 被逮捕的被告人具有下列情形之一的，人民法院应当立即释放；必要时，可以依法变更强制措施：

（一）第一审人民法院判决被告人无罪、不负刑事责任或者免予刑事处罚的；

（二）第一审人民法院判处管制、宣告缓刑、单独适用附加刑，判决尚未发生法律效力的；

（三）被告人被羁押的时间已到第一审人民法院对其判处的刑期期限的；

（四）案件不能在法律规定的期限内审结的。

第一百七十一条 人民法院决定释放被告人的，应当立即将释放通知书送交公安机关执行。

第一百七十二条 被采取强制措施的被告人，被判处管制、缓刑的，在社区矫正开始后，强制措施自动解除；被单处附加刑的，在判决、裁定发生法律效力后，强制措施自动解除；被判处监禁刑的，在刑罚开始执行后，强制措施自动解除。

第一百七十三条 对人民法院决定逮捕的被告人，人民检察院建议释放或者变更强制措施的，人民法院应当在收到建议后十日以内将处理情况通知人民检察院。

第一百七十四条 被告人及其法定代理人、近亲属或者辩护人申请变更、解除强制措施的，应当说明理由。人民法院收到申请后，应当在三日以内作出决定。同意变更、解除强制措施的，应当依照本解释规定处理；不同意的，应当告知申请人，并说明理由。

三、刑事政策文件

1. 最高人民检察院、公安部关于适用刑事强制措施有关问题的规定（2000年8月28日　高检会〔2000〕2号）

为了正确适用刑事诉讼法规定的强制措施，保障刑事诉讼活动的顺利进行，根据刑事诉讼法和其他有关法律规定，现对人民检察院、公安机关适用刑事强制措施的有关问题作如下规定：

一、取保候审

第一条 人民检察院决定对犯罪嫌疑人采取取保候审措施的，应当在向犯罪嫌疑人宣布后交由公安机关执行。对犯罪嫌疑人采取保证人担保形式的，人民检察院应当将有关法律文书和有关案由、犯罪嫌疑人基本情况、保证人基本情况的材料，送交犯罪嫌疑人居住地的同级公安机关；对犯罪嫌疑人采取保证金担保形式的，人民检察院应当在核实保证金已经交纳到公安机关指定的银行后，将有关法律文书、有关案由、犯罪嫌疑人基本情况的材料和银行出具的收款凭证，送交犯罪嫌疑人居住地的同级公安机关。

第二条 公安机关收到有关法律文书和材料后，应当立即交由犯罪嫌疑人居住地的县级公安机关执行。负责执行的县级公安机关应当在二十四小时以内核实被取保候审人、保证人的身份以及相关材料，并报告县级公安机关负责人后，通知犯罪嫌疑人居住地派出所执行。

第三条 执行取保候审的派出所应当指定专人负责对被取保候审进行监督考察，并将取保候审的执行情况报告所属县级公安机关通知决定取保候审的人民检察院。

第四条 人民检察院决定对犯罪嫌疑人取保候审的案件。在执行期间，被取保候审人有正当理由需要离开所居住的市、县的，负责执行的派出所应当及时报告所属县级公安机关，由该县级公安机关征得决定取保候审的人民检察院同意后批准。

第五条　人民检察院决定对犯罪嫌疑人采取保证人担保形式取保候审的，如果保证人在取保候审期间不愿继续担保或者丧失担保条件，人民检察院应当在收到保证人不愿继续担保的申请或者发现其丧失担保条件后的三日以内，责令犯罪嫌疑人重新提出保证人或者交纳保证金，或者变更为其他强制措施，并通知公安机关执行。

公安机关在执行期间收到保证人不愿继续担保的申请或者发现其丧失担保条件的，应当在三日以内通知作出决定的人民检察院。

第六条　人民检察院决定对犯罪嫌疑人取保候审的案件，被取保候审人、保证人违反遵守的规定的，由县级以上公安机关决定没收保证金、对保证人罚款，并在执行后三日以内将执行情况通知人民检察院。人民检察院应当在接到通知后五日以内，区别情形，责令犯罪嫌疑人具结悔过、重新交纳保证金、提出保证人或者监视居住、予以逮捕。

第七条　人民检察院决定对犯罪嫌疑人取保候审的案件，取保候审期限届满十五日前，负责执行的公安机关应当通知作出决定的人民检察院。人民检察院应当在取保候审期限届满前，作出解除取保候审或者变更强制措施的决定，并通知公安机关执行。

第八条　人民检察院决定对犯罪嫌疑人采取保证金担保方式取保候审的，犯罪嫌疑人在取保候审期间没有违反刑事诉讼法第五十六条规定，也没有故意重新犯罪的，人民检察院解除取保候审时，应当通知公安机关退还保证金。

第九条　公安机关决定对犯罪嫌疑人取保审的案件，犯罪嫌疑人违反应当遵守的规定，情节严重的，公安机关应当依法提请批准逮捕。人民检察院应当根据刑事诉讼法第五十六条的规定审查批准逮捕。

二、监视居住

第十条　人民检察院决定对犯罪嫌疑人采取监视居住措施的，应当核实犯罪嫌疑人的住处。犯罪嫌疑人没有固定住处的，人民检察院应当为其指定居所。

第十一条　人民检察院核实犯罪嫌疑人住处或者为其指定居所后，应当制作监视居住执行通知书，将有关法律文书和有关案由、犯罪嫌疑人基本情况的材料，送交犯罪嫌疑人住处或者居所地的同级公安机关执行。人民检察院可以协助公安机关执行。

第十二条　公安机关收到有关法律文书和材料后，应当立即交由犯罪嫌疑人住处或者居所地的县级公安机关执行。负责执行的县级公安机关应当在二十四小时以内，核实被监视居住人的身份和住所或者居所，报告县级公安机关负责人后，通知被监视居住人住处或者居所地的派出所执行。

第十三条　负责执行监视居住的派出所应当指定专人对被监视居住人进行监督考察，并及时将监视居住的执行情况报告所属县级公安机关通知决定监视居住的人民检察院。

第十四条　人民检察院决定对犯罪嫌疑人监视居住的案件，在执行期间，犯罪嫌疑人有正当理由需要离开住处或者指定居所的，负责执行的派出所应当及时报告所属县级公安机关，由该县级公安机关征得决定监视居住的人民检察院同意后予以批准。

第十五条　人民检察院决定对犯罪嫌疑人监视居住的案件，犯罪嫌疑人违反应当遵守的规定的，执行监视居住的派出所应当及时报告县级公安机关通知决定监视居住的人民检察院。情节严重的，人民检察院应当决定予以逮捕，通知公安机关执行。

第十六条　人民检察院决定对犯罪嫌疑人监视居住的案件，监视居住期限届满十五日前，负责执行的县级公安机关应当通知决定监视居住的人民检察院。人民检察院应当在监视居住期限届满前，作出解除监视居住或者变更强制措施的决定，并通知公安机关执行。

第十七条　公安机关决定对犯罪嫌疑人监视居住的案件，犯罪嫌疑人违反应当遵守的规定，情节严重的，公安机关应当依法提请批准逮捕。人民检察院应当根据刑事诉讼法第五十七条的规定审查批准逮捕。

三、拘留

第十八条　人民检察院直接立案侦查的案件，需要拘留犯罪嫌疑人的，应当依法作出拘留决定，并将有关法律文书和有关案由、犯罪嫌疑人基本情况的材料送交同级公安机关执行。

第十九条　公安机关核实有关法律文书和材料后，应当报请县级以上公安机关负责人签发拘留证，并立即派员执行，人民检察院可以协助公安机关执行。

第二十条　人民检察院对于符合刑事诉讼法第六十一条第（四）项或者第（五）项规定情形的犯罪嫌疑人，因情况紧急，来不及办理拘留手续的，可以先行将犯罪嫌疑人带至公安机关，同时立即办理拘留手续。

第二十一条　公安机关拘留犯罪嫌疑人后，应当立即将执行回执送达作出拘留决定的人民检察院。人民检察院应当在拘留后的二十四小时以内对犯罪嫌疑人进行讯问。除有碍侦查或者无法通知的情形以外，人民检察院还应当把拘留的原因和羁押的处所，在二十四小时以内，通知被拘留人的家属或者他的所在单位。

公安机关未能抓获犯罪嫌疑人的，应当在二十四小时以内，将执行情况和未能抓获犯罪嫌疑人的原因通知作出拘留决定的人民检察院。对于犯罪嫌疑人在逃的，在人民检察院撤销拘留决定之前，公安机关应当组织力量继续执行，人民检察院应当及时向公安机关提供新的情况和线索。

第二十二条　人民检察院对于决定拘留的犯罪嫌疑人的，经检察长或者检察委员会决定不予逮捕的，应当通知公安机关释放犯罪嫌疑人，公安机关接到通知后应当立即释放；需要逮捕而证据还不充足的，人民检察院可以变更为取保候审或者监视居住，并通知公安机关执行。

第二十三条　公安机关对于决定拘留的犯罪嫌疑人，经审查认为需要逮捕的，应当在法定期限内提请同级人民检察院审查批准。犯罪嫌疑人不讲真实姓名、住址，身份不明的，拘留期限自查清其真实身份之日起计算。对于有证据证明有犯罪事实的，也可以按犯罪嫌疑人自报的姓名提请人民检察院批准逮捕。

对于需要确认外国籍犯罪嫌疑人身份的，应当按照我国和该犯罪嫌疑人所称的国籍国签订的有关司法协助条约、国际公约的规定，或者通过外交途径、国际刑警组织渠道查明其身份。如果确实无法查清或者有关国家拒绝协助的，只要有证据证明有犯罪事实，可以按照犯罪嫌疑人自报的姓名提请人民检察院批准逮捕。侦查终结后，对于犯罪事实清楚，证据确实、充分的，也可以按其自报的姓名移送人民检察院审查起诉。

四、逮捕

第二十四条　对于公安机关提请批准逮捕的案件，人民检察院应当就犯罪嫌疑人涉嫌的犯罪事实和证据进行审查。除刑事诉讼法第五十六条和第五十七条规定的情形外，人民检察院应当按照刑事诉讼法第六十条规定的逮捕条件审查批准逮捕。

第二十五条　对于公安机关提请批准逮捕的犯罪嫌疑人，人民检察院决定不批准逮捕的，应当说明理由；不批准逮捕并且通知公安机关补充侦查的，应当同时列出补充侦查提纲。

公安机关接到人民检察院不批准逮捕决定书后，应当立即释放犯罪嫌疑人；认为需要逮捕而进行补充侦查、要求复议或者提请复核的，可以变更为取保候审或者监视居住。

第二十六条　公安机关认为人民检察院不批准逮捕的决定有错误的，应当在收到不批准逮捕决定书后五日以内，向同级人民检察院要求复议。人民检察院应当在收到公安机关要求复议意见后七日以内作出复议决定。

公安机关对复议决定不服的，应当在收到人民检察院复议决定书后五日以内，向上一级人民检察院提请复核。上一级人民检察院应当在收到公安机关提请复核意见书后十五日以内作出复核决定。

第二十七条　人民检察院直接立案侦查的案件，依法作出逮捕犯罪嫌疑人的决定后，应当将有关法律文书和有关案由、犯罪嫌疑人基本情况的材料送交同级公安机关执行。

公安机关核实人民检察院送交的有关法律文书和材料后，应当报请县级以上公安机关负责人签发逮捕证，并立即派员执行，人民检察院可以协助公安机关执行。

第二十八条　人民检察院直接立案侦查的案件，公安机关逮捕犯罪嫌疑人后，应当立即将执行回执送达决定逮捕的人民检察院。人民检察院应当在逮捕后二十四小时以内，对犯罪嫌疑人进行讯问。除有碍侦查或者无法通知的情形以外，人民检察院还应当将逮捕的原因和羁押的处所，在二十四小时以内，通知被逮捕人的家属或者其所在单位。

公安机关未能抓获犯罪嫌疑人的，应当在二十四小时以内，将执行情况和未能抓获犯罪嫌疑人的原因通知决定逮捕的人民检察院。对于犯罪嫌疑人在逃的，在人民检察院撤销逮捕决定之前，公安机关应当组织力量继续执行，人民检察院应当及时提供新的情况和线索。

第二十九条　人民检察院直接立案侦查的案件，对已经逮捕的犯罪嫌疑人，发现不应当逮捕的，应当经检察长批准或者检察委员会讨论决定，撤销逮捕决定或者变更为取保候审、监视居住，并通知公安机关执行。人民检察院将逮捕变更为取保候审、监视居住的，执行程序适用本规定。

第三十条　人民检察院直接立案侦查的案件，被拘留、逮捕的犯罪嫌疑人或者他的法定代理人、近亲属和律师向负责执行的公安机关提出取保候审申请的，公安机关应当告知其直接向作出决定的人民检察院提出。

被拘留、逮捕的犯罪嫌疑人的法定代理人、近亲属和律师向人民检察院申请对犯罪嫌疑人取保候审的，人民检察院应当在收到申请之日起七日内作出是否同意的答复。同意取保候审的，应当作出变更强制措施的决定，办理取保候审手续，并通知公安机关执行。

第三十一条　对于人民检察院决定逮捕的犯罪嫌疑人，公安机关应当在侦查羁押期限届满十日前通知决定逮捕的人民检察院。

对于需要延长侦查羁押期限的，人民检察院应当在侦查羁押期限届满前，将延长侦查羁押期限决定书送交公安机关；对于犯罪嫌疑人另有重要罪行，需要重新计算侦查羁押期限的，人民检察院应当在侦查羁押期限届满前，将重新计算侦查羁押期限决定书送交公安机关。

对于不符合移送审查起诉条件或者延长侦查羁押期限条件、重新计算侦查羁押期限条件的，人民检察院应当在侦查羁押期限届满前，作出予以释放或者变更强制措施的决定，并通知公安机关执行。公安机关应当将执行情况及时通知人民检察院。

第三十二条 公安机关立案侦查的案件，对于已经逮捕的犯罪嫌疑人变更为取保候审、监视居住后，又发现需要逮捕该犯罪嫌疑人的，公安机关应当重新提请批准逮捕。

人民检察院直接立案侦查的案件具有前款规定情形的，应当重新审查决定逮捕。

五、其他有关规定

第三十三条 人民检察院直接立案侦查的案件，需要通缉犯罪嫌疑人的，应当作出逮捕决定，并将逮捕决定书、通缉通知书和犯罪嫌疑人的照片、身份、特征等情况及简要案情，送达同级公安机关，由公安机关按照规定发布通缉令。人民检察院应当予以协助。

各级人民检察院需要在本辖区内通缉犯罪嫌疑人的，可以直接决定通缉；需要在本辖区外通缉犯罪嫌疑人的，由有决定权的上级人民检察院决定。

第三十四条 公安机关侦查终结后，应当按照刑事诉讼法第一百二十九条的规定，移送同级人民检察院审查起诉。人民检察院认为应当由上级人民检察院、同级其他人民检察院或者下级人民检察院审查起诉的，由人民检察院将案件移送有管辖权的人民检察院审查起诉。

第三十五条 人民检察院审查公安机关移送起诉的案件，认为需要补充侦查的，可以退回公安机关补充侦查，也可以自行侦查。

补充侦查以二次为限。公安机关已经补充侦查二次后移送审查起诉的案件，人民检察院依法改变管辖的，如果需要补充侦查，由人民检察院自行侦查；人民检察院在审查起诉中又发现新的犯罪事实的，应当移送公安机关立案侦查，对已经查清的犯罪事实依法提起公诉。

人民检察院提起公诉后，发现案件需要补充侦查的，由人民检察院自行侦查，公安机关应当予以协助。

第三十六条 公安机关认为人民检察院的不起诉决定有错误的，应当在收到人民检察院不起诉决定书后七日内制作要求复议意见书，要求同级人民检察院复议。人民检察院应当在收到公安机关要求复议意见书后三十日内作出复议决定。

公安机关对人民检察院的复议决定不服的，可以在收到人民检察院复议决定书后七日内制作提请复核意见书，向上一级人民检察院提请复核。上一级人民检察院应当在收到公安机关提请复核意见书后三十日内作出复核决定。

第三十七条 人民检察院应当加强对公安机关、人民检察院办案部门适用刑事强制措施工作的监督，对于超期羁押、超期限办案、不依法执行的，应当及时提出纠正意见，督促公安机关或者人民检察院办案部门依法执行。

公安机关、人民检察院的工作人员违反刑事诉讼法和本规定，玩忽职守、滥用职权、徇私舞弊，导致超期羁押、超期限办案或者实施其他违法行为的，应当依照有关法律和规定追究法律责任；构成犯罪的，依法追究刑事责任。

第三十八条 对于人民检察院直接立案侦查的案件，人民检察院由承办案件的部门负责强制措施的移送执行事宜。公安机关由刑事侦查部门负责拘留、逮捕措施的执行事宜；由治安管理部门负责安排取保候审、监视居住的执行事宜。

第三十九条 各省、自治区、直辖市人民检察院、公安厅（局）和最高人民检察院、公安部直接立案侦查的刑事案件，适用刑事诉讼法和本规定。

第四十条 本规定自公布之日起施行。

2. 最高人民法院、最高人民检察院、公安部、国家安全部关于印发《关于取保候审若干问题的规定》的通知（2022年9月5日 公通字〔2022〕25号）

第一章 一般规定

第一条 为了规范适用取保候审，贯彻落实少捕慎诉慎押的刑事司法政策，保障刑事诉讼活动顺利进行，保护公民合法权益，根据《中华人民共和国刑事诉讼法》及有关规定，制定本规定。

第二条 对犯罪嫌疑人、被告人取保候审的，由公安机关、国家安全机关、人民检察院、人民法院根据案件的具体情况依法作出决定。

公安机关、人民检察院、人民法院决定取保候审的，由公安机关执行。国家安全机关决定取保候审的，以及人民检察院、人民法院办理国家安全机关移送的刑事案件决定取保候审的，由国家安全机关执行。

第三条 对于采取取保候审足以防止发生社会危险性的犯罪嫌疑人，应当依法适用取保候审。

决定取保候审的，不得中断对案件的侦查、起诉和审理。严禁以取保候审变相放纵犯罪。

第四条 对犯罪嫌疑人、被告人决定取保候审的，应当责令其提出保证人或者交纳保证金。

对同一犯罪嫌疑人、被告人决定取保候审的，不得同时使用保证人保证和保证金保证。对未成年人取保候审的，应当优先适用保证人保证。

第五条 采取保证金形式取保候审的，保证金的起点数额为人民币一千元；被取保候审人为未成年人的，保证金的起点数额为人民币五百元。

决定机关应当综合考虑保证诉讼活动正常进行的需要，被取保候审人的社会危险性，案件的性质、情节，可能判处刑罚的轻重，被取保候审人的经济状况等情况，确定保证金的数额。

第六条 对符合取保候审条件，但犯罪嫌疑人、被告人不能提出保证人也不交纳保证金的，可以监视居住。

前款规定的被监视居住人提出保证人或者交纳保证金的，可以对其变更为取保候审。

第二章 决定

第七条 决定取保候审时，可以根据案件情况责令被取保候审人不得进入下列"特定的场所"：

（一）可能导致其再次实施犯罪的场所；

（二）可能导致其实施妨害社会秩序、干扰他人正常活动行为的场所；

（三）与其所涉嫌犯罪活动有关联的场所；

（四）可能导致其实施毁灭证据、干扰证人作证等妨害诉讼活动的场所；

（五）其他可能妨害取保候审执行的特定场所。

第八条 决定取保候审时，可以根据案件情况责令被取保候审人不得与下列"特定的人员"会见或者通信：

（一）证人、鉴定人、被害人及其法定代理人和近亲属；

（二）同案违法行为人、犯罪嫌疑人、被告人以及与案件有关联的其他人员；

（三）可能遭受被取保候审人侵害、滋扰的人员；

（四）可能实施妨害取保候审执行、影响诉讼活动的人员。

前款中的"通信"包括以信件、短信、电子邮件、通话，通过网络平台或者网络应用服务交流信息等各种方式直接或者间接通信。

第九条 决定取保候审时，可以根据案件情况责令被取保候审人不得从事下列"特定的活动"：

（一）可能导致其再次实施犯罪的活动；

（二）可能对国家安全、公共安全、社会秩序造成不良影响的活动；

（三）与所涉嫌犯罪相关联的活动；

（四）可能妨害诉讼的活动；

（五）其他可能妨害取保候审执行的特定活动。

第十条 公安机关应当在其指定的银行设立取保候审保证金专门账户，委托银行代为收取和保管保证金，并将相关信息通知同级人民检察院、人民法院。

保证金应当以人民币交纳。

第十一条 公安机关决定使用保证金保证的，应当及时将收取保证金通知书送达被取保候审人，责令其在三日内向指定的银行一次性交纳保证金。

第十二条 人民法院、人民检察院决定使用保证金保证的，应当责令被取保候审人在三日内向公安机关指定银行的专门账户一次性交纳保证金。

第十三条 被取保候审人或者为其提供保证金的人应当将所交纳的保证金存入取保候审保证金专门账户，并由银行出具相关凭证。

第三章　执行

第十四条 公安机关决定取保候审的，在核实被取保候审人已经交纳保证金后，应当将取保候审决定书、取保候审执行通知书和其他有关材料一并送交执行。

第十五条 公安机关决定取保候审的，应当及时通知被取保候审人居住地的派出所执行。被取保候审人居住地在异地的，应当及时通知居住地公安机关，由其指定被取保候审人居住地的派出所执行。必要时，办案部门可以协助执行。

被取保候审人居住地变更的，执行取保候审的派出所应当及时通知决定取保候审的公安机关，由其重新确定被取保候审人变更后的居住地派出所执行。变更后的居住地在异地的，决定取保候审的公安机关应当通知该地公安机关，由其指定被取保候审人居住地的派出所执行。原执行机关应当与变更后的执行机关进行工作交接。

第十六条 居住地包括户籍所在地、经常居住地。经常居住地是指被取保候审人离开户籍所在地最后连续居住一年以上的地方。

取保候审一般应当在户籍所在地执行，但已形成经常居住地的，可以在经常居住地执行。

被取保候审人具有下列情形之一的，也可以在其暂住地执行取保候审：

（一）被取保候审人离开户籍所在地一年以上且无经常居住地，但在暂住地有固定住处的；

（二）被取保候审人系外国人、无国籍人，香港特别行政区、澳门特别行政区、台湾地区居民的；

（三）被取保候审人户籍所在地无法查清且无经常居住地的。

第十七条　在本地执行取保候审的，决定取保候审的公安机关应当将法律文书和有关材料送达负责执行的派出所。

在异地执行取保候审的，决定取保候审的公安机关应当将法律文书和载有被取保候审人的报到期限、联系方式等信息的有关材料送达执行机关，送达方式包括直接送达、委托送达、邮寄送达等，执行机关应当及时出具回执。被取保候审人应当在收到取保候审决定书后五日以内向执行机关报到。执行机关应当在被取保候审人报到后三日以内向决定机关反馈。

被取保候审人未在规定期限内向负责执行的派出所报到，且无正当事由的，执行机关应当通知决定机关，决定机关应当依法传讯被取保候审人，被取保候审人不到案的，依照法律和本规定第五章的有关规定处理。

第十八条　执行机关在执行取保候审时，应当告知被取保候审人必须遵守刑事诉讼法第七十一条的规定，以及违反规定或者在取保候审期间重新犯罪的法律后果。

保证人保证的，应当告知保证人必须履行的保证义务，以及不履行义务的法律后果，并由其出具保证书。

执行机关应当依法监督、考察被取保候审人遵守规定的有关情况，及时掌握其住址、工作单位、联系方式变动情况，预防、制止其实施违反规定的行为。

被取保候审人应当遵守取保候审有关规定，接受执行机关监督管理，配合执行机关定期了解有关情况。

第十九条　被取保候审人未经批准不得离开所居住的市、县。

被取保候审人需要离开所居住的市、县的，应当向负责执行的派出所提出书面申请，并注明事由、目的地、路线、交通方式、往返日期、联系方式等。被取保候审人有紧急事由，来不及提出书面申请的，可以先通过电话、短信等方式提出申请，并及时补办书面申请手续。

经审查，具有工作、学习、就医等正当合理事由的，由派出所负责人批准。

负责执行的派出所批准后，应当通知决定机关，并告知被取保候审人遵守下列要求：

（一）保持联系方式畅通，并在传讯的时候及时到案；

（二）严格按照批准的地点、路线、往返日期出行；

（三）不得从事妨害诉讼的活动；

（四）返回居住地后及时向执行机关报告。

对于因正常工作和生活需要经常性跨市、县活动的，可以根据情况，简化批准程序。

第二十条　人民法院、人民检察院决定取保候审的，应当将取保候审决定书、取保候审执行通知书和其他有关材料一并送交所在地同级公安机关，由所在地同级公安机关依照本规定第十五条、第十六条、第十七条的规定交付执行。

人民法院、人民检察院可以采用电子方式向公安机关送交法律文书和有关材料。

负责执行的县级公安机关应当在收到法律文书和有关材料后二十四小时以内，指定被取保候审人居住地派出所执行，并将执行取保候审的派出所通知作出取保候审决定的人民法院、人民检察院。

被取保候审人居住地变更的，由负责执行的公安机关通知变更后的居住地公安机关执行，并通知作出取保候审决定的人民法院、人民检察院。

人民法院、人民检察院决定取保候审的，执行机关批准被取保候审人离开所居住的市、县前，应当征得决定机关同意。

第二十一条　决定取保候审的公安机关、人民检察院传讯被取保候审人的，应当制作法律文书，并向被取保候审人送达。被传讯的被取保候审人不在场的，也可以交与其同住的成年亲属代收，并与被取保候审人联系确认告知。无法送达或者被取保候审人未按照规定接受传讯的，应当在法律文书上予以注明，并通知执行机关。

情况紧急的，决定取保候审的公安机关、人民检察院可以通过电话通知等方式传讯被取保候审人，但应当在法律文书上予以注明，并通知执行机关。

异地传讯的，决定取保候审的公安机关、人民检察院可以委托执行机关代为送达，执行机关送达后应当及时向决定机关反馈。无法送达的，应当在法律文书上注明，并通知决定机关。

人民法院传讯被取保候审的被告人，依照其他有关规定执行。

第二十二条　保证人应当对被取保候审人遵守取保候审管理规定情况进行监督，发现被保证人已经或者可能违反刑事诉讼法第七十一条规定的，应当及时向执行机关报告。

保证人不愿继续保证或者丧失保证条件的，保证人或者被取保候审人应当及时报告执行机关。执行机关应当在发现或者被告知该情形之日起三日以内通知决定机关。决定机关应当责令被取保候审人重新提出保证人或者交纳保证金，或者变更强制措施，并通知执行机关。

第二十三条　执行机关发现被取保候审人违反应当遵守的规定以及保证人未履行保证义务的，应当及时制止、采取相应措施，同时告知决定机关。

第四章　变更、解除

第二十四条　取保候审期限届满，决定机关应当作出解除取保候审或者变更强制措施的决定，并送交执行机关。决定机关未解除取保候审或者未对被取保候审人采取其他刑事强制措施的，被取保候审人及其法定代理人、近亲属或者辩护人有权要求决定机关解除取保候审。

对于发现不应当追究被取保候审人刑事责任并作出撤销案件或者终止侦查决定的，决定机关应当及时作出解除取保候审决定，并送交执行机关。

有下列情形之一的，取保候审自动解除，不再办理解除手续，决定机关应当及时通知执行机关：

（一）取保候审依法变更为监视居住、拘留、逮捕，变更后的强制措施已经开始执行的；

（二）人民检察院作出不起诉决定的；

（三）人民法院作出的无罪、免予刑事处罚或者不负刑事责任的判决、裁定已经发生法律效力的；

（四）被判处管制或者适用缓刑，社区矫正已经开始执行的；

（五）被单处附加刑，判决、裁定已经发生法律效力的；

（六）被判处监禁刑，刑罚已经开始执行的。

执行机关收到决定机关上述决定书或者通知后，应当立即执行，并将执行情况及时通知决定机关。

第二十五条 采取保证金方式保证的被取保候审人在取保候审期间没有违反刑事诉讼法第七十一条的规定，也没有故意实施新的犯罪的，在解除取保候审、变更强制措施或者执行刑罚的同时，公安机关应当通知银行如数退还保证金。

被取保候审人或者其法定代理人可以凭有关法律文书到银行领取退还的保证金。被取保候审人不能自己领取退还的保证金的，经本人出具书面申请并经公安机关同意，由公安机关书面通知银行将退还的保证金转账至被取保候审人或者其委托的人提供的银行账户。

第二十六条 在侦查或者审查起诉阶段已经采取取保候审的，案件移送至审查起诉或者审判阶段时，需要继续取保候审、变更保证方式或者变更强制措施的，受案机关应当在七日内作出决定，并通知移送案件的机关和执行机关。

受案机关作出取保候审决定并执行后，原取保候审措施自动解除，不再办理解除手续。对继续采取保证金保证的，原则上不变更保证金数额，不再重新收取保证金。受案机关变更的强制措施开始执行后，应当及时通知移送案件的机关和执行机关，原取保候审决定自动解除，不再办理解除手续，执行机关应当依法退还保证金。

取保候审期限即将届满，受案机关仍未作出继续取保候审或者变更强制措施决定的，移送案件的机关应当在期限届满十五日前书面通知受案机关。受案机关应当在取保候审期限届满前作出决定，并通知移送案件的机关和执行机关。

第五章 责任

第二十七条 使用保证金保证的被取保候审人违反刑事诉讼法第七十一条规定，依法应当没收保证金的，由公安机关作出没收部分或者全部保证金的决定，并通知决定机关。人民检察院、人民法院发现使用保证金保证的被取保候审人违反刑事诉讼法第七十一条规定，应当告知公安机关，由公安机关依法处理。

对被取保候审人没收保证金的，决定机关应当区别情形，责令被取保候审人具结悔过、重新交纳保证金、提出保证人，或者变更强制措施，并通知执行机关。

重新交纳保证金的，适用本规定第十一条、第十二条、第十三条的规定。

第二十八条 被取保候审人构成《中华人民共和国治安管理处罚法》第六十条第四项行为的，依法给予治安管理处罚。

第二十九条 被取保候审人没有违反刑事诉讼法第七十一条的规定，但在取保候审期间涉嫌故意实施新的犯罪被立案侦查的，公安机关应当暂扣保证金，待人民法院判决生效后，决定是否没收保证金。对故意实施新的犯罪的，应当没收保证金；对过失实施新的犯罪或者不构成犯罪的，应当退还保证金。

第三十条 公安机关决定没收保证金的，应当制作没收保证金决定书，在三日以内向被取保候审人宣读，告知其如果对没收保证金决定不服，被取保候审人或者其法定代理人可以在五日以内向作出没收决定的公安机关申请复议。

被取保候审人或者其法定代理人对复议决定不服的,可以在收到复议决定书后五日以内向上一级公安机关申请复核一次。

第三十一条 保证人未履行监督义务,或者被取保候审人违反刑事诉讼法第七十一条的规定,保证人未及时报告或者隐瞒不报告的,经查证属实后,由公安机关对保证人处以罚款,并将有关情况及时通知决定机关。

保证人帮助被取保候审人实施妨害诉讼等行为,构成犯罪的,依法追究其刑事责任。

第三十二条 公安机关决定对保证人罚款的,应当制作对保证人罚款决定书,在三日以内向保证人宣布,告知其如果对罚款决定不服,可以在五日以内向作出罚款决定的公安机关申请复议。

保证人对复议决定不服的,可以在收到复议决定书后五日以内向上一级公安机关申请复核一次。

第三十三条 没收保证金的决定、对保证人罚款的决定已过复议期限,或者复议、复核后维持原决定或者变更罚款数额的,作出没收保证金的决定、对保证人罚款的决定的公安机关应当及时通知指定的银行将没收的保证金、保证人罚款按照国家的有关规定上缴国库,并应当在三日以内通知决定机关。

如果保证金系被取保候审人的个人财产,且需要用以退赔被害人、履行附带民事赔偿义务或者执行财产刑的,人民法院可以书面通知公安机关移交全部保证金,由人民法院作出处理,剩余部分退还被告人。

第三十四条 人民检察院、人民法院决定取保候审的,被取保候审人违反取保候审规定,需要予以逮捕的,可以对被取保候审人先行拘留,并提请人民检察院、人民法院依法作出逮捕决定。人民法院、人民检察院决定逮捕的,由所在地同级公安机关执行。

第三十五条 保证金的收取、管理和没收应当严格按照本规定和国家的财经管理制度执行,任何单位和个人不得擅自收取、没收、退还保证金以及截留、坐支、私分、挪用或者以其他任何方式侵吞保证金。对违反规定的,应当依照有关法律和规定给予行政处分;构成犯罪的,依法追究刑事责任。

第六章 附则

第三十六条 对于刑事诉讼法第六十七条第一款第三项规定的"严重疾病"和"生活不能自理",分别参照最高人民法院、最高人民检察院、公安部、司法部、国家卫生计生委印发的《暂予监外执行规定》所附《保外就医严重疾病范围》和《最高人民法院关于印发〈罪犯生活不能自理鉴别标准〉的通知》所附《罪犯生活不能自理鉴别标准》执行。

第三十七条 国家安全机关决定、执行取保候审的,适用本规定中关于公安机关职责的规定。

第三十八条 对于人民法院、人民检察院决定取保候审,但所在地没有同级公安机关的,由省级公安机关会同同级人民法院、人民检察院,依照本规定确定公安机关负责执行或者交付执行,并明确工作衔接机制。

第三十九条 本规定中的执行机关是指负责执行取保候审的公安机关和国家安全机关。

第四十条 本规定自印发之日起施行。

第二节 审判实践中的疑难新型问题

问题1. 违法刑事拘留赔偿中特殊情形的司法审查

【实务专论】①

《国家赔偿法》对于刑事拘留赔偿作了概括的规定，而实践中赔偿请求人因刑事拘留而提出的赔偿申请呈现多样性，人民法院赔偿委员会应当遵循权利保障原则、合法性原则、权力分立与制约原则、司法终局原则对具体的案件进行审查，从而保证作出的国家赔偿决定符合民主法治发展的历史趋势。然而，由于《国家赔偿法》和《刑事诉讼法》修改以及现实情况的复杂性，违法刑事拘留赔偿的司法审查面临诸多亟待解决的问题，尤其是以下特殊情形亟须进一步深入研究。

一、特殊情形是否可视为终止追究刑事责任的

根据《国家赔偿法》第十七条的规定，违法刑事拘留赔偿应当以"决定撤销案件、不起诉或者判决宣告无罪终止追究刑事责任"为前提，对此条的理解，大致存在两种观点。一种观点认为，根据国家赔偿法的规定，人民法院赔偿委员会必须严格把握"决定撤销案件、不起诉或者判决宣告无罪"三种法定情形，并将终止追究刑事责任限于这三种情形，不能进行扩大理解。即在刑事诉讼过程中，当国家机关未作出撤销案件决定书、不起诉决定书或者无罪判决书时，赔偿请求人无权提起赔偿申请。另一种观点认为，在刑事拘留司法实践中，除了"决定撤销案件、不起诉或者判决宣告无罪"三种法定情形，还存在下列三种情形需要将其视为"终止追究刑事责任"：一是侦查机关因发现有人被谋杀而立案，并对甲违法采取了拘留措施（如超期拘留），此后经侦查发现该公民不是罪犯，侦查机关于是解除该公民的拘留措施，但根据《公安机关办理刑事案件程序规定》第一百八十三条的规定，"对于经过侦查，发现有犯罪事实需要追究刑事责任，但不是被立案侦查的犯罪嫌疑人实施的，或者共同犯罪案件中部分犯罪嫌疑人不够刑事处罚的，应当对有关犯罪嫌疑人终止侦查，并对该案件继续侦查"，侦查机关由于谋杀案的存在只会对公民终止侦查，而不会撤销案件。这就有可能出现公民尽管被违法拘留了，但由于侦查机关继续侦查而没有撤销案件，而无法获得申请国家赔偿的权利。二是对公民违法采取拘留措施（未逮捕）后，人民检察院退回公安机关补充侦查，未在法定期限内移送起诉，也不撤销案件。三是侦查机关在对公民违法采取拘留措施后，变更强制措施为监视居住、取保候审，期满后既不撤销案件，也不移送起诉或者提起公诉。

针对上述三种情形，有观点主张，人民法院赔偿委员会应当将其视为终止追究刑事责任，而将公民的刑事拘留赔偿申请纳入人民法院赔偿案件的审查范围。具体理由为：

首先，根据《公安机关办理刑事案件程序规定》第一百八十四条第一款"需要撤销案件或者对犯罪嫌疑人终止侦查的，办案部门应当制作撤销案件或者对犯罪嫌疑人终止

---

① 杨临萍、何君：《论违法刑事拘留赔偿的司法审查》，载中华人民共和国最高人民法院刑事审判第一、二、三、四、五庭主办：《刑事审判参考》2013年第2集（总第91集），法律出版社2014年版，第263~280页。

侦查报告书，报县级以上公安机关负责人批准"的规定，第一种情形公安机关只能作出终止侦查报告书，而无法决定撤销案件。人民法院赔偿委员会应将终止侦查报告书视为终止追究刑事责任的书面表现形式。

其次，《刑事诉讼法》第一百七十一条①规定："人民检察院审查案件，对于需要补充侦查的，可以退回公安机关补充侦查，也可以自行侦查。对于补充侦查的案件，应当在一个月以内补充侦查完毕。补充侦查以二次为限。补充侦查完毕移送人民检察院后，人民检察院重新计算审查起诉期限。对于二次补充侦查的案件，人民检察院仍然认为证据不足，不符合起诉条件的，应当作出不起诉的决定。"并且《公安机关办理刑事案件程序规定》第二百八十四条规定："侦查终结，移送人民检察院审查起诉的案件，人民检察院退回公安机关补充侦查的，公安机关接到人民检察院退回补充侦查的法律文书后，应当按照补充侦查提纲在一个月以内补充侦查完毕。补充侦查以二次为限。"人民法院赔偿委员会在审查这类违法拘留赔偿案件时，根据上述规定，将人民检察院的退回补充侦查的法律文书（在一个月补充侦查期满后）视为终止追究刑事责任的书面表现形式。

最后，《刑事诉讼法》在2012年修改过程中，增加了"羁押期限届满，案件尚未办结，需要采取取保候审的，人民法院、人民检察院和公安机关对犯罪嫌疑人、被告人可以取保候审"（第六十五条）②和"羁押期限届满，案件尚未办结，需要采取监视居住措施的，人民法院、人民检察院和公安机关对犯罪嫌疑人、被告人可以监视居住"（第七十二条）③的规定。根据上述规定，侦查机关应当在法定期限内结案，在特殊情况下，可以通过取保候审或者监视居住方式继续查证、审理，但取保候审时间最长为12个月，监视居住最长为6个月。由此可见，在案件侦查阶段，当侦查机关决定的取保候审或者监视居住期满后，案件在该阶段就已经处于办结状态。并且《刑事诉讼法》第一百六十六条④规定，侦查终结的案件，应当作出提起公诉、不起诉或者撤销案件的决定。当侦查终结的案件没有移送起诉或提起公诉，也没有依法作出撤销案件，人民法院赔偿委员会在审查这类违法拘留赔偿案件时，如取保候审或监视居住期满，则将"解除取保候审的通知"或者"解除监视居住的通知"视为终止追究刑事责任的书面表现形式。必须指出的是，对于后两种情形，都是由于侦查机关不履行职责，如果不将其视为终止追究刑事责任，那么侦查机关违法不作为的结果将可能使公民无法取得申请国家赔偿的权利。

二、违法拘传是否可视为违法刑事拘留

拘传是指公安机关、人民检察院和人民法院依法强制未被羁押的犯罪嫌疑人或被告人到案接受讯问的一种强制方法。⑤《刑事诉讼法》第一百一十七条⑥规定："对不需要逮捕、拘留的犯罪嫌疑人，可以传唤到犯罪嫌疑人所在市、县内的指定地点或者到他的住处进行讯问，但是应当出示人民检察院或者公安机关的证明文件。对在现场发现的犯罪嫌疑人，经出示工作证件，可以口头传唤，但应当在讯问笔录中注明。传唤、拘传持续的时间不得超过十二小时；案情特别重大、复杂，需要采取拘留、逮捕措施的，传唤、

---

① 现为《中华人民共和国刑事诉讼法》（2018年修正）第一百七十五条。
② 现为《最高人民法院关于适用〈中华人民共和国刑事诉讼法〉的解释》（2021年）第六十七条。
③ 现为《最高人民法院关于适用〈中华人民共和国刑事诉讼法〉的解释》（2021年）第七十四条。
④ 现为《最高人民法院关于适用〈中华人民共和国刑事诉讼法〉的解释》（2021年）第一百六十八条。
⑤ 陈光中：《刑事诉讼法》，北京大学出版社2004年版，第193页。
⑥ 现为《最高人民法院关于适用〈中华人民共和国刑事诉讼法〉的解释》（2021年）第一百一十九条。

拘传持续的时间不得超过二十四小时。不得以连续传唤、拘传的形式变相拘禁犯罪嫌疑人。传唤、拘传犯罪嫌疑人，应当保证犯罪嫌疑人的饮食和必要的休息时间。"虽然拘传规定在刑事诉讼法中"侦查"章的"讯问犯罪嫌疑人"一节，而不在"总则"的"强制措施"一节，但从其性质上来看，它同样是一种对人身自由进行限制的强制性措施。《最高人民法院关于适用〈中华人民共和国刑事诉讼法〉的解释》《人民检察院刑事诉讼规则（试行）》《公安机关办理刑事案件程序规定》都将"拘传"置于"强制措施"章节中，如《公安机关办理刑事案件程序规定》将"拘传"专门作为一节置于"强制措施"第六章中。此外，2012年修改的《刑事诉讼法》将"传唤、拘传持续的时间最长不得超过十二小时"修改为"传唤、拘传持续的时间不得超过十二小时；案情特别重大、复杂，需要采取拘留、逮捕措施的，传唤、拘传持续的时间不得超过二十四小时"，拘传的最长时间增长了一倍。并且从法律规定可以看出，拘传这种限制人身自由的强制性措施可能转化为变相剥夺人身自由的拘禁、羁押，如果连续拘传犯罪嫌疑人24小时以上，实质上就剥夺了犯罪嫌疑人的人身自由。

实践中，对于违法拘传是否可视为违法刑事拘留，存在两种不同观点：一种观点认为，在制定法层面，无论是1994年《国家赔偿法》、2010年《国家赔偿法》，还是现行的2012年《国家赔偿法》中，都未将违法拘传[①]列入国家赔偿的范围内，也没有相应侵犯人身权的兜底条款规定，受害人申请违法拘传赔偿于法无据。另一种观点认为，特殊情形下，违法拘传可视为违法刑事拘留而予以赔偿。理由为：尽管《国家赔偿法》刑事赔偿部分未将违法拘传纳入赔偿范围，但在该法第二章行政赔偿部分明确规定"违法采取限制公民人身自由的行政强制措施的"，受害人有取得赔偿的权利；在同一部法律，应当遵循统一的权利救济标准，即对违法采取限制公民人身自由的行为都予以赔偿，而不论赔偿的性质。并且就法律规范而言，1994年《国家赔偿法》制定时，由于拘传时间最长为12小时，没有达到一天24小时的标准而不纳入国家赔偿范围，有其一定的合理性，那么由于2012年《刑事诉讼法》的修改，法律规定拘传最长时间可以为24小时了，更遑论"连续传唤、拘传的形式变相拘禁犯罪嫌疑人"可能远远超过一天的时间，故应当将违法拘传纳入赔偿范围。具体到司法实践中，人民法院赔偿委员会在审理侦查机关"连续拘传的形式变相拘禁犯罪嫌疑人"案件时，由于该行为本身具有借"拘传"之名行"拘留"之实的嫌疑，故可以将其视为没有作出拘留决定书的违法拘留，而作出赔偿决定，以实现对权利的救济。

三、违法指定居所监视居住是否可视为违法刑事拘留

2012年《刑事诉讼法》的修改，增加了第七十四条[②]指定居所监视居住折抵刑期的规定，即"指定居所监视居住的期限应当折抵刑期。被判处管制的，监视居住一日折抵刑期一日；被判处拘役、有期徒刑的，监视居住二日折抵刑期一日"。由于修改后的《刑事诉讼法》将指定居所监视居住视为羁押并折抵刑期，根据国家赔偿的无罪羁押赔偿原则，对指定居所监视居住的赔偿问题是即将面临的新问题。对于违法指定居所监视居住是否可视为违法刑事拘留而予以赔偿有两种不同观点：一种观点认为，根据《国家赔偿

[①] 由于拘留是违法归责原则，根据举重以明轻的法理，拘传应采取违法归责原则。至于应然状态下，拘传是否应当采取结果归责原则，与文章主旨无涉，笔者在此不作论述。

[②] 现为《中华人民共和国刑事诉讼法》（2018年修正）第七十六条。

法》第二条"国家机关和国家机关工作人员行使职权,有本法规定的侵犯公民、法人和其他组织合法权益的情形,造成损害的,受害人有依照本法取得国家赔偿的权利"的规定,国家赔偿遵守法定赔偿原则,在立法未修改前,人民法院赔偿委员会不宜对违法指定居所监视居住的赔偿问题进行审查或作出赔偿决定。另一种观点认为,由于2010年《国家赔偿法》是在2012年《刑事诉讼法》修改前进行的修改(此处不包括2012年国家赔偿法修改),基于保持法律的稳定性等原因,全国人民代表大会常务委员会在近期对《国家赔偿法》进行再次修改的可能性较低。然而,对于现实中出现的指定居所监视居住赔偿案例,法院不能拒绝裁判,也不能作出与刑事诉讼法修改内容相悖的裁决。对于司法实践中的指定居所监视居住赔偿问题,人民法院赔偿委员会可以将其视为违法刑事拘留进行审查。并且具体赔偿标准严格按照《刑事诉讼法》第七十四条和《国家赔偿法》第三十三条的规定,指定居所监视居住两天的赔偿金为国家上年度的一日平均工资。

四、刑事拘留违法归责原则是否可为结果归责原则所吸纳

《国家赔偿法》第十七条明确规定了刑事拘留违法归责原则,一种观点认为,刑事拘留赔偿只能采取违法归责原则。另一种观点认为,通常情况下,刑事拘留采取违法归责原则,但在特殊情形下,刑事拘留赔偿违法归责原则可以为结果归责原则所吸纳。并且在司法实践中,具体包括三种情形:

第一,侦查机关依照《刑事诉讼法》规定的条件和程序对公民采取拘留措施,但是其后拘留时间超过刑事诉讼法规定的时限,那么根据《国家赔偿法》第十七条的规定,其后决定撤销案件、不起诉或者判决宣告无罪,终止追究刑事责任,国家承担赔偿责任。在这种情形下,对于超过《刑事诉讼法》规定的时限之前的拘留,由于违法归责原则变更为结果归责原则,人民法院赔偿委员会在审理这类案件时,应当对前面的合法拘留作出赔偿决定。[①]

第二,当侦查机关依照《刑事诉讼法》规定的条件和程序对公民采取拘留措施后,人民检察院批准逮捕,其后侦查机关、检察机关决定撤销案件、不起诉或者公民被判决宣告无罪的,那么根据责任后置原则,拘留为逮捕所吸收,而逮捕采取的是结果归责原则,刑事拘留在此情形下违法归责原则变更为结果归责原则,人民法院赔偿委员会在审理这类案件时,应当决定由作出逮捕决定的机关对前面的合法拘留承担赔偿责任。

第三,当侦查机关对公民依法采取拘留措施后,人民检察院未批准逮捕就起诉至法院,一审法院判决有罪,被告不服提起上诉,改判无罪,以及二审发回重审后作无罪处理。在这种情形下,人民法院赔偿委员会不能仅仅根据《国家赔偿法》第十七条的规定作出不予赔偿决定,而应当结合第二十一条"对公民采取拘留措施,依照本法的规定应当给予国家赔偿的,作出拘留决定的机关为赔偿义务机关。再审改判无罪的,作出原生效判决的人民法院为赔偿义务机关。二审改判无罪,以及二审发回重审后作无罪处理的,作出一审有罪判决的人民法院为赔偿义务机关"的规定,进行全面审查。由于一审法院作出过有罪判决,那么作出一审有罪判决的人民法院为赔偿义务机关。并且由于一审法院作出过有罪判决,其作为赔偿义务机关,赔偿的拘留行为已从侦查变更为审判行为,

---

[①] 由于拘留超过了法律规定的期限,那么之前的合法拘留变更为违法拘留,自然也应当对所有的拘留期限都予以赔偿。该观点对此亦认可,认为此处"刑事拘留违法归责原则为结果归责原则所吸纳"的论述,更多的是强调需要对之前的合法拘留一并予以赔偿展开的,而非对整个拘留是否合法进行的判断。

而审判行为根据《国家赔偿法》第十七条第三项的规定，适用结果归责原则，故在该种情形下，刑事拘留违法归责原则变更为结果归责原则，人民法院赔偿委员会应当作出予以赔偿的决定。

问题2. 保证金形式取保候审的决定机关和执行机关

【实务专论】

能否采取保证金形式取保候审由人民法院、人民检察院、公安机关、国家安全机关及其他法律授权的机关依法决定。人民法院、人民检察院决定的，由公安机关执行；国家安全机关决定取保候审的，以及人民法院、人民检察院在办理国家安全机关移送的犯罪案件时决定取保候审的，由国家安全机关执行。走私犯罪侦查机关决定对走私犯罪嫌疑人采取取保候审的，应通知并移送走私犯罪嫌疑人居住地公安机关执行。执行包括保证金的统一收取和管理，没收、退还保证金决定的作出等。提供保证金的人根据决定机关送达的《取保候审决定书》，将保证金一次性存入执行机关指定银行的专门账户。

第六章
附带民事诉讼

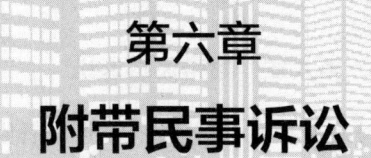

第一节 审判依据

一、法律

中华人民共和国刑事诉讼法（2018年10月26日修正）（节选）

第七章 附带民事诉讼

第一百零一条 被害人由于被告人的犯罪行为而遭受物质损失的，在刑事诉讼过程中，有权提起附带民事诉讼。被害人死亡或者丧失行为能力的，被害人的法定代理人、近亲属有权提起附带民事诉讼。

如果是国家财产、集体财产遭受损失的，人民检察院在提起公诉的时候，可以提起附带民事诉讼。

第一百零二条 人民法院在必要的时候，可以采取保全措施，查封、扣押或者冻结被告人的财产。附带民事诉讼原告人或者人民检察院可以申请人民法院采取保全措施。人民法院采取保全措施，适用民事诉讼法的有关规定。

第一百零三条 人民法院审理附带民事诉讼案件，可以进行调解，或者根据物质损失情况作出判决、裁定。

第一百零四条 附带民事诉讼应当同刑事案件一并审判，只有为了防止刑事案件审判的过分迟延，才可以在刑事案件审判后，由同一审判组织继续审理附带民事诉讼。

二、司法解释

1. 最高人民法院关于适用《中华人民共和国刑事诉讼法》的解释（2021 年 1 月 26 日）（节选）

第六章 附带民事诉讼

第一百七十五条 被害人因人身权利受到犯罪侵犯或者财物被犯罪分子毁坏而遭受物质损失的，有权在刑事诉讼过程中提起附带民事诉讼；被害人死亡或者丧失行为能力的，其法定代理人、近亲属有权提起附带民事诉讼。

因受到犯罪侵犯，提起附带民事诉讼或者单独提起民事诉讼要求赔偿精神损失的，人民法院一般不予受理。

第一百七十六条 被告人非法占有、处置被害人财产的，应当依法予以追缴或者责令退赔。被害人提起附带民事诉讼的，人民法院不予受理。追缴、退赔的情况，可以作为量刑情节考虑。

第一百七十七条 国家机关工作人员在行使职权时，侵犯他人人身、财产权利构成犯罪，被害人或者其法定代理人、近亲属提起附带民事诉讼的，人民法院不予受理，但应当告知其可以依法申请国家赔偿。

第一百七十八条 人民法院受理刑事案件后，对符合刑事诉讼法第一百零一条和本解释第一百七十五条第一款规定的，可以告知被害人或者其法定代理人、近亲属有权提起附带民事诉讼。

有权提起附带民事诉讼的人放弃诉讼权利的，应当准许，并记录在案。

第一百七十九条 国家财产、集体财产遭受损失，受损失的单位未提起附带民事诉讼，人民检察院在提起公诉时提起附带民事诉讼的，人民法院应当受理。

人民检察院提起附带民事诉讼的，应当列为附带民事诉讼原告人。

被告人非法占有、处置国家财产、集体财产的，依照本解释第一百七十六条的规定处理。

第一百八十条 附带民事诉讼中依法负有赔偿责任的人包括：

（一）刑事被告人以及未被追究刑事责任的其他共同侵害人；
（二）刑事被告人的监护人；
（三）死刑罪犯的遗产继承人；
（四）共同犯罪案件中，案件审结前死亡的被告人的遗产继承人；
（五）对被害人的物质损失依法应当承担赔偿责任的其他单位和个人。

附带民事诉讼被告人的亲友自愿代为赔偿的，可以准许。

第一百八十一条 被害人或者其法定代理人、近亲属仅对部分共同侵害人提起附带民事诉讼的，人民法院应当告知其可以对其他共同侵害人，包括没有被追究刑事责任的共同侵害人，一并提起附带民事诉讼，但共同犯罪案件中同案犯在逃的除外。

被害人或者其法定代理人、近亲属放弃对其他共同侵害人的诉讼权利的，人民法院应当告知其相应法律后果，并在裁判文书中说明其放弃诉讼请求的情况。

第一百八十二条 附带民事诉讼的起诉条件是：

（一）起诉人符合法定条件；
（二）有明确的被告人；
（三）有请求赔偿的具体要求和事实、理由；
（四）属于人民法院受理附带民事诉讼的范围。

第一百八十三条 共同犯罪案件，同案犯在逃的，不应列为附带民事诉讼被告人。逃跑的同案犯到案后，被害人或者其法定代理人、近亲属可以对其提起附带民事诉讼，但已经从其他共同犯罪人处获得足额赔偿的除外。

第一百八十四条 附带民事诉讼应当在刑事案件立案后及时提起。

提起附带民事诉讼应当提交附带民事起诉状。

第一百八十五条 侦查、审查起诉期间，有权提起附带民事诉讼的人提出赔偿要求，经公安机关、人民检察院调解，当事人双方已经达成协议并全部履行，被害人或者其法定代理人、近亲属又提起附带民事诉讼的，人民法院不予受理，但有证据证明调解违反自愿、合法原则的除外。

第一百八十六条 被害人或者其法定代理人、近亲属提起附带民事诉讼的，人民法院应当在七日以内决定是否受理。符合刑事诉讼法第一百零一条以及本解释有关规定的，应当受理；不符合的，裁定不予受理。

第一百八十七条 人民法院受理附带民事诉讼后，应当在五日以内将附带民事起诉状副本送达附带民事诉讼被告人及其法定代理人，或者将口头起诉的内容及时通知附带民事诉讼被告人及其法定代理人，并制作笔录。

人民法院送达附带民事起诉状副本时，应当根据刑事案件的审理期限，确定被告人及其法定代理人的答辩准备时间。

第一百八十八条 附带民事诉讼当事人对自己提出的主张，有责任提供证据。

第一百八十九条 人民法院对可能因被告人的行为或者其他原因，使附带民事判决难以执行的案件，根据附带民事诉讼原告人的申请，可以裁定采取保全措施，查封、扣押或者冻结被告人的财产；附带民事诉讼原告人未提出申请的，必要时，人民法院也可以采取保全措施。

有权提起附带民事诉讼的人因情况紧急，不立即申请保全将会使其合法权益受到难以弥补的损害的，可以在提起附带民事诉讼前，向被保全财产所在地、被申请人居住地或者对案件有管辖权的人民法院申请采取保全措施。申请人在人民法院受理刑事案件后十五日以内未提起附带民事诉讼的，人民法院应当解除保全措施。

人民法院采取保全措施，适用民事诉讼法第一百条至第一百零五条的有关规定，但民事诉讼法第一百零一条第三款的规定除外。

第一百九十条 人民法院审理附带民事诉讼案件，可以根据自愿、合法的原则进行调解。经调解达成协议的，应当制作调解书。调解书经双方当事人签收后即具有法律效力。

调解达成协议并即时履行完毕的，可以不制作调解书，但应当制作笔录，经双方当事人、审判人员、书记员签名后即发生法律效力。

第一百九十一条 调解未达成协议或者调解书签收前当事人反悔的，附带民事诉讼应当同刑事诉讼一并判决。

第一百九十二条 对附带民事诉讼作出判决，应当根据犯罪行为造成的物质损失，结合案件具体情况,确定被告人应当赔偿的数额。

犯罪行为造成被害人人身损害的,应当赔偿医疗费、护理费、交通费等为治疗和康复支付的合理费用,以及因误工减少的收入。造成被害人残疾的,还应当赔偿残疾生活辅助器具费等费用;造成被害人死亡的,还应当赔偿丧葬费等费用。

驾驶机动车致人伤亡或者造成公私财产重大损失,构成犯罪的,依照《中华人民共和国道路交通安全法》第七十六条的规定确定赔偿责任。

附带民事诉讼当事人就民事赔偿问题达成调解、和解协议的,赔偿范围、数额不受第二款、第三款规定的限制。

第一百九十三条 人民检察院提起附带民事诉讼的,人民法院经审理,认为附带民事诉讼被告人依法应当承担赔偿责任的,应当判令附带民事诉讼被告人直接向遭受损失的单位作出赔偿;遭受损失的单位已经终止,有权利义务继受人的,应当判令其向继受人作出赔偿;没有权利义务继受人的,应当判令其向人民检察院交付赔偿款,由人民检察院上缴国库。

第一百九十四条 审理刑事附带民事诉讼案件,人民法院应当结合被告人赔偿被害人物质损失的情况认定其悔罪表现,并在量刑时予以考虑。

第一百九十五条 附带民事诉讼原告人经传唤,无正当理由拒不到庭,或者未经法庭许可中途退庭的,应当按撤诉处理。

刑事被告人以外的附带民事诉讼被告人经传唤,无正当理由拒不到庭,或者未经法庭许可中途退庭的,附带民事部分可以缺席判决。

刑事被告人以外的附带民事诉讼被告人下落不明,或者用公告送达以外的其他方式无法送达,可能导致刑事案件审判过分迟延的,可以不将其列为附带民事诉讼被告人,告知附带民事诉讼原告人另行提起民事诉讼。

第一百九十六条 附带民事诉讼应当同刑事案件一并审判,只有为了防止刑事案件审判的过分迟延,才可以在刑事案件审判后,由同一审判组织继续审理附带民事诉讼;同一审判组织的成员确实不能继续参与审判的,可以更换。

第一百九十七条 人民法院认定公诉案件被告人的行为不构成犯罪,对已经提起的附带民事诉讼,经调解不能达成协议的,可以一并作出刑事附带民事判决,也可以告知附带民事原告人另行提起民事诉讼。

人民法院准许人民检察院撤回起诉的公诉案件,对已经提起的附带民事诉讼,可以进行调解;不宜调解或者经调解不能达成协议的,应当裁定驳回起诉,并告知附带民事诉讼原告人可以另行提起民事诉讼。

第一百九十八条 第一审期间未提起附带民事诉讼,在第二审期间提起的,第二审人民法院可以依法进行调解;调解不成的,告知当事人可以在刑事判决、裁定生效后另行提起民事诉讼。

第一百九十九条 人民法院审理附带民事诉讼案件,不收取诉讼费。

第二百条 被害人或者其法定代理人、近亲属在刑事诉讼过程中未提起附带民事诉讼,另行提起民事诉讼的,人民法院可以进行调解,或者根据本解释第一百九十二条第二款、第三款的规定作出判决。

第二百零一条 人民法院审理附带民事诉讼案件,除刑法、刑事诉讼法以及刑事司法解释已有规定的以外,适用民事法律的有关规定。

2. 最高人民法院、最高人民检察院关于人民检察院提起刑事附带民事公益诉讼应否履行诉前公告程序问题的批复（2019年11月25日 法释〔2019〕18号）

各省、自治区、直辖市高级人民法院、人民检察院，解放军军事法院、军事检察院，新疆维吾尔自治区高级人民法院生产建设兵团分院、新疆生产建设兵团人民检察院：

近来，部分高级人民法院、省级人民检察院就人民检察院提起刑事附带民事公益诉讼应否履行诉前公告程序的问题提出请示。经研究，批复如下：

人民检察院提起刑事附带民事公益诉讼，应履行诉前公告程序。对于未履行诉前公告程序的，人民法院应当进行释明，告知人民检察院公告后再行提起诉讼。

因人民检察院履行诉前公告程序，可能影响相关刑事案件审理期限的，人民检察院可以另行提起民事公益诉讼。

此复。

第二节 审判实践中的疑难新型问题

问题1. 一审判处被告人死缓的刑事附带民事诉讼案件，仅有附带民事诉讼原告人提出上诉的情形对刑事部分应当适用何种程序审理

【刑事审判参考案例】李某故意杀人、故意伤害案[①]

一、基本案情

A市中级人民法院认为，被告人李某因琐事持刀故意伤害他人，致一人死亡、一人重伤、一人轻伤，其行为已构成故意伤害罪，应依法惩处。但鉴于李某积极赔偿被害人经济损失，认罪态度较好，可酌情从轻处罚。据此，依照《刑法》第二百三十四条第二款、第五十七条第一款、第六十四条之规定，判决如下：被告人李某犯故意伤害罪，判处死刑，缓期二年执行，剥夺政治权利终身。

宣判后，被告人李某未提出上诉，检察机关亦未抗诉。附带民事诉讼原告人向H省高级人民法院提出上诉。

H省高级人民法院适用二审程序对案件进行审理。经审理认为，被告人李某因与被害人吕某、刘某发生肢体碰撞被劝开后心存不满，产生报复之念，在二被害人无任何防备的情况下，持刀连续捅刺二被害人要害部位。虽然李某在主观上没有明确的杀人动机和目的，未事先预谋，但其明知持刀捅人会致人死亡，仍然实施上述行为，其捅刺被害人所使用的凶器、捅刺的刀数、部位、深度及造成的后果，体现出其对被害人的死亡结果持放任态度，应当按照其行为客观上造成的实际损害结果确定行为性质，即构成间接故意杀人

[①] 田楠撰稿、罗国良审编：《李某故意杀人、故意伤害案——一审判处被告人死缓的刑事附带民事诉讼案件，仅有附带民事诉讼原告人提出上诉的情形，对刑事部分应当适用何种程序审理（第1023号）》，载中华人民共和国最高人民法院刑事审判第一、二、三、四、五庭主办：《刑事审判参考》2014年第5集（总第100集），法律出版社2015年版，第32~37页。

罪。故以部分事实不清、证据不足为由,撤销原判,发回 A 市中级人民法院重新审判。

A 市人民检察院变更起诉,指控被告人李某犯故意杀人罪、故意伤害罪。

A 市中级人民法院经重新审理查明的事实与原审基本相同。

A 市中级人民法院认为,被告人李某因琐事持刀致一人死亡、一人重伤、一人轻伤,其行为已分别构成故意杀人罪和故意伤害罪,应予数罪并罚。据此,依照《刑法》第十二条、第二百三十二条、第二百三十四条第二款、第五十七条第一款、第六十九条、第六十四条之规定,对被告人李某以故意杀人罪判处死刑,剥夺政治权利终身;以故意伤害罪判处有期徒刑二年,决定执行死刑,剥夺政治权利终身。

宣判后,被告人李某不服,向 H 省高级人民法院提出上诉。李某及其辩护人主要提出:李某的行为构成故意伤害罪,不构成故意杀人罪;李某作案后认罪、悔罪态度好,其家人筹集 10 万元赔偿款,建议改判李某死缓。

检察机关认为,本案事实清楚,证据确实、充分,定罪准确,量刑适当,建议驳回上诉,维持原判。

某省高级人民法院经公开审理认为,被告人李某的行为分别构成故意杀人罪和故意伤害罪。李某随身携带管制刀具,在公共场所对不特定对象动辄持刀行凶,主观恶性深,社会危害极大,且犯罪手段残忍,后果特别严重,应依法惩处。原判认定事实清楚,证据确实、充分,定罪准确,量刑适当,审判程序合法。依照《刑事诉讼法》(1996 年)第一百八十九条第一项、第一百九十九条之规定,裁定驳回上诉,维持原判,并将判处被告人李某死刑的裁定部分报请最高人民法院核准。

最高人民法院经复核审理认为,A 市中级人民法院以故意伤害罪判处被告人李某死刑,缓期二年执行,剥夺政治权利终身后,被告人在法定期限内未提出上诉,检察机关亦未抗诉。在仅有附带民事诉讼原告人提出上诉的情况下,H 省高级人民法院对本案刑事部分未适用复核程序审理,而适用第二审程序审理,违反法定诉讼程序,可能影响公正审判。依照《刑事诉讼法》(1996 年)第一百九十九条[①]和《最高人民法院关于复核死刑案件若干问题的规定》第五条的规定,裁定如下:

1. 不核准 H 省高级人民法院维持第一审对被告人李某以故意杀人罪判处死刑,剥夺政治权利终身;以故意伤害罪判处有期徒刑二年,决定执行死刑,剥夺政治权利终身的刑事裁定。

2. 撤销 H 省高级人民法院维持第一审对被告人李某以故意杀人罪判处死刑,剥夺政治权利终身;以故意伤害罪判处有期徒刑二年,决定执行死刑,剥夺政治权利终身的刑事裁定。

3. 发回 H 省高级人民法院重新审判。

二、主要问题

一审判处被告人死缓的刑事附带民事诉讼案件,仅有附带民事诉讼原告人提出上诉的情形,对刑事部分应当适用何种程序审理?

三、裁判理由

本案中,针对仅有附带民事诉讼原告人提出上诉的情形,高级人民法院对刑事部分适用第二审程序而非复核程序审理,这种做法是否违反法定诉讼程序,可能影响公正审

[①] 现为《中华人民共和国刑事诉讼法》(2018 年修正)第二百四十六条。

判，存在不同意见。一种意见认为，高级人民法院未适用复核程序而适用第二审程序进行审理，违反法定诉讼程序，但第二审程序比复核程序更有利于保护被告人权利，并不影响公正审判。另一种意见认为，高级人民法院在被告人未上诉、检察机关亦未抗诉的情况下，仅因附带民事诉讼原告人上诉而适用第二审程序对刑事部分进行审理，违反了法定诉讼程序，并且基于对案件事实证据的认识分歧将案件发回重审，一审法院最终改判被告人死刑立即执行，这种通过发回重审变相加重被告人刑罚的做法，不仅直接违反2012年修改后《刑事诉讼法》的规定，也违背1996年《刑事诉讼法》不得通过发回重审变相加重被告人刑罚的立法精神，影响了公正审判。

我们同意后一种意见。具体理由如下：

（一）一审判处被告人死缓的刑事附带民事诉讼案件，仅有附带民事诉讼原告人提出上诉的情形，对刑事部分应当适用复核程序审理

最高人民法院2010年3月17日发布的《关于对判处死刑的被告人未提出上诉、共同犯罪的部分被告人或者附带民事诉讼原告人提出上诉的案件应适用何种程序审理的批复》规定："……中级人民法院一审判处死刑的案件，被判处死刑的被告人未提出上诉，仅附带民事诉讼原告人提出上诉的，高级人民法院应当适用第二审程序对附带民事诉讼依法审理，并由同一审判组织对未提出上诉的被告人的死刑判决进行复核，作出是否同意判处死刑的裁判。"该批复针对的是死刑案件，但处理原则应当适用于死缓案件。

根据上述批复，中级人民法院一审判处被告人死缓的案件，被告人未提出上诉，检察机关亦未提出抗诉，仅有附带民事诉讼原告人提出上诉，高级人民法院应当适用第二审程序对附带民事诉讼依法审理，并由同一审判组织对未提出上诉的被告人死缓判决的刑事部分进行复核。本案中，H省高级人民法院对全案适用第二审程序进行审理，明显违反了上述批复的规定程序。

（二）高级人民法院复核审理不得违反上诉不加刑原则

2012年修改后《刑事诉讼法》第二百二十六条①规定："第二审人民法院发回原审人民法院重新审判的案件，除有新的犯罪事实，人民检察院补充起诉的以外，原审人民法院不得加重被告人的刑罚。"《最高人民法院关于适用〈中华人民共和国刑事诉讼法〉的解释》（以下简称《刑事诉讼法解释》）第三百四十九条②第二款规定："高级人民法院复核死刑缓期执行案件，不得加重被告人的刑罚。"上述规定明确了上诉不加刑原则的基本要求。本案一审、二审期间，修改后的《刑事诉讼法》已经通过，但尚未施行，不过，对于修改后《刑事诉讼法》中有利于被告人的规定，应当在法律通过后就严格遵照执行。

H省高级人民法院基于对案件事实证据的认识分歧，以事实不清为由将本案发回A市中级人民法院重新审判，直接导致本案在事实证据没有变化的情况下，A市检察机关不当地改变部分指控罪名、变更起诉，A市中级人民法院重新审理后，采纳了指控意见，改变了部分认定的罪名，最终认定的罪名由一罪变成两罪，并在此基础上加重了对被告人判处的刑罚，将死缓改为死刑立即执行。H省高级人民法院的做法不仅直接违反修改后的《刑事诉讼法》的规定，也违背了1996年《刑事诉讼法》不得通过发回重审变相加重被告人刑罚的立法精神。

---

① 现为《中华人民共和国刑事诉讼法》（2018年修正）第二百三十七条。
② 现为《最高人民法院关于适用〈中华人民共和国刑事诉讼法〉的解释》（2021年）第四百二十八条。

（三）高级人民法院经复核不同意判处被告人死刑的，应当提审或者发回重新审判

对中级人民法院一审判处被告人死刑且未提出上诉、抗诉的案件，高级人民法院经复核后不同意判处死刑的，根据1996年《刑事诉讼法》第二百条①的规定："中级人民法院判处死刑的第一审案件，被告人不上诉的，应当由高级人民法院复核后，报请最高人民法院核准。高级人民法院不同意判处死刑的，可以提审或者发回重新审判。"鉴于审判实践中对提审的性质和审级存在认识上的分歧，《刑事诉讼法解释》第三百四十四条②规定："高级人民法院同意判处死刑的，应当在作出裁定后十日内报请最高人民法院核准；不同意的，应当依照第二审程序提审或者发回重新审判。"然而，对于具体哪些情形依照第二审程序提审，哪些情形发回重新审判，《刑事诉讼法解释》未作明确规定。

对该问题的解决，可以从《刑事诉讼法解释》第三百四十九条③的规定中寻找思路。该条具体规定如下："高级人民法院复核死刑缓期执行案件，应当按照下列情形分别处理：（一）原判认定事实和适用法律正确、量刑适当、诉讼程序合法的，应当裁定核准；（二）原判认定的某一具体事实或者引用的法律条款等存在瑕疵，但判处被告人死刑缓期执行并无不当的，可以在纠正后作出核准的判决、裁定；（三）原判认定事实正确，但适用法律有错误，或者量刑过重的，应当改判；（四）原判事实不清、证据不足的，可以裁定不予核准，并撤销原判，发回重新审判，或者依法改判；（五）复核期间出现新的影响定罪量刑的事实、证据的，可以裁定不予核准，并撤销原判，发回重新审判，或者依照本解释第二百二十条④规定审理后依法改判；（六）原审违反法定诉讼程序，可能影响公正审判的，应当裁定不予核准，并撤销原判，发回重新审判。"从上述规定看，高级人民法院复核死刑缓期执行案件时，对程序违法的案件只能裁定发回重新审判；对事实不清、证据不足的案件，既可以发回重新审判，也可以依法改判；对事实清楚，但适用法律错误或者量刑过重的案件，只能依法改判。

基于上诉不加刑原则的精神，复核阶段改判的，也不得判处更重的刑罚。对于适用法律错误或者量刑过重的案件，相对于提审而言，直接改判无疑更有助于提高审判效率、节约司法资源。对于程序违法的案件，显然没有必要经过提审再裁定发回重新审判。对于事实不清、证据不足的案件，即使经过提审，最终处理结果也只有两种，或者裁定发回重新审判，或者依法作出证据不足、指控的犯罪不能成立的无罪判决。其中，对发回重新审判的案件，根本无须经过提审，完全可以经复核直接发回重新审判；如果不发回重审，经提审后也可以改判无罪，但审判实践中很少有此种情形。

通过以上分析，不难发现，《刑事诉讼法》所规定的"高级人民法院不同意判处死刑的，可以提审或者发回重新审判"中的"可以提审"实际上属于沉默条款。所谓的提审程序既无助于保障被告人权利，也无助于提高审判效率、节约司法资源。鉴于此，建议立法机关在修改刑事诉讼法时将"可以提审或者发回重新审判"修改为"可以改判或者发回重新审判"。如果立法机关考虑限制高级人民法院复核改判的做法，也可将"可以提审或者发回重新审判"修改为"可以发回重新审判"。

---

① 现为《中华人民共和国刑事诉讼法》（2018年修正）第二百四十七条。
② 现为《最高人民法院关于适用〈中华人民共和国刑事诉讼法〉的解释》（2021年）第四百二十三条。
③ 现为《最高人民法院关于适用〈中华人民共和国刑事诉讼法〉的解释》（2021年）第四百二十八条。
④ 现为《最高人民法院关于适用〈中华人民共和国刑事诉讼法〉的解释》（2021年）第二百七十一条。

综上,本案中,一审判处被告人李某死缓,仅有附带民事诉讼原告人提出上诉,H省高级人民法院对刑事部分适用第二审程序审理,违反了法定诉讼程序,并且基于对案件事实证据的认识分歧,以部分事实不清、证据不足为由发回重新审判,导致一审法院在检察机关变更指控的情况下改判被告人李某死刑立即执行。这种通过发回重审变相加重被告人刑罚的做法,影响了公正审判。最高人民法院以程序违法为由裁定不核准被告人李某死刑,发回 H 省高级人民法院重新审判,是妥当的。

问题 2. 取得被害人承诺的犯罪行为,被害人能否在刑事诉讼中提起附带民事诉讼?

【刑事审判参考案例】周某章等人组织出卖人体器官案[①]

一、基本案情

东莞市第一市区人民法院经公开审理查明:

2011 年,被告人周某章、张某荣和孙某(另案处理)经商量后,出资购买手术设备、汽车等作案工具,伙同被告人张某鑫、赵某强、陈某琴、钟某、陈某高、叶某龙及龙某燕、高某、"赖院长"、梁某基(均另案处理)等人从事肾脏买卖及非法移植活动。其中,周某章系主刀医生,负责移植手术和手术指导;张某鑫系手术麻醉师,负责手术安排、手术麻醉,承租广东省佛山市一处住所供卖肾者术后休养并做术后护理,同时还负责居间联系及分发卖肾者、医生助手、护士等人员的费用;张某荣负责开车接送卖肾者、购肾者及同案人员,与卖肾者中介联系,与购肾者中介洽谈价格,收取并分发费用;钟某系医生助手,协助周某章进行移植手术;陈某琴、龙某燕系护士,负责手术协助,其中陈某琴还负责手术前抽取卖肾者血液样本;孙某、赵某强系卖肾者中介,负责联系卖肾者,其中赵某强受孙某指挥,还负责安排卖肾者在佛山市、东莞市等地的出租屋等待卖肾,以及卖肾者在此期间的食宿和身体检查;陈某高、叶某龙系购肾者中介,负责寻找购肾者,与周某章等人联系手术事宜,并在手术前联系张某荣拿卖肾者的血液样本到医院与购肾者的血液样本配对,陈某高还负责安排购肾者手术后在其承包的广州某医院休养。

2012 年 1 月,被告人张某荣将被告人赵某强介绍的卖肾者被害人欧阳某某送到佛山市某医院,被告人周某章等人通过手术将欧阳某某的肾脏移植到购肾者宋某某体内。同年 2 月初,被害人舒某、丁某某通过某网站联系上赵某强,并商定以 2 万元出卖肾脏。赵某强安排舒某、丁某某住在东莞市一出租屋,并到医院检查身体。后被告人张某荣、张某鑫等给舒某、丁某某抽血,经化验,舒某与被告人陈某高介绍的购肾者黄某配型成功。同月 21 日,赵某强让舒某签下自愿卖肾协议,后将舒某带至广东省广州市某别墅,周某章等人将舒某的肾脏移植到黄某体内。同月 23 日,陈某高通知张某荣有一名患者与丁某某配型成功。赵某强让丁某某签下自愿卖肾协议后,将其带至上述广州市某别墅,周某章等人将丁某某的肾脏移植到购肾者体内。经鉴定,被害人欧阳某某右肾被切除,系七级伤残;被害人舒某左肾被切除,系八级伤残;被害人丁某某左肾被切除,系八级伤残。

[①] 张建英、尹巧华撰稿,马岩审编:《周某章等人组织出卖人体器官案——在获得被害人承诺的犯罪案件中,如何确定被告人的附带民事赔偿责任(第 1060 号)》,载中华人民共和国最高人民法院刑事审判第一、二、三、四、五庭主办:《刑事审判参考》总第 102 集,法律出版社 2016 年版,第 37~45 页。

东莞市第一市区人民法院认为，被告人周某章、张某鑫、张某荣、赵某强、叶某龙、陈某琴、陈某高、钟某的行为均已构成组织出卖人体器官罪。周某章、张某鑫、张某荣、赵某强、叶某龙、陈某琴多次组织出卖人体器官，情节严重。周某章、张某鑫、张某荣、赵某强、叶某龙、陈某高在各自所参与的共同犯罪中均起主要作用，是主犯，依法按其参与的全部犯罪处罚；陈某琴、钟某在各自所参与的共同犯罪中起次要作用，是从犯，依法对其从轻处罚。周某章、张某鑫、张某荣、赵某强、陈某琴、钟某归案后如实供述自己的罪行，依法对其从轻处罚。周某章等被告人明知缺乏器官移植的相关资质，为牟利仍违法实施器官移植手术，并利用部分被害人急需用钱的心理和生活困难的处境，与被害人达成出卖器官协议，协议签订时双方的信息、地位并不对等，其行为违反公序良俗，主观恶性明显，且对被害人的健康造成了损害，应当承担民事赔偿责任。对各被害人提出的残疾赔偿金、伤残鉴定费、交通费、误工费、营养费等赔偿请求，予以支持。但各被害人明知被告人的行为违法，为获得报酬而自愿出卖器官，具有一定过错，应自行承担40%的责任。……判决如下：

1. 被告人周某章犯组织出卖人体器官罪，判处有期徒刑十年，剥夺政治权利一年，并处罚金人民币50万元。

2. 被告人张某鑫犯组织出卖人体器官罪，判处有期徒刑九年，并处罚金人民币30万元。

3. 被告人张某荣犯组织出卖人体器官罪，判处有期徒刑八年六个月，并处罚金人民币20万元。

4. 被告人赵某强犯组织出卖人体器官罪，判处有期徒刑七年，并处罚金人民币10万元。

5. 被告人叶某龙犯组织出卖人体器官罪，判处有期徒刑六年，并处罚金人民币15万元。

6. 被告人陈某琴犯组织出卖人体器官罪，判处有期徒刑五年，并处罚金人民币10万元。

7. 被告人陈某高犯组织出卖人体器官罪，判处有期徒刑三年，并处罚金人民币6万元。

8. 被告人钟某犯组织出卖人体器官罪，判处有期徒刑二年，并处罚金人民币2万元。

9. 被告人周某章、张某鑫、张某荣、赵某强、叶某龙、陈某琴连带赔偿附带民事诉讼原告人欧阳某某88800元。

10. 被告人周某章、张某鑫、张某荣、赵某强、陈某琴、陈某高、钟某连带赔偿附带民事诉讼原告人舒某101612.93元。

11. 被告人周某章、张某鑫、张某荣、赵某强、陈某琴、陈某高、钟某连带赔偿附带民事诉讼原告人丁某某34931.82元。

宣判后，被告人周某章上诉提出，本案赔偿主体应为接受器官移植的病人，原审认定的赔偿主体错误；本案应做医疗事故鉴定。

东莞市中级人民法院经二审审理认为，被告人周某章等人的犯罪行为致使被害人欧阳某某、舒某、丁某某遭受经济损失，除承担刑事责任外，依法还应承担相应的民事赔偿责任。考虑到各被害人自身的过错，其应自行承担40%的经济损失。原审判决附带民事部分认定事实清楚，证据确实、充分，审判程序合法，责任划分准确，处理适当，依照《刑事诉讼法》第二百二十五条①第一款第一项的规定,裁定驳回上诉,维持原判。

二、主要问题

1. 取得被害人承诺的犯罪行为,被害人能否在刑事诉讼中提起附带民事诉讼?
2. 如何确定附带民事诉讼的赔偿范围?
3. 如何确定被告人在此类犯罪中承担的民事赔偿责任的比例?

三、裁判理由

近年来,组织出卖人体器官犯罪案件时有发生,人们在对此类犯罪分子表达痛恨之情和严惩的意愿之余,也对被害人仅为了几万元甚至更少之利而出卖自己器官的做法感到不解。在审判实践中,除依法追究被告人的刑事责任外,对于被害人提起的附带民事诉讼如何判处民事赔偿责任,特别是如何看待被害人自身的过错问题,存在一定争议。本文就此从三个层面加以分析。

(一)对获得被害人承诺的犯罪,被害人仍可提起附带民事诉讼

罗马法中有"得承诺的行为不违法"的格言。一般来说,被害人请求或者许可行为人侵害其法益,表明其放弃了该法益,既然如此,法律就没有必要对该法益进行保护。在我国刑法中,被害人的承诺若符合一定条件,也可以排除侵害行为的违法性。在以违反被害人意志为前提的犯罪中,如非法侵入住宅罪、故意毁坏财物罪等,被害人的承诺可以使上述行为消除社会危害性,从而不构成犯罪。而有些情形下,被害人承诺因被害人不具有承诺能力或被害人所作承诺违反法律的禁止性规定及公序良俗而无效,该承诺不影响犯罪的成立。如在拐卖、拐骗儿童犯罪或组织出卖人体器官犯罪中,即使得到被拐卖儿童或器官出售人的承诺,仍可能构成犯罪。我国法律不认可人体器官买卖具有合法性,相反,刑法将组织出卖人体器官的行为规定为犯罪。

本案中,被告人周某章等人虽然获得了被害人关于出售器官的口头或书面同意,但该被害人承诺只表明被害人愿意接受器官被摘除、健康受损的结果,仅具有否定故意伤害罪成立的作用。公民自愿出售器官的承诺违反了《人体器官移植条例》关于严禁买卖人体器官的规定和公序良俗,对周某章等人的行为构成组织出卖人体器官罪并无实质影响。在周某章等人的组织安排下,被害人的肾脏被割除并移入他人体内,自身健康严重受损,该犯罪后果的发生与周某章等人的组织安排和实施器官割除手术的行为有直接因果关系,周某章等人应该对此另行承担民事赔偿责任。因此,被害人在本案中可以提起附带民事诉讼,要求周某章等人承担赔偿责任。关于周某章提出赔偿义务主体应为接受器官移植人员的上诉理由,我们认为,虽然被害人的器官被周某章等人分别植入他人体内,但接受器官移植的人并未直接实施侵害被害人身体健康的行为,与周某章等人也并无共同犯罪故意,并未直接对被害人的身体健康构成侵害,故无须承担民事赔偿责任。

(二)附带民事诉讼赔偿范围的确定,在现行法律框架内可适当体现原则性与灵活性的统一

刑事附带民事诉讼的赔偿范围一直是困扰刑事司法工作的一个突出问题。我国刑事诉讼法及相关司法解释将刑事附带民事诉讼的赔偿范围限定于物质损失,这与刑法总则中对犯罪分子根据情况判处赔偿经济损失的规定一致,但立法并未对"物质损失"或"经济损失"作出明确界定。最高人民法院 2000 年制定的《关于刑事附带民事诉讼范围

---

① 现为《中华人民共和国刑事诉讼法》(2018 年修正)第二百三十六条。

问题的规定》（已废止）第二条规定：被害人因犯罪行为遭受的物质损失，是指被害人因犯罪行为已经遭受的实际损失和必然遭受的损失。但关于死亡赔偿金和残疾赔偿金（以下简称"两金"）是否属于物质损失的问题，在以往争议较大。根据最高人民法院 2001 年制定的《关于确定民事侵权精神损害赔偿责任若干问题的解释》第九条的规定，"两金"属于精神损害抚慰金，故不属于附带民事诉讼的赔偿范围。但最高人民法院 2004 年制定的《关于审理人身损害赔偿案件适用法律若干问题的解释》（以下简称《人身损害赔偿解释》）又将死亡赔偿金、残疾赔偿金界定为物质损失，是对未来可期待收入损失的赔偿，因而属于财产损害赔偿。2007 年 7 月 1 日施行的《侵权责任法》第十六条①也再次确认了"两金"属于物质损失的范围，至此，"两金"属于物质损失获得了法律上的依据。

但在司法实践中，各地法院对刑事附带民事诉讼中是否判赔"两金"仍把握不一。最高人民法院对该问题采取的是"原则不判+例外可判"的政策立场，即在刑事附带民事诉讼中原则上不判赔"两金"，但被告人有赔偿能力的或驾驶机动车构成犯罪的除外。主要理由有以下两方面：一是我国刑事犯罪案件中，被告人大多经济条件较差，无赔偿能力或赔偿能力很低，若不加区分地一律判赔"两金"，势必会造成大量"空判"，不利于维护社会稳定。二是在刑事附带民事诉讼中，判决被告人承担刑事责任是对被害方进行抚慰和救济的主要方式，民事赔偿是补充方式。被告人已经因为犯罪被判刑，在此情况下仍要求被告人承担高额的赔偿责任，一定程度上会造成双重处罚的问题。但从法理上讲，赔偿责任和赔偿能力是两回事，是否具有赔偿能力不应成为决定被告人是否承担赔偿责任的前提。因此，最高人民法院在 2013 年实施的《关于适用〈中华人民共和国刑事诉讼法〉的解释》（以下简称《刑事诉讼法解释》）中对此作了相对模糊的规定，即在附带民事诉讼的赔偿范围中未明确列明"两金"，而是在列明其他赔偿事项后用一个"等"字兜底，允许法院在审理案件时灵活把握。

我们认为，本案中，相关法院判决被告人周某章等人赔偿 3 名附带民事诉讼原告人主张的残疾赔偿金是正确的，主要理由如下：

第一，将残疾赔偿金纳入物质损失有合法依据。从立法上看，《侵权责任法》已将"两金"纳入物质损失的范围，将"两金"认定为对被害人未来可期待收入损失的赔偿。虽然《刑事诉讼法解释》第一百五十五条第二款中未明确列明"两金"属于附带民事诉讼的赔偿范围，但根据第三款之规定，对于驾驶机动车致人伤亡构成犯罪的，附带民事诉讼的赔偿范围包括"两金"。这表明最高人民法院在《刑事诉讼法解释》中明确认可"两金"属于附带民事诉讼中的物质损失的范围，否则该条款就违反了刑事诉讼法关于附带民事诉讼只应赔偿物质损失的规定。根据《刑事诉讼法解释》第一百五十五条②第二款，犯罪行为造成被害人人身损害的，应当赔偿医疗费、护理费、交通费等为治疗和康复支付的合理费用，以及因误工减少的收入；造成被害人残疾的，还应当赔偿残疾生活辅助具费等费用；造成被害人死亡的，还应当赔偿丧葬费等费用。此处的"残疾生活辅助具费等费用"，可以理解为除了残疾生活辅助具费以外还有其他费用，如残疾赔偿金。

第二，本案中判赔残疾赔偿金有利于最大限度地维护被害方合法权益。现有证据证实，被告人周某章等人通过组织贩卖 3 名被害人及附带民事诉讼原告人的器官获利 78 万

---

① 现为《中华人民共和国民法典》第一千一百七十九条。
② 现为《最高人民法院关于适用〈中华人民共和国刑事诉讼法〉的解释》（2021 年）第一百九十二条。

元，却仅支付给上述3名原告人共6万元，周某章等人实际获利70余万元。而3名原告人因犯罪所受的直接物质损失总共仅有数千元，在此情况下，如果法院不判令周某章等人赔偿3名原告人的残疾赔偿金，则周某章等人的大部分获利将作为违法所得被罚没，上交国库，这无疑不利于保护3名原告人的合法权益。可见，本案将残疾赔偿金纳入附带民事诉讼的赔偿范围有法律依据，并有利于最大限度地维护被害人的合法权益，也不会造成"空判"，影响法院生效判决的权威。

（三）取得被害人承诺的犯罪案件中，可以适当减轻被告人的附带民事赔偿责任

在组织出卖人体器官犯罪案件中，被告人取得被害人的书面或口头承诺并不影响其行为构成本罪，但被害人作为成年人，明知国家禁止买卖人体器官，为获得金钱仍同意被告人摘除其器官，对自己重伤结果的发生也存在一定过错，应承担相应的责任。根据《侵权责任法》第二十六条[①]之规定，被侵权人对损害的发生也有过错的，可以减轻侵权人的责任，故被告人周某章等人不应对3名附带民事诉讼原告人的全部损失承担赔偿责任。关于被害人的过错可以在多大程度上减轻侵权人的责任，相关司法解释并无明确规定，个别省制定的地方性法规对此有所涉及。例如，2014年的《广东省道路交通安全条例》（已废止）第四十六条第一款规定，机动车与非机动车驾驶人、行人之间发生交通事故，非机动车驾驶人、行人负事故次要责任的，由机动车一方承担80%的赔偿责任。目前，实践中主要由法院根据双方的过错程度自由裁量，合理确定分担比例。通常，若双方对损害结果的发生负同等责任，则双方各承担50%的赔偿责任，若侵权人负主要责任，被侵权人负次要责任，则侵权人承担60%～90%的赔偿责任是合理的。本案中，周某章等人为牟取非法利润，通过网站、中介等发布买卖器官广告，被害人为获得小额金钱，即同意将自己的器官出卖给周某章等人用于移植给他人，虽然被害人的行为也违反公序良俗，甚至也具有一定的违法性，但被告人的违法程度更高，且已经构成犯罪，直接造成了被害人重伤的损害结果。综合分析，周某章等人应对损害结果的发生承担主要责任，附带民事原告人对此应承担次要责任。一审法院判决周某章等人承担60%的责任，3名附带民事诉讼原告人承担40%的责任，是妥当的。

问题3. 在共同犯罪案件的附带民事诉讼审理中，部分被告人赔偿并与附带民事诉讼原告人达成调解协议，当该部分被告人赔偿数额与其应承担份额不符时，该如何认定其他被告人应承担的具体赔偿数额？

【刑事审判参考案例】庞某浑等故意伤害案[②]

一、基本案情

被告人庞某浑，男，1993年1月29日出生。2010年10月26日因犯盗窃罪被判处有期徒刑一年，并处罚金人民币一千元，2011年1月29日刑满释放。2012年11月24日因涉嫌犯故意伤害罪被逮捕。

---

① 现为《中华人民共和国民法典》第一千一百七十三条。
② 李非白、武丹莉撰稿，陆建红审编：《庞某浑等故意伤害案——附带民事诉讼原告人因部分被告人赔偿而对其撤诉后，其余被告人尚应承担赔偿责任的，应如何处理（第1171号）》，载中华人民共和国最高人民法院刑事审判第一、二、三、四、五庭主办：《刑事审判参考》总第108集，法律出版社2017年版，第46～53页。

被告人庞某文，男，1988年12月3日出生。2006年2月7日因犯抢劫罪被判处有期徒刑九个月，并处罚金人民币一千元，2006年4月19日刑满释放；2007年5月25日又因犯抢劫罪被判处有期徒刑四年，并处罚金人民币四千元，2010年6月2日刑满释放。2012年11月24日因涉嫌犯故意伤害罪被逮捕。

被告人李某君，男，1994年1月29日出生。2012年6月20日因犯抢劫罪被判处有期徒刑三年，并处罚金人民币五千元，2012年9月24日因病暂予监外执行。2012年11月24日因涉嫌犯故意伤害罪被逮捕。

同案人及附带民事诉讼被告人许某某（系未成年人，分案审理）。

附带民事诉讼原告人陈某英，女，1932年1月21日出生，系被害人郑某看之母。

附带民事诉讼原告人暨被害人杨某杰，男，1987年8月7日出生。

广东省湛江市人民检察院以被告人庞某浑、庞某文、李某君犯故意伤害罪，向湛江市中级人民法院提起公诉。因许某某系未成年人，由湛江市赤坎区人民检察院以许某某犯故意伤害罪，分案向赤坎区人民法院提起公诉。

湛江市中级人民法院经审理查明：2012年11月6日16时许，被害人郑某看与杨某杰到湛江市赤坎区军民堤水闸买鱼时与被告人庞某文发生争执打斗，后被旁人劝开。随后庞某文离开水闸并打电话给其胞弟庞某浑告知其被打伤之事，让庞某浑帮忙报复对方。庞某浑随即驾驶一辆摩托车搭载被告人李某君和许某某与庞某文会合，一起商量报复之事。在商量过程中，庞某文发现郑某看正好驾驶电动车搭载杨某杰经过，庞某浑即提议殴打报复郑、杨两人，其他三人均表示同意。随后，由李某君驾车搭载庞某文、庞某浑、许某某追赶郑某看和杨某杰，后将郑、杨二人拦停。接着庞某浑持向许某某要来的一把弹簧刀先后刺了杨某杰肩背部一刀，腰腹部两刀；追赶并刺中郑某看胸腹部两刀。庞某文则殴打郑某看一拳，并持李某君给的另一把弹簧刀追赶杨某杰，但没追上。许某某徒手追上杨某杰并踢其腰部一脚。然后三人搭乘李某君驾驶的摩托车逃离现场。经鉴定，郑某看系被他人用单刃锐器刺伤左胸部致心脏破裂死亡；杨某杰的损伤程度为重伤，伤残等级为九级。

案件审理过程中，经法院主持调解，附带民事诉讼原告人陈某英与被告人李某君及其亲属达成调解协议，被告人李某君的亲属自愿代李某君赔偿陈某英经济损失人民币35000元，已当场履行完毕。陈某英向法院提出申请撤回对李某君的附带民事诉讼的起诉，并表示愿意对李某君予以谅解。此外，李某君亲属还自愿代李某君赔偿杨某杰经济损失人民币5000元。

同案人许某某及其亲属与杨某杰达成谅解协议，同案人许某某的亲属一次性赔偿杨某杰经济损失人民币45000元，已当场履行完毕。杨某杰向法院提出申请撤回对许某某及其父母的附带民事诉讼的起诉，并表示愿意对许某某予以谅解。

湛江市中级人民法院认为，被告人庞某浑、庞某文、李某君结伙故意伤害他人身体，致一人死亡，一人重伤，其行为均已构成故意伤害罪。在共同故意伤害犯罪中，被告人庞某浑纠集被告人李某君及同案人许某某，提起犯意，并直接实施持刀捅刺两名被害人的行为，起最主要作用，是主犯；被告人庞某文纠集被告人庞某浑，并积极实施追打两名被害人的行为，亦起主要作用，亦是主犯之一，对该两名被告人应根据其各自所参与的全部犯罪处罚。被告人李某君在共同故意伤害犯罪中起次要作用，是从犯，且其亲属积极代为赔偿被害方经济损失，并取得被害人郑某看亲属的谅解，依法可减轻处罚。被告人庞某浑有前科，具有酌定从重情节；被告人庞某文、庞某浑是累犯，依法应从重处罚；被告人李某君是在犯抢劫罪因病暂予监外执行期间重新犯罪，应对其实行数罪并罚。被告人庞某浑、庞某文、李某君及同案人许某某因共同故意伤害行为造成附带民事诉讼原告人陈某英、杨某杰经济损失，应依法承担相应赔偿责任。根据各被告人犯罪的事实、犯罪的性质、情节及对社会的危害程度，并结合部分被告人、同案人赔偿，部分原告人撤回对部分被告人附带民事诉讼的情况，依法作出如下判决：

1. 被告人庞某浑犯故意伤害罪，判处死刑，缓期二年执行，剥夺政治权利终身。

2. 被告人庞某文犯故意伤害罪，判处有期徒刑十五年，剥夺政治权利五年。

3. 被告人李某君犯故意伤害罪，判处有期徒刑五年；犯抢劫罪余刑二年三个月零二十四天，并处罚金人民币 5000 元；数罪并罚，决定执行有期徒刑六年，并处罚金人民币 5000 元。

4. 被告人庞某浑、庞某文与同案人许某某共同赔偿附带民事诉讼原告人陈某英经济损失人民币 655131.05 元的 90%，即 589617.95 元，其中被告人庞某浑承担赔偿总额 655131.05 元的 50%，即 327565.53 元，被告人庞某文承担赔偿总额 655131.05 元的 30%，即 196539.32 元，被告人庞某浑、庞某文与同案人许某某对 589617.95 元（扣除被告人李某君应承担的 10%，即 65513.11 元）互负连带赔偿责任。

5. 被告人庞某浑、庞某文、李某君与同案人许某某共同赔偿附带民事诉讼原告人杨某杰经济损失人民币 107810.03 元，其中被告人庞某浑承担赔偿总额 107810.03 元的 50%，即 53905.02 元，被告人庞某文承担赔偿总额 107810.03 元的 30%，即 32343.01 元，被告人李某君承担赔偿总额 107810.03 元的 10%，即 10781 元，同案人许某某亦承担赔偿总额 107810.03 元的 10%，即 10781 元，四人互负连带赔偿责任；因同案人许某某已赔偿 45000 元，被告人李某君已赔偿 5000 元，且原告人杨某杰放弃对许某某附带民事部分的追诉，故被告人庞某浑、庞某文、李某君尚应赔偿 57810.03 元给原告人杨某杰；各人赔偿超出自己应承担份额的，可向其他被告人追偿。

6. 驳回附带民事诉讼原告人陈某英、杨某杰其他诉讼请求。

一审宣判后，在法定期限内没有上诉、抗诉，湛江市中级人民法院就判决判处被告人庞某浑死刑，缓刑二年执行的部分依法报请广东省高级人民法院核准。广东省高级人民法院经复核查明的事实与原审一致，并裁定核准湛江市中级人民法院以故意伤害罪判处被告人庞某浑死刑，缓期二年执行，剥夺政治权利终身的刑事判决。

二、主要问题

在共同犯罪案件的附带民事诉讼审理中，部分被告人赔偿并与附带民事诉讼原告人达成调解协议，当该部分被告人赔偿数额与其应承担份额不符时，该如何认定其他被告人应承担的具体赔偿数额？

三、裁判理由

本案在附带民事诉讼案件审理过程中，被告人李某君、许某某分别与附带民事诉讼原告人陈某英、杨某杰达成调解协议，且当场履行完毕，陈某英申请法院对与之达成调解协议的李某君撤回要求赔偿经济损失的起诉，杨某杰申请法院对与之达成调解协议的许某某撤回要求赔偿经济损失的起诉。尽管同为达成调解协议，原告人申请撤诉，但本案中，根据过错责任大小等所决定的应当赔偿的份额，李某君实际支付给陈某英的赔偿款达不到其应当承担的赔偿份额，而许某某支付给杨某杰的赔偿款则已超出其应当承担的赔偿份额。李某君亲属自愿代李某君赔偿杨某杰部分经济损失，但未能达成调解协议。在这种情况下，对同案其他被告人应承担赔偿额的计算方法是否一样，如何裁判，在审理中存在以下两种不同意见：

第一种意见认为，根据意思自治原则，只要和附带民事诉讼原告人达成调解协议，附带民事诉讼原告人放弃对其诉讼请求，则不论被告人赔偿是否超出其应承担的份额，均应视为被告人自愿所赔，计算其他被告人应承担赔偿额，一律按赔偿总额扣减该被告人赔偿所占份额。

第二种意见，即原审法院认为，由于各被告人与附带民事诉讼原告人达成调解协议的实际赔偿数额各不相同，从而对同案其他被告人赔偿额所适用的计算方法亦相应不同，不能一概而论。即就陈某英而言，其所实际获得的赔偿数额，因其放弃对李某君的诉讼请求，应小于应当获得的赔偿数额。就杨某杰而言，其虽然放弃了对许某某的诉讼请求，但因许某某已经承担了超过其应当承担的份额，故杨某杰所实际获得赔偿的总数额，仍然等于其应当获得的赔偿总数额。

我们同意第二种意见。

本案所涉及的法律问题是连带责任问题。这里的连带责任，是指受害人（被侵权人）有权向共同侵权人或共同危险行为人等责任主体中的部分或全部请求赔偿损失，而责任主体中的任何一员均有对外向被侵权人承担赔偿全部损失的责任和义务；若部分责任人向被侵权人承担了全部赔偿责任，则其他责任人对被侵权人应负的赔偿责任相应予以免除。《最高人民法院关于审理人身损害赔偿案件适用法律若干问题的解释》（以下简称《侵权解释》）第五条规定，二人以上共同侵权致人损害的，应当承担连带责任；而各连带责任人赔偿的数额则是根据各自责任大小按份划分确定的；如赔偿权利人在诉讼中放弃对部分共同侵权人的诉讼请求的，其他共同侵权人对被放弃诉讼请求的侵权人应当承担的赔偿份额不承担连带责任。

就本案而言，被告人庞某浑、庞某文、李某君伙同同案人许某某共同故意伤害他人，致郑某看死亡、杨某杰重伤达九级伤残。郑某看之母陈某英、杨某杰均提起附带民事诉讼，要求三被告人及同案人许某某承担共同侵权赔偿责任。经审理查明，三被告人及同案人许某某应共同赔偿陈某英经济损失 655131.05 元，赔偿杨某杰经济损失 107810.03 元，并互负连带赔偿责任。同时，根据各被告人及同案人在共同犯罪中的地位、作用，庞某浑、庞某文、李某君、许某某均应分别承担死、伤者赔偿总额的 50%、30%、10%、10% 的赔偿责任。在部分被告人、同案人赔偿，部分原告人撤回对部分被告人附带民事诉讼起诉的情况下，各被告人对陈某英、杨某杰的赔偿数额及连带责任的承担，应区分以下三种情形：

（一）被告人李某君与附带民事诉讼原告人陈某英达成调解协议，在李某君的实际赔偿额不足其应承担的赔偿份额的情形下，其他被告人赔偿数额和连带责任的范围确定

根据法律规定，李某君应按份赔偿给陈某英 65513.11 元，并应对赔偿总额 655131.05 元负连带赔偿责任。但在案件审理过程中，李某君及其亲属与附带民事诉讼原告人陈某英达成调解协议，赔偿陈某英经济损失 35000 元，陈某英向法院申请撤回对李某君附带民事诉讼的起诉。李某君及其亲属赔偿之数额虽然不足李某君按份应承担的数额，但鉴于陈某英已对其表示谅解，并向法院申请撤诉，根据意思自治的原则及《侵权解释》第五条的规定，该情形可视为陈某英在诉讼中放弃对李某君的诉讼请求，则庞某浑、庞

某文、许某某可对李某君应当承担的 10% 的赔偿份额不再承担连带责任，只需共同赔偿陈某英经济损失 655131.05 元的 90%，即 589617.95 元，并互负连带赔偿责任即可。

同样，由于陈某英放弃对李某君的诉讼请求，在执行程序中，如果其他被告人无能力赔偿自己应承担的赔偿份额，则侵权人李某君也不再对其他被告人应承担的赔偿份额承担赔偿责任。

（二）被告人许某某与附带民事诉讼原告人杨某杰达成调解协议，在许某某的实际赔偿额超出其应承担的赔偿份额的情形下，其他被告人赔偿数额和连带责任的范围确定

我们认为，如果某个被告人与原告人达成调解协议，且该被告人实际赔偿数额已超出其应承担的赔偿总额中的份额的，根据该被告人对超出其应承担份额的部分的不同意思表示，对其他被告人的赔偿数额确定亦应有两种不同处理结果：

1. 该被告人没有明确放弃对超出其本人应承担份额的追偿权的，对其赔偿超出其应承担份额的部分，可视为代其他被告人赔偿，其支付赔偿款后有权就超出本人应担份额的部分向其他被告人追偿；其他被告人则应就扣除该被告人已赔偿部分后的赔偿余额承担赔偿责任，并互负连带责任。虽然未明确是否包括部分连带责任人在调解中支付超出其本人应赔偿份额的情形，但我们认为，该规定同样适用于本文所述情形。理由如下：首先，民事侵权赔偿的主要目的是恢复原状，弥补被害人的损失，即权利人实际损失多少，侵权人就赔偿多少，理论上称之为"填平原则"，附带民事赔偿亦遵循该原则，民事赔偿权利人不能因为损害赔偿而获利。其次，由于被告人赔偿被害人物质损失的情况直接影响到被告人悔罪表现的认定，法院在量刑时需结合赔偿情况予以考虑，故部分被告人的亲属往往争取在一审判决前与被害方达成调解协议，希望法院在对被告人量刑时能够予以从轻处罚。而此时由于判决未下，民事赔偿总额以及各被告人应承担的赔偿份额均未明确，部分被告人及其亲属对被告人应承担的赔偿权利义务也不一定了解，但为了能够与被害方达成调解协议，可能实际赔偿的数额超出被告人自己应承担的份额。这种情况不能一概视为被告人自由处分了自己的权益，仍应保障该部分被告人对赔偿超出其本人应承担份额的部分享有对其他被告人的追偿权，至于该部分被告人是否行使该追偿权，则属于其自由处分的权利。最后，保障该部分被告人的追偿权，亦是为了防止其他被告人逃避其应承担的民事赔偿责任。

本案中，同案人暨附带民事诉讼被告人许某某应按份赔偿给杨某杰 10781 元，并应对赔偿总额 107810.03 元负连带赔偿责任。在案件审理过程中，许某某亲属自愿代许某某赔偿给杨某杰经济损失人民币 45000 元，杨某杰放弃对许某某的附带民事部分的追诉，双方达成调解协议。此时，许某某所赔偿的数额已超出其本人应承担的赔偿份额，对其他被告人的民事赔偿额的处理就应适用上述方法。即许某某虽然赔偿超出其本人承担的份额，但因其并没有明确放弃追偿权，可视为许某某代庞某浑、庞某文、李某君所赔，许某某可就超出其本人承担份额部分的赔偿款向庞某浑、庞某文、李某君追偿，庞某浑、庞某文、李某君应就给杨某杰造成的损失总额减去许某某已赔偿额的剩余部分承担共同赔偿责任，并互负连带赔偿责任。

2. 被告人如明确放弃对超出其本人应承担份额赔偿款的追偿权，则对其他被告人赔偿数额的计算与本文（一）相同，即其他被告人对该被告人应当承担的赔偿份额不再承担连带责任，只需共同赔偿给附带民事诉讼原告人赔偿总额扣除该被告人已赔偿额的剩余部分，并互负连带赔偿责任即可。

（三）被告人李某君对附带民事诉讼原告人杨某杰赔偿其本人应承担份额的一部分后，没有取得杨某杰谅解而放弃对其追诉的，李某君及其他被告人赔偿数额和连带责任范围的确定

本案中，李某君亲属自愿代李某君赔偿杨某杰经济损失人民币5000元，但未能与杨某杰达成调解协议，在这种情况下，其应与其他被告人继续共同赔偿剩余部分，并对该剩余部分互负连带赔偿责任。即先以赔偿总额107810.03元减去许某某赔偿的45000元，再减去李某君所赔5000元，得57810.03元，即为被告人李某君与庞某浑、庞某文应共同赔偿给杨某杰的经济损失，且三被告人对该57810.03元互负连带赔偿责任。综上，一审裁判适当。

问题4. 法官如何正确行使调解权利和运用调解手段促成被告人与被害人之间自愿达成调解协议

【实务专论】[①]

由于案件各方当事人考虑问题的出发点和角度截然不同，对案件的认识及法律的理解也可能迥然相异，所以，调解绝不是可以一蹴而就的事。很多案件即使经过艰苦的调解，也难达成调解协议。如何在审判活动中正确开展调解工作，妥善处理好调解与判决的关系，对法官的知识与智慧、经验与耐心乃至于责任心是一次极大的考验。

一、认真倾听

认真倾听当事人倾诉，把握调解成功的先机。诉讼开始阶段，当事人往往是怀着不满、郁闷、彷徨、怀疑等情绪参与诉讼。在这种情况下，调解工作是很难取得成功的。对当事人而言，最急迫的事莫过于尽量说服法官接受自己的观点，以取得诉讼中的先机和优势。因此，他们一接触到法官，往往会喋喋不休地讲述其不幸遭遇和对案件的看法与要求。这难免会影响法官的工作情绪，然而这恰恰是调解工作最重要的环节和不可错失的机会。一个富有责任感和经验的法官会认识到，这是每一个人陷入恐慌、愤怒、绝望时的正常反应。在这个阶段，法官若能认真耐心地聆听当事人的倾诉，下一步的调解工作将会有一个良好的基础，因为在这个过程中，法官可以做到以下三点：

第一，吸纳和锐减当事人的不良情绪。当事人向法官的倾诉不仅是在说明一件事情或阐明一个观点，而且还是在宣泄其在案件中所郁结的各种不良情绪。当宣泄结束后，当事人的情绪会慢慢平静，甚至会回到心平气和的状态，这是调解工作所必需的状态。相反，如果法官对当事人的诉说表现出厌烦甚至排斥，那么必将会引起当事人对法官的反感。如此，法官在接下来的工作中就难以引导当事人恢复情绪了，调解工作的先机也会因此而丧失。

第二，取得当事人的充分信任。倾听，会使当事人感觉自己的观点得到了法官的重视，从而对法官产生信任感。这使法官与当事人之间产生了亲和力，法官所说的话和观点会逐步引起当事人的重视并得到认同。

第三，触摸当事人在诉讼中所能够接受的利益底线，对调解工作做到心中有数。倾听和交谈，可以使法官深入当事人的内心，了解当事人对诉讼利益的期望值和承受底线，

[①] 冉容、黄涛：《做好刑事附带民事诉讼调解工作的体会》，载中华人民共和国最高人民法院刑事审判第一、二、三、四、五庭主办：《刑事审判参考》2010年第2集（总第73集），法律出版社2010年版，第115~122页。

并加以分析和比较，以便在未来的调解中找到双方利益的平衡点，促成调解协议的最后达成。如 2008 年四川金堂县法院审理的一起故意伤害犯罪案件，被告人与被害人毗邻而居。因生活需要，被告人从被害人家门前架设了一根抽水管道。被害人认为这将影响自家风水，遂将其拆除。双方为此发生争执，冲动之下，被告人持刀将被害人砍成轻伤。案件刚到法院，被害人就多次找到承办法官诉说自己在案件中的不幸遭遇，还谈到以前交往中对被告人的种种忍让，要求严惩被告人，并赔偿其损失。承办法官耐心倾听，不时对被害人表示同情和理解，逐渐赢得被害人的信任和理解后，法官话锋一转，指出被害人在与被告人交往中存在的问题和过错，并聊起不久前发生的汶川地震，聊起四川人民抗震自救和全国人民对灾民的关心、救援。和大多数人一样，在巨大的自然灾害面前，被害人的理智与善良被激发出来，慢慢从愤怒中平静下来，反思了自己的不足，同意与被告人进行调解。双方很快就达成了调解协议并当场兑现。闭庭时，双方均向法官表示了感谢，取得了良好的社会效果。

二、细致分析

细致耐心地分析各种因素，最大限度地降低当事人对诉讼利益的期待值，打下调解成功的基础。当事人来到法院时，无一例外地对诉讼利益抱着一定的期待，其对诉讼利益期待值的高低往往取决于两个因素：一是当事人自身对法律法规的认知能力。当事人在来到法院之前，对于整个诉讼所适用的法律法规或多或少有所了解，对法官应当如何判决有自己的看法。二是一些所谓懂法的亲友对其所做参谋。由于这些亲友往往只听一面之词，难免会先入为主，因此其给当事人提供的参谋意见可能与法律规定相去甚远，但这却会左右当事人对诉讼利益的期待和对法官行为的看法。以上因素，可能造成当事人提出不切实际的过高要求，这就给达成调解协议造成了障碍。因此，承办法官在调解前，应先对案件中的各种因素进行细致分析，引导当事人之前对诉讼形成的看法，降低当事人对诉讼利益的期待。首先，要对案件中有利于当事人的因素作出客观评判。当事人在诉讼前，往往会就相关问题找律师、法律工作者或者一些懂法的亲朋好友咨询，对于有利于自己的案件事实、情节和法律条文会突出强调，对于不利于自己的因素或法律条文会回避或者淡化。因此，法官在调解前，应先了解当事人对其有利因素的了解程度，帮助当事人正确分析认识案件中的有利因素。对有利于当事人的法律条文，要向当事人阐述相关规定的正确含义，使当事人对该规定有正确认识，纠正其对法律条文的理解误差。其次，法官要重点帮助当事人分析案件中的不利因素，突出强调该不利因素可能造成的风险。需要注意的是，对这种不利因素的分析和理解，应当是以"背靠背"的形式作出，即法官应与当事人单方分析，不能让另一方当事人知悉，否则，另一方当事人在调解时不会让步。再次，法官在调解中，对于双方调解的结果要有预期底线，不能让某方当事人过于吃亏。在调解前，法官应当对当地居民的生活标准、生活习惯、双方当事人的家庭情况等有所了解，在遵循当事人自愿和解、公平合理的原则下，把持住预期底线。如果某方当事人提出的诉讼期待过高，要适当降低其期待利益；如果某方当事人不了解情况，提出的期待利益过低，法官应当予以适当提醒和引导，以避免其在调解协议达成或兑现后感觉吃亏而后悔，引发新的纠纷。最后，在调解过程中，要适当强调法律刚性的一面，让当事人充分感受到法律的严肃性和权威性，使其在判决和调解之间作出正确选择。如一起故意杀人案中，被害人（农民）亲属要求 50 万元的经济赔偿，这已超过法律规定的赔偿金额，被告人无力赔付。为此，法官找到被害人亲属了解其提出高额赔偿请求的原因,得知其原来是听亲友鼓动,认为杀人偿命,此时提再高的要求,对方都会同意。鉴此,法官向被害人亲属耐心讲解了相关法律知识,告知其依法可能得到的经济赔偿项目、大致金额以及计算方法。同时明确指出,因被害人在案件中存在重大过错,如果调解达不成协议,法院只有依法作出判决,这样被害人亲属可能面临三项不利后果:一是对被告人判决的刑罚和附带民事赔偿金额达不到其期望;二是判决之后,被告人亲属可能反悔不再代为赔偿,又暂未发现被告人本人有财产,这就意味着判决赔偿很难实现;三是判决之后,即使被害人亲属发现被告人本人有财产,还得通过执行程序才能兑现。被害人亲属明白诉讼风险后,同意让步。而对于被告人,法官在开庭时严肃指出其所犯罪行的严重性——母亲失去儿子、妻子失去丈夫、孩子失去父亲,这样的伤痛无论用多少钱都无法抚平;生命只有一次,无论用多少钱都无法再换回。被告人在法庭上羞愧地低下头,交代了自己隐匿的 5 万元存款,并请求其亲属竭力帮助其赔偿。最终,在法官的主持下,被告人及其亲属当场赔偿被害人亲属 20 万元现金。被害人亲属的生活有了基本保障,同意谅解被告人。一审宣判后,双方服判,没有上诉。本案的法律效果和社会效果得到了有机统一。

三、拟订方案

找准当事人利益的平衡点,拿出双方均能接受的调解方案,一锤定音地促成调解协议的达成。通过倾听和交谈后,取得了当事人的信任并触摸到他们在诉讼中的期待值和承受底线;通过对案件因素的分析,在将这种期待和底线降到一个合理的位置之后,接下来的工作便是,拿出一个能为双方均能接受的调解方案,促成调解协议的达成。

首先,要让当事人"面对面"地进行对话和交流。在这个过程中,法官应当在场进行引导和观察,通过对纠纷起因、争议焦点的分析,摸清双方的差距在哪里,有多大,并引导当事人不断缩小这种差距。如果这种差距能最终达到某个契合点当然最好。如果不能进一步缩小,那就需要将双方当事人分开,进行"背靠背"的调解工作了。法官分别向当事人讲明其在诉讼中存在的风险和不利的因素,晓之以理,动之以情。同时,在时机成熟的时候及时提出一套折中方案,促使双方最后接受这个方案以达成协议。某些时候,法官可以根据当时的情况和双方当事人的性格主动出击,合理使用法官的权威,快刀斩乱麻,促使当事人及时从犹豫不决中走出来,接受法官的方案。如在一起过失致人死亡案中,被害人亲属最初向法院提出人民币 35 万元的赔偿请求,但被告人家中十分困难,其亲属竭尽全力也只能筹到 3 万元。法官发现被害人所请赔偿请求中,大部分是精神损害抚慰金,这项诉请在刑事附带民事诉讼中,法律都是不支持的。于是,法官单独向被害人释明了其请求事项中不合理的部分,使被害人主动放弃了该部分请求,将赔偿数额降为 5 万元。但被告人一方因为家庭困难无法拿出更多的钱,而被害人一方也不愿意作出让步。此时,法官感觉到双方均有愿意调解的诚意,只是因为金额上的差异而不愿意让步。于是,法官向双方提出各让一步,同时兼顾被告人一方的赔偿能力,以 3.5 万元作为最后的调解金额,双方看到法官已经作出了决定,也就不再争执,均同意按法官的意见办,最终达成了调解协议。被告人亲属当场支付了 3 万元,其余 5 千元,被告人书面承诺一年内付清。

其次,合理利用社会资源参与调解。例如,对于乡邻纠纷等引发的刑事案件,可以让当事人的一些懂法的亲友、乡镇法律服务所的工作人员、其居住地的村长、镇长或双方信任的教师、其他行政工作人员等出面帮助调解。出于对他们的信任、敬重,甚至可能是碍于情面，当事人双方往往都会同意作出让步，这样可以使调解工作起到事半功倍的效果。

需要强调的是，无论采取什么手段调解，调解的程序和内容必须合法，不能违反法律的禁止性规定。由于调解的结果不仅是在解决纠纷，而且是在向社会宣示法律的精神，维护社会秩序，所以，法官在调解的过程中不能有任何对程序法、实体法的违反，而应尽力使调解协议的内容符合诚实信用、公平正义的基本原则。

第七章

审判组织

第一节　审判依据

一、法律

中华人民共和国刑事诉讼法（2018年10月26日修正）（节选）

第一章　审判组织

第一百八十三条　基层人民法院、中级人民法院审判第一审案件，应当由审判员三人或者由审判员和人民陪审员共三人或者七人组成合议庭进行，但是基层人民法院适用简易程序、速裁程序的案件可以由审判员一人独任审判。

高级人民法院审判第一审案件，应当由审判员三人至七人或者由审判员和人民陪审员共三人或者七人组成合议庭进行。

最高人民法院审判第一审案件，应当由审判员三人至七人组成合议庭进行。

人民法院审判上诉和抗诉案件，由审判员三人或者五人组成合议庭进行。

合议庭的成员人数应当是单数。

第一百八十四条　合议庭进行评议的时候，如果意见分歧，应当按多数人的意见作出决定，但是少数人的意见应当写入笔录。评议笔录由合议庭的组成人员签名。

第一百八十五条　合议庭开庭审理并且评议后，应当作出判决。对于疑难、复杂、重大的案件，合议庭认为难以作出决定的，由合议庭提请院长决定提交审判委员会讨论决定。审判委员会的决定，合议庭应当执行。

二、司法解释

1. 最高人民法院关于适用《中华人民共和国刑事诉讼法》的解释（2021年1月26日）（节选）

第八章　审判组织

第二百一十二条　合议庭由审判员担任审判长。院长或者庭长参加审理案件时，由其本人担任审判长。

审判员依法独任审判时，行使与审判长相同的职权。

第二百一十三条　基层人民法院、中级人民法院、高级人民法院审判下列第一审刑事案件，由审判员和人民陪审员组成合议庭进行：

（一）涉及群体利益、公共利益的；

（二）人民群众广泛关注或者其他社会影响较大的；

（三）案情复杂或者有其他情形，需要由人民陪审员参加审判的。

基层人民法院、中级人民法院、高级人民法院审判下列第一审刑事案件，由审判员和人民陪审员组成七人合议庭进行：

（一）可能判处十年以上有期徒刑、无期徒刑、死刑，且社会影响重大的；

（二）涉及征地拆迁、生态环境保护、食品药品安全，且社会影响重大的；

（三）其他社会影响重大的。

第二百一十四条　开庭审理和评议案件，应当由同一合议庭进行。合议庭成员在评议案件时，应当独立发表意见并说明理由。意见分歧的，应当按多数意见作出决定，但少数意见应当记入笔录。评议笔录由合议庭的组成人员在审阅确认无误后签名。评议情况应当保密。

第二百一十五条　人民陪审员参加三人合议庭审判案件，应当对事实认定、法律适用独立发表意见，行使表决权。

人民陪审员参加七人合议庭审判案件，应当对事实认定独立发表意见，并与审判员共同表决；对法律适用可以发表意见，但不参加表决。

第二百一十六条　合议庭审理、评议后，应当及时作出判决、裁定。

对下列案件，合议庭应当提请院长决定提交审判委员会讨论决定：

（一）高级人民法院、中级人民法院拟判处死刑立即执行的案件，以及中级人民法院拟判处死刑缓期执行的案件；

（二）本院已经发生法律效力的判决、裁定确有错误需要再审的案件；

（三）人民检察院依照审判监督程序提出抗诉的案件。

对合议庭成员意见有重大分歧的案件、新类型案件、社会影响重大的案件以及其他疑难、复杂、重大的案件，合议庭认为难以作出决定的，可以提请院长决定提交审判委员会讨论决定。

人民陪审员可以要求合议庭将案件提请院长决定是否提交审判委员会讨论决定。

对提请院长决定提交审判委员会讨论决定的案件，院长认为不必要的，可以建议合议庭复议一次。

独任审判的案件，审判员认为有必要的，也可以提请院长决定提交审判委员会讨论决定。

第二百一十七条 审判委员会的决定，合议庭、独任审判员应当执行；有不同意见的，可以建议院长提交审判委员会复议。

2. 最高人民法院关于进一步加强合议庭职责的若干规定（2010年1月11日 法释〔2010〕1号）

第一条 合议庭是人民法院的基本审判组织。合议庭全体成员平等参与案件的审理、评议和裁判，依法履行审判职责。

第二条 合议庭由审判员、助理审判员或者人民陪审员随机组成。合议庭成员相对固定的，应当定期交流。人民陪审员参加合议庭的，应当从人民陪审员名单中随机抽取确定。

第三条 承办法官履行下列职责：

（一）主持或者指导审判辅助人员进行庭前调解、证据交换等庭前准备工作；

（二）拟定庭审提纲，制作阅卷笔录；

（三）协助审判长组织法庭审理活动；

（四）在规定期限内及时制作审理报告；

（五）案件需要提交审判委员会讨论的，受审判长指派向审判委员会汇报案件；

（六）制作裁判文书提交合议庭审核；

（七）办理有关审判的其他事项。

第四条 依法不开庭审理的案件，合议庭全体成员均应当阅卷，必要时提交书面阅卷意见。

第五条 开庭审理时，合议庭全体成员应当共同参加，不得缺席、中途退庭或者从事与该庭审无关的活动。合议庭成员未参加庭审、中途退庭或者从事与该庭审无关的活动，当事人提出异议的，应当纠正。合议庭仍不纠正的，当事人可以要求休庭，并将有关情况记入庭审笔录。

第六条 合议庭全体成员均应当参加案件评议。评议案件时，合议庭成员应当针对案件的证据采信、事实认定、法律适用、裁判结果以及诉讼程序等问题充分发表意见。必要时，合议庭成员还可提交书面评议意见。

合议庭成员评议时发表意见不受追究。

第七条 除提交审判委员会讨论的案件外，合议庭对评议意见一致或者形成多数意见的案件，依法作出判决或者裁定。下列案件可以由审判长提请院长或者庭长决定组织相关审判人员共同讨论，合议庭成员应当参加：

（一）重大、疑难、复杂或者新类型的案件；

（二）合议庭在事实认定或法律适用上有重大分歧的案件；

（三）合议庭意见与本院或上级法院以往同类型案件的裁判有可能不一致的案件；

（四）当事人反映强烈的群体性纠纷案件；

（五）经审判长提请且院长或者庭长认为确有必要讨论的其他案件。

上述案件的讨论意见供合议庭参考，不影响合议庭依法作出裁判。

第八条 各级人民法院的院长、副院长、庭长、副庭长应当参加合议庭审理案件，并逐步增加审理案件的数量。

第九条 各级人民法院应当建立合议制落实情况的考评机制,并将考评结果纳入岗位绩效考评体系。考评可采取抽查卷宗、案件评查、检查庭审情况、回访当事人等方式。考评包括以下内容:

(一) 合议庭全体成员参加庭审的情况;

(二) 院长、庭长参加合议庭庭审的情况;

(三) 审判委员会委员参加合议庭庭审的情况;

(四) 承办法官制作阅卷笔录、审理报告以及裁判文书的情况;

(五) 合议庭其他成员提交阅卷意见、发表评议意见的情况;

(六) 其他应当考核的事项。

第十条 合议庭组成人员存在违法审判行为的,应当按照《人民法院审判人员违法审判责任追究办法(试行)》等规定追究相应责任。合议庭审理案件有下列情形之一的,合议庭成员不承担责任:

(一) 因对法律理解和认识上的偏差而导致案件被改判或者发回重审的;

(二) 因对案件事实和证据认识上的偏差而导致案件被改判或者发回重审的;

(三) 因新的证据而导致案件被改判或者发回重审的;

(四) 因法律修订或者政策调整而导致案件被改判或者发回重审的;

(五) 因裁判所依据的其他法律文书被撤销或变更而导致案件被改判或者发回重审的;

(六) 其他依法履行审判职责不应当承担责任的情形。

第十一条 执行工作中依法需要组成合议庭的,参照本规定执行。

第十二条 本院以前发布的司法解释与本规定不一致的,以本规定为准。

第二节 审判实践中的疑难新型问题

问题1. 庭前会议的具体规程和注意事项

【实务专论】[①]

相对于公开庭审的对抗性氛围,庭前会议这种协商式的程序环境更加宽松,更加有助于梳理和解决控辩双方的争议。不过,由于庭前会议通常是在审判人员的召集下,只有控辩双方参与,与公开的庭审相比透明度不高。因此,要强化庭前会议的具体规范,确保庭前会议依法有序进行。

(一) 庭前会议的具体规程

第一,庭前会议的启动方式。《刑事诉讼法》及《刑事诉讼法解释》仅规定审判人员可以召集(召开)庭前会议。为了有效发挥庭前会议的预期功能,实践中,庭前会议既

---

① 戴长林:《庭前会议程序若干疑难问题研究》,载中华人民共和国最高人民法院刑事审判第一、二、三、四、五庭主办:《刑事审判参考》2013年第3集(总第92集),法律出版社2014年版,第244~256页。

可以由人民法院依职权启动，也可以由控辩双方申请启动。

人民法院为了有效开展庭审准备，对相关的程序性或者实体性问题了解情况、听取意见，可以依职权召开庭前会议。当事人及其辩护人、诉讼代理人为了有效参与庭审，充分行使诉讼权利，可以在庭前提出各种程序性申请或者异议，并申请人民法院召开庭前会议。相应地，人民检察院为了了解辩护方的观点和主张，做好诉讼准备工作，也可以建议人民法院召开庭前会议。对于上述申请或者建议，人民法院经审查认为符合《刑事诉讼法》及《刑事诉讼法解释》规定情形的，可以决定召开庭前会议。

第二，庭前会议的准备。庭前会议作为庭前准备程序的重要环节，也需要进行相应的准备。《刑事诉讼法》恢复起诉全部案卷移送制度后，审判人员可以在庭前阅卷，了解案件事实证据的总体情况，初步判断是否有必要召开庭前会议。在送达起诉书副本的环节，可以询问被告人及其辩护人对指控犯罪事实的意见，了解被告人是否认罪，是否针对回避、出庭证人名单和非法证据排除等问题提出申请或者异议，以及是否申请召开庭前会议。当前，一些地方法院针对庭前会议制发的指引规则，既有助于维护被告人的诉讼权利，也有利于庭前会议程序有序展开，为推进庭前会议制度的推广起到了良好的作用。

人民法院依职权或者依申请召开庭前会议，应当及时通知人民检察院以及当事人及其辩护人、诉讼代理人，并且督促各方开展庭前会议的准备工作。例如，被告人及其辩护人在庭前提出非法证据排除申请，人民法院决定召开庭前会议的，应当及时将申请书或者申请笔录及相关线索、材料的复制件送交人民检察院，以便人民检察院及时收集有关证据材料，在庭前会议中对证据收集的合法性加以说明。又如，对于证据材料较多、案情重大复杂的案件，基于人民检察院的建议，人民法院决定召开庭前会议的，应当及时通知辩护人阅卷并会见被告人，全面了解诉讼证据，整理辩护意见和理由，进而在庭前会议中明确事实证据争点。只有在召开庭前会议之前进行相应的准备，才能确保庭前会议取得预期的成效。

第三，庭前会议召开的时间、地点。关于召开时间，作为庭前准备程序，庭前会议应当在正式开庭审理之前召开，但需要确保控辩审各方做好相应的准备。人民法院应当确定合议庭组成人员，以便针对回避等事由听取意见。同时，承办法官还需要通过阅卷等方式了解案情和控辩双方的主张，这也是审查确定是否有必要召开庭前会议的前提条件。辩护人要通过阅卷和会见被告人等方式整理辩护意见，以便在庭前会议中提出相应的主张和申请。公诉方对于被告人及其辩护人提出的非法证据排除等申请，需要准备相应的证据材料，以便在庭前会议中对证据收集的合法性等问题说明情况。简言之，人民法院决定召开庭前会议后，要预留合理的时间确保控辩各方对庭前会议做好充分的准备。

庭前会议并非正式的庭审，因此召开地点并无严格的要求，既可以在人民法院的会议室进行，也可以在法庭进行，必要时还可以基于安保等因素考虑在看守所进行。

第四，庭前会议的召开方式。庭前会议是庭审的准备程序，并非正式的庭审，并不解决定罪量刑等实体性问题；同时，庭前会议侧重由控辩等方协商解决相关的问题，因此原则上无须公开进行。此外，对于庭前会议环节开展的调解等事项，也不宜公开进行。

庭前会议究竟是采用"会议"形式还是更为正式的"听证"形式，存在不同的意见。我认为，庭前会议侧重于"了解情况、听取意见"，无须像庭审一样强调控辩双方的对抗，因此，一般情况下采用"会议"形式可能更为适当。当然，如果控辩双方对特定的程序事项或者事实证据问题存在较大争议，也可以采用"听证"形式组织控辩双方围绕争议焦点进行辩论、出示证据材料等。

第五，庭前会议的具体流程。个案中，庭前会议究竟如何进行，要视案件具体情况而定。

对于当事人提出程序性申请或者异议的情形，应当首先让该方当事人阐明具体的主张。对于其中一些申请，如排除非法证据的申请，可以让控诉方通过出示有关证据材料等方式，对证据收集的合法性加以说明。对于其中一些异议，如管辖权异议，也可以由审判人员依法作出解释并说明理由。

对于控辩双方对事实、证据争议较大的案件，或者人民法院为整理事实、证据争点而依职权召开庭前会议的案件，可以首先让控辩双方出示各自拟当庭提交的证据材料，然后由审判人员依次询问各方对案件证据材料的意见，区分有异议的证据材料和无异议的证据材料。

在依次解决程序性申请并梳理事实、证据争点之后，人民法院可以根据案件情况决定是否进行调解。对存在调解可能性的案件，如果拟在庭前会议中开展调解，就需要在召开会议前做好相应的准备，例如，征求各方当事人的意见、拟定调解方案等。

第六，庭前会议的后续会议。一些案件案情复杂、程序争议较大，一次庭前会议可能无法切实解决争议问题，或者在庭前会议中控辩双方又产生了新的争议，此时需要再次或者多次召开会议，为庭审做好充分的准备。

（二）庭前会议的注意事项

庭前会议的结果对庭审有重要影响，为确保庭前会议规范有序进行，需要注意以下事项：

第一，庭前会议要注意保障被告人的辩护权。为强化刑事诉讼中的人权保障，《刑事诉讼法解释》第一百八十三条第二款规定："召开庭前会议，根据案件情况，可以通知被告人参加。"由于庭前会议涉及专门的法律问题，因此，被告人应当在辩护人的帮助下参与庭前会议，并且在辩护人的帮助下协商解决相关问题。被告人因故未参加庭前会议或者委托辩护人代其参加庭前会议的，辩护人针对相关问题提出的申请、异议和主张，应当有被告人的明确授权。在庭前会议中，被告人可以选择自主提出申请或者异议，也可以由辩护人代其提出申请或者异议。对于共同犯罪，各被告人都可以参加庭前会议。对于分案起诉的共同犯罪各被告人，基于兼顾公正和效率的考虑，如果各个案件的公诉人和被告人同意，也可以一并召开庭前会议。

第二，庭前会议要避免引起新的争议。庭前会议的目的是减少甚至消除争议，如果在庭前会议中又引发了新的争议，无疑背离了制度设计的初衷。

审判人员在庭前会议中要认真对待当事人的申请或者异议，认真了解情况，听取意见，尤其要注意保障被告人的辩护权。对于控辩双方的事实和证据争点，要准确概括归纳，不能以偏概全。对于争议事项，控辩双方不能协商解决的，要认真记录在案，不能置之不理。如果作出相应的处理，要详细说明理由。

第三，庭前会议要注意审查案件是否存在错案风险。2012年《刑事诉讼法》修改恢复了起诉全部案卷移送制度，根据《刑事诉讼法解释》第一百八十条[①]的规定，对提起公

---

① 现为《最高人民法院关于适用〈中华人民共和国刑事诉讼法〉的解释》（2021年）第二百一十八条。

诉的案件，人民法院应当在收到起诉书和案卷、证据后，审查相关内容，其中第三项就涉及"是否移送证明指控犯罪事实的证据材料，包括采取技术侦查措施的批准决定和所收集的证据材料"。如果人民法院对公诉进行审查后，发现定罪事实不清，证据不足，应当及时督促人民检察院补充完善证据材料，提示案件存在错案风险。

考虑到目前发现的冤错案件多是由于错误地采纳了被告人的虚假供述，庭前对公诉进行审查后，如果发现被告人有翻供情形，提出无罪辩解，或者供述细节与其他证据存在无法合理排除的实质性矛盾的，应当在庭前会议中注意讯问被告人，核实案件细节和证据，及时识别虚假供述，有效防范替人顶罪等情形，切实避免冤错案件发生。

第四，庭前会议的方案要因案而异。有的案件的程序争议较大，有的案件事实证据争点较多，因此，庭前会议要在事先准备的基础上有所侧重。

对于那些存在程序性争议的案件，如被告人及其辩护人主张排除非法证据，人民法院在庭前会议中应当保持客观中立的地位，更加重视控辩双方的协商。对于那些证据材料较多、案情重大复杂的案件，人民法院在庭前会议中应当充分发挥职权作用，引导控辩双方梳理事实、证据，明确庭审的重点。

问题2. 庭前会议与庭审的关系

【实务专论】[①]

庭前会议作为庭前准备程序的关键环节，与庭审具有紧密关联。庭前会议除了可以解决那些可能导致中断的程序性事项外，还能梳理事实、证据争点，从而适当简化庭审，提高庭审效率。但对于召开庭前会议的案件，庭审可以简化到什么程度，值得认真研究。

（一）庭审的关键环节不能简化

第一，庭前会议不能弱化更不能取代庭审。庭前会议通常不公开进行，具体方式相对较为灵活，且不能解决定罪量刑等实体性问题，只是为庭审顺利进行扫清程序障碍，并且明确庭审焦点，确保庭审更加具有针对性。即使庭前会议对相关的事实证据争点进行了梳理，庭审中也要针对相关问题进行调查、质证和辩论，毕竟公开进行的庭审才是法庭查明事实、解决争议的环节。如果因庭前会议而导致庭审功能弱化，就背离了庭前会议程序设立的初衷。

第二，庭前会议可以梳理事实、证据争点，但不能取代庭审质证。根据《刑事诉讼法解释》的规定，庭前会议可以基于控辩双方的意见区分有争议的证据和无争议的证据，进而在庭审时重点调查有争议的证据，对无争议的证据可以简化举证、质证。尽管庭前会议可以梳理事实证据争点，但不能弱化甚至取代庭审质证，不能影响庭审质证程序的规范进行。

与庭前会议相比，公开进行的庭审有多重功能。根据《刑事诉讼法》的规定，人民法院审判案件，除另有规定的以外，一律公开进行。公开进行的庭审除了要查明案件事实外，还要确保社会公众了解庭审的整个过程，知悉法院的裁判理由和依据。如果在庭前会议的基础上，庭审调查过于简化，证据质证流于形式，就可能弱化庭审功能，甚至

[①] 戴长林：《庭前会议程序若干疑难问题研究》，载中华人民共和国最高人民法院刑事审判第一、二、三、四、五庭主办：《刑事审判参考》2013年第3集（总第92集），法律出版社2014年版，第244~256页。

引发公众对审判公正的质疑。如实践中个别涉及多起犯罪事实、证据材料很多的案件，在召开庭前会议的基础上，庭审过于简化，导致公众认为庭审是在走过场，必然影响审判的法律效果和社会效果。

有鉴于此，对于召开庭前会议梳理事实、证据争点的案件，庭审的简化要有一定的限度，具体应当把握以下两个方面的要求：其一，涉及多起犯罪事实的案件，对次要犯罪事实的庭审调查可以适当简化，但对主要犯罪事实，包括重罪事实和社会高度关注的犯罪事实，庭审调查不能简化；其二，对于庭审中需要重点调查的犯罪事实，对次要证据和辅助性证据的举证、质证可以适当简化，但对定案主要证据的举证、质证不能简化，要坚持一证一质，详细宣读证据的主要内容，充分进行质证。

（二）庭前会议处理结果的效力

庭前会议中人民法院针对程序性问题作出的处理以及控辩双方的合意决定，应当具有一定的效力，否则庭前会议就没有意义。

第一，人民法院开庭并向当事人告知诉讼权利后，可以简要公布召开庭前会议的情况，并宣布庭前会议环节对有关程序性问题作出的处理结果，以及控辩双方对相关事项的一致意见。

第二，人民法院在庭前会议中就当事人的程序性申请或者异议作出处理后，除有新的理由或者情况外，当事人在庭审中再次提出的，法庭在简要查核后可以直接驳回。如被告人在庭前会议中提出了回避申请，人民法院依法决定驳回其申请后，如果被告人没有新的理由，在庭审中再次提出该申请，法庭可以直接驳回，继续进行庭审。

第三，控辩双方在庭前会议中达成一致的意见，一方当事人在庭审中反悔的，应当提出正当理由。例如，控辩双方在庭前会议中均认可特定的事实、证据，并在庭前会议笔录中载明的，如果一方当事人在庭审中反悔，就需要提出正当理由，如被告人主张自己并未授权辩护人作出特定决定等。对此，法庭应当审查并作出处理。反悔一方没有正当理由的，人民法院对双方的合意一般应予认可。

第四，被告方未依法在庭前会议中提出相应的申请或者异议，直到庭审中才提出，基于保障被告人诉讼权利等考虑，法庭不宜直接驳回，但在处理程序上可以有所差异。如被告人及其辩护人未按法律规定在庭前提出非法证据排除申请，直至庭审中才提出申请的，根据《刑事诉讼法解释》第一百条[①]第三款的规定，人民法院不再对该申请进行先行审查，而是应当在法庭调查结束前一并进行审查，并决定是否进行证据收集合法性的调查。鉴于《刑事诉讼法解释》已经明确庭前会议中可以提出申请或者异议的事项，如果被告人在庭前会议中未提出相应的申请或者异议，而是庭审中才提出，法庭应当让被告人说明理由，并依法作出裁判。

[①] 现为《最高人民法院关于适用〈中华人民共和国刑事诉讼法〉的解释》（2021年）第一百三十三条。

第八章 第一审程序

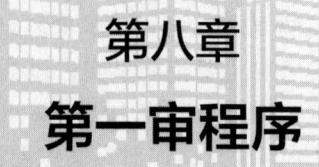

第一节 审判依据

一、法律

中华人民共和国刑事诉讼法（2018年10月26日修正）（节选）

第二章 第一审程序

第一节 公诉案件

第一百八十六条 人民法院对提起公诉的案件进行审查后，对于起诉书中有明确的指控犯罪事实的，应当决定开庭审判。

第一百八十七条 人民法院决定开庭审判后，应当确定合议庭的组成人员，将人民检察院的起诉书副本至迟在开庭十日以前送达被告人及其辩护人。

在开庭以前，审判人员可以召集公诉人、当事人和辩护人、诉讼代理人，对回避、出庭证人名单、非法证据排除等与审判相关的问题，了解情况，听取意见。

人民法院确定开庭日期后，应当将开庭的时间、地点通知人民检察院，传唤当事人，通知辩护人、诉讼代理人、证人、鉴定人和翻译人员，传票和通知书至迟在开庭三日以前送达。公开审判的案件，应当在开庭三日以前先期公布案由、被告人姓名、开庭时间和地点。

上述活动情形应当写入笔录，由审判人员和书记员签名。

第一百八十八条 人民法院审判第一审案件应当公开进行。但是有关国家秘密或者个人隐私的案件，不公开审理；涉及商业秘密的案件，当事人申请不公开审理的，可以不公开审理。

不公开审理的案件，应当当庭宣布不公开审理的理由。

第一百八十九条 人民法院审判公诉案件，人民检察院应当派员出席法庭支持公诉。

第一百九十条 开庭的时候，审判长查明当事人是否到庭，宣布案由；宣布合议庭的组成人员、书记员、公诉人、辩护人、诉讼代理人、鉴定人和翻译人员的名单；告知当事人有权对合议庭组成人员、书记员、公诉人、鉴定人和翻译人员申请回避；告知被告人享有辩护权利。

被告人认罪认罚的，审判长应当告知被告人享有的诉讼权利和认罪认罚的法律规定，审查认罪认罚的自愿性和认罪认罚具结书内容的真实性、合法性。

第一百九十一条 公诉人在法庭上宣读起诉书后，被告人、被害人可以就起诉书指控的犯罪进行陈述，公诉人可以讯问被告人。

被害人、附带民事诉讼的原告人和辩护人、诉讼代理人，经审判长许可，可以向被告人发问。

审判人员可以讯问被告人。

第一百九十二条 公诉人、当事人或者辩护人、诉讼代理人对证人证言有异议，且该证人证言对案件定罪量刑有重大影响，人民法院认为证人有必要出庭作证的，证人应当出庭作证。

人民警察就其执行职务时目击的犯罪情况作为证人出庭作证，适用前款规定。

公诉人、当事人或者辩护人、诉讼代理人对鉴定意见有异议，人民法院认为鉴定人有必要出庭的，鉴定人应当出庭作证。经人民法院通知，鉴定人拒不出庭作证的，鉴定意见不得作为定案的根据。

第一百九十三条 经人民法院通知，证人没有正当理由不出庭作证的，人民法院可以强制其到庭，但是被告人的配偶、父母、子女除外。

证人没有正当理由拒绝出庭或者出庭后拒绝作证的，予以训诫，情节严重的，经院长批准，处以十日以下的拘留。被处罚人对拘留决定不服的，可以向上一级人民法院申请复议。复议期间不停止执行。

第一百九十四条 证人作证，审判人员应当告知他要如实地提供证言和有意作伪证或者隐匿罪证要负的法律责任。公诉人、当事人和辩护人、诉讼代理人经审判长许可，可以对证人、鉴定人发问。审判长认为发问的内容与案件无关的时候，应当制止。

审判人员可以询问证人、鉴定人。

第一百九十五条 公诉人、辩护人应当向法庭出示物证，让当事人辨认，对未到庭的证人的证言笔录、鉴定人的鉴定意见、勘验笔录和其他作为证据的文书，应当当庭宣读。审判人员应当听取公诉人、当事人和辩护人、诉讼代理人的意见。

第一百九十六条 法庭审理过程中，合议庭对证据有疑问的，可以宣布休庭，对证据进行调查核实。

人民法院调查核实证据，可以进行勘验、检查、查封、扣押、鉴定和查询、冻结。

第一百九十七条 法庭审理过程中，当事人和辩护人、诉讼代理人有权申请通知新的证人到庭，调取新的物证，申请重新鉴定或者勘验。

公诉人、当事人和辩护人、诉讼代理人可以申请法庭通知有专门知识的人出庭，就鉴定人作出的鉴定意见提出意见。

法庭对于上述申请，应当作出是否同意的决定。

第二款规定的有专门知识的人出庭，适用鉴定人的有关规定。

第一百九十八条 法庭审理过程中，对与定罪、量刑有关的事实、证据都应当进行调查、辩论。

经审判长许可，公诉人、当事人和辩护人、诉讼代理人可以对证据和案件情况发表意见并且可以互相辩论。

审判长在宣布辩论终结后，被告人有最后陈述的权利。

第一百九十九条 在法庭审判过程中，如果诉讼参与人或者旁听人员违反法庭秩序，审判长应当警告制止。对不听制止的，可以强行带出法庭；情节严重的，处以一千元以下的罚款或者十五日以下的拘留。罚款、拘留必须经院长批准。被处罚人对罚款、拘留的决定不服的，可以向上一级人民法院申请复议。复议期间不停止执行。

对聚众哄闹、冲击法庭或者侮辱、诽谤、威胁、殴打司法工作人员或者诉讼参与人，严重扰乱法庭秩序，构成犯罪的，依法追究刑事责任。

第二百条 在被告人最后陈述后，审判长宣布休庭，合议庭进行评议，根据已经查明的事实、证据和有关的法律规定，分别作出以下判决：

（一）案件事实清楚，证据确实、充分，依据法律认定被告人有罪的，应当作出有罪判决；

（二）依据法律认定被告人无罪的，应当作出无罪判决；

（三）证据不足，不能认定被告人有罪的，应当作出证据不足、指控的犯罪不能成立的无罪判决。

第二百零一条 对于认罪认罚案件，人民法院依法作出判决时，一般应当采纳人民检察院指控的罪名和量刑建议，但有下列情形的除外：

（一）被告人的行为不构成犯罪或者不应当追究其刑事责任的；

（二）被告人违背意愿认罪认罚的；

（三）被告人否认指控的犯罪事实的；

（四）起诉指控的罪名与审理认定的罪名不一致的；

（五）其他可能影响公正审判的情形。

人民法院经审理认为量刑建议明显不当，或者被告人、辩护人对量刑建议提出异议的，人民检察院可以调整量刑建议。人民检察院不调整量刑建议或者调整量刑建议后仍然明显不当的，人民法院应当依法作出判决。

第二百零二条 宣告判决，一律公开进行。

当庭宣告判决的，应当在五日以内将判决书送达当事人和提起公诉的人民检察院；定期宣告判决的，应当在宣告后立即将判决书送达当事人和提起公诉的人民检察院。判决书应当同时送达辩护人、诉讼代理人。

第二百零三条 判决书应当由审判人员和书记员署名，并且写明上诉的期限和上诉的法院。

第二百零四条 在法庭审判过程中，遇有下列情形之一，影响审判进行的，可以延期审理：

（一）需要通知新的证人到庭，调取新的物证，重新鉴定或者勘验的；

（二）检察人员发现提起公诉的案件需要补充侦查，提出建议的；

（三）由于申请回避而不能进行审判的。

第二百零五条 依照本法第二百零四条第二项的规定延期审理的案件，人民检察院应当在一个月以内补充侦查完毕。

第二百零六条 在审判过程中，有下列情形之一，致使案件在较长时间内无法继续审理的，可以中止审理：

（一）被告人患有严重疾病，无法出庭的；

（二）被告人脱逃的；

（三）自诉人患有严重疾病，无法出庭，未委托诉讼代理人出庭的；

（四）由于不能抗拒的原因。

中止审理的原因消失后，应当恢复审理。中止审理的期间不计入审理期限。

第二百零七条 法庭审判的全部活动，应当由书记员写成笔录，经审判长审阅后，由审判长和书记员签名。

法庭笔录中的证人证言部分，应当当庭宣读或者交给证人阅读。证人在承认没有错误后，应当签名或者盖章。

法庭笔录应当交给当事人阅读或者向他宣读。当事人认为记载有遗漏或者差错的，可以请求补充或者改正。当事人承认没有错误后，应当签名或者盖章。

第二百零八条 人民法院审理公诉案件，应当在受理后二个月以内宣判，至迟不得超过三个月。对于可能判处死刑的案件或者附带民事诉讼的案件，以及有本法第一百五十八条规定情形之一的，经上一级人民法院批准，可以延长三个月；因特殊情况还需要延长的，报请最高人民法院批准。

人民法院改变管辖的案件，从改变后的人民法院收到案件之日起计算审理期限。

人民检察院补充侦查的案件，补充侦查完毕移送人民法院后，人民法院重新计算审理期限。

第二百零九条 人民检察院发现人民法院审理案件违反法律规定的诉讼程序，有权向人民法院提出纠正意见。

第二节 自诉案件

第二百一十条 自诉案件包括下列案件：

（一）告诉才处理的案件；

（二）被害人有证据证明的轻微刑事案件；

（三）被害人有证据证明对被告人侵犯自己人身、财产权利的行为应当依法追究刑事责任，而公安机关或者人民检察院不予追究被告人刑事责任的案件。

第二百一十一条 人民法院对于自诉案件进行审查后，按照下列情形分别处理：

（一）犯罪事实清楚，有足够证据的案件，应当开庭审判；

（二）缺乏罪证的自诉案件，如果自诉人提不出补充证据，应当说服自诉人撤回自诉，或者裁定驳回。

自诉人经两次依法传唤，无正当理由拒不到庭的，或者未经法庭许可中途退庭的，按撤诉处理。

法庭审理过程中，审判人员对证据有疑问，需要调查核实的，适用本法第一百九十六条的规定。

第二百一十二条 人民法院对自诉案件，可以进行调解；自诉人在宣告判决前，可以同被告人自行和解或者撤回自诉。本法第二百一十条第三项规定的案件不适用调解。

人民法院审理自诉案件的期限，被告人被羁押的，适用本法第二百零八条第一款、第二款的规定；未被羁押的，应当在受理后六个月以内宣判。

第二百一十三条 自诉案件的被告人在诉讼过程中，可以对自诉人提起反诉。反诉适用自诉的规定。

第三节 简易程序

第二百一十四条 基层人民法院管辖的案件，符合下列条件的，可以适用简易程序审判：

（一）案件事实清楚、证据充分的；

（二）被告人承认自己所犯罪行，对指控的犯罪事实没有异议的；

（三）被告人对适用简易程序没有异议的。

人民检察院在提起公诉的时候，可以建议人民法院适用简易程序。

第二百一十五条 有下列情形之一的，不适用简易程序：

（一）被告人是盲、聋、哑人，或者是尚未完全丧失辨认或者控制自己行为能力的精神病人的；

（二）有重大社会影响的；

（三）共同犯罪案件中部分被告人不认罪或者对适用简易程序有异议的；

（四）其他不宜适用简易程序审理的。

第二百一十六条 适用简易程序审理案件，对可能判处三年有期徒刑以下刑罚的，可以组成合议庭进行审判，也可以由审判员一人独任审判；对可能判处的有期徒刑超过三年的，应当组成合议庭进行审判。

适用简易程序审理公诉案件，人民检察院应当派员出席法庭。

第二百一十七条 适用简易程序审理案件，审判人员应当询问被告人对指控的犯罪事实的意见，告知被告人适用简易程序审理的法律规定，确认被告人是否同意适用简易程序审理。

第二百一十八条 适用简易程序审理案件，经审判人员许可，被告人及其辩护人可以同公诉人、自诉人及其诉讼代理人互相辩论。

第二百一十九条 适用简易程序审理案件，不受本章第一节关于送达期限、讯问被告人、询问证人、鉴定人、出示证据、法庭辩论程序规定的限制。但在判决宣告前应当听取被告人的最后陈述意见。

第二百二十条 适用简易程序审理案件，人民法院应当在受理后二十日以内审结；对可能判处的有期徒刑超过三年的，可以延长至一个半月。

第二百二十一条 人民法院在审理过程中，发现不宜适用简易程序的，应当按照本章第一节或者第二节的规定重新审理。

第四节 速裁程序

第二百二十二条 基层人民法院管辖的可能判处三年有期徒刑以下刑罚的案件，案件事实清楚，证据确实、充分，被告人认罪认罚并同意适用速裁程序的，可以适用速裁程序，由审判员一人独任审判。

人民检察院在提起公诉的时候，可以建议人民法院适用速裁程序。

第二百二十三条 有下列情形之一的，不适用速裁程序：

（一）被告人是盲、聋、哑人，或者是尚未完全丧失辨认或者控制自己行为能力的精神病人的；

（二）被告人是未成年人的；

（三）案件有重大社会影响的；

（四）共同犯罪案件中部分被告人对指控的犯罪事实、罪名、量刑建议或者适用速裁程序有异议的；

（五）被告人与被害人或者其法定代理人没有就附带民事诉讼赔偿等事项达成调解或者和解协议的；

（六）其他不宜适用速裁程序审理的。

第二百二十四条 适用速裁程序审理案件，不受本章第一节规定的送达期限的限制，一般不进行法庭调查、法庭辩论，但在判决宣告前应当听取辩护人的意见和被告人的最后陈述意见。

适用速裁程序审理案件，应当当庭宣判。

第二百二十五条 适用速裁程序审理案件，人民法院应当在受理后十日以内审结；对可能判处的有期徒刑超过一年的，可以延长至十五日。

第二百二十六条 人民法院在审理过程中，发现有被告人的行为不构成犯罪或者不应当追究其刑事责任、被告人违背意愿认罪认罚、被告人否认指控的犯罪事实或者其他不宜适用速裁程序审理的情形的，应当按照本章第一节或者第三节的规定重新审理。

二、司法解释

最高人民法院关于适用《中华人民共和国刑事诉讼法》的解释（2021年1月26日）（节选）

第九章　公诉案件第一审普通程序

第一节　审查受理与庭前准备

第二百一十八条 对提起公诉的案件，人民法院应当在收到起诉书（一式八份，每增加一名被告人，增加起诉书五份）和案卷、证据后，审查以下内容：

（一）是否属于本院管辖；

（二）起诉书是否写明被告人的身份，是否受过或者正在接受刑事处罚、行政处罚、处分，被采取留置措施的情况，被采取强制措施的时间、种类、羁押地点，犯罪的时间、地点、手段、后果以及其他可能影响定罪量刑的情节；有多起犯罪事实的，是否在起诉书中将事实分别列明；

（三）是否移送证明指控犯罪事实及影响量刑的证据材料，包括采取技术调查、侦查措施的法律文书和所收集的证据材料；

（四）是否查封、扣押、冻结被告人的违法所得或者其他涉案财物，查封、扣押、冻结是否逾期；是否随案移送涉案财物、附涉案财物清单；是否列明涉案财物权属情况；是否就涉案财物处理提供相关证据材料；

（五）是否列明被害人的姓名、住址、联系方式；是否附有证人、鉴定人名单；是否申请法庭通知证人、鉴定人、有专门知识的人出庭，并列明有关人员的姓名、性别、年龄、职业、住址、联系方式；是否附有需要保护的证人、鉴定人、被害人名单；

（六）当事人已委托辩护人、诉讼代理人或者已接受法律援助的，是否列明辩护人、诉讼代理人的姓名、住址、联系方式；

（七）是否提起附带民事诉讼；提起附带民事诉讼的，是否列明附带民事诉讼当事人的姓名、住址、联系方式等，是否附有相关证据材料；

（八）监察调查、侦查、审查起诉程序的各种法律手续和诉讼文书是否齐全；

（九）被告人认罪认罚的，是否提出量刑建议、移送认罪认罚具结书等材料；

（十）有无刑事诉讼法第十六条第二项至第六项规定的不追究刑事责任的情形。

第二百一十九条 人民法院对提起公诉的案件审查后，应当按照下列情形分别处理：

（一）不属于本院管辖的，应当退回人民检察院；

（二）属于刑事诉讼法第十六条第二项至第六项规定情形的，应当退回人民检察院；属于告诉才处理的案件，应当同时告知被害人有权提起自诉；

（三）被告人不在案的，应当退回人民检察院；但是，对人民检察院按照缺席审判程序提起公诉的，应当依照本解释第二十四章的规定作出处理；

（四）不符合前条第二项至第九项规定之一，需要补充材料的，应当通知人民检察院在三日以内补送；

（五）依照刑事诉讼法第二百条第三项规定宣告被告人无罪后，人民检察院根据新的事实、证据重新起诉的，应当依法受理；

（六）依照本解释第二百九十六条规定裁定准许撤诉的案件，没有新的影响定罪量刑的事实、证据，重新起诉的，应当退回人民检察院；

（七）被告人真实身份不明，但符合刑事诉讼法第一百六十条第二款规定的，应当依法受理。

对公诉案件是否受理，应当在七日以内审查完毕。

第二百二十条 对一案起诉的共同犯罪或者关联犯罪案件，被告人人数众多、案情复杂，人民法院经审查认为，分案审理更有利于保障庭审质量和效率的，可以分案审理。分案审理不得影响当事人质证权等诉讼权利的行使。

对分案起诉的共同犯罪或者关联犯罪案件，人民法院经审查认为，合并审理更有利于查明案件事实、保障诉讼权利、准确定罪量刑的，可以并案审理。

第二百二十一条 开庭审理前，人民法院应当进行下列工作：

（一）确定审判长及合议庭组成人员；

（二）开庭十日以前将起诉书副本送达被告人、辩护人；

（三）通知当事人、法定代理人、辩护人、诉讼代理人在开庭五日以前提供证人、鉴定人名单，以及拟当庭出示的证据；申请证人、鉴定人、有专门知识的人出庭的，应当列明有关人员的姓名、性别、年龄、职业、住址、联系方式；

（四）开庭三日以前将开庭的时间、地点通知人民检察院；

（五）开庭三日以前将传唤当事人的传票和通知辩护人、诉讼代理人、法定代理人、证人、鉴定人等出庭的通知书送达；通知有关人员出庭，也可以采取电话、短信、传真、电子邮件、即时通讯等能够确认对方收悉的方式；对被害人人数众多的涉众型犯罪案件，可以通过互联网公布相关文书，通知有关人员出庭；

（六）公开审理的案件，在开庭三日以前公布案由、被告人姓名、开庭时间和地点。

上述工作情况应当记录在案。

第二百二十二条 审判案件应当公开进行。

案件涉及国家秘密或者个人隐私的，不公开审理；涉及商业秘密，当事人提出申请的，法庭可以决定不公开审理。

不公开审理的案件，任何人不得旁听，但具有刑事诉讼法第二百八十五条规定情形的除外。

第二百二十三条 精神病人、醉酒的人、未经人民法院批准的未成年人以及其他不宜旁听的人不得旁听案件审理。

第二百二十四条 被害人人数众多，且案件不属于附带民事诉讼范围的，被害人可以推选若干代表人参加庭审。

第二百二十五条 被害人、诉讼代理人经传唤或者通知未到庭，不影响开庭审理的，人民法院可以开庭审理。

辩护人经通知未到庭，被告人同意的，人民法院可以开庭审理，但被告人属于应当提供法律援助情形的除外。

第二节 庭前会议与庭审衔接

第二百二十六条 案件具有下列情形之一的，人民法院可以决定召开庭前会议：

（一）证据材料较多、案情重大复杂的；

（二）控辩双方对事实、证据存在较大争议的；

（三）社会影响重大的；

（四）需要召开庭前会议的其他情形。

第二百二十七条 控辩双方可以申请人民法院召开庭前会议，提出申请应当说明理由。人民法院经审查认为有必要的，应当召开庭前会议；决定不召开的，应当告知申请人。

第二百二十八条 庭前会议可以就下列事项向控辩双方了解情况，听取意见：

（一）是否对案件管辖有异议；

（二）是否申请有关人员回避；

（三）是否申请不公开审理；

（四）是否申请排除非法证据；

（五）是否提供新的证据材料；

（六）是否申请重新鉴定或者勘验；

（七）是否申请收集、调取证明被告人无罪或者罪轻的证据材料；

（八）是否申请证人、鉴定人、有专门知识的人、调查人员、侦查人员或者其他人员出庭，是否对出庭人员名单有异议；

（九）是否对涉案财物的权属情况和人民检察院的处理建议有异议；

（十）与审判相关的其他问题。

庭前会议中，人民法院可以开展附带民事调解。

对第一款规定中可能导致庭审中断的程序性事项，人民法院可以在庭前会议后依法作出处理，并在庭审中说明处理决定和理由。控辩双方没有新的理由，在庭审中再次提出有关申请或者异议的，法庭可以在说明庭前会议情况和处理决定理由后，依法予以驳回。

庭前会议情况应当制作笔录，由参会人员核对后签名。

第二百二十九条 庭前会议中，审判人员可以询问控辩双方对证据材料有无异议，对有异议的证据，应当在庭审时重点调查；无异议的，庭审时举证、质证可以简化。

第二百三十条 庭前会议由审判长主持，合议庭其他审判员也可以主持庭前会议。

召开庭前会议应当通知公诉人、辩护人到场。

庭前会议准备就非法证据排除了解情况、听取意见，或者准备询问控辩双方对证据材料的意见的，应当通知被告人到场。有多名被告人的案件，可以根据情况确定参加庭前会议的被告人。

第二百三十一条 庭前会议一般不公开进行。

根据案件情况，庭前会议可以采用视频等方式进行。

第二百三十二条 人民法院在庭前会议中听取控辩双方对案件事实、证据材料的意见后，对明显事实不清、证据不足的案件，可以建议人民检察院补充材料或者撤回起诉。建议撤回起诉的案件，人民检察院不同意的，开庭审理后，没有新的事实和理由，一般不准许撤回起诉。

第二百三十三条 对召开庭前会议的案件，可以在开庭时告知庭前会议情况。对庭前会议中达成一致意见的事项，法庭在向控辩双方核实后，可以当庭予以确认；未达成一致意见的事项，法庭可以归纳控辩双方争议焦点，听取控辩双方意见，依法作出处理。

控辩双方在庭前会议中就有关事项达成一致意见，在庭审中反悔的，除有正当理由外，法庭一般不再进行处理。

第三节 宣布开庭与法庭调查

第二百三十四条 开庭审理前，书记员应当依次进行下列工作：

（一）受审判长委托，查明公诉人、当事人、辩护人、诉讼代理人、证人及其他诉讼参与人是否到庭；

（二）核实旁听人员中是否有证人、鉴定人、有专门知识的人；

（三）请公诉人、辩护人、诉讼代理人及其他诉讼参与人入庭；

（四）宣读法庭规则；

（五）请审判长、审判员、人民陪审员入庭；

（六）审判人员就座后，向审判长报告开庭前的准备工作已经就绪。

第二百三十五条 审判长宣布开庭，传被告人到庭后，应当查明被告人的下列情况：

（一）姓名、出生日期、民族、出生地、文化程度、职业、住址，或者被告单位的名称、住所地、法定代表人、实际控制人以及诉讼代表人的姓名、职务；

（二）是否受过刑事处罚、行政处罚、处分及其种类、时间；

（三）是否被采取留置措施及留置的时间，是否被采取强制措施及强制措施的种类、时间；

（四）收到起诉书副本的日期；有附带民事诉讼的，附带民事诉讼被告人收到附带民事起诉状的日期。

被告人较多的，可以在开庭前查明上述情况，但开庭时审判长应当作出说明。

第二百三十六条 审判长宣布案件的来源、起诉的案由、附带民事诉讼当事人的姓名及是否公开审理；不公开审理的，应当宣布理由。

第二百三十七条 审判长宣布合议庭组成人员、法官助理、书记员、公诉人的名单，以及辩护人、诉讼代理人、鉴定人、翻译人员等诉讼参与人的名单。

第二百三十八条 审判长应当告知当事人及其法定代理人、辩护人、诉讼代理人在法庭审理过程中依法享有下列诉讼权利：

（一）可以申请合议庭组成人员、法官助理、书记员、公诉人、鉴定人和翻译人员回避；

（二）可以提出证据，申请通知新的证人到庭、调取新的证据，申请重新鉴定或者勘验；

（三）被告人可以自行辩护；

（四）被告人可以在法庭辩论终结后作最后陈述。

第二百三十九条　审判长应当询问当事人及其法定代理人、辩护人、诉讼代理人是否申请回避、申请何人回避和申请回避的理由。

当事人及其法定代理人、辩护人、诉讼代理人申请回避的，依照刑事诉讼法及本解释的有关规定处理。

同意或者驳回回避申请的决定及复议决定，由审判长宣布，并说明理由。必要时，也可以由院长到庭宣布。

第二百四十条　审判长宣布法庭调查开始后，应当先由公诉人宣读起诉书；公诉人宣读起诉书后，审判长应当询问被告人对起诉书指控的犯罪事实和罪名有无异议。

有附带民事诉讼的，公诉人宣读起诉书后，由附带民事诉讼原告人或者其法定代理人、诉讼代理人宣读附带民事起诉状。

第二百四十一条　在审判长主持下，被告人、被害人可以就起诉书指控的犯罪事实分别陈述。

第二百四十二条　在审判长主持下，公诉人可以就起诉书指控的犯罪事实讯问被告人。

经审判长准许，被害人及其法定代理人、诉讼代理人可以就公诉人讯问的犯罪事实补充发问；附带民事诉讼原告人及其法定代理人、诉讼代理人可以就附带民事部分的事实向被告人发问；被告人的法定代理人、辩护人，附带民事诉讼被告人及其法定代理人、诉讼代理人可以在控诉方、附带民事诉讼原告方就某一问题讯问、发问完毕后向被告人发问。

根据案件情况，就证据问题对被告人的讯问、发问可以在举证、质证环节进行。

第二百四十三条　讯问同案审理的被告人，应当分别进行。

第二百四十四条　经审判长准许，控辩双方可以向被害人、附带民事诉讼原告人发问。

第二百四十五条　必要时，审判人员可以讯问被告人，也可以向被害人、附带民事诉讼当事人发问。

第二百四十六条　公诉人可以提请法庭通知证人、鉴定人、有专门知识的人、调查人员、侦查人员或者其他人员出庭，或者出示证据。被害人及其法定代理人、诉讼代理人，附带民事诉讼原告人及其诉讼代理人也可以提出申请。

在控诉方举证后，被告人及其法定代理人、辩护人可以提请法庭通知证人、鉴定人、有专门知识的人、调查人员、侦查人员或者其他人员出庭，或者出示证据。

第二百四十七条　控辩双方申请证人出庭作证，出示证据，应当说明证据的名称、来源和拟证明的事实。法庭认为有必要的，应当准许；对方提出异议，认为有关证据与案件无关或者明显重复、不必要，法庭经审查异议成立的，可以不予准许。

第二百四十八条　已经移送人民法院的案卷和证据材料，控辩双方需要出示的，可以向法庭提出申请，法庭可以准许。案卷和证据材料应当在质证后当庭归还。

需要播放录音录像或者需要将证据材料交由法庭、公诉人或者诉讼参与人查看的，法庭可以指令值庭法警或者相关人员予以协助。

第二百四十九条 公诉人、当事人或者辩护人、诉讼代理人对证人证言有异议，且该证人证言对定罪量刑有重大影响，或者对鉴定意见有异议，人民法院认为证人、鉴定人有必要出庭作证的，应当通知证人、鉴定人出庭。

控辩双方对侦破经过、证据来源、证据真实性或者合法性等有异议，申请调查人员、侦查人员或者有关人员出庭，人民法院认为有必要的，应当通知调查人员、侦查人员或者有关人员出庭。

第二百五十条 公诉人、当事人及其辩护人、诉讼代理人申请法庭通知有专门知识的人出庭，就鉴定意见提出意见的，应当说明理由。法庭认为有必要的，应当通知有专门知识的人出庭。

申请有专门知识的人出庭，不得超过二人。有多种类鉴定意见的，可以相应增加人数。

第二百五十一条 为查明案件事实、调查核实证据，人民法院可以依职权通知证人、鉴定人、有专门知识的人、调查人员、侦查人员或者其他人员出庭。

第二百五十二条 人民法院通知有关人员出庭的，可以要求控辩双方予以协助。

第二百五十三条 证人具有下列情形之一，无法出庭作证的，人民法院可以准许其不出庭：

（一）庭审期间身患严重疾病或者行动极为不便的；
（二）居所远离开庭地点且交通极为不便的；
（三）身处国外短期无法回国的；
（四）有其他客观原因，确实无法出庭的。

具有前款规定情形的，可以通过视频等方式作证。

第二百五十四条 证人出庭作证所支出的交通、住宿、就餐等费用，人民法院应当给予补助。

第二百五十五条 强制证人出庭的，应当由院长签发强制证人出庭令，由法警执行。必要时，可以商请公安机关协助。

第二百五十六条 证人、鉴定人、被害人因出庭作证，本人或者其近亲属的人身安全面临危险的，人民法院应当采取不公开其真实姓名、住址和工作单位等个人信息，或者不暴露其外貌、真实声音等保护措施。辩护律师经法庭许可，查阅对证人、鉴定人、被害人使用化名情况的，应当签署保密承诺书。

审判期间，证人、鉴定人、被害人提出保护请求的，人民法院应当立即审查；认为确有保护必要的，应当及时决定采取相应保护措施。必要时，可以商请公安机关协助。

第二百五十七条 决定对出庭作证的证人、鉴定人、被害人采取不公开个人信息的保护措施的，审判人员应当在开庭前核实其身份，对证人、鉴定人如实作证的保证书不得公开，在判决书、裁定书等法律文书中可以使用化名等代替其个人信息。

第二百五十八条 证人出庭的，法庭应当核实其身份、与当事人以及本案的关系，并告知其有关权利义务和法律责任。证人应当保证向法庭如实提供证言，并在保证书上签名。

第二百五十九条 证人出庭后，一般先向法庭陈述证言；其后，经审判长许可，由申请通知证人出庭的一方发问，发问完毕后，对方也可以发问。

法庭依职权通知证人出庭的，发问顺序由审判长根据案件情况确定。

第二百六十条 鉴定人、有专门知识的人、调查人员、侦查人员或者其他人员出庭的，参照适用前两条规定。

第二百六十一条 向证人发问应当遵循以下规则：

（一）发问的内容应当与本案事实有关；

（二）不得以诱导方式发问；

（三）不得威胁证人；

（四）不得损害证人的人格尊严。

对被告人、被害人、附带民事诉讼当事人、鉴定人、有专门知识的人、调查人员、侦查人员或者其他人员的讯问、发问，适用前款规定。

第二百六十二条 控辩双方的讯问、发问方式不当或者内容与本案无关的，对方可以提出异议，申请审判长制止，审判长应当判明情况予以支持或者驳回；对方未提出异议的，审判长也可以根据情况予以制止。

第二百六十三条 审判人员认为必要时，可以询问证人、鉴定人、有专门知识的人、调查人员、侦查人员或者其他人员。

第二百六十四条 向证人、调查人员、侦查人员发问应当分别进行。

第二百六十五条 证人、鉴定人、有专门知识的人、调查人员、侦查人员或者其他人员不得旁听对本案的审理。有关人员作证或者发表意见后，审判长应当告知其退庭。

第二百六十六条 审理涉及未成年人的刑事案件，询问未成年被害人、证人，通知未成年被害人、证人出庭作证，适用本解释第二十二章的有关规定。

第二百六十七条 举证方当庭出示证据后，由对方发表质证意见。

第二百六十八条 对可能影响定罪量刑的关键证据和控辩双方存在争议的证据，一般应当单独举证、质证，充分听取质证意见。

对控辩双方无异议的非关键证据，举证方可以仅就证据的名称及拟证明的事实作出说明。

召开庭前会议的案件，举证、质证可以按照庭前会议确定的方式进行。

根据案件和庭审情况，法庭可以对控辩双方的举证、质证方式进行必要的指引。

第二百六十九条 审理过程中，法庭认为有必要的，可以传唤同案被告人、分案审理的共同犯罪或者关联犯罪案件的被告人等到庭对质。

第二百七十条 当庭出示的证据，尚未移送人民法院的，应当在质证后当庭移交。

第二百七十一条 法庭对证据有疑问的，可以告知公诉人、当事人及其法定代理人、辩护人、诉讼代理人补充证据或者作出说明；必要时，可以宣布休庭，对证据进行调查核实。

对公诉人、当事人及其法定代理人、辩护人、诉讼代理人补充的和审判人员庭外调查核实取得的证据，应当经过当庭质证才能作为定案的根据。但是，对不影响定罪量刑的非关键证据、有利于被告人的量刑证据以及认定被告人有犯罪前科的裁判文书等证据，经庭外征求意见，控辩双方没有异议的除外。

有关情况，应当记录在案。

第二百七十二条 公诉人申请出示开庭前未移送或者提交人民法院的证据，辩护方提出异议的，审判长应当要求公诉人说明理由；理由成立并确有出示必要的，应当准许。

辩护方提出需要对新的证据作辩护准备的，法庭可以宣布休庭，并确定准备辩护的时间。

辩护方申请出示开庭前未提交的证据，参照适用前两款规定。

第二百七十三条 法庭审理过程中，控辩双方申请通知新的证人到庭，调取新的证据，申请重新鉴定或者勘验的，应当提供证人的基本信息、证据的存放地点，说明拟证明的事项，申请重新鉴定或者勘验的理由。法庭认为有必要的，应当同意，并宣布休庭；根据案件情况，可以决定延期审理。

人民法院决定重新鉴定的，应当及时委托鉴定，并将鉴定意见告知人民检察院、当事人及其辩护人、诉讼代理人。

第二百七十四条 审判期间，公诉人发现案件需要补充侦查，建议延期审理的，合议庭可以同意，但建议延期审理不得超过两次。

人民检察院将补充收集的证据移送人民法院的，人民法院应当通知辩护人、诉讼代理人查阅、摘抄、复制。

补充侦查期限届满后，人民检察院未将补充的证据材料移送人民法院的，人民法院可以根据在案证据作出判决、裁定。

第二百七十五条 人民法院向人民检察院调取需要调查核实的证据材料，或者根据被告人、辩护人的申请，向人民检察院调取在调查、侦查、审查起诉期间收集的有关被告人无罪或者罪轻的证据材料，应当通知人民检察院在收到调取证据材料决定书后三日以内移交。

第二百七十六条 法庭审理过程中，对与量刑有关的事实、证据，应当进行调查。

人民法院除应当审查被告人是否具有法定量刑情节外，还应当根据案件情况审查以下影响量刑的情节：

（一）案件起因；
（二）被害人有无过错及过错程度，是否对矛盾激化负有责任及责任大小；
（三）被告人的近亲属是否协助抓获被告人；
（四）被告人平时表现，有无悔罪态度；
（五）退赃、退赔及赔偿情况；
（六）被告人是否取得被害人或者其近亲属谅解；
（七）影响量刑的其他情节。

第二百七十七条 审判期间，合议庭发现被告人可能有自首、坦白、立功等法定量刑情节，而人民检察院移送的案卷中没有相关证据材料的，应当通知人民检察院在指定时间内移送。

审判期间，被告人提出新的立功线索的，人民法院可以建议人民检察院补充侦查。

第二百七十八条 对被告人认罪的案件，在确认被告人了解起诉书指控的犯罪事实和罪名，自愿认罪且知悉认罪的法律后果后，法庭调查可以主要围绕量刑和其他有争议的问题进行。

对被告人不认罪或者辩护人作无罪辩护的案件，法庭调查应当在查明定罪事实的基础上，查明有关量刑事实。

第二百七十九条 法庭审理过程中，应当对查封、扣押、冻结财物及其孳息的权属、来源等情况，是否属于违法所得或者依法应当追缴的其他涉案财物进行调查，由公诉人说明情况、出示证据、提出处理建议，并听取被告人、辩护人等诉讼参与人的意见。

案外人对查封、扣押、冻结的财物及其孳息提出权属异议的，人民法院应当听取案外人的意见；必要时，可以通知案外人出庭。

经审查，不能确认查封、扣押、冻结的财物及其孳息属于违法所得或者依法应当追缴的其他涉案财物的，不得没收。

第四节　法庭辩论与最后陈述

第二百八十条　合议庭认为案件事实已经调查清楚的，应当由审判长宣布法庭调查结束，开始就定罪、量刑、涉案财物处理的事实、证据、适用法律等问题进行法庭辩论。

第二百八十一条　法庭辩论应当在审判长的主持下，按照下列顺序进行：

（一）公诉人发言；

（二）被害人及其诉讼代理人发言；

（三）被告人自行辩护；

（四）辩护人辩护；

（五）控辩双方进行辩论。

第二百八十二条　人民检察院可以提出量刑建议并说明理由；建议判处管制、宣告缓刑的，一般应当附有调查评估报告，或者附有委托调查函。

当事人及其辩护人、诉讼代理人可以对量刑提出意见并说明理由。

第二百八十三条　对被告人认罪的案件，法庭辩论时，应当指引控辩双方主要围绕量刑和其他有争议的问题进行。

对被告人不认罪或者辩护人作无罪辩护的案件，法庭辩论时，可以指引控辩双方先辩论定罪问题，后辩论量刑和其他问题。

第二百八十四条　附带民事部分的辩论应当在刑事部分的辩论结束后进行，先由附带民事诉讼原告人及其诉讼代理人发言，后由附带民事诉讼被告人及其诉讼代理人答辩。

第二百八十五条　法庭辩论过程中，审判长应当充分听取控辩双方的意见，对控辩双方与案件无关、重复或者指责对方的发言应当提醒、制止。

第二百八十六条　法庭辩论过程中，合议庭发现与定罪、量刑有关的新的事实，有必要调查的，审判长可以宣布恢复法庭调查，在对新的事实调查后，继续法庭辩论。

第二百八十七条　审判长宣布法庭辩论终结后，合议庭应当保证被告人充分行使最后陈述的权利。

被告人在最后陈述中多次重复自己的意见的，法庭可以制止；陈述内容蔑视法庭、公诉人，损害他人及社会公共利益，或者与本案无关的，应当制止。

在公开审理的案件中，被告人最后陈述的内容涉及国家秘密、个人隐私或者商业秘密的，应当制止。

第二百八十八条　被告人在最后陈述中提出新的事实、证据，合议庭认为可能影响正确裁判的，应当恢复法庭调查；被告人提出新的辩解理由，合议庭认为可能影响正确裁判的，应当恢复法庭辩论。

第二百八十九条　公诉人当庭发表与起诉书不同的意见，属于变更、追加、补充或者撤回起诉的，人民法院应当要求人民检察院在指定时间内以书面方式提出；必要时，可以宣布休庭。人民检察院在指定时间内未提出的，人民法院应当根据法庭审理情况，就起诉书指控的犯罪事实依法作出判决、裁定。

人民检察院变更、追加、补充起诉的，人民法院应当给予被告人及其辩护人必要的准备时间。

第二百九十条 辩护人应当及时将书面辩护意见提交人民法院。

第五节 评议案件与宣告判决

第二百九十一条 被告人最后陈述后，审判长应当宣布休庭，由合议庭进行评议。

第二百九十二条 开庭审理的全部活动，应当由书记员制作笔录；笔录经审判长审阅后，分别由审判长和书记员签名。

第二百九十三条 法庭笔录应当在庭审后交由当事人、法定代理人、辩护人、诉讼代理人阅读或者向其宣读。

法庭笔录中的出庭证人、鉴定人、有专门知识的人、调查人员、侦查人员或者其他人员的证言、意见部分，应当在庭审后分别交由有关人员阅读或者向其宣读。

前两款所列人员认为记录有遗漏或者差错的，可以请求补充或者改正；确认无误后，应当签名；拒绝签名的，应当记录在案；要求改变庭审中陈述的，不予准许。

第二百九十四条 合议庭评议案件，应当根据已经查明的事实、证据和有关法律规定，在充分考虑控辩双方意见的基础上，确定被告人是否有罪、构成何罪，有无从重、从轻、减轻或者免除处罚情节，应否处以刑罚、判处何种刑罚，附带民事诉讼如何解决，查封、扣押、冻结的财物及其孳息如何处理等，并依法作出判决、裁定。

第二百九十五条 对第一审公诉案件，人民法院审理后，应当按照下列情形分别作出判决、裁定：

（一）起诉指控的事实清楚，证据确实、充分，依据法律认定指控被告人的罪名成立的，应当作出有罪判决；

（二）起诉指控的事实清楚，证据确实、充分，但指控的罪名不当的，应当依据法律和审理认定的事实作出有罪判决；

（三）案件事实清楚，证据确实、充分，依据法律认定被告人无罪的，应当判决宣告被告人无罪；

（四）证据不足，不能认定被告人有罪的，应当以证据不足、指控的犯罪不能成立，判决宣告被告人无罪；

（五）案件部分事实清楚，证据确实、充分的，应当作出有罪或者无罪的判决；对事实不清、证据不足部分，不予认定；

（六）被告人因未达到刑事责任年龄，不予刑事处罚的，应当判决宣告被告人不负刑事责任；

（七）被告人是精神病人，在不能辨认或者不能控制自己行为时造成危害结果，不予刑事处罚的，应当判决宣告被告人不负刑事责任；被告人符合强制医疗条件的，应当依照本解释第二十六章的规定进行审理并作出判决；

（八）犯罪已过追诉时效期限且不是必须追诉，或者经特赦令免除刑罚的，应当裁定终止审理；

（九）属于告诉才处理的案件，应当裁定终止审理，并告知被害人有权提起自诉；

（十）被告人死亡的，应当裁定终止审理；但有证据证明被告人无罪，经缺席审理确认无罪的，应当判决宣告被告人无罪。

对涉案财物，人民法院应当根据审理查明的情况，依照本解释第十八章的规定作出处理。

具有第一款第二项规定情形的，人民法院应当在判决前听取控辩双方的意见，保障被告人、辩护人充分行使辩护权。必要时，可以再次开庭，组织控辩双方围绕被告人的行为构成何罪及如何量刑进行辩论。

第二百九十六条 在开庭后、宣告判决前，人民检察院要求撤回起诉的，人民法院应当审查撤回起诉的理由，作出是否准许的裁定。

第二百九十七条 审判期间，人民法院发现新的事实，可能影响定罪量刑的，或者需要补查补证的，应当通知人民检察院，由其决定是否补充、变更、追加起诉或者补充侦查。

人民检察院不同意或者在指定时间内未回复书面意见的，人民法院应当就起诉指控的事实，依照本解释第二百九十五条的规定作出判决、裁定。

第二百九十八条 对依照本解释第二百一十九条第一款第五项规定受理的案件，人民法院应当在判决中写明被告人曾被人民检察院提起公诉，因证据不足，指控的犯罪不能成立，被人民法院依法判决宣告无罪的情况；前案依照刑事诉讼法第二百条第三项规定作出的判决不予撤销。

第二百九十九条 合议庭成员、法官助理、书记员应当在评议笔录上签名，在判决书、裁定书等法律文书上署名。

第三百条 裁判文书应当写明裁判依据，阐释裁判理由，反映控辩双方的意见并说明采纳或者不予采纳的理由。

适用普通程序审理的被告人认罪的案件，裁判文书可以适当简化。

第三百零一条 庭审结束后、评议前，部分合议庭成员不能继续履行审判职责的，人民法院应当依法更换合议庭组成人员，重新开庭审理。

评议后、宣判前，部分合议庭成员因调动、退休等正常原因不能参加宣判，在不改变原评议结论的情况下，可以由审判本案的其他审判员宣判，裁判文书上仍署审判本案的合议庭成员的姓名。

第三百零二条 当庭宣告判决的，应当在五日以内送达判决书。定期宣告判决的，应当在宣判前，先期公告宣判的时间和地点，传唤当事人并通知公诉人、法定代理人、辩护人和诉讼代理人；判决宣告后，应当立即送达判决书。

第三百零三条 判决书应当送达人民检察院、当事人、法定代理人、辩护人、诉讼代理人，并可以送达被告人的近亲属。被害人死亡，其近亲属申请领取判决书的，人民法院应当及时提供。

判决生效后，还应当送达被告人的所在单位或者户籍地的公安派出所，或者被告单位的注册登记机关。被告人系外国人，且在境内有居住地的，应当送达居住地的公安派出所。

第三百零四条 宣告判决，一律公开进行。宣告判决结果时，法庭内全体人员应当起立。

公诉人、辩护人、诉讼代理人、被害人、自诉人或者附带民事诉讼原告人未到庭的，不影响宣判的进行。

第六节 法庭纪律与其他规定

第三百零五条 在押被告人出庭受审时，不着监管机构的识别服。

庭审期间不得对被告人使用戒具，但法庭认为其人身危险性大，可能危害法庭安全的除外。

第三百零六条 庭审期间，全体人员应当服从法庭指挥，遵守法庭纪律，尊重司法礼仪，不得实施下列行为：

（一）鼓掌、喧哗、随意走动；

（二）吸烟、进食；

（三）拨打、接听电话，或者使用即时通讯工具；

（四）对庭审活动进行录音、录像、拍照或者使用即时通讯工具等传播庭审活动；

（五）其他危害法庭安全或者扰乱法庭秩序的行为。

旁听人员不得进入审判活动区，不得随意站立、走动，不得发言和提问。

记者经许可实施第一款第四项规定的行为，应当在指定的时间及区域进行，不得干扰庭审活动。

第三百零七条 有关人员危害法庭安全或者扰乱法庭秩序的，审判长应当按照下列情形分别处理：

（一）情节较轻的，应当警告制止；根据具体情况，也可以进行训诫；

（二）训诫无效的，责令退出法庭；拒不退出的，指令法警强行带出法庭；

（三）情节严重的，报经院长批准后，可以对行为人处一千元以下的罚款或者十五日以下的拘留。

未经许可对庭审活动进行录音、录像、拍照或者使用即时通讯工具等传播庭审活动的，可以暂扣相关设备及存储介质，删除相关内容。

有关人员对罚款、拘留的决定不服的，可以直接向上一级人民法院申请复议，也可以通过决定罚款、拘留的人民法院向上一级人民法院申请复议。通过决定罚款、拘留的人民法院申请复议的，该人民法院应当自收到复议申请之日起三日以内，将复议申请、罚款或者拘留决定书和有关事实、证据材料一并报上一级人民法院复议。复议期间，不停止决定的执行。

第三百零八条 担任辩护人、诉讼代理人的律师严重扰乱法庭秩序，被强行带出法庭或者被处以罚款、拘留的，人民法院应当通报司法行政机关，并可以建议依法给予相应处罚。

第三百零九条 实施下列行为之一，危害法庭安全或者扰乱法庭秩序，构成犯罪的，依法追究刑事责任：

（一）非法携带枪支、弹药、管制刀具或者爆炸性、易燃性、毒害性、放射性以及传染病病原体等危险物质进入法庭；

（二）哄闹、冲击法庭；

（三）侮辱、诽谤、威胁、殴打司法工作人员或者诉讼参与人；

（四）毁坏法庭设施，抢夺、损毁诉讼文书、证据；

（五）其他危害法庭安全或者扰乱法庭秩序的行为。

第三百一十条 辩护人严重扰乱法庭秩序，被责令退出法庭、强行带出法庭或者被处以罚款、拘留，被告人自行辩护的，庭审继续进行；被告人要求另行委托辩护人，或者被告人属于应当提供法律援助情形的，应当宣布休庭。

辩护人、诉讼代理人被责令退出法庭、强行带出法庭或者被处以罚款后，具结保证书，保证服从法庭指挥、不再扰乱法庭秩序的，经法庭许可，可以继续担任辩护人、诉讼代理人。

辩护人、诉讼代理人具有下列情形之一的，不得继续担任同一案件的辩护人、诉讼代理人：

（一）擅自退庭的；
（二）无正当理由不出庭或者不按时出庭，严重影响审判顺利进行的；
（三）被拘留或者具结保证书后再次被责令退出法庭、强行带出法庭的。

第三百一十一条 被告人在一个审判程序中更换辩护人一般不得超过两次。

被告人当庭拒绝辩护人辩护，要求另行委托辩护人或者指派律师的，合议庭应当准许。被告人拒绝辩护人辩护后，没有辩护人的，应当宣布休庭；仍有辩护人的，庭审可以继续进行。

有多名被告人的案件，部分被告人拒绝辩护人辩护后，没有辩护人的，根据案件情况，可以对该部分被告人另案处理，对其他被告人的庭审继续进行。

重新开庭后，被告人再次当庭拒绝辩护人辩护的，可以准许，但被告人不得再次另行委托辩护人或者要求另行指派律师，由其自行辩护。

被告人属于应当提供法律援助的情形，重新开庭后再次当庭拒绝辩护人辩护的，不予准许。

第三百一十二条 法庭审理过程中，辩护人拒绝为被告人辩护，有正当理由的，应当准许；是否继续庭审，参照适用前条规定。

第三百一十三条 依照前两条规定另行委托辩护人或者通知法律援助机构指派律师的，自案件宣布休庭之日起至第十五日止，由辩护人准备辩护，但被告人及其辩护人自愿缩短时间的除外。

庭审结束后、判决宣告前另行委托辩护人的，可以不重新开庭；辩护人提交书面辩护意见的，应当接受。

第三百一十四条 有多名被告人的案件，部分被告人具有刑事诉讼法第二百零六条第一款规定情形的，人民法院可以对全案中止审理；根据案件情况，也可以对该部分被告人中止审理，对其他被告人继续审理。

对中止审理的部分被告人，可以根据案件情况另案处理。

第三百一十五条 人民检察院认为人民法院审理案件违反法定程序，在庭审后提出书面纠正意见，人民法院认为正确的，应当采纳。

第十章 自诉案件第一审程序

第三百一十六条 人民法院受理自诉案件必须符合下列条件：
（一）符合刑事诉讼法第二百一十条、本解释第一条的规定；
（二）属于本院管辖；
（三）被害人告诉；
（四）有明确的被告人、具体的诉讼请求和证明被告人犯罪事实的证据。

第三百一十七条 本解释第一条规定的案件，如果被害人死亡、丧失行为能力或者因受强制、威吓等无法告诉，或者是限制行为能力人以及因年老、患病、盲、聋、哑等不能亲自告诉，其法定代理人、近亲属告诉或者代为告诉的，人民法院应当依法受理。

被害人的法定代理人、近亲属告诉或者代为告诉的，应当提供与被害人关系的证明和被害人不能亲自告诉的原因的证明。

第三百一十八条 提起自诉应当提交刑事自诉状；同时提起附带民事诉讼的，应当提交刑事附带民事自诉状。

第三百一十九条 自诉状一般应当包括以下内容：

（一）自诉人（代为告诉人）、被告人的姓名、性别、年龄、民族、出生地、文化程度、职业、工作单位、住址、联系方式；

（二）被告人实施犯罪的时间、地点、手段、情节和危害后果等；

（三）具体的诉讼请求；

（四）致送的人民法院和具状时间；

（五）证据的名称、来源等；

（六）证人的姓名、住址、联系方式等。

对两名以上被告人提出告诉的，应当按照被告人的人数提供自诉状副本。

第三百二十条 对自诉案件，人民法院应当在十五日以内审查完毕。经审查，符合受理条件的，应当决定立案，并书面通知自诉人或者代为告诉人。

具有下列情形之一的，应当说服自诉人撤回起诉；自诉人不撤回起诉的，裁定不予受理：

（一）不属于本解释第一条规定的案件的；

（二）缺乏罪证的；

（三）犯罪已过追诉时效期限的；

（四）被告人死亡的；

（五）被告人下落不明的；

（六）除因证据不足而撤诉的以外，自诉人撤诉后，就同一事实又告诉的；

（七）经人民法院调解结案后，自诉人反悔，就同一事实再行告诉的；

（八）属于本解释第一条第二项规定的案件，公安机关正在立案侦查或者人民检察院正在审查起诉的；

（九）不服人民检察院对未成年犯罪嫌疑人作出的附条件不起诉决定或者附条件不起诉考验期满后作出的不起诉决定，向人民法院起诉的。

第三百二十一条 对已经立案，经审查缺乏罪证的自诉案件，自诉人提不出补充证据的，人民法院应当说服其撤回起诉或者裁定驳回起诉；自诉人撤回起诉或者被驳回起诉后，又提出了新的足以证明被告人有罪的证据，再次提起自诉的，人民法院应当受理。

第三百二十二条 自诉人对不予受理或者驳回起诉的裁定不服的，可以提起上诉。

第二审人民法院查明第一审人民法院作出的不予受理裁定有错误的，应当在撤销原裁定的同时，指令第一审人民法院立案受理；查明第一审人民法院驳回起诉裁定有错误的，应当在撤销原裁定的同时，指令第一审人民法院进行审理。

第三百二十三条 自诉人明知有其他共同侵害人，但只对部分侵害人提起自诉的，人民法院应当受理，并告知其放弃告诉的法律后果；自诉人放弃告诉，判决宣告后又对其他共同侵害人就同一事实提起自诉的，人民法院不予受理。

共同被害人中只有部分人告诉的，人民法院应当通知其他被害人参加诉讼，并告知其不参加诉讼的法律后果。被通知人接到通知后表示不参加诉讼或者不出庭的，视为放弃告诉。第一审宣判后，被通知人就同一事实又提起自诉的，人民法院不予受理。但是，当事人另行提起民事诉讼的，不受本解释限制。

第三百二十四条 被告人实施两个以上犯罪行为，分别属于公诉案件和自诉案件，人民法院可以一并审理。对自诉部分的审理，适用本章的规定。

第三百二十五条 自诉案件当事人因客观原因不能取得的证据，申请人民法院调取的，应当说明理由，并提供相关线索或者材料。人民法院认为有必要的，应当及时调取。

对通过信息网络实施的侮辱、诽谤行为，被害人向人民法院告诉，但提供证据确有困难的，人民法院可以要求公安机关提供协助。

第三百二十六条 对犯罪事实清楚，有足够证据的自诉案件，应当开庭审理。

第三百二十七条 自诉案件符合简易程序适用条件的，可以适用简易程序审理。

不适用简易程序审理的自诉案件，参照适用公诉案件第一审普通程序的有关规定。

第三百二十八条 人民法院审理自诉案件，可以在查明事实、分清是非的基础上，根据自愿、合法的原则进行调解。调解达成协议的，应当制作刑事调解书，由审判人员、法官助理、书记员署名，并加盖人民法院印章。调解书经双方当事人签收后，即具有法律效力。调解没有达成协议，或者调解书签收前当事人反悔的，应当及时作出判决。

刑事诉讼法第二百一十条第三项规定的案件不适用调解。

第三百二十九条 判决宣告前，自诉案件的当事人可以自行和解，自诉人可以撤回自诉。

人民法院经审查，认为和解、撤回自诉确属自愿的，应当裁定准许；认为系被强迫、威吓等，并非自愿的，不予准许。

第三百三十条 裁定准许撤诉的自诉案件，被告人被采取强制措施的，人民法院应当立即解除。

第三百三十一条 自诉人经两次传唤，无正当理由拒不到庭，或者未经法庭准许中途退庭的，人民法院应当裁定按撤诉处理。

部分自诉人撤诉或者被裁定按撤诉处理的，不影响案件的继续审理。

第三百三十二条 被告人在自诉案件审判期间下落不明的，人民法院可以裁定中止审理；符合条件的，可以对被告人依法决定逮捕。

第三百三十三条 对自诉案件，应当参照刑事诉讼法第二百条和本解释第二百九十五条的有关规定作出判决。对依法宣告无罪的案件，有附带民事诉讼的，其附带民事部分可以依法进行调解或者一并作出判决，也可以告知附带民事诉讼原告人另行提起民事诉讼。

第三百三十四条 告诉才处理和被害人有证据证明的轻微刑事案件的被告人或者其法定代理人在诉讼过程中，可以对自诉人提起反诉。反诉必须符合下列条件：

（一）反诉的对象必须是本案自诉人；

（二）反诉的内容必须是与本案有关的行为；

（三）反诉的案件必须符合本解释第一条第一项、第二项的规定。

反诉案件适用自诉案件的规定，应当与自诉案件一并审理。自诉人撤诉的，不影响反诉案件的继续审理。

第十一章 单位犯罪案件的审理

第三百三十五条 人民法院受理单位犯罪案件，除依照本解释第二百一十八条的有关规定进行审查外，还应当审查起诉书是否列明被告单位的名称、住所地、联系方式，法定代表人、实际控制人、主要负责人以及代表被告单位出庭的诉讼代表人的姓名、职务、联系方式。需要人民检察院补充材料的，应当通知人民检察院在三日以内补送。

第三百三十六条 被告单位的诉讼代表人，应当是法定代表人、实际控制人或者主要负责人；法定代表人、实际控制人或者主要负责人被指控为单位犯罪直接责任人员或者因客观原因无法出庭的，应当由被告单位委托其他负责人或者职工作为诉讼代表人。但是，有关人员被指控为单位犯罪直接责任人员或者知道案件情况、负有作证义务的除外。

依据前款规定难以确定诉讼代表人的，可以由被告单位委托律师等单位以外的人员作为诉讼代表人。

诉讼代表人不得同时担任被告单位或者被指控为单位犯罪直接责任人员的有关人员的辩护人。

第三百三十七条 开庭审理单位犯罪案件，应当通知被告单位的诉讼代表人出庭；诉讼代表人不符合前条规定的，应当要求人民检察院另行确定。

被告单位的诉讼代表人不出庭的，应当按照下列情形分别处理：

（一）诉讼代表人系被告单位的法定代表人、实际控制人或者主要负责人，无正当理由拒不出庭的，可以拘传其到庭；因客观原因无法出庭，或者下落不明的，应当要求人民检察院另行确定诉讼代表人；

（二）诉讼代表人系其他人员的，应当要求人民检察院另行确定诉讼代表人。

第三百三十八条 被告单位的诉讼代表人享有刑事诉讼法规定的有关被告人的诉讼权利。开庭时，诉讼代表人席位置于审判台前左侧，与辩护人席并列。

第三百三十九条 被告单位委托辩护人的，参照适用本解释的有关规定。

第三百四十条 对应当认定为单位犯罪的案件，人民检察院只作为自然人犯罪起诉的，人民法院应当建议人民检察院对犯罪单位追加起诉。人民检察院仍以自然人犯罪起诉的，人民法院应当依法审理，按照单位犯罪直接负责的主管人员或者其他直接责任人员追究刑事责任，并援引刑法分则关于追究单位犯罪中直接负责的主管人员和其他直接责任人员刑事责任的条款。

第三百四十一条 被告单位的违法所得及其他涉案财物，尚未被依法追缴或者查封、扣押、冻结的，人民法院应当决定追缴或者查封、扣押、冻结。

第三百四十二条 为保证判决的执行，人民法院可以先行查封、扣押、冻结被告单位的财产，或者由被告单位提出担保。

第三百四十三条 采取查封、扣押、冻结等措施，应当严格依照法定程序进行，最大限度降低对被告单位正常生产经营活动的影响。

第三百四十四条 审判期间，被告单位被吊销营业执照、宣告破产但尚未完成清算、注销登记的，应当继续审理；被告单位被撤销、注销的，对单位犯罪直接负责的主管人员和其他直接责任人员应当继续审理。

第三百四十五条 审判期间，被告单位合并、分立的，应当将原单位列为被告单位，并注明合并、分立情况。对被告单位所判处的罚金以其在新单位的财产及收益为限。

第三百四十六条 审理单位犯罪案件，本章没有规定的，参照适用本解释的有关规定。

第十二章　认罪认罚案件的审理

第三百四十七条 刑事诉讼法第十五条规定的"认罪"，是指犯罪嫌疑人、被告人自愿如实供述自己的罪行，对指控的犯罪事实没有异议。

刑事诉讼法第十五条规定的"认罚"，是指犯罪嫌疑人、被告人真诚悔罪，愿意接受处罚。

被告人认罪认罚的，可以依照刑事诉讼法第十五条的规定，在程序上从简、实体上从宽处理。

第三百四十八条 对认罪认罚案件，应当根据案件情况，依法适用速裁程序、简易程序或者普通程序审理。

第三百四十九条 对人民检察院提起公诉的认罪认罚案件，人民法院应当重点审查以下内容：

（一）人民检察院讯问犯罪嫌疑人时，是否告知其诉讼权利和认罪认罚的法律规定；

（二）是否随案移送听取犯罪嫌疑人、辩护人或者值班律师、被害人及其诉讼代理人意见的笔录；

（三）被告人与被害人达成调解、和解协议或者取得被害人谅解的，是否随案移送调解、和解协议、被害人谅解书等相关材料；

（四）需要签署认罪认罚具结书的，是否随案移送具结书。

未随案移送前款规定的材料的，应当要求人民检察院补充。

第三百五十条 人民法院应当将被告人认罪认罚作为其是否具有社会危险性的重要考虑因素。被告人罪行较轻，采用非羁押性强制措施足以防止发生社会危险性的，应当依法适用非羁押性强制措施。

第三百五十一条 对认罪认罚案件，法庭审理时应当告知被告人享有的诉讼权利和认罪认罚的法律规定，审查认罪认罚的自愿性和认罪认罚具结书内容的真实性、合法性。

第三百五十二条 对认罪认罚案件，人民检察院起诉指控的事实清楚，但指控的罪名与审理认定的罪名不一致的，人民法院应当听取人民检察院、被告人及其辩护人对审理认定罪名的意见，依法作出判决。

第三百五十三条 对认罪认罚案件，人民法院经审理认为量刑建议明显不当，或者被告人、辩护人对量刑建议提出异议的，人民检察院可以调整量刑建议。人民检察院不调整或者调整后仍然明显不当的，人民法院应当依法作出判决。

适用速裁程序审理认罪认罚案件，需要调整量刑建议的，应当在庭前或者当庭作出调整；调整量刑建议后，仍然符合速裁程序适用条件的，继续适用速裁程序审理。

第三百五十四条 对量刑建议是否明显不当，应当根据审理认定的犯罪事实、认罪认罚的具体情况，结合相关犯罪的法定刑、类似案件的刑罚适用等作出审查判断。

第三百五十五条 对认罪认罚案件，人民法院一般应当对被告人从轻处罚；符合非监禁刑适用条件的，应当适用非监禁刑；具有法定减轻处罚情节的，可以减轻处罚。

对认罪认罚案件，应当根据被告人认罪认罚的阶段早晚以及认罪认罚的主动性、稳定性、彻底性等，在从宽幅度上体现差异。

共同犯罪案件，部分被告人认罪认罚的，可以依法对该部分被告人从宽处罚，但应当注意全案的量刑平衡。

第三百五十六条 被告人在人民检察院提起公诉前未认罪认罚，在审判阶段认罪认罚的，人民法院可以不再通知人民检察院提出或者调整量刑建议。

对前款规定的案件，人民法院应当就定罪量刑听取控辩双方意见，根据刑事诉讼法第十五条和本解释第三百五十五条的规定作出判决。

第三百五十七条 对被告人在第一审程序中未认罪认罚，在第二审程序中认罪认罚的案件，应当根据其认罪认罚的具体情况决定是否从宽，并依法作出裁判。确定从宽幅度时应当与第一审程序认罪认罚有所区别。

第三百五十八条 案件审理过程中，被告人不再认罪认罚的，人民法院应当根据审理查明的事实，依法作出裁判。需要转换程序的，依照本解释的相关规定处理。

第十三章 简易程序

第三百五十九条 基层人民法院受理公诉案件后，经审查认为案件事实清楚、证据充分的，在将起诉书副本送达被告人时，应当询问被告人对指控的犯罪事实的意见，告知其适用简易程序的法律规定。被告人对指控的犯罪事实没有异议并同意适用简易程序的，可以决定适用简易程序，并在开庭前通知人民检察院和辩护人。

对人民检察院建议或者被告人及其辩护人申请适用简易程序审理的案件，依照前款规定处理；不符合简易程序适用条件的，应当通知人民检察院或者被告人及其辩护人。

第三百六十条 具有下列情形之一的，不适用简易程序：

（一）被告人是盲、聋、哑人的；
（二）被告人是尚未完全丧失辨认或者控制自己行为能力的精神病人的；
（三）案件有重大社会影响的；
（四）共同犯罪案件中部分被告人不认罪或者对适用简易程序有异议的；
（五）辩护人作无罪辩护的；
（六）被告人认罪但经审查认为可能不构成犯罪的；
（七）不宜适用简易程序审理的其他情形。

第三百六十一条 适用简易程序审理的案件，符合刑事诉讼法第三十五条第一款规定的，人民法院应当告知被告人及其近亲属可以申请法律援助。

第三百六十二条 适用简易程序审理案件，人民法院应当在开庭前将开庭的时间、地点通知人民检察院、自诉人、被告人、辩护人，也可以通知其他诉讼参与人。

通知可以采用简便方式，但应当记录在案。

第三百六十三条 适用简易程序审理案件，被告人有辩护人的，应当通知其出庭。

第三百六十四条 适用简易程序审理案件，审判长或者独任审判员应当当庭询问被告人对指控的犯罪事实的意见，告知被告人适用简易程序审理的法律规定，确认被告人是否同意适用简易程序。

第三百六十五条 适用简易程序审理案件，可以对庭审作如下简化：

（一）公诉人可以摘要宣读起诉书；
（二）公诉人、辩护人、审判人员对被告人的讯问、发问可以简化或者省略；

（三）对控辩双方无异议的证据，可以仅就证据的名称及所证明的事项作出说明；对控辩双方有异议或者法庭认为有必要调查核实的证据，应当出示，并进行质证；

（四）控辩双方对与定罪量刑有关的事实、证据没有异议的，法庭审理可以直接围绕罪名确定和量刑问题进行。

适用简易程序审理案件，判决宣告前应当听取被告人的最后陈述。

第三百六十六条 适用简易程序独任审判过程中，发现对被告人可能判处的有期徒刑超过三年的，应当转由合议庭审理。

第三百六十七条 适用简易程序审理案件，裁判文书可以简化。

适用简易程序审理案件，一般应当当庭宣判。

第三百六十八条 适用简易程序审理案件，在法庭审理过程中，具有下列情形之一的，应当转为普通程序审理：

（一）被告人的行为可能不构成犯罪的；
（二）被告人可能不负刑事责任的；
（三）被告人当庭对起诉指控的犯罪事实予以否认的；
（四）案件事实不清、证据不足的；
（五）不应当或者不宜适用简易程序的其他情形。

决定转为普通程序审理的案件，审理期限应当从作出决定之日起计算。

第十四章　速裁程序

第三百六十九条 对人民检察院在提起公诉时建议适用速裁程序的案件，基层人民法院经审查认为案件事实清楚，证据确实、充分，可能判处三年有期徒刑以下刑罚的，在将起诉书副本送达被告人时，应当告知被告人适用速裁程序的法律规定，询问其是否同意适用速裁程序。被告人同意适用速裁程序的，可以决定适用速裁程序，并在开庭前通知人民检察院和辩护人。

对人民检察院未建议适用速裁程序的案件，人民法院经审查认为符合速裁程序适用条件的，可以决定适用速裁程序，并在开庭前通知人民检察院和辩护人。

被告人及其辩护人可以向人民法院提出适用速裁程序的申请。

第三百七十条 具有下列情形之一的，不适用速裁程序：

（一）被告人是盲、聋、哑人的；
（二）被告人是尚未完全丧失辨认或者控制自己行为能力的精神病人的；
（三）被告人是未成年人的；
（四）案件有重大社会影响的；
（五）共同犯罪案件中部分被告人对指控的犯罪事实、罪名、量刑建议或者适用速裁程序有异议的；
（六）被告人与被害人或者其法定代理人没有就附带民事诉讼赔偿等事项达成调解、和解协议的；
（七）辩护人作无罪辩护的；
（八）其他不宜适用速裁程序的情形。

第三百七十一条 适用速裁程序审理案件，人民法院应当在开庭前将开庭的时间、地点通知人民检察院、被告人、辩护人，也可以通知其他诉讼参与人。

通知可以采用简便方式,但应当记录在案。

第三百七十二条 适用速裁程序审理案件,可以集中开庭,逐案审理。公诉人简要宣读起诉书后,审判人员应当当庭询问被告人对指控事实、证据、量刑建议以及适用速裁程序的意见,核实具结书签署的自愿性、真实性、合法性,并核实附带民事诉讼赔偿等情况。

第三百七十三条 适用速裁程序审理案件,一般不进行法庭调查、法庭辩论,但在判决宣告前应当听取辩护人的意见和被告人的最后陈述。

第三百七十四条 适用速裁程序审理案件,裁判文书可以简化。

适用速裁程序审理案件,应当当庭宣判。

第三百七十五条 适用速裁程序审理案件,在法庭审理过程中,具有下列情形之一的,应当转为普通程序或者简易程序审理:

(一)被告人的行为可能不构成犯罪或者不应当追究刑事责任的;
(二)被告人违背意愿认罪认罚的;
(三)被告人否认指控的犯罪事实的;
(四)案件疑难、复杂或者对适用法律有重大争议的;
(五)其他不宜适用速裁程序的情形。

第三百七十六条 决定转为普通程序或者简易程序审理的案件,审理期限应当从作出决定之日起计算。

第三百七十七条 适用速裁程序审理的案件,第二审人民法院依照刑事诉讼法第二百三十六条第一款第三项的规定发回原审人民法院重新审判的,原审人民法院应当适用第一审普通程序重新审判。

三、刑事政策文件

1. 人民法院办理刑事案件庭前会议规程(试行)(2017年11月27日　法发〔2017〕31号)

为贯彻落实最高人民法院、最高人民检察院、公安部、国家安全部、司法部《关于推进以审判为中心的刑事诉讼制度改革的意见》,完善庭前会议程序,确保法庭集中持续审理,提高庭审质量和效率,根据法律规定,结合司法实际,制定本规程。

第一条 人民法院适用普通程序审理刑事案件,对于证据材料较多、案情疑难复杂、社会影响重大或者控辩双方对事实证据存在较大争议等情形的,可以决定在开庭审理前召开庭前会议。

控辩双方可以申请人民法院召开庭前会议。申请召开庭前会议的,应当说明需要处理的事项。人民法院经审查认为有必要的,应当决定召开庭前会议;决定不召开庭前会议的,应当告知申请人。

被告人及其辩护人在开庭审理前申请排除非法证据,并依照法律规定提供相关线索或者材料的,人民法院应当召开庭前会议。

第二条 庭前会议中,人民法院可以就与审判相关的问题了解情况,听取意见,依法处理回避、出庭证人名单、非法证据排除等可能导致庭审中断的事项,组织控辩双方展示证据,归纳争议焦点,开展附带民事调解。

第三条 庭前会议由承办法官主持，其他合议庭成员也可以主持或者参加庭前会议。根据案件情况，承办法官可以指导法官助理主持庭前会议。

公诉人、辩护人应当参加庭前会议。根据案件情况，被告人可以参加庭前会议；被告人申请参加庭前会议或者申请排除非法证据等情形的，人民法院应当通知被告人到场；有多名被告人的案件，主持人可以根据案件情况确定参加庭前会议的被告人。

被告人申请排除非法证据，但没有辩护人的，人民法院应当通知法律援助机构指派律师为被告人提供帮助。

庭前会议中进行附带民事调解的，人民法院应当通知附带民事诉讼当事人到场。

第四条 被告人不参加庭前会议的，辩护人应当在召开庭前会议前就庭前会议处理事项听取被告人意见。

第五条 庭前会议一般不公开进行。

根据案件情况，庭前会议可以采用视频会议等方式进行。

第六条 根据案件情况，庭前会议可以在开庭审理前多次召开；休庭后，可以在再次开庭前召开庭前会议。

第七条 庭前会议应当在法庭或者其他办案场所召开。被羁押的被告人参加的，可以在看守所办案场所召开。

被告人参加庭前会议，应当有法警在场。

第八条 人民法院应当根据案件情况，综合控辩双方意见，确定庭前会议需要处理的事项，并在召开庭前会议三日前，将会议的时间、地点、人员和事项等通知参会人员。通知情况应当记录在案。

被告人及其辩护人在开庭审理前申请排除非法证据的，人民法院应当在召开庭前会议三日前，将申请书及相关线索或者材料的复制件送交人民检察院。

第九条 庭前会议开始后，主持人应当核实参会人员情况，宣布庭前会议需要处理的事项。

有多名被告人参加庭前会议，涉及事实证据问题的，应当组织各被告人分别参加，防止串供。

第十条 庭前会议中，主持人可以就下列事项向控辩双方了解情况，听取意见：

（一）是否对案件管辖有异议；

（二）是否申请有关人员回避；

（三）是否申请不公开审理；

（四）是否申请排除非法证据；

（五）是否申请提供新的证据材料；

（六）是否申请重新鉴定或者勘验；

（七）是否申请调取在侦查、审查起诉期间公安机关、人民检察院收集但未随案移送的证明被告人无罪或者罪轻的证据材料；

（八）是否申请向证人或有关单位、个人收集、调取证据材料；

（九）是否申请证人、鉴定人、侦查人员、有专门知识的人出庭，是否对出庭人员名单有异议；

（十）与审判相关的其他问题。

对于前款规定中可能导致庭审中断的事项，人民法院应当依法作出处理，在开庭审理前告知处理决定,并说明理由。控辩双方没有新的理由,在庭审中再次提出有关申请或者异议的,法庭应当依法予以驳回。

第十一条 被告人及其辩护人对案件管辖提出异议,应当说明理由。人民法院经审查认为异议成立的,应当依法将案件退回人民检察院或者移送有管辖权的人民法院;认为本院不宜行使管辖权的,可以请求上一级人民法院处理。人民法院经审查认为异议不成立的,应当依法驳回异议。

第十二条 被告人及其辩护人申请审判人员、书记员、翻译人员、鉴定人回避,应当说明理由。人民法院经审查认为申请成立的,应当依法决定有关人员回避;认为申请不成立的,应当依法驳回申请。

被告人及其辩护人申请回避被驳回的,可以在接到决定时申请复议一次。对于不属于刑事诉讼法第二十八条、第二十九条①规定情形的,回避申请被驳回后,不得申请复议。

被告人及其辩护人申请检察人员回避的,人民法院应当通知人民检察院。

第十三条 被告人及其辩护人申请不公开审理,人民法院经审查认为案件涉及国家秘密或者个人隐私的,应当准许;认为案件涉及商业秘密的,可以准许。

第十四条 被告人及其辩护人在开庭审理前申请排除非法证据,并依照法律规定提供相关线索或者材料的,人民检察院应当在庭前会议中通过出示有关证据材料等方式,有针对性地对证据收集的合法性作出说明。人民法院可以对有关证据材料进行核实;经控辩双方申请,可以有针对性地播放讯问录音录像。

人民检察院可以撤回有关证据,撤回的证据,没有新的理由,不得在庭审中出示。被告人及其辩护人可以撤回排除非法证据的申请,撤回申请后,没有新的线索或者材料,不得再次对有关证据提出排除申请。

控辩双方在庭前会议中对证据收集的合法性未达成一致意见,人民法院应当开展庭审调查,但公诉人提供的相关证据材料确实、充分,能够排除非法取证情形,且没有新的线索或者材料表明可能存在非法取证的,庭审调查举证、质证可以简化。

第十五条 控辩双方申请重新鉴定或者勘验,应当说明理由。人民法院经审查认为理由成立,有关证据材料可能影响定罪量刑且不能补正的,应当准许。

第十六条 被告人及其辩护人书面申请调取公安机关、人民检察院在侦查、审查起诉期间收集但未随案移送的证明被告人无罪或者罪轻的证据材料,并提供相关线索或者材料的,人民法院应当调取,并通知人民检察院在收到调取决定书后三日内移交。

被告人及其辩护人申请向证人或有关单位、个人收集、调取证据材料,应当说明理由。人民法院经审查认为有关证据材料可能影响定罪量刑的,应当准许;认为有关证据材料与案件无关或者明显重复、没有必要的,可以不予准许。

第十七条 控辩双方申请证人、鉴定人、侦查人员、有专门知识的人出庭,应当说明理由。人民法院经审查认为理由成立的,应当通知有关人员出庭。

控辩双方对出庭证人、鉴定人、侦查人员、有专门知识的人的名单有异议,人民法院经审查认为异议成立的,应当依法作出处理;认为异议不成立的,应当依法驳回。

人民法院通知证人、鉴定人、侦查人员、有专门知识的人等出庭后,应当告知控辩

---

① 现为《中华人民共和国刑事诉讼法》(2018年修正)第二十九、三十条。

双方协助有关人员到庭。

第十八条 召开庭前会议前,人民检察院应当将全部证据材料移送人民法院。被告人及其辩护人应当将收集的有关被告人不在犯罪现场、未达到刑事责任年龄、属于依法不负刑事责任的精神病人等证明被告人无罪或者依法不负刑事责任的全部证据材料提交人民法院。

人民法院收到控辩双方移送或者提交的证据材料后,应当通知对方查阅、摘抄、复制。

第十九条 庭前会议中,对于控辩双方决定在庭审中出示的证据,人民法院可以组织展示有关证据,听取控辩双方对在案证据的意见,梳理存在争议的证据。

对于控辩双方在庭前会议中没有争议的证据材料,庭审时举证、质证可以简化。

人民法院组织展示证据的,一般应当通知被告人到场,听取被告人意见;被告人不到场的,辩护人应当在召开庭前会议前听取被告人意见。

第二十条 人民法院可以在庭前会议中归纳控辩双方的争议焦点。对控辩双方没有争议或者达成一致意见的事项,可以在庭审中简化审理。

人民法院可以组织控辩双方协商确定庭审的举证顺序、方式等事项,明确法庭调查的方式和重点。协商不成的事项,由人民法院确定。

第二十一条 对于被告人在庭前会议前不认罪,在庭前会议中又认罪的案件,人民法院核实被告人认罪的自愿性和真实性后,可以依法适用速裁程序或者简易程序审理。

第二十二条 人民法院在庭前会议中听取控辩双方对案件事实证据的意见后,对于明显事实不清、证据不足的案件,可以建议人民检察院补充材料或者撤回起诉。建议撤回起诉的案件,人民检察院不同意的,人民法院开庭审理后,没有新的事实和理由,一般不准许撤回起诉。

第二十三条 庭前会议情况应当制作笔录,由参会人员核对后签名。

庭前会议结束后应当制作庭前会议报告,说明庭前会议的基本情况、与审判相关的问题的处理结果、控辩双方的争议焦点以及就相关事项达成的一致意见等。

第二十四条 对于召开庭前会议的案件,在宣读起诉书后,法庭应当宣布庭前会议报告的主要内容;有多起犯罪事实的案件,可以在有关犯罪事实的法庭调查开始前,分别宣布庭前会议报告的相关内容;对庭前会议处理管辖异议、申请回避、申请不公开审理等事项的,法庭可以在告知当事人诉讼权利后宣布庭前会议报告的相关内容。

第二十五条 宣布庭前会议报告后,对于庭前会议中达成一致意见的事项,法庭向控辩双方核实后当庭予以确认;对于未达成一致意见的事项,法庭可以归纳控辩双方争议焦点,听取控辩双方意见,依法作出处理。

控辩双方在庭前会议中就有关事项达成一致意见,在庭审中反悔的,除有正当理由外,法庭一般不再进行处理。

第二十六条 第二审人民法院召开庭前会议的,参照上述规定。

第二十七条 本规程自 2018 年 1 月 1 日起试行。

2. 人民法院办理刑事案件第一审普通程序法庭调查规程(试行)(2017 年 12 月 11 日 法发〔2017〕31 号)

为贯彻落实最高人民法院、最高人民检察院、公安部、国家安全部、司法部《关于推进以审判为中心的刑事诉讼制度改革的意见》，规范法庭调查程序，提高庭审质量和效率，确保诉讼证据出示在法庭、案件事实查明在法庭、诉辩意见发表在法庭、裁判结果形成在法庭，根据法律规定，结合司法实际，制定本规程。

一、一般规定

第一条 法庭应当坚持证据裁判原则。认定案件事实，必须以证据为根据。法庭调查应当以证据调查为中心，法庭认定并依法排除的非法证据，不得宣读、质证。证据未经当庭出示、宣读、辨认、质证等法庭调查程序查证属实，不得作为定案的根据。

第二条 法庭应当坚持程序公正原则。人民检察院依法承担被告人有罪的举证责任，被告人不承担证明自己无罪的责任。法庭应当居中裁判，严格执行法定的审判程序，确保控辩双方在法庭调查环节平等对抗，通过法庭审判的程序公正实现案件裁判的实体公正。

第三条 法庭应当坚持集中审理原则。规范庭前准备程序，避免庭审出现不必要的迟延和中断。承办法官应当在开庭前阅卷，确定法庭审理方案，并向合议庭通报开庭准备情况。召开庭前会议的案件，法庭可以依法处理可能导致庭审中断的事项，组织控辩双方展示证据，归纳控辩双方争议焦点。

第四条 法庭应当坚持诉权保障原则。依法保障当事人和其他诉讼参与人的知情权、陈述权、辩护辩论权、申请权、申诉权，依法保障辩护人发问、质证、辩论辩护等权利，完善便利辩护人参与诉讼的工作机制。

二、宣布开庭和讯问、发问程序

第五条 法庭宣布开庭后，应当告知当事人在法庭审理过程中依法享有的诉讼权利。

对于召开庭前会议的案件，在庭前会议中处理诉讼权利事项的，可以在开庭后告知诉讼权利的环节，一并宣布庭前会议对有关事项的处理结果。

第六条 公诉人宣读起诉书后，对于召开庭前会议的案件，法庭应当宣布庭前会议报告的主要内容。有多起犯罪事实的案件，法庭可以在有关犯罪事实的法庭调查开始前，分别宣布庭前会议报告的相关内容。

对于庭前会议中达成一致意见的事项，法庭可以向控辩双方核实后当庭予以确认；对于未达成一致意见的事项，法庭可以在庭审涉及该事项的环节归纳争议焦点，听取控辩双方意见，依法作出处理。

第七条 公诉人宣读起诉书后，审判长应当询问被告人对起诉书指控的犯罪事实是否有异议，听取被告人的供述和辩解。对于被告人当庭认罪的案件，应当核实被告人认罪的自愿性和真实性，听取其供述和辩解。

在审判长主持下，公诉人可以就起诉书指控的犯罪事实讯问被告人，为防止庭审过分迟延，就证据问题向被告人的讯问可在举证、质证环节进行。经审判长准许，被害人及其法定代理人、诉讼代理人可以就公诉人讯问的犯罪事实补充发问；附带民事诉讼原告人及其法定代理人、诉讼代理人可以就附带民事部分的事实向被告人发问；被告人的法定代理人、辩护人，附带民事诉讼被告人及其法定代理人、诉讼代理人可以在控诉一方就某一问题讯问完毕后向被告人发问。有多名被告人的案件，辩护人对被告人的发问，应当在审判长主持下，先由被告人本人的辩护人进行，再由其他被告人的辩护人进行。

第八条 有多名被告人的案件，对被告人的讯问应当分别进行。

被告人供述之间存在实质性差异的，法庭可以传唤有关被告人到庭对质。审判长可以分别讯问被告人，就供述的实质性差异进行调查核实。经审判长准许，控辩双方可以向被告人讯问、发问。审判长认为有必要的，可以准许被告人之间相互发问。

根据案件审理需要，审判长可以安排被告人与证人、被害人依照前款规定的方式进行对质。

第九条 申请参加庭审的被害人众多，且案件不属于附带民事诉讼范围的，被害人可以推选若干代表人参加或者旁听庭审，人民法院也可以指定若干代表人。

对被告人讯问、发问完毕后，其他证据出示前，在审判长主持下，参加庭审的被害人可以就起诉书指控的犯罪事实作出陈述。经审判长准许，控辩双方可以在被害人陈述后向被害人发问。

第十条 为解决被告人供述和辩解中的疑问，审判人员可以讯问被告人，也可以向被害人、附带民事诉讼当事人发问。

第十一条 有多起犯罪事实的案件，对被告人不认罪的事实，法庭调查一般应当分别进行。

被告人不认罪或者认罪后又反悔的案件，法庭应当对与定罪和量刑有关的事实、证据进行全面调查。

被告人当庭认罪的案件，法庭核实被告人认罪的自愿性和真实性，确认被告人知悉认罪的法律后果后，可以重点围绕量刑事实和其他有争议的问题进行调查。

三、出庭作证程序

第十二条 控辩双方可以申请法庭通知证人、鉴定人、侦查人员和有专门知识的人等出庭。

被害人及其法定代理人、诉讼代理人，附带民事诉讼原告人及其诉讼代理人也可以提出上述申请。

第十三条 控辩双方对证人证言、被害人陈述有异议，申请证人、被害人出庭，人民法院经审查认为证人证言、被害人陈述对案件定罪量刑有重大影响的，应当通知证人、被害人出庭。

控辩双方对鉴定意见有异议，申请鉴定人或者有专门知识的人出庭，人民法院经审查认为有必要的，应当通知鉴定人或者有专门知识的人出庭。

控辩双方对侦破经过、证据来源、证据真实性或者证据收集合法性等有异议，申请侦查人员或者有关人员出庭，人民法院经审查认为有必要的，应当通知侦查人员或者有关人员出庭。

为查明案件事实、调查核实证据，人民法院可以依职权通知上述人员到庭。

人民法院通知证人、被害人、鉴定人、侦查人员、有专门知识的人等出庭的，控辩双方协助有关人员到庭。

第十四条 应当出庭作证的证人，在庭审期间因身患严重疾病等客观原因确实无法出庭的，可以通过视频等方式作证。

证人视频作证的，发问、质证参照证人出庭作证的程序进行。

前款规定适用于被害人、鉴定人、侦查人员。

第十五条 人民法院通知出庭的证人，无正当理由拒不出庭的，可以强制其出庭，但是被告人的配偶、父母、子女除外。

强制证人出庭的，应当由院长签发强制证人出庭令，并由法警执行。必要时，可以商请公安机关协助执行。

第十六条 证人、鉴定人、被害人因出庭作证，本人或者其近亲属的人身安全面临危险的，人民法院应当采取不公开其真实姓名、住址和工作单位等个人信息，或者不暴露其外貌、真实声音等保护措施。

决定对出庭作证的证人、鉴定人、被害人采取不公开个人信息的保护措施的，审判人员应当在开庭前核实其身份，对证人、鉴定人如实作证的保证书不得公开，在判决书、裁定书等法律文书中可以使用化名等代替其个人信息。

审判期间，证人、鉴定人、被害人提出保护请求的，人民法院应当立即审查，确有必要的，应当及时决定采取相应的保护措施。必要时，可以商请公安机关采取专门性保护措施。

第十七条 证人、鉴定人和有专门知识的人出庭作证所支出的交通、住宿、就餐等合理费用，除由控辩双方支付的以外，列入出庭作证补助专项经费，在出庭作证后由人民法院依照规定程序发放。

第十八条 证人、鉴定人出庭，法庭应当当庭核实其身份、与当事人以及本案的关系，审查证人、鉴定人的作证能力、专业资质，并告知其有关作证的权利义务和法律责任。

证人、鉴定人作证前，应当保证向法庭如实提供证言、说明鉴定意见，并在保证书上签名。

第十九条 证人出庭后，先向法庭陈述证言，然后先由举证方发问；发问完毕后，对方也可以发问。根据案件审理需要，也可以先由申请方发问。

控辩双方向证人发问完毕后，可以发表本方对证人证言的质证意见。控辩双方如有新的问题，经审判长准许，可以再行向证人发问。

审判人员认为必要时，可以询问证人。法庭依职权通知证人出庭的情形，审判人员应当主导对证人的询问。经审判长准许，被告人可以向证人发问。

第二十条 向证人发问应当遵循以下规则：

（一）发问内容应当与案件事实有关；

（二）不得采用诱导方式发问；

（三）不得威胁或者误导证人；

（四）不得损害证人人格尊严；

（五）不得泄露证人个人隐私。

第二十一条 控辩一方发问方式不当或者内容与案件事实无关，违反有关发问规则的，对方可以提出异议。对方当庭提出异议的，发问方应当说明发问理由，审判长判明情况予以支持或者驳回；对方未当庭提出异议的，审判长也可以根据情况予以制止。

第二十二条 审判长认为证人当庭陈述的内容与案件事实无关或者明显重复的，可以进行必要的提示。

第二十三条 有多名证人出庭作证的案件，向证人发问应当分别进行。

多名证人出庭作证的，应当在法庭指定的地点等候，不得谈论案情，必要时可以采取隔离等候措施。证人出庭作证后，审判长应当通知法警引导其退庭。证人不得旁听对案件的审理。

被害人没有列为当事人参加法庭审理，仅出庭陈述案件事实的，参照适用前款规定。

第二十四条 证人证言之间存在实质性差异的，法庭可以传唤有关证人到庭对质。

审判长可以分别询问证人，就证言的实质性差异进行调查核实。经审判长准许，控辩双方可以向证人发问。审判长认为有必要的，可以准许证人之间相互发问。

第二十五条 证人出庭作证的，其庭前证言一般不再出示、宣读，但下列情形除外：

（一）证人出庭作证时遗忘或者遗漏庭前证言的关键内容，需要向证人作出必要提示的；

（二）证人的当庭证言与庭前证言存在矛盾，需要证人作出合理解释的。

为核实证据来源、证据真实性等问题，或者帮助证人回忆，经审判长准许，控辩双方可以在询问证人时向其出示物证、书证等证据。

第二十六条 控辩双方可以申请法庭通知有专门知识的人出庭，协助本方就鉴定意见进行质证。有专门知识的人可以与鉴定人同时出庭，在鉴定人作证后向鉴定人发问，并对案件中的专门性问题提出意见。

申请有专门知识的人出庭，应当提供人员名单，并不得超过二人。有多种类鉴定意见的，可以相应增加人数。

第二十七条 对被害人、鉴定人、侦查人员、有专门知识的人的发问，参照适用证人的有关规定。

同一鉴定意见由多名鉴定人作出，有关鉴定人以及对该鉴定意见进行质证的有专门知识的人，可以同时出庭，不受分别发问规则的限制。

四、举证、质证程序

第二十八条 开庭讯问、发问结束后，公诉人先行举证。公诉人举证完毕后，被告人及其辩护人举证。

公诉人出示证据后，经审判长准许，被告人及其辩护人可以有针对性地出示证据予以反驳。

控辩一方举证后，对方可以发表质证意见。必要时，控辩双方可以对争议证据进行多轮质证。

被告人及其辩护人认为公诉人出示的有关证据对本方诉讼主张有利的，可以在发表质证意见时予以认可，或者在发表辩护意见时直接援引有关证据。

第二十九条 控辩双方随案移送或者庭前提交，但没有当庭出示的证据，审判长可以进行必要的提示；对于其中可能影响定罪量刑的关键证据，审判长应当提示控辩双方出示。

对于案件中可能影响定罪量刑的事实、证据存在疑问，控辩双方没有提及的，审判长应当引导控辩双方发表质证意见，并依法调查核实。

第三十条 法庭应当重视对证据收集合法性的审查，对证据收集的合法性有疑问的，应当调查核实证明取证合法性的证据材料。

对于被告人及其辩护人申请排除非法证据，依法提供相关线索或者材料，法庭对证据收集的合法性有疑问，决定进行调查的，一般应当先行当庭调查。

第三十一条 对于可能影响定罪量刑的关键证据和控辩双方存在争议的证据，一般应当单独举证、质证，充分听取质证意见。

对于控辩双方无异议的非关键性证据，举证方可以仅就证据的名称及其证明的事项作出说明，对方可以发表质证意见。

召开庭前会议的案件，举证、质证可以按照庭前会议确定的方式进行。根据案件审理需要，法庭可以对控辩双方的举证、质证方式进行必要的提示。

第三十二条 物证、书证、视听资料、电子数据等证据，应当出示原物、原件。取得原物、原件确有困难的，可以出示照片、录像、副本、复制件等足以反映原物、原件外形和特征以及真实内容的材料，并说明理由。

对于鉴定意见和勘验、检查、辨认、侦查实验等笔录，应当出示原件。

第三十三条 控辩双方出示证据，应当重点围绕与案件事实相关的内容或者控辩双方存在争议的内容进行。

出示证据时，可以借助多媒体设备等方式出示、播放或者演示证据内容。

第三十四条 控辩双方对证人证言、被害人陈述、鉴定意见无异议，有关人员不需要出庭的，或者有关人员因客观原因无法出庭且无法通过视频等方式作证的，可以出示、宣读庭前收集的书面证据材料或者作证过程录音录像。

被告人当庭供述与庭前供述的实质性内容一致的，可以不再出示庭前供述；当庭供述与庭前供述存在实质性差异的，可以出示、宣读庭前供述中存在实质性差异的内容。

第三十五条 采用技术侦查措施收集的证据，应当当庭出示。当庭出示、辨认、质证可能危及有关人员的人身安全，或者可能产生其他严重后果的，应当采取不暴露有关人员身份、不公开技术侦查措施和方法等保护措施。

法庭决定在庭外对技术侦查证据进行核实的，可以召集公诉人和辩护律师到场。在场人员应当履行保密义务。

第三十六条 法庭对证据有疑问的，可以告知控辩双方补充证据或者作出说明；必要时，可以在其他证据调查完毕后宣布休庭，对证据进行调查核实。法庭调查核实证据，可以通知控辩双方到场，并将核实过程记录在案。

对于控辩双方补充的和法庭庭外调查核实取得的证据，应当经过庭审质证才能作为定案的根据。但是，对于不影响定罪量刑的非关键性证据和有利于被告人的量刑证据，经庭外征求意见，控辩双方没有异议的除外。

第三十七条 控辩双方申请出示庭前未移送或提交人民法院的证据，对方提出异议的，申请方应当说明理由，法庭经审查认为理由成立并确有出示必要的，应当准许。

对方提出需要对新的证据作辩护准备的，法庭可以宣布休庭，并确定准备的时间。

第三十八条 法庭审理过程中，控辩双方申请通知新的证人到庭，调取新的证据，申请重新鉴定或者勘验的，应当提供证人的基本信息、证据的存放地点，说明拟证明的案件事实、要求重新鉴定或者勘验的理由。法庭认为有必要的，应当同意，并宣布延期审理；不同意的，应当说明理由并继续审理。

第三十九条 公开审理案件时，控辩双方提出涉及国家秘密、商业秘密或者个人隐私的证据的，法庭应当制止。有关证据确与本案有关的，可以根据具体情况，决定将案件转为不公开审理，或者对相关证据的法庭调查不公开进行。

第四十条 审判期间，公诉人发现案件需要补充侦查，建议延期审理的，法庭可以同意，但建议延期审理不得超过两次。

人民检察院将补充收集的证据移送人民法院的，人民法院应当通知辩护人、诉讼代理人查阅、摘抄、复制。辩护方提出需要对补充收集的证据作辩护准备的，法庭可以宣布休庭，并确定准备的时间。

补充侦查期限届满后，经人民法院通知，人民检察院未建议案件恢复审理，且未说明原因的，人民法院可以决定按人民检察院撤诉处理。

第四十一条 人民法院向人民检察院调取需要调查核实的证据材料，或者根据被告人及其辩护人的申请，向人民检察院调取在侦查、审查起诉期间收集的有关被告人无罪或者罪轻的证据材料，应当通知人民检察院在收到调取证据材料决定书后三日内移交。

第四十二条 法庭除应当审查被告人是否具有法定量刑情节外，还应当根据案件情况审查以下影响量刑的情节：

（一）案件起因；
（二）被害人有无过错及过错程度，是否对矛盾激化负有责任及责任大小；
（三）被告人的近亲属是否协助抓获被告人；
（四）被告人平时表现，有无悔罪态度；
（五）退赃、退赔及赔偿情况；
（六）被告人是否取得被害人或者其近亲属谅解；
（七）影响量刑的其他情节。

第四十三条 审判期间，被告人及其辩护人提出有自首、坦白、立功等法定量刑情节，或者人民法院发现被告人可能有上述法定量刑情节，而人民检察院移送的案卷中没有相关证据材料的，应当通知人民检察院移送。

审判期间，被告人及其辩护人提出新的立功情节，并提供相关线索或者材料的，人民法院可以建议人民检察院补充侦查。

第四十四条 被告人当庭不认罪或者辩护人作无罪辩护的，法庭对定罪事实进行调查后，可以对与量刑有关的事实、证据进行调查。被告人及其辩护人可以当庭发表质证意见，出示证明被告人罪轻或者无罪的证据。被告人及其辩护人参加量刑事实、证据的调查，不影响无罪辩解或者辩护。

五、认证规则

第四十五条 经过控辩双方质证的证据，法庭应当结合控辩双方质证意见，从证据与待证事实的关联程度、证据之间的印证联系、证据自身的真实性程度等方面，综合判断证据能否作为定案的根据。

证据与待证事实没有关联，或者证据自身存在无法解释的疑问，或者证据与待证事实以及其他证据存在无法排除的矛盾的，不得作为定案的根据。

第四十六条 通过勘验、检查、搜查等方式收集的物证、书证等证据，未通过辨认、鉴定等方式确定其与案件事实的关联的，不得作为定案的根据。

法庭对鉴定意见有疑问的，可以重新鉴定。

第四十七条 收集证据的程序、方式不符合法律规定，严重影响证据真实性的，人民法院应当建议人民检察院予以补正或者作出合理解释；不能补正或者作出合理解释的，有关证据不得作为定案的根据。

第四十八条 证人没有出庭作证，其庭前证言真实性无法确认的，不得作为定案的根据。

证人当庭作出的证言与其庭前证言矛盾，证人能够作出合理解释，并与相关证据印证的，应当采信其庭审证言；不能作出合理解释，而其庭前证言与相关证据印证的，可以采信其庭前证言。

第四十九条 经人民法院通知，鉴定人拒不出庭作证的，鉴定意见不得作为定案的根据。

有专门知识的人当庭对鉴定意见提出质疑，鉴定人能够作出合理解释，并与相关证据印证的，应当采信鉴定意见；不能作出合理解释，无法确认鉴定意见可靠性的，有关鉴定意见不能作为定案的根据。

第五十条 被告人的当庭供述与庭前供述、自书材料存在矛盾，被告人能够作出合理解释，并与相关证据印证的，应当采信其当庭供述；不能作出合理解释，而其庭前供述、自书材料与相关证据印证的，可以采信其庭前供述、自书材料。

法庭应当结合讯问录音录像对讯问笔录进行全面审查。讯问笔录记载的内容与讯问录音录像存在实质性差异的，以讯问录音录像为准。

第五十一条 对于控辩双方提出的事实证据争议，法庭应当当庭进行审查，经审查后作出处理的，应当当庭说明理由，并在裁判文书中写明；需要庭后评议作出处理的，应当在裁判文书中说明理由。

第五十二条 法庭认定被告人有罪，必须达到犯罪事实清楚，证据确实、充分，对于定罪事实应当综合全案证据排除合理怀疑。定罪证据不足的案件，不能认定被告人有罪，应当作出证据不足、指控的犯罪不能成立的无罪判决。定罪证据确实、充分，量刑证据存疑的，应当作出有利于被告人的认定。

第五十三条 本规程自2018年1月1日起试行。

3. 最高人民检察院关于先后受理同一犯罪嫌疑人涉嫌职务犯罪和其他犯罪的案件审查起诉期限如何起算问题的批复（2022年11月15日 高检发释字〔2022〕2号）

江苏省人民检察院：

你院《关于互涉案件如何起算审查起诉期限的请示》（苏检发三部字〔2022〕2号）收悉。经研究，批复如下：

对于同一犯罪嫌疑人涉嫌职务犯罪和其他犯罪的案件，监察机关、侦查机关移送人民检察院审查起诉时间不一致，需要并案处理的，审查起诉期限自受理后案之日起重新计算。

此复。

第二节 审判实践中的疑难新型问题

问题1. 检察院认为同级人民法院第一审判决重罪轻判，适用刑罚明显不当的，应当提出抗诉

【最高人民检察院指导性案例】陈某昌抢劫、盗窃，付某强盗窃案（检例第17号）

【基本案情】

被告人陈某昌，男，贵州省人，1989年出生，无业。

被告人付某强，男，贵州省人，1981年出生，农民。

一、抢劫罪

2012年2月18日15时,被告人陈某昌携带螺丝刀等作案工具来到广东省佛山市禅城区澜石石头后二村田边街10巷×号的一间出租屋,撬门进入房间盗走现金人民币100元,后在客厅遇到被害人陈某姐,陈某昌拿起铁锤威胁不让其喊叫,并逃离现场。

二、盗窃罪

1. 2012年2月23日,被告人付某强携带作案工具来到广东省佛山市高明区荷城街道井溢村398号×××房间,撬门进入房间内盗走现金人民币300元。

2. 2012年2月25日,被告人付某强、陈某昌密谋后携带作案工具到佛山市高明区荷城街道井溢村287号×××出租屋,撬锁进入房间盗走一台华硕笔记本电脑(价值人民币2905元)。后二人以1300元的价格销赃。

3. 2012年2月28日,被告人付某强携带作案工具来到佛山市高明区荷城街道井溢村243号×××房间,撬锁进入房间后盗走现金人民币1500元。

4. 2012年3月3日,被告人付某强、陈某昌密谋后携带六角匙等作案工具到佛山市高明区荷城街道官当村34号×××房,撬锁进入房间后盗走现金人民币700元。

5. 2012年3月28日,被告人陈某昌、叶某元、韦某伦(后二人另案处理,均已判刑)密谋后携带作案工具来到佛山市禅城区跃进路31号×××房间,叶某元负责望风,陈某昌、韦某伦二人撬锁进入房间后盗走联想一体化电脑一台(价值人民币3928元)、尼康P300数码相机一台(价值人民币1813元)及600元现金人民币。后在逃离现场的过程中被人发现,陈某昌等人将一体化电脑丢弃。

6. 2012年4月3日,被告人付某强携带作案工具来到佛山市高明区荷城街道岗头冯村283号×××房间,撬锁进入房间后盗走现金人民币7000元。

7. 2012年4月13日,被告人陈某昌、叶某元、韦某伦密谋后携带作案工具来到佛山市禅城区石湾凤凰路隔田坊63号5座×××房间,叶某元负责望风,陈某昌、韦某伦二人撬锁进入房间后盗走现金人民币6000元、港币900元以及一台诺基亚N86手机(价值人民币608元)。

【诉讼过程】

2012年4月6日,付某强因涉嫌盗窃罪被广东省佛山市公安局高明分局刑事拘留,同年5月9日被逮捕。2012年5月29日,陈某昌因涉嫌盗窃罪被佛山市公安局高明分局刑事拘留,同年7月2日被逮捕。2012年7月6日,佛山市公安局高明分局以犯罪嫌疑人付某强、陈某昌涉嫌盗窃罪向佛山市高明区人民检察院移送审查起诉。2012年7月23日,高明区人民检察院以被告人付某强、陈某昌犯盗窃罪向佛山市高明区人民法院提起公诉。

一审期间,高明区人民检察院经进一步审查,发现被告人陈某昌有三起遗漏犯罪事实。2012年9月24日,高明区人民检察院依法补充起诉被告人陈某昌入室盗窃转化为抢劫的犯罪事实一起和陈某昌伙同叶某元、韦某伦共同盗窃的犯罪事实二起。

2012年11月14日,佛山市高明区人民法院一审认为,检察机关指控被告人陈某昌犯抢劫罪、盗窃罪,被告人付某强犯盗窃罪的犯罪事实清楚,证据确实充分,罪名成立。被告人陈某昌在入户盗窃后被发现,为抗拒抓捕而当场使用凶器相威胁,其行为符合转化型抢劫的构成要件,应以抢劫罪定罪处罚,但不应认定为"入户抢劫"。理由是陈某昌入户并不以实施抢劫为犯罪目的,而是在户内临时起意以暴力相威胁,且未造成被害人任何损伤,依法判决:被告人陈某昌犯抢劫罪,处有期徒刑三年九个月,并处罚金人民币四千元;犯盗窃罪,处有期徒刑一年九个月,并处罚金人民币二千元;决定执行有期徒刑五年,并处罚金人民币六千元。被告人付某强犯盗窃罪,处有期徒刑二年,并处罚金人民币二千元。

2012年11月19日,佛山市高明区人民检察院认为一审判决适用法律错误,造成量刑不当,依法向佛山市中级人民法院提出抗诉。2013年3月21日,佛山市中级人民法院二审判决采纳了抗诉意见,撤销原判对原审被告人陈某昌抢劫罪量刑部分及决定合并执行部分,依法予以改判。

【抗诉理由】

一审宣判后,佛山市高明区人民检察院审查认为一审判决未认定被告人陈某昌的行为属于"入户抢劫",属于适用法律错误,且造成量刑不当,应予纠正,遂依法向佛山市中级人民法院提出抗诉;佛山市人民检察院支持抗诉。抗诉和支持抗诉理由是:

1. 原判决对"入户抢劫"的理解存在偏差。原判决以"暴力行为虽然发生在户内,但是其不以实施抢劫为目的,而是在户内临时起意并以暴力相威胁,且未造成被害人任何损害"为由,未认定被告人陈某昌所犯抢劫罪具有"入户"情节。根据2005年7月《最高人民法院关于审理抢劫、抢夺刑事案件适用法律若干问题的意见》关于认定"入户抢劫"的规定,"入户"必须以实施抢劫等犯罪为目的。但是,这里"目的"的非法性不是以抢劫罪为限,还应当包括盗窃等其他犯罪。

2. 原判决适用法律错误。2000年11月《最高人民法院关于审理抢劫案件具体应用法律若干问题的解释》(以下简称《解释》)第一条第二款规定:"对于入户盗窃,因被发现而当场使用暴力或者以暴力相威胁的行为,应当认定为入户抢劫。"依据《刑法》和《解释》的有关规定,本案中,被告人陈某昌入室盗窃被发现后当场使用暴力相威胁的行为,应当认定为"入户抢劫"。

3. 原判决适用法律错误,导致量刑不当。"户"对一般公民而言属于最安全的地方。"入户抢劫"不仅严重侵犯公民的财产所有权,更是危及公民的人身安全。因为被害人处于封闭的场所,通常无法求救,与发生在户外的一般抢劫相比,被害人的身心会受到更为严重的惊吓或者伤害。根据《刑法》第二百六十三条第一项的规定,"入户抢劫"应当判处十年以上有期徒刑、无期徒刑或者死刑,并处罚金或者没收财产。原判决对陈某昌抢劫罪判处三年九个月有期徒刑,属于适用法律错误,导致量刑不当。

【终审判决】

广东省佛山市中级人民法院二审认为,一审判决认定原审被告人陈某昌犯抢劫罪,原审被告人陈某昌、付某强犯盗窃罪的事实清楚,证据确实、充分。陈某昌入户盗窃后,被被害人当场发现,意图抗拒抓捕,当场使用暴力威胁被害人不许其喊叫,然后逃离案发现场,依法应当认定为"入户抢劫"。原判决未认定陈某昌所犯的抢劫罪具有"入户"情节,系适用法律错误,应当予以纠正。检察机关抗诉意见成立,予以采纳。据此,依法判决:撤销一审判决对陈某昌抢劫罪量刑部分及决定合并执行部分;判决陈某昌犯抢劫罪,处有期徒刑十年,并处罚金人民币一万元,犯盗窃罪,处有期徒刑一年九个月,并处罚金二千元,决定执行有期徒刑十一年,并处罚金一万二千元。

【要旨】

1. 对于入户盗窃,因被发现而当场使用暴力或者以暴力相威胁的行为,应当认定为

"入户抢劫"。

2. 在人民法院宣告判决前，人民检察院发现被告人有遗漏的罪行可以一并起诉和审理的，可以补充起诉。

3. 人民检察院认为同级人民法院第一审判决重罪轻判，适用刑罚明显不当的，应当提出抗诉。

问题2. 判决宣告前犯有同种数罪但被分案起诉，后罪判决时能否与前罪并罚

【刑事审判参考案例】陈某玲非法进行节育手术案[①]

一、基本案情

昆山市人民法院经审理认为，被告人陈某玲未取得医生执业资格，擅自为被害人周某某进行终止妊娠手术，情节严重，其行为已构成非法进行节育手术罪。陈某玲在前罪判决宣告以后，刑罚执行完毕以前，还有判决宣告以前的该起犯罪没有判决，依法予以数罪并罚。陈某玲归案后如实供述自己罪行，依法予以从轻处罚。据此，依照《刑法》第三百三十六条第二款、第六十七条第三款、第七十条、第六十九条之规定，以非法进行节育手术罪判处被告人陈某玲有期徒刑一年十个月，并处罚金人民币一万元；与前罪并罚，决定执行有期徒刑二年三个月，并处罚金人民币二万元。

宣判后，被告人陈某玲以其前后两起犯罪均系非法进行节育手术犯罪，一审法院未将其前后两罪一并审理，不应分案数罪并罚，适用程序有误，以及已对被害人周某某进行赔偿并取得谅解，原判量刑过重等为由，提出上诉。

江苏省苏州市中级人民法院经审理认为，被告人陈某玲为被害人周某某进行节育手术的行为已构成非法进行节育手术罪。陈某玲在前罪判决宣告以后，刑罚执行完毕以前，还有判决宣告以前的其他罪没有判决，依法应予数罪并罚。一审法院依据公诉机关指控的陈某玲新的犯罪事实依法进行审理于法有据，故对陈某玲的相关辩解意见，不予采纳。陈某玲到案后如实供述自己罪行，依法予以从轻处罚。陈某玲对被害人进行了赔偿并取得被害人谅解，酌情从轻处罚。据此，依照《刑事诉讼法》第二百二十五条[②]第一款第二项，《刑法》第三百三十六条第二款、第五十二条、第五十三条、第六十七条第三款、第七十条、第六十九条之规定，撤销原判，以非法进行节育手术罪，改判陈某玲有期徒刑一年六个月，并处罚金人民币九千元；与前罪并罚，决定执行有期徒刑二年，并处罚金人民币一万九千元。

二、主要问题

判决宣告以前犯有同种数罪但被人为分案处理的，对后罪进行审判时能否数罪并罚，应适用何种法律程序？

[①] 王东撰稿、杜国强审编：《陈某玲非法进行节育手术案——判决宣告前犯有同种数罪但被分案起诉，后罪判决时能否与前罪并罚（第1191号）》，载中华人民共和国最高人民法院刑事审判第一、二、三、四、五庭主办：《刑事审判参考》总第109集，法律出版社2017年版，第71~77页。

[②] 现为《中华人民共和国刑事诉讼法》（2018年修正）第二百三十六条。

三、裁判理由

（一）判决宣告以前犯同种数罪的，一般应并案按照一罪处理，不实行并罚

同种数罪，是指行为人实施的数个独立的犯罪属于同一罪名的犯罪形态，通说采取单罚论的立场，认为除对判决宣告以后、刑罚执行完毕以前发现的同种漏罪和再犯的同种新罪应实行并罚之外，对同种数罪不并罚，而应作为一罪的从重情节或法定刑升格的情节处罚即可。最高人民法院 1993 年发布的《关于判决宣告后又发现被判刑的犯罪分子的同种漏罪是否实行数罪并罚问题的批复》明确规定，人民法院的判决宣告并已发生法律效力以后，刑罚还没有执行完毕以前，发现被判刑的犯罪分子在判决宣告以前还有其他罪没有判决的，不论新发现的罪与原判决的罪是否属于同种罪，都应当依照规定实行数罪并罚。但如果在第一审人民法院的判决宣告以后，被告人提出上诉或者人民检察院提出抗诉，判决尚未发生法律效力的，第二审人民法院在审理期间，发现原审被告人在第一审判决宣告以前还有同种漏罪没有判决的，第二审人民法院应当按照刑事诉讼法的规定，裁定撤销原判，发回原审人民法院重新审判，第一审人民法院重新审判时，不适用刑法关于数罪并罚的规定。可见，对判决宣告以前一人犯同种数罪以一罪处理，也是我国刑事司法实务的一贯做法。

本案中，被告人陈某玲因犯非法进行节育手术罪被检察机关提起公诉，在法院审理过程中，再次实施非法进行节育手术犯罪并被立案侦查。其前后两次犯罪系同种数罪，均实施于判决宣告以前，也被发现于判决宣告以前，根据刑法理论和司法实践的一贯做法，一般应当并案一罪处理，不实行并罚。

（二）在审理过程中，法院发现被告人犯有同种数罪但被人为分案处理的，可以建议检察机关并案起诉；检察机关不予并案处理的，应仅就起诉的犯罪事实作出裁判，在审理后起诉的犯罪事实时，可以适用《刑法》第七十条关于漏罪并罚的规定

刑事诉讼中，对行为人犯有数罪的，司法机关通常会并案处理，通过一次诉讼活动一并解决，以便查明案情和节约司法资源。对此，司法解释亦作出了明确规定。最高人民检察院于 2012 年 11 月 22 日出台的《人民检察院刑事诉讼规则（试行）》第十二条第二款规定："对于一人犯数罪、共同犯罪、多个犯罪嫌疑人实施的犯罪相互关联，并案处理有利于查明案件事实和诉讼进行的，人民检察院可以对相关犯罪案件并案处理。"最高人民法院、最高人民检察院、公安部、国家安全部、司法部、全国人大常委会法制工作委员会联合发布的《关于实施刑事诉讼法若干问题的规定》（以下简称《六部委规定》）第三条亦规定："具有下列情形之一的，人民法院、人民检察院、公安机关可以在其职责范围内并案处理：（一）一人犯数罪的；（二）共同犯罪的；（三）共同犯罪的犯罪嫌疑人、被告人还实施其他犯罪的；（四）多个犯罪嫌疑人、被告人实施的犯罪存在关联，并案处理有利于查清案件事实的。"上述规定对于规范刑事追诉活动具有重要指导意义，但是在用语上均使用了"可以"一词。可见，对同种数罪并案处理，并非一种强制性规定。

实践中，存在办案机关出于业务考核等考虑，将被告人所犯同种数罪分开处理，先后追诉的情况。例如，在审理某盗窃案件中，被告人的两起盗窃事实已为不同的公安机关所掌握，两家公安机关均明知被告人有两起盗窃事实，但基于各自考核指标的考虑，均不愿把案件移送对方处理，结果由一家将案件先行移送、起诉，待法院判决生效后，另一家再移送、起诉另一起盗窃事实，导致本应一并处理的案件经两次刑事追诉，这种做法不利于节约司法资源，给被告人增加诉累，并对适用法律造成不必要的困扰。

控审分离、不告不理，是现代刑事诉讼的基本原则。它要求未经起诉，法院不得实施任何形式的审理活动；法院的审判范围应当限于公诉机关指控的范围，不得审判任何未经起诉的行为。对于法院发现检察机关未指控的犯罪事实该如何处理，考虑到我国《刑事诉讼法》实行公检法机关分工负责，相互配合，相互制约原则，《六部委规定》第三十条规定，人民法院审理公诉案件，发现有新的事实，可能影响定罪的，可以建议人民检察院补充起诉或者变更起诉，人民检察院应当在7日以内回复意见。《最高人民法院关于适用〈中华人民共和国刑事诉讼法〉的解释》（以下简称《刑事诉讼法解释》》第二百四十三条[①]作出了类似规定，并针对实践中常见的检察机关不同意补充起诉或者变更起诉，或者在7日以内未回复意见的情况，进一步明确规定人民法院应当就起诉指控的犯罪事实依照该解释第二百四十一条[②]的规定作出判决、裁定。因此，人民法院在审理过程中，发现被告人犯有同种数罪但被检察机关人为分案处理的，因分案处理的事实影响对被告人的定罪，可以建议检察机关并案起诉。二审法院发现被告人在第一审判决宣告以前还有同种漏罪没有判决的，也可以发回重审，并协调检察机关并案处理。检察机关不同意或者在7日内未回复意见的，法院应当仅就起诉指控的犯罪事实作出裁判。判决生效以后，检察机关另案起诉其他同种漏罪的，并案以一罪处理的前提条件已经消失，法院必须对漏罪依法予以审理，构成犯罪的，单独予以定罪判刑。鉴于此前判处的刑罚尚未执行完毕，亦不属于《刑法》第六十九条规定的判决宣告以前一人犯数罪及第七十一条规定的刑罚执行期间发现新罪的情形，故对漏罪进行审判时，适用《刑法》第七十条关于漏罪并罚的规定进行处理，是相对合理的选择。

就本案而言，昆山市人民法院在判决宣告前，发现被告人陈某玲在审理期间又实施了非法进行节育手术犯罪并被公安机关立案侦查，所涉新罪与检察机关已经起诉指控的犯罪属同种罪行。检察机关知晓陈某玲有该起同种犯罪事实，却不予并案起诉。昆山市人民法院根据《刑事诉讼法解释》第二百四十三条的规定，建议昆山市人民检察院补充起诉，但昆山市人民检察院仍未对陈某玲前后两罪并案公诉。昆山市人民法院无权主动并案审理陈某玲的同种数罪，最终只能仅就起诉指控的陈某玲对被害人张某某非法进行节育手术犯罪部分进行审判，判处陈某玲有期徒刑一年九个月，并处罚金人民币一万元。判决生效之后，刑罚执行完毕以前，检察机关又起诉指控陈某玲对被害人周某某非法进行节育手术犯罪。昆山市人民法院受理后，对陈某玲在判决宣告以前实施的同种漏罪进行审判，判处陈某玲有期徒刑一年十个月，并处罚金人民币一万元，并根据《刑法》第七十条的规定，与其前罪判处的刑罚实行并罚。昆山市人民法院的一审判决于法有据，在审理程序和适用法律上并无不当。但检察机关该种分案处理的做法，不利于提高诉讼效率，实践中应尽量避免。

（三）对人为分案处理的同种数罪实行并罚时，决定执行的刑罚应当与并案以一罪处理时所应判处的刑罚基本相当，不得加重被告人的处罚

我国《刑法》以"刑罚执行完毕以前"作为适用数罪并罚制度的时间条件。为了有区别地对待不同危害程度的数罪和危险程度各异的数罪实施者，贯彻罪刑相适应原则，《刑法》第六十九条、第七十条和第七十一条中明确规定对不同阶段实施或者被发现的数

---

① 现为《最高人民法院关于适用〈中华人民共和国刑事诉讼法〉的解释》（2021年）第二百九十七条。
② 现为《最高人民法院关于适用〈中华人民共和国刑事诉讼法〉的解释》（2021年）第二百九十五条。

罪采取不同的并罚方法。

《刑法》第七十条规定："判决宣告以后，刑罚执行完毕以前，发现被判刑的犯罪分子在判决宣告以前还有其他罪没有判决的，应当对新发现的罪作出判决，把前后两个判决所判处的刑罚，依照本法第六十九条的规定，决定执行的刑罚……"这是关于漏罪并罚的规定，因为漏罪事实所反映的社会危害性及其行为人的人身危险性，要比判决宣告以前发现的同等数罪相对严重。换言之，犯有数罪的犯罪分子，对社会危害严重，其到案后不但不积极悔罪，还故意隐瞒部分罪行，表明其有较大的人身危险性。对其漏罪实行并罚，既是罪刑相适应原则的要求，也有加重处罚的司法威慑效果。所以，根据立法本意，该条主要是针对犯罪分子归案后，在审判之前故意隐瞒自己的部分犯罪行为，直到对其审判之后刑罚执行完毕以前才发现还有遗漏罪行的情况。

侦查机关、检察机关人为分案，导致法院在审判时未发现被告人的同种犯罪事实，或者已经发现但因未一并起诉而不能对被告人的同种犯罪事实并案审理，从而造成另案审判时对被告人所犯同种罪行只好适用漏罪并罚的规定处理，该种做法虽不是不可以，但可能会使被告人因分案处理而承担不利后果。因此，在因人为分案处理而对被告人的同种漏罪进行并罚时，决定执行的刑罚应与并案以一罪公诉所应判处的刑罚基本相当，否则有违刑法的罪刑相适应原则。

《刑法》第三百三十六条第二款规定，非法进行节育手术，情节严重的，处三年以下有期徒刑、拘役或者管制，并处或者单处罚金；严重损害就诊人身体健康的，处三年以上十年以下有期徒刑，并处罚金；造成就诊人死亡的，处十年以上有期徒刑，并处罚金。本案中，被告人陈某玲两次非法进行节育手术犯罪均造成他人重伤，属于情节严重，尚不构成严重损害就诊人身体健康的情形，其法定刑范围应为三年以下有期徒刑、拘役或者管制，并处或者单处罚金。因此，如果并案以一罪处理，对陈某玲的宣告刑不应超过有期徒刑三年。昆山市人民法院在一审审理陈某玲的同种漏罪适用并罚时，决定执行有期徒刑二年三个月，并处罚金人民币二万元。在二审期间，因出现被告人赔偿获得谅解情节，二审依法改判陈某玲有期徒刑二年，并处罚金人民币一万九千元。一、二审对陈某玲数罪并罚后决定执行的刑期，均没有超出并案以一罪处理时有期徒刑三年的法定最高刑，且与并案以一罪公诉所应判处的刑罚基本相当，不仅符合罪刑相适应原则，也保障了被告人的合法权益。

问题3. 人民法院认定事实与公诉机关指控事实一致的，能否改变罪名？

【刑事审判参考案例】秦某志故意杀人、故意伤害、放火、抢劫、盗窃案[①]

一、基本案情

天津市第一中级人民法院经审理查明：2015年1月28日7时许，被告人秦某志携带尖刀至天津市武清区王庆坨镇寻找盗窃目标未果。当日17时许，秦某志途经王庆坨镇四合庄村被害人李某经营的体育彩票店，进入该店购买"十一选五"体育彩票，至当日23

[①] 张立新、梁勤、王少兵撰稿，陆建红审编：《秦某志故意杀人、故意伤害、放火、抢劫、盗窃案——行为人短时间内实施一系列具有关联性犯罪行为的如何认定（第1222号）》，载中华人民共和国最高人民法院刑事审判第一、二、三、四、五庭主办：《刑事审判参考》总第112集，法律出版社2018年版，第16~24页。

时许,秦某志累计赊欠约人民币1万元。后秦某志提出将其身份证、银行卡抵押在李某处,次日偿还欠款,被李某及其丈夫王某光拒绝,并要求秦某志到银行取款。秦某志假意应承,骗得王某光驾驶吉利牌汽车载其到王庆坨镇。当车行至王庆坨镇中国邮政储蓄银行附近时,秦某志掏出随身携带的尖刀朝王某光面部、颈部捅刺数刀,劫得人民币200余元。秦某志逼迫王某光脱光上衣,用放在车内的两根手机数据线将王某光双手手腕并拢捆绑。其间,李某见王某光不归,致电王某光询问情况,秦某志逼迫王某光撒谎搪塞,为防止王某光报警,将王某光的手机拿走。随后,秦某志用王某光脱下的秋衣、工作服,将王某光上身捆绑于驾驶座椅靠背上,用王某光的防寒服蒙住王某光面部,为泄愤,又持刀朝王某光腹部捅刺一刀。唯恐李某察觉报警,秦某志将王某光挪至副驾驶座椅予以捆绑,后自己驾车返回体育彩票店。行驶至一高速桥涵洞旁无名路上时,秦某志误认为王某光欲抢刀反抗,再次持刀朝王某光胸部捅刺数刀,致王某光昏厥。秦某志驾车拉载王某光到体育彩票店附近后,将王某光留在车内,携带尖刀返回体育彩票店,将王某光的手机交予李某,并告知李某其已将王某光捅伤。李某掏出手机准备报警,秦某志恐罪行败露上前阻止,厮打过程中李某倒地,秦某志遂掏出随身携带的尖刀,朝李某头、颈、胸、腹部及背部猛捅数十刀,致李某受伤倒于室内东侧床与冰柜夹角处。其间,王某光恢复意识,驾车逃离,秦某志发现后持刀追截未果,再次返回体育彩票店。为毁灭罪证,秦某志将所购体育彩票堆放于室内单人床上,用打火机引燃彩票及床单,秦某志发现放在床上一黑色女士书包内装有大量现金,遂将该包盗走,窃得人民币4000余元。后秦某志为防止火情被人发现,将室外卷帘门关闭并逃离作案现场,造成体育彩票店内空调、液晶电视、冰箱、冰柜、彩票机、电脑等物品损毁。因民警及时发现火情,组织群众迅速扑救,未造成周围居民伤亡和重大财产损失。作案后,秦某志逃匿并于同年1月29日21时许被抓获归案。经鉴定,李某系被他人用单刃刺器刺破心脏、双肺致失血性休克死亡。王某光胸部、腹部的损伤程度分别构成重伤二级;面部的损伤程度构成轻伤一级;颈部的损伤程度构成轻微伤。

天津市第一中级人民法院认为,被告人秦某志赊账购买体育彩票后,因被追要欠款而不满,为报复泄愤,编造谎言,欺哄被害人王某光一同离开体育彩票店到银行取款,并在途中持刀行凶抢劫王某光财物,后为泄愤及唯恐王某光反抗两次持刀行凶,致被害人王某光重伤;唯恐罪行败露,返回体育彩票店将被害人李某杀害,还临时起意窃取李某数额较大的财物;后为毁灭罪证,又纵火,危害公共安全。依照法律规定,公诉机关指控被告人秦某志故意杀人、放火犯罪及部分抢劫犯罪的事实清楚,证据确实、充分,罪名成立,法院予以确认。被告人秦某志出于报复的目的,持刀行凶致被害人王某光轻伤,并临时起意当场劫取被害人王某光财物后,其抢劫实行行为已经结束,为泄愤又持刀朝王某光腹部捅刺一刀,后误认为王某光欲抢刀反抗,再次持刀朝王某光胸部捅刺数刀,致被害人王某光重伤,并不是为了再次获取被害人王某光钱财,而是出于伤害的犯罪故意,实施了故意伤害的犯罪行为,应当以故意伤害罪追究其刑事责任。被告人秦某志持刀连续捅刺被害人李某数十刀后,李某心脏、双肺、肝脏均被刺破,李某在遭受如此重创的情况下,出现呻吟或抖动,只是一种在不自主状态下的生理反应,并不意味着此时李某还存在清醒意识,现有证据亦不能证明李某在被告人秦某志拿走其财物时仍有清醒意识,被告人秦某志在被害人李某不知晓的情况下,临时起意拿走李某财物的行为系盗窃行为,应当以盗窃罪追究其刑事责任。综上,被告人秦某志的行为已分别构成故意杀人罪、故意伤害罪、放火罪、抢劫罪、盗窃罪，且故意杀人犯罪手段特别残忍，情节特别恶劣，后果特别严重，属罪行极其严重，应依法予以处罚。其犯数罪，应依法实行数罪并罚。被告人秦某志刑满释放后五年以内再犯应当判处有期徒刑以上刑罚之罪，系累犯，依法应从重处罚。依照《刑法》第二百三十二条、第二百三十四条第二款、第一百一十四条、第二百六十三条、第二百六十四条、第五十七条第一款、第六十五条第一款、第六十九条，《最高人民法院关于适用〈中华人民共和国刑事诉讼法〉的解释》第二百四十一条[①]第一款第二项之规定，判决被告人秦某志犯故意杀人罪，判处死刑，剥夺政治权利终身；犯故意伤害罪，判处有期徒刑九年；犯放火罪，判处有期徒刑五年；犯抢劫罪，判处有期徒刑五年，并处罚金人民币一千元；犯盗窃罪，判处有期徒刑二年，并处罚金人民币一千元；决定执行死刑，剥夺政治权利终身，并处罚金人民币六千元。

宣判后，被告人秦某志以原判量刑过重为由提出上诉，其辩护人提出，被害人在案件起因上存在过错；秦某志事先无预谋，属于激情犯罪，希望对其从轻处罚。

天津市高级人民法院经审理认为，被告人秦某志因被害人王某光、李某夫妇向其追要彩票欠款而心生怨恨，为报复泄愤，编造谎言欺骗王某光到银行取款，驾车途中持刀对王某光行凶抢劫；为泄愤及误认为王某光反抗两次捅刺王某光，致王某光重伤；唯恐罪行败露，返回彩票店内持刀捅刺李某数十刀，将李某当场杀害；还临时起意窃取李某数额较大财物；为毁灭罪证，又纵火危害公共安全，其行为已分别构成抢劫罪、故意伤害罪、故意杀人罪、盗窃罪、放火罪。原审判决认定事实清楚，证据确实、充分，定罪准确，量刑适当，审判程序合法。依照《刑事诉讼法》第二百二十五条第一款第一项、第二百三十五条之规定，裁定驳回上诉，维持原判，并依法报最高人民法院核准。

最高人民法院经复核后认为，第一审判决、第二审裁定认定的事实清楚，证据确实、充分，定罪准确，量刑适当，审判程序合法。据此裁定核准天津市高级人民法院上述裁定。

二、主要问题

1. 行为人实施一系列具有关联性犯罪行为的，如何定罪？
2. 人民法院认定事实与公诉机关指控事实一致的，能否改变罪名？

三、裁判理由

（一）行为人实施一系列具有关联性犯罪行为的，应当遵循主客观一致的原则，依法、科学地确定罪名

行为人实施一系列具有关联性的犯罪行为，往往是在多个犯罪目的、动机临时产生的情况下实施的，甚至其中的一些行为，表面上看并无明确的犯罪目的。但是，由于人的客观行为都是具有主观内容的行为，哪怕一些看似无意识的行为，其实也是有潜意识内容的，因此，只要认真研究案情，仔细区分，就能够甄别出一系列犯罪行为中每个犯罪行为的具体犯罪目的。当然，有的犯罪目的，是在系列关联犯罪行为实施之前就已经存在于行为人主观意识中，而有的犯罪目的则临时产生于系列犯罪行为过程中，即通常所说的"临时起意"。能否正确区分存在于系列犯罪行为中的不同犯罪目的，关系到能否对行为人的犯罪行为正确定罪以及准确确定罪数的问题，也关系到最终能否对行为人的犯罪行为准确科学地量刑，从而实现罪责刑相一致的问题。在司法实务中，我们既不能

---

① 现为《最高人民法院关于适用〈中华人民共和国刑事诉讼法〉的解释》（2021 年）第二百九十五条。

机械地套用标准犯罪构成要件认定罪数，亦不能不顾行为人的具体犯罪目的和动机想当然地确定罪数，而应当严格遵循主客观相一致的原则，根据刑法学定罪理论，依据刑法的具体规定，结合系列犯罪行为人的主观心理状态，确定每个行为的性质及行为实施时的客观环境等，认真分析，准确定罪并科学确定罪数。

在本案中，被告人秦某志所实施的一系列犯罪行为，可以分为两类：一类是针对被害人王某光所实施的系列犯罪行为；另一类则是针对被害人李某所实施的系列犯罪行为。并且，两类犯罪行为之间不是完全孤立、分离的，而是相互间存在关联性的，即实施两类系列犯罪行为的前因是秦某志购买李某经营的体育彩票店中的体育彩票，累计共赊欠1万元后，秦某志提出将身份证、银行卡抵押在李某处，但遭王某光、李某拒绝。在明确本案基本背景和系列犯罪行为的分类后，我们再对两类犯罪的罪名、罪数问题进行如下分析：

1. 关于秦某志针对王某光所实施的系列犯罪行为的定罪问题

秦某志针对王某光实施的先持刀捅刺，后劫取财物，又再次实施暴力，持刀捅刺，致王某光重伤等系列犯罪行为，应定抢劫罪一罪还是以抢劫罪、故意伤害罪实施并罚，在审理中存在两种不同意见：

第一种意见认为应定抢劫罪一罪。理由是：秦某志基于报复的意图，先对王某光施暴，后劫取财物，而后持续控制王某光并再次捅刺的行为，应作为一个整体的抢劫行为评价。

第二种意见认为应以抢劫罪、故意伤害罪实行并罚。理由是：在劫取财物行为完成后，其抢劫犯罪已经完成。之后实施的暴力并致王某光重伤的行为，于抢劫而言已无必要，该暴力行为本身有自己独立的犯罪构成，即基于对被害人的怨恨及误认为被害人欲反抗而产生的报复心理驱使下实施的故意伤害行为。

我们同意第二种意见。理由如下：

（1）在施暴过程中临时起意劫取财物的，该暴力行为应评价为抢劫罪的胁迫行为

在本案中，被告人秦某志对王某光的暴力行为可以分为报复施暴、劫取财物、劫财后的施暴三个阶段。秦某志最初对王某光施暴时并无劫财目的，并不是为了非法占有财物，而仅仅是为了报复。因此，如何对第一阶段即初始的暴力行为定性就成为关键。我们认为，第一阶段的暴力并非与秦某志的劫财行为毫无关系。秦某志劫财的故意内容产生于其第一阶段的暴力实施过程中，而基于第一阶段的暴力所形成的对被害人精神上的胁迫，足以满足抢劫罪的"胁迫"这一手段要件。"胁迫"作用与取得财物之间存在因果关系，因此，秦某志的劫财行为构成抢劫罪。不能因为秦某志实施第一阶段的暴力行为时仅有报复故意没有劫财故意而无视其犯意的发展变化。犯意由报复变化为劫财，是其主观故意的完整内容。定罪的主客观一致原则，应当包括主客观内容发展变化后，以变化后的主观、客观内容作为定罪的事实基础的内容。

（2）抢劫既遂后，又实施的故意伤害行为，应另行定故意伤害罪

秦某志第三阶段的暴力行为如何定性，是将其作为抢劫犯罪的后续行为还是作为单独的犯罪行为？我们认为，应当区分"犯罪的后续行为"与"罪后的独立犯罪行为"。前者，如犯罪人本身所实施的掩饰、隐瞒犯罪所得行为，毁灭罪证行为，由于该后续行为没有侵犯新的法益，缺乏期待可能性，因而是不可罚的行为。后者，则是侵犯了新的法益并且独立于前罪的犯罪行为，虽然与前罪具有时间上的连续性甚至内容上的关联性，

但行为人的主观内容、客观行为都是独立的，由于行为人的前罪行为与罪后的独立犯罪行为都有各自独立的犯罪故意和客观行为，因而符合数罪的构成条件。

就本案而言，秦某志从王某光处劫得200余元后，其抢劫犯罪就属于既遂状态，也就是说，秦某志的抢劫行为已经实行终了，且在客观上已经完全排除了被害人夺回财物的可能性，其对财物的控制具有不可逆性。首先，被害人被捅刺后，向被告人求饶，慑于被告人的暴力行为，已放弃取回财物的意愿；其次，被害人受伤后被捆绑双手，并被捆绑于驾驶座椅靠背上，客观上已丧失反抗能力。按照《最高人民法院关于审理抢劫、抢夺刑事案件适用法律若干问题的意见》的规定，抢劫罪具备劫取财物或者造成他人轻伤以上后果两者之一的，属于抢劫既遂。按照我国刑法理论通说观点，行为人控制被害人财物为既遂标准，秦某志的行为符合上述标准，抢劫已既遂。此后，秦某志在抢劫现场即被害人的汽车内持续控制被害人，实际于抢劫罪而言已经是没有意义的行为。在抢劫行为已经完成且既遂的前提下，该客观状态的持续不构成抢劫行为的延续和抢劫现场的延伸。其再次实施的暴力行为与已经完成的劫取财物状态之间不存在关联，亦非为了再次劫取被害人的财物，而是基于对被害人的怨恨及误认为被害人反抗而产生的报复泄愤心理，在该心理驱使下两次对被害人实施了捅刺行为，属于另起犯意，且造成了被害人重伤的后果，侵犯的法益具有独立性，应当单独评价为故意伤害罪。在这方面，最高人民法院的有关司法解释是有先例的。《最高人民法院关于抢劫过程中故意杀人案件如何定罪问题的批复》规定："行为人实施抢劫后，为灭口而故意杀人的，以抢劫罪和故意杀人罪定罪，实行数罪并罚。"

2. 关于秦某志针对李某所实施的系列犯罪行为的定罪问题

秦某志对王某光实施抢劫、故意伤害犯罪行为后，唯恐罪行败露，遂持刀捅刺王某光的妻子李某要害部位数十刀致李某倒地，后又纵火焚烧现场，在焚烧时发现现场床上装有现金的女士包，又实施了将现金占为己有的行为。秦某志实施的上述行为中，危害李某的行为构成故意杀人罪，纵火焚烧现场的行为构成放火罪没有争议。但其占有被害人李某钱款的行为应认定为抢劫罪还是盗窃罪，存在不同的观点。

我们认为，秦某志从现场取款的行为应当认定为盗窃罪。认定取款行为是抢劫罪还是盗窃罪，关键在于秦某志的取款行为属于秘密窃取还是暴力劫取，是在被害人不敢反抗、不能反抗的情况下劫取财物，还是在被害人已经失去知觉甚至已经死亡的情况下获取财物。被害人在现场，并不能当然地成为认定被告人行为属于暴力劫取的理由。因为此时的被害人不是一般意义上的被害人，而是头、颈、胸、腹及背部被捅刺了数十刀的人，且倒于现场室内东侧床与冰柜夹角处。结合本案证据，可以认定秦某志实施取款的行为系"秘密窃取"。

首先，被告人秦某志系出于担心罪行败露的故意为灭口而持刀连续捅刺被害人李某数十刀，李某心脏、双肺、肝脏均被刺破，遭受重创后奄奄一息。尸体检验报告显示被害人李某系死后被焚尸，即被害人死于被捅刺倒地至被告人放火焚烧现场后的较短时间内。据被告人供述，在其点火焚烧现场并取得财物时，李某尚未死亡，仍有呻吟或抖动。被告人在全案中的供述自然稳定，供述的犯罪事实与其他证据相互印证，可信度较高。然而，此时被害人的呻吟或抖动，不是一个有正常反抗能力但不敢反抗、无法反抗的被害人的反应，而是濒死时无意识的生理反应，这一生理反应不属于对被告人取走现金的反抗行为。因此，可以认定被告人取走现金时，被害人已处于濒死状态，已丧失反抗意识,被告人的行为符合盗窃罪秘密窃取的行为特征。

其次,认定被告人构成盗窃罪,符合有利于被告人的原则。在本案中,被告人基于杀人故意捅刺被害人李某,后又非法占有被害人的财物,依照法律规定,只能得出故意杀人罪与抢劫罪数罪并罚或故意杀人罪与盗窃罪数罪并罚的结论。根据刑法规定,盗窃罪相较于抢劫罪,系轻罪。退一步讲,如果现有证据不能证明被告人取财时是秘密窃取,还是利用先前暴力行为导致被害人不敢反抗或不能反抗的状态而劫取,那么,应按照有利于被告人的原则,认定被告人构成盗窃罪,与故意杀人罪数罪并罚。

最后,认定秦某志取款行为构成盗窃罪,符合司法解释的规定。《最高人民法院关于审理抢劫、抢夺刑事案件适用法律若干问题的意见》第八条规定:"行为人实施伤害、强奸等犯罪行为,在被害人未失去知觉,利用被害人不能反抗、不敢反抗的处境,临时起意劫取他人财物的,应以此前所实施的具体犯罪与抢劫罪实行数罪并罚;在被害人失去知觉或者没有发觉的情形下,以及实施故意杀人犯罪行为之后,临时起意拿走他人财物的,应以此前所实施的具体犯罪与盗窃罪实行数罪并罚。"

(二)人民法院认定事实与公诉机关指控事实一致的,人民法院可以改变罪名

根据《刑事诉讼法》第一百九十五条第一项的规定,对于案件事实清楚,证据确实、充分,依据法律认定被告人有罪的,人民法院应当作出有罪判决。根据《最高人民法院关于适用〈中华人民共和国刑事诉讼法〉的解释》第二百四十一条第一款第二项规定,起诉指控的事实清楚,证据确实、充分,指控的罪名与审理认定的罪名不一致的,应当按照审理认定的罪名作出有罪判决。我们认为,公诉机关指控罪名与人民法院认定罪名不一致时如何判决的问题,实际上就是审判权由何种机关行使的问题。判决是人民法院依据审理查明的案件事实,依法对案件作出的实体认定,认定的主体是人民法院。因此,判决认定的罪名不受起诉指控罪名的限制,包括两种情形:(1)指控甲罪名,判决认定为乙罪名的;(2)判决认定罪名数少于指控罪名数的。

需要注意的是,法庭审理是围绕指控的犯罪进行,特别是控辩双方主要围绕指控的罪名能否成立开展辩论,因此,人民法院作出与指控的罪名不一致的有罪判决,应当设法保障被告方的辩护权。基于这一考虑,《最高人民法院关于适用〈中华人民共和国刑事诉讼法〉的解释》第二百四十一条第二款规定:"具有前款第二项规定情形的,人民法院应当在判决前听取控辩双方的意见,保障被告人、辩护人充分行使辩护权。必要时,可以重新开庭,组织控辩双方围绕被告人的行为构成何罪进行辩论。"在审判实践中,人民法院拟根据审判认定的罪名作出有罪判决前,应当采取多种方式就变更罪名问题听取控辩双方的意见,既可以召集控辩双方在庭外共同听取意见,也可以在庭外分别听取控辩双方的意见。对于那些社会影响大或拟认定的罪名重于指控的罪名等案件,必要时,可以重新开庭,组织控辩双方围绕罪名确定问题进行辩论。

综上所述,公诉机关指控被告人秦某志犯故意杀人罪、抢劫罪、放火罪,而人民法院经开庭审理后,认定秦某志的行为构成故意杀人罪、故意伤害罪、放火罪、抢劫罪、盗窃罪,既符合案件的客观事实和被告人的主观故意内容,在程序上也是符合刑事诉讼法规定的。

问题4. 共同犯罪人先后归案后被分案起诉，法院能否并案审理

【刑事审判参考案例】王某敏故意杀人案[①]

一、基本案情

周口市中级人民法院经审理查明，自 2001 年以来，身为河南省沈丘县周营乡政府计生办工作人员的被告人王某敏与同乡地税所的董某有不正常的男女关系，王某敏找到同乡黄孟营村计生专干的被告人王某结，要求帮忙杀害董某的妻子被害人王某某。2004 年 8 月 18 日上午，王某敏先将王某某骗至沈丘县周营乡政府办公室三楼其住室内，后让王某结来周营乡政府。王某结到周营乡政府王某敏住室后，王某敏先掐着王某某的脖子又用被子捂王某某的嘴，王某结也帮忙掐王某某的脖子，二被告人共同将王某某掐死。王某敏交给王某结 5000 元雇金后王某结逃离现场。之后，王某敏买刀将王某某尸体肢解成六部分。其中王某某尸体腰部以上至头部及腰部以下至两膝盖被王某敏藏匿于沈丘县周营乡政府高某住室内，左右小腿及左右两脚被王某敏藏匿至沈丘县周营乡政府后院的草丛中。经鉴定，死者系被人机械性窒息死亡，并被肢解。

周口市中级人民法院认为，被告人王某敏、王某结共同故意非法剥夺他人生命，其行为均已构成故意杀人罪。公诉机关指控罪名成立。本案系共同犯罪，王某敏、王某结均系主犯。王某敏为了达到与被害人王某某丈夫结婚的目的，与王某结事先预谋并与王某结共同实施杀害王某某的行为，后王某敏肢解被害人王某某尸体，藏匿、抛弃尸块，系犯意的提起者，杀害王某某、肢解王某某尸体、抛弃藏匿尸块的实施者，其犯罪动机卑鄙，手段残忍，性质恶劣，社会影响极其恶劣，罪行极其严重，应予严惩。依照《刑法》第二百三十二条、第五十七条一款、第三十六条、第二十五条第一款的规定，以故意杀人罪判处被告人王某敏死刑，剥夺政治权利终身。

（被告人王某结的判决情况略）

宣判后，王某敏提出上诉。

河南省高级人民法院经审理，依法驳回王某敏的上诉，并依法报请最高人民法院核准。

二、主要问题

（1）周口市人民检察院没有重新制作起诉书，开庭时分别宣读了针对被告人王某敏、王某结指控内容不同的起诉书，周口市中级人民法院决定对"两王案"并案审理，这一程序是否适当？

（2）按审判监督程序改判被告人王某敏死刑是否违反再审不加刑原则？

三、裁判理由

（一）本案并案审理程序适当

第一审人民法院将属于再审程序的王某敏案和属于普通程序的王某结案按照第一审程序并案审理，检察机关是否应当并案起诉的问题，看似两诉合并为一诉的问题，实质上是涉及共同犯罪的被告人王某敏、王某结先后被抓获，对先归案的王某敏的判决业已

[①] 齐素撰稿、韩维中审编：《王某敏故意杀人案——共同犯罪人先后归案后被分案起诉，法院能否并案审理》，载中华人民共和国最高人民法院刑事审判第一、二、三、四、五庭主办：《刑事审判参考》总第 122 集，法律出版社 2020 年版。

生效,因而对后归案的王某结是一审,对王某敏案是再审。对于该问题,《刑事诉讼法》没有规定,《最高人民法院、最高人民检察院、公安部、国家安全部、司法部、全国人大法制工作委员会关于实施刑事诉讼法若干问题的规定》(以下简称《六部委规定》)第三条第二项规定,共同犯罪的案件,人民法院、人民检察院、公安机关可以在其职责范围内并案处理。司法实践中,对于同属一个程序的案件,并案处理没有异议,但对分属于不同程序的案件,如本案,一个是再审第一审案件,一个是普通程序第一审案件,能否合并审理意见不甚一致,即便合并审理,案号是使用普通程序的案号,还是使用再审程序的案号也有分歧。

我们认为,不管是普通程序第一审案件,还是再审程序第一审案件,归根到底,都是第一审案件,存在并案审理的程序基础,且并案审理更有利于查明案件事实,可能存在的案号问题只是技术性问题,实践中,有的合并为一个案号,或初字号(普通程序),或再字号(再审程序);有的列两个案号,既有初字号,又有再字号。

就本案而言,周口市人民检察院对"两王案"没有并案起诉,周口市中级人民法院决定并案审理时,该院在开庭中分别宣读了针对王某敏、王某结指控内容不同的起诉书,程序适当。理由如下:

1. 周口市人民检察院对"两王案"已不具备并案起诉的条件。关于检察机关并案处理的方法,《人民检察院刑事诉讼规则(试行)》第四百五十八条规定,在人民法院宣告判决前,人民检察院发现遗漏的同案犯罪嫌疑人或者罪行可以一并起诉和审理的,可以追加、补充起诉。我们认为,此处一并处理的方法就是在先到案的王某敏案起诉书的基础上,追加、补充起诉王某结及王某敏的罪行。然而本案存在的问题是,河南省高级人民法院对王某敏案提起再审,并于 2013 年 8 月 30 日作出刑事附带民事裁定,撤销原生效裁判,发回周口市中级人民法院重新审判前,周口市人民检察院已于 2012 年 5 月 21 日将王某结案起诉到周口市中级人民法院。只有将王某结案的起诉书撤回,才可以实现"两王案"并案起诉。《人民检察院刑事诉讼规则(试行)》第四百五十九条第一款规定了撤回起诉的七种情形:不存在犯罪事实的;犯罪事实并非被告人所为的;情节显著轻微、危害不大,不认为是犯罪的;证据不足或证据发生变化,不符合起诉条件的;被告人因未达刑事责任年龄,不负刑事责任的;法律、司法解释发生变化导致不应当追究被告人刑事责任的,以及其他不应当追究被告人刑事责任的。而王某结案不符合上述条件,故起诉书不能撤回,"两王案"也就无法实现并案起诉。因而,本案复杂的不是撤回起诉的程序问题,而是撤回起诉没有法律或司法解释上的根据。但该案已经恢复到一审程序,开庭时同时宣读两份起诉书由法院依法认定犯罪事实不违反法律规定。

2. 人民法院可以直接将两案并案审理。在检察机关不能将"两王案"并案起诉的情况下,人民法院直接将两案并案审理,一起开庭,一起作出判决,并不违反法律规定。

综上,在周口市人民检察院不能并案起诉的情况下,周口市中级人民法院决定对"两王案"并案审理,周口市人民检察院在出庭支持公诉同时宣读"两王案"指控内容不同的起诉书,并无不当。

(二)本案判决结果不违背再审不加刑原则

原审被告人王某敏因犯故意杀人罪,被判处死刑缓期二年执行,剥夺政治权利终身。判决发生法律效力后,因被害人家属申诉,案件进入复查程序,复查期间,因王某结归案,王某敏案被河南省高级人民法院提审,后又撤销原判,发回重审,在与王某结案并案审理后，王某敏依法被改判死刑立即执行，剥夺政治权利终身。王某敏的刑罚由死刑缓期二年执行改判为死刑立即执行是经再审作出的，这就产生了再审判决是否违反了非抗诉再审不得加重原审被告人刑罚原则的问题。因此，有必要对再审不加刑原则及其相关规定作进一步研究。

我国《刑事诉讼法》对再审不加刑并没有明确的规定，只是最高人民法院结合各级人民法院的司法实践，根据我国《刑事诉讼法》规定的上诉不加刑的原则引申出的一条原则规定，通过司法解释回归适用于司法实践中，成为再审程序中应当遵循的一项基本原则。《最高人民法院关于适用〈中华人民共和国刑事诉讼法〉的解释》（以下简称《刑事诉讼法解释》）第三百八十六条①规定，除人民检察院抗诉的以外，再审一般不得加重原审被告人的刑罚。

对此，一种观点认为，此处"一般"应与前句"除检察机关抗诉的以外"相联系，意即除检察机关抗诉的以外，再审一律不得加重原审被告人刑罚；另一种观点认为，"一般"属于哲学名词，是指一切事物，或者许多个别事物所属的一类事物；亦指事物的共性。反义词是突出、特殊、特别。望文生义，既然"一般"不得加重刑罚，那么，在"特殊"情况下则可以加重刑罚。

我们认同第二种观点，这也是解释制定者的本意，如果将再审不加刑的例外情况仅限于人民检察院的抗诉，恐不能适应目前审判实践的需要，在个案的审判中不能实现罪刑相一致的原则，不能实现公平正义。当然，法官也不能对"特殊"进行扩大化理解，应谨慎适用再审不加刑原则之"一般"规定，牢固树立公正司法、尊重和保障人权的理念，吸纳和树立程序安定、禁止双重危险等理念，强化再审不加刑的理念，保证再审不加刑原则在司法实践中的贯彻落实，确保公正司法，切实维护原审被告人的合法权利，不断提高司法的公信力，努力让人民群众在每一个司法案件中感受到公平正义。

本案中，再审是被害人近亲属申诉引发，基于前述理由，本不应加重原审被告人的刑罚。然而，由于本案出现了新的犯罪事实，故再审对王某敏判处死刑，没有违反再审不加刑原则。理由如下：

1. 再审不加刑适用于再审事实与原判事实相同的情况。再审程序的目的是保障原审被告人的诉讼权利，使原审被告人就此前刑事诉讼产生的错误得到一个特别救济的权利。如果再审确认的事实和生效裁判确认的事实相同，从再审程序设置的目的出发，再审判决不得加重原审被告人的刑罚，这是再审不加刑的应有之义。

2. 当再审出现新的犯罪事实时，可以加重原审被告人刑罚。再审时王某敏案罪行发生变化，一是犯罪人数由王某敏一人变为王某敏与王某结二人。原生效裁判认定王某敏一人故意杀人致被害人王某某死亡。经再审确认，王某敏与王某结合伙将王某某杀害。二是王某敏在犯罪中的地位和作用大于王某结，是罪行最为严重的主犯。对于王某敏案，在原审中，出于趋利避害的本能，王某敏将杀害王某某的责任都推给王某结，致原生效裁判对本案是由王某敏一人作案，还是与王某结共同作案不清，二人的地位和作用不清，故留有余地对王某敏判处死刑，缓期二年执行。王某结到案后，经再审确认，犯意由王某敏提起，王某结由王某敏纠集，王某某也是由王某敏骗至案发现场沈丘县周营乡政府办公室三楼其住室内，伙同王某结对王某某实施掐脖、绳勒致王某某死亡的是王某敏。

---

① 现为《最高人民法院关于适用〈中华人民共和国刑事诉讼法〉的解释》（2021年）第四百六十九条。

在王某结逃离现场后，买刀并持刀将王某某尸体肢解的还是王某敏。王某敏犯罪动机卑劣，手段极其残忍，罪行极其严重，在共同犯罪中属于罪行最为严重的主犯。据此，原生效裁判所裁量的刑罚已经不符合罪责刑相适应的原则，唯有加刑才能体现公平正义，实现案件处理的法律效果和社会效果的有机统一。

这与上诉不加刑原则规定的精神是一致的。我国《刑事诉讼法》第二百二十六条规定①，第二审人民法院审理被告人或者他的法定代理人、辩护人、近亲属上诉的案件，不得加重被告人的刑罚。第二审人民法院发回原审人民法院重新审判的案件，除有新的犯罪事实，人民检察院补充起诉的以外，原审人民法院也不得加重被告人的刑罚。本案再审程序因王某结到案而启动，检察机关虽没有按照并案处理的方式，以王某敏起诉书为基础追加、补充起诉王某结及其犯罪事实，但其在人民法院决定将"两王案"并案审理时，同时宣读了两案的起诉书，尤其是王某结的起诉书将二人的罪行指控得清

综上，由于王某结到案，检察机关对王某结、王某敏二人故意杀人罪行进行了有效的指控，并得到再审确认，故再审判决将王某敏的刑罚由死刑缓期执行改判为死刑立即执行，符合法律和司法解释规定，并未违反再审不加刑的原则。

问题5. 关于简易程序，修改刑事诉讼法决定主要作了七个方面的修改

【实务专论】②

关于简易程序，2012年《刑事诉讼法》决定主要作了七个方面的修改：（1）扩大了简易程序适用的范围，将简易程序的适用范围扩大为基层人民法院管辖的、被告人对指控的犯罪事实没有异议，且对适用简易程序审理无异议的案件。（2）修改了1996年《刑事诉讼法》关于适用简易程序的启动主体的规定，将"人民检察院建议或者同意适用简易程序的"才可以适用简易程序的规定修改为："是否适用简易程序，由人民法院决定"；"人民检察院在提起公诉的时候，可以建议人民法院适用简易程序"。（3）明确了不能适用简易程序的具体情形。（4）修改完善了关于审判组织的规定：对可能判处三年有期徒刑以下刑罚的，可以组成合议庭进行审判，也可以由审判员一人独任审判；对可能判处的有期徒刑超过三年的，应当组成合议庭进行审判。（5）增加了适用简易程序审理公诉案件，人民检察院应当派员出席法庭的规定。（6）明确了适用简易程序审理案件的部分程序：适用简易程序审理案件，审判人员应当询问被告人对指控的犯罪事实的意见，告知被告人适用简易程序审理的法律规定，确认被告人是否同意适用简易程序审理。适用简易程序审理案件，经审判人员许可，被告人及其辩护人可以同公诉人、自诉人及其诉讼代理人互相辩论。（7）延长了适用简易程序审理部分案件的审理期限：对可能判处的有期徒刑超过三年的，可以延长至一个半月。

1979年《刑事诉讼法》没有设置简易程序。1996年《刑事诉讼法》修改时，由于经济社会的发展和改革开放的深入，刑事案件的数量迅猛增加，为提高诉讼效率，设置了简易程序，但是适用范围较窄。随着立法经验的不断积累，司法实践积累的审判经验，

---

① 现为《中华人民共和国刑事诉讼法》（2018年修正）第二百三十七条。
② 高憬宏、胡云腾：《刑事审判程序改革问题解读》，载中华人民共和国最高人民法院刑事审判第一、二、三、四、五庭主办：《刑事审判参考》2012年第2集（总第85集），法律出版社2012年版，第198~227页。

以及法官素质的不断提高，扩大简易程序的适用范围，已成为各方的共识。人民法院不断呼吁和建议修改完善简易程序，并积极进行简易程序完善的实践探索。2003年，最高人民法院联合最高人民检察院、司法部制定了《关于适用简易程序审理公诉案件的若干意见》和《关于适用普通程序审理"被告人认罪案件"的若干意见（试行）》，有效推动了简易程序的规范适用，创造性地对被告人认罪案件进行简化审理，实践效果很好。此次修改充分吸收司法实践经验，大大拓宽了简易程序的适用范围，对于构建繁简分流的科学审判机制，进一步提高刑事审判的整体质效，有效缓解人民法院"案多人少"的矛盾，具有重要意义。要依法用好用足简易程序，确保简单案件尽可能得到高效处理，同时，将更多精力投入被告人不认罪、相对疑难复杂的案件审理中，使有限的审判力量、审判资源得到更为合理的配置和使用。

（一）简易程序的适用条件

根据《刑事诉讼法》的规定，案件同时具备下述四个条件的，可以适用简易程序审理：

1. 属于基层人民法院管辖

2012年的《刑事诉讼法》将可以适用简易程序审理的案件仅限于依法可能判处三年以下有期徒刑、拘役、管制、单处罚金的公诉案件以及告诉才处理的案件，被害人起诉的有证据证明的轻微刑事案件。2012年修改将适用简易程序审理的案件范围扩大到基层人民法院管辖的所有案件，从刑罚的角度讲，在数罪并罚的情况下，被告人被判处的刑罚可以达到二十五年有期徒刑。

2. 案件必须事实清楚，证据确实、充分

适用简易程序案件，庭前更必须熟悉案卷、吃透案情，确认案件是否事实清楚，证据确实、充分，符合简易程序适用条件。要尽量避免庭前不准备、庭审中发现问题，不得不又转化为普通程序的情形发生。

3. 被告人承认自己所犯罪行，对起诉书指控的犯罪事实没有异议

即被告人认罪，对起诉书指控的全部犯罪行为供认不讳。如果共同犯罪中部分被告人对组织、领导、参加的犯罪行为有异议，或者被告人对实施的多起犯罪行为中的部分犯罪行为有异议，都不能适用简易程序审理。如果被告人承认指控的犯罪事实，仅对指控的罪名提出异议的，仍然可以适用简易程序。主要考虑：第一，被告人对指定的罪名有异议，并不是对犯罪事实的否定，一般不会影响庭审的调查、辩论效率。第二，确定罪名是裁判的内容之一，属于审判人员的审判职能范围，合议庭或者独任审判员根据案件事实、法律规定和控辩双方适用法律的意见、理由确定罪名，在案件事实清楚，证据确实、充分，被告人承认指控的犯罪事实的前提下，适用简易程序不会对庭审质效产生不利影响。

4. 被告人对适用简易程序没有异议

即被告人在了解了简易程序的相关规定和适用简易程序审理可能导致的后果后，仍同意适用简易程序。2012年修改前的《刑事诉讼法》并没有关于适用简易程序应征得被告人同意的规定。2012年修改将"被告人对适用简易程序没有异议"明确为适用简易程序的条件之一，同时要求庭审中审判人员要"告知被告人适用简易程序审理的法律规定，确认被告人是否同意适用简易程序审理"。这是"尊重和保障人权"原则的具体体现，有利于被告人服判息诉，保障简易程序的适用效果。

必须强调，上述四个条件必须同时满足，才能适用简易程序。其中一个条件不具备，如被告人不同意适用，即使案件事实清楚，证据确实、充分，也不能适用简易程序。

（二）不适用简易程序的情形

为保证简易程序正确适用，2012年修改《刑事诉讼法》决定在对简易程序的适用条件作出明确规定的同时，还从反面规定了四种不适用简易程序审理的情形：

1. 被告人是盲、聋、哑人或者是尚未完全丧失辨认或者控制自己行为能力的精神病人

与普通程序相比，简易程序由于一些程序的简略，可能会对被告人的某些诉讼权利产生不利影响。为尽可能减少这种不利影响，充分保障被告人的诉讼权利，对于行使诉讼权利特别是辩护权存在自身障碍的被告人不能适用简易程序。本项列明的几类被告人均属于限制刑事责任能力人，有的在生理上有缺陷，有的在精神上有障碍，均不能充分表达自己的意愿，应当充分保障他们的诉讼权利。

2. 有重大社会影响的案件

"重大社会影响"，一般是指在本地区社会影响大、关注度高、群众反映强烈的案件。对此类案件适用普通程序审理，能够扩大案件审理的社会影响，回应关注，消除误解，提高司法公信力，争取案件的处理取得更好的社会效果。

3. 共同犯罪案件中部分被告人不认罪或者对适用简易程序有异议的

共同犯罪案件案情往往较为复杂，证据相互关联，如果部分被告人哪怕一个被告人不承认犯罪事实或者不同意适用简易程序，就可能对全案的审理产生影响。因此，为慎重起见和更好地查清犯罪事实，只要有被告人不认罪或不同意适用简易程序，共同犯罪的全案就不能适用简易程序审理。

4. 其他不宜适用简易程序审理的

例如，被告人对指控的多起犯罪事实中的部分犯罪事实有异议的，也不能适用简易程序审理。根据2012年《刑事诉讼法》第二百零八条①关于"被告人对指控的犯罪事实没有异议"的规定，"没有异议"应该是对起诉指控的所有犯罪事实没有异议。如果对部分犯罪事实有异议，则不属于"对指控的犯罪事实没有异议"，不能适用简易程序。再如，如辩护人作无罪辩护的，一般也不宜适用简易程序。

（三）适用简易程序的决定程序

2012年修改前《刑事诉讼法》规定，人民检察院建议或者同意适用简易程序的，人民法院才可以适用简易程序。也就是说，人民检察院是能否适用简易程序的决定者之一，人民法院可以提出适用的建议，并且无须经过被告人的同意。2012年修正后《刑事诉讼法》明确规定，人民法院必须征得被告人同意后，才能决定适用简易程序审理。人民检察院在提起公诉的时候，可以建议人民法院适用简易程序。这一修改更符合诉讼规律，同时也是对被告人诉讼权利的进一步强化。决定适用简易程序，应当做好如下工作：

1. 人民法院受理公诉案件后，经审查认为案件事实清楚、证据充分的，应当在将起诉书副本送达被告人时，询问被告人对指控的犯罪事实的意见，告知被告人适用简易程序的法律规定，征求被告人对适用简易程序的意见。被告人对指控的犯罪事实没有异议并同意适用简易程序的，人民法院可以决定适用简易程序，并在开庭前书面通知人民检察院。

---

① 现为《中华人民共和国刑事诉讼法》（2018年修正）第二百一十四条。

人民检察院建议适用简易程序审理的案件，人民法院经审查认为案件事实清楚、证据充分的，依照前述规定办理；不符合适用简易程序条件的，应当书面通知人民检察院。

询问被告人、辩护人的意见可以采用简便方式，但应当记录在卷。

2. 适用简易程序审理案件，公诉人宣读起诉书后，审判长或者独任审判员应当询问被告人对指控的犯罪事实的意见，告知被告人适用简易程序审理的法律规定，确认被告人是否同意适用简易程序。

（四）简易程序中被告人辩护权的保障

适用简易程序审理案件，只是部分程序的简化和省略，以提高诉讼效率，而不是对被告人应有诉权的简化和省略，特别是对于被告人的辩护权，应和适用普通程序审理一样，予以充分保障。实践中，应注意以下几点：

1. 被告人依法获得辩护人帮助的权利不因简易程序的适用而受到影响

刑事诉讼法规定，人民法院自受理案件之日起三日以内，应当告知被告人有权委托辩护人。犯罪嫌疑人、被告人在押期间要求委托辩护人的，人民法院、人民检察院和公安机关应当及时转达其要求。以上辩护权利，在简易程序中也应当不折不扣地执行。

2. 适用简易程序审理案件，应将开庭的时间、地点等情况及时通知辩护人

这里的主要问题是，对于可能判处三年有期徒刑以下刑罚的简易程序案件，辩护人是否应当出庭。有意见认为，辩护人无须出庭，只需在开庭前将辩护意见送交法庭即可，否则简易程序就不简易了。我们认为，刑事诉讼法已规定适用简易程序审理案件，检察机关也必须派员出庭，为保持控辩平衡，维护被告人权益，辩护人原则上也应当出庭。

3. 被告人在庭审中的辩护权应得到充分保障

刑事诉讼法规定，法庭辩论不受关于普通程序相关规定的限制，该规定的目的在于确保在被告人获得充分的辩护权保障下，使法庭辩论更加简洁，更有效率，因此辩护人在特定情形下也可以不出席法庭。

（五）适用简易程序的庭审方式

简易程序贵在"简易"。《刑事诉讼法》第二百一十三条①规定："适用简易程序审理案件，不受本章第一节（公诉案件一审普通程序——笔者注）关于送达期间、讯问被告人、询问证人、鉴定人、出示证据、法庭辩论程序规定的限制。但在判决宣告前应当听取被告人的最后陈述意见。"据此，简易程序的庭审方式如下：

1. 适用简易程序审理案件，公诉人宣读起诉书后，如经确认，被告人承认自己所犯罪行，对起诉书指控的犯罪事实没有异议，并同意适用简易程序的，被告人可以不再就起诉书指控的犯罪事实进行供述，公诉人、辩护人、审判人员对被告人的讯问、发问可以简化或者省略。

2. 法庭调查阶段，审判人员可以询问控辩双方对在案证据有无异议，只就双方有异议、要求出示的证据举证、质证，法庭也可以就尚有疑问的事实、证据进行调查。

3. 法庭辩论阶段，辩护人出庭的，要引导控辩双方重点围绕确定罪名、量刑及其他有争议的问题进行辩论。

4. 必须保障被告人的最后陈述权。

---

① 现为《中华人民共和国刑事诉讼法》（2018年修正）第二百一十九条。

（六）关于程序转换和审判组织转换

1. 简易程序转为普通程序的情形

适用简易程序审理案件过程中，发现有以下情形的，应当宣布休庭，转为普通程序重新审理：

（1）被告人的行为可能不构成犯罪的。

（2）被告人可能依法不负刑事责任的。如被告人可能属于无刑事责任能力人，或者其行为属于正当防卫的。

（3）被告人当庭对起诉指控的犯罪事实予以否认的。

（4）案件事实不清或者证据不足的。

（5）其他依法不应当或者不宜适用简易程序的。

实践中，存在通过转换程序延长审限的现象，既违反了法律规定，也侵害了被告人的合法权益，导致被告人羁押时间无故延长，是极为不当的，应当予以纠正。

2. 独任审判转为合议庭审判的要求

原为独任审判的简易程序转为普通程序的，应当组成合议庭重新审理。独任审判转为合议庭审判的，原则上应当另行择日开庭，合议庭成员应当提前阅卷、熟悉案情，应当保障当事人申请回避等诉讼权利。

问题6. 办理醉驾案件如何依法用足用好速裁程序？

【刑事审判参考案例】 程某发危险驾驶案[①]

一、基本案情

北京市海淀区人民法院于2019年5月17日适用速裁程序公开开庭审理，被告人程某发当庭自愿认罪认罚，对指控事实、罪名、量刑建议及适用程序均无异议。

北京市海淀区人民法院经审理查明：2019年5月15022时15分许，被告人程某发饮酒后驾驶一辆小型普通轿车行驶至北京市海淀区中关村东路与中关村南路交叉口发生交通事故，经北京市公安局公安交通管理局海淀交通支队中关村大队道路交通事故认定书认定，程某发负全部责任。当日23时33分，医务人员抽取程某发静脉血并留存，经鉴定该血液中酒精含量为214.8mg/100ml，已达到国家人体血液酒精含量标准中规定的醉酒标准。

被告人程某发在现场等待并主动投案，后被传唤至公安机关，如实供述了犯罪事实。程某发已赔偿事故相对方经济损失人民币25000元，并获得谅解。

北京市海淀区人民法院认为，公诉机关指控被告人程某发犯危险驾驶罪的事实清楚，证据确实、充分，指控罪名成立。程某发酒后驾驶机动车，血液酒精含量超过200mg/100ml；发生交通事故，且负事故全部责任，应依法对其从重处罚。鉴于程某发犯罪以后自动投案，如实供述所犯罪行，系自首，加之已经赔偿事故相对方损失，获得对方谅解，依法对其从轻处罚。公诉机关量刑建议适当，依法应予采纳。依照《刑法》第一百三十

[①] 谭铁城撰稿、杨立新审编：《程某发危险驾驶案——办理醉驾案件如何依法用足用好速裁程序（第404号）》，载中华人民共和国最高人民法院刑事审判第一、二、三、四、五庭主办：《刑事审判参考》2021年第3辑（总第127辑），人民法院出版社2021年版。

三条之一第一款第二项、第六十七条第一款、第五十三条之规定，判决如下：

被告人程某发犯危险驾驶罪，判处拘役二个月，罚金人民币四千元。

一审宣判后，被告人程某发未上诉，检察机关未抗诉，判决已发生法律效力。

二、主要问题

在醉驾案件激增的情况下，如何发挥好速裁程序的分流功能？

三、裁判理由

（一）对醉驾案件应依法用足用好速裁程序

自 2011 年《刑法修正案（八）》将"醉驾"入罪以来，案件数量呈爆发式增长，2017 年全国法院审结近 19 万件，占一审刑事案件总量的近七分之一。2018 年 10 月"醉驾"超过盗窃罪的收案数，跃居个人犯罪第一。2019 年全国法院审结近 32 万件，接近一审刑事案件总量的三分之一。醉驾案件激增，人民法院案多人少矛盾突出，发挥好速裁程序在实现案件繁简分流、轻重分离、快慢分道中的作用，优化司法资源配置至关重要。醉驾案件本身往往事实简单，犯罪嫌疑人、被告人主观恶性不大，系刑法降低入罪门槛，导致犯罪圈扩大的轻刑犯罪。2018 年修改后的《刑事诉讼法》在总结认罪认罚从宽制度和速裁程序试点经验基础上，规定认罪认罚从宽制度，增设速裁程序，旨在为轻罪案件处理提供一条"快车道"，实践中醉驾案件处理要用足用好速裁程序，通过繁简分流，全流程提速，节约出司法资源向重大、疑难复杂案件倾斜。

（二）醉驾案件处理要充分发挥速裁程序的功能

与简易程序相比，速裁案件的审查起诉和审理期限更短，审理程序更加灵活，可以不进行法庭调查、法庭辩论，可以集中审理，文书可以简化，应当当庭宣判。这些程序设置，有利于提高诉讼效率，缩短诉讼周期，减少当事人诉累。醉驾案件，事实清楚，犯罪嫌疑人、被告人认罪认罚，符合速裁程序适用条件的，应依法适用速裁程序。

本案中，被告人醉驾事实清楚，证据确实、充分，犯罪情节轻微，符合速裁程序适用条件，从公安立案到一审审结，用时共计 2 天，实现了 48 小时全流程速裁程序。速裁程序全流程提速，不减当事人诉讼权利。公安机关安排法律援助律师为被告人提供法律帮助，被告人自愿认罪认罚并同意适用速裁程序，公安机关按速裁案件移送检察机关审查起诉。在审查起诉阶段，被告人自愿认罪认罚并签署具结书，同意适用速裁程序。公诉机关依法提起公诉，建议适用速裁程序。一审法院经审查决定适用速裁程序，依法审理后采纳检察机关的量刑建议，对被告人从轻处罚，当庭宣判。被告人不上诉、检察机关不抗诉，案件取得了好的法律效果和社会效果。

2017 年 2 月至 2019 年 7 月，北京市海淀区人民法院通过海淀区政法机关在全国首创的"48 小时全流程速裁程序"机制审结案件 196 件，均为危险驾驶案件，占审结危险驾驶案件总数的 21.85%。该程序的运用和进一步完善，最大限度地压缩了简单轻罪案件的办案周期，极大缩短了审前羁押期限，实现了"全流程"速裁模式质的飞跃。

第九章

第二审程序

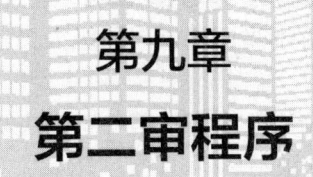

第一节 审判依据

一、法律

中华人民共和国刑事诉讼法（2018年10月26日修正）（节选）

第三章 第二审程序

第二百二十七条 被告人、自诉人和他们的法定代理人，不服地方各级人民法院第一审的判决、裁定，有权用书状或者口头向上一级人民法院上诉。被告人的辩护人和近亲属，经被告人同意，可以提出上诉。

附带民事诉讼的当事人和他们的法定代理人，可以对地方各级人民法院第一审的判决、裁定中的附带民事诉讼部分，提出上诉。

对被告人的上诉权，不得以任何借口加以剥夺。

第二百二十八条 地方各级人民检察院认为本级人民法院第一审的判决、裁定确有错误的时候，应当向上一级人民法院提出抗诉。

第二百二十九条 被害人及其法定代理人不服地方各级人民法院第一审的判决的，自收到判决书后五日以内，有权请求人民检察院提出抗诉。人民检察院自收到被害人及其法定代理人的请求后五日以内，应当作出是否抗诉的决定并且答复请求人。

第二百三十条 不服判决的上诉和抗诉的期限为十日，不服裁定的上诉和抗诉的期限为五日，从接到判决书、裁定书的第二日起算。

第二百三十一条 被告人、自诉人、附带民事诉讼的原告人和被告人通过原审人民法院提出上诉的，原审人民法院应当在三日以内将上诉状连同案卷、证据移送上一级人民法院，同时将上诉状副本送交同级人民检察院和对方当事人。

被告人、自诉人、附带民事诉讼的原告人和被告人直接向第二审人民法院提出上诉的，第二审人民法院应当在三日以内将上诉状交原审人民法院送交同级人民检察院和对方当事人。

第二百三十二条 地方各级人民检察院对同级人民法院第一审判决、裁定的抗诉，应当通过原审人民法院提出抗诉书，并且将抗诉书抄送上一级人民检察院。原审人民法院应当将抗诉书连同案卷、证据移送上一级人民法院，并且将抗诉书副本送交当事人。

上级人民检察院如果认为抗诉不当，可以向同级人民法院撤回抗诉，并且通知下级人民检察院。

第二百三十三条 第二审人民法院应当就第一审判决认定的事实和适用法律进行全面审查，不受上诉或者抗诉范围的限制。

共同犯罪的案件只有部分被告人上诉的，应当对全案进行审查，一并处理。

第二百三十四条 第二审人民法院对于下列案件，应当组成合议庭，开庭审理：

（一）被告人、自诉人及其法定代理人对第一审认定的事实、证据提出异议，可能影响定罪量刑的上诉案件；

（二）被告人被判处死刑的上诉案件；

（三）人民检察院抗诉的案件；

（四）其他应当开庭审理的案件。

第二审人民法院决定不开庭审理的，应当讯问被告人，听取其他当事人、辩护人、诉讼代理人的意见。

第二审人民法院开庭审理上诉、抗诉案件，可以到案件发生地或者原审人民法院所在地进行。

第二百三十五条 人民检察院提出抗诉的案件或者第二审人民法院开庭审理的公诉案件，同级人民检察院都应当派员出席法庭。第二审人民法院应当在决定开庭审理后及时通知人民检察院查阅案卷。人民检察院应当在一个月以内查阅完毕。人民检察院查阅案卷的时间不计入审理期限。

第二百三十六条 第二审人民法院对不服第一审判决的上诉、抗诉案件，经过审理后，应当按照下列情形分别处理：

（一）原判决认定事实和适用法律正确、量刑适当的，应当裁定驳回上诉或者抗诉，维持原判；

（二）原判决认定事实没有错误，但适用法律有错误，或者量刑不当的，应当改判；

（三）原判决事实不清楚或者证据不足的，可以在查清事实后改判；也可以裁定撤销原判，发回原审人民法院重新审判。

原审人民法院对于依照前款第三项规定发回重新审判的案件作出判决后，被告人提出上诉或者人民检察院提出抗诉的，第二审人民法院应当依法作出判决或者裁定，不得再发回原审人民法院重新审判。

第二百三十七条 第二审人民法院审理被告人或者他的法定代理人、辩护人、近亲属上诉的案件，不得加重被告人的刑罚。第二审人民法院发回原审人民法院重新审判的案件，除有新的犯罪事实，人民检察院补充起诉的以外，原审人民法院也不得加重被告人的刑罚。

人民检察院提出抗诉或者自诉人提出上诉的，不受前款规定的限制。

第二百三十八条 第二审人民法院发现第一审人民法院的审理有下列违反法律规定的诉讼程序的情形之一的，应当裁定撤销原判，发回原审人民法院重新审判：

（一）违反本法有关公开审判的规定的；
（二）违反回避制度的；
（三）剥夺或者限制了当事人的法定诉讼权利，可能影响公正审判的；
（四）审判组织的组成不合法的；
（五）其他违反法律规定的诉讼程序，可能影响公正审判的。

第二百三十九条 原审人民法院对于发回重新审判的案件，应当另行组成合议庭，依照第一审程序进行审判。对于重新审判后的判决，依照本法第二百二十七条、第二百二十八条、第二百二十九条的规定可以上诉、抗诉。

第二百四十条 第二审人民法院对不服第一审裁定的上诉或者抗诉，经过审查后，应当参照本法第二百三十六条、第二百三十八条和第二百三十九条的规定，分别情形用裁定驳回上诉、抗诉，或者撤销、变更原裁定。

第二百四十一条 第二审人民法院发回原审人民法院重新审判的案件，原审人民法院从收到发回的案件之日起，重新计算审理期限。

第二百四十二条 第二审人民法院审判上诉或者抗诉案件的程序，除本章已有规定的以外，参照第一审程序的规定进行。

第二百四十三条 第二审人民法院受理上诉、抗诉案件，应当在二个月以内审结。对于可能判处死刑的案件或者附带民事诉讼的案件，以及有本法第一百五十八条规定情形之一的，经省、自治区、直辖市高级人民法院批准或者决定，可以延长二个月；因特殊情况还需要延长的，报请最高人民法院批准。

最高人民法院受理上诉、抗诉案件的审理期限，由最高人民法院决定。

第二百四十四条 第二审的判决、裁定和最高人民法院的判决、裁定，都是终审的判决、裁定。

第二百四十五条 公安机关、人民检察院和人民法院对查封、扣押、冻结的犯罪嫌疑人、被告人的财物及其孳息，应当妥善保管，以供核查，并制作清单，随案移送。任何单位和个人不得挪用或者自行处理。对被害人的合法财产，应当及时返还。对违禁品或者不宜长期保存的物品，应当依照国家有关规定处理。

对作为证据使用的实物应当随案移送，对不宜移送的，应当将其清单、照片或者其他证明文件随案移送。

人民法院作出的判决，应当对查封、扣押、冻结的财物及其孳息作出处理。

人民法院作出的判决生效以后，有关机关应当根据判决对查封、扣押、冻结的财物及其孳息进行处理。对查封、扣押、冻结的赃款赃物及其孳息，除依法返还被害人的以外，一律上缴国库。

司法工作人员贪污、挪用或者私自处理查封、扣押、冻结的财物及其孳息的，依法追究刑事责任；不构成犯罪的，给予处分。

二、司法解释

1. 最高人民法院关于适用《中华人民共和国刑事诉讼法》的解释（2021年1月26日）（节选）

第十五章　第二审程序

第三百七十八条　地方各级人民法院在宣告第一审判决、裁定时，应当告知被告人、自诉人及其法定代理人不服判决和准许撤回起诉、终止审理等裁定的，有权在法定期限内以书面或者口头形式，通过本院或者直接向上一级人民法院提出上诉；被告人的辩护人、近亲属经被告人同意，也可以提出上诉；附带民事诉讼当事人及其法定代理人，可以对判决、裁定中的附带民事部分提出上诉。

被告人、自诉人、附带民事诉讼当事人及其法定代理人是否提出上诉，以其在上诉期满前最后一次的意思表示为准。

第三百七十九条　人民法院受理的上诉案件，一般应当有上诉状正本及副本。

上诉状内容一般包括：第一审判决书、裁定书的文号和上诉人收到的时间，第一审人民法院的名称，上诉的请求和理由，提出上诉的时间。被告人的辩护人、近亲属经被告人同意提出上诉的，还应当写明其与被告人的关系，并应当以被告人作为上诉人。

第三百八十条　上诉、抗诉必须在法定期限内提出。不服判决的上诉、抗诉的期限为十日；不服裁定的上诉、抗诉的期限为五日。上诉、抗诉的期限，从接到判决书、裁定书的第二日起计算。

对附带民事判决、裁定的上诉、抗诉期限，应当按照刑事部分的上诉、抗诉期限确定。附带民事部分另行审判的，上诉期限也应当按照刑事诉讼法规定的期限确定。

第三百八十一条　上诉人通过第一审人民法院提出上诉的，第一审人民法院应当审查。上诉符合法律规定的，应当在上诉期满后三日以内将上诉状连同案卷、证据移送上一级人民法院，并将上诉状副本送交同级人民检察院和对方当事人。

第三百八十二条　上诉人直接向第二审人民法院提出上诉的，第二审人民法院应当在收到上诉状后三日以内将上诉状交第一审人民法院。第一审人民法院应当审查上诉是否符合法律规定。符合法律规定的，应当在接到上诉状后三日以内将上诉状连同案卷、证据移送上一级人民法院，并将上诉状副本送交同级人民检察院和对方当事人。

第三百八十三条　上诉人在上诉期限内要求撤回上诉的，人民法院应当准许。

上诉人在上诉期满后要求撤回上诉的，第二审人民法院经审查，认为原判认定事实和适用法律正确，量刑适当的，应当裁定准许；认为原判确有错误的，应当不予准许，继续按照上诉案件审理。

被判处死刑立即执行的被告人提出上诉，在第二审开庭后宣告裁判前申请撤回上诉的，应当不予准许，继续按照上诉案件审理。

第三百八十四条　地方各级人民检察院对同级人民法院第一审判决、裁定的抗诉，应当通过第一审人民法院提交抗诉书。第一审人民法院应当在抗诉期满后三日以内将抗诉书连同案卷、证据移送上一级人民法院，并将抗诉书副本送交当事人。

第三百八十五条　人民检察院在抗诉期限内要求撤回抗诉的，人民法院应当准许。

人民检察院在抗诉期满后要求撤回抗诉的，第二审人民法院可以裁定准许，但是认为原判存在将无罪判为有罪、轻罪重判等情形的，应当不予准许，继续审理。

上级人民检察院认为下级人民检察院抗诉不当，向第二审人民法院要求撤回抗诉的，适用前两款规定。

第三百八十六条 在上诉、抗诉期满前撤回上诉、抗诉的，第一审判决、裁定在上诉、抗诉期满之日起生效。在上诉、抗诉期满后要求撤回上诉、抗诉，第二审人民法院裁定准许的，第一审判决、裁定应当自第二审裁定书送达上诉人或者抗诉机关之日起生效。

第三百八十七条 第二审人民法院对第一审人民法院移送的上诉、抗诉案卷、证据，应当审查是否包括下列内容：

（一）移送上诉、抗诉案件函；
（二）上诉状或者抗诉书；
（三）第一审判决书、裁定书八份（每增加一名被告人增加一份）及其电子文本；
（四）全部案卷、证据，包括案件审理报告和其他应当移送的材料。

前款所列材料齐全的，第二审人民法院应当收案；材料不全的，应当通知第一审人民法院及时补送。

第三百八十八条 第二审人民法院审理上诉、抗诉案件，应当就第一审判决、裁定认定的事实和适用法律进行全面审查，不受上诉、抗诉范围的限制。

第三百八十九条 共同犯罪案件，只有部分被告人提出上诉，或者自诉人只对部分被告人的判决提出上诉，或者人民检察院只对部分被告人的判决提出抗诉的，第二审人民法院应当对全案进行审查，一并处理。

第三百九十条 共同犯罪案件，上诉的被告人死亡，其他被告人未上诉的，第二审人民法院应当对死亡的被告人终止审理；但有证据证明被告人无罪，经缺席审理确认无罪的，应当判决宣告被告人无罪。

具有前款规定的情形，第二审人民法院仍应对全案进行审查，对其他同案被告人作出判决、裁定。

第三百九十一条 对上诉、抗诉案件，应当着重审查下列内容：

（一）第一审判决认定的事实是否清楚，证据是否确实、充分；
（二）第一审判决适用法律是否正确，量刑是否适当；
（三）在调查、侦查、审查起诉、第一审程序中，有无违反法定程序的情形；
（四）上诉、抗诉是否提出新的事实、证据；
（五）被告人的供述和辩解情况；
（六）辩护人的辩护意见及采纳情况；
（七）附带民事部分的判决、裁定是否合法、适当；
（八）对涉案财物的处理是否正确；
（九）第一审人民法院合议庭、审判委员会讨论的意见。

第三百九十二条 第二审期间，被告人除自行辩护外，还可以继续委托第一审辩护人或者另行委托辩护人辩护。

共同犯罪案件，只有部分被告人提出上诉，或者自诉人只对部分被告人的判决提出上诉，或者人民检察院只对部分被告人的判决提出抗诉的，其他同案被告人也可以委托辩护人辩护。

第三百九十三条 下列案件,根据刑事诉讼法第二百三十四条的规定,应当开庭审理:

(一)被告人、自诉人及其法定代理人对第一审认定的事实、证据提出异议,可能影响定罪量刑的上诉案件;

(二)被告人被判处死刑的上诉案件;

(三)人民检察院抗诉的案件;

(四)应当开庭审理的其他案件。

被判处死刑的被告人没有上诉,同案的其他被告人上诉的案件,第二审人民法院应当开庭审理。

第三百九十四条 对上诉、抗诉案件,第二审人民法院经审查,认为原判事实不清、证据不足,或者具有刑事诉讼法第二百三十八条规定的违反法定诉讼程序情形,需要发回重新审判的,可以不开庭审理。

第三百九十五条 第二审期间,人民检察院或者被告人及其辩护人提交新证据的,人民法院应当及时通知对方查阅、摘抄或者复制。

第三百九十六条 开庭审理第二审公诉案件,应当在决定开庭审理后及时通知人民检察院查阅案卷。自通知后的第二日起,人民检察院查阅案卷的时间不计入审理期限。

第三百九十七条 开庭审理上诉、抗诉的公诉案件,应当通知同级人民检察院派员出庭。

抗诉案件,人民检察院接到开庭通知后不派员出庭,且未说明原因的,人民法院可以裁定按人民检察院撤回抗诉处理。

第三百九十八条 开庭审理上诉、抗诉案件,除参照适用第一审程序的有关规定外,应当按照下列规定进行:

(一)法庭调查阶段,审判人员宣读第一审判决书、裁定书后,上诉案件由上诉人或者辩护人先宣读上诉状或者陈述上诉理由,抗诉案件由检察员先宣读抗诉书;既有上诉又有抗诉的案件,先由检察员宣读抗诉书,再由上诉人或者辩护人宣读上诉状或者陈述上诉理由;

(二)法庭辩论阶段,上诉案件,先由上诉人、辩护人发言,后由检察员、诉讼代理人发言;抗诉案件,先由检察员、诉讼代理人发言,后由被告人、辩护人发言;既有上诉又有抗诉的案件,先由检察员、诉讼代理人发言,后由上诉人、辩护人发言。

第三百九十九条 开庭审理上诉、抗诉案件,可以重点围绕对第一审判决、裁定有争议的问题或者有疑问的部分进行。根据案件情况,可以按照下列方式审理:

(一)宣读第一审判决书,可以只宣读案由、主要事实、证据名称和判决主文等;

(二)法庭调查应当重点围绕对第一审判决提出异议的事实、证据以及新的证据等进行;对没有异议的事实、证据和情节,可以直接确认;

(三)对同案审理案件中未上诉的被告人,未被申请出庭或者人民法院认为没有必要到庭的,可以不再传唤到庭;

(四)被告人犯有数罪的案件,对其中事实清楚且无异议的犯罪,可以不在庭审时审理。

同案审理的案件,未提出上诉、人民检察院也未对其判决提出抗诉的被告人要求出庭的,应当准许。出庭的被告人可以参加法庭调查和辩论。

第四百条　第二审案件依法不开庭审理的,应当讯问被告人,听取其他当事人、辩护人、诉讼代理人的意见。合议庭全体成员应当阅卷,必要时应当提交书面阅卷意见。

第四百零一条　审理被告人或者其法定代理人、辩护人、近亲属提出上诉的案件,不得对被告人的刑罚作出实质不利的改判,并应当执行下列规定:

(一)同案审理的案件,只有部分被告人上诉的,既不得加重上诉人的刑罚,也不得加重其他同案被告人的刑罚;

(二)原判认定的罪名不当的,可以改变罪名,但不得加重刑罚或者对刑罚执行产生不利影响;

(三)原判认定的罪数不当的,可以改变罪数,并调整刑罚,但不得加重决定执行的刑罚或者对刑罚执行产生不利影响;

(四)原判对被告人宣告缓刑的,不得撤销缓刑或者延长缓刑考验期;

(五)原判没有宣告职业禁止、禁止令的,不得增加宣告;原判宣告职业禁止、禁止令的,不得增加内容、延长期限;

(六)原判对被告人判处死刑缓期执行没有限制减刑、决定终身监禁的,不得限制减刑、决定终身监禁;

(七)原判判处的刑罚不当、应当适用附加刑而没有适用的,不得直接加重刑罚、适用附加刑。原判判处的刑罚畸轻,必须依法改判的,应当在第二审判决、裁定生效后,依照审判监督程序重新审判。

人民检察院抗诉或者自诉人上诉的案件,不受前款规定的限制。

第四百零二条　人民检察院只对部分被告人的判决提出抗诉,或者自诉人只对部分被告人的判决提出上诉的,第二审人民法院不得对其他同案被告人加重刑罚。

第四百零三条　被告人或者其法定代理人、辩护人、近亲属提出上诉,人民检察院未提出抗诉的案件,第二审人民法院发回重新审判后,除有新的犯罪事实且人民检察院补充起诉的以外,原审人民法院不得加重被告人的刑罚。

对前款规定的案件,原审人民法院对上诉发回重新审判的案件依法作出判决后,人民检察院抗诉的,第二审人民法院不得改判为重于原审人民法院第一次判处的刑罚。

第四百零四条　第二审人民法院认为第一审判决事实不清、证据不足的,可以在查清事实后改判,也可以裁定撤销原判,发回原审人民法院重新审判。

有多名被告人的案件,部分被告人的犯罪事实不清、证据不足或者有新的犯罪事实需要追诉,且有关犯罪与其他同案被告人没有关联的,第二审人民法院根据案件情况,可以对该部分被告人分案处理,将该部分被告人发回原审人民法院重新审判。原审人民法院重新作出判决后,被告人上诉或者人民检察院抗诉,其他被告人的案件尚未作出第二审判决、裁定的,第二审人民法院可以并案审理。

第四百零五条　原判事实不清、证据不足,第二审人民法院发回重新审判的案件,原审人民法院重新作出判决后,被告人上诉或者人民检察院抗诉的,第二审人民法院应当依法作出判决、裁定,不得再发回重新审判。

第四百零六条　第二审人民法院发现原审人民法院在重新审判过程中,有刑事诉讼法第二百三十八条规定的情形之一,或者违反第二百三十九条规定的,应当裁定撤销原判,发回重新审判。

第四百零七条　第二审人民法院审理对刑事部分提出上诉、抗诉,附带民事部分已经发生法律效力的案件，发现第一审判决、裁定中的附带民事部分确有错误的，应当依照审判监督程序对附带民事部分予以纠正。

第四百零八条 刑事附带民事诉讼案件，只有附带民事诉讼当事人及其法定代理人上诉的，第一审刑事部分的判决在上诉期满后即发生法律效力。

应当送监执行的第一审刑事被告人是第二审附带民事诉讼被告人的，在第二审附带民事诉讼案件审结前，可以暂缓送监执行。

第四百零九条 第二审人民法院审理对附带民事部分提出上诉，刑事部分已经发生法律效力的案件，应当对全案进行审查，并按照下列情形分别处理：

（一）第一审判决的刑事部分并无不当的，只需就附带民事部分作出处理；

（二）第一审判决的刑事部分确有错误的，依照审判监督程序对刑事部分进行再审，并将附带民事部分与刑事部分一并审理。

第四百一十条 第二审期间，第一审附带民事诉讼原告人增加独立的诉讼请求或者第一审附带民事诉讼被告人提出反诉的，第二审人民法院可以根据自愿、合法的原则进行调解；调解不成的，告知当事人另行起诉。

第四百一十一条 对第二审自诉案件，必要时可以调解，当事人也可以自行和解。调解结案的，应当制作调解书，第一审判决、裁定视为自动撤销。当事人自行和解的，依照本解释第三百二十九条的规定处理；裁定准许撤回自诉的，应当撤销第一审判决、裁定。

第四百一十二条 第二审期间，自诉案件的当事人提出反诉的，应当告知其另行起诉。

第四百一十三条 第二审人民法院可以委托第一审人民法院代为宣判，并向当事人送达第二审判决书、裁定书。第一审人民法院应当在代为宣判后五日以内将宣判笔录送交第二审人民法院，并在送达完毕后及时将送达回证送交第二审人民法院。

委托宣判的，第二审人民法院应当直接向同级人民检察院送达第二审判决书、裁定书。

第二审判决、裁定是终审的判决、裁定的，自宣告之日起发生法律效力。

2. 最高人民法院关于对被判处死刑的被告人未提出上诉、共同犯罪的部分被告人或者附带民事诉讼原告人提出上诉的案件应适用何种程序审理的批复（2010年3月17日 法释〔2010〕6号）

各省、自治区、直辖市高级人民法院，解放军军事法院，新疆维吾尔自治区高级人民法院生产建设兵团分院：

近来，有的高级人民法院请示，对于中级人民法院一审判处死刑的案件，被判处死刑的被告人未提出上诉，但共同犯罪的部分被告人或者附带民事诉讼原告人提出上诉的，应当适用何种程序审理。经研究，批复如下：

根据《中华人民共和国刑事诉讼法》第一百八十六条[①]的规定，中级人民法院一审判处死刑的案件，被判处死刑的被告人未提出上诉，共同犯罪的其他被告人提出上诉的，高级人民法院应当适用第二审程序对全案进行审查，并对涉及死刑之罪的事实和适用法

[①] 现为《中华人民共和国刑事诉讼法》（2018年修正）第一百九十一条。

律依法开庭审理，一并处理。

根据《中华人民共和国刑事诉讼法》第二百条[①]第一款的规定，中级人民法院一审判处死刑的案件，被判处死刑的被告人未提出上诉，仅附带民事诉讼原告人提出上诉的，高级人民法院应当适用第二审程序对附带民事诉讼依法审理，并由同一审判组织对未提出上诉的被告人的死刑判决进行复核，作出是否同意判处死刑的裁判。

此复。

3. 最高人民法院、最高人民检察院关于对死刑判决提出上诉的被告人在上诉期满后宣判前提出撤回上诉人民法院是否准许的批复（2010年8月6日　法释〔2010〕10号）

各省、自治区、直辖市高级人民法院、人民检察院，解放军军事法院、军事检察院，新疆维吾尔自治区高级人民法院生产建设兵团分院、新疆生产建设兵团人民检察院：

近来，有的高级人民法院、省级人民检察院请示，对第一审被判处死刑立即执行的被告人提出上诉后，在第二审开庭审理中又要求撤回上诉的，是否允许撤回上诉。经研究，批复如下：

第一审被判处死刑立即执行的被告人提出上诉，在上诉期满后第二审开庭以前申请撤回上诉的，依照《最高人民法院、最高人民检察院关于死刑第二审案件开庭审理程序若干问题的规定（试行）》第四条的规定处理。在第二审开庭以后宣告裁判前申请撤回上诉的，第二审人民法院应当不准许撤回上诉，继续按照上诉程序审理。

最高人民法院、最高人民检察院以前发布的司法解释、规范性文件与本批复不一致的，以本批复为准。

4. 最高人民法院关于适用刑事诉讼法第二百二十五条[②]第二款有关问题的批复（2016年6月23日　法释〔2016〕13号）

河南省高级人民法院：

你院关于适用《中华人民共和国刑事诉讼法》第二百二十五条第二款有关问题的请示收悉。经研究，批复如下：

一、对于最高人民法院依据《中华人民共和国刑事诉讼法》第二百三十九条[③]和《最高人民法院关于适用〈中华人民共和国刑事诉讼法〉的解释》第三百五十三条[④]裁定不予核准死刑，发回第二审人民法院重新审判的案件，无论此前第二审人民法院是否曾以原判决事实不清楚或者证据不足为由发回重新审判，原则上不得再发回第一审人民法院重新审判；有特殊情况确需发回第一审人民法院重新审判的，需报请最高人民法院批准。

二、对于最高人民法院裁定不予核准死刑，发回第二审人民法院重新审判的案件，第二审人民法院根据案件特殊情况，又发回第一审人民法院重新审判的，第一审人民法院作出判决后，被告人提出上诉或者人民检察院提出抗诉的，第二审人民法院应当依法作出判决或者裁定，不得再发回重新审判。

此复

[①] 现为《中华人民共和国刑事诉讼法》（2018年修正）第二百零六条。
[②] 现为《中华人民共和国刑事诉讼法》（2018年修正）第二百三十六条。
[③] 现为《中华人民共和国刑事诉讼法》（2018年修正）第二百五十条。
[④] 现为《最高人民法院关于适用〈中华人民共和国刑事诉讼法〉的解释》（2021年）第四百三十条。

第二节 审判实践中的疑难新型问题

问题 1. 抗诉期限届满后，上一级人民检察院在支持抗诉时增加抗诉对象的，如何处理

【刑事审判参考案例】孙某等抢劫、盗窃、掩饰、隐瞒犯罪所得案[①]

一、基本案情

瑞安市人民法院公开审理查明：

（一）关于抢劫事实

2009 年 6 月至 12 月，被告人孙某、王某、郑某平、吴某卓等九人结伙或交叉结伙在浙江省温州市龙湾、瑞安、苍南三个区，采用持刀拦乘三轮车、出租车以及在公园偏僻处拦截游客等方式共抢劫三轮车、出租车司机和公园游客 12 起，劫得三轮车、诺基亚牌手机、现金等财物合计价值人民币（以下均币种为人民币）9000 余元。孙某抢劫 8 起，其中 2 起未遂、1 起系抢劫预备，劫取财物价值 5000 余元，致 1 人轻伤；王某、郑某平抢劫 4 起，其中 2 起系抢劫预备，劫取财物价值 2000 余元，致 1 人轻伤；吴某卓抢劫 3 起，其中 2 起未遂，劫取财物价值 300 余元。

（二）关于盗窃事实

2009 年 6 月至 12 月，被告人孙某、吴某红等四人结伙或交叉结伙在温州市瑞安区、龙湾区盗窃 14 起，窃得电动车、摩托车、电脑等财物，其中孙某盗窃 3 起，窃取财物价值 7000 余元。被告人游某刚在明知系赃物的情况下，以 900 元的价格购买了一辆被盗摩托车。

瑞安市人民法院认为，被告人孙某、吴某卓、王某、郑某平等人以非法占有为目的，结伙使用暴力、胁迫手段劫取他人财物的行为均构成抢劫罪，其中孙某、吴某卓、王某、郑某平系多次抢劫。孙某、吴某红、郭某、胡某以非法占有为目的，结伙秘密窃取他人财物的行为，构成盗窃罪。被告人游某刚明知是犯罪所得的赃物还予以购买的行为构成掩饰、隐瞒犯罪所得罪。孙某犯数罪，应当依法予以并罚；吴某卓系累犯，应当依法从重处罚；吴某卓参与的 3 次抢劫中有 2 次系未遂，依法可对其减轻处罚。判决如下：

1. 被告人孙某犯抢劫罪，判处有期徒刑十二年，剥夺政治权利二年，并处罚金二万二千元；犯盗窃罪，判处有期徒刑一年，并处罚金二千元；决定执行有期徒刑十二年六个月，剥夺政治权利二年，并处罚金二万四千元。

2. 被告人吴某卓犯抢劫罪，判处有期徒刑六年，并处罚金一万元。

3. 被告人王某犯抢劫罪，判处期徒刑六年，并处罚金一万元。

4. 被告人郑某平犯抢劫罪，判处有期徒刑六年，并处罚金一万元。

[①] 夏宁安、胡渡渝撰稿、翟超审编：《孙某等抢劫、盗窃、掩饰、隐瞒犯罪所得案——抗诉期限届满后，上一级人民检察院在支持抗诉时增加抗诉对象的，如何处理（第 765 号）》，载中华人民共和国最高人民法院刑事审判第一、二、三、四、五庭主办：《刑事审判参考》2012 年第 2 集（总第 85 集），法律出版社 2012 年版，第 59~65 页。

5. 其余 8 名被告人分别因犯抢劫罪、盗窃罪、掩饰、隐瞒犯罪所得罪分别被判处有期徒刑三到十年不等,并处罚金三千元到一万八千元不等。

一审宣判后,瑞安市人民检察院认为,被告人吴某卓在刑满释放后三个多月内又犯罪,系累犯,主观恶性大,且在本案中三次结伙、持械抢劫出租车司机或在公共场所抢劫,情节恶劣、社会危害性大。虽然吴某卓三次抢劫中有二次未遂,但不应因全案按既遂处理而对其减轻处罚。即使对其可以减轻处罚,原判对其减轻的幅度亦过大。瑞安市人民检察院以此为由提出抗诉。温州市人民检察院支持瑞安市人民检察院提出的关于吴某卓的量刑畸轻的抗诉意见。另提出,被告人王某、郑某平参与四次抢劫,并致一人轻伤,虽有二次抢劫因系犯罪预备不计入抢劫次数,也应作为犯罪情节酌情予以考虑,一审仅判处二人有期徒刑六年,量刑畸轻。

温州市中级人民法院经审理认为,关于瑞安市人民检察院、温州市人民检察院提出的被告人吴某卓的量刑畸轻的抗诉、支持抗诉的意见,经查,吴某卓三次抢劫中二次系未遂,犯罪情节一般,司法实践中,对连续犯罪过程中部分未遂的案件,如果全案按照既遂处理导致罪刑不相适应的,可以对全案按照未遂处理并予以减轻处罚,原判对吴某卓实施的犯罪形态作未遂认定符合这一普遍做法,对吴某卓的量刑相对于同案犯亦属适当,故对该意见不予支持。关于温州市人民检察院在支持抗诉时提出的被告人王某、郑某平的量刑畸轻的意见,根据刑事诉讼法和相关司法解释的规定,对人民法院第一审裁判按照第二审程序提出抗诉的,应当由同级人民检察院在法定抗诉期限内向上一级人民法院提出,且在共同犯罪案件中,人民检察院只对部分被告人的判决提出抗诉的,第二审人民法院对其他第一审被告人不得加重处罚。温州市人民检察院在抗诉期限届满、支持抗诉时,增加抗诉对象不符合上述规定,不予支持。故裁定驳回抗诉,维持原判。

二、主要问题

抗诉期限届满后,上一级人民检察院在支持抗诉时增加抗诉对象的,如何处理?

三、裁判理由

抗诉期限届满后,上一级人民检察院在支持抗诉时增加抗诉对象的,如何处理,二审审理过程中形成两种意见:一种意见认为,原公诉机关在法定期限内已启动抗诉程序,且上下级检察机关系垂直领导关系,具有"一体化"组织特征,上一级人民检察院全案审查后增加抗诉对象不违反《刑事诉讼法》的规定,不应当驳回抗诉。另一种意见认为,根据《刑事诉讼法》的规定,对于人民法院第一审裁判按照第二审程序提出抗诉的,应当在法定期限内由同级人民检察院向上一级人民法院提出,上一级人民检察院通过全案审查后可以支持或者撤回抗诉,但无权追加或者变更抗诉内容,对于增加的抗诉对象,应当驳回。

我们赞同后一种意见。具体理由如下:

(一)上下级检察机关在抗诉程序中的权力、职能不同,不能因两者系垂直领导关系而将两者混同

《刑事诉讼法》第二百一十七条[①]规定:"地方各级人民检察院认为本级人民法院第一审的判决、裁定确有错误的时候,应当向上一级人民法院提出抗诉。"关于具体提出抗诉

---

① 现为《中华人民共和国刑事诉讼法》(2018年修正)第二百二十八条。

的方式，《刑事诉讼法》第二百二十一条①作了如下规定："地方各级人民检察院对同级人民法院第一审判决、裁定的抗诉，应当通过原审人民法院提出抗诉书，并且将抗诉书抄送上一级人民检察院。原审人民法院应当将抗诉书连同案卷、证据移送上一级人民法院，并将抗诉书副本送交当事人。上级人民检察院如果认为抗诉不当，可以向同级人民法院撤回抗诉，并且通知下级人民检察院。"《人民检察院刑事诉讼规则》第四百零三条②规定："上一级人民检察院对下级人民检察院按照第二审程序提出抗诉的案件，认为抗诉正确的，应当支持抗诉；认为抗诉不当的，应当向同级人民法院撤回抗诉，并且通知下级人民检察院。下级人民检察院如果认为上一级人民检察院撤回抗诉不当的，可以提请复议。上一级人民检察院应当复议，并将复议结果通知下级人民检察院。上一级人民检察院在上诉、抗诉期限内，发现下级人民检察院应当提出抗诉而没有提出抗诉的案件，可以指令下级人民检察院依法提出抗诉。"

由上述规定可知，对第一审判决的抗诉是由上下两级检察院共同完成的，这种立法设计既可以避免抗诉权滥用，也可以通过上一级检察院的监督指导保证抗诉质量。就程序而言，地方各级人民检察院有权对本级人民法院第一审的判决、裁定启动抗诉，但最终是否提起抗诉由上一级人民检察院审查后决定，两级人民检察院分别具有抗诉启动权和抗诉决定权，权力边界清晰。就实体而言，上一级人民检察院经全案审查后仅作出正确与否的认定，并据以支持或者撤回抗诉。上一级人民检察院在抗诉期限内，发现下级人民检察院应当提出抗诉而没有提出抗诉的案件，可以指令下级人民检察院依法提出抗诉。换言之，在抗诉及相关程序中，是否启动抗诉和抗诉的具体内容由原审人民法院的同级人民检察院决定，上一级人民检察院是以支持、撤回或者指令抗诉的方式对下级检察院抗诉工作进行监督、指导，并不直接纠正不正确的抗诉，或者对下级人民检察院应当提出抗诉而没有提出抗诉的案件直接提起抗诉。实践中，为保证抗诉质量，防止因两级检察院意见不一致影响检察机关的权威，有的上一级检察院要求下一级检察院在对第一审裁判提起抗诉前先行汇报，对是否抗诉、具体抗诉对象、理由等进行指导，客观上抗诉权的行使基本上是以上一级检察院为主导。然而，目前此种做法仅是检察机关的内部沟通方式，是一种内部工作机制，不能对法律规定的抗诉程序中两级检察院的权能配置产生实质影响。基于以上分析，上一级人民检察院在支持抗诉时增加抗诉对象不符合刑事诉讼法的相关规定。

（二）抗诉期限届满后，上一级人民检察院在支持抗诉时增加抗诉对象，对被告人的权利造成实质损害

起诉与抗诉同属公诉的一部分，是检察机关在不同的诉讼阶段履行公诉职能的具体表现形式。根据《刑事诉讼法》的规定，在第一审程序中，公诉机关可以根据不同情况追加、变更起诉，这是许多国家普遍采用的做法。这种做法不但可以实现诉讼经济，而且因处于第一审阶段，有多种途径、方式对被告人进行救济，一般不会对其权利造成实质损害。但是，在二审程序中，如果允许检察院（包括上下两级检察院）在抗诉期限届满后也可以追加抗诉内容，则会对被告人的权利造成实质损害：

第一，共同犯罪案件中被告人"上诉不加刑"的权利得不到保障。《最高人民法院关

---

① 现为《中华人民共和国刑事诉讼法》（2018年修正）第二百三十二条。
② 现为《人民检察院刑事诉讼规则》（2019年）第五百八十九条。

于执行〈中华人民共和国刑事诉讼法〉若干问题的解释》第二百五十八条规定："共同犯罪案件中，人民检察院只对部分被告人的判决提出抗诉的，第二审人民法院对其他第一审被告人不得加重刑罚。"据此，抗诉期限届满后，如果检察院只对共同犯罪案件中部分被告人的判决提出抗诉，二审程序中的其他被告人，检察院不能提出、二审法院也不能加重其刑罚，这是一种具有司法人道主义精神的制度设计。如果允许检察院在抗诉期限届满后、二审程序终结前可将该部分被告人追加为抗诉对象，会使部分被告人再次面对国家追诉，使二审程序中被告人最终是否享有"上诉不加刑"的权利完全由检察院决定。这种结果明显违背立法原意。

第二，追加抗诉会使部分被告人的辩护权遭受控诉突袭。被告人知悉抗诉书内容是其依法行使辩护权的前提，正因如此，《刑事诉讼法》规定，地方各级人民检察院提出抗诉的，原审人民法院在向上一级人民法院移送案件材料的同时，要将抗诉书副本送交当事人。如果上一级人民检察院支持抗诉时追加抗诉对象，被追加被告人享有的辩护准备时间相对其他被告人较短，甚至可能快开庭时才知道自己的诉讼地位发生了巨大变化，不利于其辩护权的保障。从这种角度来讲，追加抗诉属于一种"控诉突袭"。如果允许追加抗诉，被告人则很难充分行使辩护权。

第三，控辩之间的平等无法实现。现行的刑事诉讼程序是按照控辩平衡原则进行设计的。考虑到国家公权力量强大，《刑事诉讼法》还规定了一系列配套制度对辩方进行特殊的保护。比如，就上诉和抗诉而言，对被告人提起上诉规定得相对宽松，只要被告人在一审宣判后十日内提出上诉意思表示，无论口头还是书面，都视为有效上诉；对于检察院提起抗诉，则不仅要求应当在抗诉期限内提起，而且一旦提起，抗诉对象、抗诉内容便相对特定化，不得随意追加、变更。如果允许检察机关追加抗诉，无疑意味着赋予了检察机关特权，陷被告人于讼累之苦，最终导致控辩之间严重失衡。

（三）抗诉期限届满后，上一级人民检察院在支持抗诉时增加抗诉对象，违反了抗诉期限的法律规定

任何诉讼行为和诉讼活动都必须在法定期限内进行，这是诉讼活动必须坚持的基本原则，各类诉讼主体均应一体遵行。

综上，温州市中级人民法院对温州市人民检察院在抗诉期限届满、支持抗诉时，增加抗诉对象的做法不予支持是正确的。

问题2. 在上诉案件中，对于公诉机关指控但一审没有认定的犯罪事实，二审能否审理并予以认定

【刑事审判参考案例】 曾某平等贩卖、运输毒品案[①]

一、基本案情

某市中级人民法院经审理查明：

被告人曾某平、吴某某系夫妻关系。2010年，曾某平、吴某某多次向杨某某、申某

[①] 夏建勇撰稿、姜永义审编：《曾某平等贩卖、运输毒品案——在上诉案件中，对于公诉机关指控但一审没有认定的犯罪事实，二审能否审理并予以认定（第1131号）》，载中华人民共和国最高人民法院刑事审判第一、二、三、四、五庭主办：《刑事审判参考》总第105集，法律出版社2016年版，第98~102页。

某出售毒品甲基苯丙胺片剂（俗称"麻古"）。付某某负责为曾某平、吴某某运输毒品。曾某某为他人窝藏毒品。具体如下：

1. 2010年8月9日，被告人曾某平、吴某某向他人出售甲基苯丙胺片剂，交由付某某运输。付某某将毒品从某市运至某县牛滩镇交给买家后，将收取的2万元毒资存入吴某某银行账户。8月14日，付某某携带甲基苯丙胺片剂乘坐大巴车前往某市，在高速公路某服务区被公安机关抓获。公安机关当场从其挎包内查获甲基苯丙胺片剂3000颗，净重274.61克。

2. 2010年8月15日20时许，杨某某以贩卖为目的从被告人曾某平处购买毒品甲基苯丙胺片剂，二人在曾某平驾驶的车辆上完成交易后，被公安机关抓获。公安机关当场在该车烟灰缸位置查获毒资人民币（以下币种同）2万元，从杨某某身上查获甲基苯丙胺片剂1009颗，净重90.81克。

3. 2010年间，申某某多次在被告人曾某平、吴某某处购买甲基苯丙胺片剂贩卖。同年8月初，申某某向曾某平、吴某某购买甲基苯丙胺片剂后，贩卖给熊某250颗。8月17日，申某某在某市某区东门口一美发店被公安机关抓获，公安机关在其随身携带的提包内查获甲基苯丙胺（冰毒）7包，净重10.65克，甲基苯丙胺片剂4袋，净重2.63克。

4. 2010年8月15日21时40分许，公安机关对被告人曾某平、吴某某位于某市某区美领居二期×号楼××号的租住房进行搜查，吴某某在公安人员进入房间搜查前，将家中所藏毒品"麻古"从阳台处扔出。经搜查，公安机关在该租住房中查获现金58万元和电子秤、银行卡等物，在该房阳台下负一楼雨棚上发现一个浅蓝色"劲浪体育"包装袋，内有甲基苯丙胺片剂2300颗，净重203.5克。

5. 2010年8月24日，公安机关从曾某某位于某省某县马岭镇盘田村三社××号的住所内，查获甲基苯丙胺片剂363.59克。

6. 2010年9月17日，公安机关从被告人曾某平、吴某某在某市某区堰塘湾××号楼的租住房内查获甲基苯丙胺片剂16000颗，净重1461.3克。

某市中级人民法院认为，被告人曾某平违反毒品管理规定，明知是毒品而贩卖，并指使他人运输，其行为已构成贩卖、运输毒品罪。公诉机关指控付某某运输274.61克甲基苯丙胺片剂系受曾某平夫妇安排的证据不足；指控曾某某处查获的363.59克甲基苯丙胺片剂系曾某平委托曾某某保管的证据不足，不予认定。曾某平贩卖毒品（含甲基苯丙胺、甲基苯丙胺片剂）1768.89克及甲基苯丙胺片剂250颗，运输甲基苯丙胺片剂约800颗。在贩卖、运输共同犯罪中，曾某平系主犯。曾某平多次贩卖、运输毒品，且数量大，依法应当严惩。据此，依照《刑法》第三百四十七条、第二十五条第一款、第二十六条第一款、第四十八条、第五十七条第一款、第五十九条、第六十四条之规定，以贩卖、运输毒品罪判处被告人曾某平死刑，剥夺政治权利终身，并处没收个人全部财产。

一审宣判后，被告人曾某平提出上诉。上诉理由如下：（1）原判认定其与杨某某有毒品交易的事实不成立；（2）原判认定两处租住房内查获的毒品是其用于贩卖的毒品的事实错误；（3）原判量刑过重，请求从轻处罚。其辩护人提出，本案存在犯意引诱的可能。

某省高级人民法院经审理确认，原判认定从申某某处查获的10.65克甲基苯丙胺系被告人曾某平、吴某某贩卖给申某某的证据不足；原公诉机关指控付某某运输274.61克甲基苯丙胺片剂系受曾某平夫妇安排的事实成立，原判未予认定，应予纠正；原公诉机关指控曾某某处查获的363.59克甲基苯丙胺片剂系曾某平委托曾某某保管的事实成立,原判未予认定,应予纠正。曾某平及其辩护人所提辩解理由和辩护意见不能成立(具体理由略),不予采纳。原判认定被告人曾某平犯贩卖、运输毒品罪的主要犯罪事实清楚,定罪准确,量刑适当,审判程序合法。据此,依照《刑法》第三百四十七条第一款、第二款第一项、第七款,第二十五条第一款,第二十六条第一款、第四款,第四十八条,第五十七条第一款,第五十九条,第六十四条和《刑事诉讼法》第五十三条①、第二百二十五条②第一款第一项之规定,判决维持原审对被告人曾某平的定罪量刑,并依法报请最高人民法院核准。

最高人民法院经审理认为,被告人曾某平违反国家毒品管理规定,明知是毒品而伙同他人予以贩卖,还雇用他人运输毒品,其行为已构成贩卖、运输毒品罪。曾某平在共同犯罪中起组织、指挥作用,系罪责最为严重的主犯。曾某平多次贩卖毒品,贩卖毒品数量大,社会危害极大,所犯罪行极其严重,应依法惩处。第二审判决认定曾某平安排付某某运输甲基苯丙胺片剂274.61克、委托曾某某保管甲基苯丙胺片剂363.59克的事实错误,应予纠正。第一审判决、第二审判决认定曾某平伙同他人贩卖、运输1852.74克甲基苯丙胺片剂的事实清楚,证据确实、充分,定罪准确,量刑适当。审判程序合法。依照《刑事诉讼法》第二百三十五条③、第二百三十九条④和《最高人民法院关于适用〈中华人民共和国刑事诉讼法〉的解释》第三百五十条⑤第二项的规定,以贩卖、运输毒品罪判决核准被告人曾某平死刑。

二、主要问题

在上诉案件中,对于公诉机关指控但一审没有认定的犯罪事实,二审能否审理并予以认定?

三、裁判理由

司法实践中,对于一些涉及多起犯罪事实的案件,一审法院经审理后认为,公诉机关指控的部分犯罪事实清楚,证据确实、充分,但也有部分犯罪事实不清楚或者证据不足,进而依法认定达到法定证明标准的部分犯罪事实,对未达到法定证明标准的部分犯罪事实不予认定。此种情况下,如果被告人提起上诉,公诉机关未提起抗诉,二审法院是否需要审查一审法院未予认定的部分犯罪事实,进而能否追加认定该部分犯罪事实,值得研究。

该问题涉及二审程序的审理原则和审查范围。许多国家的二审都实行法律审,并且实行有限审理,即主要限定为对上诉理由的审理。根据我国《刑事诉讼法》第二百二十二条⑥第一款的规定,第二审人民法院应当就第一审判决认定的事实和适用法律进行全面审查,不受上诉或者抗诉范围的限制。可见,我国刑事二审程序实行全面审理原则,且不是单纯的法律审,而是一并审理事实问题和法律问题。尽管如此,并不意味着二审程序的审查范围毫无边界,法律其实已经对此作出了适当的限制,即二审应当对"一审判

---

① 现为《中华人民共和国刑事诉讼法》(2018年修正)第五十五条。
② 现为《中华人民共和国刑事诉讼法》(2018年修正)第二百三十六条。
③ 现为《中华人民共和国刑事诉讼法》(2018年修正)第二百四十六条。
④ 现为《中华人民共和国刑事诉讼法》(2018年修正)第二百五十条。
⑤ 现为《最高人民法院关于适用〈中华人民共和国刑事诉讼法〉的解释》(2021年)第四百二十九条。
⑥ 现为《中华人民共和国刑事诉讼法》(2018年修正)第二百三十一条。

决认定的事实和适用法律"进行审查。进一步来讲，对于一审判决没有认定的部分犯罪事实（抗诉案件除外），二审法院无须（或者不应当）进行审查，更不能追加认定该部分犯罪事实。

将二审程序的审理范围限定于"一审判决认定的事实和适用法律"，符合二审程序的功能定位和相应的诉讼原则。

从二审程序的功能定位来看，因被告人上诉而启动的二审程序，主要功能是为被告人提供法律救济。实践中，被告人对一审判决认定的事实或者适用法律不服，可以依法提出上诉，请求二审法院对相关问题进行审理，以期获得有利于己方的裁判。对于因被告人上诉而启动的二审案件，如果二审法院审查一审未予认定的部分犯罪事实，进而追加认定该部分犯罪事实，不仅未能为被告人提供法律救济，反而作出不利于被告人的认定，这显然与二审程序的法律救济功能相悖。

同时，为确保被告人的上诉权，刑事诉讼法确立了上诉不加刑的基本原则。第二百二十六条第一款明确规定，第二审人民法院审理被告人或者他的法定代理人、辩护人、近亲属上诉的案件，不得加重被告人的刑罚。据此，对于被告人一方上诉的案件，二审法院追加认定一审未予认定的部分不利于被告人的犯罪事实，即使最终并未加重被告人的刑罚，这种做法也有违上诉不加刑原则的基本精神。

此外，对于一审法院未予认定的部分犯罪事实，检察机关并未提出抗诉，就表明检察机关对此并无异议。此种情况下，对于原本不属于二审审查范围的事项，二审法院基于不告不理原则的基本精神，不应当主动审查并追加认定。

本案中，公诉机关指控被告人曾某平实施多起贩卖、运输毒品事实，一审法院认定其中两起犯罪事实证据不足。具体如下：其一，公诉机关指控，2010年8月14日早上，付某某受曾某平、吴某某指使，在某市驿通车站乘坐大巴车将274.61克甲基苯丙胺片剂运往某市。一审法院认为，认定曾某平、吴某某指使付某某运输该宗毒品的证据不足，不能确定该宗毒品为曾某平夫妇所有，据此笼统认定付某某是为他人运输毒品。其二，公诉机关指控2010年8月24日，从曾某某住处查获的甲基苯丙胺片剂363.59克，是曾某平交由曾某某保管的。一审法院认为，认定曾某平委托曾某某保管该宗毒品的证据不足，不能确定该宗毒品是曾某平委托保管，据此笼统认定在曾某某住处查获该宗毒品的犯罪事实。二审法院认为，一审应当认定该两起犯罪事实系曾某平实施，进而对曾某平追加认定该两起犯罪事实，这种做法不符合法律规定的要求。最高人民法院在死刑复核过程中，依法对该两起犯罪事实不予认定，并对事实作出改判，是妥当的。

有意见认为，对类似案件，二审法院经审查认为，现有证据足以认定一审未予认定相关的犯罪事实，可以启动审判监督程序。我们倾向于认为，尽管我国法律并未明确规定一事不再理原则，但对于一审未予认定的犯罪事实，在被告人提出上诉且检察机关未提出抗诉的情况下，也不宜启动审判监督程序。

问题3. 上诉人在二审期间脱逃，仅有原审被告人在案的，应当如何处理

【刑事审判参考案例】扎西某参等故意杀人、非法持有枪支、包庇案①

一、基本案情

那曲地区中级人民法院经公开审理查明：被告人扎西某参因与被害人拥某存在矛盾而预谋杀害拥某，并纠集被告人呷马某西和同某参与。2008年11月16日19时许，扎西某参在西藏自治区那曲县罗马镇附近找到正在朝圣途中的拥某后，安排同某在附近路段驾车等候，扎西某参持手枪和长刀、呷马某西持长刀追上拥某，扎西某参持长刀劈砍拥某双上肢数刀，呷马某西持长刀劈砍拥某头部一刀，并将拥某的右手割下，致拥某颅脑开放性骨折、脑组织损伤伴肢体横断分离骨折失血性休克死亡。扎西某参、呷马某西乘坐同某驾驶的汽车逃离现场后，告知被告人扎西某美称三人持刀将人砍伤，并将凶器长刀交给扎西某美保管。

那曲地区中级人民法院认为，被告人扎西某参、呷马某西、同某结伙故意非法剥夺他人生命，其行为均构成故意杀人罪；扎西某参违反法律规定持有枪支，其行为另构成非法持有枪支罪；扎西某美在明知涉案刀具是犯罪人所用凶器的情况下，帮助扎西某参藏匿刀具掩盖罪行，企图使犯罪人逃避法律制裁，其行为构成包庇罪。公诉机关指控的罪名成立。其中，扎西某参、呷马某西直接实施杀人行为，在共同犯罪中均起主要作用，均系主犯；同某在犯罪过程中起辅助作用，系从犯。本案是有预谋的暴力犯罪，社会影响较大，扎西某参还系累犯，依法应当严惩。据此，依照《刑法》第二百三十二条、第一百二十八条第一款、第三百一十条第一款、第五十七条第一款、第二十五条、第二十六条、第二十七条、第六十五条第一款、第六十四条之规定，那曲地区中级人民法院判决如下：

1. 被告人扎西某参犯故意杀人罪，判处死刑，剥夺政治权利终身；犯非法持有枪支罪，判处有期徒刑三年；决定执行死刑，剥夺政治权利终身。

2. 被告人呷马某西犯故意杀人罪，判处死刑，剥夺政治权利终身。

3. 被告人同某犯故意杀人罪，判处有期徒刑六年。

4. 被告人扎西某美犯包庇罪，判处有期徒刑二年。

一审宣判后，被告人扎西某参、呷马某西分别以不具有杀人故意、一审量刑过重为由提出上诉。

西藏自治区高级人民法院审理过程中，上诉人扎西某参、呷马某西借机脱逃，至今未能归案。

西藏自治区高级人民法院经审理认为，鉴于二审期间上诉人扎西某参、呷马某西脱逃，长时间未归案，致使案件无法继续审理。依照《刑事诉讼法》（1996年）第一百八十九条②第一项和《最高人民法院关于执行〈中华人民共和国刑事诉讼法〉若干问题的解释》（以下简称1998年《刑事诉讼法解释》）第一百八十一条之规定，裁定如下：

---

① 李加玺、格桑旺姆撰稿，陆建红审编：《扎西某参等故意杀人、非法持有枪支、包庇案——上诉人在二审期间脱逃，仅有原审被告人在案的，应当如何处理（第1006号）》，载中华人民共和国最高人民法院刑事审判第一、二、三、四、五庭主办：《刑事审判参考》2014年第4集（总第99集），法律出版社2015年版，第33~39页。

② 现为《中华人民共和国刑事诉讼法》（2018年修正）第二百三十六条。

1. 对上诉人扎西某参、呷马某西中止审理。
2. 维持原判对原审被告人同某、扎西某美的定罪量刑。

二、主要问题

上诉人在二审期间脱逃，仅有原审被告人在案的，应当如何处理？

三、裁判理由

本案由于上诉人在二审期间脱逃，二审法院长时间未能作出裁判，羁押机关排查发现原审被告人同某、扎西某美久押不决，督促二审法院尽快作出处理，及时将同某、扎西某美送监执行。二审法院对本案应当如何处理，主要形成两种意见：一种意见认为，上诉人扎西某参、呷马某西提出上诉后又脱逃，造成二审阶段上诉人不在案，在案的原审被告人同某、扎西某美均服判，未对一审判决提出上诉。在此情况下，可视为一审判决中针对同某、扎西某美的部分已经生效，直接依据一审判决将同某、扎西某美送监执行即可，二审法院仅需裁定对上诉人扎西某参、呷马某西中止审理；另一种意见认为，由于一审判决宣判后有被告人提出上诉，导致一审判决未能生效，故不能将一审判决作为执行依据，二审法院需裁定对在逃的扎西某参、呷马某西中止审理，同时还必须继续审理涉及原审被告人同某、扎西某美的部分，对二人的事实认定、定罪量刑和审理程序依法作出裁判。

我们同意后一种意见，具体理由如下：

（一）上诉人在二审期间脱逃，仅有原审被告人在案的，一审判决不能作为交付执行依据，二审法院仍需对在案原审被告人作出处理

人民法院发生法律效力的判决和裁定，是执行机关对罪犯实施惩罚和改造的执法依据，判决和裁定只有在发生效力后才能送交执行机关。本案二审裁定作出时，《刑事诉讼法》尚未进行修改，根据当时有效的1996年《刑事诉讼法》第二百零八条①第二款第一项的规定，已过法定期限没有上诉、抗诉的判决和裁定属于发生法律效力的判决和裁定。根据该规定，一审判决送达之后，如果有被告人在法定期限内提出上诉，或者公诉机关在法定期限内提出抗诉，则一审判决即属于不发生法律效力的判决。本案即属于判决不发生法律效力的情形，被告人扎西某参、呷马某西已在法定期限内提出上诉，一审判决不能作为交付执行的依据。

上述前一种意见认为，由于本案中不服一审判决的两名上诉人已悉数脱逃，表明二人不愿意通过二审法院对一审判决的内容是否正确进行审理，在案的两名原审被告人均服判不上诉。在此情况下，二审法院已无必要对一审判决的内容进行审查处理，直接裁定对脱逃上诉人中止审理即可。我们认为，首先，根据1996年《刑事诉讼法》第一百八十六条②的规定，第二审法院应当就第一审判决认定的事实和适用法律进行全面审查，不受上诉或者抗诉范围的限制；共同犯罪的案件只有部分被告人上诉的，应当对全案进行审查，一并处理。根据该规定，我国的二审程序采取全面审查原则，在共同犯罪案件中有部分被告人提出上诉、部分被告人服判不上诉的情况下，二审法院不仅要审理提出上诉的被告人所涉事实证据、法律适用和审理程序问题，同时要一并审理未提出上诉的被告人所涉事实证据、法律适用和审理程序问题，由二审法院就原判对未提出上诉的被告

---

① 现为《中华人民共和国刑事诉讼法》（2018年修正）第二百五十九条。
② 现为《中华人民共和国刑事诉讼法》（2018年修正）第二百三十三条。

人所作判决结果进行审查并作出处理。二审法院不能以部分被告人未提出上诉为由,对其所涉原判中的判决内容不作处理。其次,1996年《刑事诉讼法》及1998年《刑事诉讼法解释》虽未对上诉人脱逃情况下应当如何处理进行明确规定,但1998年《刑事诉讼法解释》第二百四十八条①关于二审期间上诉人死亡情况下应当如何处理的规定为上诉人脱逃情形的审理提供了最权威的参考。该条规定:"共同犯罪案件,如果提出上诉的被告人死亡,其他被告人没有提出上诉,第二审法院仍应当对全案进行审查。死亡的被告人不构成犯罪的,应当宣告无罪;审查后认为构成犯罪的,应当宣布终止审理。对其他同案被告人仍应当作出判决或者裁定。"上诉人脱逃的情形与此情形类似,不同点在于,死亡上诉人已经永远无法参加刑事诉讼活动,而脱逃上诉人还有被抓获归案的可能性,并可能在归案后对在案原审被告人的犯罪事实认定和定罪量刑产生影响。在此情况下,二审法院需要综合考虑案件情况,决定对在案原审被告人是径行作出实体处理,还是待在逃上诉人归案后一并处理。

根据以上分析,本案中的上诉人虽然已悉数脱逃,但二审法院仍必须对在案原审被告人作出处理,否则将造成一审判决未生效、二审法院又无有效处理结果的尴尬局面。

(二)二审期间上诉人脱逃、原审被告人在案的,应当区分不同情况,采取不同处理方式

中止审理,是指人民法院在审理刑事案件的过程中,由于出现了某种案件在较长时间无法继续进行审判的原因,而由人民法院决定暂时停止审判活动,待中止审判的原因消失后再恢复审判活动的一项法律制度。1996年《刑事诉讼法》对中止审理制度无明文规定,但1998年《刑事诉讼法解释》对此作出了明确规定。1998年《刑事诉讼法解释》第一百八十一条规定:"在审判过程中,自诉人或者被告人患精神病或者其他严重疾病,以及案件起诉到人民法院后被告人脱逃,致使案件在较长时间内无法继续审理的,人民法院应当裁定中止审理。由于其他不能抗拒的原因,使案件无法继续审理的,可以裁定中止审理;中止审理的原因消失后,应当恢复审理。中止审理的期间不计入审理期限。"此条文明确规定了中止审理的条件,确定被告人在审理过程中脱逃属于中止审理的充分条件之一。然而,对于不同类型的刑事案件,1998年《刑事诉讼法解释》关于中止审理具体方式的选择仍然规定得比较原则。对于实践中存在的各种情况,特别是类似本案共同犯罪的二审案件,上诉人脱逃、原审被告人在案的情况应当如何处理,有必要作进一步研究。我们认为,类似情况下应当根据已有法律规定,坚持公平优先、兼顾效率的原则,区分不同情况,分别作出处理。

首先,如果上诉人在二审开庭结束之后脱逃,或者虽然在二审开庭结束之前脱逃,但经二审法院审查,上诉人在逃不足以影响对在案原审被告人所犯罪行的认定,为保证案件得到及时处理,应当裁定对在逃上诉人中止审理,对在案原审被告人继续进行审理,作出是否维持原判的判决或者裁定,并及时交付执行。日后在逃上诉人如果被抓获归案,可以裁定对其恢复审理。这种情况下,对在案原审被告人先行作出实体处理可以有效防止案件久拖不决,且不会影响案件处理结果的公平、公正。

其次,如果上诉人在二审开庭结束之前即脱逃,且经二审法院审查,在逃上诉人所涉事实证据与在案原审被告人所涉事实证据密切相关,上诉人不在案将影响对在案原审被告人所犯罪行的正确认定,处理这种情况应当特别慎重。原则上,为确保案件处理的

---

① 现为《最高人民法院关于适用〈中华人民共和国刑事诉讼法〉的解释》(2021年)第三百九十条。

公平、公正，二审法院应当裁定对全案中止审理，待在逃上诉人归案后一并处理，同时，为防止对在案原审被告人长期羁押，可将强制措施变更为取保候审或者监视居住。但如果在逃上诉人踪迹全无、未来一段时间内根本无归案希望，为防止案件久拖不决和对在案原审被告人人身自由的长期限制，也可以根据已有证据，对在案原审被告人先行作出生效判决或者裁定，及时送交执行；在逃上诉人归案后，如果有新的证据证实原判决或者裁定认定有误，可以通过审判监督程序予以纠正。当然，上诉人在逃期间，如果根据已有证据可能判处在案原审被告人死刑的，原则上量刑应当留有余地，以免造成不可挽回的后果。这种情况下，可以按照同案犯没有到案的量刑原则和刑事政策进行处理。

本案中，西藏自治区高级人民法院经审查认为，在逃上诉人扎西某参、呷马某西在案件侦查期间对作案经过有过多次稳定供述，所供与其他证据可以相互印证，一审开庭中亦未翻供，二人虽然在二审期间脱逃，无法继续参加刑事诉讼活动，但不会对在案的原审被告人同某、扎西某美的事实认定和定罪量刑造成影响，故对原判中涉及同某、扎西某美的部分继续进行审理，依法作出维持原判对二人定罪量刑部分的裁定，并及时将二人送监执行，这种处理方式是正确的。

（三）2012年修正的《刑事诉讼法》生效后类似情况的处理方式

针对1996年《刑事诉讼法》无中止审理制度的明文规定所造成的司法实践问题，2012年修正的《刑事诉讼法》第二百条[1]专门规定了中止审理的问题，2012年《最高人民法院关于适用〈中华人民共和国刑事诉讼法〉的解释》第二百五十七条[2]又对共同犯罪案件中的中止审理问题作了进一步明确。根据该条的规定，共同犯罪中部分被告人具有法定中止审理情形的情况下，应当根据案件情况，决定对全案中止审理；或者仅对部分被告人中止审理，对其余被告人继续审理。我们认为，该条规定的处理方式在所谓"根据案件情况"，主要是指部分被告人因身患严重疾病或者脱逃等原因不能参加刑事诉讼活动的情况下，人民法院是否可以正确认定其余在案被告人所犯罪行的问题。如果在部分被告人不参加刑事诉讼活动的情况下，仍然可以正确认定其余在案被告人所犯罪行，则可以仅对部分被告人中止审理、对其余被告人继续审理；反之，原则上应当对全案中止审理。故2012年修订的《刑事诉讼法》生效后，对于共同犯罪中部分被告人或者上诉人具备法定中止审理情形的案件，可以直接引用相关规定，根据上述原则，分情况作出处理。

问题4. 二审法院对被告人的整体犯罪事实都按照挪用公款罪处罚是否违背刑事诉讼法的上诉不加刑原则？

【刑事审判参考案例】赵某贪污、挪用公款案[3]

一、基本案情

天津市第一中级人民法院经审理查明：

被告人赵某原系国有独资企业天津市政管理局第二市政公路工程有限公司干部。

---

[1] 现为《中华人民共和国刑事诉讼法》（2018年修正）第二百零六条。
[2] 现为《最高人民法院关于适用〈中华人民共和国刑事诉讼法〉的解释》（2021年）第三百一十四条。
[3] 熊灿、白云飞撰稿，逄锦温审编：《赵某贪污、挪用公款案——对采取虚列支出手段实施平账行为的认定及上诉不加刑原则在数罪并罚中的理解与适用（第1088号）》，载中华人民共和国最高人民法院刑事审判第一、二、三、四、五庭主办：《刑事审判参考》总第103集，法律出版社2016年版，第91~96页。

2008年7月赵某所在公司根据产业结构调整需要，由上级单位天津城建集团有限公司决定划转至天津城建隧道股份有限公司，赵某受天津城建集团公司委派担任国有控股企业天津城建隧道股份有限公司会计。2011年4月，赵某被任命为该公司财务核算中心副主任。

2009年4月至12月，被告人赵某利用负责快速路配套工程盾构管片项目财务工作的职务之便，采取提取备用金的手段，多次从其负责的项目账上支取现金共计人民币783800元，用于个人赌博。2010年1月至2011年10月，赵某采取偷盖单位印鉴、私自填写现金支票的方式提取单位银行存款共计人民币3223000元，用于个人赌博。其中，有累计人民币2952659.58元的账目赵某以支付相关单位劳务费、租金、材料款等记账形式予以列支，弥补其私自支取公款的账面差额。赵某曾私盖一本"天津市环城地铁管片有限公司"（系盾构管片项目与天津市环美混凝土制造有限公司成立的合资公司，但从未开展业务）的收据用以掩盖挪用公款的事实。赵某受赌博网站"太阳城"代理张某的唆使，将挪用的公款大部分转到了张某提供的账户中用于个人网上赌博，还曾使用电脑制作虚假的单位开户银行上海浦东银行的对账单，用以隐瞒私自动用的单位公款。2008年7月至2011年10月案发前，赵某挪用单位公款4006800元，虚列支出2592659.58元。赵某以现金还款方式陆续归还公款共计人民币1377500元，给单位造成实际经济损失人民币2629300元。

天津市第一中级人民法院认为，被告人赵某身为国有控股企业的财务管理人员，利用职务之便侵吞公款，且数额特别巨大；挪用公款归个人使用，进行非法活动，且数额巨大。鉴于其如实供述犯罪事实，认罪态度较好，积极退还公款1377500元，依法可以从轻处罚。据此，依照《刑法》第二百七十一条第二款，第三百八十二条第二款，第三百八十三条第一款第一项、第二款，第二百七十二条第二款，第三百八十四条第一款，第五十七条第一款，第六十七条第三款，第六十九条第一款之规定，天津市第一中级人民法院判决如下：被告人赵某犯贪污罪，判处无期徒刑，剥夺政治权利终身，并处没收个人全部财产；犯挪用公款罪，判处有期徒刑十二年，决定执行无期徒刑，剥夺政治权利终身，并处没收个人全部财产。

一审宣判后，被告人赵某以其行为不构成贪污罪且有自首情节为由提出上诉，其辩护人认为上诉人赵某系初犯，具有认罪、悔罪表现，建议二审法院从轻处罚。

天津市高级人民法院经二审审理认为，被告人赵某身为受国有公司委派从事公务的人员，利用管理本单位资金使用的便利条件，擅自提取备用金或以现金支票提取单位存款，进行赌博非法活动，其行为已构成挪用公款罪。对于被告人赵某所提其没有非法占有公款故意，其行为属于挪用公款性质的上诉理由，经查，赵某以"虚列支出"形式掩盖公款的真实去向，但其所列支出与提取款项存根票据不存在一一对应关系，故仅能掩盖账面总体差额，其提取公款行为有账可查；虚列支出的收款单位与赵某所在单位有正常业务往来，虚列支出项目在工程结算时无法核销，故无法达到侵吞公款之目的；被告人具有陆续归还公款行为，因此被告人"虚列支出"的行为不能证明被告人主观故意发生转化，与采取虚假发票平账、销毁有关账目且无归还行为的转化型贪污犯罪不属同一性质。对被告人提出的自首问题，经查，本案案发系单位发现银行支票退票，在单位报案并提供侦查线索后，检察机关找到赵某核实情况，不能认定为自首。据此，依照《刑法》第二百七十二条第二款、第三百八十四条第一款、第六十四条，《中华人民共和国刑事诉讼法》第二百二十五条①第一款第三项之规定，判决如下：

1. 维持天津市第一中级人民法院（2012）一中刑初字第 123 号刑事判决中对被告人赵某犯挪用公款罪的定罪。

2. 撤销天津市第一中级人民法院（2012）一中刑初字第 123 号刑事判决中对被告人赵某犯贪污罪的定罪量刑、挪用公款罪的量刑以及数罪并罚的量刑。

3. 上诉人赵某犯挪用公款罪，判处有期徒刑十五年。

4. 继续追缴上诉人赵某未归还的公款人民币 2629300 元，发还被害单位。

二、主要问题

1. 赵某虚列支出的平账行为应认定为贪污罪还是挪用公款罪？

2. 二审法院对赵某的整体犯罪事实都按照挪用公款罪处罚是否违背刑事诉讼法上的上诉不加刑原则？

三、裁判理由

（一）对采取虚列支出手段进行平账的犯罪事实，不宜直接推定被告人犯罪故意转化为非法占有目的

采取虚假发票等方式虚列支出是挪用公款罪转化为贪污罪的常见手段，《全国法院审理经济犯罪案件工作座谈会纪要》（以下简称《纪要》）中"挪用公款转化为贪污的认定"第二项规定："行为人挪用公款后采取虚假发票平账、销毁有关账目等手段，使所挪用的公款已难以在单位财务账目上反映出来，且没有归还行为的，应当以贪污罪定罪处罚。"本案中，赵某作为公司会计，以"虚列支出"形式掩盖自己挪用公司款项的犯罪事实，能否由此推断其主观上犯罪故意发生了转化，由非法占用转化为非法占有，成为审理本案的关键。有观点认为，赵某虚列支出并开具虚假收据平账的行为等同于《纪要》中规定的"采取虚假发票平账"的行为，表明其内心中将财物非法占为己有的主观心态，犯罪行为性质随之发生转变，构成转化型贪污罪。另有观点认为，赵某虚列支出并开具虚假收据只能起到暂时性掩饰作用，无法通过这种手段侵吞公款，在主观上不具有非法占有目的，应以挪用公款罪处罚。

我们认为，非法占有目的是对被告人主观心态的评价，审判实践中一定要避免把虚开票据、虚列支出平账的客观行为与非法占有主观目的之间直接挂钩。平账是指把各个分类账户的金额与其汇总账户的金额互相核算，将原本不相等的情况调整为相等，只是账目处理的一种技术性手段，不能取代对被告人的主观心态评价。在缺乏直接证据印证时，推定被告人具有非法占有目的，需要结合被告人实施犯罪过程中的具体行为，以对被告人的内心想法和真实目的作出综合性判断。合理评价实施虚开票据的平账行为，应当遵循以下审查标准：

第一，平账行为是否造成挪用的公款从单位账目上难以反映出来。本案中，被告人赵某在公司账目上虚列支出与现金取款的次数及数额并不一一对应，反映其虚列的支出并不针对某一笔挪用的款项，对于"现金取款人是赵某本人"这一事实，赵某在账目票据中没有作假和隐瞒，因此虚列支出仅能从宏观上反映出"收支平衡"的假象，仔细查账立刻就能查出问题。

第二，对财务账目的处理能否达到掩盖涉案款项去向效果。本案中，赵某虚列支出的收

---

① 现为《中华人民共和国刑事诉讼法》（2018 年修正）第二百三十六条。

款单位均与本单位有业务往来且本单位有到期付款义务,天津城建隧道股份公司所欠业务单位的款项均有相关证人证言可以证实。赵某虚列支出处理财务账目的行为,尽管从表面上掩盖了公司总账目的差额,但这种账目平衡仅仅是账目总额结果的收支平衡,只能起到暂时性掩饰作用。从账目本身上看,各明细条目中并未实现一一对应,虚列支出项目在工程结算时无法核销,相关单位在盾构管片项目工程结束后结款清算时必然能够查出赵某挪用公款的行为。赵某不可能通过这种虚列支出行为实现侵吞公款目的,不符合挪用转化贪污案件中"平账为了永久占有公款"的特征。

第三,从有无归还行为上判断被告人是否有非法占有目的。赵某在挪用公款的每一年度均有相同方式的还款行为,与挪用转化贪污案件相关司法解释中"且没有归还行为"的要件相矛盾。特别是在2009年赵某是以环美混凝土制造有限公司的名义现金还款,反映出其主观上明知其虚列支出的行为造成本单位与债权单位的债务额发生变化,其通过债权单位给付现金避免账目混乱,因此还款行为进一步证明其主观故意没有发生转化。

(二)对数罪并罚的案件,在不超过一审判决决定执行刑罚,且对刑罚执行也无不利影响情况下,将多个罪名改判为一罪并加重该罪判处刑罚,不违背上诉不加刑原则

根据《最高人民法院关于适用〈中华人民共和国刑事诉讼法〉的解释》(以下简称《刑事诉讼法解释》)第三百二十五条[①]第一款的规定,审理被告人或者其法定代理人、辩护人、近亲属提出上诉的案件,不得加重被告人的刑罚;原判对被告人实行数罪并罚的,不得加重决定执行的刑罚,也不得加重数罪中某罪的刑罚。上诉不加刑原则的立法目的是保护被告人利益,避免被告人因行使上诉权利受到侵害。本案中,二审合议庭认为一审法院对被告人赵某构成贪污罪的判决部分不当,应当将该部分钱款数额计入挪用公款罪进行处罚。然而,在审理过程中对上诉不加刑这一原则的理解产生了分歧。一种观点认为,将原审判决中贪污罪的2629300元计入挪用公款罪犯罪数额,会导致对被告人在挪用公款一罪的处罚上加重,违反了《刑事诉讼法解释》第三百二十五条第一款第三项的规定;另一种观点认为,尽管对挪用公款罪个罪处罚上有所加重,但整体来看减轻了对赵某的处罚,并不违反上诉不加刑原则。

我们赞同第二种观点。我们认为,本案的情形并不属于《刑事诉讼法解释》第三百二十五条第一款第三项规定的情形,这项规定中的"不得加重数罪中某罪的刑罚"暗含着一个前提;即一、二审定罪处罚的事实基础相同。也就是说,要求二审判决不得针对同一犯罪事实在刑罚上给予更重评价,否则即便是最终决定执行刑罚上予以减轻,对这一犯罪事实的法律评价上也违反了上诉不加刑原则。但是,如果二审将一审分别评价的两部分犯罪事实合并进行评价,刑罚处罚的事实基础发生变化,自然会带来刑期的变化,这显然不宜认定为违背上诉不加刑原则。

具体到本案,二审判决采取的做法是撤销一审判决对被告人赵某犯贪污罪的定罪量刑、挪用公款罪的量刑及数罪并罚量刑。将一审认定为贪污的2629300元数额计入挪用公款罪犯罪数额中一并评价,判处被告人赵某15年有期徒刑。从形式上来看,对挪用公款罪一审判处12年有期徒刑,二审判处15年有期徒刑,似乎加重了对被告人的刑罚。但是,从实质上来看,无论是罪名还是刑期,都减轻了对被告人的处罚。这是因为,对同样的事实,一审将其分割为两个部分,以贪污罪和挪用公款罪分别定罪量刑;而在二审

---

① 现为《最高人民法院关于适用〈中华人民共和国刑事诉讼法〉的解释》(2021年)第四百零一条。

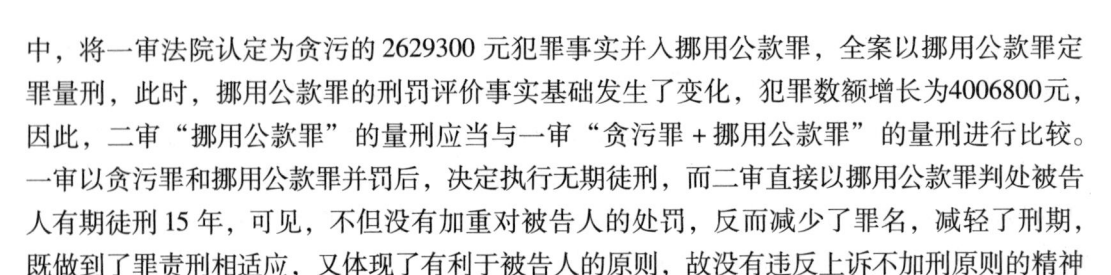

中,将一审法院认定为贪污的2629300元犯罪事实并入挪用公款罪,全案以挪用公款罪定罪量刑,此时,挪用公款罪的刑罚评价事实基础发生了变化,犯罪数额增长为4006800元,因此,二审"挪用公款罪"的量刑应当与一审"贪污罪+挪用公款罪"的量刑进行比较。一审以贪污罪和挪用公款罪并罚后,决定执行无期徒刑,而二审直接以挪用公款罪判处被告人有期徒刑15年,可见,不但没有加重对被告人的处罚,反而减少了罪名,减轻了刑期,既做到了罪责刑相适应,又体现了有利于被告人的原则,故没有违反上诉不加刑原则的精神和要求。

对上述情形的处理,最高人民法院研究室2014年1月15日针对类似问题的请示作出的《关于上诉不加刑原则具体运用有关问题的批复》(法研〔2014〕6号)作了明确规定:"对于原判数罪并罚的上诉案件,在不超过原判决定执行的刑罚,且对刑罚执行也无不利影响的情况下,可以将其中两个或者两个以上的罪名改判为一罪并加重该罪的刑罚。"本案的处理与这一批复的精神是完全一致的。

问题5. 二审将原判数罪改为一罪并加重该罪的量刑,但未改变原判数罪决定执行的刑罚,是否违背上诉不加刑原则

【刑事审判参考案例】 费某强、何某抢劫案[①]

一、基本案情

某市中级人民法院经审理查明:2008年4月初,被告人费某强、何某共谋将费某强认识的妇女李某香骗至费某强租房内实施抢劫,并事先准备了尖刀、胶带等作案工具。同月11日下午,费某强以让李某香帮忙办理安利营销卡为由,将李骗至其位于某省某市经济开发区的租房内,伙同何某采用胶带捆手脚、毛巾和热水瓶塞堵嘴的暴力手段控制住李某香,从李随身携带的包内劫取人民币400元、手机及银行卡等物。接着,二被告人采用刀刺、言语威胁等手段逼李某香讲出其中一张银行卡密码,由何某从某市商业银行取款机上取款人民币5000元。当日20时许,在逼问李某香其他银行卡密码过程中,二被告人持尖刀捅刺李某香颈部,致李某香当场死亡。

某市中级人民法院经审理认为,被告人费某强、何某以非法占有为目的,采用暴力手段当场强行劫取他人财物,并故意非法剥夺他人生命,致被害人死亡,其行为均已分别构成抢劫罪、故意杀人罪。费某强在刑罚执行完毕后五年以内再犯应当判处有期徒刑以上刑罚之罪,系累犯,依法应从重处罚。案发后公安机关已经发现费某强具有犯罪嫌疑,其并非主动投案,到案后也未能如实供述自己的罪行,不构成自首。费某强的供述虽对于抓获何某起到一定作用,但不属协助公安机关抓获同案犯的情形,不构成立功。费某强犯罪手段残忍,罪行极其严重,应予惩处。鉴于何某认罪态度较好,作用相对于费某强较小,论罪应判处死刑,但尚不属必须立即执行。据此,依照《刑法》第二百六十三条、第二百三十二条、第六十五条、第五十七条第一款、第五十九条第一款、第四十八条第一款、第六十九条、第二十五条第一款、第三十六条之规定,判决如下:

[①] 聂昭伟撰稿、管应时审编:《费某强、何某抢劫案——二审将原判数罪改为一罪并加重该罪的量刑,但未改变原判数罪决定执行的刑罚,是否违背上诉不加刑原则(第1263号)》,载中华人民共和国最高人民法院刑事审判第一、二、三、四、五庭主办:《刑事审判参考》总第114集,法律出版社2019年版,第83~88页。

1. 被告人费某强犯抢劫罪，判处无期徒刑，剥夺政治权利终身，并处没收个人全部财产；犯故意杀人罪，判处死刑，剥夺政治权利终身；决定执行死刑，剥夺政治权利终身，并处没收个人全部财产。

2. 被告人何某犯抢劫罪，判处无期徒刑，剥夺政治权利终身，并处没收个人全部财产；犯故意杀人罪，判处死刑，缓期二年执行，剥夺政治权利终身；决定执行死刑，缓期二年执行，剥夺政治权利终身，并处没收个人全部财产。

宣判后，被告人费某强提出上诉，请求对其从轻改判。

某省高级人民法院经审理后认为，原判认定被告人费某强、何某以非法占有为目的，采用暴力手段强行劫取他人财物并致人死亡的事实清楚，证据确实、充分，但将费某强、何某整体的抢劫、杀人行为分别认定为抢劫罪、故意杀人罪不当，应予纠正。据此，依照《刑法》第二百六十三条、第六十五条、第五十七条第一款、第五十九条第一款、第四十八条第一款，《刑事诉讼法》（1996年）第一百八十九条①第（二）项之规定，改判被告人费某强犯抢劫罪，判处死刑，剥夺政治权利终身，并处没收个人全部财产；被告人何某犯抢劫罪，判处死刑，缓期二年执行，剥夺政治权利终身，并处没收个人全部财产。将费某强的死刑判决依法报请最高人民法院核准。

最高人民法院经复核认为，被告人费某强以非法占有为目的，结伙采用暴力手段劫取他人财物，其行为已构成抢劫罪，且具有抢劫致人死亡的严重情节。犯罪性质恶劣，手段特别残忍，情节、后果严重，社会危害性极大，应当依法惩处。在共同犯罪中，费某强的作用大于同案被告人何某，又系累犯，主观恶性深，依法应当从重处罚。第一、二审判决认定的事实清楚，证据确实、充分，审判程序合法。第二审判决定罪准确，量刑适当，审判程序合法。据此，依照《中华人民共和国刑事诉讼法》（1996年）第一百九十九条②、《最高人民法院关于复核死刑案件若干问题的规定》第二条第一款之规定，裁定核准某省高级人民法院对被告人费某强以抢劫罪判处死刑，剥夺政治权利终身，并处没收个人全部财产的刑事判决。

二、主要问题

二审将原判数罪改为一罪并加重该罪的刑罚，但未改变原判认定的数罪决定执行的刑罚，是否违背上诉不加刑原则？

三、裁判理由

我国《刑法》第二百六十三条规定，以暴力、胁迫或者其他方法抢劫公私财物，致人重伤、死亡的，处十年以上有期徒刑、无期徒刑或者死刑，并处罚金或者没收财产。"抢劫致人死亡"发生在行为人实施暴力手段行为的过程当中，这就要求被害人的伤亡结果必须是行为人为了实现其劫财目的，在抢劫过程中使用的手段行为所直接造成。如果行为人在实施抢劫过程中，并非出于劫财目的而是出于报复、灭口等动机杀死被害人的，则同时构成抢劫罪和故意杀人罪，应以抢劫罪和故意杀人罪并罚。对此，最高人民法院2001年5月23日发布的《关于抢劫过程中故意杀人案件如何定罪问题的批复》（以下简称《批复》）指出："行为人为劫取财物而预谋故意杀人，或者在劫取财物过程中，为制服被害人反抗而故意杀人的，以抢劫罪定罪处罚。行为人实施抢劫后，为灭口而故意杀

---

① 现为《中华人民共和国刑事诉讼法》（2018年修正）第二百三十六条。
② 2018年《中华人民共和国刑事诉讼法》第二百四十六条。

人的,以抢劫罪和故意杀人罪定罪,实行数罪并罚。"本案中,两被告人是在逼问被害人信用卡密码的过程中杀害被害人,系在抢劫过程中杀人,一审分别判处抢劫罪与故意杀人罪,不符合《批复》规定。对被告人以抢劫(致人死亡)罪认定即可,无须另外认定故意杀人罪。

根据2018年《刑事诉讼法》第二百三十六条第一款第二项〔对应1996年《刑事诉讼法》第一百八十九条第二项〕规定,第二审人民法院对于上诉、抗诉案件,经过审理后,如果"原判决认定事实没有错误,但适用法律有错误,或者量刑不当的,应当改判"。在审判实践中,应按一罪处理而作数罪并罚,或应按数罪并罚而作一罪处罚的,均属于适用法律有错误的情形,二审法院有权改判。为此,二审改变了原判的定性,将致人死亡情节不再单独认定为故意杀人罪,而是纳入抢劫罪当中的做法是适当的。二审法院在改变原判定性之后,依法以抢劫罪判处被告人费某强死刑,单从抢劫罪来看似乎加重了原判的量刑,那么这种改判是否违背刑事诉讼法中"上诉不加刑"的原则呢?对此,在二审审理过程中,存在两种意见:

一种意见认为,根据2012《最高人民法院关于适用〈中华人民共和国刑事诉讼法〉的解释》(以下简称2012年《刑事诉讼法解释》)第三百二十五条①第一款第(三)项,对应1998年《最高人民法院关于执行〈中华人民共和国刑事诉讼法〉若干问题的解释》第二百五十七条规定:"原判对被告人实行数罪并罚的……也不得加重数罪中某罪的刑罚。"尽管一审故意杀人罪判处的是死刑,但抢劫罪所判刑罚是无期徒刑,二审改判后抢劫罪的刑罚变为死刑,违背了2012年《刑事诉讼法解释》中"不得加重数罪中某罪的刑罚"的规定,即违背了"上诉不加刑"原则。

另一种意见认为,将杀人行为作为加重情节纳入抢劫罪中评价,直接以抢劫罪一罪对被告人判处死刑,剥夺政治权利终身,无论是从定罪还是量刑上均体现了有利于被告人原则,与"上诉不加刑"原则并不违背。

我们同意第二种意见,具体理由如下:

不加重上诉被告人的刑罚是刑事审判中应当坚持的一项重要司法原则。《刑事诉讼法》第二百三十七条规定的"上诉不加刑"原则,其目的有二:首先,有利于保障被告人的上诉权,保障被告人的合法权益。因为如果被告人提出上诉后,二审法院不仅没有减轻处罚或者宣告无罪,反而加重被告人的刑罚,不仅违背了被告人上诉的初衷,也会增加被告人上诉的顾虑,甚至在一审判决确有错误的情况下,由于担心二审可能加重刑罚而不敢上诉。因此,实行"上诉不加刑"原则,有助于消除被告人的顾虑,使其能够放心提起上诉,保证上诉制度的切实执行。其次,也有利于第二审法院全面审查第一审判决是否存在错误,保证国家法律的统一、正确实施。对于何为"不加刑",2013年《刑事诉讼法解释》第三百二十五条第一款进行了明确:"审理被告人或者其法定代理人、辩护人、近亲属提出上诉的案件,不得加重被告人的刑罚,并应当执行下列规定(一)同案审理的案件,只有部分被告人上诉的,既不得加重上诉人的刑罚,也不得加重其他同案被告人的刑罚;(二)原判事实清楚,证据确实、充分,只是认定的罪名不当的,可以改变罪名,但不得加重刑罚;(三)原判对被告人实行数罪并罚的,不得加重决定执行的刑罚,也不得加重数罪中某罪的刑罚……(七)原判事实清楚,证据确实、充分,但

---

① 现为《最高人民法院关于适用〈中华人民共和国刑事诉讼法〉的解释》(2021年)第四百零一条。

判处的刑罚畸轻、应当适用附加刑而没有适用的,不得直接加重刑罚、适用附加刑,也不得以事实不清、证据不足为由发回第一审人民法院重新审判。必须依法改判的,应当在第二审判决、裁定生效后,依照审判监督程序重新审判。"

此外,在二审上诉案件中,为了防止以变相加刑为目的发回重审破坏"上诉不加刑"原则,《刑事诉讼法》第二百三十七条第一款进一步规定:"第二审人民法院审理被告人或者他的法定代理人、辩护人、近亲属上诉的案件,不得加重被告人的刑罚。第二审人民法院发回原审人民法院重新审判的案件,除有新的犯罪事实,人民检察院补充起诉的以外,原审人民法院也不得加重被告人的刑罚。"同样,2013年《刑事诉讼法解释》第三百二十七条亦明确规定:"被告人或者其法定代理人、辩护人、近亲属提出上诉的案件,第二审人民法院发回重新审判后,除有新的犯罪事实,人民检察院补充起诉的以外,原审人民法院不得加重被告人的刑罚。"言下之意就是,对于二审法院发回重审的案件,在犯罪事实没有增加的情况下,不能加重对被告人的量刑;但如果出现了新的犯罪事实,而且人民检察院补充起诉的,原审法院可以加重对被告人的刑罚。由此可见,上述规定在适用过程中实际上隐含了一个基本前提,即案件发回重审之后不能加重对被告人的量刑,是以事实没有变化为前提的。究其原因,在于刑罚的适用是建立在犯罪事实基础之上的,这就要求我们在比较一审、二审裁判对被告人的量刑轻重时,应当将这种比较建立在相同的事实基础之上,而不能脱离案件事实进行简单的比较。在数罪案件中,当其中某一罪名被纳入另一罪名当中作为加重情节时,后一罪名的犯罪事实就已经发生了重大改变。在这种情况下,一、二审判决在针对该罪名进行量刑比较时,应当将这种比较建立在相同的事实基础之上,即将二审一个罪名的量刑与一审两个罪名并罚后的量刑进行比较。

本案中,对于被告人费某强所实施的抢劫杀人行为,一审法院分别以抢劫罪和故意杀人罪认定并进行并罚,表明在原判认定的抢劫犯罪中并没有包括致人死亡这一部分犯罪事实,而是将这一部分事实单独评价为故意杀人罪。二审法院经审理后,纠正了原判的定性错误,在没有改变原判认定的整体事实的前提下,把原先分别以抢劫罪、故意杀人罪判处的两部分犯罪事实结合在一起,将原判的数罪并罚改为按一罪处理,统一以抢劫罪(致人死亡)判处。此时,尽管单从抢劫罪的量刑来看,似乎加重了对被告人的刑罚,但这种比较是建立在不同事实基础之上的,故不能简单地说二审加重了对被告人的处罚。从相同事实基础的前提出发,我们应当将二审裁判中包含了致人死亡情节的抢劫罪的量刑,与一审裁判中未包含致人死亡情节的抢劫罪与故意杀人罪并罚后的量刑进行比较,即只要二审抢劫罪的量刑没有超出一审抢劫罪与故意杀人罪并罚后决定执行的刑罚,就没有加重被告人的刑罚,不能认为违背了"上诉不加刑"的原则。不仅如此,这种做法也并不违背2013年《刑事诉讼法解释》第三百二十五条第一款第三项即"原判对被告人实行数罪并罚的,不得加重决定执行的刑罚,也不得加重数罪中某罪的刑罚"的规定,因为该规定是针对二审仍然认定为数罪的情形,而本案二审是将数罪合并认定为一罪,故并不适用该规定。

第十章
死刑复核程序

第一节 审判依据

一、法律

中华人民共和国刑事诉讼法（2018年10月26日修正）（节选）

第四章 死刑复核程序

第二百四十六条 死刑由最高人民法院核准。

第二百四十七条 中级人民法院判处死刑的第一审案件，被告人不上诉的，应当由高级人民法院复核后，报请最高人民法院核准。高级人民法院不同意判处死刑的，可以提审或者发回重新审判。

高级人民法院判处死刑的第一审案件被告人不上诉的，和判处死刑的第二审案件，都应当报请最高人民法院核准。

第二百四十八条 中级人民法院判处死刑缓期二年执行的案件，由高级人民法院核准。

第二百四十九条 最高人民法院复核死刑案件，高级人民法院复核死刑缓期执行的案件，应当由审判员三人组成合议庭进行。

第二百五十条 最高人民法院复核死刑案件，应当作出核准或者不核准死刑的裁定。对于不核准死刑的，最高人民法院可以发回重新审判或者予以改判。

第二百五十一条 最高人民法院复核死刑案件，应当讯问被告人，辩护律师提出要求的，应当听取辩护律师的意见。

在复核死刑案件过程中，最高人民检察院可以向最高人民法院提出意见。最高人民法院应当将死刑复核结果通报最高人民检察院。

二、司法解释

最高人民法院关于适用《中华人民共和国刑事诉讼法》的解释（2021 年 1 月 26 日）（节选）

第十七章　死刑复核程序

第四百二十三条　报请最高人民法院核准死刑的案件，应当按照下列情形分别处理：

（一）中级人民法院判处死刑的第一审案件，被告人未上诉、人民检察院未抗诉的，在上诉、抗诉期满后十日以内报请高级人民法院复核。高级人民法院同意判处死刑的，应当在作出裁定后十日以内报请最高人民法院核准；认为原判认定的某一具体事实或者引用的法律条款等存在瑕疵，但判处被告人死刑并无不当的，可以在纠正后作出核准的判决、裁定；不同意判处死刑的，应当依照第二审程序提审或者发回重新审判；

（二）中级人民法院判处死刑的第一审案件，被告人上诉或者人民检察院抗诉，高级人民法院裁定维持的，应当在作出裁定后十日以内报请最高人民法院核准；

（三）高级人民法院判处死刑的第一审案件，被告人未上诉、人民检察院未抗诉的，应当在上诉、抗诉期满后十日以内报请最高人民法院核准。

高级人民法院复核死刑案件，应当讯问被告人。

第四百二十四条　中级人民法院判处死刑缓期执行的第一审案件，被告人未上诉、人民检察院未抗诉的，应当报请高级人民法院核准。

高级人民法院复核死刑缓期执行案件，应当讯问被告人。

第四百二十五条　报请复核的死刑、死刑缓期执行案件，应当一案一报。报送的材料包括报请复核的报告，第一、二审裁判文书，案件综合报告各五份以及全部案卷、证据。案件综合报告，第一、二审裁判文书和审理报告应当附送电子文本。

同案审理的案件应当报送全案案卷、证据。

曾经发回重新审判的案件，原第一、二审案卷应当一并报送。

第四百二十六条　报请复核死刑、死刑缓期执行的报告，应当写明案由、简要案情、审理过程和判决结果。

案件综合报告应当包括以下内容：

（一）被告人、被害人的基本情况。被告人有前科或者曾受过行政处罚、处分的，应当写明；

（二）案件的由来和审理经过。案件曾经发回重新审判的，应当写明发回重新审判的原因、时间、案号等；

（三）案件侦破情况。通过技术调查、侦查措施抓获被告人、侦破案件，以及与自首、立功认定有关的情况，应当写明；

（四）第一审审理情况。包括控辩双方意见，第一审认定的犯罪事实，合议庭和审判委员会意见；

（五）第二审审理或者高级人民法院复核情况。包括上诉理由、人民检察院的意见，第二审审理或者高级人民法院复核认定的事实，证据采信情况及理由，控辩双方意见及采纳情况；

（六）需要说明的问题。包括共同犯罪案件中另案处理的同案犯的处理情况，案件有无重大社会影响，以及当事人的反应等情况；

（七）处理意见。写明合议庭和审判委员会的意见。

第四百二十七条 复核死刑、死刑缓期执行案件，应当全面审查以下内容：

（一）被告人的年龄，被告人有无刑事责任能力、是否系怀孕的妇女；

（二）原判认定的事实是否清楚，证据是否确实、充分；

（三）犯罪情节、后果及危害程度；

（四）原判适用法律是否正确，是否必须判处死刑，是否必须立即执行；

（五）有无法定、酌定从重、从轻或者减轻处罚情节；

（六）诉讼程序是否合法；

（七）应当审查的其他情况。

复核死刑、死刑缓期执行案件，应当重视审查被告人及其辩护人的辩解、辩护意见。

第四百二十八条 高级人民法院复核死刑缓期执行案件，应当按照下列情形分别处理：

（一）原判认定事实和适用法律正确、量刑适当、诉讼程序合法的，应当裁定核准；

（二）原判认定的某一具体事实或者引用的法律条款等存在瑕疵，但判处被告人死刑缓期执行并无不当的，可以在纠正后作出核准的判决、裁定；

（三）原判认定事实正确，但适用法律有错误，或者量刑过重的，应当改判；

（四）原判事实不清、证据不足的，可以裁定不予核准，并撤销原判，发回重新审判，或者依法改判；

（五）复核期间出现新的影响定罪量刑的事实、证据的，可以裁定不予核准，并撤销原判，发回重新审判，或者依照本解释第二百七十一条的规定审理后依法改判；

（六）原审违反法定诉讼程序，可能影响公正审判的，应当裁定不予核准，并撤销原判，发回重新审判。

复核死刑缓期执行案件，不得加重被告人的刑罚。

第四百二十九条 最高人民法院复核死刑案件，应当按照下列情形分别处理：

（一）原判认定事实和适用法律正确、量刑适当、诉讼程序合法的，应当裁定核准；

（二）原判认定的某一具体事实或者引用的法律条款等存在瑕疵，但判处被告人死刑并无不当的，可以在纠正后作出核准的判决、裁定；

（三）原判事实不清、证据不足的，应当裁定不予核准，并撤销原判，发回重新审判；

（四）复核期间出现新的影响定罪量刑的事实、证据的，应当裁定不予核准，并撤销原判，发回重新审判；

（五）原判认定事实正确、证据充分，但依法不应当判处死刑的，应当裁定不予核准，并撤销原判，发回重新审判；根据案件情况，必要时，也可以依法改判；

（六）原审违反法定诉讼程序，可能影响公正审判的，应当裁定不予核准，并撤销原判，发回重新审判。

第四百三十条 最高人民法院裁定不予核准死刑的，根据案件情况，可以发回第二审人民法院或者第一审人民法院重新审判。

对最高人民法院发回第二审人民法院重新审判的案件，第二审人民法院一般不得发回第一审人民法院重新审判。

第一审人民法院重新审判的，应当开庭审理。第二审人民法院重新审判的，可以直接改判；必须通过开庭查清事实、核实证据或者纠正原审程序违法的，应当开庭审理。

第四百三十一条　高级人民法院依照复核程序审理后报请最高人民法院核准死刑，最高人民法院裁定不予核准，发回高级人民法院重新审判的，高级人民法院可以依照第二审程序提审或者发回重新审判。

第四百三十二条　最高人民法院裁定不予核准死刑，发回重新审判的案件，原审人民法院应当另行组成合议庭审理，但本解释第四百二十九条第四项、第五项规定的案件除外。

第四百三十三条　依照本解释第四百三十条、第四百三十一条发回重新审判的案件，第一审人民法院判处死刑、死刑缓期执行的，上一级人民法院依照第二审程序或者复核程序审理后，应当依法作出判决或者裁定，不得再发回重新审判。但是，第一审人民法院有刑事诉讼法第二百三十八条规定的情形或者违反刑事诉讼法第二百三十九条规定的除外。

第四百三十四条　死刑复核期间，辩护律师要求当面反映意见的，最高人民法院有关合议庭应当在办公场所听取其意见，并制作笔录；辩护律师提出书面意见的，应当附卷。

第四百三十五条　死刑复核期间，最高人民检察院提出意见的，最高人民法院应当审查，并将采纳情况及理由反馈最高人民检察院。

第四百三十六条　最高人民法院应当根据有关规定向最高人民检察院通报死刑案件复核结果。

三、刑事政策文件

1. 最高人民法院关于统一行使死刑案件核准权有关问题的决定（2006年12月28日法释〔2006〕12号）

第十届全国人民代表大会常务委员会第二十四次会议通过了《关于修改〈中华人民共和国人民法院组织法〉的决定》，将人民法院组织法原第十三条修改为第十二条[①]："死刑除依法由最高人民法院判决的以外，应当报请最高人民法院核准。"修改人民法院组织法的决定自2007年1月1日起施行。根据修改后的人民法院组织法第十二条的规定，现就有关问题决定如下：

（一）自2007年1月1日起，最高人民法院根据全国人民代表大会常务委员会有关决定和人民法院组织法原第十三条的规定发布的关于授权高级人民法院和解放军军事法院核准部分死刑案件的通知（见附件），一律予以废止。

（二）自2007年1月1日起，死刑除依法由最高人民法院判决的以外，各高级人民法院和解放军军事法院依法判决和裁定的，应当报请最高人民法院核准。

（三）2006年12月31日以前，各高级人民法院和解放军军事法院已经核准的死刑立即执行的判决、裁定，依法仍由各高级人民法院、解放军军事法院院长签发执行死刑的命令。

[①] 现为《中华人民共和国人民法院组织法》（2018年修订）第十七条。

2. 最高人民法院、最高人民检察院、公安部、司法部印发《关于进一步严格依法办案确保办理死刑案件质量的意见》的通知（2007年3月9日　法发〔2007〕11号）（节选）

一、充分认识确保办理死刑案件质量的重要意义

1. 死刑是剥夺犯罪分子生命的最严厉的刑罚。中央决定将死刑案件核准权统一收归最高人民法院行使，是构建社会主义和谐社会，落实依法治国基本方略，尊重和保障人权的重大举措，有利于维护社会政治稳定，有利于国家法制统一，有利于从制度上保证死刑裁判的慎重和公正，对于保障在全社会实现公平和正义，巩固人民民主专政的政权，全面建设小康社会，具有十分重要的意义。

2. 最高人民法院统一行使死刑案件核准权，对人民法院、人民检察院、公安机关和司法行政机关的工作提出了新的、更高的要求。办案质量是人民法院、人民检察院、公安机关、司法行政机关工作的生命线，死刑案件人命关天，质量问题尤为重要。确保办理死刑案件质量，是中央这一重大决策顺利实施的关键，也是最根本的要求。各级人民法院、人民检察院、公安机关和司法行政机关必须高度重视，统一思想，提高认识，将行动统一到中央决策上来，坚持以邓小平理论和"三个代表"重要思想为指导，全面落实科学发展观，牢固树立社会主义法治理念，依法履行职责，严格执行刑法和刑事诉讼法，切实把好死刑案件的事实关、证据关、程序关、适用法律关，使办的每一起死刑案件都经得起历史的检验。

二、办理死刑案件应当遵循的原则要求

（一）坚持惩罚犯罪与保障人权相结合

3. 我国目前正处于全面建设小康社会、加快推进社会主义现代化建设的重要战略机遇期，同时又是人民内部矛盾凸显、刑事犯罪高发、对敌斗争复杂的时期，维护社会和谐稳定的任务相当繁重，必须继续坚持"严打"方针，正确运用死刑这一刑罚手段同严重刑事犯罪作斗争，有效遏制犯罪活动猖獗和蔓延势头。同时，要全面落实"国家尊重和保障人权"宪法原则，切实保障犯罪嫌疑人、被告人的合法权益。坚持依法惩罚犯罪和依法保障人权并重，坚持罪刑法定、罪刑相适应、适用刑法人人平等和审判公开、程序法定等基本原则，真正做到有罪依法惩处，无罪不受刑事追究。

（二）坚持保留死刑，严格控制和慎重适用死刑

4. "保留死刑，严格控制死刑"是我国的基本死刑政策。实践证明，这一政策是完全正确的，必须继续贯彻执行。要完整、准确地理解和执行"严打"方针，依法严厉打击严重刑事犯罪，对极少数罪行极其严重的犯罪分子，坚决依法判处死刑。我国现在还不能废除死刑，但应逐步减少适用，凡是可杀可不杀的，一律不杀。办理死刑案件，必须根据构建社会主义和谐社会和维护社会稳定的要求，严谨审慎，既要保证根据证据正确认定案件事实，杜绝冤错案件的发生，又要保证定罪准确，量刑适当，做到少杀、慎杀。

（三）坚持程序公正与实体公正并重，保障犯罪嫌疑人、被告人的合法权利

5. 人民法院、人民检察院和公安机关进行刑事诉讼，既要保证案件实体处理的正确性，也要保证刑事诉讼程序本身的正当性和合法性。在侦查、起诉、审判等各个阶段，必须始终坚持依法进行诉讼，坚决克服重实体、轻程序，重打击、轻保护的错误观念，尊重犯罪嫌疑人、被告人的诉讼地位，切实保障犯罪嫌疑人、被告人充分行使辩护权等

诉讼权利，避免因剥夺或者限制犯罪嫌疑人、被告人的合法权利而导致冤错案件的发生。

（四）坚持证据裁判原则，重证据、不轻信口供

6. 办理死刑案件，要坚持重证据、不轻信口供的原则。只有被告人供述，没有其他证据的，不能认定被告人有罪；没有被告人供述，其他证据确实充分的，可以认定被告人有罪。对刑讯逼供取得的犯罪嫌疑人供述、被告人供述和以暴力、威胁等非法方法收集的被害人陈述、证人证言，不能作为定案的根据。对被告人作出有罪判决的案件，必须严格按照刑事诉讼法第一百六十二条①的规定，做到"事实清楚，证据确实、充分"。证据不足，不能认定被告人有罪的，应当作出证据不足、指控的犯罪不能成立的无罪判决。

（五）坚持宽严相济的刑事政策

7. 对死刑案件适用刑罚时，既要防止重罪轻判，也要防止轻罪重判，做到罪刑相当，罚当其罪，重罪重判，轻罪轻判，无罪不罚。对罪行极其严重的被告人必须依法惩处，严厉打击；对具有法律规定"应当"从轻、减轻或者免除处罚情节的被告人，依法从宽处理；对具有法律规定"可以"从轻、减轻或者免除处罚情节的被告人，如果没有其他特殊情节，原则上依法从宽处理；对具有酌定从宽处罚情节的也依法予以考虑。

三、认真履行法定职责，严格依法办理死刑案件

（一）侦查

8. 侦查机关应当依照刑事诉讼法、司法解释及其他有关规定所规定的程序，全面、及时收集证明犯罪嫌疑人有罪或者无罪、罪重或者罪轻等涉及案件事实的各种证据，严禁违法收集证据。

9. 对可能属于精神病人、未成年人或者怀孕的妇女的犯罪嫌疑人，应当及时进行鉴定或者调查核实。

10. 加强证据的收集、保全和固定工作。对证据的原物、原件要妥善保管，不得损毁、丢失或者擅自处理。对与查明案情有关需要鉴定的物品、文件、电子数据、痕迹、人身、尸体等，应当及时进行刑事科学技术鉴定，并将鉴定报告附卷。涉及命案的，应当通过被害人近亲属辨认、DNA鉴定、指纹鉴定等方式确定被害人身份。对现场遗留的与犯罪有关的具备同一认定检验鉴定条件的血迹、精斑、毛发、指纹等生物物证、痕迹、物品，应当通过DNA鉴定、指纹鉴定等刑事科学技术鉴定方式与犯罪嫌疑人的相应生物检材、生物特征、物品等作同一认定。侦查机关应当将用作证据的鉴定结论告知犯罪嫌疑人、被害人。如果犯罪嫌疑人、被害人提出申请，可以补充鉴定或者重新鉴定。

11. 提讯在押的犯罪嫌疑人，应当在羁押犯罪嫌疑人的看守所内进行。严禁刑讯逼供或者以其他非法方法获取供述。讯问犯罪嫌疑人，在文字记录的同时，可以根据需要录音录像。

12. 侦查人员询问证人、被害人，应当依照刑事诉讼法第九十七条②的规定进行。严禁违法取证，严禁暴力取证。

13. 犯罪嫌疑人在被侦查机关第一次讯问后或者采取强制措施之日起，聘请律师或者经法律援助机构指派的律师为其提供法律咨询、代理申诉、控告的，侦查机关应当保障

---

① 现为《中华人民共和国刑事诉讼法》（2018年修正）第二百条。
② 现为《中华人民共和国刑事诉讼法》（2018年修正）第一百二十四条。

律师依法行使权利和履行职责。涉及国家秘密的案件，犯罪嫌疑人聘请律师或者申请法律援助，以及律师会见在押的犯罪嫌疑人，应当经侦查机关批准。律师发现有刑讯逼供情形的，可以向公安机关、人民检察院反映。

14. 侦查机关将案件移送人民检察院审查起诉时，应当将包括第一次讯问笔录及勘验、检查、搜查笔录在内的证明犯罪嫌疑人有罪或者无罪、罪重或者罪轻等涉及案件事实的所有证据一并移送。

15. 对于可能判处死刑的案件，人民检察院在审查逮捕工作中应当全面、客观地审查证据，对以刑讯逼供等非法方法取得的犯罪嫌疑人供述、被害人陈述、证人证言应当依法排除。对侦查活动中的违法行为，应当提出纠正意见。

（二）提起公诉

16. 人民检察院要依法履行审查起诉职责，严格把握案件的法定起诉标准。

17. 人民检察院自收到移送审查起诉的案件材料之日起三日以内，应当告知犯罪嫌疑人有权委托辩护人；犯罪嫌疑人经济困难的，应当告知其可以向法律援助机构申请法律援助。辩护律师自审查起诉之日起，可以查阅、摘抄、复制本案的诉讼文书、技术性鉴定材料，可以同在押的犯罪嫌疑人会见和通信。其他辩护人经人民检察院许可，也可以查阅、摘抄、复制上述材料，同在押的犯罪嫌疑人会见和通信。人民检察院应当为辩护人查阅、摘抄、复制材料提供便利。

18. 人民检察院审查案件，应当讯问犯罪嫌疑人，听取被害人和犯罪嫌疑人、被害人委托的人的意见，并制作笔录附卷。被害人和犯罪嫌疑人、被害人委托的人在审查起诉期间没有提出意见的，应当记明附卷。人民检察院对证人证言笔录存在疑问或者认为对证人的询问不具体或者有遗漏的，可以对证人进行询问并制作笔录。

19. 人民检察院讯问犯罪嫌疑人时，既要听取犯罪嫌疑人的有罪供述，又要听取犯罪嫌疑人无罪或罪轻的辩解。犯罪嫌疑人提出受到刑讯逼供的，可以要求侦查人员作出说明，必要时进行核查。对刑讯逼供取得的犯罪嫌疑人供述和以暴力、威胁等非法方法收集的被害人陈述、证人证言，不能作为指控犯罪的根据。

20. 对可能属于精神病人、未成年人或者怀孕的妇女的犯罪嫌疑人，应当及时委托鉴定或者调查核实。

21. 人民检察院审查案件的时候，对公安机关的勘验、检查，认为需要复验、复查的，应当要求公安机关复验、复查，人民检察院可以派员参加；也可以自行复验、复查，商请公安机关派员参加，必要时也可以聘请专门技术人员参加。

22. 人民检察院对物证、书证、视听资料、勘验、检查笔录存在疑问的，可以要求侦查人员提供获取、制作的有关情况。必要时可以询问提供物证、书证、视听资料的人员，对物证、书证、视听资料委托进行技术鉴定。询问过程及鉴定的情况应当附卷。

23. 人民检察院审查案件的时候，认为事实不清、证据不足或者遗漏罪行、遗漏同案犯罪嫌疑人等情形，需要补充侦查的，应当提出需要补充侦查的具体意见，连同案卷材料一并退回公安机关补充侦查。公安机关应当在一个月以内补充侦查完毕。人民检察院也可以自行侦查，必要时要求公安机关提供协助。

24. 人民检察院对案件进行审查后，认为犯罪嫌疑人的犯罪事实已经查清，证据确实、充分，依法应当追究刑事责任的，应当作出起诉决定。具有下列情形之一的，可以确认犯罪事实已经查清：（1）属于单一罪行的案件，查清的事实足以定罪量刑或者与定罪量刑有关的事实已经查清，不影响定罪量刑的事实无法查清的；（2）属于数个罪行的案件，部分罪行已经查清并符合起诉条件，其他罪行无法查清的；（3）作案工具无法起获或者赃物去向不明，但有其他证据足以对犯罪嫌疑人定罪量刑的；（4）证人证言、犯罪嫌疑人的供述和辩解、被害人陈述的内容中主要情节一致，只有个别情节不一致且不影响定罪的。对于符合第（2）项情形的，应当以已经查清的罪行起诉。

25. 人民检察院对于退回补充侦查的案件，经审查仍然认为不符合起诉条件的，可以作出不起诉决定。具有下列情形之一，不能确定犯罪嫌疑人构成犯罪和需要追究刑事责任的，属于证据不足，不符合起诉条件：（1）据以定罪的证据存在疑问，无法查证属实的；（2）犯罪构成要件事实缺乏必要的证据予以证明的；（3）据以定罪的证据之间的矛盾不能合理排除的；（4）根据证据得出的结论具有其他可能性的。

26. 人民法院认为人民检察院起诉移送的有关材料不符合刑事诉讼法第一百五十条规定的条件，向人民检察院提出书面意见要求补充提供的，人民检察院应当在收到通知之日起三日以内补送。逾期不能提供的，人民检察院应当作出书面说明。

（三）辩护、提供法律帮助

27. 律师应当恪守职业道德和执业纪律，办理死刑案件应当尽职尽责，做好会见、阅卷、调查取证、出庭辩护等工作，提高辩护质量，切实维护犯罪嫌疑人、被告人的合法权益。

28. 辩护律师经证人或者其他有关单位和个人同意，可以向他们收集证明犯罪嫌疑人、被告人无罪或者罪轻的证据，申请人民检察院、人民法院收集、调取证据，或者申请人民法院通知证人出庭作证，也可以申请人民检察院、人民法院依法委托鉴定机构对有异议的鉴定结论进行补充鉴定或者重新鉴定。对于辩护律师的上述申请，人民检察院、人民法院应当及时予以答复。

29. 被告人可能被判处死刑而没有委托辩护人的，人民法院应当通过法律援助机构指定承担法律援助义务的律师为其提供辩护。法律援助机构应当在收到指定辩护通知书三日以内，指派有刑事辩护经验的律师提供辩护。

30. 律师在提供法律帮助或者履行辩护职责中遇到困难和问题，司法行政机关应及时与公安机关、人民检察院、人民法院协调解决，保障律师依法履行职责。

（四）审判

31. 人民法院受理案件后，应当告知因犯罪行为遭受物质损失的被害人、已死亡被害人的近亲属、无行为能力或者限制行为能力被害人的法定代理人，有权提起附带民事诉讼和委托诉讼代理人。经济困难的，还应当告知其可以向法律援助机构申请法律援助。在审判过程中，注重发挥附带民事诉讼中民事调解的重要作用，做好被害人、被害人近亲属的安抚工作，切实加强刑事被害人的权益保护。

32. 人民法院应当通知下列情形的被害人、证人、鉴定人出庭作证：（一）人民检察院、被告人及其辩护人对被害人陈述、证人证言、鉴定结论有异议，该被害人陈述、证人证言、鉴定结论对定罪量刑有重大影响的；（二）人民法院认为其他应当出庭作证的。经人民法院依法通知，被害人、证人、鉴定人应当出庭作证；不出庭作证的被害人、证人、鉴定人的书面陈述、书面证言、鉴定结论经质证无法确认的，不能作为定案的根据。

33. 人民法院审理案件，应当注重审查证据的合法性。对有线索或者证据表明可能存在刑讯逼供或者其他非法取证行为的，应当认真审查。人民法院向人民检察院调取相关证据时，人民检察院应当在三日以内提交。人民检察院如果没有相关材料，应当向人民法院说明情况。

34. 第一审人民法院和第二审人民法院审理死刑案件，合议庭应当提请院长决定提交审判委员会讨论。最高人民法院复核死刑案件，高级人民法院复核死刑缓期二年执行的案件，对于疑难、复杂的案件，合议庭认为难以作出决定的，应当提请院长决定提交审判委员会讨论决定。审判委员会讨论案件，同级人民检察院检察长、受检察长委托的副检察长均可列席会议。

35. 人民法院应当根据已经审理查明的事实、证据和有关的法律规定，依法作出裁判。对案件事实清楚，证据确实、充分，依据法律认定被告人有罪的，应当作出有罪判决；对依据法律认定被告人无罪的，应当作出无罪判决；证据不足，不能认定被告人有罪的，应当作出证据不足、指控的犯罪不能成立的无罪判决；定罪的证据确实，但影响量刑的证据存有疑点，处刑时应当留有余地。

36. 第二审人民法院应当及时查明被判处死刑立即执行的被告人是否委托了辩护人。没有委托辩护人的，应当告知被告人可以自行委托辩护人或者通知法律援助机构指定承担法律援助义务的律师为其提供辩护。人民法院应当通知人民检察院、被告人及其辩护人在开庭五日以前提供出庭作证的证人、鉴定人名单，在开庭三日以前送达传唤当事人的传票和通知辩护人、证人、鉴定人、翻译人员的通知书。

37. 审理死刑第二审案件，应当依照法律和有关规定实行开庭审理。人民法院必须在开庭十日以前通知人民检察院查阅案卷。同级人民检察院应当按照人民法院通知的时间派员出庭。

38. 第二审人民法院作出判决、裁定后，当庭宣告的，应当在五日以内将判决书或者裁定书送达当事人、辩护人和同级人民检察院；定期宣告的，应当在宣告后立即送达。

39. 复核死刑案件，应当对原审裁判的事实认定、法律适用和诉讼程序进行全面审查。

40. 死刑案件复核期间，被告人委托的辩护人提出听取意见要求的，应当听取辩护人的意见，并制作笔录附卷。辩护人提出书面意见的，应当附卷。

41. 复核死刑案件，合议庭成员应当阅卷，并提出书面意见存查。对证据有疑问的，应当对证据进行调查核实，必要时到案发现场调查。

42. 高级人民法院复核死刑案件，应当讯问被告人。最高人民法院复核死刑案件，原则上应当讯问被告人。

43. 人民法院在保证办案质量的前提下，要进一步提高办理死刑复核案件的效率，公正、及时地审理死刑复核案件。

44. 人民检察院按照法律规定加强对办理死刑案件的法律监督。

（五）执行

45. 人民法院向罪犯送达核准死刑的裁判文书时，应当告知罪犯有权申请会见其近亲属。罪犯提出会见申请并提供具体地址和联系方式的，人民法院应当准许；原审人民法院应当通知罪犯的近亲属。罪犯近亲属提出会见申请的，人民法院应当准许，并及时安排会见。

46. 第一审人民法院将罪犯交付执行死刑前，应当将核准死刑的裁判文书送同级人民检察院，并在交付执行三日以前通知同级人民检察院派员临场监督。

47. 第一审人民法院在执行死刑前,发现有刑事诉讼法第二百一十一条①规定的情形的,应当停止执行,并且立即报告最高人民法院,由最高人民法院作出裁定。临场监督执行死刑的检察人员在执行死刑前,发现有刑事诉讼法第二百一十一条规定的情形的,应当建议人民法院停止执行。

48. 执行死刑应当公布。禁止游街示众或者其他有辱被执行人人格的行为。禁止侮辱尸体。

四、人民法院、人民检察院、公安机关依法互相配合和互相制约

49. 人民法院、人民检察院、公安机关办理死刑案件,应当切实贯彻"分工负责,互相配合,互相制约"的基本诉讼原则,既根据法律规定的明确分工,各司其职,各负其责,又互相支持,通力合作,以保证准确有效地执行法律,共同把好死刑案件的质量关。

50. 人民法院、人民检察院、公安机关应当按照诉讼职能分工和程序设置,互相制约,以防止发生错误或者及时纠正错误,真正做到不错不漏,不枉不纵。人民法院、人民检察院和公安机关的互相制约,应当体现在各机关法定的诉讼活动之中,不得违反程序干扰、干预、抵制其他机关依法履行职权的诉讼活动。

51. 在审判过程中,发现被告人可能有自首、立功等法定量刑情节,需要补充证据或者补充侦查的,人民检察院应当建议延期审理。延期审理的时间不能超过一个月。查证被告人揭发他人犯罪行为,人民检察院根据犯罪性质,可以依法自行查证,属于公安机关管辖的,可以交由公安机关查证。人民检察院应当将查证的情况在法律规定的期限内及时提交人民法院。

五、严格执行办案责任追究制度

52. 故意违反法律和本意见的规定,或者由于严重不负责任,影响办理死刑案件质量,造成严重后果的,对直接负责的主管人员和其他直接责任人员,由其所在单位或者上级主管机关依照有关规定予以行政处分或者纪律处分;徇私舞弊、枉法裁判构成犯罪的,依法追究刑事责任。

3. 最高人民法院关于办理死刑复核案件听取辩护律师意见的办法(2015 年 1 月 29 日 法〔2014〕346 号)

第一条 死刑复核案件的辩护律师可以向最高人民法院立案庭查询立案信息。辩护律师查询时,应当提供本人姓名、律师事务所名称、被告人姓名、案由,以及报请复核的高级人民法院的名称及案号。

最高人民法院立案庭能够立即答复的,应当立即答复,不能立即答复的,应当在二个工作日内答复,答复内容为案件是否立案及承办案件的审判庭。

第二条 律师接受被告人、被告人近亲属的委托或者法律援助机构的指派,担任死刑复核案件辩护律师的,应当在接受委托或者指派之日起三个工作日内向最高人民法院相关审判庭提交有关手续。

辩护律师应当在接受委托或者指派之日起一个半月内提交辩护意见。

第三条 辩护律师提交委托手续、法律援助手续及辩护意见、证据等书面材料的,可以经高级人民法院同意后代收并随案移送,也可以寄送至最高人民法院承办案件的审

---
① 现为《中华人民共和国刑事诉讼法》(2018 年修正)第二百六十二条。

判庭或者在当面反映意见时提交；对尚未立案的案件，辩护律师可以寄送至最高人民法院立案庭，由立案庭在立案后随案移送。

第四条 辩护律师可以到最高人民法院办公场所查阅、摘抄、复制案卷材料。但依法不公开的材料不得查阅、摘抄、复制。

第五条 辩护律师要求当面反映意见的，案件承办法官应当及时安排。

一般由案件承办法官与书记员当面听取辩护律师意见，也可以由合议庭其他成员或者全体成员与书记员当面听取。

第六条 当面听取辩护律师意见，应当在最高人民法院或者地方人民法院办公场所进行。辩护律师可以携律师助理参加。当面听取意见的人员应当核实辩护律师和律师助理的身份。

第七条 当面听取辩护律师意见时，应当制作笔录，由辩护律师签名后附卷。辩护律师提交相关材料的，应当接收并开列收取清单一式二份，一份交给辩护律师，另一份附卷。

第八条 当面听取辩护律师意见时，具备条件的人民法院应当指派工作人员全程录音、录像。其他在场人员不得自行录音、录像、拍照。

第九条 复核终结后，受委托进行宣判的人民法院应当在宣判后五个工作日内将最高人民法院裁判文书送达辩护律师。

第十条 本办法自 2015 年 2 月 1 日起施行。

第二节 审判实践中的疑难新型问题

问题 1. 一审判处死刑的被告人在上诉期满后又提出撤回上诉的，高级人民法院如何处理？

【刑事审判参考案例】尹某故意杀人、强制猥亵妇女案[①]

一、基本案情

锦州市中级人民法院经审理查明：被告人尹某与被害人王某（女，殁年 62 岁）系同村村民。2011 年 9 月 6 日下午，尹某到王某家帮忙摘倭瓜，摘完后尹某拉拽王某，并强行扒下王某的裤子摸其阴部。次日王某报案，尹某闻讯潜逃。同年 10 月 19 日下午，尹某从外地返回村里，在自家饮酒后来到王某家中，要求王某到公安机关撤回控告，被王某拒绝，二人遂发生口角。尹某将王某打倒，并脱下王某的裤子对其进行猥亵，后又在王某家中随手操起一把菜刀连砍王某头面部、颈部、腹部等处数刀，致王某因严重颅脑损伤及颈动静脉断裂而失血性休克死亡。此后，尹某返回自己家中，见其母亲未在家，遂携带自家菜刀到邻居尹某 1（被害人，男，时年 58 岁）家中寻找。受到尹某 1 的阻止、

[①] 方文军撰稿，马岩审编：《尹某故意杀人、强制猥亵妇女案——判处死刑的被告人在上诉期满后申请撤回上诉的，如何处理（第 924 号）》，载中华人民共和国最高人民法院刑事审判第一、二、三、四、五庭主办：《刑事审判参考》2013 年第 6 集（总第 95 集），法律出版社 2014 年版，第 34~39 页。

驱赶后，尹某便持菜刀连砍尹某 1 头颈部数刀，致尹某 1 轻伤。厮打过程中，尹某夺下菜刀将尹某 1 头部砍伤。

锦州市中级人民法院认为，被告人尹某故意非法剥夺他人生命，其行为构成故意杀人罪；尹某以暴力方法强制猥亵妇女，其行为还构成强制猥亵妇女罪，依法应当数罪并罚。公诉机关指控尹某犯罪的事实和罪名成立。经查，尹某虽然作案前饮酒，但其在实施犯罪过程中犯意明晰，行为连贯，且行为与犯意之间相吻合；其归案后虽然自愿认罪，但其犯罪动机极其卑劣，手段极其残忍，情节极其恶劣，又系累犯，不足以对其从轻处罚，故辩护人所提其系在情绪激动并在酒后短时间内意志失控的情况下实施犯罪，且归案后自愿认罪，请求从轻处罚的辩护意见不予采纳。据此，依照《刑法》第二百三十二条、第二百三十七条第一款、第六十五条第一款、第六十九条、第五十七条第一款之规定，锦州市中级人民法院以被告人尹某犯故意杀人罪，判处死刑，剥夺政治权利终身；以犯强制猥亵妇女罪，判处有期徒刑三年；决定执行死刑，剥夺政治权利终身。

一审宣判后，被告人尹某口头提出上诉。后又在上诉期满后申请撤回上诉。

辽宁省高级人民法院认为，上诉人尹某在上诉期满后、本院开庭审理前要求撤回上诉，符合法律规定，应予准许。原判认定事实清楚，适用法律正确，量刑适当。据此，依照《刑事诉讼法》第二百三十五条①、第二百三十六条②第一款和《最高人民法院关于适用〈中华人民共和国刑事诉讼法〉的解释》第三百四十四条③第一款第一项和第三百零五条第一款之规定，辽宁省高级人民法院裁定准许尹某撤回上诉，同意原判，并依法报请最高人民法院核准。

最高人民法院复核后认为，被告人尹某的行为构成故意杀人罪、强制猥亵妇女罪，依法应当并罚。尹某强制猥亵被害人王某后将其杀害，后又持刀砍击被害人尹某，致 1 人死亡、1 人轻伤，犯罪情节恶劣，社会危害大，罪行极其严重。尹某曾因犯强奸罪被判刑，在刑罚执行完毕后五年内又犯罪，系累犯，主观恶性极深，人身危险性极大，依法应当从重处罚。据此，依照《刑事诉讼法》第二百三十五条、第二百三十九条④和《最高人民法院关于适用〈中华人民共和国刑事诉讼法〉的解释》第三百五十条⑤第一项之规定，裁定核准辽宁省高级人民法院同意原审对被告人尹某以故意杀人罪判处死刑，剥夺政治权利终身；以强制猥亵妇女罪判处有期徒刑三年；决定执行死刑，剥夺政治权利终身的刑事裁定。

二、主要问题

一审判处死刑的被告人在上诉期满后又提出撤回上诉的，高级人民法院如何处理？

三、裁判理由

通常情况下，判处死刑的被告人为了保住自己的生命，在一审宣判后都会提出上诉，但实践中也有少数被告人在一审判处死刑后并不提出上诉。而在提出上诉的被告人中，一部分人又会在提出上诉后申请撤回上诉，有的是在上诉期满前申请撤回上诉，有的则是在上诉期满后申请撤回上诉。至于申请撤回上诉的原因，从被告人心理角度看，主要

---

① 现为《中华人民共和国刑事诉讼法》（2018 年修正）第二百四十六条。
② 现为《中华人民共和国刑事诉讼法》（2018 年修正）第二百四十七条。
③ 现为《最高人民法院关于适用〈中华人民共和国刑事诉讼法〉的解释》（2021 年）第四百二十三条。
④ 现为《中华人民共和国刑事诉讼法》（2018 年修正）第二百五十条。
⑤ 现为《最高人民法院关于适用〈中华人民共和国刑事诉讼法〉的解释》（2021 年）第四百二十九条。

是这些被告人认为自己罪有应得,难逃一死,上诉没有实际意义。有的被告人甚至希望尽快被执行死刑,尽早获得解脱。由于被告人上诉后申请撤诉涉及对《刑事诉讼法》和司法解释有关规定的准确适用,故,有必要结合司法实践中的具体情形,对该问题作一分析。

(一)判处死刑的被告人上诉后在上诉期满前申请撤回上诉的

对于这种情形,司法解释规定得十分明确,处理上没有困难。最高人民法院1998年制定的《关于执行〈中华人民共和国刑事诉讼法〉若干问题的解释》(以下简称1998年《刑事诉讼法解释》)第二百三十八条规定:"被告人、自诉人、附带民事诉讼的原告人和被告人及其法定代理人在上诉期限内要求撤回上诉的,应当准许。"最高人民法院2012年制定的《关于适用〈中华人民共和国刑事诉讼法〉的解释》(以下简称2012年《刑事诉讼法解释》)第三百零四条①基本保留了原规定:"上诉人在上诉期限内要求撤回上诉的,人民法院应当准许。"据此,判处死刑的被告人上诉后在上诉期内又申请撤诉的,高级人民法院对案件的审理应当适用复核程序。

(二)判处死刑的被告人在上诉期满后二审开庭审理前申请撤回上诉的

对此情形如何处理,以往实践中争议较大,处理上也不统一。为解决此类问题,最高人民法院、最高人民检察院2010年联合作出了《关于对死刑判决提出上诉的被告人在上诉期满后宣判前提出撤回上诉人民法院是否准许的批复》(以下简称《2010年批复》)。《2010年批复》明确规定,对此类问题,应当依照"两高"2006年制定的《关于死刑第二审案件开庭审理程序若干问题的规定(试行)》(以下简称《程序规定试行》)第四条的规定处理。而根据《程序规定试行》第四条的规定,二审法院对于上诉人提出的撤诉申请应当进行审查,合议庭经过阅卷、讯问被告人、听取其他当事人、辩护人、诉讼代理人的意见后,认为原判事实清楚,适用法律正确,量刑适当的,可不再开庭审理,裁定准许被告人撤回上诉;认为原判事实不清、证据不足或者无罪判为有罪,轻罪重判的,应当不准许撤回上诉,按照第二审程序开庭审理。这种规定与1998年《刑事诉讼法解释》第二百三十九条的精神是一致的。2012年《刑事诉讼法解释》第三百零五条②第一款保留了该规定。由此可见,对于判处死刑的被告人在上诉期满后二审开庭前申请撤诉的,2012年《刑事诉讼法解释》没有作出特殊规定,可以参照普通刑事案件的一般做法,根据不同情形作出准许撤回上诉和不准许撤回上诉两种处理。

审判实践中,在具体处理此类问题时,有三点值得注意:

一是如果二审法院经阅卷审查后发现需要对一些证据进行调查核实的,是否裁定准许上诉人撤回上诉?结论是否定的。由于死刑案件证据要求高,而侦查取证工作水平整体上还不理想,审判阶段需要补查补正的情况仍然很多,故二审法院经阅卷审查后发现需要对一些证据进行调查核实的,特别是有些新证据需要开庭质证后予以采信的,不应当裁定准许上诉人撤诉,而应当通过二审开庭质证来解决证据问题。并且,由于现行刑事诉讼法对二审发回重审的次数作了限制,故二审法院也应当尽最大努力把证据问题解决在二审环节,避免发回重审。只在确有必要发回一审法院解决证据问题的情况下,才可以发回重审。

---

① 现为《最高人民法院关于适用〈中华人民共和国刑事诉讼法〉的解释》(2021年)第三百八十三条。
② 现为《最高人民法院关于适用〈中华人民共和国刑事诉讼法〉的解释》(2021年)第三百八十三条。

二是如果准许被告人撤回上诉，高级人民法院能否直接将二审准许撤诉裁定报送最高人民法院核准死刑？结论是否定的。按照目前的文书样式，准许撤回上诉裁定并不在主文部分对实体处理作出表态，最高人民法院在复核文书中对这种撤诉裁定无法表述，最高人民法院也没有核准一个准许撤诉裁定的先例。在最高人民法院收回核准权之初，曾出现个别高级人民法院直接将准许撤诉裁定报最高人民法院核准的情况，造成了工作上的麻烦，后通过法定程序予以纠正。也就是说，对于准许撤诉的，高级人民法院还应在裁判文书中明确表示同意原判，才能将该裁定报送最高人民法院核准。本案就是这样处理的。被告人尹某一审被判处死刑，其口头提出上诉，后又在上诉期满后开庭审理前口头撤诉，辽宁省高级人民法院经阅卷审查，讯问被告人并听取指定辩护人的意见后，认为原判认定事实清楚，适用法律正确，量刑适当，遂裁定准许尹某撤回上诉，同时在裁定书中明确表示同意原判，并将该裁定报最高人民法院核准。这种做法是正确的。如果仅裁定准许撤诉，而未表示同意原判，则最高人民法院不能直接核准该撤诉裁定。

三是对于高级人民法院裁定准许撤回上诉的，其审判程序属于二审还是复核？结论是后者。有观点认为，这种情况下高级人民法院以二审案件立案，裁判文书的案号也是刑"终"字而不是刑"复"字，故仍属于二审程序。我们认为，被告人上诉确实启动了二审程序，故在高级人民法院裁定准许撤诉前案件属于二审程序，但在被告人提出撤诉申请后，高级人民法院通过审查，认为原判认定事实和适用法律正确，量刑适当的，则不再开庭审理，直接裁定准许撤诉。由于《刑事诉讼法》和2012年《刑事诉讼法解释》明确规定，二审案件必须开庭审理，而准许撤诉的案件可以不再开庭审理，且裁定书中表述的也是"同意"而非"维持"原判，故该情形下适用的是复核程序而不是二审程序。至于高级人民法院裁判文书的案号用"终"字号，只是审判管理上的问题，不影响案件的复核程序性质。由此，最高人民法院在复核裁判文书的"本院认为"部分，评价高级人民法院的审理情况时，应当表述为"×××高级人民法院复核裁定认定的事实清楚……"，而不能称之为"二审裁定"。

（三）判处死刑的被告人上诉后在二审开庭后申请撤回上诉的

对于此类情形，以往争议也较大。实践中曾出现被告人在二审庭审中申请撤回上诉，高级人民法院继续开庭，在庭审结束后又裁定准许被告人撤回上诉，并按照复核程序将同意原判的裁定报送最高人民法院核准的情形。为统一法律适用，《2010年批复》规定，被告人在第二审开庭以后宣告裁判前申请撤回上诉的，二审法院应当不准许撤回上诉，继续按照上诉程序审理。2012年《刑事诉讼法解释》第三百零五条第二款保留了这一规定。据此，对于判处死刑的被告人提出上诉，在二审开庭过程中或者庭审结束后宣告裁判前申请撤回上诉的，高级人民法院应当不予准许，继续按照上诉案件审理。这样处理，较好地平衡了司法公正与司法效率之间的关系。因为既然二审已经开庭，再准许撤诉，对于提高二审效率实际意义不大。

此外，值得一提的是，如果死刑案件属于共同犯罪，其中没有被判处死刑的被告人提出上诉，而被判处死刑的被告人没有提出上诉的，应当全案适用二审程序。以往对此曾有争议，有观点认为，对没有上诉的死刑被告人可以采用复核程序。为了解决对此类问题的认识分歧，最高人民法院2010年作出的《关于对被判处死刑的被告人未提出上诉、共同犯罪的部分被告人或者附带民事诉讼原告人提出上诉的案件应适用何种程序审理的批复》明确规定，中级人民法院一审判处死刑的案件，被判处死刑的被告人未提出上诉,共同犯罪的其他被告人提出上诉的,高级人民法院应当适用第二审程序对全案进行审查,并对涉及死刑之罪的事实和适用法律依法开庭审理,一并处理。2012年《刑事诉讼法解释》第三百一十七条①第二款保留了该规定:"被判处死刑立即执行的被告人没有上诉,同案的其他被告人上诉的案件,第二审人民法院应当开庭审理。"也就是说,对于共同犯罪案件中被判处死刑的被告人没有上诉,而没有判处死刑的被告人提出上诉的案件,高级人民法院不仅应适用二审程序进行审理,而且要开庭审理。如果不开庭审理,就属于程序违法,最高人民法院复核时遇到此类案件,应当依法裁定不予核准,发回重审。

问题2. 对无法排除其他人作案可能的案件能否核准死刑

【刑事审判参考案例】李某华故意杀人、盗窃案②

一、基本案情

凉山彝族自治州中级人民法院经公开审理查明:

2009年3月27日下午2时许,被告人李某华在四川省西昌市"锦绣华都"小区×单元××层×号房做墙面装修时,同楼层1号房主袁某秀(被害人,女,殁年37岁)请李某华帮其查看卫生间水管安装情况,后因袁某秀拒绝再让李某华为其家墙面刷漆,双方发生口角并抓扯。李某华将袁某秀按倒在卫生间到客厅的通道上,双手掐住袁某秀颈部并从地上捡起电话线紧勒其颈部,致袁某秀机械性窒息死亡。李某华窃取袁某秀人民币(以下币种同)5000元及粉红色三星翻盖手机后逃离现场。

凉山彝族自治州中级人民法院认定上述事实的证据有现场提取的电线等物证,小区监控录像照片等书证,证人李某某、姚某某、罗某某、施某某、李某某等的证言,现场勘验、检查笔录,尸体鉴定意见,被告人供述等。

凉山彝族自治州中级人民法院认为,被告人李某华的行为构成故意杀人罪、盗窃罪。依照《刑法》第二百三十二条、第二百六十四条、第五十七条第一款、第六十四条、第六十九条之规定,对李某华以故意杀人罪判处死刑,剥夺政治权利终身;以盗窃罪判处有期徒刑二年,并处罚金人民币二千元;决定执行死刑,剥夺政治权利终身,并处罚金人民币二千元。

宣判后,被告人李某华不服,向四川省高级人民法院提起上诉。具体理由是:其没有杀人的主观故意,不是故意杀人;其认罪态度好,量刑过重。其辩护人提出的主要辩护理由和意见与一审相同。

四川省人民检察院认为,一审判决认定的事实清楚,证据确实、充分,定罪和适用法律正确,量刑适当,审判程序合法,建议驳回上诉,维持原判。

四川省高级人民法院经审理认为,上诉人李某华因纠纷将被害人袁某秀掐压致死,后窃取5000元及一部手机的行为已构成故意杀人罪、盗窃罪。罪行严重,依法应予处罚。

---

① 现为《最高人民法院关于适用〈中华人民共和国刑事诉讼法〉的解释》(2021年)第三百九十三条。

② 张剑撰稿、陆建红审编:《李某华故意杀人、盗窃案——对无法排除其他人作案可能的案件能否核准死刑(第1024号)》,载中华人民共和国最高人民法院刑事审判第一、二、三、四、五庭主办:《刑事审判参考》2014年第5集(总第100集),法律出版社2015年版,第38~42页。

李某华作为成年人，明知掐压颈部会致人死亡，依然长时间掐压被害人颈部，最终致其死亡，其主观上非法剥夺他人生命的故意明显，一审判决认定李某华犯故意杀人罪并无不当。李某华上诉提出没有杀人故意，不是故意杀人的理由不能成立，辩护人以此为由提出的意见不予采纳。二审出庭履行职务的检察员认为原判认定的事实清楚，证据确实、充分，定罪和适用法律正确，量刑适当，审判程序合法的意见予以采纳。据此，依照《刑法》第二百三十二条、第二百六十四条、第五十七条第一款、第六十四条、第六十九条，《刑事诉讼法》（1996年）第一百八十九条①第一项之规定，四川省高级人民法院裁定驳回上诉，维持原判，并依法报请最高人民法院核准。

最高人民法院经复核认为，第一审判决、第二审裁定认定被告人李某华犯故意杀人罪、盗窃罪的部分事实不清，证据尚不够确实、充分，依照《刑事诉讼法》（1996年）第一百九十九条②和《最高人民法院关于复核死刑案件若干问题的规定》第三条之规定，裁定如下：

1. 不核准四川省高级人民法院（2011）川刑终字第227号维持第一审对被告人李某华以故意杀人罪判处死刑，剥夺政治权利终身；以盗窃罪判处有期徒刑二年，并处罚金人民币二千元；决定执行死刑，剥夺政治权利终身，并处罚金人民币二千元的刑事裁定。

2. 撤销四川省高级人民法院（2011）川刑终字第227号维持第一审对被告人李某华以故意杀人罪判处死刑，剥夺政治权利终身；以盗窃罪判处有期徒刑二年，并处罚金人民币二千元；决定执行死刑，剥夺政治权利终身，并处罚金人民币二千元的刑事裁定。

3. 发回四川省高级人民法院重新审判。

二、主要问题

对无法排除其他人作案可能的案件能否核准死刑？

三、裁判理由

在死刑复核过程中发现新的证据，无法排除第三人作案可能，且全案主要依靠言词证据定案，没有有力的客观性证据的，应当认定证据无法达到死刑案件的标准，不予核准死刑。

《刑事诉讼法》第五十三条③第二款规定："证据确实、充分，应当符合以下条件：（一）定罪量刑的事实都有证据证明；（二）据以定案的证据均经法定程序查证属实；（三）综合全案证据，对所认定事实已排除合理怀疑。"这里的"合理怀疑"是指以证据、逻辑、经验法则为根据的怀疑，即案件存在被告人无罪的可能性。没有根据的怀疑，以及对与犯罪无关事实的怀疑，不影响对案件犯罪事实的认定。

本案主要是依靠言词证据定案，故关键是现有证据要能形成一个完整的证据链条，排除其他人的作案嫌疑，绝不允许存在"合理怀疑"。

（一）证明被告人李某华实施抢劫犯罪的证据尚未达到确实、充分的程度

1. 本案证实李某华抢劫杀人的证据如下：（1）本案破案比较顺利。公安机关出具的抓获经过证实，公安机关在将案发现场同一层楼搞装修的有作案时间的务工人员作为重点排查对象时，李某华逃避公安机关的调查，由此锁定李某华有重大作案嫌疑，抓获李

---

① 现为《中华人民共和国刑事诉讼法》（2018年修正）第二百三十六条。
② 现为《中华人民共和国刑事诉讼法》（2018年修正）第二百四十六条。
③ 现为《中华人民共和国刑事诉讼法》（2018年修正）第五十五条。

某华后其供认犯罪。（2）李某华之兄李某某证实案发后见过李某华脸部、手上有伤痕，与李某华所供作案时受伤相印证；李某华还将在"锦绣华都"小区掐死一妇女，并窃走被害人5000元及一部手机的事实告诉过兄长李某某，并告诉过其母亲施某某"当时人死没死我不知道就跑了"。李某某系李某华之兄、施某某系李某华之母，作为近亲属提供不利于李某华的证言，能排除故意陷害李某华的可能性，因此证言可信度很高。（3）DNA鉴定意见证实，从现场电话线上检出被害人DNA，与李某华所供用电话线勒颈的情节相印证。（4）李某华供认主要犯罪事实，其供述的很多细节还得到其他证据印证。

2. 直接证实李某华实施犯罪的证据，除李某华的供述外，只有其兄李某某、其母施某某的证言。而其兄、其母的证言源自李某华，属于传来证据，故直接证明李某华犯罪的证据仍然只有李某华的供述。

（二）现有证据无法排除合理怀疑

1. 存在第三人作案的可能性。案发时在同楼层另一房间进行装修的周某某只有一人在场施工，同样有作案时间。周某某案发后也曾被公安机关讯问并作出了有罪供述，后周某某翻供，由于其后侦查无实质性进展，公安机关对周某某刑事拘留后又取保候审，直至李某华归案后才解除对周某某的取保候审。因周某某在被拘留期间也曾作过有罪供述，并始终称侦查机关没有刑讯逼供，故周某某的犯罪嫌疑并未被完全排除。

2. 供证矛盾较多。李某华在侦查阶段第一、二次询问时并未供认犯罪，其后的供述也前后矛盾，部分供述与证人证言有矛盾。（1）对自己是否曾用电话线勒被害人颈部，李某华供述前后不一。侦查阶段第一次讯问时其没有供述该情节，在第四次讯问时才开始供述该节事实，但一审时其又否认，二审则又承认有该情节，复核提讯时其对该节再次予以否认。其供述反反复复，且公安机关组织其对作案工具电话线进行了辨认，最终未能辨认出来。（2）对被害人手机去向，李某华供述前后不一，且手机未能提取到案。其先供称案发当天下午将被害人手机扔进河里，后供称将手机放在一个纸箱内，直至被他人发现后才扔弃。（3）对盗窃现金数目供述前后不一。李某华先供称从被害人处盗得3800元现金，后改供盗得5000元现金。（4）李某华在供述中曾提及，案发后其编造谎言"我在长安用砖头将一个男子的头部打出血"并告诉李某某、杨某、罗某等人，但李某某等人均未证实该情节。

3. 部分关键证据证明力不强。李某华所供窃取的金钱数额与被害人取款凭证及明细账单一致，但该取款凭证、明细账单系在李某华供述之前提取，证明力不强；李某华所供将盗窃所得款项中的1500元用于支付姚某某工资一节得到姚某某证言印证，系先供后证，但该钱款也有可能系李某华本身所有，不能肯定系盗窃所得；李某华所供手机去向，与证人李某某、罗某证实的案发后看见过被害人手机相印证，李某某、罗某对该手机图片进行了辨认，但并未提取到被盗手机；同时，李某某、罗某二人证实的看见李某华持有手机的时间、地点不一致，李某某称是与李某华、罗某一起乘车时看见，而罗某否认该节，称是在装修工地李某华的纸箱内看见。

4. 全案缺乏李某华出现在现场的客观性证据。现场既未提取到李某华的衣物、相关指印、脚印等与李某华有关的物证，又未在被害人的双手甲床内检出异物，也无证人证实李某华进入过现场。

为切实防范冤假错案发生，对死刑案件要严格把握证据标准。对不能排除第三人作案可能、现有证据之间存在矛盾、证据达不到"排除合理怀疑"程度的，应当依法不予核准死刑。本案综合全案证据，无法排除合理怀疑，最高人民法院依法发回重审是适当的。

问题3. 对于报送核准死刑的黑社会性质组织犯罪案件，经复核认为涉黑罪名不成立的，应如何依法处理？

【刑事审判参考案例】牛某贤等人绑架、敲诈勒索、开设赌场、重婚案①

一、基本案情

新乡市中级人民法院经公开审理查明：

（一）组织、领导、参加黑社会性质组织的事实

2007年以来，被告人牛某贤利用朋友、亲属、同学等关系纠集一些社会上的无业闲散人员，在新乡市区进行绑架、开设赌场、敲诈勒索等违法犯罪活动，逐渐形成了以牛某贤为首，被告人吕某秋、牛某等为骨干成员，被告人时某、胡某忠、李某刚、周某、岳某等为积极参加者的具有黑社会性质的犯罪组织。为攫取经济利益，该犯罪组织采取开设赌场、敲诈勒索等犯罪方式获取非法利益。平时，这些犯罪组织成员接受牛某贤指挥、分工，为牛某贤所开设的赌场站岗、放哨、记账、收账并从事其他犯罪活动。每次参加开设赌场等犯罪活动后，牛某贤都将非法所得以"工资"形式分给参加者，或拿钱给参加者吃饭等。在组织纪律方面，牛某贤要求组织成员按其制定的开设赌场规矩交纳"保证金"，以保证组织成员在为其开设的赌场服务期间能尽职尽责，否则将没收"保证金"。由此该组织成员逐渐形成了听从牛某贤指挥、安排的习惯性行为，从而进行犯罪活动。在实施违法犯罪活动过程中，牛某贤亲自或指使组织成员多次以威胁、暴力手段从事绑架、敲诈勒索等违法犯罪活动，影响极其恶劣，给国家、集体财产和公民个人生命及财产造成了重大损失，对当地的社会生活秩序和经济秩序造成了严重破坏。

（二）绑架、非法拘禁、故意杀人、帮助毁灭证据的事实

被告人牛某贤为达到勒索财物目的，经与被告人吕某秋商量后，多次授意被告人时某利用女色引诱男人，进行绑架来勒索钱财。2010年3月30日22时许，时某在牛某贤的授意下，将被害人李某火诱骗至新乡市牧野区王村镇牛村建材市场南口，牛某贤指使吕某秋找人控制李某火。吕某秋以"有人遛小燕（时某）了，牛某贤让去打那个人一顿"为借口，纠集被告人牛某、周某、岳某、胡某忠将李某火从其车上拽下进行殴打，并用手铐将李某火拘禁在位于王村镇牛村的牛某贤的仓库内，后周某、牛某、岳某、胡某忠相继离开。牛某贤到仓库后与吕某秋采取殴打等方式逼迫李某火向其朋友打电话索要现金，并搜走李某火现金3000元及手机一部。后牛某贤、吕某秋担心事情败露，牛某贤决定将李某火杀死。次日23时许，吕某秋通知牛某，牛某又通知周某来到仓库，吕某秋说牛某贤要将李某火杀死，并递给周某一条毛巾，周某接过毛巾后和吕某秋一起将李某火勒死。随后，牛某贤开车赶到仓库，从车后备箱拿出事先准备好的编织袋，和吕某秋、

---

① 李晓光、邓克珠撰稿，韩维中审编：《牛某贤等人绑架、敲诈勒索、开设赌场、重婚案——如何准确把握黑社会性质组织的认定标准，最高人民法院经复核认为涉黑罪名不成立的应如何依法处理（第1160号）》，载中华人民共和国最高人民法院刑事审判第一、二、三、四、五庭主办：《刑事审判参考》总第107集，法律出版社2017年版，第89~99页。

牛某、周某一起将李某火的尸体装入编织袋,掩埋于牧野区栗屯桥北170米处的垃圾填埋场。同年4月1日晚,岳某在得知李某火被杀死后,又和吕某秋、牛某、周某一起在掩埋尸体的地方压上几块水泥块以掩盖痕迹。经法医鉴定,不排除李某火系因机械性窒息而死亡。

(三) 开设赌场的事实

2007年以来,被告人牛某贤为达到敛财目的,伙同被告人李某军、李某全、李某志、李某、裴某铮等人在新乡市牧野区王村镇牛村等处开设赌场,并多次组织、雇佣被告人李某刚、胡某忠、牛某、吕某秋、岳某及被告人程某亮、李某、赵某宁和曹某宝(另案处理)等人充当赌场站岗、放哨、放高利贷、记账、收账人员,组织多人以麻将牌"四挂四"的形式进行赌博,牛某贤等人从中非法获利。

(四) 敲诈勒索的事实

2009年1月某日21时许,被告人高某强、牛某驾驶被告人牛某贤的黑色雪佛兰轿车在新乡市人民路"金三角"市场地下涵洞,与被害人邢某康、邢某峰驾驶的拉煤货车发生碰撞,造成雪佛兰轿车右后车门及后保险杠受损。因高某强与邢某康认识,双方同意私了。邢某康因急着开车去市区卸煤便让邢某峰留下,其卸煤后来处理此事。后邢某康一直未来,高某强通知牛某贤,牛某贤便带领被告人吕某秋等人赶至现场,将邢某峰带至位于新乡市牧野区牛村一仓库内。因邢某康迟迟未来,高某强、牛某、吕某秋等人便采用殴打、威胁等手段逼迫邢某峰打电话,让其父亲及邢某康来解决此事。次日凌晨2时至3时许,牛某贤、高某强、牛某和被告人牛某良等人在新乡市环宇立交桥附近和开货车的邢某康见面,并将货车扣留,将邢某峰放回。后牛某贤等以要求赔偿车损、给手下人"发工资"为由敲诈勒索邢某康现金7849.70元。

(重婚的事实略)

新乡市中级人民法院经审理认为,被告人牛某贤等人组织、领导和参加以暴力、威胁或者其他手段,有组织地进行违法犯罪活动,为非作恶,严重破坏经济、社会生活秩序的黑社会性质组织。其中,牛某贤系黑社会性质组织的组织者、领导者,其行为已构成组织、领导黑社会性质组织罪。牛某贤作为黑社会性质组织的首要分子,应当对该组织所犯的全部罪行承担刑事责任。牛某贤等人以勒索财物为目的绑架他人,并杀害被绑架人,其行为均已构成绑架罪。在绑架犯罪中,牛某贤与他人共同预谋并实施绑架,系主犯,应当按照其所参与的全部犯罪处罚。牛某贤等人以营利为目的,长期开设赌场,其行为均已构成开设赌场罪。在开设赌场犯罪中,牛某贤起主要作用,系主犯,应当按照其所参与的全部犯罪处罚。牛某贤等人敲诈勒索他人财物,数额较大,其行为均已构成敲诈勒索罪。在敲诈勒索犯罪中,牛某贤起主要作用,系主犯,应当按照其所参与的全部犯罪处罚。牛某贤有配偶而重婚,其行为已构成重婚罪。牛某贤犯有数罪,应当数罪并罚。关于辩护人所提牛某贤的行为不构成组织、领导黑社会性质组织罪的意见,经查,以牛某贤为首的犯罪集团具有较为明确的组织性,通过犯罪活动获取经济利益,以暴力、威胁等手段多次进行违法犯罪活动,欺压、残害群众,对当地的社会生活秩序和经济秩序造成了严重破坏,故对该辩护意见不予采纳。关于辩护人所提认定牛某贤犯绑架罪证据不足的意见,经查,牛某贤与被告人吕某秋、时某预谋绑架并杀害被害人的犯罪事实不仅有各被告人的供述相互印证,而且有现场勘查笔录、鉴定意见、编织袋、铁锹、通话记录、相关证人证言等证据证实,故对该辩护意见不予采纳。关于辩护人所提牛某贤不构成敲诈勒索罪的意见,经查,牛某贤伙同其他被告人以赔偿车损、给手下"发工资"为由,扣押他人及车辆,并殴打被害人,其行为符合敲诈勒索罪特征,故对该辩护意见不予采纳。依照《刑法》第二百九十四条,第二百三十九条第二款,第二百七十四条,第二百五十八条,第二十五条第一款,第二十六条,第四十八条第一款、第二款,第五十二条,第五十七条第一款,第六十九条等规定,判决如下:

被告人牛某贤犯组织、领导黑社会性质组织罪,判处有期徒刑六年;犯绑架罪,判处死刑,剥夺政治权利终身,并处没收个人全部财产;犯开设赌场罪,判处有期徒刑二年九个月,并处罚金人民币五万元;犯敲诈勒索罪,判处有期徒刑二年,并处罚金人民币二千元;犯重婚罪,判处有期徒刑一年。决定执行死刑,剥夺政治权利终身,并处没收个人全部财产。

(其他被告人的判决情况略)

一审宣判后,被告人牛某贤上诉提出,其没有为绑架被害人李某火进行预谋和准备,李某火是在何人提议、指使下被害的事实不清,其不应对李某火的死亡后果负责;其不具有敲诈勒索的主观故意,也没有实施敲诈勒索的客观行为,与被害人邢某峰之间的纠纷属于普通交通事故引发的民事赔偿,不构成敲诈勒索罪;其与时某没有以夫妻名义共同生活,不构成重婚罪;原判认定其构成组织、领导黑社会性质组织罪没有证据支持。

河南省人民检察院出庭意见是:一审判决认定的主要犯罪事实清楚,证据确实、充分;在定性方面,在被害人李某火被拘禁并被杀害的犯罪中,被告人牛某贤的行为应定性为抢劫罪和故意杀人罪;牛某贤等人的行为符合黑社会性质组织犯罪的组织性、经济性及行为性特征,但在危害性特征即影响力和控制性特征方面的证据稍显薄弱;原判对牛某贤量刑适当,建议二审法院根据本案证据情况、量刑情节等依法裁判。

河南省高级人民法院经二审审理认为,关于上诉人牛某贤及其辩护人所提其行为不构成黑社会性质组织犯罪的意见,经查,以牛某贤为首的犯罪团伙具有较为明确的组织性,通过犯罪活动获取经济利益,以暴力、威胁等手段多次进行违法犯罪活动,欺压、残害群众,对当地的社会生活秩序和经济秩序造成了严重破坏,在当地具有重大影响,故牛某贤等人的行为符合黑社会性质组织犯罪的四个特征,构成黑社会性质组织犯罪。牛某贤系黑社会性质组织的组织、领导者,其行为已构成组织、领导黑社会性质组织罪。在牛某贤等人所犯的绑架罪、故意杀人罪、非法拘禁罪、帮助毁灭证据罪中,牛某贤等人预谋从被害人李某火处勒索钱财,客观上实施了控制、拘禁李某火并要求李某火向亲朋要钱的行为,后又合谋杀死李某火,符合绑架犯罪的构成要件,其行为已构成绑架罪,当场劫取财物的行为为绑架罪所吸收。关于牛某贤及其辩护人所提牛某贤不应对李某火死亡后果负责的意见,经查,牛某贤虽未直接动手杀害李某火,但其是绑架杀人犯罪的组织、策划、指挥者,应对李某火死亡后果负责,且其是罪行最为严重的主犯,应依法严惩。牛某贤等人敲诈勒索他人财物,数额较大,其行为已构成敲诈勒索罪。在敲诈勒索犯罪中,牛某贤等人强行扣留并殴打被害人邢某峰,逼迫邢某峰打电话让亲属解决问题,后扣留车辆,向邢某峰、邢某康索要超出修车费用近5倍的赔偿款,其行为符合敲诈勒索罪的构成要件,且牛某贤系主犯。牛某贤的行为还构成开设赌场罪、重婚罪。原判定罪准确,量刑适当,审判程序合法。依照《刑事诉讼法》第二百二十五条第一款第一项之规定,裁定驳回上诉,维持原判,并依法报请最高人民法院核准。

最高人民法院经复核确认的被告人牛某贤实施绑架、开设赌场、敲诈勒索、重婚犯罪的事实与一、二审认定一致,但认为,黑社会性质组织应当同时具备组织特征、经济特征、行为特征和非法控制特征,本案并无充分证据证实牛某贤为首的犯罪团伙同时具备上述"四个特征",故依法不能认定为黑社会性质组织。由于一、二审法院认定牛某贤犯罪团伙系黑社会性质组织及牛某贤等人的行为构成涉黑犯罪不当,且是否认定涉黑犯罪对多名同案被告人的定罪量刑均有影响,故依法不予核准牛某贤死刑,将本案发回河南省高级人民法院重新审判。

二、主要问题

1. 如何准确把握黑社会性质组织的认定标准?
2. 对于报送核准死刑的黑社会性质组织犯罪案件,经复核认为涉黑罪名不成立的,应如何依法处理?

三、裁判理由

(一)认定黑社会性质组织必须同时具备四个法定特征

自1997年《刑法》新增"组织、领导、参加黑社会性质组织罪"以来,准确界定和把握黑社会性质组织的认定标准便成为理论界和司法实践关注的焦点和难点,甚至最高司法机关之间也一度出现认识分歧。为此,全国人大常委会于2002年4月28日通过了《全国人大常委会关于〈中华人民共和国刑法〉第二百九十四条第一款的解释》(以下简称《立法解释》)明确规定:"'黑社会性质的组织'应当同时具备以下特征:(一)形成较稳定的犯罪组织,人数较多,有明确的组织者、领导者,骨干成员基本固定;(二)有组织地通过违法犯罪活动或者其他手段获取经济利益,具有一定的经济实力,以支持该组织的活动;(三)以暴力、威胁或其他手段,有组织地多次进行违法犯罪活动,为非作恶,欺压、残害群众;(四)通过实施违法犯罪活动,或者利用国家工作人员的包庇或者纵容,称霸一方,在一定区域或者行业内,形成非法控制或者重大影响,严重破坏经济、社会生活秩序"。由此,认定黑社会性质组织所必备的"四个特征",即组织特征、经济特征、行为特征和非法控制特征正式确立。2011年5月1日起施行的《刑法修正案(八)》,将《立法解释》规定的黑社会性质组织的认定标准直接写入《刑法》,从而彻底解决了原条文罪状不清、表述不明的问题,为惩治涉黑犯罪提供了更加完备的法律武器。

不过,随着2006年年初开始的"打黑除恶"专项斗争的推进和司法实践的发展,黑社会性质组织犯罪不断表现出新变化、新特点,各级公检法机关对于黑社会性质组织认定标准等具体问题的争议仍然时有发生,有时甚至影响了办案效果。为此,最高人民法院、最高人民检察院、公安部于2009年12月联合印发了《办理黑社会性质组织犯罪案件座谈会纪要》,重点对过去七八年间司法实践中争议较为集中的黑社会性质组织的认定等问题进行了说明,细化了"四个特征"的具体认定标准,增加了可操作性。为继续推进"打黑除恶"专项斗争,准确适应刑法、刑事诉讼法对涉黑犯罪相关规定的修改,更好地满足依法惩治黑社会性质组织犯罪的需要,最高人民法院又于2015年研究制定了《全国部分法院审理黑社会性质组织犯罪案件工作座谈会纪要》。该纪要对司法实践中反映较为突出,但2009年纪要未作规定或者有关规定尚需进一步细化的问题进行了补充和完善,使黑社会性质组织"四个特征"的认定标准更加清晰。

我们认为,鉴于涉黑犯罪的严重社会危害性,必须毫不动摇地依法加以严惩,同时也应认真贯彻落实宽严相济的刑事政策,正确把握"打早打小"与"打准打实"的关系,准确区分"涉黑"与"涉恶"的差别。具体而言,在审理涉黑犯罪案件中,应当坚持罪刑法定原则和证据裁判原则，本着实事求是的态度，严格依照《刑法》的规定和两个座谈会纪要的精神认定黑社会性质组织。对于指控证据尚未达到"确实、充分"的程度，不符合黑社会性质组织认定标准的，应当根据案件事实和证据，依照刑法的相关规定予以处理，对被告人依法定罪处刑，不能勉强认定为黑社会性质组织犯罪。

具体到本案，在案并无充分证据证实被告人牛某贤犯罪团伙同时具备组织特征、经济特征、行为特征和非法控制特征等"四个特征"，故依法不能认定为黑社会性质组织。具体分析如下：

第一，认定被告人牛某贤犯罪团伙具备组织特征的证据不充分。从《刑法》的规定和两个座谈会纪要的精神来看，黑社会性质组织应当具有一定规模，人数较多，组织成员一般在10人以上；应有明确的组织者、领导者，骨干成员基本固定，并有比较明确的层级和职责分工。具有一定的组织纪律或者活动规约，虽然不是黑社会性质组织的必要条件之一，但却是认定组织特征时的重要参考依据。综观本案，其一，虽然公诉机关指控牛某贤等8人系组织成员，人数较为接近前述要求，但时某、周某、岳某、胡某忠、李某刚等人多系被临时纠集参与作案，与牛某贤合伙经营赌场的李某军、李某全、李某志、李某、裴某铮等人均不属于组织成员，涉案人员尚没有形成稳定的组织体系。其二，牛某贤犯罪团伙没有成文或者不成文的组织纪律或者活动规矩，牛某贤要求手下人交纳"保证金"系其经营赌场时管理雇员的必要手段，难以认定为组织纪律或者活动规约。其三，牛某贤、吕某秋、牛某、周某、时某、岳某等人之间并不存在明显的层级关系，相互之间并非管理与被管理的上下级，也没有明确固定的职责分工，反映不出组织性。因此，现有证据不能认定牛某贤犯罪团伙具备黑社会性质组织的组织特征。

第二，认定被告人牛某贤犯罪团伙具备经济特征的证据不充分。根据《刑法》规定和两个座谈会纪要的精神，黑社会性质组织的经济特征，是指有组织地通过违法犯罪活动或者其他手段获取经济利益，具有一定的经济实力，以支持该组织的活动。"一定的经济实力"，是指黑社会性质组织在形成、发展过程中获取的，足以支持该组织运行、发展以及实施违法犯罪活动的经济利益。而是否将所获经济利益全部或部分用于违法犯罪活动或者维系犯罪组织的生存、发展，即所获经济利益是否在客观上起到豢养组织成员、维护组织稳定、壮大组织势力的作用，是认定经济特征的重要依据。本案证据反映，牛某贤获取经济利益的主要途径是开设赌场，但赌场收入一般由各合伙人按出资比例分配，并非由牛某贤全权支配或者独享。赌场的部分收入用于支付雇员工资，也并非由牛某贤决定，不能认定其以此方式豢养组织成员。牛某贤在3年多时间内从赌场获利几十万元，经济实力相对薄弱，且所获赃款基本上用于其个人及家庭支出，尚无证据证实牛某贤将所获取的上述不义之财用于保持组织稳定、实施其他违法犯罪、支持组织活动或者维系组织的生存与发展。也就是说，牛某贤既没有为有组织地实施违法犯罪活动提供经费、出资购买刀具、枪支等作案工具，也没有为组织成员发放福利、奖励或者为帮助组织成员逃避法律追究而支付必要的费用，等等。因此，现有证据不能认定牛某贤犯罪团伙具备黑社会性质组织的经济特征。

第三，认定被告人牛某贤犯罪团伙具备行为特征的证据不充分。根据《刑法》的规定和两个座谈会纪要的精神，黑社会性质组织的行为特征，是指以暴力、威胁或者其他手段，有组织地多次进行违法犯罪活动，为非作恶，欺压、残害群众。"有组织地多次进行违法犯罪活动"是认定黑社会性质组织的必要条件之一，涉案犯罪组织实施的犯罪活动不多，仅触犯少量具体罪名的，是否应认定为黑社会性质组织，要结合组织特征、经济特征和非法控制特征综合判断，严格把握。从本案看，牛某贤等人仅实施了3起犯罪，且目的均是图财，与追求非法控制无关。其中，只有开设赌场犯罪具有一定的持续性，而敲诈勒索犯罪发生于2009年1月，纯属偶发案件，牛某贤等人所实施的绑架犯罪又与敲诈勒索犯罪相隔一年两个月之久。虽然本案从形式上看基本符合"多次实施违法犯罪活动"的条件，但这些违法犯罪活动既反映不出牛某贤等人长期欺压、残害无辜群众，也反映不出牛某贤等人有逞强争霸、争权势力范围、确立"江湖"地位等目的，故现有证据不能认定牛某贤犯罪团伙具备黑社会性质组织的行为特征。

第四，认定被告人牛某贤犯罪团伙具备非法控制特征的证据不充分。根据《刑法》的规定，"通过实施违法犯罪活动，或者利用国家工作人员的包庇或者纵容，称霸一方，在一定区域或者行业内，形成非法控制或者重大影响，严重破坏经济、社会生活秩序"是黑社会性质组织的非法控制特征。该特征是黑社会性质组织的本质特征，也是该组织区别于一般犯罪集团的关键所在。从本案情况来看，首先，虽然牛某贤等人在三年多时间里多次非法开设赌场并获利数十万元，但并无扩张的行为或意图，在案证据不能证明牛某贤等人对当地的其他地下赌场有任何影响。其次，牛某贤等人所实施的绑架、敲诈勒索犯罪均具有随机性，侵害对象有限且犯罪目的单一，既没有对当地群众形成心理强制或者威慑，也没有表现为"称霸一方"；既不属于插手民间纠纷、经济纠纷，也不属于干扰破坏他人正常生产、经营。换言之，并无确实、充分的证据证实牛某贤犯罪团伙对当地经济、社会生活秩序造成了严重破坏，现有证据不能认定牛某贤犯罪团伙具备黑社会性质组织的非法控制特征。

综上，由于本案不符合黑社会性质组织的认定标准，牛某贤等人的行为依法不构成组织、领导、参加黑社会性质组织罪，故最高人民法院复核后认为"一、二审认定的部分事实不清、证据不足"，依法将案件发回重审。

（二）对于报送核准死刑的黑社性质组织犯罪案件，经复核认为涉黑罪名不成立的，应根据案件具体情况依法准确处理

最高人民法院第一次复核期间，对本案如何处理曾有三种意见：第一种意见认为，最高人民法院应直接改判，即不认定被告人牛某贤组织、领导黑社会性质组织的事实，以绑架罪、敲诈勒索罪、开设赌场罪、重婚罪数罪并罚，判处牛某贤死刑。第二种意见认为，应以一、二审认定的部分事实不清、证据不足为由，发回一审法院重新审判。第三种意见认为，应以一、二审认定的部分事实不清、证据不足为由，发回二审法院重新审判。经研究，最终采纳了第三种处理意见，具体理由如下：

第一，多年来，最高人民法院始终强调办理死刑案件"一审是基础、二审是关键"，并特别注重发挥二审法院对死刑案件的审查把关作用。本案中以牛某贤为首的犯罪团伙在"四个特征"方面均与黑社会性质组织存在差距，最高人民法院将案件发回二审法院重新审判，可以促使二审法院更好地理解和把握黑社会性质组织的认定标准，从而在今后的类似案件审判过程中更好地发挥职能作用。

第二，按照《最高人民法院关于适用〈中华人民共和国刑事诉讼法〉的解释》第三百五十三条[①]的规定，对于最高人民法院裁定不予核准死刑、发回二审法院重新审判的案

[①] 现为《最高人民法院关于适用〈中华人民共和国刑事诉讼法〉的解释》（2021年）第四百三十条。

件，第二审人民法院有两种处理方式：一是直接改判；二是必须通过开庭查清事实、核实证据或者纠正原审程序违法的，则应开庭审理。本案发回重审后，二审法院具有较大的选择空间，如果检察机关未能补充提供认定涉黑事实的证据，二审法院可以依法直接对涉黑事实和被告人牛某贤的定罪量刑作出改判，并可以绑架罪等非涉黑罪名再次报请核准死刑；如果检察机关能够补充提供相关证据，则可以按照二审程序开庭审理，查清事实，并重新作出是否认定涉黑犯罪的判决。

第三，由于其他被认定犯有参加黑社会性质组织罪的同案被告人的判决已生效，二审法院重审期间，既可以解决对牛某贤所涉犯罪的实体处理问题，也可以通过启动审判监督程序一并解决相关同案被告人的定罪量刑问题，无疑更有利于节约司法资源。

需要补充的是，最高人民法院作出拟不核准死刑的复核决定之前，曾依法向最高人民检察院通报了本案有关情况。最高人民检察院经审查，亦认为一、二审认定被告人牛某贤等人构成黑社会性质组织犯罪的事实不清、证据不足，且是否认定涉黑犯罪对被告人牛某贤及同案其他被告人的定罪量刑均有影响，故同意最高人民法院不核准牛某贤死刑，将案件发回二审法院重新审判的决定。二审法院对本案重新审理后，直接予以改判，对原判牛某贤的组织、领导黑社会性质组织犯罪不予认定，并以绑架罪等其他犯罪再次报送核准死刑，最高人民法院经再次复核，依法核准了被告人牛某贤死刑。

问题 4. 审判死刑案件是否均应当经过审判委员会讨论决定？

【刑事审判参考案例】高某能贩卖、运输毒品案[①]

一、基本案情

某中级人民法院经审理查明：被告人高某能结伙同案被告人赵某忠（已判刑），于 2013 年 7 月 8 日、12 日到某市购买甲基苯丙胺（冰毒）后，存放于高某能租住处用于贩卖。具体事实如下：

1. 2013 年 7 月 8 日凌晨，被告人高某能雇用同案被告人赵某忠开车前往某某市向"老板"（身份不详，在逃）以人民币 10 万元的价格购买毒品甲基苯丙胺约 3 公斤。交易完成后，高某能与赵某忠回到高某能的出租屋，将毒品藏匿于出租屋的衣柜内用于贩卖牟利。

2. 2013 年 7 月 12 日凌晨，被告人高某能纠集同案被告人赵某忠，乘坐赵某忠驾驶的本田牌小轿车，前往某市，以人民币 75 万元的价格向"老板"购买毒品约 25 公斤，准备用于贩卖。

同日上午 11 时许，高某能、赵某忠携带购得的毒品回到高某能租住处时，被公安人员抓获，当场缴获毒品 25 包（经检验，检出甲基苯丙胺成分，净重 25028.96 克）。随后，公安人员在上述出租屋衣柜内缴获毒品 11 包（经检验，检出甲基苯丙胺成分，净重 3575.14 克）及毒资人民币 8437 元、手机、电子秤、电子天平、银行卡等物。

某中级人民法院认为，被告人高某能无视国家法律，贩卖、运输毒品甲基苯丙胺

[①] 陆建红撰稿、周峰审编：《高某能贩卖、运输毒品案——审理死刑案件应当经过审判委员会讨论决定（第1232号）》，载中华人民共和国最高人民法院刑事审判第一、二、三、四、五庭主办：《刑事审判参考》总第112集，法律出版社2018年版，第 94~101 页。

28604.1克，其行为已构成贩卖、运输毒品罪，数量巨大，应依法惩处。高某能在运输毒品共同犯罪中起主要作用，是主犯，又系累犯，且是毒品再犯，应依法从重处罚。依照《刑法》第三百四十七条第二款第一项，第三百五十六条，第二十五条第一款，第二十六条第一款、第四款，第二十七条，第六十五条第一款，第五十七条第一款，第六十四条之规定，以贩卖、运输毒品罪，判处被告人高某能死刑，剥夺政治权利终身，并处没收个人全部财产；随案移送的毒品、毒资等予以没收。

一审宣判后，被告人高某能提出上诉。

高某能及其辩护人提出：高某能因贪图便宜而大量购买毒品，目的是用于吸食而非贩卖，原判认定其构成贩卖、运输毒品罪的证据不足，应按非法持有毒品罪来定罪量刑；毒品未流入社会，原判决对其量刑过重，请求从轻判决。

某高级人民法院经审理查明的事实、证据与一审无异。

某高级人民法院认为，上诉人高某能无视国家法律，结伙他人贩卖、运输毒品甲基苯丙胺28604.1克，其行为已构成贩卖、运输毒品罪。高某能贩卖、运输毒品数量巨大，且在运输毒品共同犯罪中起主要作用，是主犯，依法应当按照其所参与的全部犯罪处罚；高某能在被判处有期徒刑以上刑罚执行完毕以后，五年以内再犯应当判处有期徒刑以上刑罚之罪，是累犯和毒品再犯，应依法从重处罚。原判认定事实清楚，证据确实、充分，定罪准确，量刑适当，审判程序合法。依照《刑法》第三百四十七条第二款第一项，第三百五十六条，第二十五条第一款，第二十六条第一款、第四款，第二十七条，第六十五条第一款，第五十七条第一款，第六十四条及《刑事诉讼法》第二百二十五条第一款第一项、第二百三十五条之规定，裁定驳回上诉，维持原判，并依法报请最高人民法院核准。

最高人民法院经复核认为，某中级人民法院审理被告人高某能贩卖、运输毒品一案，违反法定诉讼程序，可能影响公正审判。依照《刑事诉讼法》第二百三十五条、第二百三十九条和《最高人民法院关于适用〈中华人民共和国刑事诉讼法〉的解释》第三百五十条①第六项、第三百五十二条第一款的规定，裁定如下：

1. 不核准某高级人民法院维持第一审对被告人高某能以贩卖、运输毒品罪判处死刑，剥夺政治权利终身，并处没收个人全部财产的刑事裁定。

2. 撤销某高级人民法院和某中级人民法院对被告人高某能以贩卖、运输毒品罪判处死刑，剥夺政治权利终身，并处没收个人全部财产的裁定、判决。

3. 发回某中级人民法院重新审判。

二、主要问题

审判死刑案件是否均应当经过审判委员会讨论决定？

三、裁判理由

本案一审期间，某中级人民法院组成了由副院长担任审判长，两名审判委员会委员为成员的合议庭。庭审后，合议庭经评议达成一致意见，遂当庭作出宣判，判处被告人高某能死刑，剥夺政治权利终身，并处没收个人全部财产。对此举是否违反法定程序，有两种意见：

第一种意见认为，一审法院未经审判委员会讨论决定而由合议庭评议后当庭宣判的

---

① 现为《最高人民法院关于适用〈中华人民共和国刑事诉讼法〉的解释》（2021年）第四百二十九条。

做法符合法定程序。理由是：《刑事诉讼法》关于公诉案件一审程序的规定，体现在第三编"审判"的第一章"审判组织"和第二章"第一审程序"的第一节"公诉案件"的相关规定中。上述章节所体现的主要精神，一是公开开庭和直接言词原则，以体现庭审的透明度并充分保护被告人的辩护权。二是民主集中制原则。对审判组织和合议庭的议事规则，主要体现在必须组成合议庭审理案件，合议庭成员权利平等，评议案件实行少数服从多数原则。但并未规定死刑案件一定要经过审判委员会讨论决定。况且，本案合议庭成员全部由审判委员会委员组成，体现了某中级人民法院实际上已经非常重视该案的程序问题。

第二种意见认为，一审法院未经审判委员会讨论决定而由合议庭评议后当庭宣判的做法违反法定诉讼程序，可能影响公正审判。主要理由是：《刑事诉讼法》第一百八十条规定，对于疑难、复杂、重大的案件，合议庭认为难以作出决定的，由合议庭提请院长决定提交审判委员会讨论决定。《最高人民法院关于适用〈中华人民共和国刑事诉讼法〉的解释》（以下简称《刑事诉讼法解释》）第一百七十八条[①]第二款规定，拟判处死刑的案件、人民检察院抗诉的案件，合议庭应当提请院长决定提交审判委员会讨论决定。

我们同意第二种意见，认为一审法院未将本案提请院长决定提交审判委员会讨论决定，而由合议庭评议后当庭宣判的做法违反法定诉讼程序，可能影响公正审判，上级法院应当裁定撤销原判，发回重新审判。理由如下：

（一）审理死刑案件应当坚持程序公正原则

程序公正是司法公正的重要方面。程序公正与实体公正密切关联、相辅相成、缺一不可。程序公正既具有保障实体公正的功能价值，同时也具有其独立的价值。即使实体裁判于法有据、并无不当，程序不公、不当，也难以得到当事人和社会公众的信赖、认同和尊重，难以保障案件审理的法律效果与社会效果。一些案件之所以引发舆论议论、质疑、炒作，往往并不是因为案件在实体处理上存在什么问题，而是因为法定程序没有得到切实遵循。因此，必须从根本上扭转长期以来没有得到切实改变的"重实体轻程序"的错误观念和做法，进一步强化程序公正意识，真正落实实体与程序并重的要求，更加重视程序公正的独立价值。《刑事诉讼法》是专门规范刑事诉讼程序的法律，《刑事诉讼法》的各项内容，可以说都是围绕更好地实现程序公正、体现其独立价值这一基本点而展开的。

审理死刑案件，应当更加重视程序公正。就审理法院来说，坚持程序公正，最主要的是坚持刑事诉讼法规定的各项原则和具体规定。除一般刑事案件所应共同遵循的如公开原则外，审理死刑案件还有特殊的规定，如必须有辩护人，当事人没有委托律师或者辩护人的，司法机关应当通知法律援助机构指派律师为其提供辩护；一、二审法院审理死刑案件应当由合议庭提请院长决定提交审判委员会讨论决定；死刑必须由最高人民法院核准，等等。这些有关死刑案件的特别程序规定，其目的一是确保不出冤错案件，使每一个死刑案件都经得起历史检验；二是更加充分地贯彻落实"尊重和保障人权"这一宪法原则；三是使被告人的合法权益，包括实体权益和诉讼权利得到更加充分、彻底的保护。

同时，审理死刑案件，必须坚持"保留死刑，严格控制和慎重适用死刑"的政策。

[①] 现为《最高人民法院关于适用〈中华人民共和国刑事诉讼法〉的解释》（2021年）第二百一十六条。

贯彻落实这一政策，落脚点不仅体现在严把案件事实关、证据关、法律适用关上，同时也体现在严把诉讼程序关上。如果诉讼程序关没把好，导致程序不公正，极可能会使案件事实关、证据关、法律适用关大打折扣。而审判委员会讨论死刑案件，作为审判死刑案件的必经程序，有助于更加严格地把握事实关、证据关、法律适用关，更加坚决地贯彻"保留死刑，严格控制和慎重适用死刑"的政策，而且，审判委员会作为法定的最高审判组织，成员均为审判经验丰富的资深法官，负有统一司法标准，保证类案法律适用的统一性和准确性的职能作用。

（二）司法解释是审判机关适用法律时必须适用的依据

《刑事诉讼法》第一百八十条规定："对于疑难、复杂、重大的案件，合议庭认为难以作出决定的，由合议庭提请院长决定提交审判委员会讨论决定。"何谓"重大"，虽然刑事诉讼法未作明确规定，但死刑案件关乎被告人的生死，生命如天，尊重生命、敬畏生命绝不仅是对社会公众的要求，更是对掌握生杀予夺权力的司法机关的要求，必须以最严格的程序来保障。所以，《刑事诉讼法解释》第一百七十八条①第二款规定："拟判处死刑的案件、人民检察院抗诉的案件，合议庭应当提请院长决定提交审判委员会讨论决定。"

从法理上来说，司法解释属于有权解释，具有普遍司法效力。《全国人民代表大会常务委员会关于加强法律解释工作的决议》第二条规定，凡属于法院审判工作中具体应用法律、法令的问题，由最高人民法院进行解释。《最高人民法院关于司法解释工作的规定》（法发〔2007〕12号）第五条规定："最高人民法院发布的司法解释，具有法律效力。"第二十七条规定："司法解释施行后，人民法院作为裁判依据的，应当在司法文书中援引。"因此，凡是最高人民法院司法解释有规定的，各级人民法院在审理案件时都必须严格遵守，不得将司法解释仅仅作为"参考"性质的规定，而应当将司法解释作为具有严格约束力的法律渊源。换言之，最高人民法院基于坚决贯彻落实"保留死刑，严格控制和慎重适用死刑"政策的立足点和出发点，在司法解释中作出了应当"提交审判委员会讨论决定"的规定，这实际上就是明确：凡是死刑案件，都是疑难、复杂、重大案件，都属于合议庭难以作出决定的案件。此类案件都"应当"提交审判委员会讨论决定，而不是"可以"提交审判委员会讨论决定。

就本案而言，一审法院合议庭一致意见认为，被告人高某能犯贩卖、运输毒品罪，依法应当判处死刑立即执行。此时，合议庭应当依照《刑事诉讼法解释》第一百七十八条第二款的规定，提请院长决定提交审判委员会讨论决定，而不能在合议庭意见一致的情况下直接当庭宣判。

（三）一审未经审判委员会讨论的死刑判决、裁定，属于"可能影响公正审判"的情形，二审法院应当裁定撤销原判，发回重审

《刑事诉讼法》第二百二十七条规定了第二审人民法院发现第一审人民法院的审理有五种违反法律规定的诉讼程序的情形之一的，应当裁定撤销原判，发回原审人民法院重新审判。其中第五种情形是"其他违反法律规定的诉讼程序，可能影响公正审判的"。第二百三十九条规定："最高人民法院复核死刑案件，应当作出核准或者不核准死刑的裁定。对于不核准死刑的，最高人民法院可以发回重新审判或者予以改判。"《刑事诉讼法

---

① 现为《最高人民法院关于适用〈中华人民共和国刑事诉讼法〉的解释》（2021年）第二百一十六条。

解释》第三百五十条第六项规定："原审违反法定诉讼程序，可能影响公正审判的，应当裁定不予核准，并撤销原判，发回重新审判。"

如前所述，本案一审法院未经审判委员会讨论，由合议庭当庭作出宣判，属于"违反法定诉讼程序"的情形。但这一违反法定诉讼程序的情形，是否属于"可能影响公正审判"的情形，在实践中有争议。我们认为，程序公正是公正审判的核心要义。根据上述司法解释的规定，本案显然属于"可能影响公正审判"的情形。

综观《刑事诉讼法》第二百二十七条规定的五项因程序违法而应当发回重审的情形，可以分为两类：一类是一旦违反就必须发回重审的情形，如第一项"违反本法有关公开审判的规定的"、第二项"违反回避制度的"、第四项"审判组织的组成不合法的"。另一类是根据对公正审判的影响程度来衡量该程序违法为是否发回重审的情形，如第三项"剥夺或者限制了当事人的法定诉讼权利，可能影响公正审判的"、第五项"其他违反法律规定的诉讼程序，可能影响公正审判的"。对于第三项规定的"剥夺或者限制了当事人的法定诉讼权利"的情形中，什么情况属于"可能影响公正审判的"情形？毫无疑问，剥夺被告人的辩护权、限制被告人的辩护权情节严重、没有在法定期限内向被告人送达起诉书副本等，肯定属于"可能影响公正审判"的情况。至于限制被告人的辩护权情节轻微、一些法律手续不完善等情形，如果没有影响公正审判的，则属于程序"瑕疵"，不必因此而发回重审。而第五项规定的"其他违反法律规定的诉讼程序"的情形，显然是个"兜底条款"，适用于立法未能涵盖的可能出现的所有情形，自然无法一一列举。

那么，死刑案件未经审判委员会讨论而由合议庭直接宣判，是否属于"违反法律规定的诉讼程序，可能影响公正审判"呢？我们可以从《刑事诉讼法》第二百二十七条列举的前四项规定所蕴含的法律用意进行判断。前四项规定的情形中，第一、二、四项都是违反了刑事诉讼法明文规定的诉讼原则和制度的情形，因此，没有他项选择，只能发回重审。第四项的含义如前所述。据此，如果一种情形违反了《刑事诉讼法》明确规定的原则和制度，那么，不论其是否实际影响了公正审判，都应当发回重审。但如果不属于违反刑事诉讼法明确规定的原则和制度，就要考察其是否可能影响公正审判了。

就本案而言，一审法院未经审判委员会讨论而由合议庭直接当庭宣判，虽然违反的不是《刑事诉讼法》明确规定的原则和制度，但是违反了《刑事诉讼法解释》关于"拟判处死刑的案件，合议庭应当提请院长决定提交审判委员会讨论决定"的刚性规定。这一违反情形，没有程度之区分，只有违反和未违反之区分。也就是说，经审判委员会讨论决定的案件，就不违反《刑事诉讼法解释》的规定，未经审判委员会讨论决定的，就违反了《刑事诉讼法解释》的规定。而《刑事诉讼法解释》之所以作出这样的刚性规定，正是因为基于坚持"保留死刑，严格控制和慎重适用死刑"政策的目的，基于严把案件事实关、证据关、法律适用关和诉讼程序关的目的，基于确保死刑判决取得更好社会效果的目的。这些目的，正是公正审判的应有之义。因此，未经审判委员会讨论的死刑案件之裁判，必然"可能影响公正审判"。而且，合议庭与审判委员会都是法定的审判组织，各自职能法定，合议庭不能替代审判委员会作决定，即便合议庭成员都是审判委员会委员仍然不能。死刑案件审判中必须明确一个原则，即合议庭对拟判处死刑的案件，都应当提请院长决定提交审判委员会讨论决定，未提交审判委员会讨论决定作出死刑判决，就属于"违反法律规定的诉讼程序"，并必然构成"可能影响公正审判"，上级法院发现后依法应当撤销原判，发回重新审判。

综上,最高人民法院经复核,作出不予核准并撤销原判,发回重新审判的裁定是正确的。同时,根据《刑事诉讼法解释》第三百五十三条第一款关于"最高人民法院裁定不予核准死刑的,根据案件情况,可以发回第二审人民法院或者第一审人民法院重新审判"的规定,本案出现程序违法问题的是一审法院,故最高人民法院将本案直接发回某中级人民法院重新审判。

问题 5. 对严重危害社会治安和人民群众安全感的故意杀人案件,被告人亲属积极代为赔偿,被害人亲属表示接受,予以谅解的,如何准确把握死刑政策?

【刑事审判参考案例】被告人胡某权故意杀人、非法拘禁案[①]

一、基本案情

杭州市中级人民法院经公开审理查明:

(一)关于非法拘禁事实

2012 年 6 月 10 日 19 时许,被告人胡某权为向被害人张某(殁年 44 岁)索债,纠集李某成(另案处理)等人将张某从浙江省杭州市某酒店带离杭州市。同年 6 月 11 日至 8 月 31 日,胡某权分别指使或雇用同案被告人张某宣、金某国、傅某武及曾某照、陈某貌、马某、金某寰、李某等多人(均已判刑)先后在浙江省温州市永嘉县某街道某村、永嘉县某镇某村及浙江省丽水市青田县方山乡某村等多处租房关押、看管张某。其间,胡某权多次逼迫张某电话联系亲友,索要 5000 余万元。因张某亲属未按胡某权要求的金额及期限汇款,胡某权多次威胁、殴打张某,并让看管人员用手铐、铁笼拘束张某。截至 2012 年 8 月 15 日,胡某权共计向张某亲友索得 620 万元。

(二)关于故意杀人事实

2012 年 8 月 31 日深夜,被告人胡某权和金某国驾车来到浙江省青田县某村关押被害人张某的地点,伙同金某寰等人将张某关进一个铁笼,装入所驾驶的奥迪 Q7 轿车后备箱内运往青田县滩坑水库。途中,奥迪 Q7 轿车爆胎,胡某权联系在附近探路的张某宣驾驶英菲尼迪轿车前来,因该车无法装运铁笼,胡某权又电话联系傅某武驾驶尼桑皮卡车前来。胡某权等人将关着张某的铁笼抬到尼桑皮卡车上。然后,胡某权、金某国乘坐由傅某武驾驶的尼桑皮卡车,与张某宣驾驶的英菲尼迪轿车一同驶往青田县滩坑水库。9 月 1 日凌晨,当二车临近水库时,胡某权让傅某武到英菲尼迪车上停留等候,并让张某宣换乘到尼桑皮卡车上,然后由金某国驾驶该皮卡车至滩坑水库北山大桥上调头后靠桥栏杆停下。胡某权、张某宣、金某国一起将关着张某的铁笼从皮卡车上抬起,抛入距离桥面 20 多米的滩坑水库中,致张某死亡。而后,胡某权等三人与傅某武会合并逃离现场。胡某权于 2012 年 9 月潜逃偷渡出境,2013 年 2 月 27 日在泰国曼谷被泰国警方抓获,同年 3 月 6 日被押解回国。

杭州市中级人民法院认为,被告人胡某权的行为已构成非法拘禁罪、故意杀人罪。在共同故意杀人犯罪中,胡某权起组织、指挥作用,系主犯,且系累犯,应从重处罚。

[①] 张昊权撰稿、管应时审编:《被告人胡某权故意杀人、非法拘禁案——对严重危害社会治安和影响人民群众安全感的犯罪,应慎重把握被告人亲属代为赔偿情节对被告人量刑的影响(第 1239 号)》,载中华人民共和国最高人民法院刑事审判第一、二、三、四、五庭主办:《刑事审判参考》总第 113 集,法律出版社 2019 年版,第 24~29 页。

据此，依法判决被告人胡某权犯故意杀人罪，判处死刑，剥夺政治权利终身；犯非法拘禁罪，判处有期徒刑三年；决定执行死刑，剥夺政治权利终身。

一审宣判后，被告人胡某权不服，提出上诉。

浙江省高级人民法院经审理认为，原审判决定罪和适用法律准确，量刑和民事赔偿得当。审判程序合法。据此，依法裁定驳回上诉，维持原判，并报请最高人民法院核准。

最高人民法院经复核认为，被告人胡某权为索债，纠集、雇用他人非法限制债务人的人身自由，其行为构成非法拘禁罪；在索债未能如愿的情况下，纠集、雇用他人将被害人关入铁笼抛入水库致死，其行为又构成故意杀人罪，应依法并罚。胡某权犯罪性质特别恶劣，手段残忍，情节、后果严重，社会危害性大，且在共同犯罪中系罪行最严重的主犯，又系累犯，主观恶性深，应依法从重处罚。第一审判决、第二审裁定认定的事实清楚，证据确实、充分，定罪准确，量刑适当，审判程序合法。依照《刑事诉讼法》第二百三十五条①、第二百三十九条②和《最高人民法院关于适用〈中华人民共和国刑事诉讼法〉的解释》第三百五十条第一项的规定，裁定核准浙江省高级人民法院维持第一审对被告人胡某权以故意杀人罪判处死刑，剥夺政治权利终身；以非法拘禁罪判处有期徒刑三年，决定执行死刑，剥夺政治权利终身的刑事附带民事裁定。

二、主要问题

对严重危害社会治安和人民群众安全感的故意杀人案件，被告人亲属积极代为赔偿，被害人亲属表示接受，予以谅解的，如何准确把握死刑政策？

三、裁判理由

本案二审期间，被告人亲属代为赔偿，取得了被害人的谅解。在此种情况下，能否对罪行极其严重的被告人从宽处罚，不适用死刑立即执行，二审及死刑复核审理中有两种不同意见：第一种意见持肯定立场，认为应据此改判被告人死刑缓期二年执行；第二种意见持否定立场，认为此案不适宜对被告人从宽判处，应当维持、核准死刑判决。

我们同意第二种意见，理由如下：

宽严相济是我国的基本刑事政策，即根据犯罪的具体情况，实行区别对待，做到该严则严，当宽则宽，宽严相济，罚当其罪。既要防止片面从严，也要避免一味从宽。《最高人民法院关于贯彻宽严相济刑事政策的若干意见》（以下简称《意见》）指出："对于被告人同时具有法定、酌定从严和法定、酌定从宽处罚情节的案件，要在全面考察犯罪的事实、性质、情节和对社会危害程度的基础上，结合被告人的主观恶性、人身危险性、社会治安状况等因素，综合作出分析判断，总体从严，或者总体从宽。"《意见》同时指出："被告人案发后对被害人积极进行赔偿，并认罪、悔罪的，依法可以作为酌定量刑情节予以考虑。因婚姻家庭等民间纠纷激化引发的犯罪，被害人及其亲属对被告人表示谅解的，应当作为酌定量刑情节考虑。"

据此，被告人积极赔偿和被害人及其亲属谅解是重要的酌定从宽处罚情节，但要注意准确、全面把握：第一，被告人案发后对被害人积极进行赔偿，"可以"从宽量刑，而非必须从宽处罚；并且，根据此情节对被告人从宽处罚，被告人不仅要有实际的赔偿，还应当认罪、悔罪。第二，被害人及其亲属谅解而对被告人从轻处罚的上述规定，一般

---

① 现为《中华人民共和国刑事诉讼法》（2018年修正）第二百四十六条。
② 现为《中华人民共和国刑事诉讼法》（2018年修正）第二百五十条。

适用于"因婚姻家庭等民间纠纷激化引发的犯罪"。第三，被害人及其亲属谅解的本质是被告人与被害人及其亲属双方在自愿协商一致的基础上，通过被告人真诚悔罪，赔礼道歉并支付被害人的损失，以此来取得被害人及其亲属的谅解，从而修复被破坏的社会关系。在被害人死亡或者无法独立表达意志的情况下，对被害人亲属谅解的背景、原因是否确系真实、自愿，更要从严审查和把握，要注意审查是否违背社会良好风尚和公众朴素的正义情感。第四，被告人积极赔偿和被害人及其亲属谅解虽然是重要的酌定从宽处罚情节，但在严重刑事犯罪中，是否对被告人从宽及从宽的幅度，必须结合犯罪事实、性质及其他情节进行综合衡量，给予适当、准确的评价。

本案中，既有可考虑从严惩处的情节，如系有预谋的直接故意杀人，性质特别恶劣，情节、后果严重，社会危害性大，被告人系累犯，人身危险性大，主观恶性深等；又有可考虑从宽处罚的情节，如二审期间，被告人胡某权的亲属积极代为赔偿，取得被害人亲属谅解。如何考量从严与从宽情节，需要准确把握以下三个方面的因素：

首先，从案件性质来看，本案最初起因虽系民间借贷纠纷，但后期发展已明显超出简单的借贷纠纷的性质，演变成严重暴力犯罪。被告人胡某权将被害人张某从酒店带走后，先后花钱雇用多名社会闲散人员、有犯罪前科的人员，转换多个地点关押被害人长达两个多月，索债不能如愿后，又纠集他人故意杀害被害人，性质特别恶劣。故意杀人系极为严重的暴力犯罪，不但严重侵犯公民个人的人身权利，也严重危及正常的社会秩序，一向是我国刑法严厉打击的重点。在决定对这类案件被告人的刑罚时，一方面要考虑实现特殊预防目的，即防止被告人本人的再犯可能性；另一方面还要考虑实现一般预防，即防止潜在的犯罪发生，在发挥对被害人的安抚补偿功能的基础上，注重发挥对社会的一般威慑、强化规范意识的功能，而不应片面强调被害人一方的感受和态度。

其次，从犯罪情节、后果来看，被告人胡某权采用将被害人张某装入专门制作的铁笼后沉入水库的方式杀人，作案手段残忍，情节特别恶劣，严重危害当地社会治安，影响人民群众安全感。

最后，从被告人的主观恶性及人身危险性来看，被告人胡某权经过预谋，选好地点后纠集他人共同作案。被害人张某被抛入水库的地点距水面20余米，水面距库底80余米，打捞极为困难，公安机关曾两次打捞无果。作案后，胡某权潜逃境外，被抓捕归案后，仅供认非法拘禁事实，否认故意杀人事实，且供述屡屡改变：在张某尸体被打捞上来之前，称在浙江省温州市将张某放走了；在同案被告人翻供后，供称在北山大桥附近将张某释放了；在打捞到张某尸体后，又称在北山大桥上将张某释放后同案被告人曾经返回，暗示铁笼是被同案被告人抛入水库的；在二审开庭时又称发现张某死亡后才"抛尸"。可见，胡某权口供随着司法机关掌握证据的变化而一变再变，百般抵赖，并无认罪、悔罪态度，主观恶性深。《意见》指出，"被告人案发后对被害人积极进行赔偿，并认罪、悔罪的，依法可以作为酌定量刑情节予以考虑。因婚姻家庭等民间纠纷激化引发的犯罪，被害人及其亲属对被告人表示谅解的，应当作为酌定量刑情节考虑"。胡某权的亲属虽然愿意代为赔偿，但胡某权并无认罪、悔罪态度；被害人亲属虽然对被告人表示谅解，但本案并不属于"因婚姻家庭等民间纠纷激化引发的犯罪"。概言之，被告人不具备对其从轻处罚的必要条件。另外，被告人还有两次犯罪前科，系累犯，人身危险性大，具有法定从重处罚情节。

综上，对于犯罪性质、情节特别恶劣，后果特别严重，严重危害社会治安和影响人民群众安全感的故意杀人案件，被告人主观恶性深、人身危险性大的，即使被告人积极赔偿，得到被害人亲属谅解，法院也要掌握好宽严尺度，从宽判处仍应当特别慎重，做到罪责刑相适应，不能过于偏离社会公众的朴素道德情感，防止死刑政策出现偏差。尤其是对于并未认罪、悔罪的被告人，不能仅因积极赔偿、取得谅解而从轻处罚。本案中，经综合考量从严与从宽情节，最高人民法院对本案总体从严，认定被告人胡某权虽然就民事赔偿与被害人亲属达成了协议，但尚不足以对其从轻处罚，故依法核准被告人胡某权死刑。

问题6. 对因民间矛盾激化引发，被害方在案件前因上负有一定责任，但被害方要求判处死刑的情绪特别激烈的案件，如何准确贯彻我国的死刑政策？

【刑事审判参考案例】张某禄故意杀人案①

一、基本案情

南阳市中级人民法院经审理查明：被告人张某禄与被害人张某平（殁年69岁）均系河南省方城县二郎庙乡安楼村村民。2007年秋，因张某平饲养的牛吃了张某禄家的庄稼，二人发生纠纷。张某平之子张某江得知此事后曾携刀找过张某禄，因张某禄当时不在家而未找到。张某禄得知此事后，心中恼怒。2007年10月9日18时许，张某禄酒后持杀猪刀至张某平家，持刀朝张某平胸部捅刺一刀，致张某平心脏被刺破大失血而死亡。张某平之妻贾某琴（时年66岁）见状上前阻拦，张某禄又持刀刺扎贾某琴背部、左前臂致其轻微伤。后张某禄又刺扎张某平儿媳郭某肖（时年22岁）右臂一刀致其轻微伤。此时，张某禄亲属赶到现场将杀猪刀夺下，并将张某禄拖走。次日凌晨，公安人员在张某禄亲属的带领下在一机井房内将张某禄抓获。

南阳市中级人民法院认为，被告人张某禄故意非法剥夺他人生命的行为已构成故意杀人罪，且造成一人死亡，二人轻微伤，罪行极其严重，应依法惩处。关于被告人张某禄的辩解，经查，张某禄持刀冲入张某平家，言称想死想活，说明其主观上有杀人的故意，客观上猛刺张某平胸部，致张某平心脏贯通伤当场死亡，又刺扎贾某琴、郭某肖，致二人受伤，其行为已构成故意杀人罪，其辩解理由不能成立，不予采纳。依照《刑法》第二百三十二条、第五十七条第一款之规定，南阳市中级人民法院以故意杀人罪判处被告人张某禄死刑，剥夺政治权利终身。

一审宣判后，张某禄上诉提出其无杀人故意，案发时张某平先持木棍对其击打，被害方有过错，被抓获时正准备去投案，原判量刑重。

河南省高级人民法院经审理认为，被告人张某禄的行为已构成故意杀人罪。张某禄杀死一人，杀伤二人，情节恶劣，罪行极其严重，应依法惩处。关于张某禄及其辩护人所提被害人张某平先持木棍击打张某禄及张某禄无杀人故意的上诉理由，经查，现场目击者贾某琴、郭某肖均证明案发时张某禄持刀进院后在楼梯上直接持杀猪刀猛扎张某平胸部，张某禄归案后亦供述其见张某平从房顶下来走到楼梯口时直接持杀猪刀朝张某平胸部"用力扎了一下"。在案证据证明张某平并未持木棍击打张某禄，且张某禄持长达一

---

① 谢颖、彭凌撰稿，管应时审编：《张某禄故意杀人案——对于依法可以不核准死刑但被害方强烈要求核准死刑的案件如何裁判（第1240号）》，载中华人民共和国最高人民法院刑事审判第一、二、三、四、五庭主办：《刑事审判参考》总第113集，法律出版社2019年版，第30～34页。

尺的杀猪刀直接猛扎张某平胸部，致张某平心脏被刺破导致大失血而死亡，其非法剥夺他人生命的主观故意明显，故该上诉理由和辩护意见不能成立。关于张某禄及其辩护人所提被害方在案发前因上有一定过错的上诉理由，经查，本案确因张某平家的牛吃张某禄家的庄稼这一民间纠纷引发，但事隔数日后，张某禄酒后持刀到被害人家中报复，不能认定被害方在案发前因上有过错，故该上诉理由不能成立。关于张某禄所提案发后其准备投案的上诉理由，经查，案发后，张某禄向亲友索要钱财，并向亲友表示要去广州打工，且躲藏在村外机井房内直至被公安机关抓获，张某禄并未有投案的意思表示及行为，故该上诉理由亦不能成立。据此，依法裁定驳回上诉，维持原判，并报请最高人民法院核准。

最高人民法院经复核认为，被告人张某禄故意非法剥夺他人生命的行为，已构成故意杀人罪。张某禄因琐事持刀杀人，致一人死亡、二人轻微伤，罪行极其严重，应依法惩处。鉴于本案系因民间矛盾引发，被害方在案件起因上负有一定责任，被告人亲属有协助抓捕情节，故对张某禄判处死刑，可不立即执行。第一审判决、第二审裁定认定的事实清楚，证据确实、充分，定罪准确，审判程序合法，但量刑不当。据此，依法裁定不核准河南省高级人民法院维持第一审对被告人张某禄以故意杀人罪判处死刑，剥夺政治权利终身的刑事裁定。

二、主要问题

对因民间矛盾激化引发，被害方在案件前因上负有一定责任，但被害方要求判处死刑的情绪特别激烈的案件，如何准确贯彻我国的死刑政策？

三、裁判理由

（一）因民间矛盾激化引发、被害方在案件前因上负有一定责任的，在量刑时应酌情从宽处罚

根据《最高人民法院关于贯彻宽严相济刑事政策的若干意见》（以下简称《意见》）第二十二条的规定，对于因恋爱、婚姻、家庭、邻里纠纷等民间矛盾激化引发的犯罪，因被害方过错或者基于义愤引发的或者具有防卫因素的突发性犯罪，应酌情从宽处罚。此类被告人犯罪系事出有因，与发生在社会上针对不特定多数人的严重危害社会治安的暴力犯罪，在主观恶性、人身危险性和社会危害性上有明显差别，故在对被告人量刑时应体现差别。总体而言，对此类犯罪应酌情从宽，充分体现宽严相济刑事政策中区别对待的精神，从而更加有效地改造罪犯和预防犯罪。本案中，被告人张某禄及被害人亲属均证实因被害人张某平家的牛吃了张某禄家的庄稼，双方发生纠纷，属于民间矛盾引发的案件；且张某平之子张某江为此曾携刀找过张某禄，虽然二人当时未碰面，但此举具有挑衅性质，引起张某禄的不满，村干部亦反映张某平经常将牛放到他人庄稼地里，村民对此也多有不满。故被害人张某平在案件起因上虽不构成过错，但亦负有一定的责任，且在一定程度上激化了双方的矛盾。因此，在量刑时，对被告人张某禄应酌情从宽处罚。

（二）对被告人亲属协助司法机关抓获被告人，虽不构成自首，但在量刑时应予充分考虑

根据《意见》第十七条的规定，对于亲属以不同形式送被告人归案或协助司法机关抓获被告人而认定自首的，原则上都应依法从宽处罚；有的虽然不能认定自首，但考虑到被告人亲属支持司法机关工作，促使被告人到案、认罪、悔罪，在决定对被告人具体处罚时，也应当予以充分考虑。《意见》既规定了对自首从宽处罚的基本要求，也提出了在特殊情况下，被告人亲属"大义灭亲"，协助司法机关抓获被告人，虽由于被告人系被

动归案，不能认定为自首，但对亲属"大义灭亲"的行为应给予肯定，在对被告人量刑时亦应予以充分考虑。本案中，被告人张某禄的亲属先有在犯罪现场阻止张某禄继续实施犯罪的行为，后有带领公安人员将张某禄抓获的行为，张某禄归案后，如实供述持刀杀害张某平的事实，认罪、悔罪，根据《意见》的规定，此情节应在量刑上加以体现。

（三）对依法可不判处死刑立即执行的案件，应当妥善处理被害方要求严惩的意愿与严格控制和慎重适用死刑政策之间的关系

《意见》第二十九条规定，要准确理解和严格执行"保留死刑，严格控制和慎重适用死刑"的政策。对于罪行极其严重的犯罪分子，只要是依法可不立即执行的，就不应当判处死刑立即执行。严格控制死刑是对死刑适用总体上、战略上、趋势上的严格把握，就是要防止任何不必要的适用甚至滥用。严格适用死刑，一方面必须严格统一地坚持证据裁判的最高标准和最严要求；另一方面必须严格统一地把握法律政策标准。对不应当判处死刑的案件，无论面对多大的压力，都不能违法适用死刑。在审理死刑案件时，应当考虑社情民意，但是当部分群众尤其是部分被害人亲属的要求带有强烈的个人感情色彩，背离法律、政策精神，甚至无原则地上访、闹访时，则不能一味地退让，对不应当判处死刑立即执行的案件，绝不能作出违反法律政策的判决，要坚决维护法治的权威。

在本案审理过程中，河南省高级人民法院曾两次发回南阳市中级人民法院重新审判。因本案系民间矛盾引发，被害方在案件的前因上负有一定责任，被告人近亲属有协助司法机关抓捕的情节，属于应酌情从宽处罚、从严控制死刑的范畴。为此，两级法院在数次审理中，多次深入案发地做民事调解和民意调查工作。由于被告方赔偿能力有限，被害方坚决不同意调解，强烈要求判处被告人死刑，还曾进京上访，并扬言若愿望得不到满足，将杀掉被告人一家。当地村干部和村邻均认为，被告人幼年丧母，无兄弟姐妹，相对而言处于弱势，并非罪大恶极。综上，从本案的起因、犯罪情节、被告人认罪态度、案发地群众意见等方面综合考虑，被告人张某禄属于可不判处死刑立即执行的犯罪分子。虽然被告人及其亲属赔偿能力有限，被害人亲属不予谅解，且要求严惩的意愿强烈，但在全面考察本案的犯罪事实、性质、情节的基础上，结合被告人的主观恶性、人身危险性、社会危害性等因素，根据"严格控制和慎重适用死刑"的刑事政策要求，最高人民法院依法作出了不核准被告人张某禄死刑的裁定。

问题7. 民间矛盾引发的死刑案件中，如何做好民事调解工作化解矛盾

【刑事审判参考案例】 张某林故意杀人案[①]

一、基本案情

蚌埠市中级人民法院经审理查明：被告人张某林与被害人张某亚（殁年37岁）均系安徽省固镇县任桥镇清凉村张南组村民，两家平时没有矛盾。2005年11月3日下午，张某林与张某亚等人到安徽省宿州市芦岭街吃饭喝酒。酒后，张某林骑摩托车带张某亚回村，快到村口时，因道路不平，张某林要张某亚下车步行，自己先骑车回家。张某亚对

[①] 肖凤撰稿、管应时审编：《张某林故意杀人案——民间矛盾引发的死刑案件中，如何做好民事调解工作化解矛盾（第1241号）》，载中华人民共和国最高人民法院刑事审判第一、二、三、四、五庭主办：《刑事审判参考》总第113集，法律出版社2019年版，第35~41页。

此不满,当晚先后两次到张某林家外长时间辱骂张某林。当日23时许,张某林驾驶摩托车、提着矿灯到张某亚家院内,遇到张某亚的父亲张某亮(殁年60岁),因言语不和,张某林持铁棍朝张某亮头面部猛击,张某亚的母亲冯某英(时年57岁)从屋内出来,张某林又持铁棍击打冯某英头面部,致其轻伤。随后,张某亚进入院内,张某林持铁棍对张某亚头面部等处击打数下,致张某亚因急性外伤性蛛网膜下腔出血当场死亡,张某亮经送医院抢救无效于同月15日死亡。经鉴定,张某亮死因系头部受重击引发脉络丛乳头瘤血管破裂造成广泛性脑室系统出血。作案后张某林长期潜逃。

蚌埠市中级人民法院认为,被告人张某林在因琐事遭被害人张某亚两次辱骂后,即恼羞成怒,深夜闯入张某亚家中,遇到人搭话即用矿灯照射,持棍猛力击打三人头面等要害部位,置死伤后果于不顾,致一人当场死亡、一人经抢救无效死亡、一人轻伤,其行为构成故意杀人罪。虽然张某亚在案发原因上存在过错,张某亮系外力作用于疾患经抢救无效死亡,但综合本案的犯罪性质、犯罪情节及对社会的危害程度等因素,不足以对张某林从轻处罚。据此,依照《刑法》第二百三十二条、第五十七条第一款之规定,以故意杀人罪判处张某林死刑,剥夺政治权利终身。

一审宣判后,被告人张某林提出上诉,所提上诉理由及辩护人所提辩护意见与一审时的意见一致。

安徽省高级人民法院经审理认为,被告人张某林因琐事遭被害人张某亚两次辱骂后,不能冷静对待,深夜闯入张某亚家中,持棍猛力击打三人头面等要害部位,致一人当场死亡、一人抢救无效死亡、一人轻伤,其行为构成故意杀人罪。犯罪性质恶劣,手段残忍,后果严重,应依法严惩。原判认定的事实清楚,证据确实、充分,定罪正确,量刑适当,审判程序合法。据此,依法裁定驳回上诉,维持原判,并报请最高人民法院核准。

最高人民法院经复核认为,被告人张某林故意非法剥夺他人生命的行为已构成故意杀人罪。张某林因琐事遭被害人张某亚辱骂后,持铁棍击打张某亚及其父母张某亮、冯某英头面部,致二人死亡、一人轻伤,情节恶劣,后果特别严重,应依法惩处。鉴于本案系民间矛盾激化引发,张某亚对引发本案负有责任;被害人张某亮的死亡主要由其自身患有的脑瘤疾病引发,张某林的击打行为只是张某亮死亡的诱因之一,张某林不应对张某亮的死亡结果承担全部责任;张某林归案后认罪、悔罪,对其判处死刑,可不立即执行。第一审判决、第二审裁定认定的事实清楚,证据确实、充分,定罪准确,审判程序合法。依照《刑事诉讼法》第二百三十五条①、第二百三十九条②和《最高人民法院关于适用〈中华人民共和国刑事诉讼法〉的解释》第三百五十条第五项、第三百五十三条第一款的规定,裁定不核准安徽省高级人民法院维持第一审以故意杀人罪判处被告人张某林死刑,剥夺政治权利终身的刑事附带民事裁定。

二、主要问题

1. 对造成二死一伤严重危害后果的故意杀人案件,能否开展民事调解工作?
2. 如何有的放矢地做好民事调解工作,实现法律效果和社会效果的统一?

三、裁判理由

被告人张某林故意杀人一案起因于琐事,属于因民间矛盾激化引发,但张某林致二

---

① 现为《中华人民共和国刑事诉讼法》(2018年修正)第二百四十六条。
② 现为《中华人民共和国刑事诉讼法》(2018年修正)第二百五十条。

人死亡、一人轻伤，后果严重。第一、二审期间，被害人亲属拒绝接受民事赔偿，坚决要求判处张某林死刑。最高人民法院复核期间，承办法官在吃透案情的基础上，严格贯彻宽严相济刑事政策，耐心细致地进行民事调解工作，最终促成双方以现金和土地使用权相结合的赔偿方式达成赔偿谅解协议，据此依法裁定不核准被告人张某林死刑。

（一）审理民间矛盾引发的死刑案件，不能仅看危害后果，还应综合考虑全案因素，严格贯彻宽严相济刑事政策，依法、谨慎作出裁判

案件性质不同，被告人是否具有从轻、从重处罚情节，直接决定法院能否主动出面做民事调解工作，以及调解的力度和方式方法。因此，吃透案情，区分案件性质，判明被告人具有的量刑情节，是确定能否调解、如何调解的基础。

最高人民法院复核的死刑案件中，因民间矛盾激化引发的故意杀人案件占相当比例。对这类案件适用死刑，应当与诸如抢劫杀人、强奸杀人等严重危害社会治安的案件加以区别。所谓民间矛盾，主要指在普通老百姓之间，因为日常生活、生产中的具体琐事引发的矛盾纠纷。比如，家庭亲属因矛盾引发的纠纷，婚恋关系矛盾引发的纠纷，邻里之间因宅基地、山墙、道路等引发的纠纷，民间债权债务引发的纠纷，个人之间因说闲话、家长里短等引发的恩怨纠纷，等等。民间矛盾的主要特点，一是作案人一般都是普通百姓，常常是初犯、偶犯；二是一般发生在熟人之间，对象特定；三是作案人往往因为性格、认知和控制力上的弱点导致犯罪，具有突发性、偶然性。总之，民间矛盾引发的犯罪一般被告人主观恶性、人身危险性与严重危害社会治安的犯罪分子明显不同，对社会治安的危害相对较小，适用死刑立即执行应当慎重。

对于因民间矛盾激化引发的故意杀人案件，审理中要注重以下两方面工作：

一是重视对案发起因及双方责任大小的审查。案发起因可以反映被告人的主观恶性、人身危险性和罪责大小，直接关乎对被告人应否适用死刑，因此要重视对案件起因事实的审查，必要时要到案发地深入实地进行查证或者要求公安机关进行补查，同时了解当地群众对案件的反映情况。对被害人有明显过错、对矛盾激化负有主要责任，当地群众对被告人表示同情的，即使未最终达成调解，也可以不判处被告人死刑立即执行。

二是充分体现政策，加大民事调解工作力度。对于因婚姻家庭、邻里纠纷等民间矛盾激化引发，以及被告人具有自首等法定从轻处罚情节的案件，应充分体现政策。这些案件如果把工作真正做到家，把政策落实到位，不仅能够化解当事人之间的矛盾，维护社会和谐稳定，还有助于推动"严格控制和慎重适用死刑"的刑事政策的贯彻落实，社会意义重大。审判实践中，对民间矛盾引发的犯罪，不能因为案件复杂、被害人反应强烈，看似没有调解希望，就产生畏难情绪，应当积极地开展矛盾化解、调解工作，尽力去做、努力做好。

本案中，被告人张某林虽然造成二人死亡、一人轻伤的严重后果，但本案属于因民间矛盾引发的案件，被告人和被害人系同村村民，平时无矛盾，案发前张某林邀被害人张某亚外出喝酒，关系友好；张某亚因琐事两次辱骂张某林对引发案件有过错；被害人张某亮死亡主要由其自身患有脑瘤疾病所致，张某林的击打行为仅造成张某亮轻度脑损伤，只是张某亮死亡的诱因，张某林对张某亮的死亡不应承担全部责任；张某林一贯表现良好，没有前科劣迹。综合案件情况，本案具有开展调解工作的基础，而且从正确贯彻死刑政策的角度，法院也应当积极介入调解，并加大调解力度，努力化解社会矛盾。

（二）审理民间矛盾引发的故意杀人案件，要根据案件具体情况，有的放矢地做好民

事调解工作,达到法律效果和社会效果的统一。

本案中,对被告人张某林既有核准死刑的理由,也有可以考虑不核准的诸多因素,如果简单地裁定核准或者不核准,可能在法律效果或者社会效果上只能取得单一的效果。为了实现法律效果和社会效果的统一,最高人民法院复核承办法官倾注大量精力和智慧,最终促使双方达成赔偿谅解协议。

1. 了解情况,确定调解工作主要对象和赔偿大致数额。(1)了解被告方的赔偿意愿和赔偿能力,以及此前双方未达成调解的原因。被告方表达了积极代为赔偿的意愿,表示可以赔偿数十万元现金,并将全家的承包地转让给被害方使用;被害方要求赔偿至少两倍的现金,并长期使用被告方的承包地;被告方现金筹集达不到被害方要求的数额,致使调解未成。(2)确定被害方调解的主要对象。被害方有10人提起附带民事诉讼,其中9人一致委托张某代理,张某是调解中的核心人物。

2. 有的放矢,打消被害方的思想顾虑。经与张某交谈,了解到案发后张某一直抚养被害人张某亚的4个子女和自己的2个孩子,负担很重,有接受赔偿意愿,但部分亲属不同意调解,为此张某思想上有顾虑。承办法官与张某一道分析事情的利弊得失:接受赔偿是为了更好地抚养张某亚的子女,让他们能够获得更好的受教育机会和成长条件,这也是对死者最大的安慰。张某对接受赔偿获得了道义支持,由此解开了一直以来瞻前顾后的心结。

3. 辨法析理,缩小双方有关赔偿数额的差距。在调解之初,被害方和被告方所提现金赔偿数额有数十万元的差距。承办法官根据被告方的经济状况以及救人心切的心态,相信他们提出的是尽最大努力筹集的数额,因此将工作重点放在说服被害方适当降低赔偿数额上。一是从案件事实和量刑情节入手,指出在案发起因上张某亚有过错,张某亮的死亡也有其自身疾患介入因素;二是介绍近年来调解的案例,提示被害方要考虑对方实际赔偿能力。被害方的心理预期渐趋理性,最终对现金的赔偿数额与被告方达成一致。

4. 打破僵局,使调解重新走上正轨。调解过程中,双方态度均有反复,赔偿方案多次调整,被害方对此心生不满,认为被告方没有诚意,并有放弃调解的情绪,调解一度陷入僵局。经承办法官"背靠背"做工作,向被害方解释,被告方几次改变赔偿方案是因救人心切,作出超出赔偿能力的承诺,并非没有诚意;向被告方指出必须信守承诺,即使有客观原因不能兑现承诺,改变的幅度也不能过大,应当照顾被害方的感受。终于双方就现金赔偿具体数额及流转家庭承包的部分土地40年的使用权达成一致意见。

5. 研究法律、政策,确定土地赔偿方案细节。本案的特殊性在于除了现金赔偿外,还涉及用土地使用权进行补偿。对流转承包土地40年使用权是否符合法律、政策,将来是否存在相关风险,包括本轮承包期届满后土地政策是否变化,承包期届满后是否还需要被告方出具手续,如果被告方反悔是否影响手续办理,将来被告方的土地随人口变化是否会减少,如何办理手续等问题,承办法官查阅了相关法律法规,并咨询了双方所在镇的副镇长和所在村的村支书,确保了调解方案在法律层面具有可行性。鉴于土地日渐增值的一般趋势以及流转期长达40年所潜藏的风险,双方可能因土地升值发生新矛盾,甚至引发新祸端,承办法官还引导双方就提前"赎回"土地事宜进行反复协商、沟通,包括国家征收涉案土地时补偿款如何分配,确定被告方可以提前"赎回"土地的条件以及"赎回"土地的计价方法,根据现行政策涉案土地享有的各项补贴的归属等,最终双方就上述事项也达成一致意见。双方均深受感动,说他们自己没有考虑到的问题,法官都为他们想好了。

6. 充分准备，促成调解圆满达成。为确保双方最后顺利签署调解协议，承办法官在赴当地之前进行了充分的准备：（1）要求被告方先将筹集的全部现金存入一审法院账户。（2）事先拟订调解协议书草案。（3）通知双方所有当事人到场签署协议，要求不能到场的当事人依法办理委托手续。（4）预判签署协议时，当事人可能提出新的调解要求，对此做好应急预案。（5）邀请村镇两级部门派员参加、见证协议签署，并当面请托村镇干部协助办理流转土地使用权的相关手续。（6）通知一审法院对协议签署过程进行全程录音录像，使双方当事人感受到调解协议书签署的严肃性和法律效力，以防发生变故。（7）将签署协议地点选在县法院，为双方当事人和参加签署工作的村镇干部带来便利。最终双方签署了调解协议书，在协议中被害人亲属表达了服从法院裁判的意见，实现了案结事了的效果。

鉴于被告人与被害人亲属达成了赔偿协议，并获得被害方的谅解，并考虑到本案系民间矛盾激化引发，被害方在案件起因上负有责任，被告人归案后认罪、悔罪等情节，对罪行极其严重的被告人判处死刑，可不立即执行，故最高人民法院依法不予核准被告人死刑。

问题8. 被告人始终供述伙同他人作案，且在案证据不排除他人参与共同犯罪的，能否对其适用死刑

【刑事审判参考案例】崔某虎故意杀人案[①]

一、基本案情

某某中级人民法院经审理查明：2012年7月24日19时许，被告人崔某虎携带菜刀，租乘被害人马某某（男，殁年22岁）驾驶的奇瑞QQ微型车外出购买毒品，二人于途中因租车费用发生争执。坐在车后排座的崔某虎从车内拿起一根细绳勒住马某某脖颈，被马某某挣脱，崔某虎又持菜刀朝马某某颈部、臂部等处连砍数刀。马某某趁机打开车门逃至路旁田地时摔倒，崔某虎追上持菜刀等工具连续砍切马某某，致马某某因急性创伤性失血休克死亡。崔某虎从马某某身上搜得现金约200元后驾车逃离现场，途中因车陷入淤泥而弃车逃走。

某某中级人民法院认为，被告人崔某虎因租车费用与被害人发生争执，便持随身携带菜刀，砍切被害人马某某脖颈、臂部等处数刀，致被害人当场死亡，其行为构成故意杀人罪，且犯罪情节特别恶劣，手段特别残忍，依法应予以严惩。崔某虎虽供称伙同张某某共同作案，但经公安机关侦查后，现有证据只有崔某虎的供述，没有其他证据证明张某某伙同崔某虎作案，被告人的辩解不能成立。现有证据可以证明崔某虎故意杀人的犯罪事实。关于被告人的辩护人所辩崔某虎主动供述犯罪事实，有投案自首情节的辩护意见，经查，在公安机关确认崔某虎有重大作案嫌疑，并对其采取了强制措施后，崔某虎才供述其犯罪事实，其行为不符合投案自首的构成要件，其辩护意见不予采纳。据此，

[①] 白继明撰稿、周峰审编：《崔某虎故意杀人案——被告人始终供述伙同他人作案，且在案证据不排除他人参与共同犯罪的，能否对其适用死刑（第1257号）》，载中华人民共和国最高人民法院刑事审判第一、二、三、四、五庭主办：《刑事审判参考》总第114集，法律出版社2019年版，第45~51页。

依法以故意杀人罪,判处被告人崔某虎死刑,剥夺政治权利终身。

宣判后,被告人崔某虎提出上诉称:其主观上没有故意杀人的意图;被害人索要车钱与实际不符,被害人有过错;其是吸毒人员,神志不清;其有自首情节;本案的主犯是张某某。其辩护人提出:崔某虎的行为是故意伤害致死,而非故意杀人;崔某虎主动交代犯罪事实,有悔罪表现;且因多年吸毒存在一定精神障碍;崔某虎系与张某某共同作案,请求二审法院改判。

某某高级人民法院经审理认为,上诉人崔某虎故意非法剥夺他人生命的行为,确已构成故意杀人罪。崔某虎犯罪手段极其残忍,犯罪情节极其恶劣,犯罪后果严重,也表明其主观恶性深。崔某虎有吸毒恶习,可改造性差,也表明其人身危险性大。此外,本案的发生严重影响到当地的社会治安和当地群众的安全感,社会危害性大。因此崔某虎属罪行极其严重的犯罪分子,依法应予严惩。崔某虎的上诉理由及其辩护人的辩护意见均不能成立,不予采纳。原判定罪准确,量刑适当,审判程序合法。依照《刑事诉讼法》第二百二十五条①第一款第(一)项之规定,裁定驳回上诉,维持原判,并依法报请最高人民法院核准。

最高人民法院经复核认为,第一审判决、第二审裁定认定被告人崔某虎犯故意杀人罪的部分事实不清,证据不足。依照《刑事诉讼法》第二百三十五条②、第二百三十九条③和《最高人民法院关于适用〈中华人民共和国刑事诉讼法〉的解释》第三百五十条第(三)项、第三百五十三条第一款的规定,裁定不核准某某高级人民法院维持第一审以故意杀人罪判处被告人崔某虎死刑,剥夺政治权利终身的刑事裁定,并撤销第一审判决和第二审裁定,发回某某中级人民法院重新审判。

二、主要问题

被告人始终供认伙同他人共同实施犯罪,且在案证据证明不能排除他人参与共同犯罪,能否对其适用死刑?

三、裁判理由

本案中认定崔某虎实施故意杀人犯罪事实的证据,主要有从被害人马某某的奇瑞QQ微型车右后门玻璃上检出的被告人的血迹、根据被告人指认提取的其丢弃的奇瑞QQ微型车车牌一副及车坐垫套两个等物证,手机通话记录等书证,证人马某丽、危某生、史某翠、王某林等证言,尸检鉴定意见、DNA鉴定意见,勘验、检查笔录,辨认笔录等。被告人崔某虎亦予供认。

本案的关键问题是,被告人崔某虎是否伙同张某某共同实施杀人?崔某虎归案后,自始供认张某某参与共同作案。从在案证据来看,不能排除张某某参与作案的可能性。但张某某却始终不承认自己参与作案,认定其参与犯罪的证据不足。对此,如何处理本案,有以下两种不同意见:

第一种意见认为,虽然崔某虎自始供认张某某参与作案,但是,认定张某某参与共同犯罪的证据不足,故应当对证据充分的崔某虎故意杀人犯罪事实依法作出裁判,而不认定张某某参与共同犯罪。理由如下:一是认定张某某参与共同犯罪的证据,只有崔某

---

① 现为《中华人民共和国刑事诉讼法》(2018年修正)第二百三十六条。
② 现为《中华人民共和国刑事诉讼法》(2018年修正)第二百四十六条。
③ 现为《中华人民共和国刑事诉讼法》(2018年修正)第二百五十条。

虎供述，没有其他证据，且张某某始终不承认参与作案。二是案发现场，包括被害人被杀现场、弃车现场及车内均没有张某某留下的任何痕迹，如血迹、毛发等。三是对张某某是否参与共同犯罪已经经过补充侦查，但仍然没有新的证据。本案第一次一审后，二审法院经审理裁定发回一审法院重新审理。后侦查机关依法进行补充侦查工作，但并未取得实质性进展，对张某某是否参与共同犯罪的事实依然不能确定。

第二种意见认为，虽然在案证据及经过补充侦查，仍然不能证明张某某参与共同杀人行为，但是，根据本案证据情况，无法排除张某某参与共同犯罪的可能性。被告人崔某虎从侦查机关第一次讯问起始终供认，其于2012年7月24日晚上，伙同张某某在租乘马某某的车去九姑村途中将马某某杀害。公安机关将张某某传唤到案后对张某某进行两次询问，张某某均称其案发当晚在岳父家，经向其岳父母及妻子核实，证实张某某当晚并没有去岳父家。因此，侦查机关以崔某虎与张某某（无法查证该人）共同作案提出起诉意见，移送检察机关。检察机关则在起诉书中明确指控，崔某虎伙同张某某（暂未查实）共同作案，并认为崔某虎杀人犯罪事实清楚，证据确实、充分。本案二审期间，省人民检察院出庭意见也认为，本案认定崔某虎犯罪事实清楚，证据确实、充分，但不排除张某某参与作案，建议法院综合本案证据依法裁判。综上，本案无法排除张某某参与作案的可能性，因而全案证据尚未达到死刑案件的证明标准，因此，不宜判处被告人崔某虎死刑立即执行。

我们同意第二种意见，理由如下：

我国刑事法律和刑事政策，对刑事案件的证明要求，始终坚持高标准、严要求的宗旨，即要求侦查终结移送审查起诉、提起公诉、作出有罪判决的证明标准都要达到"犯罪事实清楚，证据确实、充分"。而对死刑案件的证据要求，更是坚守"经得起历史检验"的底线和"必须得出唯一性结论"的红线。《最高人民法院关于贯彻宽严相济刑事政策的若干意见》第二十九条中明确规定："拟判处死刑的具体案件定罪或者量刑的证据必须确实、充分，得出唯一结论。"《刑事诉讼法》第五十五条第二款对证明标准问题作出了进一步的解释："证据确实、充分，应当符合以下条件：（一）定罪量刑的事实都有证据证明；（二）据以定案的证据均经法定程序查证属实；（三）综合全案证据，对所认定事实已排除合理怀疑。"综上，根据法定的证明标准要求，对于定罪事实以及对被告人从重处罚的事实，都应当达到证据确实、充分的证明标准。这些事实主要包括"被指控的犯罪事实的发生；被告人实施了犯罪行为与被告人实施犯罪行为的时间、地点、手段、后果以及其他情节；影响被告人定罪的身份情况；被告人有刑事责任能力；被告人的罪过；是否共同犯罪及被告人在共同犯罪中的地位、作用；其他与定罪有关的事实；对被告人从重处罚的事实"。

具体到本案，认定被告人崔某虎作案的证据，不仅有从被害人马某某的奇瑞QQ微型车右后门玻璃上检出的崔某虎的血迹，而且根据崔某虎指认提取了其丢弃的奇瑞QQ微型车车牌一副及车坐垫套两个等物证，且崔某虎归案后对其持菜刀杀害被害人马某某并弃车的犯罪事实始终供认，并与现场勘验、检查笔录、指认笔录、尸体检验意见、DNA鉴定意见，证人证言相印证，足以认定。但崔某虎在始终供认其持菜刀杀害马某某的同时，也始终供述张某某参与共同作案，并称张某某先后用匕首和菜刀捅刺、砍击了被害人。而且从在案证据来看，崔某虎有关其与张某某共同作案的供述，并有部分证据印证，以致崔某虎伙同张某某作案的可能性不能排除，全案证据尚未达到死刑案件的证明标准。

1. 被告人崔某虎从侦查阶段至复核提讯中始终供述其与张某某共同作案,并有部分证据印证其供述,因此不能否定其供述的真实性。公安机关根据崔某虎供述其案发当晚与张某某的行走路线,调取了当时的路面监控视频资料。经查看,确有两名可疑男子经过该专卖店前。该监控视频经张某某的朋友吕某某辨认,确认其中个头较高的男子是张某某,另一名男子认不出来。此情况不仅有辨认笔录为证,吕某某同时出具了自己书写的证明予以佐证。该监控视频经张某某的女友郭某某观看,认为其中大个子的很像张某某,但因录像效果不好,不能确定。根据公安机关提供的地图,该地点离崔某虎所述其与张某某坐上被害人车的地点电力公司仅150米。综合这些证据,基本可以确定崔某虎与张某某当晚作案前在一起,具有作案时间。

2. 尸体检验报告载明,死者马某某主要损伤在头面部、颈部、双上肢及后上背部,有砍切创和捅刺创两类创口,而砍切创口长而深,捅刺创短而浅,分析作案凶器一个系刃口较长,并有一定重量的砍切类器具,如菜刀;另一个系尖刀类,宽度在2cm左右,刃口较短。而崔某虎始终供认其作案只拿菜刀,未拿匕首,那么匕首捅刺伤何来,值得怀疑。尸检鉴定意见还显示,根据死者损伤部位比较集中,损伤系两种形状不同的工具形成的情况,分析作案人数为2人或2人以上,且死者死前有过抵抗搏斗,死者右前臂形成的大量砍伤即系抵抗伤。据卷内材料反映,案发后,侦查机关从张某某处提取了匕首。复核期间,根据最高人民法院补查要求,当地公安机关委托省公安厅司法鉴定中心三名法医、痕迹检验专家和市公安局司法鉴定中心两名专家对本案进行了会诊分析。经复查车辆、查阅相关案卷、检验照片,形成结论性意见是,根据车辆勘验及尸体损伤情况,不排除两人作案的可能性。其中关于作案工具形成创伤一节认为,根据原尸检照片所见,死者马某某损伤主要集中在头部、上背部及双上肢,多数损伤为砍切伤(如菜刀),结合死者短袖T恤破口情况,分析死者右眼、左右上背部损伤为刺创(如单刃刺器),说明死者损伤符合两种工具形成。结合发现尸体时姿势体位,死者右眼刺创不排除在车内副驾驶位置的嫌疑人用锐器捅刺形成。此节与崔某虎所供其与张某某坐上被害人的车后,张某某坐副驾驶位,其坐后排座,且其看见在张某某和那个司机争吵起来时,张某某侧过身来拿刀朝那名司机腹部捅了好几下的作案情节相互印证。据此不能排除崔某虎所供张某某作案可能。

3. 案发后,侦查机关在对张某某询问时,其对自己在案发时段的行踪撒谎,且其行为有异常表现。根据崔某虎有关其与张某某共同作案的供述,公安机关将张某某抓获归案,并对张某某进行了两次问话,张某某均称案发当晚其在岳父家,不承认与崔某虎在一起。经调查张某某岳父母和妻子,均证明张某某案发当晚并未到过岳父家。张某某显然是撒谎,但公安机关对其撒谎行为没有进一步深究而将张某某释放。结合张某某的妻子和同居女友证明,张某某案发后在家中烧衣服,且在第二天把衣服鞋子全换了的表现,可见张某某案发前后举动反常,作案嫌疑进一步加大。

4. 公安机关出具说明称,张某某的通话信号反映手机基站信号不能覆盖到被害人被杀现场和弃车现场,但有证据反映张某某在当晚有一段时间关机并没有与外人通话,加之因当时案发地没有安装手机在关机状态下的运行轨迹监测设备,故无法提供犯罪嫌疑人张某某的手机在案发时段处于关机状态下的运行轨迹。因此,不能据此得出张某某不在案发现场的结论。

综上所述,本案证据不排除被告人崔某虎伙同他人共同犯罪的可能性,不能得出崔某虎是唯一作案人的结论。若本案有共同犯罪嫌疑人存在,那么就需要对崔某虎在共同犯罪当中的地位、作用加以证明。根据崔某虎的供述,其在犯罪过程中,只持菜刀作案,并未使用匕首,并辩称张某某在共同犯罪中先后持匕首和菜刀砍刺了被害人。从尸检鉴定情况来看,死者死于菜刀和单刃刺器创伤,倘若崔某虎与张某某都使用过菜刀作案,且张某某又可能持单刃刺器作案,两人的作用孰轻孰重就需要经过侦查、起诉和审判,根据证据加以甄别判断。因此,一、二审法院在现有证据证明不排除崔某虎伙同张某某共同犯罪,不能得出崔某虎是唯一作案人结论的情况下,认定崔某虎单独作案,继而以故意杀人罪判处崔某虎死刑显然不妥。最高人民法院根据死刑案件证据裁判原则和证明标准,以在案证据不能排除他人参与共同犯罪,依法不核准被告人崔某虎死刑,发回一审法院重新审判,是适当的。

问题9. 故意杀人犯罪事实清楚,但不能排除其行为具有防卫性质的,能否适用死刑

【刑事审判参考案例】张某清故意杀人案[①]

一、基本案情

哈尔滨市中级人民法院经审理查明:被告人张某清与被害人邢某某(男,殁年56岁)均系黑龙江省呼兰监狱二监区服刑人员,二人平素关系较好。2011年5月22日中午,张某清与邢某某在黑龙江省呼兰监狱二监区生产车间下料操作间内午餐饮酒后,躺在地铺休息时,因琐事发生争执。张某清持下料操作间内的一把木棰击打邢某某头部数下,致邢某某当场死亡。张某清又用一把自制菜刀割划自身颈部,自杀未果。邢某某系生前头面部被钝性物体打击致颅脑损伤死亡;邢某某右颈部锐器切割创是生前非致命性损伤,倾向意见是其本人自伤形成。张某清损伤程度属轻伤,其颈部损伤自伤可以形成。

哈尔滨市中级人民法院认为,被告人张某清因琐事与被害人发生争吵,持木棰击打被害人头部,明知自己的行为会造成被害人死亡的结果,并希望这种结果的发生,其行为已构成故意杀人罪。公诉机关指控罪名不当,应予以纠正。张某清及其辩护人提出的张某清属于防卫过当及被害人有过错的辩解和辩护意见没有证据支持,不予采纳。张某清曾多次被判刑,屡教不改,服刑期间持械杀死一人,罪行、情节极其严重,应依法予以严惩。张某清系判决宣告以后,刑罚执行完毕前又犯罪,应将前罪没有执行完毕的刑罚和后罪所判处的刑罚并罚。据此,依法以故意杀人罪,判处被告人张某清死刑,剥夺政治权利终身,与前罪没有执行的刑罚十七年十个月零一天,剥夺政治权利八年,并处没收个人全部财产并罚。决定执行死刑,剥夺政治权利终身,并处没收个人全部财产。

宣判后,被告人张某清提出上诉,辩称其是在被害人先持刀对其实施伤害的情况下实施自卫行为,没有杀人及伤害的故意。其辩护人提出:被害人邢某某及被告人张某清颈部创口是如何形成的事实认定不清;张某清到案后能如实供述,可以从轻处罚。

黑龙江省高级人民法院经审理认为,张某清故意非法剥夺他人生命的行为,构成故

[①] 许昱撰稿、陆建红审编:《张某清故意杀人案——故意杀人犯罪事实清楚,但不能排除其行为具有防卫性质的,能否适用死刑(第1258号)》,载中华人民共和国最高人民法院刑事审判第一、二、三、四、五庭主办:《刑事审判参考》总第114集,法律出版社2019年版,第52~58页。

意杀人罪。在案法医学鉴定书证实，张某清颈部创口自伤可以形成，且除其本人辩解外，无其他证据证实被害人先持刀对其实施加害行为。张某清持木棰连续多次击打被害人身体要害部位，致被害人颅脑损伤死亡，其杀人的主观故意明显。张某清所提其实施的是自卫行为，没有杀人或伤害故意的上诉理由，不能成立。相关鉴定意见能够证实，张某清及被害人颈部创口的形成原因，辩护人所提一审判决对此情节事实认定不清的辩护意见，不能成立。张某清虽能如实供述其持木棰致死被害人的事实，但其因琐事即持械杀死一人，犯罪手段凶残，后果极其严重，并曾因多次犯罪被判处刑罚，并在服刑期间再犯罪，主观恶性极深，人身危险性极大，应依法惩处。张某清及其辩护人请求二审法院张某清从轻处罚的上诉理由和辩护意见，不予采纳。一审判决认定的事实清楚，证据确实、充分，定罪准确，量刑适当。审判程序合法。依照《刑事诉讼法》第二百二十五条①第一款第（一）项、第二百三十五条②的规定，裁定驳回上诉，维持原判，并依法报请最高人民法院核准。

最高人民法院经复核认为，第一审判决、第二审裁定认定被告人张某清犯故意杀人罪的部分事实不清，证据尚不够确实、充分。依照《刑事诉讼法》第二百三十五条③、第二百三十九条④和《最高人民法院关于适用〈中华人民共和国刑事诉讼法〉的解释》第三百五十条第（三）项、第三百五十三条第一款的规定，裁定不核准黑龙江省高级人民法院维持第一审以故意杀人罪判处被告人张某清死刑，剥夺政治权利终身，与前罪没有执行的刑罚十七年十个月零一天，剥夺政治权利八年，并处没收个人全部财产并罚，决定执行死刑，剥夺政治权利终身，并处没收个人全部财产的刑事裁定。并撤销第二审裁定，发回黑龙江省高级人民法院重新审判。

二、主要问题

被告人故意杀人的事实清楚，但在案证据不能排除其行为存在防卫性质的可能，能否适用死刑？

三、裁判理由

本案在审理过程中，对于被告人张某清实施的故意杀人行为是否达到死刑案件证据确实、充分的标准，存在以下两种不同意见：

第一种意见认为，本案认定张某清实施故意杀人的证据确实、充分，理由有五点：一是，本案系在监狱内发生，场所相对封闭，张某清与被害人邢某某一同在操作间被发现，当时邢某某已死亡，张某清则受伤昏迷。一起在操作间劳动的其他服刑人员均证实案发当天午餐时看到张某清和邢某某一起在操作间吃饭，饭后其他服刑人员出去活动，操作间只剩张某清和邢某某在搭地铺准备睡觉，其他服刑人员活动回来后发现张某清和邢某某并排躺在地铺上，旁边都是血。案发时只有邢某某和张某清二人在场，可排除其他人作案的可能。二是，尸体鉴定意见证实，邢某某系生前头面部被钝器物体打击致颅脑损伤死亡，头面部损伤符合具有一定平面的木质物体重复打击形成。现场勘查笔录及扣押物品文件清单证实，侦查人员在现场提取到木棰1把，经DNA鉴定和手印鉴定，从

---

① 现为《中华人民共和国刑事诉讼法》（2018年修正）第二百三十六条。
② 现为《中华人民共和国刑事诉讼法》（2018年修正）第二百四十六条。
③ 现为《中华人民共和国刑事诉讼法》（2018年修正）第二百四十六条。
④ 现为《中华人民共和国刑事诉讼法》（2018年修正）第二百五十条。

该木棰棰头上检出邢某某的血迹、棰柄上检出张某清的右手掌纹。与张某清供述的持该木棰击打邢某某头面部的作案手段相符。三是，现场勘查笔录及扣押物品文件清单证实，侦查人员在现场提取到铁柄菜刀1把，经DNA鉴定，从该菜刀刀刃部提取的6处血迹中有5处系张某清的血迹、1处系张某清和邢某某的混合血迹，与张某清供述的邢某某持该菜刀自伤、其持木棰杀死邢某某后又持该菜刀自杀的情节相符。四是，DNA鉴定意见证实，分别在张某清所穿上衣、绒衣的右袖口处检出张某清和邢某某的混合血迹。五是，张某清经抢救苏醒后即向侦查人员供述了持木棰杀害邢某某后持菜刀自杀的事实，此后供述一直稳定，与在案其他证据印证。上述证据已形成完整证据锁链，足以认定张某清故意杀人的犯罪事实。

第二种意见认为，前述本案现有证据仅能证实被告人张某清持木棰打击被害人邢某某头部致邢某某死亡这一基本事实，证实该基本事实的证据确实、充分，但张某清到案后始终稳定供述因被害人邢某某持菜刀划其颈部，其才就地持木棰打击邢某某头部，在案证据不能排除张某清有防卫的可能性，故全案证据没有达到确实、充分的标准，不能排除合理怀疑。

我们同意第二种意见，理由如下：

（一）防卫行为属于阻却犯罪事由，是应当有证据证明的定罪量刑事实

在我国的刑事诉讼中，认定被告人有罪的证明标准是案件事实清楚，证据确实、充分。关于"证据确实、充分"的内涵，《刑事诉讼法》第五十五条第二款规定："证据确实、充分，应当符合以下条件：（一）定罪量刑的事实都有证据证明；（二）据以定案的证据均经法定程序查证属实；（三）综合全案证据，对所认定事实已排除合理怀疑。"一般而言，定罪量刑的事实包括犯罪构成要件事实及影响刑罚裁量的事实，具体是指以下事实：（1）被指控的犯罪事实的发生；（2）被告人实施了犯罪行为及被告人实施犯罪行为的时间、地点、手段、后果以及其他情节；（3）影响被告人定罪的身份情况；（4）被告人有刑事责任能力；（5）被告人的罪过；（6）是否共同犯罪及被告人在共同犯罪中的地位、作用；（7）对被告人从重处罚的事实；（8）其他影响对被告人定罪量刑的事实。

本案中，虽然认定被告人张某清持木棰杀死被害人邢某某的证据已经确实、充分，但是对于张某清到案后所供述的因被害人邢某某持菜刀划其颈部，其才就地持木棰打击邢某某头部的情节亦需要进行判断和证明。张某清的行为是否存在防卫性质，直接关系到本案是否存在阻却犯罪事由，张某清是否受到被害人的不法侵害，是否具有犯罪的主观罪过？如果存在防卫性质，是否属于防卫过当，能否成立特殊防卫？上述问题必然会对张某清行为的定性及对其量刑产生重大影响。因此，上述事实也是本案认定被告人实施故意杀人所必须证明的事实。

（二）在案证据不能排除被告人的行为存在防卫性质的可能性

被告人张某清自第一次接受讯问时起，始终稳定供述因被害人邢某某持菜刀划张某清颈部，张某清才就地持木棰打击邢某某头部。一、二审庭审中辩解称自己是在被害人先持刀对其实施伤害的情况下实施的自卫行为，没有杀人及伤害的故意。其辩护人提出，邢某某及张某清颈部创口是如何形成的事实认定不清，不能排除邢某某用刀伤及被告人。关于上述辩解和辩护意见，一审法院认为没有证据支持，故不予采纳。二审法院认为，在案法医学鉴定书证实，张某清颈部创口自伤可以形成，且除其本人辩解外，无其他证据证实被害人先持刀对其实施加害行为。张某清所提其实施的是自卫行为，没有杀人或

伤害故意的上诉理由，不能成立。一、二审法院均未采纳张某清及其辩护人的辩解和辩护理由，认为张某清供述的该情节没有得到其他证据佐证，不予认定。

我们认为，一、二审在审判过程中对尸体鉴定意见中记载"邢某某颈部切割创口是在颅脑损伤之前形成，倾向于自己形成"这一关键证据重视程度不够，且对供证细节未能综合分析，对该节事实的判断过于草率，本案现有证据不能排除张某清的行为存在防卫性质的可能。主要理由如下：

第一，被害人邢某某的尸体鉴定意见载明，死者颈部有10处横行切割创口，上述切割创口是生前伤，系菜刀类锐器切割所致，在颅脑损伤之前形成，倾向于自己形成。由于该鉴定意见对死者颈部损伤成因只有倾向性意见，为进一步查清该损伤成因，最高人民法院复核期间，经向法医专家咨询，得到的答复意见是：死者颈部创口均在颈部右侧，特征为浅表、平行、拖刀痕大部分向右，符合试切创的特征，为其本人形成。该鉴定意见和专家咨询意见与张某清供述其在持木榫打击邢某某头部之前，邢某某持菜刀切割自己颈部的供述印证，可证实邢某某应有先用菜刀切割自己颈部的自伤行为。那么，如果邢某某仅仅是拿菜刀自伤，并未侵害到张某清的安全，张某清又何必以榫击之？这难免会使人产生邢某某是否对张某清实施侵害的疑问。

第二，被告人张某清的活体鉴定意见记载，张某清颈部甲状软骨上至颌下在长18.8cm×5.0cm范围内有（右）11条、（中）6条、（左）10条缝合创，创缘整齐。各创横行，规律性排列。上述创中除一处较深创口外，多数创口深度较浅，各创创角具有右侧创角较左侧创角锐利或左侧创角较右侧创角锐利并拖带延长的特征，符合试刀形成试刀痕及左右切割、拖刀形成拖刀痕等形态特征。根据上述损伤的形态特征分析，其损伤自伤可以形成。虽然该鉴定意见证明张某清颈部的创口自伤可以形成，但没有完全排除他伤的可能。为了弄清是否存在他伤的可能性，最高人民法院复核期间，经向法医专家咨询，得到的答复意见是：鉴定书记载及照片显示，被告人颈部创口在右、中、左侧均有分布，根据一般情况，自伤形成的创口由本人右手或左手拿刀在一侧用力，很难形成颈部正中的平行创口，分布情况应在颈部右侧或左侧，故颈部正中喉结处及喉结下方的创口系他人形成的可能性大，被告人颈部最深的一处创口在颈部正中稍偏右，应系其本人在他伤创口的基础上再次用力切割所致，其他创口为其本人形成的可能性大。专家咨询意见虽未给出明确的结论，但提出张某清颈部正中的平行创口系他伤的可能性大，其他创口为其本人形成的可能性大，与张某清始终供述邢某某持菜刀划张某清颈部，其反抗杀了邢某某后又持刀割颈自杀的情节并不矛盾。

第三，从现场勘验、检查笔录及照片可见，现场的喷溅血迹主要集中分布于地铺北头西边的料堆、北边的木板、东边的操作案台侧面的下部，操作案台侧面喷溅血迹较少，料堆和木板上喷溅血迹较多且有一块颅骨碎片。现场方位和血迹分布情况与被告人张某清所供案发时其躺在操作案台一侧，邢某某半侧身压在其身上持菜刀对其行凶，其用左手从操作台下拿了木榫击打邢某某头部脑门处一下，邢某某一愣，其又将木榫换到右手朝邢某某头部脑门处打了一下（前两次击打时距操作案台较近，血可以喷溅到操作案台侧面，打击次数较少，喷溅血迹较少），之后邢某某倒在靠近料堆的地铺西侧，其又持木榫猛击邢某某头面部数下（后几次击打距料堆较近，距操作案台较远，血可以喷溅到料堆和木板上，打击次数较多，喷溅血迹较多）的供述吻合，说明张某清的供述具有一定的真实可信度。

根据以上事实、证据和综合分析，被告人张某清供述的邢某某持刀先对其实施侵害，其为自卫才就地持木棰打击邢某某头部的情节，能够得到尸体鉴定意见、现场勘验、检查笔录的部分印证，且与在案的活体鉴定意见等证据没有矛盾。在有一定客观性证据予以印证，且没有足够的反向证据能够推翻被告人供述的情况下，现有证据不能排除被告人供述的真实性，不能排除邢某某持刀对张某清实施侵害在先的合理怀疑。换言之，即不能排除张某清的行为存在防卫性质的可能。在这一影响定罪量刑的重大情节尚未查清，证据未达确实、充分的情况下，以故意杀人罪判处被告人张某清死刑显然有违《刑事诉讼法》要求。

综上，最高人民法院按照死刑案件证据裁判原则，严格适用刑事诉讼证明标准，以本案部分事实不清，证据尚不够确实、充分为由，依法作出不核准张某清死刑的刑事裁定，是适当的。

问题10. 死刑复核程序中发现二审法院剥夺被告人上诉权的，如何处理？

【刑事审判参考案例】王某红、徐某等抢劫案[①]

一、基本案情

某省某市中级人民法院经公开审理查明：

1. 2012年12月，被告人王某红、徐某因经济拮据，商议抢劫租住于某省某市龙门镇北庄村的被害人侯某某。同月的一天晚上，二人以嫖娼为由进入侯某某住处，将侯某某捆绑、堵嘴后劫持到王某红租住房并向侯某某索要钱财。侯某某被劫持三天后，称有8000元存折存放于其住处。二人获得存折及密码后将侯某某勒死，并将其尸体抛至一地窖内。后二人持侯某某身份证到银行从侯某某的存折中支取8000元并平分。

2. 2013年1月，被告人王某红、徐某又商议抢劫与王某红相识的被害人袁某玲。同月19日晚，王某红、徐某与袁某玲在王某红住处吃饭时，王某红向袁的杯内偷放安眠药。袁某玲昏睡后，二人将其捆绑。徐某持刀威逼袁某玲并索要10万元，遭拒后二人对袁进行殴打，逼问出袁的存折存放位置及密码。王某红找到袁的存折后用该存折向其本人的账户转账8万元。

3. 2013年春节后，被告人王某红、徐某共谋抢劫托徐某帮忙寻找房源的被害人樊某涛。同年3月4日11时许，徐某以购房为由将樊某涛骗至住处，王某红假扮卖房人试探樊某涛，二人确认樊某涛有钱后将其捆绑。樊某涛拒绝交钱后徐某以樊醉酒为由将樊的妻子刘某盈骗至住处捆绑起来。王某红、徐某通过逼问樊某涛获得樊的存单、身份证、户口本和存单密码后，用电线勒死樊某涛、刘某盈，将尸体埋在徐某租住院内事先挖好的坑中。王某红、徐某持抢得的存单、身份证多次支取存款共计9万余元，赃款二人均分。徐某还向连襟杜某红（被法院以掩饰隐瞒犯罪所得罪判处有期徒刑二年）谎称其有偷来的存单，要杜某红帮忙取款并许诺给杜好处费。后杜某红持徐某通过他人制作的假身份证从樊某涛的存单中支取1万元，杜某红分得1000元。

[①] 范冬明撰稿、徐静审编：《王某红、徐某等抢劫案——死刑复核程序中发现二审法院剥夺被告人上诉权的，如何处理（第1262号）》，载中华人民共和国最高人民法院刑事审判第一、二、三、四、五庭主办：《刑事审判参考》总第114集，法律出版社2019年版，第78~82页。

某市中级人民法院认为，被告人王某红、徐某使用暴力劫持他人后劫取财产并杀死被害人，其行为均构成抢劫罪。王某红、徐某共同预谋，多次抢劫他人财物，数额巨大，且致三人死亡，情节恶劣，后果极其严重。二人在抢劫犯罪中行为积极主动，均系主犯，王某红又系累犯，应依法从严惩处。据此，依照《刑法》第二百六十三条第（四）项、第（五）项，第六十五条第一款，第二十五条第一款，第二十六条第一款、第四款，第五十七条第一款之规定，以抢劫罪判处王某红、徐某死刑，剥夺政治权利终身，并处没收个人全部财产。

一审宣判时，被告人王某红、徐某口头提出上诉；同案被告人杜某红在法定期限内提交上诉状，上诉期满后又提出撤诉。某省高级人民法院依法裁定准予杜某红撤回上诉，并按复核程序审理了本案。

某省高级人民法院复核认为，原判定罪及适用法律正确，量刑适当，审判程序合法，裁定同意某市中级人民法院对被告人王某红、徐某均以抢劫罪判处死刑，剥夺政治权利终身，并处没收个人全部财产的刑事判决，并依法报请最高人民法院核准。

最高人民法院经复核认为，某省高级人民法院在审理本案过程中，未依法按照二审程序进行审理，剥夺了被告人的上诉权，侵犯了被告人的辩护权，严重违反法定诉讼程序，可能影响公正审判。依照《刑事诉讼法》第二百三十五条[①]、第二百三十九条[②]和《最高人民法院关于适用〈中华人民共和国刑事诉讼法〉的解释》第三百五十条第（六）项、第三百五十三条第一款的规定，于2016年12月30日裁定不核准并撤销某省高级人民法院同意原审对被告人王某红、徐某以抢劫罪判处死刑，剥夺政治权利终身，并处没收个人全部财产的刑事裁定，发回某省高级人民法院重新审判。

二、主要问题

在死刑复核程序中发现二审法院剥夺被告人上诉权的，应如何处理？

三、裁判理由

最高人民法院在复核本案时发现，一审法院宣判时被告人王某红、徐某均表示提出上诉，宣判笔录明确记录了两人的上诉要求，但某省高级人民法院却以复核程序审理了本案，并报请最高人民法院核准。对高级人民法院以复核程序审理被告人口头提出上诉案件的，在最高人民法院死刑复核阶段应如何处理，形成两种意见。第一种意见认为，高级人民法院未依法适用二审程序公开开庭审理，剥夺了被告人的上诉权，侵犯了被告人的辩护权，严重违反法定诉讼程序，可能影响公正审判，依法应发回重审。第二种意见认为，某省高级人民法院虽未按照二审程序公开开庭审理，但提讯了王某红、徐某，充分听取了二人的意见，并为二人指定了辩护人，保障了辩护权的充分行使，并不影响案件的公正审判，不必发回重审，依法可核准死刑。我们同意第一种意见，具体理由如下：

（一）被告人在法定期限内口头提出上诉的，应视为有效上诉

《刑事诉讼法》第二百二十七条第一款规定："被告人、自诉人和他们的法定代理人，不服地方各级人民法院第一审的判决、裁定，有权用书状或者口头向上一级人民法院上诉……"同时，该条第三款规定："对被告人的上诉权，不得以任何借口加以剥夺。"据

[①] 现为《中华人民共和国刑事诉讼法》（2018年修正）第二百四十六条。

[②] 现为《中华人民共和国刑事诉讼法》（2018年修正）第二百五十条。

此，被告人以书面或口头形式提出的上诉，均属于有效上诉表示，应当受到刑事诉讼法的严格保护。被告人的上诉权是刑事诉讼中的基本诉讼权利，不得以任何形式和借口予以剥夺。《最高人民法院关于适用〈中华人民共和国刑事诉讼法〉的解释》第三百条第一款规定："人民法院受理的上诉案件，一般应当有上诉状正本及副本。"此处规定"一般"应当有上诉状正本及副本，是出于更全面地了解和掌握被告人的上诉理由而作出的原则性规定，并不是否定被告人口头上诉的法律效力。

本案中，一审宣判时被告人王某红、徐某均明确表示上诉并被记录在案，同案被告人杜某红表示不上诉（后提交了上诉状）。但此后一审法院根据仅收到杜某红上诉状的情况认为只有杜某红提出上诉，制作案件移交材料后将案件上报至二审法院，二审法院亦因未收到王某红、徐某提交的上诉状而认为两人未提出上诉，并在裁定准许杜某红撤诉后直接以复核程序审理了本案。这种做法的错误在于，法院对被告人在法定期限内提出的口头上诉未予重视，单纯以是否提交上诉状作为认定被告人是否上诉的依据（王某红、徐某均称口头提出上诉后又通过看守所提交了上诉状，但法院未收到），忽视了口头上诉的法律效力。综上，王某红、徐某在一审宣判时已提出有效上诉，其后不论二人有无提交书面上诉状，均不影响两人提出上诉的法律效力。作为一审的上一级法院，在审理工作中应当重视审查被告人有无上诉情况。

（二）死刑上诉案件未开庭审理的，属于严重违反法定诉讼程序，可能影响公正审判，应依法发回重审

《刑事诉讼法》第二百三十四条第一款规定："第二审人民法院对于下列案件，应当组成合议庭，开庭审理……（二）被告人被判处死刑的上诉案件……"《最高人民法院关于适用〈中华人民共和国刑事诉讼法〉的解释》第三百一十七条①第一款进一步明确了"被告人被判处死刑立即执行的上诉案件"应当开庭审理。有意见认为，本案中某省高级人民法院提讯了一审被判处死刑的被告人王某红、徐某，听取了二人意见，并为二人指定了辩护人，听取了辩护人意见，虽未开庭审理，但充分保障了被告人的诉讼权利。中级人民法院、高级人民法院认定王某红、徐某犯抢劫罪的事实清楚，证据确实、充分，对二人均应判处死刑。因此，虽然某省高级人民法院未适用二审程序公开开庭审理违反法定诉讼程序，但实质上并不影响公正审判，依法可予核准。

我们认为，在一审法院判处被告人王某红、徐某死刑，两人均明确提出上诉的情况下，某省高级人民法院适用复核程序审理本案，不但剥夺了被告人申请回避的权利、当庭举证质证及辩护的权利，而且导致同级检察机关不能参与案件的二审程序，指控犯罪、监督审判的职能缺失，属于严重违反法定诉讼程序。开庭审理是刑事诉讼法规定的基本原则，是审判公正的制度保障，是法律的刚性规定，其目的是最大限度地保障被告人辩护权的充分行使，保障人权，彰显程序正义，确保实体公正。如果仅以实体公正为宗旨，完全抛开程序正义的要求，既不符合注重程序正义、充分保障人权的现代刑事司法理念，也可能为案件的实体处理埋下隐患。因此，对于依法应当开庭审理的案件未开庭审理的，原则上应认定此种做法"可能影响公正审判"，这也是《刑事诉讼法》规定二审开庭审理制度的应有之义，特别是对死刑案件，更要坚持最高标准、最严要求。

综上，最高人民法院认为某省高级人民法院适用复核程序审理了本应开庭审理的死

---

① 现为《最高人民法院关于适用〈中华人民共和国刑事诉讼法〉的解释》（2021年）第三百九十三条。

刑案件，严重违反法定诉讼程序，可能影响公正审判，据此裁定不核准二被告人死刑，并撤销原判，发回某省高级人民法院重新审判。

值得注意的是，本案是一起性质十分恶劣的抢劫杀人案件，在政策上应当依法予以严惩，故本案发回重审纠正程序违法后，高级人民法院仍可以再次报请最高人民法院核准死刑。

问题11. 关于二审程序，2012年《刑事诉讼法》主要有哪些修改

【实务专论】[①]

（一）关于二审开庭审理案件的范围

1996年《刑事诉讼法》第一百八十七条规定："第二审人民法院对上诉案件，应当组成合议庭，开庭审理。合议庭经过阅卷，讯问被告人、听取其他当事人、辩护人、诉讼代理人的意见，对事实清楚的，可以不开庭审理。对人民检察院抗诉的案件，第二审人民法院应当开庭审理。"确定开庭审理是原则，不开庭审理是例外。但因法院"案多人少"问题突出，应当开庭审理的条件不明确等种种原因，实际执行中，多数法院只对少数上诉案件实行开庭审理，不开庭审理成了原则，开庭审理成了例外。鉴于此实际情况，2012年《刑事诉讼法》对二审开庭的范围作出了明确规定。第二百二十三条[②]第一款规定：第二审人民法院对于下列案件，应当组成合议庭，开庭审理：①被告人、自诉人及其法定代理人对第一审认定的事实、证据提出异议，可能影响定罪量刑的上诉案件；②被告人被判处死刑的上诉案件；③人民检察院抗诉的案件；④其他应当开庭审理的案件。这对于切实保障被告人的审级权利，进一步贯彻落实审判公开原则具有重要意义。各级人民法院要严格贯彻执行法律规定，对于符合法定条件的二审案件，严格依法开庭；有条件的地方，要逐步扩大二审开庭的范围，争取实现所有二审案件开庭审理。

根据《刑事诉讼法》第二百二十三条的规定，结合已有的司法解释和司法实践，二审应当开庭审理的案件包括：

1. 被告人、自诉人及其法定代理人对第一审判决认定的事实、证据提出异议，可能影响定罪量刑的上诉案件。应注意两点：一是对于上诉案件，只要被告人、自诉人及其法定代理人对第一审判决认定的事实、证据提出异议，原则上就应当开庭审理；二是对于异议确实没有事实根据，或者虽有事实根据但明显不足以影响定罪量刑的，可以不开庭审理。

2. 被告人被判处死刑立即执行的上诉案件。刑事诉讼法的规定是"被告人被判处死刑的上诉案件"，这里的"死刑"应当包括死刑立即执行和死刑缓期二年执行。但从实践来看，目前的开庭范围限制在"死刑立即执行"为宜，还可以包括死刑缓期二年执行。

3. 人民检察院抗诉的案件。人民检察院抗诉的案件应当一律开庭审理。

4. 出现新的事实、证据，可能影响定罪量刑的。二审人民法院在审查案卷材料，讯问被告人，听取其他当事人、辩护人意见过程中，发现有新的事实、证据，认为可能影

[①] 高憬宏、胡云腾：《刑事审判程序改革问题解读》，载中华人民共和国最高人民法院刑事审判第一、二、三、四、五庭主办：《刑事审判参考》2012年第2集（总第85集），法律出版社2012年版，第198~227页。

[②] 现为《中华人民共和国刑事诉讼法》（2018年修正）第二百三十四条。

响定罪量刑的,应当决定开庭审理。

5. 其他应当开庭审理的案件。如《最高人民法院关于被判处死刑的被告人未提出上诉、共同犯罪的部分被告人或者附带民事诉讼原告人提出上诉的案件应适用何种程序审理的批复》(法释〔2010〕6号)规定:"根据《中华人民共和国刑事诉讼法》第一百八十六条①的规定,中级人民法院一审判处死刑的案件,被判处死刑的被告人未提出上诉,共同犯罪的其他被告人提出上诉的,高级人民法院应当适用第二审程序对全案进行审查,并对涉及死刑之罪的事实和适用法律依法开庭审理,一并处理。"

(二)关于限制发回重审

《刑事诉讼法》第二百二十五条②第二款明确规定:"原审人民法院对于依照前款第三项规定(即原判决事实不清楚或者证据不足的——笔者注)发回重新审判的案件作出判决后,被告人提出上诉或者人民检察院提出抗诉的,第二审人民法院应当依法作出判决或者裁定,不得再发回原审人民法院重新审判。"这对于解决实践中存在的因多次发回而导致的案件久拖不决、被告人被长期羁押、诉讼效率低下、司法公信和权威受损等问题具有重要作用,必须坚决贯彻执行。同时,值得注意的是:

1. 原审人民法院在重新审判过程有《刑事诉讼法》第二百二十七条③规定的情形之一的。根据《刑事诉讼法》第二百二十七条的规定,二审法院发现一审法院违反公开审判、回避制度、审判组织的组成等规定以及剥夺或者限制了当事人的法定诉讼权利,可能影响公正审判的,应当裁定撤销原判,发回原审人民法院重新审判。我们认为,此规定属于对违反法定诉讼程序如何处理的专门性规定,不受发回重审只能一次的限制。

2. 原审人民法院在重新审判过程中没有另行组成合议庭的。如果原审法院没有另行组成合议庭的,违反了诉讼程序,也只能再次发回。

3. 在第二审期间发现新的犯罪事实,需要补充起诉,并与新发现的犯罪一并作出处理的。二审期间,发现被告人还有其他犯罪事实,需要补充起诉,一并作出处理的,也只能再次发回重审。如某案一审中,被告人供述杀害了四人,高院二审中供述杀害了五人,高院发回重审。中院对发回重审的案件判决后,高院再次二审期间,被告人又供述还有一起命案。对此类案件,由于不可能就被告人一人所犯的部分犯罪事实"先行"作出判决,只能再次发回,对原判认定的犯罪和新发现的罪一并作出处理。

(三)关于上诉不加刑原则

上诉不加刑原则是为消除被告人上诉顾虑、保障其诉权并被各国普遍认同的一项重要刑事诉讼原则。但是我们实践中通过发回重审而由一审法院加重被告人的刑罚,以回避上诉不加刑原则的情况时有发生。为切实贯彻这一原则,刑事诉讼法特别规定,第二审人民法院审理被告人或者他的法定代理人、辩护人、近亲属上诉的案件,不得加重被告人的刑罚。第二审人民法院发回原审人民法院重新审判的案件,除有新的犯罪事实,人民检察院补充起诉的以外,原审人民法院也不得加重被告人的刑罚。实践中执行该原则应注意以下几点:

1. 既不能加重主刑,也不能加重附加刑。《最高人民法院关于刑事二审判决改变第一

---

① 现为《最高人民法院关于适用〈中华人民共和国刑事诉讼法〉的解释》(2021年)第二百三十三条。
② 现为《中华人民共和国刑事诉讼法》(2018年修正)第二百三十六条。
③ 现为《中华人民共和国刑事诉讼法》(2018年修正)第二百三十八条。

审判决认定的罪名后能否加重附加刑的批复》(2008年6月6日,法释〔2008〕8号)对于二审能否加重附加刑的问题作出了明确规定,实践中应切实贯彻执行。一是第一审人民法院没有判处附加刑的,第二审人民法院判决改变罪名后,不得判处附加刑;二是第一审人民法院原判附加刑较轻的,第二审人民法院不得改判较重的附加刑,也不得以事实不清或者证据不足发回重审;三是必须改判的,应当在判决、裁定生效后,按照审判监督程序重新审理。

2. 既不能加重刑罚,也不能加重刑罚执行方式。对被告人判处拘役或者有期徒刑宣告缓刑的,不得撤销原判决宣告的缓刑或者延长缓刑考验期。对被告人判处缓刑没有宣告禁止令的,不能增加禁止令。

3. 一审对被告人判处死刑缓期二年执行没有限制减刑的,二审不得限制减刑。对于一审判处死刑缓期二年执行没有限制减刑,二审认为应当限制减刑的上诉案件,在事实清楚、证据确实、充分的情况下,二审不能直接改判,增加限制减刑;也不能发回原审人民法院重新审判。确实需要限制减刑的,应当在判决、裁定生效后,按照审判监督程序处理。

4. 共同犯罪案件,只有部分被告人提出上诉的,既不能加重提出上诉的被告人的刑罚,也不能加重其他同案被告人的刑罚。

5. 对原判认定事实清楚、证据充分,只是认定的罪名不当的,在不加重原判刑罚的情况下,可以改变罪名。

6. 对被告人实行数罪并罚的,不得加重决定执行的刑罚,也不能在维持原判决决定执行的刑罚不变的情况下,加重数罪中某罪的刑罚。

7. 对事实清楚、证据充分,但判处的刑罚畸轻,或者应当适用附加刑而没有适用的案件,不得撤销第一审判决,直接加重被告人的刑罚或者适用附加刑,也不得以事实不清或者证据不足发回第一审人民法院重新审理。必须依法改判的,应当在第二审判决、裁定生效后,按照审判监督程序重新审判。

(四)关于查封、扣押、冻结财物的处理

《刑事诉讼法》第二百三十四条[①]规定:"公安机关、人民检察院和人民法院对查封、扣押、冻结的犯罪嫌疑人、被告人的财物及其孳息,应当妥善保管,以供核查,并制作清单,随案移送。任何单位和个人不得挪用或者自行处理……人民法院作出的判决,应当对查封、扣押、冻结的财物及其孳息作出处理。人民法院作出的判决生效以后,有关机关应当根据判决对查封、扣押、冻结的财物及其孳息进行处理。对查封、扣押、冻结的赃款赃物及其孳息,除依法返还被害人的以外,一律上缴国库……"进一步完善了对查封、扣押、冻结财物的处理程序。近年来,随着公民财富的不断增长,权利意识的不断增强,对于查封、扣押、冻结财物的处理,逐步成为审判中的难点和敏感问题。虽然修改后的刑事诉讼法对查封、扣押、冻结财物的处理程序作了完善,但仍然过于原则,许多具体问题没有得到解决。我们将协同最高人民检察院、公安部、司法部等中央有关部门,对查封、扣押、冻结财物的处理程序作出具体规定。需要进一步研究的问题是:

1. 关于查封、扣押、冻结财物的处理程序

查封、扣押、冻结的财物及其孳息,除依法应当返还被害人或者经查明确实与案件

---

① 现为《中华人民共和国刑事诉讼法》(2018年修正)第二百四十五条。

无关的以外，在人民法院判决生效之前不得处理，法律和有关规定另有规定的除外。

《刑事诉讼法》第二百三十四条规定中的"不宜移送的"物品，是指大宗的、不便搬运的物品，易腐烂、霉变和不易保管的物品，违禁品、枪支弹药、易燃易爆物品、剧毒物品以及其他危险品。对于查封、扣押、冻结的其他财物，均应当随案移送作为证据使用。

对于未依法随案移送的查封、扣押、冻结的财物，人民法院在判决中不予处理。也有意见认为，对于查封、扣押、冻结的财物及其孳息，不管是否随案移送，人民法院均应当根据《刑事诉讼法》第二百三十四条的规定，在判决中作出处理。判决生效后，对于随案移送的财物由人民法院处理；对于未随案移送的财物，可由查封、扣押、冻结机关处理。

2. 关于无法查清是否属于违法所得财物的处理问题

对于经过审理确实无法查清是否属于违法所得的查封、扣押、冻结的财物，应当判决返还被告人。也有意见主张，对于无法查清是否属于违法所得的查封、扣押、冻结的财物，人民法院在判决中不作处理，由查封、扣押、冻结机关依法处理。

3. 对冻结在案的债券、股票、基金份额等特殊财产的处理问题

《刑事诉讼法》第一百四十二条①将债券、股票、基金份额等亦纳入可冻结的财产的范围。这些财产如经查实确属违法所得，无法直接上缴国库或者发还被害人，应当按照拍卖、变卖程序依法出售，其后将所得价款上缴国库或者发还被害人。

4. 关于违法所得的继续追缴问题

《刑法》第六十四条规定，犯罪分子违法所得的一切财物，应当予以追缴或者责令退赔。以往对判决前尚未追缴、退赔到位的，人民法院在判决中均写明继续追缴。从实践来看，往往并无追缴可能；写明继续追缴常引发被害方的上访、闹访问题。建议在裁判文书中取消此表述。也有意见认为，人民法院可以判决继续追缴，但应明确由侦查机关负责追缴。

问题12. 高级人民法院复核死缓案件的裁判方式

【实务专论】②

《刑事诉讼法解释》第三百四十九条③规定了高级人民法院复核死缓案件的裁判方式与原规定相比有重大修改。最高人民法院1998年制定的《关于执行〈中华人民共和国刑事诉讼法〉若干问题的解释》（以下简称1998年《刑事诉讼法解释》）第二百七十八条第二款对高级人民法院复核死缓案件仅规定了三种裁判方式：（1）同意判处死刑缓期二年执行的，裁定核准；（2）原判事实不清、证据不足的，裁定发回重新审判；（3）原判量刑过重的，依法改判。本次修改，除对原有三项规定作出完善外，还增加了第二项、第五项、第六项三项。并且，经过本次修改，高级人民法院复核死缓案件的裁判方式与

---

① 现为《中华人民共和国刑事诉讼法》（2018年修正）第一百四十四条。
② 高贵君、方文军：《刑事诉讼法修正后死刑复核程序的若干实践问题》，载中华人民共和国最高人民法院刑事审判第一、二、三、四、五庭主办：《刑事审判参考》2012年第6集（总第89集），法律出版社2013年版，第270~285页。
③ 现为《最高人民法院关于适用〈中华人民共和国刑事诉讼法〉的解释》（2021年）第四百二十八条。

最高人民法院复核死刑立即执行案件的裁判方式实现了衔接和大体统一。同时，两者也存在两点区别：（1）对于原判认定事实正确，但量刑不当的，高级人民法院应当改判，而最高人民法院则不能直接改判，应当裁定不予核准，并撤销原判，发回重审；（2）对于原判事实不清、证据不足或者复核期间出现新的影响定罪量刑的事实证据的，高级人民法院可以不核准，也可以改判，但最高人民法院只能裁定不予核准，不能直接改判。《刑事诉讼法解释》第三百四十九条第一款共有六项，其中，第一项的适用问题不突出，第二项、第六项可参照前文的相关论述进行理解和适用，下文仅对第三项、第四项、第五项作简略阐述。

1. 关于第三项

该项与《刑事诉讼法》第二百二十五条①第二项的改判规定基本一致，包括两种情形：（1）对原判适用法律错误的改判。适用法律错误主要是指定罪错误。例如，对本应认定为抢劫罪的，认定为绑架罪；对本应认定为故意伤害罪的，认定为故意杀人罪；对本应认定为抢劫罪一罪的，认定为抢劫罪、故意杀人罪两罪；对本应认定为强奸罪一罪的，认定为强奸罪、故意杀人罪两罪；等等。对于罪名认定错误的，高级人民法院复核后可以在不违反本条第二款（"复核不加刑"原则）的前提下予以纠正。如果是毒品犯罪案件，还应当参照2008年印发的《全国部分法院审理毒品犯罪案件工作座谈会纪要》的有关规定。即上级法院可以减少选择性罪名中的部分罪名或者改动罪名顺序，也可以改变罪名，但不得增加罪名。例如，对原判认定为贩卖毒品罪的，复核后不能改判为贩卖、运输毒品罪，但可以改为运输毒品罪。（2）对原判量刑过重的改判。包括多种情形，例如，发现应当认定被告人有自首、重大立功情节而原判没有认定的，复核认定后改判为无期徒刑甚至更轻的刑罚；发现应当认定被害人有重大过错而原判没有认定，或者复核期间被告人亲属积极代为赔偿，取得被害方谅解，高级人民法院依法改判无期徒刑；被告人在共同犯罪中属于从犯或者作用明显偏小的主犯，而原判没有认定或者量刑时考虑不充分，影响全案量刑平衡的，高级人民法院复核后可以改判。

2. 关于第四项

高级人民法院复核后发现原判事实不清、证据不足的，可以裁定不予核准，并撤销原判，发回重新审判，也可以依法改判。从充分发挥复核职能和节约诉讼成本的角度看，发回重审针对的应是主要事实不清、证据不足的案件，而改判针对的应是即使发回重审也难以查清有关事实的案件。这里要特别注意的是，高级人民法院复核程序中以事实不清、证据不足发回重审，也应当遵守《刑事诉讼法》第二百二十五条第二款和《刑事诉讼法解释》第三百二十八条②关于限制发回重审的规定。即原判事实不清、证据不足，第二审人民法院发回重新审判的案件，原审人民法院重新作出判决后，被告人上诉或者人民检察院抗诉的，第二审人民法院应当依法作出判决、裁定，不得再发回重新审判。同时，参照《刑事诉讼法解释》第三百二十九条③的规定，高级人民法院复核中发现原审人民法院在重新审判过程中有《刑事诉讼法》第二百二十七条、第二百二十八条规定的违反法定诉讼程序情形之一的，不受前述限制发回重审规定的制约，仍可以裁定撤销原判，

---

① 现为《中华人民共和国刑事诉讼法》（2018年修正）第二百三十六条。
② 现为《最高人民法院关于适用〈中华人民共和国刑事诉讼法〉的解释》（2021年）第四百零五条。
③ 现为《最高人民法院关于适用〈中华人民共和国刑事诉讼法〉的解释》（2021年）第四百零六条。

再次发回重新审判。对于实践中存在的复核期间发现新的犯罪事实,或者在逃共同犯罪人归案的情形,《刑事诉讼法解释》在起草过程中曾规定为可以将案件再次发回重审的事由,但经反复研究后予以删去,故今后对这两种情形不得作为突破限制发回重审规定的理由。

3. 关于第五项

高级人民法院在复核期间发现有新的影响定罪量刑的事实、证据,且不便于查证的,可以裁定不予核准,并撤销原判,发回重新审判。如果便于查证,可以依照《刑事诉讼法解释》第二百二十条的规定审理后依法改判。《刑事诉讼法解释》第二百二十条[1]第二款规定:"对公诉人、当事人及其法定代理人、辩护人、诉讼代理人补充的和法庭庭外调查核实取得的证据,应当经过当庭质证才能作为定案的根据。但是,经庭外征求意见,控辩双方没有异议的除外。"复核程序不同于二审程序,不需要开庭审理,故对于新出现的证据不能以开庭质证的方式进行质证,但经过庭外征求意见,控辩双方均无异议的,可以作为证据使用,并作为改判的根据。例如,复核期间出现了证明被告人有自首、重大立功情节或者证明被害人有明显过错的新证据,可以采取庭外征求意见的方式,对控辩双方均无异议的,可以采纳,并根据案件具体情况决定是否改判。

问题13. 高级人民法院对死刑案件的复核与二审程序问题

【实务专论】[2]

2012年修正的《刑事诉讼法》对高级人民法院复核死刑的程序没有作出修改,但《刑事诉讼法解释》对1998年《刑事诉讼法解释》的相关规定作了较大修改。例如,删去了1998年《刑事诉讼法解释》中有关授权高级人民法院行使死刑案件核准权的规定;把中级人民法院报送高级人民法院复核死刑和高级人民法院报送最高人民法院核准死刑的时限均明确为上诉、抗诉期满后或者作出裁定后10日之内(第三百四十四条[3]);明确了"提审"是指依照第二审程序审理(第三百四十四条);对死刑案件综合报告的内容重新梳理后作出明确规定(第三百四十七条[4]第二款);等等。《刑事诉讼法解释》第三百四十四条规定了报请最高人民法院核准死刑的三种不同情形。对于第三项情形,由于实践中几乎没有高级人民法院一审的刑事案件,故该项规定适用的概率极低。实践中存在程序性问题的主要是第一项和第二项。

(一)高级人民法院对死刑案件的复核程序

根据《刑事诉讼法解释》第三百四十四条第一款第一项的规定,中级人民法院一审判处被告人死刑后没有上诉、抗诉的案件,高级人民法院适用复核程序进行审理。高级人民法院复核后存在两种处理结果:如果同意判处被告人死刑的,应当报请最高人民法院核准;如果不同意判处被告人死刑的,可以依照第二审程序提审或者发回中级人民法

---

[1] 现为《最高人民法院关于适用〈中华人民共和国刑事诉讼法〉的解释》(2021年)第二百七十一条。
[2] 高贵君、方文军:《刑事诉讼法修正后死刑复核程序的若干实践问题》,载中华人民共和国最高人民法院刑事审判第一、二、三、四、五庭主办:《刑事审判参考》2012年第6集(总第89集),法律出版社2013年版,第270~285页。
[3] 现为《最高人民法院关于适用〈中华人民共和国刑事诉讼法〉的解释》(2021年)第四百二十三条。
[4] 现为《最高人民法院关于适用〈中华人民共和国刑事诉讼法〉的解释》(2021年)第四百二十六条。

院重审。对于该项规定,重点要注意对以下两个问题的把握:

1. 仅有附带民事诉讼当事人上诉的,刑事部分适用复核程序

实践中,有的案件判处死刑后被告人不上诉,检察机关也不抗诉,如果附带民事诉讼原告人提出上诉的,高级人民法院对刑事部分适用复核程序还是二审程序,以往曾有一定争议,处理上也有不规范之处。造成争议的一个重要原因,是1998年《刑事诉讼法解释》对此类情形没有作出明确规定。实际上,对该类情形可以适用1998年《刑事诉讼法解释》第二百五十条第一款(《刑事诉讼法解释》第三百一十四条第一款)来解决。即"附带民事诉讼案件,只有附带民事诉讼的当事人和他们的法定代理人提出上诉的,第一审刑事部分的判决,在上诉期满后即发生法律效力"。根据这一规定,如果判处被告人死刑,仅有附带民事诉讼的当事人提出上诉的,高级人民法院对刑事部分应当适用复核程序。后为解决此类问题,最高人民法院在2010年作出的司法解释《关于对被判处死刑的被告人未提出上诉、共同犯罪的部分被告人或者附带民事诉讼原告人提出上诉的案件应适用何种程序审理的批复》(法释〔2010〕6号)中明确提出,中级人民法院一审判处死刑的案件,被判处死刑的被告人未提出上诉,仅附带民事诉讼原告人提出上诉的,高级人民法院适用二审程序对附带民事诉讼依法审理,并由同一审判组织对死刑判决进行复核。《刑事诉讼法解释》没有明确将批复的此项内容吸收进来,但对此类案件仍可依据《刑事诉讼法解释》第三百一十四条第一款和批复的相关规定进行处理。

2. 关于提审的程序性质

对于如何理解"提审"的含义,长期以来司法实践中争议较大。一种意见认为,死刑复核程序中的提审,是指对中级人民法院判处死刑而没有上诉、抗诉的案件,由高级人民法院按照一审程序进行审理。主要理由有两点:第一,"提审"的字面含义是提高审级,理应指高级人民法院适用一审程序进行审理。第二,如果提审是指高级人民法院适用二审程序进行审理,则意味着高级人民法院可以主动将复核程序转为审判程序,这显然违背诉讼原理。另一种意见认为,提审是指高级人民法院按照二审程序进行审理。主要理由是,根据《刑事诉讼法》第二百四十五条①的规定,人民法院按照审判监督程序重新审判案件,如果原来是第二审案件或者上级法院提审的案件,应当依照第二审程序进行审判。同一部法律的不同条文中出现的同一个规范性用语,其含义应当相同,因此,死刑复核程序中的提审也应是指按照二审程序进行审理。如果这里的提审是指按照一审程序审理,则意味着此类提审案件应由高级人民法院进行一审,最高人民法院进行二审,这显然不符合司法实际。我们认为,后一种意见的理由更为充分。然而,由于修订前的《刑事诉讼法》和1998年《刑事诉讼法解释》均没有明确"提审"的含义,故实践中高级人民法院在复核时对不同意判处死刑的,基本采取发回重审的处理方式。2012年修正的《刑事诉讼法》仍然没有明确"提审"的含义,但《刑事诉讼法解释》第三百四十四条和第三百五十四条②均明确了"提审"是指按照第二审程序进行审理。

不过,对于按照二审程序进行提审,实践中也面临着如何具体操作的问题。例如,提审后是否要开庭审理,是否要商请检察机关派员出庭等。对此,《刑事诉讼法解释》没有作进一步规定。目前,对于提审后的二审审理方式,有两种不同意见:一种意见认为,

---

① 现为《中华人民共和国刑事诉讼法》(2018年修正)第二百五十六条。
② 现为《中华人民共和国刑事诉讼法》(2018年修正)第四百三十一条。

提审后的二审应当与普通死刑二审案件采取相同的审理方式。即应当开庭审理，检察机关也应当派员出庭。另一种意见认为，提审后的二审没有必要采取与普通死刑二审案件相同的审理方式，可以在转为二审程序后不经开庭审理直接改判。主要理由有三点：第一，高级人民法院的提审是以不同意对被告人判处死刑为前提的，这就意味着高级人民法院在提审前已经通过前期的复核审理形成了对被告人有利的结论，在这种情况下再开庭审理，既浪费司法资源，也没有实际意义。第二，根据《2007年规定》和《刑事诉讼法解释》第三百五十三条①的规定，对于高级人民法院原为二审程序的案件，最高人民法院以量刑不当裁定不核准死刑、发回重审的，高级人民法院可以不经开庭审理直接改判。作出这种特殊规定的一个重要原因，就是高级人民法院重审后必然要作出对被告人有利的改判。高级人民法院提审后的二审程序与最高人民法院发回重审后高级人民法院的二审程序性质十分接近，前者完全可以参照后者的做法，采取不开庭审理的方式。第三，根据《刑事诉讼法解释》第三百五十四条的规定，对于高级人民法院原为复核程序的案件，最高人民法院裁定不核准死刑、发回重审的，高级人民法院可以提审或者发回重审，其中对于因量刑不当而被发回重审的案件，高级人民法院一般应当提审。如果认为提审后的二审需要开庭审理，就会造成程序上的冲突现象：高级人民法院对原为二审程序的部分案件重审时可以不经开庭审理直接改判，而对原为复核程序的案件提审转为二审程序后却必须经过开庭审理才能改判。这种矛盾显然难以解释。我们认为，后一种意见充分考虑了提审后二审程序的特殊性质，既有利于提高司法工作效率，也不影响对被告人权益的保护，较为合理、可行。同时，还要注意的是，以往高级人民法院对于适用复核程序审理的死刑案件，可以不为被告人指定辩护律师，但根据《刑事诉讼法解释》第四十二条②第二款的规定，对此类案件也应当为被告人指定辩护律师。总之，提审后的二审程序如何操作是一个重要问题，需要实践中积极探索，总结经验，待条件成熟后，可以通过制定司法解释等形式进一步加以明确。

此外，值得一提的是，在《刑事诉讼法解释》起草过程中，有观点建议规定高级人民法院对不同意判处死刑的复核案件可以在复核程序中直接改判，以节约诉讼资源。这种意见的出发点是好的。但是，由于《刑事诉讼法》明确规定高级人民法院对不同意判处死刑的复核案件，只有提审或者发回重审两种处理方式，故《刑事诉讼法解释》不能突破法律的规定增设直接改判等其他处理方式。因此，高级人民法院复核死刑案件时，对于不同意判处死刑的，可以在提审转为二审程序后予以改判，但不能在复核程序中直接改判。

（二）高级人民法院对死刑案件的二审程序

根据《刑事诉讼法解释》第三百四十四条第一款第二项的规定，中级人民法院一审判处被告人死刑的案件，被告人提出上诉或者检察机关提出抗诉的，高级人民法院适用二审程序审理。高级人民法院审理后裁定维持原判的，应当报请最高人民法院核准死刑；如果认为原判量刑过重，不应当判处死刑的，应当改判。这里需要注意的问题主要有两个：

1. 共同犯罪案件中判处死刑的被告人不上诉，没有判处死刑的被告人上诉的，全案

---

① 现为《中华人民共和国刑事诉讼法》（2018年修正）第四百三十条。
② 现为《最高人民法院关于适用〈中华人民共和国刑事诉讼法〉的解释》（2021年）第四十七条。

适用二审程序。对于该问题，1998年《刑事诉讼法解释》没有明确规定，以往实践中存在不同意见和做法。有的地方法院对共同犯罪案件中判处死刑但没有上诉的被告人适用复核程序，对没有判处死刑而提出上诉的被告人却适用二审程序。这种做法显然不妥。对此类案件，全案都应当适用二审程序。主要理由有以下两点：第一，根据修改后《刑事诉讼法》第二百二十二条①第二款和《刑事诉讼法解释》第三百一十一条②的规定，共同犯罪案件中只有部分被告人提出上诉的，二审法院应当对全案进行审查，一并处理。这说明，共同犯罪案件中只要有一名被告人上诉，全案都应当进入二审程序。如果案件中有被判处死刑的，即使此人未提出上诉，而只有其他未判处死刑的被告人提出上诉，全案也应当进入二审程序。第二，死刑复核程序是对判处死刑被告人的特殊救济程序，是一种强制性启动程序。在共同犯罪案件中，只要有被告人上诉，就会启动二审程序。即使判处死刑的被告人未上诉，对其也应当适用二审程序。如果一案中对上诉的非死刑被告人适用二审程序，对没有上诉的死刑被告人适用复核程序，则意味着对同一案件适用了两种不同性质的程序。况且，复核程序的规范程度不如二审程序，适用二审程序比复核程序更有利于保障死刑被告人的权益。正是基于这些考虑，最高人民法院2010年印发的《关于对被判处死刑的被告人未提出上诉、共同犯罪的部分被告人或者附带民事诉讼原告人提出上诉的案件应适用何种程序审理的批复》明确规定，中级人民法院一审判处死刑的案件，被判处死刑的被告人未提出上诉，共同犯罪的其他被告人提出上诉的，高级人民法院应当适用第二审程序对全案进行审查，并对涉及死刑之罪的事实和适用法律依法开庭审理，一并处理。《刑事诉讼法解释》延续了批复的精神，在第三百一十七条③第二款中明确规定："被判处死刑立即执行的被告人没有上诉，同案的其他被告人上诉的案件，第二审人民法院应当开庭审理。"也就是说，对于共同犯罪案件中判处死刑的被告人没有上诉，而没有判处死刑的被告人提出上诉的案件，高级人民法院不仅适用二审程序进行审理，而且应当开庭审理。

2. 对判处死刑被告人上诉后又申请撤诉的，要分别情形进行处理：第一，判处死刑被告人提出上诉后在上诉期内又申请撤诉的。对此，《刑事诉讼法解释》第三百零四条④明确规定："上诉人在上诉期限内要求撤回上诉的，人民法院应当准许。"据此，判处死刑的被告人上诉后在上诉期内又申请撤诉的，视为被告人没有提出上诉，案件进入复核程序。第二，上诉期满后开庭审理前判处死刑被告人申请撤回上诉的。对此情形的处理，以往存在争议和不同做法。最高人民法院、最高人民检察院2010年印发的《关于对死刑判决提出上诉的被告人在上诉期满后宣判前提出撤回上诉人民法院是否准许的批复》（以下简称《准许批复》）提出，应当依照最高人民法院、最高人民检察院2006年制定的《关于死刑第二审案件开庭审理程序若干问题的规定（试行）》第四条的规定处理。根据该条的规定，二审法院对此应当进行审查，合议庭经过阅卷、讯问被告人、听取其他当事人、辩护人、诉讼代理人的意见后，认为原判事实清楚，适用法律正确，量刑适当的，不再开庭审理，裁定准许被告人撤回上诉；认为原判事实不清，证据不足或者无罪判为

---

① 现为《中华人民共和国刑事诉讼法》（2018年修正）第二百三十三条。
② 现为《最高人民法院关于适用〈中华人民共和国刑事诉讼法〉的解释》（2021年）第三百八十九条。
③ 现为《最高人民法院关于适用〈中华人民共和国刑事诉讼法〉的解释》（2021年）第三百九十三条。
④ 现为《最高人民法院关于适用〈中华人民共和国刑事诉讼法〉的解释》（2021年）第三百八十三条。

有罪，轻罪重判的，应当不准许撤回上诉，按照第二审程序开庭审理。也就是说，根据不同情形可以作出准许撤回上诉和不准许撤回上诉两种处理。需要特别注意的是，如果裁定准许撤回上诉的，高级人民法院不能直接将二审准许撤诉裁定直接报送最高人民法院核准死刑。因为，按照目前的文书样式，准许撤诉裁定并不在主文部分对实体处理作出表态，最高人民法院无法在复核文书中对这种撤诉裁定予以表述。因此，对于准许撤诉的，高级人民法院应当按照复核程序作出同意原判判处死刑的裁定，并将该裁定报送最高人民法院核准。第三，二审开庭后被告人申请撤回上诉的。对此，以往也存在较大争议。实践中，曾出现被告人在二审庭审中申请撤回上诉，高级人民法院继续开庭，在庭审结束后又裁定准许被告人撤回上诉，并按照复核程序将同意原判的裁定报送最高人民法院核准的案件。为统一法律适用，《准许批复》明确规定，被告人在第二审开庭以后宣告裁判前申请撤回上诉的，二审法院应当不准许撤回上诉，继续按照上诉程序审理。《刑事诉讼法解释》第三百零五条①第二款吸纳了这一规定。据此，对于判处死刑的被告人提出上诉，在二审开庭过程中，或者庭审结束后宣告裁判前申请撤回上诉的，高级人民法院均不予准许，继续按照上诉案件审理。

（三）对最高人民法院发回重审案件的处理

最高人民法院对裁定不核准死刑的案件，根据具体情况可以发回高级人民法院或者中级人民法院重审。《刑事诉讼法解释》第三百五十三条、第三百五十四条、第三百五十五条规定了高级人民法院和中级人民法院对最高人民法院不核准死刑、发回重新审判案件的处理。其中，第三百五十三条、第三百五十四条是在《2007年规定》第八条、第九条、第十条的基础上修改的，含义没有实质变化；第三百五十五条是在《2007年规定》第十一条的基础上修改的，区别在于前者增加了原审法院对《刑事诉讼法解释》第三百五十条第四项的不核准情形（因出现新的事实证据不核准）无须另行组成合议庭的规定。下面从以下两个方面对此加以说明：

1. 关于高级人民法院对被发回重审案件的处理。高级人民法院对死刑案件有二审和复核两种程序，根据原审程序的不同，高级人民法院对被最高人民法院发回重审案件的处理也将进行区别处理：（1）对原为二审程序的，可以分别根据以下三种情形处理：第一，对于因事实不清、证据不足而不核准死刑的案件，高级人民法院认为案件事实已无法查清或者证据无法补充的，发回一审法院重新审判没有实际意义，这种情况下可以不经开庭审理而直接予以改判。其中，证据不足以证明指控犯罪成立的，应当依据《刑事诉讼法》第一百九十五条②第三项的规定，作出证据不足、指控的犯罪不能成立的无罪判决。高级人民法院如果认为可以通过二审开庭补充证据、查清事实的，则应当开庭审理。如果认为由一审法院重新审理更为适宜的，高级人民法院可以发回一审法院重新审判。第二，对于因适用法律错误或者量刑不当而不核准死刑的案件，由于改判的结果有利于被告人，不可能再判处被告人死刑，故可以依据《刑事诉讼法》第二百二十五条③第二项的规定，由高级人民法院直接予以改判，无须开庭审理。其中，对于改判死缓同时认为有必要限制减刑的，可以依法决定限制减刑。第三，对于因二审审判程序违法而不核准

---

① 现为《最高人民法院关于适用〈中华人民共和国刑事诉讼法〉的解释》（2021年）第三百八十三条。
② 现为《中华人民共和国刑事诉讼法》（2018年修正）第二百条。
③ 现为《中华人民共和国刑事诉讼法》（2018年修正）第二百三十六条。

死刑的案件,且这种程序违法必须通过开庭审理才可能纠正且确保公正审判的,高级人民法院应当开庭审理;如果不经开庭也能纠正原审程序违法且确保公正审判的,也可以不开庭审理。但是,高级人民法院对此类案件的重审,应当另行组成合议庭进行。(2)高级人民法院对原为复核程序的案件,最高人民法院不核准死刑、发回重新审判后,高级人民法院可以提审,也可以发回一审法院重审。《刑事诉讼法解释》第三百五十四条明确规定提审适用第二审程序,作出的是终审的判决、裁定。对于因适用法律错误或者量刑不当而不核准死刑的案件,高级人民法院一般应当提审,按照二审程序进行改判;确有必要时,也可以发回一审法院重新审判后改判,但不能在复核程序中直接改判。

2. 关于原审人民法院另行组成合议庭审理的问题。根据《刑事诉讼法解释》第三百五十五条的规定,原审人民法院(包括高级人民法院和中级人民法院)对于最高人民法院以事实不清、证据不足和诉讼程序违法发回重审的案件,应当另行组成合议庭重新审理。该类案件包括以下四类情形:(1)最高人民法院依据《刑事诉讼法解释》第三百五十条第三项的规定,以原判事实不清、证据不足裁定不予核准,发回重审的;(2)最高人民法院依据《刑事诉讼法解释》第三百五十条第六项的规定,以原审违反法定诉讼程序,可能影响公正审判,裁定不予核准,发回重审的;(3)最高人民法院依据《刑事诉讼法解释》第三百五十一条的规定,以原判认定被告人部分犯罪的死刑裁判事实不清、证据不足而裁定全案不予核准,发回重审的;(4)最高人民法院依据《刑事诉讼法解释》第三百五十二条的规定,以原判认定部分被告人的死刑裁判事实不清、证据不足而裁定全案不予核准,发回重审的。《刑事诉讼法解释》第三百五十五条同时规定,在下列两种情形下原审法院重审时无须另行组成合议庭:(1)最高人民法院依据《刑事诉讼法解释》第三百五十条第四项的规定,以复核期间出现新的影响定罪量刑的事实证据不核准死刑,发回重审的;(2)最高人民法院依据《刑事诉讼法解释》第三百五十条第五项的规定,以原判对被告人判处死刑不当而不核准死刑的。之所以作出这种例外规定,是因为:第一,最高人民法院复核期间出现新的影响定罪量刑事实证据的情形,不同于原判事实不清、证据不足的情形。新的事实证据可能不利于被告人(如发现漏罪),也可能有利于被告人(如重大立功、被害人有过错)。无论哪种情形,由原合议庭审理,均不影响案件的公正处理,且有利于节约诉讼资源,提高诉讼效率,故《刑事诉讼法解释》规定原审法院重审时无须另行组成合议庭。第二,对于最高人民法院认为不应当判处死刑的案件,重审以作出有利于被告人的改判为前提,原合议庭不存在坚持原合议意见的可能,不会影响案件的公正处理,故依法可以由原合议庭审理。

问题14. 黑社会性质组织犯罪涉案财物处置的基本思路

【实务专论】[①]

为进一步规范刑事诉讼涉案财物的处置工作,2015年1月,中共中央办公厅、国务院办公厅印发了《关于进一步规范刑事诉讼涉案财物处置工作的意见》(以下简称"两办"《意见》)提出要健全处置涉案财物的程序、制度和机制,规范涉案财物查封、扣押、

[①] 朱和庆:《黑社会性质组织犯罪涉案财物处置的问题与对策》,载中华人民共和国最高人民法院刑事审判第一、二、三、四、五庭主办:《刑事审判参考》总第107集,法律出版社2017年版,第151~161页。

冻结程序,建立办案部门与保管部门、办案人员与保管人员相互制约制度,规范涉案财物保管制度,探索建立跨部门的地方涉案财物集中管理信息平台,完善涉案财物先行处置程序,审前返还程序,明确利害关系人诉讼权利,完善权利救济机制,健全责任追究机制,着力解决涉案财物"保管不规范、移送不顺畅、信息不透明、处置不及时、救济不到位"等刑事诉讼涉案财物处置工作存在的"通病"和"老大难"问题。其后,公安部修订《公安机关涉案财物管理若干规定》、最高人民检察院制定《人民检察院刑事诉讼涉案财物管理规定》,结合部门职责对"两办"《意见》作了细化规定。上述规定对法院处置涉案财物提供了指引和参照,具有积极意义。但考虑到法院对涉案财物处置具有终局性,法院对涉案财物的处置,一方面建立在公安机关、检察机关的调查取证及起诉、举证基础上;另一方面法院的裁判结果又为公安机关、人民检察院判后处置涉案财物提供了依据。因此,法院对涉案财物的处置,特别是对黑社会性质组织案件涉案财物的处置应特别审慎,笔者认为,应坚持以下几个基本思路。

(一)全面审查黑社会性质组织涉案财物的来源、权属、性质等基本情况

黑社会性质组织犯罪涉案财物多种多样,根据我国现行涉案财物处置机制,侦查机关应当把作为证据使用的实物,包括作为物证的货币、有价证券等随案移送,但对于其他大量的财物则仅移送财物清单。2012年《刑事诉讼法》增加了"制作清单、随案移送"制度,即侦查阶段对查封、扣押、冻结的犯罪嫌疑人、被告人的财物及其孳息,不仅要履行妥善保管的职责,还应当列出清单,根据诉讼程序的进展,将清单随案移送,这有助于后续办案机关准确了解和掌握涉案财物的种类、数量,便于监督,维护犯罪嫌疑人、辩护人的合法权益。当前,侦查机关在移送案件时基本做到移送涉案财物清单,但法院在调查涉案财物来源、权属、性质时,仅有涉案财物清单难以查清上述事实,如一辆车是否系涉案车辆,一笔银行账户资金是否系非法所得,需要在案其他证据予以证实,否则对涉案财物进行处置便成一笔"糊涂账"。

实践中,一些黑社会性质组织的领导者、组织者同时也是公司、企业的负责人,一旦黑社会性质组织性质被证实,不但其犯罪组织成员的经济利益将被全部罚没,其公司、企业中未参与黑社会性质组织犯罪员工的合法权利也难免受到影响。我们认为,在此情况下,既要查清涉案财物种类、数量,该组织的经济来源、经济实力规模和组织成员所获得利益的情况,又要查清敛财的目的、方式、手段,对组织财产的分配、使用情况及用途等,从而对涉案财物作出准确认定并依法处置。这也同时要求公安机关、检察机关在侦查环节、审查起诉环节认真审查涉案财物的来源、性质,明确区分参加黑社会性质组织犯罪分子的个人财产和涉黑公司、企业资产情况、产权情况,并对相关证据进行收集、固定,及时采取扣押、冻结、查封等措施,保障涉案财物处置能够顺利进行。

(二)准确认定黑社会性质组织的成立时间是查清"涉黑财产"的前提

黑社会性质组织的成立时间是认定"涉黑财产"的起始点。组织成立前的财产,包括组织成员及相关经济实体的财产,除非其后用于组织犯罪的,否则应认定为组织成员及相关经济实体的合法财产,依法应予保护。2009年《纪要》规定,"在黑社会性质组织的形成、发展过程中,该组织及组织成员通过违法犯罪活动或其他不正当手段聚敛的全部财物、财产性权益及其孳息、收益",属于黑社会性质组织及其成员通过犯罪活动聚敛的财物及其收益。但黑社会性质犯罪组织的成立时间在具体个案中并不太容易认定。从犯罪构成角度,当一个犯罪集团具备刑法所规定的黑社会性质组织的"四个特征"时,

即属于黑社会性质组织，但一个犯罪团伙最终演变为黑社会性质组织，一般都经历了从小到大，从特征不明显到特征明显的发展、壮大过程。在黑社会性质组织成立过程中一般没有明确的同时具备"四个特征"的时间节点，这就增加了认定的难度。笔者认为，审判时，可以将涉案犯罪组织举行成立仪式或者确立核心利益、强势地位的时间作为审查判断黑社会性质组织形成时间的依据。如果没有前述标志性事件的，也可以将部分组织成员为维护、扩大组织势力、影响、利益而首次实施有组织的犯罪活动的时间作为审查判断依据。在认定了黑社会性质组织成立时间节点后，该组织及其组织成员通过违法犯罪活动或其他不正当手段聚敛的全部财物、财产性权益及其孳息、收益，即属于"涉黑财产"，应予以追缴、没收。

需要补充说明的是，在黑社会性质组织成立之前，行为人通过实施犯罪活动或者其他违法活动而获取的财物，属非法所得，依据刑法等的相关规定，仍应予以追缴、没收，只不过该部分涉案财物不再认定为"涉黑财产"而已。

（三）厘清黑社会性质组织"涉案财物"的范围，依法保护合法财产

2009年《纪要》虽然规定了黑社会性质组织成立后，该组织及其组织成员通过违法犯罪活动或其他不正当手段聚敛的全部财物、财产性权益及其孳息、收益属于"涉黑财产"，但当黑社会性质组织采取公司化方式运作，或者组织成员通过其他途径获得的合法财产又与"涉黑财产"混合后，我国相关立法及司法解释、《纪要》等并未对此类案件中涉案财物的处置作进一步明确规定，导致实践中有些案件对合法财产与涉黑财产界限难以清晰界定。笔者认为，组织者、领导者及组织成员的私人财产，如房产，如果不是通过违法犯罪活动获取，或者通过合法方式获取后没有用于犯罪活动或维系组织生存、发展的，则不能追缴、没收。

黑社会性质组织的涉案财物中以下几类应予追缴、没收：（1）有组织地通过违法犯罪活动或其他不正当手段聚敛的资产；（2）通过合法的生产、经营活动获取的资产中实际用于支持该组织生存、发展和实施违法犯罪活动的部分；（3）组织成员以及其他单位、个人为支持黑社会性质组织生存、发展以及实施违法犯罪活动而资助或提供的财产。对于"涉黑财产"与个人合法财产混合后难以区分的，笔者认为，应借鉴我国已经加入的《联合国打击跨国有组织犯罪公约》的相关规定予以处置。按照该公约第二条的规定，"犯罪所得"系指直接或间接地通过犯罪而产生或获得的任何财产。同时，第十二条规定，如果犯罪所得已经部分或全部转变或转化为其他财产，则应对此类财产适用该条所述的辨认、追查、冻结或扣押措施，以便最终予以没收。如果犯罪所得已与从合法来源获得的财产相混合，则应在不影响冻结权或扣押权的情况下没收这类财产，没收价值可达混合于其中的犯罪所得的估计价值。对于来自犯罪所得、来自犯罪所得转变或转化而成的财产或已与犯罪所得混合的财产所产生的收入或其他利益，也应适用该条所述措施，其方式和程度与处置犯罪所得相同。

（四）完善黑社会性质组织犯罪涉案财物处置机制

1. 改革完善涉案财物的审前返还制度

依据"两办"《意见》的规定，对于权属清楚，且不影响犯罪嫌疑人或者其他利害关系人权益的案件，可直接由公安、检察机关返还被害人。对权属是否清楚，公安、检察机关应该严格审查，错误返还的，检察机关应当进行监督并提出纠正意见。对于犯罪嫌疑人或者其他利害关系人对涉案财物提出权属异议的，即使不作为证据使用，公安、检

察机关亦应当查明存在争议财产的来源、性质，并随案移送，公安、检察机关不得直接返还。法院经庭审查证，对异议财物权属作出裁判，依法应该返还被害人或者利害关系人的，判决返还；依法应该追缴或者罚没的，则判决予以追缴或者罚没。

2. 进一步扩大涉案财物的先行拍卖、变卖种类、范围

为了实现涉案财物保值增值，实现"物尽其用"，维护公民的合法财产权益，在遵循正当程序原则的前提下，笔者建议适当扩大先行处理的涉案财物范围。（1）对于势必折旧、贬值且容易毁损、灭失的财物，如机器设备、汽车船舶等动产，可以视为"不易长期保存的物品"，在征得权利人同意的情况下，可以先行变卖、拍卖等。（2）对于未必贬值且不易毁损的财物，如公司股份、知识产权、土地房产、金银珠宝等，非经权利人申请，不得先行变卖、拍卖、处理等。只有经权利人申请，并经审查，不会损害当事人及其他利害关系人利益，不会影响诉讼正常进行的，才可以先行处理。

3. 建立相对独立的涉案财物处理程序

有学者建议，"庭审中，应当将犯罪资产的处置纳入庭审内容，允许控辩双方对被扣财产的性质，查封、扣押行为的合法性、必要性及合理性等进行调查、讯问、举证及辩论，最后由合议庭评议后统一作出裁定"。① 笔者认为，鉴于涉案财物处置在黑社会性质组织犯罪案件审判中的重要性，可以参照量刑规范化改革内容，将涉案财物处置纳入庭审程序，建立相对独立的财物处理程序。首先，检察机关提起公诉时，应将已采取强制措施的财物品种、数量、位置等情况列出清单，移送法院，且要移送证明涉案财物系违法所得或者犯罪工具的证据材料，并在起诉书中列明涉案财物的处理意见。其次，法院原则上应当在刑事判决中一并对涉案财物作出处理并阐明理由。但是，涉案财物种类繁多、数量巨大，难以在审限内查清权属关系并作出处理的，为了防止刑事案件审判的过分拖延，可以先作出定罪量刑的判决，而后再由同一审判组织对涉案财物作出处理。

问题15. 死刑复核程序中发现一审、二审对被告人身份、是否构成累犯等事实认定错误的，应如何处理

【刑事审判参考案例】张某文抢劫、抢夺案②

一、基本案情

某中级人民法院经公开审理查明：

（一）抢劫事实

2012年7月21日6时50分许，被告人张某文驾驶摩托车搭载李某群（同案被告人，已判刑），在某省某市钟惺大道东侧新东方建材市场附近伺机抢夺，发现被害人刘某秀背着包骑电动车在道路上行驶。张某文驾驶摩托车迅速从刘某秀的左后方驶过，李某群伸手夺取刘某秀的包，抢得手机1部（价值234元）、现金420元。刘某秀当即被拉倒在地，头部严重受伤，经抢救无效于同月27日死亡。

---

① 李林：《黑社会性质组织犯罪司法认定研究》，法律出版社2013年版，第168页。
② 范冬明撰稿，马岩审编：《张某文抢劫、抢夺案——死刑复核程序中发现一审、二审对被告人身份、是否构成累犯等事实认定错误的，应如何处理（第1340号）》，载中华人民共和国最高人民法院刑事审判第一、二、三、四、五庭主办：《刑事审判参考》总第122集，法律出版社2020年版。

（二）抢夺事实

2012年7月13日，被告人张某文刑满释放。同月17日9时许，张某文驾驶摩托车在某省某市湾坝加油站附近伺机抢夺，发现被害人黄某霞背着包骑电动车在道路上行驶，遂加速从黄某霞的身边驶过，夺走黄左肩上的包，内有手机1部（价值165元）、现金1500元。同月22日21时许，张某文驾驶摩托车搭载同案被告人李某群尾随被害人郑某平，当行至某市陆羽大桥北附近时，李某群趁郑某平不备，下车夺走郑某平左肩上的包，内有手机1部、现金770元。

某中级人民法院认为，被告人张某文伙同他人以非法占有为目的，驾驶机动车夺取他人财物，致人死亡；抢夺他人财物，数额较大，其行为已分别构成抢劫罪、抢夺罪。公诉机关指控张某文犯抢劫罪、抢夺罪的事实清楚，证据确实、充分，指控罪名成立。张某文此前因故意犯罪被判处有期徒刑以上刑罚，在刑满释放后五年内再犯应当判处有期徒刑以上刑罚之罪，系累犯，应当依法从重处罚。对张某文所犯数罪，应依法并罚。根据张某文犯罪的性质、情节及认罪态度，依照《刑法》第二百六十三条第（五）项，第二百六十七条第一款，第五十条第二款，第五十七条第一款，第二十五条第一款，第二十六条第一款、第四款，第六十五条第一款，第六十七条第三款，第六十九条，《最高人民法院关于审理抢劫、抢夺刑事案件适用法律若干问题的解释》第十一条第（三）项之规定，判决：被告人张某文犯抢劫罪，判处死刑，缓期二年执行，剥夺政治权利终身，并处没收个人全部财产；犯抢夺罪，判处有期徒刑一年，并处罚金人民币五千元，决定执行死刑，缓期二年执行，剥夺政治权利终身，并处没收个人全部财产，对张某文限制减刑。

宣判后，被告人张某文上诉及其辩护人提出，张某文作案目的是抢夺财物，造成被害人死亡系过失所致；在共同犯罪中李某群起主导作用，张某文属从犯，一审判决量刑过重。

某省人民检察院某分院抗诉提出，被告人张某文犯抢劫罪的事实清楚，证据确实、充分，情节特别恶劣，后果极其严重，应当判处死刑；张某文系累犯，人身危险性和主观恶性极大，依法不应从轻处罚；张某文案发后未能赔偿被害人亲属的经济损失，亦未取得被害人亲属的谅解，依法不能从轻处罚。某省人民检察院支持抗诉提出，一审对张某文判处死刑缓期二年执行的量刑畸轻，建议依法改判张某文死刑。

某省高级人民法院经二审审理认为，原审判决对被告人张某文量刑畸轻，检察机关抗诉意见成立。依照《刑法》第二百六十三条第（五）项，第二百六十七条第一款，第五十七条第一款，第二十五条第一款，第六十五条第一款，第六十七条第三款，第六十九条和《刑事诉讼法》第二百二十五条①第一款第（一）项、第（二）项之规定，驳回被告人张某文的上诉，对张某文以抢劫罪判处死刑，剥夺政治权利终身，并处没收个人全部财产；以抢夺罪判处有期徒刑一年，并处罚金人民币五千元，决定执行死刑，剥夺政治权利终身，并处没收个人全部财产，并依法报请最高人民法院核准。

最高人民法院经复核发现，被告人张某文所供家庭情况与户籍证明不符，所供成长经历前后矛盾，有冒用他人身份的可能，其构成累犯的情节亦存疑，遂以部分事实不清、

---

① 现为《中华人民共和国刑事诉讼法》（2018年修正）第二百三十六条。

证据不足为由，依照《刑事诉讼法》第二百三十五条、第二百三十九条[①]和《最高人民法院关于适用〈中华人民共和国刑事诉讼法〉的解释》第三百五十条第（三）项、第三百五十三条第一款的规定，裁定不核准被告人张某文死刑，撤销一、二审对张某文的刑事判决部分，发回一审法院重新审判。

二、主要问题

在死刑复核程序中发现一审、二审对被告人的姓名等身份信息及是否构成累犯等事实可能认定有误的，应如何处理？

三、裁判理由

最高人民法院在复核本案过程中，发现一审、二审认定的案件事实中有部分事实不能确认，主要包括：（1）被告人张某文的身份事实不清，在案证据及在复核阶段补充的材料证实，被告人真实姓名可能为王某军，王某军假冒了战友张某文的姓名等身份信息。一审、二审认定被告人的姓名等身份信息可能有误。（2）被告人的前科事实无法确认。被告人与前科刑事判决书中的张某文是否为同一人，有待查证，其前科事实无法确认，是否构成累犯存疑。

对该案在死刑复核阶段应如何处理，有三种意见：第一种意见认为，根据法律规定，办理死刑案件认定被告人姓名、是否构成累犯等事实必须达到证据确实、充分的程度。被告人"张某文"假冒他人姓名，身份不清，且可能假冒他人姓名被判过刑，认定其构成累犯的事实亦存疑，应当不核准"张某文"死刑，撤销一审、二审判决，发回一审法院重新审判。第二种意见认为，根据《最高人民法院关于适用〈中华人民共和国刑事诉讼法〉的解释》（以下简称《刑事诉讼法解释》）第三百五十条第（二）项关于"原判认定的某一具体事实或者引用的法律条款等存在瑕疵，但判处被告人死刑并无不当的，可以在纠正后作出核准的判决、裁定"的规定，在死刑复核阶段发现被告人的姓名、前科等事实认定错误的，只要判处被告人本人死刑没有错误，可以将被告人的姓名更正后核准死刑。第三种意见认为，根据《刑事诉讼法》第一百五十八条第二款[②]关于"犯罪嫌疑人不讲真实姓名、住址，身份不明的，应当对其身份进行调查，侦查羁押期限自查清其身份之日起计算，但是不得停止对其犯罪行为的侦查取证。对于犯罪事实清楚，证据确实、充分，确实无法查明其身份的，也可以按其自报的姓名起诉、审判"的规定，被告人实施抢劫、抢夺犯罪的事实清楚，证据确实、充分，为节约司法资源，依法可按其自报的姓名进行审判。

我们同意第一种意见，即在死刑复核程序中发现一审、二审认定的被告人姓名、是否构成累犯等事实不清的，应发回一审法院重新审判。具体理由如下：

（一）死刑案件中证实被告人姓名等事实的证据必须确实、充分

被告人的姓名等信息是犯罪主体的基本信息，是重要的、基础性的案件事实，涉及被告人的年龄、户籍、前科等情况，直接影响对被告人的定罪量刑，相关证据必须达到确实、充分的程度。《刑事诉讼法》中规定，开庭审理时必须查明被告人的姓名等身份信息。最高人民法院经复核发现，本案一审、二审认定被告人张某文的姓名、身份存在以下疑问：（1）被告人供述的详细住址、婚姻状况与张某文户籍证明载明的不一致；

---

① 现为《中华人民共和国刑事诉讼法》（2018年修正）第二百四十六条、第二百五十条。
② 现为《中华人民共和国刑事诉讼法》（2018年修正）第一百六十条第一款。

(2) 被告人归案后的照片与张某文户籍证明上的照片有差异；(3) 被告人数次供述的成长经历有矛盾；(4) 公安机关未组织张某文的亲友、邻居等人对归案后被告人的照片进行辨认；(5) 公安机关未对被告人进行亲缘关系鉴定。经补查，被告人供认其真名叫王某军，曾被战友张某文骗去搞传销，离开时拿了张某文的身份证打工，前次犯罪受审时也冒用了张某文的身份。公安机关还提交了王某军的户籍登记信息、王某军的邻居邓某某（原村支书）、现任村主任向某某混杂辨认照片笔录、张某文的证言等材料，根据上述材料可初步认定被告人即王某军。根据 2010 年发布的《最高人民法院、最高人民检察院、公安部、国家安全部、司法部关于办理死刑案件审查判断证据若干问题的规定》（以下简称《办理死刑案件证据规定》）第五条第三款第（三）项的规定，办理死刑案件，对于"影响被告人定罪的身份情况"的证明必须达到证据确实、充分。本案中一审、二审认定被告人张某文的姓名、住址等身份情况的事实不清，证据不足，导致指控和判决张某文犯罪错误。

（二）证实被告人构成累犯的证据必须确实、充分

《刑事诉讼法解释》第一百一十一条①规定："证明被告人构成累犯、毒品再犯的证据材料，应当包括前罪的裁判文书、释放证明等材料；材料不全的，应当要求有关机关提供。"本案中，某省某县人民法院认定，2006 年 9 月 1 日至 14 日，被告人张某文与同案被告人李某群在某省某市、某县驾驶摩托车抢夺作案 11 起，并于 2007 年 1 月 23 日作出刑事判决，对张某文以抢夺罪判处有期徒刑七年，并处罚金人民币一万元。2012 年 7 月 13 日张某文刑满释放，同月 17 日至 22 日又实施本案。据此，一审、二审法院均认定张某文系累犯，应依法从重处罚。本案虽然有张某文的前罪裁判文书、释放证明等材料，但根据上述分析，本案被告人经初步认定并非"张某文"，而是王某军。虽然被告人承认其在 2006 年被判刑时假冒张某文的身份，但在其真实身份查明后，其与前述刑事判决书中的张某文是否为同一人，尚需通过比对卷宗中所捺指纹等方式进一步查证。因此，本案被告人是否构成累犯存在疑问，直接影响对其适用死刑。根据《办理死刑案件证据规定》第五条第三款第（七）项的规定，办理死刑案件，对于"对被告人从重处罚的事实"的证明必须达到证据确实、充分。被告人是否构成累犯的事实不清，证据不足，不符合死刑案件的证据标准。

（三）被告人的姓名、是否构成累犯等事实不清的，应发回重审

本案被告人张某文的姓名、是否构成累犯等重要案件事实不清，证据不足，在最高人民法院复核阶段无法纠正，依法应发回重审。首先，在公诉机关未变更或同意变更起诉被告人张某文的姓名等身份信息，被告人真实身份的证明材料未经庭审出示、质证的情况下，最高人民法院在复核阶段直接纠正被告人身份，程序上于法无据。其次，二审法院改判被告人死刑的一个重要因素是其构成累犯，具有法定从重处罚情节，根据上述分析该累犯情节需经重新调查核实再予认定。有意见认为，被告人的姓名等身份事实错误属于原判认定的某一具体事实的瑕疵，如案件定罪量刑并无不当的，可以在纠正后作出核准的判决、裁定。我们认为，这种意见混淆了案件事实的瑕疵与错误之间的界限。所谓瑕疵，主要是指裁判文书中认定的案件事实中出现错别字、时间误差、地名不准确等文字上的误差，或者多起事实中个别次要事实认定错误，而不是重要的事实认定错误。

---

① 现为《最高人民法院关于适用〈中华人民共和国刑事诉讼法〉的解释》（2021 年）第一百四十五条。

被告人身份认定的错误，不是表述个别身份信息时的笔误，而是张冠李戴，全部个人信息均认定错误，属于犯罪主体事实认定错误，也直接影响其是否构成累犯的认定，故不属于可以通过复核阶段直接纠正就能弥补的瑕疵。

此外，以节约司法资源为由主张可按被告人自报的姓名进行审判的意见虽有一定法律依据，但在本案中也不是稳妥的处理方式。司法机关应当依法对被告人姓名、住址等身份事实进行调查核实，只有穷尽一切手段后仍确实无法查明其身份的，才能按被告人自报的姓名起诉、审判。本案被告人的身份经过最高人民法院复核阶段的补充调查，已初步认定其真实身份，原判认定其身份错误的可能性极大，相关法定从重量刑情节能否成立存疑，有条件也应当通过发回重审来查明相关事实。

综上所述，一审、二审判决认定被告人张某文的姓名、户籍、前科等事实不清，证据不足。考虑前述问题由公诉机关指控错误造成，二审法院无法纠正，故宜将本案发回一审法院重审。根据《刑事诉讼法解释》第三百五十条第三项和第三百五十三条第一款的规定，最高人民法院依法不核准被告人张某文死刑，并撤销一审、二审判决，将本案发回一审法院重新审判。

第十一章

审判监督程序

第一节 审判依据

一、法律

中华人民共和国刑事诉讼法（2018 年 10 月 26 日修正）（节选）

第五章 审判监督程序

第二百五十二条 当事人及其法定代理人、近亲属，对已经发生法律效力的判决、裁定，可以向人民法院或者人民检察院提出申诉，但是不能停止判决、裁定的执行。

第二百五十三条 当事人及其法定代理人、近亲属的申诉符合下列情形之一的，人民法院应当重新审判：

（一）有新的证据证明原判决、裁定认定的事实确有错误，可能影响定罪量刑的；

（二）据以定罪量刑的证据不确实、不充分、依法应当予以排除，或者证明案件事实的主要证据之间存在矛盾的；

（三）原判决、裁定适用法律确有错误的；

（四）违反法律规定的诉讼程序，可能影响公正审判的；

（五）审判人员在审理该案件的时候，有贪污受贿，徇私舞弊，枉法裁判行为的。

第二百五十四条 各级人民法院院长对本院已经发生法律效力的判决和裁定，如果发现在认定事实上或者在适用法律上确有错误，必须提交审判委员会处理。

最高人民法院对各级人民法院已经发生法律效力的判决和裁定，上级人民法院对下级人民法院已经发生法律效力的判决和裁定，如果发现确有错误，有权提审或者指令下级人民法院再审。

最高人民检察院对各级人民法院已经发生法律效力的判决和裁定，上级人民检察院对下级人民法院已经发生法律效力的判决和裁定，如果发现确有错误，有权按照审判监督程序向同级人民法院提出抗诉。

人民检察院抗诉的案件，接受抗诉的人民法院应当组成合议庭重新审理，对于原判决事实不清楚或者证据不足的，可以指令下级人民法院再审。

第二百五十五条 上级人民法院指令下级人民法院再审的，应当指令原审人民法院以外的下级人民法院审理；由原审人民法院审理更为适宜的，也可以指令原审人民法院审理。

第二百五十六条 人民法院按照审判监督程序重新审判的案件，由原审人民法院审理的，应当另行组成合议庭进行。如果原来是第一审案件，应当依照第一审程序进行审判，所作的判决、裁定，可以上诉、抗诉；如果原来是第二审案件，或者是上级人民法院提审的案件，应当依照第二审程序进行审判，所作的判决、裁定，是终审的判决、裁定。

人民法院开庭审理的再审案件，同级人民检察院应当派员出席法庭。

第二百五十七条 人民法院决定再审的案件，需要对被告人采取强制措施的，由人民法院依法决定；人民检察院提出抗诉的再审案件，需要对被告人采取强制措施的，由人民检察院依法决定。

人民法院按照审判监督程序审判的案件，可以决定中止原判决、裁定的执行。

第二百五十八条 人民法院按照审判监督程序重新审判的案件，应当在作出提审、再审决定之日起三个月以内审结，需要延长期限的，不得超过六个月。

接受抗诉的人民法院按照审判监督程序审判抗诉的案件，审理期限适用前款规定；对需要指令下级人民法院再审的，应当自接受抗诉之日起一个月以内作出决定，下级人民法院审理案件的期限适用前款规定。

二、司法解释

1. 最高人民法院关于适用《中华人民共和国刑事诉讼法》的解释（2021年1月26日）（节选）

第十九章 审判监督程序

第四百五十一条 当事人及其法定代理人、近亲属对已经发生法律效力的判决、裁定提出申诉的，人民法院应当审查处理。

案外人认为已经发生法律效力的判决、裁定侵害其合法权益，提出申诉的，人民法院应当审查处理。

申诉可以委托律师代为进行。

第四百五十二条 向人民法院申诉，应当提交以下材料：

（一）申诉状。应当写明当事人的基本情况、联系方式以及申诉的事实与理由；

（二）原一、二审判决书、裁定书等法律文书。经过人民法院复查或者再审的，应当附有驳回申诉通知书、再审决定书、再审判决书、裁定书；

（三）其他相关材料。以有新的证据证明原判决、裁定认定的事实确有错误为由申诉的，应当同时附有相关证据材料；申请人民法院调查取证的，应当附有相关线索或者材料。

申诉符合前款规定的，人民法院应当出具收到申诉材料的回执。申诉不符合前款规定的，人民法院应当告知申诉人补充材料；申诉人拒绝补充必要材料且无正当理由的，不予审查。

第四百五十三条 申诉由终审人民法院审查处理。但是，第二审人民法院裁定准许撤回上诉的案件，申诉人对第一审判决提出申诉的，可以由第一审人民法院审查处理。

上一级人民法院对未经终审人民法院审查处理的申诉，可以告知申诉人向终审人民法院提出申诉，或者直接交终审人民法院审查处理，并告知申诉人；案件疑难、复杂、重大的，也可以直接审查处理。

对未经终审人民法院及其上一级人民法院审查处理，直接向上级人民法院申诉的，上级人民法院应当告知申诉人向下级人民法院提出。

第四百五十四条 最高人民法院或者上级人民法院可以指定终审人民法院以外的人民法院对申诉进行审查。被指定的人民法院审查后，应当制作审查报告，提出处理意见，层报最高人民法院或者上级人民法院审查处理。

第四百五十五条 对死刑案件的申诉，可以由原核准的人民法院直接审查处理，也可以交由原审人民法院审查。原审人民法院应当制作审查报告，提出处理意见，层报原核准的人民法院审查处理。

第四百五十六条 对立案审查的申诉案件，人民法院可以听取当事人和原办案单位的意见，也可以对原判据以定罪量刑的证据和新的证据进行核实。必要时，可以进行听证。

第四百五十七条 对立案审查的申诉案件，应当在三个月以内作出决定，至迟不得超过六个月。因案件疑难、复杂、重大或者其他特殊原因需要延长审查期限的，参照本解释第二百一十条的规定处理。

经审查，具有下列情形之一的，应当根据刑事诉讼法第二百五十三条的规定，决定重新审判：

（一）有新的证据证明原判决、裁定认定的事实确有错误，可能影响定罪量刑的；
（二）据以定罪量刑的证据不确实、不充分、依法应当排除的；
（三）证明案件事实的主要证据之间存在矛盾的；
（四）主要事实依据被依法变更或者撤销的；
（五）认定罪名错误的；
（六）量刑明显不当的；
（七）对违法所得或者其他涉案财物的处理确有明显错误的；
（八）违反法律关于溯及力规定的；
（九）违反法定诉讼程序，可能影响公正裁判的；
（十）审判人员在审理该案件时有贪污受贿、徇私舞弊、枉法裁判行为的。

申诉不具有上述情形的，应当说服申诉人撤回申诉；对仍然坚持申诉的，应当书面通知驳回。

第四百五十八条 具有下列情形之一，可能改变原判决、裁定据以定罪量刑的事实的证据，应当认定为刑事诉讼法第二百五十三条第一项规定的"新的证据"：

（一）原判决、裁定生效后新发现的证据；
（二）原判决、裁定生效前已经发现，但未予收集的证据；
（三）原判决、裁定生效前已经收集，但未经质证的证据；

（四）原判决、裁定所依据的鉴定意见，勘验、检查等笔录被改变或者否定的；

（五）原判决、裁定所依据的被告人供述、证人证言等证据发生变化，影响定罪量刑，且有合理理由的。

第四百五十九条 申诉人对驳回申诉不服的，可以向上一级人民法院申诉。上一级人民法院经审查认为申诉不符合刑事诉讼法第二百五十三条和本解释第四百五十七条第二款规定的，应当说服申诉人撤回申诉；对仍然坚持申诉的，应当驳回或者通知不予重新审判。

第四百六十条 各级人民法院院长发现本院已经发生法律效力的判决、裁定确有错误的，应当提交审判委员会讨论决定是否再审。

第四百六十一条 上级人民法院发现下级人民法院已经发生法律效力的判决、裁定确有错误的，可以指令下级人民法院再审；原判决、裁定认定事实正确但适用法律错误，或者案件疑难、复杂、重大，或者有不宜由原审人民法院审理情形的，也可以提审。

上级人民法院指令下级人民法院再审的，一般应当指令原审人民法院以外的下级人民法院审理；由原审人民法院审理更有利于查明案件事实、纠正裁判错误的，可以指令原审人民法院审理。

第四百六十二条 对人民检察院依照审判监督程序提出抗诉的案件，人民法院应当在收到抗诉书后一个月以内立案。但是，有下列情形之一的，应当区别情况予以处理：

（一）不属于本院管辖的，应当将案件退回人民检察院；

（二）按照抗诉书提供的住址无法向被抗诉的原审被告人送达抗诉书的，应当通知人民检察院在三日以内重新提供原审被告人的住址；逾期未提供的，将案件退回人民检察院；

（三）以有新的证据为由提出抗诉，但未附相关证据材料或者有关证据不是指向原起诉事实的，应当通知人民检察院在三日以内补送相关材料；逾期未补送的，将案件退回人民检察院。

决定退回的抗诉案件，人民检察院经补充相关材料后再次抗诉，经审查符合受理条件的，人民法院应当受理。

第四百六十三条 对人民检察院依照审判监督程序提出抗诉的案件，接受抗诉的人民法院应当组成合议庭审理。对原判事实不清、证据不足，包括有新的证据证明原判可能有错误，需要指令下级人民法院再审的，应当在立案之日起一个月以内作出决定，并将指令再审决定书送达抗诉的人民检察院。

第四百六十四条 对决定依照审判监督程序重新审判的案件，人民法院应当制作再审决定书。再审期间不停止原判决、裁定的执行，但被告人可能经再审改判无罪，或者可能经再审减轻原判刑罚而致刑期届满的，可以决定中止原判决、裁定的执行，必要时，可以对被告人采取取保候审、监视居住措施。

第四百六十五条 依照审判监督程序重新审判的案件，人民法院应当重点针对申诉、抗诉和决定再审的理由进行审理。必要时，应当对原判决、裁定认定的事实、证据和适用法律进行全面审查。

第四百六十六条 原审人民法院审理依照审判监督程序重新审判的案件，应当另行组成合议庭。

原来是第一审案件，应当依照第一审程序进行审判，所作的判决、裁定可以上诉、抗诉；原来是第二审案件，或者是上级人民法院提审的案件，应当依照第二审程序进行审判，所作的判决、裁定是终审的判决、裁定。

符合刑事诉讼法第二百九十六条、第二百九十七条规定的，可以缺席审判。

第四百六十七条 对依照审判监督程序重新审判的案件，人民法院在依照第一审程序进行审判的过程中，发现原审被告人还有其他犯罪的，一般应当并案审理，但分案审理更为适宜的，可以分案审理。

第四百六十八条 开庭审理再审案件，再审决定书或者抗诉书只针对部分原审被告人，其他同案原审被告人不出庭不影响审理的，可以不出庭参加诉讼。

第四百六十九条 除人民检察院抗诉的以外，再审一般不得加重原审被告人的刑罚。再审决定书或者抗诉书只针对部分原审被告人的，不得加重其他同案原审被告人的刑罚。

第四百七十条 人民法院审理人民检察院抗诉的再审案件，人民检察院在开庭审理前撤回抗诉的，应当裁定准许；人民检察院接到出庭通知后不派员出庭，且未说明原因的，可以裁定按撤回抗诉处理，并通知诉讼参与人。

人民法院审理申诉人申诉的再审案件，申诉人在再审期间撤回申诉的，可以裁定准许；但认为原判确有错误的，应当不予准许，继续按照再审案件审理。申诉人经依法通知无正当理由拒不到庭，或者未经法庭许可中途退庭的，可以裁定按撤回申诉处理，但申诉人不是原审当事人的除外。

第四百七十一条 开庭审理的再审案件，系人民法院决定再审的，由合议庭组成人员宣读再审决定书；系人民检察院抗诉的，由检察员宣读抗诉书；系申诉人申诉的，由申诉人或者其辩护人、诉讼代理人陈述申诉理由。

第四百七十二条 再审案件经过重新审理后，应当按照下列情形分别处理：

（一）原判决、裁定认定事实和适用法律正确、量刑适当的，应当裁定驳回申诉或者抗诉，维持原判决、裁定；

（二）原判决、裁定定罪准确、量刑适当，但在认定事实、适用法律等方面有瑕疵的，应当裁定纠正并维持原判决、裁定；

（三）原判决、裁定认定事实没有错误，但适用法律错误或者量刑不当的，应当撤销原判决、裁定，依法改判；

（四）依照第二审程序审理的案件，原判决、裁定事实不清、证据不足的，可以在查清事实后改判，也可以裁定撤销原判，发回原审人民法院重新审判。

原判决、裁定事实不清或者证据不足，经审理事实已经查清的，应当根据查清的事实依法裁判；事实仍无法查清，证据不足，不能认定被告人有罪的，应当撤销原判决、裁定，判决宣告被告人无罪。

第四百七十三条 原判决、裁定认定被告人姓名等身份信息有误，但认定事实和适用法律正确、量刑适当的，作出生效判决、裁定的人民法院可以通过裁定对有关信息予以更正。

第四百七十四条 对再审改判宣告无罪并依法享有申请国家赔偿权利的当事人，人民法院宣判时，应当告知其在判决发生法律效力后可以依法申请国家赔偿。

2. 最高人民法院关于刑事再审案件开庭审理程序的具体规定（试行）（2001 年 12 月 26 日　法释〔2001〕31 号）

第一条　本规定适用依照第一审程序或第二审程序开庭审理的刑事再审案件。

第二条　人民法院在收到人民检察院按照审判监督程序提出抗诉的刑事抗诉书后，应当根据不同情况，分别处理：

（一）不属于本院管辖的，决定退回人民检察院；

（二）按照抗诉书提供的原审被告人（原审上诉人）住址无法找到原审被告人（原审上诉人）的，人民法院应当要求提出抗诉的人民检察院协助查找；经协助查找仍无法找到的，决定退回人民检察院；

（三）抗诉书没有写明原审被告人（原审上诉人）准确住址的，应当要求人民检察院在 7 日内补充，经补充后仍不明确或逾期不补的，裁定维持原判；

（四）以有新的证据证明原判决、裁定认定的事实确有错误为由提出抗诉，但抗诉书未附有新的证据目录、证人名单和主要证据复印件或者照片的，人民检察院应当在 7 日内补充；经补充后仍不完备或逾期不补的，裁定维持原判。

第三条　以有新的证据证明原判决、裁定认定的事实确有错误为由提出申诉的，应当同时附有新的证据目录、证人名单和主要证据复印件或者照片。需要申请人民法院调取证据的，应当附有证据线索。未附有的，应当在 7 日内补充；经补充后仍不完备或逾期不补的，应当决定不予受理。

第四条　参与过本案第一审、第二审、复核程序审判的合议庭组成人员，不得参与本案的再审程序的审判。

第五条　人民法院审理下列再审案件，应当依法开庭审理：

（一）依照第一审程序审理的；

（二）依照第二审程序需要对事实或者证据进行审理的；

（三）人民检察院按照审判监督程序提出抗诉的；

（四）可能对原审被告人（原审上诉人）加重刑罚的；

（五）有其他应当开庭审理情形的。

第六条　下列再审案件可以不开庭审理：

（一）原判决、裁定认定事实清楚，证据确实、充分，但适用法律错误，量刑畸重的；

（二）1979 年《中华人民共和国刑事诉讼法》施行以前裁判的；

（三）原审被告人（原审上诉人）、原审自诉人已经死亡、或者丧失刑事责任能力的；

（四）原审被告人（原审上诉人）在交通十分不便的边远地区监狱服刑，提押到庭确有困难的；但人民检察院提出抗诉的，人民法院应征得人民检察院的同意；

（五）人民法院按照审判监督程序决定再审，按本规定第九条第（五）项规定，经两次通知，人民检察院不派员出庭的。

第七条　人民法院审理共同犯罪再审案件，如果人民法院再审决定书或者人民检察院抗诉书只对部分同案原审被告人（同案原审上诉人）提起再审，其他未涉及的同案原审被告人（同案原审上诉人）不出庭不影响案件审理的，可以不出庭参与诉讼；

部分同案原审被告人（同案原审上诉人）具有本规定第六条第（三）、（四）项规定情形不能出庭的，不影响案件的开庭审理。

第八条 除人民检察院抗诉的以外，再审一般不得加重原审被告人（原审上诉人）的刑罚。

根据本规定第六条第（二）、（三）、（四）、（五）项、第七条的规定，不具备开庭条件可以不开庭审理的，或者可以不出庭参加诉讼的，不得加重未出庭原审被告人（原审上诉人）、同案原审被告人（同案原审上诉人）的刑罚。

第九条 人民法院在开庭审理前，应当进行下列工作：

（一）确定合议庭的组成人员；

（二）将再审决定书，申诉书副本至迟在开庭 30 日前，重大、疑难案件至迟在开庭 60 日前送达同级人民检察院，并通知其查阅案卷和准备出庭；

（三）将再审决定书或抗诉书副本至迟在开庭 30 日以前送达原审被告人（原审上诉人），告知其可以委托辩护人，或者依法为其指定承担法律援助义务的律师担任辩护人；

（四）至迟在开庭 15 日前，重大、疑难案件至迟在开庭 60 日前，通知辩护人查阅案卷和准备出庭；

（五）将开庭的时间、地点在开庭 7 日以前通知人民检察院；

（六）传唤当事人，通知辩护人、诉讼代理人、证人、鉴定人和翻译人员，传票和通知书至迟在开庭 7 日以前送达；

（七）公开审判的案件，在开庭 7 日以前先期公布案由、原审被告人（原审上诉人）姓名、开庭时间和地点。

第十条 人民法院审理人民检察院提出抗诉的再审案件，对人民检察院接到出庭通知后未出庭的，应当裁定按人民检察院撤回抗诉处理，并通知诉讼参与人。

第十一条 人民法院决定再审或者受理抗诉书后，原审被告人（原审上诉人）正在服刑的，人民法院依据再审决定书或者抗诉书及提押票等文书办理提押；

原审被告人（原审上诉人）在押，再审可能改判宣告无罪的，人民法院裁定中止执行原裁决后，可以取保候审；

原审被告人（原审上诉人）不在押，确有必要采取强制措施并符合法律规定采取强制措施条件的，人民法院裁定中止执行原裁决后，依法采取强制措施。

第十二条 原审被告人（原审上诉人）收到再审决定书或者抗诉书后下落不明或者收到抗诉书后未到庭的，人民法院应当中止审理；原审被告人（原审上诉人）到案后，恢复审理；如果超过 2 年仍查无下落的，应当裁定终止审理。

第十三条 人民法院应当在开庭 30 日前通知人民检察院、当事人或者辩护人查阅、复制双方提交的新证据目录及新证据复印件、照片。

人民法院应当在开庭 15 日前通知控辩双方查阅、复制人民法院调取的新证据目录及新证据复印件、照片等证据。

第十四条 控辩双方收到再审决定书或抗诉书后，人民法院通知开庭之日前，可以提交新的证据。开庭后，除对原审被告人（原审上诉人）有利的外，人民法院不再接纳新证据。

第十五条 开庭审理前，合议庭应当核实原审被告人（原审上诉人）何时因何案被人民法院依法裁判，在服刑中有无重新犯罪，有无减刑、假释，何时刑满释放等情形。

第十六条 开庭审理前，原审被告人（原审上诉人）到达开庭地点后，合议庭应当查明原审被告人（原审上诉人）基本情况，告知原审被告人（原审上诉人）享有辩护权和最后陈述权，制作笔录后，分别由该合议庭成员和书记员签名。

第十七条 开庭审理时，审判长宣布合议庭组成人员及书记员，公诉人、辩护人、鉴定人和翻译人员的名单，并告知当事人、法定代理人享有申请回避的权利。

第十八条 人民法院决定再审的，由合议庭组成人员宣读再审决定书。

根据人民检察院提出抗诉进行再审的，由公诉人宣读抗诉书。

当事人及其法定代理人、近亲属提出申诉的，由原审被告人（原审上诉人）及其辩护人陈述申诉理由。

第十九条 在审判长主持下，控辩双方应就案件的事实、证据和适用法律等问题分别进行陈述。合议庭对控辩双方无争议和有争议的事实、证据及适用法律问题进行归纳，予以确认。

第二十条 在审判长主持下，就控辩双方有争议的问题，进行法庭调查和辩论。

第二十一条 在审判长主持下，控辩双方对提出的新证据或者有异议的原审据以定罪量刑的证据进行质证。

第二十二条 进入辩论阶段，原审被告人（原审上诉人）及其法定代理人、近亲属提出申诉的，先由原审被告人（原审上诉人）及其辩护人发表辩护意见，然后由公诉人发言，被害人及其代理人发言。

被害人及其法定代理人、近亲属提出申诉的，先由被害人及其代理人发言，公诉人发言，然后由原审被告人（原审上诉人）及其辩护人发表辩护意见。

人民检察院提出抗诉的，先由公诉人发言，被害人及其代理人发言，然后由原审被告人（原审上诉人）及其辩护人发表辩护意见。

既有申诉又有抗诉的，先由公诉人发言，后由申诉方当事人及其代理人或者辩护人发言或者发表辩护意见，然后由对方当事人及其代理人或辩护人发言或者发表辩护意见。

公诉人、当事人和辩护人、诉讼代理人经审判长许可，可以互相辩论。

第二十三条 合议庭根据控辩双方举证、质证和辩论情况，可以当庭宣布认证结果。

第二十四条 再审改判宣告无罪并依法享有申请国家赔偿权利的当事人，宣判时合议庭应当告知其该判决发生法律效力后即有申请国家赔偿的权利。

第二十五条 人民法院审理再审案件，应当在作出再审决定之日起3个月内审结。需要延长期限的，经本院院长批准，可以延长3个月。

自接到阅卷通知后的第2日起，人民检察院查阅案卷超过7日后的期限，不计入再审审理期限。

第二十六条 依照第一、二审程序审理的刑事自诉再审案件开庭审理程序，参照本规定执行。

第二十七条 本规定发布前最高人民法院有关再审案件开庭审理程序的规定，与本规定相抵触的，以本规定为准。

第二十八条 本规定自2002年1月1日起执行。

3. 最高人民法院关于审理人民检察院按照审判监督程序提出的刑事抗诉案件若干问题的规定（2011年10月14日　法释〔2011〕23号）

第一条 人民法院收到人民检察院的抗诉书后，应在一个月内立案。经审查，具有下列情形之一的，应当决定退回人民检察院：

（一）不属于本院管辖的；

（二）按照抗诉书提供的住址无法向被提出抗诉的原审被告人送达抗诉书的；

（三）以有新证据为由提出抗诉，抗诉书未附有新的证据目录、证人名单和主要证据复印件或者照片的；

（四）以有新证据为由提出抗诉，但该证据并不是指向原起诉事实的。

人民法院决定退回的刑事抗诉案件，人民检察院经补充相关材料后再次提出抗诉，经审查符合受理条件的，人民法院应当予以受理。

第二条 人民检察院按照审判监督程序提出的刑事抗诉案件，接受抗诉的人民法院应当组成合议庭进行审理。涉及新证据需要指令下级人民法院再审的，接受抗诉的人民法院应当在接受抗诉之日起一个月以内作出决定，并将指令再审决定书送达提出抗诉的人民检察院。

第三条 本规定所指的新证据，是指具有下列情形之一，指向原起诉事实并可能改变原判决、裁定据以定罪量刑的事实的证据：

（一）原判决、裁定生效后新发现的证据；

（二）原判决、裁定生效前已经发现，但由于客观原因未予收集的证据；

（三）原判决、裁定生效前已经收集，但庭审中未予质证、认证的证据；

（四）原生效判决、裁定所依据的鉴定结论，勘验、检查笔录或其他证据被改变或者否定的。

第四条 对于原判决、裁定事实不清或者证据不足的案件，接受抗诉的人民法院进行重新审理后，应当按照下列情形分别处理：

（一）经审理能够查清事实的，应当在查清事实后依法裁判；

（二）经审理仍无法查清事实，证据不足，不能认定原审被告人有罪的，应当判决宣告原审被告人无罪；

（三）经审理发现有新证据且超过刑事诉讼法规定的指令再审期限的，可以裁定撤销原判，发回原审人民法院重新审判。

第五条 对于指令再审的案件，如果原来是第一审案件，接受抗诉的人民法院应当指令第一审人民法院依照第一审程序进行审判，所作的判决、裁定，可以上诉、抗诉；如果原来是第二审案件，接受抗诉的人民法院应当指令第二审人民法院依照第二审程序进行审判，所作的判决、裁定，是终审的判决、裁定。

第六条 在开庭审理前，人民检察院撤回抗诉的，人民法院应当裁定准许。

第七条 在送达抗诉书后被提出抗诉的原审被告人未到案的，人民法院应当裁定中止审理；原审被告人到案后，恢复审理。

第八条 被提出抗诉的原审被告人已经死亡或者在审理过程中死亡的，人民法院应当裁定终止审理，但对能够查清事实，确认原审被告人无罪的案件，应当予以改判。

第九条 人民法院作出裁判后，当庭宣告判决的，应当在五日内将裁判文书送达当事人、法定代理人、诉讼代理人、提出抗诉的人民检察院、辩护人和原审被告人的近亲属；定期宣告判决的，应当在判决宣告后立即将裁判文书送达当事人、法定代理人、诉讼代理人、提出抗诉的人民检察院、辩护人和原审被告人的近亲属。

第十条 以前发布的有关规定与本规定不一致的，以本规定为准。

三、刑事司法政策

最高人民法院审判监督庭印发《关于刑事再审工作几个具体程序问题的意见》的通知（2003年10月15日 法审〔2003〕10号）（节选）

一、对生效裁判再审发回重审的，应由哪一个庭重审，文书如何编号。

此类案件应由审监庭重新审理，编立刑再字号。主要理由是，此类案件在性质上属于再审案件，依法应按审判监督程序审理；由下级法院审监庭审理，便于上一级法院审监庭进行指导、监督。

二、刑事附带民事诉讼案件，原审民事部分已调解结案，刑事部分提起再审后，附带民事诉讼原告人对调解反悔，要求对民事部分也进行再审，如何处理。

调解书生效后，一般不再审，但根据《中华人民共和国民事诉讼法》第一百八十条①的规定，当事人对已发生法律效力的调解书，提出证据足以证明调解违反自愿原则，或者调解协议的内容违反法律规定，经人民法院审查属实的，应当再审。

原刑事部分判决以民事调解为基础，刑事部分再审结果可能对原民事部分处理有影响的，附带民事诉讼原告人要求重新对民事部分进行审理，可以在再审时一并重新审理。

三、对可能改判死刑的再审案件，应由哪一部门负责羁押原审被告人。

此类案件的原审被告人应由看守所负责羁押。这样规定的考虑是：监狱一般不具备关押这类原审被告人的条件，而且关押在监狱不但不便于法院开庭审理，也很可能影响到其他服刑人员的改造，不利于监管秩序的稳定。

四、基层人民法院一审作出的判决生效后，检察院以量刑畸轻为由提出抗诉，上级法院受理后审查认为，原判确有错误，应启动再审程序对原审被告人判处无期徒刑以上刑罚。此类案件如果提审则会剥夺原审被告人的上诉权，发回重审则有审级管辖问题，应如何解决。

对于此类案件，可以由中级人民法院撤销原判后，重新按照第一审程序进行审理，作出的判决、裁定，可以上诉、抗诉。这样做符合《中华人民共和国刑事诉讼法》对于可能判处无期徒刑以上刑罚的普通刑事案件，应由中级人民法院按照第一审程序审理的规定，同时也能够保证原审被告人依法行使上诉权。

对于再审改判为死刑立即执行的案件，今后，应一律报请最高人民法院核准。具体复核工作由最高人民法院审监庭负责。

五、经上级法院立案庭指令下级法院再审的刑事案件，下级法院审监庭在审理中遇有适用法律等问题需向上级法院请示的，应由上级法院哪一个庭负责办理。

上级法院立案庭指令下级法院再审后，案件已进入再审程序，立案庭的审查立案工作已经完结。按照立审分离的原则，上级法院立案庭不再对已进入再审程序案件的实体审理进行指导。进入再审程序的案件，下级法院审监庭在审理中对适用法律等问题确需向上级法院请示的，应由上级法院审监庭负责办理。

上列第一、五条规定的原则，民事再审案件可以参照执行。

---

① 现为《中华人民共和国民事诉讼法》（2023年修正）第二百一十四条。

4. 最高人民检察院关于印发《人民检察院复查刑事申诉案件规定》的通知（2014年10月27日 高检发〔2014〕18号）

第一章 总 则

第一条 为加强人民检察院法律监督职能，完善内部制约机制，规范刑事申诉案件复查程序，根据《中华人民共和国刑事诉讼法》《中华人民共和国人民检察院组织法》和有关法律规定，结合人民检察院复查刑事申诉案件工作实践，制定本规定。

第二条 人民检察院复查刑事申诉案件的任务，是通过复查刑事申诉案件，纠正错误的决定、判决和裁定，维护正确的决定、判决和裁定，保护申诉人的合法权益，促进司法公正，保障国家法律的统一正确实施。

第三条 人民检察院复查刑事申诉案件，应当遵循下列原则：

（一）原案办理权与申诉复查权相分离；

（二）依照法定程序复查；

（三）全案复查，公开公正；

（四）实事求是，依法纠错。

第四条 人民检察院复查刑事申诉案件，根据办案工作需要，可以采取公开听证、公开示证、公开论证和公开答复等形式，进行公开审查。

第五条 本规定所称刑事申诉，是指对人民检察院诉讼终结的刑事处理决定或者人民法院已经发生法律效力的刑事判决、裁定不服，向人民检察院提出的申诉。

第二章 管 辖

第六条 人民检察院刑事申诉检察部门管辖下列刑事申诉：

（一）不服人民检察院因犯罪嫌疑人没有犯罪事实，或者符合《中华人民共和国刑事诉讼法》第十五条规定情形而作出的不批准逮捕决定的申诉；

（二）不服人民检察院不起诉决定的申诉；

（三）不服人民检察院撤销案件决定的申诉；

（四）不服人民检察院其他诉讼终结的刑事处理决定的申诉；

（五）不服人民法院已经发生法律效力的刑事判决、裁定的申诉，本规定另有规定的除外。

第七条 对不服人民检察院下列处理决定的申诉，不属于刑事申诉检察部门管辖，应当分别由人民检察院相关职能部门根据《人民检察院刑事诉讼规则（试行）》等规定办理：

（一）不服人民检察院因事实不清、证据不足，需要补充侦查而作出的不批准逮捕决定的；

（二）不服人民检察院因虽有证据证明有犯罪事实，但是不可能判处犯罪嫌疑人徒刑以上刑罚，或者可能判处徒刑以上刑罚，但是不逮捕不致发生社会危险性而作出的不批准逮捕决定的；

（三）不服人民检察院因应当逮捕的犯罪嫌疑人患有严重疾病、生活不能自理，或者是怀孕、正在哺乳自己婴儿的妇女，或者系生活不能自理的人的唯一扶养人而作出的不批准逮捕决定的；

（四）不服人民检察院作出的不立案决定的；

（五）不服人民检察院作出的附条件不起诉决定的；

（六）不服人民检察院作出的查封、扣押、冻结涉案款物决定的；

（七）不服人民检察院对上述决定作出的复议、复核、复查决定的。

第八条 不服人民法院死刑终审判决、裁定尚未执行的申诉，由人民检察院监所检察部门办理。

第九条 基层人民检察院管辖下列刑事申诉：

（一）不服本院诉讼终结的刑事处理决定的申诉，本规定另有规定的除外；

（二）不服同级人民法院已经发生法律效力的刑事判决、裁定的申诉。

第十条 分、州、市以上人民检察院管辖下列刑事申诉：

（一）不服本院诉讼终结的刑事处理决定的申诉，本规定另有规定的除外；

（二）不服同级人民法院已经发生法律效力的刑事判决、裁定的申诉；

（三）被害人不服下一级人民检察院不起诉决定，在收到不起诉决定书后七日以内提出的申诉；

（四）不服原处理决定、判决、裁定且经过下一级人民检察院审查或者复查的申诉。

第十一条 上级人民检察院在必要时，可以将本院管辖的刑事申诉案件交下级人民检察院办理，也可以直接办理由下级人民检察院管辖的刑事申诉案件。

第三章 受 理

第十二条 人民检察院对符合下列条件的刑事申诉，应当受理，本规定另有规定的除外：

（一）属于本规定第五条规定的刑事申诉；

（二）符合本规定第二章管辖规定；

（三）申诉人是原案的当事人及其法定代理人、近亲属；

（四）申诉材料齐备。

申诉人委托律师代理申诉，且符合上述条件的，应当受理。

第十三条 申诉人向人民检察院提出申诉时，应当递交申诉书、身份证明、相关法律文书及证据材料或者证据线索。

身份证明是指自然人的居民身份证、军官证、士兵证、护照等能够证明本人身份的有效证件；法人或者其他组织的营业执照副本、组织机构代码证和法定代表人或者主要负责人的身份证明等有效证件。对身份证明，人民检察院经核对无误留存复印件。

相关法律文书是指人民检察院作出的决定书、刑事申诉复查决定书、刑事申诉复查通知书、刑事申诉审查结果通知书或者人民法院作出的判决书、裁定书等法律文书。

第十四条 申诉人递交的申诉书应当记明下列事项：

（一）申诉人的姓名、性别、出生日期、民族、职业、工作单位、住所、有效联系方式，法人或者其他组织的名称、住所和法定代表人或者主要负责人的姓名、职务、有效联系方式；

（二）申诉请求和所依据的事实与理由；

（三）申诉人签名、盖章或者捺指印及申诉时间。

申诉人不具备书写能力而口头提出申诉的，应当制作笔录，并由申诉人签名或者捺指印。

第十五条 自诉案件当事人及其法定代理人、近亲属对人民法院已经发生法律效力的刑事判决、裁定不服提出的申诉，刑事附带民事诉讼当事人及其法定代理人、近亲属对人民法院已经发生法律效力的刑事附带民事判决、裁定不服提出的申诉，人民检察院应当受理，但是申诉人对人民法院因原案当事人及其法定代理人自愿放弃诉讼权利或者没有履行相应诉讼义务而作出的判决、裁定不服的申诉除外。

第十六条 刑事申诉由人民检察院控告检察部门统一负责接收。控告检察部门对接收的刑事申诉应当在七日以内分别情况予以处理：

（一）属于本院管辖，并符合受理条件的，移送本院相关部门办理；

（二）属于人民检察院管辖但是不属于本院管辖的，应当告知申诉人向有管辖权的人民检察院提出，或者将申诉材料移送有管辖权的人民检察院处理。移送申诉材料的，应当告知申诉人；

（三）不属于人民检察院管辖的，应当告知申诉人向有关机关反映。

第四章 立 案

第十七条 对符合受理条件的刑事申诉，应当指定承办人员审查，并分别情况予以处理：

（一）经审查，认为符合立案复查条件的，应当制作刑事申诉提请立案复查报告，提出立案复查意见；

（二）经审查，认为不符合立案复查条件的，可以提出审查结案意见。对调卷审查的，应当制作刑事申诉审查报告。

第十八条 对符合下列条件之一的刑事申诉，应当经部门负责人或者检察长批准后立案复查：

（一）原处理决定、判决、裁定有错误可能的；

（二）被害人、被不起诉人对不起诉决定不服，在收到不起诉决定书后七日以内提出申诉的；

（三）上级人民检察院或者本院检察长交办的。

第十九条 原处理决定、判决、裁定是否有错误可能，应当从以下方面进行审查：

（一）原处理决定、判决、裁定认定事实是否有错误；

（二）申诉人是否提出了可能改变原处理结论的新的事实或者证据；

（三）据以定案的证据是否确实、充分；

（四）据以定案的证据是否存在矛盾或者可能是非法证据；

（五）适用法律是否正确；

（六）处理是否适当；

（七）是否存在严重违反诉讼程序的情形；

（八）办案人员在办理该案件过程中是否存在贪污受贿、徇私舞弊、枉法裁判行为；

（九）原处理决定、判决、裁定是否存在其他错误。

第二十条 对不服人民检察院诉讼终结的刑事处理决定的申诉，经两级人民检察院立案复查且采取公开审查形式复查终结，申诉人没有提出新的充足理由的，不再立案复查。

对不服人民法院已经发生法律效力的刑事判决、裁定的申诉，经两级人民检察院办理且省级人民检察院已经复查的，如果没有新的事实、证据和理由，不再立案复查，但是原审被告人可能被宣告无罪或者判决、裁定有其他重大错误可能的除外。

第二十一条　对不符合立案复查条件的刑事申诉，经部门负责人或者检察长批准，可以审查结案。

第二十二条　审查结案的案件，应当将审查结果告知申诉人。对调卷审查的，可以制作刑事申诉审查结果通知书，并在十日以内送达申诉人。

第二十三条　对控告检察部门移送的案件，应当将审查结果书面回复控告检察部门。

第二十四条　审查刑事申诉，应当在受理后二个月以内作出审查结案或者立案复查的决定。

调卷审查的，自卷宗调取齐备之日起计算审查期限。

重大、疑难、复杂案件，经部门负责人或者检察长批准，可以适当延长审查期限。

第五章　复　查

第一节　一般规定

第二十五条　复查刑事申诉案件应当由二名以上检察人员进行，原案承办人员和原复查申诉案件承办人员不再参与办理。

第二十六条　复查刑事申诉案件应当全面审查申诉材料和全部案卷，并制作阅卷笔录。

第二十七条　经审查，具有下列情形之一，认为需要调查核实的，应当拟定调查提纲进行补充调查：

（一）原案事实不清、证据不足的；

（二）申诉人提供了新的事实、证据或者证据线索的；

（三）有其他问题需要调查核实的。

第二十八条　对与案件有关的勘验、检查、辨认、侦查实验等笔录和鉴定意见，认为需要复核的，可以进行复核，也可以对专门问题进行鉴定或者补充鉴定。

第二十九条　复查刑事申诉案件可以询问原案当事人、证人和其他有关人员。

对原判决、裁定确有错误，认为需要提请抗诉、提出抗诉的刑事申诉案件，应当询问或者讯问原审被告人。

第三十条　复查刑事申诉案件应当听取申诉人意见，核实相关问题。

第三十一条　复查刑事申诉案件可以听取原案承办部门、原复查部门或者原承办人员意见，全面了解原案办理情况。

第三十二条　办理刑事申诉案件过程中进行的询问、讯问等调查活动，应当制作调查笔录。调查笔录应当经被调查人确认无误后签名或者捺指印。调查人员也应当在调查笔录上签名。

第三十三条　复查终结的刑事申诉案件，应当是案件事实、证据、适用法律和诉讼程序以及其他可能影响案件处理的情形已经审查清楚，能够得出明确的复查结论。

第三十四条　复查终结刑事申诉案件，承办人员应当制作刑事申诉复查终结报告，提出处理意见，经部门集体讨论后报请检察长决定；重大、疑难、复杂案件，报请检察长或者检察委员会决定。

经检察委员会决定的案件,应当将检察委员会决定事项通知书及讨论记录附卷。

第三十五条 下级人民检察院对上级人民检察院交办的刑事申诉案件应当依法办理,并向上级人民检察院报告结果。

下级人民检察院对上级人民检察院交办的属于本级人民检察院管辖的刑事申诉案件应当立案复查,不得再向下交办。

第三十六条 复查刑事申诉案件,应当在立案后三个月以内办结。案件重大、疑难、复杂的,最长不得超过六个月。

对交办的刑事申诉案件,有管辖权的下级人民检察院应当在收到交办文书后十日以内立案复查,复查期限适用前款规定。逾期不能办结的,应当向交办的上级人民检察院书面说明情况。

第二节 不服人民检察院诉讼终结刑事处理决定申诉案件的复查

第三十七条 被害人不服不起诉决定,在收到不起诉决定书后七日以内申诉的,由作出不起诉决定的人民检察院的上一级人民检察院刑事申诉检察部门立案复查。

被害人向作出不起诉决定的人民检察院提出申诉的,作出决定的人民检察院应当将申诉材料连同案卷一并报送上一级人民检察院。

第三十八条 被害人不服不起诉决定,在收到不起诉决定书七日以后提出申诉的,由作出不起诉决定的人民检察院刑事申诉检察部门审查后决定是否立案复查。

第三十九条 被不起诉人不服不起诉决定,在收到不起诉决定书后七日以内提出申诉的,由作出不起诉决定的人民检察院刑事申诉检察部门立案复查;在收到不起诉决定书七日以后提出申诉的,由作出不起诉决定的人民检察院刑事申诉检察部门审查后决定是否立案复查。

第四十条 对不服人民检察院不起诉决定的申诉复查后,应当分别作出如下处理:

(一) 不起诉决定正确的,予以维持;

(二) 不起诉决定认定的事实或者适用法律错误,需要变更的,应当变更不起诉决定;

(三) 不起诉决定认定的事实或者适用法律错误,应当对被不起诉人提起公诉的,应当撤销不起诉决定,将案件移送有管辖权的人民检察院或者本院有关部门向人民法院提起公诉。

第四十一条 对不服人民检察院不批准逮捕决定的申诉复查后,应当分别作出如下处理:

(一) 不批准逮捕决定正确的,予以维持;

(二) 不批准逮捕决定正确,但是需要依法追究刑事责任的,应当维持不批准逮捕决定,将案件移送有管辖权的人民检察院或者本院有关部门依法办理;

(三) 不批准逮捕决定错误,需要依法批准逮捕的,应当撤销不批准逮捕决定,将案件移送有管辖权的人民检察院或者本院有关部门依法办理。

第四十二条 对不服人民检察院撤销案件决定的申诉复查后,应当分别作出如下处理:

(一) 撤销案件决定正确的,予以维持;

(二) 撤销案件决定正确,但是所认定的部分事实或者适用法律错误的,应当纠正原撤销案件决定书中错误的部分，维持原撤销案件决定；

（三）撤销案件决定错误，需要依法追究刑事责任的，应当撤销原撤销案件决定，将案件移送有管辖权的人民检察院或者本院有关部门重新立案侦查。

第四十三条 对不服人民检察院诉讼终结的刑事处理决定的申诉复查后，认为应当维持原决定的，报请检察长决定；认为应当改变原决定的，报请检察长或者检察委员会决定。

第四十四条 对不服人民检察院诉讼终结的刑事处理决定的申诉复查后，应当制作刑事申诉复查决定书，并在十日以内送达申诉人、原案当事人，同时抄送有关部门。

上级人民检察院作出的复查决定，可以委托下级人民检察院送达。

刑事申诉复查决定书应当公开宣布，并制作宣布笔录。

第四十五条 下级人民检察院对上级人民检察院的复查决定应当执行，并将执行情况书面报告上级人民检察院。

上级人民检察院必要时可以制作纠正案件错误通知书，指令下级人民检察院执行。

下级人民检察院对上级人民检察院的复查决定有异议的，应当在执行的同时向上级人民检察院报告。

第三节 不服人民法院已经发生法律效力刑事判决、裁定申诉案件的复查

第四十六条 最高人民检察院对不服各级人民法院已经发生法律效力的刑事判决、裁定的申诉，上级人民检察院对不服下级人民法院已经发生法律效力的刑事判决、裁定的申诉，经复查决定提出抗诉的，应当按照审判监督程序向同级人民法院提出抗诉，或者指令作出生效判决、裁定的人民法院的上一级人民检察院向同级人民法院提出抗诉。

第四十七条 经复查认为人民法院已经发生法律效力的刑事判决、裁定确有错误，具有下列情形之一的，应当按照审判监督程序向人民法院提出抗诉：

（一）有新的证据证明原判决、裁定认定的事实确有错误，可能影响定罪量刑的；

（二）据以定罪量刑的证据不确实、不充分的；

（三）据以定罪量刑的证据依法应当予以排除的；

（四）据以定罪量刑的主要证据之间存在矛盾的；

（五）原判决、裁定的主要事实依据被依法变更或者撤销的；

（六）认定罪名错误且明显影响量刑的；

（七）违反法律关于追诉时效期限的规定的；

（八）量刑明显不当的；

（九）违反法律规定的诉讼程序，可能影响公正审判的；

（十）审判人员在审理案件的时候有贪污受贿、徇私舞弊、枉法裁判行为的。

第四十八条 对不服人民法院已经发生法律效力的刑事判决、裁定的申诉，经复查认为需要向同级人民法院提出抗诉的，由刑事申诉检察部门提出意见，报请检察长或者检察委员会决定。

第四十九条 人民检察院决定抗诉后，刑事申诉检察部门应当制作刑事抗诉书，向同级人民法院提出抗诉。

以有新的证据证明原判决、裁定认定事实确有错误提出抗诉的，提出抗诉时应当随附相关证据材料。

第五十条 地方各级人民检察院刑事申诉检察部门对不服同级人民法院已经发生法

律效力的刑事判决、裁定的申诉复查后，认为需要抗诉的，应当提出意见，经检察长或者检察委员会决定后，提请上一级人民检察院抗诉。提请上一级人民检察院抗诉的案件，应当制作提请抗诉报告书，连同案卷报送上一级人民检察院。

上一级人民检察院刑事申诉检察部门在接到提请抗诉报告书后，应当指定检察人员进行审查，并制作审查提请抗诉案件报告，经部门集体讨论，报请检察长审批。

上级人民检察院对下一级人民检察院提请抗诉的刑事申诉案件作出决定后，应当制作审查提请抗诉通知书，通知提请抗诉的人民检察院。

第五十一条 上级人民检察院审查下一级人民检察院提请抗诉的刑事申诉案件，应当自收案之日起三个月以内作出决定。

对可能属于冤错等事实证据有重大变化的刑事申诉案件，可以不受上述期限限制。

对不服人民法院已经发生法律效力的死刑缓期二年执行判决、裁定的申诉案件，需要加重原审被告人刑罚的，应当在死刑缓期执行期限届满前作出决定。

第五十二条 地方各级人民检察院经复查提请上一级人民检察院抗诉的案件，上级人民检察院审查案件的期限不计入提请抗诉的人民检察院的复查期限。

第五十三条 经复查认为人民法院已经发生法律效力的刑事判决、裁定确有错误，符合本规定第四十七条规定的情形，需要人民法院通过再审方式纠正的，刑事申诉检察部门可以提出意见，经本院检察委员会决定后，向同级人民法院提出再审检察建议。

对不适宜由同级人民法院再审纠正，或者再审检察建议未被人民法院采纳的，可以按照审判监督程序向人民法院提出抗诉。

第五十四条 人民检察院刑事申诉检察部门办理按照审判监督程序抗诉的案件，认为需要对原审被告人采取逮捕措施的，应当提出意见，移送侦查监督部门审查决定；认为需要对原审被告人采取取保候审、监视居住措施的，应当提出意见，报请检察长决定。

第五十五条 对不服人民法院已经发生法律效力的刑事判决、裁定的申诉复查后，不论是否决定提出抗诉或者提出再审检察建议，立案复查的人民检察院均应制作刑事申诉复查通知书，并在十日以内送达申诉人。

经复查向上一级人民检察院提请抗诉的，应当在上一级人民检察院作出是否抗诉的决定后制作刑事申诉复查通知书。

第五十六条 对按照审判监督程序提出抗诉的刑事申诉案件，或者人民法院依据人民检察院再审检察建议决定再审的刑事申诉案件，人民法院开庭审理时，由同级人民检察院刑事申诉检察部门派员出席法庭，并对人民法院再审活动实施法律监督。

第五十七条 对按照审判监督程序提出抗诉的刑事申诉案件，人民法院经重新审理作出的判决、裁定，由派员出席再审法庭的人民检察院刑事申诉检察部门审查并提出意见。

刑事申诉检察部门经审查认为人民法院作出的判决、裁定仍然确有错误，需要提出抗诉的，报请检察长或者检察委员会决定。如果案件是依照第一审程序审判的，同级人民检察院应当向上一级人民法院提出抗诉；如果案件是依照第二审程序审判的，上一级人民检察院应当按照审判监督程序向同级人民法院提出抗诉。

第六章 其他规定

第五十八条 地方各级人民检察院刑事申诉检察部门应当在刑事申诉案件复查结案

后十日以内，将刑事申诉复查终结报告、刑事申诉复查决定书或者刑事申诉复查通知书、讨论案件记录等材料的复印件或者电子文档报上一级人民检察院刑事申诉检察部门备案。

对提请抗诉、提出抗诉或者提出再审检察建议的刑事申诉案件，地方各级人民检察院刑事申诉检察部门应当在复查结案后十日以内，将刑事申诉复查终结报告、刑事申诉复查通知书、讨论案件记录、提请抗诉报告书、审查提请抗诉案件报告、审查提请抗诉通知书、刑事抗诉书或者再审检察建议书等材料的复印件或者电子文档层报最高人民检察院刑事申诉检察厅备案。

第五十九条　上级人民检察院刑事申诉检察部门应当指定人员审查下级人民检察院报送的备案材料，认为存在错误时可以调卷审查或者听取下级人民检察院刑事申诉检察部门汇报案件的相关情况，并分别情况予以处理：

（一）案件存在错误但是不影响处理结论的，上级人民检察院应当指令下级人民检察院纠正；

（二）案件存在错误并且可能影响处理结论的，上级人民检察院可以自行办理，也可以指令下级人民检察院重新办理。对指令重新办理的案件，下级人民检察院应当重新立案复查。

第六十条　人民检察院对具有下列情形之一的刑事申诉案件，经部门负责人或者检察长批准，可以中止办理：

（一）人民法院对原判决、裁定调卷审查的；

（二）无法与申诉人及其代理人取得联系的；

（三）申诉的自然人死亡，需要等待其他申诉权利人表明是否继续申诉的；

（四）申诉的法人或者其他组织终止，尚未确定权利义务承受人的；

（五）由于其他原因，致使案件在较长时间内无法继续办理的。

决定中止办理的案件，应当制作刑事申诉中止审查通知书，通知申诉人；确实无法通知的，应当记录在案。

中止办理的事由消除后，经部门负责人或者检察长批准，应当恢复办理。中止办理的期间不计入办理期限。

第六十一条　人民检察院对具有下列情形之一的刑事申诉案件，经检察长批准，应当终止办理：

（一）人民检察院因同一案件事实对撤销案件的犯罪嫌疑人重新立案侦查的，对不批准逮捕的犯罪嫌疑人重新作出批准逮捕决定的，或者对不起诉案件的被不起诉人重新起诉的；

（二）人民检察院接到人民法院受理被害人对被不起诉人起诉的通知的；

（三）人民法院对原判决、裁定决定再审的；

（四）申诉人自愿撤回申诉，且不损害国家利益、社会公共利益或者他人合法权益的；

（五）申诉的自然人死亡，没有其他申诉权利人或者申诉权利人明确表示放弃申诉的，但是有证据证明原案被告人是无罪的除外；

（六）申诉的法人或者其他组织终止，没有权利义务承受人或者权利义务承受人明确表示放弃申诉的，但是有证据证明原案被告人是无罪的除外；

（七）案件中止办理后超过六个月仍不能恢复办理的；

（八）其他应当终止办理的情形。

决定终止办理的案件，应当制作刑事申诉终止审查通知书，通知申诉人；确实无法通知的，应当记录在案。

终止办理的事由消除后，申诉人再次提出申诉，符合刑事申诉受理条件的，应当予以受理。

第六十二条 办理刑事申诉案件中发现原案办理过程中存在执法瑕疵等问题的，可以向原办案部门提出检察建议或者整改意见。

第六十三条 办理刑事申诉案件中发现原案办理过程中有贪污贿赂、渎职等违法违纪行为的，应当移送有关部门处理。

第六十四条 办理刑事申诉案件中发现原案遗漏罪行、遗漏同案犯罪嫌疑人的，应当移送有关部门处理。

第六十五条 刑事申诉案件办理终结后，刑事申诉检察部门应当结合刑事申诉检察职能协助有关部门做好善后息诉工作。

第六十六条 办理刑事申诉案件中严重不负责任，未能发现原案办理过程中存在的重大执法过错或者拒不依法纠正原案错误，造成严重后果的，应当依照规定追究相关人员责任。

第六十七条 人民检察院办理刑事申诉案件，应当执行检察机关案件管理的有关规定。

第六十八条 制作刑事申诉案件法律文书，应当符合规定的格式。

刑事申诉案件法律文书的格式另行制定。

第七章　附　则

第六十九条 本规定由最高人民检察院负责解释。

第七十条 本规定自发布之日起施行。1998 年 6 月 16 日发布的《人民检察院复查刑事申诉案件规定》同时废止；本院此前发布的有关办理刑事申诉案件的其他规定与本规定不一致的，以本规定为准。

第二节　审判实践中的疑难新型问题

问题1. 对修改刑事诉讼法决定中再审案件适用范围和指令再审规定的理解

【实务专论】[①]

关于审判监督程序，2012 年修改《刑事诉讼法》作了四个方面的修改：(1) 完善了当事人及其法定代理人、近亲属提出申诉的具体情形。(2) 完善了指令再审制度，规定："上级人民法院指令下级人民法院再审的，应当指令原审人民法院以外的下级人民法院审

[①] 高憬宏、胡云腾：《刑事审判程序改革问题解读》，载中华人民共和国最高人民法院刑事审判第一、二、三、四、五庭主办：《刑事审判参考》2012 年第 2 集（总第 85 集），法律出版社 2012 年版，第 198~227 页。

理；由原审人民法院审理更为适宜的，也可以指令原审人民法院审理。"（3）对人民检察院派员出席开庭审理再审案件提出了明确要求，规定："人民法院开庭审理的再审案件，同级人民检察院应当派员出席法庭。"（4）增加了再审期间对被告人采取强制措施和可以裁定中止原判决、裁定执行的规定。下面主要谈谈对再审案件适用范围和指令再审规定的理解。

（一）关于再审案件的适用范围

根据《刑事诉讼法》第二百四十二条[①]的规定，当事人及其法定代理人、近亲属的申诉具备下列五种情形之一的，人民法院应当按照审判监督程序对案件进行重新审判：

1. 有新的证据证明原判决、裁定认定的事实确有错误，可能影响定罪量刑的

这种情况是指有新的证据证明原裁判认定的事实不存在或严重失实，对原审被告人的定罪量刑有影响的。该项中的"可能影响定罪量刑"是 2012 年《刑事诉讼法》修改后新增加的。之所以作此增加，是因为原《刑事诉讼法》规定的"有新的证据证明原判决、裁定认定的事实确有错误"在实践中导致了一些问题，主要是对"事实"的理解出现了偏差。实践中，对于新发现的事实是主要事实还是枝节事实，对定罪量刑有无影响没有任何限制。所以，当事人只要有新的证据证明原判决、裁定认定的任何事实与实际情况不符，哪怕它对于定罪量刑毫无影响，如仅仅是被告人姓名搞错了，也可据此要求人民法院重新审判。这样就可能导致再审程序被轻易启动，不仅浪费国家的司法资源，而且使生效裁判应有的稳定性、权威性以及既判力受到损害。

2. 据以定罪量刑的证据不确实、不充分、依法应当予以排除，或者证明案件事实的主要证据之间存在矛盾的

即申诉理由能够说明原判决据以对原审被告人定罪并判处刑罚的证据体系未达到"证据确实、充分"的证明标准，有的重要证据不真实，存在虚假；或者证据单一，缺乏相互印证；或者主要证据系采取非法方法收集，应当予以排除；证明案件事实的主要证据不统一，结论不唯一，不足以排除其他可能的。"依法应当予以排除"也是此次修法新增加的。之所以作此增加，是因为此次修法已在我国刑事诉讼法中明确确立了"非法证据排除规则"。"非法证据排除规则"在立法上予以确立，是我国刑事证据制度乃至刑事诉讼制度的一个重大进步，对于促进诉讼文明、加强人权保障，实现司法公正都将产生重大影响。正因如此，以纠正错误裁判，促进司法公正为追求的再审程序中，也引入该规则的精神，将其作为再审理由之一。

3. 原判决、裁定适用法律确有错误

即在对事实作出认定后适用法律规定进行定性及具体处理时存在错误，如罪与非罪不清、将此罪定为彼罪以及在对罪轻、罪重的法律适用出现错误而导致轻罪重判、重罪轻判等。这种情况下虽然事实认定没有什么问题，但由于法律适用的错误，处理结果也发生错误。当然，这里所指的是适用法律"确有错误"；如果法律适用本身并无错误，只是申诉人出现了理解上的错误，则不能作为理由启动再审。

4. 违反法律规定的诉讼程序，可能影响公正审判的

即程序不合法而可能对案件的公正审理造成影响的。该项理由也是 2012 年修法中新增的，目的在于转变实践中存在的重实体、轻程序的倾向，维护当事人诉讼权利。正当

[①] 现为《中华人民共和国刑事诉讼法》（2018 年修正）第二百五十三条。

程序已成为人权保障最重要的法律依据和宪政的核心理念。当原生效裁判的过程违反了法律规定的诉讼程序，如合议庭组成不合法、违反了回避规定、违反了公开审判原则、限制被告人的辩护权行使、重要证据未经质证等，可能影响案件的公正审理的，应当成为重新审判的理由。

5. 审判人员在审理案件时，有贪污受贿，徇私舞弊，枉法裁判行为

只要有证据证明在诉讼过程中负责处理该案的审判人员有前述各种行为之一的，就可以成为提出申诉，申请案件再审的理由。

（二）关于指令下级人民法院再审的问题

《刑事诉讼法》第二百四十四条①规定："上级人民法院指令下级人民法院再审的，应当指令原审人民法院以外的下级人民法院审理；由原审人民法院审理更为适宜的，也可以指令原审人民法院审理。"确立了指令再审以原审人民法院以外的下级人民法院审理为原则，以原审人民法院审理为补充的制度，这对于有效发挥再审纠错功能，提高司法公信力具有重要意义。这里需要研究的问题是，什么情况下由原审人民法院审理，什么情况下不能由原审人民法院审理。对于以"审判人员在审理该案件的时候，有贪污受贿，徇私舞弊，枉法裁判行为"为由再审的案件，我们认为，就不能由原审人民法院审理。

问题 2. 历史形成的涉产权刑事案件的再审原则

人民法院在对历史形成的涉产权刑事案件进行再审裁判时，总的原则是实事求是。具体而言，应当注意以下几点：

第一，要充分认识到这些案件自身的特点和复杂性。与一、二审案件相比，再审案件本来就有其自身的特点，同时，作为涉产权案件，往往发生于社会主义市场经济的发育成长时期，大多融刑事、民事、商事、行政等诸多法律关系于一体，需要在审理中高度审慎、条分缕析、认真梳理、仔细辨别。

第二，要在充分尊重历史的前提下着眼长远。应当立足于案件的事实、证据以及当时法律规定，同时，要综合考量当时的社会背景、政策法规、发展阶段、行业状况等因素，充分尊重历史，客观看待和依法妥善处理改革开放以来各类企业，特别是民营企业经营过程中存在的不规范问题，着眼于不断改革发展、多种经济形式共存共荣的大局。

第三，要精准把握经济违法行为的入刑标准。要从犯罪的基本特征即行为的社会危害性、刑事违法性、应受惩罚性三方面进行深刻分析，正确区分违规、违法与犯罪之间的界限，把准经济纠纷与经济犯罪的性质，分清经济违法行为的不同法律责任，严格执行罪刑法定、疑罪从无原则，对于企业家在生产、经营、融资活动中的创新突破但不违反刑事法律禁止性规定的行为，绝不能以犯罪论处。

第四，要根据再审查明的事实依法裁判。对于原判确有错误并影响被告人定罪量刑的，要旗帜鲜明地坚决予以纠正。完全错误的，彻底纠正，部分错误的，部分纠正。当然，也要防止从一个极端走向另一个极端，为了纠正而纠正的形式主义和片面主义。对于原判事实认定正确，适用法律并无不当的案件，也应大胆地依法维持，切实做到大错大纠、小错小纠、无错不纠。只有这样，才能符合法治要求，得到社会认可，取得社会公信，真正实现法律效果和社会效果的统一。

---

① 现为《中华人民共和国刑事诉讼法》（2018 年修正）第二百五十五条。

问题3. 涉产权刑事案件再审的重点

涉产权刑事案件的再审,重点需要解决的是原审被告人是否构成犯罪、是否需要承担刑事责任以及原判刑罚是否符合罪责刑相统一原则的问题。但由于行为人被定罪量刑之后,往往还涉及有关党纪、行政责任的追究问题,且就刑事责任而言,也往往在自由刑之外还涉及财产刑的问题。因此,在经过再审之后,对于原判确实有错误,在宣告原审被告人无罪或者改判较轻刑罚的同时,对其他相关问题应尽可能一并或协调有关部门进行处理。一是对于原判不应一并判处的罚金、没收财产,应当在再审判决书中明确予以撤销,已经执行的应当予以退还;二是对于原判错误判处的追缴违法所得,也应在再审判决书中明确予以撤销,依法予以返还;三是对于宣告无罪的,除以"情节显著轻微,危害不大"为理由或者原审被告人自愿放弃的外,原判附带民事赔偿责任应一并撤销,并妥善做好附带民事诉讼原告人的工作;四是再审改判后涉及国家赔偿的,应依法告知原审被告人享有申请国家赔偿的权利以及可向何法院申请国家赔偿;五是涉及其他有关责任追究不当的,应尽可能协调有关部门依法依规予以妥善解决。

第十二章
涉外刑事案件程序

第一节　审判依据

一、司法解释

最高人民法院关于适用《中华人民共和国刑事诉讼法》的解释（2021 年 1 月 26 日）（节选）

第二十章　涉外刑事案件的审理和刑事司法协助

第一节　涉外刑事案件的审理

第四百七十五条　本解释所称的涉外刑事案件是指：
（一）在中华人民共和国领域内，外国人犯罪或者我国公民对外国、外国人犯罪的案件；
（二）符合刑法第七条、第十条规定情形的我国公民在中华人民共和国领域外犯罪的案件；
（三）符合刑法第八条、第十条规定情形的外国人犯罪的案件；
（四）符合刑法第九条规定情形的中华人民共和国在所承担国际条约义务范围内行使管辖权的案件。

第四百七十六条　第一审涉外刑事案件，除刑事诉讼法第二十一条至第二十三条规定的以外，由基层人民法院管辖。必要时，中级人民法院可以指定辖区内若干基层人民法院集中管辖第一审涉外刑事案件，也可以依照刑事诉讼法第二十四条的规定，审理基层人民法院管辖的第一审涉外刑事案件。

第四百七十七条　外国人的国籍，根据其入境时持用的有效证件确认；国籍不明的，根据公安机关或者有关国家驻华使领馆出具的证明确认。

国籍无法查明的，以无国籍人对待，适用本章有关规定，在裁判文书中写明"国籍不明"。

第四百七十八条　在刑事诉讼中，外国籍当事人享有我国法律规定的诉讼权利并承担相应义务。

第四百七十九条 涉外刑事案件审判期间，人民法院应当将下列事项及时通报同级人民政府外事主管部门，并依照有关规定通知有关国家驻华使领馆：

（一）人民法院决定对外国籍被告人采取强制措施的情况，包括外国籍当事人的姓名（包括译名）、性别、入境时间、护照或者证件号码、采取的强制措施及法律依据、羁押地点等；

（二）开庭的时间、地点、是否公开审理等事项；

（三）宣判的时间、地点。

涉外刑事案件宣判后，应当将处理结果及时通报同级人民政府外事主管部门。

对外国籍被告人执行死刑的，死刑裁决下达后执行前，应当通知其国籍国驻华使领馆。

外国籍被告人在案件审理中死亡的，应当及时通报同级人民政府外事主管部门，并通知有关国家驻华使领馆。

第四百八十条 需要向有关国家驻华使领馆通知有关事项的，应当层报高级人民法院，由高级人民法院按照下列规定通知：

（一）外国籍当事人国籍国与我国签订有双边领事条约的，根据条约规定办理；未与我国签订双边领事条约，但参加《维也纳领事关系公约》的，根据公约规定办理；未与我国签订领事条约，也未参加《维也纳领事关系公约》，但与我国有外交关系的，可以根据外事主管部门的意见，按照互惠原则，根据有关规定和国际惯例办理；

（二）在外国驻华领馆领区内发生的涉外刑事案件，通知有关外国驻该地区的领馆；在外国领馆领区外发生的涉外刑事案件，通知有关外国驻华使馆；与我国有外交关系，但未设使领馆的国家，可以通知其代管国家驻华使领馆；无代管国家、代管国家不明的，可以不通知；

（三）双边领事条约规定通知时限的，应当在规定的期限内通知；没有规定的，应当根据或者参照《维也纳领事关系公约》和国际惯例尽快通知，至迟不得超过七日；

（四）双边领事条约没有规定必须通知，外国籍当事人要求不通知其国籍国驻华使领馆的，可以不通知，但应当由其本人出具书面声明。

高级人民法院向外国驻华使领馆通知有关事项，必要时，可以请人民政府外事主管部门协助。

第四百八十一条 人民法院受理涉外刑事案件后，应当告知在押的外国籍被告人享有与其国籍国驻华使领馆联系，与其监护人、近亲属会见、通信，以及请求人民法院提供翻译的权利。

第四百八十二条 涉外刑事案件审判期间，外国籍被告人在押，其国籍国驻华使领馆官员要求探视的，可以向受理案件的人民法院所在地的高级人民法院提出。人民法院应当根据我国与被告人国籍国签订的双边领事条约规定的时限予以安排；没有条约规定的，应当尽快安排。必要时，可以请人民政府外事主管部门协助。

涉外刑事案件审判期间，外国籍被告人在押，其监护人、近亲属申请会见的，可以向受理案件的人民法院所在地的高级人民法院提出，并依照本解释第四百八十六条的规定提供与被告人关系的证明。人民法院经审查认为不妨碍案件审判的，可以批准。

被告人拒绝接受探视、会见的，应当由其本人出具书面声明。拒绝出具书面声明的，应当记录在案；必要时，应当录音录像。

探视、会见被告人应当遵守我国法律规定。

第四百八十三条 人民法院审理涉外刑事案件,应当公开进行,但依法不应公开审理的除外。

公开审理的涉外刑事案件,外国籍当事人国籍国驻华使领馆官员要求旁听的,可以向受理案件的人民法院所在地的高级人民法院提出申请,人民法院应当安排。

第四百八十四条 人民法院审判涉外刑事案件,使用中华人民共和国通用的语言、文字,应当为外国籍当事人提供翻译。翻译人员应当在翻译文件上签名。

人民法院的诉讼文书为中文本。外国籍当事人不通晓中文的,应当附有外文译本,译本不加盖人民法院印章,以中文本为准。

外国籍当事人通晓中国语言、文字,拒绝他人翻译,或者不需要诉讼文书外文译本的,应当由其本人出具书面声明。拒绝出具书面声明的,应当记录在案;必要时,应当录音录像。

第四百八十五条 外国籍被告人委托律师辩护,或者外国籍附带民事诉讼原告人、自诉人委托律师代理诉讼的,应当委托具有中华人民共和国律师资格并依法取得执业证书的律师。

外国籍被告人在押的,其监护人、近亲属或者其国籍国驻华使领馆可以代为委托辩护人。其监护人、近亲属代为委托的,应当提供与被告人关系的有效证明。

外国籍当事人委托其监护人、近亲属担任辩护人、诉讼代理人的,被委托人应当提供与当事人关系的有效证明。经审查,符合刑事诉讼法、有关司法解释规定的,人民法院应当准许。

外国籍被告人没有委托辩护人的,人民法院可以通知法律援助机构为其指派律师提供辩护。被告人拒绝辩护人辩护的,应当由其出具书面声明,或者将其口头声明记录在案;必要时,应当录音录像。被告人属于应当提供法律援助情形的,依照本解释第五十条规定处理。

第四百八十六条 外国籍当事人从中华人民共和国领域外寄交或者托交给中国律师或者中国公民的委托书,以及外国籍当事人的监护人、近亲属提供的与当事人关系的证明,必须经所在国公证机关证明,所在国中央外交主管机关或者其授权机关认证,并经中华人民共和国驻该国使领馆认证,或者履行中华人民共和国与该所在国订立的有关条约中规定的证明手续,但我国与该国之间有互免认证协定的除外。

第四百八十七条 对涉外刑事案件的被告人,可以决定限制出境;对开庭审理案件时必须到庭的证人,可以要求暂缓出境。限制外国人出境的,应当通报同级人民政府外事主管部门和当事人国籍国驻华使领馆。

人民法院决定限制外国人和中国公民出境的,应当书面通知被限制出境的人在案件审理终结前不得离境,并可以采取扣留护照或者其他出入境证件的办法限制其出境;扣留证件的,应当履行必要手续,并发给本人扣留证件的证明。

需要对外国人和中国公民在口岸采取边控措施的,受理案件的人民法院应当按照规定制作边控对象通知书,并附有关法律文书,层报高级人民法院办理交控手续。紧急情况下,需要采取临时边控措施的,受理案件的人民法院可以先向有关口岸所在地出入境边防检查机关交控,但应当在七日以内按照规定层报高级人民法院办理手续。

第四百八十八条 涉外刑事案件,符合刑事诉讼法第二百零八条第一款、第二百四十三条规定的，经有关人民法院批准或者决定，可以延长审理期限。

第四百八十九条 涉外刑事案件宣判后，外国籍当事人国籍国驻华使领馆要求提供裁判文书的，可以向受理案件的人民法院所在地的高级人民法院提出，人民法院可以提供。

第四百九十条 涉外刑事案件审理过程中的其他事项，依照法律、司法解释和其他有关规定办理。

第二节 刑事司法协助

第四百九十一条 请求和提供司法协助，应当依照《中华人民共和国国际刑事司法协助法》、我国与有关国家、地区签订的刑事司法协助条约、移管被判刑人条约和有关法律规定进行。

对请求书的签署机关、请求书及所附材料的语言文字、有关办理期限和具体程序等事项，在不违反中华人民共和国法律的基本原则的情况下，可以按照刑事司法协助条约规定或者双方协商办理。

第四百九十二条 外国法院请求的事项有损中华人民共和国的主权、安全、社会公共利益以及违反中华人民共和国法律的基本原则的，人民法院不予协助；属于有关法律规定的可以拒绝提供刑事司法协助情形的，可以不予协助。

第四百九十三条 人民法院请求外国提供司法协助的，应当层报最高人民法院，经最高人民法院审核同意后交由有关对外联系机关及时向外国提出请求。

外国法院请求我国提供司法协助，有关对外联系机关认为属于人民法院职权范围的，经最高人民法院审核同意后转有关人民法院办理。

第四百九十四条 人民法院请求外国提供司法协助的请求书，应当依照刑事司法协助条约的规定提出；没有条约或者条约没有规定的，应当载明法律规定的相关信息并附相关材料。请求书及其所附材料应当以中文制作，并附有被请求国官方文字的译本。

外国请求我国法院提供司法协助的请求书，应当依照刑事司法协助条约的规定提出；没有条约或者条约没有规定的，应当载明我国法律规定的相关信息并附相关材料。请求书及所附材料应当附有中文译本。

第四百九十五条 人民法院向在中华人民共和国领域外居住的当事人送达刑事诉讼文书，可以采用下列方式：

（一）根据受送达人所在国与中华人民共和国缔结或者共同参加的国际条约规定的方式送达；

（二）通过外交途径送达；

（三）对中国籍当事人，所在国法律允许或者经所在国同意的，可以委托我国驻受送达人所在国的使领馆代为送达；

（四）当事人是自诉案件的自诉人或者附带民事诉讼原告人的，可以向有权代其接受送达的诉讼代理人送达；

（五）当事人是外国单位的，可以向其在中华人民共和国领域内设立的代表机构或者有权接受送达的分支机构、业务代办人送达；

（六）受送达人所在国法律允许的，可以邮寄送达；自邮寄之日起满三个月，送达回证未退回，但根据各种情况足以认定已经送达的，视为送达；

（七）受送达人所在国法律允许的，可以采用传真、电子邮件等能够确认受送达人收悉的方式送达。

第四百九十六条 人民法院通过外交途径向在中华人民共和国领域外居住的受送达人送达刑事诉讼文书的,所送达的文书应当经高级人民法院审查后报最高人民法院审核。最高人民法院认为可以发出的,由最高人民法院交外交部主管部门转递。

外国法院通过外交途径请求人民法院送达刑事诉讼文书的,由该国驻华使馆将法律文书交我国外交部主管部门转最高人民法院。最高人民法院审核后认为属于人民法院职权范围,且可以代为送达的,应当转有关人民法院办理。

二、刑事政策文件

最高人民法院、最高人民检察院、公安部、国家安全部、司法部关于外国人犯罪案件管辖问题的通知(2013年1月17日 法发〔2013〕2号)(节选)

一、第一审外国人犯罪案件,除刑事诉讼法第二十条[①]至第二十二条[②]规定的以外,由基层人民法院管辖。外国人犯罪案件较多的地区,中级人民法院可以指定辖区内一个或者几个基层人民法院集中管辖第一审外国人犯罪案件;外国人犯罪案件较少的地区,中级人民法院可以依照刑事诉讼法第二十三条[③]的规定,审理基层人民法院管辖的第一审外国人犯罪案件。

二、外国人犯罪案件的侦查,由犯罪地或者犯罪嫌疑人居住地的公安机关或者国家安全机关负责。需要逮捕犯罪嫌疑人的,由负责侦查的公安机关或者国家安全机关向所在地同级人民检察院提请批准逮捕;侦查终结需要移送审查起诉的案件,应当向侦查机关所在地的同级人民检察院移送。人民检察院受理同级侦查机关移送审查起诉的案件,按照刑事诉讼法的管辖规定和本通知要求,认为应当由上级人民检察院或者同级其他人民检察院起诉的,应当将案件移送有管辖权的人民检察院审查起诉。

三、辖区内集中管辖第一审外国人犯罪案件的基层人民法院,应当由中级人民法院商同级人民检察院、公安局、国家安全局、司法局综合考虑办案质量、效率、工作衔接配合等因素提出,分别报高级人民法院、省级人民检察院、公安厅(局)、国家安全厅(局)、司法厅(局)同意后确定,并报最高人民法院、最高人民检察院、公安部、国家安全部、司法部备案。

各高级人民法院、省级人民检察院、公安厅(局)、国家安全厅(局)要切实加强对基层人民法院、人民检察院、公安机关、国家安全机关办理外国人犯罪案件工作的监督、指导。司法行政机关要加强对外国人犯罪案件中律师辩护、代理工作的指导、监督。对于遇到的法律适用等重大问题要及时层报最高人民法院、最高人民检察院、公安部、国家安全部、司法部。

[①] 现为《中华人民共和国刑事诉讼法》(2018年修正)第二十一条。
[②] 现为《中华人民共和国刑事诉讼法》(2018年修正)第二十三条。
[③] 现为《中华人民共和国刑事诉讼法》(2018年修正)第二十四条。

第二节　审判实践中的疑难新型问题

问题1. 被告人入境时使用的证件于案发后被确认无效，而被告人又主张自己是证件签署国公民的，如何确定国籍？

【实务专论】①

答：应当根据下列查证情况分别处理：

（1）如果证件签署国大使馆或者领事馆书面确认被告人为本国公民的，以确认证明为认定国籍的依据。

（2）如果证件签署国否定被告人为本国公民的，以公安机关会同外事部门查明的为准，如果查明被告人为第三国公民的，认定被告人为第三国公民，确实无法查明的，对被告人应当以无国籍人员对待。

（3）如果证件签署国与我国无外交关系，也无与我国有外交关系的利益代管国，既无法确认也无法排除被告人的国籍主张的，应当按被告人自报国籍作客观表述。

问题2. 被告人否定自己为证件签署国公民，主张为第三国公民的，如何确定国籍？

【实务专论】②

答：应当根据下列情况分别处理：

（1）如果第三国确认被告人为本国公民，以确认证明为认定国籍的依据。

（2）如果第三国否定被告人为本国公民，而证件签署国确认其为本国公民的，以证件为认定国籍的依据。

（3）如果第三国和证件签署国均确认被告人为本国公民的，认定被告人具有双重国籍。

（4）如果第三国和证件签署国均否认被告人为本国公民，而且也无法确认被告人为其他国家公民的，对被告人应当以无国籍人员论。

（5）如果第三国与我国无外交关系，也无与我国有外交关系的利益代管国，而证件签署国又否认被告人为本国公民，因而既无法确认也无法排除被告人之国籍主张的，按照被告人自报国籍作客观表述。

（6）如果第三国与证件签署国均与我国无外交关系，也无与我国有外交关系的利益

---

① 上海市高级人民法院刑二庭调研报告：《涉外刑事案件法律适用问题解答》，载中华人民共和国最高人民法院刑事审判第一、二、三、四、五庭主办：《刑事审判参考》2010年第4集（总第75集），法律出版社2011年版，第162~167页。

② 上海市高级人民法院刑二庭调研报告：《涉外刑事案件法律适用问题解答》，载中华人民共和国最高人民法院刑事审判第一、二、三、四、五庭主办：《刑事审判参考》2010年第4集（总第75集），法律出版社2011年版，第162~167页。

代管国，应查明被告人否定自己为证件签署国公民的理由是否成立，然后根据具体情况分别按被告人自报国籍作客观表述，或者确认为证件国国籍。

问题 3. 被告人无法提供任何能够证明其国籍的有效证件，但又主张自己是某国公民的，如何确定国籍？

【实务专论】①

答：应当根据下列查证结果分别处理：
（1）如果被主张国确认被告人为本国公民，以确认证明为认定国籍的依据。
（2）如果被主张国否定被告人为本国公民，对被告人应当以无国籍人员论。
（3）如果被主张国与我国无外交关系，也无与我国有外交关系的利益代管国，因而既无法确认也无法排除被告人之国籍主张的，按被告人自报国籍作客观表述。

问题 4. 被告人持《中华人民共和国旅行证》以我国台湾地区居民的身份入境，同时又持有其他国家护照的，如何确定国籍？

【实务专论】②

答：根据 2001 年 4 月《外交部、最高人民法院、最高人民检察院、公安部、国家安全部、司法部〈关于处理涉外案件若干问题的规定〉执行情况讨论会会议纪要》的规定，如被告人同时持有外国（甚至多国）有效护照和我国有效身份证件，应当以其入境时持有的证件为准，即被告人持《中华人民共和国旅行证》以我国台湾地区居民的身份入境，则视为中国公民。如果持外国护照入境的，则以护照确定身份。如果被告人多次入境的，以最后一次入境时所持的有效证件确定被告人身份。如对被告人的身份确有疑问的，由公安机关出入境管理部门协助予以查明，并通报同级人民政府外事部门。

问题 5. 翻译人员的费用如何承担？

【实务专论】③

答：《刑事诉讼法解释》第三百一十九条④第一款规定："人民法院审判涉外刑事案件，使用中华人民共和国通用的语言、文字，应当为外国籍被告人提供翻译。如果外国籍被告人通晓中国语言、文字，拒绝他人翻译的，应当由本人出具书面声明，或者将他

---

① 上海市高级人民法院刑二庭调研报告：《涉外刑事案件法律适用问题解答》，载中华人民共和国最高人民法院刑事审判第一、二、三、四、五庭主办：《刑事审判参考》2010 年第 4 集（总第 75 集），法律出版社 2011 年版，第 162~167 页。
② 上海市高级人民法院刑二庭调研报告：《涉外刑事案件法律适用问题解答》，载中华人民共和国最高人民法院刑事审判第一、二、三、四、五庭主办：《刑事审判参考》2010 年第 4 集（总第 75 集），法律出版社 2011 年版，第 162~167 页。
③ 上海市高级人民法院刑二庭调研报告：《涉外刑事案件法律适用问题解答》，载中华人民共和国最高人民法院刑事审判第一、二、三、四、五庭主办：《刑事审判参考》2010 年第 4 集（总第 75 集），法律出版社 2011 年版，第 162~167 页。
④ 现为《最高人民法院关于适用〈中华人民共和国刑事诉讼法〉的解释》（2021 年）第四百八十四条。

的口头声明记录在卷。诉讼文书为中文本，应当附有被告人通晓的外文译本，译本不加盖人民法院印章，以中文本为准。翻译费用由被告人承担。"对于这一规定，目前存在两种理解：一种理解认为，在审判程序中的所有翻译费用包括翻译人员出庭的费用都应当由被告人承担；另一种理解认为，只有诉讼文本的翻译费用才能由被告人承担，其他费用不应当由被告人承担。经研究认为，第二种理解是正确的。只有诉讼文本的翻译费用才能由被告人承担，翻译人员出庭翻译等费用，均不应当由被告人承担。如果被告人经济困难，则文本翻译费也可免除。因为保障外国籍被告人在法庭上获得翻译的权利是其有效地参与诉讼，获得公正审判的前提条件。而且，为外国籍被告人免费提供翻译也是国际上通行的做法，如《公民权利和政治权利国际公约》第十四条规定，如他（指被告人）不懂或不会说法庭上所用的语言，能免费获得译员的援助。

问题6. 涉外刑事案件被告人身份的认定

【实务专论】[①]

涉外刑事案件被告人身份的认定，最主要的是国籍问题，需要以被告人进入我国境内时所持有的有效证件予以确认。国籍不明的，以公安机关查明的为准。国籍确实无法查明的，以无国籍人（法律文书表述为国籍不明）对待，适用外国人犯罪案件的审理程序。在实践中，有外国籍被告人通过海关进入我国境内，但其拥有两国甚至多国护照的，法院应以其通关时所持护照的国籍认定。未经海关，偷越国（边）境入境的，以其所持真实有效的证件认定，必要时须与外国使领馆联系确认。中国公民以购买等方式取得外国国籍且同时具有中国国籍的，要根据我国《国籍法》第九条的规定加以认定，该条规定，中国公民自动丧失中国国籍必须同时具备两个条件：一是中国公民定居外国；二是自愿加入或取得外国国籍。如非同时具备，则不能认定被告人具有外国国籍，仍应认定为中国国籍。国家工作人员和现役军人不得退出中国国籍。港澳居民具有中国国籍，同时持有英国或葡萄牙护照的，对其身份的认定应严格遵守全国人大常委会的相关立法解释和规定。我国不承认中国公民具有双重国籍，这也是认定国籍问题的一个标准。对于具有多个国籍的外国公民，以其入境时所持有效证件为主查明身份，同时也要注意查证其他国籍情况。

问题7. 在对外国籍被告人裁量刑罚时，是否可以考虑被告人所属国的有关刑法规定？

【实务专论】[②]

答：对于这一问题，既要考虑我国国家主权原则、国民待遇原则，同时也要在刑罚个别化原则下兼顾被告人所属国刑事法律的规定。具体而言，在对被告人裁量刑罚时，

---

① 裴显鼎、叶晓颖：《涉外刑事案件审判程序解读》，载中华人民共和国最高人民法院刑事审判第一、二、三、四、五庭主办：《刑事审判参考》2012年第2集（总第85集），法律出版社2012年版，第228~237页。
② 上海市高级人民法院刑二庭调研报告：《涉外刑事案件法律适用问题解答》，载中华人民共和国最高人民法院刑事审判第一、二、三、四、五庭主办：《刑事审判参考》2010年第4集（总第75集），法律出版社2011年版，第162~167页。

首先,必须按照我国刑法规定,根据被告人犯罪的事实、犯罪的性质和对社会的危害程度,依法在我国《刑法》规定的法定刑幅度内确定被告人应当判处的刑罚,被告人没有减轻处罚情节,非经法定核准程序,不得在法定刑幅度以下判处刑罚。其次,如果被告人所属国法律的相关规定轻于我国,甚至不认为是犯罪的,一般情况下在对被告人量刑时应当酌情从轻。因为在通常情况下被告人受其所属国法律的影响较深,对外国法的禁止性规定往往因为潜意识而注意不够,由此反映出其违法性意图不强,表明其犯罪的主观恶性和人身危险性均较小,从刑罚个别化及罪刑相适应原则出发,可以对被告人酌情从轻判处。这样的判决也容易使被告人及其所属国接受,同时又可以降低司法成本。但是,如果被告人所属国法律的相关刑罚规定重于我国刑罚规定的,不得以此为由对被告人酌情从重处罚,这是由我国罪刑法定原则所决定的。

问题8. 对外国籍被告人能否适用管制或者缓刑?

【实务专论】①

答:《全国法院审理涉外、涉侨、涉港澳台刑事案件工作座谈会纪要》指出,对外国籍被告人是否适用管制刑,要看是否有条件执行。对在我国没有相对稳定的住所及单位的外国籍被告人,不宜判处管制。对有条件执行管制刑的,可以依法适用管制刑。同理,对外国籍被告人是否适用缓刑,也要看是否有执行缓刑的条件。如果没有执行缓刑的条件,不能适用缓刑。如果有执行缓刑条件的,可以依法适用缓刑。对外国籍被告人是否适用管制或缓刑,应当综合考虑各种因素,如被告人在我国是否有固定的住所、家庭、工作单位,在我国是否能够独立或者依靠家庭成员生活。对外国被告人拟判处管制、缓刑,其合法居留权尚未解决的,应当事先同公安机关协调解决被告人合法居留权的问题。

问题9. 对外国籍被告人如何适用驱逐出境?

【实务专论】②

答:《全国法院审理涉外、涉侨、涉港澳台刑事案件工作座谈会纪要》指出,对外国籍被告人适用驱逐出境,既要考虑被告人犯罪的性质、情节、后果,又要考虑国家间的关系及国际斗争的需要。对于被告人犯罪情节轻微,危害不大或者患有严重疾病、传染病等不宜在中国监狱关押的,可以独立适用驱逐出境。对于论罪应当判处较重刑罚但根据实际情况认为可以独立适用驱逐出境的,应当报高级人民法院审核。对附加驱逐出境的适用,要根据具体案情和国际经济合作需要决定。对于犯有危害国家安全、严重危害社会治安等严重犯罪的外国被告人,应当附加驱逐出境;对于罪行较轻且在我国境内有企业、财产,刑满后需继续留驻我国的被告人,可不附加驱逐出境。

---

① 上海市高级人民法院刑二庭调研报告:《涉外刑事案件法律适用问题解答》,载中华人民共和国最高人民法院刑事审判第一、二、三、四、五庭主办:《刑事审判参考》2010年第4集(总第75集),法律出版社2011年版,第162~167页。

② 上海市高级人民法院刑二庭调研报告:《涉外刑事案件法律适用问题解答》,载中华人民共和国最高人民法院刑事审判第一、二、三、四、五庭主办:《刑事审判参考》2010年第4集(总第75集),法律出版社2011年版,第162~167页。

问题 10. 被判处无期徒刑或者死缓的外国籍被告人能否同时附加适用驱逐出境?

【实务专论】①

答:对于判处无期徒刑或者死缓的外国籍被告人,不宜在判决书主文中出现附加适用驱逐出境的内容,否则与主刑的字面含义相矛盾。虽然我国《刑法》规定判处无期徒刑或者死缓的犯罪分子,于刑罚执行期间在一定条件下可以减刑或者假释,但是否减刑或假释,在判决时均是不确定的。因此,不能以此为依据对被告人附加适用驱逐出境。如果被告人被减刑、假释或者刑罚执行完毕,可以由公安机关以被告人违反我国《外国人入境出境管理法》第十六条"对不遵守中国法律的外国人,中国政府主管机关可以缩短其在中国停留的期限或者取消其在中国居留的资格"为依据驱逐出境。

问题 11. 被判处无期徒刑或者死缓的外国籍被告人能否在减刑或者假释裁定中决定驱逐出境?

【实务专论】②

答:驱逐出境是刑罚的一种,只能在经过审理后作出的判决中依法宣告,而不能在减刑或假释的裁定中增加适用;否则,既与法理不合,也剥夺了被告人的辩护权和上诉权。

问题 12. 如果被告人犯数罪,如何适用驱逐出境?

【实务专论】③

答:驱逐出境是一种附加刑,必须在宣告刑中先予表述,然后再在执行刑中予以表述,而不能仅仅在数罪并罚后的执行刑中表述。因为我国《刑法》规定对犯罪的外国人"可以"而不是"必须"驱逐出境,考虑到裁判的简洁,在技术上可以选择一个量刑最重的罪名在宣告刑中附加驱逐出境,其他罪名不表述驱逐出境,然后在执行刑中决定驱逐出境。

---

① 上海市高级人民法院刑二庭调研报告:《涉外刑事案件法律适用问题解答》,载中华人民共和国最高人民法院刑事审判第一、二、三、四、五庭主办:《刑事审判参考》2010 年第 4 集(总第 75 集),法律出版社 2011 年版,第 162~167 页。

② 上海市高级人民法院刑二庭调研报告:《涉外刑事案件法律适用问题解答》,载中华人民共和国最高人民法院刑事审判第一、二、三、四、五庭主办:《刑事审判参考》2010 年第 4 集(总第 75 集),法律出版社 2011 年版,第 162~167 页。

③ 上海市高级人民法院刑二庭调研报告:《涉外刑事案件法律适用问题解答》,载中华人民共和国最高人民法院刑事审判第一、二、三、四、五庭主办:《刑事审判参考》2010 年第 4 集(总第 75 集),法律出版社 2011 年版,第 162~167 页。

问题13. 关于涉外刑事案件的管辖权问题

【实务专论】[①]

关于涉外刑事案件的管辖权问题，我们认为应遵守下列原则：（1）外国人在中华人民共和国领域内犯罪的案件，由犯罪地的人民法院管辖。（2）外国人在中华人民共和国领域外对中华人民共和国国家或者公民犯罪的案件，依照刑法应受处罚的，由该外国人入境地或者被抓获地的人民法院管辖。（3）中国公民在中华人民共和国领域外犯罪的案件，由该公民离境前的居住地或者原户籍所在地的人民法院管辖。（4）中国公民在驻外的中国使领馆内犯罪的案件，由该公民主管单位所在地或者其原户籍所在地的人民法院管辖。（5）在中华人民共和国领域外的中国船舶内的犯罪，由犯罪发生后该船舶最初停泊的中国口岸所在地的人民法院管辖。（6）在中华人民共和国领域外的中国航空器内的犯罪，由犯罪发生后该航空器在中国最初降落地的人民法院管辖。（7）在国际列车上的犯罪案件，按照我国与相关国家签订的有关管辖协定确定管辖。没有管辖协定的，由犯罪发生后该列车最初停靠的中国车站所在地、目的地或者被告人被抓获地（根据审判实践情况增加）的铁路运输法院管辖。（8）对于中华人民共和国缔结或者参加的国际条约所规定的罪行，中华人民共和国在所承担国际条约义务的范围内行使刑事管辖权的涉外刑事案件，由被告人被抓获地的人民法院管辖。（9）管辖不明或者需要指定管辖的，由共同的上级人民法院指定管辖。

关于级别管辖问题，虽然2012年《刑事诉讼法》修正后将涉外刑事案件的一审管辖权下放到基层法院，但是，"外事无小事"，鉴于此类案件的敏感、复杂以及基层法院的经验和能力，在修正后的刑事诉讼法实施后，不宜将涉外刑事案件一律下放给基层法院，而是应当加以引导、规范，逐步下放。借鉴知识产权案件指定少数几个基层法院管辖的经验，不排除将来我们选择指定少数基层法院对辖区内涉外刑事案件集中管辖的做法，以保证此类案件的办理质量。同时，依照《刑事诉讼法》第二十三条[②]的规定，中级人民法院可以提高审级，办理应由基层法院审理的涉外刑事案件，基层法院也可以移交中级人民法院审理。

问题14. 涉外刑事案件的证据问题

【实务专论】[③]

关于涉外刑事案件的证据问题。根据我院刑二庭和海关总署缉私局、最高人民检察院公诉厅、侦查监督厅共同下发的缉私〔2005〕349号文规定的精神，来自境外的证据材料，只要能够证明案件的真实情况且符合证据法定要求的，应当作为证据在审理涉外刑事案件中使用。侦查机关在获取境外证据材料后，应当对其来源、提取人、提取时间及提供人和提供时间等作出书面说明，连同其他证据一并移送人民法院审查，以保证境外

[①] 裴显鼎、叶晓颖：《涉外刑事案件审判程序解读》，载中华人民共和国最高人民法院刑事审判第一、二、三、四、五庭主办：《刑事审判参考》2012年第2集（总第85集），法律出版社2012年版，第228~237页。

[②] 现为《中华人民共和国刑事诉讼法》（2018年修正）第二十四条。

[③] 裴显鼎、叶晓颖：《涉外刑事案件审判程序解读》，载中华人民共和国最高人民法院刑事审判第一、二、三、四、五庭主办：《刑事审判参考》2012年第2集（总第85集），法律出版社2012年版，第228~237页。

证据的客观真实性。对境外单位（含境外司法机构、政府机构和国际组织）或者个人提供的证据，境外提供者没有特殊限定的，可以直接作为涉外刑事案件审理时的证据使用。如果境外证据提供者对证据的使用有特殊要求的，应对境外原始证据予以形式转换后使用。境外原始证据的形式转换，应当针对境外原始证据的限定条件和特殊要求，由侦查机关将境外原始证据的取证过程和具体内容转换为工作说明，并加盖侦查机关公章后供法庭审理时使用。工作说明必须如实说明取证过程，客观转述境外原始证据的全部内容。

问题15. 人民法院对涉外刑事案件的被告人及其他相关犯罪嫌疑人可以决定限制出境；对开庭审理时必须到庭的证人、鉴定人，可以要求暂缓出境

【实务专论】[①]

人民法院对涉外刑事案件的被告人及其他相关犯罪嫌疑人可以决定限制出境；对开庭审理时必须到庭的证人、鉴定人，可以要求暂缓出境。人民法院决定限制外国人和中国公民出境的，应当书面通知被限制出境的人；同时，可以采取扣留其护照或者其他有效出入境证件的办法限制出境。在扣留护照或者其他有效出入境证件时，必须履行必要手续，并出具给本人扣留护照或者其他有效出入境证件的证明。对需要在出入境边防检查站阻止外国人和中国公民出境的，有关人民法院层报高级人民法院后，由高级人民法院按照有关规定向相关出入境边防检查总站、公安边防总队交控。在紧急情况下，如果确有必要，提请边控的人民法院也可以先向出入境边防检查站交控，然后补办相关手续。限制出境的决定应当通报同级公安机关或者国家安全机关，涉及外国人的，应当及时通报同级人民政府外事部门。

问题16. 外国籍当事人委托律师辩护、代理诉讼或者外国籍当事人国籍国驻华使领馆代其聘请律师，应当委托或者聘请具有中华人民共和国律师资格并依法取得执业证书的律师

【实务专论】[②]

外国籍当事人委托律师辩护、代理诉讼或者外国籍当事人国籍国驻华使领馆代其聘请律师，应当委托或者聘请具有中华人民共和国律师资格并依法取得执业证书的律师。外国籍被告人委托其近亲属或者监护人担任辩护人，符合《刑事诉讼法》及有关司法解释规定的，人民法院应当准许。外国籍被告人的近亲属或者其国籍国驻华使领馆代其办理委托辩护人事宜时，应当提供与该外国籍被告人关系的有效证明。外国籍被告人没有委托辩护人的，人民法院可以为其指定辩护人。外国籍被告人拒绝人民法院指定的辩护人为其辩护的，应当由其出具书面意见，或者将其口头意见记录在卷并由其签名后，人民法院予以准许。外国籍被告人与中国籍被告人在刑事诉讼中的权利一致，驻华使领馆

[①] 裴显鼎、叶晓颖：《涉外刑事案件审判程序解读》，载中华人民共和国最高人民法院刑事审判第一、二、三、四、五庭主办：《刑事审判参考》2012年第2集（总第85集），法律出版社2012年版，第228～237页。

[②] 裴显鼎、叶晓颖：《涉外刑事案件审判程序解读》，载中华人民共和国最高人民法院刑事审判第一、二、三、四、五庭主办：《刑事审判参考》2012年第2集（总第85集），法律出版社2012年版，第228～237页。

可以行使领事保护职责，为外国籍被告人委托聘请辩护人。

外国籍被告人可能被判处无期徒刑、死刑，或者是盲、聋、哑人，或者是限制行为能力的人以及开庭审理时不满十八周岁的未成年人没有委托辩护人的，应当通知法律援助机构指派律师为其辩护。

需要注意的是，在中华人民共和国领域外居住的外国人寄给中国律师或者中国公民的授权委托书、外国籍被告人的近亲属或者其国籍国驻华使领馆代其办理委托事宜提供的与该国籍被告人关系的证明文件，应当经被告人国籍国公证机关证明、该国外交机构或者其授权机关认证，并经中国驻该国使领馆认证，才具有法律效力。但是，中国与该国之间有互免认证协定的除外。

问题17. 人民法院审理涉外刑事案件，使用中华人民共和国通用的语言、文字，在诉讼期间，应当为外国籍当事人提供翻译

【实务专论】①

人民法院审理涉外刑事案件，使用中华人民共和国通用的语言、文字，在诉讼期间，应当为外国籍当事人提供翻译。开庭审理时，由人民法院提供的翻译人员承担庭审翻译任务。翻译人员应当在相关笔录和诉讼文书上签名确认。外国籍当事人或者其国籍国驻华使领馆请求自行聘请人员在诉讼活动中提供语言帮助的，人民法院可以准许，有关费用由外国籍当事人或者其国籍国驻华使领馆自行承担。外国籍当事人通晓中华人民共和国的语言、文字，拒绝他人翻译的，应当由其本人出具书面意见，或者将其口头意见记录在卷，并由其签名确认。人民法院的裁判文书为中文本，应当附有外国籍当事人通晓的外文译本，译本不加盖人民法院印章，以中文本为准。如果外国籍当事人通晓中华人民共和国通用的语言、文字而不需要译本的，可以不予提供。但是，应当由其本人出具书面意见，或者将其口头意见记录在卷，并由其签名确认。在现实中，我国部分邻国边民的生活、语言环境与我国边境省份大致相同，可以听说读写汉语，此类人员的犯罪案件，法院不能想当然认为可以直接使用汉语进行审理，也必须要有相关书面材料。

问题18. 人民法院审理涉外刑事案件，应当及时通报当地人民政府外事部门及其上一级外事部门

【实务专论】②

人民法院审理涉外刑事案件，应当及时通报当地人民政府外事部门及其上一级外事部门。通知外国驻华使领馆和通报人民政府外事部门的内容应当包括：（1）外国籍被告人的姓名（包括译名）、性别、入境时间、护照或者证件号码等；（2）起诉指控或者判决认定的犯罪事实、采取的强制措施及法律依据、羁押地点等；（3）开庭、宣告判决、执

---

① 裴显鼎、叶晓颖：《涉外刑事案件审判程序解读》，载中华人民共和国最高人民法院刑事审判第一、二、三、四、五庭主办：《刑事审判参考》2012年第2集（总第85集），法律出版社2012年版，第228~237页。
② 裴显鼎、叶晓颖：《涉外刑事案件审判程序解读》，载中华人民共和国最高人民法院刑事审判第一、二、三、四、五庭主办：《刑事审判参考》2012年第2集（总第85集），法律出版社2012年版，第228~237页。

行刑罚的时间和地点等事宜；（4）被害人是外国人的，所涉案件开庭、宣告判决的时间和地点等事宜；（5）其他应当通知或者通报的情况。

在审理涉外刑事案件过程中，各级法院尤其应该重视上述探视和通知问题，严格依法办事，避免引发外交纠纷，影响我国法院及国家形象。

问题19. 人民法院审理外国籍被告人犯罪的第一审案件，在立案审查过程中应审查的事项

【实务专论】[①]

人民法院审理外国籍被告人犯罪的第一审案件，在立案审查过程中，除法律规定的审查事项外，还应增加审查以下事项：（1）是否附有被告人国籍、身份证明或者有效出入境证件，国籍不明或者身份不详的，是否有公安机关的认定证明；（2）是否附有在侦查、起诉阶段已按有关规定通知外国籍被告人国籍国驻华使领馆的记录；（3）是否附有外国籍被告人通晓中华人民共和国通用的语言文字的声明。上述材料不全的，应当书面通知人民检察院在五日内补送；无法补送的，应当出具书面说明。

第一审人民法院立案后，在向外国籍当事人送达起诉书副本时，应当告知其在该诉讼阶段，除享有与中国公民相同的诉讼权利外，还享有与其国籍国驻华使领馆联系、与近亲属、监护人通话、通信的权利和请求人民法院提供翻译的权利。被害人是外国人的，需要注意告知其有提起附带民事诉讼的权利。

第一审人民法院应当在立案后七日内书面通知外国籍当事人国籍国的驻华使领馆，并就该使领馆是否代其聘请律师等事宜征求意见，告知使领馆应当在七日内回复；逾期不予回复的，不影响诉讼程序的进行。开庭十日前，应当将案件开庭的时间、地点、是否公开审理等事项，通知外国籍当事人国籍国的驻华使领馆。

问题20. 人民法院审理涉外刑事案件，应当公开进行；但是涉及国家秘密、个人隐私、被告人系未成年人和当事人提出申请的确属涉及商业秘密的案件，不公开审理

【实务专论】[②]

人民法院审理涉外刑事案件，应当公开进行；但是涉及国家秘密、个人隐私、被告人系未成年人和当事人提出申请的确属涉及商业秘密的案件，不公开审理。依法不公开审理的涉外刑事案件，外国驻华使领馆官员要求旁听的，如果有关国家与我国已签订的领事条约中有规定，按照条约的规定办理；没有签订有关条约或者签订的条约中没有规定的，根据我国法律的有关规定办理。人民法院宣告判决，一律公开进行。定期宣判的案件，应当先期通知外国籍当事人国籍国的驻华使领馆。

---

① 裴显鼎、叶晓颖：《涉外刑事案件审判程序解读》，载中华人民共和国最高人民法院刑事审判第一、二、三、四、五庭主办：《刑事审判参考》2012年第2集（总第85集），法律出版社2012年版，第228~237页。

② 裴显鼎、叶晓颖：《涉外刑事案件审判程序解读》，载中华人民共和国最高人民法院刑事审判第一、二、三、四、五庭主办：《刑事审判参考》2012年第2集（总第85集），法律出版社2012年版，第228~237页。

法庭审理笔录，应当交由外国籍当事人阅读或者由翻译人员为其译读，当事人认为笔录与庭审情况不符或者有遗漏的，可以予以补正，并由其签名确认。第一审人民法院在向外国籍当事人送达诉讼文书时，如果外国籍当事人拒绝接收或者拒绝签名、盖章，送达人可以邀请见证人到场，说明情况，在送达回证上记明拒收的事由和日期，由送达人、见证人签名或者盖章，并将诉讼文书留在外国籍当事人被羁押场所或者其他相关场所后，即视为送达。

外国籍当事人国籍国驻华使领馆索要裁判文书的，人民法院可以提供。

问题21. 人民法院向在中华人民共和国领域外的案件当事人送达刑事诉讼文书

【实务专论】[①]

人民法院向在中华人民共和国领域外的案件当事人送达刑事诉讼文书，采取下列方式送达：（1）外国籍当事人所在国与我国签订有刑事司法协助条约的，按照条约规定的方式送达；（2）外国籍当事人所在国与我国没有签订刑事司法协助条约，但是双方有外交关系的，通过外交途径送达；（3）对中国籍当事人，可以委托我国驻外使领馆代为送达；（4）外国籍当事人所在国的法律允许邮寄送达的，可以邮寄送达；（5）外国籍当事人是自诉案件的自诉人或者附带民事诉讼的原告人，有诉讼代理人的，可以由诉讼代理人代为送达。

通过外交途径向中华人民共和国领域外的外国籍当事人送达刑事诉讼文书，按照下列程序处理：(1) 请求送达的刑事诉讼文书必须经高级人民法院审查，由高级人民法院报最高人民法院审查后交外交部转递。(2) 请求送达的法院必须在送达回证上准确注明受送达当事人的外文姓名、性别、年龄、国籍及能与受送达人联系的全部地址。所送达的刑事诉讼文书不能反映案情的，应出具基本情况说明，并经由最高人民法院将该案的基本情况函告外交部。(3) 必须附有注明被请求方法院名称的送达请求书。被请求方法院名称不明的，可以请求该当事人所在地区主管法院送达。所送刑事诉讼文书必须附有被请求方官方通用文字或者该国同意使用的第三国文字译本。(4) 被请求方对请求书及刑事诉讼文书有公证、认证等特殊要求的，应当按照有关双边条约办理；没有双边条约的，按对等互惠原则办理。

[①] 裴显鼎、叶晓颖：《涉外刑事案件审判程序解读》，载中华人民共和国最高人民法院刑事审判第一、二、三、四、五庭主办：《刑事审判参考》2012年第2集（总第85集），法律出版社2012年版，第228~237页。

第十三章

执行程序

第一节 审判依据

一、法律

1. 中华人民共和国刑事诉讼法（2018年10月26日修正）（节选）

第四编 执 行

第二百五十九条 判决和裁定在发生法律效力后执行。

下列判决和裁定是发生法律效力的判决和裁定：

（一）已过法定期限没有上诉、抗诉的判决和裁定；

（二）终审的判决和裁定；

（三）最高人民法院核准的死刑的判决和高级人民法院核准的死刑缓期二年执行的判决。

第二百六十条 第一审人民法院判决被告人无罪、免除刑事处罚的，如果被告人在押，在宣判后应当立即释放。

第二百六十一条 最高人民法院判处和核准的死刑立即执行的判决，应当由最高人民法院院长签发执行死刑的命令。

被判处死刑缓期二年执行的罪犯，在死刑缓期执行期间，如果没有故意犯罪，死刑缓期执行期满，应当予以减刑的，由执行机关提出书面意见，报请高级人民法院裁定；如果故意犯罪，情节恶劣，查证属实，应当执行死刑的，由高级人民法院报请最高人民法院核准；对于故意犯罪未执行死刑的，死刑缓期执行的期间重新计算，并报最高人民法院备案。

第二百六十二条 下级人民法院接到最高人民法院执行死刑的命令后，应当在七日以内交付执行。但是发现有下列情形之一的，应当停止执行，并且立即报告最高人民法院，由最高人民法院作出裁定：

（一）在执行前发现判决可能有错误的；
（二）在执行前罪犯揭发重大犯罪事实或者有其他重大立功表现，可能需要改判的；
（三）罪犯正在怀孕。

前款第一项、第二项停止执行的原因消失后，必须报请最高人民法院院长再签发执行死刑的命令才能执行；由于前款第三项原因停止执行的，应当报请最高人民法院依法改判。

第二百六十三条 人民法院在交付执行死刑前，应当通知同级人民检察院派员临场监督。

死刑采用枪决或者注射等方法执行。

死刑可以在刑场或者指定的羁押场所内执行。

指挥执行的审判人员，对罪犯应当验明正身，讯问有无遗言、信札，然后交付执行人员执行死刑。在执行前，如果发现可能有错误，应当暂停执行，报请最高人民法院裁定。

执行死刑应当公布，不应示众。

执行死刑后，在场书记员应当写成笔录。交付执行的人民法院应当将执行死刑情况报告最高人民法院。

执行死刑后，交付执行的人民法院应当通知罪犯家属。

第二百六十四条 罪犯被交付执行刑罚的时候，应当由交付执行的人民法院在判决生效后十日以内将有关的法律文书送达公安机关、监狱或者其他执行机关。

对被判处死刑缓期二年执行、无期徒刑、有期徒刑的罪犯，由公安机关依法将该罪犯送交监狱执行刑罚。对被判处有期徒刑的罪犯，在被交付执行刑罚前，剩余刑期在三个月以下的，由看守所代为执行。对被判处拘役的罪犯，由公安机关执行。

对未成年犯应当在未成年犯管教所执行刑罚。

执行机关应当将罪犯及时收押，并且通知罪犯家属。

判处有期徒刑、拘役的罪犯，执行期满，应当由执行机关发给释放证明书。

第二百六十五条 对被判处有期徒刑或者拘役的罪犯，有下列情形之一的，可以暂予监外执行：

（一）有严重疾病需要保外就医的；
（二）怀孕或者正在哺乳自己婴儿的妇女；
（三）生活不能自理，适用暂予监外执行不致危害社会的。

对被判处无期徒刑的罪犯，有前款第二项规定情形的，可以暂予监外执行。

对适用保外就医可能有社会危险性的罪犯，或者自伤自残的罪犯，不得保外就医。

对罪犯确有严重疾病，必须保外就医的，由省级人民政府指定的医院诊断并开具证明文件。

在交付执行前，暂予监外执行由交付执行的人民法院决定；在交付执行后，暂予监外执行由监狱或者看守所提出书面意见，报省级以上监狱管理机关或者设区的市一级以上公安机关批准。

第二百六十六条 监狱、看守所提出暂予监外执行的书面意见的，应当将书面意见的副本抄送人民检察院。人民检察院可以向决定或者批准机关提出书面意见。

第二百六十七条 决定或者批准暂予监外执行的机关应当将暂予监外执行决定抄送

人民检察院。人民检察院认为暂予监外执行不当的,应当自接到通知之日起一个月以内将书面意见送交决定或者批准暂予监外执行的机关,决定或者批准暂予监外执行的机关接到人民检察院的书面意见后,应当立即对该决定进行重新核查。

第二百六十八条 对暂予监外执行的罪犯,有下列情形之一的,应当及时收监:

(一)发现不符合暂予监外执行条件的;

(二)严重违反有关暂予监外执行监督管理规定的;

(三)暂予监外执行的情形消失后,罪犯刑期未满的。

对于人民法院决定暂予监外执行的罪犯应当予以收监的,由人民法院作出决定,将有关的法律文书送达公安机关、监狱或者其他执行机关。

不符合暂予监外执行条件的罪犯通过贿赂等非法手段被暂予监外执行的,在监外执行的期间不计入执行刑期。罪犯在暂予监外执行期间脱逃的,脱逃的期间不计入执行刑期。

罪犯在暂予监外执行期间死亡的,执行机关应当及时通知监狱或者看守所。

第二百六十九条 对被判处管制、宣告缓刑、假释或者暂予监外执行的罪犯,依法实行社区矫正,由社区矫正机构负责执行。

第二百七十条 对被判处剥夺政治权利的罪犯,由公安机关执行。执行期满,应当由执行机关书面通知本人及其所在单位、居住地基层组织。

第二百七十一条 被判处罚金的罪犯,期满不缴纳的,人民法院应当强制缴纳;如果由于遭遇不能抗拒的灾祸等原因缴纳确实有困难的,经人民法院裁定,可以延期缴纳、酌情减少或者免除。

第二百七十二条 没收财产的判决,无论附加适用或者独立适用,都由人民法院执行;在必要的时候,可以会同公安机关执行。

第二百七十三条 罪犯在服刑期间又犯罪的,或者发现了判决的时候所没有发现的罪行,由执行机关移送人民检察院处理。

被判处管制、拘役、有期徒刑或者无期徒刑的罪犯,在执行期间确有悔改或者立功表现,应当依法予以减刑、假释的时候,由执行机关提出建议书,报请人民法院审核裁定,并将建议书副本抄送人民检察院。人民检察院可以向人民法院提出书面意见。

第二百七十四条 人民检察院认为人民法院减刑、假释的裁定不当,应当在收到裁定书副本后二十日以内,向人民法院提出书面纠正意见。人民法院应当在收到纠正意见后一个月以内重新组成合议庭进行审理,作出最终裁定。

第二百七十五条 监狱和其他执行机关在刑罚执行中,如果认为判决有错误或者罪犯提出申诉,应当转请人民检察院或者原判人民法院处理。

第二百七十六条 人民检察院对执行机关执行刑罚的活动是否合法实行监督。如果发现有违法的情况,应当通知执行机关纠正。

2. 中华人民共和国社区矫正法(2019年12月28日)

第一章 总 则

第一条 为了推进和规范社区矫正工作,保障刑事判决、刑事裁定和暂予监外执行决定的正确执行,提高教育矫正质量,促进社区矫正对象顺利融入社会,预防和减少犯罪，根据宪法，制定本法。

第二条 对被判处管制、宣告缓刑、假释和暂予监外执行的罪犯，依法实行社区矫正。对社区矫正对象的监督管理、教育帮扶等活动，适用本法。

第三条 社区矫正工作坚持监督管理与教育帮扶相结合，专门机关与社会力量相结合，采取分类管理、个别化矫正，有针对性地消除社区矫正对象可能重新犯罪的因素，帮助其成为守法公民。

第四条 社区矫正对象应当依法接受社区矫正，服从监督管理。

社区矫正工作应当依法进行，尊重和保障人权。社区矫正对象依法享有的人身权利、财产权利和其他权利不受侵犯，在就业、就学和享受社会保障等方面不受歧视。

第五条 国家支持社区矫正机构提高信息化水平，运用现代信息技术开展监督管理和教育帮扶。社区矫正工作相关部门之间依法进行信息共享。

第六条 各级人民政府应当将社区矫正经费列入本级政府预算。

居民委员会、村民委员会和其他社会组织依法协助社区矫正机构开展工作所需的经费应当按照规定列入社区矫正机构本级政府预算。

第七条 对在社区矫正工作中做出突出贡献的组织、个人，按照国家有关规定给予表彰、奖励。

第二章 机构、人员和职责

第八条 国务院司法行政部门主管全国的社区矫正工作。县级以上地方人民政府司法行政部门主管本行政区域内的社区矫正工作。

人民法院、人民检察院、公安机关和其他有关部门依照各自职责，依法做好社区矫正工作。人民检察院依法对社区矫正工作实行法律监督。

地方人民政府根据需要设立社区矫正委员会，负责统筹协调和指导本行政区域内的社区矫正工作。

第九条 县级以上地方人民政府根据需要设置社区矫正机构，负责社区矫正工作的具体实施。社区矫正机构的设置和撤销，由县级以上地方人民政府司法行政部门提出意见，按照规定的权限和程序审批。

司法所根据社区矫正机构的委托，承担社区矫正相关工作。

第十条 社区矫正机构应当配备具有法律等专业知识的专门国家工作人员（以下称社区矫正机构工作人员），履行监督管理、教育帮扶等执法职责。

第十一条 社区矫正机构根据需要，组织具有法律、教育、心理、社会工作等专业知识或者实践经验的社会工作者开展社区矫正相关工作。

第十二条 居民委员会、村民委员会依法协助社区矫正机构做好社区矫正工作。

社区矫正对象的监护人、家庭成员，所在单位或者就读学校应当协助社区矫正机构做好社区矫正工作。

第十三条 国家鼓励、支持企业事业单位、社会组织、志愿者等社会力量依法参与社区矫正工作。

第十四条 社区矫正机构工作人员应当严格遵守宪法和法律，忠于职守，严守纪律，清正廉洁。

第十五条 社区矫正机构工作人员和其他参与社区矫正工作的人员依法开展社区矫

正工作，受法律保护。

第十六条 国家推进高素质的社区矫正工作队伍建设。社区矫正机构应当加强对社区矫正工作人员的管理、监督、培训和职业保障，不断提高社区矫正工作的规范化、专业化水平。

第三章 决定和接收

第十七条 社区矫正决定机关判处管制、宣告缓刑、裁定假释、决定或者批准暂予监外执行时应当确定社区矫正执行地。

社区矫正执行地为社区矫正对象的居住地。社区矫正对象在多个地方居住的，可以确定经常居住地为执行地。

社区矫正对象的居住地、经常居住地无法确定或者不适宜执行社区矫正的，社区矫正决定机关应当根据有利于社区矫正对象接受矫正、更好地融入社会的原则，确定执行地。

本法所称社区矫正决定机关，是指依法判处管制、宣告缓刑、裁定假释、决定暂予监外执行的人民法院和依法批准暂予监外执行的监狱管理机关、公安机关。

第十八条 社区矫正决定机关根据需要，可以委托社区矫正机构或者有关社会组织对被告人或者罪犯的社会危险性和对所居住社区的影响，进行调查评估，提出意见，供决定社区矫正时参考。居民委员会、村民委员会等组织应当提供必要的协助。

第十九条 社区矫正决定机关判处管制、宣告缓刑、裁定假释、决定或者批准暂予监外执行，应当按照刑法、刑事诉讼法等法律规定的条件和程序进行。

社区矫正决定机关应当对社区矫正对象进行教育，告知其在社区矫正期间应当遵守的规定以及违反规定的法律后果，责令其按时报到。

第二十条 社区矫正决定机关应当自判决、裁定或者决定生效之日起五日内通知执行地社区矫正机构，并在十日内送达有关法律文书，同时抄送人民检察院和执行地公安机关。社区矫正决定地与执行地不在同一地方的，由执行地社区矫正机构将法律文书转送所在地的人民检察院、公安机关。

第二十一条 人民法院判处管制、宣告缓刑、裁定假释的社区矫正对象，应当自判决、裁定生效之日起十日内到执行地社区矫正机构报到。

人民法院决定暂予监外执行的社区矫正对象，由看守所或者执行取保候审、监视居住的公安机关自收到决定之日起十日内将社区矫正对象移送社区矫正机构。

监狱管理机关、公安机关批准暂予监外执行的社区矫正对象，由监狱或者看守所自收到批准决定之日起十日内将社区矫正对象移送社区矫正机构。

第二十二条 社区矫正机构应当依法接收社区矫正对象，核对法律文书、核实身份、办理接收登记、建立档案，并宣告社区矫正对象的犯罪事实、执行社区矫正的期限以及应当遵守的规定。

第四章 监督管理

第二十三条 社区矫正对象在社区矫正期间应当遵守法律、行政法规，履行判决、裁定、暂予监外执行决定等法律文书确定的义务，遵守国务院司法行政部门关于报告、会客、外出、迁居、保外就医等监督管理规定，服从社区矫正机构的管理。

第二十四条　社区矫正机构应当根据裁判内容和社区矫正对象的性别、年龄、心理特点、健康状况、犯罪原因、犯罪类型、犯罪情节、悔罪表现等情况，制定有针对性的矫正方案，实现分类管理、个别化矫正。矫正方案应当根据社区矫正对象的表现等情况相应调整。

第二十五条　社区矫正机构应当根据社区矫正对象的情况，为其确定矫正小组，负责落实相应的矫正方案。

根据需要，矫正小组可以由司法所、居民委员会、村民委员会的人员，社区矫正对象的监护人、家庭成员，所在单位或者就读学校的人员以及社会工作者、志愿者等组成。社区矫正对象为女性的，矫正小组中应有女性成员。

第二十六条　社区矫正机构应当了解掌握社区矫正对象的活动情况和行为表现。社区矫正机构可以通过通信联络、信息化核查、实地查访等方式核实有关情况，有关单位和个人应当予以配合。

社区矫正机构开展实地查访等工作时，应当保护社区矫正对象的身份信息和个人隐私。

第二十七条　社区矫正对象离开所居住的市、县或者迁居，应当报经社区矫正机构批准。社区矫正机构对于有正当理由的，应当批准；对于因正常工作和生活需要经常性跨市、县活动的，可以根据情况，简化批准程序和方式。

因社区矫正对象迁居等原因需要变更执行地的，社区矫正机构应当按照有关规定作出变更决定。社区矫正机构作出变更决定后，应当通知社区矫正决定机关和变更后的社区矫正机构，并将有关法律文书抄送变更后的社区矫正机构。变更后的社区矫正机构应当将法律文书转送所在地的人民检察院、公安机关。

第二十八条　社区矫正机构根据社区矫正对象的表现，依照有关规定对其实施考核奖惩。社区矫正对象认罪悔罪、遵守法律法规、服从监督管理、接受教育表现突出的，应当给予表扬。社区矫正对象违反法律法规或者监督管理规定的，应当视情节依法给予训诫、警告、提请公安机关予以治安管理处罚，或者依法提请撤销缓刑、撤销假释、对暂予监外执行的收监执行。

对社区矫正对象的考核结果，可以作为认定其是否确有悔改表现或者是否严重违反监督管理规定的依据。

第二十九条　社区矫正对象有下列情形之一的，经县级司法行政部门负责人批准，可以使用电子定位装置，加强监督管理：

（一）违反人民法院禁止令的；

（二）无正当理由，未经批准离开所居住的市、县的；

（三）拒不按照规定报告自己的活动情况，被给予警告的；

（四）违反监督管理规定，被给予治安管理处罚的；

（五）拟提请撤销缓刑、假释或者暂予监外执行收监执行的。

前款规定的使用电子定位装置的期限不得超过三个月。对于不需要继续使用的，应当及时解除；对于期限届满后，经评估仍有必要继续使用的，经过批准，期限可以延长，每次不得超过三个月。

社区矫正机构对通过电子定位装置获得的信息应当严格保密，有关信息只能用于社区矫正工作，不得用于其他用途。

第三十条 社区矫正对象失去联系的,社区矫正机构应当立即组织查找,公安机关等有关单位和人员应当予以配合协助。查找到社区矫正对象后,应当区别情形依法作出处理。

第三十一条 社区矫正机构发现社区矫正对象正在实施违反监督管理规定的行为或者违反人民法院禁止令等违法行为的,应当立即制止;制止无效的,应当立即通知公安机关到场处置。

第三十二条 社区矫正对象有被依法决定拘留、强制隔离戒毒、采取刑事强制措施等限制人身自由情形的,有关机关应当及时通知社区矫正机构。

第三十三条 社区矫正对象符合刑法规定的减刑条件的,社区矫正机构应当向社区矫正执行地的中级以上人民法院提出减刑建议,并将减刑建议书抄送同级人民检察院。

人民法院应当在收到社区矫正机构的减刑建议书后三十日内作出裁定,并将裁定书送达社区矫正机构,同时抄送人民检察院、公安机关。

第三十四条 开展社区矫正工作,应当保障社区矫正对象的合法权益。社区矫正的措施和方法应当避免对社区矫正对象的正常工作和生活造成不必要的影响;非依法律规定,不得限制或者变相限制社区矫正对象的人身自由。

社区矫正对象认为其合法权益受到侵害的,有权向人民检察院或者有关机关申诉、控告和检举。受理机关应当及时办理,并将办理结果告知申诉人、控告人和检举人。

第五章　教育帮扶

第三十五条 县级以上地方人民政府及其有关部门应当通过多种形式为教育帮扶社区矫正对象提供必要的场所和条件,组织动员社会力量参与教育帮扶工作。

有关人民团体应当依法协助社区矫正机构做好教育帮扶工作。

第三十六条 社区矫正机构根据需要,对社区矫正对象进行法治、道德等教育,增强其法治观念,提高其道德素质和悔罪意识。

对社区矫正对象的教育应当根据其个体特征、日常表现等实际情况,充分考虑其工作和生活情况,因人施教。

第三十七条 社区矫正机构可以协调有关部门和单位,依法对就业困难的社区矫正对象开展职业技能培训、就业指导,帮助社区矫正对象中的在校学生完成学业。

第三十八条 居民委员会、村民委员会可以引导志愿者和社区群众,利用社区资源,采取多种形式,对有特殊困难的社区矫正对象进行必要的教育帮扶。

第三十九条 社区矫正对象的监护人、家庭成员,所在单位或者就读学校应当协助社区矫正机构做好对社区矫正对象的教育。

第四十条 社区矫正机构可以通过公开择优购买社区矫正社会工作服务或者其他社会服务,为社区矫正对象在教育、心理辅导、职业技能培训、社会关系改善等方面提供必要的帮扶。

社区矫正机构也可以通过项目委托社会组织等方式开展上述帮扶活动。国家鼓励有经验和资源的社会组织跨地区开展帮扶交流和示范活动。

第四十一条 国家鼓励企业事业单位、社会组织为社区矫正对象提供就业岗位和职业技能培训。招用符合条件的社区矫正对象的企业,按照规定享受国家优惠政策。

第四十二条 社区矫正机构可以根据社区矫正对象的个人特长,组织其参加公益活动,修复社会关系,培养社会责任感。

第四十三条 社区矫正对象可以按照国家有关规定申请社会救助、参加社会保险、获得法律援助,社区矫正机构应当给予必要的协助。

第六章 解除和终止

第四十四条 社区矫正对象矫正期满或者被赦免的,社区矫正机构应当向社区矫正对象发放解除社区矫正证明书,并通知社区矫正决定机关、所在地的人民检察院、公安机关。

第四十五条 社区矫正对象被裁定撤销缓刑、假释,被决定收监执行,或者社区矫正对象死亡的,社区矫正终止。

第四十六条 社区矫正对象具有刑法规定的撤销缓刑、假释情形的,应当由人民法院撤销缓刑、假释。

对于在考验期限内犯新罪或者发现判决宣告以前还有其他罪没有判决的,应当由审理该案件的人民法院撤销缓刑、假释,并书面通知原审人民法院和执行地社区矫正机构。

对于有第二款规定以外的其他需要撤销缓刑、假释情形的,社区矫正机构应当向原审人民法院或者执行地人民法院提出撤销缓刑、假释建议,并将建议书抄送人民检察院。社区矫正机构提出撤销缓刑、假释建议时,应当说明理由,并提供有关证据材料。

第四十七条 被提请撤销缓刑、假释的社区矫正对象可能逃跑或者可能发生社会危险的,社区矫正机构可以在提出撤销缓刑、假释建议的同时,提请人民法院决定对其予以逮捕。

人民法院应当在四十八小时内作出是否逮捕的决定。决定逮捕的,由公安机关执行。逮捕后的羁押期限不得超过三十日。

第四十八条 人民法院应当在收到社区矫正机构撤销缓刑、假释建议书后三十日内作出裁定,将裁定书送达社区矫正机构和公安机关,并抄送人民检察院。

人民法院拟撤销缓刑、假释的,应当听取社区矫正对象的申辩及其委托的律师的意见。

人民法院裁定撤销缓刑、假释的,公安机关应当及时将社区矫正对象送交监狱或者看守所执行。执行以前被逮捕的,羁押一日折抵刑期一日。

人民法院裁定不予撤销缓刑、假释的,对被逮捕的社区矫正对象,公安机关应当立即予以释放。

第四十九条 暂予监外执行的社区矫正对象具有刑事诉讼法规定的应当予以收监情形的,社区矫正机构应当向执行地或者原社区矫正决定机关提出收监执行建议,并将建议书抄送人民检察院。

社区矫正决定机关应当在收到建议书后三十日内作出决定,将决定书送达社区矫正机构和公安机关,并抄送人民检察院。

人民法院、公安机关对暂予监外执行的社区矫正对象决定收监执行的,由公安机关立即将社区矫正对象送交监狱或者看守所收监执行。

监狱管理机关对暂予监外执行的社区矫正对象决定收监执行的,监狱应当立即将社区矫正对象收监执行。

第五十条 被裁定撤销缓刑、假释和被决定收监执行的社区矫正对象逃跑的,由公安机关追捕，社区矫正机构、有关单位和个人予以协助。

第五十一条　社区矫正对象在社区矫正期间死亡的，其监护人、家庭成员应当及时向社区矫正机构报告。社区矫正机构应当及时通知社区矫正决定机关、所在地的人民检察院、公安机关。

第七章　未成年人社区矫正特别规定

第五十二条　社区矫正机构应当根据未成年社区矫正对象的年龄、心理特点、发育需要、成长经历、犯罪原因、家庭监护教育条件等情况，采取针对性的矫正措施。

社区矫正机构为未成年社区矫正对象确定矫正小组，应当吸收熟悉未成年人身心特点的人员参加。

对未成年人的社区矫正，应当与成年人分别进行。

第五十三条　未成年社区矫正对象的监护人应当履行监护责任，承担抚养、管教等义务。

监护人怠于履行监护职责的，社区矫正机构应当督促、教育其履行监护责任。监护人拒不履行监护职责的，通知有关部门依法作出处理。

第五十四条　社区矫正机构工作人员和其他依法参与社区矫正工作的人员对履行职责过程中获得的未成年人身份信息应当予以保密。

除司法机关办案需要或者有关单位根据国家规定查询外，未成年社区矫正对象的档案信息不得提供给任何单位或者个人。依法进行查询的单位，应当对获得的信息予以保密。

第五十五条　对未完成义务教育的未成年社区矫正对象，社区矫正机构应当通知并配合教育部门为其完成义务教育提供条件。未成年社区矫正对象的监护人应当依法保证其按时入学接受并完成义务教育。

年满十六周岁的社区矫正对象有就业意愿的，社区矫正机构可以协调有关部门和单位为其提供职业技能培训，给予就业指导和帮助。

第五十六条　共产主义青年团、妇女联合会、未成年人保护组织应当依法协助社区矫正机构做好未成年人社区矫正工作。

国家鼓励其他未成年人相关社会组织参与未成年人社区矫正工作，依法给予政策支持。

第五十七条　未成年社区矫正对象在复学、升学、就业等方面依法享有与其他未成年人同等的权利，任何单位和个人不得歧视。有歧视行为的，应当由教育、人力资源和社会保障等部门依法作出处理。

第五十八条　未成年社区矫正对象在社区矫正期间年满十八周岁的，继续按照未成年人社区矫正有关规定执行。

第八章　法律责任

第五十九条　社区矫正对象在社区矫正期间有违反监督管理规定行为的，由公安机关依照《中华人民共和国治安管理处罚法》的规定给予处罚；具有撤销缓刑、假释或者暂予监外执行收监情形的，应当依法作出处理。

第六十条　社区矫正对象殴打、威胁、侮辱、骚扰、报复社区矫正机构工作人员和其他依法参与社区矫正工作的人员及其近亲属，构成犯罪的，依法追究刑事责任；尚不构成犯罪的，由公安机关依法给予治安管理处罚。

第六十一条 社区矫正机构工作人员和其他国家工作人员有下列行为之一的，应当给予处分；构成犯罪的，依法追究刑事责任：

（一）利用职务或者工作便利索取、收受贿赂的；

（二）不履行法定职责的；

（三）体罚、虐待社区矫正对象，或者违反法律规定限制或者变相限制社区矫正对象的人身自由的；

（四）泄露社区矫正工作秘密或者其他依法应当保密的信息的；

（五）对依法申诉、控告或者检举的社区矫正对象进行打击报复的；

（六）有其他违纪违法行为的。

第六十二条 人民检察院发现社区矫正工作违反法律规定的，应当依法提出纠正意见、检察建议。有关单位应当将采纳纠正意见、检察建议的情况书面回复人民检察院，没有采纳的应当说明理由。

第九章 附 则

第六十三条 本法自2020年7月1日起施行。

二、司法解释

1. 最高人民法院关于适用《中华人民共和国刑事诉讼法》的解释（2021年1月26日）（节选）

第二十一章 执行程序

第一节 死刑的执行

第四百九十七条 被判处死刑缓期执行的罪犯，在死刑缓期执行期间犯罪的，应当由罪犯服刑地的中级人民法院依法审判，所作的判决可以上诉、抗诉。

认定故意犯罪，情节恶劣，应当执行死刑的，在判决、裁定发生法律效力后，应当层报最高人民法院核准执行死刑。

对故意犯罪未执行死刑的，不再报高级人民法院核准，死刑缓期执行的期间重新计算，并层报最高人民法院备案。备案不影响判决、裁定的生效和执行。

最高人民法院经备案审查，认为原判不予执行死刑错误，确需改判的，应当依照审判监督程序予以纠正。

第四百九十八条 死刑缓期执行的期间，从判决或者裁定核准死刑缓期执行的法律文书宣告或者送达之日起计算。

死刑缓期执行期满，依法应当减刑的，人民法院应当及时减刑。死刑缓期执行期满减为无期徒刑、有期徒刑的，刑期自死刑缓期执行期满之日起计算。

第四百九十九条 最高人民法院的执行死刑命令，由高级人民法院交付第一审人民法院执行。第一审人民法院接到执行死刑命令后，应当在七日以内执行。

在死刑缓期执行期间故意犯罪，最高人民法院核准执行死刑的，由罪犯服刑地的中级人民法院执行。

第五百条　下级人民法院在接到执行死刑命令后、执行前，发现有下列情形之一的，应当暂停执行，并立即将请求停止执行死刑的报告和相关材料层报最高人民法院：

（一）罪犯可能有其他犯罪的；

（二）共同犯罪的其他犯罪嫌疑人到案，可能影响罪犯量刑的；

（三）共同犯罪的其他罪犯被暂停或者停止执行死刑，可能影响罪犯量刑的；

（四）罪犯揭发重大犯罪事实或者有其他重大立功表现，可能需要改判的；

（五）罪犯怀孕的；

（六）判决、裁定可能有影响定罪量刑的其他错误的。

最高人民法院经审查，认为可能影响罪犯定罪量刑的，应当裁定停止执行死刑；认为不影响的，应当决定继续执行死刑。

第五百零一条　最高人民法院在执行死刑命令签发后、执行前，发现有前条第一款规定情形的，应当立即裁定停止执行死刑，并将有关材料移交下级人民法院。

第五百零二条　下级人民法院接到最高人民法院停止执行死刑的裁定后，应当会同有关部门调查核实停止执行死刑的事由，并及时将调查结果和意见层报最高人民法院审核。

第五百零三条　对下级人民法院报送的停止执行死刑的调查结果和意见，由最高人民法院原作出核准死刑判决、裁定的合议庭负责审查；必要时，另行组成合议庭进行审查。

第五百零四条　最高人民法院对停止执行死刑的案件，应当按照下列情形分别处理：

（一）确认罪犯怀孕的，应当改判；

（二）确认罪犯有其他犯罪，依法应当追诉的，应当裁定不予核准死刑，撤销原判，发回重新审判；

（三）确认原判决、裁定有错误或者罪犯有重大立功表现，需要改判的，应当裁定不予核准死刑，撤销原判，发回重新审判；

（四）确认原判决、裁定没有错误，罪犯没有重大立功表现，或者重大立功表现不影响原判决、裁定执行的，应当裁定继续执行死刑，并由院长重新签发执行死刑的命令。

第五百零五条　第一审人民法院在执行死刑前，应当告知罪犯有权会见其近亲属。罪犯申请会见并提供具体联系方式的，人民法院应当通知其近亲属。确实无法与罪犯近亲属取得联系，或者其近亲属拒绝会见的，应当告知罪犯。罪犯申请通过录音录像等方式留下遗言的，人民法院可以准许。

罪犯近亲属申请会见的，人民法院应当准许并及时安排，但罪犯拒绝会见的除外。罪犯拒绝会见的，应当记录在案并及时告知其近亲属；必要时，应当录音录像。

罪犯申请会见近亲属以外的亲友，经人民法院审查，确有正当理由的，在确保安全的情况下可以准许。

罪犯申请会见未成年子女的，应当经未成年子女的监护人同意；会见可能影响未成年人身心健康的，人民法院可以通过视频方式安排会见，会见时监护人应当在场。

会见一般在罪犯羁押场所进行。

会见情况应当记录在案，附卷存档。

第五百零六条　第一审人民法院在执行死刑三日以前，应当通知同级人民检察院派员临场监督。

第五百零七条 死刑采用枪决或者注射等方法执行。

采用注射方法执行死刑的,应当在指定的刑场或者羁押场所内执行。

采用枪决、注射以外的其他方法执行死刑的,应当事先层报最高人民法院批准。

第五百零八条 执行死刑前,指挥执行的审判人员应当对罪犯验明正身,讯问有无遗言、信札,并制作笔录,再交执行人员执行死刑。

执行死刑应当公布,禁止游街示众或者其他有辱罪犯人格的行为。

第五百零九条 执行死刑后,应当由法医验明罪犯确实死亡,在场书记员制作笔录。负责执行的人民法院应当在执行死刑后十五日以内将执行情况,包括罪犯被执行死刑前后的照片,上报最高人民法院。

第五百一十条 执行死刑后,负责执行的人民法院应当办理以下事项:

(一)对罪犯的遗书、遗言笔录,应当及时审查;涉及财产继承、债务清偿、家事嘱托等内容的,将遗书、遗言笔录交给家属,同时复制附卷备查;涉及案件线索等问题的,抄送有关机关;

(二)通知罪犯家属在限期内领取罪犯骨灰;没有火化条件或者因民族、宗教等原因不宜火化的,通知领取尸体;过期不领取的,由人民法院通知有关单位处理,并要求有关单位出具处理情况的说明;对罪犯骨灰或者尸体的处理情况,应当记录在案;

(三)对外国籍罪犯执行死刑后,通知外国驻华使领馆的程序和时限,根据有关规定办理。

第二节 死刑缓期执行、无期徒刑、有期徒刑、拘役的交付执行

第五百一十一条 被判处死刑缓期执行、无期徒刑、有期徒刑、拘役的罪犯,第一审人民法院应当在判决、裁定生效后十日以内,将判决书、裁定书、起诉书副本、自诉状复印件、执行通知书、结案登记表送达公安机关、监狱或者其他执行机关。

第五百一十二条 同案审理的案件中,部分被告人被判处死刑,对未被判处死刑的同案被告人需要羁押执行刑罚的,应当根据前条规定及时交付执行。但是,该同案被告人参与实施有关死刑之罪的,应当在复核讯问被判处死刑的被告人后交付执行。

第五百一十三条 执行通知书回执经看守所盖章后,应当附卷备查。

第五百一十四条 罪犯在被交付执行前,因有严重疾病、怀孕或者正在哺乳自己婴儿的妇女、生活不能自理的原因,依法提出暂予监外执行的申请的,有关病情诊断、妊娠检查和生活不能自理的鉴别,由人民法院负责组织进行。

第五百一十五条 被判处无期徒刑、有期徒刑或者拘役的罪犯,符合刑事诉讼法第二百六十五条第一款、第二款的规定,人民法院决定暂予监外执行的,应当制作暂予监外执行决定书,写明罪犯基本情况、判决确定的罪名和刑罚、决定暂予监外执行的原因、依据等。

人民法院在作出暂予监外执行决定前,应当征求人民检察院的意见。

人民检察院认为人民法院的暂予监外执行决定不当,在法定期限内提出书面意见的,人民法院应当立即对该决定重新核查,并在一个月以内作出决定。

对暂予监外执行的罪犯,适用本解释第五百一十九条的有关规定,依法实行社区矫正。

人民法院决定暂予监外执行的,由看守所或者执行取保候审、监视居住的公安机关

自收到决定之日起十日以内将罪犯移送社区矫正机构。

第五百一十六条 人民法院收到社区矫正机构的收监执行建议书后，经审查，确认暂予监外执行的罪犯具有下列情形之一的，应当作出收监执行的决定：

（一）不符合暂予监外执行条件的；

（二）未经批准离开所居住的市、县，经警告拒不改正，或者拒不报告行踪，脱离监管的；

（三）因违反监督管理规定受到治安管理处罚，仍不改正的；

（四）受到执行机关两次警告，仍不改正的；

（五）保外就医期间不按规定提交病情复查情况，经警告拒不改正的；

（六）暂予监外执行的情形消失后，刑期未满的；

（七）保证人丧失保证条件或者因不履行义务被取消保证人资格，不能在规定期限内提出新的保证人的；

（八）违反法律、行政法规和监督管理规定，情节严重的其他情形。

第五百一十七条 人民法院应当在收到社区矫正机构的收监执行建议书后三十日以内作出决定。收监执行决定书一经作出，立即生效。

人民法院应当将收监执行决定书送达社区矫正机构和公安机关，并抄送人民检察院，由公安机关将罪犯交付执行。

第五百一十八条 被收监执行的罪犯有不计入执行刑期情形的，人民法院应当在作出收监决定时，确定不计入执行刑期的具体时间。

第三节 管制、缓刑、剥夺政治权利的交付执行

第五百一十九条 对被判处管制、宣告缓刑的罪犯，人民法院应当依法确定社区矫正执行地。社区矫正执行地为罪犯的居住地；罪犯在多个地方居住的，可以确定其经常居住地为执行地；罪犯的居住地、经常居住地无法确定或者不适宜执行社区矫正的，应当根据有利于罪犯接受矫正、更好地融入社会的原则，确定执行地。

宣判时，应当告知罪犯自判决、裁定生效之日起十日以内到执行地社区矫正机构报到，以及不按期报到的后果。

人民法院应当自判决、裁定生效之日起五日以内通知执行地社区矫正机构，并在十日以内将判决书、裁定书、执行通知书等法律文书送达执行地社区矫正机构，同时抄送人民检察院和执行地公安机关。人民法院与社区矫正执行地不在同一地方的，由执行地社区矫正机构将法律文书转送所在地的人民检察院和公安机关。

第五百二十条 对单处剥夺政治权利的罪犯，人民法院应当在判决、裁定生效后十日以内，将判决书、裁定书、执行通知书等法律文书送达罪犯居住地的县级公安机关，并抄送罪犯居住地的县级人民检察院。

第四节 刑事裁判涉财产部分和附带民事裁判的执行

第五百二十一条 刑事裁判涉财产部分的执行，是指发生法律效力的刑事裁判中下列判项的执行：

（一）罚金、没收财产；

（二）追缴、责令退赔违法所得；

（三）处置随案移送的赃款赃物；

（四）没收随案移送的供犯罪所用本人财物；

（五）其他应当由人民法院执行的相关涉财产的判项。

第五百二十二条 刑事裁判涉财产部分和附带民事裁判应当由人民法院执行的，由第一审人民法院负责裁判执行的机构执行。

第五百二十三条 罚金在判决规定的期限内一次或者分期缴纳。期满无故不缴纳或者未足额缴纳的，人民法院应当强制缴纳。经强制缴纳仍不能全部缴纳的，在任何时候，包括主刑执行完毕后，发现被执行人有可供执行的财产的，应当追缴。

行政机关对被告人就同一事实已经处以罚款的，人民法院判处罚金时应当折抵，扣除行政处罚已执行的部分。

第五百二十四条 因遭遇不能抗拒的灾祸等原因缴纳罚金确有困难，被执行人申请延期缴纳、酌情减少或者免除罚金的，应当提交相关证明材料。人民法院应当在收到申请后一个月以内作出裁定。符合法定条件的，应当准许；不符合条件的，驳回申请。

第五百二十五条 判处没收财产的，判决生效后，应当立即执行。

第五百二十六条 执行财产刑，应当参照被扶养人住所地政府公布的上年度当地居民最低生活费标准，保留被执行人及其所扶养人的生活必需费用。

第五百二十七条 被判处财产刑，同时又承担附带民事赔偿责任的被执行人，应当先履行民事赔偿责任。

第五百二十八条 执行刑事裁判涉财产部分、附带民事裁判过程中，当事人、利害关系人认为执行行为违反法律规定，或者案外人对被执行标的书面提出异议的，人民法院应当参照民事诉讼法的有关规定处理。

第五百二十九条 执行刑事裁判涉财产部分、附带民事裁判过程中，具有下列情形之一的，人民法院应当裁定终结执行：

（一）据以执行的判决、裁定被撤销的；

（二）被执行人死亡或者被执行死刑，且无财产可供执行的；

（三）被判处罚金的单位终止，且无财产可供执行的；

（四）依照刑法第五十三条规定免除罚金的；

（五）应当终结执行的其他情形。

裁定终结执行后，发现被执行人的财产有被隐匿、转移等情形的，应当追缴。

第五百三十条 被执行财产在外地的，第一审人民法院可以委托财产所在地的同级人民法院执行。

第五百三十一条 刑事裁判涉财产部分、附带民事裁判全部或者部分被撤销的，已经执行的财产应当全部或者部分返还被执行人；无法返还的，应当依法赔偿。

第五百三十二条 刑事裁判涉财产部分、附带民事裁判的执行，刑事诉讼法及有关刑事司法解释没有规定的，参照适用民事执行的有关规定。

第五节 减刑、假释案件的审理

第五百三十三条 被判处死刑缓期执行的罪犯，在死刑缓期执行期间，没有故意犯罪的，死刑缓期执行期满后，应当裁定减刑；死刑缓期执行期满后，尚未裁定减刑前又犯罪的，应当在依法减刑后，对其所犯新罪另行审判。

第五百三十四条 对减刑、假释案件，应当按照下列情形分别处理：

（一）对被判处死刑缓期执行的罪犯的减刑，由罪犯服刑地的高级人民法院在收到同级监狱管理机关审核同意的减刑建议书后一个月以内作出裁定；

（二）对被判处无期徒刑的罪犯的减刑、假释，由罪犯服刑地的高级人民法院在收到同级监狱管理机关审核同意的减刑、假释建议书后一个月以内作出裁定，案情复杂或者情况特殊的，可以延长一个月；

（三）对被判处有期徒刑和被减为有期徒刑的罪犯的减刑、假释，由罪犯服刑地的中级人民法院在收到执行机关提出的减刑、假释建议书后一个月以内作出裁定，案情复杂或者情况特殊的，可以延长一个月；

（四）对被判处管制、拘役的罪犯的减刑，由罪犯服刑地的中级人民法院在收到同级执行机关审核同意的减刑建议书后一个月以内作出裁定。

对社区矫正对象的减刑，由社区矫正执行地的中级以上人民法院在收到社区矫正机构减刑建议书后三十日以内作出裁定。

第五百三十五条 受理减刑、假释案件，应当审查执行机关移送的材料是否包括下列内容：

（一）减刑、假释建议书；

（二）原审法院的裁判文书、执行通知书、历次减刑裁定书的复制件；

（三）证明罪犯确有悔改、立功或者重大立功表现具体事实的书面材料；

（四）罪犯评审鉴定表、奖惩审批表等；

（五）罪犯假释后对所居住社区影响的调查评估报告；

（六）刑事裁判涉财产部分、附带民事裁判的执行、履行情况；

（七）根据案件情况需要移送的其他材料。

人民检察院对报请减刑、假释案件提出意见的，执行机关应当一并移送受理减刑、假释案件的人民法院。

经审查，材料不全的，应当通知提请减刑、假释的执行机关在三日以内补送；逾期未补送的，不予立案。

第五百三十六条 审理减刑、假释案件，对罪犯积极履行刑事裁判涉财产部分、附带民事裁判确定的义务的，可以认定有悔改表现，在减刑、假释时从宽掌握；对确有履行能力而不履行或者不全部履行的，在减刑、假释时从严掌握。

第五百三十七条 审理减刑、假释案件，应当在立案后五日以内对下列事项予以公示：

（一）罪犯的姓名、年龄等个人基本情况；

（二）原判认定的罪名和刑期；

（三）罪犯历次减刑情况；

（四）执行机关的减刑、假释建议和依据。

公示应当写明公示期限和提出意见的方式。

第五百三十八条 审理减刑、假释案件，应当组成合议庭，可以采用书面审理的方式，但下列案件应当开庭审理：

（一）因罪犯有重大立功表现提请减刑的；

（二）提请减刑的起始时间、间隔时间或者减刑幅度不符合一般规定的；

（三）被提请减刑、假释罪犯系职务犯罪罪犯，组织、领导、参加、包庇、纵容黑社会性质组织罪犯，破坏金融管理秩序罪犯或者金融诈骗罪犯的；

（四）社会影响重大或者社会关注度高的；

（五）公示期间收到不同意见的；
（六）人民检察院提出异议的；
（七）有必要开庭审理的其他案件。

第五百三十九条 人民法院作出减刑、假释裁定后，应当在七日以内送达提请减刑、假释的执行机关、同级人民检察院以及罪犯本人。人民检察院认为减刑、假释裁定不当，在法定期限内提出书面纠正意见的，人民法院应当在收到意见后另行组成合议庭审理，并在一个月以内作出裁定。

对假释的罪犯，适用本解释第五百一十九条的有关规定，依法实行社区矫正。

第五百四十条 减刑、假释裁定作出前，执行机关书面提请撤回减刑、假释建议的，人民法院可以决定是否准许。

第五百四十一条 人民法院发现本院已经生效的减刑、假释裁定确有错误的，应当另行组成合议庭审理；发现下级人民法院已经生效的减刑、假释裁定确有错误的，可以指令下级人民法院另行组成合议庭审理，也可以自行组成合议庭审理。

第六节 缓刑、假释的撤销

第五百四十二条 罪犯在缓刑、假释考验期限内犯新罪或者被发现在判决宣告前还有其他罪没有判决，应当撤销缓刑、假释的，由审判新罪的人民法院撤销原判决、裁定宣告的缓刑、假释，并书面通知原审人民法院和执行机关。

第五百四十三条 人民法院收到社区矫正机构的撤销缓刑建议书后，经审查，确认罪犯在缓刑考验期限内具有下列情形之一的，应当作出撤销缓刑的裁定：

（一）违反禁止令，情节严重的；
（二）无正当理由不按规定时间报到或者接受社区矫正期间脱离监管，超过一个月的；
（三）因违反监督管理规定受到治安管理处罚，仍不改正的；
（四）受到执行机关二次警告，仍不改正的；
（五）违反法律、行政法规和监督管理规定，情节严重的其他情形。

人民法院收到社区矫正机构的撤销假释建议书后，经审查，确认罪犯在假释考验期限内具有前款第二项、第四项规定情形之一，或者有其他违反监督管理规定的行为，尚未构成新的犯罪的，应当作出撤销假释的裁定。

第五百四十四条 被提请撤销缓刑、假释的罪犯可能逃跑或者可能发生社会危险，社区矫正机构在提出撤销缓刑、假释建议的同时，提请人民法院决定对其予以逮捕的，人民法院应当在四十八小时以内作出是否逮捕的决定。决定逮捕的，由公安机关执行。逮捕后的羁押期限不得超过三十日。

第五百四十五条 人民法院应当在收到社区矫正机构的撤销缓刑、假释建议书后三十日以内作出裁定。撤销缓刑、假释的裁定一经作出，立即生效。

人民法院应当将撤销缓刑、假释裁定书送达社区矫正机构和公安机关，并抄送人民检察院，由公安机关将罪犯送交执行。执行以前被逮捕的，羁押一日折抵刑期一日。

2. 最高人民法院关于刑事案件终审判决和裁定何时发生法律效力问题的批复（2004年7月26日 法释〔2004〕7号）

各省、自治区、直辖市高级人民法院，解放军军事法院，新疆维吾尔自治区高级人民法院生产建设兵团分院：

近来，有的法院反映，关于刑事案件终审判决和裁定何时发生法律效力问题不明确。经研究，批复如下：

根据《中华人民共和国刑事诉讼法》第一百六十三条[①]、第一百九十五条[②]和第二百零八条[③]规定的精神，终审的判决和裁定自宣告之日起发生法律效力。

此复。

3. 最高人民法院关于减刑、假释案件审理程序的规定（2014年4月23日　法释〔2014〕5号）

第一条　对减刑、假释案件，应当按照下列情形分别处理：

（一）对被判处死刑缓期执行的罪犯的减刑，由罪犯服刑地的高级人民法院在收到同级监狱管理机关审核同意的减刑建议书后一个月内作出裁定；

（二）对被判处无期徒刑的罪犯的减刑、假释，由罪犯服刑地的高级人民法院在收到同级监狱管理机关审核同意的减刑、假释建议书后一个月内作出裁定，案情复杂或者情况特殊的，可以延长一个月；

（三）对被判处有期徒刑和被减为有期徒刑的罪犯的减刑、假释，由罪犯服刑地的中级人民法院在收到执行机关提出的减刑、假释建议书后一个月内作出裁定，案情复杂或者情况特殊的，可以延长一个月；

（四）对被判处拘役、管制的罪犯的减刑，由罪犯服刑地中级人民法院在收到同级执行机关审核同意的减刑、假释建议书后一个月内作出裁定。

对暂予监外执行罪犯的减刑，应当根据情况，分别适用前款的有关规定。

第二条　人民法院受理减刑、假释案件，应当审查执行机关移送的下列材料：

（一）减刑或者假释建议书；

（二）终审法院裁判文书、执行通知书、历次减刑裁定书的复印件；

（三）罪犯确有悔改或者立功、重大立功表现的具体事实的书面证明材料；

（四）罪犯评审鉴定表、奖惩审批表等；

（五）其他根据案件审理需要应予移送的材料。

报请假释的，应当附有社区矫正机构或者基层组织关于罪犯假释后对所居住社区影响的调查评估报告。

人民检察院对报请减刑、假释案件提出检察意见的，执行机关应当一并移送受理减刑、假释案件的人民法院。

经审查，材料齐备的，应当立案；材料不齐的，应当通知执行机关在三日内补送，逾期未补送的，不予立案。

第三条　人民法院审理减刑、假释案件，应当在立案后五日内将执行机关报请减刑、假释的建议书等材料依法向社会公示。

公示内容应当包括罪犯的个人情况、原判认定的罪名和刑期、罪犯历次减刑情况、执行机关的建议及依据。

---

① 现为《中华人民共和国刑事诉讼法》（2018年修正）第二百零二条。
② 现为《中华人民共和国刑事诉讼法》（2018年修正）第二百四十二条。
③ 现为《中华人民共和国刑事诉讼法》（2018年修正）第二百五十九条。

公示应当写明公示期限和提出意见的方式。公示期限为五日。

第四条 人民法院审理减刑、假释案件，应当依法由审判员或者由审判员和人民陪审员组成合议庭进行。

第五条 人民法院审理减刑、假释案件，除应当审查罪犯在执行期间的一贯表现外，还应当综合考虑犯罪的具体情节、原判刑罚情况、财产刑执行情况、附带民事裁判履行情况、罪犯退赃退赔等情况。

人民法院审理假释案件，除应当审查第一款所列情形外，还应当综合考虑罪犯的年龄、身体状况、性格特征、假释后生活来源以及监管条件等影响再犯罪的因素。

执行机关以罪犯有立功表现或重大立功表现为由提出减刑的，应当审查立功或重大立功表现是否属实。涉及发明创造、技术革新或者其他贡献的，应当审查该成果是否系罪犯在执行期间独立完成，并经有关主管机关确认。

第六条 人民法院审理减刑、假释案件，可以采取开庭审理或者书面审理的方式。但下列减刑、假释案件，应当开庭审理：

（一）因罪犯有重大立功表现报请减刑的；

（二）报请减刑的起始时间、间隔时间或者减刑幅度不符合司法解释一般规定的；

（三）公示期间收到不同意见的；

（四）人民检察院有异议的；

（五）被报请减刑、假释罪犯系职务犯罪罪犯，组织（领导、参加、包庇、纵容）黑社会性质组织犯罪罪犯，破坏金融管理秩序和金融诈骗犯罪罪犯及其他在社会上有重大影响或社会关注度高的；

（六）人民法院认为其他应当开庭审理的。

第七条 人民法院开庭审理减刑、假释案件，应当通知人民检察院、执行机关及被报请减刑、假释罪犯参加庭审。

人民法院根据需要，可以通知证明罪犯确有悔改表现或者立功、重大立功表现的证人，公示期间提出不同意见的人，以及鉴定人、翻译人员等其他人员参加庭审。

第八条 开庭审理应当在罪犯刑罚执行场所或者人民法院确定的场所进行。有条件的人民法院可以采取视频开庭的方式进行。

在社区执行刑罚的罪犯因重大立功被报请减刑的，可以在罪犯服刑地或者居住地开庭审理。

第九条 人民法院对于决定开庭审理的减刑、假释案件，应当在开庭三日前将开庭的时间、地点通知人民检察院、执行机关、被报请减刑、假释罪犯和有必要参加庭审的其他人员，并于开庭三日前进行公告。

第十条 减刑、假释案件的开庭审理由审判长主持，应当按照以下程序进行：

（一）审判长宣布开庭，核实被报请减刑、假释罪犯的基本情况；

（二）审判长宣布合议庭组成人员、检察人员、执行机关代表及其他庭审参加人；

（三）执行机关代表宣读减刑、假释建议书，并说明主要理由；

（四）检察人员发表检察意见；

（五）法庭对被报请减刑、假释罪犯确有悔改表现或立功表现、重大立功表现的事实以及其他影响减刑、假释的情况进行调查核实；

（六）被报请减刑、假释罪犯作最后陈述；

（七）审判长对庭审情况进行总结并宣布休庭评议。

第十一条　庭审过程中，合议庭人员对报请理由有疑问的，可以向被报请减刑、假释罪犯、证人、执行机关代表、检察人员提问。

庭审过程中，检察人员对报请理由有疑问的，在经审判长许可后，可以出示证据，申请证人到庭，向被报请减刑、假释罪犯及证人提问并发表意见。被报请减刑、假释罪犯对报请理由有疑问的，在经审判长许可后，可以出示证据，申请证人到庭，向证人提问并发表意见。

第十二条　庭审过程中，合议庭对证据有疑问需要进行调查核实，或者检察人员、执行机关代表提出申请的，可以宣布休庭。

第十三条　人民法院开庭审理减刑、假释案件，能够当庭宣判的应当当庭宣判；不能当庭宣判的，可以择期宣判。

第十四条　人民法院书面审理减刑、假释案件，可以就被报请减刑、假释罪犯是否符合减刑、假释条件进行调查核实或听取有关方面意见。

第十五条　人民法院书面审理减刑案件，可以提讯被报请减刑罪犯；书面审理假释案件，应当提讯被报请假释罪犯。

第十六条　人民法院审理减刑、假释案件，应当按照下列情形分别处理：

（一）被报请减刑、假释罪犯符合法律规定的减刑、假释条件的，作出予以减刑、假释的裁定；

（二）被报请减刑的罪犯符合法律规定的减刑条件，但执行机关报请的减刑幅度不适当的，对减刑幅度作出相应调整后作出予以减刑的裁定；

（三）被报请减刑、假释罪犯不符合法律规定的减刑、假释条件的，作出不予减刑、假释的裁定。

在人民法院作出减刑、假释裁定前，执行机关书面申请撤回减刑、假释建议的，是否准许，由人民法院决定。

第十七条　减刑、假释裁定书应当写明罪犯原判和历次减刑情况，确有悔改表现或者立功、重大立功表现的事实和理由，以及减刑、假释的法律依据。

裁定减刑的，应当注明刑期的起止时间；裁定假释的，应当注明假释考验期的起止时间。

裁定调整减刑幅度或者不予减刑、假释的，应当在裁定书中说明理由。

第十八条　人民法院作出减刑、假释裁定后，应当在七日内送达报请减刑、假释的执行机关、同级人民检察院以及罪犯本人。作出假释裁定的，还应当送达社区矫正机构或者基层组织。

第十九条　减刑、假释裁定书应当通过互联网依法向社会公布。

第二十条　人民检察院认为人民法院减刑、假释裁定不当，在法定期限内提出书面纠正意见的，人民法院应当在收到纠正意见后另行组成合议庭审理，并在一个月内作出裁定。

第二十一条　人民法院发现本院已经生效的减刑、假释裁定确有错误的，应当依法重新组成合议庭进行审理并作出裁定；上级人民法院发现下级人民法院已经生效的减刑、假释裁定确有错误的，应当指令下级人民法院另行组成合议庭审理，也可以自行依法组成合议庭进行审理并作出裁定。

第二十二条 最高人民法院以前发布的司法解释和规范性文件，与本规定不一致的，以本规定为准。

4. 最高人民法院关于刑事裁判涉财产部分执行的若干规定（2014年10月30日 法释〔2014〕13号）

第一条 本规定所称刑事裁判涉财产部分的执行，是指发生法律效力的刑事裁判主文确定的下列事项的执行：

（一）罚金、没收财产；

（二）责令退赔；

（三）处置随案移送的赃款赃物；

（四）没收随案移送的供犯罪所用本人财物；

（五）其他应当由人民法院执行的相关事项。

刑事附带民事裁判的执行，适用民事执行的有关规定。

第二条 刑事裁判涉财产部分，由第一审人民法院执行。第一审人民法院可以委托财产所在地的同级人民法院执行。

第三条 人民法院办理刑事裁判涉财产部分执行案件的期限为六个月。有特殊情况需要延长的，经本院院长批准，可以延长。

第四条 人民法院刑事审判中可能判处被告人财产刑、责令退赔的，刑事审判部门应当依法对被告人的财产状况进行调查；发现可能隐匿、转移财产的，应当及时查封、扣押、冻结其相应财产。

第五条 刑事审判或者执行中，对于侦查机关已经采取的查封、扣押、冻结，人民法院应当在期限届满前及时续行查封、扣押、冻结。人民法院续行查封、扣押、冻结的顺位与侦查机关查封、扣押、冻结的顺位相同。

对侦查机关查封、扣押、冻结的财产，人民法院执行中可以直接裁定处置，无需侦查机关出具解除手续，但裁定中应当指明侦查机关查封、扣押、冻结的事实。

第六条 刑事裁判涉财产部分的裁判内容，应当明确、具体。涉案财物或者被害人人数较多，不宜在判决主文中详细列明的，可以概括叙明并另附清单。

判处没收部分财产的，应当明确没收的具体财物或者金额。

判处追缴或者责令退赔的，应当明确追缴或者退赔的金额或财物的名称、数量等相关情况。

第七条 由人民法院执行机构负责执行的刑事裁判涉财产部分，刑事审判部门应当及时移送立案部门审查立案。

移送立案应当提交生效裁判文书及其附件和其他相关材料，并填写《移送执行表》。《移送执行表》应当载明以下内容：

（一）被执行人、被害人的基本信息；

（二）已查明的财产状况或者财产线索；

（三）随案移送的财产和已经处置财产的情况；

（四）查封、扣押、冻结财产的情况；

（五）移送执行的时间；

（六）其他需要说明的情况。

人民法院立案部门经审查，认为属于移送范围且移送材料齐全的，应当在七日内立案，并移送执行机构。

第八条 人民法院可以向刑罚执行机关、社区矫正机构等有关单位调查被执行人的财产状况，并可以根据不同情形要求有关单位协助采取查封、扣押、冻结、划拨等执行措施。

第九条 判处没收财产的，应当执行刑事裁判生效时被执行人合法所有的财产。

执行没收财产或罚金刑，应当参照被扶养人住所地政府公布的上年度当地居民最低生活费标准，保留被执行人及其所扶养家属的生活必需费用。

第十条 对赃款赃物及其收益，人民法院应当一并追缴。

被执行人将赃款赃物投资或者置业，对因此形成的财产及其收益，人民法院应予追缴。

被执行人将赃款赃物与其他合法财产共同投资或者置业，对因此形成的财产中与赃款赃物对应的份额及其收益，人民法院应予追缴。

对于被害人的损失，应当按照刑事裁判认定的实际损失予以发还或者赔偿。

第十一条 被执行人将刑事裁判认定为赃款赃物的涉案财物用于清偿债务、转让或者设置其他权利负担，具有下列情形之一的，人民法院应予追缴：

（一）第三人明知是涉案财物而接受的；

（二）第三人无偿或者以明显低于市场的价格取得涉案财物的；

（三）第三人通过非法债务清偿或者违法犯罪活动取得涉案财物的；

（四）第三人通过其他恶意方式取得涉案财物的。

第三人善意取得涉案财物的，执行程序中不予追缴。作为原所有人的被害人对该涉案财物主张权利的，人民法院应当告知其通过诉讼程序处理。

第十二条 被执行财产需要变价的，人民法院执行机构应当依法采取拍卖、变卖等变价措施。

涉案财物最后一次拍卖未能成交，需要上缴国库的，人民法院应当通知有关财政机关以该次拍卖保留价予以接收；有关财政机关要求继续变价的，可以进行无保留价拍卖。需要退赔被害人的，以该次拍卖保留价以物退赔；被害人不同意以物退赔的，可以进行无保留价拍卖。

第十三条 被执行人在执行中同时承担刑事责任、民事责任，其财产不足以支付的，按照下列顺序执行：

（一）人身损害赔偿中的医疗费用；

（二）退赔被害人的损失；

（三）其他民事债务；

（四）罚金；

（五）没收财产。

债权人对执行标的依法享有优先受偿权，其主张优先受偿的，人民法院应当在前款第（一）项规定的医疗费用受偿后，予以支持。

第十四条 执行过程中，当事人、利害关系人认为执行行为违反法律规定，或者案外人对执行标的主张足以阻止执行的实体权利，向执行法院提出书面异议的，执行法院应当依照民事诉讼法第二百二十五条①的规定处理。

人民法院审查案外人异议、复议，应当公开听证。

第十五条 执行过程中，案外人或被害人认为刑事裁判中对涉案财物是否属于赃款赃物认定错误或者应予认定而未认定，向执行法院提出书面异议，可以通过裁定补正的，执行机构应当将异议材料移送刑事审判部门处理；无法通过裁定补正的，应当告知异议人通过审判监督程序处理。

第十六条 人民法院办理刑事裁判涉财产部分执行案件，刑法、刑事诉讼法及有关司法解释没有相应规定的，参照适用民事执行的有关规定。

第十七条 最高人民法院此前发布的司法解释与本规定不一致的，以本规定为准。

5. 最高人民法院、最高人民检察院关于适用犯罪嫌疑人、被告人逃匿、死亡案件违法所得没收程序若干问题的规定（2017 年 1 月 4 日 法释〔2017〕1 号）（节选）

第一条 下列犯罪案件，应当认定为刑事诉讼法第二百八十条②第一款规定的"犯罪案件"：

（一）贪污、挪用公款、巨额财产来源不明、隐瞒境外存款、私分国有资产、私分罚没财物犯罪案件；

（二）受贿、单位受贿、利用影响力受贿、行贿、对有影响力的人行贿、对单位行贿、介绍贿赂、单位行贿犯罪案件；

（三）组织、领导、参加恐怖组织，帮助恐怖活动，准备实施恐怖活动，宣扬恐怖主义、极端主义，煽动实施恐怖活动，利用极端主义破坏法律实施，强制穿戴宣扬恐怖主义、极端主义服饰、标志，非法持有宣扬恐怖主义、极端主义物品犯罪案件；

（四）危害国家安全、走私、洗钱、金融诈骗、黑社会性质的组织、毒品犯罪案件。

电信诈骗、网络诈骗犯罪案件，依照前款规定的犯罪案件处理。

第二条 在省、自治区、直辖市或者全国范围内具有较大影响，或者犯罪嫌疑人、被告人逃匿境外的，应当认定为刑事诉讼法第二百八十条第一款规定的"重大"。

第三条 犯罪嫌疑人、被告人为逃避侦查和刑事追究潜逃、隐匿，或者在刑事诉讼过程中脱逃的，应当认定为刑事诉讼法第二百八十条第一款规定的"逃匿"。

犯罪嫌疑人、被告人因意外事故下落不明满二年，或者因意外事故下落不明，经有关机关证明其不可能生存的，依照前款规定处理。

第四条 犯罪嫌疑人、被告人死亡，依照刑法规定应当追缴其违法所得及其他涉案财产的，人民检察院可以向人民法院提出没收违法所得的申请。

第五条 公安机关发布通缉令或者公安部通过国际刑警组织发布红色国际通报，应当认定为刑事诉讼法第二百八十条第一款规定的"通缉"。

第六条 通过实施犯罪直接或者间接产生、获得的任何财产，应当认定为刑事诉讼法第二百八十条第一款规定的"违法所得"。

违法所得已经部分或者全部转变、转化为其他财产的，转变、转化后的财产应当视为前款规定的"违法所得"。

---

① 现为《中华人民共和国民事诉讼法》第二百五十七条。

② 现为《中华人民共和国刑事诉讼法》（2018 年修正）第二百九十八条。

来自违法所得转变、转化后的财产收益,或者来自已经与违法所得相混合财产中违法所得相应部分的收益,应当视为第一款规定的"违法所得"。

第七条 刑事诉讼法第二百八十一条①第三款规定的"利害关系人"包括犯罪嫌疑人、被告人的近亲属和其他对申请没收的财产主张权利的自然人和单位。

刑事诉讼法第二百八十一条第二款、第二百八十二条②第二款规定的"其他利害关系人"是指前款规定的"其他对申请没收的财产主张权利的自然人和单位"。

第八条 人民检察院向人民法院提出没收违法所得的申请,应当制作没收违法所得申请书。

没收违法所得申请书应当载明以下内容:

(一)犯罪嫌疑人、被告人的基本情况;

(二)案由及案件来源;

(三)犯罪嫌疑人、被告人涉嫌犯罪的事实及相关证据材料;

(四)犯罪嫌疑人、被告人逃匿、被通缉、脱逃、下落不明、死亡的情况;

(五)申请没收的财产的种类、数量、价值、所在地以及已查封、扣押、冻结财产清单和相关法律手续;

(六)申请没收的财产属于违法所得及其他涉案财产的相关事实及证据材料;

(七)提出没收违法所得申请的理由和法律依据;

(八)有无利害关系人以及利害关系人的姓名、身份、住址、联系方式;

(九)其他应当载明的内容。

上述材料需要翻译件的,人民检察院应当将翻译件随没收违法所得申请书一并移送人民法院。

第九条 对于没收违法所得的申请,人民法院应当在三十日内审查完毕,并根据以下情形分别处理:

(一)属于没收违法所得申请受案范围和本院管辖,且材料齐全、有证据证明有犯罪事实的,应当受理;

(二)不属于没收违法所得申请受案范围或者本院管辖的,应当退回人民检察院;

(三)对于没收违法所得申请不符合"有证据证明有犯罪事实"标准要求的,应当通知人民检察院撤回申请,人民检察院应当撤回;

(四)材料不全的,应当通知人民检察院在七日内补送,七日内不能补送的,应当退回人民检察院。

第十条 同时具备以下情形的,应当认定为本规定第九条规定的"有证据证明有犯罪事实":

(一)有证据证明发生了犯罪事实;

(二)有证据证明该犯罪事实是犯罪嫌疑人、被告人实施的;

(三)证明犯罪嫌疑人、被告人实施犯罪行为的证据真实、合法。

第十一条 人民法院受理没收违法所得的申请后,应当在十五日内发布公告,公告期为六个月。公告期间不适用中止、中断、延长的规定。

---

① 现为《中华人民共和国刑事诉讼法》(2018年修正)第二百九十九条。
② 现为《中华人民共和国刑事诉讼法》(2018年修正)第三百条。

公告应当载明以下内容：

（一）案由、案件来源以及属于本院管辖；

（二）犯罪嫌疑人、被告人的基本情况；

（三）犯罪嫌疑人、被告人涉嫌犯罪的事实；

（四）犯罪嫌疑人、被告人逃匿、被通缉、脱逃、下落不明、死亡的情况；

（五）申请没收的财产的种类、数量、价值、所在地以及已查封、扣押、冻结财产的清单和相关法律手续；

（六）申请没收的财产属于违法所得及其他涉案财产的相关事实；

（七）申请没收的理由和法律依据；

（八）利害关系人申请参加诉讼的期限、方式以及未按照该期限、方式申请参加诉讼可能承担的不利法律后果；

（九）其他应当公告的情况。

第十二条 公告应当在全国公开发行的报纸、信息网络等媒体和最高人民法院的官方网站刊登、发布，并在人民法院公告栏张贴。必要时，公告可以在犯罪地、犯罪嫌疑人、被告人居住地或者被申请没收财产所在地张贴。公告最后被刊登、发布、张贴日期为公告日期。人民法院张贴公告的，应当采取拍照、录像等方式记录张贴过程。

人民法院已经掌握境内利害关系人联系方式的，应当直接送达含有公告内容的通知；直接送达有困难的，可以委托代为送达、邮寄送达。经受送达人同意的，可以采用传真、电子邮件等能够确认其收悉的方式告知其公告内容，并记录在案；人民法院已经掌握境外犯罪嫌疑人、被告人、利害关系人联系方式，经受送达人同意的，可以采用传真、电子邮件等能够确认其收悉的方式告知其公告内容，并记录在案；受送达人未作出同意意思表示，或者人民法院未掌握境外犯罪嫌疑人、被告人、利害关系人联系方式，其所在地国（区）主管机关明确提出应当向受送达人送达含有公告内容的通知的，受理没收违法所得申请案件的人民法院可以决定是否送达。决定送达的，应当将公告内容层报最高人民法院，由最高人民法院依照刑事司法协助条约、多边公约，或者按照对等互惠原则，请求受送达人所在地国（区）的主管机关协助送达。

三、刑事政策文件

1. 最高人民法院印发《关于办理不服本院生效裁判案件的若干规定》的通知（2001年10月29日 法发〔2001〕20号）（节选）

一、立案庭对不服本院生效裁判案件经审查认为可能有错误，决定再审立案或者登记立案并移送审判监督庭后，审判监督庭应及时审理。

二、经立案庭审查立案的不服本院生效裁判案件，立案庭应将本案全部卷宗材料调齐，一并移送审判监督庭。

经立案庭登记立案、尚未归档的不服本院生效裁判案件，审判监督庭需要调阅有关案卷材料的，应向相关业务庭发出调卷通知。有关业务庭应在收到调卷通知十日内，将有关案件卷宗按规定装订整齐，移送审判监督庭。

三、在办理不服本院生效裁判案件过程中，经庭领导同意，承办人可以就案件有关情况与原承办人或原合议庭交换意见；未经同意，承办人不得擅自与原承办人或原合议庭交换意见。

四、对立案庭登记立案的不服本院生效裁判案件，合议庭在审查过程中，认为对案件有关情况需要听取双方当事人陈述的，应报庭领导决定。

五、对本院生效裁判案件经审查认为应当再审的，或者已经进入再审程序、经审理认为应当改判的，由院长提交审判委员会讨论决定。

提交审判委员会讨论的案件审理报告应注明原承办人和原合议庭成员的姓名，并可附原合议庭对审判监督庭再审审查结论的书面意见。

六、审判监督庭经审查驳回当事人申请再审的，或者经过再审程序审理结案的，应及时向本院有关部门通报案件处理结果。

七、审判监督庭在审理案件中，发现原办案人员有《人民法院审判人员违法审判责任追究办法（试行）》《人民法院审判纪律处分办法（试行）》规定的违法违纪情况的，应移送纪检组（监察室）处理。

当事人在案件审查或审理过程中反映原办案人员有违法违纪问题或提交有关举报材料的，应告知其向本院纪检组（监察室）反映或提交；已收举报材料的，审判监督庭应及时移送纪检组（监察室）。

八、对不服本院执行工作办公室、赔偿委员会办公室办理的有关案件，按照本规定执行。

九、审判监督庭负责本院国家赔偿的确认工作，办理高级人民法院国家赔偿确认工作的请示，负责对全国法院赔偿确认工作的监督与指导。

十、地方各级人民法院、专门人民法院可根据本规定精神，制定具体规定。

2. 中央社会治安综合治理委员会办公室、最高人民法院、最高人民检察院、公安部、司法部关于印发《关于加强和规范监外执行工作的意见》的通知（2009 年 6 月 25 日　高检会〔2009〕3 号）（节选）

一、加强和规范监外执行的交付执行

1. 人民法院对罪犯判处管制、单处剥夺政治权利、宣告缓刑的，应当在判决、裁定生效后五个工作日内，核实罪犯居住地后将判决书、裁定书、执行通知书送达罪犯居住地县级公安机关主管部门，并抄送罪犯居住地县级人民检察院监所检察部门。

2. 监狱管理机关、公安机关决定罪犯暂予监外执行的，交付执行的监狱、看守所应当将罪犯押送至居住地，与罪犯居住地县级公安机关办理移交手续，并将暂予监外执行决定书等法律文书抄送罪犯居住地县级公安机关主管部门、县级人民检察院监所检察部门。

3. 罪犯服刑地与居住地不在同一省、自治区、直辖市，需要回居住地暂予监外执行的，服刑地的省级监狱管理机关、公安机关监所管理部门应当书面通知罪犯居住地的同级监狱管理机关、公安机关监所管理部门，由其指定一所监狱、看守所接收罪犯档案，负责办理该罪犯暂予监外执行情形消失后的收监、刑满释放等手续，并通知罪犯居住地县级公安机关主管部门、县级人民检察院监所检察部门。

4. 人民法院决定暂予监外执行的罪犯，判决、裁定生效前已被羁押的，由公安机关依照有关规定办理移交。判决、裁定生效前未被羁押的，由人民法院通知罪犯居住地的县级公安机关执行。人民法院应当在作出暂予监外执行决定后五个工作日内，将暂监外执行决定书和判决书、裁定书、执行通知书送达罪犯居住地县级公安机关主管部门，并抄送罪犯居住地县级人民检察院监所检察部门。

5. 对于裁定假释的，人民法院应当将假释裁定书送达提请假释的执行机关和承担监所检察任务的人民检察院。监狱、看守所应当核实罪犯居住地，并在释放罪犯后五个工作日内将假释证明书副本、判决书、裁定书等法律文书送达罪犯居住地县级公安机关主管部门，抄送罪犯居住地县级人民检察院监所检察部门。对主刑执行完毕后附加执行剥夺政治权利的罪犯，监狱、看守所应当核实罪犯居住地，并在释放罪犯前一个月将刑满释放通知书、执行剥夺政治权利附加刑所依据的判决书、裁定书等法律文书送达罪犯居住地县级公安机关主管部门，抄送罪犯居住地县级人民检察院监所检察部门。

6. 被判处管制、剥夺政治权利、缓刑罪犯的判决、裁定作出后，以及被假释罪犯、主刑执行完毕后附加执行剥夺政治权利罪犯出监时，人民法院、监狱、看守所应当书面告知其必须按时到居住地公安派出所报到，以及不按时报到应承担的法律责任，并由罪犯本人在告知书上签字。自人民法院判决、裁定生效之日起或者监狱、看守所释放罪犯之日起，在本省、自治区、直辖市裁判或者服刑、羁押的应当在十日内报到，在外省、自治区、直辖市裁判或者服刑、羁押的应当在二十日内报到。告知书一式三份，一份交监外执行罪犯本人，一份送达执行地县级公安机关，一份由告知机关存档。

7. 执行地公安机关收到人民法院、监狱、看守所送达的法律文书后，应当在五个工作日内送达回执。

二、加强和规范监外执行罪犯的监督管理

8. 监外执行罪犯未在规定时间内报到的，公安派出所应当上报县级公安机关主管部门，由县级公安机关通报作出判决、裁定或者决定的机关。

9. 执行地公安机关认为罪犯暂予监外执行条件消失的，应当及时书面建议批准、决定暂予监外执行的机关或者接收该罪犯档案的监狱的上级主管机关收监执行。批准、决定机关或者接收该罪犯档案的监狱的上级主管机关审查后认为需要收监执行的，应当制作收监执行决定书，分别送达执行地公安机关和负责收监执行的监狱。执行地公安机关收到收监执行决定书后，应当立即将罪犯收押，并通知监狱到羁押地将罪犯收监执行。

对于公安机关批准的暂予监外执行罪犯，暂予监外执行条件消失的，执行地公安机关应当及时制作收监执行通知书，通知负责收监执行的看守所立即将罪犯收监执行。

10. 公安机关对暂予监外执行罪犯未经批准擅自离开所居住的市、县，经警告拒不改正，或者拒不报告行踪、下落不明的，可以按照有关程序上网追逃。

11. 人民法院决定暂予监外执行罪犯收监执行的，由罪犯居住地公安机关根据人民法院的决定，剩余刑期在一年以上的送交暂予监外执行地就近监狱执行，剩余刑期在一年以下的送交暂予监外执行地看守所代为执行。

12. 暂予监外执行罪犯未经批准擅自离开所居住的市、县，经警告拒不改正的，或者拒不报告行踪、下落不明的，或者采取自伤、自残、欺骗、贿赂等手段骗取、拖延暂予监外执行的，或者两次以上无正当理由不按时提交医疗、诊断病历材料的，批准、决定机关应当根据执行地公安机关建议，及时作出对其收监执行的决定。

对公安机关批准的暂予监外执行罪犯发生上述情形的，执行地公安机关应当及时作出对其收监执行的决定。

13. 公安机关应当建立对监外执行罪犯的考核奖惩制度，根据考核结果，对表现良好的应当给予表扬奖励；对符合法定减刑条件的，应当依法提出减刑建议，人民法院应当依法裁定。执行机关减刑建议书副本和人民法院减刑裁定书副本应当抄送同级人民检察院监所检察部门。

14. 监外执行罪犯在执行期、考验期内，违反法律、行政法规或者国务院公安部门有关监督管理规定的，由公安机关依照《中华人民共和国治安管理处罚法》第六十条的规定给予治安管理处罚。

15. 被宣告缓刑、假释的罪犯在缓刑、假释考验期间有下列情形之一的，由与原裁判人民法院同级的执行地公安机关提出撤销缓刑、假释的建议：

（1）人民法院、监狱、看守所已书面告知罪犯应当按时到执行地公安机关报到，罪犯未在规定的时间内报到，脱离监管三个月以上的；

（2）未经执行地公安机关批准擅自离开所居住的市、县或者迁居，脱离监管三个月以上的；

（3）未按照执行地公安机关的规定报告自己的活动情况或者不遵守执行机关关于会客等规定，经过三次教育仍然拒不改正的；

（4）有其他违反法律、行政法规或者国务院公安部门有关缓刑、假释的监督管理规定行为，情节严重的。

16. 人民法院裁定撤销缓刑、假释后，执行地公安机关应当及时将罪犯送交监狱或者看守所收监执行。被撤销缓刑、假释并决定收监执行的罪犯下落不明的，公安机关可以按照有关程序上网追逃。

公安机关撤销缓刑、假释的建议书副本和人民法院撤销缓刑、假释的裁定书副本应当抄送罪犯居住地人民检察院监所检察部门。

17. 监外执行罪犯在缓刑、假释、暂予监外执行、管制或者剥夺政治权利期间死亡的，公安机关应当核实情况后通报原作出判决、裁定的人民法院和原关押监狱、看守所，或者接收该罪犯档案的监狱、看守所，以及执行地县级人民检察院监所检察部门。

18. 被判处管制、剥夺政治权利的罪犯执行期满的，公安机关应当通知其本人，并向其所在单位或者居住地群众公开宣布解除管制或者恢复政治权利；被宣告缓刑的罪犯缓刑考验期满，原判刑罚不再执行的，公安机关应当向其本人和所在单位或者居住地群众宣布，并通报原判决的人民法院；被裁定假释的罪犯假释考验期满，原判刑罚执行完毕的，公安机关应当向其本人和所在单位或者居住地群众宣布，并通报原裁定的人民法院和原执行的监狱、看守所。

19. 暂予监外执行的罪犯刑期届满的，执行地公安机关应当及时通报原关押监狱、看守所或者接收该罪犯档案的监狱、看守所，按期办理释放手续。人民法院决定暂予监外执行的罪犯刑期届满的，由执行地公安机关向原判决人民法院和执行地县级人民检察院通报，并按期办理释放手续。

三、加强和规范监外执行的检察监督

20. 人民检察院对人民法院、公安机关、监狱、看守所交付监外执行活动和监督管理监外执行罪犯活动实行法律监督，发现违法违规行为的，应当及时提出纠正意见。

21. 县级人民检察院对人民法院、监狱、看守所交付本县（市、区、旗）辖区执行监外执行的罪犯应当逐一登记，建立罪犯监外执行情况检察台账。

22. 人民检察院在监外执行检察中，应当依照有关规定认真受理监外执行罪犯的申诉、控告，妥善处理他们反映的问题，依法维护其合法权益。

23. 人民检察院应当采取定期和不定期相结合的方法进行监外执行检察，并针对存在的问题，区别不同情况，发出纠正违法通知书、检察建议书或者提出口头纠正意见。交付执行机关和执行机关对人民检察院提出的纠正意见、检察建议无异议的，应当在十五日内纠正并告知纠正结果；对纠正意见、检察建议有异议的，应当在接到人民检察院纠正意见、检察建议后七日内向人民检察院提出，人民检察院应当复议，并在七日内作出复议决定；对复议结论仍然提出异议的，应当提请上一级人民检察院复核，上一级人民检察院应当在七日内作出复核决定。

24. 人民检察院发现有下列情形的，应当提出纠正意见：

（1）人民法院、监狱、看守所没有依法送达监外执行法律文书，没有依法将罪犯交付执行，没有依法告知罪犯权利义务的；

（2）人民法院收到有关机关对监外执行罪犯的撤销缓刑、假释、暂予监外执行的建议后，没有依法进行审查、裁定、决定的；

（3）公安机关没有及时接收监外执行罪犯，对监外执行罪犯没有落实监管责任、监管措施的；

（4）公安机关对违法的监外执行罪犯依法应当给予处罚而没有依法作出处罚或者建议处罚的；

（5）公安机关、监狱管理机关应当作出对罪犯收监执行决定而没有作出决定的；

（6）监狱、看守所应当将罪犯收监执行而没有收监执行的；

（7）对依法应当减刑的监外执行罪犯，公安机关没有提请减刑或者提请减刑不当的；

（8）对依法应当减刑的监外执行罪犯，人民法院没有裁定减刑或者减刑裁定不当的；

（9）监外执行罪犯刑期或者考验期满，公安机关、监狱、看守所未及时办理相关手续和履行相关程序的；

（10）人民法院、公安机关、监狱、看守所在监外执行罪犯交付执行、监督管理过程中侵犯罪犯合法权益的；

（11）监外执行罪犯出现脱管、漏管情况的；

（12）其他依法应当提出纠正意见的情形。

25. 监外执行罪犯在监外执行期间涉嫌犯罪，公安机关依法应当立案而不立案的，人民检察院应当按照《中华人民共和国刑事诉讼法》第八十七条①的规定办理。

四、加强监外执行的综合治理

26. 各级社会治安综合治理部门、人民法院、人民检察院、公安机关、司法行政机关应当充分认识加强和规范监外执行工作对于防止和纠正监外执行罪犯脱管、漏管问题，预防和减少重新犯罪，促进社会和谐稳定的重要意义，加强对这一工作的领导和检查；在监外执行的交付执行、监督管理、检察监督、综治考评等各个环节中，根据分工做好职责范围内的工作，形成各司其职、各负其责、协作配合、齐抓共管的工作格局。各级社会治安综合治理部门应当和人民检察院共同做好对监外执行的考评工作，并作为实绩评定的重要内容，强化责任追究，确保本意见落到实处。

27. 各级社会治安综合治理部门、人民法院、人民检察院、公安机关、司法行政机关

---

① 现为《中华人民共和国刑事诉讼法》（2018年修正）第一百一十三条。

应当每年定期召开联席会议，通报有关情况，研究解决监外执行工作中的问题。交付执行机关和县级公安机关应当每半年将监外执行罪犯的交付执行、监督管理情况书面通报同级社会治安综合治理部门和人民检察院监所检察部门。

28. 各省、自治区、直辖市应当按照中央有关部门的统一部署，认真开展并深入推进社区矫正试点工作，加强和规范对社区服刑人员的监督管理、教育矫正工作，努力发挥社区矫正在教育改造罪犯、预防重新违法犯罪方面的重要作用。社区矫正试点地区的社区服刑人员的交付执行、监督管理工作，参照本意见和依照社区矫正有关规定执行。

3. 最高人民法院、最高人民检察院、公安部、司法部印发《关于对判处管制、宣告缓刑的犯罪分子适用禁止令有关问题的规定（试行）》的通知（2011年4月28日 法发〔2011〕9号）（节选）

第一条 对判处管制、宣告缓刑的犯罪分子，人民法院根据犯罪情况，认为从促进犯罪分子教育矫正、有效维护社会秩序的需要出发，确有必要禁止其在管制执行期间、缓刑考验期限内从事特定活动，进入特定区域、场所，接触特定人的，可以根据刑法第三十八条第二款、第七十二条第二款的规定，同时宣告禁止令。

第二条 人民法院宣告禁止令，应当根据犯罪分子的犯罪原因、犯罪性质、犯罪手段、犯罪后的悔罪表现、个人一贯表现等情况，充分考虑与犯罪分子所犯罪行的关联程度，有针对性地决定禁止其在管制执行期间、缓刑考验期限内"从事特定活动，进入特定区域、场所，接触特定的人"的一项或者几项内容。

第三条 人民法院可以根据犯罪情况，禁止判处管制、宣告缓刑的犯罪分子在管制执行期间、缓刑考验期限内从事以下一项或者几项活动：

（一）个人为进行违法犯罪活动而设立公司、企业、事业单位或者在设立公司、企业、事业单位后以实施犯罪为主要活动的，禁止设立公司、企业、事业单位；

（二）实施证券犯罪、贷款犯罪、票据犯罪、信用卡犯罪等金融犯罪的，禁止从事证券交易、申领贷款、使用票据或者申领、使用信用卡等金融活动；

（三）利用从事特定生产经营活动实施犯罪的，禁止从事相关生产经营活动；

（四）附带民事赔偿义务未履行完毕，违法所得未追缴、退赔到位，或者罚金尚未足额缴纳的，禁止从事高消费活动；

（五）其他确有必要禁止从事的活动。

第四条 人民法院可以根据犯罪情况，禁止判处管制、宣告缓刑的犯罪分子在管制执行期间、缓刑考验期限内进入以下一类或者几类区域、场所：

（一）禁止进入夜总会、酒吧、迪厅、网吧等娱乐场所；

（二）未经执行机关批准，禁止进入举办大型群众性活动的场所；

（三）禁止进入中小学校区、幼儿园园区及周边地区，确因本人就学、居住等原因，经执行机关批准的除外；

（四）其他确有必要禁止进入的区域、场所。

第五条 人民法院可以根据犯罪情况，禁止判处管制、宣告缓刑的犯罪分子在管制执行期间、缓刑考验期限内接触以下一类或者几类人员：

（一）未经对方同意，禁止接触被害人及其法定代理人、近亲属；

（二）未经对方同意，禁止接触证人及其法定代理人、近亲属；

（三）未经对方同意，禁止接触控告人、批评人、举报人及其法定代理人、近亲属；

（四）禁止接触同案犯；

（五）禁止接触其他可能遭受其侵害、滋扰的人或者可能诱发其再次危害社会的人。

第六条 禁止令的期限，既可以与管制执行、缓刑考验的期限相同，也可以短于管制执行、缓刑考验的期限，但判处管制的，禁止令的期限不得少于三个月，宣告缓刑的，禁止令的期限不得少于二个月。

判处管制的犯罪分子在判决执行以前先行羁押以致管制执行的期限少于三个月的，禁止令的期限不受前款规定的最短期限的限制。

禁止令的执行期限，从管制、缓刑执行之日起计算。

第七条 人民检察院在提起公诉时，对可能判处管制、宣告缓刑的被告人可以提出宣告禁止令的建议。当事人、辩护人、诉讼代理人可以就应否对被告人宣告禁止令提出意见，并说明理由。

公安机关在移送审查起诉时，可以根据犯罪嫌疑人涉嫌犯罪的情况，就应否宣告禁止令及宣告何种禁止令，向人民检察院提出意见。

第八条 人民法院对判处管制、宣告缓刑的被告人宣告禁止令的，应当在裁判文书主文部分单独作为一项予以宣告。

第九条 禁止令由司法行政机关指导管理的社区矫正机构负责执行。

第十条 人民检察院对社区矫正机构执行禁止令的活动实行监督。发现有违反法律规定的情况，应当通知社区矫正机构纠正。

第十一条 判处管制的犯罪分子违反禁止令，或者被宣告缓刑的犯罪分子违反禁止令尚不属情节严重的，由负责执行禁止令的社区矫正机构所在地的公安机关依照《中华人民共和国治安管理处罚法》第六十条的规定处罚。

第十二条 被宣告缓刑的犯罪分子违反禁止令，情节严重的，应当撤销缓刑，执行原判刑罚。原作出缓刑裁判的人民法院应当自收到当地社区矫正机构提出的撤销缓刑建议书之日起一个月内依法作出裁定。人民法院撤销缓刑的裁定一经作出，立即生效。

违反禁止令，具有下列情形之一的，应当认定为"情节严重"：

（一）三次以上违反禁止令的；

（二）因违反禁止令被治安管理处罚后，再次违反禁止令的；

（三）违反禁止令，发生较为严重危害后果的；

（四）其他情节严重的情形。

第十三条 被宣告禁止令的犯罪分子被依法减刑时，禁止令的期限可以相应缩短，由人民法院在减刑裁定中确定新的禁止令期限。

4. 最高人民法院关于对部分职务犯罪罪犯减刑、假释、暂予监外执行实行备案审查的通知（2014年5月21日　法〔2014〕128号）

各省、自治区、直辖市高级人民法院，解放军军事法院，新疆维吾尔自治区高级人民法院生产建设兵团分院：

为落实中央政法委员会《关于严格规范减刑、假释、暂予监外执行切实防止司法腐败的意见》（中政委〔2014〕5号）对部分职务犯罪罪犯减刑、假释、暂予监外执行实行备案审查的要求，进一步规范职务犯罪罪犯的减刑、假释、暂予监外执行工作，现就对部分职务犯罪罪犯减刑、假释、暂予监外执行实行备案审查相关事项通知如下：

一、基层人民法院对原县处级职务犯罪罪犯决定暂予监外执行后十日内，逐级报请高级人民法院备案审查；对原厅局级以上职务犯罪罪犯决定暂予监外执行后十日内，逐级报请最高人民法院备案审查。

二、中级人民法院对原县处级职务犯罪罪犯裁定减刑、假释或者决定暂予监外执行后十日内，报请高级人民法院备案审查；对原厅局级以上职务犯罪罪犯裁定减刑、假释或者决定暂予监外执行后十日内，逐级报请最高人民法院备案审查。

三、高级人民法院对原厅局级以上职务犯罪罪犯裁定减刑、假释或者决定暂予监外执行后十日内，报请最高人民法院备案审查。

四、备案审查工作由高级人民法院、最高人民法院审判监督庭或者负责减刑、假释、暂予监外执行工作的审判庭承担。

五、报请高级人民法院、最高人民法院备案审查，应当制作报请备案审查报告一式五份，并附减刑、假释裁定书或者暂予监外执行决定书一式五份，及相关材料复印件。待全国法院网络办案平台建成后，还应当同时通过网络办案平台报送相关卷宗材料。

六、承担备案审查工作的人民法院对下级人民法院报请备案审查的案件，应当在立案后依法组成合议庭办理。合议庭应当对裁定、决定是否符合法律、司法解释规定进行全面审查。经审查认为减刑、假释、暂予监外执行确有错误的，应当依照《最高人民法院关于办理减刑、假释案件具体应用法律若干问题的规定》第29条之规定办理。

5. 最高人民法院、最高人民检察院、公安部、司法部关于印发《关于监狱办理刑事案件有关问题的规定》的通知（2014年8月11日　司发通〔2014〕80号）（节选）

一、对监狱在押罪犯与监狱工作人员（监狱警察、工人）或者狱外人员共同犯罪案件，涉案的在押罪犯由监狱立案侦查，涉案的监狱工作人员或者狱外人员由人民检察院或者公安机关立案侦查，在侦查过程中，双方应当相互协作。侦查终结后，需要追究刑事责任的，由侦查机关分别向当地人民检察院移送审查起诉。如果案件适宜合并起诉的，有关人民检察院可以并案向人民法院提起公诉。

二、罪犯在监狱内犯罪，办理案件期间该罪犯原判刑期即将届满需要逮捕的，在侦查阶段由监狱在刑期届满前提请人民检察院审查批准逮捕，在审查起诉阶段由人民检察院决定逮捕，在审判阶段由人民法院决定逮捕；批准或者决定逮捕后，监狱将被逮捕人送监狱所在地看守所羁押。

三、罪犯在监狱内犯罪，假释期间被发现的，由审判新罪的人民法院撤销假释，并书面通知原裁定假释的人民法院和社区矫正机构。撤销假释的决定作出前，根据案件情况需要逮捕的，由人民检察院或者人民法院批准或者决定逮捕，公安机关执行逮捕，并将被逮捕人送监狱所在地看守所羁押，同时通知社区矫正机构。

刑满释放后被发现，需要逮捕的，由监狱提请人民检察院审查批准逮捕，公安机关执行逮捕后，将被逮捕人送监狱所在地看守所羁押。

四、在押罪犯脱逃后未实施其他犯罪的，由监狱立案侦查，公安机关抓获后通知原监狱押回，监狱所在地人民检察院审查起诉。罪犯脱逃期间又实施其他犯罪，在捕回监狱前发现的，由新罪犯罪地公安机关侦查新罪，并通知监狱；监狱对脱逃罪侦查终结后移送管辖新罪的公安机关，由公安机关一并移送当地人民检察院审查起诉，人民法院判决后，送当地监狱服刑，罪犯服刑的原监狱应当配合。

五、监狱办理罪犯在监狱内犯罪案件，需要相关刑事技术支持的，由监狱所在地公安机关提供协助。需要在监狱外采取侦查措施的，应当通报当地公安机关，当地公安机关应当协助实施。

6. 最高人民法院、最高人民检察院、公安部、司法部关于全面推进社区矫正工作的意见（2014 年 8 月 28 日　司发〔2014〕13 号）（节选）

三、全面推进社区矫正工作的主要任务

全面推进社区矫正，标志着社区矫正工作进入了一个新的发展阶段。各地要适应新形势新任务的要求，抓住机遇，顺势而为，依法规范履行职责，积极稳妥推进工作。

（一）全面落实社区矫正工作基本任务。严格执行刑罚，加强监督管理、教育矫正和社会适应性帮扶，是社区矫正的基本任务，也是全面推进社区矫正工作的前提和条件。要切实加强监督管理。严格落实监管制度，防止社区服刑人员脱管、漏管和重新违法犯罪。严格检查考核，及时准确掌握社区服刑人员的改造情况，按规定实施分级处遇，调动社区服刑人员的改造积极性。大力创新管理方式，充分发挥矫正小组的作用，充分利用现代科技手段，进一步推广手机定位、电子腕带等信息技术在监管中的应用，提高监管的可靠性和有效性。强化应急处置，健全完善应急处置预案，确保突发事件防范有力、处置迅速。要切实加强教育矫正。认真组织开展思想道德、法制、时事政治等教育，帮助社区服刑人员提高道德修养，增强法制观念，自觉遵纪守法。要组织开展社区服务，培养社区服刑人员正确的劳动观念，增强社会责任感，帮助他们修复社会关系，更好地融入社会。大力创新教育方式方法，实行分类教育和个别教育，普遍开展心理健康教育，做好心理咨询和心理危机干预，不断增强教育矫治效果。建立健全教育矫正质量评估体系，分阶段对社区服刑人员进行评估，并及时调整完善矫正对策措施，增强教育矫正的针对性和实效性。要切实加强社会适应性帮扶工作。制定完善并认真落实帮扶政策，协调解决社区服刑人员就业、就学、最低生活保障、临时救助、社会保险等问题，为社区服刑人员安心改造并融入社会创造条件。广泛动员企事业单位、社会团体、志愿者等各方面力量，发挥社会帮扶的综合优势，努力形成社会合力，提高帮扶效果。

（二）积极推进社区矫正制度化规范化法制化建设。积极推进社区矫正立法，努力从法律层面解决有关重大问题，为社区矫正工作长远发展提供法律保障。加强规章制度建设，在《社区矫正实施办法》基础上，进一步健全完善工作规定，使社区矫正工作制度覆盖调查评估、交付接收、管理教育、考核奖惩、收监执行、解除矫正等各个环节，确保社区矫正工作规范运行。深入推进社区矫正执法规范化建设，健全执法机制、完善执法流程、加强执法检查，切实规范执法行为，维护社区服刑人员合法权益，努力在每一个执法环节、每一起执法案件办理上使人民群众、社区服刑人员及其家属感受到公平正义。

（三）进一步健全社区矫正工作领导体制和工作机制。理顺社区矫正工作体制机制。建立和完善党委政府统一领导，司法行政部门组织实施、指导管理，法院、检察院、公安等相关部门协调配合，社会力量广泛参与的社区矫正领导体制和工作机制。进一步完善社区矫正联席会议制度、信息共享制度、情况通报制度等协作配合机制，及时发现和解决社区矫正全面推进过程中出现的新情况和新问题，共同制定和完善有关规章制度。

司法行政机关要加强对社区矫正工作的组织实施、指导管理，完善监管教育制度，创新工作方法，依法规范、积极有序推进社区矫正工作。人民法院要依法适用社区矫正，对符合条件的被告人、罪犯，依法及时作出适用、变更社区矫正的判决、裁定；在社区矫正适用前，可委托司法行政机关进行调查评估；判决、裁定生效后，及时与社区矫正机构办理社区服刑人员及法律文书等相关移送手续，积极参与对社区服刑人员的回访和帮教。人民检察院要依法加强对社区矫正的法律监督，对违反法律规定的，及时提出纠正意见和检察建议，维护刑罚执行公平正义，维护社区服刑人员的合法权益，保障社区矫正依法公正进行。公安机关对重新犯罪、应予治安管理处罚的社区服刑人员，要依法及时处理。司法所、公安派出所、派驻乡镇检察室、人民法庭要建立健全社区矫正工作衔接配合机制，及时协调解决社区矫正工作中遇到的实际问题，确保社区矫正工作顺利推进。积极争取立法、编制、民政、财政、人力资源和社会保障等部门支持，为社区矫正工作全面推进创造有利条件。

（四）切实加强社区矫正机构和队伍建设。加强社区矫正机构建设，建立健全省、市、县三级社区矫正机构，重点加强县级司法行政机关社区矫正专门机构建设，切实承担起社区矫正工作职责。切实加强社区矫正工作队伍建设，着力加强县、乡两级专职队伍建设，配齐配强工作人员，保证执法和管理工作需要。各地要从各自实际出发，积极研究探索采取政府购买服务的方式，充实社区矫正机构工作人员，坚持专群结合，发展社会工作者和社会志愿者队伍，组织和引导企事业单位、社会团体、社会工作者和志愿者参与社区矫正工作。大力加强思想政治建设，教育引导社区矫正工作者坚定理想信念，牢固树立执法为民、公正执法的理念，培育职业良知，忠诚履行职责。大力加强执法能力和作风建设，加大业务培训力度，开展经常性岗位练兵活动，不断提高业务素质和工作能力，努力建设一支高素质的社区矫正工作队伍。切实加强司法所建设，改善装备条件，做好社区矫正日常工作。加强村（居）社区矫正工作站建设，落实帮教帮扶措施。

（五）进一步加强社区矫正工作保障能力建设。切实抓好社区矫正经费落实，按照财政部、司法部关于进一步加强社区矫正经费保障工作的意见，将社区矫正经费纳入各级财政预算，并探索建立动态增长机制，以适应社区矫正工作发展需要。大力推进场所设施建设，多形式、多渠道建立社区矫正场所设施，对社区服刑人员进行接收宣告、集中学习和培训。大力加强社区矫正信息化建设，科学规划，统一规范，健全完善全国社区服刑人员数据库，建立社区矫正信息平台，与有关部门互联互通、资源共享，推动实施对社区服刑人员网上监管、网上教育、网上服务帮扶，不断提升社区矫正工作的信息化水平。

7. 最高人民法院、最高人民检察院、公安部、司法部、国家卫生计生委关于印发《暂予监外执行规定》的通知（2014年10月24日　司发通〔2014〕112号）（节选）

第一条　为了规范暂予监外执行工作，严格依法适用暂予监外执行，根据刑事诉讼法、监狱法等有关规定，结合刑罚执行工作实际，制定本规定。

第二条　对罪犯适用暂予监外执行，分别由下列机关决定或者批准：

（一）在交付执行前，由人民法院决定；

（二）在监狱服刑的，由监狱审查同意后提请省级以上监狱管理机关批准；

（三）在看守所服刑的，由看守所审查同意后提请设区的市一级以上公安机关批准。

对有关职务犯罪罪犯适用暂予监外执行,还应当依照有关规定逐案报请备案审查。

第三条 对暂予监外执行的罪犯,依法实行社区矫正,由其居住地的社区矫正机构负责执行。

第四条 罪犯在暂予监外执行期间的生活、医疗和护理等费用自理。

罪犯在监狱、看守所服刑期间因参加劳动致伤、致残被暂予监外执行的,其出监、出所后的医疗补助、生活困难补助等费用,由其服刑所在的监狱、看守所按照国家有关规定办理。

第五条 对被判处有期徒刑、拘役或者已经减为有期徒刑的罪犯,有下列情形之一,可以暂予监外执行:

(一)患有属于本规定所附《保外就医严重疾病范围》的严重疾病,需要保外就医的;

(二)怀孕或者正在哺乳自己婴儿的妇女;

(三)生活不能自理的。

对被判处无期徒刑的罪犯,有前款第二项规定情形的,可以暂予监外执行。

第六条 对需要保外就医或者属于生活不能自理,但适用暂予监外执行可能有社会危险性,或者自伤自残,或者不配合治疗的罪犯,不得暂予监外执行。

对职务犯罪、破坏金融管理秩序和金融诈骗犯罪、组织(领导、参加、包庇、纵容)黑社会性质组织犯罪的罪犯适用保外就医应当从严审批,对患有高血压、糖尿病、心脏病等严重疾病,但经诊断短期内没有生命危险的,不得暂予监外执行。

对在暂予监外执行期间因违法违规被收监执行或者因重新犯罪被判刑的罪犯,需要再次适用暂予监外执行的,应当从严审批。

第七条 对需要保外就医或者属于生活不能自理的累犯以及故意杀人、强奸、抢劫、绑架、放火、爆炸、投放危险物质或者有组织的暴力性犯罪的罪犯,原被判处死刑缓期二年执行或者无期徒刑的,应当在减为有期徒刑后执行有期徒刑七年以上方可适用暂予监外执行;原被判处十年以上有期徒刑的,应当执行原判刑期三分之一以上方可适用暂予监外执行。

对未成年罪犯、六十五周岁以上的罪犯、残疾人罪犯,适用前款规定可以适度从宽。

对患有本规定所附《保外就医严重疾病范围》的严重疾病,短期内有生命危险的罪犯,可以不受本条第一款规定关于执行刑期的限制。

第八条 对在监狱、看守所服刑的罪犯需要暂予监外执行的,监狱、看守所应当组织对罪犯进行病情诊断、妊娠检查或者生活不能自理的鉴别。罪犯本人或者其亲属、监护人也可以向监狱、看守所提出书面申请。

监狱、看守所对拟提请暂予监外执行的罪犯,应当核实其居住地。需要调查其对所居住社区影响的,可以委托居住地县级司法行政机关进行调查。

监狱、看守所应当向人民检察院通报有关情况。人民检察院可以派员监督有关诊断、检查和鉴别活动。

第九条 对罪犯的病情诊断或者妊娠检查,应当委托省级人民政府指定的医院进行。医院出具的病情诊断或者检查证明文件,应当由两名具有副高以上专业技术职称的医师共同作出,经主管业务院长审核签名,加盖公章,并附化验单、影像学资料和病历等有关医疗文书复印件。

对罪犯生活不能自理情况的鉴别，由监狱、看守所组织有医疗专业人员参加的鉴别小组进行。鉴别意见由组织鉴别的监狱、看守所出具，参与鉴别的人员应当签名，监狱、看守所的负责人应当签名并加盖公章。

对罪犯进行病情诊断、妊娠检查或者生活不能自理的鉴别，与罪犯有亲属关系或者其他利害关系的医师、人员应当回避。

第十条 罪犯需要保外就医的，应当由罪犯本人或者其亲属、监护人提出保证人，保证人由监狱、看守所审查确定。

罪犯没有亲属、监护人的，可以由其居住地的村（居）民委员会、原所在单位或者社区矫正机构推荐保证人。

保证人应当向监狱、看守所提交保证书。

第十一条 保证人应当同时具备下列条件：

（一）具有完全民事行为能力，愿意承担保证人义务；

（二）人身自由未受到限制；

（三）有固定的住处和收入；

（四）能够与被保证人共同居住或者居住在同一市、县。

第十二条 罪犯在暂予监外执行期间，保证人应当履行下列义务：

（一）协助社区矫正机构监督被保证人遵守法律和有关规定；

（二）发现被保证人擅自离开居住的市、县或者变更居住地，或者有违法犯罪行为，或者需要保外就医情形消失，或者被保证人死亡的，立即向社区矫正机构报告；

（三）为被保证人的治疗、护理、复查以及正常生活提供帮助；

（四）督促和协助被保证人按照规定履行定期复查病情和向社区矫正机构报告的义务。

第十三条 监狱、看守所应当就是否对罪犯提请暂予监外执行进行审议。经审议决定对罪犯提请暂予监外执行的，应当在监狱、看守所内进行公示。对病情严重必须立即保外就医的，可以不公示，但应当在保外就医后三个工作日以内在监狱、看守所内公告。

公示无异议或者经审查异议不成立的，监狱、看守所应当填写暂予监外执行审批表，连同有关诊断、检查、鉴别材料、保证人的保证书，提请省级以上监狱管理机关或者设区的市一级以上公安机关批准。已委托进行核实、调查的，还应当附县级司法行政机关出具的调查评估意见书。

监狱、看守所审议暂予监外执行前，应当将相关材料抄送人民检察院。决定提请暂予监外执行的，监狱、看守所应当将提请暂予监外执行书面意见的副本和相关材料抄送人民检察院。人民检察院可以向决定或者批准暂予监外执行的机关提出书面意见。

第十四条 批准机关应当自收到监狱、看守所提请暂予监外执行材料之日起十五个工作日以内作出决定。批准暂予监外执行的，应当在五个工作日以内将暂予监外执行决定书送达监狱、看守所，同时抄送同级人民检察院、原判人民法院和罪犯居住地社区矫正机构。暂予监外执行决定书应当上网公开。不予批准暂予监外执行的，应当在五个工作日以内将不予批准暂予监外执行决定书送达监狱、看守所。

第十五条 监狱、看守所应当向罪犯发放暂予监外执行决定书，及时为罪犯办理出监、出所相关手续。

在罪犯离开监狱、看守所之前，监狱、看守所应当核实其居住地，书面通知其居住地社区矫正机构,并对其进行出监、出所教育,书面告知其在暂予监外执行期间应当遵守的法律和有关监督管理规定。罪犯应当在告知书上签名。

第十六条 监狱、看守所应当派员持暂予监外执行决定书及有关文书材料,将罪犯押送至居住地,与社区矫正机构办理交接手续。监狱、看守所应当及时将罪犯交接情况通报人民检察院。

第十七条 对符合暂予监外执行条件的,被告人及其辩护人有权向人民法院提出暂予监外执行的申请,看守所可以将有关情况通报人民法院。对被告人、罪犯的病情诊断、妊娠检查或者生活不能自理的鉴别,由人民法院依照本规定程序组织进行。

第十八条 人民法院应当在执行刑罚的有关法律文书依法送达前,作出是否暂予监外执行的决定。

人民法院决定暂予监外执行的,应当制作暂予监外执行决定书,写明罪犯基本情况、判决确定的罪名和刑罚、决定暂予监外执行的原因、依据等,在判决生效后七日以内将暂予监外执行决定书送达看守所或者执行取保候审、监视居住的公安机关和罪犯居住地社区矫正机构,并抄送同级人民检察院。

人民法院决定不予暂予监外执行的,应当在执行刑罚的有关法律文书依法送达前,通知看守所或者执行取保候审、监视居住的公安机关,并告知同级人民检察院。监狱、看守所应当依法接收罪犯,执行刑罚。

人民法院在作出暂予监外执行决定前,应当征求人民检察院的意见。

第十九条 人民法院决定暂予监外执行,罪犯被羁押的,应当通知罪犯居住地社区矫正机构,社区矫正机构应当派员持暂予监外执行决定书及时与看守所办理交接手续,接收罪犯档案;罪犯被取保候审、监视居住的,由社区矫正机构与执行取保候审、监视居住的公安机关办理交接手续。

第二十条 罪犯原服刑地与居住地不在同一省、自治区、直辖市,需要回居住地暂予监外执行的,原服刑地的省级以上监狱管理机关或者设区的市一级以上公安机关监所管理部门应当书面通知罪犯居住地的监狱管理机关、公安机关监所管理部门,由其指定一所监狱、看守所接收罪犯档案,负责办理罪犯收监、刑满释放等手续,并及时书面通知罪犯居住地社区矫正机构。

第二十一条 社区矫正机构应当及时掌握暂予监外执行罪犯的身体状况以及疾病治疗等情况,每三个月审查保外就医罪犯的病情复查情况,并根据需要向批准、决定机关或者有关监狱、看守所反馈情况。

第二十二条 罪犯在暂予监外执行期间因犯新罪或者发现判决宣告以前还有其他罪没有判决的,侦查机关应当在对罪犯采取强制措施后二十四小时以内,将有关情况通知罪犯居住地社区矫正机构;人民法院应当在判决、裁定生效后,及时将判决、裁定的结果通知罪犯居住地社区矫正机构和罪犯原服刑或者接收其档案的监狱、看守所。

罪犯按前款规定被判处监禁刑罚后,应当由原服刑的监狱、看守所收监执行;原服刑的监狱、看守所与接收其档案的监狱、看守所不一致的,应当由接收其档案的监狱、看守所收监执行。

第二十三条 社区矫正机构发现暂予监外执行罪犯依法应予收监执行的,应当提出收监执行的建议,经县级司法行政机关审核同意后,报决定或者批准机关。决定或者批准机关应当进行审查,作出收监执行决定的,将有关的法律文书送达罪犯居住地县级司法行政机关和原服刑或者接收其档案的监狱、看守所，并抄送同级人民检察院、公安机关和原判人民法院。

人民检察院发现暂予监外执行罪犯依法应予收监执行而未收监执行的，由决定或者批准机关同级的人民检察院向决定或者批准机关提出收监执行的检察建议。

第二十四条 人民法院对暂予监外执行罪犯决定收监执行的，决定暂予监外执行时剩余刑期在三个月以下的，由居住地公安机关送交看守所收监执行；决定暂予监外执行时剩余刑期在三个月以上的，由居住地公安机关送交监狱收监执行。

监狱管理机关对暂予监外执行罪犯决定收监执行的，原服刑或者接收其档案的监狱应当立即赴羁押地将罪犯收监执行。

公安机关对暂予监外执行罪犯决定收监执行的，由罪犯居住地看守所将罪犯收监执行。

监狱、看守所将罪犯收监执行后，应当将收监执行的情况报告决定或者批准机关，并告知罪犯居住地县级人民检察院和原判人民法院。

第二十五条 被决定收监执行的罪犯在逃的，由罪犯居住地县级公安机关负责追捕。公安机关将罪犯抓捕后，依法送交监狱、看守所执行刑罚。

第二十六条 被收监执行的罪犯有法律规定的不计入执行刑期情形的，社区矫正机构应当在收监执行建议书中说明情况，并附有关证明材料。批准机关进行审核后，应当及时通知监狱、看守所向所在地的中级人民法院提出不计入执行刑期的建议书。人民法院应当自收到建议书之日起一个月以内依法对罪犯的刑期重新计算作出裁定。

人民法院决定暂予监外执行的，在决定收监执行的同时应当确定不计入刑期的期间。

人民法院应当将有关的法律文书送达监狱、看守所，同时抄送同级人民检察院。

第二十七条 罪犯暂予监外执行后，刑期即将届满的，社区矫正机构应当在罪犯刑期届满前一个月以内，书面通知罪犯原服刑或者接收其档案的监狱、看守所按期办理刑满释放手续。

人民法院决定暂予监外执行罪犯刑期届满的，社区矫正机构应当及时解除社区矫正，向其发放解除社区矫正证明书，并将有关情况通报原判人民法院。

第二十八条 罪犯在暂予监外执行期间死亡的，社区矫正机构应当自发现之日起五日以内，书面通知决定或者批准机关，并将有关死亡证明材料送达罪犯原服刑或者接收其档案的监狱、看守所，同时抄送罪犯居住地同级人民检察院。

第二十九条 人民检察院发现暂予监外执行的决定或者批准机关、监狱、看守所、社区矫正机构有违法情形的，应当依法提出纠正意见。

第三十条 人民检察院认为暂予监外执行不当的，应当自接到决定书之日起一个月以内将书面意见送交决定或者批准暂予监外执行的机关，决定或者批准暂予监外执行的机关接到人民检察院的书面意见后，应当立即对该决定进行重新核查。

第三十一条 人民检察院可以向有关机关、单位调阅有关材料、档案，可以调查、核实有关情况，有关机关、单位和人员应当予以配合。

人民检察院认为必要时，可以自行组织或者要求人民法院、监狱、看守所对罪犯重新组织进行诊断、检查或者鉴别。

第三十二条 在暂予监外执行执法工作中，司法工作人员或者从事诊断、检查、鉴别等工作的相关人员有玩忽职守、徇私舞弊、滥用职权等违法违纪行为的，依法给予相应的处分；构成犯罪的，依法追究刑事责任。

第三十三条 本规定所称生活不能自理，是指罪犯因患病、身体残疾或者年老体弱，日常生活行为需要他人协助才能完成的情形。

生活不能自理的鉴别参照《劳动能力鉴定—职工工伤与职业病致残等级分级》（GB/T16180-2006）执行。进食、翻身、大小便、穿衣洗漱、自主行动等五项日常生活行为中有三项需要他人协助才能完成，且经过六个月以上治疗、护理和观察，自理能力不能恢复的，可以认定为生活不能自理。六十五周岁以上的罪犯，上述五项日常生活行为有一项需要他人协助才能完成即可视为生活不能自理。

第三十四条 本规定自2014年12月1日起施行。最高人民检察院、公安部、司法部1990年12月31日发布的《罪犯保外就医执行办法》同时废止。

8. 最高人民法院关于进一步做好刑事财产执行工作的通知（2016年8月16日 法明传〔2016〕497号）

各省、自治区、直辖市高级人民法院，解放军军事法院，新疆维吾尔自治区高级人民法院生产建设兵团分院：

2016年7月29日，最高人民检察院下发高检发执检字〔2016〕11号《关于全国检察机关开展财产刑执行专项检察活动的通知》，决定于2016年8月至12月在全国开展刑事财产执行专项检察活动。本次专项活动针对罚金刑、没收财产刑、没收违法所得、责令退赔、没收供犯罪所用本人财物的执行。借此执行专项检察活动契机，为进一步做好刑事财产执行工作，现将相关事项通知如下：

一、高度重视，积极配合

各级人民法院要高度重视本次刑事财产执行专项检察活动，依法接受检察机关法律监督，积极配合检察机法律监督工作，保障刑事财产执行工作依法进行，提高执行工作规范化水平。

二、具体工作要求

（一）核查清理，摸清底数

各级人民法院应对近年来的刑事财产执行案件进行全面核查清理，摸清各类案件底数。掌握依法应当移送执行机构执行而未移送、移送执行后尚未执结的刑事财产执行案件数量，核实清楚案件信息，为本次专项检察活动做好准备工作。

（二）梳理问题，自查自纠

各级人民法院对刑事财产执行工作中存在的问题，应进行梳理总结。在专项检察活动开展的同时，积极进行自查自纠，及时发现问题并予以纠正，改进刑事财产执行工作。对于依法应当移送执行而未移送的案件，应当协调刑事审判部门及时移送立案执行。对于已经进入执行程序尚未执行完毕的案件，应当加大执行力度，尽快依法执结。

（三）重点做好五类犯罪案件执行工作

本次专项检察活动将对2013年1月1日至2016年6月30日人民法院刑事裁判确定的所有涉财产部分执行案件开展检察监督。检察监督的重点对象是刑事财产尚未执行完毕的"五类犯罪"：

一是职务犯罪，即国家工作人员实施的刑法分则第八章规定的贪污贿赂犯罪、第九章规定的渎职犯罪，以及国家机关工作人员利用职权实施的非法拘禁、非法搜查、刑讯逼供、暴力取证、虐待被监管人、报复陷害、破坏选举等侵犯公民人身权利、民主权利的犯罪。

二是金融犯罪，即刑法分则第三章第四节规定的破坏金融管理秩序犯罪、第三章第五节规定的金融诈骗犯罪。

三是涉黑犯罪，即《刑法》第二百九十四条规定的组织、领导、参加、包庇、纵容黑社会性质组织犯罪。

四是破坏环境资源犯罪，即刑法分则第六章第六节规定的破坏环境资源保护犯罪。

五是危害食品药品安全犯罪，即刑法分则第三章第一节规定的生产、销售伪劣商品犯罪中有关危害食品药品安全的犯罪。

对于以上"五类犯罪"刑事财产执行案件，各级人民法院在本次专项检察活动中，应当予以重点关注。

（四）加强与检察机关沟通协调

各级人民法院对检察机关提出的检察建议，应依法妥善处理，遇到相关问题，可以与检察机关沟通协调解决。本级法院处理确有困难的，可以逐级报请上级法院协调处理。

三、抓住机遇，改革执行机制

刑事财产案件执行中的问题，与该项工作很多机制不健全有密切关系。各级人民法院应结合执行改革抓住本次专项检察活动契机，深入研究总结刑事财产执行工作特点和规律，探索建立破解执行难的长效机制。各级人民法院要注意及时总结，向上级法院报送动态信息、经验做法、典型案例以及工作中遇到的问题等相关情况。同时还要注意与检察机关建立信息沟通和交流机制，及时通报有关情况，共同研究解决刑事财产执行中遇到的困难和问题，形成工作合力。有条件的法院，可以与检察机关共同制定有关规章制度，联合出台相关文件，提高工作规范化水平。

特此通知。

9. 最高人民法院、最高人民检察院、公安部、司法部关于进一步加强社区矫正工作衔接配合管理的意见（2016年8月30日　司发通〔2016〕88号）

为进一步加强社区矫正工作衔接配合，确保社区矫正依法适用、规范运行，根据刑法、刑事诉讼法以及最高人民法院、最高人民检察院、公安部、司法部《社区矫正实施办法》等有关规定，结合工作实际，制定本意见。

一、加强社区矫正适用前的衔接配合管理

1. 人民法院、人民检察院、公安机关、监狱对拟适用或者提请适用社区矫正的被告人、犯罪嫌疑人或者罪犯，需要调查其对所居住社区影响的，可以委托其居住地县级司法行政机关调查评估。对罪犯提请假释的，应当委托其居住地县级司法行政机关调查评估。对拟适用社区矫正的被告人或者罪犯，裁定或者决定机关应当核实其居住地。

委托调查评估时，委托机关应当发出调查评估委托函，并附下列材料：

（1）人民法院委托时，应当附带起诉书或者自诉状；

（2）人民检察院委托时，应当附带起诉意见书；

（3）看守所、监狱委托时，应当附带判决书、裁定书、执行通知书、减刑裁定书复印件以及罪犯在服刑期间表现情况材料。

2. 调查评估委托函应当包括犯罪嫌疑人、被告人、罪犯及其家属等有关人员的姓名、住址、联系方式、案由以及委托机关的联系人、联系方式等内容。

调查评估委托函不得通过案件当事人、法定代理人、诉讼代理人或者其他利害关系人转交居住地县级司法行政机关。

3. 居住地县级司法行政机关应当自收到调查评估委托函及所附材料之日起 10 个工作日内完成调查评估，提交评估意见。对于适用刑事案件速裁程序的，居住地县级司法行政机关应当在 5 个工作日内完成调查评估，提交评估意见。评估意见同时抄送居住地县级人民检察院。

需要延长调查评估时限的，居住地县级司法行政机关应当与委托机关协商，并在协商确定的期限内完成调查评估。

调查评估意见应当客观公正反映被告人、犯罪嫌疑人、罪犯适用社区矫正对其所居住社区的影响。委托机关应当认真审查调查评估意见，作为依法适用或者提请适用社区矫正的参考。

4. 人民法院在作出暂予监外执行决定前征求人民检察院意见时，应当附罪犯的病情诊断、妊娠检查或者生活不能自理的鉴别意见等有关材料。

二、加强对社区服刑人员交付接收的衔接配合管理

5. 对于被判处管制、宣告缓刑、假释的罪犯，人民法院、看守所、监狱应当书面告知其到居住地县级司法行政机关报到的时间期限以及逾期报到的后果，并在规定期限内将有关法律文书送达居住地县级司法行政机关，同时抄送居住地县级人民检察院和公安机关。

社区服刑人员前来报到时，居住地县级司法行政机关未收到法律文书或者法律文书不齐全，可以先记录在案，并通知人民法院、监狱或者看守所在 5 日内送达或者补齐法律文书。

6. 人民法院决定暂予监外执行或者公安机关、监狱管理机关批准暂予监外执行的，交付时应当将罪犯的病情诊断、妊娠检查或者生活不能自理的鉴别意见等有关材料复印件一并送达居住地县级司法行政机关。

7. 人民法院、公安机关、司法行政机关在社区服刑人员交付接收工作中衔接脱节，或者社区服刑人员逃避监管、未按规定时间期限报到，造成没有及时执行社区矫正的，属于漏管。

8. 居住地社区矫正机构发现社区服刑人员漏管，应当及时组织查找，并由居住地县级司法行政机关通知有关人民法院、公安机关、监狱、居住地县级人民检察院。

社区服刑人员逃避监管、不按规定时间期限报到导致漏管的，居住地县级司法行政机关应当给予警告；符合收监执行条件的，依法提出撤销缓刑、撤销假释或者对暂予监外执行收监执行的建议。

9. 人民检察院应当加强对社区矫正交付接收中有关机关履职情况的监督，发现有下列情形之一的，依法提出纠正意见：

（1）人民法院、公安机关、监狱未依法送达交付执行法律文书，或者未向社区服刑人员履行法定告知义务；

（2）居住地县级司法行政机关依法应当接收社区服刑人员而未接收；

（3）社区服刑人员未在规定时间期限报到，居住地社区矫正机构未及时组织查找；

（4）人民法院决定暂予监外执行，未通知居住地社区矫正机构与有关公安机关，致使未办理交接手续；

（5）公安机关、监狱管理机关批准罪犯暂予监外执行，罪犯服刑的看守所、监狱未按规定与居住地社区矫正机构办理交接手续；

（6）其他未履行法定交付接收职责的情形。

三、加强对社区服刑人员监督管理的衔接配合

10. 社区服刑人员在社区矫正期间脱离居住地社区矫正机构的监督管理下落不明，或者虽能查找到其下落但拒绝接受监督管理的，属于脱管。

11. 居住地社区矫正机构发现社区服刑人员脱管，应当及时采取联系本人、其家属亲友，走访有关单位和人员等方式组织追查，做好记录，并由县级司法行政机关视情形依法给予警告、提请治安管理处罚、提请撤销缓刑、撤销假释或者对暂予监外执行的提请收监执行。

12. 人民检察院应当加强对社区矫正监督管理活动的监督，发现有下列情形之一的，依法提出纠正意见：

（1）社区服刑人员报到后，居住地县级司法行政机关未向社区服刑人员履行法定告知义务，致使其未按照有关规定接受监督管理；

（2）居住地社区矫正机构违反规定批准社区服刑人员离开所居住的市、县，或者违反人民法院禁止令的内容批准社区服刑人员进入特定区域或者场所；

（3）居住地县级司法行政机关对违反社区矫正规定的社区服刑人员，未依法给予警告、提请治安管理处罚；

（4）其他未履行法定监督管理职责的情形。

13. 司法行政机关应当会同人民法院、人民检察院、公安机关健全完善联席会议制度、情况通报制度，每月通报核对社区服刑人员人数变动、漏管脱管等数据信息，及时协调解决工作中出现的问题。

14. 司法行政机关应当建立完善社区服刑人员的信息交换平台，推动与人民法院、人民检察院、公安机关互联互通，利用网络及时准确传输交换有关法律文书，根据需要查询社区服刑人员脱管漏管、被治安管理处罚、犯罪等情况，共享社区矫正工作动态信息，实现网上办案、网上监管、网上监督。对社区服刑人员采用电子定位方式实施监督，应当采用相应技术，防止发生人机分离，提高监督管理的有效性和安全性。

15. 社区服刑人员被依法决定行政拘留、司法拘留、收容教育、强制隔离戒毒等或者因涉嫌犯新罪、发现判决宣告前还有其他罪没有判决被采取强制措施的，决定机关应当自作出决定之日起 3 日内将有关情况通知居住地县级司法行政机关和居住地县级人民检察院。

四、加强对社区服刑人员收监执行的衔接配合管理

16. 社区服刑人员符合收监执行条件的，居住地社区矫正机构应当及时按照规定，向原裁判人民法院或者公安机关、监狱管理机关送达撤销缓刑、撤销假释建议书或者对暂予监外执行的收监执行建议书并附相关证明材料。人民法院、公安机关、监狱管理机关应当在规定期限内依法作出裁定或者决定，并将法律文书送达居住地县级司法行政机关，同时抄送居住地县级人民检察院、公安机关。

17. 社区服刑人员因违反监督管理规定被依法撤销缓刑、撤销假释或者暂予监外执行被决定收监执行的，应当本着就近、便利、安全的原则，送交其居住地所属的省（区、市）的看守所、监狱执行刑罚。

18. 社区服刑人员被裁定撤销缓刑的，居住地社区矫正机构应当向看守所、监狱移交撤销缓刑裁定书和执行通知书、撤销缓刑建议书以及原判决书、裁定书和执行通知书、起诉书副本、结案登记表以及社区矫正期间表现情况等文书材料。

社区服刑人员被裁定撤销假释的，居住地社区矫正机构应当向看守所、监狱移交撤销假释裁定书和执行通知书、撤销假释建议书、社区矫正期间表现情况材料、原判决书、裁定书和执行通知书、起诉书副本、结案登记表复印件等文书材料。罪犯收监后，居住地社区矫正机构通知罪犯原服刑看守所、监狱将罪犯假释前的档案材料移交撤销假释后的服刑看守所、监狱。

暂予监外执行社区服刑人员被人民法院决定收监执行的，居住地社区矫正机构应当向看守所、监狱移交收监执行决定书和执行通知书以及原判决书、裁定书和执行通知书、起诉书副本、结案登记表、社区矫正期间表现等文书材料。

暂予监外执行社区服刑人员被公安机关、监狱管理机关决定收监执行的，居住地社区矫正机构应当向看守所、监狱移交社区服刑人员在接受矫正期间的表现情况等文书材料。

19. 撤销缓刑、撤销假释裁定书或者对暂予监外执行罪犯收监执行决定书应当在居住地社区矫正机构教育场所公示。属于未成年或者犯罪的时候不满十八周岁被判处五年有期徒刑以下刑罚的社区服刑人员除外。

20. 被裁定、决定收监执行的社区服刑人员在逃的，居住地社区矫正机构应当在收到人民法院、公安机关、监狱管理机关的裁定、决定后，立即通知居住地县级公安机关，由其负责实施追捕。

撤销缓刑、撤销假释裁定书和对暂予监外执行罪犯收监执行决定书，可以作为公安机关网上追逃依据。公安机关根据案情决定是否实施网上追逃。

21. 社区服刑人员被行政拘留、司法拘留、收容教育、强制隔离戒毒等行政处罚或者强制措施期间，人民法院、公安机关、监狱管理机关依法作出对其撤销缓刑、撤销假释的裁定或者收监执行决定的，居住地社区矫正机构应当将人民法院、公安机关、监狱管理机关的裁定书、决定书送交作出上述决定的机关，由有关部门依法收监执行刑罚。

22. 人民检察院应当加强对社区矫正收监执行活动的监督，发现有下列情形之一的，依法提出纠正意见：

（1）居住地县级司法行政机关未依法向人民法院、公安机关、监狱管理机关提出撤销缓刑、撤销假释建议或者对暂予监外执行的收监执行建议的；

（2）人民法院、公安机关、监狱管理机关未依法作出裁定、决定，或者未依法送达；

（3）居住地县级司法行政机关、公安机关未依法将罪犯送交看守所、监狱，或者未依法移交被收监执行罪犯的文书材料；

（4）看守所、监狱未依法收监执行；

（5）公安机关未依法协助送交收监执行罪犯，或者未依法对在逃的收监执行罪犯实施追捕；

（6）其他违反收监执行规定的情形。

23. 对社区服刑人员实行社区矫正，本意见未明确的程序和事项，按照有关法律法规以及最高人民法院、最高人民检察院、公安部、司法部《社区矫正实施办法》，最高人民法院、最高人民检察院、公安部、司法部、国家卫生计生委《暂予监外执行规定》等执行。

24. 本意见自发布之日起施行。

10. 最高人民法院关于对死刑缓期执行期间故意犯罪未执行死刑案件进行备案的通知

（2016年9月26日　法〔2016〕318号）

各省、自治区、直辖市高级人民法院，解放军军事法院，新疆维吾尔自治区高级人民法院生产建设兵团分院：

为正确适用《中华人民共和国刑法修正案（九）》关于"对于故意犯罪未执行死刑的，死刑缓期执行的期间重新计算，并报最高人民法院备案"的规定，规范相关备案程序，确保死刑缓期执行期间故意犯罪未执行死刑案件办案质量，现对死刑缓期执行期间故意犯罪未执行死刑案件报请我院备案的有关事项通知如下：

一、高级人民法院判决、裁定对死刑缓期执行期间故意犯罪不执行死刑的，应当在裁判文书生效后二十日内报我院备案。备案材料报送我院审判监督庭，具体包括：1. 关于被告人死刑缓期执行期间故意犯罪未执行死刑一案的报备报告；2. 第一、二审（复核审）裁判文书、审理报告；3. 被告人被判处死刑缓期执行的原第审（复核审）裁判文书、审理报告。

二、中级人民法院判决对死刑缓期执行期间故意犯罪不执行死刑的，不需要再报高级人民法院核准，应当在判决书生效后二十日内报高级人民法院备案。高级人民法院应当依法组成合议庭进行审查。高级人民法院同意不执行死刑的，再报我院备案。报送材料包括：1. 关于被告人死刑缓期执行期间故意犯罪未执行死刑案的报备报告；2. 第一审判决书、审理报告，高级人民法院审查报告；3. 被告人被判处死刑缓期执行的原第一、二审（复核审）裁判文书、审理报告。

三、高级人民法院、中级人民法院判决、裁定对死刑缓期执行期间故意犯罪不执行死刑的，应当及时宣判并交付执行。报备工作不影响上述判决、裁定的生效和执行。对于高级人民法院报我院备案的死刑缓期执行期间故意犯罪未执行死刑案件，我院将对报送材料予以登记存案，以备审查。经审查认为原生效裁判确有错误的，将按照审判监督程序依法予以纠正。

第二节　审判实践中的疑难新型问题

问题1. 对身患重病但不符合暂予监外执行的罪犯，看守所或者监狱拒绝收监的，法院如何处理？

【刑事审判参考案例】吴某龙等贩卖毒品案[①]

一、基本案情

重庆市第五中级人民法院经审理查明：2010年9月，被告人刘某、吴某龙在重庆市南岸区南坪共谋贩卖毒品海洛因，并商定由刘某负责提供毒品，吴某龙负责联系毒品买家。后吴某龙在重庆市綦江县找到被告人邹某林，让邹联系毒品买家。同年11月，邹某林将其通过张某联系毒品买家王某刚的情况告知吴某龙，吴某龙遂携带刘某送来的海洛因样品在綦江县与邹某林一道来的王某刚验货谈价。之后，刘某又通过吴某龙多次与王某刚联系，最终商定以每克人民币（以下币种同）550元的价格交易毒品海洛因。同年12月13日下午，经吴某龙、邹某林联系，王某刚于当日18时许入住綦江县某酒店×××房等候交易毒品。20时许，吴某龙到重庆市接上携带海洛因的刘某赶到綦江县入住某旅馆后，将刘某带来的海洛因样品带到某酒店×××房让王某刚验货，并与邹某林共同查验了王某刚的购毒款。之后，在吴某龙、邹某林的带领下，刘某来到×××房，将五块海洛因交给王某刚，收取毒资14.8万元。后刘某准备离开时，被公安人员当场抓获，吴某龙、邹某林也在酒店附近被抓获，现场查获含量为64%的海洛因246.17克。

重庆市第五中级人民法院认为，被告人刘某、吴某龙、邹某林共同贩卖毒品海洛因246.17克，其行为均构成贩卖毒品罪。刘某、吴某龙系累犯和毒品再犯，邹某林系毒品再犯，依法均应从重处罚。刘某、吴某龙共谋贩卖毒品后即进行分工，由刘某提供毒品，吴某龙联系毒品买家，二人均起主要作用，系主犯；邹某林居间介绍买卖毒品，起次要作用，系从犯，依法应当从轻处罚。据此，依照《刑法》一第三百四十七条第二款第一项、第三百五十六条、第二十五条第一款、第二十六条第一款、第二十七条、第四十八条第一款、第六十五条第一款、第六十四条之规定，重庆市第五中级人民法院判决如下：

1. 被告人刘某犯贩卖毒品罪，判处死刑，缓期二年执行，剥夺政治权利终身，并处没收个人全部财产；

2. 被告人吴某龙犯贩卖毒品罪，判处无期徒刑，剥夺政治权利终身，并处没收个人全部财产；

3. 被告人邹某林犯贩卖毒品罪，判处有期徒刑十五年，剥夺政治权利五年，并处没收个人财产人民币二万元；

4. 对查获的违禁品海洛因264.17克及作案工具手机三部予以没收。

[①] 宫小汀、刘桂华撰稿，李勇审编：《吴某龙等贩卖毒品案——对身患重病但因不符合暂予监外执行的罪犯，看守所或者监狱拒绝收监的，法院如何处理（第799号）》，载中华人民共和国最高人民法院刑事审判第一、二、三、四、五庭主办：《刑事审判参考》2012年第4集（总第87集），法律出版社2013年版，第67~73页。

一审宣判后，邹某林提出上诉，称其有重大立功表现，请求对其减轻处罚。

重庆市高级人民法院经审理认为，被告人刘某、吴某龙、邹某林共同贩卖毒品海洛因246.17克的行为均构成贩卖毒品罪。在共同犯罪中，刘某提供毒品，吴某龙积极联系毒品买家，均起主要作用，系主犯；邹某林居间介绍买卖毒品，起次要作用，系从犯，依法应当从轻处罚。刘某、吴某龙系累犯和毒品再犯，邹某林系毒品再犯，依法均应当从重处罚。原判决认定的事实清楚，定性正确，对刘某、吴某龙的量刑适当，审判程序合法。鉴于邹某林二审期间有重大立功表现，依法可以减轻处罚。据此，重庆市高级人民法院依法维持原判对刘某、吴某龙的定罪量刑部分，并核准原判对刘某以贩卖毒品罪判处死刑，缓期二年执行，剥夺政治权利终身，并处没收个人全部财产的判决；以贩卖毒品罪改判邹某林有期徒刑十二年，剥夺政治权利二年，并处罚金一万元。

值得注意的是，本案被告人吴某龙因本案于2010年12月13日被抓获，同月21日经诊断患有贲门癌，同月24日被取保候审。2011年3月12日，医院对吴某龙进行全胃切除手术并进行化疗。经省级人民政府指定的医院鉴定，吴某龙的病情符合保外就医条件。然而，吴某龙被判处无期徒刑，依照修正前刑事诉讼法的规定，不得对其暂予监外执行。在看守所和监狱拒不执行法院收监决定的情况下，重庆市第五中级人民法院经多方协调，最终确保其依法作出的收监决定得到有效执行。

二、主要问题

对身患重病但不符合暂予监外执行的罪犯，看守所或者监狱拒绝收监的，法院如何处理？

三、裁判理由

对于被判处监禁刑但因为疾病、哺乳婴儿等原因不适合在监狱等执行场所内执行刑罚的罪犯，暂时采用不予关押但对其严格监督管理的方式执行原判刑罚，符合人道主义原则。但在司法实践中，囿于各种原因，"收监难"的问题长期得不到有效解决，损害了人民法院判决的权威，不利于社会的稳定。基于此，修改后的刑事诉讼法对暂予监外执行进行了部分修改，主要是扩大了暂予监外执行的对象范围，规范了保外就医的证明条件，强化了检察机关的监督职责，明确了通过非法手段被暂予监外执行的后果，对规范暂予监外执行、解决"收监难"问题将产生积极的意义。本案生效后，法院对罪犯吴某龙是否暂予监外执行产生过分歧，在决定对罪犯吴某龙收监执行后，法院在交付执行过程中亦遭遇了"收监难"的问题。

（一）对不符合刑事诉讼法及相关司法解释关于暂予监外执行条件的罪犯，法院不得决定暂予监外执行

根据1996年《刑事诉讼法》第二百一十四条①的规定，暂予监外执行必须同时符合以下三个条件：

1. 暂予监外执行的对象只能是被判处有期徒刑或拘役的罪犯，对于判处无期徒刑以上刑罚的罪犯，不得暂予监外执行。在本案处理过程中，一种意见认为，对判处无期徒刑的罪犯亦可暂予监外执行。理由是：我国《监狱法》第二十五条规定，对于被判处无期徒刑在监内服刑的罪犯，符合刑事诉讼法规定的监外执行条件的，可以暂予监外执行。我们认为，《刑事诉讼法》是全国人大于1996年通过的，而《监狱法》是全国人大常委

---

① 现为《中华人民共和国刑事诉讼法》（2018年修正）第二百六十五条。

会于 1994 年通过的，根据上位法优于下位法、后法优于前法的原理，《刑事诉讼法》的效力当然高于《监狱法》的效力，即对判处无期徒刑以上刑罚的罪犯，不得适用暂予监外执行。

需要注意的是，2012 年修改的《刑事诉讼法》第二百五十四条①扩大了暂予监外执行的范围，即对于被判处无期徒刑的罪犯，如系怀孕或者正在哺乳自己婴儿的妇女，可以暂予监外执行。据此，对于被判处无期徒刑的罪犯，如果不是怀孕或者正在哺乳自己婴儿的妇女，仍不得暂予监外执行。

2. 暂予监外执行的罪犯必须具有下列情形之一：患有严重疾病需要保外就医；怀孕或正在哺乳自己婴儿的妇女；生活不能自理。对于因患有严重疾病需保外就医的，必须由省级人民政府指定的医院开具证明文件。根据《罪犯保外就医疾病伤残范围》，患有下列疾病情况之一，且符合其他规定条件者，可准予保外就医：经司法鉴定确诊的经常发作的各种精神病；各种器质性心脏病，心脏功能在三级以上；高血压病Ⅲ期；空洞型肺结核、反复咯血，经两个疗程治疗不愈者，支气管扩张、反复咯血且合并肺感染者；患有肺脑膜性疾病，同时存在严重呼吸功能障碍者；各种肝硬变所致的失代偿期，如门静脉性肝硬变、坏死后肝硬变、血吸虫性肝硬变等；各种慢性肾脏疾病引起的肾功能不全，经治疗不能恢复者；脑血管疾病、颅内器质疾病所致的肢体瘫痪、明显语言障碍或视力障碍等，经治疗不愈者；各种脊髓疾病及周围神经所致的肢体瘫痪、大小便失禁、生活不能自理者；癫痫频繁大发作，伴有精神障碍者；糖尿病合并心、脑、肾病变或严重继发感染者；胶原性疾病造成脏器功能障碍，治疗无效者；内分泌腺疾病，难以治愈者，达到丧失劳动能力者；白血病、再生障碍性贫血者；寄生虫病侵犯肺、脑、肝等重要器官，造成继发性损害，生活不能自理者；各种恶性肿瘤经过治疗不见好转者；其他各类肿瘤，严重影响肌体功能而不能进行彻底治疗，或者全身状态不佳、肿瘤过大、肿瘤和主要脏器有严重粘连等原因而不能手术治疗或有严重后遗症；艾滋病毒反应阳性者；等等。从上述规定的疾病范围来看，都属严重疾病，且病情严重。

司法实践中，一些看守所担心将患有疾病的罪犯收监后，罪犯如死在看守所将承担责任，一方面，不按规定的程序进行审批，提供一些不具有资质的医院出具的证明文件，有的干脆由看守所的医生出具证明文件；另一方面，有的看守所随意扩大疾病范围，对病情并不严重的高血压、肺结核、性病、糖尿病等罪犯亦不予收监。法院应严格按照法律规定的条件和程序进行把关，对不符合《罪犯保外就医疾病伤残范围》的罪犯，不能暂予监外执行。

此外，为防止保外就医被滥用，进一步规范保外就医的证明条件，2012 年修改后的《刑事诉讼法》对因患有严重疾病需保外就医的，除保留必须由省级人民政府指定的医院开具证明文件外，还增加规定了必须由省级人民政府指定的医院在诊断的基础上才能开具证明文件。

3. 对患有严重疾病需要保外就医或生活不能自理的罪犯适用暂予监外执行，必须不致再危害社会。我们认为，是否会再危害社会，可以从以下几方面把握：一是是否有报复社会或继续犯罪的倾向；二是是否属累犯或性质严重的前科；三是是否属在监外执行期间重新犯罪。司法实践中，经常出现一些患有严重疾病的罪犯在暂予监外执行期间又

---

① 现为《中华人民共和国刑事诉讼法》（2018 年修正）第二百六十五条。

重新犯罪的情况，特别是毒品犯罪中，一些被告人自恃患有严重疾病，不符合收监条件，在监外执行期间又从事毒品犯罪。我们认为，对在监外执行期间又犯罪的、有报复社会或继续犯罪倾向的、累犯或性质严重前科的罪犯，法院一般不得对其适用暂予监外执行。

综上，本案被告人吴某龙虽经省级人民政府指定的医院证明具有严重疾病，但因其罪行严重，被判处无期徒刑，不符合暂予监外执行的条件，法院依法对其不适用暂予监外执行是正确的。

（二）看守所或者监狱拒绝执行法院依法作出收监决定的，法院应当采取积极措施确保收监决定得到有效执行

司法实践中，法院对不符合暂予监外执行条件的罪犯作出收监决定后，看守所或者监狱可能会以各种理由拒绝收监。2012年修改后的《刑事诉讼法》虽对暂予监外执行作了部分修改，但仍然难以从根本上解决该问题。比如，修改后的刑事诉讼法没有规定看守所等违法拒绝收监的法律责任，就很难避免有关机关在部门利益驱动下，违法拒绝收监。有的地方法院在看守所或者监狱拒绝收监后，因种种因素而作出妥协处理，最终对不符合暂予监外执行条件的罪犯准许暂予监外执行。这种做法不但有损法律尊严和司法权威，而且容易使一些犯罪分子对犯罪后不被收监执行心存侥幸，从而使刑罚的一般预防和特殊预防功能大打折扣。

本案在执行过程中，重庆市中级人民法院对吴某龙依法作出收监决定后，会同公安机关一起将吴某龙先后送往看守所、监狱，要求看守所、监狱依法对吴某龙收监，但是看守所、监狱以吴某龙患有重病为由拒绝将吴某龙收监。后经多方协调，看守所、监狱才对吴某龙进行收监。实践中，造成"收监难"的原因是多方面的，但最根本的是缺乏明确的法律适用依据。因此，要解决"收监难"问题，最有效的途径是尽快推动立法或者出台司法解释。在进行相关立法或者出台司法解释时，我们建议对以下几个问题作出明确：一是看守所或者监狱对法院依法作出的收监决定的执行，是一种法律义务。二是看守所或者监狱对罪犯收监后，如对法院的收监决定有异议的，可以向作出收监决定的法院提出书面异议，法院收到书面异议的，应当对收监决定重新核查。经核查，如果收监决定是依法作出的，应当坚持收监决定；如果收监决定确有错误的，应当撤销收监决定并作出暂予监外执行的决定。看守所或者监狱对核查结果仍有异议的，可以向作出收监决定法院的上一级法院提出复议申请，复议申请期间暂不执行收监决定。上一级法院收到复议申请后，对收监决定进行审查，下级法院作出的收监决定是正确的，应当驳回看守所或者监狱的复议申请，维持收监决定，看守所或者监狱必须执行收监决定，不得再拒绝收监；下级法院作出的收监决定确有错误的，应当撤销下级法院的收监决定并作出暂予监外执行决定。三是应当强化责任意识，对违法拒绝收监行为应当规定相应的法律责任。四是大力改善监管场所的医疗条件和水平，保障身患重病但因不符合暂予监外执行而被收监执行罪犯的权利。

在相关法律及司法解释未对"收监难"问题作出明确规定之前，我们认为，法院可以尝试采取以下措施解决"收监难"问题：一是加强与看守所或者监狱及其主管机关的沟通与协商，增强看守所或者监狱及其主管机关对收监严肃性、重要性的认识。二是协调检察机关依法进行监督，由检察机关以法律监督机关的身份对看守所或者监狱违法拒绝收监的行为进行监督。三是依靠地方党委，并组织相关部门就"收监难"问题制定相关措施，加大投入，改善监管场所的医疗条件和水平，保障患病罪犯的权利。

问题2. 被暂予监外执行的罪犯在监外执行期间犯新罪并被抓获，社区矫正机关未及时出具收监建议书，而后出具社区矫正期满的证明书，被告人的前罪是否还有剩余刑期？

【刑事审判参考案例】 沙某民容留他人吸毒案①

一、基本案情

北塘区人民法院经审理查明：

1. 2013年4月8日下午，被告人沙某民在无锡市北塘区建设新村×××号×××室容留万某华吸食毒品甲基苯丙胺。

2. 2013年4月10日下午，被告人沙某民在无锡市北塘区建设新村×××号×××室容留刘某珍吸食毒品甲基苯丙胺，容留邓某民吸食毒品甲基苯丙胺、注射毒品海洛因，容留金某发吸食毒品甲基苯丙胺、海洛因。

另查明，在前案中，被告人沙某民于2011年11月10日被抓获，同年11月12日被取保候审，羁押时间为3天。2013年2月18日沙某民被暂予监外执行。同年4月10日因本案被抓获，则监外执行服刑的时间为一个月零二十四天。综上，被告人沙某民已执行刑期为一个月二十七天。

北塘区人民法院认为，被告人沙某民容留他人吸食、注射毒品，其行为已构成容留他人吸毒罪，依法应当判处三年以下有期徒刑、拘役或者管制，并处罚金。沙某民曾因犯贩卖毒品罪被判过刑，又犯容留他人吸毒罪，是毒品再犯，依法从重处罚。沙某民归案后如实供述自己的罪行，依法可以从轻处罚。沙某民在判决宣告以后，刑罚执行完毕以前又犯罪，应当对新犯之罪作出判决，把前罪没有执行的刑罚和后罪所判处的刑罚数罪并罚。公诉机关指控被告人沙某民犯容留他人吸毒罪的事实清楚，证据确实、充分，指控成立，但未指控数罪并罚有误，应予纠正。依照《刑法》第三百五十四条、第三百五十六条、第六十七条第三款、第七十一条、第六十九条之规定，以容留他人吸毒罪判处被告人沙某民有期徒刑九个月，并处罚金人民币1000元。连同前罪剩余刑期十个月三天，决定执行有期徒刑一年三个月，并处罚金人民币1000元。

一审宣判后，北塘区人民检察院提起抗诉，称原审被告人沙某民前罪刑罚已经执行完毕，故北塘区人民法院的判决认定其前罪尚有未执行完毕的刑罚，且将前罪未执行的刑罚与后罪所判处的刑罚实行数罪并罚，属于适用法律错误。

无锡市中级人民法院经审理认为，原审判决的审判程序合法，认定的事实清楚，证据确实、充分，量刑适当，应予维持。依照《刑事诉讼法》第二百二十五条第一项之规定，裁定驳回抗诉，维持原判。

二、主要问题

被暂予监外执行的罪犯在监外执行期间犯新罪并被抓获，社区矫正机关未及时出具收监建议书，而后出具社区矫正期满的证明书，被告人的前罪是否还有剩余刑期？

---

① 赵越撰稿、陆建红审编：《沙某民容留他人吸毒案——在暂予监外执行期间犯新罪被抓获，应如何计算前罪余刑（第1085号）》，载中华人民共和国最高人民法院刑事审判第一、二、三、四、五庭主办：《刑事审判参考》总第103集，法律出版社2016年版，第75~80页。

三、裁判理由

本案在审理过程中，对于被告人的前罪是否有剩余刑期，存在不同的意见。

第一种意见认为，被告人沙某民于 2013 年 2 月 4 日因犯贩卖毒品罪被北塘区人民法院判处有期徒刑一年，同年 2 月 18 日判决生效后因疾病被决定暂予监外执行一年。根据我国《刑事诉讼法》的规定，对被暂予监外执行的罪犯，依法实行社区矫正，由社区矫正机构负责执行。故 2013 年 2 月 18 日至 2014 年 2 月 17 日，根据《刑事诉讼法》的规定将沙某民交由社区矫正机构负责执行。2014 年 2 月 17 日社区矫正机构对沙某民作了社区矫正期满，依法解除社区矫正的宣告，并出具矫正期满解除社区矫正证明书。根据法律规定，暂予监外执行的期间计入刑罚执行的期间。被告人社区矫正一年期满，故前罪刑罚已经执行完毕，不存在数罪并罚的问题。

第二种意见认为，2013 年 4 月 10 日被告人沙某民因涉嫌犯容留他人吸毒罪被公安机关抓获，根据最高人民法院、最高人民检察院、公安部、司法部联合制定的《社区矫正实施办法》第二十六条的规定，暂予监外执行的社区矫正人员违反有关法律、行政法规和监督管理规定，情节严重的，由居住地县级司法行政机关向批准、决定机关提出收监执行的建议书。举轻以明重，被告人的行为显然是违反有关法律、行政法规和监督管理规定，情节严重的行为，社区矫正机构应依法出具收监建议书。因此，本案被告人 2013 年 4 月 10 日被抓获当天，已不符合暂予监外执行条件，应通过法定程序中止前罪的暂予监外执行。同时，被告人被抓获当天即被公安机关采取刑事强制措施，即被告人从抓获之日起应当计入新罪的刑事强制措施时间，不应视为所服前罪判决的刑期。综上，本案应以被告人被抓获之日为界点计算前罪的剩余刑期。

我们同意第二种意见。理由如下：

（一）被告人在监外执行期间因犯新罪而被采取强制措施的，新罪强制措施采取之日，即为前罪监外执行中止之时

根据《刑事诉讼法》第二百五十七条[①]的规定，对于暂予监外执行的罪犯，有法律规定情形之一的，应当及时收监。由此可见，暂予监外执行制度具有明显的临时性特征，随时可能因法定情形的出现而中止。决定或批准对罪犯适用暂予监外执行之后，并不意味着其之后都会在监狱外服刑，而是当出现法律规定的情形时，相关机关应当及时改变监外执行的方式，将罪犯收监从而恢复为监禁执行的行刑方式。一旦被告人被有权机关决定收监，则其暂予监外执行期间显然中止。

暂予监外执行期间犯新罪，暂予监外执行期满前发现的，根据最高人民法院、最高人民检察院、公安部、司法部联合制定的《社区矫正实施办法》第二十六条的规定，暂予监外执行的社区矫正人员违反有关法律、行政法规和监督管理规定，情节严重的，由居住地县级司法行政机关向批准、决定机关提出收监执行的建议书。举轻以明重，被告人的行为显然属于触犯刑法的行为，应依法收监执行。故被告人在暂予监外执行期间犯新罪并在暂予监外执行期满前被发现的，自有权机关依法定程序作出收监决定之日，前罪的暂予监外执行期间中止。

本案中，社区矫正机构即无锡市北塘区司法局应在被告人因犯新罪被抓获之日依法向北塘区人民法院提出对被告人沙某民进行收监执行的建议书，但北塘区司法局没有及

[①] 现为《中华人民共和国刑事诉讼法》（2018 年修正）第二百六十八条。

时向北塘区人民法院提出收监建议。这种不利的后果应由被告人自己承担，也就是说，其在被公安机关抓获后继续履行的接受社区矫正的时间不计入其刑期。因为《社区矫正实施办法》第十一条规定："社区矫正人员应当定期向司法所报告遵纪守法、接受监督管理、参加教育学习、社区服务和社会活动的情况。"显然，本案被告人没有履行应尽的义务。

另外，从社会导向的角度分析，规避法律责任往往是当事人趋利避害的反应，若对不履行社区矫正义务的暂予监外执行人认可其社区矫正期满，则可能诱导当事人采取各种方式规避法律责任，如此将不利于社区矫正机构依法进行社区矫正工作，也不利于维护司法的公正性。因此，只有将行为人没有履行社区矫正义务的行为导致的不利后果归于其本人承担，即认定其前罪的暂予监外执行期间自其被抓获之日起中止，同时认定其前罪的刑期也自被抓获之日起中止计算，方能有效避免当事人通过不履行义务的方式获得非法利益。在本案中，由于被告人没有切实履行其接受社区矫正的义务，在暂予监外执行期间没有向社区矫正机构如实报告其犯新罪的情况，导致社区矫正机构作出错误的矫正期满证明书，法院应不认可该社区矫正期满证明书，而是根据事实，依法认定被告人被抓获后其前罪的暂予监外执行期间中止，其在中止后继续接受社区矫正的期间不计入其前罪服刑期间。

（二）应以被告人被抓获之日作为计算前罪剩余刑期的界点

暂予监外执行期间的中止不等于刑期计算的中止，被告人在暂予监外执行期间因出现法定情形，如被保外就医的被告人疾病治愈，则有权机构应作出收监决定，被告人被收监后在监狱内继续服刑，即虽然暂予监外执行中止，但是刑期却是连续计算的。但是，如果被告人是因为犯新罪而被中止前罪的暂予监外执行期间，则涉及前罪的刑期的计算是否中断，以及以何日作为前罪刑期计算中断的界点，从而开始计算前罪的剩余刑期。我们认为，应以被告人犯新罪被抓获并被采取强制措施之日为界点，中断前罪刑期的计算。

实践中，被告人在前罪暂予监外执行期间因犯新罪被抓获的同时一般也被采取了刑事强制措施。同时被告人在前罪暂予监外执行期间因犯新罪被抓获，有权机关应依法对被告人进行收监执行。那么这里作为限制或者剥夺被告人人身自由的刑事强制措施和同为剥夺被告人人身自由的收监执行就产生了冲突。我们认为，应优先处理新罪。理由如下：

第一，新罪的处理比旧罪的服刑更加紧迫。被告人在前罪暂予监外执行期间犯新罪，侦查机关发现并抓获被告人后，立即进入紧张的侦查程序，刑事诉讼法对侦查工作的时间有着严格的要求，可以说时间紧迫。而且对新罪的侦查、起诉、审判工作决定着被告人是否犯罪。而被告人的前罪的剩余刑期是确定的，完全可以与新罪判决的刑罚一同执行，相比于侦查工作不具有时间上的紧迫性。故在这种情况下，应中止前罪的服刑，进入新的刑事诉讼程序上来。

第二，优先处理新罪符合立法的原意。《刑法》第七十一条规定，判决宣告以后，刑罚执行完毕以前，被判刑的犯罪分子又犯罪的，应当对新犯的罪作出判决，把前罪没有执行的刑罚和后罪所判处的刑罚，依照本法第六十九条的规定，决定执行的刑罚。根据该条规定，被告人在前罪的刑罚执行期间犯新罪的，应当首先对新罪作出判决，同时将因为处理新罪而耽搁的前罪服刑期间与新罪判处的刑罚进行数罪并罚。也就是说，被告人在前罪的刑罚执行期间犯新罪的，应中止前罪的服刑，并将中止后的前罪的剩余刑期与新罪进行数罪并罚。如果将被告人按照违反社区矫正监督管理规定收监，则属于继续前罪的刑罚的执行，收监后被告人仍然属于服前罪的刑期，与上述法条的立法精神不符。

结合到本案，被告人沙某民于 2013 年 4 月 10 日因涉嫌犯容留他人吸毒罪被抓获，次日被刑事拘留，当日因无锡市公安局监管支队不予收押，被取保候审。被告人自抓获之日起被采取了拘传、刑事拘留、取保候审等一系列刑事强制措施，这些刑事强制措施显然是为保障新罪的刑事诉讼顺利进行而采取的，属于新罪的刑事诉讼程序。故被告人自抓获之日起被限制人身自由属于新罪的刑事诉讼程序中的强制措施，被羁押的时间应在新罪的刑期中扣除，而不能计算在前罪的服刑期间。

综上，一、二审法院没有依据社区矫正机构出具的社区矫正期满证明书认定被告人沙某民前罪已服刑期满，而是以被告人被抓获的时间作为前罪刑期中断的界点计算其前罪的剩余刑期，从而对被告人进行数罪并罚的裁判是正确的。

问题 3. 保外就医期限届满后未归监又重新犯罪的应如何计算余刑

【刑事审判参考案例】 潘某荣、赖某有抢劫案[①]

一、基本案情

北海市中级人民法院经审理查明：被告人潘某荣、赖某有因曾在同一监狱服刑而相识。2012 年 2 月，潘某荣、赖某有共谋抢劫，并准备了电话卡、铁铲等作案工具。同月 29 日 9 时许，潘某荣、赖某有以出去玩为由将北海市一保健城的足疗按摩师张某（被害人，女，殁年 35 岁）诱骗上了赖某有驾驶的华普小轿车。之后，赖某有驾驶该车，潘某荣驾驶其租来的海马小轿车，三人来到一练车场停车后，潘某荣进入赖某有驾驶的小轿车内。潘某荣、赖某有以殴打、威胁等手段共同劫取了张某的银行卡两张，威逼张某说出银行卡密码后，潘某荣、赖某有合力将张某掐死，并将张某的尸体移到潘某荣驾驶的海马小轿车上。潘某荣、赖某有四处寻找埋尸地点，直至次日凌晨，二人将张某的尸体转移到北海市海边沙滩上挖坑掩埋，随后将张某的衣物及埋尸工具铁铲等丢弃。同年 3 月 14 日凌晨，潘某荣在银行自动取款机上取走张某银行卡内人民币 5000 元（以下币种均为人民币）。同月 16 日凌晨，潘某荣、赖某有一同在自动取款机上取走张某银行卡内 14000 元后分赃。

北海市中级人民法院认为，被告人潘某荣、赖某有以非法占有为目的，使用暴力手段劫取他人财物，数额巨大，并致人死亡，其行为均构成抢劫罪。潘某荣、赖某有实施犯罪的最根本目的是劫财，在抢得被害人少量现金及银行卡、得知密码后对被害人杀人灭口是两被告人抢劫行为的延续，以抢劫罪一罪对二被告人定罪处罚能更加准确地反映被告人的犯罪本质，体现罪刑相适应的原则。在共同犯罪中，虽然被告人潘某荣、赖某有在提出犯意、准备作案工具、殴打威胁被害人和掐死被害人等重要环节上互相推诿，但是，二人共谋抢劫，共同以暴力、胁迫的手段实施抢劫，合力掐死被害人并且共同处理尸体、作案工具和被害人的衣物等重要物证，行为积极主动、相互配合密切、作用相当，均起主要作用，均是主犯，依法应按照其参与的全部犯罪进行处罚。被告人潘某荣

[①] 杨华撰稿、陆建红审编：《潘某荣、赖某有抢劫案——保外就医期限届满后未归监又重新犯罪的应如何计算余刑（第 1127 号）》，载中华人民共和国最高人民法院刑事审判第一、二、三、四、五庭主办：《刑事审判参考》总第 105 集，法律出版社 2016 年版，第 73～80 页。

曾因犯抢劫罪被判处无期徒刑,在服刑期间保外就医,仍不思悔改,又实施严重损害他人生命和财产权利的抢劫犯罪行为,应数罪处罚。被告人赖某有曾因犯抢劫罪被判处无期徒刑,在刑罚执行完毕以后仍不思悔改,五年以内再犯应当判处有期徒刑以上刑罚之罪,是累犯,依法应从重处罚。二被告人犯罪主观恶性大,犯罪手段特别残忍,罪行极其严重,不具有法定的从轻或减轻处罚情节。据此,判决如下:

1. 被告人潘某荣犯抢劫罪,判处死刑,剥夺政治权利终身,并处没收个人全部财产;曾因犯抢劫罪被判处无期徒刑,剥夺政治权利终身,经减刑后尚未执行完毕的刑期为十三年十个月二十七天,剥夺政治权利五年。数罪并罚,决定执行死刑,剥夺政治权利终身,并处没收个人全部财产。

2. 被告人赖某有犯抢劫罪,判处死刑,剥夺政治权利终身,并处没收个人全部财产。

一审宣判后,被告人潘某荣、赖某有均提出上诉。被告人潘某荣及其辩护人提出,被害人系赖某有骗出,潘某荣认罪悔罪,请求改判。被告人赖某有及其辩护人提出,赖某有没有与潘某荣共谋抢劫,赖某有系从犯,请求从轻处罚。

广西壮族自治区人民检察院认为,原判认定事实清楚,证据确实、充分,审判程序合法,但潘某荣、赖某有是劫财后为杀人灭口而实施杀人行为,应以抢劫罪和故意杀人罪分别定罪处罚;原判认定潘某荣曾因犯抢劫罪被减刑后,于1996年11月6日被予以监外执行,本案案发时,其刑罚已执行完毕,本案不应对其数罪并罚,原判定性不正确,量刑不当,请求二审依法判处。

广西壮族自治区高级人民法院经审理认为,被告人潘某荣、赖某有在抢劫前为了劫取他人财物而预谋抢劫杀人,并准备了埋尸的工具铁铲,明显有抢劫而预谋杀人的故意,且在抢劫中虽然取得了被害人的银行卡及密码,但未实际掌握银行卡内财物,为了不让被害人报案,进一步取得财物排除障碍而将被害人杀害,可见杀害被害人并不超出其预谋抢劫杀人的范畴,原判以抢劫罪定罪处罚有事实及法律依据。潘某荣于1996年11月29日因保外就医,被予以监外执行一年。期满后,其未取得继续保外就医亦未被收监,属在暂予监外执行期间脱逃、漏管,脱逃的期间不计入执行刑期。潘某荣从1997年11月29日起至2010年10月2日止,尚有余刑共12年10个月3天未执行,其在服刑期间重新犯罪,对尚未执行的刑罚应与所犯新罪所判处的刑罚进行数罪并罚。二上诉人抢劫致一人死亡,虽能供述抢劫杀人的犯罪事实,但二人曾因抢劫被判处过无期徒刑的刑罚,仍不思悔改又实施抢劫犯罪,二人主观恶性深、人身危险性大、所犯罪行极其严重,依法应予以严惩。原审判决认定事实清楚,证据确实、充分,定罪准确,适用法律正确,审判程序合法。原判计算潘某荣余刑有误,予以纠正。据此,判决如下:

1. 维持北海市中级人民法院对被告人赖某有以抢劫罪判处死刑,剥夺政治权利终身,并处没收个人全部财产的判决;

2. 撤销北海市中级人民法院对被告人潘某荣的判决;

3. 被告人潘某荣犯抢劫罪,判处死刑,剥夺政治权利终身,并处没收个人全部财产。与原抢劫罪尚未执行完毕的刑期十二年十个月三天,剥夺政治权利五年,实行数罪并罚,决定执行死刑,剥夺政治权利终身,并处没收个人全部财产。

广西壮族自治区高级人民法院将判决依法报请最高人民法院核准。

最高人民法院经复核认为,被告人潘某荣、赖某有结伙采用暴力手段劫取他人财物,致人死亡,其行为均已构成抢劫罪,应依法惩处。第一审、第二审判决认定的事实清楚,证据确实、充分，定罪准确，审判程序合法。第二审判决量刑适当。据此，裁定核准广西壮族自治区高级人民法院维持第一审对被告人赖某有以抢劫罪判处死刑，剥夺政治权利终身，并处没收个人全部财产；对被告人潘某荣以抢劫罪判处死刑，剥夺政治权利终身，并处没收个人全部财产，与前罪尚未执行完毕的刑期并罚，决定执行死刑，剥夺政治权利终身，并处没收个人全部财产。

二、主要问题

保外就医期限届满后未归监又重新犯罪的应如何计算余刑？

三、裁判理由

本案在审理过程中，对于被告人潘某荣的余刑应如何计算的问题，存在较大分歧。公诉机关认为，被告人潘某荣曾因犯抢劫罪被减刑后，于1996年11月6日被予以监外执行，2002年还继续治疗，本案证据没有证明监狱执行机关的保外就医、通知潘某荣收监的行为有不当之处，可以认定潘某荣的刑罚已经于2010年10月2日执行完毕，本案不应对其数罪并罚。一审法院认为，潘某荣从1996年11月6日起至2010年10月2日止，余刑为13年10个月27天，剥夺政治权利5年。二审法院认为，潘某荣于1996年11月29日因保外就医被予以监外执行一年，期满后潘某荣没有取得继续保外就医亦未被收监，属于在暂予监外执行期间脱逃、漏管，期满后的时间不应计入已执行刑期，潘某荣从1997年11月29日起至2010年10月2日止，余刑共12年10个月3天，剥夺政治权利5年。

我们同意二审法院的观点。理由如下：

（一）被告人潘某荣保外就医一年的时间应计入已执行刑期

根据《刑事诉讼法》和《监狱法》有关条文的规定，保外就医是指对于被判处无期徒刑、有期徒刑或者拘役的罪犯，因患有严重疾病，暂予监外执行不致危害社会的，依照法定的程序审批后，由监内执行刑罚变更为暂予监外执行刑罚的一种特殊的刑罚执行方式。保外就医属于暂予监外执行[①]的一种，与缓刑、假释期间的法律效果不同，暂予监外执行期间刑期持续计算，即罪犯在监外治疗疾病的期间计入刑罚执行期间。本案中A监狱于1996年对被告人潘某荣办理的保外就医一年，是依法定程序报省级监狱管理部门批准的，合法有效，故该一年的保外就医期间应计入刑罚执行期间。一审法院在没有任何证据的情况下否定潘某荣保外就医一年的合法性，在计算潘某荣的余刑时没有扣除合法的保外就医期间是错误的。

（二）被告人潘某荣保外就医期满后的时间不应计入已执行刑期

关于保外就医期满后未收监的，如何计算已执行刑期，现行法律法规的相关规定如下：

《刑事诉讼法》第二百五十七条[②]规定："对暂予监外执行的罪犯，有下列情形之一的，应当及时收监：（一）发现不符合暂予监外执行条件的；（二）严重违反有关暂予监外执行监督管理规定的；（三）暂予监外执行的情形消失后，罪犯刑期未满的。……罪犯在暂予监外执行期间脱逃的，脱逃的期间不计入执行刑期。"《最高人民法院、最高人民

[①] 根据《刑事诉讼法》的规定，暂予监外执行有三种情形：一是患有严重疾病需要保外就医的；二是怀孕或正在哺乳自己婴儿的妇女；三是生活不能自理，适用暂予监外执行不致危害社会的。

[②] 现为《中华人民共和国刑事诉讼法》（2018年修正）第二百六十八条。

检察院、公安部、国家安全部、司法部、全国人大常委会法制工作委员会关于实施刑事诉讼法若干问题的规定》第三十四条规定："刑事诉讼法第二百五十七条第三款规定：'不符合暂予监外执行条件的罪犯通过贿赂等非法手段被暂予监外执行的，在监外执行的期间不计入执行刑期。罪犯在暂予监外执行期间脱逃的，脱逃的期间不计入执行刑期。'对于人民法院决定暂予监外执行的罪犯具有上述情形的，人民法院在决定予以收监的同时，应当确定不计入刑期的期间。对于监狱管理机关或者公安机关决定暂予监外执行的罪犯具有上述情形的，罪犯被收监后，所在监狱或者看守所应当及时向所在地的中级人民法院提出不计入执行刑期的建议书，由人民法院审核裁定。"

从上述规定可以看出，虽然现行法律法规对保外就医期限届满未收监又重新犯罪的，如何计算余刑没有具体的规定，但基本原则是明确、一致的，即保外就医期间违反相关监管规定脱管、脱逃的，脱管、脱逃期间不计入执行刑期。我们认为，这种规定有利于更好地实现保外就医制度的法律效果与社会效果。保外就医制度的本质在于彰显人道主义精神，体现刑罚执行的人性化，是对患严重疾病罪犯的一种人道主义待遇。但在司法实践中，由于监管不力、法律规定缺失等诸多原因，导致"一保到底""保而不医"等保外就医后脱管、漏管问题频繁发生，甚至出现罪犯持续数年脱管，流散社会威胁社会稳定和安全的情况，如本案中的潘某荣就是在脱管后再次实施严重暴力犯罪。因此，对于保外就医如何计入刑罚执行期间的问题，应当以更加严格和审慎的标准来认定，如果将罪犯保外就医期满后未办理延期手续、未归监的时间都计入刑罚执行期间，无异于引导和鼓励保外就医的罪犯违反规定和脱管，这显然与保外就医制度设立的初衷相背离。

本案中，被告人潘某荣保外就医的期限为一年，2000年8月16日广西壮族自治区监狱管理局批示要求对潘某荣"收监检查病情"之后，监狱方面多次寻找潘某荣无果，并于2009年3月27日决定以脱逃罪对潘某荣立案，实施网上追捕。A监狱多份文件均明确：潘某荣1996年保外就医一年，收监日期为1997年11月28日，保外就医期满之日起之后的刑期不计入执行刑期。可见，自保外就医期满后，潘某荣就处于脱管状态，其保外就医期满后的时间不应计入刑罚执行期间。公诉机关的观点与潘某荣监外执行期满后脱管、漏管直到脱逃被立案、网上追捕的事实不符。

（三）对被告人潘某荣的余刑应从保外就医一年期满后第二日起算

1994年6月18日《最高人民法院研究室关于服刑罪犯保外就医期限届满后未归监又重新犯罪应如何计算前罪余刑问题的答复》（以下简称《答复》）曾作出明确的规定："服刑罪犯经批准保外就医期应计入执行期，保外就医期限届满后未归监的时间不得计入执行期；又重新犯罪的，其前罪的余刑应从保外就医期限届满第二日起计算至前罪刑满之日为止。"该《答复》虽然已于2013年1月18日被废止，但在本案的处理中仍可以参照《答复》的精神。本案中，虽然A监狱于1996年11月6日批准潘某荣保外就医，但卷内证据显示，1996年11月29日潘某荣才实际办理保外就医手续出监，1996年11月6日至11月29日仍属于在监内服刑期间，因此潘某荣的余刑应该从1996年11月29日至1997年11月28日一年期满后的第二日，即1997年11月29日开始计算。一审法院将潘某荣的余刑自1996年11月6日开始计算至2010年10月2日，共计13年10个月27天，除了前述未将合法的保外就医期限计入刑罚执行刑期的问题外，还存在两个问题：一是与实际案情不符，1996年11月6日至11月29日潘某荣仍在监内服刑；二是计算上有误，即使从1996年11月6日开始计算，至2010年10月2日，也应为13年10个月26天，而不是 13 年 10 个月 27 天，即 11 月 6 日当天应计算为服刑日。二审法院计算潘某荣的余刑从 1997 年 11 月 29 日至 2010 年 10 月 2 日止，共 12 年 10 个月 3 天，是准确、适当的。

此外，本案在审理中，对于定抢劫一罪还是定抢劫罪、故意杀人罪两罪的问题，存在争议。我们认为，根据《最高人民法院关于抢劫过程中故意杀人案件如何定罪问题的批复》"行为人为劫取财物而预谋故意杀人，或者在劫取财物过程中，为制服被害人反抗而故意杀人的，以抢劫罪定罪处罚。行为人实施抢劫后，为灭口而故意杀人的，以抢劫罪和故意杀人罪定罪，实行数罪并罚"的规定，本案定抢劫罪一罪更适当。理由在于：本案中，潘某荣、赖某有在抢劫前为了劫取财物而预谋抢劫杀人，并准备了埋尸的工具铁锹，明显具有为抢劫而预谋杀人的故意，在抢劫中虽然取得了被害人的银行卡及密码，但未实际掌握银行卡内财物，为了不让被害人报案，为进一步取得财物排除障碍而将被害人杀害，可见杀害被害人并不超出其预谋抢劫杀人的范畴，符合该批复所规定的为劫取财物而预谋故意杀人的情况，定抢劫罪一罪完全可以涵盖二被告人的主观故意和客观行为。

本案系共同抢劫致一人死亡，但被告人潘某荣、赖某有参与预谋、共同实施抢劫，二人均系主犯，在共同犯罪中的地位、作用相当。考虑到本案系为劫取财物而预谋故意杀人，犯罪性质十分恶劣，情节、后果特别严重；潘某荣曾因抢劫罪被判处无期徒刑，在刑罚执行完毕以前又犯罪，虽不属于累犯，但在前罪执行脱管期间犯罪，其主观恶性、人身危险性不亚于累犯，且前罪也是严重危害社会治安的抢劫犯罪；被告人赖某有是累犯，前罪被判处无期徒刑，也是严重危害社会治安的暴力犯罪，二人均主观恶性极深，人身危险性极大，判处二人死刑适当。

问题 4. 被告人先后因两起犯罪被采取刑事羁押措施，但先前被羁押行为与最终定罪行为并非同一行为时，羁押日期可否折抵刑期？

【刑事审判参考案例】陈某莲贩卖毒品案[①]

一、基本案情

浙江省温州市中级人民法院经公开审理查明：

2016 年 5 月 25 日，被告人陈某莲和陈某辉（已判刑）约定以人民币18000元的价格交易 200 克甲基苯丙胺（冰毒），陈某辉通过微信向陈某莲转账人民币 1 万元，余款8000元以现金方式支付，后陈某辉取得甲基苯丙胺 190 余克。

另查明，2016 年 11 月 3 日，陈某莲因涉嫌参与李某微等人（均另案处理）贩卖毒品一案被立案侦查，并于同日被刑事拘留。在该案中，李某微供称其系通过陈某莲向上家购买毒品，但陈某莲拒不认罪，检察机关于同年 11 月 28 日对陈某莲不予批准逮捕，同日转为取保候审，2017 年 1 月 12 日对其继续取保候审。其间，公安机关在办理陈某辉贩卖毒品案件中，从陈某辉的手机中提取到其向陈某莲购毒的信息，陈某辉供认毒品来源于陈某莲，手机短信就是向陈某莲购毒的内容。公安机关遂对本案展开侦查，并于 2016 年

---

① 聂昭伟撰稿、韩维中审编：《陈某莲贩卖毒品案——先前被羁押行为与最终定罪行为并非同一行为时，羁押日期可否折抵刑期（第1280 号）》，载中华人民共和国最高人民法院刑事审判第一、二、三、四、五庭主办：《刑事审判参考》总第 115 集，法律出版社 2019 年版，第 86~91 页。

12月14日移送审查起诉,检察机关经两次退回补充侦查,于2017年11月22日向法院提起公诉,法院于同年12月7日对陈某莲批准逮捕。

温州市中级人民法院认为,被告人陈某莲违反国家毒品管理法规,贩卖毒品数量大,其行为已构成贩卖毒品罪。公诉机关指控的罪名成立。根据被告人犯罪的事实、性质、情节和对社会的危害程度,依照《刑法》第三百四十七条第二款第一项、第五十六条第一款、第六十四条之规定,判决被告人陈某莲犯贩卖毒品罪,判处有期徒刑十五年,剥夺政治权利五年,并处没收个人财产六万元。(刑期从判决执行之日计算。判决执行以前先行羁押的,羁押一日折抵刑期一日,即自2017年12月7日起至2032年11月10日止。)

一审宣判后,被告人陈某莲以原判事实不清为由提出上诉。

浙江省高级人民法院经审理认为,被告人陈某莲违反国家毒品管理法律法规,贩卖毒品甲基苯丙胺,其行为已构成贩卖毒品罪。其贩卖毒品数量大,应依法惩处。被告人陈某莲及其辩护人所提辩护理由不足,不予采纳。原判事实清楚、证据确实充分,定罪正确,量刑适当,审判程序合法。依照《刑法》第三百四十七条第二款第一项、第五十六条第一款及《刑事诉讼法》第二百二十五条①第一款第一项之规定,裁定驳回上诉,维持原判。

二、主要问题

被告人先后因两起犯罪被采取刑事羁押措施,但先前被羁押行为与最终定罪行为并非同一行为时,羁押日期可否折抵刑期?

三、裁判理由

本案犯罪事实清楚,存在争议的问题是对被告人判处刑罚之后,其先前羁押的时间能否折抵刑期,这就涉及刑期折抵制度。所谓刑期折抵制度,就是把被告人在审前羁押的期间换算成判决后执行刑期的一种制度。审前羁押在我国刑事诉讼过程中被大量运用,又直接影响对被告人自由的剥夺,但理论上对刑期折抵制度关注不多,司法实践中做法各异。

本案审理过程也是如此,犯罪嫌疑人陈某莲因涉嫌第一起贩毒被公安机关刑事拘留,后因证据不足被取保候审;其间公安机关又发现陈某莲还参与了另一起贩毒,后法院针对第二起贩毒判处其有期徒刑十五年,但法院在判决决定执行刑期起止日期时,对于陈某莲在第一起贩毒中被刑事拘留的期间是否应当折抵刑期,存在三种不同的观点:第一种观点认为,刑法明确规定"判决执行以前先行羁押的,羁押一日折抵刑期一日",至于被告人先前被羁押行为与最终定罪行为是否系同一行为,并无限制,只要是在判决执行以前被先行羁押过即可,故对陈某莲因第一起贩毒而被刑事拘留的期间应折抵刑期。第二种观点认为,刑期折抵制度所针对的系同一行为,只有当被告人先前被羁押行为与最终定罪行为系同一行为时,才可以对被告人的羁押时间予以折抵。本案中,陈某莲被刑事拘留与其最终被判处刑罚的不是同一行为,故刑事拘留期间不应折抵刑期。第三种观点认为,被告人先行羁押时间能否最终折抵刑期,不能一概而论。只有先前被羁押行为与最终定罪行为系同一行为,或者虽然不是同一行为,但二者之间存在密切关联时才可以予以折抵。

---

① 现为《中华人民共和国刑事诉讼法》(2018年修正)第二百三十六条。

我们同意上述第三种观点，具体理由分析如下：

（一）被告人最终被判处刑罚的犯罪行为，如果与之前被采取刑事或行政拘留的行为系同一行为，其被采取刑事或行政拘留的期间应予折抵刑期

从我国司法实践来看，犯罪嫌疑人、被告人在被判决之前往往会被采取刑事强制措施，此谓先行羁押，亦即审前羁押、未决羁押制度。先行羁押制度为刑事诉讼的顺利进行以及社会公共安全提供了保障，但如果滥用，也存在侵犯人权以及违反一事不再罚原则的可能，因而需要对先行羁押而造成被羁押人人身自由损害的予以救济。正是基于此，包括中国在内的世界各国刑事法律乃至宪法，都规定了以刑期折抵和国家刑事赔偿两种基本形式为主的救济形式。其中，对于先行羁押，若被告人经审理最终被确认无罪的，属于错误羁押，此时应依国家赔偿法给予其赔偿；若被告人经审理最终被判处刑罚且为有期自由刑的，则其被羁押的时间应折抵判决中所确定的刑期。我国《刑事诉讼法》亦明确规定，行为人因为在判决之前被刑事拘留、逮捕，之后被判处管制、拘役、有期徒刑的，先前所采取拘留、逮捕的时间可以折抵刑期。此外，在部分案件中，由于证据收集或法律认知等原因，某些行为在一开始并没有被发现或证实为犯罪行为，相关行政机关对其采取了行政处罚后，经查实系犯罪，也可以折抵刑期。对此，我国1996年10月1日起施行的《行政处罚法》[①]第二十八条明确规定："违法行为构成犯罪，人民法院判处拘役或者有期徒刑时，行政机关已经给予当事人行政拘留的，应当依法折抵相应刑期。违法行为构成犯罪，人民法院判处罚金时，行政机关已经给予当事人罚款的，应当折抵相应罚金。"

关于刑期折抵的标准问题，我国刑事立法并无明确规定，但相关司法答复、批复中对刑期折抵标准是比较明确且立场一致的，即先行羁押的行为与被判处刑罚的行为应系"同一行为"。对此，最高人民法院早在1957年9月30日给浙江省高级人民法院的《关于行政拘留日期应否折抵刑期等问题的批复》（〔1957〕法研字第20358号，已废止）中即指出："如果被告人被判处刑罚的犯罪行为和以前受行政拘留处分的行为系同一行为，其被拘留的日期，应予折抵刑期；如果被判处刑罚的是另一犯罪行为，则其被拘留的日期当然不应折抵刑期。"此后，最高人民法院研究室1988年2月23日在《关于行政拘留日期折抵刑期问题的电话答复》中提到："我院1957年法研字第20358号批复规定：'如果被告人被判处刑罚的犯罪行为和以前受行政拘留处分的行为系同一行为，其被拘留的日期，应予折抵刑期。'这里所说的'同一行为'，既可以是判决认定同一性质的全部犯罪行为，也可以是同一性质的部分犯罪行为。只要是以前受行政拘留处分的行为，后又作为犯罪事实的全部或者一部分加以认定，其行政拘留的日期即应予折抵刑期。"

（二）针对并案处理或先后处理的数个犯罪行为，"同一行为"标准无法适用，此时可以采用"关联性"标准来进行刑期折抵

当被采取强制措施的行为系单一行为，并最终被人民法院判决有罪时，人民法院在进行刑期折抵时按照"同一行为"标准计算刑期一般争议不大。但如果公安机关对犯罪嫌疑人采取强制措施后，在侦查过程中又发现了其他罪行，进而对两项罪行并案或先后处理，后检察机关仅对其中一项罪行进行指控，或者人民法院仅对其中一项罪行认定为犯罪，此时针对未指控或未认定犯罪的行为所采取的先行羁押能否折抵刑期，上述批复

---

① 现为《中华人民共和国行政处罚法》（2021年修订）第三十五条。

或电话答复并未涉及。如果按照绝对的"同一行为"标准，由于人民法院仅判决第二起事实构成犯罪，那么只能将针对第二起事实所采取的先行羁押折抵刑期，而针对第一起事实所采取的先行羁押，就不能折抵刑期。然而，按照《国家赔偿法》第十七条的规定，错拘错捕属于国家赔偿的范围，在第一起贩毒最终未予认定的情况下，那么针对该行为所采取的拘留逮捕措施就失去了合法性依据，这样就存在一个国家需要承担赔偿义务，而被告人需要付出自由代价的问题。为此，当面对数个犯罪行为时，不应受制于评价单一行为的"同一行为"标准，而应当将尽可能多的先行羁押纳入刑期折抵中来。对此，我们可以采取"关联性"标准，即只要被采取先行羁押的数行为之间存在某种事实或程序上的关联，就可以将先行羁押时间进行刑期折抵，从而达成一种国家与被告人双赢的结果。其中，事实上的关联是指先前被强制剥夺或限制人身自由的事实理由与最终被处罚的犯罪行为之间罪名相同，或者属于同一选择性罪名，或者在法律、事实上有密切关联。这种密切关联体现在不同犯罪的构成要件存在交叉或者是犯罪行为之间存在因果关系、手段目的关系、条件关系等牵连关系上，如洗钱犯罪与上游犯罪，抢劫罪、盗窃罪与之后处理赃物的掩饰、隐瞒犯罪所得罪。程序上的关联是指前罪羁押与后罪的侦查、起诉、审判活动是连续进行的，且前罪羁押为后罪的刑事诉讼活动提供了一定保障，则不论先前羁押的行为与最终定罪行为是否一致，都应视羁押与该犯罪嫌疑人的犯罪行为存在关联，可以将羁押的时间折抵刑期。

综上所述，根据"同一行为"和"关联性"标准，对于司法实践中出现的如下四种情形，均可以纳入刑期折抵的范围中来：（1）行为人因为甲行为被采取羁押措施，在上述羁押措施执行完毕后，又因甲行为构成犯罪而进入刑事诉讼，最终被判处管制、拘役、有期徒刑的，之前的羁押日期应当折抵刑期。（2）行为人因为甲行为被采取刑事羁押措施，在对甲行为侦查期间，又发现乙行为涉嫌犯罪，但针对乙行为并未采取刑事羁押措施，最终因乙行为被判处管制、拘役、有期徒刑的，因甲行为被刑事拘留、逮捕的时间应当折抵刑期。（3）行为人因为甲行为被侦查期间，发现了乙行为涉嫌犯罪，如果针对乙行为采取刑事羁押措施，但最终因甲行为被判处管制、拘役、有期徒刑的，因乙行为被刑事拘留、逮捕的时间应当折抵刑期。（4）行为人因为甲行为被采取刑事羁押措施，后变更为取保候审或监视居住，其间发现了乙行为涉嫌犯罪并针对乙行为采取刑事拘留、逮捕措施，最终因乙行为被判处管制、拘役、有期徒刑的，针对甲、乙两个行为所采取的刑事拘留、逮捕措施的时间均应当折抵刑期。需要指出的是，针对行为人所实施的数个行为，公安机关不一定均采取刑事强制措施，完全可能针对甲行为采取行政强制措施或者予以行政拘留，而对乙行为采取刑事拘留、逮捕等刑事强制措施，此时需要区分情况来折抵刑期。如果甲行为最终构成犯罪，依据"同一行为"或"关联性"标准，针对甲行为所采取的行政强制措施或者予以行政拘留也可以折抵刑期。但如果甲行为不构成犯罪，针对甲行为所采取的行政强制措施能否折抵刑期呢？我们认为，答案是否定的。因为行政机关有权根据执法具体情况实施限制人身自由的行政措施，也有权对相应的违法行为处以拘留等行政处罚，被告人的行政违法行为应当承担相应的行政法律责任，是违法必究原则的体现。如果再予以折抵刑期，则在事实上使行为人的行政违法行为未受到追究，放纵了行为人的违法行为。以毒品案件为例，如行为人因为吸毒被查获，在被采取行政拘留措施后又发现其还有贩毒行为，遂对其予以立案并采取刑事拘留措施。尽管二者在程序上具有一定连续性，但吸毒与贩毒是两个行为，不折抵刑期并不违背"一事不再罚"原则;更重要的是,吸毒行为本身就应当受到行政拘留,不折抵刑期也不涉及国家赔偿的问题;相反,如果到贩卖毒品罪中去折抵刑期,则吸毒行为等于没有受到任何惩罚,显然是放纵了违法行为。

具体到本案中来,被告人陈某莲因为第一起贩毒案件被采取刑事羁押措施,后对其取保候审;在对该起贩毒案件侦查期间,又发现了另一起贩卖毒品犯罪,并对该起犯罪采取逮捕措施,最终陈某莲因为后一起犯罪被判处有期徒刑十五年。由于针对第一起贩毒案件所采取的刑事羁押措施与第二起贩毒案件的侦查、起诉、审判活动是连续进行的,且先行羁押实现了对第二起犯罪案件刑事诉讼活动的保障功能,二者在程序上具有"关联性"。为此,一、二审法院将前案羁押日期在后案判处刑罚时折抵刑期的做法是适当的。

问题5. 对违法暂予监外执行进行法律监督时需注意的要点

【最高人民检察院指导性案件】罪犯王某某暂予监外执行监督案(检例第72号)

【要旨】

人民检察院对违法暂予监外执行进行法律监督时,应当注意发现和查办背后的相关司法工作人员职务犯罪。对司法鉴定意见、病情诊断意见的审查,应当注重对其及所依据的原始资料进行重点审查。发现不符合暂予监外执行条件的罪犯通过非法手段暂予监外执行的,应当依法监督纠正。办理暂予监外执行案件时,应当加强对鉴定意见等技术性证据的联合审查。

【基本案情】

罪犯王某某,男,1966年4月3日出生,个体工商户。2010年9月16日,因犯保险诈骗罪被辽宁省营口市站前区人民法院判处有期徒刑五年,并处罚金人民币十万元。

罪犯王某某审前未被羁押但被判处实刑,交付执行过程中,罪犯王某某及其家属以其身体有病为由申请暂予监外执行,法院随后启动保外就医鉴定工作。2011年5月17日,营口市站前区人民法院依据营口市中医院司法鉴定所出具的罪犯疾病伤残司法鉴定书,因罪犯王某某患"2型糖尿病""脑梗塞",符合《罪犯保外就医疾病伤残范围》(司发〔1990〕247号)第十条规定,决定对其暂予监外执行一年。一年期满后,经社区矫正机构提示和检察机关督促,法院再次启动暂予监外执行鉴定工作,委托营口市中医院司法鉴定所进行鉴定。其间,营口市中医院司法鉴定所被上级主管部门依法停业整顿,未能及时出具鉴定意见书。2014年7月29日,营口市站前区人民法院依据营口市中医院司法鉴定所出具的罪犯疾病伤残司法鉴定书,以罪犯王某某患有"高血压病3期,极高危""糖尿病合并多发性脑梗塞",符合《罪犯保外就医疾病伤残范围》(司发〔1990〕247号)第三条、第十条规定,决定对其暂予监外执行一年。

2015年1月16日,营口市站前区人民法院因罪犯王某某犯保险诈骗犯罪属于"三类罪犯"、所患疾病为"高血压",依据2014年12月1日起施行的《暂予监外执行规定》,要求该罪犯提供经诊断短期内有生命危险的证明。罪犯王某某因无法提供上述证明被营口市站前区人民法院决定收监执行剩余刑期有期徒刑三年,已经暂予监外执行的两年计入执行刑期。2015年9月8日,罪犯王某某被交付执行刑罚。

【检察机关监督情况】

线索发现 2016年3月,辽宁省营口市人民检察院在对全市两级法院决定暂予监外执行案件进行检察中发现,营口市站前区人民法院对罪犯王某某决定暂予监外执行所依据的病历资料、司法鉴定书等证据材料有诸多疑点,于是调取了该罪犯的法院暂予监外执行卷宗、社区矫正档案、司法鉴定档案等。经审查发现:罪犯王某某在进行司法鉴定时,负责对其进行查体的医生与本案鉴定人不是同一人,卷宗材料无法证实鉴定人是否见过王某某本人;罪犯王某某2011年5月17日、2014年7月29日两次得到暂予监外执行均因其患有"脑梗塞",但两次司法鉴定中均未做过头部CT检查。

立案侦查 营口市人民检察院经审查认为,罪犯王某某暂予监外执行过程中有可能存在违纪或违法问题,依法决定对该案进行调查核实。检察人员调取了罪犯王某某在营口市中心医院的住院病历等书证与鉴定档案等进行比对,协调监狱对罪犯王某某重新进行头部CT检查,对时任营口市中医院司法鉴定所负责人赵某、营口市中级人民法院技术科科长张某及其他相关人员进行询问。经过调查核实,检察机关基本查明了罪犯王某某违法暂予监外执行的事实,认为相关工作人员涉嫌职务犯罪。2016年4月10日,营口市人民检察院以营口市中级人民法院技术科科长张某、营口市中医院司法鉴定所负责人赵某涉嫌徇私舞弊暂予监外执行犯罪,依法对其立案侦查。经侦查查明:2010年12月至2013年5月,张某在任营口市中级人民法院技术科科长期间,受罪犯王某某亲友等人请托,在明知罪犯王某某不符合保外就医条件的情况下,利用其负责鉴定业务对外进行委托的职务便利,两次指使营口市中医院司法鉴定所负责人赵某为罪犯王某某作出虚假的符合保外就医条件的罪犯疾病伤残司法鉴定意见。赵某在明知罪犯王某某不符合保外就医条件的情况下,违规签发了罪犯王某某因患"糖尿病合并脑梗塞"、符合保外就医条件的司法鉴定书,导致罪犯王某某先后两次被法院决定暂予监外执行。其间,张某收受罪犯王某某亲友给付好处费人民币五万元,赵某收受张某给付的好处费人民币七千元。同时,检察机关注意到罪犯王某某的亲友为帮助王某某违法暂予监外执行,向营口市中级人民法院技术科科长张某等人行贿,但综合考虑相关情节和因素后,检察机关当时决定不立案追究其刑事责任。

监督结果 案件侦查终结后,检察机关以张某构成受贿罪、徇私舞弊暂予监外执行罪,赵某构成徇私舞弊暂予监外执行罪,依法向人民法院提起公诉。2017年5月27日,人民法院以张某犯受贿罪、徇私舞弊暂予监外执行罪,赵某犯徇私舞弊暂予监外执行罪,对二人定罪处罚。

判决生效后,检察机关依法向营口市站前区人民法院发出《纠正不当暂予监外执行决定意见书》,提出罪犯王某某在不符合保外就医条件的情况下,通过他人贿赂张某、赵某等人谋取了虚假的疾病伤残司法鉴定意见;营口市站前区人民法院依据虚假鉴定意见作出的暂予监外执行决定显属不当,建议法院依法纠正2011年5月17日和2014年7月29日对罪犯王某某作出的两次不当暂予监外执行决定。

营口市站前区人民法院采纳了检察机关的监督意见,作出《收监执行决定书》,认定"罪犯王某某贿赂司法鉴定人员,被二次鉴定为符合暂予监外执行条件,人民法院以此为依据决定对其暂予监外执行合计二年,上述二年暂予监外执行期限不计入已执行刑期"。后罪犯王某某被收监再执行有期徒刑二年。

【指导意义】

1. 人民检察院对暂予监外执行进行法律监督时，应注重发现和查办违法暂予监外执行背后的相关司法工作人员职务犯罪案件。实践中，违法暂予监外执行案件背后往往隐藏着司法腐败。因此，检察机关在监督纠正违法暂予监外执行的同时，应当注意发现和查办违法监外执行背后存在的相关司法工作人员职务犯罪案件，把刑罚变更执行法律监督与职务犯罪侦查工作相结合，以监督促侦查，以侦查促监督，不断提升法律监督质效。在违法暂予监外执行案件中，一些罪犯亲友往往通过贿赂相关司法工作人员等手段，帮助罪犯违法暂予监外执行，这是违法暂予监外执行中较为常见的一种现象，对于情节严重的，应当依法追究其刑事责任。

2. 对司法鉴定意见、病情诊断意见的审查，应当注重对其及所依据的原始资料进行重点审查。检察人员办理暂予监外执行监督案件时，应当在审查鉴定意见、病情诊断的基础上，对鉴定意见、病情诊断所依据的原始资料进行重点审查，包括罪犯以往就医病历资料、病情诊断所依据的体检记录、住院病案、影像学报告、检查报告单等，判明原始资料以及鉴定意见和病情诊断的真伪、资料的证明力、鉴定人员的资质、产生资料的程序等问题，以及是否能够据此得出鉴定意见、病情诊断所阐述的结论性意见，相关鉴定部门及鉴定人的鉴定行为是否合法有效等。经审查发现疑点的应进行调查核实，可以邀请有专门知识的人参加。同时，也可以视情况要求有关部门重新组织或者自行组织诊断、检查或者鉴别。

3. 办理暂予监外执行案件时，应当加强对鉴定意见等技术性证据的联合审查。司法实践中，负责直接办理暂予监外执行监督案件的刑事执行检察人员一般缺乏专业性的医学知识，为确保检察意见的准确性，刑事执行检察人员在办理暂予监外执行监督案件时，应当委托检察技术人员对鉴定意见等技术性证据进行审查，检察技术人员应当协助刑事执行检察人员审查或者组织审查案件中涉及的鉴定意见等技术性证据。刑事执行检察人员可以将技术性证据审查意见作为审查判断证据的参考，也可以作为决定重新鉴定、补充鉴定或提出检察建议的依据。

第十四章

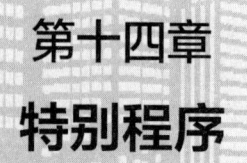

特别程序

第一节 审判依据

一、法律

中华人民共和国刑事诉讼法（2018年10月26日修正）（节选）

第五编 特别程序

第一章 未成年人刑事案件诉讼程序

第二百七十七条 对犯罪的未成年人实行教育、感化、挽救的方针，坚持教育为主、惩罚为辅的原则。

人民法院、人民检察院和公安机关办理未成年人刑事案件，应当保障未成年人行使其诉讼权利，保障未成年人得到法律帮助，并由熟悉未成年人身心特点的审判人员、检察人员、侦查人员承办。

第二百七十八条 未成年犯罪嫌疑人、被告人没有委托辩护人的，人民法院、人民检察院、公安机关应当通知法律援助机构指派律师为其提供辩护。

第二百七十九条 公安机关、人民检察院、人民法院办理未成年人刑事案件，根据情况可以对未成年犯罪嫌疑人、被告人的成长经历、犯罪原因、监护教育等情况进行调查。

第二百八十条 对未成年犯罪嫌疑人、被告人应当严格限制适用逮捕措施。人民检察院审查批准逮捕和人民法院决定逮捕，应当讯问未成年犯罪嫌疑人、被告人，听取辩护律师的意见。

对被拘留、逮捕和执行刑罚的未成年人与成年人应当分别关押、分别管理、分别教育。

第二百八十一条 对于未成年人刑事案件，在讯问和审判的时候，应当通知未成年犯罪嫌疑人、被告人的法定代理人到场。无法通知、法定代理人不能到场或者法定代理人是共犯的，也可以通知未成年犯罪嫌疑人、被告人的其他成年亲属，所在学校、单位、居住地基层组织或者未成年人保护组织的代表到场，并将有关情况记录在案。到场的法定代理人可以代为行使未成年犯罪嫌疑人、被告人的诉讼权利。

到场的法定代理人或者其他人员认为办案人员在讯问、审判中侵犯未成年人合法权益的，可以提出意见。讯问笔录、法庭笔录应当交给到场的法定代理人或者其他人员阅读或者向他宣读。

讯问女性未成年犯罪嫌疑人，应当有女工作人员在场。

审判未成年人刑事案件，未成年被告人最后陈述后，其法定代理人可以进行补充陈述。

询问未成年被害人、证人，适用第一款、第二款、第三款的规定。

第二百八十二条 对于未成年人涉嫌刑法分则第四章、第五章、第六章规定的犯罪，可能判处一年有期徒刑以下刑罚，符合起诉条件，但有悔罪表现的，人民检察院可以作出附条件不起诉的决定。人民检察院在作出附条件不起诉的决定以前，应当听取公安机关、被害人的意见。

对附条件不起诉的决定，公安机关要求复议、提请复核或者被害人申诉的，适用本法第一百七十九条、第一百八十条的规定。

未成年犯罪嫌疑人及其法定代理人对人民检察院决定附条件不起诉有异议的，人民检察院应当作出起诉的决定。

第二百八十三条 在附条件不起诉的考验期内，由人民检察院对被附条件不起诉的未成年犯罪嫌疑人进行监督考察。未成年犯罪嫌疑人的监护人，应当对未成年犯罪嫌疑人加强管教，配合人民检察院做好监督考察工作。

附条件不起诉的考验期为六个月以上一年以下，从人民检察院作出附条件不起诉的决定之日起计算。

被附条件不起诉的未成年犯罪嫌疑人，应当遵守下列规定：

（一）遵守法律法规，服从监督；

（二）按照考察机关的规定报告自己的活动情况；

（三）离开所居住的市、县或者迁居，应当报经考察机关批准；

（四）按照考察机关的要求接受矫治和教育。

第二百八十四条 被附条件不起诉的未成年犯罪嫌疑人，在考验期内有下列情形之一的，人民检察院应当撤销附条件不起诉的决定，提起公诉：

（一）实施新的犯罪或者发现决定附条件不起诉以前还有其他犯罪需要追诉的；

（二）违反治安管理规定或者考察机关有关附条件不起诉的监督管理规定，情节严重的。

被附条件不起诉的未成年犯罪嫌疑人，在考验期内没有上述情形，考验期满的，人民检察院应当作出不起诉的决定。

第二百八十五条 审判的时候被告人不满十八周岁的案件，不公开审理。但是，经未成年被告人及其法定代理人同意，未成年被告人所在学校和未成年人保护组织可以派代表到场。

第二百八十六条 犯罪的时候不满十八周岁，被判处五年有期徒刑以下刑罚的，应当对相关犯罪记录予以封存。

犯罪记录被封存的，不得向任何单位和个人提供，但司法机关为办案需要或者有关单位根据国家规定进行查询的除外。依法进行查询的单位，应当对被封存的犯罪记录的情况予以保密。

第二百八十七条 办理未成年人刑事案件，除本章已有规定的以外，按照本法的其他规定进行。

第二章 当事人和解的公诉案件诉讼程序

第二百八十八条 下列公诉案件，犯罪嫌疑人、被告人真诚悔罪，通过向被害人赔偿损失、赔礼道歉等方式获得被害人谅解，被害人自愿和解的，双方当事人可以和解：

（一）因民间纠纷引起，涉嫌刑法分则第四章、第五章规定的犯罪案件，可能判处三年有期徒刑以下刑罚的；

（二）除渎职犯罪以外的可能判处七年有期徒刑以下刑罚的过失犯罪案件。

犯罪嫌疑人、被告人在五年以内曾经故意犯罪的，不适用本章规定的程序。

第二百八十九条 双方当事人和解的，公安机关、人民检察院、人民法院应当听取当事人和其他有关人员的意见，对和解的自愿性、合法性进行审查，并主持制作和解协议书。

第二百九十条 对于达成和解协议的案件，公安机关可以向人民检察院提出从宽处理的建议。人民检察院可以向人民法院提出从宽处罚的建议；对于犯罪情节轻微，不需要判处刑罚的，可以作出不起诉的决定。人民法院可以依法对被告人从宽处罚。

第三章 缺席审判程序

第二百九十一条 对于贪污贿赂犯罪案件，以及需要及时进行审判，经最高人民检察院核准的严重危害国家安全犯罪、恐怖活动犯罪案件，犯罪嫌疑人、被告人在境外，监察机关、公安机关移送起诉，人民检察院认为犯罪事实已经查清，证据确实、充分，依法应当追究刑事责任的，可以向人民法院提起公诉。人民法院进行审查后，对于起诉书中有明确的指控犯罪事实，符合缺席审判程序适用条件的，应当决定开庭审判。

前款案件，由犯罪地、被告人离境前居住地或者最高人民法院指定的中级人民法院组成合议庭进行审理。

第二百九十二条 人民法院应当通过有关国际条约规定的或者外交途径提出的司法协助方式，或者被告人所在地法律允许的其他方式，将传票和人民检察院的起诉书副本送达被告人。传票和起诉书副本送达后，被告人未按要求到案的，人民法院应当开庭审理，依法作出判决，并对违法所得及其他涉案财产作出处理。

第二百九十三条 人民法院缺席审判案件，被告人有权委托辩护人，被告人的近亲属可以代为委托辩护人。被告人及其近亲属没有委托辩护人的，人民法院应当通知法律援助机构指派律师为其提供辩护。

第二百九十四条 人民法院应当将判决书送达被告人及其近亲属、辩护人。被告人或者其近亲属不服判决的，有权向上一级人民法院上诉。辩护人经被告人或者其近亲属同意，可以提出上诉。

人民检察院认为人民法院的判决确有错误的，应当向上一级人民法院提出抗诉。

第二百九十五条 在审理过程中，被告人自动投案或者被抓获的，人民法院应当重新审理。

罪犯在判决、裁定发生法律效力后到案的，人民法院应当将罪犯交付执行刑罚。交付执行刑罚前，人民法院应当告知罪犯有权对判决、裁定提出异议。罪犯对判决、裁定提出异议的，人民法院应当重新审理。

依照生效判决、裁定对罪犯的财产进行的处理确有错误的，应当予以返还、赔偿。

第二百九十六条 因被告人患有严重疾病无法出庭，中止审理超过六个月，被告人仍无法出庭，被告人及其法定代理人、近亲属申请或者同意恢复审理的，人民法院可以在被告人不出庭的情况下缺席审理，依法作出判决。

第二百九十七条 被告人死亡的，人民法院应当裁定终止审理，但有证据证明被告人无罪，人民法院经缺席审理确认无罪的，应当依法作出判决。

人民法院按照审判监督程序重新审判的案件，被告人死亡的，人民法院可以缺席审理，依法作出判决。

第四章 犯罪嫌疑人、被告人逃匿、死亡案件违法所得的没收程序

第二百九十八条 对于贪污贿赂犯罪、恐怖活动犯罪等重大犯罪案件，犯罪嫌疑人、被告人逃匿，在通缉一年后不能到案，或者犯罪嫌疑人、被告人死亡，依照刑法规定应当追缴其违法所得及其他涉案财产的，人民检察院可以向人民法院提出没收违法所得的申请。

公安机关认为有前款规定情形的，应当写出没收违法所得意见书，移送人民检察院。

没收违法所得的申请应当提供与犯罪事实、违法所得相关的证据材料，并列明财产的种类、数量、所在地及查封、扣押、冻结的情况。

人民法院在必要的时候，可以查封、扣押、冻结申请没收的财产。

第二百九十九条 没收违法所得的申请，由犯罪地或者犯罪嫌疑人、被告人居住地的中级人民法院组成合议庭进行审理。

人民法院受理没收违法所得的申请后，应当发出公告。公告期间为六个月。犯罪嫌疑人、被告人的近亲属和其他利害关系人有权申请参加诉讼，也可以委托诉讼代理人参加诉讼。

人民法院在公告期满后对没收违法所得的申请进行审理。利害关系人参加诉讼的，人民法院应当开庭审理。

第三百条 人民法院经审理，对经查证属于违法所得及其他涉案财产，除依法返还被害人的以外，应当裁定予以没收；对不属于应当追缴的财产的，应当裁定驳回申请，解除查封、扣押、冻结措施。

对于人民法院依照前款规定作出的裁定，犯罪嫌疑人、被告人的近亲属和其他利害关系人或者人民检察院可以提出上诉、抗诉。

第三百零一条 在审理过程中，在逃的犯罪嫌疑人、被告人自动投案或者被抓获的，人民法院应当终止审理。

没收犯罪嫌疑人、被告人财产确有错误的，应当予以返还、赔偿。

第五章　依法不负刑事责任的精神病人的强制医疗程序

第三百零二条　实施暴力行为，危害公共安全或者严重危害公民人身安全，经法定程序鉴定依法不负刑事责任的精神病人，有继续危害社会可能的，可以予以强制医疗。

第三百零三条　根据本章规定对精神病人强制医疗的，由人民法院决定。

公安机关发现精神病人符合强制医疗条件的，应当写出强制医疗意见书，移送人民检察院。对于公安机关移送的或者在审查起诉过程中发现的精神病人符合强制医疗条件的，人民检察院应当向人民法院提出强制医疗的申请。人民法院在审理案件过程中发现被告人符合强制医疗条件的，可以作出强制医疗的决定。

对实施暴力行为的精神病人，在人民法院决定强制医疗前，公安机关可以采取临时的保护性约束措施。

第三百零四条　人民法院受理强制医疗的申请后，应当组成合议庭进行审理。

人民法院审理强制医疗案件，应当通知被申请人或者被告人的法定代理人到场。被申请人或者被告人没有委托诉讼代理人的，人民法院应当通知法律援助机构指派律师为其提供法律帮助。

第三百零五条　人民法院经审理，对于被申请人或者被告人符合强制医疗条件的，应当在一个月以内作出强制医疗的决定。

被决定强制医疗的人、被害人及其法定代理人、近亲属对强制医疗决定不服的，可以向上一级人民法院申请复议。

第三百零六条　强制医疗机构应当定期对被强制医疗的人进行诊断评估。对于已不具有人身危险性，不需要继续强制医疗的，应当及时提出解除意见，报决定强制医疗的人民法院批准。

被强制医疗的人及其近亲属有权申请解除强制医疗。

第三百零七条　人民检察院对强制医疗的决定和执行实行监督。

二、司法解释

1. **最高人民法院关于适用《中华人民共和国刑事诉讼法》的解释**（2021年1月26日）（节选）

第二十二章　未成年人刑事案件诉讼程序

第一节　一般规定

第五百四十六条　人民法院审理未成年人刑事案件，应当贯彻教育、感化、挽救的方针，坚持教育为主、惩罚为辅的原则，加强对未成年人的特殊保护。

第五百四十七条　人民法院应当加强同政府有关部门、人民团体、社会组织等的配合，推动未成年人刑事案件人民陪审、情况调查、安置帮教等工作的开展，充分保障未成年人的合法权益，积极参与社会治安综合治理。

第五百四十八条　人民法院应当加强同政府有关部门、人民团体、社会组织等的配合，对遭受性侵害或者暴力伤害的未成年被害人及其家庭实施必要的心理干预、经济救助、法律援助、转学安置等保护措施。

第五百四十九条 人民法院应当确定专门机构或者指定专门人员，负责审理未成年人刑事案件。审理未成年人刑事案件的人员应当经过专门培训，熟悉未成年人身心特点、善于做未成年人思想教育工作。

参加审理未成年人刑事案件的人民陪审员，可以从熟悉未成年人身心特点、关心未成年人保护工作的人民陪审员名单中随机抽取确定。

第五百五十条 被告人实施被指控的犯罪时不满十八周岁、人民法院立案时不满二十周岁的案件，由未成年人案件审判组织审理。

下列案件可以由未成年人案件审判组织审理：

（一）人民法院立案时不满二十二周岁的在校学生犯罪案件；

（二）强奸、猥亵、虐待、遗弃未成年人等侵害未成年人人身权利的犯罪案件；

（三）由未成年人案件审判组织审理更为适宜的其他案件。

共同犯罪案件有未成年被告人的或者其他涉及未成年人的刑事案件，是否由未成年人案件审判组织审理，由院长根据实际情况决定。

第五百五十一条 对分案起诉至同一人民法院的未成年人与成年人共同犯罪案件，可以由同一个审判组织审理；不宜由同一个审判组织审理的，可以分别审理。

未成年人与成年人共同犯罪案件，由不同人民法院或者不同审判组织分别审理的，有关人民法院或者审判组织应当互相了解共同犯罪被告人的审判情况，注意全案的量刑平衡。

第五百五十二条 对未成年人刑事案件，必要时，上级人民法院可以根据刑事诉讼法第二十七条的规定，指定下级人民法院将案件移送其他人民法院审判。

第五百五十三条 对未成年被告人应当严格限制适用逮捕措施。

人民法院决定逮捕，应当讯问未成年被告人，听取辩护律师的意见。

对被逮捕且没有完成义务教育的未成年被告人，人民法院应当与教育行政部门互相配合，保证其接受义务教育。

第五百五十四条 人民法院对无固定住所、无法提供保证人的未成年被告人适用取保候审的，应当指定合适成年人作为保证人，必要时可以安排取保候审的被告人接受社会观护。

第五百五十五条 人民法院审理未成年人刑事案件，在讯问和开庭时，应当通知未成年被告人的法定代理人到场。法定代理人无法通知、不能到场或者是共犯的，也可以通知合适成年人到场，并将有关情况记录在案。

到场的法定代理人或者其他人员，除依法行使刑事诉讼法第二百八十一条第二款规定的权利外，经法庭同意，可以参与对未成年被告人的法庭教育等工作。

适用简易程序审理未成年人刑事案件，适用前两款规定。

第五百五十六条 询问未成年被害人、证人，适用前条规定。

审理未成年人遭受性侵害或者暴力伤害案件，在询问未成年被害人、证人时，应当采取同步录音录像等措施，尽量一次完成；未成年被害人、证人是女性的，应当由女性工作人员进行。

第五百五十七条 开庭审理时被告人不满十八周岁的案件，一律不公开审理。经未成年被告人及其法定代理人同意，未成年被告人所在学校和未成年人保护组织可以派代表到场。到场代表的人数和范围，由法庭决定。经法庭同意，到场代表可以参与对未成年被告人的法庭教育工作。

对依法公开审理,但可能需要封存犯罪记录的案件,不得组织人员旁听;有旁听人员的,应当告知其不得传播案件信息。

第五百五十八条 开庭审理涉及未成年人的刑事案件,未成年被害人、证人一般不出庭作证;必须出庭的,应当采取保护其隐私的技术手段和心理干预等保护措施。

第五百五十九条 审理涉及未成年人的刑事案件,不得向外界披露未成年人的姓名、住所、照片以及可能推断出未成年人身份的其他资料。

查阅、摘抄、复制的案卷材料,涉及未成年人的,不得公开和传播。

第五百六十条 人民法院发现有关单位未尽到未成年人教育、管理、救助、看护等保护职责的,应当向该单位提出司法建议。

第五百六十一条 人民法院应当结合实际,根据涉及未成年人刑事案件的特点,开展未成年人法治宣传教育工作。

第五百六十二条 审理未成年人刑事案件,本章没有规定的,适用本解释的有关规定。

第二节 开庭准备

第五百六十三条 人民法院向未成年被告人送达起诉书副本时,应当向其讲明被指控的罪行和有关法律规定,并告知其审判程序和诉讼权利、义务。

第五百六十四条 审判时不满十八周岁的未成年被告人没有委托辩护人的,人民法院应当通知法律援助机构指派熟悉未成年人身心特点的律师为其提供辩护。

第五百六十五条 未成年被害人及其法定代理人因经济困难或者其他原因没有委托诉讼代理人的,人民法院应当帮助其申请法律援助。

第五百六十六条 对未成年人刑事案件,人民法院决定适用简易程序审理的,应当征求未成年被告人及其法定代理人、辩护人的意见。上述人员提出异议的,不适用简易程序。

第五百六十七条 被告人实施被指控的犯罪时不满十八周岁,开庭时已满十八周岁、不满二十周岁的,人民法院开庭时,一般应当通知其近亲属到庭。经法庭同意,近亲属可以发表意见。近亲属无法通知、不能到场或者是共犯的,应当记录在案。

第五百六十八条 对人民检察院移送的关于未成年被告人性格特点、家庭情况、社会交往、成长经历、犯罪原因、犯罪前后的表现、监护教育等情况的调查报告,以及辩护人提交的反映未成年被告人上述情况的书面材料,法庭应当接受。

必要时,人民法院可以委托社区矫正机构、共青团、社会组织等对未成年被告人的上述情况进行调查,或者自行调查。

第五百六十九条 人民法院根据情况,可以对未成年被告人、被害人、证人进行心理疏导;根据实际需要并经未成年被告人及其法定代理人同意,可以对未成年被告人进行心理测评。

心理疏导、心理测评可以委托专门机构、专业人员进行。

心理测评报告可以作为办理案件和教育未成年人的参考。

第五百七十条 开庭前和休庭时,法庭根据情况,可以安排未成年被告人与其法定代理人或者合适成年人会见。

第三节 审 判

第五百七十一条 人民法院应当在辩护台靠近旁听区一侧为未成年被告人的法定代理人或者合适成年人设置席位。

审理可能判处五年有期徒刑以下刑罚或者过失犯罪的未成年人刑事案件，可以采取适合未成年人特点的方式设置法庭席位。

第五百七十二条 未成年被告人或者其法定代理人当庭拒绝辩护人辩护的，适用本解释第三百一十一条第二款、第三款的规定。

重新开庭后，未成年被告人或者其法定代理人再次当庭拒绝辩护人辩护的，不予准许。重新开庭时被告人已满十八周岁的，可以准许，但不得再另行委托辩护人或者要求另行指派律师，由其自行辩护。

第五百七十三条 法庭审理过程中，审判人员应当根据未成年被告人的智力发育程度和心理状态，使用适合未成年人的语言表达方式。

发现有对未成年被告人威胁、训斥、诱供或者讽刺等情形的，审判长应当制止。

第五百七十四条 控辩双方提出对未成年被告人判处管制、宣告缓刑等量刑建议的，应当向法庭提供有关未成年被告人能够获得监护、帮教以及对所居住社区无重大不良影响的书面材料。

第五百七十五条 对未成年被告人情况的调查报告，以及辩护人提交的有关未成年被告人情况的书面材料，法庭应当审查并听取控辩双方意见。上述报告和材料可以作为办理案件和教育未成年人的参考。

人民法院可以通知作出调查报告的人员出庭说明情况，接受控辩双方和法庭的询问。

第五百七十六条 法庭辩论结束后，法庭可以根据未成年人的生理、心理特点和案件情况，对未成年被告人进行法治教育；判决未成年被告人有罪的，宣判后，应当对未成年被告人进行法治教育。

对未成年被告人进行教育，其法定代理人以外的成年亲属或者教师、辅导员等参与有利于感化、挽救未成年人的，人民法院应当邀请其参加有关活动。

适用简易程序审理的案件，对未成年被告人进行法庭教育，适用前两款规定。

第五百七十七条 未成年被告人最后陈述后，法庭应当询问其法定代理人是否补充陈述。

第五百七十八条 对未成年人刑事案件，宣告判决应当公开进行。

对依法应当封存犯罪记录的案件，宣判时，不得组织人员旁听；有旁听人员的，应当告知其不得传播案件信息。

第五百七十九条 定期宣告判决的未成年人刑事案件，未成年被告人的法定代理人无法通知、不能到场或者是共犯的，法庭可以通知合适成年人到庭，并在宣判后向未成年被告人的成年亲属送达判决书。

第四节 执 行

第五百八十条 将未成年罪犯送监执行刑罚或者送交社区矫正时，人民法院应当将有关未成年罪犯的调查报告及其在案件审理中的表现材料，连同有关法律文书，一并送达执行机关。

第五百八十一条 犯罪时不满十八周岁，被判处五年有期徒刑以下刑罚以及免予刑事处罚的未成年人的犯罪记录，应当封存。

司法机关或者有关单位向人民法院申请查询封存的犯罪记录的,应当提供查询的理由和依据。对查询申请,人民法院应当及时作出是否同意的决定。

第五百八十二条 人民法院可以与未成年犯管教所等服刑场所建立联系,了解未成年罪犯的改造情况,协助做好帮教、改造工作,并可以对正在服刑的未成年罪犯进行回访考察。

第五百八十三条 人民法院认为必要时,可以督促被收监服刑的未成年罪犯的父母或者其他监护人及时探视。

第五百八十四条 对被判处管制、宣告缓刑、裁定假释、决定暂予监外执行的未成年罪犯,人民法院可以协助社区矫正机构制定帮教措施。

第五百八十五条 人民法院可以适时走访被判处管制、宣告缓刑、免予刑事处罚、裁定假释、决定暂予监外执行等的未成年罪犯及其家庭,了解未成年罪犯的管理和教育情况,引导未成年罪犯的家庭承担管教责任,为未成年罪犯改过自新创造良好环境。

第五百八十六条 被判处管制、宣告缓刑、免予刑事处罚、裁定假释、决定暂予监外执行等的未成年罪犯,具备就学、就业条件的,人民法院可以就其安置问题向有关部门提出建议,并附送必要的材料。

第二十三章 当事人和解的公诉案件诉讼程序

第五百八十七条 对符合刑事诉讼法第二百八十八条规定的公诉案件,事实清楚、证据充分的,人民法院应当告知当事人可以自行和解;当事人提出申请的,人民法院可以主持双方当事人协商以达成和解。

根据案件情况,人民法院可以邀请人民调解员、辩护人、诉讼代理人、当事人亲友等参与促成双方当事人和解。

第五百八十八条 符合刑事诉讼法第二百八十八条规定的公诉案件,被害人死亡的,其近亲属可以与被告人和解。近亲属有多人的,达成和解协议,应当经处于最先继承顺序的所有近亲属同意。

被害人系无行为能力或者限制行为能力人的,其法定代理人、近亲属可以代为和解。

第五百八十九条 被告人的近亲属经被告人同意,可以代为和解。

被告人系限制行为能力人的,其法定代理人可以代为和解。

被告人的法定代理人、近亲属依照前两款规定代为和解的,和解协议约定的赔礼道歉等事项,应当由被告人本人履行。

第五百九十条 对公安机关、人民检察院主持制作的和解协议书,当事人提出异议的,人民法院应当审查。经审查,和解自愿、合法的,予以确认,无需重新制作和解协议书;和解违反自愿、合法原则的,应当认定无效。和解协议被认定无效后,双方当事人重新达成和解的,人民法院应当主持制作新的和解协议书。

第五百九十一条 审判期间,双方当事人和解的,人民法院应当听取当事人及其法定代理人等有关人员的意见。双方当事人在庭外达成和解的,人民法院应当通知人民检察院,并听取其意见。经审查,和解自愿、合法的,应当主持制作和解协议书。

第五百九十二条 和解协议书应当包括以下内容:

(一)被告人承认自己所犯罪行,对犯罪事实没有异议,并真诚悔罪;

(二)被告人通过向被害人赔礼道歉、赔偿损失等方式获得被害人谅解;涉及赔偿损失的，应当写明赔偿的数额、方式等；提起附带民事诉讼的，由附带民事诉讼原告人撤回起诉；

（三）被害人自愿和解，请求或者同意对被告人依法从宽处罚。

和解协议书应当由双方当事人和审判人员签名，但不加盖人民法院印章。

和解协议书一式三份，双方当事人各持一份，另一份交人民法院附卷备查。

对和解协议中的赔偿损失内容，双方当事人要求保密的，人民法院应当准许，并采取相应的保密措施。

第五百九十三条 和解协议约定的赔偿损失内容，被告人应当在协议签署后即时履行。

和解协议已经全部履行，当事人反悔的，人民法院不予支持，但有证据证明和解违反自愿、合法原则的除外。

第五百九十四条 双方当事人在侦查、审查起诉期间已经达成和解协议并全部履行，被害人或者其法定代理人、近亲属又提起附带民事诉讼的，人民法院不予受理，但有证据证明和解违反自愿、合法原则的除外。

第五百九十五条 被害人或者其法定代理人、近亲属提起附带民事诉讼后，双方愿意和解，但被告人不能即时履行全部赔偿义务的，人民法院应当制作附带民事调解书。

第五百九十六条 对达成和解协议的案件，人民法院应当对被告人从轻处罚；符合非监禁刑适用条件的，应当适用非监禁刑；判处法定最低刑仍然过重的，可以减轻处罚；综合全案认为犯罪情节轻微不需要判处刑罚的，可以免予刑事处罚。

共同犯罪案件，部分被告人与被害人达成和解协议的，可以依法对该部分被告人从宽处罚，但应当注意全案的量刑平衡。

第五百九十七条 达成和解协议的，裁判文书应当叙明，并援引刑事诉讼法的相关条文。

第二十四章 缺席审判程序

第五百九十八条 对人民检察院依照刑事诉讼法第二百九十一条第一款的规定提起公诉的案件，人民法院应当重点审查以下内容：

（一）是否属于可以适用缺席审判程序的案件范围；

（二）是否属于本院管辖；

（三）是否写明被告人的基本情况，包括明确的境外居住地、联系方式等；

（四）是否写明被告人涉嫌有关犯罪的主要事实，并附证据材料；

（五）是否写明被告人有无近亲属以及近亲属的姓名、身份、住址、联系方式等情况；

（六）是否列明违法所得及其他涉案财产的种类、数量、价值、所在地等，并附证据材料；

（七）是否附有查封、扣押、冻结违法所得及其他涉案财产的清单和相关法律手续。

前款规定的材料需要翻译件的，人民法院应当要求人民检察院一并移送。

第五百九十九条 对人民检察院依照刑事诉讼法第二百九十一条第一款的规定提起公诉的案件，人民法院审查后，应当按照下列情形分别处理：

（一）符合缺席审判程序适用条件，属于本院管辖，且材料齐全的，应当受理；

（二）不属于可以适用缺席审判程序的案件范围、不属于本院管辖或者不符合缺席审判程序的其他适用条件的，应当退回人民检察院；

（三）材料不全的，应当通知人民检察院在三十日以内补送；三十日以内不能补送的，应当退回人民检察院。

第六百条 对人民检察院依照刑事诉讼法第二百九十一条第一款的规定提起公诉的案件，人民法院立案后，应当将传票和起诉书副本送达被告人，传票应当载明被告人到案期限以及不按要求到案的法律后果等事项；应当将起诉书副本送达被告人近亲属，告知其有权代为委托辩护人，并通知其敦促被告人归案。

第六百零一条 人民法院审理人民检察院依照刑事诉讼法第二百九十一条第一款的规定提起公诉的案件，被告人有权委托或者由近亲属代为委托一至二名辩护人。委托律师担任辩护人的，应当委托具有中华人民共和国律师资格并依法取得执业证书的律师；在境外委托的，应当依照本解释第四百八十六条的规定对授权委托进行公证、认证。

被告人及其近亲属没有委托辩护人的，人民法院应当通知法律援助机构指派律师为被告人提供辩护。

被告人及其近亲属拒绝法律援助机构指派的律师辩护的，依照本解释第五十条第二款的规定处理。

第六百零二条 人民法院审理人民检察院依照刑事诉讼法第二百九十一条第一款的规定提起公诉的案件，被告人的近亲属申请参加诉讼的，应当在收到起诉书副本后、第一审开庭前提出，并提供与被告人关系的证明材料。有多名近亲属的，应当推选一至二人参加诉讼。

对被告人的近亲属提出申请的，人民法院应当及时审查决定。

第六百零三条 人民法院审理人民检察院依照刑事诉讼法第二百九十一条第一款的规定提起公诉的案件，参照适用公诉案件第一审普通程序的有关规定。被告人的近亲属参加诉讼的，可以发表意见，出示证据，申请法庭通知证人、鉴定人等出庭，进行辩论。

第六百零四条 对人民检察院依照刑事诉讼法第二百九十一条第一款的规定提起公诉的案件，人民法院审理后应当参照本解释第二百九十五条的规定作出判决、裁定。

作出有罪判决的，应当达到证据确实、充分的证明标准。

经审理认定的罪名不属于刑事诉讼法第二百九十一条第一款规定的罪名的，应当终止审理。

适用缺席审判程序审理案件，可以对违法所得及其他涉案财产一并作出处理。

第六百零五条 因被告人患有严重疾病导致缺乏受审能力，无法出庭受审，中止审理超过六个月，被告人仍无法出庭，被告人及其法定代理人、近亲属申请或者同意恢复审理的，人民法院可以根据刑事诉讼法第二百九十六条的规定缺席审判。

符合前款规定的情形，被告人无法表达意愿的，其法定代理人、近亲属可以代为申请或者同意恢复审理。

第六百零六条 人民法院受理案件后被告人死亡的，应当裁定终止审理；但有证据证明被告人无罪，经缺席审理确认无罪的，应当判决宣告被告人无罪。

前款所称"有证据证明被告人无罪，经缺席审理确认无罪"，包括案件事实清楚，证据确实、充分，依据法律认定被告人无罪的情形，以及证据不足，不能认定被告人有罪的情形。

第六百零七条 人民法院按照审判监督程序重新审判的案件，被告人死亡的，可以缺席审理。有证据证明被告人无罪，经缺席审理确认被告人无罪的，应当判决宣告被告人无罪；虽然构成犯罪，但原判量刑畸重的，应当依法作出判决。

第六百零八条 人民法院缺席审理案件，本章没有规定的，参照适用本解释的有关规定。

第二十五章 犯罪嫌疑人、被告人逃匿、死亡案件违法所得的没收程序

第六百零九条 刑事诉讼法第二百九十八条规定的"贪污贿赂犯罪、恐怖活动犯罪等"犯罪案件，是指下列案件：

（一）贪污贿赂、失职渎职等职务犯罪案件；

（二）刑法分则第二章规定的相关恐怖活动犯罪案件，以及恐怖活动组织、恐怖活动人员实施的杀人、爆炸、绑架等犯罪案件；

（三）危害国家安全、走私、洗钱、金融诈骗、黑社会性质组织、毒品犯罪案件；

（四）电信诈骗、网络诈骗犯罪案件。

第六百一十条 在省、自治区、直辖市或者全国范围内具有较大影响的犯罪案件，或者犯罪嫌疑人、被告人逃匿境外的犯罪案件，应当认定为刑事诉讼法第二百九十八条第一款规定的"重大犯罪案件"。

第六百一十一条 犯罪嫌疑人、被告人死亡，依照刑法规定应当追缴其违法所得及其他涉案财产，人民检察院提出没收违法所得申请的，人民法院应当依法受理。

第六百一十二条 对人民检察院提出的没收违法所得申请，人民法院应当审查以下内容：

（一）是否属于可以适用违法所得没收程序的案件范围；

（二）是否属于本院管辖；

（三）是否写明犯罪嫌疑人、被告人基本情况，以及涉嫌有关犯罪的情况，并附证据材料；

（四）是否写明犯罪嫌疑人、被告人逃匿、被通缉、脱逃、下落不明、死亡等情况，并附证据材料；

（五）是否列明违法所得及其他涉案财产的种类、数量、价值、所在地等，并附证据材料；

（六）是否附有查封、扣押、冻结违法所得及其他涉案财产的清单和法律手续；

（七）是否写明犯罪嫌疑人、被告人有无利害关系人，利害关系人的姓名、身份、住址、联系方式及其要求等情况；

（八）是否写明申请没收的理由和法律依据；

（九）其他依法需要审查的内容和材料。

前款规定的材料需要翻译件的，人民法院应当要求人民检察院一并移送。

第六百一十三条 对没收违法所得的申请，人民法院应当在三十日以内审查完毕，并按照下列情形分别处理：

（一）属于没收违法所得申请受案范围和本院管辖，且材料齐全、有证据证明有犯罪事实的，应当受理；

（二）不属于没收违法所得申请受案范围或者本院管辖的，应当退回人民检察院；

(三) 没收违法所得申请不符合"有证据证明有犯罪事实"标准要求的，应当通知人民检察院撤回申请；

(四) 材料不全的，应当通知人民检察院在七日以内补送；七日以内不能补送的，应当退回人民检察院。

人民检察院尚未查封、扣押、冻结申请没收的财产或者查封、扣押、冻结期限即将届满，涉案财产有被隐匿、转移或者毁损、灭失危险的，人民法院可以查封、扣押、冻结申请没收的财产。

第六百一十四条 人民法院受理没收违法所得的申请后，应当在十五日以内发布公告。公告应当载明以下内容：

(一) 案由、案件来源；

(二) 犯罪嫌疑人、被告人的基本情况；

(三) 犯罪嫌疑人、被告人涉嫌犯罪的事实；

(四) 犯罪嫌疑人、被告人逃匿、被通缉、脱逃、下落不明、死亡等情况；

(五) 申请没收的财产的种类、数量、价值、所在地等以及已查封、扣押、冻结财产的清单和法律手续；

(六) 申请没收的财产属于违法所得及其他涉案财产的相关事实；

(七) 申请没收的理由和法律依据；

(八) 利害关系人申请参加诉讼的期限、方式以及未按照该期限、方式申请参加诉讼可能承担的不利法律后果；

(九) 其他应当公告的情况。

公告期为六个月，公告期间不适用中止、中断、延长的规定。

第六百一十五条 公告应当在全国公开发行的报纸、信息网络媒体、最高人民法院的官方网站发布，并在人民法院公告栏发布。必要时，公告可以在犯罪地、犯罪嫌疑人、被告人居住地或者被申请没收财产所在地发布。最后发布的公告的日期为公告日期。发布公告的，应当采取拍照、录像等方式记录发布过程。

人民法院已经掌握境内利害关系人联系方式的，应当直接送达含有公告内容的通知；直接送达有困难的，可以委托代为送达、邮寄送达。经受送达人同意的，可以采用传真、电子邮件等能够确认其收悉的方式告知公告内容，并记录在案。

人民法院已经掌握境外犯罪嫌疑人、被告人、利害关系人联系方式，经受送达人同意的，可以采用传真、电子邮件等能够确认其收悉的方式告知公告内容，并记录在案；受送达人未表示同意，或者人民法院未掌握境外犯罪嫌疑人、被告人、利害关系人联系方式，其所在国、地区的主管机关明确提出应当向受送达人送达含有公告内容的通知的，人民法院可以决定是否送达。决定送达的，应当依照本解释第四百九十三条的规定请求所在国、地区提供司法协助。

第六百一十六条 刑事诉讼法第二百九十九条第二款、第三百条第二款规定的"其他利害关系人"，是指除犯罪嫌疑人、被告人的近亲属以外的，对申请没收的财产主张权利的自然人和单位。

第六百一十七条 犯罪嫌疑人、被告人的近亲属和其他利害关系人申请参加诉讼的，应当在公告期间内提出。犯罪嫌疑人、被告人的近亲属应当提供其与犯罪嫌疑人、被告人关系的证明材料，其他利害关系人应当提供证明其对违法所得及其他涉案财产主张权利的证据材料。

利害关系人可以委托诉讼代理人参加诉讼。委托律师担任诉讼代理人的，应当委托具有中华人民共和国律师资格并依法取得执业证书的律师；在境外委托的，应当依照本解释第四百八十六条的规定对授权委托进行公证、认证。

利害关系人在公告期满后申请参加诉讼，能够合理说明理由的，人民法院应当准许。

第六百一十八条 犯罪嫌疑人、被告人逃匿境外，委托诉讼代理人申请参加诉讼，且违法所得或者其他涉案财产所在国、地区主管机关明确提出意见予以支持的，人民法院可以准许。

人民法院准许参加诉讼的，犯罪嫌疑人、被告人的诉讼代理人依照本解释关于利害关系人的诉讼代理人的规定行使诉讼权利。

第六百一十九条 公告期满后，人民法院应当组成合议庭对申请没收违法所得的案件进行审理。

利害关系人申请参加或者委托诉讼代理人参加诉讼的，应当开庭审理。没有利害关系人申请参加诉讼的，或者利害关系人及其诉讼代理人无正当理由拒不到庭的，可以不开庭审理。

人民法院确定开庭日期后，应当将开庭的时间、地点通知人民检察院、利害关系人及其诉讼代理人、证人、鉴定人、翻译人员。通知书应当依照本解释第六百一十五条第二款、第三款规定的方式，至迟在开庭审理三日以前送达；受送达人在境外的，至迟在开庭审理三十日以前送达。

第六百二十条 开庭审理申请没收违法所得的案件，按照下列程序进行：

（一）审判长宣布法庭调查开始后，先由检察员宣读申请书，后由利害关系人、诉讼代理人发表意见；

（二）法庭应当依次就犯罪嫌疑人、被告人是否实施了贪污贿赂犯罪、恐怖活动犯罪等重大犯罪并已经通缉一年不能到案，或者是否已经死亡，以及申请没收的财产是否依法应当追缴进行调查；调查时，先由检察员出示证据，后由利害关系人、诉讼代理人出示证据，并进行质证；

（三）法庭辩论阶段，先由检察员发言，后由利害关系人、诉讼代理人发言，并进行辩论。

利害关系人接到通知后无正当理由拒不到庭，或者未经法庭许可中途退庭的，可以转为不开庭审理，但还有其他利害关系人参加诉讼的除外。

第六百二十一条 对申请没收违法所得的案件，人民法院审理后，应当按照下列情形分别处理：

（一）申请没收的财产属于违法所得及其他涉案财产的，除依法返还被害人的以外，应当裁定没收；

（二）不符合刑事诉讼法第二百九十八条第一款规定的条件的，应当裁定驳回申请，解除查封、扣押、冻结措施。

申请没收的财产具有高度可能属于违法所得及其他涉案财产的，应当认定为前款规定的"申请没收的财产属于违法所得及其他涉案财产"。巨额财产来源不明犯罪案件中，没有利害关系人对违法所得及其他涉案财产主张权利，或者利害关系人对违法所得及其他涉案财产虽然主张权利但提供的证据没有达到相应证明标准的，应当视为"申请没收的财产属于违法所得及其他涉案财产"。

第六百二十二条 对没收违法所得或者驳回申请的裁定，犯罪嫌疑人、被告人的近亲属和其他利害关系人或者人民检察院可以在五日以内提出上诉、抗诉。

第六百二十三条 对不服第一审没收违法所得或者驳回申请裁定的上诉、抗诉案件，第二审人民法院经审理，应当按照下列情形分别处理：

（一）第一审裁定认定事实清楚和适用法律正确的，应当驳回上诉或者抗诉，维持原裁定；

（二）第一审裁定认定事实清楚，但适用法律有错误的，应当改变原裁定；

（三）第一审裁定认定事实不清的，可以在查清事实后改变原裁定，也可以撤销原裁定，发回原审人民法院重新审判；

（四）第一审裁定违反法定诉讼程序，可能影响公正审判的，应当撤销原裁定，发回原审人民法院重新审判。

第一审人民法院对发回重新审判的案件作出裁定后，第二审人民法院对不服第一审人民法院裁定的上诉、抗诉，应当依法作出裁定，不得再发回原审人民法院重新审判；但是，第一审人民法院在重新审判过程中违反法定诉讼程序，可能影响公正审判的除外。

第六百二十四条 利害关系人非因故意或者重大过失在第一审期间未参加诉讼，在第二审期间申请参加诉讼的，人民法院应当准许，并撤销原裁定，发回原审人民法院重新审判。

第六百二十五条 在审理申请没收违法所得的案件过程中，在逃的犯罪嫌疑人、被告人到案的，人民法院应当裁定终止审理。人民检察院向原受理申请的人民法院提起公诉的，可以由同一审判组织审理。

第六百二十六条 在审理案件过程中，被告人脱逃或者死亡，符合刑事诉讼法第二百九十八条第一款规定的，人民检察院可以向人民法院提出没收违法所得的申请；符合刑事诉讼法第二百九十一条第一款规定的，人民检察院可以按照缺席审判程序向人民法院提起公诉。

人民检察院向原受理案件的人民法院提出没收违法所得申请的，可以由同一审判组织审理。

第六百二十七条 审理申请没收违法所得案件的期限，参照公诉案件第一审普通程序和第二审程序的审理期限执行。

公告期间和请求刑事司法协助的时间不计入审理期限。

第六百二十八条 没收违法所得裁定生效后，犯罪嫌疑人、被告人到案并对没收裁定提出异议，人民检察院向原作出裁定的人民法院提起公诉的，可以由同一审判组织审理。

人民法院经审理，应当按照下列情形分别处理：

（一）原裁定正确的，予以维持，不再对涉案财产作出判决；

（二）原裁定确有错误的，应当撤销原裁定，并在判决中对有关涉案财产一并作出处理。

人民法院生效的没收裁定确有错误的，除第一款规定的情形外，应当依照审判监督程序予以纠正。

第六百二十九条 人民法院审理申请没收违法所得的案件，本章没有规定的，参照适用本解释的有关规定。

第二十六章　依法不负刑事责任的精神病人的强制医疗程序

第六百三十条　实施暴力行为，危害公共安全或者严重危害公民人身安全，社会危害性已经达到犯罪程度，但经法定程序鉴定依法不负刑事责任的精神病人，有继续危害社会可能的，可以予以强制医疗。

第六百三十一条　人民检察院申请对依法不负刑事责任的精神病人强制医疗的案件，由被申请人实施暴力行为所在地的基层人民法院管辖；由被申请人居住地的人民法院审判更为适宜的，可以由被申请人居住地的基层人民法院管辖。

第六百三十二条　对人民检察院提出的强制医疗申请，人民法院应当审查以下内容：

（一）是否属于本院管辖；

（二）是否写明被申请人的身份，实施暴力行为的时间、地点、手段、所造成的损害等情况，并附证据材料；

（三）是否附有法医精神病鉴定意见和其他证明被申请人属于依法不负刑事责任的精神病人的证据材料；

（四）是否列明被申请人的法定代理人的姓名、住址、联系方式；

（五）需要审查的其他事项。

第六百三十三条　对人民检察院提出的强制医疗申请，人民法院应当在七日以内审查完毕，并按照下列情形分别处理：

（一）属于强制医疗程序受案范围和本院管辖，且材料齐全的，应当受理；

（二）不属于本院管辖的，应当退回人民检察院；

（三）材料不全的，应当通知人民检察院在三日以内补送；三日以内不能补送的，应当退回人民检察院。

第六百三十四条　审理强制医疗案件，应当通知被申请人或者被告人的法定代理人到场；被申请人或者被告人的法定代理人经通知未到场的，可以通知被申请人或者被告人的其他近亲属到场。

被申请人或者被告人没有委托诉讼代理人的，应当自受理强制医疗申请或者发现被告人符合强制医疗条件之日起三日以内，通知法律援助机构指派律师担任其诉讼代理人，为其提供法律帮助。

第六百三十五条　审理强制医疗案件，应当组成合议庭，开庭审理。但是，被申请人、被告人的法定代理人请求不开庭审理，并经人民法院审查同意的除外。

审理强制医疗案件，应当会见被申请人，听取被害人及其法定代理人的意见。

第六百三十六条　开庭审理申请强制医疗的案件，按照下列程序进行：

（一）审判长宣布法庭调查开始后，先由检察员宣读申请书，后由被申请人的法定代理人、诉讼代理人发表意见；

（二）法庭依次就被申请人是否实施了危害公共安全或者严重危害公民人身安全的暴力行为、是否属于依法不负刑事责任的精神病人、是否有继续危害社会的可能进行调查；调查时，先由检察员出示证据，后由被申请人的法定代理人、诉讼代理人出示证据，并进行质证；必要时，可以通知鉴定人出庭对鉴定意见作出说明；

（三）法庭辩论阶段，先由检察员发言，后由被申请人的法定代理人、诉讼代理人发言，并进行辩论。

被申请人要求出庭，人民法院经审查其身体和精神状态，认为可以出庭的，应当准许。出庭的被申请人，在法庭调查、辩论阶段，可以发表意见。

检察员宣读申请书后，被申请人的法定代理人、诉讼代理人无异议的，法庭调查可以简化。

第六百三十七条 对申请强制医疗的案件，人民法院审理后，应当按照下列情形分别处理：

（一）符合刑事诉讼法第三百零二条规定的强制医疗条件的，应当作出对被申请人强制医疗的决定；

（二）被申请人属于依法不负刑事责任的精神病人，但不符合强制医疗条件的，应当作出驳回强制医疗申请的决定；被申请人已经造成危害结果的，应当同时责令其家属或者监护人严加看管和医疗；

（三）被申请人具有完全或者部分刑事责任能力，依法应当追究刑事责任的，应当作出驳回强制医疗申请的决定，并退回人民检察院依法处理。

第六百三十八条 第一审人民法院在审理刑事案件过程中，发现被告人可能符合强制医疗条件的，应当依照法定程序对被告人进行法医精神病鉴定。经鉴定，被告人属于依法不负刑事责任的精神病人的，应当适用强制医疗程序，对案件进行审理。

开庭审理前款规定的案件，应当先由合议庭组成人员宣读对被告人的法医精神病鉴定意见，说明被告人可能符合强制医疗的条件，后依次由公诉人和被告人的法定代理人、诉讼代理人发表意见。经审判长许可，公诉人和被告人的法定代理人、诉讼代理人可以进行辩论。

第六百三十九条 对前条规定的案件，人民法院审理后，应当按照下列情形分别处理：

（一）被告人符合强制医疗条件的，应当判决宣告被告人不负刑事责任，同时作出对被告人强制医疗的决定；

（二）被告人属于依法不负刑事责任的精神病人，但不符合强制医疗条件的，应当判决宣告被告人无罪或者不负刑事责任；被告人已经造成危害结果的，应当同时责令其家属或者监护人严加看管和医疗；

（三）被告人具有完全或者部分刑事责任能力，依法应当追究刑事责任的，应当依照普通程序继续审理。

第六百四十条 第二审人民法院在审理刑事案件过程中，发现被告人可能符合强制医疗条件的，可以依照强制医疗程序对案件作出处理，也可以裁定发回原审人民法院重新审判。

第六百四十一条 人民法院决定强制医疗的，应当在作出决定后五日以内，向公安机关送达强制医疗决定书和强制医疗执行通知书，由公安机关将被决定强制医疗的人送交强制医疗。

第六百四十二条 被决定强制医疗的人、被害人及其法定代理人、近亲属对强制医疗决定不服的，可以自收到决定书第二日起五日以内向上一级人民法院申请复议。复议期间不停止执行强制医疗的决定。

第六百四十三条 对不服强制医疗决定的复议申请，上一级人民法院应当组成合议

庭审理,并在一个月以内,按照下列情形分别作出复议决定:

(一)被决定强制医疗的人符合强制医疗条件的,应当驳回复议申请,维持原决定;

(二)被决定强制医疗的人不符合强制医疗条件的,应当撤销原决定;

(三)原审违反法定诉讼程序,可能影响公正审判的,应当撤销原决定,发回原审人民法院重新审判。

第六百四十四条　对本解释第六百三十九条第一项规定的判决、决定,人民检察院提出抗诉,同时被决定强制医疗的人、被害人及其法定代理人、近亲属申请复议的,上一级人民法院应当依照第二审程序一并处理。

第六百四十五条　被强制医疗的人及其近亲属申请解除强制医疗的,应当向决定强制医疗的人民法院提出。

被强制医疗的人及其近亲属提出的解除强制医疗申请被人民法院驳回,六个月后再次提出申请的,人民法院应当受理。

第六百四十六条　强制医疗机构提出解除强制医疗意见,或者被强制医疗的人及其近亲属申请解除强制医疗的,人民法院应当审查是否附有对被强制医疗的人的诊断评估报告。

强制医疗机构提出解除强制医疗意见,未附诊断评估报告的,人民法院应当要求其提供。

被强制医疗的人及其近亲属向人民法院申请解除强制医疗,强制医疗机构未提供诊断评估报告的,申请人可以申请人民法院调取。必要时,人民法院可以委托鉴定机构对被强制医疗的人进行鉴定。

第六百四十七条　强制医疗机构提出解除强制医疗意见,或者被强制医疗的人及其近亲属申请解除强制医疗的,人民法院应当组成合议庭进行审查,并在一个月以内,按照下列情形分别处理:

(一)被强制医疗的人已不具有人身危险性,不需要继续强制医疗的,应当作出解除强制医疗的决定,并可责令被强制医疗的人的家属严加看管和医疗;

(二)被强制医疗的人仍具有人身危险性,需要继续强制医疗的,应当作出继续强制医疗的决定。

对前款规定的案件,必要时,人民法院可以开庭审理,通知人民检察院派员出庭。

人民法院应当在作出决定后五日以内,将决定书送达强制医疗机构、申请解除强制医疗的人、被决定强制医疗的人和人民检察院。决定解除强制医疗的,应当通知强制医疗机构在收到决定书的当日解除强制医疗。

第六百四十八条　人民检察院认为强制医疗决定或者解除强制医疗决定不当,在收到决定书后二十日以内提出书面纠正意见的,人民法院应当另行组成合议庭审理,并在一个月以内作出决定。

第六百四十九条　审理强制医疗案件,本章没有规定的,参照适用本解释的有关规定。

2. 最高人民法院、最高人民检察院关于适用犯罪嫌疑人、被告人逃匿、死亡案件违法所得没收程序若干问题的规定(2017年1月4日　法释〔2017〕1号)(节选)

第一条　下列犯罪案件,应当认定为刑事诉讼法第二百八十条第一款规定的"犯罪

案件":

（一）贪污、挪用公款、巨额财产来源不明、隐瞒境外存款、私分国有资产、私分罚没财物犯罪案件；

（二）受贿、单位受贿、利用影响力受贿、行贿、对有影响力的人行贿、对单位行贿、介绍贿赂、单位行贿犯罪案件；

（三）组织、领导、参加恐怖组织，帮助恐怖活动，准备实施恐怖活动，宣扬恐怖主义、极端主义，煽动实施恐怖活动，利用极端主义破坏法律实施，强制穿戴宣扬恐怖主义、极端主义服饰、标志，非法持有宣扬恐怖主义、极端主义物品犯罪案件；

（四）危害国家安全、走私、洗钱、金融诈骗、黑社会性质的组织、毒品犯罪案件。

电信诈骗、网络诈骗犯罪案件，依照前款规定的犯罪案件处理。

第二条 在省、自治区、直辖市或者全国范围内具有较大影响，或者犯罪嫌疑人、被告人逃匿境外的，应当认定为刑事诉讼法第二百八十条第一款规定的"重大"。

第三条 犯罪嫌疑人、被告人为逃避侦查和刑事追究潜逃、隐匿，或者在刑事诉讼过程中脱逃的，应当认定为刑事诉讼法第二百八十条第一款规定的"逃匿"。

犯罪嫌疑人、被告人因意外事故下落不明满二年，或者因意外事故下落不明，经有关机关证明其不可能生存的，依照前款规定处理。

第四条 犯罪嫌疑人、被告人死亡，依照刑法规定应当追缴其违法所得及其他涉案财产的，人民检察院可以向人民法院提出没收违法所得的申请。

第五条 公安机关发布通缉令或者公安部通过国际刑警组织发布红色国际通报，应当认定为刑事诉讼法第二百八十条第一款规定的"通缉"。

第六条 通过实施犯罪直接或者间接产生、获得的任何财产，应当认定为刑事诉讼法第二百八十条[①]第一款规定的"违法所得"。

违法所得已经部分或者全部转变、转化为其他财产的，转变、转化后的财产应当视为前款规定的"违法所得"。

来自违法所得转变、转化后的财产收益，或者来自已经与违法所得相混合财产中违法所得相应部分的收益，应当视为第一款规定的"违法所得"。

第七条 刑事诉讼法第二百八十一条[②]第三款规定的"利害关系人"包括犯罪嫌疑人、被告人的近亲属和其他对申请没收的财产主张权利的自然人和单位。

刑事诉讼法第二百八十一条第二款、第二百八十二条[③]第二款规定的"其他利害关系人"是指前款规定的"其他对申请没收的财产主张权利的自然人和单位"。

第八条 人民检察院向人民法院提出没收违法所得的申请，应当制作没收违法所得申请书。

没收违法所得申请书应当载明以下内容：

（一）犯罪嫌疑人、被告人的基本情况；

（二）案由及案件来源；

（三）犯罪嫌疑人、被告人涉嫌犯罪的事实及相关证据材料；

[①] 现为《中华人民共和国刑事诉讼法》（2018年修正）第二百九十八条。

[②] 现为《中华人民共和国刑事诉讼法》（2018年修正）第二百九十九条。

[③] 现为《中华人民共和国刑事诉讼法》（2018年修正）第三百条。

（四）犯罪嫌疑人、被告人逃匿、被通缉、脱逃、下落不明、死亡的情况；

（五）申请没收的财产的种类、数量、价值、所在地以及已查封、扣押、冻结财产清单和相关法律手续；

（六）申请没收的财产属于违法所得及其他涉案财产的相关事实及证据材料；

（七）提出没收违法所得申请的理由和法律依据；

（八）有无利害关系人以及利害关系人的姓名、身份、住址、联系方式；

（九）其他应当载明的内容。

上述材料需要翻译件的，人民检察院应当将翻译件随没收违法所得申请书一并移送人民法院。

第九条 对于没收违法所得的申请，人民法院应当在三十日内审查完毕，并根据以下情形分别处理：

（一）属于没收违法所得申请受案范围和本院管辖，且材料齐全、有证据证明有犯罪事实的，应当受理；

（二）不属于没收违法所得申请受案范围或者本院管辖的，应当退回人民检察院；

（三）对于没收违法所得申请不符合"有证据证明有犯罪事实"标准要求的，应当通知人民检察院撤回申请，人民检察院应当撤回；

（四）材料不全的，应当通知人民检察院在七日内补送，七日内不能补送的，应当退回人民检察院。

第十条 同时具备以下情形的，应当认定为本规定第九条规定的"有证据证明有犯罪事实"：

（一）有证据证明发生了犯罪事实；

（二）有证据证明该犯罪事实是犯罪嫌疑人、被告人实施的；

（三）证明犯罪嫌疑人、被告人实施犯罪行为的证据真实、合法。

第十一条 人民法院受理没收违法所得的申请后，应当在十五日内发布公告，公告期为六个月。公告期间不适用中止、中断、延长的规定。

公告应当载明以下内容：

（一）案由、案件来源以及属于本院管辖；

（二）犯罪嫌疑人、被告人的基本情况；

（三）犯罪嫌疑人、被告人涉嫌犯罪的事实；

（四）犯罪嫌疑人、被告人逃匿、被通缉、脱逃、下落不明、死亡的情况；

（五）申请没收的财产的种类、数量、价值、所在地以及已查封、扣押、冻结财产的清单和相关法律手续；

（六）申请没收的财产属于违法所得及其他涉案财产的相关事实；

（七）申请没收的理由和法律依据；

（八）利害关系人申请参加诉讼的期限、方式以及未按照该期限、方式申请参加诉讼可能承担的不利法律后果；

（九）其他应当公告的情况。

第十二条 公告应当在全国公开发行的报纸、信息网络等媒体和最高人民法院的官方网站刊登、发布，并在人民法院公告栏张贴。必要时，公告可以在犯罪地、犯罪嫌疑人、被告人居住地或者被申请没收财产所在地张贴。公告最后被刊登、发布、张贴日期为公告日期。人民法院张贴公告的，应当采取拍照、录像等方式记录张贴过程。

人民法院已经掌握境内利害关系人联系方式的，应当直接送达含有公告内容的通知；直接送达有困难的，可以委托代为送达、邮寄送达。经受送达人同意的，可以采用传真、电子邮件等能够确认其收悉的方式告知其公告内容，并记录在案；人民法院已经掌握境外犯罪嫌疑人、被告人、利害关系人联系方式，经受送达人同意的，可以采用传真、电子邮件等能够确认其收悉的方式告知其公告内容，并记录在案；受送达人未作出同意意思表示，或者人民法院未掌握境外犯罪嫌疑人、被告人、利害关系人联系方式，其所在地国（区）主管机关明确提出应当向受送达人送达含有公告内容的通知的，受理没收违法所得申请案件的人民法院可以决定是否送达。决定送达的，应当将公告内容层报最高人民法院，由最高人民法院依照刑事司法协助条约、多边公约，或者按照对等互惠原则，请求受送达人所在地国（区）的主管机关协助送达。

三、刑事政策文件

最高人民法院、最高人民检察院、公安部、司法部关于印发《关于办理性侵害未成年人刑事案件的意见》的通知（2023年5月24日 高检发〔2023〕4号）（节选）

一、总则

第一条 本意见所称性侵害未成年人犯罪，包括《中华人民共和国刑法》第二百三十六条、第二百三十六条之一、第二百三十七条、第三百五十八条、第三百五十九条规定的针对未成年人实施的强奸罪，负有照护职责人员性侵罪，强制猥亵、侮辱罪，猥亵儿童罪，组织卖淫罪，强迫卖淫罪，协助组织卖淫罪，引诱、容留、介绍卖淫罪，引诱幼女卖淫罪等。

第二条 办理性侵害未成年人刑事案件，应当坚持以下原则：

（一）依法从严惩处性侵害未成年人犯罪；

（二）坚持最有利于未成年人原则，充分考虑未成年人身心发育尚未成熟、易受伤害等特点，切实保障未成年人的合法权益；

（三）坚持双向保护原则，对于未成年人实施性侵害未成年人犯罪的，在依法保护未成年被害人的合法权益时，也要依法保护未成年犯罪嫌疑人、未成年被告人的合法权益。

第三条 人民法院、人民检察院、公安机关应当确定专门机构或者指定熟悉未成年人身心特点的专门人员，负责办理性侵害未成年人刑事案件。未成年被害人系女性的，应当有女性工作人员参与。

法律援助机构应当指派熟悉未成年人身心特点的律师为未成年人提供法律援助。

第四条 人民法院、人民检察院在办理性侵害未成年人刑事案件中发现社会治理漏洞的，依法提出司法建议、检察建议。

人民检察院依法对涉及性侵害未成年人的诉讼活动等进行监督，发现违法情形的，应当及时提出监督意见。发现未成年人合法权益受到侵犯，涉及公共利益的，应当依法提起公益诉讼。

二、案件办理

第五条 公安机关接到未成年人被性侵害的报案、控告、举报，应当及时受理，迅速审查。符合刑事立案条件的，应当立即立案侦查，重大、疑难、复杂案件立案审查期限原则上不超过七日。具有下列情形之一，公安机关应当在受理后直接立案侦查：

（一）精神发育明显迟滞的未成年人或者不满十四周岁的未成年人怀孕、妊娠终止或者分娩的；

（二）未成年人的生殖器官或者隐私部位遭受明显非正常损伤的；

（三）未成年人被组织、强迫、引诱、容留、介绍卖淫的；

（四）其他有证据证明性侵害未成年人犯罪发生的。

第六条 公安机关发现可能有未成年人被性侵害或者接报相关线索的，无论案件是否属于本单位管辖，都应当及时采取制止侵害行为、保护被害人、保护现场等紧急措施。必要时，应当通报有关部门对被害人予以临时安置、救助。

第七条 公安机关受理案件后，经过审查，认为有犯罪事实需要追究刑事责任，但因犯罪地、犯罪嫌疑人无法确定，管辖权不明的，受理案件的公安机关应当先立案侦查，经过侦查明确管辖后，及时将案件及证据材料移送有管辖权的公安机关。

第八条 人民检察院、公安机关办理性侵害未成年人刑事案件，应当坚持分工负责、互相配合、互相制约，加强侦查监督与协作配合，健全完善信息双向共享机制，形成合力。在侦查过程中，公安机关可以商请人民检察院就案件定性、证据收集、法律适用、未成年人保护要求等提出意见建议。

第九条 人民检察院认为公安机关应当立案侦查而不立案侦查的，或者被害人及其法定代理人、对未成年人负有特殊职责的人员据此向人民检察院提出异议，经审查其诉求合理的，人民检察院应当要求公安机关说明不立案的理由。人民检察院认为不立案理由不成立的，应当通知公安机关立案，公安机关接到通知后应当立案。

第十条 对性侵害未成年人的成年犯罪嫌疑人、被告人，应当依法从严把握适用非羁押强制措施，依法追诉，从严惩处。

第十一条 公安机关办理性侵害未成年人刑事案件，在提请批准逮捕、移送起诉时，案卷材料中应当包含证明案件来源与案发过程的有关材料和犯罪嫌疑人归案（抓获）情况的说明等。

第十二条 人民法院、人民检察院办理性侵害未成年人案件，应当及时告知未成年被害人及其法定代理人或者近亲属有权委托诉讼代理人，并告知其有权依法申请法律援助。

第十三条 人民法院、人民检察院、公安机关办理性侵害未成年人刑事案件，除有碍案件办理的情形外，应当将案件进展情况、案件处理结果及时告知未成年被害人及其法定代理人，并对有关情况予以说明。

第十四条 人民法院确定性侵害未成年人刑事案件开庭日期后，应当将开庭的时间、地点通知未成年被害人及其法定代理人。

第十五条 人民法院开庭审理性侵害未成年人刑事案件，未成年被害人、证人一般不出庭作证。确有必要出庭的，应当根据案件情况采取不暴露外貌、真实声音等保护措施，或者采取视频等方式播放询问未成年人的录音录像，播放视频亦应当采取技术处理等保护措施。

被告人及其辩护人当庭发问的方式或者内容不当，可能对未成年被害人、证人造成身心伤害的，审判长应当及时制止。未成年被害人、证人在庭审中出现恐慌、紧张、激动、抗拒等影响庭审正常进行的情形的，审判长应当宣布休庭，并采取相应的情绪安抚疏导措施，评估未成年被害人、证人继续出庭作证的必要性。

第十六条 办理性侵害未成年人刑事案件，对于涉及未成年人的身份信息及可能推断出身份信息的资料和涉及性侵害的细节等内容，审判人员、检察人员、侦查人员、律师及参与诉讼、知晓案情的相关人员应当保密。

对外公开的诉讼文书，不得披露未成年人身份信息及可能推断出身份信息的其他资料，对性侵害的事实必须以适当方式叙述。

办案人员到未成年人及其亲属所在学校、单位、住所调查取证的，应当避免驾驶警车、穿着制服或者采取其他可能暴露未成年人身份、影响未成年人名誉、隐私的方式。

第十七条 知道或者应当知道对方是不满十四周岁的幼女，而实施奸淫等性侵害行为的，应当认定行为人"明知"对方是幼女。

对不满十二周岁的被害人实施奸淫等性侵害行为的，应当认定行为人"明知"对方是幼女。

对已满十二周岁不满十四周岁的被害人，从其身体发育状况、言谈举止、衣着特征、生活作息规律等观察可能是幼女，而实施奸淫等性侵害行为的，应当认定行为人"明知"对方是幼女。

第十八条 在校园、游泳馆、儿童游乐场、学生集体宿舍等公共场所对未成年人实施强奸、猥亵犯罪，只要有其他多人在场，不论在场人员是否实际看到，均可以依照刑法第二百三十六条第三款、第二百三十七条的规定，认定为在公共场所"当众"强奸、猥亵。

第十九条 外国人在中华人民共和国领域内实施强奸、猥亵未成年人等犯罪的，在依法判处刑罚时，可以附加适用驱逐出境。对于尚不构成犯罪但构成违反治安管理行为的，或者有性侵害未成年人犯罪记录不适宜在境内继续停留居留的，公安机关可以依法适用限期出境或者驱逐出境。

第二十条 对性侵害未成年人的成年犯罪分子严格把握减刑、假释、暂予监外执行的适用条件。纳入社区矫正的，应当严管严控。

三、证据收集与审查判断

第二十一条 公安机关办理性侵害未成年人刑事案件，应当依照法定程序，及时、全面收集固定证据。对与犯罪有关的场所、物品、人身等及时进行勘验、检查，提取与案件有关的痕迹、物证、生物样本；及时调取与案件有关的住宿、通行、银行交易记录等书证，现场监控录像等视听资料，手机短信、即时通讯记录、社交软件记录、手机支付记录、音视频、网盘资料等电子数据。视听资料、电子数据等证据因保管不善灭失的，应当向原始数据存储单位重新调取，或者提交专业机构进行技术性恢复、修复。

第二十二条 未成年被害人陈述、未成年证人证言中提到其他犯罪线索，属于公安机关管辖的，公安机关应当及时调查核实；属于其他机关管辖的，应当移送有管辖权的机关。

具有密切接触未成年人便利条件的人员涉嫌性侵害未成年人犯罪的，公安机关应当注意摸排犯罪嫌疑人可能接触到的其他未成年人，以便全面查清犯罪事实。

对于发生在犯罪嫌疑人住所周边或者相同、类似场所且犯罪手法雷同的性侵害案件，符合并案条件的，应当及时并案侦查，防止遗漏犯罪事实。

第二十三条 询问未成年被害人，应当选择"一站式"取证场所、未成年人住所或者其他让未成年人心理上感到安全的场所进行，并通知法定代理人到场。法定代理人不能到场或者不宜到场的，应当通知其他合适成年人到场，并将相关情况记录在案。

询问未成年被害人，应当采取和缓的方式，以未成年人能够理解和接受的语言进行。坚持一次询问原则，尽可能避免多次反复询问，造成次生伤害。确有必要再次询问的，应当针对确有疑问需要核实的内容进行。

询问女性未成年被害人应当由女性工作人员进行。

第二十四条 询问未成年被害人应当进行同步录音录像。录音录像应当全程不间断进行，不得选择性录制，不得剪接、删改。录音录像声音、图像应当清晰稳定，被询问人面部应当清楚可辨，能够真实反映未成年被害人回答询问的状态。录音录像应当随案移送。

第二十五条 询问未成年被害人应当问明与性侵害犯罪有关的事实及情节，包括被害人的年龄等身份信息、与犯罪嫌疑人、被告人交往情况、侵害方式、时间、地点、次数、后果等。

询问尽量让被害人自由陈述，不得诱导，并将提问和未成年被害人的回答记录清楚。记录应当保持未成年人的语言特点，不得随意加工或者归纳。

第二十六条 未成年被害人陈述和犯罪嫌疑人、被告人供述中具有特殊性、非亲历不可知的细节，包括身体特征、行为特征和环境特征等，办案机关应当及时通过人身检查、现场勘查等调查取证方法固定证据。

第二十七条 能够证实未成年被害人和犯罪嫌疑人、被告人相识交往、矛盾纠纷及其异常表现、特殊癖好等情况，对完善证据链条、查清全部案情具有证明作用的证据，应当全面收集。

第二十八条 能够证实未成年人被性侵害后心理状况或者行为表现的证据，应当全面收集。未成年被害人出现心理创伤、精神抑郁或者自杀、自残等伤害后果的，应当及时检查、鉴定。

第二十九条 认定性侵害未成年人犯罪，应当坚持事实清楚，证据确实、充分，排除合理怀疑的证明标准。对案件事实的认定要立足证据，结合经验常识，考虑性侵害案件的特殊性和未成年人的身心特点，准确理解和把握证明标准。

第三十条 对未成年被害人陈述，应当着重审查陈述形成的时间、背景，被害人年龄、认知、记忆和表达能力，生理和精神状态是否影响陈述的自愿性、完整性，陈述与其他证据之间能否相互印证，有无矛盾。

低龄未成年人对被侵害细节前后陈述存在不一致的，应当考虑其身心特点，综合判断其陈述的主要事实是否客观、真实。

未成年被害人陈述了与犯罪嫌疑人、被告人或者性侵害事实相关的非亲历不可知的细节，并且可以排除指证、诱证、诬告、陷害可能的，一般应当采信。

未成年被害人询问笔录记载的内容与询问同步录音录像记载的内容不一致的，应当结合同步录音录像记载准确客观认定。

对未成年证人证言的审查判断，依照本条前四款规定进行。

第三十一条 对十四周岁以上未成年被害人真实意志的判断，不以其明确表示反对或者同意为唯一证据，应当结合未成年被害人的年龄、身体状况、被侵害前后表现以及双方关系、案发环境、案发过程等进行综合判断。

四、未成年被害人保护与救助

第三十二条 人民法院、人民检察院、公安机关办理性侵害未成年人刑事案件,应当根据未成年被害人的实际需要及当地情况,协调有关部门为未成年被害人提供心理疏导、临时照料、医疗救治、转学安置、经济帮扶等救助保护措施。

第三十三条 犯罪嫌疑人到案后,办案人员应当第一时间了解其有无艾滋病,发现犯罪嫌疑人患有艾滋病的,在征得未成年被害人监护人同意后,应当及时配合或者会同有关部门对未成年被害人采取阻断治疗等保护措施。

第三十四条 人民法院、人民检察院、公安机关办理性侵害未成年人刑事案件,发现未成年人的父母或者其他监护人不依法履行监护职责或者侵犯未成年人合法权益的,应当予以训诫,并书面督促其依法履行监护职责。必要时,可以责令未成年人父母或者其他监护人接受家庭教育指导。

第三十五条 未成年人受到监护人性侵害,其他具有监护资格的人员、民政部门等有关单位和组织向人民法院提出申请,要求撤销监护人资格,另行指定监护人的,人民法院依法予以支持。

有关个人和组织未及时向人民法院申请撤销监护人资格的,人民检察院可以依法督促、支持其提起诉讼。

第三十六条 对未成年人因被性侵害而造成人身损害,不能及时获得有效赔偿,生活困难的,人民法院、人民检察院、公安机关可会同有关部门,优先考虑予以救助。

五、其他

第三十七条 人民法院、人民检察院、公安机关、司法行政机关应当积极推动侵害未成年人案件强制报告制度落实。未履行报告义务造成严重后果的,应当依照《中华人民共和国未成年人保护法》等法律法规追究责任。

第三十八条 人民法院、人民检察院、公安机关、司法行政机关应当推动密切接触未成年人相关行业依法建立完善准入查询性侵害违法犯罪信息制度,建立性侵害违法犯罪人员信息库,协助密切接触未成年人单位开展信息查询工作。

第三十九条 办案机关应当建立完善性侵害未成年人案件"一站式"办案救助机制,通过设立专门场所、配置专用设备、完善工作流程和引入专业社会力量等方式,尽可能一次性完成询问、人身检查、生物样本采集、侦查辨认等取证工作,同步开展救助保护工作。

六、附则

第四十条 本意见自 2023 年 6 月 1 日起施行。本意见施行后,《最高人民法院 最高人民检察院 公安部 司法部关于依法惩治性侵害未成年人犯罪的意见》(法发〔2013〕12 号)同时废止。

第二节 审判实践中的疑难新型问题

问题1. 轻微家庭暴力犯罪案件中未成年被害人的法定代理人的程序选择权如何适用

【刑事审判参考案例】 李某琴故意伤害案[①]

一、基本案情

浦口区人民法院经公开审理查明：被告人李某琴与施某斌于2010年登记结婚，婚前双方各有一女。2012年下半年，李某琴夫妇将李某琴表妹张某某的儿子即被害人施某某（案发时8周岁）从安徽省带至南京市抚养，施某某自此即处于李某琴的实际监护之下。2013年6月，李某琴夫妇至民政机关办理了收养施某某的手续（公安机关调取的收养材料显示，"收养当事人无子女证明"所盖印章与有权作出证明的单位印章不一致）。2015年3月31日晚，李某琴认为施某某撒谎，在家中先后使用竹制抓痒耙、塑料制跳绳对其抽打，造成施某某体表出现范围较广泛的挫伤150余处。经法医鉴定，施某某躯干、四肢等部位挫伤面积为体表面积的10%，其所受损伤已构成轻伤一级。

另查明：案发后，被告人李某琴经公安机关电话通知后主动到案接受调查，如实交代了主要事实。被害人施某某的生父母桂某某、张某某与李某琴达成和解协议，并对李某琴的行为表示谅解。

浦口区人民法院认为，被告人李某琴在对被害人施某某实际监护过程中，故意伤害施某某身体，造成施某某轻伤一级的严重后果，其行为已构成故意伤害罪。综合考虑李某琴的犯罪动机、暴力手段、侵害对象、危害后果，以及其具有自首、取得被害人生父母谅解等法定及酌定情节，依照《刑法》第二百三十四条第一款、第六十七条第一款，《刑事诉讼法》第二百七十九条[②]之规定，以故意伤害罪判处被告人李某琴有期徒刑六个月。

宣判后，被告人李某琴不服，提出上诉，认为一审判决所采信的法医学人体损伤程度鉴定书程序违法、鉴定标准错误；一审判决违反了家庭暴力犯罪案件中被害人程序选择权的规定；一审判决不符合未成年人利益最大化的要求。

南京市中级人民法院经审理认为，被告人李某琴故意损害他人身体健康的行为已构成故意伤害罪。一审定李某琴犯故意伤害罪的事实清楚，定罪准确，结合李某琴犯罪的事实、性质、情节和对社会的危害程度对其所处刑罚适当。据此，依照《刑事诉讼法》第二百二十五条[③]第一款第一项之规定，裁定驳回上诉，维持原判。

[①] 周侃、徐聪萍撰稿，杜国强审编：《李某琴故意伤害案——轻微家庭暴力犯罪案件中未成年被害人的法定代理人的程序选择权如何适用（第1190号）》，载中华人民共和国最高人民法院刑事审判第一、二、三、四、五庭主办：《刑事审判参考》总第109集，法律出版社2017年版，第64~70页。

[②] 现为《中华人民共和国刑事诉讼法》（2018年修正）第二百九十条。

[③] 现为《中华人民共和国刑事诉讼法》（2018年修正）第二百三十六条。

二、主要问题

1. 如何把握被害人在轻微家庭暴力犯罪案件中的程序选择权？
2. 家庭暴力犯罪案件审判中如何体现未成年人利益最大化原则？

三、裁判理由

（一）如何理解轻微家庭暴力犯罪案件中的被害人程序选择权

本案审理过程中，被告人李某琴及其辩护人、被害人的诉讼代理人提出，本案属于轻微刑事案件，被害人依法享有程序选择权，一审法院无视被害人及其生父母不追究李某琴刑事责任的意志，属于适用法律错误，其所提具体理由包括：其一，《反家暴意见》规定了被害人在轻微家庭暴力案件中有程序选择权，即使考虑到被害人程序选择权对被害人有行为能力的要求，但本案被害人已是八周岁的儿童，有自主思维和判断，故应当适用程序选择权。其二，本案被害人的生父母可以代其作出程序选择，依据是《最高人民法院关于适用〈中华人民共和国刑事诉讼法〉的解释》（以下简称《刑事诉讼法解释》）第四百九十七条第二款的规定，即被害人系无行为能力或者限制行为能力人的，其法定代理人、近亲属可以代为和解。

本案审理中，对上述问题主要形成以下两种意见：

第一种意见认为，《反家暴意见》属于指导办案的司法政策文件，该文件第八条规定，对于被害人有证据证明的轻微家庭暴力犯罪案件，在立案审查时，应当尊重被害人选择公诉或者自诉的权利。被害人要求公安机关处理的，公安机关应当依法立案、侦查。在侦查过程中，被害人不再要求公安机关处理或者要求转为自诉案件的，应当告知被害人向公安机关提交书面申请。经审查确系被害人自愿提出的，公安机关应当依法撤销案件。被害人就这类案件向人民法院提起自诉的，人民法院应当依法受理。该意见所规定的被害人程序选择权的前提是轻微家庭暴力犯罪案件，而本案中，被告人李某琴故意伤害被害人施某某的身体，构成轻伤一级的严重伤害结果，已不属于轻微家庭暴力犯罪案件，故不应适用被害人程序选择权。

第二种意见认为，《反家暴意见》所规定的被害人程序选择权并不是绝对的，应受行为能力的限制，本案被害人尚未满十周岁，行为能力受限，故本案不应适用被害人程序选择权的规定，检察机关就本案提起公诉与被害人程序选择权并不冲突。

我们原则同意第二种意见，具体理由如下：

1. 本案属于轻微家庭暴力犯罪案件

《反家暴意见》第八条规定了在轻微家庭暴力犯罪案件中，应尊重被害人的程序选择权。根据《刑事诉讼法解释》第一条[①]第二项的规定，《刑法》分则第四章、第五章规定的，对被告人可能判处三年有期徒刑以下刑罚的案件应属轻微刑事案件范畴。本案被告人的犯罪事实和情节符合《刑法》第二百三十四条第一款的规定，即可能判处三年有期徒刑以下刑罚，属轻微刑事案件，且本案系发生在家庭内部的暴力犯罪，故应属《反家暴意见》第八条所规定的轻微家庭暴力犯罪案件。

2. 被害人程序选择权的行使应受行为能力的限制

《反家暴意见》第三条规定了尊重被害人意愿原则，第八条规定了轻微家庭暴力犯罪案件中的被害人程序选择权，前后呼应，共同强调在作出对被害人利益具有重大影响的

---

① 现为《最高人民法院关于适用〈中华人民共和国刑事诉讼法〉的解释》（2021年）第一条。

处理决定时,应当充分听取并尊重被害人的意见。但无论是尊重被害人意愿原则,还是具体到尊重被害人程序选择权,均不是绝对的,应有一定限度。

其一,从法律文义来看。被害人程序选择权实际上是被害人的诉讼处分权利,是被害人在法律规定的范围内依据自己的意愿决定程序利益的取舍,是意思自治原则在刑事诉讼领域的运用。显然,被害人进行程序选择系权利处分,这就当然要求其具有行为能力,行为能力是独立行使权利、承担义务的基础。而本案被害人系未满十周岁的未成年人,其在法律上系无行为能力人,不具备权利处分能力,其亦无法认识到该项程序选择的法律后果。因此,我们认为,本案被害人本人所作出的不追究李某琴责任的意思表示,不具有程序选择的法律意义。

其二,从司法政策文件的精神来看。《反家暴意见》第八条规定被害人有程序选择权,主要是基于家庭暴力犯罪案件不同于其他刑事案件,犯罪行为发生在家庭内部,从促进家庭和谐、维系家庭关系来说,被害人有时出于感情、经济等因素的考虑,会选择对轻微家庭暴力犯罪行为不予追究,其意愿有可能更符合家庭实际情况,更有利于解决家庭成员之间矛盾,修复家庭关系。因此,《反家暴意见》所规定的程序选择权应当是针对具备独立判断能力的被害人而言,否则,《反家暴意见》体现的公权力依法介入、干预家庭暴力的政策目标将会落空。本案被害人尚年幼,心智尚未成熟,本案所涉刑事犯罪与人伦亲情的取舍已超出其能够独立判断的认知范围,不应支持其可以独立行使不追究被告人刑事责任的程序选择权。

其三,被害人谅解与被害人行使程序选择权的法律后果不同。根据程序选择权,被害人在立案、侦查阶段即可要求撤销案件,直接涉及是否启动诉讼程序追究犯罪嫌疑人、被告人刑事责任的问题,被害人程序选择权的权利处分范围要远远大于公诉案件的和解。因此,考虑家庭暴力案件大多发生在亲属之间的特殊性,不可当然依据《刑事诉讼法解释》第四百九十七条第二款的规定,一概赋予家庭暴力案件中被害人的法定代理人、近亲属代为程序选择的权利。特别是对受虐待、伤害的儿童的父亲或母亲又系被告人的,更应慎重考虑其他监护人代行程序选择权是否可能侵犯未成年被害人的合法权益。本案被害人的生父母表达了对被告人李某琴的谅解,法院可在量刑时作为酌定情节予以考虑,但不宜以此作为不追究被告人刑事责任,要求宣判无罪的依据。

其四,从司法政策文件规定的逻辑体系来看。《反家暴意见》第八条与第九条相互呼应,无论从逻辑关系,还是从内在价值判断来看,两者关于强化对家暴被害人保护的内在精神均是一致的。第八条规定了被害人的程序选择权,第九条则规定了通过代为告诉保障被害人的诉讼权利。根据第九条的规定,检察机关对于家庭暴力犯罪案件的被害人系无行为能力人、限制行为能力人,其法定代理人、近亲属没有告诉或代为告诉的,可以代为告诉。该条规定从内在价值判断来看,更强调对无行为能力及限制行为能力被害人的特殊保护。本案中,被害人遭受家庭暴力已构成轻伤一级,虽然其养父及生父母均不要求追究被告人的刑事责任,但检察机关基于对未成年被害人特殊保护原则而提起公诉,是完全符合法律规定的。

(二)家庭暴力犯罪案件审判中如何体现未成年人利益最大化原则

1. 未成年人利益最大化原则是审理涉未成年人案件的基本准则。联合国《儿童权利公约》确立了儿童利益最大化原则,要求"关于儿童的一切行为,不论是由公私社会福利机构、法院、行政当局或立法机构执行,均应以儿童的最大利益为一种首要考虑"。我国已于 1990 年签署该公约，这一原则也已成为国际社会处理儿童问题时的基本准则。同时，未成年人保护法亦明确规定了未成年人享有生存权、发展权、受保护权、参与权等权利，国家根据未成年人身心发展特点给予特殊、优先保护，保障未成年人的合法权益不受侵犯。本案被害人施某某系未成年人，身心尚未成熟，缺乏独立生活能力，应予以特殊保护和照料，本案的审理亦应遵循未成年人利益最大化原则。

2. 应在法律框架下给予未成年人最大限度保护。被告人李某琴及其辩护人提出，李某琴平时对施某某关爱有加，施某某在本案审理期间亦表达了其思念李某琴，想继续与李某琴共同生活的愿望，一审法院判处李某琴刑罚，将施某某与李某琴分离，造成施某某在二审期间辍学，缺乏人文关怀，违背了未成年人利益最大化原则。

我们认为，本案的审理结果符合未成年人利益最大化原则，系在法律框架下对未成年人的最大限度保护。第一，本案系发生在家庭内部的故意伤害刑事案件，李某琴虽在平时的生活中对施某某较为关心、爱护，但其以暴力手段摧残施某某的身心健康，造成严重后果，已构成犯罪，具有社会危害性，应受到国家法律的惩处。第二，未成年人的父母或其他监护人依法对其有抚养教育的权利和义务，但该项权利的行使不得超越法律边界，应受到国家法律的监督。未成年人系具有独立人格的生命体，并非父母的私有财产，其生命健康权不应以任何理由受到侵害。国家作为未成年人的最终监护人，有权力亦有责任对侵害未成年人合法权利的行为进行监督、干预，此系国家公权力的合法行使，符合未成年人利益最大化原则的要求。第三，应全面考量未成年人利益最大化原则。具体到本案，从被害人施某某个体角度来看，未成年人利益最大化并不等同于物质利益最大化。李某琴虽为施某某提供了较好的物质生活、学习条件，但物质生活的优越性并非未成年人健康成长的唯一保障及衡量标准，物质条件不应亦无法替代对未成年人生命健康及人格尊严的权利保障。法律不外乎人情，但情感亦不能僭越法律。从全社会未成年人群体角度来看，本案反映了社会传统教育理念与现代法治文明的碰撞，本案的审理结果向社会传达了未成年人权利保护的理念，批判传统家长威权主义教育方式，倡导亲子之间科学良性沟通，长远来看，是对全社会未成年人群体利益的最好保护。

此外，据了解，本案二审期间，相关部门已为被害人施某某提供了基本的住房、生活、教育保障，施某某亦表达了希望回原学校继续就读的愿望，李某琴及其辩护人所述一审判决造成施某某辍学的意见与事实不符。对于施某某，国家、社会，尤其是施某某亲属，应给予充分关爱，对其正面引导、纾解其负面情绪，使其尽早回归正常学习生活。

综上，人民法院以故意伤害罪对被告人李某琴进行定罪判刑，较好体现了法律与政策、依法惩处犯罪与最大限度保护未成年被害人的有机统一。

需要指出的是，在本案审理过程中，被告人李某琴及其辩护人提出"皮内出血"不属于"挫伤"，认为被害人施某某所受损伤不符合轻伤一级的认定标准。我们认为，挫伤系法医学术语，通常是指由钝器作用造成的以皮内和（或）皮下及软组织出血为主要改变的闭合性损伤，两种情况经常相伴发生，挫伤包含"皮内出血"的情形，但通常来看，以皮内出血为主的损伤程度相对轻一些，但施某某所受损伤已经法定程序鉴定为轻伤，故法院未采纳被告人的相关辩解意见。

问题2. 办理附条件不起诉案件，如何进行社会调查？

【最高人民检察院指导性案件】 牛某非法拘禁案（检例第106号）

【要旨】

检察机关对于公安机关移送的社会调查报告应当认真审查，报告内容不能全面反映未成年人成长经历、犯罪原因、监护教育等情况的，可以商公安机关补充调查，也可以自行或者委托其他有关组织、机构补充调查。对实施犯罪行为时系未成年人但诉讼过程中已满十八周岁的犯罪嫌疑人，符合条件的，可以适用附条件不起诉。对于外地户籍未成年犯罪嫌疑人，办案检察机关可以委托未成年人户籍所在地检察机关开展异地协作考察帮教，两地检察机关要各司其职，密切配合，确保帮教取得实效。

【基本案情】

被附条件不起诉人牛某，女，作案时17周岁，初中文化，无业。

2015年年初，牛某初中三年级辍学后打工，其间经人介绍加入某传销组织，后随该组织到某市进行传销活动。2016年4月21日，被害人瞿某（男，成年人）被其女友卢某（另案处理）骗至该传销组织。4月24日上午，瞿某在听课过程中发现自己进入的是传销组织，便要求卢某与其一同离开。乔某（传销组织负责人，到案前因意外事故死亡）得知情况后，安排牛某与卢某、孙某（另案处理）等人进行阻拦。次日上午，瞿某再次开门欲离开时，在乔某指使下，牛某积极参与对被害人瞿某实施堵门、言语威胁等行为，程某（另案处理）等人在客厅内以打牌名义进行看管。15时许，瞿某在其被拘禁的四楼房间窗户前探身欲呼救时不慎坠至一楼，经法医鉴定，瞿某为重伤二级。

因该案系八名成年人与一名未成年人共同犯罪，公安机关进行分案办理。八名成年人除乔某已死亡外，均被提起公诉，人民法院以非法拘禁罪分别判处被告人有期徒刑一年至三年不等。

【检察机关履职过程】

（一）依法对牛某作出不批准逮捕决定。公安机关对未成年犯罪嫌疑人牛某提请批准逮捕后，检察机关依法讯问牛某，听取其法定代理人、辩护人及被害人的意见。经审查，检察机关认为牛某因被骗加入传销组织后，积极参与实施了非法拘禁致被害人重伤的共同犯罪行为，已构成非法拘禁罪，但在犯罪中起次要作用，且归案后供述稳定，认罪悔罪态度好，愿意尽力赔偿被害人经济损失，采取取保候审足以防止社会危险性的发生，依法对牛某作出不批准逮捕决定，并联合司法社工、家庭教育专家、心理咨询师及其法定代理人组成帮教小组，建立微信群，开展法治教育、心理疏导、就业指导等，预防其再犯。同时，商公安机关对牛某的成长经历、家庭情况、犯罪原因等进行社会调查。

（二）开展补充社会调查。案件移送起诉后，检察机关审查认为，随案移送的社会调查报告不够全面细致。为进一步查明牛某犯罪原因、犯罪后表现等情况，检察机关遂列出详细的社会调查提纲，并通过牛某户籍所在地检察机关委托当地公安机关对牛某的成长经历、犯罪原因、平时表现、社会交往、家庭监护条件、取保候审期间的表现等进行补充社会调查。调查人员通过走访牛某父母、邻居、村委会干部及打工期间的同事了解到，牛某家庭成员共五人，家庭关系融洽，母亲常年在外打工，父亲在家务农，牛某平时表现良好，服从父母管教，村委会愿意协助家庭对其开展帮教。取保候审期间，牛某在一家烧烤店打工，同事评价良好。综合上述情况，检察机关认为牛某能够被社会接纳，具备社会化帮教条件。

（三）促成与被害人和解。本案成年被告人赔偿后，被害人瞿某要求牛某赔偿五万元医药费。牛某及家人虽有赔偿意愿，但因家庭经济困难，无法一次性支付赔偿款。检察机关向被害人详细说明牛某和家人的诚意及困难，并提出先支付部分现金，剩余分期还款的赔偿方案，引导双方减少分歧。经做工作，牛某与被害人接受了检察机关的建议，牛某当面向被害人赔礼道歉，并支付现金两万元，剩余三万元承诺按月还款，两年内付清，被害人为牛某出具了谅解书。

（四）召开听证会，依法作出附条件不起诉决定。鉴于本案涉及传销，造成被害人重伤，社会关注度较高，且牛某在诉讼过程中已满十八周岁，对是否适宜作附条件不起诉存在不同认识，检察机关举行不公开听证会，牛某及其法定代理人、辩护人和侦查人员、帮教人员等参加。听证人员结合具体案情、法律规定和现场提问情况发表意见，一致赞同对牛某附条件不起诉。2018年5月16日，检察机关依法对牛某作出附条件不起诉决定。综合考虑其一贯表现和犯罪性质、情节、后果、认罪悔罪表现及尚未完全履行赔偿义务等因素，参考同案人员判决情况以及其被起诉后可能判处的刑期，确定考验期为一年。

（五）开展异地协作考察帮教。鉴于牛某及其家人请求回户籍地接受帮教，办案检察机关决定委托牛某户籍地检察机关开展异地考察帮教，并指派承办检察官专程前往牛某户籍地检察机关进行工作衔接。牛某户籍地检察机关牵头成立了由检察官、司法社工、法定代理人等组成的帮教小组，根据所附条件共同制定帮助牛某提升法律意识和辨别是非能力、树立正确消费观、提高就业技能等方面的个性化帮教方案，要求牛某按照方案内容接受当地检察机关的帮教，定期向帮教检察官汇报思想、生活状况，根据协议按时、足额将赔偿款汇到被害人账户。办案检察机关定期与当地检察机关帮教小组联系，及时掌握对牛某的考察帮教情况。牛某认真接受帮教，并提前还清赔偿款。考验期满，检察机关综合牛某表现，依法作出不起诉决定。经回访，目前牛某工作稳定，各方面表现良好，生活已经走上正轨。

【指导意义】

（一）办理附条件不起诉案件，应当进行社会调查，社会调查报告内容不完整的，应当补充开展社会调查。社会调查报告是检察机关认定未成年犯罪嫌疑人主观恶性大小、是否适合作附条件不起诉以及附什么样的条件、如何制定具体的帮教方案等的重要参考。社会调查报告的内容主要包括涉罪未成年人个人基本情况、家庭情况、成长经历、社会生活状况、犯罪原因、犯罪前后表现、是否具备有效监护条件、社会帮教条件等，应具有个性化和针对性。公安机关、人民检察院、人民法院办理未成年人刑事案件，根据法律规定和案件情况可以进行社会调查。公安机关侦查未成年人犯罪案件，检察机关可以商请公安机关进行社会调查。认为公安机关随案移送的社会调查报告内容不完整、不全面的，可以商请公安机关补充进行社会调查，也可以自行补充开展社会调查。

（二）对于犯罪时系未成年人但诉讼过程中已满十八周岁的犯罪嫌疑人，可以适用附条件不起诉。《刑事诉讼法》第二百八十二条规定，对于涉嫌《刑法》分则第四章、第五章、第六章规定的犯罪，可能判处一年有期徒刑以下刑罚，符合起诉条件，但有悔罪表现的未成年人刑事案件，可以作出附条件不起诉决定。未成年人刑事案件是指犯罪嫌疑人实施犯罪时系未成年人的案件。对于实施犯罪行为时未满十八周岁，但诉讼中已经成年的犯罪嫌疑人，符合适用附条件不起诉案件条件的，人民检察院可以作出附条件不起诉决定。

（三）对外地户籍未成年人，可以开展异地协作考察帮教，确保帮教效果。被附条件不起诉人户籍地或经常居住地与办案检察机关属于不同地区，被附条件不起诉人希望返回户籍地或经常居住地生活工作的，办案检察机关可以委托其户籍地或经常居住地检察机关协助进行考察帮教，户籍地或经常居住地检察机关应当予以支持。两地检察机关应当根据被附条件不起诉人的具体情况，共同制定有针对性的帮教方案并积极沟通协作。当地检察机关履行具体考察帮教职责，重点关注未成年人行踪轨迹、人际交往、思想动态等情况，定期走访被附条件不起诉人的法定代理人以及所在社区、单位，并将考察帮教情况及时反馈办案检察机关。办案检察机关应当根据考察帮教需要提供协助。考验期届满前，当地检察机关应当出具被附条件不起诉人考察帮教情况总结报告，作为办案检察机关对被附条件不起诉人是否最终作出不起诉决定的重要依据。

问题3. 如何把握附条件不起诉中的"违反考察机关监督管理规定"？

【最高人民检察院指导性案件】唐某等人聚众斗殴案（检例第107号）

【要旨】

对于被附条件不起诉人在考验期内多次违反监督管理规定，逃避或脱离矫治和教育，经强化帮教措施后仍无悔改表现，附条件不起诉的挽救功能无法实现，符合"违反考察机关监督管理规定，情节严重"的，应当依法撤销附条件不起诉决定，提起公诉。

【基本案情】

被附条件不起诉人唐某，男，作案时17周岁，辍学无业。

2017年3月15日，唐某与潘某（男，作案时14周岁）因琐事在电话中发生口角，相约至某广场斗殴。唐某纠集十余名未成年人，潘某纠集八名未成年人前往约架地点。上午8时许，双方所乘车辆行至某城市主干道红绿灯路口时，唐某等人下车对正在等红绿灯的潘某一方所乘两辆出租车进行拦截，对拦住的一辆车上的四人进行殴打，未造成人员伤亡。

【检察机关履职过程】

（一）依法适用附条件不起诉。2017年6月20日，公安机关以唐某涉嫌聚众斗殴罪将该案移送检察机关审查起诉。检察机关审查后认为：1. 唐某涉嫌聚众斗殴罪，可能判处一年有期徒刑以下刑罚。唐某虽系聚众斗殴的纠集者，在上班高峰期的交通要道斗殴，但未造成严重后果，且案发时其不满十八周岁，参照最高人民法院量刑指导意见以及当地同类案件已生效判决，评估唐某可能判处有期徒刑八个月至十个月。2. 唐某归案后如实供述犯罪事实，通过亲情会见、心理疏导以及看守所提供的表现良好书面证明材料，综合评估其具有悔罪表现。3. 亲子关系紧张、社会交往不当是唐某涉嫌犯罪的重要原因。唐某的母亲常年外出务工，其与父母缺乏沟通交流；唐某与社会闲散人员交往过密，经常出入夜店，夜不归宿；遇事冲动、爱逞能、好面子，对斗殴行为性质及后果存在认知偏差。4. 具备帮教矫治条件。心理咨询师对唐某进行心理疏导时，其明确表示认识到自己行为的危害性，不再跟以前的朋友来往，并提出想要学厨艺的强烈意愿。对其法定代理人开展家庭教育指导后，其母亲愿意返回家中履行监护职责，唐某明确表示将接受父母的管教和督促。检察机关综合唐某的犯罪情节、悔罪表现、犯罪成因及帮教条件并征求公安机关、法定代理人意见后，认定唐某符合附条件不起诉条件，于 2017 年 7 月 21 日依法对其作出附条件不起诉决定，考验期六个月。

（二）设置可评价考察条件，有针对性地调整强化帮教措施。检察机关成立由检察官、唐某的法定代理人和某酒店负责人组成的帮教小组，开展考察帮教工作。针对唐某的实际情况，为其提供烹饪技能培训，促其参加义务劳动和志愿者活动，要求法定代理人加强监管并禁止其出入特定场所。同时，委托专业心理咨询师对其多次开展心理疏导，对其父母开展家庭教育指导，改善亲子关系。在考验前期，唐某能够遵守各项监督管理规定，表现良好，但后期其开始无故迟到、旷工，还出入酒吧、夜店等娱乐场所。为此，检察机关及时调整强化帮教措施：第一，通过不定时电话访谈、委托公安机关不定期调取其出入网吧、住宿记录等形式监督唐某是否存在违反禁止性规定的行为，一旦发现立即训诫，并通过心理咨询师进行矫治。第二，针对唐某法定代理人监督不力的行为，重申违反考验期规定的严重后果，及时开展家庭教育指导和司法训诫。第三，安排唐某到黄河水上救援队接受先进事迹教育感化，引导其树立正确的价值观，选择具有正能量的人交往。

（三）认定违反监督管理规定情节严重，依法撤销附条件不起诉决定。因唐某自控能力较差，无法彻底阻断与社会不良人员的交往，法定代理人监管意识和监管能力不足，在经过检察机关多次训诫及心理疏导后，唐某仍擅自离开工作的酒店，并明确表示拒绝接受帮教。检察机关全面评估唐某考验期表现，认为其在考验期内，多次夜不归宿，经常在凌晨出入酒吧、夜店、KTV 等娱乐场所；与他人结伴为涉嫌寻衅滋事犯罪的人员助威；多次醉酒，上班迟到、旷工；未向检察机关和酒店负责人报告，擅自离开帮教单位，经劝说仍拒绝上班。同时，唐某的法定代理人也未如实报告唐某日常表现，在检察机关调查核实时，帮助唐某欺瞒。因此，检察机关认定唐某违反考察机关附条件不起诉的监督管理规定，情节严重。2018 年 1 月 15 日，检察机关依法撤销唐某的附条件不起诉决定。

（四）依法提起公诉，建议不适用缓刑。2018 年 1 月 17 日，检察机关以唐某涉嫌聚众斗殴罪对其提起公诉。法庭审理阶段，公诉人指出应当以聚众斗殴罪追究其刑事责任，且根据附条件不起诉考验期间调查核实的情况，认为唐某虽认罪但没有悔罪表现，且频繁出入娱乐场所，长期与社会闲散人员交往，再犯可能性较高，不适用缓刑。2018 年 3 月 16 日，法院作出一审判决，以被告人唐某犯聚众斗殴罪判处有期徒刑八个月。一审宣判后，被告人唐某未上诉。

【指导意义】

（一）针对被附条件不起诉人的实际表现，及时调整监督矫治措施，加大帮教力度。检察机关对干预矫治的情形和再犯风险应当进行动态评估，发现被附条件不起诉人在考验期内违反帮教协议的相关规定时，要及时分析原因，对仍有帮教可能性的，应当调整措施，通过延长帮教期限、心理疏导、司法训诫、家庭教育指导等多种措施加大帮教力度，及时矫正被附条件不起诉未成年人的行为认知偏差。

（二）准确把握"违反考察机关监督管理规定"行为频次、具体情节、有无继续考察帮教必要等因素，依法认定"情节严重"。检察机关经调查核实、动态评估后发现被附条件不起诉人多次故意违反禁止性监督管理规定，或者进入特定场所后违反治安管理规定，或者违反指示性监督管理规定,经检察机关采取训诫提醒、心理疏导等多种措施后仍无悔改表现,脱离、拒绝帮教矫治,导致通过附条件不起诉促进涉罪未成年人悔过自新、回归社会的功能无法实现时,应当认定为《刑事诉讼法》第二百八十四条第一款第(二)项规定的"情节严重",依法撤销附条件不起诉决定,提起公诉。

问题 4. 如何把握刑事和解制度的适用?

【刑事审判指导案件】 黄某诈骗案[①]

一、基本案情

某区人民法院经公开审理查明:2011 年 5 月,被告人黄某谎称能够帮助被害人练某良办理户口迁移事宜,以手续费为由骗取练某良人民币 20000 元,后提供了一张假的户口迁移商调函(某区劳动管理服务中心核查后确认该商调函并非该中心开具,属虚假)给练某良。2012 年 12 月,黄某对练某良谎称可以低价买到海关罚没车,骗取练某良人民币 55000 元,后向练某良提供了一张假的机动车销售统一发票(某某区国税局核查后确认没有该发票的入库信息)。由于户口迁移和购买海关罚没车辆事宜均未办成,练某良于 2013 年 1 月 8 日报警。2013 年 6 月 13 日,黄某被抓获归案。

2014 年 1 月 2 日,黄某的父亲与被害人练某良达成协议,约定由前者代为退赔 4 万元,其中 25000 元当日交付,余款在 2016 年 6 月前分三期付清。被害人对被告人予以谅解,并请求法院对被告人免予刑事处罚。

某区人民法院认为,被告人黄某以非法占有为目的,诈骗他人财物,数额巨大,其行为已构成诈骗罪。鉴于黄某认罪态度较好,依法可以从轻处罚。黄某积极赔偿,并获得被害人谅解,可以减轻处罚。依照《刑法》第二百六十六条、第六十七条第三款、第五十二条、第五十三条,《最高人民法院关于适用〈中华人民共和国刑事诉讼法〉的解释》第五百零五条之规定,判决被告人黄某犯诈骗罪,判处有期徒刑一年十个月,并处罚金人民币二千元。

一审宣判后,黄某没有上诉,但某区人民检察院提出抗诉。抗诉意见认为:(1)原审判决量刑不当。黄某有犯罪前科,诈骗数额巨大,庭审后部分赔偿被害人并获得谅解,可以酌情从轻处罚,应当在三年以上有期徒刑量刑。在被告人没有法定减轻处罚情节的情况下,一审法院对黄某减轻处罚明显不当。(2)原审判决适用法律错误。《最高人民法院关于适用〈中华人民共和国刑事诉讼法〉的解释》只是对刑事诉讼相关程序进行解释,一审法院根据该解释第五百零五条直接减轻处罚错误。减轻处罚也没有报最高人民法院核准。建议二审法院予以纠正。某市人民检察院支持抗诉。

某市中级人民法院经审理认为,原审被告人黄某以非法占有为目的,虚构事实,隐瞒真相,诈骗他人财物,数额较大,其行为已构成诈骗罪。黄某归案后认罪态度较好,有一定悔罪表现,依法可以从轻处罚。黄某通过近亲属与被害人达成退赔协议,并获得被害人谅解,可以从轻处罚。黄某曾因犯绑架罪被判处刑罚,在量刑时予以考虑。本案

[①] 姜君伟、吴君炜撰稿,陆建红审编:《黄某诈骗案——司法实务中如何把握刑事和解制度的适用(第 1176 号)》,载中华人民共和国最高人民法院刑事审判第一、二、三、四、五庭主办:《刑事审判参考》总第 108 集,法律出版社 2017 年版,第 77~83 页。

双方达成退赔协议，但并未即时履行，因此不符合"当事人和解的公诉案件诉讼程序"的规定，原审判决适用《最高人民法院关于适用〈中华人民共和国刑事诉讼法〉的解释》第五百零五条属法律适用错误。原审判决认为"被告人积极赔偿，并获得被害人谅解，可以减轻处罚"，于法无据，予以纠正。但《最高人民法院、最高人民检察院关于办理诈骗刑事案件具体应用法律若干问题的解释》规定，诈骗公私财物价值3万元至10万元以上的，应当认定为《刑法》第二百六十六条规定的"数额巨大"。从有利于被告人出发，本案诈骗数额宜认定为数额较大，依法应当判处三年以下有期徒刑、拘役或者管制，并处或者单处罚金。原审判决定罪准确，证据确实充分，综合全案犯罪的事实、性质、情节和社会危害程度，原审判决量刑尚属适当，可予以维持。经审判委员会讨论决定，依照《刑事诉讼法》第二百二十五条第一款第一项之规定，裁定如下：驳回抗诉，维持原判。

二、主要问题

司法实务中如何把握刑事和解制度的适用？

三、裁判理由

本案在审理过程中，对于被告人黄某的行为构成诈骗罪没有不同意见，但对于黄某父亲与被害人练某良达成赔偿协议的情况下如何量刑，存在三种不同意见：

第一种意见，即一审法院的判决认为，黄某的亲属代为赔偿被害人，并获得被害人谅解，根据《最高人民法院关于适用〈中华人民共和国刑事诉讼法〉的解释》（以下简称《刑事诉讼法解释》）第五百零五条[1]的规定，本案属于达成和解协议的案件，可以减轻处罚。

第二种意见，即两级检察机关认为，《刑事诉讼法解释》只是对刑事诉讼相关程序进行解释，不能根据《刑事诉讼法解释》第五百零五条[2]直接对被告人减轻处罚。如要在法定刑以下减轻处罚，须报最高人民法院核准。

第三种意见，即二审法院判决认为，黄某父亲虽然与被害人达成赔偿协议，并获得被害人谅解，但赔偿协议并未即时履行，不符合"当事人和解的公诉案件诉讼程序"的规定，不能适用《刑事诉讼法解释》的规定减轻处罚。

我们同意第三种意见。2012年3月修正后的《刑事诉讼法》增设了"当事人和解的公诉案件诉讼程序"，规定了当事人和解的案件范围和量刑处理原则，标志着刑事和解制度在我国刑事立法中的正式确立。所谓刑事和解，是指"在刑事诉讼程序运行过程中，被害人和加害人（被告人或犯罪嫌疑人）以认罪、赔偿、道歉等方式达成谅解以后，国家专门机关不再追究加害人刑事责任或者对其从轻处罚的一种案件处理方式，即被害人和加害人达成一种协议和谅解，促使国家机关不再追究刑事责任或者处罚的制度"[3]。由于《刑事诉讼法》对刑事和解制度仅有三条原则规定，并未规定刑事和解制度在司法实践中的具体适用程序和条件，为充分发挥刑事和解程序功能，有效化解社会矛盾，同时规范法律适用，防止出现"花钱买刑"等损害司法公正的问题，《刑事诉讼法解释》对和

---

[1] 现为《中华人民共和国刑事诉讼法》（2018年修正）第二百三十六条。
[2] 现为《最高人民法院关于适用〈中华人民共和国刑事诉讼法〉的解释》（2021年）第五百九十六条。
[3] 曾粤兴、李霞：《刑事和解与刑法基本原则的关系——兼及刑事和解的价值取向》，载《法学杂志》2009年第9期。

解程序的具体适用进一步作出了较为全面的规定。在司法实践中要正确适用刑事和解制度，须明确以下三方面问题：

（一）刑事和解制度适用的范围

根据《刑事诉讼法》第二百七十七条①的规定，刑事和解程序适用的案件范围是：（1）因民间纠纷引起，涉嫌《刑法》分则第四章、第五章规定的犯罪案件，可能判处三年有期徒刑以下刑罚的；（2）除渎职犯罪以外的可能判处七年有期徒刑以下刑罚的过失犯罪案件。但是犯罪嫌疑人、被告人在五年以内曾经故意犯罪的，不适用该程序。《刑法》分则第四章、第五章规定的犯罪案件是指侵犯公民人身权利、民主权利罪类和侵犯财产罪类的犯罪案件，常见的如故意伤害罪、侮辱罪、诽谤罪等，以及盗窃罪、抢夺罪、侵占罪等。

《刑事诉讼法》第二百七十七条第一款第一项适用范围还附加了"因民间纠纷引起"这一前提。何为民间纠纷，商务印书馆出版的《现代汉语词典》对"民间"的注释为：人民中间的，非官方的。据此，民间纠纷就是人民中间的纠纷。由于司法解释没有对"民间纠纷"明确界定，如本案是诈骗犯罪，是否属于该程序的适用范围也存在争议。在这方面，有些规范性文件的规定可供参考，如1990年4月19日司法部发布的《民间纠纷处理办法》第三条规定："基层人民政府处理民间纠纷的范围，为《人民调解委员会组织条例》规定的民间纠纷，即公民之间有关人身、财产权益和其他日常生活中发生的纠纷。"1990年5月25日广东省人民政府颁布的《广东省人民调解委员会组织细则》第九条规定："人民调解委员会的任务是：（一）调解婚姻、继承、赡养、抚养、扶养、家庭、房屋宅基地、债务、生产经营、邻里、赔偿及其他民间纠纷……"据此，我们认为，"民间纠纷"应当包括婚姻、继承、赡养、抚养、扶养、家庭、房屋宅基地、债务、生产经营、邻里、赔偿等事务上的纠纷。具体案件是否适用刑事和解，需要实务中采取开放的态度灵活掌握，或许这也是司法解释没有明确列举或概括界定"民间纠纷"的本意。

（二）适用刑事和解需要遵循的原则

一是自愿原则。刑事和解意味着在刑事审判活动中引入当事人自治自主的诉讼民主因素，有利于化解社会矛盾，稳定社会秩序。刑事诉讼法未明确人民法院能否主持双方当事人协商以达成和解协议。鉴于当前国情，刑事案件的加害方和被害方往往缺乏有效沟通的渠道，且有些还处于敌意的对立状态，缺乏互信，如没有审判人员释法明理，从中调和，双方当事人很难自行和解。因此，《刑事诉讼法解释》第四百九十六条②规定，对符合《刑事诉讼法》第二百七十七条规定的公诉案件，事实清楚、证据充分的，人民法院应当告知当事人可以自行和解；当事人提出申请的，人民法院可以主持双方当事人协商以达成和解。根据前述规定，因当事人申请人民法院才启动刑事和解程序，人民法院只是应当事人申请主持协商，从和解程序的启动到和解协议的拟订以及和解协议的执行均应以当事人意愿为主导，贯彻了当事人一定程度的意思自治的自愿原则。

二是即时全面履行原则。司法实践中，对于刑事和解协议中的赔偿损失内容，协议能否延期履行、分期履行等问题，存在认识分歧。我们认为，刑事和解是重要的量刑情节，如允许延期履行、分期履行和解协议约定的赔偿损失内容，将会使人民法院对被告

---

① 现为《中华人民共和国刑事诉讼法》（2018年修正）第二百八十八条。
② 现为《中华人民共和国刑事诉讼法》（2018年修正）第五百八十七条。

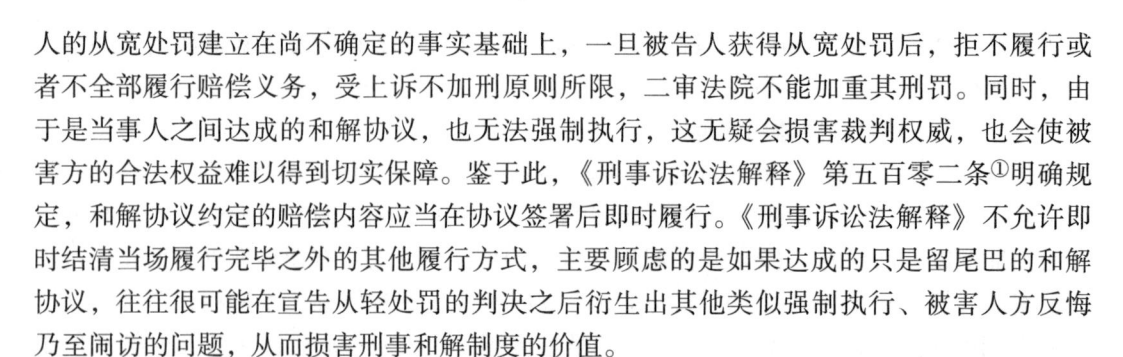

人的从宽处罚建立在尚不确定的事实基础上，一旦被告人获得从宽处罚后，拒不履行或者不全部履行赔偿义务，受上诉不加刑原则所限，二审法院不能加重其刑罚。同时，由于是当事人之间达成的和解协议，也无法强制执行，这无疑会损害裁判权威，也会使被害方的合法权益难以得到切实保障。鉴于此，《刑事诉讼法解释》第五百零二条①明确规定，和解协议约定的赔偿内容应当在协议签署后即时履行。《刑事诉讼法解释》不允许即时结清当场履行完毕之外的其他履行方式，主要顾虑的是如果达成的只是留尾巴的和解协议，往往很可能在宣告从轻处罚的判决之后衍生出其他类似强制执行、被害人方反悔乃至闹访的问题，从而损害刑事和解制度的价值。

三是禁止反悔原则。刑事和解协议签署后能否反悔，在司法实践和理论界认识分歧均较大。《刑事诉讼法解释》第五百零二条第二款及第五百零三条明确规定：其一，和解协议已经全部履行，当事人反悔的，人民法院不予支持，但有证据证明和解违反自愿、合法原则的除外。《刑事诉讼法解释》的上述规定体现了法律、司法解释鼓励、倡导诚信原则，只要和解协议已经全部履行，原则上就不得反悔。其二，双方当事人在侦查、审查起诉期间已经达成和解协议并全部履行，被害人或者其法定代理人、近亲属又提起附带民事诉讼的，人民法院不予受理，但有证据证明和解违反自愿、合法原则的除外。

（三）适用刑事和解的法律效果

本案在审理中，两级检察机关均认为，《刑事诉讼法解释》是针对《刑事诉讼法》作出，而《刑事诉讼法》属于程序法，因此《刑事诉讼法解释》只能针对刑事诉讼相关程序进行解释，不能根据《刑事诉讼法解释》第五百零五条直接对被告人减轻处罚。如要在法定刑以下减轻处罚，须报最高人民法院核准。我们认为，我国在《刑事诉讼法》中确立刑事和解制度，可以说是在程序法中嵌入了实体规范，体现了该次《刑事诉讼法》修正的立法创新。因此，《刑事诉讼法》虽然是程序法，但其对刑事和解制度的规定，特别是第二百七十七条对刑事和解案件范围的规定，第二百七十九条②对刑事和解案件公检法处理原则的规定，均具有实体上的意义。《刑事诉讼法》第二百七十九条明确规定，对于达成和解协议的案件，人民法院可以依法对被告人从宽处罚。从宽处罚的意思，可体现为从轻、减轻、免除处罚。《刑事诉讼法解释》第五百零五条正是对该条规定的具体化，第五百零五条关于刑事和解案件的从轻处罚、减轻处罚、免除刑事处罚的规定，均属于第二百七十九条"从宽处罚"的范畴，因此，对于符合第二百七十九条规定的刑事和解案件，人民法院可以直接判决减轻处罚乃至免刑，无须再按照法定刑以下量刑程序报最高人民法院核准，两级检察机关的意见并不符合法律规定。

本案中虽然被告人与被害人之间形式上达成了和解协议，但如前所述，和解协议约定的赔偿损失内容，被告人应当在协议签署后即时履行，才能认定为"达成和解协议"，进而适用刑事和解的处罚原则。该即时履行原则要求全部即时履行，而不是分期、延期履行，由于本案被告人一方并没有全部即时履行赔偿义务，这种情况下，根据《刑事诉讼法解释》第五百零四条的规定，被害人或者其法定代理人、近亲属提起附带民事诉讼后，双方愿意和解，但被告人不能即时履行全部赔偿义务的，人民法院应当制作附带民事调解书。故本案中的赔偿协议只能作为附带民事赔偿情节予以考虑，而不能视为达成

---

① 现为《中华人民共和国刑事诉讼法》（2018年修正）第五百九十三条。
② 现为《中华人民共和国刑事诉讼法》（2018年修正）第二百九十条。

刑事和解。因此，原审判决适用相关司法解释以和解为由对被告人黄某减轻处罚是不当的。

值得注意的是，本案在二审期间，最高人民法院、最高人民检察院对诈骗犯罪的量刑数额标准作出了调整。按照本案一审期间诈骗罪的量刑数额标准，5 万元至 50 万元区间属于诈骗数额巨大，依法应当判处三年以上十年以下有期徒刑，并处罚金。但 2011 年 4 月 8 日起施行的《最高人民法院、最高人民检察院关于办理诈骗刑事案件具体应用法律若干问题的解释》（以下简称《诈骗解释》）规定：诈骗公私财物价值 3000 元至 1 万元以上、3 万元至 10 万元以上、50 万元以上的，应当分别认定为《刑法》第二百六十六条规定的"数额较大""数额巨大""数额特别巨大"，并规定各省、自治区、直辖市高级人民法院、人民检察院可以结合本地区经济社会发展状况，在该数额幅度内，共同研究确定本地区执行的具体数额标准，报最高人民法院、最高人民检察院备案。

在本案二审阶段，某省高级人民法院、省人民检察院尚未在《诈骗解释》规定的量刑数额幅度内正式确定在本地区适用的具体数额标准。二审法院本着有利于被告人的原则，同时参考以往经验，以司法解释所确定的量刑数额幅度的上限为标准，确定 10 万元以上为诈骗犯罪数额巨大的起点最为可能（后来下发的文件的确如此），因此，本案诈骗金额 75000 元认定为"数额较大"更为合适。据此，二审法院认定对被告人黄某以诈骗罪在三年以下量刑仍旧是合适的。

综上，二审法院认定本案不符合"当事人和解的公诉案件诉讼程序"的规定，对被告人不应减轻处罚，而应从轻处罚，被告人黄某诈骗数额属"数额较大"，据此维持一审法院对被告人黄某以诈骗罪判处有期徒刑一年十个月，并处罚金人民币二千元的判决，是适当的。

问题 5. 如何科学确定"继续追缴"涉案财物执行主体和执行程序？

【刑事审判参考案例】 许某伟、张某英合同诈骗案[①]

一、基本案情

长沙市中级人民法院经审理查明：2004 年 5 月，被告人许某伟开始通过中介公司以虚假验资的手段申办湖南好房子好日子置业有限责任公司（以下简称好房子公司），并于同年 12 月办理了工商注册登记。同年 6 月，许某伟与被告人张某英在联系房地产业务时相识。不久，许某伟得知湖南华城国际房地产股份有限公司（以下简称华城公司）开发的长沙市马王堆"古汉城"房地产项目尚剩有 150 余亩土地，但已被法院全部冻结，即与张某英合伙编造省残联下属公司好房子公司有长沙市马王堆"古汉城"房地产项目的 260 亩土地正在招商引资的虚假事实，并共同物色买主。此后，张某英经人介绍找到欲在长沙进行房地产开发的被害人章某汉。许、张二人为诱使章某汉从好房子公司购买土地，伪造了《中国残疾人联合会民族贸易（集团）总公司公函》。该公函的大致内容为：好房子公司系中国残联民族贸易（集团）总公司下属子公司，张某英受残联民贸总公司的委

[①] 渠帆、余旭东撰稿，周峰审编：《许某伟、张某英合同诈骗案——"继续追缴"涉案财物执行主体和执行程序（第 827 号）》，载中华人民共和国最高人民法院刑事审判第一、二、三、四、五庭主办：《刑事审判参考》2013 年第 1 集（总第 90 集），法律出版社 2013 年版，第 19～27 页。

派全权处理有关长沙市马王堆"古汉城"土地转让事宜。此外，许某伟、张某英还先后伪造长沙市国土资源局的国有土地使用权出让合同和其他文件，并以"长沙市马王堆古汉城拆迁安置办"的名义开设收取购地款的专用账户。2004年11月16日，章某汉与好房子公司法定代表人许某伟签订了长沙市"古汉城"土地使用权转让协议书。随后，自2004年12月10日起至2005年5月19日止，章某汉陆续将人民币（以下币种同）4000万元土地转让补偿款汇入二被告人指定的"长沙市马王堆古汉城拆迁安置办"账户。进账后，许某伟、张某英将该4000万元迅速大量取现和转账，据为己有。2005年12月23日，许某伟谎称要支付"古汉城"06号宗地拆迁安置费用，骗得章某汉50万元；又以"古汉城"06号、02号土地办土地使用权证开支为由，以借款的名义于2006年1月20日骗得章某汉350万元；还以"古汉城"01号、02号土地尚欠部分土地款为由，于2006年4月2日骗得章某汉60万元。

长沙市中级人民法院认为，被告人许某伟、张某英的行为均构成合同诈骗罪，应当依法惩处。二被告人构成共同犯罪，且均系主犯。依照《刑法》第二百二十四条、第二十五条、第二十六条、第五十七条、第六十四条之规定，判决如下：

1. 被告人许某伟犯合同诈骗罪，判处无期徒刑，剥夺政治权利终身，并处没收个人全部财产。

2. 被告人张某英犯合同诈骗罪，判处无期徒刑，剥夺政治权利终身，并处没收个人全部财产。

3. 继续追缴被告人许某伟、张某英犯罪所得财产，发还被害人章某汉。

一审宣判后，被告人许某伟、张某英不服，提出上诉。

湖南省高级人民法院经审理认为，上诉人许某伟、张某英以非法占有为目的，合伙伪造国家机关公文及相关合同、证明、通知等，虚构好房子公司是中国残联民族贸易（集团）总公司的下属子公司的事实，并设立虚假的国家土地管理部门指定的专用账户，骗取被害人章某汉的信任与许某伟用虚假验资手段注册成立的好房子公司签订土地转让合同及合作开发土地合同，骗取章某汉4460万元，其行为构成合同诈骗罪。在共同犯罪过程中，二上诉人相互合谋、精心策划、分工合作，均起主要作用，均系主犯。依照《刑事诉讼法》（1996年）第一百八十九条[①]第一款第一项之规定，裁定驳回上诉，维持原判。

二、主要问题

如何科学确定"继续追缴"涉案财物执行主体和执行程序？

三、裁判理由

本案争议的焦点不是定性问题，而是刑事判决书中关于尚未查封、扣押、冻结的涉案财物"继续追缴"的执行主体和程序问题。对这一问题的分析，首先必须对刑事涉案财物的概念及相关规定有一个明晰的认识。

（一）刑事涉案财物的概念

2012年修改后的《刑事诉讼法》首次使用了"涉案财产"的术语，并在第五编特别程序中单设了第三章，对犯罪嫌疑人、被告人逃匿、死亡案件违法所得的没收程序进行了规定。其中，第二百八十条第一款规定："对于贪污贿赂犯罪、恐怖活动犯罪等重大犯

[①] 现为《中华人民共和国刑事诉讼法》（2018年修正）第二百三十六条。

罪案件，犯罪嫌疑人、被告人逃匿，在通缉一年后不能到案，或者犯罪嫌疑人、被告人死亡，依照刑法规定应当追缴其违法所得及其他涉案财产的，人民检察院可以向人民法院提出没收违法所得的申请。"2012年年底出台的《最高人民法院关于适用〈中华人民共和国刑事诉讼法〉的解释》（以下简称《刑事诉讼法解释》）第五百零九条规定："实施犯罪行为所取得的财物及其孳息，以及被告人非法持有的违禁品、供犯罪所用的本人财物，应当认定为刑事诉讼法第二百八十条第一款规定的'违法所得及其他涉案财产'。"2013年1月1日施行的《人民检察院刑事诉讼规则（试行）》（以下简称《规则》）则对"刑事涉案财产"进行了明确定义。《规则》第五百二十三条第三款规定："犯罪嫌疑人实施犯罪行为所取得的财物及其孳息以及犯罪嫌疑人非法持有的违禁品、供犯罪所用的本人财物，应当认定为前两款规定的违法所得及其他涉案财产。"

由上述规定可见，刑事涉案财物包括以下三种类型：

一是刑事违法所得，它包括财物及其孳息，是基于犯罪行为所产生的、由犯罪行为人所占有和控制的、没有合法根据的利益，体现为违法性、价值性、占有性。需要明确的是，违法所得主要以经济利益为核心，专指通过犯罪行为所获得的经济性利益的增长。这种增长包括两个方面：一方面是指相对于犯罪行为之前经济性利益的增长，可以说，任何有违法所得的犯罪都存在这一方面的利益增长；另一方面还包括这些经济性利益在流通中实现的增值，即孳息，有些利益可能会贬值，因此，并非所有犯罪的违法所得均会产生孳息。

二是供犯罪所用之物，它是指实施犯罪时所使用的财物，包括已经供犯罪所用或者将要供犯罪所用的物。如抢劫犯罪团伙使用的车辆、无行医执照的人为其非法行医所准备的医疗器械和药品。

三是犯罪行为人所持有的违禁物品，如故意杀人所用的枪支，毒品犯罪中的毒品等。违禁品是法律禁止持有的物品，本来就不应属于犯罪行为人所有，需要实施强制没收。

（二）当前对刑事涉案财物的相关规定

目前，法律法规及相关解释对涉案财产的规定，散见于20多个不同效力层次的法律、法规、规定、办法、通知、批复中。《刑法》第六十四条及1996年《刑事诉讼法》第一百九十八条、2012年《刑事诉讼法》第二百三十四条[①]均作出了概括性、原则性的规定。2012年《刑事诉讼法》第二百八十条[②]至第二百八十三条[③]还专门规定了犯罪嫌疑人、被告人逃匿、死亡案件违法所得的没收程序。此外，《刑事诉讼法解释》第三百五十九条[④]至第三百七十条[⑤]、第五百零七条[⑥]至第五百二十二[⑦]条，最高人民法院、最高人民检察院、公安部、国家安全部、司法部、全国人大常委会法制工作委员会2012年联合印发的《关于实施刑事诉讼法若干问题的规定》（以下简称《六部委规定》）第三十六条至第三十九条，公安部印发的《公安机关办理刑事案件程序规定》（以下简称《公安规定》）第

---

① 现为《中华人民共和国刑事诉讼法》（2018年修正）第二百四十五条。
② 现为《中华人民共和国刑事诉讼法》（2018年修正）第二百九十八条。
③ 现为《中华人民共和国刑事诉讼法》（2018年修正）第三百零一条。
④ 现为《最高人民法院关于适用〈中华人民共和国刑事诉讼法〉的解释》（2021年）第四百三十七条。
⑤ 现为《最高人民法院关于适用〈中华人民共和国刑事诉讼法〉的解释》（2021年）第四百五十条。
⑥ 现为《最高人民法院关于适用〈中华人民共和国刑事诉讼法〉的解释》（2021年）第六百一十一条。
⑦ 现为《最高人民法院关于适用〈中华人民共和国刑事诉讼法〉的解释》（2021年）第六百二十八条。

二百二十条至第二百三十八条、第三百二十八条至第三百三十条,《规则》第二百三十一条至第二百四十六条、第五百二十三条至第五百三十八条,都对涉案财产作出了相应规定。

1996年《刑事诉讼法》第一百九十八条规定:"公安机关、人民检察院和人民法院对于扣押、冻结犯罪嫌疑人、被告人的财物及其孳息,应当妥善保管,以供核查。任何单位和个人不得挪用或者自行处理。对被害人的合法财产,应当及时返还。对违禁品或不宜长期保存的物品,应当依照国家有关规定处理……人民法院作出的判决生效以后,对被扣押、冻结的赃款赃物及其孳息,除依法返还被害人的以外,一律没收,上缴国库……"2012年《刑事诉讼法》第二百三十四条①在此基础上,增加了对查封、扣押、冻结的犯罪嫌疑人、被告人的财物及其孳息,应当制作清单,随案移送,人民法院作出的判决,应当对查封、扣押、冻结的财物及其孳息作出处理,以及人民法院作出的判决生效以后,有关机关应当根据判决对查封、扣押、冻结的财物及其孳息进行处理的规定。

值得注意的是,如前所述,2012年《刑事诉讼法》第五编第三章对特殊案件中犯罪嫌疑人、被告人逃匿、死亡案件违法所得没收程序作了明确规定。该章修改的背景是贪污贿赂等犯罪涉案金额越发巨大,携款外逃情况屡见不鲜,既给国家造成了巨额的财产损失,又给国家声誉造成了重大损害。鉴于这一情况,《刑事诉讼法》明确规定了违法所得没收程序适用的案件范围及条件,违法所得没收程序的管辖及审理方式等。虽然适用该程序必须以犯罪嫌疑人、被告人构成贪污贿赂或者恐怖活动等特定犯罪为前提,但对于包括本案在内的一般犯罪的处理亦具有借鉴意义。《刑事诉讼法》的这一最新规范,充分体现了对涉案财物查没应当由审判机关审查的国际化趋势,规定了由检察机关提供证据、提起没收违法所得的申请,由法院组成合议庭进行审理;受理后发出公告,利害关系人有权参加诉讼;法院在必要时可以查封、扣押、冻结申请没收的财产等。

从上述法律的规定可知,关于《刑事诉讼法》及相关规范性文件对刑事涉案财物的规定在立法体系上体现了一定的进步性,主要体现在两个方面:一是《刑事诉讼法》对法院在判决书中对查封、扣押、冻结的财物及其孳息如何处理进行了明确规定,对于不管是哪个案件阶段、哪个办案机关扣押的涉案财产,均应当在判决中作出相关处理,有关机关应当按照判决执行;二是规定了犯罪嫌疑人、被告人逃匿、死亡案件违法所得没收的程序。

(三)本案宜采取多元化主体模式进行追缴

尽管刑事涉案财物的相关规定在立法体系上体现了一定的进步性,但还存在相当的不足。如由哪个机关以及依照何种程序来执行对涉案财物的追缴,目前尚未有明确规定。本案在执行过程中,也存在对这个问题的争议,大致存在三种意见:第一种意见认为,应当由作出原审判决的法院的执行部门或者刑事审判机构执行;第二种意见认为,应当由公安、检察机关在判决生效后执行;第三种意见认为,应当由公检法司各机关根据具体情况合作进行追缴。

我们同意第三种意见。具体理由如下:

1. 由单一机关行使追缴职能不具有可行性

我国法律没有规定追缴的具体含义。《刑法》第六十四条规定:犯罪分子违法所得的

---

① 现为《中华人民共和国刑事诉讼法》(2018年修正)第二百四十五条。

一切财物,应当予以追缴或者责令退赔;对被害人的合法财产,应当及时返还;违禁品和供犯罪使用的本人财物,应当予以没收。由此可见,追缴是国家机关在刑事诉讼中对犯罪分子直接或者间接通过非法手段所获取的现金、物质及其他财产和经济利益依法予以追回,并返还被害人或者予以没收的司法行为。追缴的对象是刑事涉案财物,对不同的涉案财物应当采取不同的处置方式:对违法所得,依法没收或者退赔;对犯罪所用之物和违禁品,依法没收;对被害人的合法财产,依法返还。刑事追缴既不是主刑,也不是附加刑,且不属于《刑法》第三十七条规定的非刑罚处罚方法,但其又具有法定性、强制性和无偿性的特点。从字面上看,追缴包含着"追"和"缴"两层意思:一是侦查阶段、审查起诉阶段、审判阶段的涉案款物的"追索"措施;二是判决执行阶段的"返还被害人"或"上缴国库"的措施。据此可以看出,刑事追缴涉及刑事诉讼的各阶段、各部门,它既包括司法机关追回赃款赃物的过程行为,又包括司法机关对赃款赃物进行最后处理的结果行为。

第一种观点认为应当由法院的执行部门或者审判部门负责继续追缴,在法律规定和现实层面均不具备可行性。首先,继续追缴的判决不在最高人民法院1998年颁布的《关于人民法院执行工作若干问题的规定(试行)》第二条列举的各类应当由执行庭负责执行的内容之列,法院的执行部门主要负责民事和行政等判决、裁定的执行,不包括刑事判决的执行(刑事附带民事判决的民事部分除外);其次,法律只赋予了人民法院调查权,而没有侦查权,涉案财物经过有专职侦查权、专业侦查设备、技术和人员的公安、检察两个环节的侦查都未查清的话,再交由不具备专职侦查权力和能力的法院相关部门去调查,显然不可能实现。

第二种观点认为应当由公安、检察机关在判决生效后执行,也会存在以下问题:一是可能出现公安、检察机关之间相互推诿或者争抢执行的情况;二是对于某一财产是否属于涉案财物,公安、检察机关是直接认定,还是需要通过诉讼程序由人民法院来审查、认定,亦存在争议。

基于上述分析,我们认为,采取多元化主体模式进行追缴更具有可行性、科学性。

2. 多元化继续追缴的模式更能发挥机制优势

(1) 追缴的主体。我国《宪法》和《刑事诉讼法》均规定,公检法各机关之间是"分工负责、互相配合、互相制约"的关系。因此,执行追缴权不能只由人民法院行使,而应当根据案件具体情况,分别按照诉讼经济原则来分工负责,相互配合来行使。实践中,很多刑事案件不可能在一个诉讼阶段完成,因此,最好按照案件终结时所处的程序阶段,由该阶段的职能部门主要负责追缴,其他部门予以配合为宜。如违法所得的确认可能分别出现在案件撤销、不起诉和判决生效三个阶段,因此,对违法所得的追缴也应当分阶段确定追缴主体:第一,因犯罪嫌疑人无违法犯罪事实而撤销案件的,扣押、冻结的款物应当由公安机关追缴或者返还有关当事人;第二,对于犯罪情节轻微,依照刑法规定不需要判处刑罚或者免除刑罚而不起诉的案件,由检察机关进行追缴;第三,进入审判程序确认被告人有违法所得的,也就是判决继续追缴的,由刑事判决执行部门主导追缴,其他司法机关和其他部门协助进行追缴。

(2) 追缴的程序和方式。上述追缴的第一种、第二种情形,因篇幅关系,本文不再分析,下文仅就上述追缴的第三种情形,即判决生效后继续追缴违法所得的程序和方式进行详细论述。

对于判决生效后继续追缴违法所得，我们认为，宜采取多元化模式追缴，即由人民法院执行部门主导，公安、检察、审判等机关配合，具体依照以下程序进行：第一，由人民法院为主导启动继续追缴程序。《最高人民法院关于附带民事诉讼范围问题的规定》第五条规定："犯罪分子非法占有、处置被害人财产而使其遭受物质损失的，人民法院应当予以追缴或责令退赔……"可见，启动追缴是人民法院的一项法定职权，由人民法院主导追缴与法律对其的定位功能相契合。第二，由法院的审判部门确定继续追缴的具体内容。作出判决的审判部门应当将继续追缴的具体内容以书面材料形式交给执行部门，这符合刑事诉讼法关于涉案财产的处理应当由法院判决确定的规定。第三，由人民法院执行或者牵头继续追缴。实际执行过程中，对于人民法院能够独立完成继续追缴的，可以自行完成；对于难以自行完成的，可由人民法院牵头，负责组织、协调公安、检察机关的相关侦查部门，启用侦查设备、技术，核查继续追缴的财物的具体下落。第四，由检察机关的监督部门负责监督追缴过程中的各项行为的合法性。综上，在我国现行法律体制下，只有多部门共同合作，才能最大限度地发挥和实现继续追缴的职能。

（3）继续追缴需要注意的问题。在启用多元化模式继续追缴的过程中需要注意以下问题：第一，要坚持比例原则。比例原则，又称必要性原则，是指公民所遭受的法律制裁必须与其违法行为的性质、情节、社会危害程度、主观过错相当，这是国家干预公民基本权利时所必须遵循的一项基本原则。在刑事涉案财物处理中引入比例原则，就是要求查封、扣押等措施要适当，对当事人造成的损害要尽量最小化。最高人民法院2004年11月公布的《关于人民法院民事执行中查封、扣押、冻结财产的规定》第二十一条第一款规定："查封、扣押、冻结被执行人的财产，以其价额足以清偿法律文书确定的债权额及执行费用为限，不得明显超标的额查封、扣押、冻结。"公安部2005年12月公布的《公安机关办理经济犯罪案件的若干规定》第二十四条规定："公安机关冻结涉案账户的款项，应当与涉案金额相当。"该条针对的是实践中存在的查明涉案金额很小，但全额冻结账户，影响企业生产经营的问题。以上规定均体现了比例原则的精神。第二，要建立妥善保管机制。对查封、扣押冻结物品的保管与保值要予以充分注意。如对于扣押、冻结的股票，权利人申请出售并且不损害国家利益、被害人利益的，经相关程序批准，可以依法出售，所得价款予以妥善保管。《刑事诉讼法解释》第三百六十一条、《六部委规定》第三十六条、《公安规定》第二百三十七条、高检《规则》第二百四十四条对此均作了详细规定。第三，要注意保障各方当事人、权利人的合法权益。在追缴过程中，应当保障与追缴财物涉及相关人员的各项合法权益，尤其是相关人员的知悉权和发表意见权。不要因不当的简单追缴而损害他人的利益，导致新的矛盾产生。

总之，对于刑事诉讼中的继续追缴，应当本着合法、合理、经济的原则，根据案件所处的不同诉讼阶段，确定相应的执行主体。对于法院生效判决确定需要继续追缴的，如果人民法院能够独立完成，则独立完成；如果不能独立完成，则应当由其牵头，公安、检察、审判、金融等管理部门配合。采取多元化模式的追缴，既符合立法对人民法院的定位，又能使有限的司法资源得到合理整合。

问题 6. 如何理解与适用没收违法所得案件审判程序?

【刑事审判参考案例】 没收姚某违法所得案[①]

一、基本案情

经公开审理查明：2008 年至 2012 年，被告人姚某在担任鞍山市精神康复医院院长期间，伙同副院长刘某（另案处理）利用职务之便，非法收受他人财物，为他人谋取利益，共计收受人民币（以下币种同）99.5 万元，姚某个人收受 42.5 万元；其间，还伙同刘某利用职务之便，贪污公款 15 万元，姚某个人实得 10 万元。

鞍山市中级人民法院认为，被告人姚某身为国家工作人员，利用职务之便实施受贿、贪污犯罪，获取违法所得共计 52.5 万元，事实清楚。上述事实有姚某及其同案犯刘某的供述，证人田某、郝某亮的证言，购买副食品发票、干部任用审批表、案件来源等书证予以证明。公安机关的检验报告、居民死亡医学证明书等证明被告人姚某于 2012 年 10 月 6 日死亡。检察机关所提没收姚某违法所得 52.5 万元的申请，应予支持。据此，依照《刑法》第六十四条，《刑事诉讼法》第二百八十一条[②]、第二百八十二条[③]，以及《最高人民法院关于适用〈中华人民共和国刑事诉讼法〉的解释》第五百一十六条[④]、第五百一十七条[⑤]之规定，鞍山市中级人民法院裁定没收被告人姚某违法所得人民币 52.5 万元，上缴国库。

一审宣判后，在法定期限内，姚某的近亲属未提出上诉，鞍山市人民检察院亦未抗诉，该裁定已经发生法律效力。

二、主要问题

1. 如何理解与适用没收违法所得案件审判程序？
2. 如何确定相关法律文书的制作方式及文书中的称谓？

三、裁判理由

本案中，被告人姚某受贿、贪污的事实有充分证据证明，其违法所得已经被检察机关扣押，且姚某已经死亡，符合《刑法》《刑事诉讼法》以及《最高人民法院关于适用〈中华人民共和国刑事诉讼法〉的解释》（以下简称《刑事诉讼法解释》）的相关规定。没收违法所得的申请是人民检察院对于贪污贿赂犯罪、恐怖活动犯罪等重大犯罪案件，犯罪嫌疑人、被告人逃匿、在通缉一年后不能到案，或者犯罪嫌疑人、被告人死亡，依照刑法规定应当追缴其违法所得及其他涉案财产的，而向人民法院提出的。虽然本案人民检察院没收姚某的违法所得没有问题，但对具体如何准确理解与适用没收违法所得程序，如何确定相关法律文书的制作方式以及相关文书中的称谓，则有探讨的必要。

[①] 杨涛、郭文伟撰稿，王晓东审编：《没收姚某违法所得案——犯罪嫌疑人、被告人死亡情形下，没收违法所得案件的审判程序、相关法律文书的制作方式及文书中的称谓（第 977 号）》，载中华人民共和国最高人民法院刑事审判第一、二、三、四、五庭主办：《刑事审判参考》2014 年第 2 集（总第 97 集），法律出版社 2014 年版，第 130 ~ 133 页。

[②] 现为《中华人民共和国刑事诉讼法》（2018 年修正）第二百九十五条。

[③] 现为《中华人民共和国刑事诉讼法》（2018 年修正）第三百条。

[④] 现为《最高人民法院关于适用〈中华人民共和国刑事诉讼法〉的解释》（2021 年）第六百二十一条。

[⑤] 现为《最高人民法院关于适用〈中华人民共和国刑事诉讼法〉的解释》（2021 年）第六百二十二条。

（一）没收违法所得案件的审判程序

1. 立案审查程序

依照《刑事诉讼法》第二百八十条①以及《刑事诉讼法解释》关于七日内应当审查完毕的规定，鞍山市中级人民法院收到鞍山市人民检察院关于没收姚某违法所得的申请后，即进行了下列审查：鞍山市人民检察院所提申请是否属于违法所得没收程序受案范围和鞍山市中级人民法院管辖；申请书是否写明了犯罪事实，是否附上了相关证据材料及死亡证明；是否列明了违法所得财产的种类、数量、所在地及查封、扣押、冻结违法所得的清单和相关法律手续；是否写明了被告人近亲属的姓名、住址、联系方式及对申请没收财产的意见。

经审查，鞍山市中级人民法院认为，鞍山市人民检察院的申请符合上述审查的形式条件，即受理了鞍山市人民检察院关于没收姚某违法所得的申请。

2. 送达和公告程序

《刑事诉讼法解释》第五百一十二条②规定："人民法院决定受理没收违法所得的申请后，应当在十五日内发出公告，公告期为六个月""人民法院已经掌握犯罪嫌疑人、被告人的近亲属和其他利害关系人的联系方式的，应当采取电话、传真、邮件等方式直接告知其公告内容，并记录在案"。

鞍山市中级人民法院受理案件后，向姚某的妻子景某送达了没收违法所得申请书，并依照刑事诉讼法和《刑事诉讼法解释》的相关规定，在《人民法院报》发出了期间为六个月的公告，将本案案由，姚某死亡的基本情况，申请没收财产的种类、数量、所在地和近亲属及其他利害关系人申请参加诉讼的期限、方式等情况，告知姚某的近亲属和其他利害关系人。同时，将公告内容直接告知景某。

3. 是否开庭审理的程序

《刑事诉讼法解释》第五百一十四条③规定："公告期满后，人民法院应当组成合议庭对申请没收违法所得的案件进行审理。利害关系人申请参加诉讼的，人民法院应当开庭审理。没有利害关系人申请参加诉讼的，可以不开庭审理。"

本案中，鞍山市中级人民法院发出的公告于 2013 年 9 月 7 日期满，公告期内没有其他近亲属及利害关系人提出异议，并申请参加诉讼；景某对没收违法所得申请书亦没有提出异议，且明确表示不申请参加诉讼。鞍山市中级人民法院在公告期满后决定依法组成合议庭不开庭审理本案，对鞍山市人民检察院指控事实和证据予以认定，并于 2013 年 9 月 9 日作出了没收违法所得的刑事裁定。

4. 刑事裁定书是否必须送达未参加诉讼的被告人近亲属的程序

《刑事诉讼法解释》第五百一十七条④规定："对没收违法所得或者驳回申请的裁定，犯罪嫌疑人、被告人的近亲属和其他利害关系人或者人民检察院可以在五日内提出上诉、抗诉。"本案中，姚某的妻子景某明确表示不参加诉讼，则其不是本案的诉讼参与人。鞍山市中级人民法院作出裁定后，对本案刑事裁定书是否应当向景某送达，合议庭存在不

---

① 现为《中华人民共和国刑事诉讼法》（2018 年修正）第二百九十八条。
② 现为《最高人民法院关于适用〈中华人民共和国刑事诉讼法〉的解释》（2021 年）第六百一十四条。
③ 现为《最高人民法院关于适用〈中华人民共和国刑事诉讼法〉的解释》（2021 年）第六百一十九条。
④ 现为《最高人民法院关于适用〈中华人民共和国刑事诉讼法〉的解释》（2021 年）第六百二十二条。

同看法。合议庭多数意见认为，本案刑事裁定书依法可以向景某送达，但鉴于其不是诉讼参与人，不应享有上诉权。事实上，景某收到刑事裁定书后亦未提出上诉。

(二) 没收违法所得案件法律文书的制作方式及文书中的称谓

1. 公告、刑事裁定书样式

没收违法所得案件是新类型案件，目前尚无标准法律文书样式，我们认为，在制作公告及刑事裁定书时，应当结合审判实践，力求涵盖《刑事诉讼法》及《刑事诉讼法解释》规定的相关内容。经研究，参照人民法院诉讼文书规范样式，我们分别制作了公告、刑事裁定书等相关法律文书。（具体公告、刑事裁定书附后）

2. 刑事裁定书中对姚某的称谓问题

检察机关在没收违法所得申请书中对姚某采用的称谓是"犯罪嫌疑人"，人民法院在刑事裁定书中应当采用何种称谓，存在两种意见：一种意见认为，没收违法所得的财物必须是有证据证明是犯罪所得，既是犯罪所得，那么对财物所有人就应当称为"罪犯"；另一种意见认为，"罪犯"是对经过法庭审判后已经发生法律效力的被告人的称谓，"犯罪嫌疑人"是在检察机关向人民法院提起公诉前对受刑事追诉者的称谓，在检察机关正式向人民法院提起公诉以后，则称为"被告人"。本案中，嫌疑人已经死亡，不能参加法庭审判，对其称为"罪犯"或者"犯罪嫌疑人"都有违相关法律的规定，最后确定在法律文书中对姚某采用"被告人"的称谓。

问题 7. 违法所得没收程序具体操作规范和裁判要点

【刑事审判参考案例】任某厚受贿、贪污、巨额财产来源不明违法所得没收申请案[①]

一、基本案情

经立案审查查明和公开开庭审理查明的事实分别如下：

(一) 立案审查查明的事实

1. 实施受贿犯罪事实

2001年至2013年，犯罪嫌疑人任某厚利用担任山西潞安矿业（集团）有限责任公司（以下简称潞安集团）董事长、总经理，山西潞安环保能源开发股份有限公司（以下简称潞安环能公司）董事长，山西省人民政府副省长等职务上的便利，为洪某职务晋升及其亲属到潞安集团工作提供帮助，2011年至2013年，先后三次收受洪某现金人民币（以下如无注明币种同）共计15万元；为肖某职务晋升、调整提供帮助，2007年至2009年，先后三次收受肖某现金共计15万元；2007年，指使下属郭某向潞安环能公司常村煤矿矿长王某索要15万元用于贿选；2010年，指使郭某分别向潞安环能公司常村煤矿矿长王某、潞安环能公司王庄煤矿矿长肖某索要30万元、25万元用于贿选；2011年，要求潞安集团报销其个人及亲属旅游、疗养费用123.505549万元。以上共计223.505549万元。

2. 实施贪污犯罪事实

2006年至2007年，犯罪嫌疑人任某厚利用担任潞安集团董事长、潞安环能公司董事

[①] 刘晓虎、张宇撰稿，王晓东审编：《任某厚受贿、贪污、巨额财产来源不明违法所得没收申请案——关于违法所得没收程序具体操作规范和裁判要点解析（第1235号）》，载中华人民共和国最高人民法院刑事审判第一、二、三、四、五庭主办：《刑事审判参考》总第112集，法律出版社2018年版，第116~130页。

长职务上的便利,通过其时任秘书毛某指使潞安集团驻北京办事处主任申某、驻太原办事处主任张某为其贿选购买礼品,安排餐饮、住宿,并将相关费用共计44.16738万元在潞安环能公司报销。

3. 实施巨额财产来源不明犯罪事实

检察机关冻结犯罪嫌疑人任某厚及其亲属任某甲、任某乙、袁某名下的银行存款本金人民币1859.059088万元、港币18.063768万元、美元54.947599万元、欧元8.140057万元;扣押现金人民币312.38万元、港币24.992万元、美元49.496万元、欧元13.2675万元、加元1万元、英镑100镑;扣押珠宝、玉石45件,黄金制品53件,字画22幅,手表11块,纪念币、手机、相机、电脑16件,银行卡、存单存折194张,资料类物品8件。截至案发,任某厚及其亲属名下财产和支出共计折合3000余万元,另有珠宝、玉石、黄金制品、字画、手表等物品。任某厚在纪检监察部门调查期间未对上述财产和支出来源作出说明。扣除任某厚夫妇合法收入、任某厚部分受贿所得(贪污、部分受贿所得直接消费)以及任某厚亲属能够说明来源的财产,尚有本外币存款、现金折合2000余万元及物品100余件,任某厚亲属在侦查、审查起诉阶段均不能说明来源。

(二)公开开庭审理查明的事实

1. 扣押、冻结财产中,有30万元属于犯罪嫌疑人任某厚实施受贿犯罪所得

2007年至2009年,任某厚先后三次在其家中收受肖某现金共计15万元;2011年至2013年任某厚先后三次在其家中及医院病房收受洪某现金共计15万元。上述钱款已转变、转化为现扣押、冻结在案的任某厚及其亲属名下财产。

2. 扣押、冻结财产中,不包含犯罪嫌疑人任某厚实施受贿犯罪所得193.505549万元、实施贪污犯罪所得44.16738万元

2007年、2010年,任某厚先后实施受贿犯罪所得共计70万元,均被直接用于任某厚贿选支出;2011年,任某厚实施受贿犯罪所得123.505549万元,被直接用于任某厚及其亲属外出旅游、疗养支出;2006年至2007年,任某厚实施贪污犯罪所得44.16738万元,被直接用于购买礼品后用于贿选。以上共计237.672929万元,与扣押、冻结在案财产未发生混同。

3. 扣押、冻结财产中,有人民币1265.562708万元、部分外币以及物品135件属于犯罪嫌疑人任某厚实施巨额财产来源不明犯罪所得

任某厚在接受纪检监察部门调查期间,未对其本人及其亲属名下财产来源作出说明。审理期间,作为利害关系人参与诉讼的任某厚亲属均对任某厚实施巨额财产来源不明犯罪所得相应部分财产,即扣押、冻结在案的任某厚及其亲属名下的人民币1265.562708万元、港币42.975768万元、美元104.294699万元、欧元21.320057万元、加元1万元以及物品135件,不能说明来源。

扬州市中级人民法院认为,本案有证据证明犯罪嫌疑人任某厚实施了受贿、贪污、巨额财产来源不明犯罪;检察机关申请没收的财产中,有30万元属于任某厚实施受贿犯罪所得,有1265.562708万元及部分外币、物品属于任某厚实施巨额财产来源不明犯罪所得,依法应当没收;上述违法所得存入银行部分产生的孳息,依法应当一并没收。任某厚实施受贿犯罪所得193.505549万元、实施贪污犯罪所得44.16738万元,均被直接用于贿选和旅游、疗养支出,未与扣押、冻结在案的财产发生混同,检察机关申请没收的财产中不包含该部分违法所得,故对相应没收申请不予支持。扬州市中级人民法院依照

《刑法》第三百八十二条第一款、第三百八十五条第一款、第三百九十五条第一款，《刑事诉讼法》第二百八十条①第一款、第二百八十二条第一款以及《追赃规定》第一条第一款第一项、第二项，第六条，第十六条，第十七条之规定，裁定没收任某厚实施受贿犯罪所得人民币30万元、实施巨额财产来源不明犯罪所得人民币1265.562708万元、港币42.975768万元、美元104.294699万元、欧元21.320057万元、加元1万元及孳息，以及珠宝、玉石、黄金制品、字画、手表等物品135件，上缴国库；驳回检察机关所提没收任某厚实施受贿、贪污犯罪所得237.672929万元的申请。

一审宣判判决后，利害关系人均未提出上诉，检察机关亦未提出抗诉，本案违法所得没收裁定已生效。

二、主要问题

1. 如何认定犯罪嫌疑人实施犯罪的事实？
2. 如何认定申请没收的财产属于违法所得？
3. 如何在犯罪嫌疑人死亡案件中认定巨额财产来源不明？
4. 如何公示催告犯罪嫌疑人近亲属及其他利害关系人行使权利？
5. 能否等价没收直接用于消费支出而未与扣押、冻结在案财产发生混同的违法所得？

三、裁判理由

（一）如何认定犯罪嫌疑人实施犯罪的事实

对犯罪嫌疑人实施犯罪事实的认定是适用违法所得没收程序的前提。在具体案件中，对犯罪嫌疑人实施犯罪事实的认定问题，可以分解为两个层面：一是制度设计层面，即在哪一阶段由什么主体进行认定；二是实体认定层面，即如何明确认定实施犯罪的证明标准。

1. 程序设计：应当组成合议庭在立案受理阶段审查认定

（1）立案受理阶段对实施犯罪事实进行审查认定的原因

《追赃规定》第九条将人民法院立案受理没收违法所得申请案件的条件明确为"属于没收违法所得申请受案范围和本院管辖，且材料齐全、有证据证明有犯罪事实"。由上述规定可知，与普通刑事案件立案受理阶段仅进行形式审查不同，没收违法所得申请案件在立案受理阶段除了形式审查还涉及实体内容审查，即还要对犯罪嫌疑人是否实施犯罪的事实、证据进行实体审查。虽然没收违法所得申请案件最终无须定罪，但违法所得没收程序在适用上具有罪名限制，加上不同的犯罪基本构成事实也不同，故在审查认定实施犯罪的事实部分，应当认定具体实施了何种犯罪。

将犯罪事实部分的审查认定提前至立案受理阶段，是《追赃规定》对既有诉讼制度的最大突破。这种制度设计，最直接的动因在于解决因犯罪嫌疑人不在案导致开庭审理存在的各种难题，同时将实施犯罪事实的审查关口前移，客观上提高了没收违法所得申请案件的立案受理门槛，有利于尽早发现查封、扣押、冻结是否存在错误，能够在一定程度上避免对当事人合法财产侵害的不当扩大。

在没收违法所得申请案件中，如果在开庭审理阶段对实施犯罪的事实进行审查认定，一般会面临以下难题②：

---

① 现为《中华人民共和国刑事诉讼法》（2018年修正）第二百九十八条。
② 参见裴显鼎、王晓东、刘晓虎：《〈关于犯罪嫌疑人、被告人逃匿、死亡案件适用违法所得没收程序若干问题的规定〉的理解与适用》，载《人民司法·应用》2017年第16期。

一是开庭前的难题。开庭前,是否将检察机关移送法院的刑事部分证据提供给利害关系人及诉讼代理人?如不提供便构成证据突袭,不利于利害关系人诉讼权利的保障,如提供则可能会妨碍正在进行或者即将进行的刑事侦查。违法所得没收程序专门适用于犯罪嫌疑人、被告人逃匿、死亡的案件,因犯罪嫌疑人、被告人未到案,刑事部分可能正在侦查或者将来需要进一步侦查。如将刑事部分的证据提供给利害关系人及其诉讼代理人,则容易让逃匿在外的犯罪嫌疑人、被告人掌握侦查情况。即使是犯罪嫌疑人、被告人死亡,也可能存在在案犯逃匿的情况,一旦将刑事部分的证据提供给利害关系人及其诉讼代理人,对正在进行或者将来进行的侦查极为不利。当然,在有的犯罪嫌疑人、被告人死亡案件中,既不存在犯罪嫌疑人、被告人反侦查的情况,也不存在同案犯的情况,在开庭审理阶段审查犯罪事实部分似不存在上述障碍。然而,没收违法所得申请案件作为一类案件,应当适用统一程式,如果因为个案特殊情况改变诉讼程式,则将会造成违法所得没收程序适用的司法混乱。

二是开庭审理过程中的难题。不利于侦查仅是开庭前的难题,在立案受理阶段进行事实审查还有为避免开庭审理难题的考虑:一方面,证明犯罪事实的证据是否全部出示,以及是否允许参与诉讼的利害关系人、诉讼代理人就证明犯罪事实的证据进行质证存在难题,如出庭的检察人员在庭审过程中不宣读、出示证明犯罪事实的证据,或者虽然宣读、出示,但不允许诉讼参与人提出意见,则对犯罪事实的审理完全流于形式,对查明相关案情起不到实际作用。另一方面,在部分案件中,犯罪嫌疑人、被告人所在国可能将允许犯罪嫌疑人、被告人的诉讼代理人参与诉讼作为协助执行我国法院裁定的条件,在此种情况下,如果诉讼代理人就犯罪事实部分提出异议,则其身份与辩护人几乎无异,这样的做法不仅违背了特别程序的本意,而且审判的社会效果也不好。

(2)由审判业务庭组成合议庭进行审查认定的原因

对于普通刑事案件的立案受理,一般由立案庭进行形式审查,然而没收违法所得申请案件涉及事实内容的实体审查,且在犯罪嫌疑人、被告人逃匿案件中,审查认定的是重大犯罪事实(只有重大犯罪才适用违法所得没收程序),故由合议庭审查更为妥当。虽然在犯罪嫌疑人、被告人死亡的案件中,违法所得没收程序的适用没有重大犯罪的条件限制,但此类案件,不像逃匿案件那样,一旦裁定错误,犯罪嫌疑人、被告人可以通过归案审理得到救济,因此应当审慎把握犯罪事实的认定,由合议庭进行审查更为妥当。在此前提下,由于实施犯罪事实的认定与申请没收的财产是否属于违法所得及其他涉案财产的认定一脉相承,特别是在巨额财产来源不明的犯罪事实中,两者内容有很多交叉重合,故由负责审判的合议庭在立案受理阶段对犯罪嫌疑人、被告人实施犯罪的事实进行审查,既有利于合议庭综合把握案件事实,又能节约司法资源。

本案中,扬州市中级人民法院在立案审查期间组成合议庭,对本案犯罪嫌疑人任某厚实施犯罪的事实和证据进行了全面审查,在此基础上,认定了犯罪嫌疑人任某厚实施受贿、贪污、巨额财产来源不明犯罪的事实,切实把好立案审查关,为接下来的开庭审理工作打下了坚实基础。

2. 证明标准:适用"有证据证明有犯罪事实"的证明标准

(1)适用"有证据证明有犯罪事实"证明标准的考虑

由于没收违法所得申请案件中犯罪嫌疑人、被告人未到案,缺少犯罪嫌疑人、被告人供述等直接证据,一般对实施犯罪事实的证明难以符合普通刑事案件证明标准的要求。

加上此类案件认定犯罪嫌疑人、被告人实施犯罪事实系为确认申请没收的财产是否属于违法所得，而不涉及定罪处罚，故没有必要适用普通刑事案件证据的证明标准。据此，《追赃规定》第十条参考域外一些国家的法律制度，从司法实际出发，对"有证据证明有犯罪事实"的证明标准作出明确。根据该条的规定，同时具备以下情形，应当认定为"有证据证明有犯罪事实"：一是有证据证明发生了犯罪事实；二是有证据证明该犯罪事实是犯罪嫌疑人、被告人实施的；三是证明犯罪嫌疑人、被告人实施犯罪行为的证据真实、合法。上述证明标准借鉴了《人民检察院刑事诉讼规则（试行）》第一百三十九条第二款有关逮捕条件的规定，第一、二项是关于证据关联性的规定，第三项是关于证据客观性、合法性的规定。

（2）严格依照降低的证据证明标准对实施犯罪行为准确定性

相比排除合理怀疑标准，"有证据证明有犯罪事实"的证明标准在证明力度和要求上均有所降低，但降低证明标准，并不意味着对实施犯罪事实的认定以及对行为的定性可以模糊、含混。"有证据证明有犯罪事实"是没收违法所得申请案件进入审判的前置条件，也是认定违法所得及其他涉案财产的前提基础，对犯罪事实认定不清、定性不准，可能直接导致申请没收的财产处理不当，直接关涉到违法所得没收程序能否依法适用。因此，在立案受理阶段，人民法院应当严格按照"有证据证明有犯罪事实"的证明标准对有关实施犯罪的事实进行审查并准确定性，把好证据关、事实关、定性关，防止"带病"起诉。

本案中，扬州市中级人民法院经立案审查查明，没收违法所得申请书所载关于犯罪嫌疑人任某厚指使郭某通过肖某套取公款25万元，实施贪污犯罪的事实和定性有误。实际经过是，任某厚指使郭某向肖某索要25万元用于贿选，但对肖某是否套取公款并不知情，也未实际参与。合议庭适用"有证据证明有犯罪事实"证明标准，严格根据证明内容，对任某厚实施的该起犯罪事实和定性进行了更正，将定性由贪污改为受贿。对事实和行为定性的更正有时直接影响涉案财产的处理：本案如认定任某厚实施了受贿犯罪，其违法所得应当没收，上缴国库；如认定任某厚实施了贪污犯罪，其违法所得应当返还被害单位。本案后因查明任某厚实施上述受贿犯罪所得的25万元被其直接用于贿选支出，未与扣押、冻结在案的财产发生混同，由于此类案件不能对在案合法财产进行等价没收，故扬州市中级人民法院裁定驳回了检察机关的相关没收申请。

（二）如何认定申请没收的财产属于违法所得

如何准确区分违法所得及其他涉案财产与犯罪嫌疑人、被告人、利害关系人的合法财产，是没收违法所得申请案件审理的关键。为确保审慎查明申请没收的财产的产权属性，《追赃规定》分别在程序设计和认定标准上作了明确规定。

1. 程序设计：开庭审理阶段审查

由于有关刑事部分的事实和证据已在立案阶段审查，没收违法所得申请案件审理过程中应仅就申请没收的财产是否属于违法所得及其他涉案财产进行审理。

根据《追赃规定》第十四条，没收违法所得申请案件按照有无利害关系人、诉讼代理人参加诉讼，可分为开庭审理和不开庭审理两种方式：一是对于有利害关系人申请参加或委托诉讼代理人参加诉讼的，应当开庭审理；二是对于无利害关系人参加诉讼的，不开庭审理。对于利害关系人及其诉讼代理人无正当理由拒不到庭，且无其他利害关系人和其他诉讼代理人参加诉讼的，相当于无利害关系人参加诉讼，可以不开庭审理。

对于开庭审理的案件，出庭的检察人员应仅就申请没收的财产属于违法所得及其他涉案财产的事实出示、宣读证据。由于出庭的检察人员不对刑事部分证据进行出示、宣读，利害关系人及其诉讼代理人自然无法对有关犯罪事实及证据提出异议，其仅可以就申请没收的财产属于违法所得及其他涉案财产等相关事实及证据提出意见。

考虑到没收违法所得申请案件中犯罪嫌疑人、被告人完全有可能将来被缉拿归案或者主动到案而适用普通刑事诉讼程序，此类案件的法庭调查应尽可能不妨碍正在进行或者即将进行的刑事侦查。对于确有必要出示，但可能妨碍刑事侦查的证据，法庭调查应当不公开进行。

本案中，犯罪嫌疑人任某厚的近亲属作为利害关系人申请参加诉讼，扬州市中级人民法院公开开庭审理了本案。庭审过程中，出庭的检察人员、利害关系人围绕申请没收的财产是否属于违法所得及其他涉案财产进行了举证、质证和法庭辩论，利害关系人还发表了最后意见。对于任某厚实施受贿、贪污、巨额财产来源不明犯罪事实以及相关证据，未在庭审中进行调查和辩论。

2. 证明标准：申请没收财产高度可能属于违法所得及其他涉案财产

（1）违法所得及其他涉案财产的范围

要审查认定申请没收的财产是否属于违法所得及其他涉案财产，首先应把握违法所得及其他涉案财产的范围。违法所得及其他涉案财产可进一步区分为"违法所得"和"其他涉案财产"两部分。

①违法所得的范围

根据《追赃规定》第六条，通过实施犯罪直接或者间接产生、获得的任何财产，应当认定为"违法所得"；违法所得已经全部或部分转变、转化为其他财产的，转变、转化后的财产应当视为"违法所得"；来自违法所得转变、转化后的财产收益，或者来自已经与违法所得相混合财产中违法所得相应部分的收益，应当视为"违法所得"。

本案中，犯罪嫌疑人任某厚实施犯罪所得钱款与其家庭合法财产混合，大部分被存入银行账户以及用于购买理财产品，因此产生收益中来自违法所得相应的部分，应当视为"违法所得"，扬州市中级人民法院据此裁定予以没收。

②其他涉案财产的范围

《刑事诉讼法》《最高人民法院关于适用〈中华人民共和国刑事诉讼法〉的解释》《追赃规定》均未对"其他涉案财产"的范围作出明确界定，对"其他涉案财产"的范围，可参照《刑法》的相关规定确定。《刑法》第六十四条规定，犯罪分子违法所得的一切财物，应当予以追缴或者责令退赔；对被害人的合法财产，应当及时返还；违禁品和供犯罪所用的本人财物，应当予以没收。参照该规定，与犯罪具有关联的财产被分为"违法所得"和"违禁品和供犯罪所用的本人财物"并列的两类，其中"违禁品和供犯罪所用的本人财物"与违法所得没收程序中"其他涉案财产"相互对应。本案未涉及对其他涉案财产的认定及没收。

（2）具有高度可能的盖然性证据证明标准

《刑事诉讼法》第二百八十二条[1]规定，对经查证属于违法所得及其他涉案财产，除依法返还被害人的以外，应当裁定予以没收。该规定仅概括性地对违法所得没收程序的

---

[1] 现为《中华人民共和国刑事诉讼法》（2018年修正）第三百条。

处理结果作出规定，而对于"查证属于违法所得及其他涉案财产"应采用何种证明标准则未予明确。

有观点认为，违法所得没收程序中，应当坚持适用与普通刑事案件同一的证明标准，检察机关提出证明申请没收的财产是违法所得及其他涉案财产的证据应当确实充分，达到排除合理怀疑的程度，才能有效防止该程序被滥用，更好地保障犯罪嫌疑人、被告人的财产权利。[1]《追赃规定》第十七条第一款明确了高度盖然性证明标准，主要基于以下考虑[2]：一是符合立法原意和司法实践需求。由于没收违法所得申请案件中犯罪嫌疑人、被告人逃匿、死亡，在证据收集方面一般比普通案件难度更大，如果坚持遵循"事实清楚，证据确实、充分"的证明标准，则大部分没收违法所得申请案件都只能裁定驳回申请，这种结果必然会导致检察机关申请没收的积极性大大降低，最终意味着将刑事诉讼法增设的违法所得没收程序束之高阁，严重背离了立法初衷。二是符合违法所得没收程序的本质特征。违法所得没收程序本质上是对财产权属的确认之诉，这一本质特征决定了其证明标准与普通刑事诉讼程序相比可以有所降低。同时，高度盖然性证据证明标准既适用于检察机关没收违法所得的申请，也适用于利害关系人对申请没收的财产主张权利。这种证明标准上的平衡，可以有效避免因为单向适用高度盖然性证据证明标准损害犯罪嫌疑人、被告人、利害关系人合法财产权利。三是借鉴吸收部分国外相关理论研究成果和实践经验。不定罪没收制度最早发源于英国，后在美国、加拿大、澳大利亚、新西兰等英美法系国家得到推广完善。上述国家对于申请没收的财产与犯罪事实的关联性均采用优势证据证明标准。国外多年的理论研究和实践证明，优势证据证明标准对于不定罪没收制度既具有必要性又具有可行性，为我国违法所得没收程序中适用优势证据证明标准提供了借鉴和参考。高度盖然性证据证明标准，在优势证据证明标准基础上，进一步要求证据优势必须达到高度盖然的程度，更加体现了我国司法机关在违法所得及其他涉案财产认定上的审慎和严谨态度。

值得强调的是，"具有高度可能"是《追赃规定》为认定申请没收的财产属于违法所得及其他涉案财产设定的最低证明标准。在具体案件中，检察机关就申请没收的财产与违法所得及其他涉案财产的关联性收集的证据可能已达到排除合理怀疑的标准，远远高于盖然性证据证明标准。本案中，扬州市中级人民法院对申请没收的财产属于违法所得及其他涉案财产的认定基本达到了排除合理怀疑的标准，确保了事实认定准确。

（三）如何在犯罪嫌疑人死亡案件中认定实施巨额财产来源不明犯罪

有观点认为，认定巨额财产来源不明罪一个必不可少的环节是犯罪嫌疑人、被告人对财产来源作出说明，而在犯罪嫌疑人、被告人逃匿、死亡案件中，特别是在犯罪嫌疑人、被告人死亡案件中，犯罪嫌疑人、被告人没有说明财产来源的机会，因此，此类案件无法达到巨额财产来源不明罪的认定标准，巨额财产来源不明罪不宜适用违法所得没收程序。

我们认为，《追赃规定》第一条明确将巨额财产来源不明罪列入违法所得没收程序适用罪名，符合《刑事诉讼法》增设违法所得没收程序的立法本意，且不会因此导致违法

---

[1] 参见陈卫东：《构建中国特色刑事特别程序》，载《中国法学》2011年第6期。
[2] 参见裴显鼎、王晓东、刘晓虎：《〈关于犯罪嫌疑人、被告人逃匿、死亡案件适用违法所得没收程序若干问题的规定〉的理解与适用》，载《人民司法·应用》2017年第16期。

所得范围任意扩大，对犯罪嫌疑人、被告人以及利害关系人的合法财产权利造成侵害。法院只要在立案阶段查明有证据证明犯罪嫌疑人、被告人实施了巨额财产来源不明犯罪，审理阶段如没有利害关系人对申请没收的相应财产主张权利，或者虽然主张权利但未提供相关证据，或提供的证据没有达到优势证据证明标准，即可以认定相应财产属于巨额财产来源不明违法所得及其他涉案财产，裁定予以没收。主要理由如下：

1. 犯罪嫌疑人、被告人未到案作出说明一般不会影响巨额财产来源不明基本事实的认定。如果在案物证、书证、证人证言等证据足以证明"国家工作人员的财产、支出明显超过合法收入，差额巨大"，那么犯罪嫌疑人、被告人没有到案说明来源一般不会影响巨额财产来源不明犯罪的认定。因为此种情形下，犯罪嫌疑人、被告人即使到案对财产、支出明显超过合法收入作出说明，也基本上是进一步交代财产具体来源于贪污还是受贿，而非说明财产来源于合法收入，否则证明明显超过合法收入的相关证据就不充分。

2. 违法所得没收程序的本质特征决定了巨额财产来源不明犯罪事实证明标准有所降低。巨额财产来源不明违法所得的认定本质上系对明显超过合法收入的财产权属的确认，不涉及对犯罪嫌疑人、被告人的定罪处罚，对巨额财产来源不明犯罪事实的证明标准，可以比照普通刑事案件有所降低。特别是在犯罪嫌疑人、被告人逃匿案件中，犯罪嫌疑人、被告人到案后还可以按照普通刑事诉讼程序重新进行审理。因此，降低证明标准未必最终对犯罪嫌疑人、被告人的合法财产权利造成不当侵害，即使造成不当侵害，也可以有相应的救济机制矫正。

3. 利害关系人对申请没收的财产主张权利可以起到补充说明财产来源的作用。虽然巨额财产来源不明犯罪事实系在立案受理阶段认定的，但这一阶段认定的犯罪事实不要求巨额财产来源不明的数额十分准确，可以综合物证、书证、证人证言，包括犯罪嫌疑人、被告人的近亲属的证言认定。鉴于巨额财产来源不明数额直接涉及违法所得及其他涉案财产的认定，可以在开庭审理过程中通过对证据示证、质证进一步查证。犯罪嫌疑人、被告人的近亲属以及其他利害关系人可以申请参加诉讼，对申请没收的财产（包括巨额财产来源不明）主张权利。查明数额有误的，可以对具体数额进行调整。《追赃规定》第十七条第二款进一步明确，对于申请没收巨额财产来源不明犯罪案件的违法所得，没有利害关系人主张权利，或者虽然主张权利但提供的证据没有达到相应证明标准的，申请没收的财产视为属于违法所得及其他涉案财产。

本案中，法院经立案审查查明，有证据证明犯罪嫌疑人任润厚财产、支出明显超过合法收入，差额巨大，犯罪嫌疑人任某厚在接受纪检监察部门调查期间，未对其本人及亲属名下财产和支出的来源情况作出说明，利害关系人仅对部分物品及冻结的个别账户资金说明来源，据此认定了任某厚实施了巨额财产来源不明犯罪的事实。在开庭审理过程中，利害关系人任某乙对在案冻结的其名下账户存款 1.1 万美元主张权利，提出该款系其父母给其出国留学费用结余部分，因相关留学费用已计入任某厚家庭重大支出，故该留学费用不应再作为任某厚财产重复冻结。法院根据庭审查明的证据，经对该账户存款时间、金额等情况与任某乙留学期间出入境情况的契合程度等方面综合分析，采用高度盖然性证明标准，认为该账户内冻结资金高度可能是任某厚给任某乙留学费用结余，并据此在统计任某厚家庭支出中核减了对应金额，调整了巨额财产来源不明数额。此外，利害关系人未对申请没收的任某厚实施巨额财产来源不明犯罪所得其他财产主张权利，或者虽然主张权利但提供的相关证据没有达到相应证明标准，法院据此对任某厚实施巨额财产来源不明犯罪所得进行了认定,并裁定予以没收。

关于对任某乙所提留学费用结余部分应当如何核减问题,曾有观点认为,任某乙接受任某厚给予的留学费用后即取得该款所有权,该款结余部分亦应属任某乙的个人财产,且该笔留学费用统计在任某厚家庭重大支出中,在认定任某厚实施巨额财产来源不明犯罪所得财产时已作考虑,故对该笔留学费用结余资金应当解除冻结。我们认为,本案现有证据证明该账户资金流向明确,能够认定相关账户资金系任某厚给予任某乙留学费用的结余,故该笔钱款属于任某厚现有财产,不应解除冻结,相应金额应在统计任某厚家庭支出中予以扣减。扬州市中级人民法院据此对利害关系人任某乙所提主张的评判意见及处理方式是正确的。

(四)如何公示催告犯罪嫌疑人近亲属及其他利害关系人行使权利

《追赃规定》通过明确公告发布时间、方式及内容,最大限度地使利害关系人能够知晓没收违法所得申请事项。发布公告是没收违法所得申请案件审理的必经程序。公告除了对犯罪嫌疑人、被告人具有告知的功能外,还有发现利害关系人,以及公示催告利害关系人申请参加诉讼的功能。

为最大限度地确保公告内容为当事人知晓,在传统公告方式的基础上,《追赃规定》对公告发布及张贴明确了具体要求:没收违法所得申请案件立案后,应当在15日内在全国公开发行的报纸、信息网络等媒体和最高人民法院的官方网站刊登、发布公告;必要时,公告可以在犯罪地、犯罪嫌疑人、被告人居住地或者被申请没收财产所在地张贴。同时,为进一步确认受送达人知悉公告内容,确保其诉讼权利得到充分保护,《追赃规定》明确,对于已经掌握境内利害关系人联系方式的,应当直接送达;直接送达有困难的,可以委托送达、邮寄送达;经受送达人同意,可以采取传真、电子邮件等能够确认其收悉的方式告知其公告内容,并记录在案。

本案中,扬州市中级人民法院于2016年12月6日决定对本案立案受理,同年12月17日,在《人民法院报》及最高人民法院官方网站发布了公告,并将公告内容分别直接送达给利害关系人任某甲、任某乙以及袁某。由于本案在发布公告时《追赃规定》还没有颁布实施,公告内容如严格按照《追赃规定》标准要求,仍有可进一步完善之处。但从发布公告时间、方式以及送达情况来看,起到了公示催告利害关系人的作用,能够体现对利害关系人合法权利的充分保护。

(五)能否等价没收直接用于消费支出而未与扣押、冻结在案财产发生混同的违法所得

根据《刑事诉讼法》第二百八十二条①,人民法院经审理,对经查证属于违法所得及其他涉案财产,除依法返还被害人的以外,应当裁定予以没收;对不属于应当追缴的财产的,应当裁定驳回申请,解除查封、扣押、冻结措施。该规定与《刑法》第六十四条的规定不同,对不属于应当追缴的财产仅规定了"应当裁定驳回申请,解除查封、扣押、冻结措施",而未规定"责令退赔"的处理办法。本案中,法院经公开开庭审理查明,检察机关申请没收的犯罪嫌疑人任某厚受贿、贪污违法所得中,有230余万元系任某厚为特定用途索要、套取,相关款项均被直接用于支付贿选及旅游、疗养费用。对于该230余万元是否应裁定没收,有观点认为,由于钱款属于种类物,任某厚收受钱款即直接转化为

---

① 现为《中华人民共和国刑事诉讼法》(2018年修正)第三百条。

其个人财产，其贿选等支出费用亦应系其总资产中支出，现在案扣押、冻结款物价值远超过任某厚合法收入与犯罪所得总和，故其上述受贿、贪污犯罪所得230余万元，具有高度可能包含于在案扣押、冻结钱款中；依法应予没收。

我们认为，对该230余万元不能裁定没收。本案现有证据足以证明任某厚上述实施受贿、贪污犯罪所得230余万元被直接用于贿选以及旅游、疗养费用支出，未与任某厚家庭财产混同，亦未包含在检察机关查扣、冻结财产之中，任某厚收受、套取的相关钱款用途特定、流向明确，该钱款并未与任某厚其他财产发生混同，依照相关法律及司法解释规定，不能对任某厚合法财产等价没收。扬州市中级人民法院据此驳回检察机关相应没收申请的处理是正确的。

本案系《追赃规定》颁布实施后宣判的第一起因犯罪嫌疑人死亡而适用违法所得没收程序的省级干部职务犯罪案件，体现了党和国家依法惩治腐败和对赃款、赃物一追到底的坚定决心和鲜明态度，对腐败犯罪分子"牺牲一人，幸福全家"的潜在心理造成有力震慑。同时，本案立案审查、发布公告、开庭审理以及各类裁判文书制作都是全新的司法实践活动，对违法所得没收制度的发展以及同类案件审判具有重要参考和借鉴价值。

问题8. 刑事没收财物相当性原则如何综合考量？

【人民法院案例选案例】康某生非法拘禁案[①]

【裁判要旨】

司法机关在没收供犯罪所用的财物时，应当综合考量没收财物与犯罪行为的严重程度、与犯罪行为之间的紧密程度、对犯罪结果所起到的作用等是否相适应，从而作出符合常情常理的认定，而不能不加区分地对一切被用于犯罪的财物都予以没收。

【基本案情】

广东省饶平县人民检察院指控：同案人郑某升（另案处理）与被害人王某霞因投注六合彩发生债务纠纷。2018年7月19日22时许，被告人康某生驾驶一辆车牌号为粤US××××的日产天籁小轿车，搭载同案人郑某升等人到饶平县洪洲镇某KTV停车场，强制将被害人王某霞带上车，并带至饶平县黄冈镇大澳村委会门前。期间，被告人康某生等人对王某霞实施殴打，致其受伤。2018年10月11日，被告人康某生被公安机关抓获。公诉机关认为，被告人康某生伙同他人非法拘禁他人，其行为已触犯《刑法》第二百三十八条第一款、第三款之规定，应当以非法拘禁罪追究其刑事责任。提请法院依法判处。

被告人康某生对公诉机关指控的事实和罪名均没有异议。

法院经审理查明：同案人郑某升前因投注"六合彩"而与被害人王某霞发生债务纠纷。2018年7月19日22时许，被告人康某生驾驶其车牌号为粤US××××的日产天籁小汽车，搭载郑某升等同案人（均另案处理）到饶平县洪洲镇某KTV前，强行将被害人王某霞带上车，然后将王某霞载至饶平县黄冈镇大澳村委会门前。其间，康某生及同案人对王某霞实施殴打，致其受轻微伤。2018年10月11日，被告人康某生被公安机关抓获归案。

[①] 《康某生非法拘禁案——"供犯罪所用的本人财物"的司法界定》，载最高人民法院中国应用法学研究所编：《人民法院案例选》2019年第12辑，人民法院出版社2019年。

【裁判结果】

广东省饶平县人民法院于2019年3月11日作出（2019）粤5122刑初38号刑事判决：一、被告人康某生犯非法拘禁罪，判处有期徒刑十一个月；二、随案移送的车牌号为粤US×××的日产天籁小轿车一辆，予以没收，上缴国库。

宣判后，康某生不服提起上诉。广东省潮州市中级人民法院经审理后，于2019年6月3日作出（2019）粤51刑终75号刑事判决：一、维持广东省饶平县人民法院（2019）粤5122刑初38号刑事判决的第一项；二、撤销广东省饶平县人民法院（2019）粤5122刑初38号刑事判决的第二项；三、随案移送的车牌号为粤US×××的日产天籁小汽车一辆发还给上诉人康某生。

【裁判理由】

法院生效裁判认为：上诉人康某生为索取债务而合伙非法拘禁他人，共同致一人轻微伤，其行为已构成非法拘禁罪，依法应予惩处。上诉人康某生归案后能如实供述自己的罪行，依法予以从轻处罚。

上诉人康某生上诉称其事先不知道郑某升与王某霞因"六合彩"发生债务纠纷的意见，经查，在案证据不足以认定康某生在案发前知道郑某升与王某霞因投注"六合彩"发生债务纠纷一事，故该意见予以采纳；上诉称王某霞的轻微伤与其动手两下没有因果关系的意见，经查，上诉人康某生伙同他人非法拘禁被害人王某霞，并在此过程中合伙殴打王某霞致轻微伤，应共同对王某霞的伤情负相应的刑事责任，故该意见据理不足，不予采纳。

上诉人康某生的指定辩护人辩护称康某生归案后如实供述，请二审法院予以从轻处罚的意见，经查，原审判决鉴于上诉人康某生归案后能如实供述自己的罪行，已依法对康某生予以从轻处罚，所判处的刑罚并无不当，现再要求二审法院予以从轻处罚据理不足，不予采纳。

上诉人康某生及其指定辩护人提出康某生的粤US×××日产天籁小汽车系康某生用于日常生活和工作，该车虽然客观上对案件具有一定帮助作用，但对于该车并非为犯罪目的而准备的，因此不应该没收的意见，经查，首先，康某生平时主要将该车用于日常生产生活，本次作案只是应同案人之邀，偶尔将该车用于非法拘禁犯罪，没有证据证明该车是专门或主要用于非法拘禁犯罪的工具，也没有证据证明该车长期或多次被用于实施非法拘禁犯罪，即该车不是专门为犯罪而准备和使用的，该车与非法拘禁犯罪间不存在经常性联系或密切联系；其次，本案是轻罪案件，没有造成被害人的实际财产损失，社会危害程度相对较小，如果对康某生所有的价值巨大、偶尔用于非法拘禁的汽车予以没收，有违立法本意，也显失公平、公正。因此，从相当性原则考虑，原审判决将随案移送的粤US×××日产天籁小汽车予以没收不当，应予纠正，故该意见予以采纳。

原审判决认定事实清楚，定罪正确，量刑适当，审判程序合法，唯将随案移送的车牌号为粤US×××的日产天籁小汽车一辆予以没收不当，应予纠正。

【案例注解】

本案在审理过程中，关于对被告人康某生作案用的汽车能否予以没收的问题，存在两种意见：

第一种意见认为，被告人康某生将其本人所有的汽车用于非法拘禁犯罪，根据《刑法》第六十四条的规定，该车应当予以没收。

第二种意见认为，康某生在非法拘禁犯罪中所使用的汽车虽系其本人财物，且起犯罪工具之用，但由于该车不是专门用于实施非法拘禁，该车与非法拘禁犯罪之间不存在经常性的、密切的联系，因此不宜没收该车。

笔者同意第二种意见，理由是：

一、"供犯罪所用的本人财物"的理解和认定

我国《刑法》第六十四条规定，违禁品和供犯罪所用的本人财物，应当予以没收。该条为司法机关处置涉案财物提供了相应的法律依据。但在司法实践中，由于没有相应的司法解释对该条进行细化、阐释，由此导致部分司法机关对于何为"供犯罪所用的本人财物"产生理解上的偏差，进而导致部分案件在应否没收上出现混乱，有的当没而未没，有的不当没而没，严重影响了刑法规范的统一性和权威性。笔者认为，从严厉惩治犯罪和保障公民合法权益的角度出发，"供犯罪所用的本人财物"是指行为人直接且专门或主要用于实施犯罪之本人财物。具体可以从以下几方面进行把握：

1. 该财物属于行为人本人所有，即行为人对该财物享有所有权。对于供犯罪所用的第三人财物，除非第三人主观上明知其财物被用于实施犯罪，或者对其财物被用于犯罪存在重大过失，否则不得没收。

2. 该财物与犯罪间存在直接的关系，即该财物被行为人直接用于实施犯罪，对犯罪的发展、完成起决定性或关键性作用，如杀人用的枪支、非法拘禁用的撬棍等。至于那些与犯罪虽有一定的关联，但并非直接用于犯罪的财物，则不能没收。如《公安部关于为赌博提供的交通工具能否予以没收的批复》规定："为赌博提供交通工具（如汽车）以及场所（如房屋等）条件的，是违反治安管理的行为，对行为人应给予治安处罚。但交通工具、场所不是赌具，不应没收。"理由是上述交通工具和场所虽然与犯罪有关，但它只是为犯罪人实行犯罪活动提供了交通和场所的便利，而没有直接用于赌博犯罪，因此对这些财物不应没收。

3. 该财物与犯罪间存在经常性联系或密切联系，即该财物是专门为犯罪而准备和使用的，专门、主要而非偶尔用于实施犯罪，如赌博犯罪分子所有的专门用于赌博的资金、交通工具、通讯工具等。而对于那些平时主要用于日常生产生活、只是偶尔为犯罪所用的财物，不应予以没收，否则有违刑法设立没收制度之本意，也有失公允。如用于非法拘禁被害人的房屋、强奸时使用的汽车等，一般不应予以没收。但是，如果该财物虽然是用于日常生产生活，但行为人长期或多次将该财物用于实施犯罪的，则应当予以没收，如行为人多次用于实施抢夺或非法拘禁作案的摩托车等。

二、没收"供犯罪所用的本人财物"应坚持相当性原则

所谓相当性原则，是指司法机关在没收供犯罪所用的财物时，需要受到一定的限制，该限制细化成原则后，又被称为相当性原则，即被没收的财产价值应当与犯罪的性质、情节和对社会的危害程度以及犯罪收益的大小相当，没收的结果应与犯罪情节的可责程度相当，以达到合情合理的结果，避免过分、错误的没收。司法实践中，法院在判决没收时应坚持这一原则，秉持惩罚犯罪与保障人权并重的理念，综合考量没收财物与犯罪行为的严重程度、与犯罪行为之间的紧密程度、对犯罪结果所起到的作用等是否相适应，从而做出符合常情常理的认定，而不能不加区分地对一切被用于犯罪的财物都予以没收。当被没收的财物价值与犯罪的性质、情节、收益和对社会的危害程度相比，存在数额、价值上的悬殊差距时，应当慎重适用没收措施，而不能因为行为人轻微的犯罪行为而没

收其大宗财物。如行为人驾驶其本人价值 40 万元的汽车去撞毁他人价值 6000 元的摩托车，该车虽系供犯罪所用的本人财物，但如果判决没收该车，明显处罚过重，显失公平、公正。

三、本案中二审法院依法改判不没收汽车正确

本案中，康某生在非法拘禁犯罪中所使用的汽车虽系其本人财物，但一来康某生平时主要将该车用于日常生产生活，本次作案只是应同案人之邀，偶尔将该车用于非法拘禁犯罪，没有证据证明该车是专门或主要用于非法拘禁犯罪的工具，也没有证据证明该车长期或多次被用于实施非法拘禁犯罪，即该车不是专门为犯罪而准备和使用的，该车与非法拘禁犯罪间不存在经常性联系或密切联系；二来本案是轻罪案件，没有造成被害人的实际财产损失，社会危害程度相对较小，如果对康某生所有的价值巨大、偶尔用于非法拘禁的汽车予以没收，有违立法本意，也显失公平，因此二审法院依法改判不没收该车是正确的。

问题 9. 如何理解和适用强制医疗的条件？

【刑事审判参考案例】 朱某被强制医疗案[①]

一、基本案情

上海市黄浦区人民法院经审理查明：2012 年 12 月 7 日 16 时 30 分许，被申请人朱某尾随被害人吴某至上海某大学教学楼 D 楼 1 楼西侧女厕所内，趁吴某准备洗手时，从背后上前持刀顶住吴某的颈部，挟持吴某进入厕所东侧靠窗的隔间，强迫吴某交出随身携带的索爱牌 u5i 型移动电话机，价值人民币（以下币种同）310 元。此后，朱某又对吴某进行强行猥亵并试图强奸，但未得逞。后朱某携被害人的移动电话机逃逸。公安机关经侦查，于 2012 年 12 月 8 日将朱某抓获。经鉴定，朱某在案发时系完全无刑事责任能力的精神病人。

上海市黄浦区人民法院经审理后认为，被申请人朱某实施严重危害公民人身安全的暴力行为，但经法定程序鉴定，其依法不负刑事责任。综合被申请人的法定代理人、相关证人的证言，司法精神病鉴定意见以及朱某的病史材料可以认定，如不对朱某强制医疗，其确有继续危害社会的可能。申请机关申请对朱某强制医疗的主张成立，予以支持。据此，依照《刑法》第十八条第一款、《刑事诉讼法》第二百八十四条之规定，决定对被申请人朱某强制医疗。决定后，相关人员未申请复议，本案已发生法律效力。

二、主要问题

如何理解和适用强制医疗的条件？

三、裁判理由

2012 年修正后的《刑事诉讼法》设立了依法不负刑事责任的精神病人的强制医疗程序。《刑事诉讼法》第二百八十四条[②]规定："实施暴力行为，危害公共安全或者严重危

[①] 徐世亮、胡晓爽撰稿，罗国良审编：《朱某被强制医疗案——如何理解和适用强制医疗的条件（第 886 号）》，载中华人民共和国最高人民法院刑事审判第一、二、三、四、五庭主办：《刑事审判参考》2013 年第 4 集（总第 93 集），法律出版社 2014 年版，第 91~96 页。

[②] 现为《中华人民共和国刑事诉讼法》（2018 年修正）第三百零二条。

公民人身安全，经法定程序鉴定依法不负刑事责任的精神病人，有继续危害社会可能的，可以予以强制医疗。"根据这一规定，对行为人进行强制医疗必须符合以下条件：一是行为人实施了暴力行为，危害公共安全或者严重危害公民人身安全；二是经法定程序鉴定依法不负刑事责任；三是有继续危害社会的可能。本案在审理过程中，申请机关与被申请人双方的争议焦点主要有三点：一是被申请人实施行为的具体性质是否影响强制医疗的决定；二是如何认定被申请人有继续危害社会的可能，对此是否必须以鉴定意见为依据；三是决定是否对被申请人进行强制医疗还需要考虑哪些因素。

（一）被申请人的暴力行为客观上与犯罪程度相当，行为的具体性质并非适用强制医疗程序的主要参考指标

检察机关的申请认为，被申请人朱某实施持刀抢劫、强奸行为，严重危害公民人身安全。对此，朱某的诉讼代理人提出，被申请人当时劫取被害人吴某的手机是防止吴某报警，而且离开作案现场后即将手机丢弃，故朱某无非法占有被害人财物的故意，其行为不构成抢劫。

《刑事诉讼法》第二百八十四条规定，强制医疗的前提必须是行为人"实施暴力行为，危害公共安全或者严重危害公民人身安全"。我们认为，按照上述规定，强制医疗的行为有两个要件：一是行为性质上，必须是暴力行为，对实施了非暴力危害社会的行为人，依法不能强制医疗；二是行为后果上，必须是危及公共安全或者严重危害公民人身安全。

所谓危及公共安全，是指必须对不特定多数人的生命健康或者公私财产已经造成实际危害或者有造成实际危害的危险，实践中主要是比照《刑法》分则第二章危害公共安全罪中所表述的行为进行判断。所谓严重危害公民人身安全，是指行为对公民个人人身安全造成严重危害，实践中主要是比照《刑法》分则第四章所表述的行为进行判断。值得注意的是，被申请人实施的危害公共安全或者严重危害公民个人安全的暴力行为，社会危害性应当与犯罪程度相当。对情节轻微，与犯罪程度不相当的行为，不应适用强制医疗程序。

本案中，被申请人朱某持刀威胁被害人吴某，劫取吴某的财物，后又对吴某进行强制猥亵并试图强奸，其行为具有暴力性质，并且已经对吴某的人身安全造成严重危害，在客观上与犯罪程度相当，符合强制医疗程序的行为要件。至于朱某的行为具体究竟是认定为抢劫还是其他性质的行为，不是适用强制医疗程序的主要参考指标。

（二）被申请人"有继续危害社会的可能"需要综合案件实际情况分析判断

强制医疗案件中的被申请人是否"有继续危害社会的可能"，实践中需要综合案件多种情况进行分析判断。审理过程中，被申请人朱某的诉讼代理人提出，"有继续危害社会可能"的认定必须以专业机构出具的鉴定或者评估报告为依据。我们认为，所谓"有继续危害社会的可能"，是综合分析判断的结果，是对被申请人未来行为进行的预测和推断，需要综合考虑多种因素而不仅仅是医学检验结论。因此，对"有继续危害社会的可能"的认定不属于必须鉴定的情形，实际上司法鉴定机构也不可能就此做出鉴定意见。实践中，对"有继续危害社会的可能"的认定，一般是根据案件情况、被申请人一贯表现、被申请人实际病情、治疗医生有关病情的描述和诊断，并结合相关鉴定意见进行判断，必要时可以通过有专门知识的人出庭作证等方式进一步查明。

（三）被申请人是否有必要进行强制医疗要综合分析被申请人本人、家属以及监管、治疗的能力和条件

具体可以通过依次审查以下事项予以认定：

1. 被申请人在有接受治疗必要的情况下，首先要审查被申请人是否能够自行主动进行治疗。根据法律规定，强制医疗案件必须对被申请人的精神状况进行司法鉴定，这种专业鉴定在认定被申请人案发时无刑事责任能力的同时也必然对被申请人的病情做出相应诊断。一般情况下，在精神疾病影响下实施严重危害社会行为的被申请人，都需要接受专业的治疗。个别案件中，行为人确系在精神疾病影响下实施了危害社会的行为，但随后在诉讼过程中经过短期治疗，其精神疾病已经得到较好的治疗或者控制，并且能够自行主动进行后续治疗，此种情况下，就没有必要进行强制医疗。同时，精神疾病的一大重要特征就是病人缺乏自知力，不认同自己患有精神病，加之绝大多数精神药物都有一定的副作用，服用后身体会有明显不适，故精神病人在自知力没有较大程度恢复的情况下一般无法自行积极参与治疗，需要在监管下进行治疗。本案中，关于被申请人朱某精神状况的司法精神病鉴定意见显示，朱某患有精神分裂症，案发时及当前均处于发病期，无自知力。而朱某在安康医院的主治医生证实，朱某初入院时精神状况紊乱，有幻听、妄想，精神分裂症状明显，无自知力，危害性较大。从其症状看，有暴力倾向。据此，朱某已经不具备自行主动进行治疗的能力，即必须在监管下接受治疗。

2. 在被申请人仅能被动接受治疗的情形下，其次要审查被申请人家属是否有对被申请人进行监管、治疗的意愿。如果被申请人家属不具备这样的意愿，则只能由政府对被申请人进行强制医疗。因精神疾病的治疗成本高，治愈难度大，对实施暴力行为、人身危险性大的精神病人，监管的责任更重，家属往往更愿意由政府对病人进行强制医疗。但在少数案件中，家属确有自行对被申请人进行监管、治疗的意愿，不愿意送交政府强制医疗。本案即属于此种情形。基于本案朱某家属有对朱某进行监管、治疗的意愿，不愿意将被申请人送交强制医疗的前提，必须进一步审查朱某家属对朱某进行监管、治疗的现实可能性。

3. 在被申请人家属愿意对被申请人进行监管、治疗的情况下，再次要审查被申请人家属是否具备监管、治疗的条件与能力。实践中，精神病人的监管、治疗通常需要借助具有一定强制性质的半封闭或者全封闭的专业医疗机构。如果被申请人家属愿意承担被申请人的监管、治疗职责，并且具备治疗的能力和条件，就有必要向法院提供一份较为详尽的治疗、监管方案。该方案的可行性可从以下几个方面予以考量：（1）家属是否讳疾忌医，是否存在碍于"面子"而不愿送病人去专业精神医疗机构治疗的心理。（2）家属提供的医疗机构是否专业，是否对具有暴力倾向的重度精神病人能够治疗和监管，是否愿意接收被申请人。（3）家属能否尽到监管、治疗职责，是否具备对被申请人进行长期治疗的实际条件。

本案中，从朱某病史分析，朱某家属碍于面子不愿意将朱某送交政府强制医疗，但又不具备对朱某进行监管、治疗的能力和条件，且未尽到监管职责。朱某父亲证实，朱某从高二开始有异常行为，主要是课上到一半突然站起离开等。家人带朱某去上海心理咨询中心咨询过，基本上是半个月一次，并长期服药。2012年年初，朱某病情加重，走到教室就害怕，不去上课，也不参加考试。2012年3月时，家人为朱某办理休学一年，并继续至上海心理咨询中心进行心理咨询和药物治疗。当时，朱某家属未向学校讲明病

情,仅表示朱某学习压力大,负担重。2012年11月下旬,朱某家属让朱某复学,并叮嘱朱某在学校要继续服药,但并不清楚朱某是否服用。朱某在上海市心理咨询中心的心理咨询记录卡记录:"初询日期:2012年3月23日;求询内容:大三在读,高中时就有厌学,考试紧张,近几月夜眠差,整日整晚上网。一周前突然对家人说'我想杀人'……目前精神状态:神清,有猜疑,疑人背后议论,有冲动、偏执倾向,情感适切,夜眠差,有早醒,常常愤世嫉俗,针砭时弊。"朱某于2012年3月23日的明尼苏达多项人格调查表测评报告记载:"效度量表分析:被测验者存在病理心理问题。编码模式分析:被测验者平时易激动、不安定、好争论,难以与人交往和适应社会。一般情况下能控制自己的敌意行为,但偶尔会出现冲动。总是把自己的愤怒推之于客观因素。这样的被测验者常常有相当含糊的情绪和躯体方面的主诉,感到抑郁和焦虑,常怀疑别人的动机。"朱某的谈话笔录证实,作案时携带的匕首长33厘米,刀刃长22厘米,系2011年在网上购买,平时一直放在身上,作防身用。上述材料反映出,朱某的父母从内心深处不愿意承认朱某患有精神疾病,也不愿意送朱某到专业的精神医疗机构治疗。朱某在高中时即开始产生异常,家人未给予足够重视,仅认为朱某是心理问题;从而只是看了心理咨询门诊。2012年,朱某病情进一步恶化,且已被诊断为病理性心理问题,朱某家属仍不愿意接受必须对朱某进行专业治疗的现实,而仅仅是继续带朱某看心理门诊和服用药物,在朱某不具备复学条件的情况下就匆忙让其复学。从案发前的情况看,朱某的父母也未能尽到监管责任。明尼苏达多项人格调查表测评报告已记载朱某具有易激动和偶尔会冲动的因素,朱某的家属仍然让其复学,这在一定程度上是对朱某可能继续造成社会危害的放任。在朱某复学后,家人仅嘱咐其服药,未尽到监督服药的责任。朱某长期携带长33厘米的匕首,更是其家属在监管上的失职。

综上,我们认为,被申请人朱某不具备自行主动接受治疗的条件,需要接受专业的监管、治疗,尽管其家属具有监管、治疗的意愿,不愿意将朱某送交强制医疗,但并不具备实际的条件和能力,此种情况下,基于继续危害社会可能的考虑,有必要对被申请人朱某进行强制医疗。

问题10. 如何认定被申请人具有"继续危害社会的可能"以及如何处理被申请人亲属提出的自行治疗、看管的申请

【刑事审判参考案例】 宋某被强制医疗案[①]

一、基本案情

北京市海淀区人民法院经不公开审理查明:2012年11月30日16时许,被申请人宋某在北京市地铁2号线鼓楼大街站内,将在站台边等候列车的被害人李某伟推下站台,致使李某伟被进站列车碾压,造成其头、胸部多处受伤。宋某经法定程序鉴定,依法不负刑事责任。

北京市海淀区人民法院认为,被申请人宋某2007年曾被诊断为精神分裂症。2012年

[①] 王冲、侯孝文撰稿,马岩审编:《宋某被强制医疗案——如何认定被申请人具有"继续危害社会的可能"以及如何处理被申请人亲属提出的自行治疗、看管的申请(第887号)》,载中华人民共和国最高人民法院刑事审判第一、二、三、四、五庭主办:《刑事审判参考》2013年第4集(总第93集),法律出版社2014年版,第97~101页。

1月至10月，多次无故打骂他人，后又将他人推下地铁站台，造成他人身体多处受伤。宋某虽经法定程序鉴定为依法不负刑事责任的精神病人，但其行为严重危害他人的生命安全，暴力倾向明显，有继续危害社会的可能，应当予以强制医疗。对宋某的法定代理人及诉讼代理人提出的宋某不具有社会危险性，无必要强制医疗的意见，不予采纳。据此，依照《刑法》第十八条第一款、《刑事诉讼法》第二百八十四条之规定，决定对被申请人宋某予以强制医疗。

决定作出后，宋某的法定代理人不服，申请复议。其法定代理人及诉讼代理人提出，宋某已不具有社会危害性，法定代理人有能力对其进行治疗与监管，请求撤销原审法院的强制医疗决定。

北京市第一中级人民法院经审理认为，宋某对他人实施暴力行为，严重危害他人生命安全，其社会危害性已达到犯罪程度，虽然宋某经法定程序被鉴定为依法不负刑事责任的精神病人，但综合其目前的疾病程度、治疗状态及其监护人的看管情况等，宋某仍存在继续危害社会的可能，应当予以强制医疗。据此，依照《最高人民法院关于适用〈中华人民共和国刑事诉讼法〉的解释》第五百三十七条①第一项之规定，北京市第一中级人民法院决定驳回复议申请，维持原决定。

二、主要问题

1. 如何认定被申请人具有继续危害社会的可能性？
2. 如何处理被申请人亲属提出的自行治疗、看管申请？

三、裁判理由

为保护人民群众生命财产安全免受精神病人侵害，保障包括精神病人在内的公民的合法权益，落实刑法关于强制医疗的有关规定，2012年《刑事诉讼法》修改时增设了强制医疗程序的规定。作为一项全新的刑事特别程序，强制医疗程序在实践中存在一些具体法律适用问题。本案是北京市首例强制医疗案件，案件的审理具有一定探索性，其中反映出的问题有一定典型性，值得深入研究。本案的焦点问题有二：一是如何评估被申请人继续危害社会的可能性；二是如何处理被申请人亲属提出的自行治疗、看管的申请。

（一）应当根据被申请人所患精神疾病类型及其实施暴力行为的情节综合认定其是否具有"继续危害社会的可能"

根据《刑事诉讼法》第二百八十四条②和《最高人民法院关于适用〈中华人民共和国刑事诉讼法〉的解释》第五百二十四条③的规定，适用强制医疗程序有三项条件：（1）实施了暴力行为，危害公共安全或者严重危害公民人身安全，社会危害性已经达到犯罪程度；（2）是经法定程序鉴定依法不负刑事责任的精神病人；（3）有继续危害社会的可能。前两项条件的客观性较强，可以根据控方提交的证据明确认定，一般不存在争议，但第三项被申请人具有继续危害社会的可能的认定主观性较强，实践中容易引发争议。我们认为，认定被申请人是否具有"继续危害社会的可能"，应当着重从以下两个方面进行审查：一是被申请人所患精神疾病的类型。根据精神病学的分类，精神病人一般分为冲动攻击型、极度妄想型和社会能力衰退型三种类型，其中冲动攻击型精神病人的人身

---

① 现为《最高人民法院关于适用〈中华人民共和国刑事诉讼法〉的解释》（2021年）第六百四十三条。
② 现为《中华人民共和国刑事诉讼法》（2018年修正）第三百零二条。
③ 现为《最高人民法院关于适用〈中华人民共和国刑事诉讼法〉的解释》（2021年）第六百三十条。

危险性最为明显,如果没有得到有效治疗,其再次实施攻击行为的可能性也比较大。对这类精神病人,可结合其既往病史及治疗情况判断其危险性。本案中,被申请人宋某在2007年即被诊断为精神分裂症,在案发前多次无故打骂他人。审理时被申请人正在安康医院接受治疗,据主治医师介绍,其处在急性治疗期,经诊治虽病情有所稳定,但仍存在夸大妄想及冲动行为。综合宋某所患精神疾病类型及临床表现看,其属于攻击性较强的精神病人。二是实施本次暴力行为的起因、经过。精神病人既可能因病情自动发作实施攻击行为,也可能受现实因素的刺激侵害他人。显然前者的人身危险性更大,此时精神病人处于随时可能实施攻击行为的状态,何时发作具有极大的不确定性。后者的人身危险性相对较小,此类病人一般病情比较稳定,如无现实因素的刺激,通常不会实施暴力行为。本案被申请人在地铁站内无故将他人推下站台,致使被害人被列车碾压多处受伤,其行为性质非常恶劣,后果极为严重。被申请人实施的暴力行为并非现实因素引发,具有任意性,表明其随时会对周围不特定人实施侵害,暴力倾向明显。综合上述情况,北京市海淀区人民法院认定被申请人具有"继续危害社会的可能",具有充分的事实根据。

(二)对被申请人是否决定强制医疗应当严格根据强制医疗的条件,具备一定条件的被申请人亲属提出自行治疗、看管申请的不应影响人民法院是否作出强制医疗的决定

有观点认为,对于监护条件较好的精神病人,如果具备治疗的条件,得到正规精神病医疗机构的治疗,由医疗机构根据病情变化采取不同的防护措施,并得到监护人有效的监管,其再次危害社会的可能性自然较小,被申请人没有继续危害社会的可能性,也就没有必要再对其进行强制医疗,以节约社会资源。该观点实质上是把精神病人的医疗作为"私人"问题看待,忽视了家庭看管、医疗力度不够问题,故没有全面准确理解强制医疗程序的立法目的。《刑法》第十八条第一款规定:"精神病人在不能辨认或者不能控制自己行为的时候造成危害结果,经法定程序鉴定确认的,不负刑事责任,但是应当责令他的家属或者监护人严加看管和医疗;在必要的时候,由政府强制医疗。"据此规定,政府强制医疗与家庭的看管、医疗是分别适用于不同情形的两种措施,适用条件也不同。结合《刑事诉讼法》的相关规定,造成危害结果的精神病人不符合强制医疗条件的,应当由家属或者监护人负责看管和医疗;但如果有继续危害社会可能,符合强制医疗条件的,则应当由政府强制医疗。《刑法》第十八条第一款规定的"必要的时候",即是指符合强制医疗条件。因此,人民法院对被申请人是否决定强制医疗,不取决于其家人的看管、治疗条件,而是看是否符合《刑事诉讼法》及司法解释规定的适用条件。强制医疗属于社会防卫措施,即国家动用公共资源对具有高度危险性的精神病人进行约束、治疗,以避免其对社会造成新的危害。家庭对具有继续危害社会可能的精神病人的监管力度不够,不利于保障其他公民及精神病人本人的合法权益。如果以精神病人的家庭具有看管、治疗条件为由不对其强制医疗,公共安全难以得到有力保障。本案中,被申请人的父母一再声明其具备相应的经济能力,可对宋某进行治疗和监护,不同意对宋某实施强制医疗。北京市海淀区人民法院在审理时对被申请人父母以往对被申请人的治疗、监护情况进行了全面了解,并经审查认为,被申请人家庭虽然具有一定的经济条件,可以对被申请人进行治疗,但本案的发生仍充分证明其家庭的监管力度不够,无法做到有效防止其继续危害社会,应当由国家采取强制医疗措施,故对其亲属要求自行看管、治疗的意见不予采纳。

综上,在决定是否对被申请人进行强制医疗时可以适当考虑其监护人的看管、治疗

能力，但不能混淆国家责任和个人责任，对符合强制医疗条件的被申请人，必须由国家履行监管、治疗责任。即使个人具有较好的看管、治疗条件，也不能轻易将此责任转由个人承担。北京市海淀区人民法院做出的对被申请人宋某予以强制医疗的决定是正确的。

问题11. 如何理解和把握强制医疗的实质性条件？

【刑事审判参考案例】荣某被强制医疗案①

一、基本案情

哈尔滨市平房区人民法院经审理查明：2011年6月，东北轻合金有限责任公司（以下简称东轻公司）与被申请人荣某签订的劳动合同到期，东轻公司根据相关规定没有与其续签劳动合同，荣某遂对公司办公室副主任张某成、工会主席牛某志产生怨恨。2011年7月1日13时，东轻公司在召开大会时，荣某携带尖刀冲向大会主席台责问牛某志，现场工作人员将荣某制止，后经东轻公司有关人员批评教育，交由其家属带回看管。当晚，荣某来到哈尔滨市公安局平房分局新疆派出所，将派出所窗户玻璃砸碎，并要求民警对其拘留。经派出所民警批评教育后，再次将荣某交由其家属带回看管。2011年8月4日13时5分，荣某持斧子窜至东轻公司办公楼张某成所在的办公室内，用携带的斧子砍张某成头部。张某成奋力抵抗，导致右前臂被砍伤，经鉴定为轻微伤。后荣某被在场的工作人员制止扭送公安机关。2011年8月10日，哈尔滨市公安局平房分局以荣某涉嫌犯故意杀人罪将其刑事拘留，并委托哈尔滨市第一专科医院司法鉴定所对荣某进行精神病鉴定。经鉴定：荣某案发时受疾病影响，辨认及自控能力削弱；躁狂状态；为限定刑事责任能力。荣某母亲薛某芳对鉴定不服，申请重新鉴定。平房公安分局遂于同月15日委托黑龙江省公安司法精神病鉴定中心对荣某重新鉴定。经鉴定：荣某受疾病影响，作案时实质性辨认能力丧失；荣某患有精神分裂症，无刑事责任能力。2011年8月31日，荣某被释放，交由监护人严加看管。2012年2月3日16时50分，荣某携带两把斧子再次窜入东轻公司，在东轻公司九号路由西向东出厂的路上尾随张某成，用携带的斧子向张某成头部砍数下，将张某成的头部、面部砍伤，后经鉴定为轻微伤。2011年12月6日，平房公安分局委托黑龙江省公安司法精神病鉴定中心对荣某进行精神病司法鉴定，鉴定意见为荣某心境障碍，无刑事责任能力。

哈尔滨市平房区人民法院认为，被申请人荣某因公司未与其续签劳动合同而对被害人不满，两次携带凶器实施故意杀人行为，因被害人反抗及其他人员及时制止而未遂，其行为构成故意杀人。经司法鉴定，荣某系无刑事责任能力人，依法不负刑事责任。但其行为严重危害公民人身安全，并且存在继续危害他人人身安全及危害社会的可能性。依照《刑事诉讼法》第二百八十四条②之规定，2013年2月21日哈尔滨市平房区人民法院决定对被申请人荣某强制医疗。

申请复议人薛某芳以被申请人荣某实施的两次暴力行为结果都是轻微伤，没有达到

---

① 陆建红撰稿、杨万明审编：《荣某被强制医疗案——如何理解和掌握强制医疗的实质性条件（第888号）》，载中华人民共和国最高人民法院刑事审判第一、二、三、四、五庭主办：《刑事审判参考》2013年第4集（总第93集），法律出版社2014年版，第102~109页。

② 现为《最高人民法院关于适用〈中华人民共和国刑事诉讼法〉的解释》（2021年）第三百零二条。

犯罪程度，不符合强制医疗条件，且目前不具有人身危险性为由，不同意对荣某强制医疗，并提出复议申请。其诉讼代理人提出，荣某实施的暴力行为后果不严重，没有证据证实荣某有继续危害社会的可能，荣某母亲有监护能力，请求撤销原强制医疗决定。

哈尔滨市人民检察院提出如下出庭意见：被申请人荣某实施了危害他人人身安全的暴力行为，经鉴定荣某实施暴力行为时患有精神疾病，不负刑事责任。荣某始终在患病状态下，两次对他人实施人身攻击，有社会危害性，建议法院维持强制医疗决定。

哈尔滨市中级人民法院复议认定的事实和证据与一审认定的事实和证据一致。哈尔滨市中级人民法院认为，被申请人荣某两次持斧实施暴力行为，严重危害公民人身安全，经法定程序鉴定属于依法不负刑事责任的精神病人，有继续危害社会的可能。原决定法院根据检察机关的申请决定对荣某强制医疗，符合法律规定。据此，2013 年 8 月 27 日，哈尔滨市中级人民法院依照《最高人民法院关于适用〈中华人民共和国刑事诉讼法〉的解释》第五百三十七条[①]第一项之规定，驳回申请，维持原决定。

二、主要问题

如何理解和把握强制医疗的实质性条件？

三、裁判理由

在本案审理过程中，对被申请人荣某是否符合强制医疗条件，形成两种意见。

第一种意见认为，荣某符合强制医疗条件。具体理由是：荣某经法定程序鉴定系依法不负刑事责任的精神病人，其在两年内多次实施暴力行为，在病情康复前有继续危害社会的可能。荣某的行为虽未造成严重的危害后果，但从其持刀、持斧子实施暴力的行为看，其行为符合犯罪未遂的构成要件，该暴力行为达到了犯罪程度。

第二种意见认为，被申请人荣某不符合强制医疗条件。具体理由是：荣某经法定程序鉴定系依法不负刑事责任的精神病人，其在两年内多次实施暴力行为，在病情康复前有继续危害社会的可能。但是，根据《最高人民法院关于适用〈中华人民共和国刑事诉讼法〉的解释》的规定，对被申请人强制医疗还需被申请人实施的暴力行为的社会危害性已经达到犯罪程度。根据刑法的规定，精神病人实施行为的社会危害性是否达到犯罪程度，应当依据其所造成的危害结果进行认定。本案中，荣某对张某成实施的两次暴力行为，均致张某成轻微伤，其实施的冲闹会场及砸派出所玻璃的行为，亦未造成严重后果，即荣某实施的暴力行为造成的危害结果未达到刑法规定的犯罪程度。

我们同意前一种意见，被申请人荣某符合强制医疗的条件，应当对荣某强制医疗。理由如下：

2012 年《刑事诉讼法》在修正时，增设了"依法不负刑事责任的精神病人的强制医疗程序"（以下简称强制医疗程序），主要是基于三个方面的考虑：一是保护人民群众生命财产安全免受精神病人侵害和使精神病人得到妥善处置的需要。在社会转型期，诱发精神疾病的因素增多，导致当前我国精神疾病患者人数不断攀升。近年来，精神疾病患者行凶杀人的报道不断见诸报端，已经严重威胁人民群众的生命财产安全。精神疾病不仅是卫生问题，已越来越成为一个较为严重的社会问题。因此，刑事诉讼法规定了强制医疗程序，对实施暴力行为，危害公共安全或者严重危害公民人身安全并有继续危害社会可能的精神病人进行强制医疗。二是落实《刑法》相关规定的需要。1997 年《刑法》

[①] 现为《最高人民法院关于适用〈中华人民共和国刑事诉讼法〉的解释》（2021 年）第六百四十三条。

第十八条第一款规定:"精神病人在不能辨认或者不能控制自己行为的时候造成危害结果,经法定程序鉴定确认的,不负刑事责任,但是应当责令他的家属或者监护人严加看管和医疗;在必要的时候,由政府强制医疗。"但是,刑法只规定了在"必要的时候"对造成危害结果的精神病人实施强制医疗,没有规定强制医疗的条件和程序,较为笼统。《刑事诉讼法》作为程序法,是《刑法》执行的保障法,因此,这次修订增加规定了强制医疗程序。三是保障公民人身权利不受非法侵害的需要。强制医疗程序涉及对公民人身的限制,对公民予以强制医疗必须遵循严格的法律程序。《刑事诉讼法》设置了强制医疗的程序,将强制医疗纳入严格的司法审查程序中,并规定了有效的救济程序,就是为了有效保障公民的合法权益。综上,为落实《刑法》中对精神病人强制医疗的规定,《刑事诉讼法》第二百八十四条规定:"实施暴力行为,危害公共安全或者严重危害公民人身安全,经法定程序鉴定依法不负刑事责任的精神病人,有继续危害社会可能的,可以予以强制治疗。"《刑事诉讼法》的这一规定,确定了适用强制医疗程序所需具备的三个条件。在司法实践中,当前对如何理解和适用刑事诉讼法规定的强制医疗所必须具备的三个条件存在不同认识,有必要加强研究分析,以准确而又更加充分发挥"强制医疗程序"的功能。

(一)精神病人实施暴力行为,危害公共安全或者严重危害公民人身安全

根据《刑事诉讼法》的规定,只有实施了暴力行为,危害公共安全或者严重危害公民人身安全的精神病人才可以适用强制医疗。这样的规定,一方面体现了与《刑法》规定相适应。《刑法》第十八条第一款规定,只有精神病人的行为造成危害结果,才能在必要时予以强制医疗。另一方面体现了慎重原则。强制医疗是限制公民人身权利和自由的较为严厉的预防性措施,适用起来需要特别慎重。因此,刑事诉讼法以行为人实施了"危害公共安全或者严重危害公民人身安全"的"暴力行为"作为适用强制医疗的必备条件之一。由于刑事诉讼法的规定原则性较强,如何理解《刑事诉讼法》规定的"危害公共安全或者严重危害公民人身安全",在实践中存在一定争议。对这一条件的理解,我们认为,可以借助于《刑事诉讼法》这一规定的起草背景进行分析。《刑事诉讼法修正案草案》曾将"精神病人实施暴力行为危害公共安全或者致人死亡、重伤"规定为强制医疗的适用条件,后来将"致人死亡、重伤"修改为"严重危害公民人身安全"。这一变化表明,适用强制医疗,并不要求一定有致人死亡、重伤的后果。多次实施暴力行为,造成多次轻伤的;实施放火行为,虽未造成人员伤亡,但造成公私财产重大损失的;使用刀具、斧头等杀伤力巨大的工具实施严重暴力行为,被害人只是侥幸避免伤亡的等,也符合强制医疗的条件。当然,如行为人只是偶尔实施轻微暴力行为,无论从工具、手段等看,只是造成他人轻微伤,不可能造成致人重伤、死亡的,即依法不可能构成犯罪的,则不属于严重危害公民人身安全的情形,不应适用强制医疗。基于这一分析,我们认为,在认定被申请人的行为是否达到犯罪的程度时,既不能简单以是否达到重伤、死亡后果进行判断,也不能简单认为凡是仅造成轻微伤后果的都属于没有达到犯罪程度,而应当从一个正常具备刑事责任能力的人实施相应的行为是否应当承担刑事责任的层面进行分析、判断。

本案中,在认定荣某的行为是否达到犯罪程度时,应当按照正常人的标准,结合主、客观要件进行分析评价。从被害人张某成的陈述以及荣某实施的行为(持刀、斧等足以致命的凶器,砍击头面部等足以致命的部位)分析,荣某两次持足以致人死亡的斧子砍击被害人的头面部,虽然伤害结果只是轻微伤,但其所用工具、砍击部位足以证明其行为性质属于故意杀人,已严重危害他人人身安全,其行为已经达到犯罪的程度。张某成

所受伤害仅为轻微伤,不是因为荣某下手不狠,也不是因为荣某没有致张某成重伤、死亡的目的,而是与张某成奋力抵抗、拼命呼救有关,有一点侥幸的成分。因此,荣某的行为,无论是从主观目的还是从客观行为、后果、因果关系分析,均达到了犯罪程度。

(二)行为人必须是经法定程序鉴定依法不负刑事责任的精神病人

具有完全刑事责任能力的人或者犯罪时精神正常的间歇性精神病人实施危害行为的,应当依法追究其刑事责任。只有经法定程序鉴定,实施危害行为时不能辨认或者控制自己行为的精神病人,不具有刑事责任能力的,才可以适用强制医疗程序。证实精神病人是否负刑事责任的鉴定应当严格依法进行。根据《全国人大常委会关于司法鉴定管理问题的决定》以及司法部下发的《司法鉴定程序通则》的规定,对精神病鉴定等法医类鉴定应当委托列入省级人民政府司法行政部门编制的名册中的鉴定机构,并由二名或者二名以上无利害关系的鉴定人共同进行鉴定。根据最高人民法院、最高人民检察院、公安部、司法部、卫生部联合印发的《精神疾病司法鉴定暂行规定》,精神病鉴定意见中通常会有被告人是否具有完全刑事责任能力的结论。精神病鉴定意见虽然是专家给出的"结论",但就其法律性质来说,该"结论"仍然只是一种意见,法官不能盲目相信,应当对鉴定意见是否科学、客观进行审查后,作出是否采纳鉴定意见的决定。审查的重点主要有鉴定人是否合格,鉴定的材料是否全面、充分、可靠。特别是司法实践中会出现补充鉴定或者重新鉴定的问题,对此应当明确的是,法院是争议的最终裁决者,拥有对鉴定意见的证明价值进行审查判断的最终权力。法官应当重视审查鉴定意见本身的科学性和真实性,并结合全案证据综合评估鉴定意见的证明价值。

就本案而言,荣某在公安机关共做了三次精神病司法鉴定。第一次系2011年8月10日平房公安分局委托哈尔滨市第一专科医院司法鉴定所对荣某进行的精神病鉴定。这次鉴定认定:荣某案发时受疾病影响,辨认及自控能力削弱;躁狂状态;为限定刑事责任能力。因荣某母亲薛某芳对鉴定不服,申请重新鉴定,同年8月15日平房公安分局委托黑龙江省公安司法精神病鉴定中心重新鉴定。这次鉴定认定:荣某受疾病影响作案时实质性辨认能力丧失,荣某精神分裂——目前为疾病期;无刑事责任能力。第三次鉴定系在荣某第二次伤害张某成后,2012年12月25日平房公安分局委托黑龙江省公安司法精神病鉴定中心对荣某进行鉴定。该次鉴定认定:荣某符合心境障碍诊断标准,并伴有精神病性症状,案发时受精神病症状的影响,辨控能力丧失;无刑事责任能力。

上述三份鉴定意见,第一份与后两份结论不同。由于鉴定意见之间没有上下级之分,效力没有高低之分。采用哪份鉴定意见,应当由法官在科学判断后依法认定。因此,法院采纳第二次、第三次的鉴定意见而不采纳第一次鉴定意见,是《刑事诉讼法》赋予的法定职权。法院根据案件实际情况,对荣某在数次暴力行为中的表现、暴力后的精神状态、暴力的原因等方面进行综合分析后,认定荣某系无刑事责任能力人的结论更符合客观事实,更具有科学性。

(三)有继续危害社会的可能

"有继续危害社会可能"是强制医疗适用的必备条件之一。强制医疗的目的并不是对实施暴力行为的被强制医疗人进行惩戒和制裁,而是对被强制医疗人采取保护性措施,并给予其必要的治疗,使其尽快解除痛苦,恢复健康,同时避免继续危害社会。因此,如果精神病人虽然实施了暴力行为,但不再具有继续危害社会可能的,如已经严重残疾等,丧失了继续危害社会的能力,就不必对其强制医疗。如果精神病人实施暴力行为后,由其监护人或者单位将其送医治疗，精神病人的病情得到有效控制，从而不具有继续危害社会可能的，也没有必要进行强制医疗。

本案中，被申请人荣某属于"有继续危害社会可能"。具体理由如下：（1）从荣某所患的精神病情分析本身来看，荣某属于精神病人，需要及时治疗。根据鉴定意见，荣某符合心境障碍诊断标准，并伴有精神病性症状，案发时受精神病症状的影响，辨控能力丧失；荣某心境障碍，无刑事责任能力。而心境障碍，是以显著而持久的情感或者心境改变为主要特征的疾病。临床主要表现为愤怒，情感的高涨与低落，甚至是冲动报复，以过度的自我保护机制应对社会，无法正确认知自己的行为，可伴有精神病性症状，如幻觉、妄想。多数患者有反复发作的倾向。（2）从荣某实施暴力的起因、过程、行为特征，其起因是未签订劳动合同，今后这一起因仍然存在，因此这个问题不可能得到解决。另外从行为过程、行为特征看，其行为针对的对象不是物，而是人，尤其是两次针对特定的人。（3）从被申请人有无接受医疗的条件分析，其家庭监护条件较差，荣某母亲薛某芳57岁，荣某生父荣某玉59岁，二人均已退休，且薛某芳有焦虑症、抑郁症。因此，荣某家庭没有看管、治疗的条件和能力。

综上，荣某符合《刑事诉讼法》第二百八十四条所规定的三个条件，应当决定对其予以强制医疗。

问题 12. 如何改进、完善强制医疗决定程序、机制？

【刑事审判参考案例】高某球被强制医疗案[①]

一、基本案情

新化县人民法院经公开审理查明：被申请人高某球从2008年开始出现精神异常，主要表现为自言自语、乱说、易躁、经常追人和打人等，曾在冷水江精神病医院等地治疗，诊断为精神分裂症，病情有反复。2013年1月，高某球又出现明显精神异常，表现为说糊涂话、自言自语、讲有人害他、有暴力行为，经常追人、打人，打了其祖父高某生好几次，晚上不睡觉跑去踢邻居家的门，并跑到别人家床上睡觉，使得村里人心惶惶。1月9日，高某球的家属曾将高某球捆绑过。10日，高某球用剪刀追打其母曾某云，导致曾某云不敢回家。11日凌晨1时许，高某球趁高某生熟睡之时，带着准备好的砖刀、剪刀等作案工具来到高某生的卧室，将门从里面拴好，用砖刀猛击高某生的头部，并用剪刀将高某生的左耳剪掉。村民听到高某生喊"救命"及高某球殴打高某生发出的声音，先后赶来现场，见高某球手持砖刀，剪刀在滴血，准备冲进去将其制服。高某球见状从后门逃跑。高某生随后死亡。高某球当日逃至湖南省冷水江市，被冷水江市公安人员抓获。湖南省新化县公安局刑事科学技术室出具的鉴定意见证实，高某生系被钝器打击头部，造成急性颅脑损伤而死亡。高某球经湖南省芙蓉司法鉴定中心鉴定，鉴定意见为："根据提供的材料和检查，被鉴定人高某球目前诊断为精神分裂症，作案时无刑事责任能力。鉴于对社会存在危害，建议长期监护治疗。"

[①] 简红星、陈健撰稿，王晓东审编：《高某球被强制医疗案——强制医疗决定程序、机制的改进与完善（第889号）》，载中华人民共和国最高人民法院刑事审判第一、二、三、四、五庭主办：《刑事审判参考》2013年第4集（总第93集），法律出版社2014年版，第110~113页。

新化县人民法院认为，被申请人高某球杀害其祖父高某生，经法定程序鉴定为依法不负刑事责任的精神病人，且有继续危害社会的可能，现新化县人民检察院申请对被申请人高某球强制医疗，符合法律规定，本院予以支持。据此，依照《刑法》第十八条第一款和《刑事诉讼法》第二百八十四条①，第二百八十五条②第一、二款，第二百八十七条以及《最高人民法院关于适用〈中华人民共和国刑事诉讼法〉的解释》第五百三十六条③之规定，作出对被申请人高某球强制医疗的决定。

决定作出后，被申请人及其法定代理人均未提出复议，检察机关没有抗诉，该决定已经发生法律效力。

二、主要问题

如何改进、完善强制医疗决定程序、机制？

三、裁判理由

本案系 2012 年《刑事诉讼法》修改后及相关司法解释施行以来，基层法院审理的一起较为典型的地方强制医疗案件。本案有关程序符合《刑事诉讼法》及司法解释的相关规定。公安机关对被申请人采取了临时的保护性约束措施，被申请人的诉讼代理人到场参加了庭审，全案在一个月内审结。新化县人民法院在审理本案中，严格按照《刑事诉讼法》及司法解释的规定，在开庭前会见了被申请人，对被申请人的精神状况有比较直观的了解。在征求被申请人法定代理人及诉讼代理人意见后决定被申请人不到庭参加诉讼。新化县人民法院依法采取由一名审判员与两名人民陪审员共同组成合议庭的方式公开开庭审理本案。以本案为视角，我们认为，强制医疗案件在审理程序、工作机制等方面有以下值得进一步改进和完善的空间。

（一）应当根据具体案情决定是否要求具有专业知识的人员组成合议庭

《刑事诉讼法》及司法解释要求审理申请强制医疗案件必须依法组成合议庭，但对合议庭成员的组成没有明确规定。据了解，本案中，新化县人民法院随机选取了两名人民陪审员，这两名人民陪审员均没有精神病学方面的专业背景。我们认为，人民法院审理此类案件，应当结合具体案情决定是否需要由具有相关专业背景的人员组成合议庭。本案被害人系被申请人祖父，也就是说，本案被害人与被申请人系直系亲属，损害后果也由被申请人的其他家庭成员承担，被申请人与被害人的近亲属之间不存在利益冲突。换言之，由于被害人一方当事人与被申请人的法定代理人身份重合，且被申请人法定代理人与检察机关均认为应当对被申请人进行强制医疗，合议庭不必承担来自被害人一方当事人对其本身公正性的质疑。在其他证据确实、充分的条件下，合议庭能够较为顺利地作出决定。但是，如果被害人与被申请人之间并非直系亲属，且被害人一方当事人要求对被申请人判处刑罚，或者被申请人一方与检察机关目标并不一致，那么合议庭组成人员如果具备一定的专业知识将有助于化解案件当事人对法庭审判公正性的疑虑，也更有利于法庭查明案件事实。因此，我们认为，具备条件的法院，可以安排一至两名具有相关专业知识的人员作为合议庭成员参与案件审理，如果是随机选取，也可以在具有相关专业知识的范围内进行。

---

① 现为《中华人民共和国刑事诉讼法》（2018 年修正）第三百零二条。
② 现为《中华人民共和国刑事诉讼法》（2018 年修正）第三百零三条。
③ 现为《中华人民共和国刑事诉讼法》（2018 年修正）第六百四十二条。

(二) 法院会见被申请人的过程应当进一步规范

《最高人民法院关于适用〈中华人民共和国刑事诉讼法〉的解释》(以下简称《刑事诉讼法解释》) 第五百二十九条第二款规定: "审理人民检察院申请强制医疗的案件, 应当会见被申请人。"《刑事诉讼法解释》虽然明确规定审理强制医疗案件应当会见被申请人, 但并未明确会见的方式。我们认为, 合议庭在审理案件过程中会见被申请人, 可以更加有利于直观地了解被申请人的精神状况, 对最终形成更加准确的内心确信具有重要意义。因此, 有必要在司法实践中规范会见的程序、方式与方法。如向被申请人的亲属、邻居或者与被申请人有接触的医护人员询问被申请人的基本情况, 通过录像等方式记录被申请人的言行举止, 与被申请人进行面对面交流等。上述活动, 均应当制作规范的会见笔录、视听资料, 并予以存档。有必要作为证据当庭出示的, 应当将上述材料提交法庭进行质证。

本案在审理过程中, 审判长、书记员会见了被申请人高某球, 通过询问被申请人基本情况、案件基本情况, 发现被申请人高某球确实具有神志不清、胡言乱语等特征。法庭将上述情况记录下来, 形成会见笔录, 交被申请人本人及在场的主治医生签字, 并存入法院案卷。由于案情简单, 双方没有争议且其他证据确实、充分, 上述材料虽然没有在法庭出示质证, 但不影响对事实的整体认定, 应当认定整个程序规范、合法、有效。

(三) 强制医疗执行的起始时间、监督主体等事项应当予以明确

《刑事诉讼法》及《刑事诉讼法解释》未明确规定由哪个机关负责监督强制医疗决定书的执行。本案中, 湖南省新化县人民法院只在强制医疗决定书中简单表述: "对被申请人高某球强制医疗。"决定书中没有明确强制医疗的地点、开始时间及其他需要明确的事项。我们认为, 人民法院应当在强制医疗决定书中写明对被申请人进行强制医疗的起始时间, 强制医疗机构名称、地点以及公安机关所应承担的相关义务。只有这样才能从法律上加强对人民法院自身和相关执行机关的约束, 以有利于强制医疗决定书的真正执行。

此外, 湖南省新化县人民法院在强制医疗决定书中"本院认为"部分认定被申请人"有继续危害社会的可能", 但并没有给出较为详细的说明或者解释, 这在一定程度上降低了公众对这一判断的信任程度。我们认为, 有必要将"继续危害社会的可能"作为需要证明的内容, 在庭审中展开调查, 并在决定书中做出较为详细的说明。同时, 关于决定书的案号, 为便于以后查询和搜索的便利, 我们建议针对强制医疗案件使用单独的案号。

总之, 本案属于强制医疗程序的一次较为规范的审判实践。关于如何更好地审理强制医疗案件, 仍需要不断地总结分析, 以便进一步改进工作, 提高审判质效。

问题 13. 如何把握精神病人强制医疗的具体条件?

【刑事审判参考案例】马某雷强制医疗案[①]

一、基本案情

河南省宝丰县人民法院经审理查明:

被申请人马某雷和被害人马某红、赵某菊夫妇 (均受轻伤) 均系河南省宝丰县赵庄

---

① 桓旭、李晖撰稿, 董保军审编:《马某雷强制医疗案——如何把握精神病人强制医疗的具体条件 (第976号)》, 载中华人民共和国最高人民法院刑事审判第一、二、三、四、五庭主办:《刑事审判参考》2014年第2集 (总第97集), 法律出版社2014年版, 第123~129页。

乡大黄庄村民。马某雷有幻觉，妄想，自认被他人嘲笑、讥讽，并多次无故殴打同村村民，还自认马某红曾嘲笑并欺负自己。2013年1月26日10时许，马某雷在村内见到马某红、赵某菊，认为马某红正在嘲笑、辱骂自己，回家拿菜刀砍击马某红头部，追赶中又连砍马某红头部三刀，并砍击上前劝阻的赵某菊头部一刀。同日11时许，马某雷跟随父亲到宝丰县公安局赵庄乡派出所投案。洛阳市精神卫生中心刑事诉讼精神医学鉴定委员会于2013年2月4日作出鉴定意见：马某雷涉嫌故意杀人时的精神状态应诊断为精神分裂症；马某雷涉嫌故意杀人时的刑事责任能力应评定为无刑事责任能力。

宝丰县人民法院认为，被申请人马某雷实施杀人行为，严重危害公民人身安全，经法定程序鉴定其有精神分裂症，作案时无刑事责任能力，依法不负刑事责任。但马某雷有继续危害社会的可能性，符合强制医疗条件，应当对其实施强制医疗。申请机关对马某雷实施杀人行为的认定，事实清楚，证据确实、充分，司法精神病鉴定程序合法。马某雷的法定代理人及律师对马某雷持刀砍击他人的事实和精神病鉴定意见无异议，同意对马某雷强制医疗。据此，依照《刑法》第十八条第一款，《刑事诉讼法》第二百八十四条、第二百八十五条第一款之规定，宝丰县人民法院决定对被申请人马某雷强制医疗。

二、主要问题

如何把握精神病人强制医疗的具体条件？

三、裁判理由

近年来，精神病人行凶的恶性事件不断见诸报端，严重威胁人民群众的生命财产安全。及时救治和有效监管精神病人既是一个医学问题，也是一个十分重要的法律问题。《刑法》第十八条第一款规定："精神病人在不能辨认或者不能控制自己行为的时候造成危害结果，经法定程序鉴定确认的，不负刑事责任，但是应当责令他的家属或者监护人严加看管和医疗；在必要的时候，由政府强制医疗。"此规定包含两个层面的意思：其一，犯罪主体是我国犯罪构成要件之一，刑事责任能力又是犯罪主体要件的核心，直接影响犯罪的成立与否。无刑事责任能力的精神病人不符合犯罪主体要件，其行为不构成犯罪。其二，无刑事责任能力的精神病人所实施的一些行为具有严重的社会危害性，对公共安全、公民人身安全威胁极大。刑法虽然认为这类人的行为不构成犯罪，但不代表无所作为，需要对其进行救治，防止其继续危害社会和个人。

在《刑事诉讼法》2012年修改之前，我国主要通过行政程序处理无刑事责任能力的精神病人犯罪的问题。《人民警察法》第十四条规定："公安机关的人民警察对严重危害公共安全或者他人人身安全的精神病人，可以采取保护性约束措施。需要送往指定的单位、场所加以监护的，应当报请县级以上人民政府公安机关批准，并及时通知其监护人。"强制医疗需长时间地剥夺精神病人的人身自由，其后果与对精神病人施加刑罚基本相当。行政程序不能有效保障精神病人的合法权益，应当通过诉讼程序，公平、公正、公开处理强制医疗案件，维护社会秩序，妥善医治精神病人并维护其合法权益。2012年修改后的《刑事诉讼法》规定了强制医疗程序，对此问题进行了回应。

《刑事诉讼法》第二百八十四条[1]规定："实施暴力行为，危害公共安全或者严重危害公民人身安全，经法定程序鉴定依法不负刑事责任的精神病人，有继续危害社会可能的，可以予以强制医疗。"此条规定了实施强制医疗的三个条件：一是"犯罪"行为的暴力性

---

[1] 现为《中华人民共和国刑事诉讼法》（2018年修正）第三百零二条。

和后果的严重性；二是对无刑事责任能力的精神病人鉴定的必经性；三是有继续危害社会可能的人身危险性。这三个条件之间是递进式的位阶关系，只有满足前一条件，才能继续判断是否满足后一条件，三个条件均齐备，方可实施强制医疗。由于该条规定得较为笼统，司法实践中具体把握这三个条件，存在过宽或者过严的不同认识，影响强制医疗程序发挥作用。结合本案，对如何把握强制医疗的条件分析如下：

（一）被申请人马某雷持刀攻击马某红、赵某菊的行为符合《刑法》第二百八十四条所规定行为暴力性和后果严重性的要求

对涉案精神病人实施的暴力行为的种类，《刑事诉讼法》规定得比较概括，即实施暴力，危害公共安全或者严重危害公民人身安全的行为，其特征可归纳为行为的暴力性和后果的严重性。我们认为，为维护社会秩序和公民人身、财产安全，并保障精神病人及代理人与其他相关方通过诉讼充分表达意见，应当适当放宽行为暴力性和后果严重性的判断标准，以充分将此类案件纳入诉讼中予以审查。除《刑法》第十七条规定的故意杀人、故意伤害致人重伤或者死亡、强奸、抢劫、贩卖毒品放火、爆炸、投毒罪这些罪名涉及的行为，《刑法》分则第二章危害公共安全犯罪、第四章侵犯公民人身权利、民主权利犯罪和第五章侵犯财产罪中的抢劫等罪名涉及的行为，只要属于暴力危害公共安全和公民人身安全的都可认定为暴力行为。本案中，马某雷在公共场所持刀砍击马某红、赵某菊头部，因马某红躲避及村民阻拦，二被害人才得以保全性命。马某雷持刀行凶的行为严重危害公民人身安全，符合行为暴力性和后果严重性的要求。

（二）被申请人马某雷经依法鉴定，患有精神病，作案时无刑事责任能力

认定被申请人因患有精神病而无刑事责任能力是适用强制医疗的关键步骤。根据《刑法》第十八条的规定，行为人不仅必须患有刑法所规定的精神病，而且其所患精神病必须引起法定的心理状态或者心理结果，才能被判断为无刑事责任能力或限制刑事责任能力。前者为医学标准，即是否有精神病，后者为心理学标准（法学标准），即不能辨认或者不能控制自己的行为。医学要件是基础，心理学要件是核心。刑事责任能力是指行为人构成犯罪和承担刑事责任所必需的，行为人具备的刑法意义上辨认和控制自己行为的能力。我国《刑法》规定了三种无刑事责任能力或者限制刑事责任能力的事由，即未成年、精神病和生理缺陷，只有在这三种情况下讨论辨认能力和控制能力才有意义。因此，应当分两步审查判断被申请人是否满足此条件：一是被申请人是否有精神病；二是被申请人是否因精神病而失去辨认能力或者控制能力。

1. 被申请人马某雷作案时患有精神分裂症。《全国人大常委会关于司法鉴定管理问题的决定》（以下简称《决定》）第一条规定："司法鉴定是指在诉讼活动中鉴定人运用科学技术或者专门知识对诉讼涉及的专门性问题进行鉴别和判断并提供鉴定意见的活动。"具体到精神疾病的司法鉴定，是指应用现代精神医学理论和技术，遵从法定程序，对当事人的精神状态和法定能力进行评定，从而提供专家意见的活动。在刑事案件中，法官在审理过程中需要认定鉴定程序是否合法并结合其他证据，综合评判鉴定意见是否可作为证据予以采信。本案鉴定程序合法：（1）鉴定主体适格。《决定》第六条规定："申请从事司法鉴定业务的个人、法人或者其他组织，由省级人民政府司法行政部门审核，对符合条件的予以登记，编入鉴定人和鉴定机构名册并公告。"而司法部《司法鉴定程序通则》第十九条规定："司法鉴定机构对同一鉴定事项，应当指定或者选择二名司法鉴定人共同进行鉴定。"根据上述规定，对精神病鉴定等法医类鉴定应当委托省级人民政府司法

行政部门编制的名册中的鉴定机构及二名或者二名以上无利害关系的鉴定人共同进行鉴定并制作鉴定意见。洛阳市精神卫生中心属于河南省政府指定的精神病医学鉴定机构，具有专业的司法精神病鉴定资质，出具鉴定意见的三名鉴定人亦具有司法鉴定人资格，与本案无利害关系。（2）鉴定标准科学，依据充分。《最高人民法院关于适用〈中华人民共和国刑事诉讼法〉的解释》（以下简称《刑事诉讼法解释》）第八十四条[①]规定，对鉴定意见应当着重审查鉴定机构和鉴定人是否具有法定资质，鉴定人是否存在应当回避的情形，鉴定意见的形式要件是否完备，鉴定程序是否符合法律有关规定，鉴定的过程和方法是否符合相关专业的规范要求，鉴定意见是否明确等。在审查判断鉴定意见时，可重点审查鉴定主体是否适格，及鉴定依据的标准是否科学，提取的材料是否充分等来综合判断。2001年公布的《中国精神障碍分类与诊断标准》（以下简称 CCMD-3）将精神障碍分为十类，其中一类为精神分裂症。本案司法精神病鉴定依照 CCMD-3 的有关诊断标准，通过考察被害人陈述，马某雷亲属的证言，邻居和其他村民的证言，以及面对面和马某雷进行交流，认为其言语性幻觉及被害妄想明显存在，对妄想给予特殊的解释，自知力缺失，性格内向、孤僻，人际交往差，敏感多疑，妄想泛化，持续幻听，据此诊断马某雷有精神分裂症。鉴定书采取的鉴定材料充分，论证逻辑清晰，鉴定意见符合规定。

2. 马某雷作案时无辨认能力。辨认能力是指行为人辨认自己行为的能力，具体可以从行为动机的合理性与行为的必要性等方面来判断；控制能力是指行为人具备选择自己实施或者不实施为刑法所禁止的行为的能力。辨认能力的存在是控制能力具备的前提条件，即没有辨认能力，就不可能有控制能力。我国采用的择一制的方式，即精神病人在行为时因精神病而导致其辨认能力和控制能力中的一项能力丧失，便可被判定为无刑事责任能力，但在具体考察刑事责任能力时，鉴定意见需对被鉴定人的辨认能力和控制能力分别进行判断，具体分析辨认能力还是控制能力丧失。本案中，马某雷作案动机明显受疾病的影响，所供的杀人原因均与查证的结果不相符，无法正确辨认事件的前因及其行为在刑法上的意义、性质和后果，受幻觉、妄想的支配，缺乏现实目的，属于病理动机。马某雷在上述病理性机制的直接影响下实施了杀人行为，辨认能力丧失，无刑事责任能力。

强制医疗程序是2012年《刑事诉讼法》增加的特别程序，诉讼过程要有申请人和被申请人及其代理人的充分参与。通过听取各方对鉴定意见的态度，会见涉案精神病人，走访涉案精神病人家属及周边邻居，向主治医生了解，向其他专业人员咨询等方式，综合判断鉴定意见是否客观、真实。如对鉴定意见有争议，可以委托有资质的第三方进行重新鉴定，以保证鉴定意见的真实性。宝丰县人民法院在开庭审理过程中经过举证、质证，充分听取了马某雷的法定代理人及律师的意见，保障了马某雷的合法权利。

（三）被申请人马某雷有继续危害社会的可能性

强制医疗不是对涉案精神病人进行惩戒和制裁，而是对其采取保护性措施，并给予必要的治疗，使其尽快解除痛苦，恢复健康，同时避免继续危害社会。实践中需要依照一定的标准来判断被申请人是否有继续危害社会的可能性。我们认为，判断涉案的精神病人有无继续危害社会可能，可以从精神病人的人身危险和其家属的管控能力两个角度进行审查。精神病人的人身危险包括病理和经验两个层面。病理层面是指涉案精神病人

[①] 现为《最高人民法院关于适用〈中华人民共和国刑事诉讼法〉的解释》（2021年）第九十七条。

的病情尚未得到有效控制，正在继续发病甚至病情正在恶化，导致其实施暴力行为的病理基础仍然存在甚至出现增强的趋势。经验层面是指涉案精神病人频繁实施暴力行为或者案发后实施了新的暴力行为，根据经验常识判断其具有继续实施暴力行为的可能性。必要时，审判人员可以通过补充询问鉴定人、其他有专门知识的人或其法定代理人进行审查，开庭时，应当让鉴定人出庭作证。条件许可的情况下，还可以亲自观察、询问涉案精神病人。家属的管控能力包括审查涉案精神病人有无家属，家属有无对其进行看管和医疗的意愿及条件。本案中，鉴定意见提出马某雷还处于疾病发作期，精神症状明显存在，幻觉、妄想突出，建议进行专科监护治疗，严防意外发生。上述情况证实马某雷实施暴力行为的病理基础仍然存在，结合其此前多次无故伤害同村村民，还有继续实施暴力行为的可能性，加之其父母均系农民，缺乏适当的管制条件，同意对马某雷实施强制医疗，故本案符合该条规定。

综上，本案被告人马某雷在公共场所不顾他人劝阻，持菜刀追砍马某红、赵某菊头部的行为具有暴力性，后果亦具有严重性。经依法鉴定，马某雷患有精神分裂症，作案时无刑事责任能力，且有继续危害社会的可能。宝丰县人民法院根据宝丰县人民检察院的申请，依照《刑法》第十八条第一款，《刑事诉讼法》第二百八十四条、第二百八十五条第一款之规定，作出对马某雷强制医疗的决定是适当的。

编后记

刑事审判要兼顾天理国法人情，以严谨的法理彰显司法的理性，以公认的情理展示司法的良知，做到既恪守法律，把案件的是非曲直、来龙去脉讲清楚，又通达情理，让公众理解和认同裁判结果，让人民群众感受到刑事司法有力量、有是非、有温度。为准确适用刑事法律规范，提高刑事法律工作者的办案水平，《刑事法律适用与案例指导丛书》应时而生。

丛书付梓在即，回顾成书之路，感慨万千。丛书自策划至今历时三年有余，其间虽有疫情的阻断，也有服务于最高人民法院的出版工作穿插，但编辑团队未曾懈怠，持续推进丛书的编辑工作，收集、筛选了刑事方面近十年的权威、典型、有指导意义的案例，刑事法律法规、司法解释、刑事审判政策、最高人民法院的权威观点等，线上线下召开丛书编撰推进会十七次，统一丛书编写内容要求、编写规范与体例，并先后赴天津高院、重庆高院、黑龙江高院、云南高院、上海一中院、重庆五中院等地方法院开展走访、座谈调研。为保证丛书内容权威、准确，不断充实作者团队，邀请最高人民法院咨询委员会副主任、中国法学会案例法学研究会会长胡云腾作为丛书总主编全程指导，吸纳最高人民法院对口领域的专家型法官作为审稿专家，对丛书内容观点进行审定。2023年8月底，在云南省高级人民法院的大力指导协助下，出版社组织丛书各卷作者在云南召开编写统稿会，研讨争议观点，梳理类案裁判规则，对丛书的内容进行最后把关敲定。

丛书汇聚了诸多领导、专家及法官的思想、经验与智慧。最高人民法院刑二庭庭长王晓东、最高人民法院研究室主任周加海、上海市高级人民法院副院长黄祥青、最高人民法院刑三庭副庭长陈学勇、最高人民法院刑五庭副庭长欧阳南平、国家法官学院教授袁登明、最高人民法院研究室刑事处处长喻海松等领导专家在百忙之中抽出宝贵时间参与指导并审定具体内容，提供具体详细的修改建议，给予了大力支持与帮助，在此表示衷心的感谢！特别指出的是，陈学勇副庭长、欧阳南平副庭长克服巨大的工作压力，利用休息时间，认真审读书稿，为我们提供了长达十几页的意见建议，让我们十分感动！北京高院、天津高院、黑龙江高院、上海高院、江苏高院、浙江高院、山东高院、云南高院、重庆高院、天津一中院、上海一中院、重庆五中院等各卷作者积极组织、参与线下座谈调研及线上统稿会，提供地方法院典型案例，充实丛书内容，感谢各法院的鼎力支持，感谢各位作者在繁忙的工作之余为撰写丛书付出的辛勤劳动和智慧！

同时，编辑团队也为丛书的出版做了大量工作，付出了大量心血。丛书策划方案形成后，出版社教普编辑部和实务编辑部随即组成丛书编辑团队落地推进。从前期资料收集与汇总整理、问题提炼、目录编制、内容填充修改、对接地方法院、形成初始素材，到后期提交专家审定、再次打磨等，在编辑团队的合理分工和成员间的高效配合下，丛书最终得以顺利出版。在此，也要感谢我们曾经的伙伴杨钦云、邓灿、卢乐宁在丛书编创初期所做的大量工作和辛苦付出！

最后，特别感谢，最高人民法院咨询委员会副主任、中国法学会案例法学研究会会长胡云腾对整套丛书给予的指导与大力支持，感谢上海市高级人民法院副院长黄祥青在云南丛书编写统稿会期间的全程主持评议、研讨指导与帮助！

《刑事法律适用与案例指导丛书》的付梓凝聚了作者团队与编辑团队的辛勤付出与汗水，但面对刑事审判实践中层出不穷的问题，仍然显得汲深绠短，诚望广大读者提出宝贵意见，使本书不断完善，真正成为广大参与刑事诉讼工作的法律工作者把握刑事法律规范政策精神实质、解决刑事审判实务问题的良朋益友！

编者

2023 年 10 月 20 日